徹底例解 ロイヤル英文法

ROYAL ENGLISH GRAMMAR
with Complete Examples of Usage

[改訂新版]

綿貫 陽：改訂・著

宮川幸久 須貝猛敏 高松尚弘：共著

マーク・ピーターセン：英文校閲

はしがき

　本書は，高校生以上の英語学習者ならびに教授者を対象にした，『ロイヤル英文法』の改訂新版である。本書の旧版は幸いに読者のご好評を得て，文法辞典の機能も備えた詳細な英文法書として，高校生から一般社会人までの幅広い読者層の支持を受け，10年以上の間愛読され続けてきた。この間，版を重ねるごとに，読者からの質問や目立った語法の変化などに対応すべく，部分的修正を行ってきたが，21世紀の幕開けとともに，旧版を一字一句徹底的に再検討して，多数の新情報を盛り込み，全体で約100ページ増という形で，ここに改訂新版として装いを新たに世に送ることになったものである。

　この激動の10年間に，英米で新たに刊行，改訂された辞書，文法・語法書は多種多様で，最近の英米語の文法・語法の変化の目覚ましさを実によく反映している。しかし，それらを子細に検討すると，くだけた現代風の言い方を紹介しているものも多い反面，破格構文や卑語・俗語を排し，現代の標準語法を説くものも少なくなく，これには想像されるような英米差はない。

　一方，インターネットの目覚ましい普及・進歩に伴って，コーパス検索による言語使用の実態研究も劇的に発展し，現代の英語使用の実情を把握することが容易になり，ある言い方の実際の出現頻度が，最新の話し言葉，書き言葉についてどのような実態であるかが，瞬時にして検索できるようになった。また，世界の各種のホームページから，ネット上で，さまざまな階層の人々の使っている生きた言語の実態を参考にすることも可能になった。

　今日，英米のみならず，我が国でも，こうした資料に基づいた文法・語法の新情報はあふれんばかりであるが，情報があまりにも多いと，どれが正しいのか，どれを信頼すべきかに迷ってしまう。情報過多のこの時代に，最も妥当と思われる形でこれをまとめて示すことはきわめて重要である。知識としての文法・語法ではなく，実用としての文法・語法を考えるとき，億単位の語数を基盤にした実際の英米の言語資料を縦横に検索して，その実態を確認しながら，ふつうに用いられている形や，まれにしか用いられない形を調べて，これを読者に提供するのは，大いに意義のあることと思われる。

　堅い文体の読み書きには，もちろん文法の知識が絶対に必要であるが，最近の e-mail の普及に伴って，「くだけた口語調の文体」で「書く」必要も出てきたことにも注目すべきである。たとえくだけた言い方であっても，メールを読むときだけでなく，自分の意思を正しく相手に伝え，しかも礼を失しないように書くには，口語文法の知識は欠くことができなくなった。こういった意味でも，口語文法の必要性がますます大きくなったといえる。

　一方，話す場合にも，談話の機能や，丁寧さの度合いなどを心得ておかな

ければ，現実の国際社会に通用しないことは明白である。

こうした事情を踏まえて，本書は幅広く現代英米語の実態を調べ，くだけた言い方と堅い言い方とをはっきりさせて，現代に通用する正しい話し言葉と書き言葉に適用される文法・語法を，可能な限り詳しく解説して，国際社会に役立つ，生きた実用的な英米語の基礎知識を示そうとしたものである。

章建ては旧版のままとしたが，今回の改訂のポイントは次の点にある。
● 本書の初版刊行以後に新たに刊行・改訂された英米の文法・語法書と辞書を子細に比較検討し，記述を刷新して内容の正確さを期した。
● 英米のコーパスを絶えず検索し，語法の実情を確認して正確を期した。
● インターネットの8割近くが英語で書かれている実態を見ながら，逆に誤りやすい点を参考にし，実用的な正しい口語文法の記述に重点を置いた。
● 談話の機能を重視する視点から，いわゆる談話語句を含む実用的な会話慣用表現300を精選して，それらの文法的裏付けと機能を明示した。
● 基本的重要事項である本文解説と，ややレベルの高い注記，さらに最新の情報を提供する参考記事を明確に区別して，学習の便を図った。
● 付録に新たに句読法の解説を追加し，索引欄をさらに充実した。
● 相互参照をこまめに付けて，理解の助けになるようにした。
● 用例文は，実用的な用例を広く英米の資料を通じて収集し，これに基づいた文を Petersen 氏が徹底的に点検して，さらに加筆，削除などをした。
● 英・米の地域別，口語調と文語調，丁寧さの度合いなどを可能な限り解説して，現代の生きた英語が身につくようにした。
● 初版刊行以来旺文社に寄せられた全国の先生方や学生諸君その他からの膨大な質問を整理して，注や参考記事の補足，あるいは Q&A などに活かした。

以上の方針に従って，重要な事項を可能な限りわかりやすく述べることに心がけた本書が，読者の座右の書として役立つことを願うものである。

各章別の責任分担は旧版に準じたが，今回の改訂新版ではすべての英文について Petersen 氏が徹底的に校閲・加筆され，また対話文の作成に当たられた。全章を通しての記述内容の改訂・校閲と最終調整は綿貫が行った。

改訂に当たって，内外の語学専門書・辞書ならびにコーパスから受けた恩恵は計り知れないものがあるが，特に参照させていただいたものを巻末に記して感謝を捧げたい。また，今回の改訂の企画に当たられた斎田昭義氏と，終始貴重なご意見を賜った五味貞男氏，初版に次いで校正の労をとられた山口保夫氏，詳細な索引を作られた古賀千早氏に厚くお礼を申し上げたい。

2000年10月

綿貫　陽

本書の構成

　文法項目を大きく 24 の章に分け，これをさらに 72 の節に区分し，各節に合計 395 の大項目（§）を置いた。章の配列は，まず文について解説した後，主部の中心となる名詞とそれに付随する冠詞，代名詞・疑問詞を取り上げ，修飾語となる形容詞・副詞とそれに関連する比較をまとめて示した。

　次に文法上最も重要といえる動詞に関するものをまとめて並べた。すなわち，動詞・時制・助動詞・不定詞・分詞・動名詞・法・態などである。次いで，節や語句のつながりを担う接続詞・関係詞・前置詞などについて解説をしてから，英文の特性である，一致，時制の一致と話法，否定，倒置・省略・強調・挿入などを扱い，最後に文の転換で全体をまとめる形をとった。

　こうすることによって，日本人に苦手な冠詞や前置詞などについても，名詞・代名詞などとともに，類書にない詳しい解説ができたので，どこを読んでも，英文法としての必要事項はほとんどすべて解決できると思う。

◆スピーチ・レベルは次のように表示してある。

《英》《米》《主に英》《主に米》　──　地域表示
《口語調》《口語的》　　　　　　──　くだけた言い方
《文語調》《文語的》　　　　　　──　堅い，改まった言い方

　これに「書き言葉」「話し言葉」〔丁寧〕その他の説明を加えてある。

◆かっこ記号には 4 種類あり，それぞれ次のように使っている。

（　）── 省略可能　　　　　　　　［　］── 言い換え可能
〈　〉── 公式的な英文語句・構文　〔　〕── 日本語の解説

◆ →　　　── 相互参照ページ。概説から詳細へを原則にしてある。

◆下線 ....　── 解説文中の文法用語。索引を見れば確認できる。

◆下線 ____　── 談話語句。談話には文脈が欠かせないので，スペースの許す限り対話形式とし，日常会話などによく出てくる慣用表現・談話語句の部分に下線をほどこしてある。計 300 あるが，巻末の索引で確認できる。各慣用表現の談話機能は，文末に【　】で示した。すべての機能を簡潔な用語で示すことはかえって不正確になるので，大まかな分類をして，具体的な使われ方などについては，各用例文ごとに解説をほどこしてある。

◆ 名詞表現 ── 英語特有の名詞化変形をした形に特につけてある。名詞構文ともいわれるものであるが，特に決まった文法用語ではない。

◆〔正〕〔誤〕── 基礎的な事項で，正誤のはっきりしているものを示した。なお，本文その他の解説における，**ある語法についての正否の判断は，原則として，よく知られている最新の英米の辞書，文法・語法書を可能な限り調べて，その大勢を占めているものを基に，コーパスで実際に検索して確認し**

た上で，Petersen 氏ならびに数名の英米の言語専門学者にも問い合わせて**最終的な判断をした。**コーパスやインターネット上に見られる各種の英文はもとより，一般のネイティブスピーカーの発言も，大いに参考にはしたが，それを直ちにそのまま正用として記述することは避けた。

「～がふつう」「非標準」「～はまれ」などの注釈は，これらの参考の結果の表記である。読解や耳で聞く英語のことを考えて，**現実に見られるさまざまな言い方を幅広く紹介しつつも，**こうした表記をしたのは，話したり書いたりする場合は**標準英語を使うべきだと考えるからである。（入試などでは《くだけた言い方》もまだ誤りとされることがある）**言語の性質から断定は避けたが，本書の目的を考えて，あいまいにならないよう指針はきちんと示した。なお，文中の語句の正誤は［ˣ　　］で注意してある。

◆**解説内容による段階**

- **本文解説** ── **基本的事項**で，高校段階で理解できるものを示した。
- ＊ ── すぐ上に掲げた例文，あるいは解説についての補足説明。ごく短いものは〔　〕に入れて示してある。
- **注** ── 例文や解説についてのさらに詳しい説明や，**具体的な用法指示**などを示す。小見出しをつけて内容が把握できるようにしてある。
- **参考** ── **やや高度で発展的な解説。**最新の英米語の実態や，実用的知識・文化的背景などを示す。確認はコーパスでの検索を個々について行ったが，英米の資料などを参照したものには，出典を略号で付記した。
- **Q&A** ── 実際に高校生や先生方から寄せられた数多くの質問の中から 100 問を精選したもので，目次にその一覧と記載ページを示してある。

◆**付録**

- ［類例リスト］ ── 本文で解説した事項に該当する類例で，比較的よく使われるものを選んで一覧にして掲げてある。
- ［句読法］ ── 英文を正しく書くために必要な句読法を示した。改まった文の場合だけでなく，e-mail などにも役に立つように配慮した。

◆**［索引］** ── 英文法辞典としての役割も考えて，相当詳しくつけてある。
1. **文法事項索引** ──「仮定法現在」など
2. **英文語句索引** ──〈no sooner ～ than ...〉など
3. **日本語表現索引** ──「～したほうがよい」など
4. **機能別会話慣用表現索引** ──【承諾】〈No problem.〉など
5. **参考欄索引** ── 参考欄の見出しをページ順に一覧にしてある。

◆**主要参考文献一覧**

特に今回の改訂に当たって参考にしたものを記したが，やや古いものでも内容確認のため再度参照したものは紙面の許す範囲で再掲してある。

目　次

はしがき	1	本書の利用法	3

第1章　文

第1節　文の構成	**17**	§19　句	56
§1　文	17	§20　名詞句	56
§2　主部と述部の構成	18	§21　形容詞句	57
§3　主語	19	§22　副詞句	57
§4　述語動詞	23	§23　節	58
§5　目的語	24	§24　名詞節	59
§6　補語	28	§25　形容詞節	60
§7　文の要素と修飾語	31	§26　副詞節	60
第2節　文型	**34**	**第5節　文の種類**	**62**
§8　基本5文型	34	§27　文の種類と肯定・	
§9　第1文型 (S+V)	35	否定の文	62
§10　第2文型 (S+V+C)	35	§28　平叙文	64
§11　第3文型 (S+V+O)	38	§29　疑問文	64
§12　第4文型 (S+V+O₁+O₂)	39	§30　付加疑問(文)	69
§13　第5文型 (S+V+O+C)	44	§31　修辞疑問	73
§14　特殊な文型	46	§32　命令文	74
第3節　品詞	**49**	§33　感嘆文	75
§15　8品詞とその機能	49	§34　祈願文	76
§16　品詞と語形変化	51	§35　単文	77
§17　紛らわしい品詞の区別	53	§36　重文	78
§18　品詞の転用	54	§37　複文	79
第4節　句と節	**56**	§38　混文	80

第2章　名詞

第1節　名詞の種類	**81**	§44　抽象名詞	92
§39　可算名詞と不可算名詞	81	§45　名詞の種類の転用	94
§40　普通名詞	83	**第2節　名詞の数**	**97**
§41　集合名詞	85	§46　単数と複数	97
§42　固有名詞	89	§47　規則複数	98
§43　物質名詞	91	§48　不規則複数	100

§49 単複同形 101
§50 外来語の複数形 102
§51 文字・記号などの複数形 104
§52 複合名詞の複数形 106
§53 複数形を 2 つ持つ名詞 107
§54 単数形と複数形で意味の異なる語 108
§55 常に複数形で用いられる語 108
§56 強意の複数形 111
§57 相互複数 112
§58 近似値を表す複数形 112
§59 名詞が他の名詞を修飾する場合の数 113
第 3 節 名詞の格 115
§60 主格 115
§61 所有格の形 116
§62 所有格の意味・用法 120
§63 独立所有格 124
§64 二重所有格 125
§65 目的格 127
§66 副詞的目的格 128
§67 同格 130
第 4 節 名詞の性 133
§68 男性形と女性形 133
§69 通性 134
§70 中性 136
第 5 節 名詞の特殊用法 137
§71 名詞を修飾する名詞 137
§72 名詞の慣用表現 139

第 3 章 冠 詞

第 1 節 冠詞の種類と用法 142
§73 冠詞の種類と発音 142
§74 不定冠詞の一般用法 144
§75 不定冠詞の特別用法 147
§76 定冠詞の一般用法 149
§77 定冠詞と固有名詞 152
§78 定冠詞の特別用法 155
第 2 節 冠詞の位置と省略 159
§79 冠詞の位置 159
§80 冠詞の反復 161
§81 無冠詞と冠詞の省略 162

第 4 章 代名詞

第 1 節 代名詞の種類と用法 171
§82 代名詞の種類 171
§83 代名詞の一般的な用法と位置 172
第 2 節 人称代名詞 173
§84 人称と格 173
§85 人称代名詞の一般用法 173
§86 人称代名詞の語順 178
§87 人称代名詞の所有格の用法 178
§88 総称人称 180
§89 We の特別用法 181
§90 It の特別用法 182
§91 所有代名詞 189
§92 再帰代名詞 190
第 3 節 指示代名詞 196
§93 this [these], that [those] の用法 196
§94 that の注意すべき用法 199
§95 such の用法 201
§96 so の用法 203
§97 same の用法 206
第 4 節 不定代名詞 208
§98 one の用法 208
§99 other と another の用法 212
§100 several の用法 216

§101	相互代名詞	217	
§102	some と any の用法	218	
§103	all と both の用法	222	
§104	each と every の用法	226	
§105	either と neither の用法	229	

§106	no と none の用法	231	
§107	somebody, something などの用法	234	
§108	nobody, nothing などの用法	237	

第5章 疑問詞

第1節 疑問詞の種類と用法 240
- §109 疑問代名詞 240
- §110 疑問形容詞 246
- §111 疑問副詞 246

第2節 間接疑問 250
- §112 間接疑問 250
- §113 注意すべき間接疑問の語順 252

第6章 形容詞

第1節 形容詞の種類と用法 254
- §114 形容詞の種類と語形 254
- §115 性状形容詞 258
- §116 限定用法と叙述用法 263
- §117 限定用法か叙述用法のみの形容詞 266
- §118 形容詞の位置と語順 269
- §119 分詞形容詞 272
- §120 形容詞の名詞用法・副詞用法その他 276
- §121 事柄か人のどちらかを主語にする形容詞 278
- §122 形容詞と to 不定詞構文 281

- §123 be＋形容詞＋to do と of doing 283
- §124 形容詞と that 節 284

第2節 数量形容詞 289
- §125 不定の数量を表す形容詞 289
- §126 many と much 290
- §127 (a) few と (a) little 293
- §128 不定の数量を表すその他の形容詞 295

第3節 数詞 297
- §129 基数詞 297
- §130 序数詞 303
- §131 倍数詞 305
- §132 数字・数式の読み方 306

第7章 副詞

第1節 副詞の種類と形 311
- §133 副詞の種類 311
- §134 副詞の語形 313
- §135 〈形容詞＋-ly〉形の副詞 315

第2節 副詞の用法と位置 318
- §136 副詞の用法 318
- §137 動詞を修飾する副詞の位置 319

- §138 形容詞・副詞その他を修飾する副詞の位置 325
- §139 文修飾の副詞 326

第3節 注意すべき副詞の用法 329
- §140 時・頻度の副詞 329
- §141 場所の副詞 334
- §142 程度・強調の副詞 336
- §143 肯定・否定の副詞 341

§144 その他の注意すべき副詞 342 §145 句動詞を作る副詞 345

第8章 比　較

第1節 比較変化 347
§146 比較変化をする語としない語 347
§147 比較の規則変化 348
§148 比較の不規則変化 351
§149 比較級・最上級が2つある場合 353

第2節 比較の形式 355
§150 原級を用いた比較 355
§151 倍数表現 358
§152 比較級構文 359

§153 ラテン語からきた形容詞の比較級構文 363
§154 絶対比較級 364
§155 最上級を用いた基本構文 365
§156 絶対最上級 367
§157 最上級 ↔ 比較級 ↔ 原級 368

第3節 比較を用いた重要構文 370
§158 原級を用いた重要構文 370
§159 比較級を用いた重要構文 371
§160 no more than 型の構文 372
§161 最上級を用いた構文 374

第9章 動　詞

第1節 動詞の種類 376
§162 自動詞と他動詞 376
§163 自動詞と取りちがえやすい他動詞 378
§164 他動詞と取りちがえやすい自動詞 379
§165 動作を表す動詞と状態を表す動詞 380
§166 方向性のある動詞 381
§167 名詞の順を入れ替えられる動詞 382
§168 日本語とニュアンスの違う動詞 382
§169 be, do, have の用法 385

§170 使役動詞 389
§171 知覚動詞 392
§172 同族目的語をとる動詞 394
§173 語法上注意すべき動詞 395

第2節 動詞の活用 397
§174 規則動詞 397
§175 不規則動詞 399
§176 注意すべき活用の動詞 402
§177 -ing 形の作り方 404

第3節 句動詞 406
§178 〈動詞＋副詞〉 406
§179 〈動詞＋名詞〉 407
§180 〈動詞＋前置詞〉 408

第10章 時　制

第1節 基本時制 409
§181 時制 409
§182 現在時制 410
§183 過去時制 413
§184 未来時制 415
§185 be going to, be about to 415

第2節 完了形 418
§186 現在完了 418
§187 現在完了と過去時制 420
§188 過去完了 422
§189 未来完了 424

第3節 進行形 425

§190	現在進行形	425	§194	現在時制と現在進行形の違い 428
§191	過去進行形	426		
§192	未来進行形	426	§195	ふつう進行形にしない動詞 429
§193	完了進行形	427		

第11章 助動詞

第1節	**助動詞の種類と特徴**	**432**	§204	will の用法	450
§196	助動詞の種類と語形変化	432	§205	would の用法	451
§197	助動詞の用法上の特徴	434	§206	shall の用法	455
第2節	**助動詞の用法**	**435**	§207	should の用法	456
§198	can, could の用法	435	§208	need の用法	460
§199	may, might の用法	439	§209	dare の用法	461
§200	must の用法	443	§210	be の用法	462
§201	have to の用法	445	§211	have の用法	463
§202	ought to の用法	447	§212	do の用法	463
§203	used to の用法	449			

第12章 不定詞

第1節	**不定詞の形**	**465**	§223	〈S+V+O+to 不定詞〉	490
§213	to 不定詞と原形不定詞	465	§224	独立不定詞	495
§214	不定詞の完了形	468	第3節	**不定詞の主語と時制**	**496**
§215	不定詞の受動態と進行形	469	§225	不定詞の意味上の主語を特に示さない場合	496
§216	不定詞の否定形と分離不定詞	471	§226	不定詞の意味上の主語の表し方	496
第2節	**to 不定詞の用法**	**473**	§227	It is 〜 for [of] A to ... 構文と that 節	497
§217	to 不定詞の名詞用法	473			
§218	to 不定詞の形容詞用法	475	§228	不定詞の表す時	500
§219	to 不定詞の副詞用法	477	第4節	**原形不定詞の用法**	**502**
§220	〈疑問詞+to 不定詞〉	481	§229	原形不定詞の用法	502
§221	〈seem to 〜〉と〈be to 〜〉	484	§230	原形不定詞を用いた慣用構文	505
§222	〈S+V+to 不定詞〉	487			

第13章 分詞

第1節	**分詞の形**	**508**	第2節	**分詞の用法**	**510**
§231	現在分詞と過去分詞	508	§233	分詞の動詞的用法	510
§232	分詞の完了形と受動態	509	§234	分詞の形容詞用法と分詞形容詞	511

§235 分詞の限定用法と叙述
　用法　　　　　　　512
§236 〈have[get]＋目的語＋過
　去分詞〉　　　　　515
§237 〈S＋V＋O＋分詞〉　516
§238 分詞の転用　　　519
第3節　分詞構文　　　520

§239 分詞構文の形　　520
§240 分詞構文の表す意味　522
§241 分詞構文の位置　524
§242 独立分詞構文　　525
§243 独立分詞構文の例外　526
§244 慣用的な分詞構文　527

第14章　動名詞

第1節　動名詞の形と機能　528
§245 動名詞の形　　　528
§246 動名詞の動詞的機能　528
§247 動名詞の名詞的機能　529
§248 動名詞の意味上の主語　530
§249 動名詞の時制　　531

§250 動名詞を用いた慣用構文　532
第2節　動名詞と現在分詞・不
　定詞　　　　　　535
§251 動名詞と現在分詞の相
　違点　　　　　　535
§252 動名詞と不定詞　536

第15章　法

第1節　法の種類　　　540
§253 命令法　　　　　540
§254 直説法と仮定法　544
§255 仮定法の動詞の形　545
第2節　条件文と仮定法　546
§256 単なる条件と仮想の
　条件　　　　　　546
§257 条件文の形　　　548
§258 仮定法現在　　　549
§259 仮定法過去　　　550
§260 仮定法過去完了　551
§261 条件節と帰結節の時制　552

§262 were to, should を用い
　た仮定法　　　　553
§263 if の省略　　　　554
§264 if 節の代用　　　555
§265 条件節の省略　　556
§266 帰結節の省略　　556
第3節　仮定法を用いた重要
　構文　　　　　　557
§267 that 節の中の仮定法現
　在　　　　　　　557
§268 願望を表す構文　558
§269 It is time ～ の構文　559
§270 仮定法を含む慣用表現　560

第16章　態

第1節　能動態と受動態　565
§271 能動態と受動態　565
§272 態の転換の一般的な形式　566
§273 第3文型の受動態　568
§274 第4文型・第5文型の受
　動態　　　　　　568

§275 疑問文の受動態　574
§276 命令文の受動態　575
§277 句動詞の受動態　575
§278 不定詞・分詞・動名詞の
　受動態　　　　　578

§279	従節の主語を文の主語にした受動態		579
§280	by 以外の前置詞を用いる受動態		579
第2節	**受動態の用法**		**581**
§281	動作の受動態と状態の受動態		581
§282	受動態が特に好まれる場合		582
§283	受動態にならない動詞		583
§284	英語特有の受動表現		585
§285	能動態で受動の意味を表す動詞		586
§286	have [get] を用いた受動構文		587
§287	古い進行形の受動態		587

第17章 接 続 詞

第1節 等位接続詞		**589**
§288 接続詞の種類		589
§289 等位接続詞		591
§290 接続副詞		598
第2節 従位接続詞		**602**
§291 名詞節を導く接続詞		602
§292 時・場所の副詞節を導く接続詞		609
§293 原因・理由の副詞節を導く接続詞		614
§294 目的・結果の副詞節を導く接続詞		618
§295 条件・譲歩の副詞節を導く接続詞		621
§296 比較・比例の副詞節を導く接続詞		626
§297 その他の副詞節を導く接続詞		628

第18章 関 係 詞

第1節 関係代名詞		**632**
§298 関係代名詞の機能と種類		632
§299 関係代名詞の人称・数・格		633
§300 関係代名詞の2用法		635
§301 〈前置詞+関係代名詞〉		638
§302 who の用法		640
§303 which の用法		642
§304 that の用法		644
§305 what の用法		646
§306 関係代名詞の省略		649
§307 関係代名詞の二重限定		650
§308 〈関係代名詞+挿入節〉		651
§309 疑似関係代名詞		651
第2節 関係副詞		**654**
§310 関係副詞の機能と種類		654
§311 関係副詞の用法		654
§312 関係副詞の先行詞の省略		657
§313 関係副詞の省略		659
第3節 関係形容詞		**660**
§314 関係形容詞の種類と用法		660
第4節 複合関係詞		**661**
§315 複合関係代名詞		661
§316 複合関係副詞		663
§317 複合関係形容詞		664

第19章 前置詞

第1節 前置詞の種類と用法　665
- §318　前置詞の種類　665
- §319　前置詞の目的語　665
- §320　前置詞の位置　666
- §321　前置詞の省略　667
- §322　前置詞つきの句の用法　669
- §323　群前置詞　670
- §324　二重前置詞　671
- §325　前置詞と副詞・接続詞　672
- §326　動詞・形容詞と前置詞との結合　674

第2節 基本9前置詞の意味と用法　684
- §327　at　684
- §328　by　685
- §329　for　686
- §330　from　689
- §331　in　690
- §332　of　692
- §333　on　693
- §334　to　695
- §335　with　697

第3節 用法別前置詞の使い分け　699
- §336　時を表す前置詞　699
- §337　場所を表す前置詞　702
- §338　原因・理由を表す前置詞　707
- §339　目的・結果を表す前置詞　709
- §340　手段・道具を表す前置詞　710
- §341　材料・出所を表す前置詞　710
- §342　その他の意味を表す前置詞　711

第20章 一致

第1節 主語と動詞の一致　714
- §343　集合名詞・複数形名詞と動詞　714
- §344　不定代名詞と動詞　717
- §345　部分・数量などを表す語句がつく場合　718
- §346　複合主語と動詞　721

第2節 その他の一致　724
- §347　(代)名詞と代名詞の一致　724
- §348　主語と補語などの一致　726
- §349　格の一致　727

第21章 時制の一致と話法

第1節 時制の一致　729
- §350　時制の一致の考え方　729
- §351　時制の一致の原則　729
- §352　時制の一致と話法の関係　731

第2節 時制の一致の例外　733
- §353　現在・過去のままの場合　733
- §354　仮定法の場合　734
- §355　比較を表す副詞節の場合　735

第3節 話法の種類　736
- §356　直接話法と間接話法　736
- §357　特殊な話法　737

第4節 話法の転換　738
- §358　話法の転換の原則　738
- §359　伝達動詞の種類　738
- §360　時制の一致・will と shall　738
- §361　代名詞の交代　740
- §362　副詞の交代　740
- §363　平叙文の転換　741
- §364　疑問文の転換　742

§365	命令文の転換	743	
§366	感嘆文の転換	744	
§367	祈願文の転換	745	
§368	省略文の転換	746	

§369	重文の転換	747	
§370	種類の異なる2つ（以上）の文の転換	748	
§371	その他の転換の要点	749	

第22章 否　定

第1節　否定語句　751
- §372　強い否定と弱い否定　751
- §373　否定語句の位置　755

第2節　否定構文　758
- §374　文否定と語否定　758
- §375　全体否定と部分否定　759
- §376　二重否定　760
- §377　否定を表す慣用表現　761

第23章　倒置・省略・強調・挿入

第1節　倒置　767
- §378　文法上の慣習的倒置　767
- §379　強調のための倒置　770

第2節　省略　772
- §380　〈主語＋be動詞〉の省略　772
- §381　その他の省略　773
- §382　共通要素の省略と共通構文　777

第3節　強調　779
- §383　It is~that...の強調構文　779
- §384　doを用いた強調　779
- §385　語順倒置による強調　780
- §386　強意語句による強調　780

第4節　挿入　784
- §387　挿入語句　784
- §388　同格語句　786

第24章　文の転換

第1節　文の種類の転換　787
- §389　複文と単文の転換　787
- §390　重文と単文の転換　793
- §391　重文と複文の転換　795
- §392　修辞疑問文と平叙文の転換　796
- §393　平叙文と感嘆文の転換　797

第2節　主語の変換　798
- §394　Itを主語にした変換　798
- §395　無生物主語による変換　800

〈付録〉　1.　類例リスト　803
　　　　2.　句読法　822

〈索引〉　1.　文法事項索引　829
　　　　2.　英文語句索引　852
　　　　3.　日本語表現索引　879
　　　　4.　機能別会話慣用表現・談話語句索引　887
　　　　参考欄一覧　891

〔初版担当章〕
　須貝…1, 17, 18, 19, 23, 24章　　　　高松…2, 3, 4, 5, 20, 22章
　綿貫…6, 7, 8, 12, 13, 14章　　　　　宮川…9, 10, 11, 15, 16, 21章
本文レイアウト：及川真咲デザイン事務所

Q&A 目次

第1章 文

1. My father is a teacher. の主語は father だけか my father か？ ... 23
2. 「穴を掘る」は dig a hole でよいのか？ ... 28
3. She'll make a good wife. の a good wife は目的語か補語か？ ... 30
4. 〈S+V+O₁+O₂〉の O₁, O₂ の一方を省略できるか？ ... 42
5. He gave me it. は正しいか？ ... 44
6. The sun shines bright. の bright は形容詞か副詞か？ ... 54
7. be 動詞の疑問文をつくるときにはなぜ倒置するのか？ ... 65
8. Would you mind shutting the door? の承諾は Yes. でよいか？ ... 69
9. He used to get up early. につける付加疑問は？ ... 73
10. 感嘆文と疑問文はどう区別するのか？ ... 76
11. 現代の口語調で願望や祈願を表すにはどうすればよいか？ ... 77
12. 同じ主語を受ける動詞が2つ以上ある文は単文か重文か？ ... 79
13. 非制限用法の関係詞で接続した文は重文か複文か？ ... 80

第2章 名詞

14. corn（トウモロコシ）は数えられる名詞か？ ... 82
15. 無冠詞の複数形が like など以外の目的語になるときの意味は？ ... 84
16. a people（国民）は必ず単数扱いか？ ... 88
17. 地球は1つしかないのになぜ固有名詞でないのか？ ... 90
18. water が複数形になるのはどんなときか？ ... 91
19. money は物質名詞か？ ... 92
20. day（日）や year（年）は抽象名詞ではないのか？ ... 94
21. 0.7meter か 0.7meters か ... 98
22. Mt. の複数形はどう書くか？ ... 105
23. Niagara Falls は単数扱いか複数扱いか？ ... 111
24. ten minutes' walk に a はつけられないか？ ... 120
25. 「トムの叔父さんの家」は Tom's uncle's house でよいか？ ... 127

第3章 冠詞

26. cold（風邪）には a をつけるか？ ... 145
27. on (a) Sunday と on Sundays の使い分けは？ ... 146
28. rain に a がつくのはどんな場合か？ ... 148
29. 「一人っ子」「一人息子」につく冠詞は a か the か？ ... 150
30. 「ピアノを弾く」という場合に必ず the がつくか？ ... 152
31. ホテルや商店の名に a がつく場合は？ ... 155
32. as a result of と as the result of はどちらが正しいか？ ... 158
33. 本来の目的で行くなら go to the bank も無冠詞になるのか？ ... 166
34. a part of ～ と part of ～ の違いは？ ... 170

第4章 代名詞

35. 2つ以上の人称を代名詞で表す場合，どの人称で表すか？ ... 174
36. its と of it は同じか？ ... 179
37. 再帰代名詞はなぜ3人称だけが〈目的格+self〉なのか？ ... 190
38. by oneself と for oneself の違いは？ ... 195

39. this や that は人をさすこともできるか？ ... 197
40. That's a good idea. は It's ... でもよいか？ ... 198
41. Thank you just the same. はどういうとき用いるのか？ ... 207
42. the one(s)=that [those] と考えてよいか？ ... 210
43. my another book は正しいか？ ... 216
44. several と some はどう違うか？ ... 217
45. 「お互い [の〜]」を主語にした英文は作れるか？ ... 218
46. all [both] the boys と all [both] boys の違いは？ ... 225
47. 「4年ごとに」と「4年おきに」はどう訳し分けるか？ ... 229
48. Nobody of his family came. は正しいか？ ... 239

第5章 疑問詞

49. Who [What] are you? はどんな場面で使われるのか？ ... 244
50. I wonder ...? は間接疑問なのになぜ？がつくのか？ ... 253

第6章 形容詞

51. 形容詞と副詞の kindly はどこで見分けるか？ ... 258
52. 「フランス語の先生」は a French teacher か？ ... 262
53. nice he (すてきな彼) と言えるか？ ... 265
54. They returned safe. の safe は safely ではないか？ ... 266
55. 名詞の前の形容詞にコンマや and はどういうときに必要か？ ... 272
56. feel bad か feel badly か？ ... 278
57. be capable of は事物を主語にすることができるか？ ... 281
58. a few minutes は 2, 3 分か？ ... 294
59. many more cars の many の品詞は？ ... 296
60. 「我々は5人だ」は We are five. でよいか？ ... 302
61. 「何番目」を英語ではどう表現するか？ ... 304
62. bbl (バレル) とはどういう単位か？ ... 309

第7章 副詞

63. 時や様態など異なる種類の副詞が並ぶときの順序は？ ... 325
64. 文修飾の副詞は〈It is 〜 that ...〉構文に書き換えられるか？ ... 328
65. Here is 〜. の疑問文は？ ... 336

第8章 比較

66. 「〜以上，以下，未満」はどう表現するか？ ... 363
67. the young generation と the younger generation との違いは？ ... 364
68. He is the youngest of the family か in the family か？ ... 369

第9章 動詞

69. 全部の形が同じ動詞の場合，現在形と過去形を見分ける方法は？ ... 402

第10章 時制

70. I have been at the library. は経験・継続のどちらか？ ... 420
71. I will write this letter by the time you come back. は正しいか？ ... 424
72. I was hoping ... がどうして現在の依頼を表すのか？ ... 431

第11章 助動詞

73. can と be able to は同じ意味か？ ... 437
74. 推量の may と might の使い分けは？ ... 442

75. must が過去時制として使われる場合はあるか？　445

第12章　不定詞

76. I have no money to buy a car. に with は不要か？　477
77. This stone is too heavy for me to lift (it). の最後の it はつけないのが正しいのか？　480
78. It was wise for you to go there with him. は誤りか？　500
79. ⟨feel＋O＋do⟩ と ⟨feel＋O＋to be⟩ の違いは？　505

第13章　分詞

80. While staying in Paris, I met Jane. は分詞構文か？　522
81. Living as I do in such a remote country, I seldom have visitors. の as I do は，なぜ as I am にならないのか？　523

第14章　動名詞

82. ⟨busy ～ing⟩，⟨go ～ing⟩ は分詞か動名詞か？　535

第15章　法

83. 「静かにしろ」は英語ではどう言うか？　542
84. 条件文で，if＝when となるのはどういう場合か？　547
85. if 節が主節の前に置かれる場合と後に置かれる場合とで違いがあるか？　564

第16章　態

86. 能動態を受動態にしても意味は変わらないか？　573
87. 感嘆文の受動態は可能か？　575
88. He was fired. と He got fired. は同じか？　582
89. 英語に「雨に降られた」に当たる言い方があるか？　587

第17章　接続詞

90. Neither can I. と Nor can I. の違いは？　595
91. doubt に続く接続詞は if か that か？　608
92. …, when … の場合の when は接続詞か関係副詞か？　610
93. I am taller than he. か I am taller than him. か？　627

第18章　関係詞

94. Tell me what you want. の what は関係代名詞か，疑問代名詞か？　648

第19章　前置詞

95. different に続く from, to, than に使い方の差があるか？　683
96. at [in, on] the corner はどう違うか？　702

第20章　一致

97. Each of us has … か Each of us have … か？　718

第21章　時制の一致と話法

98. I asked what was the matter. か I asked what the matter was. か？　743

第22章　否定

99. 否定文に also や too は使えないか？　757
100. ⟨not too ～ to …⟩ を ⟨so ～ that …⟩ で書き換えるには？　764

第1章 文
SENTENCES

語が集まってあるまとまった意味を表現するものを文という。一般に文は，主題となる主部と，主題について述べる述部との2つの要素から成る。

第1節 文の構成

§1 文

1語または数語で，あるまとまった思想，感情，意欲などを表すものを**文**という。文を書くときには，ふつう大文字で始め，ピリオド（.），または感嘆符（!），疑問符（?）で終わる。文は何らかの意図をもって話されたり書かれたりするものであるから，その形と意味のほかに，場面や文脈に応じて果たす役割（機能）を理解しなくてはならない。

1 〈主部＋述部〉の形をとる文

一般に文はその主題となる部分（「…が，…は」）と，それについて述べる部分（「…する，…である」）とで成り立っていて，前者を**主部** (Subject) といい，後者を**述部** (Predicate) という。

	主　　部	述　　部	機能
(a)	I （私は）	agree. （同意します）	同意
(b)	What sort of information （どんな種類の情報が）	can be found on the Internet? （インターネットで得られるの?）	質問

(a) のように主部，述部が1語ずつの場合も，(b) のようにそれぞれが数語から成る場合もある。しかし，(a), (b)どちらの場合も，主部または述部だけでは意味が完結しないので，これはふつうは文とはいえない。

2 〈主部＋述部〉の形をとらない文

文の中には，主部，述部の2つの要素がそろっていない場合もある。

❶ **命令文** (→ p.74)

命令文では主語の You は省略されるのがふつうである。
動詞の形は原形（命令法）になる。(→ p.540)

Lend me this book, please.（この本を貸してください）　　　【依頼】
　　* 形は命令文でも機能は依頼である。

❷ **主語の省略**《口語的》(→ p.773)

(*I*) Thank you for your kindness.（ご親切ありがとう）　　　【感謝】
"How's things?" "(*They*) Couldn't be better."　　　【挨拶】【応答】
（「調子はいかが？」「最高だよ」）

❸ **〈主語＋be 動詞〉の省略**《口語的》(→ p.772)

(*I am*) Sorry I won't be there.（そちらには伺えませんが）　　　【断り】
"Could you mail this letter?" "(*That'd be*) No problem."　　　【承諾】
（「この手紙を投函していただけますか」「いいですよ」）
"(*Is there*) Anyone in?" "Yes, we're all here."
（「だれかいますか？」「はい，みんないます」）　　　【確認】
"(*I will*) See you later!" "Yes, goodbye!"
（「それじゃまた」「ええ，さよなら」）　　　【挨拶】
"How kind (*it is*) of you (to help me)!" "Not at all."　　　【感謝】
（「手伝ってくださってどうもありがとう」「どういたしまして」）
　　* to help などはその場面に応じて入れたり省略したりする。

❹ **感情表現，あるいは呼びかけの語句**

My God!（驚いたなあ）
Mom!（ママ！）

❺ **前の発言に対する応答や，ある場面で決まって使われる表現**

"Thanks." "Not at all."（「ありがとう」「どういたしまして」）【応答】
"Meaning what?" "Meaning that I wish you would change your mind."（「ということは？」「君が考えを変えてくれたらなあということさ」）　　　【聞き返し】
　　* 何が省略されているかは，その場の状況や前後関係でわかるのがふつう。

❻ **ことわざ**

Out of sight, out of mind.（去る者日々に疎し）
First come, first served.（早い者順〔えこひいきなし〕）

§2　主部と述部の構成

主部と述部がそれぞれいくつかの語から成っている場合，主部の中心にな

っている名詞および<u>名詞相当語句</u>を**主語**という。また，述部の中心となる語句を**述語動詞**または**動詞**という。

	主　部	述　部
(a)	The **telephone** on my desk	**rang** persistently and loudly.
	（私の机の上の電話がしつこく大きな音をたてて鳴った）	
(b)	**George and Karl**	**are** good friends.
	（ジョージとカールは親友です）	
(c)	The **picture** of the accident	**makes** me sick.
	（その事故の写真を見ると吐き気がする）	

(a), (c) の主部の中の on my desk や of the accident は主語を限定する**修飾語**（冠詞も修飾語）である。(b) では George と Karl の2つが主語となっている。

述部では，rang / are / makes がそれぞれ**述語動詞**である。述語動詞の種類によって，それに続く語(句)は，副詞的修飾語(句)，補語，目的語の働きをする。(a) では persistently と loudly が副詞的修飾語であり，(b) では friends は（主格）**補語**，(c) では me は**目的語**，sick は（目的格）**補語**として働いている。

主部の中の**主語** (S)，述部の中の**述語動詞** (V) および**目的語** (O)，**補語** (C) の4つを文の主要素という。

§3　主　　　語 (Subject (Word))

1 主語になる語(句)

主語になるものは**名詞，代名詞**のほか，**名詞相当語句**である。

(1) **名　詞**

My **brother** usually calls me from Chicago on Tuesday evenings.
（兄はたいてい火曜の夜にシカゴから私に電話をかけてくる）

(2) <u>代名詞</u>

They fine you in Singapore if **you** throw trash in the streets.
（シンガポールでは通りにごみを散らかすと，罰金を科せられる）

Which is larger, Washington or New York?
（ワシントンとニューヨークではどちらが大きいですか）

　＊　What is the capital of the United States?（合衆国の首都はどこですか）というような文では，what は主語とも補語ともとれるが，補語とする見方が多い。

(3) **形容詞**: 一般に〈**the**＋形容詞〉の形で用いられる。 ➡ p.276

The **rich** grow richer and *the* **poor** grow poorer.
　（富める者はますます富み，貧しい者はますます貧しくなる）

(4) **分　詞**: 〈**the**＋分詞〉の形で用いられる。 ➡ p.519

The **known** must be separated from *the* **unknown**.
　（既知のことは未知のことと区別しなくてはならない）

The **accused** was [were] found not guilty.
　（被告［たち］は無罪になった）

(5) **動名詞** ➡ p.529

Eating a good breakfast is very wise.
　（朝食を十分に食べるのは非常に賢明である）

"(*It's been*) Nice talking to you." "I enjoyed the conversation, too."　　　　　　　　　　　　　　　　　　　　【挨拶】
　（「お話しできてとてもよかったです」「私も楽しかったです」）

(6) **不定詞** ➡ p.473

To dream is an experience common to all people.
　（夢を見るのはすべての人間が共通して経験することである）

"It is a pleasure to have met you." "The pleasure was all mine."
　（「お会いできてよかったです」「こちらこそ」）　〔改まった言い方〕
　　　　　　　　　　　　　　　　　　　　　　　　　【挨拶】【応答】

　＊ it は形式主語で，to 不定詞が実質上の主語。 ➡ p.22

(7) **句**

Through the wood is the nearest way.
　（森を抜けるのが一番の近道です）

From childhood to manhood is a tedious period.
　（子供から大人にかけての時期は，退屈な時期である）

(8) **節**

How he manages to keep out of debt is beyond me.
　（彼がどうやって借金せずにやっていけるのか私にはわからない）

Whether we need it or not is a different story.
　（私たちがそれを必要とするかどうかは別問題である）

(9) **引用語句**

"**Mr. Watson, come here, please; I want you,**" was the first sentence spoken and received over the telephone.
　（「ワトソンさん，こちらに来てください。用がありますので」というのが，電話で話され受信された最初の文でした）

　　　　* 口語調では，命令文が主語になることもある。
　　　　　Be comfortable is my motto.
　　　　　（気楽にというのが私のモットーです）
注｜名詞相当語句：
　　　文中で名詞のもつ機能を果たす名詞以外の語句を名詞相当語句という。
　　1の(3)〜(9)がそれに該当するが，代名詞もこれに含めてよい。同じように，
　　形容詞の機能を果たす形容詞以外の語句を形容詞相当語句，副詞の機能を
　　果たす副詞以外の語句を副詞相当語句という。

2 主語の見分け方

文中でどの語が**主語**であるかを知るためには，次の点が手がかりになる。
(1) 名詞と動詞の人称と数の一致
❶ 複合主語の場合 （→ p.721）
Jack and I *are* very good friends.
（ジャックと私はとても仲の良い友だちだ）
　　　* are は複数に一致するから主語は Jack and I である。

George, as well as you, *lives* in Washington.
（ジョージは，君と同様ワシントンに住んでいる）
　　　* lives の -s は3人称単数であることを示しているから，主語は George
　　　　であって，you ではない。

❷ 修飾語句がついている場合 （→ p.718）
The **number** of students *has* been increasing.
（学生の数は増えてきている）
　　　* has は単数を受けるから，主語は number である。

A number of **students** *have* chosen this new course.
（多く［何人か］の学生がこの新しいコースを選んだ）
　　　* have は複数なので，主語は students である。

(2) 語　順：平叙文では主語は動詞の前に，一般疑問文では be 動詞や助動詞
の次にくる。特殊疑問文で疑問詞が主語の場合は，その後に動詞がくる。

The **man** with red hair *gave* the police some information.
　主語　　　　　　　　　動詞
（赤い髪の男が警察に情報を与えた）

Did the **man** with red hair *give* the police any information?
助動詞　主語　　　　　　　　動詞
（赤い髪の男が警察に情報を与えましたか）

Who *broke* the window?（窓を割ったのはだれだ）
主語　　動詞

(3) 代名詞の格変化

This **she** left on his desk.

（これを彼女は彼の机の上に置いていった）

Who did **he** give it to?（彼はそれをだれにあげたのですか）

* くだけた言い方では文頭で whom の代わりに who を使うが，he が主格だから，こちらが主語であるということがわかる。

3 複合主語と形式主語

主語には一般の主語のほかに，複合主語，形式主語の2つがある。

(1) 複合主語

Tom and Mary often *write* to their uncle.

（トムとメアリーはよく叔父に手紙を書く）

Ham and eggs *is* my favorite.（ハムエッグは私の大好物です）

* 複合主語であっても，単一のものをさすときは単数扱い。 (→ p.721)

(2) 形式主語：主部が長すぎると，文のバランスが悪くなるので，**形式主語**の it を文頭に置いて，本来の主部は述部の後に置く形をとることが多い。形式主語が受ける句，節には次のようなものがある。(→ p.185)

これらの主部は，句や節の形をとっているが，機能上は主語なので，これらを形式主語に対して，**実質上の主語**，または**真主語**という。

❶ 不定詞

It's your turn **to do** the washing-up.

（あなたが食器洗いをする番ですよ）

* *To do the washing-up* では主部が長いので，形式主語の *it* を文頭に置いて *to do* 以下を後にまわしたものである。

❷ 動名詞

It can't be good **sitting** in the sun all day.

（一日中ひなたに座っているなんて，いいはずがありません）

❸ 名詞節

It is rumored **that secret peace talks have been already begun**.

（和平交渉がすでに秘密裏に開始されたとのことです）

It doesn't matter **whether you answer or not**.

（返事はしてもしなくても構いませんよ）

> 注　意味上の主語：
> 文の主語とは別に，不定詞 (→ p.496)・分詞 (→ p.520)・動名詞 (→ p.530) には意味上の主語がある。
> I want **young girls** *to be* more soft-spoken.
> （若い女性にはもっと優しい言葉遣いをしてほしいものだ）
> * young girls が to be の意味上の主語。

> **Q&A 1** My father is a teacher. の主語は father だけか my father か？

　実際にはどちらでもよいが，形式的に文の要素を抜き出させる問題などに答えるのであれば，father だけにするのが無難である。
　意味から考えると，「教師」であるのは一般的な「父親」ではなく，「私の父」なのだから，この文の主語は my father だというほうが理にかなっている。一方，文を構成する最小単位は語であるとする立場から，この文の**主部**は my と father という 2 つの語から成っていると考えるときには，**主語**は father だけにするほうが厳密である。英語の subject を主語とも主部とも訳すように，用語自体にあいまいさもあるが，両者を区別する場合には，主部の中の修飾語をすべて取り除いたものが**主語**だと考えておけばよい。

§4　述語動詞 (Predicate Verb)

述部の中心となるものを**述語動詞**という。単に**動詞**ということもある。

1 構造面からの述語動詞の分類

　述語動詞は単独で用いられる場合もあるが，助動詞や副詞などと結びついて句の形を成すこともある。
(1) **動詞が 1 つだけの場合**：**現在時制**と**過去時制**の動詞である。
　　Traveling by boat **takes** longer than going by car.
　　　（船で旅行するのは，車で旅行するよりも時間がかかる）
　　We **hurried** in the direction of the fire.
　　　（私たちは火事の方向に急いだ）
(2) **複合動詞**：動詞に**助動詞**が加わったり，完了形，進行形，受動態などを作るために，**have, be** がつく場合や，あるいは前置詞や副詞などを伴って**句動詞**になっている場合には，それぞれひとまとまりで述語動詞とみる。
　　The room is very cold. The fire **has gone out**.
　　　（部屋はとても寒い。火が消えてしまった）
　　When **did** you **get up** this morning?
　　　（けさは何時に起きたの？）

2 用法面からの述語動詞の分類

　動詞は**目的語**をとるか，**補語**を必要とするかによって，**自動詞，他動詞**；**完全動詞，不完全動詞**に分類される。多くの動詞は自動詞にも他動詞にも用

いられる。（→ p.377）

(1) 自動詞

目的語をとらないものを自動詞という。自動詞の中で補語を必要としないものを**完全自動詞**，必要とするものを**不完全自動詞**という。

❶ 完全自動詞

What **happened**?（何があったの？）

The car won't **start**.（車のエンジンがどうしてもかからない）

❷ 不完全自動詞

This tea **is** not *hot* enough.（この紅茶はぬるいよ）

The seeds will **become** *flowers* in the summer.
（種子は夏になると花になる）
　　　＊ hot, flowers は補語である。

(2) 他動詞

目的語をとるものを他動詞という。自動詞の場合と同じく，補語を必要としない他動詞を**完全他動詞**，必要とするものを**不完全他動詞**という。

❶ 完全他動詞

The mass media **love** *scandals*.
（マスメディアはスキャンダルが好きだ）

"Will you **pass** *me the salt*?" "Sure. How about the pepper, too?"
（「塩をとってくれませんか」「はい。コショウもいかが？」）　【依頼】
　　　＊ scandals; me, salt は目的語である。

❷ 不完全他動詞

My letter **made** Susie *angry*.
（私の手紙はスージーを怒らせてしまった）
　　　＊ Susie は目的語，angry は補語である。

We **found** it *impossible* to persuade him.
（彼を説得するのは不可能だった）
　　　＊ it (=to persuade him) は目的語，impossible は補語である。

§5 目 的 語 (Object)

〈動詞＋(代)名詞〉の形で，動詞の表す動作の働きを受ける関係にある(代)名詞を**目的語**という。

■ 目的語になる語(句)

目的語になるのは**名詞**，**代名詞**のほか，**名詞相当語句**である。代名詞の場合は目的格が用いられる。

(1) **名　詞**

　　In spite of the rain, we *enjoyed* our **holiday.**
　　（雨は降ったが，私たちは休日を楽しんだ）

(2) **代名詞**

　　He *took* **me** by the arm and *looked* **me** in the eye.
　　（彼は腕をつかんで私の目をじっと見た）

　　I didn't *say* **anything** at all about our plan.
　　（私は私たちの計画について何も話しませんでした）

(3) **形容詞・分詞**：**the** がついて名詞化した形で用いられる。

　　The learned are apt to *despise* **the ignorant**.
　　（学のある人はとかく無知な人を軽蔑する）
　　　　＊ the learned も名詞化しているが，ここでは主語。

　　The ambulances *carried* **the injured** to the nearest hospital.
　　（救急車はけが人を最寄りの病院に運んだ）

(4) **動名詞**

　　I don't *recommend* **eating** in that restaurant. The food is awful.
　　（あのレストランで食べるのはお勧めしません。料理がひどいのです）

　　No one *likes* **being** thought a fool.
　　（自分を愚か者と思われることを好む人はいない）

(5) **不定詞**

　　Jane *offered* **to take** care of our children when we were out.
　　（ジェーンは私たちが留守のときは子供たちの世話をしてくれると申し出た）

　　Don't *forget* to mail this letter.
　　（この手紙を必ず投函して下さい）　　　　　　　　　　　　　　【指示】

(6) **句**

　　"I don't *know* **how to apologize** to you." "No apologies are needed."
　　（「おわびのしようもありません」「おわびなんて」）　　　【謝罪】

　　I don't *know* **whether to go to the party or not**.
　　（パーティーに行ってよいかどうか私にはわかりません）

(7) **節**

　　You *know* **that I don't like eggs**.
　　（私が卵を嫌いなのはご存じでしょう）

　　I'll *ask* him **if he will come.**
　　（彼に来るかどうか聞いてみます）

(8) **引用語句**

Don't say **"but"** to my suggestion.
(私の提案に「しかし」といってはいけない)

The notice says, **"Keep off the grass."**
(掲示には「芝生に入らないでください」と書いてあります)

> **注** 前置詞・形容詞の目的語:
>   前置詞の後にくる名詞(相当語句)や,前置詞的な形容詞の後にくる語句も目的語と呼ばれるが,これらは文の要素としての目的語とは異なる。
>   The car was parked *near* **a fire hydrant**.
>   (その車は消火栓の近くに駐車してあった)　　　　　　〔前置詞〕
>   The coat is tagged *at* **£1,000**; it's not *worth* **the money**.
>   (そのコートは1,000ポンドの値がついているが,それだけの価値はない)　　　　　　　　　　　　　　　　　　　〔前置詞的形容詞〕

2 目的語の種類

(1) **直接目的語・間接目的語**: My brother gave *me* **a pen**. のような文で,**a pen** のように動作の直接の対象になるものを**直接目的語**といい,*me* のように動作の直接の対象にならずに,動作と間接的な関係を表すものを**間接目的語**という。(→ p. 39)

His colleagues gave　　*him*　　　**a present** when he retired.
　　　　　　　　　　　間接目的語　　直接目的語

(彼が退職したとき,同僚は彼にプレゼントをした)

(2) **保留目的語**: 目的語が2つある文を,受動態に書き換えた場合,主語に転換されずにもとの位置に残るものを**保留目的語**という。(→ p. 569)

次の文でa.の light and heat と b.の us が保留目的語である。

The sun gives *us* **light and heat**.
(太陽は光と熱を与えてくれる)

→ { a. *We* are given **light and heat** by the sun.
　　 b. *Light and heat* are given (to) **us** by the sun.

(3) **相互目的語**

each other, one another が目的語になるもの。(→ p. 217)
They admire **each other**. (彼らは互いに称賛し合っている)

(4) **再帰目的語**: 再帰代名詞が目的語になるもの。(→ p. 190)

I cut **myself** while shaving.
(私はひげをそっているときに顔を切った)

She cooked **herself** a good meal.
(彼女は自分のためにおいしい料理を作った)

(5) **形式目的語**：〈S+V+O+C〉の第5文型で **it** を形式的に目的語の位置に置いて，後にくる不定詞・動名詞，節を受けさせるもの。

❶ 不定詞・動名詞を受ける場合

The professor thought **it** rude *to say* such a thing.
（教授はそんなことを言うのは失礼だと思った）

We found **it** very hard *going* back to our base camp in the blizzard.
（吹雪の中をベースキャンプに戻るのは大変苦労だった）

参考　think it's ～ to：
くだけた言い方では I think *it* absurd *to do* so.（私はそうするのはばかげていると思う）の代わりに I think *it*'s absurd *to do* so.〔it は形式主語〕のようにいうことが多い。

❷ 名詞節を受ける場合

We think **it** possible *that they may arrive next week*.
（彼らは来週到着するかもしれない）

He took **it** for granted *that I knew the answer*.
（彼は私が答えを知っているものと決めてかかっていました）

 * take O for granted で「O を当然のことと思う」の意。上の例文で，it や that を省くこともできる。

注　〈S+V+O+C〉と形式目的語：
 第5文型で形式目的語を用いないで，不定詞・動名詞や節を目的語の位置に置くのは不自然。

(6) **同族目的語**：本来は自動詞として使われる動詞が，その動詞と同じ形の名詞，または語源や意味が関連した名詞を目的語にして他動詞として用いられることがある。そのような目的語を**同族目的語**という。（→ p. 394）

He *laughed* a hearty **laugh**.（彼は心の底から笑った）
 * これは文語調で，今は He laughed *heartily*. のほうがふつう。

The baby *slept* a sound **sleep**.（赤ん坊はぐっすり眠った）
（＝The baby slept *soundly*.）

注　副詞的目的格：
 次の例のように，時・距離・程度などを表す名詞が副詞的な働きをすることがある。前置詞の省略と考えてもよいが，歴史的には目的格だったので，副詞的目的格と呼ばれることもある。（→ p. 128）
 The meeting lasted **two hours**.（会合は2時間続いた）
 "How far can you walk in one day?" "I can walk **twenty miles**."
 （「1日にどのくらい歩けますか」「20マイル歩けます」）
 The temperature fell **several degrees**.（気温が数度下がった）

> [参考] **手段の目的語**:
> 動作の手段となるものが目的語の位置にくる場合がある。
> He *struck* his **hand** on the table. (彼は手でテーブルをたたいた)
> ＊ He struck the table with his hand. と同じ。

Q&A 2 「穴を掘る」は dig a hole でよいのか？

よい。「道路に穴を掘る」というとき、直接掘るのは道路で、その結果できるのが穴だが、英語でも hole (穴) を目的語にして、The men *dug* a **hole** in the road. (男たちは道路に穴を掘った) という。*write* a **letter**, *bake* a **cake** なども同じ例で、これを結果の目的語という。

§6 補 語 (Complement)

〈主語＋動詞〉,〈主語＋動詞＋目的語〉だけでは意味が不完全な場合に補われる語(句)を補語という。主語を説明するものは**主格補語**と呼ばれ、目的語を説明するものは**目的格補語**と呼ばれる。

Ⅰ 補語になる語(句)

(1) 名 詞

Mr. Jordan is **chairperson**. (ジョーダンさんは議長だ) 〔主格補語〕
We elected Mr. Jordan **chairperson**. 〔目的格補語〕
(我々はジョーダンさんを議長に選んだ)

(2) 代名詞

"There's nowhere down from here." "This is **it**. This is the bottom."
(「もうここから下はないよ」「そのとおり。ここが一番下だ」)【同意】

(3) 形容詞

His latest novel is **interesting**. 〔主格補語〕
(彼の最新作の小説はおもしろい)
I found his latest novel **interesting**. 〔目的格補語〕
(彼の最新作の小説はおもしろいと思った)

(4) 副 詞

She is not **up** yet. (彼女はまだ起きていません)

(5) 不定詞

The best thing is **to telephone** her.
(一番よいのは彼女に電話することです)

I felt the floor **shake.**（私は床が揺れるのを感じた）

(6) **現在分詞**

She sat **reading**.（彼女はすわって本を読んでいた）

He left the water **running.**（彼は水を出しっぱなしにしておいた）

I saw Mary **looking** into a show window.
　（私はメアリーが店のウインドーをのぞいているのを見ました）

(7) **過去分詞**

He had his sore arm **dressed.**
　（彼は痛む腕を手当てして〔包帯をして〕もらった）

I heard my name **called.**
　（私は自分の名前が呼ばれるのを聞いた）

(8) **動名詞**

One of my hobbies is **making** artificial flowers.
　（私の趣味のひとつは造花をつくることです）

(9) **句**

The flat is **on fire.**（アパートが燃えている）

(Please) Make yourself **at home.**
　（どうぞごゆっくりなさって下さい）　　　　　　　　　　【気配り】

> **注** 〈**as [for]＋補語**〉:
> 　as, for の後に補語がくることがある。**目的語**を説明する慣用表現に見られるが，〈**as＋補語**〉の形をとるものが特に注意を要する。（→ p.48）
> 　We *regard* the situation **as serious.**
> 　　（我々は事態を重大視している）　　　　　〔situation を説明〕
> 　We *take* air and water **for granted**.
> 　　（我々は空気や水をあって当然のものと考えている）

(10) **節**

The trouble is **that glasses always get lost**.
　（困ったことに眼鏡がいつもどこかへ行ってしまう）

The question is **how he will get the money.**
　（問題は彼がどうやってその金を手に入れるかである）

2 補語と修飾語・目的語との区別

(1) **補語と修飾語との区別**

　補語は文の構成要素で，省略すると文の意味が不完全になるが，修飾語は文の構成要素ではないので省略しても文が成り立つ。

　　 He looks **well**.（彼は元気そうだ）　　　　　　　　　〔補語〕
　　 Wash your hands **well**.（手をよく洗いなさい）　　　　〔副詞〕

> The forest was very **still**. (森はとても静かだった)　　〔補語〕
> Was he **still** here when you arrived?
> 　(あなたが到着したとき，彼はまだここにいましたか)　　〔副詞〕

(2) **目的語と補語との区別**

〈間接目的語＋直接目的語〉の文（第4文型）と，〈目的語＋目的格補語〉の文（第5文型）を区別するには，間接目的語と直接目的語の場合は，〈**間接目的語≠直接目的語**〉であるが，目的語と目的格補語の間には，主部・述部あるいは〈**目的語＝目的格補語**〉の関係がある点に注意すればよい。

> Please call *this lady* **a taxi**.　　〔直接目的語〕
> 　(このご婦人にタクシーを呼んで下さい)　　(this lady≠a taxi)
> They called *him* **a coward**.　　〔補語〕
> 　(彼らは彼を憶病者と呼んだ)　　(*cf.* He was a coward.)

> We chose *her* **a nice birthday present**.　　〔直接目的語〕
> 　(私たちは彼女にすてきな誕生日のプレゼントを選んだ)
> We chose *her* (to be) **our leader**.　　〔補語〕
> 　(私たちは彼女をリーダーに選んだ)　　(*cf.* She was our leader.)
> 　＊ choose や call を第4文型に使うと，このように意味があいまいになるので，この形を避けて，Please *call* a taxi *for* this lady. / We *chose* a nice birthday present *for* her. のように，for を使うほうがふつう。

Q&A 3　She'll make a good wife. の a good wife は目的語か補語か？

歴史的にはこの make は他動詞で，a good wife は目的語だが，現在では，make を「〜になるのに必要な素質を備えている」の意にとって，be や become のように，a good wife を補語とみる人が多い。She will make *him* a good wife. という場合も，She will be [become] a good wife *to* [*for*] him. (彼女は彼にとってよい妻になることだろう) と考えて，a good wife を補語とみる。ただし，him≠a good wife であるところが，普通の SVOC 構文と違う慣用句化した構文であるといえる。

---

3 補語に相当する語（句）

補語がなくても文として一応成り立つ場合に，補語に相当する語（句）がつけ加えられて，主語や目的語の状態を説明することがある。

(1) **主格補語に相当する場合**

> Jane *married* **young**. (ジェーンは若くして結婚した)
> 　＊ Jane married. だけでも文としては成立している。この文は Jane was young when she married. の意。

He *returned* to his land **a different man**.
(彼は帰ってきたときには，人が変わったようになっていた)
The boy *came* **running** into the room.
(少年は走って部屋に入ってきた)

(2) **目的格補語に相当する場合**

He always *drinks* his coffee **strong**.
(彼はいつもコーヒーを濃くして飲む)
 * 彼が飲むコーヒーの状態が strong なのである。

Tom *bought* a car **brand-new**.
(トムは車をピカピカの新車で買った)

> **注** 動作の結果生じた状態:
> He *painted* the door **white**. (彼はドアを白く塗った) の paint のように「〜した結果…になる」の意を表す動詞は一種の不完全動詞と考えて，この場合の white などをふつうの補語とするほうが多い。(→ p.45)

§7 文の要素と修飾語

1 修飾語の種類と用法

文の要素である主語，述語動詞，目的語，補語を説明したり限定したりする語(句)を**修飾語(句)**(Modifier)という。**形容詞的修飾語**と**副詞的修飾語**がある。

(1) **形容詞的修飾語**

名詞，代名詞を修飾するもので，主語，目的語，補語を修飾する。

A very **handsome** *prince* met an exceptionally **beautiful** *princess*.
(とてもハンサムな王子が世にも美しい王女に出会った)

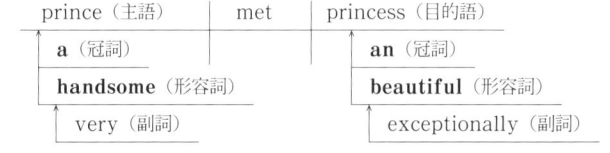

prince (主語)	met	princess (目的語)
a (冠詞)		**an** (冠詞)
handsome (形容詞)		**beautiful** (形容詞)
very (副詞)		exceptionally (副詞)

❶ **冠　詞**

An *owl* can see in the dark. (フクロウは暗闇でも目が見える)
The *silence* in **the** *forest* is restful.
(森の静けさは安らぎを与える)

❷ **形容詞**

He has a **good** *memory*. (彼は記憶力がよい)

❸ 名　詞　(→ p.137)

The carriage was passing by a **stone** *house*.
　(馬車は石造りの家のそばを通っていた)

❹ 準動詞

(a) 不定詞　(→ p.475)

There was *nothing* **to eat** in the refrigerator.
　(冷蔵庫の中には何も食べるものは入っていなかった)

(b) 分　詞　(→ p.512)

Let **sleeping** *dogs* lie.（寝ている子は起こすな）　　《ことわざ》

Many homemakers make good use of **frozen** *food*.
　(冷凍食品をじょうずに利用している主婦が多い)

(c) 動名詞　(→ p.535)

Betty is a **dáncing** *teacher*.（ベティはダンスの先生である）

❺ 〈前置詞＋名詞〉　(→ p.57)

Cigarette *advertising* **on television and radio** was banned.
　(テレビやラジオでのタバコの広告は禁止された)

❻ 形容詞節

All **that you say** is certainly true.
　(君の言うことはすべて確かに本当だ)

(2) **副詞的修飾語**：副詞的修飾語は，動詞，形容詞，副詞を修飾する。

Very *strange-looking* men *walked* **slowly down the stairs**.
　(たいへん奇妙な様子をした男たちがゆっくりと階段を降りてきた)

men（主語）	walked（動詞）
strange-looking（形容詞）	**slowly**（副詞）
very（副詞）	**down the stairs**（副詞句）

❶ 副　詞

Fred **often** *comes* late for class.（フレッドはよく授業に遅刻する）

❷ 副詞句

(a) 不定詞　(→ p.477)

We have *come* **to pay** you a visit.
　(私たちはあなたにお目にかかるために伺いました)

A little donkey isn't strong *enough* **to pull** such a heavy load.
　(小さなロバはあんな重い荷物が引けるほど力は強くない)

(b) 分　詞：分詞構文として用いられる。(→ p.520)

Not **knowing** what to do, I telephoned the police.

(どうしてよいか分からなかったので，私は警察に電話した)

The earth, **seen** from above, looks like an orange.
(地球は上から見るとオレンジのようだ)

(c) 〈前置詞＋名詞〉 ⟹ p.58

You can still *get* asparagus **in the winter.**
(冬でもなおアスパラガスが手に入る)

We *were* somewhat *surprised* **at his strange question.**
(私たちは彼の妙な質問に少し驚いた)

❸ 副詞節

Let me *know* **if you are in need of anything**.
(何かご入り用でしたらお知らせください)

Do **as he tells you.** (彼の言うとおりにしなさい)

2 削除することのできない修飾語句（付加語）

　副詞的修飾語句は，多くの場合文の構成要素としては不可欠なものではないので，削除しても文として成立するが，中には**動詞と強く結びついている**ものがある。これを削除すると，前後の文脈がない限り，独立した文としては不自然になったり，意味をなさなくなることがある。

a. My uncle lives **in London.**
　　(私の叔父はロンドンに住んでいます)　　　　　　　　〔付加語〕

b. The baby was sleeping (**in the cradle**).
　　(赤ん坊は揺りかごの中で眠っていた)　　　　　　　　〔修飾語〕

　b. の in the cradle は削除しても文としては成立するが，a. の in London を取ってしまうと，「私の叔父は (～に) 住んでいます」となって，完結した意味をなさない。live という動詞は **完全自動詞**であるが，「住んでいる」という意味で用いるときには**必ず副詞的語句を必要とする**。こうした副詞的語句は補語と修飾語の中間の性質を持っているといえる。

　このようなものには，場所を表す副詞的語句が多いが，時を表すものや，動詞や形容詞によっては抽象的な意味を表す語句がくることもある。

The next meeting will be **on the tenth of June.**
(次の会合は6月10日です)　　　　　　　　　　　〔時を表す語句〕

They deprived me **of my liberty.**
(彼らは私の自由を奪った)　　　　　　　　　　〔抽象的意味の語句〕

　このように**削除することのできない副詞的語句**を，ふつうの修飾語句（略号：M）と区別して，特別に**付加語**（Adjunct）（略号：A）ということが多い。

第2節 文　型

§8　基本5文型

1 文の要素と5文型

動詞が主語以外にどんな文の要素（目的語，補語）をとるかという基準によって文を分類すると，基本的には次の**5つの型**になる。これをふつう**基本5文型**と呼んでいる。

> Ⅰ．主語+動詞 ⟨S+V⟩
> Everybody **laughed.**（皆が笑った）
> Ⅱ．主語+動詞+補語 ⟨S+V+C⟩
> His eyes **are** *blue.*（彼の目は青い）
> Ⅲ．主語+動詞+目的語 ⟨S+V+O⟩
> Foreigners **admire** *Mt. Fuji.*（外国人は富士山を賛美する）
> Ⅳ．主語+動詞+目的語+目的語 ⟨S+V+O₁+O₂⟩
> I **gave** *him* my address.（私は彼に住所を教えた）
> Ⅴ．主語+動詞+目的語+補語 ⟨S+V+O+C⟩
> I **found** the box *empty.*（箱は開けてみたら空だった）

＊　Ⅰ，Ⅱ，Ⅲには，それぞれ削除できない付加語のつく形がある。これを入れると，第1文型には ⟨S+V+A⟩，第2文型には ⟨S+V+C+A⟩，第3文型には ⟨S+V+O+A⟩ という文型が加わることになる。

2 動詞の種類と5文型

自動詞・他動詞，完全動詞・不完全動詞と文型の関係を以下に示すと次のようになる。（○印は目的語または補語をとることを，×印はとらないことを示す）

	自　動　詞		他　動　詞	
	完全自動詞	不完全自動詞	完全他動詞	不完全他動詞
目的語	×	×	○	○
補　語	×	○	×	○
文　型	Ⅰ	Ⅱ	Ⅲ, Ⅳ	Ⅴ

§9 第1文型 〈S+V〉

この文型の動詞は目的語や補語をとらないので，**完全自動詞**という。

1 第1文型をとる動詞

自動詞の多くは完全自動詞であるが，単独で使われる場合はそう多くない。

"Here is how you should do it. <u>See</u>?" "I <u>see</u>. I'll try it."
（「ここにやり方が書いてあるよ。わかった？」「わかりました。やってみます」）　　　【確認】

"How's this?" "That <u>will do</u>."
（「これはいかが？」「それでけっこうです」）　　　【承諾】

Years <u>passed</u>. （年月がたった）

このように，動詞を修飾する語句のないものもあるが，一般的には<u>修飾語</u>として副詞的語句を伴う。

The sun **is shining** *brightly*.
（太陽がさんさんと輝いている）

The meeting **ended** *at three in the afternoon*.
（会合は午後3時に終わった）

He **has been waiting** *for an hour*.
（彼は1時間待っている）

The bedroom curtains **have faded** *at the edges*.
（寝室のカーテンは端が色あせてきた）

2 〈S+V+A〉

完全自動詞を使った文につく副詞的語句にも，これを取り去ると文として成り立たなくなるものがある。いわゆる<u>付加語</u>（A）である。

Mother **is** *in the kitchen*. （母は台所にいます）

このような付加語を必要とする完全自動詞には，be, live, stand, stay などがある。ふつうの修飾語（M）と区別して，特に**付加語（A）を必要とする第1文型**を，〈S+V+A〉として第1文型の特別な型とすることもある。

§10 第2文型 〈S+V+C〉

この文型の動詞は補語を必要とするので，**不完全自動詞**と呼ばれる。主語と補語の間には〈主語＝補語〉の関係が見られるので，この補語を**主格補語**

という。補語になる語(句)は名詞, 代名詞, 形容詞, 副詞, <u>準動詞</u>, 句および節である。(→ p.28)

I 第2文型をとる動詞

不完全自動詞は, 次の4種に分けられる。

(1) <u>状態を表す動詞</u>:「～である」

❶ **be** のグループ: **be, lie, sit, stand** など

"May I use this phone?" "**Be** my guest."
(「この電話をお借りしていいですか」「どうぞご自由に」) 【承諾】

Do we have to **lie** *flat* on the ground?
(地面にぴったり伏せなくてはなりませんか)

The students **sat** *still*, listening to the lecture.
(学生たちは身じろぎもせず講義に聞き入っていた)

❷ **keep** のグループ: **continue, hold, keep, remain, stay** など

He **kept** quite *calm*. (彼は至極冷静だった)

He **remained** *silent*. (彼は黙っていた)

We **stayed** *roommates* for four years.
(私たちは4年間ルームメイトだった)

(2) <u>状態の変化を表す動詞</u>:「～になる」

become, come, get, grow, make, turn, fall, go, run など

❶ **become**: get よりも堅い言い方。過去形や現在完了で用いることが多い。

English **has become** my favorite *subject*.
(英語は私の好きな学科になった)

　＊ be が日本語の「～になる」に相当する場合がある。become より口語的。
　　Suddenly her face *was* pale. (突然彼女の顔は青くなった)

❷ **get**: 変化の起こりはじめを重視する。進行形が多い。

補語は angry, dark, excited, sleepy, tired, wet など。

We **are getting** *older* day by day.
(私たちは日ごとに年をとっていく)

❸ **come**: 平常の, または好ましい状態への変化。慣用句が多い。

補語は alive, cheap, clean, easy, true, untied など。

Everything **will come** *right* in the end.
(最後には万事うまくいくでしょう)

❹ **go**: 望ましくない状態への変化。turn や grow よりもくだけた言い方。

補語は bald, bankrupt, dizzy, mad, stale, wrong など。
The milk **has gone** *bad*. (牛乳が腐った)

❺ **grow**：次第に起こる変化。やや堅い言い方で，古風に響くこともある。
補語は cold, cool, dark, old, sick, uneasy など。
The children **are growing** *tired*.
　(子どもたちは疲れてきている)

❻ **fall**：急にある状態になる場合で，慣用句が多い。
補語は flat, ill, quiet, short, sick, silent など。
While he was studying, he **fell** *asleep*.
　(彼は勉強中に寝入ってしまった)

❼ **turn**：それまでとは全く違う別の状態への目立った変化。
補語は cold, green, pale, rainy, sour, stormy など。
The leaves **turned** *red* as the days passed.
　(木の葉は日がたつにつれて紅葉した)

〔参考〕 will be / become：
「～になるだろう」という未来のことに関しては，will become よりも will be のほうがふつう。become のほうが意味が強いともいわれる。
　That man **will be** a major star. (あの男は大スターになるだろう)
　Baked potatoes **will become** your firm favorite.
　(皮ごと焼いたジャガイモは君の大好物になるよ)
変化を重視して，次のように使い分けることもある。
　The world **will become** a desert, and it **will be** horrible.
　(世界は砂漠と化して恐ろしいことになるだろう)

(3) **外見を表す動詞**：「～に見える」appear, look, seem など
　He **seemed** *surprised* by my ignorance.
　　(彼は私の無知に驚いたようだった)　　　　　　　　　〔主観的〕
　She **looked** *troubled* by the news.
　　(彼女はその知らせで困っている様子だった)　　　　　〔視覚的〕
　He **appears** *happy* in his new job.
　　(彼は新しい仕事で幸せそうだ)　　　　　　　　　　　〔中間的〕

(4) **知覚動詞**：「～と感じる」feel, smell, sound, taste など
　Peaches **taste** *sweet*. (桃は甘い)
　These lilies **smell** *lovely*.
　　(このユリはいいにおいがする)
　"How about going to Hawaii?" "**Sounds** *great*!"
　　(「ハワイに行くのはどう?」「いいねえ」)　　　　　　【同意】

2 ⟨S+V+C+A⟩

⟨S+V+C⟩の文型の補語になる**形容詞**に，⟨of+名詞⟩などある決まった**前置詞つきの句**がついて，⟨**be+形容詞+前置詞**⟩が1つの動詞に相当することがある。

この場合，文型的に見ると，⟨S+V+C⟩のC（形容詞）に削除できない付加語（A）として⟨of+名詞⟩などがついた形になっているので，⟨**S+V+C+A**⟩という第2文型の特別な型とみることもある。

また，そうした前置詞つきの句を that 節に書き換えられるものもあるが，その場合は前置詞は脱落する。(→ p.285)

He is very **fond** *of playing the guitar*.
（彼はギターを弾くのがとても好きだ）
→ He **likes** *playing the guitar* very much.
　＊ playing 以下は likes の目的語。

I am **sure** *of his honesty*.
（彼は確かに正直だと思います）
→ I am **sure** *that he is honest*.
　＊ that 節は前に of the fact が省略されたと考えると名詞節。

§11 第3文型 ⟨S+V+O⟩

この文型の動詞は目的語をとり補語を必要としないので，**完全他動詞**と呼ばれる。

1 第3文型の一般的な形

目的語になるものは名詞，代名詞，および名詞相当語句である。(→ p.21)

Most of us probably **eat** too much *meat*.
（我々はたいてい肉を食べすぎているだろう）

Heaven **helps** *those* who help themselves.　　　　《ことわざ》
（天は自ら助くるものを助く）
　＊ 目的語である those を修飾する who 以下の修飾節も ⟨S+V+O⟩ の構文になっている。

I **want** *to have* some apple pie.
（私はアップルパイが食べたい）

At last he **stopped** *looking* for the pearl.
（ついに彼は真珠を探すのをやめた）

We must **decide** *when to start*.

(いつ出発するか決めなくてはならない)

The settlers **learned** *that the land in the valley was fertile.*
(開拓民たちは谷間の土地が肥沃であることを知った)

2 〈S+V+O+A〉

　第3文型の文でも，動詞によっては，ふつうの目的語の後に前置詞つきの句を伴ってその意味が完全になるものがある。

　これらの語句を削除すると文として不完全になるので，これを<u>付加語</u>（A）とみて，〈S+V+O+A〉という第3文型の特殊な型にすることもある。次のような例がそうである。

(1) **動作の方向や目標を示す必要のある動詞**

　　He **put** his hands *in his pockets.*
　　（彼はポケットに手を突っ込んだ）
　　　　* in his pockets がないと不自然な文になる。
　　She **introduced** me *to her brother.*
　　（彼女は私をお兄さんに紹介してくれた）
　　　　* 文脈から紹介相手が明らかな場合は，Allow me to **introduce** my brother.（兄を紹介します）のように用いることができる。

(2) **成句的に〈他動詞＋目的語＋前置詞〉の構文をとるもの**

　　動詞によって前置詞がきまっている。（→ p.677）
　　The man **robbed** him *of all his money.*
　　（その男は彼の金をすべて盗んだ）
　　Bees **provide** us *with honey.*
　　（ミツバチは私たちにはちみつを与えてくれる）
　　　　* 《米》では Bees provide us honey. という言い方もある。

> **注** 〈S+V+O_1+O_2〉型でなく〈S+V+O+A〉型をとる動詞：
> **admit, communicate, describe, explain, suggest** などは〈S+V+O+**to** ～〉の形をとり，第4文型〈S+V+O_1+O_2〉にはならない。
> The teacher **explained** the rules of the game *to us.*
> （先生は私たちにその競技のルールを説明してくれた）
> 　　* explain は O_1 が代名詞の場合には，くだけた話し言葉では〈S+V+O_1+O_2〉型も見られるが，非標準とされる。

§12　第4文型 〈S+V+O_1+O_2〉

　この文型の動詞は，間接目的語と直接目的語をとる他動詞で，**授与動詞**という。「～に」にあたるのが**間接目的語**（O_1）で，「～を」にあたるのが**直接目的語**（O_2）。間接目的語には主として人がなり，直接目的語には物がなる。

■ 第4文型をとる動詞

授与動詞は「~に…を与える」という意味の give のグループと、「~(のため)に…を買ってやる」という意味の buy のグループとに分類される。

(1) give のグループ

allot	(分配する)	award	(授与する)
give	(与える)	grant	(与える)
hand	(手渡す)	lend	(貸す)
offer	(提供する)	pass	(回す)
pay	(払う)	promise	(約束する)
read	(読んで聞かせる)	sell	(売り込む)
send	(送る)	show	(見せる)
teach	(教える)	tell	(話す)
throw	(投げかける)	write	(書き送る)

I **gave** him some advice. (私は彼に忠告をした)

He **handed** the salesclerk the money.
  (彼は店員に金を渡した)

The girl **lent** her friend her new bicycle.
  (その少女は友人に新しい自転車を貸した)

He **told** his brother the story. (彼はその話を弟にした)

We **showed** him some pictures of London.
  (私たちは彼にロンドンの写真を見せた)

このグループに属する動詞は、間接目的語と直接目的語との順序を逆にする場合、間接目的語になっていた語句の前に **to** をつける。こうしてできた文は第3文型となる。（→ p.38）

I	gave	some advice		him.
He	handed	the money		the salesclerk.
The girl	lent	her new bicycle	to	her friend.
He	told	the story		his brother.
We	showed	some pictures of London		him.

  ＊ **give** は「与える」の意味では直接目的語と間接目的語のどちらも省略できないが、**tell** などは両方とも省略できる。（→ p.42 Q&A 4）
    I know, so I'll **tell** you.
      (知っているから教えてあげよう)
    I know, but I won't **tell**.
      (知っているが言うもんか)

(2) buy のグループ

buy	(買ってやる)	call	(呼ぶ)
cook	(料理してやる)	find	(見つけてやる)
get	(手に入れてやる)	make	(作ってやる)
order	(注文してやる)	prepare	(〔料理などを〕こしらえる)
save	(とっておく)	spare	(分け与える)

He **bought** his daughter a dress.
(彼は娘にドレスを買った)

I will **find** you a vacant seat.
(あなたのために空席を見つけてあげましょう)

I've **ordered** you some dessert.
(あなたのためにデザートを注文しました)

Get me a nice video camera.
(私に良いビデオカメラを手に入れてください)

このグループに属する動詞の場合は、間接目的語と直接目的語との順序を逆にするときには、**間接目的語の前に for** をつける。

He	bought	a dress		his daughter.
I	will find	a vacant seat	for	you.
I	've ordered	some dessert		you.
	Get	a nice video camera		me.

* この型の直接目的語は、上の例のように不定のものが多い。
* choose(選んでやる)はこの型ではあまり用いられない。

(3) bring など

bring や leave など意味によっては to, for のどちらも用いられるものがある。この場合, to は「~に〔着点〕」, for は「~のために〔利益〕」というその本来の意味を表す。

Bring the money *to* me here.
(お金を私がいる所まで持って来なさい)

I have **brought** your heavy suitcase *for* you.
(あなたの重いスーツケースを持ってきてあげましたよ)

He **left** a pretty fortune *to* his wife.
(彼は妻に相当な財産を残して死んだ)

I **left** some cookies *for* him.
(私は彼にクッキーを少し残しておいた)

* leave A to B は「B に A を残して死ぬ」の意味であることに注意。

(4) その他のグループ

❶ (a) ask の場合は間接目的語と直接目的語との順序を逆にすると，to ではなく of が入るが，ask a question of A は堅い言い方で，実際にはあまり用いない。また，question 以外ではこの形はない。

The teacher **asked** me a very difficult question.
（先生は私にとても難しい質問をした）
→ The teacher **asked** a very difficult question *of* me.
<u>Can I **ask** you a favor?</u>（お願いがあるのですが）　　　　【依頼】
→ Can I **ask** a favor *of* you?
  * 「頼む」の意で of を用いる形は比較的多い。

(b) play は〈play O_2 *on* O_1〉で，「(人が) O_1 に O_2（いたずらなど）をする」の意を表すときには，これを〈play O_1 O_2〉の型に言い換えることができる。

He **has played** a mean trick *on me*.
→ He **has played** *me* a mean trick.
（彼は私に卑劣ないたずらをした）

❷ 順序が変えられないもの

cost, envy, save, spare などの場合には順序は変えられない。

This computer *has* **saved** us a lot of work.
（このコンピュータのおかげでずいぶん手間が省けた）

I **envy** you your trip to Europe.
（ヨーロッパ旅行だなんてうらやましいですね）

  * I envy you. でも I envy your trip. でも文としては成立するので，上の文の you と your trip を2つとも（直接）目的語と考えることができる。

Q&A 4 〈S+V+O_1+O_2〉の O_1, O_2 の一方を省略できるか？

動詞と意味による。一般に buy グループでは O_1 を省略できるものが多いが，give グループでは文脈や意味次第で省略できるものとできないものがある。

「与える」の意味の I gave him a CD. (＝I gave a CD *to* him.) は I gave *a CD*. と言えないが，I bought him a CD. (＝I bought a CD *for him*.) は I bought *a CD*. と言える。これは for him は「彼のために」という意味で，動詞との結びつきが give などよりも弱いからである。しかし，give グループでも，lend, offer, send, teach, throw, write など O_1 を省略できるものもあり，read, tell なども O_2 だけで文が成立する。また teach, tell, pay, write などは O_1 だけで，O_2 を省略しても文が成り立つ。

2 不定詞や節が直接目的語になる場合

(1) 不定詞の場合

❶ to 不定詞

She **promised** (me) *to keep* the secret.
(彼女は私にその秘密を守ることを約束した)
(=She **promised** (me) *that she would keep the secret.*)

* promise O₁ to do の場合、間接目的語 O₁（特に1、2人称代名詞）はふつう省略される。
* 一般に〈S+V+O+to do〉の型は、基本5文型のどれにも分類せずに、このままの形で扱うほうがよい。（→ p.46）

❷ 疑問詞+to 不定詞

Would you please **advise** me *which to buy*?
(どれを買ったらよいか教えてくれませんか)

My sister **taught** me *how to fold* paper into a crane.
(姉は私に折り紙の鶴の折り方を教えてくれた)

(2) 名詞節の場合

❶ that 節

I **convinced** him *that he was wrong*.
(私は彼がまちがっていることを悟らせた)

注 〈S+V+O+that 節〉で O を省くことのできない動詞:
that 節の前の（代）名詞の目的語をふつう省くことができない動詞に、assure（保証する）、convince（納得させる）、inform（告げる）、notify（通知する）、persuade（説得して～させる）、tell（言う）などがある。
（→ p.604）

◉〈S+V+O+that 節〉の型をとれそうでとれない動詞

次の動詞は意味の上からこの構文をとりそうに思われるが、実際にはとらないので注意が必要である。たとえば、suggest me that ... は不可で、suggest *to me* that ... とする。

expect（期待する）	explain（説明する）
order（命じる）	propose（提案する）
recommend（推奨する）	require（命ずる）
request（頼む）	suggest（提案する）
urge（強く主張する）	want（欲する）

❷ 疑問詞節

This book **shows** you *how a car works*.
(この本を読めば車がどうして動くかわかる)

◆ 〈S+V+O+疑問詞節〉の型をとる動詞

advise（助言する）	ask（たずねる）
instruct（知らせる，教える）	remind（思い出させる）
show（教える）	teach（教える）
tell（述べる）	warn（警告する）

Q&A 5　He gave me it. は正しいか？

慣用表現として "Give me it." は日常会話《おもに英》に見られるが，一般的には直接目的語が軽い代名詞，特に it のときには，これを前に置くのが自然である。その場合，次の2つの形があるが，a. のほうが多い。
a. He gave *it* to me [her, *etc.*]
b. He gave *it* me [her, *etc.*]
実際に発音するとa. とb. ではあまり差が感じられない。

§13　第5文型〈S+V+O+C〉

この文型の他動詞は目的格補語を必要とするので，**不完全他動詞**と呼ばれる。目的語と目的格補語との間には，〈主部+述部〉の関係がある。
　　They **called** him *Jim*.（彼らは彼のことをジムと呼んだ）
　　I **want** him *to be honest*.（彼に正直になってほしい）

■ 名詞，形容詞，句を目的格補語にとる動詞

(1) make グループ

「～を…にする」という意味を表し，「…」にあたる語句(目的格補語)がないと文が完成しない。
　　No wise bird **makes** its own nest *dirty*.　　　　　《ことわざ》
　　　（賢い鳥は自分の巣を汚さない）
　　We **chose** Mr. Gray *chairperson* of the meeting.
　　　（私たちはグレー氏をその会合の議長に選んだ）
　　She **named** her cat *Sally*.
　　　（彼女は自分の猫にサリーという名前をつけた）
　　The news of his injury **turned** her *pale*.
　　　（彼がけがをしたと聞いて彼女は青くなった）
　　Anger **drove** him *blind*.（彼は怒りで目がくらんだ）
　　He always **leaves** everything *in order*.
　　　（彼はいつも何もかもきちんとしておく）
「～を(ある状態に)する」という意味を表す動詞には，上の例のほかに

get, lay, let, render, set などがある。また目的格補語に名詞をとる動詞にはほかに **appoint**（任命する），**declare**（宣言する），**elect**（選ぶ），**vote**（認める）などがある。

(2) <u>paint グループ</u>

おもに動作の結果生じた状態を表す。状態を表す目的格補語がなくても文としては成立する。

Mr. Johnson **painted** the fence *white*.
（ジョンソン氏は柵(さく)を白く塗った）
  * ペンキを塗った結果柵(さく)が白くなったので，white があることによって結果の状態がはっきりする。

She **boiled** the egg *hard*.（彼女は卵を固くゆでた）

He **pushed** the door *open*.（彼は戸を押し開けた）
  * open は形容詞であるが，句動詞を作る副詞のようにも感じられるので *push open* the door の語順も可能。この形のほうが結果よりも「押し開ける」という動作が強く感じられるという。特に目的語が長い場合に好まれる。(→ p.803)

◉ 動作の結果生じた状態を表す動詞

bake（焼く）	beat（打つ）	burn（こがす）
color（着色する）	cut（切る）	dye（染める）
lick（なめる）	wash（洗う）	wipe（拭く）

(3) <u>think グループ</u>

「～を…と思う」という意味の動詞で，to be の省略である。目的語と補語の間には，to be が入ることもある。(→ p.494)

Alice **thinks** her husband (to be) a great musician.
（アリスは夫が偉大な音楽家だと思っている）
  * Alice thinks (that) her husband is a great musician. のほうが口語調。

I **consider** his words (to be) very *important*.
（私は彼の言葉はたいへん重要だと考える）

2 不定詞・分詞を目的格補語にとる動詞

使役動詞や知覚動詞の場合が中心になる。

(1) 使役動詞 (→ p.389)

The black suit **made** Susan *look* thin.
（黒いスーツがスーザンを細く見せた）

No one can **get** the car *to start*.
（だれもその車を発進させられない）

I cannot **have** you *doing* that.
(君にそんなことをさせておくわけにはいかない)

I could not **make** myself *understood* in German.
(私はドイツ語では用が足せなかった)

(2) 知覚動詞 (→ p.392)

I **heard** something *crash* against the wall.
(何かが壁に当たって砕ける音が聞こえた)

I **saw** some little fish *swimming* about in the water.
(水の中で小さな魚が泳ぎ回っているのを見た)

Did you **hear** your name *called*?
(あなたは自分の名前が呼ばれるのが聞こえましたか)

(3) その他 (→ p.490)

The management **want** all the employees *to be punctual*.
(経営陣は社員がみな時間を厳守することを望む)

 * こういう場合, 意味上, all the employees to be punctual 全体が want の目的語になっているとも考えられるが, all the employees are punctual という関係を考えると, all the employees を want の目的語, to be punctual を目的格補語と見ることもできる。ただ, 一般に 〈S+V+O+to do〉 の形は, むりに基本5文型に分類せずにこのままの型として理解したほうがよい。

§14 特殊な文型

1 〈There + be 動詞 + 主語〉 (→ p.334)

ある不特定のものが存在することを表すのに There is (are, was など) の構文を使う。英語では「テーブルの上に花びんがある」という場合に A vase is on the table. とはふつうはいわないで, 代わりに There is a vase on the table. という。

この構文の be 動詞は原則として後の名詞の数・人称と一致するので, 一般に主語は be 動詞の後の名詞であると考えられている。文頭の there はそれ自身はっきりした意味を持たず, 発音も弱く読まれる。この構文は〈動詞＋主語〉という形になるので, 第1文型として扱われる。

There **are** five in my family.
(うちは5人家族です)

"Would you show me how to do it?" "Sure, *there*'s nothing to it."
(「そのやり方を教えてくれませんか」「いいよ, わけないさ」)【承諾】

There **used to be** a small park just around the corner.
(ちょうどそこの角を曲がったところに小さい公園があった)

> **注** there is 構文と主語:
> 　旧情報など特定の主語の場合には, there is ～ の構文は使えない。
> 〔誤〕 *There is* Mt. Fuji in Shizuoka Prefecture.
> 〔正〕 Mt. Fuji **is** in Shizuoka Prefecture.
> ただし, 人や物を列挙するときには特定の主語がくる。
> 　Then there was Harris, and George, and his dog.
> 　　(それからハリスもいたし, ジョージもいたし, 彼の犬もいた)
> また, **of 句**や**関係詞節**などで**後から修飾されたための the** ならよい。
> 　There is **the** information *which is obtained from the patient*.
> 　(患者から得られる情報がある)

there is ～ の構文の there は, 意味上は主語ではないが, 疑問文を作る場合などには文法的な主語のように働く。

Is **there** a vase on the desk?（机の上に花びんがありますか）
* 付加疑問をつける場合も同じ。
　There is no one in the room, *is there*?
　(部屋の中にはだれもいませんね)

I don't want **there** *to be* any misunderstanding.
(どんな誤解もないようにしたい)
* 不定詞の意味上の主語になっている。

There *being* nothing to do, I went to bed.
(何もすることがなかったので床についた)
* 分詞構文の意味上の主語になっているが文語調。

She insisted on **there** *being* a third party.
(彼女は第三者の存在を主張した)
* 動名詞の意味上の主語になっている。

there に続く語は, ほかに come, live, remain, stand などがある。
There once **lived** a great king.（昔, 偉大な王がいました）
There **followed** a long silence.（長い沈黙が後に続いた）

2 〈It seems that ...〉 (→ p.484)

「～のようだ」という意味を表す It seems that ..., It appears that ... などの構文では, it が that 以下の節を導入する働きをしている。形の上では〈主語＋動詞〉となるので, 第1文型として扱われることが多いが, 特殊な文型としておくほうがよい。

It **seems** *that* John dislikes his boss.
(ジョンはボスが嫌いらしい)

* くだけた言い方,特に会話の切り出しでは,that は省略されることが多いといわれる。

It **appeared** *that* John was ill at ease in my company.
(ジョンは私と一緒にいると落ち着かないようだった)

It **turned** out *that* one of the pictures was missing.
(絵の1つがなくなっていることがわかった)

注 | **It seems that ... 型と一般の形式主語構文**:
〈It seems that ...〉型構文では,that 節を文頭に置くことはできない。
[誤] That John dislikes his boss *seems*.
次の文と比較:これは第2文型である。
It is obvious *that* money doesn't grow on trees.
(お金が木にならないことは明らかだ)
(=That money doesn't grow on trees *is* obvious.)
* that 節が前に出ることは少なく,It is ~ that ... のほうがふつう。

3 その他の文型

完全動詞に補語に相当する語句や,〈as+補語〉がつくもので,p.29, 30 に示した形とは別の特殊な場合がある。

(1) 補語に相当する語句 (→ p.30)

❶ 第3文型に**主格補語**に相当する語句がつく場合

He left the room exhausted. (彼は疲れ切って部屋を出た)
S V   O   C

* exhausted は目的語 the room の状態ではなく,**主語 he の状態**を述べているから,この文はふつうの第5文型ではない。

❷ 第4文型に O₂ の目的格補語に相当する語句がつく場合

I sold him my car brand-new.
S V O₁ O₂   C

(彼に私の車を新品〔の状態〕で売った)

* brand-new は**直接目的語 my car の状態**を述べている。

(2) 〈as+補語〉 (→ p.29)

The plan struck me as excellent.
  S   V   O as+形容詞

(その計画は私にはすばらしく思われた)

* as excellent は目的語でなく**主語の the plan** を説明しているから,
I regarded the plan as excellent.
S   V   O   C (as+補語)
とは文型が異なる。第3文型とみる。

第3節 品　　　　詞

§15　8品詞とその機能

単語を語形，機能，意味などによって分類したものを**品詞** (Parts of Speech) という。英語ではふつう次の8つに分ける。

名詞，代名詞，形容詞，動詞，副詞，前置詞，接続詞，間投詞

(1) 名　詞 (**Noun**) 〔*n.*〕(→第2章)

人や事物の名前や概念を表す語を**名詞**という。文の中で主語，目的語，補語になる。冠詞その他の形容詞的修飾語句がつく。

Mr. Smith took a **holiday** yesterday.　　　　　　〔主語，目的語〕
(スミス氏は昨日休みをとった)
That is the **question**. (それが問題である)　　　　　　　　〔補語〕

(2) 代名詞 (**Pronoun**) 〔*pron.*〕(→第4章)

名詞の代用となる語を**代名詞**という。主語，目的語，補語になる。

I must tell **you this**.　　　　　　〔主語，間接目的語，直接目的語〕
(このことはあなたにお話しなくてはなりません)
Which is **mine**? (どちらが僕のですか)　　　　　　　〔主語，補語〕

(3) 形容詞 (**Adjective**) 〔*adj.* または *a.*〕(→第6章)

名詞・代名詞を修飾する語を**形容詞**という。修飾語となるほか，文の要素としては補語になる。

I'd like to marry a **tall, dark, handsome** man.　〔名詞を修飾〕
(私は背が高くて，髪の黒い，ハンサムな男性と結婚したい)
His brother is **younger** than he looks.　　　　　　　　〔補語〕
(彼の兄は見かけよりも若い)

> **注** 冠詞 (**Article**):
> 形容詞の一種で，名詞の前に置かれる。**定冠詞** the と，**不定冠詞** a [an] とがある。(→第3章)
> She was wearing **a** hat. **The** hat was bright red but rather old.
> (彼女は帽子をかぶっていた。その帽子は鮮やかな赤色であったがかなり古かった)

(4) 動　詞 (**Verb**) 〔*v.*〕(→第9章)

主語の動作，状態を表す語を**動詞**という。

He usually **comes** home near midnight.　　　　　　　　〔動作〕
(彼はたいてい真夜中近くに帰宅する)

This book **belongs** to the library.　　　　　　　　　　　　　〔状態〕
（この本は図書館のものです）

> **注** 助動詞 (Auxiliary Verb):
> 他の動詞を助けて，時制・法・態などの形態を作る動詞を**助動詞**という。
> **be, do, have, can, may, must, shall, will** など。（→第11章）
> **May** I see the principal this afternoon?　　〔許可を表す may〕
> （今日の午後校長先生にお会いしてよろしいでしょうか）

(5) 副　詞 (**Adverb**) 〔*adv.*〕（→第7章）

動詞，形容詞，副詞，名詞，句，節，または文全体を修飾する語を**副詞**という。

He will *return* **soon**.（彼はじきに帰るでしょう）　　　　〔動詞を修飾〕
She is **very** *diligent*.（彼女はとても勤勉です）　　　　　〔形容詞を修飾〕
That man speaks French **very** *fluently*.　　　　　　　　〔副詞を修飾〕
（あの男はフランス語をとても流ちょうに話す）
He is **only** *a child*.（彼はまだほんの子供だ）　　　　　　〔名詞を修飾〕
He turned up **just** *at noon*.　　　　　　　　　　　　　〔句を修飾〕
（彼はちょうど正午に姿を現した）
Do **exactly** *as I tell you*.　　　　　　　　　　　　　　〔節を修飾〕
（私の言うとおりにしなさい）
Happily, *the girl did not die*.　　　　　　　　　　　　〔文全体を修飾〕
（幸いにもその女の子は死ななかった）

(6) 前置詞 (**Preposition**) 〔*prep.*〕（→第19章）

名詞，代名詞などの前に置いて，形容詞句，副詞句を作る語を**前置詞**という。

I want to travel **through** *Europe* **by** *train*.　　　　　〔名詞の前〕
（私はヨーロッパを列車で旅行したい）
I'm not so interested **in** *them*.　　　　　　　　　　　　〔代名詞の前〕
（私は彼らにあまり関心がありません）
She called to me **from** *across the street*.　　　　　　　〔句の前〕
（彼女は通りの向こうから私に声をかけた）
There is some doubt **as to** *whether the evidence is trustworthy*.
（その証拠の信頼性についてはいくらか疑問がある）　　　　　〔節の前〕

> **注** 形容詞句と副詞句:
> 同じ語句でも位置によって，機能が異なる。
> The houses *in that street* will be very expensive to buy.
> （あの通りの家は買うには相当高いでしょう）　　　　〔形容詞句〕
> The children are playing catch *in that street*.
> （子供たちはあの通りでキャッチボールをしている）　〔副詞句〕

(7) **接続詞 (Conjunction)** 〔*conj.*〕(→第17章)

語と語, 句と句, 節と節とを結びつける語を**接続詞**という。

Four **and** *five* are nine. (4+5=9) 〔等位接続詞: 語と語を接続〕

I will write either *to the secretary* **or** *to the president*.
〔等位接続詞: 句と句を接続〕

(私は秘書か社長のどちらかに手紙を出すつもりです)

I would like to come, **but** *I am going out with someone else this evening.* 〔等位接続詞: 節と節を接続〕

(ご一緒したいのですが, 今晩は別の人と出かける予定です)

She sometimes gets sick to her stomach **when** *she rides in a car.*
〔従位接続詞: 節と節を接続〕

(彼女は車に乗ると気分が悪くなることがある)

(8) **間投詞 (Interjection)** 〔*interj.* または *int.*〕 ➡ p.803

喜び, 怒り, 悲しみ, 驚きなどの感情を表す語を**間投詞**という。文の中で独立要素となり, ほかの部分と文法的関係を持たない。

Hurrah, we've made it! (ワー, 着いたぞ) 【喜び】

"Smell this." "**Ugh**, it reeks!" 【嫌悪】

(「このにおいをかいでごらん」「わっ, くさい」)

句の形をしたものもある。

Bless me! (おやおや) **By God!** (これはこれは)

For goodness' sake stop talking!

(お願いだから話すのをやめて) 【懇願】

Thank you. / **Thanks.** (ありがとう)

§16 品詞と語形変化

1 内容語と機能語

8品詞は, はっきりした意味を持つ**内容語**と, それ自体はっきりした意味を持たずもっぱら文法的なつながりを示す働きをする**機能語**とに分けられる。

(1) **内容語**

内容語は文の意味や内容の大半を伝えるばかりでなく, それ自体単独で意味を持っている。これに属するものは**名詞, 形容詞, 動詞, 副詞**の4つである。内容語に属する品詞は一般的に, 単[複]数形(名詞), 比較変化(形容詞・副詞), 活用形(動詞)などの語形変化がある。

内容語は，必要に応じて新しく造語で増やすことができる。たとえば，sputnik（人工衛星）のように外国語から借用したり，eatable のように接尾語 -able, -ise, -ly を用いて語を作ったり，また，nylon や penicillin のように新語を作ったりすることができる。

(2) 機能語

機能語は内容語と違って，それ自体でははっきりした意味内容がなく，文法的なつながりを示す重要な語である。**代名詞，前置詞，接続詞，間投詞**がここに入る。

機能語に属する品詞は代名詞以外は語形変化をしない。また間投詞以外はその語彙を増やすことができない。

> [参考] **内容語とも機能語ともとれる場合:**
> 実際の会話などでは，内容語と機能語のどちらかに分けることが無理な場合もある。たとえば，That's a difficult *thing*.（それは難しい）などというときの thing にはほとんど意味はなく，〈形容詞＋thing〉で，形容詞の働きをしているのにすぎない。

2 語 形 変 化

語形変化をするものは，内容語の名詞，形容詞，動詞，副詞の４つと，機能語の中の代名詞である。おもな変化は次のようなものである。

(1) 名詞の変化

❶ **数**による語形変化：一般に単数形に複数語尾 -s, -es をつける。

Tables are pieces of furniture.（テーブルは家具である）

man ― men のように不規則変化をするものもある。

❷ **格**による語形変化：所有格語尾 's をつける。

Bob's and **Tom's** cars are here.
　（ボブの車とトムの車がここにある）

(2) 形容詞・副詞の変化

❶ **比較変化**：語尾に -er, -est をつけるものと，more, most を前に置くものがある。

He is **cleverer** than I thought he was.
　（彼は私が思っていたよりも頭がいい）

My bed is **more comfortable** than yours.
　（私のベッドはあなたのよりも寝心地がよい）

❷ 不規則な変化形を持つものもある。

You swim **better** than I do. 〔副詞 well の比較級〕
　（君は僕より水泳が上手だ）

(3) 動詞の変化

❶ **過去・過去分詞の語形変化**

(a) 規則動詞：語尾に -d, -ed をつける。

We nearly miss*ed* the last bus.

（私たちはもう少しで最終バスに乗り遅れるところだった）

(b) 不規則動詞

My computer has brok*en* down.

（私のコンピュータが故障した）

❷ **主語の人称による語形変化**：3人称単数現在では語尾に -s, -es をつける。

The Rhine **flow**s through Germany and the Netherlands into the North Sea.

（ライン川はドイツとオランダを流れ，北海に注ぐ）

(4) 代名詞の変化：数・格・性・人称によって語形変化をする。

He has brought a letter of recommendation with **him**.

（彼は推薦状を持ってきた）

She wants to see **them**.

（彼女は彼らに会いたがっている）

§17 紛らわしい品詞の区別

同じ語が2つ以上の品詞として用いられることが多い。（→ p.54）どの品詞として用いられているかは，文中での働きによってわかる。

Keep **still** while I cut your hair.　〔形容詞〕

（髪の毛を切るあいだじっとしていなさい）

He's **still** watching TV in his room.　〔副　詞〕

（彼は部屋でまだテレビを見ている）

　＊ 形容詞の場合は補語になっており，副詞の場合は動詞を修飾している。

The water poured **through**.（水がどっと流れた）　〔副　詞〕

Water flows **through** a pipe.（水は管を通って流れる）　〔前置詞〕

　＊ 副詞の場合は前の動詞についており，前置詞の場合は後の名詞についている。

Always wash your hands **before** meals.　〔前置詞〕

（食事の前に必ず手を洗いなさい）

Look **before** you leap.（ころばぬ先の杖）《ことわざ》　〔接続詞〕

　＊ 前置詞の場合は後に名詞が続き，接続詞の場合は後に節が続いている。

> **Q&A 6** The sun shines bright. の bright は形容詞か副詞か？
>
> 　最近の多くの辞書は副詞としているが，形容詞としても誤りではない。The sun shines *bright / brightly*.（太陽は明るく輝く）はどちらも英文として正しい。bright を補語の一種とみれば**形容詞**，brightly の意味ととれば**副詞**になる。ただこの bright はおもに慣用的に shine [burn] bright の形で用いられる特殊な用法である。

§18　品詞の転用

　§17で見たように，英語では多くの語が自由にほかの品詞に転用される傾向があり，同一の語がいくつかの品詞に属することがある。

(1) 名詞 ↔ 動詞

　　The **sails** of the ship are white.（その船の帆は白い）　　〔名　詞〕
　　The ship **sails** tomorrow.（その船は明日出航する）　　　〔動　詞〕

　　He is writing a **book** about the history of this country.
　　　（彼はこの国の歴史について本を書いているところである）〔名　詞〕
　　I want to **book** four seats for Friday night.《英》　　　　〔動　詞〕
　　　（金曜の夜の席を4人分予約したい）
　　　* 《米》では reserve がふつう。

(2) 名詞 ↔ 形容詞

　　Oranges are rich in vitamin C.　　　　　　　　　　　　〔名　詞〕
　　　（オレンジにはビタミンCがたくさん含まれている）
　　She wore an **orange** dress.　　　　　　　　　　　　　　〔形容詞〕
　　　（彼女はオレンジ色の服を着ていた）

　　White is the color of snow.（白は雪の色である）　　　　〔名　詞〕
　　His mother's hair is **white.**（彼の母の髪は白い）　　　　〔形容詞〕

(3) 形容詞 ↔ 副詞

　　She drew a **straight** line.（彼女は直線を引いた）　　　　〔形容詞〕
　　Keep **straight** on until you come to a crossroads.
　　　（十字路まで真っすぐ行きなさい）　　　　　　　　　　　　〔副　詞〕

　　The young men watched the **pretty** young girls.　　　　〔形容詞〕
　　　（青年たちはその美しい少女たちを見守った）
　　We had a **pretty** good evening.　　　　　　　　　　　　〔副　詞〕
　　　（私たちはとても楽しい夕べを過ごした）
　　　* 副詞の pretty はくだけた言い方。

§18 品詞の転用　55

(4) いろいろな品詞になる例

❶ 副詞・接続詞・不定代名詞

If you won't swim, **neither** will I.　〔副　詞〕
(あなたが泳がないなら，私も泳がない)

The film was **neither** well made *nor* well acted.　〔接続詞〕
(その映画は作り方もまずかったし，演技も下手だった)

Neither of the students handed in their paper.　〔不定代名詞〕
(2人の学生のどちらもレポートを提出しなかった)

❷ 副詞・接続詞・前置詞

He was rude to my mother, and she hasn't spoken to him **since**.　〔副　詞〕
(彼は私の母に失礼なことをしたので，母はそれ以来彼と口をきいていない)

"It's a long time **since** I saw you last." "Yes, it must be at least three years."　〔接続詞〕
(「お久しぶりです」「そう，少なくとも3年になりますね」)【挨拶】

I have known him **since** childhood.　〔前置詞〕
(私は彼とは子供のころからの知り合いである)

❸ 形容詞・副詞・名詞

December 31 is the **last** day of the year.　〔形容詞〕
(12月31日は1年の最後の日である)

The letter "Z" comes **last** in the alphabet.　〔副　詞〕
(Zという文字はアルファベットの最後にくる)

She ate the **last** of the strawberries.　〔名　詞〕
(彼女はイチゴの最後の1つを食べた)

❹ 接続詞・副詞・前置詞・関係代名詞

She is tall **but** her sister is short.　〔接続詞〕
(彼女は背が高いが，妹は背が低い)

There is **but** one answer to your question.《文語調》〔副　詞〕
(あなたの質問には1つしか答えがない)

He is anything **but** a hero.　〔前置詞〕
(彼は英雄などではない)

There is no rule **but** has some exceptions.
(例外のない規則はない)　《文語調》〔関係代名詞〕

第4節 句 と 節

§19 句 (Phrases)

いくつかの語が集まって，ある品詞に相当する働きをするものを **句** という。句はそれ自体の中に〈主語＋述語〉を持たない。句には **名詞句，形容詞句，副詞句** の3種類がある。

同じ句でも，文の中で違った働きをすることがある。

The parade **around the island** was a long one.
(島を巡るパレードは長く続いた)
〔**形容詞句**として the parade を修飾〕

The ship sailed **around the island**.
(船は島の周りを巡った)
〔**副詞句**として sailed を修飾〕

> 参考 句の種類：
> 8品詞に相当する8つの種類の句を認める考え方もあるが，ふつうは，それ自体で文の主語，目的語，補語になる **名詞句** と，修飾語になる **形容詞句・副詞句** の3種類だけを句として扱う。そして in front of などは前置詞とせずに，in front of the house など，次に続く名詞まで全体をまとめて形容詞句や副詞句として考える。

§20 名 詞 句 (Noun Phrases)

名詞と同じように，主語，補語，目的語などの働きをする。名詞句になるのはおもに **不定詞および動名詞** である。

(1) **不定詞を用いる名詞句**　(→ p.473)

It would be better for him **not to lose his temper so often**.
〔実質上の主語（真主語）〕
(彼はあまりかんしゃくを起こさないほうがいいでしょう)

To drive too fast is **to drive foolishly**.　〔主語・補語〕
(猛スピードで車を運転することは馬鹿げた運転をするということだ)

I forgot **to call him last night**.　〔目的語〕
(ゆうべ彼に電話をかけるのを忘れた)

He explained **how to change the wheel of the car**.

(彼は車の車輪の取り替え方を説明した)〔疑問詞＋不定詞：目的語〕

(2) 動名詞を用いる名詞句　(→ p.529)

Thinking in English is good for English learners.　〔主語〕
(英語で考えることは英語を学習する者にとってよいことです)

Would you mind **opening the window**?　〔目的語〕
(窓を開けていただけませんか)

I'm not used to **driving on the left**.　〔前置詞の目的語〕
(私は左側通行の運転に慣れていない)

§21 形容詞句 (Adjective Phrases)

形容詞と同じように，名詞・代名詞を修飾したり，補語になる。おもに不定詞，分詞，〈前置詞＋名詞〉が形容詞句となる。

(1) 不定詞を用いる形容詞句　(→ p.475)

That is the *way* **to understand great art**.　〔名詞を修飾〕
(それが偉大な芸術を理解する方法です)

Don't you have *anything* **to eat**?　〔代名詞を修飾〕
(何か食べ物をお持ちではありませんか)

(2) 分詞を用いる形容詞句　(→ p.511)

The *people* **attending the conference** are here.　〔現在分詞〕
(会議に参加する人たちはここにいます)

The *book* **stolen from the library** was an expensive one.
(図書館から盗まれた本は高価な本だった)　〔過去分詞〕

(3) 〈前置詞＋名詞〉の形の形容詞句

He is a *pianist* **of great talent**.　〔名詞を修飾〕
(彼はすばらしい才能を持ったピアニストである)

My daughter is **in great health**.　〔補語〕
(娘はとても健康です)

§22 副 詞 句 (Adverbial Phrases)

副詞と同じように，動詞，形容詞，副詞や文全体などを修飾する。おもに不定詞，分詞，〈前置詞＋名詞〉が副詞句になる。

(1) 不定詞を用いる副詞句　(→ p.477)

It's raining too hard *for my cat* **to go out**.　〔程度〕
(雨が激しく降っているのでうちの猫は外に出られません)

To be precise, the accident occurred at 12:24 p.m.
（正確にいえば，事故は午後 12 時 24 分に起きた）　　〔文全体を修飾〕

(2) 分詞を用いる副詞句　（→ p.520）

Feeling sick, he went home.　　〔理由〕
（具合が悪いので彼は帰宅した）

(3) 〈前置詞＋名詞〉の形の副詞句

They got married **on March 10, 1987**.　　〔動詞を修飾〕
（彼らは 1987 年 3 月 10 日に結婚した）

It began to rain **in earnest**.　　〔不定詞を修飾〕
（雨が本降りになった）
　　＊ in earnest は「本格的に」の意味。

A sharp knife should be used **for cutting meat**.
（食肉を切るのにはよく切れるナイフを使うべきだ）　　〔動詞を修飾〕

§23　節　(Clauses)

いくつかの語が集まって文の一部を構成するとともに，それ自体の中に〈主語＋述語〉を持っているものを節という。そのうちで，文法上対等の関係で結びついている節を**等位節**といい，一方が他方に名詞・形容詞・副詞に相当する働きをして従属しているとき，その従属しているほうを，**従節**（または従属節，従位節），これを従えているほうを**主節**という。

従節には，句と同じく**名詞節，形容詞節，副詞節**の 3 種類がある。

等　位　節	等位接続詞	等　位　節
We lost the game （私たちは試合に負けた，	**but** しかし	we played honorably. 堂々と試合をした）

主　　節	従位接続詞	従　　節
I believe （私は信じます	**that**	he is honest.　　〔名詞節〕 彼が正直だということを）
We want a person （私たちは人を求めています	**who** 〔関係代名詞〕	can operate a word processor.　　〔形容詞節〕 ワープロのできる）
I'll leave here （ここを出ます	**when**	the program finishes. 番組が終わったら）　〔副詞節〕

　　＊ 等位接続詞は節の中に含まれないが，従位接続詞（または従属接続詞）は節の一部として従節の初めにくる。

§24 名　詞　節 (Noun Clauses)

　名詞節は**接続詞**（that, if, whether），**疑問詞**（who, what など），**関係詞**（what, whoever など）に導かれる節で，文の**主語**，**補語**，**目的語**および**同格節**になる。

(1) 主語になる名詞節

　　It was a pity **that you couldn't come**.
　　　（君が来られなかったのは残念だ）
　　What pleased me the most was that my lost dog came back.
　　　（一番うれしかったのは行方不明だった私の犬が帰ってきたことだ）
　　It's none of your business **which day I have set for the meeting**.
　　　（その会合の日取りをいつにしたかは君には関係ない）
　　　＊　第1文と第3文では文頭の it が形式主語で，太字の部分は実質上の主語。

(2) 補語になる名詞節

　　The trouble is **that he only thinks of himself**.
　　　（困ったことに彼は自分のことしか考えない）
　　The truth is **that we ran out of money**.
　　　（実は私たちにはもうお金がなかったのです）
　　This is **how Charles fixed his old bike**.
　　　（このようにしてチャールズは自分の古い自転車を修理した）

(3) 目的語になる名詞節

　　She proposed **that the bus trip be put off**.
　　　（彼女はバス旅行を延期しようと提案した）
　　"Could you please tell me **how much this costs**?" "It's only $ 5.95."　　　　【質問】
　　　（「これがいくらか教えてくださいませんか」「たった5ドル95セントです」）
　　Never put off till tomorrow **what you can do today**.
　　　（今日できることを明日まで延ばすな）　　　　　　　《ことわざ》

(4) 同格節になる名詞節　　→ p.132

　　名詞や代名詞の後について，その内容をさらに詳しく述べる。
　　We were surprised at *the news* **that she had got divorced**.
　　　（彼女が離婚したという知らせに驚いた）
　　Let's discuss *the question* **whether we should do it or not**.
　　　（それをすべきかどうかという問題を討議しよう）

§25 形容詞節 (Adjective Clauses)

形容詞節は関係詞（who, which, that, when, where など）によって導かれる節で，文中の名詞・代名詞を修飾する。

(1) 関係代名詞が導く形容詞節

He shivered like *a man* **who was very cold**.
（彼は寒くてたまらない人のようにブルブル震えた）

That's *a book* **which will interest children of all ages**.
（それはどの年齢の子どもたちにも興味を持たせる本です）

Have you got *a map* **that shows all the freeways**?
（すべての高速道路が載っている地図をお持ちですか）

関係詞が省略されている場合も形容詞節である。

The key *you lost yesterday* has been found in the garden.
（君が昨日なくした鍵は庭で見つかったよ）

(2) 関係副詞が導く形容詞節

Do you remember *the days* **(when) there were no jet planes**?
（あなたはジェット機がなかった時代を覚えていますか）

I'll show you *the shop* **where I bought those pretty cups**.
（あのきれいな茶わんを買った店へご案内します）

Can you tell me *the reason* **(why) he's so late**?
（彼がどうしてこんなに遅いのかを教えてくれませんか）

＊ 関係副詞は省略されることが多い。

§26 副 詞 節 (Adverbial Clauses)

文の中で副詞として働くものを副詞節という。時，場所，原因・理由，目的，結果，条件，譲歩，制限，対照，様態，比較などの意味を表す。

(1) 時・場所を表す副詞節

My sweater shrank **when I washed it**.
（セーターは洗濯したら縮んだ）

Please knock **before you come in**. （入る前にノックしてください）

The dog goes **wherever she goes**.
（その犬は彼女が行く所はどこへでも行く）

(2) 原因・理由を表す副詞節

My face is swollen **because I have just had a tooth pulled out**.
（歯を抜いてもらったばかりなので私は顔がはれている）

Since it began to rain, we hurried home.
（雨が降りだしたので我々は家路を急いだ）

I need not stay, **now (that) you are here**.
（あなたがここに来たのだから，私はもういる必要がない）

(3) <u>目的・結果を表す副詞節</u>

Come early **so (that) we can discuss our plans**.
（私たちの計画を話し合えるように早く来て下さい）

I bought the car at once **in case he changed his mind**.
（彼が心変わりするといけないので，私はすぐその車を買った）

She was *so* excited **that she jumped up and down with delight**.
（彼女はたいそう興奮して小躍りして喜んだ）

He is *such* a competent teacher **that many schools want to hire him**.
（彼はとても有能な教師なので多くの学校が彼を雇いたがっている）

(4) <u>条件・譲歩を表す副詞節</u>

If you want to be a success in life, work hard and play hard.
（人生において成功したかったら，よく学びよく遊びなさい）

Unless the weather was bad, my father used to take a walk in the morning.（天気が悪くなければ父はよく朝散歩をしたものだ）

She put off going to the dentist **although her teeth needed attention**.
（彼女は歯の治療が必要なのに歯医者に行くのを延ばした）

No matter how hot the weather is, he doesn't complain.
（彼はどんなに暑くても不平を言わない）

Late as it was, we decided to call our friends.
（時間は遅かったけれど，私たちは友だちに電話をかけることにした）

(5) <u>その他の意味を表す副詞節</u>：制限，対照，比較，様態などを表す。

As far as I know, he has not come.　　　　　　　　〔制限〕
（私の知る限りでは彼はまだ来ていません）

While the work is difficult, it is interesting.　　　〔対照〕
（その仕事は難しいが，半面おもしろい）

The water is *colder* **than it usually is**.　　　　　　〔比較〕
（水はいつもよりも冷たい）

When in Rome, do **as the Romans do**.　　　　　　〔様態〕
（郷に入れば郷に従え）　　　　　　　　　　　　　　《ことわざ》

第5節 文の種類

§27 文の種類と肯定・否定の文

1 文の種類

文は，肯定・否定の点から**肯定文**と**否定文**に，内容上から**平叙文・疑問文・命令文・感嘆文**に，構造上から，**単文・重文・複文・混文**に分類される。

(1) 内容上の分類

	肯　定　文	否　定　文
平叙文	He speaks English. （彼は英語を話す）	He doesn't speak English. （彼は英語を話さない）
疑問文	Does he speak English? （彼は英語を話しますか）	Doesn't he speak English? （彼は英語を話さないのですか）
命令文	Speak more loudly. （もっと大きな声で話しなさい）	Don't speak so loudly. （そんなに大声で話すな）
感嘆文	How loudly he speaks! （彼はなんて大声で話すのだろう）	まれ

(2) 構造上の分類

単文	I saw her in the park yesterday. （昨日公園で彼女に会った）
重文	School was over, **and** all the students went home. （授業が終わって，生徒は皆帰宅した）
複文	I am happy **that** I have done this work. （私はこの仕事を仕上げてうれしく思っている）
混文	She went to the U.S.A. **after** she graduated from college **and** became a journalist. （彼女は大学卒業後アメリカに渡り，ジャーナリストになった）

2 肯定文と否定文

(1) 肯定文

陳述を肯定・断言する文を**肯定文**という。

Japan is an industrial country.（日本は工業国である）

(2) 否定文　（→第22章）

§27 文の種類と肯定・否定の文　63

❶ 否定語句 (→ p. 751) を用いて，陳述を否定する文を**否定文**という。
　I did**n't** go swimming yesterday.（私は昨日泳ぎに行かなかった）
　I had **no** idea that you were interested in pop music.
　　（私はあなたがポピュラー音楽に興味を持っているのを知りませんでした）
　Nobody has passed the test.（その試験にはだれも合格しなかった）

❷ 否定文の作り方 (→ p. 755)
　(a) **be 動詞，助動詞**の場合は後に **not** などを置く。
　　This sofa *is* comfortable.（このソファーは座り心地が良い）
　　→ This sofa *is* **not** comfortable.
　　（このソファーは座り心地が良くない）
　　Philip *can* play chess.（フィリップはチェスができる）
　　→ Philip *can***not** play chess.（フィリップはチェスができない）
　(b) **一般の動詞**の場合は動詞の前に **do** [**does**, **did**] **not** などを置く。
　　I *shop* at the supermarket.（私はそのスーパーで買い物をする）
　　→ I **do not** shop at the supermarket.
　　（私はそのスーパーでは買い物をしない）

❸ not の短縮形
　not は be 動詞や助動詞と結びついて短縮形を作る。その中で語形上および発音上注意すべきものをあげる。
　　am not → **aren't** [ɑːrnt]
　　　＊《英》でふつう疑問文で用いる。
　　　　I'm a good cook, **aren't** I?（私，料理上手でしょ）
　　can＋not → **can't** [kænt / kɑːnt]
　　do not → **don't** [dount]
　　must not → **mustn't** [mʌ́snt]
　　shall not → **shan't** [ʃænt / ʃɑːnt]《主に英》
　　used not → **use(d)n't** [júːsnt]
　　will not → **won't** [wount]

[参考] **ain't**:
　am not の短縮形 amn't は発音しにくいので，スコットランドやアイルランド以外ではあまり用いられない。**ain't** [eint] は am [are, is, have, has] not の短縮形としてくだけた言い方で次第に用いられるようになってきている。小説などでは be 動詞に対応することが多いが，会話では be, have 半々ぐらいで用いられている。全体としては会話で用いられることが多いが，まだ非標準語とする人も多い。

§28 平叙文 (Declarative Sentences)

話し手があることについて述べる文を**平叙文**といい，肯定文と否定文の2種類がある。情報を伝達するための文で，次の特徴がある。

(1) <u>書き言葉ではピリオドで終わる。話し言葉ではふつう**下降調**で終わる。</u>
　　The sun rises in the east. (↘)（太陽は東から昇る）

(2) <u>通常〈S+V〉の語順になる。</u>
　　Birds **will** not **eat** in the dark.（鳥は暗いところでは食べない）

§29 疑問文 (Interrogative Sentences)

疑問を表す文を**疑問文**という。内容は単なる疑問のほか，要求・懇願・勧誘の意味を含むこともある。

1 疑問文の特徴

(1) <u>書き言葉では疑問符（？）で終わる。</u>話し言葉では**疑問詞**を伴わないものは上昇調で終わり，疑問詞を伴うものでは下降調で終わるのがふつう。
　　Did you like the book you read? (↗)
　　（お読みになった本は気に入りましたか）
　　How often do you go to the cinema? (↘)
　　（あなたはどのくらい頻繁に映画を見に行きますか）

(2) <u>〈S+V〉の語順に倒置が起きて〈V+S〉の順になる。</u>ただし，疑問詞（または疑問詞が修飾する名詞・代名詞）が主語になっている場合には，語順の倒置は起こらない。

　　❶ 〈V+S〉の語順になる場合。
　　Is *Mark* listening carefully?（マークは注意深く聞いていますか）
　　(*cf. Mark* **is** listening carefully.)

　　❷ 疑問詞（または疑問詞が修飾する名詞・代名詞）が主語の場合。
　　Who **was** at the door?（戸口にだれがいましたか）
　　(*cf. Someone* **was** at the door.)
　　Which street **goes** to the station?（どの通りが駅へ通じていますか）
　　(*cf. This street* **goes** to the station.)

2 疑問文の作り方

(1) **be 動詞の場合**：〈be 動詞＋主語〉の順になる。
　　That dress *was* expensive.（その服は高価でした）

→ **Was** that dress expensive?（その服は高価でしたか）

(2) **助動詞の場合**：〈助動詞＋主語〉の順になる。

Bob *was* looking for Joe the whole day.
（ボブはジョーを1日中捜していました）

→ **Was** Bob looking for Joe the whole day?
（ボブはジョーを1日中捜していましたか）

John *must* wear that suit.
（ジョンはそのスーツを着なくてはなりません）

→ **Must** John wear that suit?
（ジョンはそのスーツを着なくてはなりませんか）

(3) **一般動詞の場合**：文頭に **Do**［**Does**, **Did**］を置く。

It *rains* almost every day in June.
（6月はほぼ毎日雨が降ります）

→ **Does** it rain almost every day in June?
（6月は毎日のように雨が降りますか）

Lucy *caught* cold last week.
（ルーシーは先週風邪をひきました）

→ **Did** Lucy catch cold last week?
（ルーシーは先週風邪をひいたのですか）

> **Q&A 7** be動詞の疑問文をつくるときにはなぜ倒置するのか？
>
> 古くはすべての動詞が疑問文では〈V+S〉と語順を倒置していたが、助動詞の用法が確立するにつれてdoを用いる形が発達し、一般動詞は原則としてdoを用いて疑問文をつくるようになった。助動詞としても用いられるbe動詞は、He's ..., I'm ... などの形をとることからもわかるように、**主語と密接に結びつく性質**を持っている。密接に結びつくということは、主語の直後でも直前でもよいわけで、この性質のために、疑問文でもdoの助けを借りないで、助動詞同様 Is he ...? のように主語の直前におくことになっている。

3 疑問文の種類

疑問文は意味と形から、**一般疑問文**，**特殊疑問文**，**選択疑問文**の3つに分けられる。このほか、間接疑問，付加疑問の用法がある。

(1) **一般疑問文**

疑問詞を用いず、**Yes / No で答えられる疑問文**を一般疑問文という。〈S+V〉が〈V+S〉になるのがふつうであるが、そのままのものもある。その場合には、書き言葉では疑問符をつけ、話し言葉では上昇調になる。

❶ 肯定の疑問文

"**Are** you free tonight?" "No. How about tomorrow?"
（「今夜お暇ですか」「いや，明日ではどう？」）　　　　　　【予定】

"**Do** you have anything in mind?" "I'm looking for a blue sweater."
（「何かお決めになっているものがございますか」「青のセーターを探しているんだけど」）　　　　　　【接客】
　　＊　店員が客にかける言葉

"**Can** I change my appointment to next week?" "Of course you can."
（「私の予約を来週に変えられますか」「もちろん」）　　　　　　【依頼】

> [参考] 平叙文の語順の疑問文:
> 話し言葉で，話し手が確認を求めたり，驚きを表すときに，平叙文のままの語順で文尾を上げて聞くことがある。これを書き表す場合は，平叙文の語順のまま疑問詞をつける。
> He *wants* something to eat? (↗)
> 　（彼は何か食べものを欲しがっているのですね）　　　　　　〔確認〕
> That's the boss? (↗)　（あの人が社長ですって？）　　　　　　〔驚き〕

❷ 否定の疑問文

Aren't you a member of the tennis club?
　（あなたはテニス部のメンバーではありませんか）

Don't you think so?（そう思いませんか）　　　　　　【確認】
　　＊　Do you not think so? とすると堅い言い方になる。

Can't you swim at all?（全然泳げないの？）　　　　　　【驚き】

> [参考] 否定疑問文の特別用法:
> 否定疑問文は次のような場合にも使われる。
> ①　Yes の答えを予期しているとき
> **Don't** you remember the day we first met?
> 　（僕たちが初めて会った日のことを覚えていないかい？）
> ②　いらだちを表明したいとき
> **Can't** you keep still?
> 　（じっとしていられないの？）　　　　　　【叱責】

(2) <u>特殊疑問文</u>（→第5章）

　疑問詞を用いる疑問文を特殊疑問文といい，疑問詞はふつう文頭に置かれる。後は一般疑問文と同じ語順になる。Yes / No では答えられない。話し言葉では下降調になる。

❶ 疑問代名詞の場合 (→ p.240)
  (a) 疑問詞が主語のときは〈S+V〉の語順となる。
    "**Who** *invented* the steam engine?" "*Stephenson* did."
    (「蒸気機関を発明したのはだれですか」「スチーブンソンです」)
  (b) 疑問詞が補語や目的語のときは〈V+S〉の語順になる。
    "**What** *is* that animal?" "It is *a koala bear*."
    (「あの動物は何ですか」「コアラです」)　　　　　　〔補語〕
    "**What** *does* this word mean?" "It means *solitude*." 〔目的語〕
    (「この単語はどういう意味ですか」「孤独ということです」)
❷ 疑問副詞の場合:〈V+S〉の順になる。(→ p.246)
  Where *can* I change money?(どこでお金を換えられますか)
  When *did* Jack and Jill get married?
  (ジャックとジルはいつ結婚したのですか)

〖参考〗 疑問文の音調の例外:
　一般疑問文が下降調になるのは話し手が最終的な確認を求めているような場合に多い。
　"Did he have the key? (↘)" "Yes, he did."
　　(「それでは彼が鍵を持っていたという人だね」「ええ,そうです」)
　特殊疑問文を上昇調で言うのは,親しみの情を表したり,単なる好奇心から軽く聞く場合だといわれる。
　"Where're you going? (↗)" "I'm just taking a walk."
　　(「おや,どちらへ」「ちょっと散歩をしているところです」)【呼びかけ】

(3) <u>選択疑問文</u>

　2つ(以上)の中から,どちらであるかをたずねる疑問文を選択疑問文という。Yes / No では答えられない。音調は,選択肢が2つ(A, B)あるとすると,Aの後で上昇調になり,Bの後で下降調になる。
　"Do you want to return (↗) **or** stay here (↘)?" "I want to return."
　(「あなたは帰りたいですか,それともここに居たいですか」「帰りたいです」)

　〖注〗 選択疑問文の意味と音調:
　　　選択疑問文は読むときの音調によっては,一般疑問文にもなる。
　　"Shall we go by bus (↗) or train (↘)?" "By bus."
　　　(「バスで行きますか,それとも列車で行きますか」「バスにします」)
　　　　　　　　　　　　　　　　　　　　　　　〔選択疑問文〕
　　"Shall we go by bus or train?" (↗) "No, let's take the car."
　　　(「バスか列車で行きますか」「いいえ,車にしましょう」)
　　　　　　　　　　　　　　　　　　　　　　　〔一般疑問文〕

＊ 文尾を下げる場合は，AかBか2つのものの中からの選択になるが，文尾を上げる場合には，選択肢はそれ以外にもあることを示す。

(4) 間接疑問 (→ p.250)

❶ 疑問文が独立しないで，文の中の従節となるものを間接疑問という。その場合，従節では〈S+V〉の語順になる。

Is this bill correct? + I don't know. (この請求書は正しいですか)
→ I don't know **if [whether] this bill is correct**.
　(この請求書が正しいかどうかわからない)

Is he a writer or a doctor? + It is difficult to decide.
　(彼は作家ですかそれとも医者ですか)
→ It is difficult to decide **whether he is a writer or a doctor**.
　(彼が作家であるか医者であるかは決めにくい)

What time is it? + I don't know.
→ I don't know **what time it is**. (いま何時だかわかりません)

❷ 次のような場合は疑問詞の位置に注意する必要がある。(→ p.252)

a. *Who* do you think that man is?
　(あの人はだれだと思いますか)
b. **Do you know** *who* that man is?
　(あの人はだれだか知っていますか)

　a. は Yes / No で答えることのできない疑問文で，do you think は挿入的に使われている。質問のポイントが「だれ」にあることと，that man is が〈S+V〉の語順であることに注意。

　b. は Yes / No で答えられる疑問文で，質問のねらいは「知っているかどうか」にある。

(5) 会話での慣用的な省略形の疑問文

日常会話では，短い省略文の疑問文を慣用的に用いることが多い。

"Guess what?" "What?" "I just decided to get married."
　(「あのね」「何？」「私，結婚することに決めたの」)　　【話しかけ】
　　＊ 最初のは話しかけるときに用い，二番目のはそれに対する応答。

"This is just between us. Get it?" "Of course I get it."
　(「これはここだけの話だよ。わかった？」「もちろん」)　　【確認】

"Please wrap these boxes." "Like this?"
　(「これらの箱を包んでください」「こんなふうに？」)　　【確認】

Ready to go? (行く用意はできた？)　　【確認】

"Jane is getting married to Bill." "Really?"
　(「ジェーンはビルと結婚するんだって」「本当？」)　　【驚き】

"No one has come yet? How come?" "I have no idea."【驚き】
(「まだだれも来ていないのか。どうしたんだ?」「わからない」)

(➡ p. 249)

"Like a drink?" "Why not?"(「1杯やる?」「いいとも」)

"Jim earns ten thousand dollars a month." "So what?"
(「ジムは月収1万ドルよ」「それがどうした」)【無関心】

　＊　どれも親しい者どうしの間の会話に使うくだけた言い方。

Q&A　8 Would you mind shutting the door? の承諾は Yes. でよいか?

mind は「～を気にかける」の意味なので, yes. と言うと頼まれたことをする気持ちがないことになってしまうということで, ふつうは次のように応答するとよいといわれる。
Would you mind shutting the door?
(ドアを閉めてくださいませんか)
— Not at all. / No, I wouldn't.　　　　　　　　　　(承諾の場合)
なお, これと類似した表現で許可を求める場合も, 考え方は同じである。
Do you mind my smoking [if I smoke]?
(煙草を吸ってもいいですか)
— Of course not. / No, that's quite all right.　　　　(許可の場合)
— I'm sorry, I'd rather you wouldn't.　　　　　　　(不許可の場合)
日常の会話では Yes, certainly., OK., Sure. などを用いることも多い。

§30　付加疑問（文）(Tag Questions)

　平叙文や命令文の後につけ加える簡単な疑問形の文を**付加疑問（文）**という。口語調特有の語法で, 2種類ある。

1 付加疑問の意味と種類

(1) **ふつうの付加疑問**

　ふつうの付加疑問は, 話し手が聞き手に自分の話の内容についての**確認や同意**を求めるもので, 一般に肯定文には否定形, 否定文なら肯定形が用いられる。上昇調で言うときは相手に賛同を求める疑問文的色彩が強く, 下降調は自分の言うことに自信を持っていて確認する気持ちが強い。

　You've met my cousin, **haven't you**?
　　上昇調（↗）(私のいとこにお会いになりましたか)　　　〔質問〕
　　下降調（↘）(私のいとこにお会いになりましたね)　　　〔確認〕

You don't like him, **do you**?
　　上昇調（↗）（彼が嫌いなんですか）　　　　　　　　　　　〔質問〕
　　下降調（↘）（彼が嫌いなんですね）　　　　　　　　　　　〔確認〕

> **注**　付加疑問と短縮形：
> 　付加疑問に，改まった言い方，くだけた言い方の違いが見られる。
> 　I am the president of this company, **am I not**?
> 　　（私はこの会社の社長ではないのかね）　　　　　　《改まった言い方》
> 　I'm going to see you later at the game, **aren't [ain't] I**?
> 　　（後で試合のときに会いましょうね）　　　　　　　《くだけた言い方》

(2) 特殊な付加疑問

肯定文の後に肯定形の，**否定文の後に否定形**の付加疑問が続く場合がある。この場合は音調は**上昇調**になり，相手の言ったことに対する関心，疑い，ときには皮肉などを表す。Oh や So がつくことが多い。

"Bob expects to learn Japanese in two weeks." "Oh, he expects to learn Japanese in two weeks, **does he**? Then he will have to work sixteen hours a day."
　（「ボブは日本語を2週間で覚えるつもりなんだって」「エーッ，日本語を2週間で覚えるつもりだって？　それじゃ1日に16時間は勉強しなくてはね」）

"So he wouldn't come, **wouldn't he**?" "No. He said he was too busy."　　　　　　　　　　　　　　　　　　　　　　　　【いらだち】
　（「それじゃ彼は来ないのか」「うん，とても忙しいって言っていた」）

推測が正しいかどうかを聞く場合もある。

"This is the last bus, **is it**?" "I'm afraid so."
　（「これが最終バスですってね」「そうだと思います」）　　　　　【確認】

2 ふつうの付加疑問の作り方

(1) 肯定文に続く付加疑問

肯定文には**否定の付加疑問**をつける。

❶ **be 動詞**を含む場合：人称・時制に応じて aren't [isn't, wasn't, weren't] ... ? などをつける。

"I'm right, **aren't I**?" "Yes, you certainly are."
　（「私は正しいですよね」「うん，たしかに」）　　　　　　　　　【確認】

That's unfair, **isn't it**?
　（それはないでしょう）　　　　　　　　　　　　　　　　　　　【不服】

There are ten more days until Christmas, **aren't there**?
　（クリスマスまでまだ10日ありますよね）

＊ There is 構文では，there が**付加疑問の主語**のように用いられる。

❷ **一般の動詞を含む場合**: don't [doesn't, didn't] ... ? をつける。

You like brandy, **don't you**?（ブランデー，お好きでしょう）

Your wife cooks well, **doesn't she**?

（あなたの奥さんは料理が上手ですね）

We got home very late, **didn't we**?

（ずいぶん遅く帰宅したね）

❸ **助動詞を含む場合**

can't [mustn't, shouldn't, oughtn't, won't] ... ? をつける。

We must answer the letter, **mustn't we**?

（その手紙に返事を出さなくてはなりませんね）

　　　＊ 推量の意味（〜に違いない）の文の付加疑問に mustn't を用いることもできるが《英》に多い。(→ p.444)

You can help him, **can't you**?（彼の手伝いをしてくれますね）

(2) 否定文に続く付加疑問

否定文には，**肯定の疑問文**をつける。

❶ **be 動詞を含む場合**: 人称・時制に応じて am [are, is, was, were]...? などをつける。

"I'm not wrong, **am I**?" "I suppose not."

（「私は間違っていませんよね」「と思うよ」）　　　　　　　　　　【確認】

Money isn't everything, **is it**?

（お金がすべてではないでしょう）

There is no need to hurry, **is there**?

（急ぐ必要はありませんね）

❷ **一般の動詞を含む場合**: do [does, did] ...? をつける。

You don't know his address, **do you**?

（あなたは彼の住所を知りませんよね）

Sue doesn't like onions, **does she**?

（スーは玉ネギが嫌いですよね）

❸ **助動詞を含む場合**

can [will, should, must など] ... ? をつける。

She can't dance, **can she**?

（彼女はダンスができないんですよね）

"You wouldn't tell anyone, **would you**?" "I'd never do that."

（「君はだれにも言わないよね」「決して」）　　　　　　　　　　【確認】

We oughtn't to be too optimistic, **ought we**?
（あまり楽観するのもねえ）

助けや情報を求める場合もある。

"You couldn't lend me your word processor, **could you**?" "I'd be happy to." 【依頼】
（「あなたのワープロを貸していただけないでしょうか」「よろこんで」）

> **注** not 以外の否定の場合の付加疑問：
>   先行の陳述に, not, never, no 以外の否定語 hardly, scarcely, barely, seldom, rarely, little, few, などがあっても, 付加疑問は一般に**肯定**になる。
>   They *seldom* go anywhere, **do they**?
>   （彼らはめったにどこへも出かけませんね）
>   The accident victim could *hardly* walk, **could he**?
>   （その事故の被害者はほとんど歩けませんでしたね）

(3) 命令文の後に続く付加疑問

命令文の後に **will you**? をつけて上昇調で言うと穏やかになる。

肯定の命令文につく付加疑問は will you? のほかにも, won't you?, would you?, can you?, can't you?, could you? などがある。

Take a seat, **will you**?
（席に着いてくださいませんか） 【指示】
  ＊ この will you? を下降調で言うと横柄な印象を与える。

"Take a seat, **won't you**?" "Thank you, I will."
（「お座りになりませんか」「ありがとう」） 【勧誘】
  ＊ won't you? のほうが will you? よりも丁寧であり, 勧誘の意を含む場合が多い。

否定の命令文には won't you? はつけられず, will you のみ可能。
Don't touch the silver, **will you**?
（銀の食器に手を触れないで下さいね）

次の例では b. のほうが a. よりも丁重さが足りないし, 話し手がいっそうじれったさを感じている。

a. Speak quietly, **will you**?
    （穏やかに話してくれませんか） 【依頼】
b. Speak quietly, **can't you**?
    （穏やかに話したらどう） 【詰問】

(4) Let's ... の後に続く付加疑問

勧誘を強制でなく説得力を持たせるためには, Let's ..., の後に shall we? をつけて, 上昇調で言う。ただし米語では古い言い方。

Let's wait a little longer, **shall we**?
　（もう少し待ってみないか）　　　　　　　　　　　　　　　　【提案】
"Let's not discuss politics, **shall we**?" "No, let's avoid that subject."
（「政治のことを話し合うのはよそうよ」「うん，その話題は避けよう」）
【提案】

* Let's ... と同じように We'll ... が「～しようよ」という強い意味を持つ場合も，これを和らげるのに，shall we? を用いる。
 All right, we'll change things around a bit now, **shall we**?
 （よし，それではこんどはちょっと変えてみようか）

Q&A 9 He used to get up early. につける付加疑問は？

didn't he? がふつう。
used to の否定は，usedn't to《英》, used not to, didn't use to《米》であるが，このどれにも did he? がつく。

§31　修 辞 疑 問 (Rhetorical Questions)

相手の答を求めるのではなく，話し手の意図する内容を聞き手に納得させるために反語的に疑問文の形にして述べたものを**修辞疑問**という。肯定形の修辞疑問は**否定の平叙文**に，否定形の修辞疑問は**肯定の平叙文**に相当する。

(1) **一般疑問文による修辞疑問**

❶ 肯定文

Is that the reason for your absence?
　（それが君の欠席の理由なのか？）　　　　　　　　　　　　　【詰問】
(=Surely that is *not* the reason for your absence.)
Can *anyone* doubt the accuracy of that statistical analysis?
　（だれがその統計的な分析の正確さを疑えるでしょうか）
(=Surely *no one* can doubt ...)

〖参考〗 詰問調の疑問文:
　Do you know what time it is? が単に時刻を聞いているのではなく，「今何時だと思っているの？」という詰問の形で，You're late. (遅刻だぞ) という意味に用いることもある。

❷ 否定文

Isn't it funny? (=It *is* very funny.)
　（おかしくないですか）

Haven't you got anything better to do?
　（もっとましなことないですかね）
　(=Surely you *have* something better to do.)

(2) **特殊疑問文による修辞疑問**

Who knows? (=*Nobody* knows.)（だれが知ろうか）
Who doesn't know? (=*Everybody* knows.)
　（知らない人がいるだろうか）
What is the use? (=It is *no* use.)（何の役に立つのか）
<u>*How* can I help it</u>?
　（だって，しょうがないよ）　　　　　　　　　　　　　　【抗弁】
(=There is *no* reason why I can help it.)
What difference does it make? (=It makes *no* difference.)
　（何の違いがあろうか）

§32　命　令　文 (Imperative Sentences)

　命令文は命令，要求，希望，禁止などを表す文で，ふつうは主語の You を省略して動詞の原形で始まる。文末は終止符（.）で終わるが，感情をこめる場合は感嘆符（!）をつけることもある。(→ p.540)

■ 2人称に対する命令文

(1) **肯定形の命令文**：　主語の **You** を省略して**原形**で始める。

"<u>**Take** your time.</u>"　"Thank you, I will."
　（「急ぎません，ごゆっくりどうぞ」「ありがとう」）　　　【気配り】
Be kind to elderly people.（お年寄りに親切にしなさい）
　* 単なる You の省略ではなく，原形を用いるので Are ではなく Be になることに注意。

"Shall I carry your bag?"　"Yes, <u>do</u>!"
　（「かばんを持ちましょうか？」「うん」）　　　　　　　　【承諾】
　* 形は命令文でも機能は申し出に対する応諾。

|注| **You のつく命令文**：
　強意のため，あるいはだれに向かって言っているかを明確にするために you [everyone, anybody など] を用いることがある。(→ p.541)
　Yóu do as I say.（私の言うとおりにしろったら）
　Coffee, tea, milk ... *you* name it.
　　（コーヒー，紅茶，ミルク…何でも言ってください）　　　【申し出】
　　* 相手に欲しい物を選ばせるときなどに言う。

(2) **否定形の命令文**

Don't ... か Never ... で表す。be 動詞の場合も，Be not ... は文語的で，ふつうは Don't be ... を用いる。

Don't **waste** your time.（時間を浪費するな）

Don't **be** in such a hurry.（そんなにあわてるな）

Never **fear**!（心配無用） 【慰め】

2 let を用いた1人称・3人称に対する命令文

(1) **1人称の場合**

Let *me* buy you a drink.（1杯おごらせて下さい）

Let *us* help you.（我々にあなたのお手伝いをさせて下さい）

　※ この場合は [létəs] と発音する。Let's と区別すること。（→ p.543）

(2) **3人称の場合**

Let *him* have his own way.（彼の好きなようにさせなさい）

Don't let *them* say what they want to.

（彼らに言いたいことを言わせてはいけない）

§33 感 嘆 文 (Exclamatory Sentences)

喜び，悲しみ，驚きなどの感情を表す文を**感嘆文**という。ふつう，疑問詞の what や how で始まり，感嘆符（！）で終わる。

■ 感嘆文の形式

(1) 〈**How**＋形容詞［または副詞］＋S＋V ... !〉

How *boring* this is!（これはなんて退屈なのでしょう）

How *beautifully* you sing!

（なんときれいにあなたは歌うのでしょう）

How *well* she remembered the first time she had seen him!

（彼女は彼に初めて会ったときのことをなんとよく覚えていたことでしょう）

How it blows!（ひどい風だな）

　※ 形容詞または副詞が省略されることもある。

(2) 〈**What a [an]**＋形容詞＋名詞＋S＋V ... !〉

What a bad cough he has!（彼はなんてひどいせきをするのだろう）

What a voyage they had!

（彼らはなんというすばらしい［ひどい］航海をしたのだろう）

＊　この文には形容詞がないが，文脈からどんな形容詞が適切か判断する。
　　　名詞が不可算や複数形の場合は，**不定冠詞は用いられない**。
　　What beautiful *weather* we have!（なんてすばらしい天気だろう）
　　What lovely *flowers* they are!（なんときれいな花でしょう）

(3) 〈How＋形容詞＋a [an]＋名詞＋S＋V …!〉

How empty a thinker he is!　　　　　　　　　　　　　　《文語的》
（彼はなんと中身のない思想家だろう）

2 省略形の感嘆表現（〈S＋V …〉が省略）

How exciting (the game is)!
（なんとわくわくする〔試合な〕のでしょう）
How rude!（なんて失礼な）　　　　　　　　　　　　　　　　【非難】
What a shame!（なんと残念な）　　　　　　　　　　　　　　【遺憾】
What a surprise!（ああ，びっくりした）
Quite a show!（すばらしいショーだ）　　　　　　　　　　　【称賛】
　　＊　完全な形での感嘆文は，日常の会話ではむしろ少ない。また，What や
　　　How を用いた言い方は女性に多いといわれる。
　　　　How を用いた感嘆文はやや形式ばった，ないしは古風な言い方になる
　　　とされ，実際に How よりも What のほうが広く用いられる。

注　感嘆疑問文：
　　　特殊な形に，一般疑問文の形に感嘆符をつけた感嘆疑問文がある。この場
　　合には，Hasn't he grown! も Has he grown!《主に米》も「大きくな
　　ったなあ」という意味で，大差ない。

Q&A　10　感嘆文と疑問文とはどう区別するか？

　多くの場合，感嘆文は〈S＋V〉，疑問文は〈V＋S〉という**語順**で区別する
ことができる。
　　How cold **it** is!（なんて寒いのだろう）〈S＋V〉　　　〔感嘆文〕
　　How cold is **it**?（どのくらいの寒さですか）〈V＋S〉　〔疑問文〕
しかし例外もあり，たとえば，文語調では次のように言うことがある。
　　How pretty is **this flower**!（この花はなんて美しいのでしょう）
感嘆符の代わりに終止符を用いることもある。

§34　祈　願　文 (Optative Sentences)

　感嘆文の中で願望を表す文を祈願文という。〈**May＋S＋V**〉または**仮定法**
で表す。どちらも文語調である。

(1) 〈**May**＋S＋V〉の形の祈願文

May を文頭に置いて,「…が～しますように」という願望を表す。

May the Queen live long!（女王万歳）

May I never see the like again!（こんなもの二度と見たくない）

(2) 仮定法を用いる祈願文

❶ **仮定法現在の場合** (→ p.558)

God **save** the Queen!（女王万歳）

Grammar **be** hanged!（文法なんかくそくらえだ）

　＊ 主として慣用句として用いられる。動詞は**原形**が用いられる。

❷ **仮定法過去・過去完了の場合** (→ p.558)

I wish he **were** here now.（彼が今ここにいてくれたらなあ）

I wish I **had been** at the beach yesterday.

（昨日海辺に行っていたらなあ）

注 省略形の仮定法:
省略形として次のような形もあるが, どれも文語調。
Oh! **to be** in England!（ああ, 英国にいたらなあ）
Oh! **that** I could go!（ああ, 私が行けたらなあ）

Q&A 11　現代の口語調で願望や祈願を表すにはどうすればよいか？

hope, wish, pray などを用いる。

I **hope** he succeeds [will succeed].

（彼が成功してくれればよいのですが）

We're **praying** for a fine day.

（天気のよい1日でありますように）〔hope より意味が強い〕

なお, I wish you good luck.（幸運を祈ります）よりは, ただ, Good luck! という表現がくだけた言い方。

§35 単　文 (Simple Sentences)

文は構成する節と節との関係から, **単文, 重文, 複文, 混文**の4つに分類される。

〈主部＋述部〉を1つしか持たないものを単文という。

<u>Stars</u> *twinkle*.（星がまたたく）
主部　述部

<u>*Everyone* in the community</u> *admires* Herbert for his industry.
　　　主部　　　　　　　　　　　　　述部

（その地域のだれもがハーバートの勤勉さをほめたたえる）

この 2 つの文は長さの違いはあるが、どちらも〈S+V〉を 1 つ備えているので、単文である。

§36 重　　文 (Compound Sentences)

2 つ以上の節が**等位接続詞**によって、**対等の関係で結ばれているもの**を重文という。

等位接続詞には **and, but, or, for, so** などがある。

(1) **and**

　I do the cooking **and** my husband does the dishes.
　　等位節　　　　　　　等位節
　（私が料理をし、夫は皿洗いをします）

(2) **but**

　The driver tried to control the car, **but** it crashed into a tree.
　（運転手は車を制御しようとしたが、木に衝突した）

(3) **or**

　You can go **or** you can stay.
　（帰ってもいいし、いてもいいですよ）

　Wear a seat belt, **or** you will get a ticket.
　（シートベルトをしていないと、おまわりさんに違反切符を切られるよ）

> 注　〈命令文+and [or] ～〉:
> 　この形の文は、意味上は and の場合は「…すれば～」(→p.591)、**or** の場合は「…しなければ～」(→p.596) という条件を表す複文であるが、形式上は重文になっている。このように重文と複文を絶対的に区別しようとすることにあまり意味はない。

(4) **for**

　I asked her to come, **for** I needed her help.　　　　《文語調》
　（私は彼女に来るように頼んだ、というのは彼女の助けが必要だったから）

　　＊　理由を表すのに for を使うのは堅い言い方。

> [参考] 接続副詞の重文:
> **so**（それで）や **yet**（それでも）は本来副詞であるが、接続詞と考えて、これらを含む文を重文と考えることもできる。(→p.599)
> The weather was very bad, **so** the athletic meet was canceled.
> （天気が悪かったので運動会は中止された）

Q&A 12 同じ主語を受ける動詞が2つ以上ある文は単文か重文か？

一般的には、等位接続詞の両側で動詞がそれぞれの主語を持っているときには節が2つ以上あるとみて、重文とみるのがふつう。

Mary *sang and danced.*（メアリーは歌って踊った）というような文は、単に動詞が2つ結びついているだけなので単文とするのはわかりやすいが、

Mary *stood* up and *began* to dance.

（メアリーは立ち上がって踊り出した）

のようにやや長くなると、and の次に she を補って重文とみることもできる。しかし実際には she はなく、and の前にコンマもないので、単文とみることが多い。ただし、これは1つの見方で、単文か重文かというのは、このような例からも絶対的な区別のしにくい場合もあることがわかる。

§37 複　　文 (Complex Sentences)

〈主語＋述語動詞〉の形の節が2つ以上あって、そのうちの1つが意味上主要な節で、ほかの節がそれに従属するようなものを複文という。

<u>As I entered the room</u>, <u>I saw the great picture facing me</u>.
　　　従　節　　　　　　　　　主　　　節

（私が部屋に入ると、目の前にその立派な絵があった）

従位接続詞の種類によって、節は名詞節、形容詞節、副詞節に分けられる。

(1) **名詞節を含む文**（→ pp. 602～609）

that, if などの接続詞、疑問詞、関係代名詞の what などがある文。

I think **that** *the baby is crying.*（赤ん坊が泣いていると思う）

"<u>I wonder **if** *I could use* your car this afternoon.</u>" "Of course. Feel free to."

（「今日の午後あなたの車を借りてよろしいですか」「どうぞご遠慮なく」）　　　　　　　　　　　　　　　　　　　　　　　　　　　【依頼】

　＊　丁寧な依頼。I was wondering にするとさらに丁寧になる。

I don't agree with **what** *you've just said.*

（私はあなたが今おっしゃったことには賛成しません）

(2) **形容詞節を含む文**（→第18章）

関係代名詞や関係副詞を含む文。

I trust no one **who** *does not love their mother.*

（自分の母親を愛さない人を私は信用しない）

The time will come **when** *my family will be proud of me.*

（私の家族が私のことを自慢する時がくるだろう）

(3) 副詞節を含む文　(→ pp. 609〜631)

時, 条件, 理由, 譲歩, 目的, 結果, 比較, 様態などの接続詞のある文。

When *the cat's away*, the mice will play. 《ことわざ》
(鬼のいぬ間に洗濯)

The concert was canceled **because** *the soloist became sick.*
(コンサートは独奏者が病気になったために中止になった)

I love music **although** *I can't play a musical instrument.*
(私は楽器は弾けないけれど, 音楽は好きです)

We took the train to Paris **so that** *we could see the sights.*
(私たちは名所見物のためパリまで列車に乗った)

She was **as** bad-tempered **as** *her mother was.*
(彼女は母親と同じくらい不機嫌だった)

He looks **as if** *he needs more sleep.* (彼は睡眠不足のようだ)

> **Q&A 13**　非制限用法の関係詞で接続した文は重文か複文か?
>
> 明らかに〈等位接続詞＋代名詞[副詞]〉で書き換えられる場合には, 重文とみることが多い。
> I met Tiger Woods, *which* (=and it) really thrilled me.
> (私はタイガー・ウッズに会った。それで私は本当にわくわくした)
> しかし, コンマが両端にあって, 挿入句になっている関係詞節の場合は複文とみることが多いし, 制限用法と非制限用法の区別もそれほどはっきりしたものではないので, 一般的に重文か複文かを決めるのは難しい。

§38　混　文 (Mixed Sentences)

単文と複文, または複文と複文を等位接続詞で結んだものを混文という。

(1) 単文と複文の組み合わせ

She knew **what** she wanted, **but** she never told anyone.
　　　　　複　　文　　　　　　　　　　単　　文

(彼女は自分の欲しいものがわかっていたが, だれにも言わなかった)

(2) 複文と複文の組み合わせ

I think **that** your new position demands sensitive judgments,
　　　　　　　　　　　　　複　　文

and I am sure **that** you are capable of making them.
　　　　　　　　　複　　文

(あなたの今度の地位は慎重な判断を要すると思いますが, あなたならきっとそれがおできになると思います)

第2章 名　　　詞
NOUNS

人や事物の名を表す語を名詞といい，**数**や**格**による語形変化がある。また，多くは冠詞をつけることができ，代名詞と違って，**常に3人称として扱われる**。

第1節 名詞の種類

名詞は，文法上の観点から，**可算名詞**（数えられる名詞）と**不可算名詞**（数えられない名詞）に分けられ，また，その意味や性質によって，**普通名詞・集合名詞・固有名詞・物質名詞・抽象名詞**に分けられる。

§39 可算名詞と不可算名詞

1 可算名詞 (Countable Nouns)

英語として，一定の形や限界があって数えられるとされるものを表す名詞で，**数えられる名詞**ともいう。**普通名詞**と大部分の**集合名詞**がこれに属し，辞書では countable の頭文字をとって Ⓒ と表示されることが多い。原則として次のような特徴がある。

- ❶ **単数・複数**の区別がある： *a* dog, dogs; *a* tooth, teeth
- ❷ 単数には**不定冠詞** (a, an) がつく： *a* boy, *an* egg
- ❸ **数詞**がつけられる： *two* cats, *three* teams
- ❹ 複数には**不定の数を表す語**（many, few など）がつけられる
  a few books, *many* pupils, *several* times

2 不可算名詞 (Uncountable Nouns)

英語として，個数で数えることはできないとされるものを表す名詞で，**数えられない名詞**ともいう。**固有名詞・物質名詞・抽象名詞・一部の集合名詞**がこれに属し，辞書では uncountable の頭文字をとって Ⓤ と表示されることが多い。次のような特徴がある。

❶ **原則的には複数形にしない**: milk（牛乳），poverty（貧乏）
　＊ もともと -s がついている不可算名詞もある。
　　 mathematics（数学），news（ニュース）など
❷ **不定冠詞をつけない**: happiness（幸福），baggage（手荷物）
　＊ a [an] がつく場合については（→ p.93）
❸ **数詞を直接つけない**

two *sheets* of paper（2枚の紙）

three *pieces* of furniture（家具3点）

❹ **量を表す語**（much, little など）**がつけられる**:

little juice, *much* sugar

> **Q&A 14**　corn（トウモロコシ）は数えられる名詞か？
>
> 　数えられない名詞である。「1本」「2本」と数えられる感じがするが，英語では rice（米）などと同様に，穀類として意識されるので，物質名詞で複数形にならない。数えるときは，two ears of corn（トウモロコシ2本）のように言う。
> 　なお，トウモロコシを corn と言うのは《米・豪》で，《英》では corn は一般に穀物（wheat, barley, oats, rye など）をさし，トウモロコシは maize と言う。これも不可算名詞である。

3　可算名詞と不可算名詞の区別

　可算名詞と不可算名詞の区別は必ずしも単語によって決まっているわけではなく，同じ単語でもその意味によって可算名詞になったり不可算名詞になったりするものが多いので，文脈に注意する必要がある。

School begins at eight-forty.	不可算名詞
（授業は8時40分に始まる）	〔無冠詞・単数形〕
There are three **schools** in this town.	可算名詞
（この町には学校が3つある）	〔複数形〕
She wrapped the present in **paper**.	不可算名詞
（彼女はその贈り物を紙に包んだ）	〔無冠詞・単数形〕
What do the **papers** say about it?	可算名詞
（各新聞はそのことをどう書いているかね）	〔複数形〕
Do you want **tea** or **coffee**?	不可算名詞
（お茶が欲しいですか，コーヒーですか）	〔無冠詞・単数形〕
Can I have *a* **coffee**, please?	可算名詞
（〔喫茶店などで〕コーヒーを1杯いただけますか）	〔不定冠詞つき〕

[参考] **可算・不可算から見た名詞の別の分類:**
　名詞を分類する方法はいくつかある。その中で可算・不可算を中心にした比較的わかりやすいものを紹介しておく。具象とは形体を備えているものと解してよい。

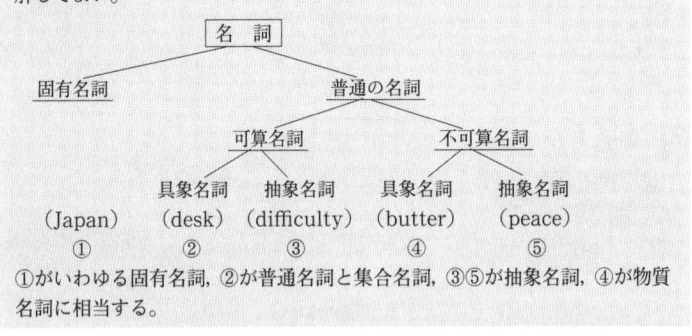

```
                      名　詞
           ┌───────────┴───────────┐
         固有名詞                普通の名詞
                        ┌───────────┴───────────┐
                      可算名詞                不可算名詞
                   ┌─────┴─────┐          ┌─────┴─────┐
                 具象名詞   抽象名詞     具象名詞   抽象名詞
        (Japan)   (desk)  (difficulty)  (butter)   (peace)
          ①        ②         ③           ④         ⑤
```

①がいわゆる固有名詞，②が普通名詞と集合名詞，③⑤が抽象名詞，④が物質名詞に相当する。

§40　普通名詞 (Common Nouns)

　普通名詞とは**一定の形や区切りを持つものにつけた名称**で，**同じ種類のものに共通に適用できる**ものをいう。普通名詞はすべて**可算名詞**である。

1 普通名詞の基本的な用法

　単数，複数の両様に用いられるが，原則として単数の普通名詞を単独で用いることはなく，冠詞またはそれに代わるもの（指示代名詞・所有格人称代名詞など）をつけて用いる。一般に普通名詞の用いられる形は4つある。

❶ 〈a [an]＋単数形〉：　　a house（〔1軒の〕家，家というもの）
　　＊　話の中に初めて登場する場合にはこの形が用いられる。

❷ 〈無冠詞複数形〉：　　houses（〔何軒かの〕家，家というもの）

❸ 〈the＋単数形〉：　　the house（その家，家というもの）
　　＊　聞き手や話し手がすでに知っている場合にはこの形が用いられる。

❹ 〈the＋複数形〉：　　the houses（〔それらの〕家々）

　[注]　**man と冠詞:**
　　　man は「人間というもの，人類」を意味するときには無冠詞，ややくだけて個別的に「人」を指すときには a man の形で用いるが，性差別上の問題から，最近ではこの用法は避けられ，a man は「（1人の）男性，男というもの」の意味で用い，一般に「人」を指すときには human beings, humans, people, a person や，we, you などを用いることが多い。
　　　Gods live forever, but *humans* are mortal beings.（神は永遠に生きるが，人は死すべきものである）

> [参考] **man とことわざ**:
> Every *man* to his taste. (人の好みはさまざま) などの古くからあることわざでは man をほかの語と置き換えるのは難しい。しかし, 最近はこうしたことわざをそのままの形で用いることは次第に少なくなっており, Everyone ... としたり, *Everybody* has a right to *their* own taste. などと書き換えている例も見られる。英国の最新の辞書でも Time and tide wait for *no man.* を wait for *nobody* と書き換えて示している。

2 普通名詞の注意すべき用法

(1) 種類全体を表す用法（総称用法）: 次の3つの形をとる。

- ❶ 〈無冠詞複数形〉: **Whales** are mammals.
- ❷ 〈a[an]＋単数形〉: **A whale** is a mammal. ➡ p.146
- ❸ 〈the＋単数形〉: **The whale** is a mammal. ➡ p.151

　　　　　　　　　　　（鯨は哺乳動物である）

　　＊ ❶が最もふつうで, ❸は❷より形式ばった学問的記述などに用いられる。

> [参考] **I like apples.**:
> 〈a [an]＋単数形〉が総称を表すのは原則として主語になる場合である。また, a には「1つの」の意味が, the には「その」という意味が感じられるので, 漠然と「〜が好きだ［嫌いだ］」というような動詞の目的語になる場合には, 無冠詞複数形を用いる。
> 　I like *apples*. (私はリンゴが好きだ)
> 同類の動詞は be afraid of, despise, detest, dislike, fear, hate, love, prefer, respect など。

(2) 〈**the＋単数普通名詞**〉＝**抽象名詞**: その種類全体の性質や抽象的な概念を表す。文語的な表現で, 比較的限られた表現に見られる。

　　The pen is mightier than **the sword**.
　　（文筆の力は武力より強い）
　　The sick man died under **the knife**. （その病人は手術中に死んだ）

> **Q&A 15** 無冠詞の複数形が like など以外の目的語になるときの意味は？
>
> 総称とみる人もいるが, 他と区別する意味が強い場合が多い。
> 　Rich people in the UK *use* **hounds** when they *hunt* **foxes**.
> 　（英国の裕福な人たちはキツネ狩りに猟犬を使う）
> この文では狩の対象は**キツネ**であり, そのときに使うものは hound (**キツネ狩用の猟犬**) であることを示している。一般に習慣的な行為を述べる場合に用いることが多い。

§41 集合名詞 (Collective Nouns)

いくつかの同種類のものの集合体を表す名詞をいう。可算名詞として用いられるのがふつうだが,不可算名詞として用いるものもある。

■ 可算名詞として用いられる集合名詞

集合名詞はその**数の扱い方**によって2つのタイプに分けられる。

(1) 単数・複数両様の扱いをする集合名詞 —— **family** タイプ

集合名詞の多くは,その集合体を1つのまとまりとしてみて単数で受ける場合と,それを構成する個々のものを考えて複数で受ける場合がある。

a. The Jones **family** *consists* of six. ………単数扱い(まとまり)
 (ジョーンズ家の家族は6人だ)   〔動詞に -s がつく〕
b. His **family** *are* all tall. …………………複数扱い(一人一人)
 (彼の家族はみな背が高い)   〔動詞が are〕

 * 単・複の使い分けは《英》では見られるが,《米》では,集合名詞自体が単数形なら,文脈上複数の意味が強い場合以外は**単数扱い**するのがふつうである。(→ p.714)

このタイプの集合名詞は,a.のように1つのまとまりとして考える場合には**普通名詞**と同じ扱いを受け,その集合体が複数個あれば複数形にすることができる。

There are thirty **families** in this apartment building.
(このアパートには30世帯いる)

b.のように,形は単数形でも,集合体を構成する個々のものを考えて複数として扱う集合名詞を**衆多名詞**ということがある。

◉ **family** タイプの集合名詞

audience (聴衆)	cabinet (閣僚)	class (クラス)
club (クラブ)	committee (委員会)	company (会社, 社員)
crew (乗組員)	crowd (群衆)	family (家族)
generation (世代)	government (政府)	jury (陪審員)
public (大衆)	staff (職員)	team (チーム)

 * jury の一員は juror という。
 * 国名がチームを表す場合については (→ p.716)。

[参考] **family** の特別用法:
family が children (一家の子供たち)の意味で用いられることがある。この場合は,a はつけられるが複数形にはしない。
Do you have *any* **family**? (お子さんがおありですか)

(2) 常に複数扱いの集合名詞 —— police タイプ

❶ 集合名詞の中には，常に複数扱いされるものがある。このタイプの集合名詞は真の可算名詞ではなく複数形をとらず，a [an] もつかない。the をつければ，全体または特定のものを表す。

The **police** *are* after you. （警察が君を捜しているぞ）

◈ **police タイプの集合名詞**

cattle（牛）	clergy（聖職者）	people（人々）
police（警察）	poultry（家禽(かきん)）	

> 参考　**階級を示す集合名詞**:
> aristocracy（貴族），nobility（貴族），peasantry（小作農）などは，the 〜 の形で集合的に用いるが，単複両様の扱いをするのがふつう。the beautiful people は《米》で「優雅な上流社会の人たち」をさすが，複数扱い。

❷ **police タイプの集合名詞の数え方**:

これらは複数の意味を持つから，a や one はつけられないが，数詞や複数を示す語がつくことはある。

Several hundred **police** are on duty.
（数百人の警官が勤務についている）

なお，警官，聖職者が個人的に考えられている場合は，police officer；clergyman, clergywoman を用いる。

More than ten *police officers* took a day off.
〔10人以上の警官が〔1日の〕休暇をとった〕

> 注　**persons と people**:
> 人の場合，「3人」というように人数を示すには，何人という数に関係なく，くだけた言い方では three *people* のように，persons でなく people を使うほうが今ではふつう。persons は主として公式文書や改まった言い方に見られる。

> 参考　**cattle などの数え方**:
> ① cattle を数えるのに，a *head* of cattle という形があるが，この場合の head は単複同形なので，twenty head of cattle のように言う。概数で言うなら，several, many などのほか，(about) *ten* cattle のように数詞を直接つけてもよいとされているが，実際には thirty-eight cattle のような端数の例も見られる。なお，1頭の場合には，実際には a cow [steer]（牛）というのがふつう。また，牛ということがわかっている場合に，単に10頭というときは，くだけた言い方では ten head という。
> ② herd（群れ）など集団を表す語は a *herd* of elephants のように用いる。このような群れや一団を表す類例については　→ p.803 。

2 不可算名詞として用いられる集合名詞

意味上は集合体を表すが，常に単数として扱われ，物質名詞と同じ扱いを受ける集合名詞がある。量の多少は much, little で示し，数えるときには a piece of ～, an article of ～ などの形を用いる。**1**が人の集合体であるのに対し，これらは**事物**の集合体であると考えてよい。

[誤] There were four *furnitures* in the room.
[正] There were *four pieces of* **furniture** in the room.
（部屋には家具が4点あった）

● 物質名詞扱いをする集合名詞

集合名詞	構成する個々のもの
baggage(手荷物) 《もと米》 luggage 《おもに英》	中身の入った旅行用の bag（カバン），suitcase（スーツケース），box（箱）
clothing（衣類）	clothes（衣服），shoes（靴）
fiction（文学としての作り話）	novel（長編小説），story（物語）
foliage（木の葉全体）	leaf（葉）
furniture（家具類）	table（テーブル），chair（椅子），bed（ベッド）など
machinery（機械類）	machine（機械）
mail（郵便物） 《米・英》 post 《英》	letter（手紙），parcel（小包）
merchandise（大口の商品）	goods（小売りの商品）
poetry（文学としての詩歌）	poem（個々の詩）
scenery（一地方全体の風景）	scene（個々の景色）

[参考] **baggage と luggage**
今では陸海空を問わず，旅行用の手荷物の意味では《英》でも baggage も使う。商品としてのカバン類は英米ともに luggage。空港の「手荷物受け取り所」は baggage claim という。

3 注意すべき集合名詞

(1) **fruit**

❶ 単に果物の意味のとき

ふつう不可算名詞として，単数形で集合的に用いる。

Does this tree bear much **fruit**?
（この木には果物がたくさんなりますか）

* 食品としては，不可算名詞で常に単数形。
  Do you eat much *fruit*?（君は果物をたくさん食べますか）

❷ 種類をいうときや「成果」の意味のときは，可算名詞として用いる。
What **fruits** are in season now?
（今はどんな果物が食べごろですか）

(2) <u>fish</u>
❶ 集合的にみた「魚」「魚類」の意味では，ふつう単複同形。
I saw a school of **fish** in the river.
（川の中に魚の群れが見えた）
We caught only a few **fish**. （魚は 2, 3 匹しかとれなかった）
　　＊《英》では fishes とすることもあるが，釣りの対象としては fish がふつう。一般に狩猟家は tiger, lion, elephant なども単複同形で扱う。
❷ 種類をいうときや個々の魚をいうときは，可算名詞で複数形は fishes。
There were such **fishes** as cod, mackerel, and bluefish.
（タラ，サバ，アジなどの魚があった）
　　＊「魚肉」の意味では，物質名詞（不可算名詞）である。
　　　I like meat better than *fish*. （私は魚より肉が好きだ）

(3) <u>hair</u>
❶「頭髪(全体)」をいうとき：集合名詞で常に単数形。
She has thick **hair**. （彼女は髪の毛が多い）
❷ 1 本 1 本をいうとき：普通名詞（複数形は hairs）
He pulled out two white **hairs**. （彼は白髪を 2 本抜いた）

(4) <u>people</u>
❶「**人々**」の意味のときは，常に単数形で複数扱い。ただし，many や数詞などの数を表す語をつけることができる。
Many **people** are against the bill.
（その法案に反対している人は多い）
❷「**国民・民族**」の意味のとき：集合名詞（複数形は peoples）
It is said that the Japanese *are* a polite **people**.
（日本人は礼儀正しい国民といわれている）
Asia is the home of *many* **peoples**.
（アジアにはいろいろな民族がいる）

> **Q&A　16**　a people（国民）は必ず単数扱いか？
>
> 「国民・民族」の意味の a people は単数扱いがふつうだが，複数動詞で受けることもある。
> In the country which is now England, there lived *a people* who *were* uncivilized.
> （現在のイングランドにあたる地方に未開の民族が住んでいた）

§42 固有名詞 (Proper Nouns)

特定の人または事物の名をいう。大文字で始め，特別な場合を除いて不可算名詞で，不定冠詞をつけず，複数にもしない。定冠詞はつくものとつかないものがある。

1 定冠詞のつく固有名詞 (→ p.152)

❶ 河川・海洋: *the* Thames [temz], *the* Sea of Japan, *the* Pacific
❷ 山脈: *the* Alps, *the* Rockies, *the* Himalayas [hìməléiəz]
❸ 群島: *the* Philippines, *the* Marianas
❹ 海峡・半島: *the* English Channel, *the* Izu Peninsula
❺ 運河: *the* Suez Canal, *the* Panama Canal
❻ 砂漠: *the* Sahara (Desert)
❼ 船舶: *the* Mayflower, *the* Titanic
❽ 官公庁: *the* Ministry of Foreign Affairs
❾ 博物館・図書館・劇場など: *the* British Museum, *the* Hibiya Library, *the* Globe Theater, *the* Eiffel [áifəl] Tower, *the* New Tokaido Line

> **注** the のつかない固有名詞:
> 　一般に国名，大陸，州，県，都市，山，湖，島，岬，公園，広場，駅，橋，学校，教会，城，天体などには the をつけないのがふつう: Japan, Europe, California, Niigata Prefecture, Mount Fuji, Lake Biwa, Sado Island, Cape Horn, Hibiya Park, Ueno Station, London Bridge, Juilliard School of Music, Westminster Abbey, Warwick Castle, Venus, Mars

❿ 新聞・雑誌: *The* Times, *The* Economist
⓫ 団体名: *the* Republican Party, *the* Liberal Democratic Party

2 固有名詞に不定冠詞をつけたり複数にする場合

(1)「～という人」

There is *a* **Mr. Brown** downstairs.
　　(下にブラウンさんとかいう人が来ています)
　　　＊ *one* (Mr.) Brown というのは改まった言い方。
We have *two* **Yamadas** in this class.
　　(この組には山田が2人いる)

(2)「～のような人」

He will be *a* **Lincoln** some day.

(彼はいつかリンカーンのような大政治家になるだろう)
> * 〈the＋固有名詞＋of ～〉はほかに類例がないことを強調する。〈of ～〉で限定されても，そのレベルのうちの1人という意味であればa [an]をつける。
>
> He is *the* **Edison** of Japan. (彼は日本のエジソンだ)

(3)「～家の人」

His father was *a* **Stuart**. (彼の父はスチュアート家の出身だった)
> * the Stuarts は「スチュアート家の人々」「スチュアート夫妻」「スチュアート兄弟」など文脈によってさすものが異なる。

(4)「～の作品・製品など」

There was *a* **Picasso** on the wall.
(壁にピカソの絵がかかっていた)
He has *two* **Toyotas**. (彼はトヨタの車を2台持っている)

[参考] **Mr., Mrs.** などの用法:
以下すべてピリオドを省くのは《主に英》。
① **Mr.**: 男性の姓または姓・名につける。
  Mr. Curie / Mr. Pierre Curie
② **Mr. and Mrs.**: 夫の姓につけて夫妻を表す。
  Mr. and Mrs. Curie
③ **Mrs.**: 夫の姓，姓・名，名の前，または夫人の名と夫の姓につける。
  Mrs. Curie / Mrs. Pierre Curie / Mrs. Pierre《くだけた言い方》
  Mrs. Marie Curie《米》〔《英》では法律や商用などの場合〕
④ **Ms.**: 既婚・未婚を問わず，女性の姓，または姓・名につける
  Ms. Brown / Ms. Sally Brown
⑤ **Miss**: 独身女性の姓または姓・名につけるが，非常に若い人に用いる場合以外は今は Ms. のほうがふつうで特に《米》でその傾向が強い。
  Miss Bennet / Miss Linda Bennet
  Mr. などの複数形については →p.105

Q&A 17 地球は1つしかないのになぜ固有名詞でないのか？

固有名詞は，同種のほかのものと区別するためにそれぞれにつけられた名前である。「太陽」「月」「地球」「空」「海」などは，昔からただ1つのものとして見てきたので，同種のほかのものと区別するために特に命名する必要もなく，その代わり常に **the** をつけて，*the* sun, *the* moon, *the* earth, *the* sky, *the* sea などとして示すのである。したがって，「地球」を惑星の1つと考え，Mars（火星），Mercury（水星）などほかの惑星と区別して言う場合には固有名詞として扱い，**Earth** と書く。

§43 物質名詞 (Material Nouns)

物質の名で，一定の形や区切りがないものをいう。不可算名詞で，ふつうは a [an] をつけたり複数形にすることはない。

1 物質名詞の用法

(1) 「～というもの」

一般的にその物をいう場合は無冠詞，単数形で用いる。

Light travels faster than **sound**. (光は音より速い)

(2) ある限定された量

some, any, much, (a) little, a lot of などをつける。

"Do you have *any* **water**?" "Yes, I have *some*."
　(「水(いくらか)あるかい？」「うん，(いくらか)あるよ」)

The British once ate *a great deal of* **mutton**.
　(英国人はかつて羊肉をたくさん食べた)

(3) 特定のもの

定冠詞や指示代名詞，所有格の(代)名詞などをつける。

The **meat** we had for dinner was very good.
　(私たちが夕食に食べた肉はとてもおいしかった)

This **beef** is from Australia. (この牛肉はオーストラリア産だ)

Q&A 18　water が複数形になるのはどんなときか？

「多量の水」をいうとき，たとえば，海・湖・川などをさす場合や，ある国の近海，領海をさす場合に用いる。

Still **waters** run deep. (静かな川は流れが深い)　　　　《ことわざ》
The ship is now in Japanese **waters**.
　(船は今や日本の水域に入った)

rain も物質名詞だが，複数形で用いることがあり，「激しい [たびたび降り注ぐ] 雨」などを表す。(→ p.111)

The river rises after heavy **rains**. (その川は豪雨の後，水量が増す)

2 物質名詞の量の表し方

物質名詞そのものは形の区切りがなく，数えられないが，量を表す必要があるときは次のように a ～ of ... の形にする。(→ p.804)

(1) 形状を表す語を用いる

a bar of chocolate [soap, gold, iron]
　(板チョコ [棒状の石鹸，金の延べ棒，鉄の棒] 1 枚 [本])

a lump of coal [lead, sugar]（石炭［鉛，砂糖］のかたまり1個）
　　＊　複数個を表す場合　a ～ of の ～を複数にすればよい。以下の(2), (3)の場合も同様である。*two bars of* chocolate（板チョコ2枚）

> **参考** **candy**:
> **candy** は《米》ではキャラメル，チョコレート，ドロップなどの砂糖菓子を意味する物質名詞である。「キャンディー3つ」というときは three *pieces of* candy という。ただし，種類を意味するときは assorted candi*es*（甘味詰め合わせ）のように複数形にする。なお《英》で *candy* に相当するのは *sweet* で，これは可算名詞である。

(2) **容器を表す語を用いる**
　　a bottle of beer [whisky]（ビール［ウィスキー］1びん）
　　a cup of tea [coffee, cocoa]（お茶［コーヒー，ココア］1杯）

(3) **単位を表す語を用いる**
　　〔長さ〕　*a foot of* copper wire（銅線1フィート）
　　〔面積〕　*an acre of* land（土地1エーカー）
　　〔容量〕　*a gallon of* gasoline（ガソリン1ガロン）
　　〔重量〕　*a pound of* meat（肉1ポンド）

> **Q&A 19** money は物質名詞か？
>
> そう考えてよい。money や cash（現金）は数えられるように思われるが，実際に数えるのは coin（硬貨）や bill（《英》note）（紙幣）であり，coin や bill はそれぞれ cent や dollar, pound などの金額を表示している。**money** そのものは much や little で修飾し，直接数詞はつかない。**moneys** もしくは **monies** の形で「合計金額」の意味を表すのは，古語ないし法律用語。

§44　抽象名詞 (Abstract Nouns)

具体的な形を持たない抽象的な概念の名で，性質・状態・動作・感情・学問・主義・運動・病気などを表す名詞。不可算名詞で，一般に無冠詞・単数形で用いる。

(1) **一般的な場合**：無冠詞，単数形。
　　I like **music** and **dancing**.（私は音楽と舞踊が好きだ）
　　This is important **information**.（これは重要な情報だ）

(2) **程度の多少を表すとき**：数を表す many, few などでなく，量を表す much, any, some, (a) little などがつく。
　　He has not had *much* **experience**.（彼はあまり経験がない）

> [参考] a＝some:
> He has *a* **knowledge** of French.（彼はフランス語が少しできる）のような場合の a は some（いくらかの）の意味である。[→p.145]
> at *a* **distance**（少し離れて）や for *a* **time**（しばらくの間）なども同じ用法である。

(3) 〈of＋(代)名詞〉などの語句で限定された場合：the がつく。

　　You should know *the* **difficulty** *of learning* how to drive a car.
　　（君は車の運転を覚える難しさを知るべきだ）

(4) **抽象名詞を数える場合**

　　名詞によって **a piece** [**an item**] **of** をつけるものもある。

　　You gave us *a* wonderful *piece of* **advice** [**information**].
　　（君は私たちにすばらしい忠告をして［情報を］くれた）

　　She sent us *an item of* **news**.
　　（彼女は我々にニュースを1つ届けてくれた）

(5) **個別的な行為や事柄，種類などを表す場合**：a [an] をつけたり，複数形にすることがある。これは抽象名詞の**普通名詞化**と考えてよい。[→p.96]

　　He is *a* **success** as a pianist.
　　（彼はピアニストとしての成功者だ）

　　She has done me *many* **kindnesses**.
　　（彼女は私にいろいろと親切にしてくれた）

　　　＊ 具体的な数詞をつけて three kindnesses などとすることはできない。

(6) **形容詞＋抽象名詞**：抽象名詞に形容詞がついて具体的な例や種類を表し，a [an] がつくことが多い。

　　She had *a happy* **marriage**.
　　（彼女は幸せな結婚生活を送った）

　　　形容詞がついても原則として a [an] のつかない抽象名詞もある。

　　[誤] He is making *a* steady progress in speaking English.
　　[正] He is making *steady* **progress** in speaking English.
　　　　（彼は英語を話すのが着実に進歩している）

　◉ **形容詞がついてもふつうは a のつかない抽象名詞**

advice（忠告）	applause（拍手かっさい）	behavior（行為）
conduct（態度）	damage（損害）	fun（楽しみ）
harm（害）	homework（宿題）	information（情報）
luck（運命）	music（音楽）	news（知らせ）
nonsense（無意味なこと）	progress（進歩）	weather（天候）
wisdom（知恵）	work（仕事）	

> [参考] **a [an] ＋不可算名詞**:
> 本来不可算名詞であるが，a [an] をつけて用いる場合もある語がある。
> The whole room was in *an* **uproar**.
> 　(満場騒然となった)
> **think**(考えること)のように，a だけでなく another などもつくものもある。
> I need to have *another* **think** about this.
> 　(これは考え直さなくては)　　　　　　　　　　　　　　　《口語調》
> どちらの場合も複数形になったり，数詞がつくことはない。

> **Q&A 20**　day (日) や year (年) は抽象名詞ではないのか？
>
> 日や年は形がないように思われるが，時間的に一定の区切りのあるものだから，「1日，2日」「1年，2年」のように数えることができる。そして，たとえば **day** は Sunday, Monday … など同種のものに共通に適用できるから普通名詞だということがわかる。

§45　名詞の種類の転用

名詞は表す意味によって本来の種類の名詞としてでなく，他の種類の名詞として用いられる場合も多い。

(1) 普通名詞 → 抽象名詞・固有名詞

❶ 〈the＋普通名詞〉→ 抽象名詞　(→ p.84)

He gave up **the sword** for **the plow**.
　(彼は鋤(すき)のために剣をやめた → 軍職を退いて農業に従事した)

❷ 普通名詞 → 抽象名詞

Things are getting out of **hand**.
　(事態は収拾がつかなくなりつつある)

❸ 普通名詞 → 固有名詞：家族・血縁関係を表す語など。

Let me introduce Susan, **Father**.
　(お父さん，スーザンを紹介します)
　　＊　小文字で書いても my はつけない。

> [参考] **親に対する呼びかけ**:
> 子供が呼びかける場合，father, mother は改まった言い方で，父親には dad, 母親には mom《米》, mum《英》がふつう。小さい子供は daddy, mommy《米》, mummy《英》などという。mama《米》はごく幼い子の言葉。なお，mammy という語は最近《米》では差別語として避ける傾向がある。

§45 名詞の種類の転用　95

(2) **固有名詞 → 普通名詞**

固有名詞に冠詞をつけたり複数形にしたりするもの。(→ p.89)

A Mr. Jones came to see you when you were away.
(ジョーンズさんという人がお留守中にお見えになりました)

(3) **物質名詞 → 普通名詞**

次のような場合に可算名詞扱いになり，普通名詞化する。

❶ **種類**を表す場合

- The tower is built of **wood**.　　〔物質名詞〕
  (その塔は木造だ)
- Is teak *a* hard **wood**?　　〔普通名詞〕
  (チークは堅い木ですか)

- The prisoner was given only bread and **water**.　〔物質名詞〕
  (囚人はパンと水しか与えられなかった)
- The quality of *a* **water** is easily tested.　〔普通名詞〕
  (水質の試験は容易である)

❷ **製品**を表す場合 (→ p.805)

- **Nickel** is used to make coins.　　〔物質名詞〕
  (ニッケルは硬貨を造るのに使われる)
- It is not worth *a* **nickel**.　　〔普通名詞〕
  (それは一文の価値もない)
  - * a nickel は米国・カナダの5セント白銅貨のこと。

❸ 形のある**断片**や**一部**をさす場合

- His house is built of **stone**.　　〔物質名詞〕
  (彼の家は石造りだ)
- Don't throw **stones** at the dog.　　〔普通名詞〕
  (犬に石を投げてはいけません)

- Fire gives **light** and heat.　　〔物質名詞〕
  (火は光と熱を出す)
- Turn off all the **lights**.　　〔普通名詞〕
  (電灯を全部消しなさい)

❹ **飲食物**を表す場合：❸の用法と同種と考えられる。

- My mother is making **tea** for us.　　〔物質名詞〕
  (母が私たちにお茶を入れてくれています)
  - * make *the* tea とも言う。《英》に多い。
- I'd like two **teas**, please.　　〔普通名詞〕
  (紅茶を2つください)〔喫茶店などで〕

* 逆に食材となると普通名詞は物質名詞になる。

It's cheese sandwich with **lettuce**, **tomato** on whole wheat bread with mayo.
(それは全粒小麦粉パンに, レタスやトマトをマヨネーズあえしたものをはさんだチーズサンドです)

> [参考] 可算・不可算両用名詞:
> 意味によって可算名詞・不可算名詞の両方に使うものがある。
> air (空気) — an air (様子), chicken (鶏肉) — a chicken (鶏〔のひな〕), lamb (子羊の肉または毛皮・皮) — a lamb (子羊)

(4) 抽象名詞 → 普通名詞・固有名詞

❶ 抽象名詞 → 普通名詞 [→ p.805]

(a) その性質を持った**人** [**物, 行為**] を表す場合

People in his time could not appreciate his sense of **beauty**. 〔抽象名詞〕
(当時の人々は彼の美的感覚を正しく評価できなかった)
Cleopatra, a queen of Egypt, was a famous **beauty**.
(エジプトの女王クレオパトラは有名な美人であった) 〔普通名詞〕

(b) 性質や観念の**種類**を表す場合

He is a man of **virtue**. 〔抽象名詞〕
(彼は徳の高い人だ)
Among her **virtues** are loyalty, courage, and truthfulness.
(彼女の徳のなかには忠実, 勇気, 誠実が数えられる) 〔普通名詞〕

(c) 動作や行為の**結果**を表す場合

This fact didn't lessen his sense of **achievement**. 〔抽象名詞〕
(この事実で彼の成就感が減じることはなかった)
We have seen a lot of scientific **achievements** in this century.
(我々は今世紀に多くの科学的業績を見てきた) 〔普通名詞〕

❷ 抽象名詞 → 固有名詞

抽象名詞が擬人化されて固有名詞的に用いられることがある。

Fortune has smiled on them.
(運命の女神が彼らにほほえんだ) 《文学的》
Lions are **Mother Nature's** way of limiting the number of grass-eating animals.
(ライオンの存在は母なる自然が草食動物の数を制限する方法なのだ)

* Mother Nature は自然界を支配する力と見たり, ときにはおどけた言い方にも用いる。

第2節 名詞の数

§46 単数と複数 (Singular and Plural)

1 名詞と数

名詞の**数** (Number) には1つのものを表す**単数**と, 2つ以上のものを表す**複数**がある。日本語と違い, 英語では単数と複数の違いが名詞の形の違いとなって表れるので注意を要する。

- ❶ 原則として常に単数のもの:
  不可算名詞(物質名詞・抽象名詞・固有名詞)
- ❷ 単数・複数の両様になるもの: 可算名詞(普通名詞・集合名詞)
- ❸ 単数形でありながら複数に扱われるもの: police(警察)など
- ❹ 常に複数形で用いられるもの: goods(商品), clothes(衣服)
- ❺ 複数形でありながら単数に扱われるもの
    physics(物理学), economics(経済学), technics(工芸学)
    * 辞書などでは単数を sing., 複数を pl. と略記することが多い。

2 疑問・否定の場合の数

(1) 疑問の場合の数

「〜がありますか」と聞くような場合, 1つしかないとわかっているものや, 物質名詞などであれば単数形を用いるが, いくつあるかわからないようなときは複数形で聞くのがふつう。ただし, 単数形を用いてもかまわない。

Are there *any* **mikes** [*Is* there a **mike**] on the stage?
(演壇にはマイクがありますか)

(2) 否定の場合の数 —— ゼロの場合

- ❶ no の後に続く可算名詞は, 一般には複数形。
  That tree has *no* **leaves**. (あの木には葉がない)
    * 複数で存在するのが自然と感じられる。
- ❷ 1つしかないのが自然と思われる場合は単数形。
  My father has *no* **room** *of his own*.
  (父には自分の部屋がないのです)

> **注** | **zero+名詞**:
> zero に続く名詞も単・複両様あるが, 次の場合は複数形。
> Water freezes at *zero* **degrees** Celsius. (水は摂氏0度で凍る)

> **Q&A 21** 0.7 meter か 0.7 meters か？
>
> 単数形がふつうだがどちらも用いられている。小数を含む数に続く単位名は、2以下でも **1以上であれば複数形**になる。
>
> A mile is equal to 1.6 **kilometers**.
> （1マイルは1.6キロメートルです）
>
> **1以下の場合は原則として単数形**。まれに**複数形**になっていることもある。
>
> A yard is equal to approximately 0.91 **meter** [**meters**].
> （1ヤードは約0.91メートルです）

§47 規則複数

■ 規則的な複数形の作り方

(1) **ふつうは単数形の語尾に -s をつける。**

　　book → book*s*, egg → egg*s*, game → game*s*

(2) **語尾が [s] [z] [ʃ] [ʒ] [tʃ] [dʒ] で終わる名詞**：語尾に **-es** をつける。

　　bus → bus*es* [bʌ́siz]　lens → lens*es* [lénziz]
　　box*es* [báksiz], bush*es* [búʃiz], bench*es* [béntʃiz]

　注 1.　**-ch** が [k] と発音される語には **-s** をつける。
　　　　stomach（胃）→ stomach*s* [stʌ́məks]
　　　　monarch*s* [mάnərks]（君主）, epoch*s* [épəks]（時代）

　注 2.　**-e** で終わる語はそのまま **-s** をつける。
　　　　note → note*s*, tongue（舌）→ tongue*s*, cave（ほら穴）→ cave*s*

(3) **〈子音字＋-y〉で終わる名詞**：**y を i に変えて -es をつける。**

　　enemy（敵）→ enem*ies*　　lady → lad*ies*

　注　〈母音字＋-y〉で終わる語には、そのまま **-s** をつける。
　　　　boy → boy*s*, chimney → chimney*s*
　　　　monkey*s*, toy*s*, valley*s*
　　　　ただし、soliloquy（ひとり言）は soliloqu*ies* [səlíləkwiz] となる。

(4) **-o で終わる名詞**

　❶ **〈子音字＋-o〉で終わる語**：ふつうは **-s** をつけるが、**-es** をつけるものもある。

　　(a) 省略された語：**-s** をつける

　　　piano (＜pianoforte) → piano*s*
　　　photo (＜photograph) → photo*s*
　　　kilo (＜kilometer, [-gram]) → kilo*s* [kíːlouz]
　　　dynamo（発電器）(＜dynamoelectric machine) → dynamo*s*

auto (《米》自動車) (＜automobile) → autos
(b) その他 -s をつける語
solo (独唱・独奏) → solos　torso (トルソー) → torsos
commando (特別奇襲部隊) → commandos
ghetto (特別居住区) → ghettos
 * soli, torsi の形もある。また, commandoes, ghettoes の形もまれに見られる。
(c) 伝統的に -es をつける語…日常よく使われる語
echo (こだま) → echoes　hero (英雄) → heroes
negro (黒人) → negroes
potatoes (ジャガイモ), tomatoes (トマト), vetoes (拒否権)
 * motto(e)s や volcano(e)s のように両方の形のものも多い。(→ p.805)

❷ 〈母音字＋-o〉で終わる語：-s をつける。
bamboo (竹) → bamboos　cameo (カメオ) → cameos
cuckoos (カッコウ), curios (こっとう品), folios (二つ折本),
radios (ラジオ), studios [stjúːdiouz] (スタジオ), trios (トリオ)

(参考) -os と -oes:
　英語は他国語からの**借入語**が多いが, -o で終わる名詞は特にそうである。その中でも古くから英語に入り, 複数形もよく使われて**完全に英語化した語** (potato, tomato, hero など) は -es をつけるが, 比較的新しく英語に入ったものは -s だけをつける。最近は後者の語が増えてきているので, **-o で終わる語にはふつうは -s がつく**と言ってよい。ただ, 完全に英語化している前者の語は日常よく使われるため, 全体としては -es の出現頻度は高い。

⑸ **-f, -fe で終わる名詞**
❶ 原則として -f, -fe を **-ves** に変える
knife → knives　life → lives　half → halves　leaf → leaves
❷ -f, -fe で終わる語のうち, そのまま **-s** をつけるもの
belief (信念) → beliefs　chief (長) → chiefs
cliffs (崖)　　　　　　　cuffs (袖口)　　　　　gulfs (湾)
griefs (悲しみ)　　　　　proofs (証拠)　　　　reliefs (浮き彫り)
reefs (暗礁)　　　　　　 roofs (屋根)　　　　　safes (金庫)
strifes (争い)
❸ **両様の複数形**を持つもの
dwarf (小びと)　→ dwarfs, dwarves
hoof (ひづめ)　　→ hoofs, hooves
scarf (スカーフ)　→ scarfs, scarves

wharf（波止場） → wharfs, wharves

2 複数語尾 -(e)s の発音

(1) [z] [ʒ] [dʒ] 以外の有声子音または母音で終わる語では [z]

pens [penz]　　　　　dogs [dɔ:gz]　　　　rooms [ru:mz]
windows [wíndouz]　cars [kɑ:rz]　　　　babies [béibiz]

(2) [s] [ʃ] [tʃ] 以外の無声子音で終わる語では [s]

cheeks [tʃi:ks]　　　roofs [ru:fs]　　　　caps [kæps]
boats [bouts]　　　　skeptics [sképtiks]（懐疑主義者）

(3) [s] [z] [ʃ] [ʒ] [tʃ] [dʒ] で終わる語では [iz]

classes [klæsiz]　　　lenses [lénziz]　　　brushes [brʌ́ʃiz]
mirages [mirɑ́:ʒiz]　　benches [béntʃiz]　　judges [dʒʌ́dʒiz]

　　＊ **house** [haus] の場合は -es の前の s の発音も変わり，複数形 houses は [háuziz] と発音されるのがふつう。

(4) **-ths の発音**

❶ 〈長母音・二重母音＋-th [θ]〉の語

(a) [-ðz] と発音されるもの

mouths [mauðz]　baths [《英》bɑ:ðz, 《米》bæðz]
　　＊ faiths [feiθs]（宗教），heaths [hi:θs]（ヒース）などは [-θs]

(b) [-ðz] [-θs] の両様の発音のある語

truths [tru:ðz, -θs]（真実）　　youths [ju:ðz, -θs]（若者）
oaths [ouðz, -θs]（誓い）　　　sheaths [ʃi:ðz, -θs]（さや）

❷ 〈短母音＋-th〉〈子音字＋-th〉の語は [θs]

breaths [breθs]　　deaths [deθs]　　　months [mʌnθs]
ninths [nainθs]　　depths [depθs]　　 lengths [leŋθs]
growths [grouθs]（茂み）

❸ 〈長母音＋r＋-th〉の語は [θs]

births [bə:rθs]（誕生）　hearths [hɑ:rθs]（炉床）
fourths [fɔ:rθs]（4分の〜）

§48 不規則複数

(1) 母音が変化するもの

man → men　　　　　　　　　　woman → women [wímin]
louse（シラミ）→ lice　　　　　　 mouse（ハツカネズミ）→ mice
foot → feet　　　　　　　　　　goose（ガチョウ）→ geese
tooth（歯）→ teeth

> **注** -man の複数形:
> 　gentle**man** など -man の複合語の複数は, 綴り字は -men となるが, 発音は [-mən] のまま。ただし, snowman [snóumæn]（雪だるま）のように -man に第2アクセントのあるものの複数は [-mèn] と発音する。

(2) 語尾に -en, -ren がつくもの

ox → ox*en*　child → child*ren*　brother（信者仲間）→ breth*ren*

 ＊　brethren は母音も変化する。ただし,「兄弟」の意味では brothers と規則変化する。

(3) 単数複数同形のもの

sheep（羊）→ sheep, Japanese（日本人）→ Japanese など。（➡ p.101）

(4) 外来語の複数形

foc*us*（焦点）→ foc*i*, cris*is*（危機）→ cris*es* など。（➡ p.102）

§49　単 複 同 形

　名詞の中には**単数と複数が同じ形**のものがある。群れをなして生活している鳥獣魚類, 数量や単位を示す語, -s(e) で終わり発音上複数と区別のつけにくい語などに見られるが, 明確なルールはない。

　There are *six* **sheep** for sale.（6頭の羊が売りに出されている）
　He has *fifty* **head** of cattle.（彼は50頭の牛を持っている）
　Many **Japanese** think so.（そう考える日本人は多い）

　deer（鹿）や **bison**（アメリカ野牛）もふつうは単複同形で用いるが, -s をつけた複数形を用いることもある。両形を持つものについては（➡ p.805）。

> **注** dozen, foot などの複数形:
> 1. dozen, score, hundred, thousand などは dozens of ～（何十という～）, hundreds of ～（何百という～）などの表現以外のとき単複同形。（➡ p.300）
> 2. 長さの単位を表す **foot** の複数形は feet であるが, 身長を表す場合などで単複同形の foot を用いることもある。
>   He is six *feet* [*foot*] tall.（彼は身長6フィートです）

◉ 単複同形のみの名詞

aircraft（航空機）	Chinese（中国人）
corps（団）	craft（船舶）
Japanese（日本人）	means（手段）
offspring（子孫）	percent（パーセント）
series（シリーズ）	sheep（羊）
species [spíːʃiːz]（種）	Swiss（スイス人）
vermin（害虫）	yen（円）

* corps の発音は単数のとき [kɔːr], 複数のとき [kɔːrz] となる。なお, corpse（死体）は [kɔːrps]。

§50 外来語の複数形

ギリシャ語, ラテン語, フランス語などから英語に入ってきた語で, もとの国の言語の複数形を保持しているものがある。詳しくは （→ p.806）

1 ラテン語系の名詞の複数形

(1) -us で終わる語

❶ -us [əs] → -i [ai]
  stim*us*（刺激）→ stimuli alumn*us*（男子卒業生）→ alumni

❷ 規則複数語尾 -es をつけるもの
  apparatus（装置）→ apparatus*es*
  bonus（ボーナス）→ bonus*es*
  status（地位）→ status*es*

❸ -us → -i の変化と -es の両様のもの
  foc*us*（焦点）→ foc**i** [fóusai] または focus*es*
  radi*us*（半径）→ radi**i** [réidiài] または radius*es*

> [参考] -us の特別変化:
> 1. genius [dʒíːnjəs] は「天才」の意味のとき -es をつけるが, 「守護神」の意味のときは genii [dʒíːniài] となる。
> 2. このほか次のような変化をする語がある。corpus（集大成, 言語資料）→ corp*ora* または corpus*es*, genus（属）→ gen*era* または genus*es*

(2) -a で終わる語

❶ -a [ə] → -ae [iː]
  larv*a*（幼虫）→ larv**ae** alumn*a*（女子卒業生）→ alumn**ae**

❷ 規則複数語尾 -s をつけるもの
  area [éəriə]（地域）→ areas drama（ドラマ）→ dramas
  era [íərə]（時代）→ eras

❸ -a → -ae と -s の両様のもの
  antenn*a*（触角, アンテナ）→ antenn**ae**, antennas
  formul*a*（公式）→ formul**ae**, formulas
  ＊ antenna は「触角」の意味のとき -ae, 「アンテナ」のとき -s。

(3) -um で終わる語

❶ -um [əm] → -a [ə]

bacter*ium* → bacter**ia**（バクテリア）　dat*um* → dat**a**（データ）
errat*um*（誤植）→ errat**a**（正誤表）
　　＊　bacteria, errata などはほとんど単数形は用いられない。

❷ 規則複数語尾 **-s** をつけるもの
album（アルバム）→ album*s*　　　museum（博物館）→ museum*s*
forum（討論会）→ forum*s*　　　　stadium（スタジアム）→ stadium*s*
　　＊　forum, stadium [stéidiəm] は，まれに -a 語尾も用いられる。

❸ **-um** → **-a** と **-s** の両様のもの
curricul*um*（教育課程）→ curricul**a**, curriculum*s*
medi*um*（媒介物）→ medi**a**, medium*s*
memorand*um*（メモ）→ memorand**a**, memorandum*s*
　　＊　media が単数形として用いられ，また，medias を複数形として用いる
　　　こともある。

(4) **-ex, -ix で終わる語**

❶ **-ex** [eks], **-ix** [iks] → **-ices** [isiːz]
cod*ex* → cod**ices**（古写本）

❷ **-ex, -ix** → **-ices** と **-es** との両様のもの
ind*ex*（指標）→ ind**ices**, index*es*
append*ix*（付録，虫垂）→ *append***ices**, appendix*es*
　　＊　index は「索引」の意味のときの複数形は indexes, appendix は「虫垂
　　　（俗にいう盲腸）」の意味のときの複数形は通例 appendixes となる。

2 ギリシャ系の名詞の複数形

(1) **-is [is] で終わる語**: 語尾は **-es** [iːz] になる。
analys*is*（分析）→ analys**es**　ax*is*（軸）→ ax**es**
bas*is*（理論的基礎）→ bas**es**　cris*is*（危機）→ cris**es**

> **参考** **-is と -es**:
> **1.** bases は base（基地）の複数形でもあり，basis の複数形でもある
> が，前者は [béisiz]，後者は [béisiːz] と発音が異なる。同様に，axes も
> ax(e)（おの）と axis の両方の複数形で，また，ellipses も ellipse（長円）
> と ellipsis（省略）の複数形でありうる。
> **2.** metropolis（首都，大都会）は -es 語尾をつける。

(2) **-on で終わる語**

❶ **-on** [ən] → **-a** [ə]
criteri*on*（判断の基準）→ criteri**a**
phenomen*on*（現象）→ phenomen**a**

❷ 規則複数語尾 -s をつけるもの
electron（電子）→ electrons　neutron（中性子）→ neutrons
proton（陽子）→ protons
❸ -on → -a と -s の両様のもの
automat*on*（自動装置, ロボット）→ automat**a**, automat**o**ns

3 その他の語源の名詞の複数形

(1) **-eau, -eu → -eaux, -eux**〔フランス語系〕
plateau [plǽtou]（高原）→ plateau**x** [plǽtouz] または plateaus
※ 複数語尾は -x と -s の両様用いられるが, 発音は同じ。

> [参考] 単複同形のフランス語系の語:
> フランス語源の corps（団）, chassis [ʃǽsi(:)]（自動車の車台, シャシー）, faux pas [fóu pɑ́:]（エチケットに反する失敗）, rendezvous [rɑ́:ndəvù:]（約束による会合）などは, 単複同形であるが, 複数のときだけ語尾の -s [z] を発音する。

(2) **-o → -i**〔イタリア語系〕
temp*o* [témpou]（テンポ）→ temp**i** [témpi:] または tempos
※ solo（独奏[唱]）, soprano（ソプラノ）は規則複数語尾 -s をつける。

§51 文字・記号などの複数形

1 文字・数字・記号・略語の複数形

一般に **-'s** をつける。

You should always dot your *i*'s and cross your *t*'s.
　（いつも i の点や t の横棒をつけるように細かいことにまで気を配ったほうがいい）

Your *3*'s look like *8*'s.
　（君の 3 は 8 のように見える）

Our association consists of fourteen *PTA*'s [*PTAs*].
　（我々の連盟は 14 の PTA で成り立っている）

Last month the company issued a group of *CD*'s [*CDs*].
　（先月その会社は一群のコンパクトディスクを出した）

He became famous at the beginning of the *1970*'s [*1970s*].
　（彼は 1970 年代の初めに有名になった）
　※ [ ] 内のように -s だけをつける形も用いられる。

> **注** 文字を重ねる複数形：
> 　文字を重ねて複数形を表すものもある。
> ll. (=lines 行), pp. (=pages ページ)
> pp. 12〜14 (=pages twelve to fourteen)
> (12ページから14ページまで)

2 称号・敬称などの複数形

Mr. → **Messrs.** [mésərz]　　Mrs. → **Mmes.** [meidá:m]
Ms. → **Mses, Ms's** [míziz]　　Miss → **Misses** [mísiz]
Dr. → **Drs.** [dáktərz]

Drs. Joseph Church and Edward Gomerts hope to establish the West Coast's first pediatric AIDS program in November.

(ジョゼフ＝チャーチ，エドワード＝ゴマーツ両博士は〔アメリカの〕西海岸最初の小児エイズ対策を11月に始めることを希望している)

> **注** 複数形の称号の用い方：
> 　これらは改まった言い方で，ふつう Messrs. Smith and White でなく Mr. Smith and Mr. White のように言う。Messrs. は商業通信文などで Messrs. Smith & Co. (スミス商会御中) のように用いられる。Mrs. の直接の複数はないので，必要な場合には Mme (=Madame) の複数形 Mmes. を用いる。

[参考] Mr. A の複数：

Mr. Smith が2人いれば the two Mr. Smiths とするのがふつう。the two Messrs. Smith は古風な言い方。同様に Miss Smith, Mrs. Smith などの複数はそれぞれ the Miss Smiths, the Mrs. Smiths がふつう。

Q&A 22 Mt. の複数形はどう書くか？

Mt. (〜山) の複数形は Mts. で，Mts. Fuji and Asama のように言うことができるが，Mt. Fuji and Mt. Asama のほうがふつう。
なお，Mt. 〜の代わりに Mount 〜 のように書くこともある。

3 固有名詞の複数形

-s だけをつけるのがふつう。

three Mary**s**, two Taro**s**, four Mr. Smith**s**

> **注** 人名・地名の複数形：
> 　Mary の複数形語尾は Marys で，Maries とはならない。ただし，[s] や [z] などで終わる Jones [dʒounz] のような人名は Joneses [dʒóunziz] となる。また，the Canaries (カナリア諸島), the Rockies (ロッキー山脈) などは本来複数形の固有名詞である。

§52 複合名詞の複数形

(1) 最後の要素を複数形にするもの

❶ 最後の名詞が主要素になっているもの

assistant directors（アシスタントディレクター）
baby-sitters（子守り）　　　　by-standers（傍観者）
tooth-brushes（歯ブラシ）　　house-keepers（家政婦）
girl friends（ガールフレンド）　college students（大学生）

* baby-sitter, by-stander, tooth-brush, house-keeper などはハイフンなしで1語に書かれることも多い。

❷ 名詞を含まない複合名詞

close-ups（大写し）　　　　grown-ups（大人）
take-overs（乗っ取り）　　sit-ins（座り込み）
take-offs（離陸）　　　　　stand-bys（味方、代役）
forget-me-nots（ワスレナグサ）　go-betweens（仲介人）
have-nots（持たざる者）　　merry-go-rounds（回転木馬）

(2) 第1要素を複数形にするもの

これは最初の名詞が**主要素**になっているものである。

passers-by（通行人）　　　　lookers-on（見物人）
grants-in-aid（補助金）　　　commanders-in-chief（最高司令官）
men-of-war（軍艦）　　　　　coats-of-mail（鎖かたびら）
editors-in-chief（編集長）

(3) (1)と(2)のいずれの場合もあるもの

notary public（公証人）→ notary publics [notaries public]
attorney general（司法長官）
　→ attorney generals [attorneys general]
court marshal（軍法会議）→ court marshals [courts marshal]
mother-in-law（義母）→ mothers-in-law [mother-in-laws]

* 〈~-in-law〉の形は、主要素である~のほうを複数形にすることが多いが、くだけた言い方の場合、特に《英》では -in-laws とすることも多い。

spoonful（スプーン1杯〔分〕）→ spoonfuls [spoonsful]

(4) 両方の要素が複数形になるもの

❶ man, woman が同格的要素として性別を表す場合

(a) lady ~ よりは woman ~のほうが好まれるが、これらの語は、特に男女の性別を示す必要があるときのみ使うのがよい。

man driver（男性の運転手）→ men drivers
woman doctor（女医）→ women doctors

* woman doctor（婦人科医）は woman doctors

manservant（男の雇い人）→ menservants《古風》

* gentleman farmer（趣味で農業を行う大地主）→ gentlemen farmers なども両方の要素を複数形にするが，前半の発音は同じ。

(b) man, woman が目的語の意味のときは，後の名詞のみを複数にする。

woman-hater（女嫌いの人）→ woman-haters

* man-hater（→ man-haters）は Web^3 では，「人間嫌い」あるいは「男性社会の嫌いな人」の意味。

man-eater（人食い動物）→ man-eaters

* people-eater にするような動きもあるが，まだ一般化はしていない。くだけた言い方では，man を文字通り男性にとって，man-eater を「男をもてあそぶ女」の意味にも用いる。

❷ 〈名詞＋and＋名詞〉でまとまった１つのものを表す場合

両方の名詞を複数形にするのがふつう。

a cup and saucer（受け皿つきの茶わん）→ two cups and saucers

* two brand*ies* and soda（ソーダ割りブランデー2杯）のようになることもある。

§53 複数形を２つ持つ名詞

次のような名詞はそれぞれ異なった意味を持つ２つの複数形があり，**二重複数**と呼ばれることがある。

brother → brothers（兄弟）

→ *brethren*（同胞，信者仲間）…古風だが今でも用いる。

cloth → cloth*s*［klɔːðz, klɔːθs］（テーブルクロス，ふきん）

clothes［klouðz］（着物）

die → die*s*（打ち抜き型）

dice（さいころ）

penny → $\begin{cases} pence〔金額を表す言い方〕: \text{five pence}（5ペンス）\\ penn\textit{ies}〔銅貨の枚数を表す〕: \text{five pennies}\\ \qquad\qquad\qquad\qquad\qquad（ペニー銅貨5枚）\end{cases}$

* ラテン語系の名詞については（→ p.102）

参考 **dice**:

dice は単数形として用いられることもある。ふつう２個１組で用いるので，１個をいうときは one of the dice を用いることが多く，単数形 die を用いることはまれである。

> **参考** pence:
> 英国では1971年に貨幣制度が変わり **1 pound=100 pence**（それまでは 1 pound=20 shillings=240 pence）となった。昔の2ペンス硬貨を twopence [tuppence] [tʌ́pəns] と呼んだが、《英》では金額の場合には、くだけた言い方では今でも使われている。《米》では [tuːpens] のほうが多いという。一般には pence の代わりに略語の p が用いられ、この p は単複同形で [piː] と発音される。
> "How much is this?" "It's 55p."（「これおいくら？」「55ペンスです」）
> なお、米国やカナダでは penny は1セント貨の通称である。

§54 単数形と複数形で意味の異なる語

複数形になると単数形とは異なった意味を表す名詞があり、新しい意味が分化して生まれていることから**分化複数**と呼ばれることがある。

- Jill had a good **look** (at her nails).（ジルは〔爪を〕よく見た）
- Jill had good **looks**.（ジルは美人だった）

- advice（忠告）
- advices（通知）

- air（空気）
- airs（気取り）

- arm*（腕）
- arms（武器）

- ash*（灰）
- ashes（遺骨）

- color*（色）
- colors（軍旗）

- custom*（習慣）
- customs（税関）

- day*（日）
- days（時代）

- effect*（効果）
- effects（動産）

- force（力）
- forces（軍隊）

- glass（ガラス）
- glasses（眼鏡）

- good（善）
- goods（商品）

- letter*（文字, 手紙）
- letters（文学）

- manner*（方法）
- manners（行儀作法）

- pain（苦痛）
- pains（骨折り）

- quarter*（4分の1）
- quarters（地域）

- ruin（破滅）
- ruins（遺跡）

- sand（砂）
- sands（砂浜, 砂漠）

- spectacle*（光景）
- spectacles（眼鏡）

- spirit（精神）
- spirits（気分）

- work（仕事）
- works（工場）

  * 以上のうち、単数形のときの意味のままで複数形になるものも多い。
  〔*のついているもの〕
  不可算名詞であるため本来複数形にならないものを除けば、本来の複数と分化複数の形の間に明確な区別をつけがたいものがある。

§55 常に複数形で用いられる語

常に複数形で（または、意味によって常に複数形で）用いられる名詞があ

り，**絶対複数**と呼ばれることがある。

以下，その代表的な例を示す。詳しくは →p.807

(1) 対(?)になった2つの部分からなる衣類・器具など

「ズボン」「はさみ」のように対になった2つの部分からなる衣類・器具などを表す名詞は，一般に複数形で使われる。ただし，靴や靴下など2つに分かれるものの片方だけをさす場合には単数形になることもある。

glove(s)（手袋）	compasses（コンパス）	shoe(s)（靴）
glasses（眼鏡）	sock(s)（ソックス）	scissors（はさみ）
trousers（ズボン）	shears（大ばさみ）	

数える場合には a pair of ～, two pairs of ～ となるのがふつうで two trousers のように数詞を直接つけるのは《口語的》。a pair of ～ は一般に単数として扱われるが，複数扱いされることもある。

A new pair of glasses is what you need.
（新しい眼鏡が君に必要なのだ）　　　〔動詞が is で単数扱い〕
　＊ 形容詞は pair のほうにつくのがふつう。ただし a pair of new shoes のように，後の名詞につけることもある。

I like this pair of **socks**. How much *is it* [*are they*]?
〔代名詞が they の場合は複数扱い〕
（このソックスが気に入った。いくらですか）

なお，これらの語は，一般的に言うときには前に何もつけずに複数形でそのまま用い，漠然と1つをさして言いたいときには，a pair of の代わりに some を付けて some scissors [glasses, jeans, etc.] とすることも多い。

I need *some* new **glasses**.（新しい眼鏡が必要だ）
　→ I need *a* new *pair of* **glasses**.

I lost my **glasses**. I must buy *some*.
（眼鏡をなくしてしまった。買わなければ）
　＊ a garden shears（植木用のはさみ）のように，不定冠詞がつくことがある。

[参考] **pair / pairs**:
　two *pair* of ～のように2以上の数詞に続く pair を単数形で用いるのは《米》のくだけた話し言葉に見られるという語法書もあるが，pairs と複数にするのが標準語法。

(2) 学問・学科名：-ics で終わる語で，一般に単数として扱われる。

Linguistics *is* the science of language.
（言語学は言葉の科学である）

Statistics *does* not interest me. （統計学は私の興味を引かない）
学問名ではなく具体的な手段や結果を表すときは複数扱いされる。
The President's **politics** *are* rather conservative.
　（大統領の政見はかなり保守的だ）
These **statistics** *show* deaths per 1,000 of population.
　（この統計は人口 1000 人あたりの死亡率を表している）
The **economics** of steel production are discouraging right now.
　（鉄鋼生産の経済状態は目下思わしくない）

> **注** **-ic で終わる学問名・技術名**:
> 　arithmetic（算数）music（音楽）logic（論理学）rhetoric（修辞学）

(3) <u>ゲームなどの名</u>：一般に単数扱い。
　billiards（玉突き），cards（トランプ），marbles（ビー玉遊び）

> **注** **billiard(s) table**:
> 　a billiard table（玉突き用のテーブル）のように形容詞的に用いられる場合は単数形になることが多いが，a billiard*s* table という形もある。

(4) <u>病気の名</u>：一般に単数扱いだが，複数扱いすることもある。
　measles（はしか），the blues（憂うつ症）
　　＊　smallpox（天然痘）の pox は pocks（あばた）の形が変わったもの。

(5) <u>その他</u>

❶ 一般に複数扱いの語

arms（武器）	clothes（着物）	goods（品物）
manners（行儀作法）	means（財産）	pains（骨折り）
riches（財産）	stairs（屋内の階段）	the tropics（熱帯地方）

> **注** **suburb / suburbs など**:
> 　suburbs（郊外），bowels（腸），intestines（腸），brains（頭脳），wages（賃金），woods（森）などは，単数形でも用いられるが，複数形で用いられることが多い。なお，pains はふつう great pains（非常な骨折り）のようにいうが，これを受ける動詞は現在では複数扱いが多い。

❷ 一般に単数扱いの語

news（ニュース）	gallows（絞首台）

❸ 単数扱いと複数扱いの両方のある語

amends（償い）	barracks（兵舎）	headquarters（本部）
means（手段）	oats（カラス麦）	tidings（消息）
customs（関税，税関）		

> **注** **a のつく複数形名詞**:
> 　上の語は単数扱いのものもふつうは不定冠詞 a [an] をつけない。それに対して，次のような名詞は単複同形で，単数の場合は不定冠詞がつくこと

もある。〔means は a がつく〕
　　links（ゴルフ場），species（種），works（工場）→ p.101

> **Q&A 23** Niagara Falls は単数扱いか複数扱いか？
>
> 　falls（滝）は，1つの大きなまとまりとして考えるか，構成している個々の滝を考えるかによって単数にも複数にも扱うのが原則だが，複数形にひかれて複数扱いすることもある。固有名詞が前についても同じである。
> 　Niagara Falls の場合も，カナダ側にある the Horseshoe Falls とアメリカ側の the American Falls の2つから成っているので，単数扱いもするが，複数扱いしている例もある。米国の旅行案内書などでは単数が多いようである。
> 　Niagara Falls *are* in two principal parts, separated by Goat Island.
> 　　（ナイアガラの滝はゴート島によって分けられる2つの主要部分から成っている）
> 　Anytime of the year Niagara Falls *is* awesome.
> 　　（1年中いつでもナイアガラの滝はすごい）

§56　強意の複数形

　程度や連続などの意味を強調するために，ふつうは複数にしない名詞を複数形にして用いることがあり，これを**強意複数**と呼ぶ。

(1) **抽象物**を表す名詞の場合は，「**程度**」が強いことを表す。
　　It is a thousand **pities** that you don't know it.
　　　（君がそれを知らないとは遺憾千万だ）
　　She was rooted to the spot with **terrors**.
　　　（激しい恐怖で彼女はその場に立ちすくんだ）
　（類例）despairs, doubts, ecstasies, fears, hopes, rages など。

(2) **具象物**を表す名詞の場合は，「**連続，広がり，集積**」などを表す。
　　We had gray **skies** throughout our vacation.
　　　（休暇中はずっと天気が悪かった）
　　They walked on across the burning **sands** of the desert.
　　　（彼らは砂漠の焼けつく砂地を歩いていった）
　　Where are the **snows** of last year?
　　　（去年の雪はどこにいってしまったのか）
　（類例）clouds, fogs, heavens, mists, rains, waters など。

§57 相互複数

相互に同種のものを交換したり，友人関係があることなどを示すときに用いられる複数があり，**相互複数**と呼ばれることがある。

I am **friends** with him. (私は彼と友だちだ)
　　＊ I am friendly with him. と He and I are friends. が混じった文。
She made **friends** with the little girl.
（彼女はその少女と仲良しになった）
I shook **hands** with the young man. (私はその若者と握手した)
Taro changed **trains** at Sendai. (太郎は仙台で乗り換えた)
The house changed **hands** twice last year.
（その家は昨年二度持ち主が変わった）
We still exchange **gifts** at Christmas.
（私たちは今でもクリスマスにはプレゼントを交換しています）
Would you mind changing **seats** [**places**] with me?
（席［場所］を替わっていただけないでしょうか）
　　＊ 「交換する」は exchange が一般的だが，列車を乗り換えたり，衣類を着替えたりするときは change を用いる。席［場所］を替わるという場合はどちらも可能だが，最近は change がふつう。
We took **turns** (in [at]) driving the car.
（我々は交代で運転した）
He crossed **swords** with his political enemy.
（彼は政敵と一戦を交えた）

§58 近似値を表す複数形

Ⅰ 近似複数

複数形はふつう同じ種類のもの2つ以上を表すが，**性質が近似したもの2つ以上を表す複数があり，近似複数と呼ぶことがある。**

Even in the **eighties** of the last century there were many people moving into the U.S.
（前世紀の80年代になっても合衆国には多くの人が移住してきた）

この文の eighties は 81, 82, 83, …, 89 をいうのであって，80 がいくつもあるわけではない。厳密にいえば，the Smiths（スミス夫妻，スミス家の人々）や，代名詞 we, you のような場合も一種の近似複数である。

I met a girl in her **teens**. (私は10代の女の子に会った)

Mrs. Morgan was in her **seventies**.
(モーガン夫人は70代だった)

When I'm in my early **thirties**, I'll be like John.
(私が30代前半になったらジョンみたいになるだろう)

2 漠然と多数を表す名詞 (→ p.300)

dozen（ダース），score（20），hundred（100），thousand（1000），million（100万）などの名詞は明確な数を表すときは**単数形**である。

We bought two **dozen** eggs.
(我々は卵を2ダース買った)

The life spans of other creatures are very different to our *three score* years and ten.
(他の生物の平均寿命は我々の70年とは非常に異なる)

  * score は古風。three score [threescore] years and ten は聖書に出てくる人間の寿命で，英文ではよく引用される。

漠然と多数をさすときは dozens of ～（何十という～），hundreds of ～（何百という～），thousands of ～（何千という～）のように**複数形**になる。

There were many **hundreds of** people in the square.
(広場には何百何千という人がいた)

A few **millions of** inhabitants were opposed to the plan.
(数百万人の住民がその計画に反対だった)

  * million は明確な数を表すときでも単独に名詞として用いられる場合は複数形になることがある。

§59 名詞が他の名詞を修飾する場合の数

1 〈名詞＋名詞〉

名詞が修飾語として他の名詞の前にくるときは一般に**単数形**になる。複合名詞を作る場合も同様である。

arms＋chair → *arm*chair（ひじ掛け椅子）
teeth＋brush → *tooth*brush（歯ブラシ）
strawberries＋pick＋ing → *strawberry*-picking（イチゴ摘み）

ふつうは複数形で用いられる名詞でも，名詞の前につくと単数形になるものがある。(→ p.108)

a *scissor* sharpener（はさみ研ぎ），a *trouser* press（ズボンプレス機）

> [注] **1. trouser pockets**:
> 「ズボンのポケット」は a *trouser* pocket がふつうで，a *trousers* pocket という形は少ない。両方のポケットの場合でも *trouser* pockets がふつう。**pants** の場合は *pants* pocket(s) のように複数形のまま前に置くのがふつうである。

> [注] **2. sports / sport+名詞**:
> 名詞の前につくとき，《英》では sports car, sports jacket のように -s がつく。《米》でも sports car などはふつう -s がつくが，普段着の意味に用いる衣類では，sport shirt, sport coat のように言うことも多い。

> [参考] **〈複数名詞＋名詞〉**:
> 複数形のまま前に置くのは内容上複数のほうが正確なためというものが多い。
> *careers* guidance（職業補導）a *grants* committee（補助金委員会）
> a new *systems* engineer（新しいシステムエンジニア）
> a *parcels* post（小包郵便）a *teachers* college（教員養成大学）
> a *glasses* case（眼鏡のケース）
> ＊ a *glass* case は「ガラスのケース」のこと。spectacle case はやや古風。
> また，複数形になると単数形とは異なった意味を持つ名詞 → p.108 は，他の名詞の前についても複数形のままがふつう。
> *customs* officer（税関吏），*arms* race（軍備競争）など。
> ＊「税関」は customshouse と customhouse の両方の形がある。

2 〈数詞＋名詞〉が他の名詞を修飾する場合

通例〈数詞＋-＋単数名詞〉の形になる。

I saw an **eight-foot** bear in the zoo.
　（私は動物園で8フィートのクマを見た）

She is only a **five-year**-old girl.（彼女は5歳の少女にすぎない）
　　＊ She is only five **years** old. と比較。

> a five-year plan（5年計画）a four-power agreement（4強国協定）
> a ten-dollar bill（10ドル紙幣）a three-foot ruler（3フィート物差し）
> a three-act drama（3幕の劇）two-digit inflation（2桁のインフレ）

> [参考] **four year course**:
> 時を表す「4年の課程」というような場合は，次の4とおりが可能である。
> ⓐ a four *year* course　　ⓑ a four-*year* course
> ⓒ a four *years* course　　ⓓ a four *years'* course
> ⓐとⓑ，ⓒとⓓは実際に発音されるとそれぞれ同じになる。ⓐよりはⓑがふつう。またⓒはⓓのアポストロフィが落ちたものである。

第3節 名詞の格

名詞には次の3つの**格**(Case)がある。格とは文中のほかの語句との関係を示す語形のことであるが，現代英語では名詞は**所有格**がほかの格と語形が異なるだけで，**主格**と**目的格**は同じ形である。

❶ 主格
主語，主格補語，主語と同格，呼びかけに用いる。

❷ 所有格
ほかの名詞を修飾し，「～の」の意味を表す。

❸ 目的格
動詞・前置詞の目的語，目的格補語，目的語と同格に用いる。

> [参考] **通格，対格，与格**:
> 英語では名詞の場合は主格と目的格の語形が同じであることから，両者を合わせて**通格**(Common Case)と呼ぶことがある。 ➡ p.531
> 古い英語では，直接目的語の格（**対格**）と，間接目的語の格（**与格**）の区別があった。今でもこの用語は残っているが，現代英語ではこの2つは同じ形なので，日常の使用では目的格としてまとめたほうがわかりやすい。

§60 主 格 (Nominative Case)

(1) **主語として**

John went to the movies.（ジョンは映画を見に行った）

The **accident** caused lots of deaths.
（その事故で多くの死者が出た）

> [注] **主語と主格**:
> 主語と主格を混同しないように注意。主語になる名詞は主格だが，主格補語になる場合など，主語以外にも主格になる場合がある。また，主格か目的格かは英語の場合は語順で決まることが多い。

(2) **主格補語として**

Patience is a **virtue**.（忍耐は美徳だ） 《ことわざ》

Texas became **part** *of the U.S.A.* in 1845.
（テキサスは1845年に合衆国に編入された）

Tom was elected **chairperson**.（トムは議長に選出された）

 * They elected Tom *chairperson*. という能動文では chairperson は目的格補語であるが，受動文になると主格補語に変わる。

(3) 呼びかけ

呼びかけの語は、一般にその前後をコンマで区切り、冠詞をつけない。

When are you starting, **John**?（ジョン、いつ出発するんだい）
Boys, be ambitious!（少年よ、大志を抱け）

(4) 主格の同格

Mrs. Jones, **our English teacher**, happened to be there.
（私たちの英語の先生のジョーンズ先生が偶然そこにいた）
Come on, oh, *Benji*, **my boy**!
（さあさあ、かわいいベンジーや）

(5) 独立分詞の意味上の主語として

The car *failing* to start, he went by bus.　　　　《文語調》
（車のエンジンがかからなかったので彼はバスで行った）
His work *done*, he sat down for a cup of tea.　　　《文語調》
（仕事が終わったので、彼はお茶を飲もうと腰かけた）

§61 所有格の形 (Possessive Case)

1 所有格の作り方

(1) 単数名詞の所有格

原則として名詞の語尾に 's（アポストロフィ s）をつける。

John's desk（ジョンの机）　a dog's tail（犬のしっぽ）
the city's population（その都市の人口）

* 昔は -es の語尾変化をしていたのが短縮されて 's になったもので、〈子音字＋-y〉→〈子音字＋-ies〉などの複数形を作る際の規則は適用されない。

> **注** **for ~'s sake**:
> for ~'s sake（～のために）の形で[s]音で終わる語が sake の前にくると ' だけをつけることが多い。同じ音が続くことを避けるためである。
> for *convenience*' sake（便宜上）, for *goodness*' sake（お願いだから）
> for *appearance*' sake（体裁上）

(2) 複数名詞の所有格

❶ **-s で終わる複数名詞**：アポストロフィ(')だけをつける。

a girls' school（女学校）　ladies' gloves（婦人用手袋）
birds' nests（鳥の巣）　April Fools' Day（万愚節）

❷ **-s 以外で終わる複数名詞**：'s をつける。

children's toys（子供のおもちゃ）　men's coats（紳士用上着）
a women's college（女子大学）

(3) 固有名詞の所有格

-s で終わるもの以外は原則に従うが，**-s で終わる固有名詞**の場合は次のようになる。

❶ ギリシャ・ローマなどの古典の人名（特に 2 音節以上の語に多い）：' だけをつける。

Socrates' [sákrətìːz] death（ソクラテスの死）
Achilles' [əkíliːz] tendon（アキレス腱(けん)）
  * Venus, Zeus などは ' と 's の両方がある。

❷ 's をつけると発音しにくくなるような場合：ふつう ' だけをつける。

Moses' [móuziz] prophecy（モーゼの予言）
  * 's とすると発音上さらに [iz] がつくことになる。

❸ 上の❶❷以外のもの：通例 's と ' だけのどちらでもよい。

Columbus's [kəlʌ́mbəsiz]〔Columbus' [kəlʌ́mbəs]〕discovery
  * [s] で終わる語のときには 's [iz] をつけることが多い。

Dickens's [díkinziz]〔Dickens' [díkinz]〕novels
  * [z] で終わる語のときには，綴り字では ' だけをつけ，話し言葉では [iz] と発音することが多い。

(4) **複合名詞の所有格**

　最後の語に 's をつける。

　my father-in-law's hobbies（私の義父の趣味）
　the editor-in-chief's desk diary（編集長の卓上日記）
　　* 複合名詞が複数形の場合も同様に最後の語に 's をつける。
　　 his sons-in-law's house（彼の義理の息子たちの家）

(5) <u>群所有格</u>

　1 つのまとまった単位と考えられる語群は，最後の語に 's をつける。

　the teacher of music's room（音楽の先生の部屋）
　　* ふつうは the music teacher's room とする。

> 〔参考〕 **同格名詞の所有格**：
> たとえば Smith's (store) が bookseller（本屋）だとすると，これを同格でならべるときに次の 3 つの形が考えられる。
>
> I bought the book at *Smith's, the bookseller's*.
> I bought the book at *Smith, the bookseller's*.
> I bought the book at *Smith's, the bookseller*.　〔比較的まれ〕
> （私はその本をスミス書店で買った）

2　's の発音

　's の発音は名詞の複数語尾 -(e)s, 動詞の 3 人称単数現在形語尾 -(e)s の発音と同じである。（→ p. 100）

(1) [z] [ʒ] [dʒ] 以外の有声子音または母音で終わる語では [z]
Tom's pen, the girl's house, a baby's hat
(2) [s] [ʃ] [tʃ] 以外の無声子音で終わる語では [s]
Frank's girlfriend, the sheep's legs, the student's hand
(3) [s] [z] [ʃ] [ʒ] [tʃ] [dʒ] で終わる語では [iz]
Alice's adventures (アリスの冒険), the Dickens's house (ディケンズの家), the judge's daughter (判事の娘)

3 共有と個別所有

共有を表すときは最後に, 個別の所有を表すときはそれぞれの名詞に 's をつけるのが原則である。

{ *Jack and William*'s father (ジャックとウィリアム兄弟の父)
　　＊ 父親は1人だから単数。
　Jack's and *William*'s fathers (ジャックの父とウィリアムの父)
　　＊ 父親が2人になるので複数。

{ *Ken and Mary*'s camera (ケンとメアリーの共有のカメラ)
　Ken's and *Mary*'s cameras (ケンのカメラとメアリーのカメラ)
　　＊ Ken's camera and Mary's でもよい。

[参考] 共有物が複数の場合:
たとえばケンとメアリーの共有のカメラが2つ以上あると *Ken and Mary*'s cameras と複数になる。ただし, 個別の場合でも, 誤解の恐れがないときには最後にだけ 's をつけることもある。
Ken and Mary's hands were covered with mud.
(ケンとメアリーの手は泥だらけになっていた)

4 of 所有格と 's

's をつけて所有格を作るのは人間や動物で, 無生物の場合は〈of＋名詞〉の形で所有関係を表すのが原則である。

{ [まれ] the *building's* front
　[正] the front **of the building** (その建物の正面)
{ [まれ] the *house's* roof
　[正] the roof **of the house** (家の屋根)

しかし, 次のような場合は無生物でも 's をとる。

❶ 地名

Europe's future (ヨーロッパの将来)
Japan's natural resources (日本の天然資源)

the United States' attitude（合衆国の態度）
Harvard (University)'s Linguistics Dept.（ハーバード大学言語学部）

❷ **天体・地域・施設**などを表す名詞

the **earth's** surface（地球の表面）
the **world's** population（世界の人口）
the **school's** history（その学校の歴史）

❸ **時間・距離・重量・価格**などを表す名詞

(a) ten **minutes'** walk（10分の歩行），**today's** newspaper（今日の新聞），(a) three **miles'** distance（3マイルの距離），a **pound's** weight（1ポンドの重さ），a **dollar's** worth（1ドルの価値）

* 'のない形も用いられる。（→ p.114）
  several *weeks* vacation（数週間の休み），a *ten-minute* walk

❹ **擬人化された無生物**

Nature's law（自然の法則），**Fortune's** smile（運命のほほえみ）

❺ **人間の活動に何らかの関係のある表現**

the **mind's** development（精神の発達），my **life's** aim（我が人生の目標），one's **journey's** end（旅路の果て），**love's** spirit（愛の心）

* リズムの関係や簡潔さのために無生物に 's をつけることが比較的自由に行われている。

❻ **慣用表現**

by a **hair's** breadth（間一髪のところで），by a **boat's**［**horse's**］length（1艇［馬］身の差で），within a **stone's** throw（至近距離に），at one's **wit's**［**wits'**］end（途方にくれて），art for **art's** sake（芸術のための芸術），for **pity's** sake（お願いだから）

参考 ~'s と of ~：
1. 原則的には❶～❻のほとんどが ~'s と of ~ の両方の形をとれるが，at one's wit's［wits'］end，within arm's length（至近距離に），within a stone's throw などの慣用表現では of ~ の形はとれない。
2. 1語など短い名詞には ~'s，前や後に修飾語句がついて長くなった名詞には of がつくことが多い。
3. ~'s の形は of ~ 以外でも言い換えられる。
   children's books（子供の本）→ books *for* children
   Africa's first arts festival（アフリカの最初の芸術祭）
   → the first arts festival *in* Africa
4. 最近の傾向として，特に《米》で，上記の❶～❻のような場合以外でも無生物に 's をつけて使う傾向が見られる。

> **Q&A 24** ten minutes' walk に a はつけられないか？
>
> walk は「歩行距離」の意味の名詞で，ten minutes' は walk の修飾語だから，修飾されて具体化した walk に a がつくことは可能である。
>
> 一般に，holiday など時に関する名詞の場合を除けば，《英》での最近の使用例を見ると，ten *minutes'* walk よりも (') のない ten *minutes* walk の形が多く，この両形の場合には a がつく例は少ない。a がつくのは，a ten *minute* walk, a *ten-minute* walk の形の場合である。

§62 所有格の意味・用法

1 所有格の意味

所有格は単に所有だけでなく，次に示すようにいろいろな意味を表す。

(1) 広い意味での所有・所属・関連

　　my **husband's** mother（夫の母）

　　John's camera（ジョンのカメラ）

　　the **earth's** gravity（地球の重力）

　　his **son's** school（彼の息子の学校）

　　＊ John's camera は the camera John has ということだが，his son's school は the school his son goes to ということ。

(2) 主格・目的格関係　　　　　　　　　　　　　　　　　　　〔名詞表現〕

　文中の**動詞**や〈**be**＋**形容詞**〉を**名詞**に変えることによって，〈**主部**＋**述部**〉の文の形を〈**所有格**＋**名詞**〉の句の形にして他の文に組み込むことがある。この場合には，もとの文の動詞の主語や目的語が所有格の形で示されることになる。こういう書き換えを**名詞化変形**といい，このようにしてできた文を**名詞表現**とか**名詞構文**ということもある。こうした名詞化変形によって，所有格はそれに続く名詞の意味上の主語や目的語になる。この形は無生物主語の構文などにも用いられる。（→ p.800）

❶ 所有格が後に続く名詞の表す動作の意味上の主語になる。

　　自動詞を名詞化した場合には必ずこうなるが，他動詞を名詞化した場合にもこの形になることがある。

　　He was relieved at his **father's** consent.

　　（彼は父親が同意してくれたのでほっとした）

　　← He was relieved that his father consented.

　　「父親の同意」←「父親が同意したこと」

　　＊ こういう形はまず「…が〜する［した］こと」と訳すと誤解がない。「〜

すること」か、「〜したこと」かという時間的関係は文脈によって決まる。

My **father's** sudden death prevented me from going on to the university.

（父が突然死んだので私は大学に進学できなかった）

← Because my father died suddenly, I could not go on to the university.

「父の突然の死」←「父が突然死んだこと」

注 他動詞の名詞化の2つの用法：

the mother's education は educate が他動詞なので、「母親が教育すること」と「母親を教育すること」の両方になる。

The mother's education of her children tends to be severe.

（子供に対する母親の教育は厳しくなりやすい）

← The mother tends to educate her children severely.
  ＊ 母親が教育すること

The mother's education is urgent.

（母親の教育が緊急に必要である）

← It is urgent that they educate the mother.
  ＊ 母親を教育すること

参考 〈〜's / of 〜の意味上の使い分け〉：

他動詞を名詞化した構文で、文脈がはっきりしていないため意味上の主語と意味上の目的語の両方の解釈が可能の場合、〜's の形は意味上の主語に、**of** 〜の形は意味上の目的語に受け取られる傾向がある。また主語関係を同時に表すには、前者を〜's で示し、後者を of 〜で表す。

his friend's support

（彼の友人が支えること / 彼の友人を支えること）

＊ 「彼の友人が支えること」と解釈されやすい。

William's conquest *of* England

（ウイリアムがイングランドを征服したこと）

❷ 所有格が後に続く**名詞の表す性質・状態の意味上の主語**になる。

〈be＋形容詞〉の形容詞を名詞化した場合にこうなる。

Can you prove the **man's** innocence?

（あなたはその男の無実を証明できますか）

← Can you prove that the man is innocent?
  ＊ 「その男の無実」←「その男が無実であること」

Our **teacher's** absence has thrown the schedule out.

（先生の欠席で予定が狂ってしまった）

← The schedule has been thrown out because our teacher was absent.

＊「先生の欠席」←「先生が欠席したこと」

❸ 所有格が後に続く名詞の表す動作の意味上の目的語になる。
　他動詞を名詞化した場合にこうなる。

　The **hostages'** release took place yesterday.
　（人質の釈放が昨日行われた）
　← They released the hostages yesterday.
　　　＊「人質の釈放」←「人質を釈放すること」

　The **child's** rescue was successful.
　（その子供の救助はうまくいった）
　← They rescued the child successfully.
　　　＊「その子の救助」←「その子を救助すること」

(3) 起源・著者・作者

the **boy's** story（その少年の話），the **principal's** letter（校長の手紙），**Hemingway's** novels（ヘミングウェイの小説）
　＊ the novels *of* Hemingway ともいう。「～によって書かれた」の意味を主としていうときには a novel (written) *by* Hemingway がふつう。

(4) 性質・特色・対象・目的・用途

a **summer's** day（夏の日），**child's** language（小児語），a **women's** college（女子大学），a **doctor's** degree（博士号），a **ladies'** hat（婦人帽）

(5) 長さ・時間・距離・価値・重量

an arm's length（腕の長さ），**ten days'** absence（10日間の不在），**three miles'** distance（3マイルの距離），**a dollar's** worth（1ドルの価値），**four pounds'** weight（4ポンドの重さ）

> [参考] **種別化の所有格**：
> 　特質・対象などを表す所有格と，長さ・時間などを表す所有格は，他の所有格と違って続く名詞を特定化する定冠詞 the のような働きではなく，一種の形容詞に似た働きをする。こういう場合には *a* **women's** college のように所有格の前にaをつけることができる。　→ p.123

(6) 部　分

the **baby's** eyes（赤ん坊の目），the **earth's** surface（地球の表面）

[注]　〈A of the B〉：
　　of の次には＜the [these, one's, etc.]＋複数名詞＞がくる。はっきりと「…のうちの～」を表すにはふつうは of ～ の形を用いる。
　　one *of my friends*（私の友人の1人）
　　some *of his supporters*（彼の支持者のうちの数人）

(7) 同　格

　　life's journey（人生という旅）

> 注　同格の **of**：
> 　現代英語ではほとんど of ～ の形で表される。
> 　the city **of** *Tokyo*（東京の町）　the Island **of** *Sado*（佐渡ヶ島）
> 　the four **of** *us*（我々4人）

2 所有格の注意すべき用法

(1) **～'s と of ～ で意味が異なる場合**

　原則として ～'s と of ～ の形は同じ意味を表すが，どちらを用いるかで意味が異なる場合がある。

　　{ the **Queen's** English（標準イギリス英語）
　　{ the English **of the Queen**（女王の話す英語）
　　　＊ English king＝the king of England（→ p.260）

　　{ **today's** newspaper（今日の新聞）
　　{ newspapers **of today**（現代の新聞）

(2) **〈所有格＋名詞〉の複数形**

　my father's *book* の複数形は my father's *books* であり，所有格がついても，複数であることを示すには**名詞のほうを複数形**にすればよい。

> 注　〈所有格＋名詞〉の複数形の注意：
> 1. **意味を明確にするため，所有格の名詞のほうも複数形にする場合**
>   There were five *statesmen's wives* at the meeting.
>   （その会合には5人の政治家の夫人たちがいた）
>   　＊ statesman's wives とすると一夫多妻と誤解されかねない。
> 2. **所有格のほうを複数形にすると誤解を招く場合**
>   There are three *printer's errors* in this page.
>   （このページには誤植が3つある）
>   　＊ three *printers'* errors とすると「3人の印刷者のミス」と誤解されかねない。printer's error(s) は「誤植」という成句。

(3) **所有格と形容詞用法の代名詞**

　所有格の直前にある人称代名詞の所有格や指示代名詞，不定代名詞は，原則としてその所有格の名詞を修飾するが，その〈所有格＋名詞〉の形の複合名詞全体を修飾することもある。（→ p.122）

　　a. *this girl's* shoes（この女の子の靴）

　　　　　　　this girl's＋**shoes**〔this は girl's を修飾〕

　　b. *this* girls' *school*（この女学校）

　　　　　　　this＋**girls' school**〔this は girls' school を修飾〕

> [参考] 〈所有格＋名詞〉の強勢：
> この修飾関係は〈所有格＋名詞〉がどんな関係にあるかによって決まるところが大きい。
>   a. her móther's nécklace（彼女の母のネックレス）
>   b. her móther's lòve（彼女の母性愛）
> a. は彼女の母という特定の母親をさすのに対し、b. の mother は「母親一般」をさしている。強勢の相違に注意。

(4) 〈the＋固有名詞〉

たとえば Smith's house（スミスの家）は the Smith house ともいう。そのほか一般に〈the＋固有名詞＋名詞〉の形は〈固有名詞の所有格＋名詞〉の意味で用いられる形で、the の代わりに a なども用いられる。

the Kennedy sons（ケネディ家の息子たち）
a Clinton aide（クリントンの補佐官）
some Blair supporters（何人かのブレア支持者）

§63 独立所有格 (Absolute Possessive)

所有格の後に名詞を伴わず、所有格が単独で用いられることがあり、これを**独立所有格**という。

(1) 名詞の反復を避ける

My car is faster than **Tom's** (car).（私の車はトムのより速い）
Her memory is like an **elephant's** (memory).
　（彼女の記憶力は象みたいだ＝記憶力がいい）
Mary's (dress) was the prettiest dress.　　　　《文語的》
　（メアリーのが一番きれいな服だった）

なお、my sister's *one* のように one を所有格のすぐ後に用いることはできない。（→ p.209）

> [注] 名詞の反復を避ける〈that of ～〉:
> 〈of ～〉の形を用いるときには〈that [those] of〉～の形をとる。
> The diameter of Venus is greater than *that of* Mars.
> 　（金星の直径は火星よりも大きい）

(2) 場所・建物などを表す名詞の省略

所有格の後に house, home, shop, store, office, hotel, restaurant, theater, department store, church, cathedral, hospital などが省略されることがある。

Let's have dinner at *Pietro's*.（ピエトロで食事しよう）

She has been shopping at *Harrods'*.
(彼女はハロッズで買い物をしていた)
* 会社名や商店名の場合, McDonald's / McDonalds のように最近は(')を省く形も見られる。

He is staying at his *uncle's*. (彼は叔父のところに泊まっている)
* 「彼は叔父のところに泊まっている」は He is staying *with* his uncle. ということもできる。

I'm going to the *dentist*('s). (僕は歯医者さんに行くところだ)
* 《米》では the dentist または the dentist's office がふつう。

注 場所・建物と ～'s:
場所・建物を表す名詞に the がつく場合は 's は省略されることが多い。
at [to] the hairdresser (美容院で[に])
at [to] the greengrocer (八百屋で[に])

[参考] **go to the ～'s**:
「理髪店に(散髪に)行く」は go to the *barbershop* 《米》, go to the *barber's* (shop) 《英》がふつう。店主自身を念頭に置いて go to the *barber* ということもあるという。「医者に行く」の go to the *doctor's* と go to the *doctor* も意味上大差はないが, the ～'s の形のほうは office を後に補って考えればよく, 医者の働いている医院や診療所をさすのが原則。ただし, 実際の用法では上に記したような英・米による慣用の差や簡略化もある。

§64 二重所有格 (Double Possessive)

1 二重所有格が用いられる場合

所有格は冠詞や指示代名詞 (this, that), 不定代名詞 (some, any, no など), 疑問代名詞 (whose, what, which) と並べて使うことができないので, 代わりに 〈**of＋所有格**〉の形を名詞の後につける。

[誤] Jim's *some* friends
[正] *some* friends **of Jim's**

[誤] Paul's *this* camera
[正] *this* camera **of Paul's**
* the はふつうこの形にはつけない。

この形は所有格と, 所有格に相当する of ～ の両方を使っているので, **二重所有格**と呼ばれることがある。

この場合の所有格は, **代名詞の独立所有格**に相当する。(→ p. 189)
二重所有格は, ある人の持っている物, または人 (友人など) が, 2つもしくは2人以上ある場合に, その中の1つまたは1人であることを表す。たとえ

ば,「父の友人」は次の3とおりの言い方がある。

- a. my father's friend(s)
- b. a friend of my father's
- c. one of my father's friends

このうちで, a. は特定の友人をさすのがふつうで, b. と c. はともに複数の友人の中の任意の1人をさす。

> **注** a friend of my father:
> friend（友人）や cousin（いとこ）のような相互関係を示す語の場合には, a friend of *my father's* の代わりに a friend of *my father* としてもよい。両者の使用頻度はほぼ半々である。

> **参考** a friend of ~'s と one of ~'s friends:
> ① 両者は実質的にはほぼ同じと考えてよいが, a friend of *my father's* は, 漠然と父の数ある知人の中でたまたま「友人」である1人をさすが, 他の友人がいるかどうかはわからない。one of *my father's friends* は文字通り「父の友人たち」は何人かおり, その中の1人をさすと考えるのがふつう。
> ② Jim left the party with *a friend of his*. という文では, ジムと一緒にパーティーを出た人が「彼の友人」であることを示すだけであるのに対し, Jim left the party with *one of his friends*. とすると, パーティーにはジムと一緒に帰らなかったほかの友人もいたことが暗に示されるという説明もある。
> ③ a friend *of my father's* を a friend *who is my father's friend* と考えて, この場合の of は「同格の of」だとする説などもあるが, of の後の my father's は歴史的には複数形だったと考えられることから, この of も「部分の of」だと説明されている。

2 二重所有格の意味

二重所有格は**主格・所有・所属**などを表し, 目的格関係は表さない。次の例を比較すること。

- a painting *of* my *brother's*（弟の描いた絵, 弟が所有する絵）
- a *painting of* my *brother*（弟を描いた絵）
- a painting *by* my *brother*（弟が描いた絵）
- a painting *of* my *brother by* my *father*（父が描いた弟の絵）

  * a painting of *my brother* という形が成り立つのは, of の前が painting のように相手を描いたり写したりする語だからである。**➡ p. 120**
  a *book* of my brother などは不可。

- He is a student *of Soseki*.（彼は漱石の研究家だ）
- (=He is studying Soseki.)
- He was a student *of Soseki's*.（彼は漱石が教えた学生だった）

§65 目的格　127

> **Q&A 25** 「トムの叔父さんの家」は Tom's uncle's house でよいか？
>
> 　英語は発音やリズムを大切にするので，上の形でもよいが，〜's の形が2つ連続するのは不格好だというので避けることが多い。代わりに a house of Tom's uncle's というと，家はこれ以外にもあるという含みになってまずい。かといって，the house of Tom's uncle's のように the をつけることはできないので，the house *of Tom's uncle* とするのがふつう。この形は血縁関係の場合に見られるとされる。

§65 目 的 格 (Objective Case)

1 目的格の一般的用法

動詞・前置詞の目的語，目的格補語，あるいは目的語・目的格補語の**同格**語として用いる。

　She painted a **picture**.（彼女は絵を描いた）　　　　〔動詞の目的語〕
　The picture was hanging on the **wall**.　　　　　　〔前置詞の目的語〕
　　（その絵は壁に掛かっていた）
　Experience made them excellent **parents**.　　　　　〔目的格補語〕
　　（彼らは経験のおかげで素晴らしい親になった）
　Everyone knows Elizabeth, **Queen** of England.　　〔目的語と同格〕
　　（だれでも英国の女王エリザベスを知っている）
　He talked of Bach, the great **composer**.　　〔前置詞の目的語と同格〕
　　（彼は大作曲家のバッハについて話した）
　People called him William the **Conqueror**.　　〔目的格補語と同格〕
　　（人々は彼を征服王ウィリアムと呼んだ）

2 目的格が形容詞的に働く場合

年齢・形・大小・色・値段・種類などを表す名詞が補語になったり，ほかの名詞を修飾したりして，形容詞的な働きをすることがある。主格補語になる形が最も多い。

　We are **the same age**.（我々は同じ年だ）
　　＊ We are *of* the same age. と of を補うことができるが，最近はこのように of を省くことが多い。

(1) **補語になる**

　When I was **your age**, I was a lot poorer.
　　（私が君の年のころはずっと貧しかった）

Is your apple **the same size** as mine?
（君のリンゴはぼくのと同じ大きさかい？）
The cloud was **the shape of a dog**.（雲は犬の形だったよ）
What color is your new dress?（あなたの新しい服は何色ですか）
My lawyer's hourly fee is **two dollars.**
（私の弁護士の1時間の料金は2ドルです）
What nationality is he?（彼はどこの国籍ですか）
It'd be **fun** to see him some time!
（そのうち彼に会えたら愉快でしょう）
What part of speech is this word?（この単語の品詞は何ですか）
Is anything **the matter** with your dog?
（あなたの犬はどうかしたのですか）

(2) **名詞を修飾する**

Yesterday I met a girl **about your age**.
（きのう君と同じぐらいの年の女の子に会った）
She had hair **the color of chestnuts**.
（彼女は栗色の髪の毛をしていた）
She looked at her image in the mirror **the size of her two hands**.
（彼女は両手くらいの大きさの鏡の中の自分の像を見た）

§66 副詞的目的格

時・距離・方法・程度などを表す名詞が，副詞的に働くことがある。

What time did he come back?（彼は何時に帰ったの？）

* *At what time* did he come back? のように前置詞を補うこともできる。ただし，歴史的には前置詞はなく，time は目的語だったので，このような形を**副詞的目的格**ということがある。

(1) **時・回数を表す**

What time did he say he would come back?
（彼は何時に帰ると言いましたか）
The parcel arrived **last week**.（小包は先週届いた）
It lasted **three hours**.（それは3時間続いた）
Please wait **a minute**.（ちょっとお待ちください）
He came here **three times**.（彼は三度ここに来た）
We stayed in California **eight months**.
（私たちはカリフォルニアに8か月いました）

> * 期間を表す場合は for を用いて for eight months ということも多い。特に文頭では主語とまぎらわしいので for を用いる。
> *For four months* I worked hard.（私は4か月間一生懸命働いた）

● 時を表す副詞的目的格

a long time （長い間）	all night (long) （一晩中）
all the time （終始）	day by day （日ましに）
every year （毎年）	last night （昨夜）
last year （昨年）	one day （ある日）
one of these days （近いうちに）	some day （いつか）
these days （近ごろ）	this morning （今朝）
the day after tomorrow （明後日）	
the day before yesterday （一昨日）	

注 1. 時を表す語句と前置詞:
all, every, last, next, this, that, what などがついた時の表現では in, on, at などの前置詞を用いず,副詞的目的格として用いるのがふつう。ただし, last, next が曜日・月の後についた場合は前置詞を用いる。
last Thursday [*on* Thursday *last*]（この前の木曜日）〔前者がふつう〕

注 2. last [next] と the:
last night, last year などの last は「この前の」の意味であるが, *the* last night, *the* last year などのように the がつくと「最後の（夜, 年）」の意味になることに注意。next の場合も同様で, next week は「来週」だが, *the* next week となると「その次の週に」の意味になる。同様に, *the* next day は「その翌日に」ということ。

(2) 距離・方向を表す

After he had walked **a long way** he met a merchant.
（彼は長いこと歩いたあとで1人の商人に会った）

They jogged **three miles** to the beach.
（彼らは浜辺まで3マイルをジョギングした）

He lives **three doors** from the post office.
（彼は郵便局から3軒めに住んでいる）

I'm going **your way**.（私もあなたの行く方へ行きます）

She looked **this way and that**.（彼女はあちこち見た）

(3) 方法を表す

Do it **this way**.（それはこんなふうにやりなさい）

They cook (**the**) **French style**.
（彼らはフランス流に料理する）

> * in the French style の in の省略されたものとも考えられる。

He will fight the idea **tooth and nail**.
(彼はその考えとがむしゃらに闘うだろう)

(4) 程度を表す

They are all **seventeen years** old. (彼らはみな17歳だ)

She is **three inches** taller than her mother.
(彼女はお母さんより3インチ背が高い)
　　＊ She is taller than her mother by three inches. ともいう。

He looks **a great deal** better.
(彼はうんと顔色がよくなっている)

It was **pitch** dark inside the house. (家の中は真暗だった)

He wasn't **a bit** surprised at the news.
(彼はそのニュースを聞いてもちっとも驚かなかった)

(5) 様態・付帯状況を表す

They traveled **second-class**. (彼らは2等で旅をした)

We discussed the matter **heart to heart**.
(我々はその問題を腹を割って話した)

§67　同　　格 (Apposition)

　名詞または名詞相当語句をほかの名詞または名詞相当語句と並べて補足的説明を加えることがある。この関係を**同格**と呼ぶ。同格とは後続の名詞の格が先行する名詞の格と同じという意味である。

1 〈名詞＋名詞〉

　コンマ (,)，ダッシュ (—)，コロン (:)，セミコロン (;) などによって2つの名詞の間を区切ることが多いが，区切らない場合もある。

Our teacher, **Henry Evans**, compiled this dictionary.
(私たちの先生のヘンリー＝エバンス氏がこの辞書を編集した)

Baseball, **his favorite sport**, has brought him a lot of good friends.
(一番好きな野球のおかげで，彼にはたくさんの親友ができた)

At that time, *engineer* **Donald Keith** was walking down a hall at his company.
(そのとき技師のドナルド＝キースは会社の廊下を歩いていた)

　同格語句が「すなわち」，「たとえば」などの意の語句によって導かれることもある。このような語句については ▶ p.809

The accident occurred just a week ago, **that is**, on June 24th.
(その事故はちょうど1週間前, つまり6月24日に起こった)

> **参考** 同格と紛らわしい形:
> 1. 次のような場合は〈S+V+O₁+O₂〉の構文か〈S+V+O (+同格)〉の構文かがあいまいで, ふつうは前者と解釈される。
>   They sent Jill a nurse from the hospital.
>   a. (ジルのところに病院からの看護師が派遣された)〈S+V+O₁+O₂〉
>   b. (病院からの看護師のジルが派遣された)   S+V+O (+同格)
>   はっきりと同格の意味 (b.) を表すにはコンマを打てばよい。(話し言葉では若干のポーズを置く)
>   They sent Jill, *a nurse from the hospital*.
> 2. 次の例は分詞構文の分詞が省略されたものであるが, The only son of a Congressman と John とが同格とよく似た関係になっている。分詞構文にするには文頭に Being (=Since he was) を補えばよい。
>   *The only son of a Congressman, John* was deeply interested in party politics. (代議士の一人息子だったので, ジョンは党派政治に深い興味を持っていた)

2 〈代名詞+名詞〉

We **Japanese** live on rice. (我々日本人は米を常食にする)

* we Japanese のような言い方は「(ほかの国民とは異なって) 我々日本人は…」といった含みがある。したがって, 発言の内容によっては, 外国の人に「閉鎖的な日本人」の印象を与えることもあるので注意。

The hope of England lies in *you* **young men**.
(英国の希望は君たち若者にかかっている)

We — that is to say **John and I** — intend to visit Ireland.
(我々, つまりジョンと私はアイルランドへ行くつもりなのだ)

3 〈名詞+名詞節〉

that 節や whether で始まる節が名詞につくのがふつう。

I don't agree with *the view* **that** human beings cannot keep peace in the world.
(人間が世界の平和を維持できないという意見に私は同意しない)

He heard *the news* **that** his team had won.
(彼は彼のチームが勝ったという知らせを聞いた)

The question **whether** he should perform an operation or not troubled him.
(手術をすべきかどうかという問題が彼を悩ませた)

＊　whether 節の代わりに〈whether＋to 不定詞〉の形も用いられる。
　　　The question *whether to perform an operation or not* troubled him.

注 同格の that:
1. 「…という～」の意味の that は「同格の that」と呼ばれる。that 節はどんな名詞とでも同格になりうるわけではない。先行する名詞と that 節の間には，たとえば The news was that his team had won. という関係が成り立つ。同格の that 節を従える名詞については (→ p.809)。
2. 先行する名詞と that 節は離れる場合もある。
　　The *suggestion* was made *that* English teaching should be improved.
　　(英語教育を改善しようという提案が出された)

4 〈文＋名詞〉

名詞が先行する文の内容を要約説明する。

　Sam is driving a Porsche — **the talk of this village**.
　　(サムはポルシェを乗り回している—この村ではその話でもちきりだ)
　For one reason or another, I was always moving — **an easy matter** when all my possessions lay in one small trunk.
　　(何やかやで私はいつも引っ越しばかりしていた—それは全財産が1つの小さいトランクに入ってしまうので容易なことだったが)
　　＊　ただし，これを同格とみないで，一種の遊離要素（文法上他の部分と密接な関係がなく，比較的独立して用いられる要素）と考えることもできる。

5 〈名詞＋of＋名詞〉

「同格の of」と呼ばれ「…という～」「…のような～」の意味を表す of を用いるもの。

(1) 「…という～」
　　the city **of** Rome　(ローマの町)
　　the news **of** the team's victory　(チーム勝利の知らせ)
　　his habit **of** smoking　(彼の喫煙の習慣)

(2) 「…のような～」：〈名詞＋of a＋名詞〉
　　この形は感情を込めた表現で，前半の〈名詞＋of〉は後の名詞に対して形容詞的な働きをする。後の名詞には a がつくが，前の名詞には a 以外にも this, that, my, his などがつくことがある。
　　an angel **of** a girl　(天使のような少女)
　　this jewel **of** an island　(この宝石のような島)
　　　＊　一般に〈名詞A of 名詞B〉は，〈名詞B that is like 名詞A〉であると説明できる。上の第1例は a girl who is like *an angel* と考えればよい。

第4節 名詞の性

名詞の性 (Gender) には次の4つの種類があり，英語の場合は，原則的には自然の性と一致する。
❶ **男性** (Masculine Gender)：man, boy など。he で受ける。
❷ **女性** (Feminine Gender)：woman, girl など。she で受ける。
❸ **通性** (Common Gender)：teacher, baby など。男性と女性に共通に用いられるもの。場合により he, she, it で受ける。
❹ **中性** (Neuter Gender)：book, water など。無生物など，性の区別のないもの。通例 it で受ける。

§68 男性形と女性形

男性と女性の区別のある名詞には次のようなものがある。代表例を示しておくので，詳細は (→ p.810)

(1) 別の語で表すもの

brother（兄弟）	：sister（姉妹）
nephew（甥）	：niece（姪）
bull, ox（雄牛）	：cow（雌牛）

* 牛，ニワトリ，犬，カモ，キツネ，ガチョウ，羊，鹿，馬などは，日常は雄と雌の区別をせず，それぞれ cow, chicken (fowl), dog, duck, fox, goose, sheep, deer, horse と通性の語で呼ぶのがふつうである。

(2) 語尾の変化によって性別を表すもの

❶ 男性名詞に語尾の **-ess** をつけて女性名詞を作る。語尾の一部が変化することもある。

prince（王子）	：princ*ess*（王女）
emperor（皇帝）	：empr*ess*（女帝）
lion（ライオン）	：lion*ess*（雌ライオン）
tiger（トラ）	：tigr*ess*（雌トラ）

* author / author*ess*《古語》(作家), poet / poet*ess*（詩人）, actor / actr*ess*（俳優）, host / host*ess*（主人）なども女性形 -ess があるが，最近では author, poet, actor, host のまま男女共通に使うほうがふつう。
(→ p.134)

❷ 男性名詞に **-ess** 以外の語尾をつけて女性名詞を作る。

hero（英雄・主人公）	：hero*ine*（女主人公）

❸ 女性名詞の語尾を変化させて男性名詞を作る。
  bride*groom*（花婿）　　　：bride（花嫁）
  widow*er*（男やもめ）　　：widow（未亡人，やもめ）

(3) 性を表す語をつけて複合語を作るもの

  *man*servant（男性の使用人）：*maid*servant（女性の使用人）
  　　　　　　　　――どちらも《古風》
  business*man*（実業家）　　：business*woman*（女性実業家）
  land*lord*（下宿などの主人）：land*lady*（女主人）

> **注** 1. **性差別を避ける言い方**：
>   *boy*friend / *girl*friend や school*boy* / school*girl* などは特に問題ないが，上記のように man- や woman- をつける語は，性差別であるとして，使うのを嫌う傾向が強い。business*person* などという語もあるが，すべてに適切な代用語があるわけではない。文脈からその人が男性か女性かわかっている場合には 〜 man や 〜 woman などという形も差し支えないが，police *officer*（警官），chair*person*（議長）のように，一般的に男女に共通して言う場合が別にある語もある。 (→ p.811)

> **注** 2. **動物の雌雄**：
>   *male* lion（雄ライオン），*female* lion（雌ライオン）などのように male, female をつけることが多いが，*he*-cat [tomcat]（雄ネコ），*she*-goat（雌ヤギ）のように言うものもある。

> **[参考]** **male / female**：
> 動物の雌雄をいう場合には male elephant（雄のゾウ）のように使うが，人間の場合は male, female は最近は用いないのがふつう。ただし，書式で男・女を示すときには male（男），female（女）が用いられる。また声楽で female voice（女声）のような用い方は正しい。

§69 通　　性

1 通性の名詞

人間や動物を表す名詞には，男性と女性に共通に用いられる語が多い。一般に「人」をさす言い方については (→ p.83)

〔**人間**〕 artist（芸術家），baby（赤ん坊），cousin（いとこ），doctor, guest（客），musician（音楽家），neighbor（隣人），novelist（小説家），person（人），professor（教授），scientist（科学者），singer（歌手），student, teacher, writer（作家），worker（労働者）

  ＊ 職業を示す語 doctor, teacher などは，最近は男女に差をつけないのがよい。

〔動物〕animal, bird, chicken, goat, deer, sheep, pig, wolf
* dog/bitch, horse/mare などは雌雄別表現もある。
* ant (アリ), herring (ニシン), snake (ヘビ), spider (クモ) などは動物でも特に興味を持っている研究者など以外には性別はほとんど問題にならない。このような場合は中性として扱われることになる。

2 通性名詞を受ける代名詞

(1) 人を表す通性の名詞

❶ **男女のどちらかがはっきりしている文脈**では，個々の場合に応じて he または she で受ける。

The *student* stood up and began **her** story.
(その学生は立ち上がって話を始めた)〔その学生は女子〕

❷ **一般的な場合**は he で受けることもあるが，最近では性差別を避けたり，男性・女性を問わない意味で，特に書き言葉では，he or she あるいは he/she または s/he で受けることが多い。ただし，くどい感じにもなるので，堅い言い方以外では they も用いられ，特に every 〜 など不定代名詞の場合は they がふつうになってきている。 (→ p.725)

Every student should submit **his/her** [**his or her**] paper by the end of March.
(すべての学生は3月の終わりまでにレポートを提出しなければならない)
* この形は法律や規則の文などに見られる。

I never witnessed an *adult* raise **his or her** hand to a child.
(私はおとなが子供に向って手を振り上げるのを見たことがない)

Any teacher can claim **their** paid holiday.
(先生はだれでも有給休暇が請求できる)

Everybody's invited, aren't **they**?
(みんな招待されているよね)
* everybody *is* に *are*n't they? がつく形になる。

(2) baby, child などの場合

❶ 性別が不明，または性別を問題にしないとき，一般的な記述などの場合は it で受けるのがふつう。

His wife lost her first *child* two months before **it** was to be born.
(彼の妻は最初の子を予定日より2か月早く流産した)

❷ 性別がわかっているとき，親しい人の場合などは he, she で受ける。したがって，家族が赤ん坊を it で示すようなことはほとんどない。

"What's the name of your *baby*?" "**His** name is Bryan."
(「赤ちゃんのお名前は?」「ブライアンです」)

(3) 動物を表す通性の名詞

❶ 一般的には it で受ける。

The cat let *the mouse* escape for a moment and then pulled **it** back. (猫はネズミを一瞬放し, それからまた引き戻した)

❷ 人がペットなどのように愛情を持っている場合, 性別を明示するときなどは擬人化して he, she で受ける。

My *dog* wags **his** tail when I talk to **him**.
(私の犬は話しかけると尾を振る)

❸ 性別を問題にしない場合も, he, she で受けることがある。

A *parrot* can repeat what **her** master says.
(オウムは主人の言うことを繰り返して言うことができる)

    * オウムは昔から Polly (Mary の愛称) と呼ばれてきた。

You may lead a *horse* to the water, but you cannot make **him** drink. (馬を水際まで連れていくことはできても無理に水を飲ませることはできない) 《ことわざ》

§70 中　　性

無生物を表す語は中性語で, ふつうは it で受けるが, 文学的表現などで擬人化して he, she で受けることもある。その場合, 男性的なものは男性とし, 女性的なものは女性として扱うといっても, 明確な規則があるわけではなく, 習慣的にどちらかに決まっているものもある。中性の名詞でありながら, 男性また女性として扱われることもある語の例については (→ p.811)。

Everyone is asking for **love** but few seem able to provide *it*.
(だれもが愛を求めるが, 愛を与えることのできる人は少ないようだ)

The **moon** shut *herself* within *her* chamber, and drew close *her* curtain of dense cloud.
(月はその部屋に身を隠し, 厚い雲のカーテンを閉ざした) 《文学的》

> 注 | 国名や, 船, 車などと it / she:
> 1. 地理的な「国土」でなく,「国民・国家」を表すときに国名を女性の she で受けることがあるが, it のほうがふつう。
>   England is proud of *her* [*its*] poets.
>   (英国は自国の詩人を誇りにしている)
> 2. フランス語の女性名詞に由来するとも言われるが, 船を she でさしたり, 愛車などを she で受けることもある。最近は it のほうがふつう。

〔第5節〕名詞の特殊用法

§71 名詞を修飾する名詞

1 名詞の形容詞用法 (→ p.113)

英語の特徴の1つとして，名詞を名詞が修飾することがあげられる。この多くは〈前置詞＋名詞〉の形で言い換えることができる。

　　his **life** story（彼の伝記）→ the story *of his life*
　　a **Kanto** man（関東出身の男）→ a man *from Kanto*
　　this **grammar** book（この文法書）→ this book *on grammar*
　　a **corner** table（部屋の隅に置く三角テーブル）
　　　→ a table (*designed*) *for a corner*
　　　＊ a corner table はよいが，自分で動くものは，たまたま部屋の隅にいてもたとえば a corner cat などとは言えない。

[参考] 〈名詞＋名詞〉と〈名詞＋前置詞＋名詞〉：
1. 〈前置詞＋名詞〉で言い換えられないものもある。
  consumer goods（消費財），a *welfare* state（福祉国家）
2. 〈名詞＋前置詞＋名詞〉と〈名詞＋名詞〉で意味が異なるものもある。
  a glass *of wine*（1杯のワイン）≠ a *wine* glass（ワイン用グラス）
  a box *of matches*（マッチ1箱）≠ a *match* box（マッチ箱）

2 〈形容詞用法の名詞＋名詞〉の特徴

(1) **強　勢**

❶ 〈名詞＋名詞〉の形で古くから用いられている語には，現在は1語と感じられ，ハイフンで結ぶか，1語に綴られ，強勢も**最初の語**にあるものが多い。
　　schóol-days（学生時代），séafood（海産食品），fíreplace（暖炉）
　　　＊ 表記法は英米の辞書でも必ずしも一致していない。

❷ 〈形容詞用法の名詞＋名詞〉は**両方の要素**に強勢があるものが多い。
　　góld cóin（金貨），báck gárden（裏庭）

(2) **形容詞との併用**

　and や or で形容詞と並んで結ばれた名詞が用いられることがある。
　　the *postal* and **telephone** services（郵便電話制度）
　　daily or **evening** papers（日刊紙や夕刊）

(3) 代名詞 one とともに用いられるもの

不定代名詞 one の前に用いられることがある。

I wanted a wool tie, but my wife preferred a **silk** one.
(私はウールのネクタイが欲しかったが,妻は絹のを選んだ)

(4) 副詞による修飾

形容詞用法の名詞に副詞がつく場合がある。

for *merely* **security** reasons (単に保安上の理由で)

a *purely* **family** gathering (純粋に家族的な集まり)

(5) 〈形容詞用法の名詞＋名詞〉と冠詞

❶ 〈名詞＋前置詞＋名詞〉の表現の場合の冠詞がなくなるもの

officials in *the* Pentagon (国防省の役人) → **Pentagon** officials

life in *a* village (村の生活) → **village** life

the shooting of tigers (トラ狩り) → **tiger** shooting

❷ 〈名詞＋前置詞＋名詞〉の表現と冠詞が変わらないもの

a sheet of metal (金属板) → a **metal** sheet

＊ 〈複合名詞＋名詞〉の場合の数については → p.113 。

> [参考] 〈名詞＋名詞〉の応用:
> 1. 〈形容詞用法の名詞＋名詞〉がさらに別の名詞で修飾されることもある。
>   the *London County* Council (ロンドン市参事会)
> 2. 〈形容詞用法の名詞＋名詞〉が1語と考えられて -ist のような接尾辞がつくこともある。
>   **trade** unionist (労働組合員)
> 3. 〈名詞＋前置詞＋名詞〉を書き換えるとき,接頭辞を利用するものもある。
>   demonstrations *against* the war (戦争反対のデモ)
>   → **anti-war** demonstrations
>   the period *after* the war (戦後期) → the **postwar** period

3 形容詞用法の名詞の意味

❶ 時間: **winter** sports (ウィンタースポーツ), **summer** holidays (夏休み), **Sunday** papers (日曜紙), **November** fogs (11月の霧)

❷ 場所: a **London** merchant (ロンドン商人), a **city** hall (市役所), **country** lanes (田舎道), a **corner** shop (角の店), a **kitchen** table (台所のテーブル), a **roof** garden (屋上庭園)

❸ 目的・機能: a **tennis** court (テニスコート), a **tennis** racket (テニスラケット), **nail**-scissors (爪切りばさみ), a **news** agency (通信社), **traffic** lights (交通信号灯)

❹ 種類・材料：a **love** story（恋愛物語），a **murder** story（殺人の話），a **truck** driver（トラック運転手），a **train** driver（列車の運転士），a **plastic** cup（プラスチックの茶わん）

❺ 様態の記述：a **giant** corporation [a **mammoth** enterprise]（マンモス会社），a **master** mind（偉人），a **record** number（記録的な多数），a **baby** car（小型自動車），a **pocket** dictionary（小型辞書），**sister** cities（姉妹都市）

§72 名詞の慣用表現

英語特有の名詞の用法なので，これらの多くも一種の名詞表現である。書き換えなどによく利用される。

1 〈前置詞＋抽象名詞〉の慣用表現　　〔名詞表現〕

〈前置詞＋抽象名詞〉で，形容詞や副詞の働きをするものがあり，of と with につくものが多い。類例については → p.812 。

(1) 〈of＋抽象名詞〉＝形容詞

　This book is **of no use**（＝useless）to me.
　　（この本は私には役に立たない）
　　＊ of no use の of は省略できる。
　He is a man **of ability**（＝an able man）.（彼は有能な人だ）
　　＊ of necessity（必然的に），of course（もちろん），of late（最近）のように副詞的な働きをするものもある。

(2) 〈with＋抽象名詞〉＝副詞

　The girl spoke English **with great fluency**（＝very fluently）.
　　（その少女は英語をきわめて流ちょうに話した）

(3) 〈その他の前置詞＋抽象名詞〉

　You are **at liberty**（＝free）to go or stay.
　　（君は行っても残ってもよい）
　She saw the scene **by accident**（＝accidentally, by chance）.
　　（彼女は偶然にその光景を目にした）

2 〈動詞＋抽象名詞（＋前置詞）〉の慣用表現

(1) 〈動詞＋抽象名詞〉

　The new rule will **take effect** as of May 1.
　　（新しい規則は5月1日付で発効する）

The ship **made** slow **progress** against the strong wind.
(船は強い風に逆らってゆっくりと進んだ)

(2) 〈動詞＋抽象名詞＋前置詞〉

I **caught sight of** (=discovered) a hare in the woods.
(私は森の中でウサギを見つけた)

Never **keep company with** (=associate with) dishonest persons.
(不正直な人とは決して交際するな)

　＊ 類例については (→ p.812)。

3 〈動詞＋名詞〉の慣用表現　　　　　　　　　　　　　(名詞表現)

❶ have (→ p.389)

Let's **have a swim** (=swim) here. (ここで泳ごう)

I **had a long talk** (=talked for a long time) with him.
(私は彼と長いこと話した)

❷ take

She **took a walk** (=walked) in the park.
(彼女は公園を散歩した)

We **took a short rest** (=rested for a short time) there.
(我々はそこでちょっと休んだ)

They **took turns** sleeping. (彼らは交代で眠った)

❸ get

He fell but **got no injury**. (彼は転んだがけがはしなかった)

I didn't **get a wink** (of sleep) last night.
(私は昨夜一睡もしなかった)

❹ give

She **gave a loud cry** (=cried loudly). (彼女は大声で叫んだ)

The boy **gave** me **a playful push** (=pushed playfully).
(その少年はふざけて私を押した)

❺ make

The car **made a turn** (=turned) to the right.
(車は右に曲がった)

He **made a pause** while speaking. (彼は話に間を置いた)

We **made an early start** (=started early).
(私たちは早く出発した)

We were forced to **make a bow** (=bow).
(我々はお辞儀を強要された)

4 〈形容詞＋-er（動作者）〉の表現 (→p.813) [名詞表現]

一般に動詞をその動作をする人（名詞）に変えると，副詞は形容詞になる。

He is a **good** **swimmer**.（彼は泳ぐのが上手だ）
(=He *swims* well.)
He is a *frequent* **visitor** to this town.
　（彼はこの町をよく訪れる人だ）
(=He *visits* this town frequently.)

名詞に直接対応する動詞がない場合もある。

She is a *good* **loser**.（彼女は負けっぷりがよい）
(=She *behaves* well *after losing*.)

5 〈have the＋抽象名詞＋to do〉 (→p.813) [名詞表現]

「～する…がある」ということから，「…にも～する」の意を表す。

He **had the impudence to ignore** my advice.
　（彼は厚かましくも私の忠告を無視した）

この構文は次のような形に書き換えることができる。

He **had the kindness to see** the woman to her home.
　（彼は親切にもその婦人を家まで送ってあげた）
→He *kindly saw* the woman to her home.
→He *was kind enough to see* the woman to her home.
→He *was so kind as to see* the woman to her home.

6 〈all＋抽象名詞〉, 〈抽象名詞＋itself〉

Jane was **all attention** (=very attentive).
　（ジェインは全身を耳にしていた［一生懸命聴いていた］）
The exchange student was **all interest** (=keenly interested) in Japanese calligraphy.
　（その交換学生は日本の書道にとても興味を持っていた）
He was **kindness itself** (=very kind).（彼は親切そのものだった）
His story was **simplicity itself** (=very simple).
　（彼の話は単純そのものだった）

> **注** 〈all＋複数名詞〉:
> 　The pupils were **all ears**.（生徒たちは一心に耳を傾けていた）
> ほかに all bones（骨と皮ばかりで），all smiles（大喜びで），all eyes（一心に注視して）など。

第3章 冠　詞
ARTICLES

冠詞は，広い意味では形容詞の一種といえる。不定冠詞 a [an] と定冠詞 the があり，名詞の前について名詞を修飾する。

[第1節] 冠詞の種類と用法

§73　冠詞の種類と発音

1 冠詞の種類

(1) **不定冠詞と定冠詞**
  ❶ 不定冠詞 (Indefinite Article)： a, an
  ❷ 定冠詞 (Definite Article)： the

◆ **不定冠詞と定冠詞の比較**

不定冠詞 (a, an)	定冠詞 (the)
one（1つの）と同語源	that（その）と同語源
不特定なものであることを表す	特定なものであることを表す
原則として可算名詞につく	可算名詞にも不可算名詞にもつく
単数だけに用いる	単数にも複数にも用いる
日本語では表現しないことが多い	日本語の「その」に当たる場合が多い

(2) **不定冠詞のつけ方**
  ❶ 原則として **a** は**子音**の前に，**an** は**母音**の前に用いられる。
    a boy, a woman, a young man, an apple, an umbrella, an ox
  ❷ 母音字で始まっていても**発音が子音**の語には原則として **a** をつける。
    a *u*niversity [jùːnəvə́ːrsəti]　a *E*uropean [jùərəpíːən]
    a *o*ne-man show [wʌ́nmǽnʃóu]
    ＊ いずれも子音の [j], [w] で始まる。an *u*mpire, an *E*nglishman, an *o*ak desk（オーク材の机）と比較。
  ❸ h で始まっていても **h を発音しない**語には **an** をつける。

an *hour*, an *heir* [eər]（相続人）, **an** *honor*（名誉となるもの）

> **参考** **an historic ~**:
> 無強勢の第1音節の語頭の [h] を発音しないで, histórian（歴史家）, histório（歴史上重要な）, histórical（歴史の）などに an をつけることがある。《英》に多いが, an historic ~ などは《米》の文書にも見られる。hotel は a のほうがふつうであるが, an をつけることもあり, 《英》に多い。

❹ **略語**でも母音で始まるものには **an** をつけるのがふつう。

an *MP* [ém píː]（代議士）, an *SOS* [ésòués]（遭難記号）

(3) 冠詞相当語

次のような語は冠詞に似た性質があり, このような語がある場合には, さらに冠詞をつける必要はない。

❶ 不定冠詞相当語

one, another, some, any, each, every, either, neither, no

Either book will do.（どちらの本でもよい）

One man's meat is **another** man's poison.
（甲の薬は乙の毒） 《ことわざ》

❷ 定冠詞相当語

指示代名詞 (this, these, that, those), 所有格人称代名詞 (my, your, his, her, its, our, their), 疑問代名詞（名詞を修飾する場合）, 関係代名詞（名詞を修飾する場合）など。

Let's go and talk to **those** girls.
（あの女の子たちと話しに行こう）

Which subject do you like best?
（あなたはどの学科が一番好きですか）

2 冠詞の発音

(1) 不定冠詞の発音

❶ ふつう, a は [ə], an は [(ə)n]

She turned **a** [ə] sad face on me.
（彼女は私に悲しそうな顔を向けた）

He was dumb as **an** [ən] oyster.
（彼はカキのように押し黙っていた）

❷ 「1つ」の意味を強調するなど特別に強勢を置くときは [ei], [æn]

I didn't say **a** [ei] man, ── I said **the** [ðiː] man.
（私は a man ではなく the man と言ったのだ）

(2) <u>定冠詞の発音</u>

❶ ふつうは [ðə]。

I have been to **the** [ðə] station to meet her.
（私は彼女を迎えに駅へ行ってきました）

❷ 次にくる語の発音が**母音**で始まるときは [ði]。

These are **the** [ði] *a*pples I bought yesterday.
（これは昨日買ったリンゴだ）

  * 母音で始まる略語の場合も同じ。the M. A. [ði ém éi]（文学修士）

❸ 次にくる語が **h** で始まっていても h が**発音されない**ときは [ði]。

She is **the** [ði] *h*eir [eər] to the throne.（彼女は王位継承者だ）

  * ❷, ❸ の場合でも [ðə] と発音する人もいる。また, 通常の場合にも [ði] と発音する人もいる。

❹「これこそまさに」「特に優れた」などの意味を表すとき, また, the を名詞として用いるときは強く [ðiː]。

The demonstration will be **the** [ðiː] event this week.
（そのデモは今週の大きな呼び物になるだろう）

You should use **"the"** [ðiː] here instead of **"an"** [æn].
（ここでは an ではなく the を用いたほうがいい）

  * ときにはきわめて弱くなり [ð] の発音だけになってしまうこともある。
  the enemy [ðénimi]（敵）

§74 不定冠詞の一般用法

Ⅰ 不定冠詞の基本的な用法

(1) **不特定の単数の可算名詞であることを表す**

そのものが特定のものでなく, 単に**可算名詞**で**単数**であることを示すしるしになる。日本語に訳す必要はない。

Paganini was **a** great violinist.
（パガニーニは偉大なバイオリニストだった）

(2) **初めて話題にのぼる名詞を導入する**

Long, long ago, there lived **a** fisherman in **a** small village.
（昔々, 小さな村に漁師が住んでいました）

  * 二度めから後に登場するときは the がつくことになる。

  注 | **不定の複数**:
  複数の可算名詞で数を明示しないときは, ふつう some [any] がつく。
  There were *some* police officers at the door.
  （戸口に警官が何人かいた）

(3)「1つの」という意味を表す

Rome was not built in **a** day. 《ことわざ》
(ローマは1日にして成らず)

I bought **a** dozen eggs. (私はたまごを1ダース買った)

She did not say **a** word. (彼女は一言も言わなかった)

* 「1つの」意味を表すといっても常に one と交換できるわけではない。

> **A** shotgun is no good.
> (猟銃ではだめだ〔ほかのものが必要〕)
> *One* shotgun is no good.
> (猟銃1丁ではだめだ〔2丁以上必要〕)

Q&A 26 cold (風邪) には a をつけるか?

動詞が **have** のときには原則として a をつけるが,I'm fine apart from having cold. (風邪をひいているだけで元気ですよ) のような例もある。cold に形容詞がつく場合には,He has **a** slight *cold*. (彼は軽い風邪をひいている) のように a をつける。

catch (a) cold の形では,実際の使用頻度をみると,You'll catch *cold*! (風邪をひくぞ) のように無冠詞のほうがやや多い傾向がある。

2 その他の一般用法

(1)「ある～」(=a certain) という意味を表す

It is true in **a** sense. (それはある意味で真実だ)

He came back on **a** Christmas.
(彼はある年のクリスマスに帰ってきた)

(2)「いくらかの」(=some) という意味を表す

She thought for **a** while.
(彼女はしばらくの間考えた)

A knowledge of foreign languages is always useful.
(外国語の心得があるといつも便利だ)

* knowledge は通例は不可算名詞であるが,このような場合は a がつく。

(3)「同じ」(=one and the same) という意味を表す

Birds of **a** feather flock together. 《ことわざ》
(同じ羽毛の鳥は群れ集まる＝類は友を呼ぶ)

注 **of a ～**:
「同じ」という意味の用法はことわざに残っているくらいで,今はまず使わない。The boys are of an age. よりも The boys are the same age. (その男の子たちは同じ年だ) というのがふつう。

(4)「～につき」(=per) という意味を表す

We have five English classes **a** week.
（英語の授業は週に5時間ある）

The back numbers of the magazine cost 50p **a** copy.
（その雑誌のバックナンバーは1冊50ペンスだった）

* a はふつうの口語調。per は改まった実務英語などに用いる。

注 a ～と by the ～:
計量・数量の単位を表す the の用法と区別すること。（→ p.157）
We are paid by *the* week.（我々は週給いくらでもらっている）

(5)「どれでも」「～というもの」(=any) という意味を表す

「～というものならどれでも」という意味で、**不特定の1つを代表として取り上げ、その種類のものすべてについて特有の性質を述べる形**。この<u>総称用法</u>は**総称単数**と呼ばれる。（→ p.84）

A cat has nine lives.（猫は九生＝容易に死なない）　　《ことわざ》

A house built of wood is more easily burnt than a house of stone.（木造の家は石造りの家より容易に燃える）

注 総称単数としての〈a [an]+単数形〉の用法上の注意:
(1) 総称を表すのは原則として主語になる場合である。
(2) 〈the+単数形〉が種族全体をひとまとめにして表すのに対し、〈a [an]+単数形〉には「その種族の1つ」の意味があるので、個々のものの持つ性質は示すが、次のような**種族全体**についての陳述には用いられない。
　〔誤〕 *A* panda is becoming extinct.
　〔正〕 **Pandas** are becoming extinct.
　〔正〕 **The panda** is becoming extinct.
　　（パンダは絶滅しかけている）

Q&A 27　on (a) Sunday と on Sundays の使い分けは？

on Sunday は、この前の日曜日やこんどの日曜日をさすほかに、習慣的、一般的に「(いつも)日曜日には」の意味にも用いる。

Let's go to the mall *on Sunday*.
（こんどの日曜にショッピングセンターに行こう）

I go to church *on Sunday*.（私は日曜日には教会に行きます）

on a Sunday は「ある日曜日に」の意味だが、「日曜日にはいつも」の意味にも用いる。**on Sundays** は「いつも」という習慣の気持ちがさらに強い。

I don't go out *on Sundays*.（日曜日には外出しないことにしている）

《英》のくだけた言い方や《米》では、**Sundays** と、前置詞をつけないで副詞的に用いることが多い。なお、**of a Sunday** という形は「日曜日などによく～」の意味だが、今ではほとんど使わない。

§75 不定冠詞の特別用法

1 〈不定冠詞＋固有名詞〉 (→ p.89)

(1) 「～という人」(＝a certain)

A *Smith* spoke to me all night long at the party.

(スミスとかいう人が，パーティーで一晩中私に話しかけてきた)

(2) 「～のような人」(＝one like)

He is **a** *Cicero* in speech.

(彼は弁舌にかけてはキケロのような雄弁家だ)

　　＊　有名な人物，または話し手と聞き手の間ですでに共通にわかっている固有名詞につける。キケロは古代ローマの雄弁家。引き合いに出す人物によっては，人をけなす場合にも用いられる。

(3) 「～家の人」など

His wife is **a** *Tokugawa*. (彼の奥さんは徳川家の人だ)

(4) 「～の作品・製品」など

He bought **a** *Kodak* and showed it to me.

(彼はコダックのカメラを買って私に見せてくれた)

　　＊　Eastman Kodak Co. の商品名。

2 〈不定冠詞＋形容詞〉

(1) 〈不定冠詞＋数量形容詞〉

a few (少数の)，a little (少量の)，a great [good] many (非常に [かなり] 多数の) のような形をとる。

Mrs. Jones gave me **a** *few* flowers.

(ジョーンズ夫人は私に花を 2, 3 本くれた)

A *little* learning is a dangerous thing.　　　　　　　《ことわざ》

(生かじりは危険＝生兵法は大けがのもと)

I saw him there **a** *good many* times.

(彼にそこで何回も会った)

(2) 〈不定冠詞＋形容詞の最上級〉＝「たいへん～」「とても～」

He had **a** *most beautiful* daughter.

(彼にはとても美しい娘がいた)

(3) 〈不定冠詞＋序数〉＝another ～ (→ p.304)

さらにもう 1 つ加わるという意味を表す表現。

He tried to jump across the river **a** *third* time.

(彼は〔2 回やった後で〕もう一度川を跳び越えようとした)

3 〈不定冠詞＋抽象名詞・物質名詞〉

(1) 〈不定冠詞＋抽象名詞〉 (→ p.93)

不定冠詞が不可算名詞の抽象名詞について，**行為・実例**などを示す。ふつうは無冠詞の語も，修飾語がつくと冠詞をつけることがある。

An air conditioner is **a** *necessity* in a hot country like this.
  （こんな暑い国ではエアコンは必需品だ）
He was inspired with **a** *new courage*. （彼は新たな勇気を得た）
When he finished speaking, there was **a** *short silence*.
  （彼が話し終えると短い沈黙が訪れた）

> **注** **a silence**:
> There was **a** silence for a while. （しばらく静まり返った）も可。これは「沈黙の期間」の意で時間的に限定されているから。ただし，この a を one にすることはできない。

(2) 〈不定冠詞＋物質名詞〉 (→ p.95)

不定冠詞が**物質名詞**について，その物質の**種類・製品**などを表す。

This must be **a** different *tea* from the one we usually buy.
  （これは私たちがいつも買うのとは違うお茶にちがいない）
She got **an** *iron* for a wedding present.
  （彼女は結婚式の贈り物にアイロンをもらった）

4 不定冠詞を含む慣用表現

My father is angry **to a degree**. （父はひどく怒っている）
He works hard **with a view to** receiv*ing* a scholarship.
  （彼は奨学金を獲得しようと一生懸命に勉強している）
  ＊ その他の類例については (→ p.813)

Q&A 28 rain に a がつくのはどんな場合か？

「雨・降雨」の意味では rain はふつう a をつけないが，形容詞を伴って雨の種類をいうときには，**A** heavy *rain* began to fall. （激しい雨が降り出した）のように a[an] がつく。複数形で the rains というのは，熱帯などの「雨季」をさす。また，a rain of stones （石の雨）のような比喩的用法の場合は〈a rain of ～〉の形で a がつく。

（注記 冒頭部分）

> **注** **a first [last] ～**:
> first, last も，一般の形容詞に近い内容を表す場合は *a* first step （第1歩），*a* last resort （最後の手段）のように不定冠詞とともに用いられることがある。

§76 定冠詞の一般用法

1 「特定のもの」を表す用法

定冠詞は普通名詞や集合名詞だけでなく，物質名詞や抽象名詞にもついて特定のものを表す。

(1) 前に出た名詞につける

最初に〈a＋名詞〉として出てきた名詞は次からは〈the＋名詞〉になる。

I met **a** *boy* and an American girl. **The** *boy* said he was from Senegal. （私は1人の少年と米国人の少女に会った。少年はセネガル出身だと言った）

> [参考] **a を繰り返す場合**:
> 二度目以降でも，その名詞が同じそのものをさすのではなく，不特定のものをさしたり，総称として用いられている場合は不定冠詞がつく。
> Everybody makes **a** *short speech*. You must make **a** *short speech* [one], too.
> （みんな短い話をする。君も短い話をしなくてはいけない）　〔不特定〕
> **An** *adult* can learn a foreign language, but it is usually easier for a child to learn one than for **an** *adult*.
> （大人が外国語を修得することは可能だが，大人よりも子供のほうがふつうそれを修得するのが容易だ）　〔総称〕

(2) 前後の関係からそれとわかる名詞につける

❶ 前に出たものからそれとわかるものをさす名詞に

We visited a high school last week. When we reached **the** *gate*, we saw a lot of students coming out.

（我々は先週ある高校を訪問した。門のところに着くとたくさんの生徒が出てくるのが見えた）　〔その学校の門〕

We have decided to put on a drama. John suggested **the** *plan*.

（我々は劇をやる。ジョンがその案を出した）　〔劇を上演する案〕

❷ 状況によってそれとわかるものをさす名詞に

I have been to **the** *post office*. （郵便局に行ってきたところだ）

Will you open **the** *window*? （窓を開けてくれませんか）

> [注] 初めて出てくる the:
> We should be quiet. **The** *baby* is asleep.（静かにしなくてはいけない。赤ん坊が眠っている）という文で，A baby とすれば，その赤ん坊のことを知らない人が言う言葉になり，The baby は，どこのだれの赤ん坊かをお互いに了解している場合である。

(3) 常識的に「唯一のもの」をさす名詞につける

〔天体など〕 **the** sun, **the** moon, **the** earth, **the** universe（宇宙），**the** sky など。

> **注** | *a* **full moon**:
> moon などに形容詞がついて，その1つの様相を表す場合にはaがつく。
> *a* full moon（満月），*a* cold wintry moon（寒々とした冬の月）

〔方角など〕 **the** north, **the** south, **the** right, **the** left など。

〔その他〕 **the** President（大統領），**the** king, **the** queen, **the** Bible（聖書），**the** tropics（熱帯）など。

He became famous all over **the** *world*.（彼は世界中で有名になった）

He saves some money for **the** *future*.
（彼は将来にそなえてお金を貯めている）

(4) 修飾語句がついて特定のものをさす名詞につける

❶ only, last, same, very などの語や，序数詞，形容詞の最上級のついた名詞につく。

Harry is **the** *only* person who can do this trick.
（ハリーはこの芸ができる唯一の人だ）

John and Tom were born on **the** *same* day.
（ジョンとトムは同じ日に生まれた）

This is **the** *third* time I have spoken to you.
（私があなたとお話しするのはこれが三度目です）

Jack is **the** *fastest* runner of the three.
（ジャックは3人の中で走るのが一番速い）

Q&A 29 「一人っ子」「一人息子」につく冠詞は a か the か？

一般に「一人っ子」は *an* only child であるが，前後の文脈で the がつくことも多い。Agasa was *an* only child—and spoilt.（アガサは一人っ子で甘やかされた）/ Richard was *the* only child *of dead parents*.（リチャードは死んだ両親の一人っ子だった）。

ただし，*the* の場合は，You aren't *the* only child *here*.（ここにいる子供は君だけじゃないんだよ）のように「唯一の子供」の意味になることもある。

「一人息子」も「一人っ子」と同様だが，*the* only son *of five children*（5人の子供の中の一人息子）のように，姉妹はいてもよく，家庭環境が示されることが多いこともあって，an only child にくらべると，実際の文脈では an only son の使用頻度は低い傾向がある。

❷ 〈**of**＋名詞〉や関係詞節がついて特定化された名詞につく。

London is **the** capital *of the UK*.（ロンドンは英国の首都である）

> * 「首都」であっても修飾語句がついて特定化されないと the はつかない。
> London is *a capital*, and Tokyo is *a capital*, too.
> 　（ロンドンは首都だし東京も首都だ）

I came to Tokyo in **the** spring *of 1992*.
（私は 1992 年の春に上京した）

The wine *I drank at the party* was very good.
（その会で飲んだワインはとてもおいしかった）

The lecturer emphasized to the audience **the** importance *of anti-pollution measures*.
（その講演者は聴衆に公害対策の重要性を力説した）

> **注** 限定修飾されても the がつかない場合:
> 〈of＋名詞〉の句や関係詞節がついても，特定化されない場合もある。
> ┌ This is **the** doll that he made yesterday.
> │ 　（これは彼が昨日作った人形だ）　〔彼が昨日作った人形は1つ〕
> │ This is **a** doll that he made yesterday.
> └ 　（これは彼が昨日作った人形）〔彼が昨日いくつか人形を作った〕

2 〈定冠詞＋普通名詞〉のその他の用法

〈定冠詞＋普通名詞〉は，特定のものを表すほかに次のような内容を表す。

(1) 〈定冠詞＋単数普通名詞〉の形の総称用法

「～というもの」という意味で，ほかの種族との対照を意識してその**種族全体**をひとまとめにして表す。**総称単数**と呼ばれることは a [an] と同じであるが，やや形式ばった学問的記述などに用いられる。（→ p. 146）

The *horse* is a useful animal.（馬は役に立つ動物だ）

The *bat* judges distances by a kind of echo-location.
　（コウモリは一種の音響レーダーで距離を判断する）

　　* a と違って〈the＋単数普通名詞〉は目的語の位置でも総称を表すことができる。
　　　He plays **the** *violin*.（彼はバイオリンをひきます）

(2) 〈定冠詞＋単数普通名詞〉＝抽象名詞（→ p. 84）

What is learned in **the** *cradle* is carried to **the** *tomb*. 《ことわざ》
　（揺りかごのなかで〔赤ん坊のとき〕覚えたことは墓地まで〔死ぬまで〕忘れない＝三つ子の魂百まで）

He chose **the** *stage* as a career.（彼は職業に俳優を選んだ）

She felt **the** *mother* rise in her breast.　　　　　　　　《古風》
　（彼女は母性愛が胸にわいてくるのを感じた）

(3) 〈定冠詞＋複数名詞〉の形の総括的用法

〈定冠詞＋複数名詞または集合名詞〉の形でその名詞が示すもの全体を

総括する用法がある。この場合の名詞は固有名詞の場合もある。(1)の総称とは異なり，全体をまとめていう表現であることに注意。

The *Japanese* are diligent workers.（日本人は勤勉な働き者だ）

(4) 病名と定冠詞

病名はふつう無冠詞であるが，**the** plague（ペスト）のように the をつけるものもあり，(the) flu（流感），(the) measles（はしか）のように定冠詞をつけたり，つけなかったりするものもある。

All my children have had (**the**) *measles*.
（うちの子供たちはみんなはしかがすんだ）

> **注** a＋病名：
> 1回の発作とか，ある期間の症状のようなもの（headache（頭痛）など）で，正式の学問的病名よりも，俗にいう病状などのようなものには，不定冠詞がつくことが多い。病名と冠詞の例については → p.814

Q&A 30 「ピアノを弾く」という場合には必ず the がつくか？

つけるのがふつう。play ～ の形は「スポーツ・ゲームをする」の意味では無冠詞で play baseball, play chess などのようにいうが，「（楽器を）演奏する」の意味では play **the** piano, play **the** violin のようにいうのがふつうである。これは総称単数の用法とも特定の楽器をさす用法とも考えられる。play **a** piano も可能だが，不定冠詞を用いるのは，play **an** *old-fashioned* piano（旧式のピアノを弾く）のように修飾語句がつくときが多い。また，無冠詞の例はプロの奏者や，バンドの中でピアノのパートを受け持っている場合などに見られる。なお，piano が「ピアノを弾くこと」の意味のときは無冠詞になる。

She taught *piano* for more than 30 years.
（彼女は30年以上ピアノを教えた）

§77 定冠詞と固有名詞

1 固有名詞に the がつく場合

固有名詞にはふつうは冠詞がつかないが，次のような場合は一般に定冠詞をつける。→ p.89

(1) 〈固有名詞＋普通名詞〉の形をしている場合

〈固有名詞＋普通名詞〉の形をしているものに必ず the がつくということではない。逆に言えば，普通名詞を最初から含んでいない純然たる地名や人名には the がつかないということである。

the Argentine Republic（アルゼンチン共和国），**the Crimea** Peninsula（クリミア半島），**the Hudson** River（ハドソン川）など。

> **注** the のつく呼称:
> 〈固有名詞＋the＋呼称〉の形で確立したものもある。
> **William the** *Conqueror*（ウィリアム征服王）
> **Edward the** *Confessor*（エドワード懺悔(ざん)王）

第2要素の普通名詞が省略されることがある。

the Pacific (Ocean)（太平洋），**the Argentine** (Republic)（アルゼンチン共和国），**the Thames**（River）（テームズ川）

> [参考] **境界と the**:
> 地域などを表す名詞の場合は，海・砂漠・川のように境界の明確でない，あるいは流動するものには the がつき，湖，島，岬，公園，広場のように境界が明確なものには名前だけつけて the はつけないともいわれる。
> **the** Sahara (*Desert*)（サハラ砂漠），**the** Arctic *Ocean* [*Sea*]（北極海），*Lake* Michigan（ミシガン湖），Hyde *Park*（ハイドパーク），Tiananmen *Square*（天安門広場）

(2) 〈of＋名詞〉の句がつく形の場合

the Sea *of* **Japan**（日本海），**the** Bay *of* **Tokyo**（東京湾）

(3) 複数形の固有名詞

the United States (of America)，**the Alps**（アルプス山脈），
the Smiths（スミス夫妻，スミス家の人々）

We went on camel rides to **the Pyramids**.
（私たちはラクダで〔ギザの〕ピラミッド群を見に行った）
＊ 世界の七不思議の1つであるギザの3基の大型ピラミッドをさす。

> [参考] **スポーツ団体やチーム名と the**:
> これらの名称はふつう複数形で，原則として the がつく。
> **The New York Mets** won *their* first world championship since 1969.
> （ニューヨーク＝メッツは1969年以来，初の世界選手権を獲得した）
> ＊ 複数形で受けることに注意。

(4) 〈形容詞＋固有名詞〉

性格を表したり，ほかのものと区別していう場合。

the *wise* **Helen**（賢いヘレン），**the** *late* **Mr. Smith**（故スミス氏）

> **注** 〈感情的な形容詞＋固有名詞〉:
> little, young, old, poor, dear, great, noble, good, black, devilish（悪魔のような），cruel（残忍な），proud，venerable（気高い）など，単に感情的に用いられている場合は the がつかない。
> *poor* **Jim**（かわいそうなジム），*little* **Mary**（小さなメアリー）

2 定冠詞と固有名詞の注意すべき用法

(1) 月・曜日

ふつうは冠詞をつけないが，文脈によって特殊な性格を表したり，限定の修飾語句がついた場合などに定冠詞をつけることもある。

He was born in **(the) March** *of 1934.* (=in *March*, 1934)
（彼は1934年の3月に生まれた）…無冠詞のほうがふつう。

He arrived on a Friday and already on **the Sunday** he knew every corner of the building. （彼は金曜に着いて，もう次の日曜には建物のすみずみまで知っていた）

    * spring（春）など**季節**を表す語については **→ p.163**

(2) 公共の施設，建物など

一般に the がつくが，慣習的に決まっているものもある。

❶ **ホテル**: Hotel *Ambassador* の形のものには the をつけず，**the** *Grand* Hotel の形のものには the がつくのがふつう。

❷ **大学**: *Harvard* University のように人名のついたものは無冠詞。地名のつく場合，《英》では the University *of London*（公式名），*London* University（通称）が一般的。《米》では州立大学は一般に the University *of California* のようにいい，私立大学は *Yale* University のようにいう。ただし慣習的な例外もある。

❸ **宮殿・神社・寺院**など: 一般に英米人から見た自国以外のものには the をつけるのがふつうなので，たとえばロシアの **the** Kremlin（クレムリン宮殿）や，インドの **the** Taj Mahal（タージ＝マハル霊廟）のようにする。教会や城にはふつう the はつけない。

> **参考　慣習化と the:**
> 日本の神社でも，たとえば「靖国神社」などは米国の新聞に話題として再三登場しているため the をつけなくなっている。一般に**建築物**の場合，なじみ深くなるにつれて the が落ちる傾向があるという。ただし，the が名前の一部になってしまっているものもある。

❹ **橋**: London Bridge などは the がつかないが，**the** Golden Gate Bridge など慣習的に the のつくものもある。

❺ **駅**: 駅名には the はつけない。ただし「新宿駅ビル」のような場合は建物をさすので，**the** Shinjuku Station Building とする。

(3) その他

❶ **国語**: ふつう無冠詞だが，後に language がつくと the をつける。
English（英語），**the** English language（英語）

❷ **定期刊行物**: 新聞名にはたいてい the がつくが, つかないものもある。雑誌名には, 表題になっている語そのものが本来無冠詞で用いる性質の抽象名詞その他の場合は, the をつけない傾向が見られる。

新聞: *The Times*(タイムズ紙《英》), *the New York Times*(ニューヨーク・タイムズ紙《米》); *the Daily Mail*(デイリー・メイル紙《英》)

雑誌: *Time*(タイム《米・週刊誌》), *Vogue*(ヴォーグ《米・月刊誌》); *The Economist*(エコノミスト《英・週刊誌》)

  * 表紙には the が印刷されていなくても, 正式に引用するときなどに the をつけるものもある。(**the**) Reader's Digest(リーダーズ・ダイジェスト)など。

Q&A 31 ホテルや商店の名に a がつく場合は?

ホテルにはふつう the がつき, 商店名は無冠詞がふつうだが, 同系列のチェーン・ホテルやチェーン・ストアの1つの場合には a がつくこともある。

It is situated just a mile from **a** *Hilton Hotel*.
(それはヒルトン・ホテルからちょうど1マイルのところにある)

Have you got **a** *Holiday Inn* in this town?
(この町にホリデー・インがありますか?)

She is running **a** *McDonald's* in Arizona.
(彼女はアリゾナでマクドナルド店を経営している)

---

§78 定冠詞の特別用法

■ 〈定冠詞+形容詞または分詞〉

(1) **複数普通名詞(~の人々)の意味を表す**

〈the+形容詞〉が「人」を表す場合は複数扱いがふつう。この形容詞が副詞(句)に修飾されることもある。

  the rich(金持ち)(=rich people), **the** poor(貧乏人),
  the young(若者)(=young people), **the** old(老人たち),
  the learned [lə́ːrnid](博学な人たち)など

The *poor* are often generous to each other.
(貧乏人はお互いに対して寛大であることが多い)

The *very wise* avoid such temptations.
(非常に賢明な人たちはそのような誘惑を避けるものだ)

The *young in spirit* enjoy life.
(精神的に若い人たちは人生を楽しむものだ)

> **注** 〈定冠詞＋固有形容詞〉：
> 「全国民」「全軍隊」「チーム」などを表す。
> **The** *British* are rather conservative.
>   (英国人はどちらかというと保守的だ)
> At that time, **the** *French* were fighting for freedom.
>   (当時フランス軍は自由を求めて戦っていた)
> **The** *Welsh* won in a semifinal match.
>   (準決勝戦でウェールズチームが勝った)

(2) 単数普通名詞（〜の人）の意味を表す

習慣的に単数の意味を表す場合がある。

Talk of **the** *absent* and *he*'ll appear.（噂をすれば影）　《ことわざ》

The judge asked **the** *accused* to stand up.
  (判事は被告に起立を求めた)

The *deceased* left a large sum of money to *his* wife.
  (故人は妻に多額の金を残した)

> **注** 単・複両様の〈the＋形容詞〉：
> **the accused, the deceased** は単数・複数の両様に用いられる。

(3) 抽象的意味（〜なもの，〜のこと）を表す

The *most important* is yet to be explained.
  (最も大切なことがまだ説明されていない)

He takes a great interest in **the** *supernatural*.
  (彼は超自然的なものにたいへん興味を持っている)

The task approaches **the** *impossible*.（その仕事は不可能に近い）

2 〈catch＋人＋by＋the＋体の部分〉の型

He caught my arm.（彼は私の腕をつかんだ）に対して，He caught me *by the arm*. という表現がある。これは，まず「彼が私を捕まえた」というのが第一義で，その捕まえた体の部分を後からつける言い方である。

She *seized* the child *by* **the** collar.
  (彼女は子供のえりをつかんだ)

He *shook* her roughly *by* **the** shoulder.
  (彼は乱暴に彼女の肩をゆすった)

He *kissed* the girl *on* **the** forehead.
  (彼はその女の子のひたいにキスした)

She *gave* him *a* little *tap on* **the** arm.
  (彼女は彼の腕を軽くたたい〔て注意を引い〕た)

The brick *hit* John *in* **the** face.（れんがはジョンの顔に当たった）

The man was shot *through* the heart.(男は心臓を射抜かれた)

> [参考] **take my hand** と **take me by the hand**:
> 　He took me by the hand. と He took my hand. とは事実として現れた「手を取る」という現象は同じであるが,前者は「私という人間全体」に関心があり,後者は「手そのもの」に関心があるという差があるといわれる。また,前者はたとえば「目の不自由な人を手助けする」といったときに用いられ,後者は「愛情,優しさ」などを示唆するともいわれる。
> 　なお,They grabbed the boy's arm. という文では,腕が事故などのために体から離れている場合も想像されるという。
> 　He took me by the hand. の the の代わりに所有格の my を用いることはないわけではないが,ふつうではない。

体の一部を〈前置詞+定冠詞+名詞〉で表す文には次のような形もある。

I have a pain *in* the *knee*.(私は膝が痛い)

She was red *in* the *face*.(彼女は顔が赤かった)

> **注** 体の一部を表す定冠詞と所有格:
> 　次のような場合は定冠詞または所有格のいずれも用いられる。
> 　My mother used to complain of a pain in *the* [*her*] back.
> 　　(母は背中が痛いとこぼしていたものだ)
> 　The wanted man had a scar across *the* [*his*] left eyebrow.
> 　　(そのお尋ね者は左まゆにたてに傷あとがあった)

3 〈by the+単位を表す名詞〉の型

(1) 「~単位で」という意味を表す

We buy tea *by* **the** *pound*.(私たちはポンド単位でお茶を買う)

The workers are paid *by* **the** *week*.

　(その労働者たちは週給をもらっている)

次の文の to the ~ も単位を表している。

This car does thirty miles *to* **the** *gallon*.

　(この車は1ガロン当たり30マイル走る)

　* This car will go 200 kilometers *an* hour.(この車は1時間に200キロ走る)の形と混同しないこと。

(2) 「何時間となく」など,大きな単位であることを表す

We used to discuss various problems *by* **the** *hour*.

　(我々は何時間となくさまざまな問題を議論したものだ)

He drinks beer *by* **the** *gallon*.(彼はビールを何ガロンも飲む)

　* この用法は基本的には(1)と同じだが,その単位が並はずれて大きいことを示唆するものである。

4 定冠詞の副詞的用法

〈the＋比較級〉の形で「それだけいっそう～」の意味を表す。

If we plant early, it will be all **the** *better* for our garden.
（早く植えればそれだけ私たちの庭は良くなるだろう）（→ p.371）

The *earlier* we start, **the** *earlier* we will get there.
（早く出発すればするほど私たちはそこへ早く着くだろう）（→ p.371）

* この場合の the は比較級の形容詞や副詞を修飾しているので，本来の定冠詞（名詞につく）の用法とは異なって，一般に副詞と考えられている。

5 定冠詞を含む慣用表現

(1) 時を表すもの

Please come here **in the morning**.
（午前中にここに来てください）

He used to sit up **far into the night** and study.
（彼は夜遅くまで起きて勉強するのが常であった）

〔類例〕 in the daytime（昼間に），in the evening（夕方に，夜に）

* at dawn（夜明けに），at noon（正午に），at night（夜に）などは無冠詞。

(2) 場所を表すもの (→ p.814)

They were caught in a sudden shower **on the way**.
（途中で彼らはにわか雨に遭った）

She knew that something was **in the wind**. 《口語的》
（彼女は何かが起こりかけているのがわかった）

(3) その他 (→ p.814)

What he said was **to the point**.
（彼の言ったことは要領を得ていた）

The weather this month has been good **on the whole**.
（全般に今月の天気は良かった）

Q&A 32 as a result of と as the result of はどちらが正しいか？

as a result of は「～の1つの結果として」，as the result of は「ほかでもない～の結果として」という断定の強さが異なるという説もあり，事実そうした感じの例も見られるが，as のつくこの形ではふつう as *a* result of が用いられる。実際の使用例を見ると，約16：1ぐらいの割合で，圧倒的に a が多い。無冠詞の例もまれに見られる。

He went deaf *as a result of* the accident.
（彼はその事故の結果耳が聞こえなくなった）

第2節 冠詞の位置と省略

§79 冠詞の位置

1 冠詞のふつうの位置

ふつうは〈冠詞(＋副詞)(＋形容詞)＋名詞〉の語順になる。

He is **a** very tall old man.(彼はとても背の高い老人だ)
To me Hong Kong was one of **the** loveliest places in the world.
(私にとってホンコンは世界一すてきな所の1つだった)

2 ふつうの語順をとらない場合

(1)〈such＋a [an]＋名詞〉など

such, what, many が名詞につくときは, a [an] は名詞の直前に置く。half, rather, quite も a [an] を名詞の直前に置くことができる。

I've never had *such* **a** wonderful time.
(私はこんなに楽しい時を過ごしたことはなかった)
I know *what* **a** lucky boy I am.
(僕がどんなに運がいいかはわかっています)
Many **a** man came to see him.   〔強調〕
(多くの人が彼に会いに来た)
It lasted for *half* **an** hour.(それは30分続いた)

> **参考** half a ～ と a half ～ :
> 一般的にはどちらの形も可能。half a mile は half of a mile の of を略した形であるとも考えられるので,この種の数量を表す形によく見られる。a *half* mile の形はどちらかというと《米》にやや多い。ただし, a half moon(半月)のように half と次の名詞が密接に結びついている語の場合は half a moon とはいわない。

It was *rather* **a** cold day.(ちょっと寒い日だった)
　　＊ rather *a* ～ はややくだけた言い方で, *a* rather ～ の形のほうが多い。the のときは *the* rather ～ の形のみ可能。
It's *quite* **an** unusual story.(それはほんとうに変わった話だ)

> **注** quite a ～ と a quite ～ :
> cold のような1音節の形容詞, ないしは, interesting のように強勢が第1音節にある多音節の形容詞の場合は quite a ～ がふつうだが, unúsual のような場合はどちらでもよい。

* quite a few ～, quite a little ～: (かなり多くの～) という言い方については → p.294

(2) 〈as＋形容詞＋a [an]＋名詞〉など

名詞を修飾する形容詞に **as, how, so, too** がつくときは，冠詞 a [an] は形容詞の後に置かれる。一般に堅い言い方になる。また，名詞の前に a [an] がついていないときには用いられない。

He is *as great* a musician as ever lived.
(彼は古来まれな大音楽家だ)

How big **an** apartment do you want?
(どのくらいの大きさのアパートがほしいのですか)

We must do something, on *however humble* a scale.
(たとえどんなに小規模でも，我々が何かをしなくてはならない)

I've never seen *so clever* a boy.
(こんなに頭の良い子を見たことがない)

* *such a* clever boy のほうがくだけた言い方。また複数形の *such clever boys* はよいが，so clever boys という形はない。
* **that** [**this**] (〔副詞〕そんなに [こんなに]) もこの位置をとる。

It's *too small* a hat for you.
(それは君に小さすぎてかぶれない帽子だ)

* *a* too small hat という形も可。

[参考] 否定語と 〈a＋too＋形容詞＋名詞〉:
He read **a** not *too sympathetic* report about the officer.
(彼はその士官についてあまり同情的でない報告書を読んだ)
これは語否定を表し，文否定の He did*n't* read *too* sympathetic a report about the officer. (彼はその士官について同情的すぎる報告書は読まなかった) と区別するためにとられる語順と考えられる。→ p.758

(3) 〈all＋the (＋形容詞)＋名詞〉など

名詞に **all, both, double, twice, half** がつくときは，the はこれらの語の後に置かれる。

We walked *all* **the** way. (私たちはずっと歩き通した)
Both **the** boys shouted. (少年は2人とも大声を出した)
I had to pay *double* **the** sum. (私は倍額を払わねばならなかった)

* a double lock (二重錠前), a double suicide (心中) などの double は「2倍の」という意味でなく「二重の，2人の」などという意味。

The jet can fly at *twice* **the** speed of sound.
(そのジェット機は音速の2倍で飛べる)

Half **the** members were present. (会員の半数が出席していた)

§80 冠詞の反復

名詞が **and, or** で結ばれた場合，冠詞を反復するかどうかは，次のような原則に従う。

(1) 2つの名詞

❶ 同一のものを表すとき：最初の名詞だけに冠詞をつける。

❷ 別々のものを表すとき：それぞれに冠詞をつける。

> He is **a** novelist *and* playwright.　　　　　　　〔同一人物〕
> 　（彼は小説家で劇作家だ）
> They are **a** novelist *and* **a** playwright.
> 　（彼らは小説家と劇作家だ）　　　〔それぞれ1人ずつで計2人〕

(2) 2つの形容詞

原則は上の(1)の場合と同じ。

> **a** black *and* white dog　（白と黒のぶちの犬）　　〔1匹〕
> **a** black *and* **a** white dog　（白い犬と黒い犬）　　〔2匹〕

　　＊　名詞が複数になっても同様である。
　　　　the red and white roses（赤白まだらのバラ）
　　　　the red and *the* white roses（赤いバラと白いバラ）

(3) 2つのものが1組または1つになっているもの

最初の名詞だけに冠詞をつける。この場合，接続詞の and は軽く [ən] または [n] と発音されるのがふつう。

a cup *and* saucer（受け皿つきの茶わん），**the** bread *and* butter（バターつきパン），**a** needle *and* thread（糸のついた針），**a** rod *and* line（釣糸のついた釣竿），**a** watch *and* chain（鎖つきの懐中時計），**the** whiskey *and* soda（そのソーダ割りウイスキー）

　　＊　1組になっているのでなければ個々に冠詞をつける。
　　　　the glass and **the** cup（そのコップとその茶わん）

(4) 冠詞の反復の原則が守られない場合

誤解のおそれがなければ，上の(1)〜(3)の原則にこだわらず冠詞を反復しない場合もある。

Read **the** first and second chapter(s).（1章と2章を読みなさい）

The novelist and (*the*) playwright were both familiar to us.
　（その小説家と劇作家は両方ともよく知られていた）

　　＊　both があるから the がなくても別人であることがわかる。

注 強調のための冠詞の反復：
　同一のものをさす場合でも「A であり，かつ B である」と特に強調するような場合は冠詞を反復することがある。

He was regarded as **an** orator and **a** statesman of his age.
(彼は当代の雄弁家であり政治家であるとみなされていた)

> [参考] 冠詞の反復の有無によって文意が異なる場合:
> a. **A** *scholar* will make **a** better *critic* than **a** *teacher*.
>   (教師〔が批評家になる〕よりも学者が批評家になるほうがいい批評家になるだろう)
> b. A scholar will make **a** better *critic* than *teacher*.
>   (学者は教師になるよりも批評家になるほうがよいものになるだろう)
>
> a. は scholar と teacher をそれぞれ主語にして対比し，A *scholar* will make a better *critic* than a *teacher* (will). の will を省略したものであるが，b. は同一人物の scholar について言っているため，冠詞を最初の名詞だけにつけるという心理が働くからといわれる。

§81 無冠詞と冠詞の省略

文法上，名詞に a [an] も the もつけないで用いる形を**無冠詞**という。本質的に冠詞のつかない**一般的な無冠詞**と，ある意味・用法や構文で単数普通名詞に冠詞がつかない場合とある。

一方，本来は冠詞をつけるべきなのに，慣用的にこれを省いてもよい場合があり，これを**冠詞の省略**という。

1 一般的な無冠詞

(1) <u>複数普通名詞，集合名詞，物質名詞，抽象名詞が一般的な意味で用いられた場合</u>: 原則として無冠詞。

Bacteria exist almost everywhere.
(バクテリアはほとんど至る所にいる)
Cattle live on **grass**. (牛は草を常食にする)
Money talks. (金がものを言う)　　　　　　　　　《ことわざ》
 * talk＝be powerful (強力である)
Beauty is in the eye of the beholder.　　　　《ことわざ》
(美は見る人の目の中にあり)
 * 特定のものを表す場合は冠詞がつく。
   He returned **the** *money* I had lent him.
   (彼は私が貸してあったお金を返した)
   He was struck with **the** *beauty* of the scenery.
   (彼はその風景の美しさに打たれた)

(2) <u>固有名詞</u>: 特別なものを除いて無冠詞。 → p.152

2 単数普通名詞に冠詞がつかない場合

(1) 固有名詞化した普通名詞

❶ 家族関係などを表す語

家庭や病院内などで,冠詞がなくても個別の意味が明らかなものは冠詞をつけず,しばしば大文字で書かれる。

Has *mother* gone out?(お母さんは出かけたの?)

＊ 自分の母親のこと。他人の母親なら your などをつける。

father, mother, baby, uncle, aunt, nurse, cook, doctor など。

❷ 神・悪魔など

God, Lord(主), Devil(悪魔), Heaven(天,神), Hell(地獄), Congress《米》(国会), Parliament《英》(国会), Government(政府)などは**大文字**で書かれると通例無冠詞。

＊ Government は定冠詞がつくこともある。

Parliament is now in session.(国会は今,会期中だ)

❸ 季節・月・曜日・休日の名

固有名詞と考えられて通例無冠詞。(→ p.154)

I like **summer** better than the other seasons.
(私はほかの季節より夏が好きだ)

April is a spring month.(4月は春の月だ)

He will be here before **Christmas**.
(彼はクリスマス前にここに来るだろう)

> **注** 1. **季節名と冠詞**:
> 季節は in, during とともに用いると期間を表すことが多く,限定語句がつかなくても定冠詞がつくことが多い。限定語句がつけば原則として定冠詞がつく。なお,fall(《米》秋)は in *the* fall のように the をつけるのがふつう。《米》では spring にもよく the をつける。
> Various flowers come out in (**the**) spring.
> (春にはいろいろな花が咲く)
> I went to America in **the** spring *of 1986*.
> (私は1986年の春にアメリカに行った)

> **注** 2. **方向を表す語と冠詞**:
> 左右や方向を表す語には the をつけるのがふつうだが,(the) right and (the) left のような対句の場合は省略できる。また turn right(右に曲がる)の right は副詞だから the は不要。

(2) 呼びかけに用いられる名詞

Waiter! The menu, please.
(給仕さん,メニューを見せてください)

I'm feeling a little better, **doctor**.
(先生,具合は少しよくなりました)

(3) 身分・官職・称号などを表す名詞
❶ 人名の前につく場合
Mr. Smith, **Ms.** White, **King** John, **Queen** Elizabeth Ⅱ, **President** Clinton, **Professor** Nagai, **Uncle** Tom, **Judge** Johnson
　　* Elizabeth Ⅱ は Elizabeth the Second と読む。

注 1. 「~先生」:
teacher は姓名の前につけず, Miss Brown, our teacher や our teacher, Miss Brown などとするのがふつう。

注 2. 外国の称号と冠詞:
英語国民からみて外国の称号や,特に改まったときなどは定冠詞がつく。
the Emperor Napoleon (ナポレオン皇帝)

注 3. 〈普通名詞+固有名詞〉と冠詞:
普通名詞が固有名詞の前につくときは原則として冠詞をつける。the *poet* Shelley (詩人のシェリー), the *critic* Ruskin (批評家のラスキン) など。ただし,新聞などでは無冠詞の場合も多い。

❷ 人名の後に同格名詞としてつく場合
Elizabeth Ⅱ, **Queen** of England (英国女王エリザベス2世)
Dr. Cook, **Professor** of Musicology at Edinburgh University
(エディンバラ大学音楽学教授クック博士)
　　* 「~大学教授」などの場合,専門分野には **of**, 大学名には **at** がふつう。
　　* 1人だけではなく,ほかにも同様の人がいるという感じが強い場合は不定冠詞がつく。
　　　Miss Smith, **a** teacher of English

❸ 補語として用いられる場合
一般に唯一の,あるいは特殊の目立った職務や地位を表す名詞にはふつう冠詞をつけない。ただし,**the** をつけることもある。
They elected George **captain** of the club.
(彼らはジョージをクラブのキャプテンに選んだ)
He was **director** of the Institute of International Affairs.
(彼は国際問題研究所の所長だった)
Mr. Smith is **principal** of our school.
(スミス先生は我々の学校の校長だ)
　　* the principal と定冠詞をつけると「ただ1人が占める職務」の感じが強いが,無冠詞の場合と実用上の差異はない。また,単に「(どこにでもいる)校長(の1人)だ」の意味の場合は, He is **a** principal. のように不定冠詞がつく。

> [参考] **turn ~ と冠詞:**
> **turn**（～になる）の次にくる補語の名詞が，職業や政治・宗教関係の語の場合は無冠詞。**turn into** の後の単数普通名詞には（不定）冠詞がつく。
> The general <u>turned</u> *dictator*. (その軍司令官は独裁者になった)
> At midnight the coach <u>turned into</u> a *pumpkin*.
> （真夜中に馬車はカボチャに変わった）

❹ 資格を表す as の次に用いられる場合

「～として」「～の資格で」という意味の as の次に，唯一の役職などを表す語がくる場合はふつう無冠詞。ただし冠詞をつけることもある。

　　Who will act *as* **principal**? (だれが校長代理をするのか)

　　As **publisher**, I have the final say as to how many copies are printed.

　　（私は発行者として最終的に本を何部印刷するか決める権利がある）

(4) 建造物や場所を表す名詞

❶ 本来の目的・機能を表す場合

この場合は，その名詞は抽象的な意味を表して無冠詞になるが，**慣用句**として用いられる場合が多い。

　　I go to **bed** at ten. (私は10時に寝る)

　　You have to go to **college** for four years.

　　（大学には4年間行かねばならない）

　　They go to **church** regularly.

　　（彼らはきちんと教会[礼拝]に通っている）

　　＊ イスラム教徒は go to mosque というが，英米人は the をつける。

　　She has been in **hospital** for three weeks. 《英》

　　（彼女は3週間入院している）

　　＊ 《米》では in **the** hospital ということが多い。
　　＊ これらの名詞が建造物そのものを表す場合は冠詞がつく。
　　　　Please don't sit on **the** *bed*. (ベッドに腰かけないでください)
　　　　We walked as far as **the** *college*. (我々は大学まで歩いた)

◈ go to bed 型の慣用句

```
after school （放課後）              appear in court (出廷する)
be at school (学校にいる)
be at sea (乗船している，水夫である)
be at table (食事中である)           be at tea (お茶を飲んでいる)
be in bed (寝ている)                be in class (授業中である)
send to prison (刑務所に送る)
```

　　＊ go to (the) market も市場へ売買に行くときには無冠詞が多い。

❷ 注意すべき場所・建物を表す名詞

(a) **town** は話者が住んでいるなど,何らかの関係をもつ付近の主要都市を表す場合は無冠詞のことが多い。

I went to *town* yesterday.
（私は昨日町へ行った）
 * We arrived at *a* town toward evening.
   （我々は夕方近くある町に着いた）

注 town と冠詞:
「私は町に住みたい」を英訳して I want to live in (**a**) town. とする場合,a の有無はどちらでもほとんど意味は同じになる。特定の町であれば in **the** town となる。

(b) **home** は「自分の家・故郷」をさす場合ふつうは無冠詞。

He left *home* at seven.（彼は7時に家を出た）
 * That is **a** *home* for elderly people.（あれは老人ホームだ）

(c) **university** は《英》では **go to** *university* と無冠詞にするのがふつう。《米》では the をつけることもあるが,「大学に行く」などというときは,**go to** *college* を用いるほうがふつう。ある大学の意味が強ければ,冠詞の **a** をつける。**go to** *college* は《英》でも用いる。

(d) **platform**（プラットホーム）や **room**（〔ホテルなどの〕部屋）に番号を示す数字がついているときには the はつけない。

The train departs from *Platform Six*.（列車は6番線から出ます）
I am in *Room 308*.（私は308号室にいます）
 * room 308 を「308号室の人」の意で集合的に複数に扱うこともある。

[参考] **固有名詞に近い建物と冠詞**:
牧師にとって自分の教会,先生にとって自分の学校は固有名詞に近いので,本来の目的で使われない場合にも My wife is at *church* now. のように無冠詞で用いることが多い。

Q&A 33 本来の目的で行くなら go to the bank も無冠詞になるのか？

the か a は必要である。たとえば to [at / in / from] church などで冠詞を省くのは,church ならそこで行われる「礼拝」という**習慣的行為**に重点を置いて考えるからで,このような表現は一種の慣用句になっているものに限られる。go to *the* bank [shop, store, mall, movies《米》/ cinema《英》] などというふつうの場所の場合は,それらの銀行や店,映画館など個々の名前そのものに関心がないときには,一般的な意味で**総称の the** がつくし,話し手がその場所になじみがなければ go to *a* bank のように不定冠詞の a がつくことになる。

(5) 〈by＋交通・通信の手段を表す名詞〉

交通・通信の手段を〈by＋名詞〉などの形で表すときには，その名詞は抽象名詞に近い性格を帯びるので無冠詞になるが，一種の**慣用句**である。頻出するものとして次のようなものがある。

◉ by bus 型の慣用句

by air （飛行機で）	by bicycle（自転車で）
by boat [ship]（船で）	by bus [car]（バス[自動車]で）
by e(-)mail（電子メールで）	by fax（ファックスで）
by letter（手紙で）	by mail（郵便で）《米》
by p-mail [physical mail]	by post（郵便で）《英》
（[email に対して]通常の郵便で）	by snail mail（通常の郵便で〔p-mail
by surface mail	よりくだけた言い方〕）
（[航空便に対して]普通便で）	by sea（海路で）
by telephone（電話で）	by train（電車で）
by tube（地下鉄で）《英》	by subway（地下鉄で）《米》
by wire（電報で）	

* on を用いるものもある；on foot（徒歩で），on horseback（馬で）

注 1. 乗り物に冠詞がつく場合：
　　by 以外の前置詞を用いるとふつう冠詞を伴う。
　　He went *on* **a** *bicycle*.（彼は自転車に乗っていった）
2. by に続く場合でも，修飾語がつくと冠詞を伴う。
　　He went *by* **the** *7:30* train.（彼は7時30分の列車で行った）

(6) 食事・科目・スポーツなどを表す名詞

They went out for **dinner**.（彼らは外へ食事に出かけた）
I like **history** very much.（私は歴史が大好きだ）
She is a good player of **tennis**.（彼女はテニスが上手だ）

注 食事名に冠詞がつく場合：
食事の名に修飾語がついたり，特定の食事を表す場合は冠詞を伴う。
I only want **a** *small supper*.（夕食はほんの少しでいい）
We gave **a** *dinner* for him.（我々は彼のために夕食会を開いた）

〔参考〕 **history** と冠詞：
history は科目名としては冠詞がつかないが，「～の歴史」の意味では the history of ～ となる。また，「歴史書」の意味でもふつうは冠詞がつく。
I wrote **a** *history* of this town.（私はこの町の歴史を書いた）

(7) 動物名など

生きた1個の動物（卵なども含む）でなくその**肉や毛皮**などをさすときは物質名詞と意識されるため無冠詞。

Mink is often used for making ladies' coats.

(ミンクの毛皮は婦人用コートを作るのによく使われる)

You have **egg** all over your face.
(顔じゅうに〔ゆで〕卵がついていますよ)

(8) 2つの名詞が対句をなしている場合

大きく3つのタイプに分けられる。各類例については ⇒ p.815

❶ 〈名詞＋and＋名詞〉

He gave **body and soul** to the work.
(彼はその仕事に心身を棒げた)

They are **husband and wife**. (彼らは夫婦だ)

❷ 〈名詞＋前置詞＋名詞〉

He is walking **side by side** with her.
(彼は彼女と並んで歩いている)

Hygiene and health go **hand in hand**. (清潔と健康は相伴う)

> **参考** 主語と目的語が同じ場合の無冠詞:
> 〈主語＋動詞＋目的語〉の形で主語と目的語が同じ名詞のときにも冠詞を省略することがある。
> *Day* succeeded *day* in quiet routine employment.
> (静かな決まりきった仕事のうちに日は日に続いた)

❸ 〈from＋名詞＋to＋名詞〉

She knows that subject **from beginning to end**.
(彼女はそのことについて始めから終わりまで知っている)

He lives **from hand to mouth**. (彼はその日暮らしをしている)

　＊ from morning till night (朝から晩まで) のように from ～ till ... の形になるものもある。

(9) 〈名詞＋though [as]＋S＋V〉などの構文 ⇒ p.623

Coward *though* [*as*] *he was*, he took on the task.
(憶病者ではあったが, 彼はその任を引き受けた)
(＝Though he was a coward, ...)

> **注** ever と無冠詞:
> 強意を表す ever [never] を用いた構文にも見られる。
> Was **ever** *master* so angry as I am?
> (今の私ほど怒った主人はかつてあっただろうか)

⑩ kind of, sort of, manner of, type of の次にくる名詞

これらの後にくる名詞には, ふつう a [an] をつけない。

That's just the *sort of* **thing** I want.
(それこそ私の欲しい種類のものだ)

This is a new *type of* **dictionary**. (これは新しいタイプの辞書だ)

What *kind of* **car** is it?（それはどんな車かね）
> * この文は文字どおり車種，つまりメーカーなどを尋ねることが多い。なお，くだけた言い方で，what [this, that などや形容詞] kind [sort] of の後の名詞に a [an] をつけることもあるが，たとえば，What *kind of a* **car** is it? と言うと，「それはどの程度の車かね」という感じで，いい車かどうかを尋ねることが多い。

「3種類の車」は車も当然3つ以上あるから **three** kind**s** of **cars** でよいが，「車(一般)というもの」の気持ちで car を無冠詞にして *three* kind**s** of **car** とすることもある。

> **注** this / these kind of ~:
> 　「この種類の車」は，1種類なら台数に関係なく〈**this** kind of *car*〉でよい。2台以上あるときはくだけた話し言葉では，*these* kind of *cars* とも言うが，正用と認めない人もいる。堅い書き言葉では〈cars *of this kind*〉とすればよい。2種類以上なら〈these *kind*s of cars〉となる。

> **参考**　〈a kind of ~〉と〈~ of a kind〉:
> **a kind of ~** は「~のようなもの」の意味になることが多く，さらに口語では kind of (sort of) が副詞的に用いられて「いくぶん~，ある程度~」の意味になる。**~ of a kind** は「同じ種類の~」または軽蔑的に「名ばかりの」の意味を表す。
> I had **a kind of** *feeling* that the lot would come to me.
> 　（私はなんとなくそのくじが当たりそうな気がした）
> She looked **kind of** *tired*.　　　　　　　　　　　　《口語調》
> 　（彼女はいくぶん疲れているようだった）
> She gave us *coffee* **of a kind**.
> 　（彼女は名ばかりのまずいコーヒーを出した）

(11) **形容詞的に用いられた名詞**

He was not **fool** enough to think the job would be easy.
（彼はその仕事が楽だろうと思うほど愚かではなかった）
(= He was not *foolish* enough to think ...)
He is more **teacher** than **scholar**.（彼は学者というより教師だ）
He is **master** of the French language.
（彼はフランス語に精通している）

3 冠詞の省略

(1) **頭部省略**

口語で文頭の冠詞（または冠詞を含む語句）が省略されることがある。
"What time is it?" "(*A*) **Quarter** to eight."
　（「何時ですか」「8時15分前です」）

(*The*) **Fact** is he knew it.（実は彼はそれを知っていたのだ）
(It is *a*) **Pleasure** to meet you.（お会いできてうれしいです）

(2) **習慣的な冠詞の省略**: 新聞の見出し・広告・掲示など。
(*A*) **Plane Crash** in Japan（日本で飛行機墜落事故）
(*A*) **Housemaid** Wanted（お手伝いさん求む）
(*The*) **Way** Out（出口）

4 無冠詞の名詞を含む慣用句

大きく3つのグループに分けて代表的な例を示しておく。類例については（→ p.816）

❶ 〈他動詞＋名詞〉

I **caught sight** *of* my own face in the shop window.
（私はショーウィンドウに映っている自分の顔を見つけた）
Everything **takes place** according to the laws of nature.
（すべてのことは自然の法則にしたがって起こる）

❷ 〈前置詞＋名詞〉

Without food the dog will starve **to death**.
（食べ物がないとその犬は飢え死にしてしまう）
The construction of the new school building is **under way**.
（新校舎の建築が進行中である）

> **注** 〈前置詞＋名詞的に用いられた形容詞〉の形の慣用句:
> *In short*, my answer is "No!"（要するに私の答えは「ノー」だ）
> My wife has been rather tired *of late*.（妻は最近かなり疲れている）

❸ 〈前置詞＋名詞＋前置詞〉

She hid in her room **for fear of** being scolded.
（彼女はしかられるのを恐れて自分の部屋に隠れた）
He could not come **on account of** illness.
（彼は病気のために来られなかった）

Q&A 34　a part of ～ と part of ～ の違いは？

事実上同じでリズムの違い程度。ふつうは無冠詞の形が多い。
Part of this story is true.（この話は一部は本当だ）
Part of the people are immigrants.（その人々の一部は移民だ）
This piece of glass seems to be (*a*) *part* of a lamp.
（このガラスのかけらはランプの一部らしい）
a がつくのは最新の実例では5％に満たない。

第4章 代　名　詞
PRONOUNS

　　代名詞は主として名詞の繰り返しを避けるために，その代わりとして用いられる語で，ときにはそれがさす名詞がないこともある。

〔第1節〕代名詞の種類と用法

§82　代名詞の種類

代名詞には次の5種類がある。

(1) **人称代名詞**（→ §84〜§92）

話し手〔1人称〕，相手〔2人称〕，話題のなかの人・物・事〔3人称〕を表す代名詞：

I, you, he, she, it, we, they

所有代名詞，**再帰代名詞**にも人称があり，人称代名詞に含まれる。

mine, yours, his, hers, ours, theirs;

myself, yourself, himself, herself, itself, ourselves, themselves など

(2) **指示代名詞**（→ §93〜§97）

「これ」「あれ」などとはっきりさし示す代名詞：this, that など

(3) **不定代名詞**（→ §98〜§108）

不特定の人・物・事を表す代名詞：one, some, all, none など

(4) **疑問代名詞**（→ §109）

疑問を表す代名詞：who, what, which など

(5) **関係代名詞**（→ §298〜§309）

接続詞の機能を兼ね，先行詞とこれを修飾する節を結ぶ代名詞：

who, which, that など

> **注**　代名詞の修飾：
> 「名詞の代わりをする仕方」は代名詞の種類や語によってさまざまで，冠詞や修飾語をつけられないものが多い。
> 〔誤〕　a long *it*〔人称代名詞〕
> 〔正〕　a long **one**〔不定代名詞〕

§83 代名詞の一般的な用法と位置

1 代名詞の一般的な用法

(1) 名詞で表された人・物・事をさす

There is *a girl* in the garden. **She** is a friend of mine.
(庭に少女がいる。彼女は私の友人だ)

This is *the new teacher* **who** came here yesterday.
(こちらが昨日ここにおいでになった新しい先生です)

(2) 周囲の事情や文脈から推察できる名詞の表すものをさす

What languages do **they** speak in Switzerland?
(スイスでは何語を話しますか)

How much is **it** altogether? (全部でおいくら?)

(3) 文またはその一部の内容をさす

I tried to persuade him, **which** I found impossible.
(私は彼を説得しようとしたが、それは不可能だと知った)

The important thing is **this**: *you should do it yourself.*
(このことが大切なのだ、つまり、自分でやるということが)

2 代名詞の一般的な位置

代名詞は、それがさす名詞または名詞相当語句より後に置かれることが多いが、それより前に置かれることもある。

He took *the book* and gave **it** to me.
(彼はその本を取って私に渡した)

She is very kind, *Aunt Mary*.
(とても親切ですよ、メアリーおばさんは)

What he always says is **this**: *human beings are selfish by nature.*
(彼がいつも言うのはこのことだ、すなわち、人間は本来自分本位だというのだ)

While **he** was walking along the street, *Tom* saw a strange thing.
(道を歩いているとき、トムは奇妙なものを見た)

　　＊ 主節に名詞、従節にそれを受ける代名詞を使うということから、従節が主節に先行する場合には、代名詞が先に出ることがある。

It is obvious *that she has broken her promise.*
(彼女が約束を破ったことは明らかだ)

　　＊ 形式主語や形式目的語の it も、名詞相当語句より先に置かれる。

第2節 人称代名詞

§84 人称と格

人称代名詞 (**Personal Pronouns**) は人称・格・数によって変化する。人称 (Person) には，1人称（話し手），2人称（相手），3人称（第三者）がある。また，格には**主格・所有格・目的格**があり，数には**単数**と**複数**がある。

人称＼数＼格	単数			複数		
	主格	所有格	目的格	主格	所有格	目的格
1人称	I	my	me	we	our	us
2人称	you	your	you	you	your	you
3人称 男性	he	his	him	they	their	them
3人称 女性	she	her	her			
3人称 中性	it	its	it			

* 所有格は辞書などでは一般形として one's の形で表される。

参考 thou:
2人称の古い形に，thou [ðau] (=主格 you), thy [ðai] (=所有格 your), thee [ði:] (=目的格 you), ye [ji:] (=複数主格 you) などの形があるが，現在では正式には祈りや説教の言葉に引用されるほかは，ふつうには用いられない。なお，thou に伴う動詞の語尾には -st, -est がつき，are, have はそれぞれ art, hast; will, shall は wilt, shalt となる。
  When *thou* prayest, *thou* shalt not be as the hypocrites are.
  （汝祈るとき，偽善者のごとくあらざれ）
  Ye are the salt of the earth. （汝らは地の塩なり）
* ときに Thou shalt not 〜. の形でふざけて用いることもある。
  Thou shalt not sit and watch television all evening.
  （一晩じゅう座ってテレビを見るなかれ）

§85 人称代名詞の一般用法

Ⅰ 人称の区別

(1) **1人称**

話し手または話し手を含む人の集団をさしていう。

  I lost **my** way in the woods. （私は森のなかで道に迷った）

Are **we** late?（遅刻かな？）
* we は相手を含まない場合もある。
  We envy you.（君がうらやましいよ）

(2) 2人称

相手または相手を含み，話し手を含まない人の集団をさしている。

You have a nice bag. Will **you** lend it to me, please?
（あなたは良いカバンをお持ちだ。貸してくれませんか）

Did **you** all take the examination?
（君たち全員がその試験を受けたのかい）
* you の複数形を明確にするために yous / youse《英方言》や，you-all / y'all《米南部》などがあるが，一般的には使われていない。

(3) 3人称

話し手と相手以外の第三者をさしている。

She did **her** best to convince me that she was right.
（彼女は自分が正しいことを私に納得させようと懸命につとめた）

He always has **his** own way.（彼はいつも思いどおりにする）

There is a rosebush near the fences and **it** is very beautiful.
（柵(さく)のそばにバラの木があり，それはとても美しい）

I bought five peaches yesterday. **They** were fairly cheap.
（私は昨日桃を5個買ったが，それはかなり安かった）

Q&A 35 2つ以上の人称を代名詞で表す場合，どの人称で表すか？

一般に1人称＞2人称＞3人称という優先順位になる。つまり，1人称が含まれれば we，2人称と3人称をまとめると you になる。

We have a lot to do from now on, *you and I*.
（我々，つまり君と私はこれからすることがたくさんある）

You and John can stay in **your** room.
（君とジョンは自分の部屋にいてもよい）

You, Mary, and I have already finished. **We** can go out now.
（君とメアリーと私はもう仕事が終わった。もう出かけられるぞ）

---

2 格

(1) 主 格

❶ 原則として，主語・主格補語などに用いられる。 （→ p.115）

We are often blind to our own faults.　　　　　〔主語〕
（我々は自分の欠点に気がつかないことが多い）

It was **she** who came.（やって来たのは彼女だった）　〔主格補語〕

❷ 主格に代わって用いられる目的格

口語的な表現では，省略文の**主語**や，特に It is ... 形式の**主格補語**などに目的格が用いられることがある。

"Who's there?" "(It's) **me**."（「そこにいるのはだれ?」「私だ」）【応答】
  * 本来は主格だが，単に Me. の代わりに I. を用いることはしない。It's I. というのは形式ばった言い方。

It was **him** that did it.（それをやったのは彼だ）

He is more generous than **her**.（彼は彼女より寛大だ）
  * 主語だから，本来は she だが，特に口語調では目的格が好まれる。He is more generous than **she** (is). も正しい表現だが，is を省略すると形式ばった感じが強くなるので，ふつうは is を省略しないほうがよい。

(2) 所有格

後に名詞を伴う。（特別用法については ➡ p.178）

His gloves are of high quality.（彼の手袋は上等のものだ）

(3) 目的格

動詞・前置詞の目的語や，目的語と同格の語に用いられる。

The letter made **him** happy.　　　　　　　　　〔動詞の目的語〕
（その手紙で彼は楽しくなった）

I love **you** more than **her**.　　　　　　　　　〔同上〕
（私は彼女よりも君のほうをもっと愛している）
  * この文を I love **you** more than **she**. とすると，「彼女が君を愛しているのよりも，私のほうがもっと君を愛している」となる。（➡ p.360）

There's no one but **me** in this room.（この部屋には私しかいない）
　　　　　　　　　　　　　　　　　　　　　　　〔前置詞の目的語〕

He asked **us**—that is to say, John and **me**—to come to the party.　　　　　　　　　　　　　　　　　　〔目的語と同格の語〕
（彼は我々，つまりジョンと私にパーティーに来るようにと言った）
  * me は目的語である us と同格の語の1つだから目的格になる。

〔参考〕**目的格に代わる主格:**
強調構文で，たとえば It is **him** that I saw in the park. となるべきところを，It is **he** that I saw in the park. とすることもあるが，これは形式ばった言い方。
また，〈~ and I〉という形をていねいな決まった表現と考えて，たとえば He says he saw Jane and **I** yesterday. のように saw の目的語であるにもかかわらず主格の I を用いることもある。between you and *me*（ここだけの話だが）を between you and *I* と間違って言うのも同じ考えからとされるが，この場合は *me* が正用。

3 it と they の一般用法

(1) **it**

❶ 前に出た特定のものを表し,〈the＋単数形〉に相当する。

"May I please have *the sugar bowl*?" "Here, take **it**."
(「砂糖入れを取ってくれませんか」「さあ, どうぞ」) 【応答】

"What is *this*?" "**It** is a book."(「これは何ですか」「本です」)

　＊ 「あなたが指しているもの」を一般的な概念として頭の中で考え,「それは本というものです」と答えるから, *It* is a book. になる。It is を省略して, A book. だけでもよい。もし聞かれたその本が近くにあって, こちらも直接それをさして答えるなら, *This* is a book. になるし, その本が遠くにあれば, *That* is a book. と答えてもよい。

> **注** **it と one**:
> 不特定の単数普通名詞〈a＋単数普通名詞〉を表すのは, 一般に不定代名詞 one である。(→ p.208)
> "Do you have *a pen*?" "Yes, I have *one* (=a pen)."
> (「ペンを持っていますか」「ええ, あります」)

❷ 〈a＋単数形〉が総称を表して主語になるときは it を用いる。

"What is *a panda* like?" "**It** (=*A* panda) is like a bear, but **it** eats bamboo." (→ p.146) 総称単数

(「パンダってどんなものですか」「熊みたいですが, 竹を食べます」)

　＊ **不特定の単数名詞**を one で受ける次の文と比較。(→ p.208)
　　 I have never seen *one* (=a panda); so I cannot tell what *it* (=a panda) is like. (見たことがないのでどんなものか知りません)

❸ 不可算名詞を受ける。

I bought some *cheese*. **It** (=*The* cheese) was very good.
(私はチーズを買った。とてもおいしかった)

Water is very useful. We use **it** (=water) to generate electricity.
(水はとても役に立つ。電気を起こすのに使う)

> **注** 不可算名詞の一部をさす代名詞:
> 不可算名詞の一部をさす場合は some [any] を用いる。
> "Do you have any *money* on you?" "Yes, I have *some*."
> (「お金の持ち合わせある?」「ええ, いくらか」)

❹ 前に出た句や節, 文の内容をさす。

I'd like *to go on a trip to Europe*, but I cannot afford **it** (=to go on a trip to Europe). (ヨーロッパ旅行に行きたいが, 余裕がない)

Railroad service was suspended. They told me **it** was because of a landslide. 〔it は前文の内容〕

(鉄道は不通になっていた。それは崖くずれのためということだった)

§85 人称代名詞の一般用法

> **注** | **it と so**:
> 前文の内容を受けて「そう思います」というようなときは I think *it*. とはいわず，I think *so*. という。(→ p.204)

❺ **人をさす。**

it はふつうは，中性のものや動物を表すが，人でも **baby** や **child** などを受けることがある。ただし，話し手がよく知っていて親しみを感じている場合は，これらの名詞も he, she で受ける。また，**姿が見えない性別の不明な人**や，**行為者**をさすことがある。

The child lost **its** way. (その子は道に迷った)
"Who is **it**?" "It's me. John." (「どなた」「ぼくだ。ジョンだよ」)
The bell rang at the door. **It** was Mr. Smith.
(玄関で呼び鈴が鳴った。それはスミス氏だった)

> **注** | 補語をさす it:
> it が補語として用いられた名詞や形容詞をさす場合がある。
> She was *a doctor*, and she looked **it** (=a doctor).
> (彼女は医師で，またそう見えた)
> She was *happy*, and she looked **it** (=happy).
> (彼女は幸せで，また，そう見えた)

(2) **they**

特定の人・動物・物を表す。〈the＋複数名詞〉に相当する。

"Have you ever seen these pictures?" "Yes, I saw **them** (=*the pictures*) some days ago."
(「この写真を見たことがあるか」「うん，何日か前に見た」)

> **注** | 不特定の複数をさす代名詞:
> 不特定の複数のものを表すには，「いくつか」の意味が含まれる場合は **some**〔**any**〕を，含まれない場合は **they** を用いる。(→ p.208)
> "Do you have any French books?" "Yes, I have *some*."
> (「フランス語の本を持っているかい」「うん，持っている」)
> "Have you ever seen koalas?" "Yes, I have seen *them*."
> (「コアラを見たことがありますか」「はい，見たことがあります」)

> **参考** **小説やニュースにおける冒頭の代名詞**:
> 小説やニュースなどで，冒頭にいきなり he, she, it, they などの形が登場することがある。これはニュースの場合には，読者の好奇心をそそる効果があり，小説では，初めて出てきた登場人物や事物が，あたかも読者がすでに承知しているものであるかのように提示されて，読者を速やかにその小説の世界に引きずり込む効果があるからだと説明されている。
> **It** was the first dead body **he** had ever seen.〔ある小説の冒頭〕
> (それが彼の見た最初の死体だった)　　　　　　　　　　　　　　〔*LGSWE*〕

§86 人称代名詞の語順

人称代名詞を2つ以上並べて用いる場合は，2人称(you)を最初に，1人称（特にI）は最後にするのが礼儀上よい言葉遣いとされる。3人称代名詞（または名詞）は you の後，I の前に入るのがふつう。

You *and* **I** had better start at once.
（君と私はすぐ出発したほうがいい）

Your mother *and* **I** want to speak to you.
（お母さんと私からお前に話があるのだ）

You *and* **she** will have to do the work all by yourselves.
（君と彼女は自分たちだけでその仕事をしなくてはならないだろう）

> [参考] I を先にして言う場合：
> 何か悪いことを言う場合は，I を先に言うほうがよいとされる。
> **I** *and Bob* were arrested for speeding.
> （僕とボブはスピード違反でつかまった）
> また，自分のほうが身分的に上であることがはっきりしているときは，I and my children, I and my dog のように言う。ヴィクトリア女王は I and my husband と言っていたといわれる。

§87 人称代名詞の所有格の用法

1 人称代名詞の所有格の意味

人称代名詞の所有格は名詞の場合と同様，所有関係のほかに，主格の関係，目的格の関係などを表す。(→ p.120)

That's not **my** knife ―― it's **his** knife.　〔所有関係〕
（それは私のナイフではない，彼のナイフだ）

It was a predicament of **his** own making.　〔主格の関係〕
（それは彼みずからが招いた苦境であった）

　＊ of one's own ～ing は，「自分で～した」の意味であるが，文語的な表現で，上例のように，抽象的な（良くない）ことに使うことが多い。

His father is willing to pay for **his** education.　〔目的格の関係〕
（彼の父は彼の教育のためには進んで金を払う）

このため，所有格の表す意味がいろいろにとれる場合もある。

I showed him **my** photograph.（私は彼に私の写真を見せた）

この文の my photograph は，① 私が持っている写真 ② 私が撮った写真 ③ 私が写っている写真の3つに解釈される可能性がある。

> [参考] 〈**of**＋人称代名詞〉:
> この形は, of it 以外のふつう「所有」以外の多少特殊な場合に限られ, 所有格と意味が異なる場合もある。
> I can't *for the life* **of me** remember his name.
> (私は, どうしても彼の名前が思い出せない)
> I'll have to fight *for* **my** *life*.
> (私は命がけで戦わねばならないだろう)

Q&A 36 its と of it は同じか？

it はふつう無生物をさすので, 名詞の場合 (→ p.118) と同じように, its と of it のどちらも使える場合がある。たとえば, Tom is wearing a coat today. Its (＝The coat's) color is dark blue. (トムは今日はコートを着ている。その色はダークブルーだ) のような場合は, Its color の代わりに The color **of it** としてもよい。しかし, at the sight of it (それを見ると) など決まった言いまわしの場合には, its は用いられない。
On the face of it, his statement seems correct.
(一見したところでは, 彼の言っていることは正確なようだ)

2 所有格と own

(1) 〈所有格＋own(＋名詞)〉

所有格に own (～自身の) をつけて意味を強めることができる。own の後には名詞をつけない場合もある。

She cooks **her** *own* meal. (彼女は自分で自分の食事を作る)

* この文で own を取り去って, She cooks *her* meal. とすると, 主語の She と her とは, 同一人物なのか別人なのかがはっきりしないが, own を用いると同一人物であることが明確になる。

This car is **my** *own*. (この車は私自身のものだ)

注 own の強調:
own に very をつけて強めることがある。
This car is *my very own*.
(この車は私自身のもので他人のものではない)

(2) 〈名詞＋of＋所有格＋own〉

名詞の後に of one's (very) own をつけることもできる。

I want a car *of* **my** (*very*) *own*. (私は自分の自動車が欲しい)

注 of one's own を使う場合:
一般に次のような場合は, one's own ～ ではなく, ～ of one's own とする。
(1) 主語(名詞)に不定冠詞 a があるか, 主語が不定の意味の複数の場合。
He gave it to *a* friend *of* **his** *own*.

(彼はそれを彼自身の友人に与えた)
(2) 主要語が数詞・指示代名詞・不定代名詞によって限定されている場合
He has *no* house *of his* own. (彼には自分の家がない)

§88 総称人称

we, you, they が,特定の人でなく,世間一般の人を表す場合がある。これを**総称人称** (Generic Person) と呼ぶ。不定代名詞 one も一般の人を表すが ［→ p.210］, one はこれらより文語的な堅い調子の文に用いられる。

(1) **we**

話し手(自分)を含む人一般を表す。

We know that the earth goes around the sun.
(地球が太陽のまわりをまわっていることはわかっている)

We have had lots of rain this year. (今年は雨が多かった)

注 We ~ と It ~ の書き換え:
> we が一般の人を表す場合は,「我々は」などと訳さないほうが自然である。また,このような文は,非人称的な it を用いた文で同じ内容を表すことができる。
> **It** is known (= *We* know) that the earth goes around the sun.
> **It** has rained a lot (= *We* have had lots of rain) this year.

(2) **you**

話し相手を含む人一般を表し, we よりさらに口語的。

You never can tell what will happen.
(何が起きるかわかったものではない)

* You can *never* … でもよいが,強調のため You *never* can tell. (まったくわからない) のように成句化した表現。

You should be careful with a knife.
(ナイフには注意しなくては)

参考 you の特別用法:
(1) you は相手を含まないで,話し手のことだけを述べる場合に用いられることがある。
It wasn't a bad life. **You** got up at seven, had breakfast, went for a walk …
(それはなかなかすてきな生活だったよ。7時に起きて,朝食をとって,散歩に行って…)
(2) your が「例の」という悪い意味で用いられることがある。
That's what *your* physicians want to say to you.
(それは例の医者どもが言いたがることさ)

(3) **they**

話し手と話し相手を含まない人一般を表す。

They say that she will marry.

（彼女は結婚するといううわさだ）

they がある場所，ある地域の人を漠然ということがある。

They sell rice at that store.（あの店では米を売っている）

　　＊　この they はその店の人をさす。*That store* sells rice. ともいえる。

We have too much work to do on this committee.

（この委員会は仕事が多すぎる）　　　　　〔委員同士の会話〕

You have too much work to do on that committee.

〔第三者が委員に向かって指摘する場合〕

They have too much work to do on that committee.

The people on that committee have too much work to do.

〔第三者同士の会話〕

注 | 1. 総称の it と they：

it は無冠詞の**不可算名詞**を受けて総称的に用いられる。また they は人を表さない無冠詞の**総称的な複数名詞**を受けて用いられる。

"Do you like *caviar*?" "I've never tasted **it**."

（「キャビアは好きですか」「食べたことがありません」）

　　＊　caviar は不可算名詞だから one で受けることができない。
　　　➡ p. 176

Truffles are delicious, but **they** are too expensive for us.

（トリュフはおいしいが，我々には値段が高すぎる）➡ p. 177

注 | 2. 一般の人を表す he と she：

he [she] who ... の形も一般の人を表すが，これは古めかしい表現で，ことわざなどに限って用いられる。現代英語では anybody who ... がふつう。また複数の場合は those who ... が用いられる。➡ p. 200

He *who* makes no mistakes makes nothing.　　《ことわざ》

（失敗せぬ者には何もできぬ＝過ちや失敗を恐れるな）

§89　We の特別用法

(1) **著者・編集者の we** (Editorial 'we')

改まった口調の本で，著者や編集者が１人のときでも用いるもので，謙譲を表す。I を用いると独善的な響きがあるので，それを避ける効果がある。ただし，最近では I を使う人も多い。なお，著者が I の代わりに the (present) writer（筆者）を用いるのも同様な気持ちからである。

As **we** noted above, this medicine has some side effects.

（上述のとおり，この薬には副作用がある）

(2) 親心の we

くだけた言い方で,たとえば,母親が子に,医師や看護師が患者に,教師が生徒に対して用いるもので,相手に対する親しみや同情を表そうとするものである。

Are we feeling better today? (今日は気分はよくなりましたか)

(3) he, she の代わりに用いられる we

we が he, she の代わりに用いられることがある。話し手と関係の深い場合に多い。たとえば,社長秘書の1人が別の秘書に向かって,

We have quite a lot of people to meet today.
　(今日は会う人がとても多いですね)

という場合, we は社長のことをさしていっている。

> **参考** 国王の we:
> 国王などが自分のことをいうのに we (予) を用い,これは「国王の we」と呼ばれたが,現在では事実上この使い方はなくなったといってよい。なお,この場合の再帰代名詞は ourselves でなく, ourself という特殊な形になる。

(4) 話し手または著者の船・乗り物をさす we

話し手が同乗者を含めて「我々は」というので,「我々の船は」などというのと事実上同じになる場合である。

We were sailing off Guam. (船はグアムの沖合いを航海していた)
　＊　会社や店などの場合も同じで,「わが社」「当店」という感じになる。

§90 It の特別用法

1 非人称の it (Impersonal 'it')

英語の文は主語が必要なので,明確な意味はないが,文としての形式を整えるために用いられるもの。時間・距離・天候・温度・明暗・季節などを述べる文の主語になる。日本語に直すときには,こうした it は訳さないのがふつうである。

(1) 時　間

"What time is it?" "It is three." (「何時ですか」「3時です」)

It is three years since my sister got married.
　(妹が結婚してから3年になる)

It will not be long before our school building is rebuilt.
　(間もなく私たちの校舎は改築されます)

(2) <u>距　離</u>

How far is **it** to your school?（学校までどれくらいありますか）

It is three miles from here.（ここから 3 マイルです）

It is about ten minutes' walk to the station.
（駅へは歩いて約 10 分です）

(3) <u>天候・寒暖</u>

It looks like rain [snow].
（雨［雪］になりそうだ）

It gets hot and humid in summer here.
（当地では夏は蒸し暑くなる）

It was very cold and windy that morning.
（その朝はたいへん寒く風が強かった）

(4) <u>明暗・季節</u>

It gets dark early at this time of the year.
（1 年のいまごろは暗くなるのが早い）

It is mid-autumn now.（いまは，秋たけなわです）

> **注** | **It takes ...**:
> 次のような it は，非人称の it とも形式主語の it とも考えられる。
> **It** takes five hours to walk there.
> （そこへ歩いて行くのに 5 時間かかる）
> **It** took me three days to finish the paper.
> （僕がそのレポートを仕上げるのに 3 日かかった）

2 It seems that ... などの構文

以下の構文の it の用法についてはいろいろな見方があるが，いずれにせよ that 節が全体の叙述の中心で，it は形式を整える働きをしている。(→ p. 47)

便宜的に動詞の意味によって次の 3 つのグループに分けておく。

(1) **seem / appear**（～らしい，～のようにみえる）

It *seems* that he knows the secret.
（彼は秘密を知っているらしい）
　＊ He *seems to* know the secret. のほうがくだけた言い方。

It *appears* to me that Tom has lost his temper.
（トムがかんしゃくを起こしているように私には見える）

(2) **happen / chance**（偶然～する）

It *happened* that he was out when I dropped in.
（私が寄ったときは，彼はたまたま外出中だった）

> It *chanced* that I met him at the airport.
> (私は偶然空港で彼に会った)
>> * やや古い堅い言い方。

(3) **occur** / **strike** / **flash**（頭にひらめく，浮かぶ），**dawn**（しだいにわかってくる），**transpire**（秘密などが漏れる）など。

> It didn't *occur* to me that they were twins.
> (彼らが双生児だという考えは私には浮かばなかった)

> It suddenly *struck* me that he would have the last word again.
> (突然，彼がまたしても最後の決定を下すのだという気がした)

> It *flashed* across my mind that she might be married.
> (彼女が結婚しているかもしれないという考えがぱっと浮かんだ)
>> * flash をこの形で用いている例はあまり多くない。

> It *dawned* on me where I'd seen him before.
> (以前どこで彼に会ったのかがしだいにわかった)

> It later *transpired* that he had been ill with an incurable disease.
> (彼が不治の病であったことが後でわかってきた)

3 状況の it (Situation 'it' [Indefinite 'it'])

漠然とした状況で，話し手と聞き手にはわかっているようなことを表す。

(1) 主　語

> It's all over with him.（彼はもうだめだ）
> It's my turn.（こんどは私の番だ）
> How is **it** going with your family?
> (お宅のみなさんはいかがお過ごしですか)　　　　　　　　　　【挨拶】

> It would be nice *if all children were on an adult's knee, able to ask questions.*
> (もし子供たちがみな大人のひざにのって何でも聞けたらよいのだが)
>> * it は if 以下の節の内容をさしているとも考えられる。

(2) 動詞・前置詞の目的語

> "How do you like **it** here?" "I like **it** very much."
> (「ここはいかがですか」「とても気に入っています」)　　　　　【感想】
>> * it が入ることに注意。

> Take **it** easy. Everything will be all right.
> (さあ，落ち着いて。すべてうまくいくさ)　　　　　　　　　　【激励】
>> *別れの挨拶にも用いる。

> "Do you mean me?" "You got **it**."
> (「私のことを言っているの？」「そのとおり」)　　　　　　　　【肯定】

At last we've made **it**. (とうとう成功したぞ)
You should stick **it** out. (最後まで我慢すべきだ)
We must fight **it** out. (最後まで戦わなくてはならない)
"Thank you very much." "<u>Think nothing of **it**!</u>"
　(「ありがとうございます」「どうぞお気遣いなく」)〔丁寧〕　【応答】
We had a hard time of **it**. (つらい時を過ごした)

(3) <u>補語</u>

"Is this what you've been looking for?" "Yes, that's **it**!"【肯定】
「これが君の探していたものですか」「ええ，それです」

> * That is it. は上の例のように，That is what is wanted. の意味に用いるほかに，it に強勢を置いて，「それが問題だ」の意味に用いたり，また That is the end. (それでおしまいだ) などの意味にも用いる。

If you want a Venetian glass vase, then this is **it**!
（ベネチアングラスの花びんをお望みなら，これがそうです）

4 先行の it (The Anticipatory 'It')

後続の語・句・節を代表して，文の形式上の主語や目的語になる it で，述部に比べて主部が長い文になるのを避けるために用いられるもの。「**予備の it**」「**導入の it**」などともいう。

(1) <u>形式主語 (Formal Subjects)</u>

形式的に主語になるもの。後に内容を持った実質上の主語がくる。

❶ 語句を代表する

It is a nuisance, *this delay*. (迷惑だ，こんなに延びては)
It's boring, *this sort of play*. (退屈だよ，こんな劇は)

❷ 不定詞を代表する ➡ p.56

It is not easy *to get* out of a bad habit.
　（悪い癖をやめるのは容易ではない）
It is necessary for you *to start* at once.
　（君はすぐ出発しなければならない）
She does not know what **it** is *to be* poor.
　（彼女は貧乏であることがどんなものか［貧乏の味］を知らない）

❸ 動名詞を代表する ➡ p.57

　不定詞に比べると，It is に続く形容詞や名詞に制約がある。

It is no use *crying* over spilt milk.　　　　　　　　《ことわざ》
　（こぼれたミルクのことを嘆いても無駄だ＝後悔先に立たず）
It wouldn't be any good *trying* to solve the problem.

(その問題を解決しようとしても無駄だろう)

It's fun *working* here. (ここで働くのはおもしろい)

❹ **that 節を代表する**

that は省略されることもある。(→ p. 776)

It was clear *that something had to be done.*
(何かしなければならないことは明らかだった)

It's a pity *that Tanaka could not join our meeting.*
(田中が会に出られなかったのは残念だ)

Is **it** true (*that*) *you are going abroad for your holidays*?
(休暇で外国に行くってほんとうかい)

It is natural (*that*) *she should get angry.* (彼女が怒るのも当然だ)

> **注** It is ～ that ... の変形:
> 1. 〈It is ～ that ...〉の構文では, It is が省略されることがある。
>   (*It is*) No wonder (*that*) *she speaks Spanish well.* (→ p. 773)
>   (彼女がスペイン語を上手に話すのも不思議ではない)
> 2. 〈it is ...〉の部分が挿入節の形になる場合もある。(→ p. 785)
>   The boy, *it was clear to us,* couldn't live much longer.
>   (その少年はもうあまり長く生きられないことが私たちにはわかっていた)

❺ **that 節以外の名詞節を代表する**

It doesn't matter *who* you are or *where* you live.
(お前がだれだろうと, どこに住んでいようとかまわない)

It was uncertain *whether* he would consent.
(彼が同意するかどうかは確かではなかった)

It makes no difference to me *whether* she comes or not.
(彼女が来ようが来まいが私には同じことだ)

(2) 形式目的語 (Formal Object)

形式的に目的語になるもの。実際の目的語は後にくる不定詞・動名詞などである。consider, feel, find, make, take (=suppose), think などの動詞が用いられる。

❶ **不定詞を代表する**

I thought **it** my duty *to support* the chairperson.
(議長を支持するのが私の義務だと思った)

> * 米語では, I thought **it** *was* my duty to support the chairperson.
> のように, it を形式主語にすることが多い。

What made **it** difficult for you *to come* here?
(どうしてあなたがここに来るのが困難になったのですか)

❷ 動名詞を代表する

Won't you find **it** rough *walking* without your shoes?
(靴を履かないで歩くなんて乱暴だとは思いませんか)

I think **it** dangerous her *going* there alone at night.
(彼女が夜1人でそこへ行くのは危険だと思う)

❸ that 節などを代表する

We took **it** for granted *that you would agree.*
(我々は君が同意するのは当たり前だと思った)

I'll see to **it** *that there is no such mistake again.*
(私はそんなまちがいが二度と起こらないように気をつけよう)

   * この例では it は前置詞 to の形式目的語になっている。（→ p.604）

5 It is 〜 that ... の強調構文

〈It is 〜 that ...〉の〜の部分に主語・目的語・補語などの名詞・代名詞や副詞（句・節）を入れて「…するのは〜だ」と強調することがある。強調されるものが名詞・代名詞の場合は that のほかに，「人」の場合に who,「物」の場合に which などが用いられることもあるが，who に比べると which の用例はきわめて少ない。副詞（句・節）を強調する場合はふつう that が用いられる。また，that は省略されることもある。

  James met Tom in the park yesterday.
  （ジェイムズは昨日公園でトムに会った）

この文の各要素をこの構文を用いて強調すると，次のようになる。

- It was *James* **that**［**who**］met Tom in the park yesterday.
- It was *Tom* **that**［**who** *or* **whom**］James met in the park yesterday.
- It was *in the park* **that** James met Tom yesterday.
- It was *yesterday* **that** James met Tom in the park.

  It was *Wilma* who revealed the secret to me. 〔名詞の強調〕
  （私にその秘密を明かしたのはウィルマだった）

  It is *he* that is responsible.
  （責任があるのは彼だ）　　　　　　　　　　　　　　　〔代名詞を強調〕
    * くだけた言い方では he が **him** になることもある。

  It is *here* that the battle of Waterloo was won.
  （ワーテルローの戦いはここで勝ちとられたのだ）　　　〔副詞を強調〕
    *ウェリントン公がイートン校で言ったとされ，敢闘精神をたたえる言葉として有名だが，出典には議論がある。

It was *in this year* **that** the war broke out.　〔副詞句を強調〕
(戦争が起きたのはこの年だった)
　　＊ 時を表す副詞的要素を強調する場合，that の代わりに when を用いることもあるが，あまり一般的ではない。

What **was it that** he wanted you to do?　〔疑問代名詞を強調〕
(彼が君にしてほしかったのは何なのだ)

It is *what Tom says* **that** I don't understand.　〔名詞節を強調〕
(私が理解できないのはトムが言っていることだ)

It was *not until I came to Japan* **that** I learned it.
(日本に来て初めて私はそれを知った)　〔副詞節を強調〕

It was *this window* Jim broke yesterday.　〔that を省略した例〕
(ジムがきのう壊したのはこの窓だ)

[注] **1. 過去時の強調:**
　　過去の文については〈It *is* ～ that ...〉とする場合もあるが，〈It *was* ～ that ...〉とするほうがふつうである。yesterday や last year などのような過去の時を示す副詞語句を強調するときは〈It *was* ～ that ...〉にするのが原則である。

[注] **2. 強調構文と形式主語構文:**
　　この強調構文と形式主語構文を見分けるには，次のようにすればよい。
(1) It is と that を取り除いた残りの語順を元に戻したとき完全な文になれば強調構文。強調される語が代名詞のときは主格と目的格が入れ替わっていることもある。(→ p.175)
　　a. (It was) Tom (that) lost his watch.　〔強調構文〕
　　　　(時計をなくしたのはトムだった)
　　b. *It is* a fact *that* the world is round.　〔形式主語構文〕
　　　　(地球が丸いのは事実だ)
　　　　＊ b. は It is と that を取り除くと完全な文にならない。
(2) It is と that の間の語が形容詞またはそれに類する語句であれば形式主語構文，名詞・代名詞・副詞（句・節）であれば強調構文のことが多い。
　　　It is *true* that he broke the record.　〔形式主語構文〕
　　　　(彼が記録を破ったのは本当だ)
　　　It was a *police officer* that signaled him to stop.　〔強調構文〕
　　　　(彼に止まるように合図したのは警官だった)

〔参考〕 **強調構文の that [who] の品詞:**
〈It is ～ that ...〉の **that** [**who**] に述語動詞が続く場合，It is *I* that [who] *am* to blame.（責められるべきなのは私だ）のように，強調される（*that* [*who*] の直前にある）語に動詞が一致するので，関係代名詞と考えるのがふつうである。ただし，副詞的要素が強調される場合は，**that** を接続詞と考える人が多い。

§91 所有代名詞 (Possessive Pronouns)

1 所有代名詞の形

「～のもの」の意味を表す代名詞で，**独立所有格** (Absolute Possessive) とも呼ばれる。

人称＼数	単　数	複　数
1人称	mine（私のもの）	ours（私たちのもの）
2人称	yours（あなたのもの）	yours（あなたがたのもの）
3人称	his（彼のもの） hers（彼女のもの）	theirs（彼らのもの）

注 its:
　itsを3人称単数中性のitに対する所有代名詞（それのもの）として用いることはきわめてまれである。

参考 mine / thine:
　mine は古い用法の名残として，詩などで，母音やhの前，呼びかけなどの名詞の前で my 同様「私の」の意味で用いられることがある。thou (you の古形) に対する所有代名詞 thine も同じである。
　mine eyes（わが目），*thine* arms（汝の腕）

2 所有代名詞の用法

(1) 基本用法

所有代名詞は〈人称代名詞の所有格＋名詞〉の意味を表し，前に出ている名詞を代表する。したがって，人称代名詞の所有格がつねに後に名詞を伴うのに対し，所有代名詞は独立して用いられる。

　Your school is so different from **ours** (=our school)!
　　（あなたの学校は私たちの学校ととっても違うんですもの）
　　＊　Your は人称代名詞の所有格，ours は所有代名詞。
　My gloves are brown, and **his** (=his gloves) are black.
　　（私の手袋は茶色で，彼の手袋は黒です）
　　＊　この例のように，所有代名詞は複数名詞を表す場合もある。
　Ours (=our age) is essentially a tragic age.
　　（我々の時代は本質的に悲劇の時代である）

(2) a friend of mine などの形（二重所有格） → p.125

名詞の場合と同様，人称代名詞の所有格を冠詞と重ねて a his book, a my friend などのように言うことができないために生まれた言い方で，

〈a [this, that, some, any, no, which など]+名詞+of+所有代名詞〉の形にする。

I really like *that* charming smile *of* **hers**.
（私は彼女のあのチャーミングな笑顔がほんとうに好きだ）

(3) 所有代名詞を含む慣用表現

Yours sincerely [truly, faithfully, ever など]. （敬具）

With best wishes to you and **yours** (=your family).
（ご家族のみなさんにもよろしく）　　　〔手紙の結びのことば〕

It is **yours** (=your duty) to take care of the child.
（その子の面倒をみるのはあなたの役目だ）

We have received **yours** (=your letter) of the 10th inst. 《古風》
（今月10日付貴信拝受しました）
　　＊ inst. は instant と読み，「今月の」の意味。

§92　再帰代名詞 (Reflexive Pronouns)

1 再帰代名詞の形

人称代名詞の所有格または目的格に -self（複数の場合は -selves）がついたもので，**複合人称代名詞**とも呼ばれ，「～自身」という意味を表す。

人称＼数	単　　数	複　　数
1 人 称	myself	ourselves
2 人 称	yourself	yourselves
3 人 称	himself, herself, itself	themselves

＊ 辞書などで人称の区別をしない一般形を示すには oneself が用いられるが，人称を区別して用いる文中では上記の形が用いられる。

注 **one's own ～**:
「…自身の～」の意味を表すには one's own ～ を用いる。（→ p.179）

Q&A 37　再帰代名詞はなぜ3人称だけが〈目的格+self〉なのか？

もともと self は(代)名詞を強調するためにつけたのであるが，歴史的に見ると，昔は(代)名詞と self の間にさらに目的格の代名詞を入れて，たとえば今でいえば He *him* self ... のような形で強調していた。だから〈目的格+self〉のほうが本来の形なのだが，her の所有格と目的格が同じであることや，me → my のような発音上の変化もあって混乱し，逆に1, 2人称が〈所有格+self〉の形になったのだとされている。

2 再帰代名詞の用法

(1) 再帰用法

主語のする動作が自分自身に向けられることを表す。ただし，必ずしも日本語の「自分自身を〜する」には相当しない場合が多い。

❶ 再帰動詞の目的語になる

(a) 常に目的語として再帰代名詞を必要とする動詞と用いる場合

このような動詞を狭い意味での再帰動詞（Reflexive Verb）と呼ぶ。(→ p.395)

次の例のように，〈他動詞＋再帰代名詞〉は自動詞的意味になることが多いが，これらの表現は**文語調**で，成句のように扱ってよい。

You may *avail* **yourself** *of* any book in my library.
　　（私の蔵書はどれも利用してよろしい）

* 《米》などでは，You may *avail of* any book ... のように oneself を省くこともある。また，まれに be availed of という受動態の例もあるが，これはまだ誤用とされる。

He *absented* **himself** *from* the meeting.
　　（彼はその会に欠席した）

He *demeaned* **himself** by telling a lie. 　　《堅い言い方》
　　（彼は卑劣にもうそをついた）

He *ingratiated* **himself** *with* rich people.
　　（彼は金持ちの機嫌をとっていた）

She *perjured* **herself** in the court.
　　（彼女は法廷で偽証をした）

He *prided* **himself** on his self-control.
　　（彼は自制心が強いのを自慢していた）

* He *was proud of* his self-control のほうがくだけた言い方。

> **注** 古風な再帰動詞：
> そのほか bethink oneself（よく考える，思い出す），betake oneself（〜へ行く）などがあるが，古風な堅い言い方で現在はあまり用いられない。

(b) 再帰代名詞を目的語にとるが，その oneself を省略できる場合

元来再帰動詞であったものが，oneself を省略した**自動詞用法**を生じたために，再帰代名詞を用いる場合と用いない場合の両方の形が可能なものがある。

現在では自動詞用法のほうがふつうになってきている。

The soldiers *hid* (**themselves**) in the woods.
　　（兵士たちは森の中に身を隠した）

● 再帰代名詞の省略可能な再帰動詞

adjust (oneself) to (〜に順応する)	dress (oneself) (身支度をする)
hide (oneself) (隠れる)	shave (oneself) (ひげをそる)
wash (oneself) (体を洗う)	worry (oneself) (心配する)
behave (oneself) (行儀良くする)	
identify (oneself) with (〜と共鳴する)	
prepare (oneself) for (〜にそなえる)	
prove (oneself) (to be) (〜であることがわかる)	

注 | **over-型の再帰動詞**:
overeat（食べすぎる），oversleep（寝すごす），overwork（働きすぎる）などは現代英語では自動詞として用いるのがふつうである。

❷ 一般の他動詞の目的語になる

特に明確な区分ではないが，大きく4つに分けておく。

(a) 自動詞用法がないために，自動詞的な意味を表すのに再帰代名詞を必要とするもの

　　He *exerted* **himself** to complete the task.
　　　（彼はその仕事を終えるように努力した）
　　The children *amused* **themselves** with toys.
　　　（子供たちはおもちゃで遊んだ）

● 自動詞の意味を表すのに再帰代名詞を必要とする他動詞

content oneself（満足する）	enjoy oneself（楽しむ）
excuse oneself（言い訳をする）	flatter oneself（うぬぼれる）
occupy oneself（従事する）	present oneself（現れる）

(b) 使役的意味の動詞に再帰代名詞がついて自動詞の役を果たすもの

　　She *seated* **herself** (=sat down) before the piano.
　　　（彼女はピアノの前に座った）

　このタイプのものとして次のようなものがある。
　　raise oneself (=rise)（身を起こす），lay oneself (=lie)（横たわる）
　　＊ oneself を用いない形のほうが一般的。

[参考] **自動詞の再帰用法**:
ふつうは自動詞に使われる動詞を再帰的に用いる次のような表現がある。
The baby *cried* **itself** to sleep.（赤ん坊は泣きながら寝入った）
I *shouted* **myself** hoarse.（私は叫んで声をからした）

(c) 〈他動詞＋再帰代名詞〉の慣用的表現 　**[→ p. 817]**

　　(Please) *Help* **yourself** *to* the cake.
　　　（どうぞご自由にお菓子を召し上がって下さい）　　　　　　　【勧誘】

Please *sit* **yourself** down.（おすわりください）

She *applied* **herself** *to* learning Spanish.
　（彼女はスペイン語の勉強に専念した）

It is true that history *repeats* **itself**.
　（歴史は繰り返すというのは本当だ）

She *found* **herself** in front of the shop.
　（彼女は気がついたら店の前にいた）
　＊ find oneself は，場合によっては be とほとんど意味が変わらない。

(d)「自分を[に]」の意味が比較的明瞭なもの

The boy *shot* **himself** while he was playing with a gun.
　（その少年は銃で遊んでいるうちに自分を撃ってしまった）

He *bought* **himself** a new camera.
　（彼は自分用に新しいカメラを買った）　　　　　〔間接目的語〕

China is clearly on a path to *modernizing* **itself**.
　（中国は明らかに近代化の途上にある）

[参考] **再帰代名詞と目的格人称代名詞**：
　再帰代名詞を用いる場合と人称代名詞の目的格を用いる場合とでは，次のような相違があることに注意。
　Jill's mother stared at **her** in the mirror.
　　（ジルの母は鏡の中のジルをじっと見つめた）
　Jill's mother stared at **herself** in the mirror.
　　（ジルの母は鏡の中の自分をじっと見つめた）

❸ **前置詞の目的語になる**

(a)〈**自動詞＋前置詞**〉**の目的語**など

They have been taught to think *of* **themselves** as weak.
　（彼らは自分のことを弱いと思うように教えられてきたのだ）

(Please) Take good care *of* **yourself**.（どうぞお大事に）【挨拶】

"I wish I could walk on water," George said *to* **himself**.
　（「水の上を歩けたらいいのに」とジョージは思った）
　＊ say to oneself は「自分に言いきかせる，心の中で思う」の意味になるのがふつうで，「ひとりごとを言う」の意味になることは比較的少ない。「声に出してひとりごとを言う」は talk to oneself となる。

(b) **by**［**for**，**in**，**of**］**oneself**

How can she catch the thief *by* **herself** (=alone)?
　（彼女がどうやって泥棒を1人で捕まえられるのですか）
　＊ by oneself は「ひとりぼっちで」と「独力で」の意味がある。

Look up the word in the dictionary *for* **yourself**.

(自分でその単語を辞書で調べなさい)

  * for oneself は「独力で」と「自分のために」の意味がある。

But cars are also dangerous *in* **themselves**.

(でも，自動車は本来危険なものでもあるのです)

  * ふつう，事物について言うので，in itself か in themselves.

Did the tooth come out *of* [*by*] **itself**, or did you pull it out?

(その歯はひとりでに抜けたのか，それとも君が抜いたのか)

  * この of itself は古い表現で，現在では by itself がふつう。

(c) その他の慣用表現

He was *beside* **himself** when he saw the damaged car.

(彼はその破損した車を見て逆上した)

  * 「彼はわきにかばんを置いた」は He placed his bag beside him. であって，beside himself ではない。

Between **ourselves**, I think he is rather timid.

(ここだけの話だが，彼は少しおくびょうだと思うんだ)

  * between you and me; between you, me, and the gatepost と同意。

She *came to* **herself** after a while.

(しばらくして彼女は意識を取り戻した)

I stood up *in spite of* **myself**. (私は思わず立ち上がった)

> **注** 再帰代名詞に代わる人称代名詞:
> 　主語と同一の人をさす場合でも，次のような**場所や時を表す前置詞の後**では，再帰代名詞でなく人称代名詞の目的格を用いるのがふつうである。これは，その代名詞の位置にほかの人称代名詞が現れることがふつうはないので，特に -self をつけてはっきりさせる必要がないためと考えられる。
> 　Shut the door *behind you*. (入ったら［出たら］戸を閉めなさい)
> 　*I looked about me*. (私は自分の周りを見回した)
> 　We have the whole week *before us*.
> 　(我々にはまだまる1週間ある)

[参考] 人称代名詞に代わる再帰代名詞:
　再帰代名詞が人称代名詞の代わりに用いられることがあるが，特に1人称ではていねいすぎると感じられることもある。

(1) like, than, as, but (for), except (for), as for などの後で用いられる場合
　No one works as hard *as him*(*self*). (彼ほどよく働く人はいない)
　Susan's sister is even taller *than her*(*self*).
　(スーザンの妹はスーザンよりもっと背が高い)

(2) and などでほかの名詞と結ばれている場合
　My mother and myself [*I*] went shopping on Fifth Avenue.
　(母と私は5番街に買い物に行った)

(2) 強調用法

主語，補語，目的語などの(代)名詞と同格に用いて，その意味を強める用法。原則として**強める語の直後**に置かれるが，誤解が生じるおそれがない場合は，位置は比較的自由である。この再帰代名詞は強勢を置いて発音される。

$\begin{cases} \text{I \textbf{myself} wouldn't do such a thing.} \quad ① \\ \quad (\text{私だったらそんなことはしないでしょう}) \\ =\text{I wouldn't do such a thing \textbf{myself}.} \quad ② \\ =\textbf{Myself}, \text{ I wouldn't do such a thing.} \quad ③ \end{cases}$

* このように oneself の位置が自由なのは，強調する(代)名詞が主語の場合である。②のように文末に置くのは，特に会話でよく見られる。また，③よりは①のほうがふつう。

I spoke to the manager **himself**.
(私は支配人自身と話をした)

The fear was far worse than the interrogation **itself**.
(恐れのほうが取り調べそのものよりずっとひどかった)

注 | 再帰用法と強調用法の識別：
次の2つの文の意味の相違に注意。

$\begin{cases} \text{She bought \textbf{herself} a new blouse.} \quad 〔間接目的語で再帰用法〕\\ \quad (\text{彼女は自分用に新しいブラウスを買った}) \; (\to \text{p.193}) \\ \text{She bought a new blouse \textbf{herself}.} \quad 〔強調用法〕\\ \quad (\text{彼女は自分で新しいブラウスを買った}) \end{cases}$

(3) 〈代名詞の所有格＋own〉 (→ p.179)

再帰代名詞には所有格がないので，one's own の形でその意味を表す。

Those books belong to the library, but this is **my own**.
(そちらの本は図書館のものですが，これは私〔自身〕のものです)

Q&A 38 by oneself と for oneself の違いは？

どちらも「独力で」の意味になりうるが，基本は by oneself＝alone (ほかにだれもいないで，1人で) であり，for oneself＝for the benefit of oneself (自分のために，自分で) である。

$\begin{cases} \text{a. She cooked all the meals } \textit{by herself}. \\ \text{b. She cooked all the meals } \textit{for herself}. \end{cases}$

この2つの文では a. はほかの人に手伝ってもらったりせず，1人だけで料理したのであって，何人で食べたかは無関係であるが，b. は自分で食べるために自分で作ったとも解せられる。

[第3節] 指示代名詞

指示代名詞 (Demonstrative Pronouns) には，代表的なものとして this (複数 these), that (複数 those) があり，そのほか such, same などがある。this, that, such, same は形容詞としても用いられる（指示形容詞）。また，副詞の so も代名詞的に用いられる。

§93 this [these], that [those] の用法

1 基本的な用法 — 代名詞・形容詞として

(1) **this が近いものを，that が遠いものをさす場合**

this は心理的・距離的に「近いもの」を，that は「遠いもの」をさす。ただし，その距離は，話し手の心理的なものであって，実際の距離とは必ずしも一致しない。

This is my house, and **that** is Tom's. 〔代名詞〕
（これが私の家で，あれがトムの家だ）

These are the wrong size. （〔靴などをさして〕これはサイズが違う）

We have had a lot of snow **this** winter. 〔形容詞的用法〕
（この冬は雪が多い）

That morning he left home early. （その朝彼は早く家を出た）

Lots of people go abroad **these** *days*. （このごろ外国へ行く人が多い）

　＊ in **these** days *of computer technology* （このコンピュータ技術の時代に）のように，of 〜 や when 〜 がつく場合以外はふつう in はつけない。

Only a small number of people went abroad *in* **those** *days*.
（当時は少数の人しか外国に行かなかった）

> 注　1.　**this, that** と **it**:
> this, that が，現実界の何か具体的なものを直接さして，「これ」「あれ」というのに対して，it は文中に一度出てきたものを頭に置いて，その代わりに「それ」と言う場合に用いる。

> 注　2.　**this** と **next, last**:
> this は近接感を示すので，もうすぐ日曜日がくるときに *this* Sunday と言えば「こんどの日曜日」をし，月曜日が過ぎたばかりのときに *this* Monday と言えば「今週の月曜日」をさす。あとは文脈と動詞の時制から判断できる。1年に一度の**季節**の場合は，これからくるにしても過ぎたにしても，「今年の夏」は this summer で「来年の夏」は next summer，「去年の夏」は last summer という。

> **Q&A 39** this や that は人をさすこともできるか？
>
> this, that は, 人を紹介するときなどに文の**主語**になる場合を除いては, ふつうは直接人をさす代名詞としては用いられない。形容詞として名詞の前に用いるのは差し支えない。また, this girl (ある少女) のように, this を a の強調形として, くだけた話の中で用いることもある。
>
> [正]　　　**This** is Mrs. Jones.（こちらはジョーンズ夫人です）
> [正]　　　**That** looks like Tom.（あれはトムみたい）
> [不適当]　Come and meet *these* over here.
> 〔軽蔑の表現になることがある〕
> [正]　　　Come and meet **these** *people* over here.
> （こちらに来てくれ。この人たちを紹介するよ）

(2) 電話などでの用法

電話・ラジオ・テレビなどで,「こちらは～です」というときには This is ～ (speaking). を用いる。「そちらは」と相手をさすのは this《米》または that《英》であるが, 人によっても違う。

Hello, is **this [that]** Mr. Jones? 〔電話〕【呼びかけ】
（もしもし, ジョーンズさんですか）

Who is **this [that]**, please?（そちらはどなたですか）〔電話〕【質問】

This is Peter speaking.（こちらはピーターです）〔電話〕【話しかけ】

(3) this, that が先行する文(の一部)の内容をさす場合

To be or not to be : **that** is the question.
（生きるべきか, 死ぬべきか, それが問題だ）

They will surely help Tom. **That** will please his mother.（彼らはきっとトムを助けるだろう。そうしたらトムの母は喜ぶだろう）

"I've caught a cold." "**That's** too bad." 【同情】
（「かぜをひいちゃった」「それはいけませんね」）

We see him taking a walk, but **this** isn't very often.
（彼が散歩しているのを見かけるが, そんなにしょっちゅうではない）

(4) this が後続する文の内容をさす場合

What I want to say is **this**. Everyone has a right to live free.
（私が言いたいのはこのことだ。人間はだれでも自由に生きる権利があるのだ）

He began to tell the story like **this**: "Once upon a time ..."
（彼はその話をこんなふうに始めた。「昔むかし…」）

　　＊ that にはこの用法はない。

Q&A 40 That's a good idea. は It's ... でもよいか？

相手の言ったことばをすぐ受けて，「それはいい考えだ」のように言う場合は，指示代名詞の **that** を用いる。it だと，そういう考えを一般論化して言う感じになるので，話の流れが that のようにスムーズにつながらない。そういうわけで，that は会話に頻繁に用いられる。直接相手の言ったことではなくても，それまで話され［行われ］てきたことを漠然とさすこともある。

"Are we finished, then?" "Yes, <u>that's that</u>."
  (「これで終わったの？」「ああ，すんだよ」)　　　　　　　　【終結】
"Will this be okay?" "Yes, <u>that's all right</u>."
  (「これでいい？」「うん，いいよ」)　　　　　　　　　　　　【肯定】

2 this と that が対語になる場合

(1) this (~) and that または this (~) or that の形

「あれやこれや」「あれこれの」という意味で不定のものを表す。

She went to **this** doctor and **that**.
  (彼女はあちこちの医者にかかった)

They tried **this** and they tried **that**, but it was no use.
  (彼らはあれこれと試してみたが，無駄だった)

They were talking about **this**, **that** and the other.
  (彼らはあれこれとりとめのない話をしていた)

(2) this [these] が「後者」，that [those] が「前者」の意味の場合

文の流れにしたがって，this は近いものだから「後者」，that は遠いものだから「前者」になる。ただし，この用法は古風で，今は **the former**（前者），**the latter**（後者）を用いる。

Work and play are both necessary to health; **this** gives us rest, and **that** gives us energy.　　〔this＝play, that＝work〕
  (仕事と遊びはどちらも健康に必要である。後者は我々に休息を与え，前者は元気を与える)　　　　　　　　　　　　　　　　　　　《古風》

3 this, that の副詞的用法

くだけた言い方で，this, that が形容詞や副詞を修飾して「これ［それ］ほど」「これ［それ］だけ」の意味で用いられることがある。so, thus と同じと考えてよい。

I didn't think the task would be **this** easy.
  (その仕事がこんなにやさしいとは思わなかった)

I didn't know it was getting **this** late.
(こんなに遅くなっているなんて知らなかった)
I will go **that** far, but no farther.
(それくらいまでなら行きますが，それ以上は行きません)

4 this, that を用いる慣用表現

(1) this

At this he jumped up. (これを聞くと，彼は跳び上がった)
With this he closed the book. (こう言うと，彼は本を閉じた)
Do they always dance **like this** in France?
(フランスではいつもこんなふうに踊るのですか)
I'll forgive you **this once**. (今度だけは君を許してやろう)

(2) that

He makes mistakes, **and that** very often.
(彼はまちがいをやる，しかもたびたびだ)
It's an idea, and a good one **at that**.
(それは思いつきだ，おまけになかなかいい)
He kissed her and **with that** he left.
(彼は彼女に口づけをした，そうしてから去っていった)
He will arrive on May 1st, **that is**, this day next week.
(彼は5月1日，つまり，来週の今日到着する)
I used to drink beer **and all that** when I was young.
(私は若いときはビールなどをやったもんだ)　　　　《口語調》

§94 that の注意すべき用法

1 名詞の繰り返しを避ける that

名詞の繰り返しを避けるために〈**the**+名詞〉の代わりに用いられるもので，〈that [those] of ～〉の形になることが多い。

The population of China is larger than **that** (=the population) of India. (中国の人口はインドよりも多い)
　　＊ that of がないと，比較の対象が「人口」同士にならないことに注意。
The feathers of owls are softer than **those** (=the feathers) of other birds. (フクロウの羽根はほかの鳥の羽根よりやわらかい)

that [those] の次にくるのは〈of ～〉だけとは限らない。ほかの前置詞や，形容詞句[節]が文脈に応じてつくことがある。

The dialect spoken in this town is different from **that** (=the dialect) *spoken in the next town.*
(この町で話されている方言は，隣町で話されているのとは違う)

注 | **that [those]** と **one [ones]**:
the one=that, the ones=those が原則で，次に〈of ～〉が続くときには that [those] のほうが好まれる。次の点に注意。
(1)繰り返す名詞が**不可算名詞**の場合には one は使えないので，**that** を用いる。逆に人間の場合に that は使えないので，**the one** を用いる。ただし，複数の場合は those が人をさすことができる。(→ p.210)
The blonde girl I saw was older than *the one* [× that] you were dancing with.
(私が会ったブロンドの少女は，君が踊っていた相手より年が上だった)
(2)繰り返す名詞が〈**a+名詞**〉の場合は **one** を用い，that は不可。
Her expression was almost *one* (=an expression) of grief.
(彼女の表情は悲しみの表情に近かった)
＊「悲しみの表情」は1つとは限らないから，the で特定されない。

参考 総称を表す場合の **that [those]** と **one [ones]**:
総称を表す〈**a+単数名詞**〉の繰り返しは **one** を用い that は不可。
A house built of bricks is more durable than *one* [×that] made of wood. (れんが造りの家は木造の家よりも耐久性がある)
複数形の場合は，the の有無にかかわらず **those** でよい。
Elephants in Africa eat hay, but *those* in India want sugar cane.
(アフリカの象は干草を食べるが，インドの象はサトウキビを欲しがる)
この文で，elephants は総称だが，in Africa [India] のような下位区分を示す限定句がついているので，the はなくても，ある意味では特定されているから，those (=the ones) で受けられる。この場合 ones は不可。

2 that which と those who

〈that [those] which ...〉は「…するもの」の意味で**物**に，〈those who ...〉は「…する人々」の意味で**人**に用いる。単数の人を表す場合は one who, he who (いずれも文語的)よりも a person who などがふつうで，that who の形はふつう用いられない。また，この that [those] は代名詞にも，形容詞的にも用いられる。なお，that which の形は文語的である。

That *which* (=What) many people say is not always true.
(大勢の人の言うことがいつも本当とは限らない)
Lend me **that** camera (*which*) you boast of.
(君の自慢の例のカメラを貸してくれ)

Those *who* want to leave early may do so.
(早く出発したい人はそうしてもよい)

I keep only **those** books at hand *which* I want to read again.
(私はもう一度読みたい本だけ手元に置いておく)

The future of a nation depends upon **those** young people *who* are sound in mind and body.
(国の将来は心身ともに健全な若者にかかっている)

　　* that [those] を日本語の「それ,その」と訳さないことに注意。

注 | **those＋形容詞・分詞**:
　　those は次のような場合も「人々」の意味になる。
　　The girl was among **those** chosen.
　　　(その少女は選ばれた人たちの中に入っていた)
　　Those present were all pleased with the news.
　　　(出席者はみなその知らせに喜んだ)
　　　* those のあとに who were が省略されているとも考えられる。

§95　such の用法

such は「そのようなもの[人]」の意味で,代名詞にも形容詞にも,また単数・複数のいずれにも用いられる。

■ 代名詞としての用法

(1) 前出の名詞を受ける: やや堅い表現

Those who leave parcels on the train cannot expect to recover **such** (=parcels they leave on the train).
　　(列車に荷物を忘れる人はそれが戻ってくることは期待できない)

Some reactions to the proposal may be hostile, but there will surely not be many **such** (=hostile reactions).
　　(その提案に対する反応には敵意をもった者もあろうが,それはきっと多くはあるまい)

(2) 前文の内容を受ける: やや堅い表現

I may have hurt your feelings but **such** was certainly not my intention. (あなたの感情を傷つけたかもしれないが,確かにそれは私の意図ではなかったのだ)

If the firm makes mistakes, the firm deserves to suffer. **Such**, at least, was his opinion. (会社がまちがいをするなら,会社が困ればいい。少なくとも彼はそんな意見だった)

Such [This] being the case, the conference was put off for three days.（こういうわけで，会議は3日間延期された）

(3) <u>such を含む慣用的表現</u>

He's a good man and is known **as such** to everyone.
　（彼は善良な人間で，善良な人間としてみんなに知られている）
　　＊　as such はやや堅い言い方。as one とすることもできる。

They will plant flowers **such as** roses, sunflowers, etc.
　（彼らはバラやヒマワリなどの花を植えるだろう）

I don't have many samples but I will send you **such as** I have.
　（数多くの見本はありませんが，手元にあるのをお送りします）

Such was his disgust **that** he refused to talk.
　（彼はとてもむかっとしたので，話すことを拒んだ）

His condition was **such that** he could not be moved.
　（彼の状態は動かすことができないほど悪かった）
　　＊　such that もやや堅い表現。同じ意味は Because of his condition he could not be moved. などで表すほうが自然。

His illness was not **such as to** cause anxiety.
　（彼の病気は心配するほどのことではなかった）

If they tell you to come on **such and such** a day, don't agree if it's not convenient.（これこれの日に来るようにと言ってきても，都合が良くなければ同意してはいけない）

He won't refuse to give you his help, **such as it is**.
　（たいしたことはできないが，彼は君を援助することは拒絶はしまい）

2 形容詞としての用法

(1) 〈such（+a）（+形容詞）+名詞〉の語順で

I never thought of **such** *a* thing.
　（私はそんなことを一度も考えてみたことがない）

The people had never known **such** *a* brave man.
　（その人たちはそれほど勇敢な男を見たことがなかった）

I've had **such** *a* wonderful time!（とても楽しかった！）

Read **such** books *as* will benefit you.
　（ためになるような本を読みなさい）
　　＊　この場合 as は関係代名詞。なお，この文はやや堅い表現。今日では，Read (those) books which will benefit you. などがふつう。

Life sciences may advance to **such** *a* degree *that* human beings will be able to live to the age of one hundred fifty.

(生命科学はたいへん進歩して，人間が150歳まで生きられるほどになるかもしれない)

  ＊ that は接続詞。

I slapped her hand and she got **such** a shock *that* she dropped the milk-can.

  (私は彼女の手をたたいたが，彼女はショックが大きかったので，ミルクの缶を落としてしまった)

(2) 〈all [any, few など] such＋名詞〉の語順で

such の前に all, other, another, any, few, every, no などがくることがある。

All **such** books are useful. (そういう本はみな役立つ)

They want beer, but don't give them *any* **such** thing — tea's good enough.

  (彼らはビールを欲しがっているが，そんなものをやってはいけない。お茶でたくさんだ)

I said *no* **such** thing. (私はそんなことは言わなかった)

注 | **such と another, others**:
  another, others が代名詞のときは 〈such＋another [others]〉の語順になる。
  I saw just **such** *another* yesterday. (昨日それと同じのを見た)

〔参考〕 **none such**:
代名詞用法の such も，*many* such (そのような多くの人 [物・事]) のような語順になるが，〈no＋such〉の形は通例用いず，〈不定代名詞 none＋形容詞 such〉とする。
Some of the fish may be poisonous but *none* **such** has [have] yet been reported.
  (その魚のなかには有害なものもいるかもしれないが，まだそのようなものは報告されていない)

§96 so の用法

so は「そう」の意味で，本来は副詞であるが，先行する句や節の内容を代示する場合には，代名詞的に働くこともある。しかし，形容詞の代わりをしたり，接続詞として働く場合もあるので，so の品詞を厳密に規定することは難しく，またあまり意味がない。ここでは代名詞とも考えられる用法を中心にまとめ，その他の用法は，副詞 (→ p.339)，接続副詞 (→ p.598) のほうで扱うことにする。

◨ 代名詞的な so の用法

(1) 動詞 think, say などの目的語として前文の内容を受ける

"It looks like it's going to rain." "Yes, I think **so**, too."
(「雨が降りそうだね」「ええ、私もそう思います」)
　　＊ so＝that it is going to rain

注 1. so の否定:
so が動詞 hope や be afraid などの目的語の that 節の代わりをする場合, that 節が否定のときは not を用いて, I hope *not*. のようにする。
"Is he ill?" "I hope *not* (＝that he is not ill)."
(「彼は病気かしら」「そうじゃないといいけど」)
しかし, think などは, I think not. よりも I *don't* think so. がふつう。(→ p.756)

注 2. so と it [that]:
it や that を用いる場合と異なり, so を主語にして受動態にすることはない。
〔誤〕 *So* was done ages ago.
〔正〕 **That** was done ages ago.
　　(それはずっと以前になされた)

注 3. 文頭の so (目的語):
so は文頭に置くこともできる。動詞が伝達や認知を表す hear (うわさを聞いている), notice (気がつく), see (わかる) の場合は文頭がふつうで, 否定の not は用いない。
"He is going to resign." "**So** I hear."
(「彼は辞職するそうだ」「そういう話ですね」)
　　＊ So I hope [guess, am afraid]. などは, 一般に不自然になることが多いとされる。(特に1人称・現在の場合)

◆ I hope so の形をとる動詞

be afraid (気になる)	believe (信じる)	expect (期待する)
fancy (想像する)	fear (恐れる)	guess (推測する)
hope (望む)	imagine (想像する)	say (言う)
speak (話す)	suppose (思う)	think (思う)

　　＊ tell は必ず〈tell＋目的語＋so〉の形で, 間接目的語をとる。

(2) do の目的語になって, do so の形で代動詞的に用いる

do so という結びつきで, 先行する動詞 (＋目的語, 補語) を代用する。
If you want to go alone, you can **do so**.
　　(1人で行きたければそうしていいよ) (＝go alone)
"Bob hid the knife in the cupboard." "I wonder why he **did so**."
(「ボブはそのナイフを戸棚に隠したんだ」「どうしてそんなことをしたんだろう」) (＝hid the knife in the cupboard)

* why he did it [that] も可。
* do の主語が先行する文や節の主語と同じ場合には do so を用いることができるが、違うときには do it [that] を用いる。
　　"I rode a camel in Morocco." "I'd love to do *that* [×so]."
　　（「僕はモロッコでラクダに乗ったよ」「私も乗りたいわ」）

(3) 補語として名詞・形容詞の代わりに

She is *a romantic* and he thinks himself **so**. (=a romantic)
　（彼女はロマンチストだが，彼は自分がロマンチストだと思っている）
He is *kind* to his wife and will remain **so** for ever. (=kind)
　（彼は妻にやさしいが，今後もずっとそうだろう）
* この so は形容詞 (kind) の代わりをしている。

注 1. 文頭の so（補語）：
so が文や節の初めにくることもある。
We hoped the concert would be a success, and **so** it turned out.（私たちはその音楽会が成功すればよいと思っていたし，実際にそうなった）

注 2. so と otherwise：
この用法の so に対して，否定の内容は otherwise で表すことができる。
Some are wise and some are **otherwise**.
　（賢い人もいるし，そうでない人もいる）
＊Is that so?（そうですか）では「本当ですか」(=true) の意。

注 3. so-so：
so-so は「まあまあ」の意味。
"How is your father?" "Only so-so." 【応答】
　（「お父さんはいかがですか」「まあまあだね」）

2 〈So＋動詞＋主語〉と〈So＋主語＋動詞〉

動詞が be 動詞など補語をとる動詞であれば，so を代名詞とみることもできるが，一般動詞や助動詞と用いられるときは副詞とみる。→ p.340

(1) 〈So＋be 動詞＋主語〉「～もそうである」

"I am a high-school student." "**So** *am* I."
　（「僕は高校生です」「私もそうです」）
　　(=I am a high-school student, *too*.)
* 会話では Me too. を用いることが多い。

注 so と neither：
否定の内容を受けて，「～もそうではない」の意を表すには，neither か nor を用いる。
"I am not a specialist." "**Neither** [**Nor**] *am* I."
　（「私は専門家ではない」「私もそうだ」）

(2) 〈So+主語+be動詞〉「まさにそのとおり」:
"I think he is an honest politician." "**So** he *is*."
（「彼は誠実な政治家だと思います」「全くそのとおりです」）

3 副詞的な so の用法

副詞としての so は，〈so+(助)動詞+主語〉の形の場合のほかに「そのように（様態・方法）」「それほど（程度）」「非常に（強調）」などの意味を表し，またほかの語と結びついていろいろな慣用句をつくる。(→ p.339)

§97 same の用法

1 基本的用法

same は一般に the をつけて用い，「同じ（こと，もの）」という意味を表す。代名詞としても形容詞としても用いる。

- A: Can I have a cup of coffee, please?（コーヒーをください）
- B: Give me *the* **same**, please.（私にも同じものをください）

I said it was a nice day and she said *the* **same**.
（私はいい天気だと言い，彼女も同じことを言った）〔代名詞〕

These two buildings are *the* **same** height.
（これら2つの建物は高さが同じだ）〔形容詞〕

> **注** same の副詞用法:
> 「同じように」の意味で副詞としても用いられる。
> These two words are spelt *the* **same** (as each other).
> （この2つの単語は綴りが同じだ）

2 〈the same ～ as〉と〈the same ～ that〉

〈the same ～ as〉は「同一種類」，〈the same ～ that〉は「同一物」を表すといわれるが，この区別は現在では守られていない。ただし，〈the same ～ as〉の as の後では主語や動詞が省略できる。

She is wearing *the* **same** T-shirt *as* [*that*] she had on yesterday.
（彼女は昨日と同じTシャツを着ている）

He uses *the* **same** word processor *as* I (do).
（彼は私（が使っているの）と同じワープロを使っている）

He has made *the* **same** mistakes (*that*) he made last time.
（彼はこの前と同じまちがいをしている）

　＊ as の場合は，He has made *the* **same** mistake *as* last time. のような省略も可能。

> 注 1. same と関係詞:
> 〈the same ～ that〉の that は関係代名詞であるが，関係詞としては that のほか，who や where も用いられる。
> He is *the* **same** man *who* was here yesterday.
> （彼は昨日ここにいた人だ）
> She went back to *the* **same** place *where* she had lost the key.
> （彼女は鍵をなくしたその場所へ戻った）

> 注 2. 同一物の明示:
> 「同一物」を明示するには，This is the *very* watch I lost yesterday.（これは私が昨日なくした時計だ）のようにすることもできる。

3 same を含む慣用表現

They eat **much the same** thing for breakfast every day.
（彼らは毎日朝食にほとんど同じ物を食べる）

Daddy-Long-Legs and Mr. Pendleton were **one and the same** person.
（足長おじさんとペンドルトン氏は全く同一の人物だった）

"Happy Christmas!" "(**The**) **same** *to* **you**!"
（「クリスマスおめでとう」「おめでとう」）　　　　　　　　【応答】

Whether you go or stay, it's **all** [**just**] **the same** to me.
（君が行こうととどまろうと，私にとっては全く同じことだ）

He is still young, but I'll vote for him **all the same**.
（彼はまだ若いが，それでも私は彼に投票する）

You may go today or tomorrow; it **comes** [**amounts**] **to the same thing**.
（行くのは今日でも明日でもいいよ。結局同じことだから）

Q&A 41　Thank you just the same. はどういうとき用いるのか？

人に何かを頼んで断られたとき，あるいは何かをしてあげようと言われて辞退するときに，Thank you *just* [*all*] *the* **same**. と言う。

A: Excuse me, but would you tell me the way to the station?
B: I'm a stranger here myself. I'm sorry I don't know.
A: I see. Thank you *just the* **same**.　　　　　　　　　【感謝】
　または Thank you anyway.　　　　　　　　　　　　　【感謝】
A「すみませんが，駅へ行く道を教えてくださいませんか」
B「私もこの辺は不案内なんです。悪いけれどわからないんです」
A「ああ，そうですか。いや，どうもありがとうございました」

第4節 不定代名詞

不特定の人や物を表し,また一定でない数量を表す代名詞を**不定代名詞** (**Indefinite Pronouns**) という。これには one, other, another, several, some, any, both, all, each, every, either, neither, no, none などの単純形のほかに,anyone, somebody, no one, everything などの複合形がある。単純形は一般に代名詞・形容詞のどちらにも用いられるが,every, no は形容詞として,none は代名詞としてだけ用いられる。

§98 one の用法

1 名詞の代用語としての one

(1) **修飾語がつかない場合**: 単独に用いて〈a+単数普通名詞〉に相当する。

I have lost my watch and have to buy **one** (=*a* watch).
(私は時計をなくしたので,買わなくてはならない)
 * 前が my watch でも,繰り返すべき語は *a* watch であることに注意。

I don't have a pen. Can you lend me **one** (=*a* pen)?
(ペンを持っていないんだ。貸してくれないか)

この用法では,複数の ones は用いられず,they [them] が用いられる。

[誤] "Do you like apples?" "Yes, I like *ones*."
[正] "Do you like apples?" "Yes, I like **them** (=apples)."
(「リンゴは好きですか」「ええ,好きです」)

> 注 1. **one と it**:
> 不特定のものを受けるには one を用いるが,特定のもの(一般に〈the [人称代名詞の所有格など]+単数普通名詞〉で表されるようなもの)は it で受ける。(→ p.176)
> I bought a good camera. I'll lend *it* (=*the* camera) to you.
> (いいカメラを買った。君に貸してあげよう)
> * *a* good camera で登場しても,繰り返すときは *the* camera になる。

> 注 2. **one と some**:
> 不特定の不可算名詞はふつう some で受ける。
> [誤] Shall I pass the butter? Or have you got *one* already?
> [正] Shall I pass the butter? Or have you got **some** already?
> (バターをとりましょうか。それとも,もうおありですか)

(2) **修飾語がつく場合**: 〈(冠詞)＋形容詞＋one(s)〉の形で, 特定・不特定の, また, 単数・複数のいずれにも用いられる。冠詞の代わりに this [these], that [those], which などが用いられることもある。this [that] one は会話でよく用いられる。

Molly wears a red dress, but *a blue* **one** (=dress) would suit her better.
(モリーは赤い服を着ているが, 青い服のほうが似合うだろう)

I want some roses — *red* and *white* **ones** (=roses).
(バラが欲しい。赤と白のバラが)

I like that picture — I mean *the third* **one** (=picture) from the left. (私はあの絵が好きだ, 左から3番目の絵のことだが)

He has a great number of books and keeps *the rare* **ones** (=books) in a glass case.
(彼は本をたくさん持っていて, 珍しい本はガラスのケースに入れている)

"Which necklace do you like?" "*This* **one**."
(「どっちのネックレスが好きなの?」「こっち」)

What nice shirts! *Which* **one** [**ones**] shall we buy?
(なんていいワイシャツだ! どれを買おうか)

> **注** | **the one**:
> 〈the＋既出の名詞〉をさすのに用いる。
> Is this camera yours? (このカメラは君のですか)
> No, *it* (=this camera) is Jim's. (いいえ, ジムのです)
> Mine is **the one** (=the camera) on the desk.
> (私のは机の上にあるのです)

(3) <u>修飾語がついても one を用いることができない場合</u>

❶ <u>不可算名詞</u>をさすことはできない。

  [誤] He likes white wine better than red *one*.
  [正] He likes white *wine* better than **red** (wine).
    (彼は赤ワインより白ワインのほうが好きだ)
  ＊ red wine とするか, red だけを残す。

❷ 人称代名詞や名詞の所有格 (または own) および<u>基数詞</u>の後では用いられない。

  [誤] My house is smaller than Robert's *one*.
  [正] My house is smaller than **Robert's**.
    (私の家はロバートの家より小さい)
  ＊ Robert's *new* one のように形容詞が入ればよい。

[誤] He has three rabbits and I have only two *ones*.
[正] He has three rabbits and I have only **two**.
（彼はウサギを3匹飼っているが，私は2匹だけだ）

> **参考** one を省略する場合:
> these, those の直後，対照する2つの形容詞がある場合の第二の形容詞の後では one は用いないことが多い。
> Do you want these trousers or *those*?
> （このズボンがいいですか，それともあれですか）
> Your *right* hand is clean, and so is your *left*.
> （君の右手はきれいで，左手もきれいだ）

Q&A 42　the one(s)＝that [those] と考えてよいか？

次のような場合は，どちらを用いてもよい。
  These dolls are prettier than *the* **ones** (＝those) I bought in Paris.（これらの人形は私がパリで買ったのよりかわいい）
ただし that は人間をさす場合には用いないが，the one は可能。
  The man was stouter than *the* **one** you were talking of.
  （その男は君が話していた男よりずんぐりしていた）
〈of ～〉がつく場合は that [those] を用いるのがふつうである。（→ p.200）

2 一般の「人」を表す one の用法

one は総称人称の we や you（→ p.180）と同じように，一般の「人」を表すが，現代では堅い書き言葉に用いられ，we や you のほうが口語的である。

One should always listen to what other people say.
　　（人は常にほかの人の言うことに耳を傾けるべきである）
One should do **one's** [his] duty.
　　（人は義務を果たすべきである）

上の例のように，2度目の one を one, one's, oneself などで受けるのは《英》用法で，《米》では one の繰り返しは堅い言い方だとして he, his, himself で受けることが多かった。最近は性差別をなくす意味から，he ではなく，he or she, his or her, himself or herself にすべきだという意見がある一方，それは不格好だから，数の問題はあるが，男女を含んで言っているのなら，they で受けてもよいという意見もある。

結論的には，one's, his or her, their のどれでもよいが，どちらにせよ，この one は堅い言い方なので，くだけた言い方では最初から you などで

始めたほうがよい。

なお, one が「(〜のうちの) 1 人」を表すときは,「〜の」に当たる語に応じて, he または she で受ける。

One of the girls raised *her* hand.
(少女たちの 1 人が手を挙げた)

また, one に some, any, no, every, each などがついた代名詞も同様に, 最近は they で受ける傾向がある。(→ p.725)

{ *Everyone* thinks *he* is the center of the universe.
{ *Everyone* thinks *they* are the center of the universe.
(みんな自分が宇宙の中心だと思っている)

> [参考] **little one**:
> one が人や動物の子供・赤ん坊を表すことがある。ふつう little, loved などの形容詞を伴う。
> Did you leave your little **ones** at home?
> (お子さんたちは家においてこられたのですか)
> The mother bird told her young **ones** to be good during her absence.
> (母鳥はひなたちに留守中はいい子にしていなさいと言いました)
> * loved one(s) は子供だけでなく, 夫 [妻], 親などにも用いる。

3 形容詞としての one の用法

「ある〜」の意味を表す。

One day they found a thrush lying in the bush.
(ある日彼らは草むらの中でツグミが横たわっているのを見つけた)

One Mr. Brown came to see you.
(ブラウンさんという人があなたに会いにきました)
  * やや古風な表現。a Mr. Brown のほうがふつう。

[注] 1. 数詞として「1 つ」を表す用法については (→ p.297)

[注] 2. **one day, some day, the other day**:
one day は**過去**および**未来**に用いるのに対して, some day は**未来**に, the other day は**過去**に用いる。
One *day* I took a walk along the beach.
(ある日なぎさを散歩した) 〔過去〕
Come again **one** *day* soon.
(近いうちにまた来てください) 〔未来〕
I want to go to the U.S.A. **some** *day*.
(いつかアメリカへ行きたい)
I bought this book **the other** day. (私は先日この本を買った)

4 one を含む慣用表現

One of these days is none of these days.　　　　　　《ことわざ》
　(いずれそのうちは、いつになっても来ない)
I, **for one**, am in favor of the proposal.
　(私個人としては提案に賛成だ)
They left **by [in] ones and twos**.
　(彼らは 1 人, 2 人とぽつりぽつり去っていった)
They left the room **one by one**. (彼らは 1 人ずつ部屋を出て行った)
The children came home **one and all**. (子供たちは残らず帰宅した)
They spoke to **one another** in a very friendly manner.
　(彼らはいかにも友好的に互いに話し合った)

§99　other と another の用法

1 other と another の基本的な用法

other, another ともに代名詞としても形容詞としても用いられるが, other には副詞としての用法もある。

(1) **other**

「ほかの(人・もの)」の意味で用い、複数形 others がある。特定のものを表すには定冠詞 (the) をつけ, 不特定のものを表すときは冠詞をつけない。**others** が無冠詞で用いられると,「(任意の数の) ほかの人 (自分以外の人)」を表すことが多い。

❶ 代名詞用法

I don't like these; show me some **others**.　　　　　　〔不特定〕
　(こちらのは気に入らない, 別のいくつかを見せてくれ)
Show me *the* **other**. (〔2つのうち〕もう一方を見せてくれ)
　＊ 3つ以上の中で, 残ったただ 1 つのものをさすときにも用いる。
Show me *the* **others**. (ほかのを全部見せてくれ)
Be kind to **others**.　　　〔others が無冠詞で単独に用いられた場合〕
　(他人〔＝自分以外の人〕に親切にしなさい)

❷ 形容詞用法・副詞用法

Come again some **other** time. (いつか別のときに改めて来なさい)
I have **other** things to do. (私はほかにすることがある)
Show me *the* **other** room.
　(もう一方の〔残った最後の〕部屋を見せてください)

Where are *the* **other** boys?
(ほかの少年たちは〔みな〕どこにいますか)
I could not do **other** (=otherwise) than obey him. 〔副詞用法〕
(彼に従うほかはなかった)

> **注** 冠詞と other:
> 　不特定の単数を表す代名詞・可算名詞につく形容詞としては another が用いられる。また,the をつけず,複数形 others ともしないで,other が単独に代名詞として用いられることはない。
> 　〔誤〕 Won't you have *other* cup of tea?
> 　〔正〕 Won't you have **another** cup of tea?
> 　　　　(もう1杯お茶をいかが)
> 　〔誤〕 If you have finished your book there are *other* you can read.
> 　〔正〕 If you have finished your book there are **others** you can read.
> 　　　　(君の本を読んでしまったら,ほかにも読めるのがあるよ)

(2) **another**

〈an+other〉からできた語で,常に不特定の「もう1つの別の(もの・人)」を表し,複数形はない。

I don't like this one; show me **another**. 〔代名詞用法〕
(これは気に入らない,ほかのを1つ見せてくれ)
Have **another** piece. (もう1切れ召しあがれ) 〔形容詞用法〕

another には「さらに加えるに (=a further, one more)」の意味があり,この意味では後に数詞や複数形の名詞を伴うことがある。

I've already read five books, but I have to read **another** *five* (books).
(私はもう5冊本を読んだが,あと5冊読まなくてはならない)

　＊ another は〈an+other〉なので,これにさらに冠詞や this, that, 所有格代名詞などはつけない。

> **注** other, another の所有格:
> 　other, another の所有格は,文脈から範囲が限られているような場合に用いることが多く,たとえば漠然と「ほかの人のかばん」というような場合は another's bag ではなく *another person's* bag または *somebody else's* bag というのがふつう。
> 　Each of them tried to take advantage of *the other's* weak point. (お互いが相手の弱点につけ込もうとした)
> 　What he was describing was not his own experience but *another's*.
> 　　(彼が述べていたのは,自分の体験ではなく別の人のものだった)

2 他の語との対応と慣用表現

(1) いくつかのものの中からどれかを選んで残りを示す表現

❶ one ... the other：「2つあるうちの1つ…残りの1つ」

One man shouted, but *the* **other** could not understand him.
(1人の男がどなったが, もう1人にはわけがわからなかった)

❷ one ... the others：「多くのうちの1つ…ほかの全部」

Of their five children, **one** is in Japan and the **others** are abroad.
(彼らの5人の子供のうち1人は日本に, 残りは外国にいる)

> **注** 「もう1つ」:
>
> 3つあるもののなかで「1つ…もう1つ…残りの1つ」を表すには〈one ... another ... the other [the third]〉とし, 4つの場合は,〈one ... another ... another [a third] ... the other [the fourth, the last]〉のように表す。5つ以上の場合も同様である。(→ p.304)
>
> I have three young friends: *one* is eight years old, **another** is ten, and *the* **other** is twelve.
> (私には3人の若い友がいる。1人は8歳, もう1人は10歳, もう1人は12歳だ)

❸ some ... the others：「多くのうちのいくつか…ほかの全部」

Some of the boys are here, but where are *the* **others**?
(少年たちのうち何人かはここにいるが, ほかはみなどこにいるのか)

❹ one ... another：「(3つ以上のうち)1つ…また(別の)1つ」

She hung her raincoat on **one** hook and her umbrella on **another**.
(彼女はレインコートを1つのフックにかけ, かさを別のにかけた)

❺ some ~ others ...：「~するものもあれば…するものもある」

Some people said yes and **others** said no.
(賛成した人もいれば反対した人もいた)

* これは❹の one ... another が複数になったと考えればよい。others の代わりに some ... some の対応もある。

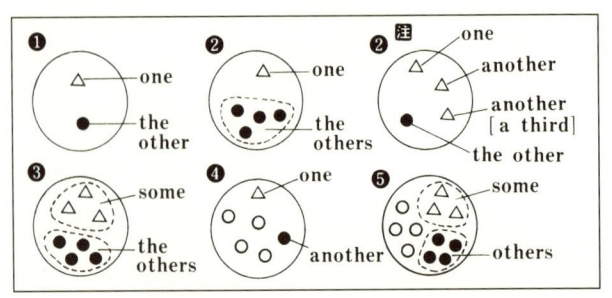

(2) 成句・慣用表現

❶ **the one ... the other**:「前者…後者」(=the former ... the latter)
Mary has a white and a red rose; **the one** is lovelier than **the other**.
(メアリーは白いバラと赤いバラを持っている。前者〔=白いバラ〕のほうが後者〔=赤いバラ〕よりきれいだ)

> 注 「前者・後者」:
> 初めに出てきたほう(=the first)をまず the one で受け,後に出てきたもの(=the second)を the other で受けることが多いが,文脈によっては,前者と後者が逆になることもある。
> There is a big difference between old English and modern English, but **the one** (=the latter) has developed gradually out of **the other** (=the former).(古期英語と近代英語の違いは大きいけれども,後者は前者からゆっくり発達したものである)
> こうしたこともあり,前者,後者という場合は,the former, the latter を用いるのが無難である。

❷ **this ~ the other ...**:「こちらの~向こうの…」
He crossed the street from **this** side to **the other**.
(彼は通りをこちら側から向こう側へ渡った)

❸ **A is one thing, B is another**:「A と B は別物である」
To know is **one thing**, and to teach (is) quite **another**.
(知っていることと教えることとは全く別だ)
(=To know and to teach are two quite different things.)

> 注 成句での不定代名詞の組み合わせ:
> 成句をつくる場合には,〈one ... another〉,〈some ... other〉の組み合わせが多い。one way or another (あれやこれやで), somehow or other (なぜか) など。

❹ **one after the other** と **one after another**:
one after the other:「(通例 2 人・2 つが) 交互に」
one after another:「(3 人・3 つ以上が) 次々に,相次いで」
The boy showed me his dirty hands **one after the other**.
(その男の子は私に汚れた手を交互に見せた)
(=The boy showed me **one** dirty hand **after the other**.)
Planes took off **one after another**.
(飛行機が次々と離陸した)
(=**One** plane **after another** took off.)

❺ **on the one hand ~ on the other (hand) ...**:
「一方では~他方では…」

On the one hand he suffered a heavy loss, but **on the other hand** he learned a great deal from the experience. (一方では彼は大被害を被ったが, 他方その経験から学んだものも大きかった)

　　* 〈on the one hand ..., on the other hand ...〉は, 逆説的に性格の違ったもの同士で使われる。同じような性質のもの同士には使わないのがふつう。

❻ other than：「…以外の」

I had expected something **other than** this.
(私はこれとは別のものを予想していた)

❼ その他の慣用表現

He likes English, **among other things**.
(彼はとりわけ英語が好きだ)

"What kind of music do you like?" "Popular music, **among other kinds**." (「どんな音楽が好きですか」「特にポピュラーです」)

Write on **every other** line. (1行おきに書きなさい)

He was **none other than** Mr. Brown himself.
(彼はほかでもないブラウンさんその人だった)

I tell you it also works **the other way** (a)round.
(いいかい, それは逆にも作用するんだよ)

Other things being equal, Alice would marry Jim.
(ほかの条件が同じなら, アリスはジムと結婚するのだろうが…)

It's **just another** story. (それはごく平凡な話だ)　　《米口語的》

Q&A 43　my another book は正しいか？

正しくない。other なら, *that* other color (その別の色)のように原則的に冠詞相当語を前に置くことができるが, another は〈an+other〉で, すでに不定冠詞の要素を含んでいるので, 不定冠詞とともに用いられない語句をつけることはできない。another book of mine, another of my books などとするのがよい。

§100　several の用法

several は「数個(の), 数人(の)」を表し, 可算名詞の複数にのみ用いられる。代名詞としても形容詞としても用いる。a few より多い数を表すともいうが, それは実際の数の多少ではなく, どう感じているかの問題である。ふつう「2 より多く(3つ以上), many より少ない」と定義される。

We waited for the bus for **several** minutes. 〔形容詞用法〕
(我々は数分間バスを待った)

There are **several** ways of solving the problem. 〔形容詞用法〕
(その問題を解く方法はいくつもある)

Several (of my friends) attended the conference. 〔代名詞用法〕
(〔私の友人のうち〕数人がその会議に出席した)

Several of the pears are bad, and several more have worm holes.
〔代名詞用法〕
(そのナシのうちいくつも傷んでおり,さらに数個には虫穴がある)

several を「それぞれの,独自の,さまざまな」の意味で形容詞的に用いるのは文語調。この意味では one's や the を前につけることができる。

They parted at the gate and went *their* **several** ways.
(彼らは門のところで別れて,それぞれの方向へ歩いていった)

> * several は「いくつかの」の意味では冠詞とともに用いることはできないので, the several men とはいえない。the several effects というときには「さまざまな影響」という意味であることに注意。

Q&A 44　several と some はどう違うか？

several は可算名詞にだけ用いられるのに対して,some は「いくらかの」の意味で不可算名詞にも用いられる。また,some は不定冠詞 a(n) に対応して,単数ではないことを示す印として用いられる。several には「それぞれの」という意味があるため,話し手の意識の中でそれぞれのことを意識している度合が大きい。また several に強勢を置くと,「いくつも」という気持ちで,たくさんあるという感じが強まる。

§101　相互代名詞

each と other, one と another がそれぞれ結合して「お互い」の意味で用いられる場合に,これを**相互代名詞**と呼ぶことがある。日本語の「お互いに」は副詞のように聞こえるが,each other, one another は代名詞で,**自動詞の次にくるときには前置詞が必要である**。each other は「2人」,one another は「3人以上」について用いるといわれることがあるが,実際にはこのような区別はなく用いられる。ただし,each other に対して one another のほうが,やや改まった口調のときに用いられるという人もいる。

They looked *at* **each other**.
(彼らはお互いに顔を見合わせた)

The people in the room knew **one another**.
(部屋の中にいた人たちはお互いに顔見知りだった)

所有格はそれぞれ each other's, one another's になる。

They held **each other's** hands.
(彼らはお互いの手を取り合った)

 * each others' という複数形所有格はない。

> **Q&A 45** 「お互い[の〜]」を主語にした英文は作れるか？
>
> 1. each other, one another は主語になることはない。次のような each, one が主語になる構文のほうが好まれる。
>   **Each** of them knew **the other's** weak point.
>   (それぞれがお互いの弱点を知っていた)
>   **One** man shouted to **another** in his own language.
>   (それぞれが自分の言葉でお互いに大きな声で呼び合った)
> 2. each other's, one another's を含む語句は主語にならない。
>   〔誤〕 *Each other's letters* arrived in time.
>   〔正〕 **Their letters to each other** arrived in time.
>   (お互いの手紙は間に合った)

§102 some と any の用法

some, any はいずれも代名詞・形容詞の両様に用いられ，可算名詞にも不可算名詞にも用いられる。

Ⅰ some と any の一般用法

(1) some [any] が「いくつか，いくらか」を表す場合

不定の数または量を表し，一般的には**肯定平叙文には some, 否定文・疑問文・条件文には any** を用いる。否定文に用いた場合, not ... any で「少しの〜もない」の意味になり，この some, any には強勢がない。ただし，(4)(5)のように，疑問・条件・否定に some を用いることもある。

❶ 〈**some [any]＋可算名詞の複数形**〉:「いくつかの〜」

I had *some* American *coins*. 〔形容詞用法〕
(いくつかのアメリカのコインを持っていた)

Some of her stories were quite amusing. 〔代名詞用法〕
(彼女の話のうちいくつかはとてもおもしろかった)

Are there **any** *letters* for me? 〔形容詞用法〕
(僕に手紙が来ていますか)

He has no sisters; do you have **any**?　　　　　　　　　　〔代名詞用法〕
(彼には姉妹がいない,君には姉妹がいますか)
　　＊　some, any は,冠詞・所有格代名詞とともに用いることはできない。また,原則としてこれだけで補語になることはできない。

❷ 〈**some** [**any**]＋不可算名詞（単数形）〉:「いくらかの～」

She asked me for **some** *ice*.　　　　　　　　　　　　　〔形容詞用法〕
(彼女は私にいくらか氷が欲しいと言った)

"Do you have **any** *sugar*?" "Yes, I have **some**."
(「砂糖はありますか」「ええ,いくらかあります」)
　　　　　　　　　　　　　　　〔any は形容詞用法, some は代名詞用法〕

Is this book of **any** *use*?　　　　　　　　　　　　　　〔形容詞用法〕
(この本はいくらか役に立ちますか)

Please lend me **some** *money*, if you have **any**.
(お金を持っていたら,いくらか貸してください)
　　　　　　　　　　　　　　　〔some は形容詞用法, any は代名詞用法〕

> **注**　否定語と any の語順:
> 　　否定文では一般に not ... any の語順になるが,この語順はふつう逆にすることはできない。(→ p. 756)
> 　　〔誤〕 *Any* student will *not* succeed.
> 　　〔正〕 **No** student will succeed. (学生は誰も成功しないだろう)

some, any が代名詞として用いられて主語になる場合,動詞は, some, any が不可算名詞に対するものであれば単数扱い,可算名詞に対するものであれば複数扱いとして一致させる。

Some (＝Some people) *say* they have seen UFO's.
(UFO を見たという人もいる)

If **any** of the meat *goes* bad, please throw it away.
(もしその肉が少しでも悪くなったら,捨ててください)

(2) some が「ある～」を表す場合

〈**some**＋可算名詞の単数形〉で**肯定文**に用いられ,「ある～」の意を表す。ふつう **some** は強く発音される。

I saw it in **some** book. (私はそれをある本で見た)
How about having lunch at **some** good restaurant?
(どこか良いレストランで昼食というのはどうですか)

(3) any が「どんな～も」を表す場合

〈**any**＋可算名詞の単数形〉で**肯定文**に用いられ,「どんな～も」の意を表す。ふつう **any** は強く発音される。

Any pupil knows it. (どんな生徒でもそれを知っている)

> *Some* doctors will say **any**thing.
> (医者の中にはどんなことでも言う人もいる)
> **Any** doctor will say *some*thing.
> (どんな医者でも何か言うはずだ)

> **注** 〈any of＋複数名詞〉：
> any を代名詞として用いる〈any of＋可算名詞〉の形では, of の後は複数形になる。
> **Any of** the *magazines* will do. (どんな雑誌でも結構です)

(4) some（いくつか，いくらか）が疑問文や条件節に用いられる場合

肯定の答えを期待している場合や，疑問文の形で**依頼・勧誘**を表す場合は，any でなく some を用いる。

Can I have **some** more coffee?
　(もう少しコーヒーをもらえますか)　　　　　　　　　　　　【依頼】

Won't you have **some** candy?
　(キャンディをどうですか)　　　　　　　　　　　　　　　　【勧誘】

"What are you eating?" "Popcorn. Want **some**?"
　(「何を食べているの？」「ポップコーンよ。欲しい？」)　　　【勧誘】
　　＊ Would you like some? のくだけた言い方。

If you eat **some** spinach, I'll take you to the park.
　(ホウレンソウを少し食べたら，公園に連れていってやろう)

> **注** 内容が否定や疑問の平叙文：
> 形は平叙文であっても，内容が否定や疑問の場合には，any が用いられる。
> He finished the work without **any** difficulty.
> 　(彼は何の苦もなくその仕事を仕上げた)
> The noise prevented me from getting **any** sleep.
> 　(私はその騒音のために少しも眠れなかった)
> I wonder if he has **any** money. (彼はお金を持っているのかしら)

(5) some（いくつか，いくらか）が否定文に用いられる場合

否定が全体にまで及んでいない場合には，否定文でも some が使われる。

I *don't* like **some** of these books.
　(私はこれらの本の中でいくつかは好きではない)
　　―― don't like（好きではない）のは some of these books だけで，これらの本の中には好きな本もあることを示す。

cf. I *don't* like *any* of these books.
　(私はこれらの本のどれも好きではない)
　　――これらの本の中には好きな本は1冊もないことを示す。

2 some と any の注意すべき用法

(1) <u>some ~ others ...</u>:「~するものもあれば…するものもある」

この場合 some は [sʌm] と強く発音される。

Some say the news is true; *others* not. (そのニュースは本当だと言う者もあれば、そうではないと言う者もある)

Some AIDS babies die quickly, but *others* live longer than AIDS adults. (エイズにかかった赤ん坊の中には早く死ぬ者もいるが、大人のエイズ患者より長く生きる者もいる)

　　* others の代わりに some を用いることもできる。

(2) <u>some が「相当な、かなりの」の意味になる場合</u>

We had to walk **some** miles.

　(我々は何マイルも歩かなければならなかった)

That was **some** performance! (それは大した演技だったな)

(3) <u>some の副詞用法</u>

「およそ、約」の意で、数詞の前に用いる。about とほぼ同じ。

There are **some** 10,000 water birds on the lake.

　(湖にはおよそ1万羽の水鳥がいる)

> [参考] 「いくぶん」の意の some:
> 《米》のくだけた言い方では、some を「いくぶん」という意味で副詞として用いる。
> (1)動詞の後で
> 　I know him *some*, not well.
> 　　(彼をよく知らないが、多少は知っている)
> (2)叙述形容詞の比較級の前で
> 　He says he's feeling *some* better.
> 　　(彼は少し気分がよくなったと言っている)

(4) <u>any の副詞用法</u>

比較級の前に用いて、否定文では「少しも(…ない)」、疑問文・条件文では「いくらか、少しは」の意味を表す。

I can*not* wait **any** longer. (私はもうこれ以上待てない)

He could*n't* go **any** further. (彼はもう一歩も進めなかった)

I do*n't* feel **any** better for having had a holiday.

　(休みをとったが、それでも体の調子は少しも良くなっていない)

It is*n't* **any** too big for you. (それは君にはちっとも大きすぎないよ)

Do you feel **any** better today? (今日は少しは気分がいいですか)

参考 単独で副詞として用いる any:
《米》のくだけた言い方では, That won't help us **any**. (それでは全然助けにならない)のように, any が単独で副詞として用いられることがある。

(5) some, any を含む慣用表現

I hope **some day** we'll have enough money to get those pictures.
(いつかあの絵が買えるくらいの金持ちになりたいものだ)
　＊ some day は someday とも綴る。

He's staying with **some** friends **or other** in the country.
(彼はだれか田舎の友達の所に泊まっている)

In ány case, you have to take a taxi first to go there.
(いずれにしてもそこに行くにはまずタクシーに乗りなさい)

He was determined to finish the work **at any cost**.
(どんな犠牲を払ってもその仕事を完成させようと彼は決心していた)

We have to investigate the cause **at ány rate**.
(とにかく原因を調べなければならない)

There is little water, **if any**.
(たとえあるにせよ, 水はほとんどない; 水はまずない)

Correct errors, **if any** (=if there are any errors).
(誤りがあれば, 訂正しなさい)
　＊ if anything の場合は,「もしあるにしても」の意味のほか,「どちらかといえば」の意味にもなる。(→ p. 237)

§103 all と both の用法

■ all と both の基本用法

(1) all

all は人にも事物にも用いられる。数と量のどちらをも表すが, 数の場合は3つ [3人] 以上をさす。

❶ 代名詞用法

All *were* frightened. (全員がぎょっとした)　　　　　　　　《文語的》
　＊ [人] を表すときは複数扱い。ただし, このように単独で用いる場合は everyone, everybody などのほうが好まれる。

All of the villagers knew of the accident.
(村の人々はみなその事故のことを知っていた)
　＊ これを The villagers **all** knew of the accident. とすれば, all は the villagers と同格になる。

> **注** all of:
> 〈all of〉の後の名詞には原則として冠詞（相当語）がつく。また，人称代名詞が続く場合は，of は省略できない。
> 　［誤］　all of books　　　［正］　all of *the* [*my*, *these*] books
> 　［誤］　all them　　　　　［正］　all of *them*

All *is* well that ends well.（終わりよければすべてよし）《ことわざ》
All I want *is* love.（私が欲しいのは愛だけだ）
All *is* lost.（すべてはだめになった）
　＊　「物・事」を表すときは単数扱いがふつう。関係詞節などがつくことが多い。単独で用いる場合は，everything のほうが好まれる。

❷ 形容詞用法

(a) 〈**all**＋可算名詞の複数形〉：「すべての～」

All *children* should learn to play on some instrument.
（すべての子供は何かの楽器がひけるようになるべきだ）〔一般的〕

All *the villagers* knew of the accident.
（村の人々はみなその事故のことを知っていた）　　　　　〔特定〕
　＊　all は元来形容詞で，❶の代名詞用法の **All** *of* the villagers ～ の形は some of ～などの形にならってできたもの。どちらの形を用いてもよいが，of を用いた形は《米》で好まれる傾向がある。

(b) 〈**all**＋単数形名詞〉：「全体の～，～じゅう」

　❹ **物質名詞**について「全部(量)」を表す。

　　All *the milk* was spilled.（ミルクは全部こぼれてしまった）
　　　＊　All of the milk とすれば all は代名詞。
　　This is **all** *the money* I have on hand.（有り金はこれだけだ）

　❺ 「時」を表す語について，ある特定の期間全体をさす。

　　It rained **all** *afternoon*.（午後ずっと雨だった）
　　　＊　all day [night, week, year, winter, summer]（一日［晩，週間，年，冬，夏］じゅう）のような形では，今では英米とも，all の次に the を入れないのがふつうである。特に否定文では the がつくことはない。

　❻ 分割できると考えられる**可算名詞**について，その全体を表す。

　　They walked **all** *the way*.（彼らは途中ずっと歩いた）　〔範囲〕
　　　＊　all the family [crew] など，集合名詞につくことも多い。
　　The boy has eaten **all** *the loaf* [*banana*].　　〔具体名詞の例〕
　　（その子はそのパン［バナナ］を丸々1個［1本］食べてしまった）
　　　＊　「半分でなく」などという感じがある。ただし，この用法では，all of the loaf や the whole loaf などの形のほうがふつう。

　❼ 「場所・地域」などを表す名詞について，その地域全体またはそこに住んでいる人全体を表す。**単数**で受ける。

All *the* (=The whole) *town* was destroyed.
(町全体が破壊された)

All *London* welcomed the two astronauts.
(ロンドンじゅうの人たちが2人の宇宙飛行士を歓迎した)

* the whole of London のほうがくだけた言い方になる。

注 | all と whole：
「全体の」の意味では相互に置き換えられる場合が多いが、次の点に注意。
(1) whole を単数名詞と用いるときは，原則として冠詞（相当語）が必要であるが，この場合の冠詞（相当語）の位置に注意。
　　　all *the* [*his*] family = *the* [*his*] **whole** family
(2) whole は，原則として〈the＋複数名詞〉，固有名詞，不可算名詞に直接つかない。
　　［誤］　the *whole* villagers　　［正］　the whole *of* the villagers
　　［正］　**all** *the* villagers　　　（村人全員）
　　* 「まる〜」という意味では，「まる1日」は a whole day「まる10日」は ten whole days または the whole ten days。
(3)［誤］　the whole milk　　［正］　**all** *that* milk（牛乳全部）
　　* 無冠詞の whole milk は「全乳」の意味になる。

(2) **both**

both は「両方とも」の意味で，2つのものまたは2人の人について用い，**常に複数扱い**である。用法は all と似た点が多い。

Both of his children went to New York.　　　　　　　　　〔代名詞〕
(彼の子供は2人ともニューヨークに行った)

They **both** have succeeded in the examination.
(彼らは2人とも試験に合格した)　　　　　　　〔代名詞で They と同格〕

There are trees on **both** sides of the road.　　　　　　　〔形容詞〕
(道の両側には木がある)

I've read **both** these papers.　　　　　　　　　　　　　　〔形容詞〕
(私はこれらの論文を両方とも読んだ)

「その女の子たちは2人ともにっこりとした」を both を用いて英訳する場合，all と同じように次の3つの形が可能である。

　　Both (*the*) girls smiled.　　　　　　　　　　　　　　〔形容詞〕
　　Both *of the* girls smiled.　　　　　　　　　　　　　　〔代名詞〕
　　The girls **both** smiled.　　　　　　　　　　　　〔代名詞で同格〕

注 | both of：
〈both of〉の後の名詞には必ず冠詞（相当語）をつける。また，人称代名詞が続く場合は of は省略できない。
　　［誤］　both of boys
　　［正］　*both of the* boys または *both* (the) boys

§103 all と both の用法

(3) all, both の位置

❶ 形容詞の場合: 定冠詞・代名詞の所有格・数詞・形容詞より前。

all my three dear little children
（私の3人のかわいい子供たちみんな）

both the charming ladies（その魅力的な婦人2人とも）

❷ 主語と同格の場合: ふつうは主語の直後，動詞の前に置くが，be動詞や助動詞の場合はその直後に置く。この場合，副詞の位置と同じであるので，副詞的な働きをしていると考えることもできる。

They **all** live together in the same house.
（彼らはみな同じ家に一緒に住んでいる）

They are **both** happy.（彼らは2人とも幸せだ）

They might **both** have come.
（彼らは2人とも来たかもしれなかった）

The villages have **all** been destroyed.
（どの村もみな破壊されてしまった）

> **注** 目的語と同格の all, both:
> 目的語と同格になるのは，その目的語が人称代名詞の場合だけで，その直後に置く。目的語が名詞の場合は不可。
> 〔誤〕 You may take *these toys all*.
> 〔正〕 You may take **all** *these toys*.
>   （このおもちゃをみんな取っていいよ）
> 〔誤〕 You may take *all them*.
> 〔正〕 You may take *them* **all**.

(4) all, both と部分否定

all, both は否定語を伴うと部分否定を表すことが多い。（→ p.759）

Not all my children can swim.
（私の子供がみな泳げるわけではない）

I do**n't** know **both** her parents. I know only her mother.
（私は彼女の両親とも知っているわけではない。母親しか知らない）

Q&A 46 all [both] the boys と all [both] boys の違いは？

the boys が（そこにいる）特定の少年たちをさすのに対して，無冠詞の boys は漠然と「少年というもの」をさす。これに all がついた，all *the* boys は「特定の少年たちの全員」であり，all boys は「そもそも少年というものはすべて」の意になる。both の場合は2つのものに限られるので，基本的には the がつけば特定化されたもの，無冠詞なら漠然と両方を合わせていうということになるが，実際には the のない形で用いられることが多い。

2 all の特別用法

(1) 副詞用法

「全く」「すっかり」の意味を強める。

The desk was **all** covered with dust.
（机はすっかりほこりをかぶっていた）

The holidays always end **all** too soon.
（休みは残念ながらいつもあっけなく［あまりに早く］終わる）

I liked him **all** the better for this confession.
（私はこの告白を聞いて，ますます彼が好きになった）

(2) 〈all＋抽象名詞（または身体の部位などを示す複数名詞）〉

「全身～で」「～そのもので」の意味を表す。

He is **all** *kindness*. （彼は親切そのものだ）（＝He is kindness itself.）
The pupils were **all** *attention*. （生徒たちは注意力を集中していた）
She was **all** *ears*. （彼女は全身を耳にして聴き入っていた）
The girl was **all** *smiles*. （その女の子は喜色満面だった）

3 all を含む慣用表現

He has a lot of weaknesses, but I like him **all the same**.
（彼には弱点がたくさんあるが，それでもやはり私は彼が好きだ）

He ate the fish bones **and all**.　　　　　　　　　　《口語的》
（彼はその魚を骨ごと食べた）

◆ all を含む慣用句

above all (things)（とりわけ）	all at once [all of a sudden]（突然）
all but（ほとんど）	all right（ちゃんと）
all told（総計）	at all（いったい）
first of all（まず初めに）	for all ～（～にもかかわらず）
for all I know（私はよく知らないが，たぶん）	in all（全部で）
once (and) for all（この際きっぱり）	with all ～（～がありながら）

§104　each と every の用法

1 each の用法

each は2つ［2人］以上のもの［人］について「それぞれ」「めいめい」「おのおの」の意味で個別的に表し，原則として**単数扱い**される。代名詞用法，形容詞用法，副詞用法がある。形容詞用法の each は単数普通名詞につく。

Each of the girls *was* charmed by the handsome young man.
（娘たちはそのハンサムな若者にそれぞれ魅せられた）　　　〔代名詞〕
Each house on the street *has* a small yard.　　　　　　〔形容詞〕
（通りに面した家にはそれぞれ小さな庭がある）
On **each** side of the street there were police officers.　〔形容詞〕
（通りの両側に警官がいた）
  ＊ この場合 side は2つだから every は使えない。
These hats cost 30 dollars **each**.　　　　　　　　　　　〔副詞〕
（これらの帽子はそれぞれ30ドルだ）
(=*Each* of these hats costs 30 dollars.)
  ＊ every には この用法はない。

注 each の用法の制限：
  (1) 形容詞用法の each は冠詞，代名詞の所有格，指示代名詞とともに用いることはできない。
    〔誤〕 each his friend　　　〔正〕 **each** of his friends
  (2) 〈each of〉の後の名詞（複数形）には定冠詞（相当語）がつく。
    〔誤〕 each of friends　　　〔正〕 **each** of *his* [*the*] friends
  (3) each は否定語が述部にある場合は，主語になれない。
    〔誤〕 Each did not succeed.
    〔正〕 **Each** failed.（各自が失敗した）

2 every の用法

every は3つ〔3人〕以上のもの〔人〕について「すべての～」「～はどれ〔だれ〕もみな」の意味で，全体を個体の集まりとして表す。**形容詞用法**しかなく，原則として単数扱いされる。

(1) 一般的な用法

every は単数普通名詞の前につく。

The energy problem was very serious in **every** country.
（エネルギー問題はどの国でもとても深刻だった）
Every dog has its day.　　　　　　　　　　　　　　《ことわざ》
（どの犬にも全盛期はある＝だれにでも一度は幸運が巡ってくる）
  ＊ 「どの犬もすべて」の意で，全体について述べている。個々の犬に重点をおけば each になる。本来の his の代わりに最近は its とする傾向がある。
Every dog and cat has his likes and dislikes.　　　《ことわざ》
（どの犬でも猫でも好き嫌いがある）
  ＊ every の後に2つ以上の名詞がきても，一般に単数扱い。このことわざの場合も his の代わりに最近は its が好まれる。

every は代名詞の前につけて用いることはできない。

[誤] *Every this* is distasteful to me.
[正] **All this** is distasteful to me.（私はこれはみな嫌いだ）

> **注** | **every** と所有格:
> 　ふつうは every book of mine のように〈every＋名詞＋of＋所有代名詞〉の形にするが，堅い言い方では my every book も可。所有格が its の場合は〈its＋every＋名詞〉の形にする。
> 　[誤] *Every leg of its* has broken.
> 　[正] Its **every** leg ［**Every** leg of it］ has broken.
> 　　（その脚はみな折れてしまっている）

(2) 〈every＋抽象名詞〉

「可能な限りの～」「十分な～」「ありとあらゆる～」

We have **every** *reason* to believe that he did it.
（彼がそれをしたと信じるだけの十分な理由がある）

She showed me **every** *kindness*.
（彼女は私にありとあらゆる親切を示してくれた）

(3) 「～ごとに」「～おきに」を表す場合

every を〈無冠詞の単数普通名詞〉，〈序数詞＋単数名詞〉または〈基数詞＋複数名詞〉につけて「～ごとに，～おきに」という意味を表す。

You should practice speaking English **every** *day*.
（毎日英語を話す練習をしなければなりません）

The committee meets **every** *other* week. (＝**every** *second* week)
（委員会は1週間おきに［2週ごとに］開かれる）

The Summer Olympics are held **every** *four* years (＝**every** *fourth* year).（夏のオリンピックは4年ごとに開かれる）　→ p. 229

(4) **every** と部分否定

every は否定語を伴うと，部分否定を表す。→ p. 759

Not **everybody** likes baseball.
（だれもが野球が好きだというわけではない）

3　each, every を受ける代名詞

くだけた言い方では，each, every のついた単数名詞を複数代名詞で受けることが多い。

　a.　**Every** girl wants to talk with *their* teacher.
　　　（女の子はみな自分の先生と話したがっている）
　b.　**Each** of us were willing to pay *our* fares.
　　　（私たちはめいめい進んで料金を払った）
　　＊　a. では，動詞は単数形になっているが，これは直前の主語 girl が単数形

であるのに引かれたもの。b. の動詞が複数形なのも、直前の us に引かれたためである。代名詞が複数になるのは、意味が複数であるため。

性的差別反対の立場からすれば、b. の our は his or her とすればよいことになるが、これでは法律の条文のようになってしまう。これも our が用いられる理由の1つである。

なお、each's という所有格はない。

> **Q&A 47** 「4年ごとに」と「4年おきに」はどう訳し分けるか？
>
> every は「毎～」の意味だから、本来「～ごとに」になる。そこで、単数名詞につくと、every leap year（うるう年ごとに）のようになる。
> 「夏のオリンピックは4年ごとに開かれる」という場合は、2000年のオリンピックの4年後の2004年に次のオリンピックが開かれ、さらにその4年後に次が開かれるわけだから、図示すれば次のようになる。
>
> ● ○ ○ ○ ● ○ ○ ○ ●
> 2000 2001 2002 2003 2004 2005 2006 2007 2008
> └────── 4 years ──────┘└────── 4 years ──────┘
>
> この4年を1単位としてまとめて考えると、「4年ごとに」は、every four years と表すことになる。2000年から数えて次の2004年は「4番目」の年だと考えると、every fourth year と言っても同じことになる。
> 一方、間隔を重視すれば、なか3年間あくわけだから、「3年おきに」となる。つまり、同じことを言うのに、日本語では「4年ごとに」＝「3年おきに」となり、数字が1つずれることになる。〈every other ～〉は〈every second ～〉と同じだから「1つおきに」となる。

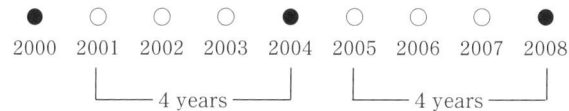

§105 either と neither の用法

2つのものまたは人について、either は「どちらか［も］」、「どちらも（～ない）」（否定文の場合）、neither は「どちらも～ない」の意味を表し、いずれも単数扱いされる。

■ either, neither の代名詞用法と形容詞用法

(1) either

Either of the two answers will do. 〔代名詞〕
（その2つの答えのうちどちらでもよろしい）

* 3つ以上のものについては any を用いる。
  Any of the *three* answers will do.
  （その3つの答えのうちどれでもよろしい）

Bill can write with **either** hand. 〔形容詞〕
(ビルはどちらの手でも書ける)

Do you know **either** of the visitors? 〔代名詞・疑問文〕
(2人の訪問者のうちどちらかを知っていますか)

I do*n't* like **either** of the men. 〔代名詞・否定文〕
(私はどちらの男も好きではない)

(2) <u>neither</u>

neither は both の否定である。 I like *both* of them. → I like **neither** of them. (=I do*n't* like *either* of them.)

I made two propositions, and **neither** was accepted. 〔代名詞〕
(2つの提案をしたが、どちらも受け入れられなかった)

I'll take **neither** side. 〔形容詞〕
(私はどちらの側にもつかない)

> 注 1. **either / both**:
>   either が side, end (端) のような単数名詞を修飾して「どちらの～も」「両方の」の意味になることがある。
>   There are stores on *either* side of the street.
>   (通りの両側に店が並んでいる) (=on *both* sides, on *each* side)
>   ＊ 論理的には each だが、くだけた言い方では both という。

> 注 2. **(n)either と冠詞相当語句**:
>   either, neither が形容詞用法のときは、冠詞や所有格人称代名詞とともに同一の名詞を修飾することはない。
>   〔誤〕 the (n)either pen, his (n)either book
>   〔正〕 **(n)either** *of* the pens, **(n)either** *of* his books

> 参考 **(n)either の数**:
> either, neither はいずれも複数に扱われることもあるが、古い英語の名残りで、現代英語としては避けたほうがよいとされる。ただし、〈(n)either of＋複数(代)名詞〉の場合は、くだけた言い方では複数で受けることがある。(特に neither の場合が多い) (➡ p.717)
> *Neither* of us are [is] guilty. (我々はどちらもやましくない)

2 either, neither の副詞用法と接続詞用法

(1) 〈**not ... either**〉:「～も(ない)」
否定文では、「～も」という意味を表すのに〈not ... either〉を用いる。肯定文の too, also, as well に相当する。(➡ p.344)

She isn't French and she is*n't* British(,) **either**.
(彼女はフランス人ではないし、英国人でもない) 〔副詞〕

(2) 〈neither＋be[助]動詞＋主語〉

否定文[節]の後で、「…もまた～ない」の意味を表す。(→ p.344)

I'm *not* a new comer, and **neither** is Bob.

(私は"新入り"ではないし、ボブだってそうだ) 〔副詞〕

(3) 〈either ... or ～〉〈neither ... nor ～〉

〈either...or～〉(…か～かどちらか)(→ p.596), 〈neither...nor ～〉(…も～も…ない)(→ p.592) の形で、or, nor と組んだ相関接続詞として用いられる。

Either you apologize, **or** you leave now.

(君は謝るか、今出ていくかどっちかだ)

Neither rain **nor** snow stopped him from jogging for exercise.

(雨が降っても雪が降っても、彼は運動のためジョギングするのをやめなかった)

§106 no と none の用法

1 no の用法

本来は**形容詞**として、可算名詞、不可算名詞のいずれの名詞にも用いられる語であるが、one, body, thing などと結びついて、no one, nobody, nothing などの不定代名詞を作るので、便宜上ここで扱う。

(1) **一般用法**

no に続く可算名詞は、ふつう1つしかないようなものは**単数形**, 2つ以上あるようなものは**複数形**にするのがふつう。どちらでも不自然でない場合は、複数形にすることが多い。(→ p.97)

Today we have **no** bananas. (今日はバナナは品切れです)

　＊ 口語調では Today we don't have any bananas. がふつう。

There is **no** clock in his room. (彼の部屋には時計がない)

The police officer arrived in **no** time. 　　　　〔不可算名詞〕

(直ちに警官が到着した)

　＊ no は、冠詞(相当語)・所有格代名詞と並べて名詞の前に置くことはできない。

(2) **not と no**

❶ not が「～でない」を表すのに対し、no は「決して～でない」「～どころではない」の意味を表す。(→ p.752)

He is **not** a musician.

(彼は音楽家ではない〔ほかの職業だ〕)

He is **no** musician.（彼は音楽の才能が全くない）
This shows that he is **no** fool.
　（これで彼がばかだなんてとんでもないことがわかる）
We had **no** little (=pretty much) rain.
　（雨は少ないどころではなかった）

> ＊　この no は，little という形容詞についている副詞と考えられる。このような場合は，話し手の心には little の反対の much（多い）という気持ちが込められる場合が多い。

❷ 〈no+比較級+than〉と〈not+比較級+than〉 [→ p.374]

　〈no+比較級+than〉では，no は，次にくる比較級の表す程度の高さを全面的に否定し，「～と同様」の意味で話し手の主観を反映しているのに対し，〈not+比較級+than〉では，not は前の述語動詞を打ち消し，単に「～より以上ではない」の意味を表す。

{ He is **no** *richer than* before.
　（彼は以前に比べ少しも金持ちなどになっていない）
(=He is *as poor as* before.)
He is *not richer than* before.（彼は以前以上に金持ちではない）

2 none の用法

(1) 代名詞用法

❶ 〈no+先行の名詞〉の意味で，可算名詞にも不可算名詞にも用いる。動詞もそれに従って単数・複数どちらでも可能。

She wanted some *cookies*, but there were [was] **none** (= no cookies [cookie]) left.　　　　　　　　　　　　　　　〔可算名詞〕
　（彼女はクッキーが欲しかったが，1つも残っていなかった）
"Is there any *oil* in the container?" "No, there is **none** (=no oil)."
　（「容器にオイルが入っていますか」「いいえ，ありません」）
　　　　　　　　　　　　　　　　　　　　　　　　　　　　〔不可算名詞〕

❷ 〈none of ～〉の形で，可算名詞にも不可算名詞にも用いる。
　(a) 〈none of+複数(代)名詞〉──名詞は可算名詞。口語調では**複数扱**いがふつうだが，堅い言い方では**単数扱**いもする。
　　「～のどれも［だれも］…ない」
　　None of the telephones *are* [*is*] working.　　　　　　　〔物〕
　　　（電話はどれもつながらない）
　　None of my friends *live* [*lives*] near here.　　　　　　　〔人〕
　　　（私の友人はだれもこの近くに住んでいない）

None of us knew how to work the machine.　　　　　〔代名詞〕
(私たちのだれもその機械の動かし方を知らなかった)
　　＊　none of の次の名詞には，the や this, his など，特定化する語が必要。

(b) 〈**none of**＋**単数(代)名詞**〉——名詞は不可算名詞で**単数扱い**。
この場合も，名詞には the や this, his など，特定化する語が必要。
「～の少しも…ない，一部も…ない」

None of the cheese *is* left.
(チーズは少しも残っていない)

None of this *is* confined to Asia.
(このことは決してアジアに限ったことではない)

❸ **none と no one**: no one は「だれも～ない」の意味で人にのみ用い，常に単数扱い。none を単独で人に用いるのは，no one より文語的で，**単数**扱いもするが，**複数**扱いするほうが多い。

None *were* willing to put out the fire.　　　　　　《文語的》
(だれも進んで火を消そうとはしなかった)

There *were* [*was*] **none** present.
(だれも出席者はなかった)

No one *knows* where he was born.
(彼がどこで生まれたのかだれも知らない)

　　＊　none but は only の意味で，文語的表現。
　　　　None but the brave deserve(s) the fair.
　　　　(勇者以外は美人を得るに値せず)　　　　　　　　《ことわざ》

[参考] 〈none of ～〉と〈no one of ～〉:
「[～のうちの] だれ [どれ] も…ない」の意を表すには，不定代名詞なら〈none of ～〉か，〈not (...) any of ～〉を用いる。

None *of* the boys has the courage to admit they're wrong.
(少年たちのだれも自分が悪かったと言うだけの勇気がない)

〈no one of ～〉は not a single one of ～(～のただ1つも…ない)の意味の強調形だが，この場合は，たとえば *No two of* our fingerprints are identical. (我々の指紋のどの2つも全く同じものはない) などと同じ型で，one は不定代名詞ではなく**数詞**であり，人にも物にも使える。

No one *of* the powers transferred to the federal government was improper. (連邦政府に移された権限のどれ1つとして，妥当でないものはなかった)

(2) **副詞用法**

❶ 〈**none the**＋**比較級**＋**(for [because]** ...)〉:「…だからといって，それだけ～というわけではない」

He is **none** *the better for* the change of air.
(彼は転地したからといって, それだけ良くなったわけではない)
He has faults, but I love him **none** *the less*.
(彼は欠点があるが, それでも私は彼が好きです)

❷ 〈none＋too [so《英》]〉:「決して～でない」(＝not at all)
The price is **none** *too* high. (値段は決して高すぎない)
She is **none** *so* pleased.《英》(彼女は決して満足していない)

(3) **none** を含む慣用表現

It's **none of your business**. (お前の知ったことではない)
  * 〈none of your ～〉は「～はよせ」という意味で, 好ましくない行為などについて用いられる。
    None of your impudence! (生意気言うな)

It's **none other than** Tom! We thought you were in Kuwait. Can it really be you?
(だれかと思ったら〔ほかならない〕トムだ！ 君はクウェートにいると思っていたよ。本当に君かい？)

What you said was true but it was **none the less** (＝nevertheless) unkind.
(君の言ったことは本当だったが, <u>でも</u>不親切だった)
  * nonetheless と 1 語にも綴るが, nevertheless のほうがふつう。

§107　somebody, something などの用法

every-, some-, any- などに -body, -one, -thing のついた複合形の不定代名詞は, いずれも常に単数として扱われ, every (→ p.227), some / any (→ p.218) の用法に準じる。

人		物	意　　味
everybody	everyone	everything	だれ〔どれ〕でもみな
somebody	someone	something	だれ〔どれ〕も
anybody	anyone	anything	だれ〔どれ〕でも〔肯定文〕 だれ〔何〕も～ない〔否定文〕

  * 複合形不定代名詞はいずれも第 1 要素にアクセントがある。

注 | **anyone** と **any one**:
everyone, anyone, someone は every one, any one, some one と離して綴ると物にも使える。その場合 one にもアクセントがある。
We played several games, but lost èvery óne.
(我々は何回か試合をしたが, どの試合も負けてしまった)

> Any óne of these ties suits you.
> (これらのネクタイならどれでもあなたに似合います)　〔物〕
> Any óne of you can do it.
> (君たちはだれでもそれができる)　〔人〕

■ somebody, someone, anybody, everyone など

(1) 一般用法

❶ 形容詞(相当語)は後につける。

She wanted to live with **anyone** *kinder* than Jane.

(彼女はだれでもいいからジェーンより親切な人と住みたかった)

❷ -'s をつけて所有格を作ることができる。

Can you borrow **anybody's** CD player?

(君はだれかの CD プレイヤーが借りられますか)

Everybody's business is nobody's business.　《ことわざ》

(共同責任は無責任)

> [注] 1. ~ else の所有格:
> 後に else がつく場合, その所有格は ~ else's となる。(→ p.345)
> This is **somebody** *else's* hat. (これはだれかほかの人の帽子だ)

> [注] 2. -body [-one] を受ける代名詞:
> -body [-one] で終わる語は, 動詞は原則として単数で受ける。代名詞は性的差別を避ける立場から, he or she [he / she, s / he] とするのが正式だが, 複雑になりすぎるためもあって, 特にくだけた言い方では複数代名詞 they で受ける傾向がある。(→ p.725)
> **Everybody** has *their* off days. (だれにでも厄日はあるものだ)

> [参考] -body と -one:
> 両者の意味はほぼ同じと考えてよい。-one の形のほうが上品だという人もある。-body は《英》より《米》のほうにやや多く用いられる傾向がある。
> また, 一般に -body は話し言葉, -one は書き言葉で好まれる傾向があることが指摘されているほか, -one のほうが -body よりも具体的, 近接的, 親密的な文脈で用いられることが多いという調査結果もある。

(2) 特殊な意味になる場合

名詞としての用法。

If you want to be **anybody,** you must work hard.

(ひとかどの人物になりたいなら, 一生懸命働かねばならない)

He thinks he is **somebody.** (彼は自分を偉い人物と思っている)

There were **somebodies and nobodies** at the party.

(パーティーには有名無名の人々が出席していた)

　＊ everybody にはこの用法はない。

(3) 慣用表現

The question is who, **if anybody**, would be named to succeed him. (だれかいるとして，だれが彼の後継者に指名されるかが問題だ)

2 everything, something, anything

(1) 一般用法

形容詞（相当語）は後につける。

Everything *permanent* is based on careful planning.
(恒久的なものはすべて綿密な計画に基づいている)

I have never heard **anything** *more dreadful*.
(私はこんなに恐ろしいことを聞いたことがない)

 * anything ... not の語順では用いない。(→ p.756)
 [誤] *Any*thing did *not* happen.
 [正] **Nothing** happened.

She **denied** knowing **anything** *more precise*.
(彼女はもっと詳しいことは何も知らないと言った)

> 注 deny (〜でないと言う) のように，否定の意味を持つ動詞に続く節や句の中では，否定文に準じて，some でなく any が用いられる。

(2) 特殊な意味になる場合

名詞としての用法。

The success of the experiment means **everything** to him.
(実験の成功は彼にとって最も重要なことである)

It's **something** to have a family after all.
(やはり家族がいるということはたいしたことなのだ)

He seems to think he is **something**.
(彼は自分をひとかどの人物と思っているようだ)

(3) 慣用表現

He was very worried about his future course **and everything**.
(彼は自分の進路やそのほかいろいろなことをとても心配していた)

Human life is important **before everything** (*else*).
(人命は何よりも貴い)

He is **something like** his father.
(彼は父親に多少似ている)

He is **something of** *a* musician. 《口語調》
(彼はちょっとした音楽家だ)

He is a lawyer **or something.** (彼は弁護士か何かだ)

Something or other seems to be wanting.
   (何かが不足しているようだ)
   ＊「よくわからないが何かが」の意。

She is not **anything like** her mother.
   (彼女は母親とはまるで違う)

John is **anything but** (=far from) a good loser.
   (ジョンが負けっぷりがいいなんてとんでもない)

I have *not* **seen anything of** Jane lately.
   (私は最近ジェーンにちっとも会っていない)

Is he **anything of** a scholar? (彼は少しは学者といえるかね)

He **would not** go with me **for anything**.
   (彼はどうしても私と行こうとはしなかった)

If anything, she works too hard.
   (どちらかといえば,彼女は働きすぎだ)

True love has little, **if anything**, to do with money. (真の愛はお金とは,たとえあっても,ほとんどといってよいほど無関係だ)

§108 nobody, nothing などの用法

someboby, anything の some-, any- などと同じように, -body, -thing に no- がついたものであるが, 英語では〈any ～ not ...〉の語順を避けるために, nobody, nothing など no のついた形で文を始めることが多い。→ p.756

1 no one, nobody

(1) none, no one, nobody の違い

「だれも～ない」という意味は,英語では none, no one, nobody の3つの形で表すことができるが,用法に多少の違いがある。

❶ **none** は単独で用いられるだけでなく,〈**none of the**＋**(代)名詞**〉の形で人にも物にも用いる。→ p.232

   none を受ける動詞は**単数形**もしくは**複数形**。→ p.232

❷ **no one** は不定代名詞としては単独で用い, nobody と同じ意味で人に用いる。→ p.233

   no one を受ける動詞はつねに**単数形**。

❸ **nobody** も単独で用い,〈nobody of the＋(代)名詞〉は非標準。
   nobody を受ける動詞はつねに**単数形**。→ p.238

(2) **no one** の用法

❶ no one は **no-one** と 1 語に綴ることもあるが, 2 語に離して書くほうがふつう。noone という 1 語の形はない。

❷ **no one** はつねに単数動詞で受けるが, これを受ける代名詞は, くだけた言い方では **they** を用いることが多い。 (→ p.725)

No one *was* killed in the car accident.
(その自動車事故ではだれも死ななかった)

No one is allowed in yet, are *they*?
(だれもまだ入っていいと言われていないよね)

 * they で受けるために動詞も are になる。

(3) **nobody** の用法

❶ nobody を受ける動詞はつねに**単数**。ただし, これを受ける代名詞は, くだけた言い方では **they** を用いることが多い。

Nobody *knows* how you happened to be there.
(君がどうしてたまたまそこにいたのかだれも知らない)

As the movie was dull, **nobody** enjoyed *themselves*.
(その映画はつまらなかったので, 楽しんだ人はいなかった)

 * nobody は not anybody で置き換えることができるが, **文頭**で主語になるときは not anybody は使えない。
 * no one は一般的に用い, nobody は限られた集団について用いられる傾向があるともいわれる。

❷ nobody は**名詞**として,「無名人, 取るに足らない人」の意味で, 複数形は nobodies となる。 (→ p.235)

Most people at the party were **nobodies** trying to be noticed by the press.
(その会に集まった人のほとんどは, 新聞記者の目を引こうとする取るに足らない人たちであった)

2 nothing

「何も~ない」(=not anything) の意味で用いる。

(1) 一般用法

形容詞(相当語)は後につける。

There is **nothing** *new* in this report.
(このレポートには何ら新しいことが書かれてはいない)

Have you got **nothing** *to do*? (君は何もすることがないの?)

(2) 特殊な意味になる場合

名詞として「つまらない人 [こと, 物]」の意味に用いる。

§108 nobody, nothing などの用法

"Thank you." "It's **nothing**."
(「ありがとう」「どういたしまして」) 　　　　　　　　　　　　　　【応答】

(3) 慣用表現

He is a mere **nothing**. (彼はただのつまらない男にすぎない)

This picture looks **nothing like** her.
(この絵は彼女にちっとも似ていない)
　　* この形の -thing の語は副詞用法と考えられる。

I **had nothing** [**something**] **to do with** the accident.
(私はその事故とは全然関係がなかった[いくらか関係があった])

He **did nothing but** laugh. (彼はただ笑ってばかりいた)

I can*not* give instruction **for nothing**. (ただでは教えられない)

He did **not** read the book **for nothing**.
(彼はその本を無駄には読まなかった〔読んだだけのことはある〕)

This pen is **good for nothing**. (このペンは役立たずだ)

I could **make nothing of** what he said.
(彼の言うことがさっぱりわからなかった)

He is **nothing but** a fool. (彼はただの愚か者にすぎない)

He is **nothing of** a poet. (彼には詩人らしいところが全くない)

There is nothing for it but *to* surrender.
(降参するよりほか仕方がない)

He **thinks nothing of** working ten hours a day.
(彼は1日に10時間働くことを何とも思わない)

Q&A 48 Nobody of his family came. は正しいか？

意味は通じても、おかしな英文という感じになる。コーパスを検索しても、〈nobody of＋(代)名詞〉はまず見られない。理屈上は、none は some などと同じく数量詞だから、部分の of を伴って〈none of＋(代)名詞〉という形で用いられるが、nobody は数量詞ではないから、〈nobody of＋(代)名詞〉は非標準とするのが一般的である。nobody と of を用いるなら、

Of all the people in the world, **nobody** knows her better than Susan. (世界中の人の中で、スーザンほど彼女のことをよく知っている者はいない)

というように、〈of＋句〉を前に出せば正用となる。

表記の文について言えば、次の3つがどれも自然な英文である。

None *of* his family came. / **Nobody** *in* his family came.

No member *of* his family came.

第5章 疑問詞
INTERROGATIVES

疑問詞は「だれ?」「何?」「どれ?」「どの?」「いつ?」「どこ?」「なぜ?」「どうして?」などとものを尋ねるときに用いる語で,代名詞,形容詞,副詞がある。

第1節 疑問詞の種類と用法

§109 疑問代名詞 (Interrogative Pronouns)

1 疑問代名詞の種類

意 味	さすもの	主 格 (〜は, 〜が)	所有格 (〜の)	目的格 (〜を, 〜に)
だれ	人	who	whose	who(m)
どれ・どちら(の)	人・物	which	——	which
何・どの	物	what	——	what

* what を人に用いる場合もある。 → p.244

2 疑問詞の一般的用法

(1) 疑問詞の位置

特殊疑問文では,前置詞の後に置かれる場合を除いて,原則として疑問詞は文頭に置く。

Who wrote this novel? (だれがこの小説を書いたのですか)

What makes you laugh so? (どうしてそんなに笑うのですか)

Which do you like better, summer or winter?
(夏と冬ではどちらのほうがお好きですか)

対話中,相手の話の一部を聞き返したり,部分的な言明を求めたり,疑問詞が2つ以上あるような場合は,文頭でない位置になることもある。

And you got off at **what** station?
(それでどこの駅で降りたのですか)

"His brother is a macro-engineer." "His brother is a **what**?"
（「彼の弟は巨大プロジェクト工学者だ」「弟は何だって？」）

<u>Who said what to whom</u>?（だれが何をだれに言ったんだって？）

【質問】

> **注** 疑問詞に対応する語：
> 　　疑問に対する答えの文では，**疑問詞に対応する語**（答えの最も肝心な部分）が強くはっきりと発音されるのがふつう。
> 　　"**Who** are you looking for?" "I'm looking for *Tóm*."
> 　　（「だれを探しているの」「トムを探しているんだ」）

(2) 疑問詞と前置詞

疑問詞が前置詞の目的語になる場合，くだけた言い方では前置詞は**文尾**に置かれるのがふつうで，前置詞を疑問詞の前に置くのは堅い言い方。

Who were you talking *with*?

（だれと話していたの）——ふつうの口語調表現

With **whom** were you talking?

（あなたはだれと話しておられたのですか）——堅い言い方

　　＊ 上の文で，With who ...? と who を用いることはできない。

> **注** 前置詞が常に文末にくる場合：
> 　　look after（～の面倒をみる）のように〈動詞＋前置詞〉の結びつきが極めて強い場合は，前置詞は常に後置される。
> 　　［誤］ After whom did she look?
> 　　［正］ **Who** did she look *after*?（彼女はだれの面倒をみたのですか）

(3) 疑問代名詞と数の一致

疑問代名詞が主語になるときには，答えに複数が予想される場合でも，日常英語では**単数動詞**で受けるのがふつうである。

What brings you here?（君はどうしてここに来たの）

Who's there?（そこにいるのはだれ）［Who's＝Who is］

ただし，話し手が複数の人や物を思い浮かべて聞くときに，複数動詞を用いることもあるので，次のような形も誤りではない。

Who *are* [**Who's**] coming with the governor?

（だれが知事について来るか）

(4) 疑問の強調

❶ -ever のついた複合形（whoever, whatever, wherever など）を用いて「一体～なのか」と強い疑問を表す。この -ever は疑問詞と離して書くことが多く，why ever は常に離して書く。

Whoever [**Who** *ever*] said so?（一体だれがそう言ったのか）

However [**How** *ever*] did you go there?

(一体どうやってそこへ行ったのですか)

❷ **on earth, in the world** などを疑問詞とともに用いて「一体全体〜」の気持ちを表す。

Why *on earth* did you do that?
(一体お前はどうしてそんなことをしたのか)

What *the hell* are you doing here?　　　　　　　　　　《俗語》
(一体ここで何をしているのか)

(5) 〈疑問詞＋to 不定詞〉

〈疑問詞＋to 不定詞〉の形で名詞句になる。（→ p. 481）

I can't decide **which** *to choose*.（どちらを選ぶべきか決めかねる）

3 who の用法

(1) who の一般用法

名前や血族，関係などを尋ねるときに用いる。

Who asked Michelangelo to paint Sistine Chapel?
(だれがミケランジェロにシスティーナ礼拝堂に絵を描くように頼んだのか)

> **注** who と whom:
> 　目的格の whom は，文語調の場合を除いて，今では who で代用するのがふつう。〈前置詞＋whom〉の形で文頭に置かれるのは文語調で，この場合は whom の形になるのがふつうである。しかし，特にくだけた表現では文尾に置かれた場合〈前置詞＋who〉の形も用いられる。
> 　⎰ **Whom** did you invite to dinner?　　〔正確だが改まった文語調〕
> 　⎱　(だれを晩さんに招いたのですか)
> 　　 **Who** did you invite to dinner?
> 　⎰ *From* **whom** did he get the present?　　　　　　《文語調》
> 　⎱　(彼はだれからそのプレゼントをもらったのか)
> 　　 **Who** did he get the present *from*?
> 　　　＊ この場合 Whom ... from? の形をとることはまれ。
> 　He got the present *from* **who**?　　　〔くだけた調子の尋ね方〕
> 　　(彼，だれからそのプレゼントをもらったんだって)

> [参考] 〈who＋前置詞〉:
> 次のように省略されて〈who＋前置詞〉の形で用いられる場合もある。
> "She is dancing." "**Who** *with*?" (=**Who** is she dancing *with*?)
> (「彼女は踊っているよ」「だれと」)

(2) whose の用法

所有格として名詞につけて**疑問形容詞**的にも，独立して**所有代名詞**としても用いる。

Whose handkerchief is this?　　　　　　　　　　〔whose は所有格〕
（これはだれのハンカチですか）
Whose is this handkerchief?　　　　　　　　　〔whose は所有代名詞〕
（このハンカチはだれのですか）

4 which の用法

人にも物にも用いる。who や what と違って，はっきりと決まった範囲から「どちら」「どれ」と尋ねるのに用いる。

Which would you like better (↘), coffee (↗) or tea (↘)?
（コーヒーと紅茶ではどちらのほうがよろしいですか）
Which of them is your father?
（あの人たちのうちどちらがあなたのお父さんですか）
Which is younger, Bill or John?（ビルとジョンとどっちが若いの？）
　　* このような場合,「人」をさしているために who を用いることもある。

which は疑問形容詞としても用いられる。(→ p.246)

When you get your daily paper, **which** *page* do you read first?
（新聞を手にしたらどのページをまず読みますか）

5 what の用法

(1) what の一般用法

❶「何？」と尋ねるときに用いるが，人についていうときは「どんな人？」と尋ね，職業，役割，地位などを尋ねる。疑問形容詞の用法は (→ p.246)

What happened to him?（彼に何が起こったのか）　　　　〔主語〕
What is the capital of the U.S.A.?（アメリカの首都はどこですか）
　　* この what は主語とも主格補語とも考えられる。主語と考えれば答えは "Washington is." となり，補語と考えれば "It's Washington." となり，どちらも可能である。日本語にひきずられて where としないこと。

What is the table made of?　　　　　　　　　　〔前置詞の目的語〕
（そのテーブルは何でできていますか）
<u>**What** did you say</u> (↗)?　　　　　　　　　　　　　　〔目的語〕
（何と言ったのですか；何ですか）　　　　　　　　　　　【聞き返し】
　　* 親しい間柄の場合は，単に What? とだけ言うこともある。

> **注** 聞き返し方：
> 相手の言ったことが聞き取れなかったとき，堅い言い方では I beg your pardon? (↗) (→ p.773) と言うが，くだけた言い方では次のように言う。
> <u>Excuse me?</u> (↗)（何とおっしゃいました？）　　《米》【聞き返し】
> <u>Sorry?</u> (↗)（もう一度おっしゃってください）　　《米》【聞き返し】

❷ **what と which**：what は選ぶ範囲を限らず「何」かを尋ねるのに対

し，which はある限られた範囲のもののうち「どれ」かを尋ねる。(ただし，この区別は必ずしも厳密に守られてはいない)

What did you buy?
（何を買ったのか）

Which (of those books) did you buy?
（〔あの本のうち〕どれを買ったのか）

❸ what と who: 人について用いる場合 what は職業，役割，地位などを尋ね，who は名前，血族，関係などを尋ねるのが原則である。

What is he?（彼はどういう人か）

Who is he?（彼はなんという人か）

* ただし，この区別は厳密なものではなく，**Who** is Tom? は「トムはどんな人か」の意味を表すなど，例外も多い。

> [注] 名前や職業の尋ね方:
> 相手の職業を尋ねるのには **What** are you? というよりは **What** do you do? や **What** is your occupation? などの表現を用いるほうがはっきりしてよい。また，名前を尋ねる場合は，May I have your name? がふつうだが，What's your name, please? でもよい。

> [参考] **Who do you work for?**:
> 職業を聞くときに用いる形で，この who は会社などの団体をさす。
> "What line of business are you in?" "Security." "*Who* do you work *for*?" "An airline company." "Which one?" "JAL."
> （「どんな仕事をしているのですか」「警備です」「どういう会社にお勤めですか」「航空会社です」「どちらの？」「日本航空です」）

> **Q&A 49** Who [What] are you? はどんな場面で使われるのか？
>
> 実際に使われている場面を見ると，**Who** are you? が仕事や身分を聞いたり，挙動不審の者を問いただしていることも多い。**What** are you? も「どういう人？」の意味にも使われる。
> "**Who** are you?" "I'm a photojournalist."
> （「どなた？」「報道写真家です」）
> **Who** are you really, and **what** were you before?
> （君は本当は何者なんだ？ また，前には何をやっていたんだ）
> **What** are you? You make me sick.
> （あなたってどういう人？ 見ているとむかつくわ）

(2) **what** を含む慣用表現

My wife has gone to the store for milk **and what not**.
（妻は店に牛乳やその他いろいろなものを買いに行った）

＊ and I don't know what などともいう。

What about (going for) a walk?
　（散歩〔に出かけるの〕はいかが）　　　　　　　　　　　【勧誘】

What do you say to (playing) a few games of tennis with me?
　（テニスを2, 3ゲームやるのはいかがですか）　　　　　　【勧誘】
　　　＊ この to は前置詞であるから to の後は名詞または動名詞がくる。

"Jim lied about his age." "**What** (did he do that) **for**? (=*Why did he do that*?)"
　（「ジムが年をごまかしたって」「なんだってそんなことを」）　【非難】

"**What if** you join us?" "Well, if you don't mind. I'd like to."
　（「君が我々と一緒にやったらどうだ」「そうだね。君がよければそうしたいね」）　　　　　　　　　　　　　　　　　　　　　　　【提案】

What if [**though**] we fail?
　（失敗したってそれがなんだ）　　　　　　　　　　　　　【無関心】

What does it **look like**?
　（それはどんな外見のものですか）

What will **become of** the world in 100 years?
　（100年後の世界はどうなるだろう）

What did I tell you? Here he comes now!
　（私の言ったとおりだろう。ほら、彼が来た）　　　　　　【誇示】

(I'll) **Tell you what**. Let's go to a movie.
　（いい考えがある。映画を見に行こう）　　　　　　　　　【提案】
　　　＊ I know what. （いい考えがある）とも言う。

"**What's up**?" "Nothing much."
　（「どうしたの？」「別に」）　　　　　　　　　　　　　【質問】

参考　**Who's who**:
「だれがだれか」という意味で用いるほかに，Who's Who の形で「名士録」としてよく知られている。
　She's in the **who's who** of musicians.
　　（彼女は音楽家人名録に載っている）
これに対して what's what は図解事典のタイトルにもなっているが，くだけた言い方で「事の真相，有益［重要］なこと」の意でふつうに用いられ，「何が何だか」という文字どおりに訳してよい場合もある。
　You can't fool Tom; he knows **what's what**.
　　（トムをばかにしてはいけないよ。ちゃんと心得ているんだから）
　　　＊ know what's what で「物事の道理がわかっている」の意。

§110 疑問形容詞 (Interrogative Adjectives)

what と **which** は名詞の前に置いて形容詞としても用いられる。この場合は**疑問形容詞**と呼ばれる。疑問代名詞の形容詞用法と考えてもよい。用法は疑問代名詞の場合と同様である。

なお，who の所有格 whose も同様に用いられる。(→ p.242)

What day (of the week) is (it) today? (今日は何曜日ですか)
What kind of dog is that? (あれは何という種類の犬ですか)
He told me **what** papers to read first on the subject.
(彼はその問題についてまずどんな論文を読むべきか教えてくれた)
　＊　この例で which を用いれば，どれとどれの中から論文を選ぶかがわかっていることを暗示する。
Which picture do you prefer, this or that?
(これとあれとどちらの絵のほうがお好きですか)

§111 疑問副詞 (Interrogative Adverbs)

1 疑問副詞の種類

疑問副詞	尋ねる内容	意　　味
when	時	いつ (=at what time)
where	場所	どこで［どこに，どこへ］(=at [in, to] what place)
why	理由	なぜ (=for what reason)
how	方法・手段・状態	どんな方法［手段，状態］で (=in what way [by what means, in what state])

2 疑問副詞の用法

(1) **when の用法**

❶ **一般用法**:「いつ？」と時間を尋ねるときに用いる。特に「時刻」を尋ねていることをはっきりさせるには What time ...? を用いる。
When does the train get in? (列車はいつ入ってくるのですか)

> [注] when と 現在完了:
> 　when を用いた疑問文では，Since when ...? などを除き，**経験や反語的用法**のほかは原則として現在完了時制は用いられない。(→ p.422)

❷ **when の代名詞用法** 〈前置詞＋when〉

when が代名詞として，until [till], since などの前置詞とともに用いられることもある。この場合，前置詞は文尾に置かない。

Till **when** can you stay here? (いつまでここに滞在できますか)

Since **when** has your grandmother been ill?
(おばあさんはいつからご病気だったのですか)

(2) where の用法

❶ 一般用法：「どこ？」と場所を尋ねるときに用いる。

<u>**Where** are we now</u>? (ここはどこですか) 【質問】
　＊ Where is here? などとしない。

<u>**Where** do you go to college</u>? (大学はどちらですか) 【質問】

❷ where の代名詞用法〈前置詞＋where〉

where が代名詞として前置詞の目的語になることもある。この場合は，前置詞は文尾に置くのがふつう。

Where are you *from*? (ご出身はどちらですか) 【質問】

Where *have* you *come from*? (今までどこにいたの？)

Where are you going (*to*)? (どこへ行くのですか)

"Could you send this off for me?"　"**Where to**?" 【質問】
(「これを発送してくれませんか」「どこへ？」)
　＊ to は where のあとでは省略されることが多い。くだけた会話でのWhere to? の場合は to を省略しないのがふつう。

(3) why の用法

「なぜ？」と理由を尋ねるのに用いる。

"**Why** were you late for school?"　"*Because* I missed the bus."
(「なぜ学校に遅れたのですか」「バスに乗り遅れたからです」)
　＊ Why ～? に答えるとき以外は，Because で始まる節だけで文を終わるのはよくないとされ，その場合には That's because ～. のように言うのがふつう。

"You shouldn't smoke here."　"**Why** *not*?" 【反問】
(「ここでは煙草を吸ってはいけない」「どうして」)

"Let's have a cup of tea."　"**Why** *not*?" 【承諾】
(「お茶を飲もう」「喜んで」)

<u>**Why** *don't you* bring her along</u>? 【提案】
(彼女を連れて来たらどうだい)

<u>**Why** *not* ask your mother if she can come with us</u>? 【提案】
(お母さんに一緒に行けるかどうか尋ねてみたら)
　＊Why don't you ... ? は相手に勧める口語表現で，改まったときには用いないのがふつう。Why not ... ? も同じである。

[参考] 〈why＋動詞の原形〉:
Why do ...? の形で，相手の言ったことに対して異議を申し立てるときに使う言い方がある。
Why *make* so much fuss? (なぜそんなに大騒ぎするのか)　　　【異議】

(4) how の用法

❶ **一般用法**:「どのように?」と方法，手段，状態を尋ねるのに用いる。

"**How** did you come?" "I came by taxi."　　　　　　　　　　〔方法〕
(「どうやって来たのですか」「タクシーで来ました」)

How did you come to know Jenny?　　　　　　　　　　　　〔手段〕
(どんなふうにしてジェニーと知り合いになったのですか)

How is your father? (お父さんはいかが〔お元気ですか〕)　　〔状態〕

❷ 〈**How**＋形容詞［副詞］... ?〉の形で「どのくらい?」と程度を尋ねるのに用いる。（→ p.356）

How *hot* is the water? (そのお湯はどのくらい熱いのですか)

How *long* does it take you to get to work?
(職場までどのくらい時間がかかりますか)

How *soon* will the meeting begin?
(どのくらいしたら会が始まりますか)

◆ 〈**How**＋形容詞［副詞］... ?〉で，程度を尋ねる例

how deep (深さ)	how far (距離)	how fast (速さ)
how high (高さ)	how large (大きさ, 広さ)	how long (長さ)
how many (数)	how much (量・程度・価値)	how old (年齢)
how tall (背丈)	how thick (厚さ)	how wide (幅)

[注] 単独で程度を尋ねる **how**:
how は単独で「どのくらい?」と程度を尋ねるのにも用いられる。
"*How* do you like this cake?" "Oh, I like it *very much*."
(「このケーキはいかがですか〔どのくらいお気に入りましたか〕」
「ええ，とても気に入りました」) …… 相手の感想を聞く形

❸ **how** を含む慣用表現

How about going out after work tonight?
(今晩仕事が終わってから出かけませんか)　　　　　　　　　　【勧誘】

How are you, Sue? (スー，お元気ですか)　　　　　　　　　【挨拶】

How do you do, Mr. Smith?
(スミスさん，はじめまして［こんにちは］)　　　　　　　　　【挨拶】

"**How come** you were absent yesterday?" "I had to go to the dentist."

(「なぜ昨日休んだの？」「歯医者へ行かなければならなかったんだ」)
  * How did [does] it come about that ... の省略からできたくだけた表現で，驚きを表す。come の次が，you were ... のように平叙文の語順になることに注意。why を使えば Why *were* you ...? となる。

<u>**How is it that** they are late in coming?</u> (=Why are they ... ?)
（彼らがやって来るのが遅れるのはどうしてか）　　　　　　　【詰問】
  * 「詰問」の感じがあるとき口語で用いられることが多い表現。

❹ How ...? と What ...? の使い分け
日本語で「どう…？」と聞く場合に，英語では文の構造により How か What を用いるが，特に間違いやすい形に注意。

(a)「～をどう思いますか」

"<u>**What** [×How] did you *think* of the movie</u>?"　　　　【質問】
"It was too slow for me."
（「あの映画をどう思った？」「ぼくには退屈すぎたね」）

(b)「～をどう召し上がりますか」

"<u>**How** [×What] do you *like* your coffee</u>?"　　　　　　【質問】
"Just cream, please."
（「コーヒーはどう召し上がりますか」「クリームだけにしてください」）

(c)「～をどう言いますか」

"<u>**What** [×How] do you *call* this in English</u>?"　　　　【質問】
"We call it a 'screwdriver'."
（「これを英語ではどう言いますか」「スクリュードライバー（ねじ回し）と言います」）
  * **How** [×What] do you *spell* [*pronounce*] ...?（どう綴り［発音］しますか）と区別。

(d)「～はどうですか」

"**What** [×How] do you *say* to going out for a walk?"
"I'd love to."
（「散歩に出かけるのはどう？」「行きたいわ」）
  * How do you *like* ...? も同じ。ただしこの形には(b)の意味や❷ **注** の意味もある。

(e)「天気はどうですか」

<u>**What** [×How] is the weather in England *like*?</u>　　　　【質問】
（イングランドの天気はどうですか）

How [×What] was the weather during your trip?
（旅行中の天気はどうでしたか）

第2節 間接疑問

§112 間接疑問

疑問詞または if [whether] で始まる名詞節で疑問を表すものを**間接疑問**という。従属疑問とも呼ばれる。これと区別する場合，ふつうの疑問文を独立疑問文または直接疑問文と呼ぶことがある。

間接疑問中の語順は次のようになる。独立疑問文の場合と比較せよ。

(1) **疑問詞のない疑問文（一般疑問文または選択疑問文）がもとになっている場合**

❶ 〈if [whether]+S+V〉の語順になる。斜体部分が間接疑問。

Please tell me if [whether] _the museum_ _is_ open on Monday.
　　　　　　　　　　　　　　　S　＋　V　　　　　〔間接疑問〕
（月曜日に博物館が開いているかどうか教えてください）

Is the museum open on Monday?
V ＋ S 〔独立疑問文〕

　* 間接疑問の内容は疑問を表すが，その文が疑問文であるかどうかは主節で決まる。上の例では Please tell me の部分が命令文の形だから，この文は疑問文ではなく，したがって疑問符（?）でなく終止符（.）をつける。

❷ **if と whether**：

「～かどうか」の意味でほぼ同様に用いてよいが，次の点が異なる。なお，if のほうが whether より口語的である。→ p.606

(a) **if は文頭で主語になる間接疑問の節を導くことはできない。**

　[誤] _If_ the report is true is questionable.
　[正] **Whether** the report is true is questionable.
　　　（その報告が本当かどうかは疑わしい）

　* _It_ is questionable if [**whether**] the report is true. のように，文頭でなければどちらも使える。

(b) **if は補語になる間接疑問の節を導くことはできない。**

　[誤] The problem was _if_ we should call an ambulance at once.
　[正] The problem _was_ **whether** we should call an ambulance at once.（問題はすぐ救急車を呼ぶかどうかだった）

(c) **if の導く間接疑問の節は前置詞の目的語になれない。**

　[誤] It depends on _if_ they will appear.

[正] It depends *on* **whether** they will appear.
(それは彼らが現れるかどうかによる)

(d) if の導く間接疑問の節は同格節になれない。

[誤] There remains the question *if* she knew the secret.
[正] There remains *the question* **whether** she knew the secret.
(彼女がその秘密を知っていたかどうかは疑問が残る)

(e) if の直後に **or not** をつけることはできない。(if ... or not と離れている場合は差しつかえない)

[誤] I don't know *if or not* she is married.
[正] I don't know **whether** *or not* she is married.
[正] I don't know **if** [**whether**] she is married *or not*.
(彼女が結婚しているのかどうか私は知らない)

注 〈whether to ～〉:
〈S+V〉の形ではないが、同様の場合として、〈whether+to 不定詞〉の whether の代わりに、if を用いることはできない。
[誤] I can't decide *if* to go or not.
[正] I can't decide **whether** *to go* or not.
(行くべきかどうか決心がつかない)

(2) 疑問詞のある疑問文(特殊疑問文)がもとになっている場合

❶ 〈疑問詞(を含む語句)+S+V〉の語順になる。太字部分が間接疑問。

I know **where** he is from.　　〔間接疑問〕
　　　　　　 S+V
(彼がどこの出身か私は知っている)
Where is he from?　　〔独立疑問文〕
　　　 V+S

❷ 疑問詞自体が主語か補語か紛らわしい場合の語順。

I wonder **whose** *car* *this* *is*.　〔whose car は補語〕
　　　　　　 C　　 S+V
(これはだれの車かしら)
I wonder **whose** *car* *was* *the first to arrive*.
　　　　　　 S　 + V　　　 C
(だれの車が最初に着いたのだろう)　〔whose car は主語〕

注 関係詞と疑問詞:
次のような場合は紛らわしいので注意して区別する必要がある。
You can take **what** tapes you like.　〔what は関係形容詞〕
(どれでも好きなテープを取ってよい)（→ p. 648）

> He will ask you **what** tapes you like. 〔what は疑問形容詞〕
> (彼は君にどんなテープが好きかと尋ねるだろう)

> [参考] **What [Who] と主語・補語:**
> 一般的に,〈What [Who] is A?〉という場合の what や who が主語か補語かは,潜在する答えで決まるので,意味を考える必要がある。
> **Who** was Hamlet? 〔who は主語〕
> ([その劇で]だれがハムレットを演じたの?)
> *Laurence Olivier* was. (ローレンス・オリビエです)
> **Who** is Hamlet? (ハムレットってだれ?) 〔Who は補語〕
> Hamlet is *the hero of Shakespeare's tragedy*.
> (ハムレットはシェイクスピアの悲劇の主人公です)

§113 注意すべき間接疑問の語順

疑問詞を含む文に do you think や do you know などが結びついた場合,語順に注意が必要である。 → p.68

(1) **What do you think ... ? の型**

「…をどう思いますか」などの意味のこの型の疑問文は,**Yes, No では答えられない。** 全体として**特殊疑問文**になるので,疑問詞が文頭にきて,do you think は挿入的になる。この型の主節の動詞は,think や believe など判断に関するものが多い。

"**What** *do you think* I have in my hand?"
"I think you have some cherries."
(「手に何を持っていると思う?」「サクランボだと思う」)

◆ **What do you think ... ? 型をとる動詞**

believe (信じる)	conclude (結論を下す)
consider (〜と考える)	expect (期待する)
fear (恐れる)	guess (思う)
hope (望む)	imagine (想像する)
say (言う)	suggest (提案する)
suppose (思う)	suspect (疑う)
take (=consider) (〜と考える)	think (思う)
tell (言う)	

(2) **Do you know what ... ? の型**

「…が何か知っていますか」などという意味のこの型の疑問文は,**Yes, No で答えられる。**全体としては Do you know ... ? などの形の**一般疑問文**になり,この中に間接疑問が含まれることになる。

"*Do you know* **what** I have in my hand?" "*Yes,* I do. You have some cherries."
（「手に何を持っているかわかる？」「わかるよ。サクランボだろ」）

Could you tell me **where** the bathroom is?
（トイレはどこか教えていただけませんか）

Do you remember **what** she said?
（彼女が言ったことを覚えていますか）

◈ **Do you know what ... ? 型をとる動詞**

| explain（説明する） | know（わかる） |
| remember（覚えている） | tell（教える） |

注 2つの語順が可能な間接疑問：

say, guess などの動詞の場合，どこに重点があるかによって，両様の語順になる。この場合も答えに Yes, No が必要かどうかで判断できる。

Did he say **where** he had met Jiro?
（彼はどこで次郎に会ったか言いましたか）
Where *did he say* he had met Jiro?
（彼はどこで次郎に会ったと言いましたか）

Can you guess **how** old my sister is?
（妹が何歳か言い当てられますか）
How *old do you guess* my sister is?
（妹は何歳だと思いますか）

Q&A 50　I wonder ...? は間接疑問なのになぜ？がつくのか？

I wonder ... は「…かしら」と自問している形であるが，内容的には間接疑問のほうが主体で，それにいぶかる気持ちを追加しているだけなので，本体の疑問の意味が強く出て疑問符がつくことがある。（つかないことも多い）

I wonder が疑問文の文末に軽く添えられることもある。

(1) 〈**I wonder** + 疑問詞〉の構文：

　I wonder *how* it will end?（どんなふうに終わるのかしら）
　What are they going to do now, **I wonder**?（↘）
　　（彼らは今何をやろうとしているのかしら）

(2) 〈**I wonder if you can [will] ...?**〉は Will [Can] you ...? の丁寧な形で，過去形や進行形にするほどさらに**丁寧な依頼**となる。（→ p. 431）

　I wonder *if* you *can* give me some advice. [?]
　I am wondering *if* you *could* give me some advice. [?]
　I was wondering *if* you *could* give me some advice. [?]
　　（何か助言をしていただけないでしょうか）

第6章 形 容 詞
ADJECTIVES

形容詞は直接名詞の前についたり，補語の位置に置かれて名詞や代名詞を間接的に修飾する語で，比較変化をしたり，very で修飾されるものが多い。

第1節 形容詞の種類と用法

§114 形容詞の種類と語形

1 形容詞とその性質

(1) **形容詞の特質**……ふつう次に示す **a.～d.** の性質を備えている。

> **a. 冠詞（相当語）と名詞の間に置かれてその名詞を修飾する。**
>   *a* **tall** building（高い建物）
> **b. be 動詞その他の不完全自動詞・不完全他動詞の補語になる。**
>   That idea *sounds* **good** to me.
>   （その思いつきはいいようだ）
>   We *consider* him **lucky**.（我々は彼を幸運だと思っている）
> **c. very で修飾できる。**
>   I am *very* **well**.（私はとても元気です）
> **d. 比較変化をする。**
>   Jane is the **brightest** student in this class.
>   （ジェーンはこのクラスでいちばんの秀才だ）

> * 1. 限定用法か叙述用法のどちらかにしか用いられないものは **a., b.** のどちらか1つにしか該当しないことになる。　→ p. 266
> 2. **c.** と **d.** は，比較変化をする語に共通する性質なので，これだけでは形容詞と副詞の区別ができない。また比較変化をしない形容詞もあることに注意。　→ p. 347

(2) **広義の形容詞**……(1)の条件に当てはまらなくても，**名詞または代名詞を直接または間接になんらかの形で修飾する語**をすべて形容詞とみる。
　この場合は次の①から⑤までのすべてが形容詞の中に含まれる。

> all the three tall stone buildings（3つの高い石造の建物のすべて）
> ① ② ③ ④ ⑤

- ① all　　　**代名詞**の形容詞用法
- ② the　　　**冠詞**
- ③ three　　**数詞**
- ④ tall　　　(1)で示される形容詞
- ⑤ stone　　**名詞**の形容詞用法

本書でも一応このように扱うが，②は**冠詞**，①と⑤はそれぞれ**代名詞**と**名詞**の項で説明することにしてある。

2 形容詞の種類

上に述べた①〜⑤の中から**冠詞**を除いた残りについてみたとき，形容詞は意味の上から，(1)**性状**を表すもの，(2)**数量**を表すもの，(3)**代名詞**が形容詞的に用いられるもの，の3つに分けられる。

(1) 性状形容詞

事物の性質・状態・種類などを示すもので，形容詞の中で最も多い。その主なものを，さらに次の4つに分けることができる。（→ p.258）

❶ 次の ❷, ❸, ❹ 以外のふつうの形容詞
　a **kind** girl（親切な女の子）

❷ **物質名詞**から作られた形容詞　　〔物質形容詞〕（→ p.259）
　woolen socks（毛織りの靴下）

❸ **固有名詞**から作られた形容詞　　〔固有形容詞〕（→ p.260）
　the **Japanese** language（日本語）

❹ 動詞の**現在分詞**，**過去分詞**が形容詞になったもの〔分詞形容詞〕
（→ p.272）
　running water（流れる水）
　lost time（失われた時間）

　＊　形容詞の分類にはいろいろな方法があるが，ここでは後の説明と関連させて，伝統的なわかりやすい形で示しておく。物質形容詞などという特別な形容詞があるということではない。

(2) 数量形容詞

数・量・程度を表す形容詞で，次の2つに分けられる。

❶ 不定数量形容詞　　many（たくさんの），little（少しの）
（→ pp. 289〜296）

❷ 数　詞　　　　　　five（5つの），fifth（5番目の）（→ pp. 297〜310）

(3) 代名詞の形容詞用法

代名詞が名詞の直前について形容詞的に用いられるもの。**代名形容詞**ということもある。

- ❶ **人称代名詞の所有格** : his name（彼の名前）(→ p. 178)
- ❷ **指示代名詞の形容詞用法** : this book（この本）(→ pp. 196～207)
- ❸ **不定代名詞の形容詞用法** : another day（別の日）(→ pp. 208～232)
- ❹ **疑問代名詞の形容詞用法** : which way（どっちの方向）(→ p. 246)
- ❺ **関係代名詞の形容詞用法** : what help I can（できるだけの援助）

(→ p. 660)

　　＊ ❹と❺はそれぞれ**疑問形容詞**，**関係形容詞**とも呼ばれる。

3 形容詞の語形

(1) 語形成から見た形容詞の分類

❶ **単一語**: 本来の形容詞で1語から成るもの
　a **large** house（大きな家）

❷ **複合語**: 2個以上の語が結合してできた形容詞で，ハイフンのあるものとないものとある。
　a **twelve-year-old** girl（12歳の少女）
　　＊ このような場合，year が複数形にならないことに注意。(→ p. 114)
　home-made bread（自家製のパン）
　breathtaking beauty（並はずれた美しさ）

❸ **派生語**: 名詞や動詞に接尾辞がついて形容詞になったもの

　(a) 〈名詞＋**-ic, -al, -ical, -ar, -ary, -en, -ous, -ish, -y, -ive, -like**〉
　　ego**ic**（利己的な）　natur**al**（自然の）　histor**ical**（歴史の）
　　famili**ar**（よく知っている）　vision**ary**（幻の）　wood**en**（木製の）
　　marvel**ous**（驚くべき）　child**ish**（子供じみた）　health**y**（健康な）
　　act**ive**（活動的な）　man**like**（男性的な）
　　＊ -ous, -ive は動詞に，-ish, -y は形容詞にもつく。
　　　　prosper**ous**（繁栄した）　creat**ive**（創造的な）
　　　　redd**ish**（赤らんだ）　　　yellow**y**（黄色がかった）

　(b) 〈名詞＋**-ed**〉:「～を持った」の意味になる。
　　a **talented** actor（才能のある俳優）
　　a **white-winged** angel（白い翼を持った天使）
　　＊ 〈white＋wing〉全体に -ed がついたもの。learned [-id] などの〈動詞＋-ed〉と区別すること。(→ p. 274)

　(c) 〈名詞，動詞＋**-ful, -less**〉: 両者は互いに反対の意味になる。
　　a **useful** book（役に立つ本）　　a **useless** book（役に立たない本）

(d) 〈**動詞＋-able, -ible**〉:「～できる」の意味になる。
   a **movable** shelf (移動できる棚(な))
   an **edible** mushroom (食べられるキノコ)

   > **注** 〈名詞＋-able〉の形容詞:
   >   不可算名詞について「～できる，～に適した，～を好む」などの意味を表す。
   >   fashion*able*（流行の），objection*able*（異議のある），peace*able*（平和を好む）

> **参考** eatable / edible:
>   本来は eatable には「おいしく食べられる」，edible には「（有害でないので）安全に食べられる」の意味が含まれるといわれるが，現在では，**おいしくなくてもとにかく食べられれば eatable も edible も用いる**。しかし，「**無害だから安全に食べられる**」意の場合は **edible** しか使えないので，実際には edible のほうが使用頻度が高い。
>   The steak was overdone but just about **eatable** [**edible**].
>   （そのステーキは焼き過ぎだったが何とか食べられた）
>   The fruit of this tree is not **edible**.
>   （この木の実は〔有害なので〕食べられません）

(e) 〈**名詞, 形容詞＋-ly**〉: 形容詞の場合は同形の副詞と区別すること。
   a **friendly** dog（人なつっこい犬）   a **kindly** voice（優しい声）

(2) 〈形容詞＋-ly〉の形の形容詞の意味

形容詞に接尾辞の **-ly** がつくと副詞になるのがふつうであるが，中には**別の形容詞を作る**ものがある。こうしてできた形容詞はもとの形容詞と意味が微妙に違う場合が多い。

❶ **lone**（ひとりぼっちの）→ **lonely**（寂しい）
   ＊ lone は文学的な語で，物について用いるときは単に「ただ１つの」の意を表し，人について用いるときは lonely とほぼ同じわびしさの意を含む。
   a *lone* house in the valley（谷間の一軒屋）   〔物〕
   a *lone* traveler（一人旅の旅人）   〔人〕

❷ **clean** [kli:n]（清潔な）→ **cleanly** [klénli]（きれい好きな）
   ＊ cleanly [klí:nli]（副）（きれいに）との発音の違いに注意。

❸ **kind**（親切な）→ **kindly**（〔目下の者などに対して〕親切な）
   ＊ この区別は厳密なものではなく，代わりに用いられることもある。

❹ **sick**（病気の）→ **sickly**（病弱な）
   ＊ a *sickly* child は「病弱な子」をいう。

(3) 接尾辞によって意味の異なる形容詞

同じ語から派生した形容詞でも，接尾辞によって意味が異なってくる。頻出する語で，特に混同しやすいものに注意する必要がある。

◆ 接尾辞によって意味の異なるおもな形容詞

> child*like*（子供のように純真な）　child*ish*（子供っぽい）
> compar*able*（比較できる）　compar*ative*（比較による）
> consider*able*（相当な）　consider*ate*（思いやりのある）
> contempt*ible*（卑しむべき）　contempt*uous*（軽蔑的な）
> continu*al*（頻繁な）　continu*ous*（絶え間ない）
> desir*ous*（[…を]望んで）　desir*able*（望ましい）
> econom*ic*（経済の）　econom*ical*（倹約な）
> health*y*（健康な）　health*ful*（健康に良い）
> histor*ic*（歴史上有名な）　histor*ical*（歴史の）
> imagin*ary*（架空の）　imagin*ative*（想像力に富む）
> industr*ial*（産業の）　industr*ious*（勤勉な）
> memor*able*（忘れられない）　memor*ial*（記念の）
> moment*ary*（瞬間的な）　moment*ous*（重大な）
> respect*able*（尊敬すべき）　respect*ful*（丁重な）
> sens*ible*（感じられる）　sens*itive*（感受性の強い）

Q&A 51　形容詞と副詞の kindly はどこで見分けるか？

文中の位置で見分けがつく。
She is the most **kindly** person I have ever met.　〔形容詞〕
（彼女は私がこれまでに会った最も親切な人だ）
She spoke **kindly** to the old man.　〔副　詞〕
（彼女はその老人にやさしく話しかけた）

§115　性状形容詞

1 性状形容詞の種類

性状形容詞は事物の性質・状態・種類などを示す最もふつうの形容詞のことである。性状形容詞には，本来の形容詞と，ほかの品詞から形容詞になったものとがある。

(1) **本来の形容詞**
　big（大きい），young（若い）など大多数の形容詞はこれに属する。
(2) **名詞から派生したもの**（語形が変わる）→ p.256
　❶ 一般の名詞から
　　(a) **普通名詞**から：picturesque（絵のような）　〔picture（絵）から〕
　　(b) **集合名詞**から：familiar（親しい）　〔family（家族）から〕
　　(c) **抽象名詞**から：wealthy（裕福な）　〔wealth（富）から〕

❷ **物質名詞**から: 物質形容詞 (→ p.259)
 a **wooden** house（木造の家）   〔wood（木材）から〕
❸ **固有名詞**から: 固有形容詞 (→ p.260)
 the **Elizabethan** age（エリザベス女王時代） 〔Elizabeth から〕

> **注** 名詞をそのままの形でほかの名詞の前につけて複合語を作る場合:
> 　前の名詞は形容詞の働きをする。
> 　普通名詞・集合名詞・抽象名詞・物質名詞・固有名詞のすべてがこの形に用いられる。このうち物質名詞と固有名詞の場合はそれぞれ物質形容詞・固有形容詞として，語形の変わる上記の❷❸といっしょにして扱うのがふつう。
> a **flower** garden（花壇）   〔普通名詞〕
> a **police** station（警察署）   〔集合名詞〕
> a **music** hall（音楽堂）   〔抽象名詞〕
> a **silk** blouse（絹のブラウス）   〔物質名詞〕
> the **Chicago** post-office（シカゴ郵便局）〔固有名詞〕

(3) **動詞から派生したもの**
❶ 〈動詞＋形容詞語尾〉によるもの (→ p.256)
 changeable weather（変わりやすい天気）
❷ 現在分詞，過去分詞に由来するもの: 分詞形容詞 (→ p.272)
 a **surprising** event（驚くべき出来事）
 stolen goods（盗品）

(4) **副詞が形容詞として用いられるもの**
 an **up** train（上り列車） the **then** mayor（その当時の市長）

2 物質形容詞

物質名詞から派生した形容詞を便宜上こう呼ぶことがある。**物質名詞をそのままの形で形容詞として用いたものと，〈物質名詞＋-en〉の形をとるものとある。**後者は比喩的な意味に用いられる場合が多い。この種類の形容詞は比喩的意味に用いられる場合以外はふつう比較変化をしない。

(1) **物質名詞のままの形で材質を表す場合**

　現在では材質を表す場合にはこの形で用いることが多い。この形では叙述用法にも用いる。
 a **silver** plate（銀の皿）(＝a plate made of silver)
 This plate is **silver.**（この皿は銀製です）

(2) **-en 形で材質を表す場合**
 a **wooden** chair（木製の椅子）〔a *wood* chair ともいう〕
 a **woolen** scarf（毛織りのスカーフ）
 an **earthen** pot（陶製のつぼ）

> **注** -en 形と物質名詞のままの形の比較:
> 両方の形がどちらも材質を表す場合は，材質の表現としては前者のほうが文語的と感じられる場合が多い。
> a **silk** blouse（絹のブラウス）　　a **silken** blouse《文語調》

(3) -en 形が比喩的な意味を表す場合

-en 形が**材質**を示すときは限定用法に用いることが多いが，比喩的な意味では叙述用法にも用いる。

This is a **wooden** box.（これは木製の箱です）　　〔材質〕
His manner was extremely **wooden**.　　〔比喩的用法〕
（彼の素振りはとてもぎこちなかった）

* この意味では woodenly と副詞にもなる。
"I'm afraid I can't help you, sir," he said *woodenly*.
（「お手助けできないと思いますが」と彼はぎこちなく言った）

> **注** gold / golden:
> golden は叙述用法に用いることもあるが，gold に対して比喩的に用いるのがふつう。神話やおとぎ話などでは a **golden** axe（金の斧）のようにも用いる。
> a **gold** coin（金貨），**golden** opportunity（絶好の機会）

> 〔参考〕 他の材質との対比で用いられる特殊な -en 形:
> 他との対比その他の文脈で，材質を示す -en 形が叙述的に用いられることがある。
> That's not *plastic* … it's **wooden**.
> （あれはプラスチックじゃないよ，木製だ）

3 固有形容詞

固有名詞から派生した形容詞で，**国名形容詞**が特に重要である。

(1) 国名から派生した形容詞

多くはそのままの形で**国語**を表し，また〈the＋国名形容詞〉で国民の総称（複数扱い）を示す。

Danish is difficult to pronounce.　　〔国語〕
（デンマーク語は発音が難しい）
The Japanese are an industrious people.　　〔国民〕
（日本人は勤勉な国民だ）

(2)「イギリス」と「アメリカ」

❶ **イギリス**の正式の**国名**は the **United Kingdom** (of Great Britain and Northern Ireland)〔略 UK [U.K.]，通称 (Great) Britain〕で，こ

の形容詞形は **British** である。**England** は本来 Great Britain（大ブリテン島）を構成する England, Scotland, Wales の中の1つであるから，イギリスをさして England というのは正しい用法ではない。

  * UK は in *the* UK のように the をつけるのがふつう。

形容詞形の **English** も「イングランドの」の意味なので，Englishman は「(男性の) イングランド人」，Englishwoman は「(女性の) イングランド人」をさす。Englishman を一般の「英国人」の意味で用いるのは今では避けられ，英国人の総称は the British である。

  * 英国人の個人は，性差別を避ければ，British person であるが，実際には男女に応じて，Britishman, Britishwoman が使われるのがふつう。

「英語」は English でよいが，American (English) に対しては British (English) という。

  The **British** drink a great deal of tea.

  (イギリス人は紅茶をたくさん飲む)

  * **Briton** (英国人) は新聞の見出しなどで用いる文語。

注 「英国王」:

  「英国 (イングランド) 王」は the king of England であるが，これを the English king というのはくだけた言い方で，物語などでほかの国の王と対比して言うときなどに見られる形。

[参考] Scotch:

Scotch という形容詞形は Scottish の短縮形で，英米人はくだけた言い方で a Scotchman (スコットランド人) などというが，スコットランド人は，スコットランドの産物や事物についていうとき以外は Scotch を軽蔑的と考えることに注意。

❷ **アメリカ**の正式の**国名**は **the United States of America** で，the United States ということが多い。〔略 USA [U. S. A.] /US [U. S.]〕

  * US, USA も in *the* US [USA] のように，the をつけるのが正式。

America は通称。この形容詞形は **American** で，言語としてはアメリカ英語をさす。アメリカ人は an American (単数)，Americans (複数) で，総称は the Americans。ただし，America は北米もしくは南米，さらには南北両アメリカ，**アメリカ大陸全体** (＝the Americas) もさすので注意。

  * the Americas は今はやや古風と感じる人もいる。

注 U. S. の形容詞用法:

  the United States [U.S.] をそのまま形容詞としても用いる。

  the **United States** [U.S.] armed forces (米軍)

  * U. S. Army (米陸軍) のように冠詞を略すのは新聞用語。

第6章／形容詞　第1節　形容詞の種類と用法

Q&A 52　フランス語の先生は a French teacher か？

話し言葉では French に強勢を置けば「フランス語の先生」の意味を表すが，そうでないと「フランス人の先生」の意にとられる。「フランス語の先生」という意味をはっきり示すには a teacher of French とするのがよいとされる。しかし，実際の使用例を見ると，a French teacher のほうがずっと多いのは，必要度と文脈で分かるからであろう。

おもな国名形容詞

国　名	国名形容詞	国民総称	国民（個人）	国民（複数）
-an で終わるもの				
Égypt	**Egýptian**	the Egýptians	an Egýptian	Egýptians
Gérmany	**Gérman**	the Gérmans	a Gérman	Gérmans
Ítaly	**Itálian**	the Itálians	an Itálian	Itálians
Koréa	**Koréan**	the Koréans	a Koréan	Koréans
México	**Méxican**	the Méxicans	a Méxican	Méxicans
Nórway	**Norwégian**	the Norwégians	a Norwégian	Norwégians
Rússia	**Rússian**	the Rússians	a Rússian	Rússians
-ese, -ss で終わるもの（国民の単数形と複数形が同形）				
Chína	**Chinése**	the Chinése	a Chinése	Chinése
Japán	**Japanése**	the Japanése	a Japanése	Japanése
Pórtugal	**Portuguése**	the Portuguése	a Portuguése	Portuguése
Switzerland	**Swíss**	the Swíss	a Swíss	Swíss
Vietnám	**Vietnamése**	the Vietnamése	a Vietnamése	Vietnamése
-ish, -ch で終わるもの				
Dénmark	**Dánish**	the Dánes	a Dáne	Dánes
Póland	**Pólish**	the Póles	a Póle	Póles
Spáin	**Spánish**	the Spánish	a Spániard	Spániards
Íreland	**Írish**	the Írish	an Írishman	Írishmen
Scótland	**Scóttish**	the Scóttish	a Scótsman	Scótsmen
	Scóts	the Scóts	a Scót	Scóts
Fránce	**Frénch**	the Frénch	a Frénchman	Frénchmen
Hólland	**Dútch**	the Dútch	a Dútchman	Dútchmen
その他				
Gréece	**Gréek**	the Gréeks	a Gréek	Gréeks
Tháiland	**Thái**	the Thái(s)	a Thái	Tháis

＊ Holland の公式名は the Netherlands。

注 | 1. **Frenchman, Dútchman** などと性：

> Frenchman のように -man で終わる語は，一般的に用いるほかに男性をさすから，女性をさす場合には Frenchwoman のように言う。
>
> **注** 2. **Mexican, Swiss などと国語**:
> Mexican や Swiss などという国語はないことに注意。

§116 限定用法と叙述用法

1 形容詞の2用法

形容詞の本来の機能は，名詞や代名詞を直接・間接に修飾・限定することにある。この面から，形容詞の用法を，**限定用法**と**叙述用法**の2つに分ける。

❶ **限定用法**: 名詞に直接つけて用いるもの

Whose is this **blue** jacket? (この青い上着はだれのものですか)

＊「青い」は「上着」の持っている特徴を表しており，この場合は変わらない**永続的な意味**を持ち，同時にほかの物と**区別する役割**を果たしている。

❷ **叙述用法**: 動詞の補語として用いるもの

I am very **tired** after my long journey.

(私は長旅のあとでとても疲れている)

＊「疲れている」というのは私の現在の**一時的な状態**を示している。

> **注** 一時的と永続的:
> 本質的で持続的な性質を示す形容詞も叙述用法に用いることができる。
> My uncle is very *tall*. (私の叔父はとても背が高い)
> ただ，一般的に，一時的状態を示す場合は，限定用法よりも叙述用法がよく用いられるといえる。
> 報道記事や論文などでは，叙述用法よりも限定用法のほうが多いという。

> **[参考] be tired**:
> 「疲れている」というとき，その理由はほとんどの場合前後の文脈でわかる。同一文の中で示す必要のあるときは，after ～, because (of) ～, from ～, with ～などを用いて示すことが多い。
>
> They **are tired** *because* they have to get up early and go to work every morning.
> (彼らは毎朝早く起きて仕事に行かなければならないので疲れている)
>
> これらの形と，〈be tired *of* ～〉(～にうんざりしている) という〈be+形容詞+of〉型の成句とは区別したほうがよい。 **→ p.682**

2 限定用法 (Attributive Use)

形容詞が直接名詞についてこれを修飾・限定するもの。名詞の前につくのがふつうであるが，名詞の後につく場合もある。 **→ p.269**

限定用法の形容詞もその意味や機能によって次のように分類できる。
(1) 制限的用法と非制限的用法: 意味上の分類
❶ 制限的用法: ふつう, 形容詞の用法と考えられているものの大半はこれである。名詞が表す事物の範囲を制限して, **ほかのものと区別する**用法で, **客観的**な描写といえる。

a **red** rose	(赤いバラ)	a **white** rose	(白いバラ)
domestic animals	(家畜)	**wild** animals	(野生動物)
a **small** house	(小さな家)	a **large** house	(大きな家)

注 常に冠詞と用いる形容詞:
> *a* **certain** disease (ある病気)〔単数可算名詞〕, on *the* **same** day (同じ日に) のように常に冠詞とともに用いる特殊な用法のものもある。

❷ 非制限的用法: 修飾する名詞の持っている性質を強調して示したり, 叙述に**主観的・感情的**要素を加えるもので, **ほかと区別する働きはない**。

white snow (白い雪) the **blue** sky (青空)
poor Mary (かわいそうなメアリー)

* white は本来白い雪の色をさらに強調し, *poor* Mary は叙述に主観的・感情的要素を加えるにすぎない。

(2) 全体的修飾と部分的修飾: 機能上の分類
❶ 全体的修飾: 形容詞がその名詞を全体的に修飾する場合で, 形容詞の大多数はこの用法である。名詞をそのまま先行詞にして関係代名詞を用いて書き直すことができる場合が多い。

an **honest** *boy* (正直な少年) (=a *boy* **who is honest**)

❷ 部分的修飾: そのままの形では関係代名詞での書き直しができない。

(a) 副詞的働きをするもの

動詞から派生した名詞の**動詞的要素の部分**にかかる。

an **early** riser (早起きの人)

* a riser who is early ではなく, a person who *rises* early で, early は rise にかかる。

(b) **名詞の一部分**のみにかかるもの。

a **natural** scientist (自然科学者)

* natural science=自然科学だから, natural は science のみにかかり, scientist にかかっているのではない。

注 特殊な修飾:
> 全体的修飾, 部分的修飾のほか, 次のようなものもある。
> (1) 名詞の表す事物の一部分を形容詞が示すもの。
>   **Central** America (中央アメリカ)   〔アメリカの一部をさす〕
> (2) 複合名詞的要素: 名詞について独立した複合語を作る。
>   a **sick**room (病室)   〔sick なのは room ではない〕

Q&A 53 nice he (すてきな彼) と言えるか？

形容詞は名詞および代名詞を修飾するといわれるが、叙述用法を含めればそのとおりであり、また something などの不定代名詞についても可能である。しかし、〈形容詞＋代名詞〉の形は、**Silly me!**（ばかなことをしたなあ）**Poor me!**（情けない）**Lucky you [him, her]!**（ついているね）などの、特に〈形容詞＋目的格〉の感嘆文の形の慣用形はあるが、一般的には用いられない。

3 叙述用法 (Predicative Use)

形容詞が動詞の補語として用いられるもの。主格補語になる場合と、目的格補語になる場合とがある。

(1) 主格補語になる場合

〈S＋V＋C〉の第2文型で自動詞の主格補語になる。

The sea *was* **calm** then.（当時海は穏やかだった）

Mrs. Oliver *remained* **silent**.（オリバー夫人は黙っていた）

　＊ 主語の状態を述べている。

(2) 目的格補語になる場合

〈S＋V＋O＋C〉の第5文型で他動詞の目的格補語になる。

We *consider* him **innocent**.（我々は彼は無罪だと思う）

(＝We consider that *he is innocent*.)

I *found* the task **easy**.
　（その仕事はやさしいことがわかった）

(＝I found (that) the *task was easy*.)

　＊ どちらも目的語の状態を述べている。《米》では節の形のほうが多い。

I *pushed* the door **open**.（私はドアを押し開けた）

　＊ 動作の結果としての目的語の状態を示す。（→ p. 45）

[参考] **You are welcome.**:

お礼を言われて「どういたしまして」と言うとき《米》では You are welcome. と言う。You are welcome to it.（そんなこと自由にしていいんですよ）という形からきたものとされるが、慣用句として比較的ていねいな応答に使われる。《英》では **Don't mention it.** や **Not at all.** がふつう。ほかにも、**It's a pleasure.** や **My pleasure.** などとも言い、さらにくだけた言い方に **Any time.** などがある。

"Thank you for the lift."　"You are welcome."
　（「乗せてくれてありがとう」「どういたしまして」）　　　　　　【応答】

> **Q&A 54** They returned safe. の safe は safely ではないか？
>
> safe でも safely でもよい。They returned **safe**.（彼等は<u>無事</u>に戻って来た）という文で return は**完全自動詞**だから，They returned. だけで文としては完全である。しかし，この場合の safe は主語である **they** の「戻ってきた」ときの状態を叙述しているので，主格補語をそのように解すれば，このまま形容詞の safe でよい。（→ p.30） 一方，「戻った」という動作を修飾するなら safely という副詞でよいことになる。

§117 限定用法か叙述用法のみの形容詞

形容詞の多くは限定用法と叙述用法のどちらにも用いられるが，どちらか一方のみにしか用いられないものや，用法によって意味の異なるものがある。

1 限定用法のみの形容詞

(1) 元来比較級・最上級の形容詞だったもの

これらは程度ではなく，対比の意味を示す。

I met the **former** president. （私は前大統領に会った）

● 元来比較級・最上級だった限定用法のみの形容詞

an **elder** sister （姉）	an **inner** pocket （内ポケット）
the **latter** half （後半）	the **outer** world （外界）
the **upper** arm （上腕）	the **utmost** edge （一番端）

(2) -en の語尾を持つ分詞形容詞

He gave a **spoken** order. （彼は口頭で命令した）

a **drunken** driver （酔っ払った運転手），**fallen** leaves （落ち葉）

(3) -ar, -an, -al, -ic, -ly, -en などの語尾を持つ名詞派生の形容詞

a **polar** bear （北極熊）＜pole　　**atomic** power （原子力）＜atom
an **earthen** jug （陶製の水差し）＜earth 〔物質形容詞〕（→ p.259）

注 名詞派生の形容詞の意味と用法：
名詞派生の形容詞はもとの名詞の意味の形容詞として用いるときは，その修飾する名詞と一体化して〈名詞＋名詞〉のように感じられるので，ふつう限定用法で用いるが，発展して出た別の比喩的な意味で用いる場合はふつうの形容詞として叙述用法にも用いるし，比較変化もする。

{ **mechanical** disorder （機械の故障）　〔もとの名詞の意味〕
{ **mechanical** reaction （機械的反応）　〔発展的意味〕

His reaction was very *mechanical*.
（彼の反応は極めて機械的であった）

His reaction was *more mechanical* than before.
   (彼の反応は前よりも機械的だった)

(4) 強意・限定の形容詞

We won a **complete** victory. (我々は完全な勝利をおさめた)

◉ 限定用法のみの強意・限定の形容詞

the **chief** industry (主な産業)	a **lone** wolf (一匹狼)
the **main** street (目抜き通り)	a **mere** child (ほんの子供)
the **only** chance (唯一のチャンス)	the **principal** actor (主演俳優)
sheer luck (全くの幸運)	the **sole** survivor (唯一の生存者)
total ignorance (全くの無知)	an **utter** folly (愚の骨頂)
the **very** top (最頂点)	

(5) その他

"*Old Black Joe*" is my **favorite** song.
   (『オールド・ブラック・ジョー』は私の愛唱歌です)

◉ 限定用法のみのその他の形容詞

a **joint** statement (共同声明)	**live** [laiv] fish (生きた魚)
indoor [**outdoor**] sports (室内[屋外]スポーツ)	
inside [**outside**] pages (内側[外側]のページ)	

2 叙述用法のみの形容詞

次の形容詞はふつう名詞の前に置いて限定修飾することはできない。

(1) 接頭辞 a- のつく形容詞

[誤] He lives in an *alone* house in the country.
[正] He lives in a **lonely** house in the country.
   (彼は田舎の人里離れた家で暮らしている)

◉ 叙述用法のみの a- 形容詞

afloat (浮かんで)	afraid (恐れて)	aghast (仰天して)
ajar (半開きで)	akin (同類で)	alight (燃えて)
alike (似て)	alive (生きて)	alone (1人で)
amiss (具合悪くて)	ashamed (恥じて)	asleep (眠って)
astir (ざわめいて)	averse (反対して)	awake (目がさめて)
aware (気づいて)		

> **注** **a- 形容詞と限定用法**:
>   a- のついた形容詞も、次のような場合には限定用法に用いられる。
> (1) 一定の副詞によって修飾されるとき。
>   the **half-asleep** child (半ば眠っている子供)
> (2) 名詞の後に置いて修飾するとき。 (→ p. 271)

a child **asleep**（眠っている子供）

(2) 前置詞つきの句や不定詞，動名詞が後に続く形容詞 （→ p.817）

I am **bound** *for home*.（私は帰国中です）

The museum is **worth** *visiting*.（その博物館は訪れる価値がある）

3 限定用法と叙述用法で意味の異なる形容詞

次の形容詞は名詞の前の限定用法と，叙述用法では意味が異なる。

She has a **certain** charm.（彼女にはある種の魅力がある）〔限定〕
Spring is **certain** to follow winter. 〔叙述〕
（冬の後には必ず春が来る）

She waved a **fond** farewell to her parents.
（彼女は両親にいとおしそうに手を振って別れを告げた）
I am very **fond** of ice cream.
（私はアイスクリームが大好きです）
　＊　限定用法の fond は「優しい」の意味。

Ill news runs apace.（悪事千里を走る）
He is **ill** in bed.（彼は病気で寝ている）

注 | **ill** と **sick**：
「病気で」の意味の叙述用法は，《米》では ill は堅苦しい言い方で sick のほうがふつう。限定用法では，《英》《米》とも sick を用いるが，seriously などの副詞とともに用いる場合などで ill を用いることもある。

The **late** Mr. Brown was an able lawyer.
（故ブラウン氏は有能な弁護士だった）
I was **late** for the appointment.（私は約束の時間に遅れた）
　＊　「故～」の意味では叙述用法はない。

What is your **present** address?（君の現住所はどこですか）
All the members were **present**.（全員が出席していた）

注 | **present company**：
the **present** company（出席者）という表現の場合は例外。
present company excepted
（ここにおられる方々は別々として）
　＊　批判的なことを言うときに用いる慣用句。

Raise your **right** hand.（右手をあげなさい）
You are **right** in judging so.（君がそう判断するのは正しい）
　＊　「右の」の意味では叙述用法はない。

We were in a **sorry** condition.（我々はみじめな状態だった）
(I'm) **Sorry** to hear that.（それはお気の毒です）　【同情】

§118 形容詞の位置と語順

形容詞が名詞を直接修飾する場合には，名詞の前に置かれるのがふつうであるが，名詞の後に置かれる場合もある。また，名詞の前にいくつかの形容詞が並ぶときには，その配列にもある程度決まったルールがある。

1 名詞の前に置かれる形容詞の語順

いくつかの形容詞が名詞の前に置かれるときには，一般に次のような語順が見られるが，絶対的なルールではない。

| 冠詞
代名形容詞 | + | 数量形容詞 | + | 性状形容詞 | + | 形容詞用法の名詞 | + | 名詞 |

そこで性状形容詞を中心にした形容詞の配列順の一例を示す。

(例) <u>all</u> <u>the</u> <u>five</u> **lovely** **little oval brilliant new purple**
　　　① 　② 　③ 　　④ 　　　　　　⑤
Chinese wooden <u>jewel</u> boxes
　　　⑥ 　　　　　⑦

（その5つの美しい小さな卵形のきらきらした新品の紫色の中国の木製の宝石箱のすべて）

◆ 形容詞の配列順

(1)	①	all, both	all
	②	冠詞・代名形容詞	the
	③	数量形容詞	five
(2)	④	主観的評価	lovely
	⑤	性状形容詞 　大小	little
		形状	oval
		性質・状態	brilliant
		新旧	new
		色彩	purple
(3)	⑥	固有形容詞	Chinese
		物質形容詞	wooden
	⑦	形容詞用法の名詞	jewel
		名　　詞	boxes

＊ 実際にこのようにたくさんの形容詞が並ぶことはない。

(1) 性状形容詞の前に置かれるもの: ①～③
  ① **all** と **both** は，すべての形容詞に先行する。(→ p.225)
  ② 冠詞か形容詞用法の代名詞（代名形容詞）がまず前にくる。
    a strong young man（丈夫な若い男）
    these beautiful white roses（これらの美しい白いバラ）

    > **注** 1. other, every の位置:
    >   other の前には the, some, any, no, every, one や数詞をつける
    >   ことができる。また，every の前には所有格代名詞がつくことがある。
    >   Have you any *other* questions?（ほかに質問はありませんか）
    >   They listened to **his** *every* word.
    >   　（彼らは彼の言葉の一つ一つに耳を傾けた）

    > **注** 2. 名詞の所有格の位置:
    >   名詞の所有格は形容詞に先行する。
    >   **Mr. Johnson's** beautiful wife（ジョンソン氏の美しい妻）

  ③ 冠詞の次，もしくは冠詞に代わって**数量形容詞**が置かれる。数量形容詞
    が重なるときには，〈序数詞＋基数詞〉の語順になる。
    the **first** *two* lines（最初の2行）
    冠詞とともに用いる特殊な形容詞(→ p.264)は冠詞の次にくる。
    a **certain** inconvenient rural area（ある辺ぴな田舎）

(2) ふつうの性状形容詞: ④⑤
  (1)と(3)の間におおよそ次の順に置かれる。
  ④ 話し手の**主観的評価**を表す形容詞は客観的形容詞より前に置かれる。
    a **beautiful** little white house（美しい小さな白い家）
    ＊「美しい」が主観的評価なので，ほかの形容詞よりも前に出ている。

> **参考** 主観的評価の形容詞:
>   old や red のように客観的に決定される性状ではなく，話し手の主観的
> 感情・評価などを表すもので，たとえば美醜や感嘆などの形容詞がこれに属
> する。
>   beautiful, lovely, nice, pretty; nasty; horrible, terrible; splendid,
> wonderful
>   ただし，その範囲は厳密なものではなく，またこれに近い形容詞（large,
> tall など）との配列順もその意味やリズムなどによって変わることもある。

  ⑤ 意味上**名詞**との関係が密接なものほど名詞の近くに置く。
    〈大小＋形状＋性質・状態＋新旧＋色彩〉の順がふつう。
    a large round heavy old brown table
    　（大きな円くて重い古い褐色のテーブル）
    ただし，この順は意味やリズムにより入れ代わることがある。

(3) ふつうの性状形容詞の後に置かれるもの: ⑥ ⑦
  ⑥ 名詞派生の形容詞はふつう〈固有＋物質〉の順に置かれる。
    an **Arabian** stone house（アラビアの石造りの家）
  ⑦ 名詞の直前に名詞の形のままの**形容詞用法**の名詞が置かれる。
    a **school** bus（スクールバス）

2 名詞の後に置かれる形容詞

限定的に用いられる形容詞は次のような場合に名詞・代名詞の後に置かれる。慣用的なもののほかに，強意的なもの，あるいは〈関係代名詞＋be〉の省略と考えてもよいものなどがある。

(1) <u>-thing , -body, -one で終わる複合形の不定代名詞を修飾するとき</u>
  Nothing **strange** happened.（何も変わったことは起こらなかった）
  注 things, those:
    things **foreign** [**feminine**]（外国の<u>風物</u>[婦人に関する事柄]）のような言い方は，堅い言い方とも，ふざけた感じになることもあるという。代名詞を修飾する *those* **concerned**（関係者たち）のような形もある。

(2) <u>-able, -ible で終わる形容詞</u>
  ❶ all, any, every などを伴う名詞に強意的に添える。
    every means **imaginable**（考えられるあらゆる手段）
  ❷ 最上級の形容詞のついた名詞につけて範囲を限定する。
    the latest information **available**（入手しうる最新の情報）
      ＊ every **imaginable** means, the latest **available** information としてもよい。
  注 -able, -ible で終わる形容詞が後に置かれる場合:
    たとえば，It was the only star **visible**.（それが見えているただ1つの星だった）が，そのときたまたま見えていた星をさすように，-able, -ible に限らず，一般に形容詞は一時的な意味の場合後に置かれることが多いともいわれる。

(3) <u>フランス語などの影響を受けた言い方など……慣用的</u>
    the sum **total**（総計），from time **immemorial**（大昔から）

(4) <u>固有名詞を区別する場合</u>
    Elizabeth **the Second**（エリザベス2世）

(5) <u>修飾語句を伴って長くなる場合</u>
    a friend **worthy of confidence**（信頼できる友人）
      ＊ この場合 who is を前に補って考えることもできる。

(6) <u>叙述用法に近い場合</u>
    a baby **asleep**（眠っている赤ん坊）

> **注** 名詞の前後で意味の異なるもの:
>   名詞の前に置かれる場合と後に置かれる場合で意味の異なるものがある。後に置かれるときには叙述用法の場合の意味になる。(→ p.268)
>   all the people **present**(居合わせた人たちすべて)
>   (=all the people *who were* **present**)
> *cf.* **present** members(現会員)

(7) 分詞形容詞に動詞の性質が強いとき

Nick was among the twenty people **arrested**.
(ニックは逮捕された20人の1人だった)

> **注** 慣用的に後に置かれる分詞:
>   分詞の中には慣用的に名詞の後に置かれるものがある。
>   for the time **being**(当分の間)(being=existing)

(8) 強調・対照・リズムなどの関係で

America, **past and present**(過去および現在のアメリカ)

(9) その他慣用的に

on Monday **next**(今度の月曜日に)
for ten years **past**(=for the past ten years)
(ここ10年間に)

Q&A 55 名詞の前の形容詞にコンマや and はどういうときに必要か?

269ページに示した表で,①〜⑦の形容詞それぞれの間ではコンマも and も必要ない。⑤の性状形容詞同士がいくつか並ぶときには,コンマで切ってもよいし,切らなくてもよい。

two little(,) brilliant(,) purple jewel boxes

同じ種類の性状形容詞が重なるときには,原則としてコンマで切るか and で結ぶ。

a **kind**, **tender** and **honest** girl(親切で優しく正直な少女) 〔性質〕
a **white**, **red** and **blue** flag(白赤青の〔三色〕旗) 〔色〕

---

§119 分詞形容詞

動詞の現在分詞と過去分詞には形容詞的用法がある。(→ p.511) これらの中で動詞としての性質を失って,辞書でも完全な形容詞として見出し語になっているものがある。こうした分詞形容詞は,原則として形容詞としての次の特徴を持っている。(→ p.254)

❶ 名詞の前に置いてその名詞を**限定修飾**することができる。

That was a **surprising** *discovery*.(それは驚くべき発見だった)

❷ be, get 以外の不完全自動詞 (seem, look, feel など) の補語にもなる。
He *seems* **disgusted**. (彼はうんざりしているようだ)

> 注 分詞が補語となる条件：
> be, get に分詞が続く場合は進行形や受動態との区別ができないことがある。したがって seem の場合も to be を省いて直接つけることが必要。

❸ 副詞の **very** で修飾することができる。
Her voice is *very* **charming**. (彼女の声はとても魅力的だ)

> 注 very で修飾できない形容詞：
> 程度の大小を表せないものは意味上 very で修飾できないが、これは形容詞全般に当てはまることである。(→ p.347) a *rising* novelist (新進の小説家) の rising は、程度の比較ができないから、very で修飾できない。

❹ 比較変化をする。
I felt *more* **tired** than ever. (私はかつてないほど疲れを覚えた)
　＊ very で修飾できないため比較変化をしないものもある。

以上の 4 原則のほかに、**to 不定詞** や **that 節** が続くこともあげられる。
Oliver was very **surprised** *to see* all this.
(このすべてを見てオリバーはひどく驚いた)

> [参考] 接頭辞や接尾辞をつけて形容詞と判断する場合：
> 分詞の形に接頭辞 un- や、接尾辞 -ly, -ness がつくものがあり、これによってその分詞を形容詞とすることもある。
> **un**satisfied (不満足な), amazing**ly** (驚くほど)

1 現在分詞からの形容詞 (→ p.817)

(1) 自動詞の現在分詞からの分詞形容詞

自動詞の現在分詞が形容詞化したものは、やや特殊なものである。これらの分詞形容詞は **very で修飾できない**し、**比較変化もしない**。しかし、名詞の前に限定用法として置いたとき、ふつうの自動詞の現在分詞が一時的、進行形的な意味しか表さないのに対し、完全に形容詞化したものは、もっと**本質的な特性**を示すという点が異なる。

> a **working** knowledge of English (実用的な英語の知識)
> 　＊ 「仕事をしている」という一時的な意味ではないから完全な**形容詞**。
> a slowly *working* mill wheel (ゆっくり回っている水車)
> 　＊ 「回っている」というもとの動詞の表す一時的意味だから**現在分詞**。

> 注 1. 形容詞 **working**：
> the *working* population (労働人口), *working* hours (労働時間), the *working* age (就業年齢) などの working も完全に形容詞化している一例である。

> [注] 2. 分詞形容詞と動名詞:
> 　a sleeping car（寝台車）や a sleeping bag（寝袋）のような場合の sleeping は動名詞。(→ p.535) 現在分詞の Sléeping Béauty（眠れる美女）のような場合には名詞にも強勢が置かれるが，動名詞の場合は sléeping car のように動名詞のほうに強勢が置かれる。

(2) 他動詞の現在分詞からの形容詞

❶ 「驚かす」「悩ます」のように人の**感情に影響を与えるような**他動詞の現在分詞は，能動的な意味を持つ。この種の分詞が形容詞化したものは **very** で修飾できる。

This noise is **very annoying**. 〔形容詞・叙述用法〕
（この騒音はすごくうるさい）

I can't stand that **annoying** sound. 〔形容詞・限定用法〕
（あのうるさい音には我慢できない）

> [注] 分詞形容詞と進行形の見分け:
> 　This noise is *annoying* me.（この騒音が私をいらいらさせている）という文で，is annoying は me という目的語をとっているから他動詞の進行形。

◆ 感情表現の他動詞の現在分詞からの形容詞 ―― very で修飾できる

amazing（驚くべき）	amusing（おもしろい）
annoying（うるさい）	astonishing（驚くばかりの）
boring（うんざりするような）	charming（すてきな）
disappointing（がっかりさせる）	disturbing（心をかき乱す）
embarrassing（やっかいな）	exciting（はらはらさせる）
frightening（ぎょっとさせる）	interesting（おもしろい）
loving（愛情のある）	pleasing（愉快な）
puzzling（まごつかせる）	satisfying（満足を与える）
shocking（衝撃的な）	surprising（驚くべき）
terrifying（ぞっとする）	thrilling（ぞっとする）

❷ その他の他動詞の現在分詞からの形容詞 (→ p.817)

very で修飾できないものが多い。

She is a cold and **calculating** woman.
（彼女は冷たい打算的な女だ）

2 過去分詞からの形容詞

(1) 自動詞の過去分詞からの分詞形容詞 (→ p.818)

　ある場所［状態］から他の場所［状態］に移り変わることを示す自動詞の過去分詞は，**結果としての状態**を示す形容詞となる。この種の形容詞は

必ず**名詞の前**につき，修飾語句を伴わずに名詞の後につくことはない。

a **learned** man（学識のある人），a **grown** man（成人）

My father is a **retired** university professor.
（私の父は退職した大学教授です）

(2) 他動詞の過去分詞からの形容詞

❶ 心理的に影響を与える意味の他動詞の過去分詞からの分詞形容詞

これらの形容詞は，不完全自動詞の補語として**叙述用法**に用いられる。

He seemed [looked] very **surprised**.
（彼はとても驚いたように見えた）

また多くは名詞の前に置かれて**限定用法**としても用いられる。

He gave me a **surprised** look.（彼は驚いた目つきをした）

動作主（人）を表す by が伴う場合以外は，ふつう very で修飾できる。

I was **very** *surprised* at the news.（私はその知らせに大変驚いた）

[参考] **very＋過去分詞**:

I was *very* **surprised** *at* the news. の at the news を by Jack にすると，「ジャックに（不意をつかれて）驚かされた」という受け身の文となり，much が用いられるとされるが，一般にこの種の語の場合，前置詞が by であっても，その後に動作主（人）がくる実例はあまりない。

I was *very* **surprised** *by* his reply.（私は彼の返事にすごく驚いた）
I am *very* **disturbed** *by* your attitude.
（私は君の態度には実に戸惑っている）

現代のくだけた言い方では，この種の過去分詞はますます形容詞化して very で修飾する傾向にあるので，すべてを形容詞とする見方もある。

● 感情表現の他動詞の過去分詞からの形容詞 ── ふつう very で修飾できるもの

amazed（びっくりした）	amused（おもしろがっている）
ashamed（恥じて）	bored（うんざりした）
confused（混乱した）	contented（満足している）
delighted（大いに喜んで）	depressed（意気消沈した）
disappointed（がっかりした）	disgusted（うんざりした）
distressed（苦しんでいる）	disturbed（混乱した）
excited（興奮した）	frightened（おびえた）
interested（興味を持った）	irritated（いらいらした）
perplexed（困った）	pleased（喜んだ）
puzzled（当惑した）	satisfied（満足した）
surprised（驚いた）	terrified（おびえた）
tired（疲れた）	worried（心配そうな）

❷ **その他の他動詞の過去分詞からの分詞形容詞**: いろいろな他動詞の過去分詞で形容詞になったものはたくさんある。これらの形容詞も，不完全自動詞の補語として**叙述用法**にも，また名詞の前に置かれて**限定用法**にも用いられる。意味により用法の異なるものもある。（→ p.818）

He is a very **accomplished** person.（彼は実に教養のある人間だ）
She is **accomplished** in music.（彼女は音楽に堪能である）

> **注** 過去分詞形容詞の意味:
> accomplished も，an accomplished task（完成された仕事）というような場合には，もとの他動詞の意味をそのまま残している過去分詞と考えるほうが自然である。このタイプのものは辞書にあたってみて，その意味によって考えていけばよく，過去分詞と形容詞の区別そのものは重要なことではない。

§120 形容詞の名詞用法・副詞用法その他

1 形容詞の名詞用法

形容詞は定冠詞をつけて，あるいは無冠詞のまま名詞として用いる。

(1) 定冠詞をつけて用いる場合

❶ **普通名詞**として「人」を表す。　　　　　　　　　　　　（→ p.155）

(a) **複数**の普通名詞に相当し，総称的に用いる。この用法が最も多い。

The **old** (=Old people) often think of the past.
（老人はよく昔のことを思い出す）

* the old people というと特定の老人たちをさす。

(b) **単数**の普通名詞に相当する。慣用的なものに限られる。（→ p.156）

the **beloved**（最愛の人）　*cf.* the **Almighty**（全能者，神）

> **注** the accused:
> the accused（被告）は単数にも複数にも用いられる。

❷ **抽象名詞**として物の性質を表すが，文語的。　　　　　　（→ p.156）

Don't ask me *the* **impossible**.（不可能なことを求めないでくれ）

* 集合名詞的に扱うので，単数扱いがふつう。

❸ **事物の部分**を表す：〈of ~〉を伴うことが多い。

the **thick** of the forest（森の茂み）
the **yellow** of an egg（卵の黄身）
the **small** of the back（腰のくびれた部分）
the **white** of the eye（白目）

❹ **成句**として

on the **whole**（概して），to the **full**（十分に）

(2) 無冠詞で用いる場合
  ❶ 対句の形で
    Young and **old** gathered together.
    (老いも若きも集まった)
  ❷ 前置詞の目的語となって慣用句を作る。
    (a) 成句 at **last**(ついに), at **least**(少なくとも)
    (b) 対句 go from **bad** to **worse**(ますます悪くなる)

2 形容詞の副詞用法

形容詞は -ly をつけずにそのままの形で副詞として用いる。

(1) 強意語としてそのままの形でほかの形容詞の前に置く

  もとの意味はほとんど失われている。
  She was **dead** asleep.(彼女はぐっすりと眠っていた) 《口語的》

(2) 〈形容詞＋and＋形容詞〉

  前の形容詞が後の形容詞の意味を強める場合
  Everybody feels **nice** *and* **happy**. 《口語的》
  (みんなとても楽しい気分でいる)
    * nice and は [náisn] と発音し,and の次には「好ましい状態」を示す形容詞がくる。

(3) 文全体を修飾する

  Sure enough, he didn't come.(はたして彼は来なかった)
    * この場合は完全な副詞として扱われる場合が多い。Surely としても意味は変わらない。

(4) 叙述用法で補語になる場合

  ❶ 完全自動詞の後に置かれる場合
    The sun shines **bright**.(太陽は明るく輝く) (→ p. 54)
      * brightly の意の **bright** は shine や burn と用いるのがふつうで,副詞として扱っている辞書もある。詩的な表現ともされるが,話し言葉でも使う。
  ❷ 完全他動詞の目的語の後に置かれる場合
    He opened his mouth **wide**.(彼は口を大きくあけた)

3 目的語をとる形容詞 ── 前置詞用法

形容詞のなかには目的語をとって前置詞のように働くものがいくつかある。ふつうの前置詞と違うのは,比較変化をし,very で修飾できることである。しかし,比較変化はしても,**目的語をとっている**場合には前置詞とする見方もあり,最近はこの扱いのほうが多くなっている。代表的なものとし

て **like, unlike, worth, near** がある。

　Jane is more **like** *her father* than her mother.　〔比較変化〕
　（ジェーンは母親よりも父親に似ている）
　Jane is very (much) **like** *her father*.　〔very で修飾〕
　（ジェーンは父親によく似ている）

> **Q&A 56** feel bad か feel badly か？
>
> bad がふつうだが badly でもよい。
> 「気分が悪い」「悪いと思う」というとき，feel の次には補語となる形容詞がくるのがふつうだから，I feel *bad*. とすべきであるが，《米》のくだけた言い方では bad の代わりに badly がよく用いられる。

§121　事柄か人のどちらかを主語にする形容詞

　形容詞の中には，事柄の性質を表すため人を主語にした構文に用いることができないものや，逆に人の性質・感情などを表す形容詞であるために**無生物を主語にした構文**には用いられないもの，あるいは一定の条件のもとでこれらの構文を作ることができるものなどがある。

1　事柄を主語にする形容詞

日本語的発想から特に誤りやすいものを示す。

(1) 他動詞の現在分詞からの形容詞

　他動詞の現在分詞から作られる形容詞は**能動的**な意味を持ち，「（事物）が（人）を〜させる」の形で用いられるので，特に**感情表現**に関するものは主語を誤りやすく，日本語に引きずられないようにすることが大切である。（→ p. 274）

「僕は科学小説に興味がある」
　〔誤〕 *I* am *interesting* in science fiction.
　〔正〕 *I* am **interested** in science fiction.
　〔正〕 *Science fiction* is **interesting** (to me).

注　pleasant:
　　この語も語源的には please の現在分詞で，「（人を）愉快にする」という能動的な意味を持つ形容詞だから，次の例文のような誤りをしやすい。
「パーティーはとても楽しかった」
　〔誤〕 *I* was very *pleasant* at the party.
　〔正〕 *The party* was very **pleasant**.
　もし，たとえば She is pleasant to everyone. とすれば，「彼女はだ

れに対しても愛想がいい」という意味になる。人を主語にすることはできるが, 意味が異なることに注意。

(2)「だれだれが…することは～だ」の構文

この場合の主語は「…すること」であって,「だれだれ」ではないのに, 日本語に引きずられて「人」のほうを主語にしやすい。

「君たちが英語を学ぶことは必要だ」

　[誤] *You* are *necessary* to learn English.
　[正] *It* is **necessary** for you *to* learn English.
　[正] *It* is **necessary** that you (should) learn English.

このタイプの形容詞は〈It is ～ for A to ...〉の構文をとるものに多い。この構文ではAにはふつう「人」がくるが, そのAにあたる人を主語にした文には書き換えられない。

「ワトソンさんの機嫌をとるのは難しい」

　[誤] *We* are *hard* to please Mr. Watson.
　[正] *It* is **hard** (for us) *to* please Mr. Watson.
　　* この構文では, to 不定詞の意味上の目的語を主語にした文を作ることはできるから, *Mr. Watson* is *hard* to please.（ワトソンさんは気難しい）という文は正しい。

「君はあの山には登れないよ」

　[誤] *You* are *impossible* to climb that mountain.
　[正] *You* are **unable** to climb that mountain.
　[正] *It* is **impossible** for you *to* climb that mountain.

このタイプの形容詞は(a)〈It is ～ for A to ...〉の形の to 不定詞構文のみのものと, (b) to 不定詞構文とともに〈It is ～ that ...〉の **that** 構文もとれるものとに分けられる。特に誤りやすいものを示す。(→ p.498)

◆「誰々が…するのは～だ」の意で人を主語にできない形容詞

(a)	dangerous（危険な）	difficult（難しい）
	easy（やさしい）	hard（難しい）
	painful（苦痛な）	(im)possible（〔不〕可能な）
	tough（困難な）	useful（有益な）
	useless（無駄な）	

(b)	(in)convenient（便利な〔不便な〕）	delightful（楽しい）
	(un)important（重要である〔ない〕）	natural（当然な）
	(un)necessary（〔不〕必要な）	regrettable（遺憾な）

注 probable と likely:
　probable（ありそうな）は It is ～ that ... 構文に用いて, 人を主語にしないが, likely は人を主語にすることもできる。(→ p.283)

2 人を主語にする形容詞

英文を書くときに特に誤りやすいものを示す。

(1) 主語となる人の感情を表す形容詞

人を主語にして,その人の感情を表す形容詞は**事柄を主語にしない**こと。

[誤] *It* is *happy* that you are here.
[正] *We* are **happy** that you are here.
　　（ようこそいらっしゃいました）

> **注** 文修飾副詞と **It is ～ that** 構文:
> *Fortunately*, he did not die.（幸運にも彼は死ななかった）という文修飾の副詞を用いた文を *It* was *fortunate* that he did not die. の形に書き直せるからといって,*Happily*, he did not die. を *It* was *happy* that he did not die. としては誤りである。（→ p. 328）

◆ 人を主語にする形容詞

angry（怒った）	ashamed（恥じて）
delighted（喜んで）	disappointed（失望した）
excited（興奮した）	glad（喜んで）
happy（楽しい）	pleased（喜んで）
proud（誇りとする）	sorry（気の毒な）
surprised（驚いた）	thankful（ありがたい）

(2) 主語の意志を表す形容詞

主語となる人の意志を表す「しきりに～したがっている」型の形容詞も it を主語にしない。（→ p. 283）

[誤] *It* is *anxious* that he should see you.
[正] *He* is **anxious** to see you.
　　（彼はしきりに君に会いたがっている）

(3) 主語の能力を表す形容詞

able（できる）と **unable**（できない）などの形容詞は,原則として人（能力のある者）を主語にとる。

[誤] Is *it able* for us to prevent disease?
[正] Is *it* **possible** for us to prevent disease?
[正] Are *we* **able** to prevent disease?
　　（我々は病気を予防することができるのだろうか）

> **注** be able to の主語:
> be able to の主語は,ふつうは人であるが,あることをする能力があれば,生物だけとは限らない。ただし,受動態が続くのは不自然であり,また無生物の場合でも,なんらかの意味で人間が関与しているものが多い。
> The new submarine *is able to* dive twice as fast as the older

model.
（新型の潜水艦は旧型のものより2倍の速さで潜水できる）

> **Q&A 57** be capable of は事物を主語にすることができるか？
>
> be capable of はあることを受け入れたり，順応していくことができるという意味を持っているので，人だけでなく「事・物」を主語にできる。
> *The situation* is **capable** of improvement.
> 　（事態は改善の余地がある）
> *This book* is **capable** of being translated.
> 　（この本は翻訳可能である）

§122　形容詞と to 不定詞構文

形容詞と to 不定詞の結びつきにはいくつかのタイプがある。

(1)「～するとは親切だ」型

　　Betty is **kind** *to help* me.（私を助けてくれるとはベティは親切だ）
　　　* 形容詞を限定用法にした名詞句を代わりに置くことができる。
　　　　Betty is *a kind girl* to help me.
　この構文は〈It is ～ of A to ...〉の構文に書き換えられる。（→ p.499）
　　⇄ *It is* **kind** *of* Betty *to* help me.
　　　* この場合の to 不定詞は「～するとは」という意味になる。

　注 〈～ of A to ...〉型の感嘆文：
　　　感嘆文では How kind of Betty to help me! となる。また，to 不定詞を伴わない How kind of Betty! や That's very kind of Betty indeed.（ベティにはどうもご親切にしていただいて）などの形も可能である。

　〔参考〕 **How nice!**:
　《米》のくだけた言い方。
　How nice [hʌ́náis]!（まあ，すてき）　　　　　　　　　【称賛】
　How *nice* of you! の場合は nice＝kind だが，この文は上の意味がふつうで，女性がよく用いる称賛の言葉。

　このタイプの形容詞は **A（人）の人物に対する評価を示すとともに，to 不定詞の示す行為**について述べるものである。したがって，人について述べる形容詞であっても，行為について述べることができない語は用いられない。

　　It was **wise** *of* John *to* go there alone.
　　　（そこへ1人で行ったとはジョンは賢明であった）

* ジョンが賢明であるとともに、「1人で行ったこと」がジョンの賢明な行為でもあることを示している。

［誤］ It was *strong* of John to go there alone.
　　　* 「丈夫な（行為）」というのはおかしい。

このタイプのおもな形容詞のリストは（→ p.499）を参照。

(2)「～するのが難しい」型

This book is **difficult** *to read*. （この本は読むのが難しい）

→ This is a **difficult** *book* to read.
　　　* 不定詞の意味上の目的語は文の主語と一致する。

●「～するのが難しい」型のおもな形容詞

convenient（便利な）	dangerous（危険な）	difficult（難しい）
easy（やさしい）	hard（難しい）	impossible（不可能な）
nice（快適な）	pleasant（楽しい）	tough（困難な）
unpleasant（不愉快な）		

この構文は〈**It is ～ for A to ...**〉構文に書き換えられる。逆に言えば〈It is ～ for A to ...〉の **to 不定詞の意味上の目的語を主語にした構文**を作ることができるということになる。（→ p.498）

This book is difficult *to read*.

⇄ *It is* difficult (for us) *to read* **this book**.

しかし、次の形容詞は〈**It is ～ for A to ...**〉構文では用いられても、ここに示された型(2)では用いられないことに注意。

| important（重要な） | necessary（必要な） | possible（可能な） |

［誤］ *Jack* is *necessary* to convince.
［正］ *It* is **necessary** to convince Jack.
　　　（ジャックを信じ込ませることが必要だ）

(3)「～するのが速い」型

Police are not **quick** *to react*.
　（警察は反応が速くない）

この構文では形容詞を**副詞**に変えて書き換えることができる。

→ Police don't react **quickly**.

●「～するのが速い」型のおもな形容詞

| prompt（素早い） | quick（速い） | slow（遅い） | swift（素早い） |

(4)「～してうれしい」型

I'm very **glad** *to hear* your good news.

(君の吉報を聞いてとてもうれしい)

この構文では，to 不定詞は**感情の原因**を示す。

● 「~してうれしい」型のおもな形容詞

afraid (恐れて)	angry (怒って)	content (満足して)
glad (喜んで)	happy (うれしくて)	sorry (残念で)
thankful (ありがたく思って)	amazed (驚いて) [→ p.280]	

(5) 「しきりに~したがっている」型

Betty is **anxious** *to meet* Tom.

(ベティはしきりにトムに会いたがっている)

この構文は**主語の意志**を表す。〈It is ~ to (that) ...〉構文に書き換えることはできない。

● 「しきりに~したがっている」型のおもな形容詞

ambitious (熱望して)	anxious (切望して)
eager (切望して)	hesitant (躊躇(ちゅうちょ)して)
keen (熱心にしたがって)	ready (喜んで~して)
willing (いとわず~して)	zealous (熱中して)

[参考] **eager と anxious**:
《米》では anxious のほうが**口語的**な言い方では好まれるが，実現に対する懸念の意が含まれることが多いともいわれる。

He is **anxious** *to get* another job.

(彼は何とか再就職できないかと願っている)

(6) 「きっと~する」型

Betty is **certain** *to join* us. (ベティはきっと我々の仲間入りをする)

この型は〈It is ~ that ...〉の that 節中の主語が頭に出たものである。

⇄ *It is* certain *that* Betty will join us.

この種の形容詞は**話し手の主観的判断・予測**を示す。

● 「きっと~する」型のおもな形容詞

certain (確かな)	(un)likely (ありそうな〔もない〕)

§123 be+形容詞+to do と of doing

この形で特によく出てくる注意すべき形容詞は afraid と sure である。

(1) afraid

❶ be afraid to do は，「(~したいが)こわくてできない」という意味を

表す。

My little sister **was afraid** *to stroke* the dog.
(私の妹はこわくて犬をなでられない)

❷ **be afraid of doing** は「〜するのではないかと恐れる」の意味で，**不測の事態が起こることを恐れる場合に用いられる。**

He never climbed trees because he **was afraid** *of falling*.
(彼は落ちるのではないかと心配で決して木に登らなかった)

❸ 自分の意志で左右できる動詞の場合は，両者がほとんど同じように用いられることが多い。

I **am afraid** of *walking* [*to walk*] alone in the dark.
(私はこわくて暗闇を一人歩きできない)

(2) <u>sure / certain</u>

❶ **be sure to do** は「必ず〜する」という，**話し手の確信**を表す。

Jack **is sure** *to make* it. (ジャックは必ず成功する)

(=I am sure that Jack will make it.)

❷ **be sure of doing** は「〜すると信じている」という，**主語の確信**を表す。

Jack **is sure** *of making* it. (ジャックは成功すると確信している)

(=*Jack* is sure that he will make it.)

　　＊ I'm sure of Jack's success. という文は，I'm sure that Jack *will succeed*. のほかに I'm sure that Jack (*has*) *succeeded*. の意味にもなる。

注 | sure と certain：
　どちらも to do と of doing の両方を使うことができ，意味も同じであるが，**sure** の主語は「人」で，**certain** の主語は「人，事柄」なのが原則なので，*It* is **certain** (that) ... はよいが，*It* is *sure* (that) ... はふつう容認されない。*I'*m **certain** (that) ... は正しい。

§124　形容詞と that 節

❶ 人を主語にした構文と that 節

人を主語にした構文で that 節を伴うものがある。

(1) <u>感情の原因・理由を表す that 節</u>

　感情を表す形容詞（過去分詞形を含む）に続く that 節は，その**感情の原因となっている事柄**を示す。くだけた言い方では that は省略される。

I'm very **happy** (that) the proposal was adopted.
(その提案が採用されてとてもうれしい)

> ＊ that は意味の上からは because に近い。

I'm **surprised that** you are so bold.
（君のあつかましいのには驚く）
> ＊ I'm surprised *at your boldness.* と書き換えられる。

● be happy that 型のおもな形容詞

angry（怒って）	content（満足して）
glad（喜んで）	happy（うれしくて）
lucky（運がよくて）	sad（悲しくて）
sorry（悲しくて）	upset（狼狽して）
surprised などの**感情表現の過去分詞形容詞** [→ p.275]	

[参考] I'm glad to / that ～:
　be happy that 型には，(2)の be afraid that 型と区別をつけにくいものもある。たとえば glad などは，I am glad that … = I *rejoice* that … と考えて，that 節を目的語となる名詞節とみることができるからである。したがって，理由を明示するために，I'm glad *to* ～ を節に書き換える場合には，I'm glad *because* … としている文法書もある。
　ただし，実際の使用状況を見ると，話し言葉，書き言葉を問わず〈be glad *to* ～〉が最も多く，〈be glad *that* …〉は書き言葉に多い。〈be glad *because* …〉は実際にはあまり用いられていない。

(2) 他動詞の目的語に相当する that 節

〈be＋形容詞＋前置詞〉で他動詞と同じような働きをすると考える。that 節の前では前置詞は脱落する。[→ p.38]

I am **afraid that** I may hurt his feelings.
（彼の感情を傷つけるのではないかと心配だ）
＝I am *afraid of* hurting his feelings.
＝I *fear that* I may hurt his feelings. 〔改まった言い方〕
> ＊ be afraid of＝fear のように**他動詞**と同じ働きをする。

We are all **anxious that** you should return.
（私たちは皆あなたにぜひ帰ってきてもらいたいと思っています）
＝We are all *anxious for* your return.

[注] be anxious about:
　that 節を伴う anxious は「切望して」という意味。「心配して」の意では be anxious about [at] もしくは lest の導く節を用いる。
　She was very anxious *about* her husband's health.
　　（彼女は夫の健康をとても気づかっていた）
　She was anxious *lest* her skirt should get dirty.
　　（彼女はスカートがよごれないかと気にしていた）　《文語的》

❖ be afraid that 型のおもな形容詞

afraid 〈of〉(残念に思う)	aware 〈of〉(気づいて)
careful 〈of〉(気をつけて)	certain 〈of〉(確かだと思う)
confident 〈of〉(確信して)	conscious 〈of〉(気づいて)
convinced 〈of〉(確信して)	desirous 〈of〉(望んで)
eager 〈for〉(熱望して)	fearful 〈of〉(心配して)
hopeful 〈of〉(期待して)	ignorant 〈of〉(知らないで)
keen 〈on〉(熱望して)	proud 〈of〉(誇って)
sure 〈of〉(確かだと思う)	

> [参考] **I'm afraid＝I'm sorry**:
> I'm afraid (that) … は、日常会話では I'm sorry (that) … と同じように用いられる。that は省略するのがふつうで、この場合「心配である」という意味はない。
> "How about playing tennis this afternoon?"
> **"I'm afraid** I can't."　　　　　　　　　　　　　　　　【断り】
> (「午後テニスでもどう？」「悪いけどだめなんだ」)

2 〈It is＋形容詞＋that ～ (should) …〉の構文

〈It is＋形容詞＋that …〉の構文では、形容詞の種類と文脈によって、that 節内に **should** が用いられるものがある。that 節内にふつう**直説法**のみを用いるものについては〔→ p.499〕

(1) 話し手の主観的・感情的判断を示す場合

should を省けば**直説法**になる。

❶ 主観的判断

It is **natural** that he *should* have doubts about what you say.
　(彼が君の言うことに疑いを抱くのも当然だ)

この場合の should は〈推定の should〉で、話し手は事実はともあれ、ここでは「彼が疑いを抱いている」ということを**頭の中で考えて**言っているにすぎない。「彼が君の言うことに疑いを抱いていても (＝if he should have doubts about what you say)」という気持ちも感じられる。

「彼が君の言うことに疑いを抱いている」のが**事実**だとわかっていて、それは当然のことだと**客観的**に述べるのであれば、should を省いて**直説法**を用いればよい。

→ It is *natural* that he **has** doubt about what you say.

❷ 感情の強調 〔→ p.457〕

It is **surprising** that he *should* say so.
(彼がそう言うとは驚きだね)

この should も〈推定の should〉として,話し手は彼が本当にそう言っているのかどうかは知らないということが考えられる。それはこの文の後に,たとえば,Are you sure he *really* says so? (「君は彼が本当にそう言っていると思うかい?」)という文がつけられることでもわかる。

しかしまた,surprising という形容詞の意味から,should が「驚くべきことだ」という**感情**を強調しているともとれる。もともと〈推定の should〉には感情が伴うことが多いが,推定でなくても特に**感情を強調するために should がつくこともある**。いずれにせよ,単に**客観的**に**事実**を述べるのであれば,should を省いて**直説法**を用いればよい。

→ It is *surprising* that he **says** so.

上の ❶ ❷ に属する形容詞には次のようなものがある。ただし,実際には ❶ か ❷ かということは文脈によって決まることが多い。

❶ 事の是非・善悪の判断を表す形容詞

appropriate(適切な)	fitting(適切な)
good(良い)	important(重要な)
improper(不適切な)	irrational(不合理な)
logical(筋の通った)	natural(当然な)
proper(適切な)	rational(理にかなった)
reasonable(筋の通った)	right(正しい)
wrong(まちがった)	

❷ 話し手の感情が込められる場合の多い形容詞

absurd(ばかげた)	admirable(立派な)
alarming(驚くべき)	amazing(驚くべき)
annoying(うるさい)	astonishing(驚くべき)
awful(恐ろしい)	awkward(困った)
curious(奇妙な)	deplorable(嘆かわしい)
depressing(憂うつな)	disappointing(つまらない)
disgraceful(恥ずべき)	dreadful(恐ろしい)
embarrassing(困った)	extraordinary(異常な)
irritating(腹立たしい)	lamentable(嘆かわしい)
odd(おかしい)	peculiar(妙な)
queer(妙な)	regrettable(遺憾な)
remarkable(驚くべき)	ridiculous(こっけいな)
sad(悲しい)	shocking(けしからぬ)
strange(不思議な)	surprising(驚くべき)

(2) 話し手の要求・勧告や願望などの意図を間接的に示す場合

should を用いなければ**仮定法現在**になる。(→ p.557)

It is **necessary** that he *should* go there at once.
(彼はすぐそこへ行く必要がある)

この場合は,実際には「彼に行ってもらいたい」という話し手の**要求**や**願望**が間接的に示されている。そこで **demand**(要求する)などの動詞に続く that 節中の場合の should と同じように,should を用いない場合,特に《米》では仮定法現在(原形)を用いる。

→ It is *necessary* that he **go** there at once.

《英》でも最近この傾向が見られるが,形式ばった表現とされる。

このタイプの形容詞は,「何かがなされなければならない」とか「重要である」といった意味のものである。

> **注** 〈It is necessary that ...〉と直説法:
> 〈It is *necessary* that ...〉の that 節内に《主に英》で直説法が用いられることもある。ただし,この型の形容詞すべてに当てはまるわけではない。
> In order to do this, it is **necessary** that there *is* some unit of assessment.
> (これをするためには何らかの査定の単位が必要である)

◆ should を省くと仮定法現在を用いる形容詞

advisable(望ましい)	crucial(きわめて重要な)
desirable(望ましい)	essential(絶対必要な)
expedient(得策で)	imperative(絶対必要な)
important(重要な)	necessary(必要な)
urgent(すぐ必要な)	vital(きわめて重要な)

> **参考** that 節に仮定法現在を用いる形容詞:
> appropriate(適切な),fitting(適切な),proper(適切な)なども(2)のタイプとして用いられる。また,important などは文脈により(1)(2)のいずれも用いられる。
>
> It was **important** to Jim that he *had found* a job.
> (職を見つけたことがジムにとって重要なことだった)   〔事実〕
>
> It is **important** that you (*should*) apologize to her.
> (君が彼女に謝ることが大切なのだ)   〔命令的〕
>
> It is **important** that he (*should*) *learn* to read.
> (彼が読めるようになることが重要なのだ)   〔推定〕
>
> 要するに,形容詞の種類もさることながら,that 節の命題が最初から**真であることが前提**になっているか,そこに話し手の何らかの**推定**の含意があるかどうかが重要なのである。その点では natural なども同じだといわれる。

第2節 数量形容詞

How many? または How much? に答えて数や量を表す形容詞を**数量形容詞**という。

数量形容詞には，**不定の数量や程度を表すもの**と，具体的に特定の数量を表す**数詞**とがある。

There were **several** chairs in the room. 〔不定の数量〕
(部屋の中にはいくつかの椅子があった)

There were **six** chairs in the room. 〔数詞〕
(部屋の中には椅子が6脚あった)

§125 不定の数量を表す形容詞

不定の数量を表す形容詞をそれが修飾する名詞との関係で示す。

	可算名詞(単数)	可算名詞(複数)	不可算名詞	
both		○		➡ p. 224
all	○	○	○	➡ p. 222
some, any	○	○	○	➡ p. 218
no	○	○	○	➡ p. 231
(n)either	○			➡ p. 229
each	○			➡ p. 226
every	○			➡ p. 227
enough		○	○	
(a) few		○		
(a) little			○	
several		○		➡ p. 216
many		○		
much			○	
more, most		○	○	

注 数量詞：
不定の数量を表す形容詞の(代)名詞用法のものと，基数詞などを合わせて**数量詞** (quantifier) と呼ぶことがある。数量詞は，部分の of のついた〈**of**＋(代)名詞〉句を伴うことができる。ただし，every は **every one**, no は **none** になる。また，(代)名詞には **the** やそれに相当する限定語句がつく。

§126 many と much

many と much は漠然と「たくさんの」の意を表す。

I many の用法

(1) 「多数の」という意味で，一般に可算名詞の複数形につける

くだけた言い方では主語を修飾する場合を除いては，肯定の平叙文ではあまり用いず，代わりに a lot of, a number of, plenty of などを用いることが多い。many が用いられるのは，おもに次のような場合である。

❶ 主語を修飾する場合

Many people think so.（そう思っている人が多い）

　＊ くだけた言い方では *A lot of* people think so. も用いられる。

> **注** 目的語修飾と補語の many：
> 　He has *many* friends. のように，目的語を修飾する形も誤りではないが，堅い改まった言い方に感じられる。また，The advantages of e-mail are *many*.（E メールの利点は多い）のように，many を補語に用いることも可能で，書物や新聞などに見られるが，〈There are many ...〉の形の1割弱程度である（few についても同じ）。

❷ 否定文

He doesn't have **many** friends in this town.
　（彼はこの町にはあまり友だちがいない）

❸ 疑問文

Do you have **many** friends in this town?
　（この町に友だちがたくさんいますか）

❹ as, so, too, how の直後

There are *too* **many** people here.（ここは人が多すぎる）

(2) many に代わる表現

くだけた言い方では，肯定の平叙文では主語を修飾する場合を除いては，many の代わりに次のような語句を用いるのがふつうである。

a lot of	lots of	plenty of
a large [good, great] number of		

　＊ **a number of ~** は some, several の意味に用いることが多いので，「多数」を表す場合には，large, good, great などをつけるのがふつう。
　特に「非常にたくさんの」という意味を表すには a tremendous lot of などを用いる。a lot of より lots of のほうがさらにくだけた言い方。

> **注** 疑問文・否定文と a lot of：
> 　a lot of, lots of は，意味は同じで，肯定文だけではなく，疑問文や否定文にも用いる。

> Were there *a lot of* people at the party?
> (パーティーにはたくさんの人がいましたか)
> You have *a lot of* toys, don't you?
> (おもちゃをたくさん持っているんだろう)――肯定の答えを期待

(3) 〈**many a [an]** ~〉

強調的な言い方で,意味は複数だが,単数動詞で受ける。

Many a student *has* made the same mistakes.

(これまで何人もの学生が同じ誤りを犯してきた)

(4) <u>単独では(代)名詞としても用いられる</u>:複数扱い。

Many of us were too tired to go any further.

(我々の多くはひどく疲れていてそれ以上先へ進めなかった)

2 much の用法

(1) <u>物質名詞について量の多いことを,また抽象名詞について程度の高いことを表す</u>

much の次の名詞は常に**単数形**。

Don't eat too **much** meat.　　　　　　　　　　　　　〔量〕

(あまり肉を食べすぎないように)

He feels not **much** interest in politics.　　　　　　　〔程度〕

(彼は政治にあまり興味を持っていない)

くだけた言い方では,much を肯定の平叙文で用いるのはまれで,代わりに a lot of, plenty of などを用いる。much を用いるのは many の場合と同じように,肯定文で主語を修飾する場合(many よりまれ),否定文・疑問文の中,それに as, so, too, how の直後である。

　　＊ 叙述用法では,isn't much の形がときに見られる。

Much time has been spent on this project.　　　〔主語の修飾〕

(このプロジェクトには多大の時間が費やされた)

There isn't **much** food, is there?　　　　　　　　　〔否定文〕

(食糧はあまり残っていませんね)

Do we have **much** choice in this matter?　　　　　〔疑問文〕

(この件で選択の余地がたくさんあるだろうか)

(2) <u>much に代わる表現</u>

くだけた言い方では肯定の平叙文では主語を修飾する場合を除いては much の代わりに次のような語句を用いるのがふつう。

| a lot of | lots of | plenty of (many と同じ) |
| a great [good] deal of (不可算名詞に用いるやや堅い言い方) | | |

＊ amount や quantity は，a small amount [quantity] of などのように他の形容詞もつけられる。
なお，any amount of (＝a lot of) は《英》で，数にも用いられる。

There is **a lot of** bread on the plate.
（皿にはパンがたくさんある）
Japan needs **a great amount of** petroleum.
（日本は大量の石油が必要だ）

(3) 単独で(代)名詞として用いる

Much of what you say is true. （君の言うことの多くは本当だ）
＊ 堅い書き言葉ではこの用法はあまり多くない。

> 注 more, most:
> more, most は many と much の両方の比較級・最上級だから，数にも量にも用いられる。
> He earns **more** in a day than I earn in a week.
> （彼は私が1週間かかって稼ぐよりももっとたくさん1日で稼ぐ）
> **Most** of the cookies are gone.
> （クッキーのほとんどはなくなった）

3 many, much を含む慣用表現

以下のような表現は肯定の平叙文でも用いられる。

(1) **a great many**（非常に多くの），**a good many**（かなり多くの）
I have been there **a good many** times.
（私はそこへはなんども行ったことがある）

(2) **as many**（それと同数の），**as much**（それと同量の）
He made ten mistakes in **as many** lines.
（彼は10行のうちに10の誤りを犯した）

(3) **so many**（いくらいくらの）〔不定の数〕，**so much**〔不定の量〕
They are engaged at **so much** a week.
（彼らは1週いくらで雇われている）

(4) **like so many [much]**, **as so many [much]**（それと同数［同量］の～のように，まるで～のように）
They worked **like so many** ants. （彼らはアリのように働いた）

(5) **as many [much] ～ as ...**（…だけの～）〔「全部の」の意味になる〕
I would like to buy **as many** books **as** I like.
（私は好きなだけの本を買いたいものだが）
＊ *As many as* fifty people saw it. （50人もの人がそれを見た）のような表現にも注意。

§127 (a) few と (a) little

「少し」という意味を表す few と little は,不定冠詞の a がつく場合とつかない場合とでは意味・用法が異なるので注意を要する。

1 few と a few の用法

(1) few は many の反対で,数の少ないことを表す

「少数の (=not many)」という意味で,**可算名詞の複数形**につく。

❶ **few**: a がつかない few は「少ししかない」という**否定的**意味。否定の意をはっきりさせるために very few の形を用いることがある。

(Very) **Few** people can speak a foreign language perfectly.
(外国語を完ぺきに話せる人はほとんどいない)

> **注** 叙述用法の few:
> few [little] を be 動詞の補語にする叙述用法は文語的で比較的まれ。
> Such occasions are **few**. (そんな機会は少ない)
> 〈few and far between〉は very few の意味で,ややくだけた言い方。
> In peacetime these happenings are **few and far between.**
> (平和時にこんなことが起こるのはきわめてまれである)

❷ **a few**: no の反対で,「少しはある」という意味で**肯定的**。

You don't need to go shopping. There are **a few** eggs and some vegetables in the refrigerator.
(買い物に行く必要はない。冷蔵庫に卵と野菜が少しある)

(2) (代)名詞としての用法

So **few** came that we were unable to hold the meeting.
(来た人があまりにも少なかったので会が開けなかった)

> **注** the few:
> few に the, these, those や所有格などがつく場合は肯定的な意味。
> Emily is among *the* **few** who really understand it.
> (エミリーはそれが本当にわかっている数少ないうちの1人だ)

2 little と a little の用法

(1) little は much の反対で,量の少ないことや程度の低いことを表す

不可算名詞の単数形につく。

❶ **little**: a がつかない little は「ほとんどない」という意味で常に**否定的**。very をつけて用いることが多い。

We need (very) **little** butter to make this cake.
(このケーキを作るのにバターはほとんどいらない)

❷ **a little**:「少しはある」という意味で**肯定的**。
  We need a few eggs and **a little** milk. (卵とミルクが少し必要だ)
  few や little はやや堅い言い方で、日常会話などのくだけた言い方には not many や not much のほうが好まれる。

(2) **(代)名詞および副詞としての用法**
  I know **a little** about it.　　　　　　　　　　　　　〔代名詞〕
  (私はそのことなら少しは知っている)
  I see her very **little** these days.　　　　　　　　　　〔副詞〕
  (最近彼女にほとんど会わない)

3 few, little を含む慣用表現

(1) **only a few [little], but few [little]**
  「ほんの少ししかない」〔否定的〕
  Only a few people understood what he said.
  (彼の言うことがわかった人はほんの少ししかいなかった)
  ＊ 否定の意味を強めている。but few [little] は《文語的》。

(2) **quite a few [little]**:「かなり多くの」〔肯定的〕
  Quite a few students were absent from class today.
  (今日はかなりたくさんの学生が欠席していた)

  注　quite a few [little]:
  　もとは《米》のくだけた言い方で、控え目に言ってその反対の many の意味を表したが、今では《英》でも広く用いられている。**quite a little** のほうはまだ《米》で、同様に much の意味に用いられる。

(3) **not a few [little]**:「少なからぬ」〔many, much に近い意味〕
  Not a few people believe it. (それを信じている人は少なくない)
  ＊ not a few は quite a few に比べて改まった言い方。

Q&A 58　a few minutes は 2, 3 分か？

　a few は辞書などでは「2, 3 の」の訳語が与えられている場合が多いが、Please wait here a *few* minutes. (ここでしばらくお待ちください) と言われれば、実際には 5, 6 分から 10 分は待たされることを覚悟したほうがよいといわれる。
　相対的に用いられる場合は、a few はもっと大きな数 (時には 2,000〜3,000) を意味することもある。「2, 3 分」の正確な訳は two or three minutes であるが、実際には「少々」の意味で a few を用いるのがふつうである。

§128 不定の数量を表すその他の形容詞

1 enough の用法

(1) 可算名詞の複数形,不可算名詞(単数形)につく場合:「十分な」

数,量,程度のいずれにも用いられる。名詞の前にも後にも置くことができるが,形容詞としては**前に置くのがふつう**。

There isn't **enough** *light* to take a photograph.
(写真を撮れるだけの明るさがない)

> **注** 数量を表す enough の位置:
> enough は数量を表すときには名詞の前に置くほうが強意的。名詞の後に置くのは不可算名詞の場合が多いが,古風に感じられるという。

(2) 無冠詞の単数形普通名詞につく場合

この場合には名詞は**形容詞的**に用いられている。そこで enough は,必ずその名詞の後に置かれる。

She was *fool* **enough** to borrow from him!
(彼から借りるなんて彼女は愚かだったよ)
(=She was **foolish** enough to borrow from him.)

(3) 副詞として用いる場合:修飾する語の後に置く。

This knife isn't *sharp* **enough**. (このナイフはあまりよく切れない)

(4) 単独で(代)名詞として用いる

Enough has been said on this subject.
(この問題についてはもう十分述べた)

"How about more coffee?" "No, thank you. I've had **enough**."
(「コーヒーをもっといかが?」「いえ,もう十分です」) 【辞退】

Enough is **enough**. (もうたくさんだ) 【拒絶】

> **注** 補語になる enough:
> 主語が名詞の場合には enough を補語として用いることができない。
> 〔誤〕 The bread isn't *enough*.
> 〔正〕 There isn't **enough** bread. (パンが足りない)
> 主語が代名詞なら正しい。
> That's **enough**. (いいかげんにしろ) 【中断】

2 several の用法 ➡ p.216

(1) several は「3以上だが many よりは少ない」という意味

数を表すから可算名詞の複数形につく。

I've met him **several** times. (彼には数回会ったことがある)
 * 「何回も」という感じにとる人も多い。

(2) (代)名詞にも用いる

Several got injured in the car crash.
(その衝突事故で何人も負傷した)

3 「多い，少ない」で誤りやすい不定数量の表現

不定数量形容詞ではないが，「多少」の表現で紛らわしいもの。

❶ large, small を用いる場合

総数や**総額**を表すものには large, small を用いる。

[誤] The number of cars was rather *few*.
[正] The *number* of cars was rather **small**.
　　　(車の数はかなり少なかった)

◈ **large, small を用いて多少を表す名詞**

amount (量)	attendance (出席者)	audience (聴衆)
expense (費用)	family (家族)	fortune (財産)
income (収入)	number (数)	population (人口)
quantity (量)	sum (金額)	

❷ frequent, rare を用いる場合

発生する**頻度**が多い，少ないという場合は frequent, rare を用いる。

[誤] Typhoons are very *many* here.
[正] Typhoons are very **frequent** here.
　　　(ここでは台風がとても多い)

◈ **frequent, rare を用いて多少を表す名詞**

accident (事故)	earthquake (地震)	fire (火事)
snowstorm (吹雪)	typhoon (台風)	
その他これらに準じる自然現象など		

Q&A 59　many more cars の many の品詞は？

many more cars than usual (いつもよりずっとたくさんの車) などという場合の many は「ずっと(＝by far)」の意味なので，英国の辞書には**副詞**として扱っているものもある(*LDEL* など)。一方，many は数量形容詞で名詞としても用いられるので，その名詞用法の<u>副詞的目的格</u>とみる考え方もある。

似た形に **many fewer ～s** (ずっと少数の～)，**(only) a few more ～s** ([ほんの]少しだけ多数の)，**much less ～** (ずっと少量の～) などの形があるが，〈many more [fewer]＋複数名詞〉，〈much less＋単数名詞〉になる。
この形の解説については →p.361

第3節　数　　詞

§129　基　数　詞　(Cardinals)

　数量形容詞の中で，一定の数を表すものを数詞 (Numeral, Number) という。数詞には個数を表す**基数詞**，順序を表す**序数詞**，倍数を表す**倍数詞**がある。

1 基数詞の形

(1) **100 の位までの数**

❶ **1 から 19 まで**：1 から 12 までは固有の形があり，13 から 19 までは〈1 位の数詞＋-teen〉の形になるが，綴り字が多少変わるものもある。

1　one	8　eight	15　fifteen
2　two	9　nine	16　sixteen
3　three	10　ten	17　seventeen
4　four	11　eleven	18　eighteen
5　five	12　twelve	19　nineteen
6　six	13　thirteen	
7　seven	14　fourteen	

　　＊ 13～19 は -teen にアクセントがある。

❷ **20 から 100 まで**

(a) 20, 30, 40, … は〈1 位の数詞＋-ty〉だが，綴り字が多少変わる。

20　twenty	60　sixty
30　thirty	70　seventy
40　forty（綴りに注意）	80　eighty
50　fifty	90　ninety

(b) 21, 22, … は〈-ty＋1 位の数詞〉となる。

21　twenty-one	65　sixty-five
32　thirty-two	76　seventy-six
43　forty-three	87　eighty-seven
54　fifty-four	98　ninety-eight

　　＊ 10 の位と 1 の位の間には必ずハイフン (-) を入れる。
　　　-ty にはアクセントはない。

(c) **100** は one hundred

> [参考] 軽食堂などでの特殊な数字の表す意味:
> 《米》の俗語では，ある数字が特定の意味を表すことがある。たとえば，86 (eighty-six) は，《米》の軽食堂などで「サービスを停止する，断る」という他動詞として用いられる。同様に，軽食堂などでは **forty**（ミルク），**fifty-one**（ホットチョコレート）といったように数字が特定の意味に使われる。
> **86 the lobster salad — we ran out of it.**
> （ロブスター・サラダ中止——品切れになりました）

❸ 101, 102, … の読み方

101 は one hundred (and) one と読み，《米》ではふつう and を入れない。102 以下も同じ。

 843 eight hundred (and) forty-three

(2) 10万の位までの数

❶ **1,000；10,000；100,000 の読み方**：3桁目のコンマが thousand になるので，それを基準にして読む。

 1,000 one thousand（1千）
 10,000 ten thousand（1万）
100,000 one hundred thousand（10万）

❷ **99万までの数の読み方**：thousand の次には and は入れない。コンマを置くこともある。100位の数字がないときには and を入れるが，《米》では省くことが多い。

  5,362 five thousand(,) three hundred (and) sixty-two
  7,004 seven thousand(,) (and) four
 96,504 ninety-six thousand(,) five hundred (and) four
480,941 four hundred (and) eighty thousand(,) nine hundred (and) forty-one

 * hundred と thousand はこの用法では複数形にしない。

> [注] 1 の読み方：
> one thousand [hundred] など1で始まる場合の読み方は one でも a でもよいが，1が途中に入ったら必ず one と読む。
> 2,160 = two thousand *one* hundred (and) sixty

(3) 100万 (million) 以上の数

1兆までは千を単位にして，3桁ごとに2乗，3乗，…と増やしていく。

     (1,000 thousand) $= 10^3$
    1,000,000 million（100万）$= 10^6$
  1,000,000,000 billion（10億）$= 10^9$
1,000,000,000,000 trillion（1兆）$= 10^{12}$

注 billion, trillion:
　この読み方はもとは《米》式で、英国では100万を単位にして、6桁ごとに2乗, 3乗と増やし、billion を 10^{12}（1兆）, trillion を 10^{18}（100万兆）として数えてきたが、日常用いられる数をこのように読む場合は兆単位がせいぜいということが多いので、最近は英国でも **billion** と **trillion** については新聞・雑誌などでも、より実用的な《米》式を採用するようになってきている。

[参考] 兆以上の数え方の単位:
　実際にはあまり用いられないが、これより上はまだもとの《英》式,《米》式の数え方が生きていて、さらに0が《米》では3つ、《英》では6つ増えるごとに、次の単位となる。
quadrillion (10^{15}《米》, 10^{24}《英》), quintillion, sextillion, septillion, octillion, nonillion, decillion, undedillion

（例）「1兆2345億6789万1230」〔日本式は4桁で区切って読む〕

trillion	billion	million	thousand	《米》式
↓	↓	↓	↓	
1,	234,	567,	891,	230
↑	↑	↑	↑	
billion	(thousand) million		thousand	古い《英》式

〔英語での読み方〕
a. one **trillion** two hundred thirty-four **billion** five hundred sixty-seven **million** eight hundred ninety-one **thousand** two hundred thirty　　　　　　　　（《米》式および最近の《英》式）
b. one **billion**, two hundred and thirty-four thousand five hundred and sixty-seven **million**, eight hundred and ninety-one **thousand** two hundred and thirty　　　　　　　（古い《英》式）

[参考] 大きな数の別の表現法:
　実際にはあまり大きな数はわかりにくいので、端数のないときには最初の数字と0の数をいうことが多い。たとえば5,000,000,000,000なら five followed by twelve zeroes という。

　million, billion, trillion などは、前に2以上の数詞がついても形容詞用法では単数形だが、名詞用法では《英》では複数形にするのがふつうであり、《米》では単数形のままの形もよく見られる。
　three **million** dollars（300万ドル）　　〔形容詞用法だから単数形〕
　He is said to be worth five hundred **millions**.
　　（彼は5億の財産家だそうだ）　　　　　　〔名詞用法で複数形〕

(4) ローマ数字の表記法

ローマ数字で表記する場合には次の規則に従う。

❶ 次の表記を用い，大から小へとならべて加算する。

M＝1000 ／ D＝500 ／ C＝100 ／ L＝50 ／ X＝10 ／ V＝5 ／ I＝1

（例）MDCLXVI＝1000＋500＋100＋50＋10＋5＋1＝1666

❷ 大きい数字の前におかれる小さい数字は減算する。

（例）IX＝X－I＝10－1＝9　　　　XIV＝X＋IV＝10＋4＝14

　　　CM＝M－C＝1000－100＝900　XC＝C－X＝100－10＝90

❸ 同じ数字が4つ以上並ぶことは避ける。

II（＝2）III（＝3）まではよいが，IIII（4）は避けてIVとする。

同じようにXXXX（40）は避けてXLとする。

ただし，Mより大きい記号はないので，MMMM（4000）は認める。

❹ 5に当たるものの繰り返しは避ける。

VVとしないでX，LLでなくC，DDでなくMとする。

> [参考] **ローマ数字の代替形**：
> 正用法ではないが，実際には次のような代替形が見られることもある。
> LXXX（80）の代わりにXXC（100－20）
> XCIX（99）の代わりにIC（100－1）など。

2 基数詞の用法

(1) 形容詞用法

❶ 名詞の前につけて

This building has **forty** floors.（このビルは40階建てです）

❷ 補語として

God is **one**.（神は唯一なり）

(2) 名詞用法

❶ 単独で

Four **sevens** are **twenty-eight**.（4×7＝28）

＊ seven が複数になっていることに注意。

❷ of とともに

I know **three** of them.（私は彼らの3人を知っています）

(3) 副詞的に

He would not sit **thirteen** to dinner.

（彼は13人で食卓につくことをいやがった）

(4) 漠然と「多数」を表す用法

❶ hundreds of ～，thousands of ～ の形で「数百」「数千」という意

味を表す：この場合には hundred などに複数の -s をつける。

Millions of people live in overcrowded conditions.
(何百万人もの人が超過密状態で住んでいる)

この用法に用いるものには ten, hundred, thousand, million; dozen, score などがある。tens of thousands of は「何万という」の意味。

❷ hundred などが**漠然と多数**を示す場合

I have a **hundred** things to tell you.
(君に話したいことがたくさんある)

この用法に用いるものには ten, twenty, forty, hundred, thousand, million などがある。

* 「1万」に当たる語の *myriad* もこの意味で用いられるが文語的。

(5) **複数形で用いる特殊用法**

❶「…歳代」

He is now in his late **fifties**. (彼はもう50歳代の後半だ)
* in one's *teens* は「10代の」ということ。

❷「…年代」

He was born in the **nineteen-eighties**. (彼は1980年代の生まれだ)
The **sixties** were an exciting time of great social change.
(1960年代はわくわくさせるような大きな社会変化の時代であった)
* the sixties (=the 1960s) は複数扱い。特に **the sixties** というときはふつう1960年代をさす。反戦運動、人種や性差別の撤廃と性の開放、新たな音楽や芸術の流行など、良否の判断は別として新しい価値観誕生の年代。

(6) **dozen, score などの用法**

dozen (12), score (20), gross (12ダース) などは12進法、20進法の名残であるが、基数詞のように用いられる。

❶ **dozen**

「1ダースの卵」というとき、a **dozen** of eggs と a **dozen** eggs の両方とも可能であるが、of をつけない形容詞用法のほうがふつう。2以上の数詞とともに用いても複数形にしない。

We need to borrow two **dozen** coffee cups for the party.
(パーティー用にコーヒーカップを2ダース借りる必要がある)

特定の数のものの一部をさす名詞用法のときには of が必要。

three **dozen of** these eggs (この卵3ダース) 〔単数形〕

漠然と多数を示すときは複数形にする。

Dozens of lives were lost in this accident.
(この事故で何十人もの命が奪われた)

* some **dozens** of ～ の形のときも複数形。

> [参考] 「かなりたくさん」の意味の a dozen:
> くだけた言い方では a dozen 〜 は「かなりたくさんの〜」の意味でも用いる。
> It happens a **dozen** *times* a day at the office.
> (そういうことは会社では1日にけっこうたくさん起きるよ)

❷ **gross**: 名詞として of とともに用い,複数形にしない。

three **gross** of pencils (鉛筆3グロス)

❸ **score**:「20」

score は three score (60), four score (80) などの形で古文体に見られるが,今日ではふつうには用いられない。

scores of 〜 は,書き言葉で「非常に多くの」の意味を強調するときに用いられる。

four **score** [**fourscore**] years and ten (90年)
We've received **scores of** letters.
(私たちはたくさんの手紙を受け取った)

(7) 慣用句として

❶ **by twos and threes**:「三々五々」

We went to the station **by twos and threes**.

(我々は三々五々連れだって駅へ行った)

　＊ この場合の two, three は名詞として複数になっている。

❷ **ten to one**:「十中八九」

Ten to one the bus will be late.

(十中八九,バスは遅れてくるよ)

　＊ かけごとで,相手の1に対して10の勝ち目があるという意味から。

> [参考] **nine-to-five**:
> a **nine-to-five** job (サラリーマンの仕事) は,朝の9時から夕方5時までのふつうのサラリーマンの勤務時間から出た語。

Q&A 60 「我々は5人だ」は We are five. でよいか?

よい。ただし文脈による。

たとえば,レストランなどに数人で入っていってウエイトレスから,"How many places are wanted?"(何人様で?)と聞かれたときには,この答えで十分通じる。

There are five of us. という言い方もある。また,家族数を言うときは We are five in the family. が決まった言い方。

§130 序 数 詞 (Ordinals)

1 序数詞の形

(1) 序数詞は 1 から 3 までは特殊の形をとるが，それ以外は〈基数詞＋-th〉の形をとる

第 1	**first**	第 11	eleventh
第 2	**second**	第 12	twelfth
第 3	**third**	第 13	thirteenth
第 4	fourth	第 14	fourteenth
第 5	fifth	第 15	fifteenth
第 6	sixth	第 16	sixteenth
第 7	seventh	第 17	seventeenth
第 8	eighth	第 18	eighteenth
第 9	ninth	第 19	nineteenth
第 10	tenth	第 20	twentieth
第 21	twenty-**first**	第 50	fiftieth
第 22	twenty-**second**	第 60	sixtieth
第 23	twenty-**third**	第 70	seventieth
第 24	twenty-fourth	第 80	eightieth
第 25	twenty-fifth	第 90	ninetieth
第 30	thirtieth	第 100	one hundredth
第 40	fortieth	第 1000	one thousandth

第 121　one hundred (and) twenty-first
第 1,363　one thousand, three hundred (and) sixty-third

* 発音上注意すべきもの: eighth [eitθ] 〔[t] の音を入れる〕
  綴り字で注意すべきもの:
  nine → ninth [e を省く], twelve → twelfth, twenty → twentieth
  fourth は forth とならないことに注意。

(2) 略して書く場合は，序数詞の最後の 2 字をつける

first＝1st　second＝2nd　third＝3rd
fourth＝4th　fifth＝5th
eleventh＝11th　twelfth＝12th　thirteenth＝13th
twenty-first＝21st　twenty-second＝22nd
twenty-third＝23rd　thirtieth＝30th　fortieth＝40th

2 序数詞の用法

(1) ふつうの用法

形容詞用法と名詞用法の場合は、一般には the をつける。

May is *the* **fifth** month of the year. 〔形容詞用法〕
(5月は年の5番目の月です)

Betty was *the* **first** to notice the change. 〔名詞用法〕
(その変化に最初に気づいたのはベティだった)

(2) 特殊な用法

❶ another (もう1つの) という意味で**不特定のもの**を表すときには不定冠詞の a をつける。

She made *a* **second** attempt to conquer the peak.
(彼女はもう一度その頂の征服を試みた)

A **sixth** is already here. (6人目がもう来ています)

　＊ 「1つは…でもう1つは…」というような場合にも用いる。(→ p.214)

❷ 序数詞が副詞的に用いられる場合

I **first** met him in Paris. (私は彼にパリで初めて会った)
(＝I met him in Paris *for the first time*.)

　＊ at first は「最初は」という意味で、その次に内容を打ち消して、「しかしそうではなかった」という意味のことばが続くのがふつう。

He came **second** in the race. (彼はその競走で2着に入った)

(3) 序数詞を用いた慣用表現

This is **the third largest** building in this city.
(これがこの町で3番目に大きな建物です)

He goes to his office **every third day**.
(彼は2日おきに事務所へ行く)

　＊ every three days としてもよい。

In intelligence he is **second to none**.
(知性においては彼はだれにも劣らない)

Q&A 61 「何番目」を英語ではどう表現するか？

文脈に応じて where その他の疑問詞を適当に使えばよい。

Where does it stand on the list?
(それは表の何番目にありますか)

What number President was Lincoln?
(リンカーンは合衆国の何番目の大統領ですか)

§131 倍 数 詞

1 倍数詞の形

(1) 「〜倍」の表現

❶ 「2倍」には twice, 「3倍」以上には 〜 times の形を用いる。

He is **twice** my age. (彼は私の2倍の年齢だ)

注 thrice:
「3倍」を表す thrice は現在ではあまり用いず, three times がふつう。

❷ ❶とは系列の異なる語として次のようなものがある。

(a) double (2倍), treble (3倍)

This material is **double** width.
(この生地は2倍の幅です)

(b) 〈基数詞＋-fold〉: twofold (2倍), threefold (3倍)

The solution of **tenfold** concentration was obtained.
(10倍の濃度の溶液が得られた)

(2) 部分を表す数詞

❶ 「半分」には half, 「4分の1」には quarter を用いる。

Half a loaf is better than no bread at all. 《ことわざ》
(半分でもないよりはましだ)

half と a の位置については → p.159 。

❷ 分数も部分を表す数詞の中に入る。→ p.306

Three-fourths of the earth's surface is water.
(地球の表面の4分の3は水である)

2 倍数の表し方 → p.358

(1) 「…の〜倍」: 〜 times as ... as [...er than]

He has three **times as** many foreign stamps **as** I have.
(彼は私の3倍も外国の切手を持っている)

I feel ten **times more** tired **than** yesterday.
(私は昨日よりも10倍疲れた感じがする)

＊2倍の場合は twice as ... as が慣用的。

(2) 「〜の半分 (〜分の1)」: half (one- 序数詞) as 〜 as

He earns **half as** much money **as** you do.
(彼は君の半分だけ金をかせぐ)

＊ many (数) と much (量) の使い分けに注意。

(3) 「〜の1倍半」: half as 〜 again as / half again as 〜 as 《米》

This tower is **half as** tall **again as** [**half again as** tall **as**] that building. (この塔はあの建物の1倍半の高さです)
  * 「1倍+半倍」だから，＜as tall＞+＜half as tall＞で＜as tall＞が2回繰り返されるので，＜half as tall *again*＞となるが，最近の《米》では口調から＜half *again* as tall as＞とすることが多くなってきている。

3 倍数詞のその他の用法

(1) 名詞用法
Twelve is the **double** of six. (12は6の2倍です)

(2) 副詞用法
Even if we multiplied it **tenfold**, that would be twenty percent. (たとえそれを10倍にしたって20パーセントだ)

§132 数字・数式の読み方

1 数字の読み方

(1) 整数・小数の読み方

❶ **整数**：0は zero [zí:rou], nought [nɔ:t], o [ou]。1以上の数については基数詞を参照。(→ p. 297)

> **注** 2けたの数の別の言い方：
> 13と30のように聞き取りにくい場合などには，13なら one three, 30なら three oh のように言うことがある。

❷ **小数**：小数点は **point** または **decimal** と読む。小数点以下は位取りをしないで1字ずつそのまま読む。

0.48＝nought **point** four eight

13.52＝thirteen **decimal** [**point**] five two

(2) 分数の読み方

分子は基数詞，分母は序数詞で読み，分子が2以上の場合には分母に複数の -s をつける。

$\frac{1}{3}$＝a [one] third $\frac{2}{3}$＝two-third**s**

$7\frac{3}{5}$＝seven and three-fifth**s**

> **注** 1. $\frac{1}{2}$ と $\frac{1}{4}$：
> $\frac{1}{2}$ は a [one] half, $\frac{1}{4}$ は a quarter (one-fourth ともいう)

> **注** 2. 数字の大きい分数：
> 分子を読み, over または upon を入れて分母を基数詞でそのまま読む。
> $\dfrac{62}{421}$ = sixty-two over [upon] four hundred (and) twenty-one

> **参考** **20/20 vision**:
> 欧米では，裸眼の**正常視力**を 20/20 (twenty twenty vision) または 6/6 で表す。20 はフィート，6 はメートルだが，20 のほうがふつうである。
> **20/20** というのは, 20 フィートの距離から，視力表の 20/20[=1.0] の線を見ることができることを意味する。最初の 20 は測定距離を表すので後の**数字が大きくなるほど視力が弱い**ことになる。たとえば, 20/60[0.3] なら, 20 フィートの距離だと，正常視力の人なら 60 フィートの距離からでも見える文字しか見えない。逆に後の数字が **20 以下**の人は正常視力よりよいことになり, 20/10[2.0] の人は, 20 フィートの位置で，正常視力の人が 10 フィートまで近づかなければ読めない字まで読めることを意味する。

(3) <u>年号の読み方</u>：2 桁ずつ区切って読む。

　　1987 = nineteen / eighty-seven [nineteen hundred and eighty-seven]

　　2000 = twenty hundred [(the year) two thousand]

　　2001 = two thousand and one [twenty hundred and one または twenty oh one]

　　635 = six (hundred and) thirty-five

　　18—— = eighteen (hundred and) something [blank]

　　130 B.C. = one hundred (and) thirty before Christ（または [bíːsíː]）

　　平成 12 年 = the twelfth year of Heisei

　　in the 1970's = in the nineteen seventies（1970 年代に）

(4) <u>日付の読み方</u>

　　《米》 June 4 = June four
　　　　＊ 後に年号をつけない場合には June 4th と序数詞も使う。

　　《英》 4(th) June/June 4(th) = the fourth of June/June the fourth

(5) <u>時刻の読み方</u>

　　8:30 a.m. = eight thirty a.m. [éiém]　　　　　　　表記法は《米》

　　2.45 p.m. = two forty-five p.m. [píːém]　　　　　 表記法は《英》
　　　＊ 表記法は《英》式はコロンでなくピリオドを用いる。

(6) <u>電話番号の読み方</u>：数字を 1 字ずつ読む。0 は [ou] と読むことが多い。

　　266-1302 = two six six, one three 0 [ou] two
　　　＊ このように 6 が重なっているときには double six と読んでもよい。

> [参考] **英米の 110 番**:
> 警察・消防・救急の緊急電話番号は《英》では 999,《米》では 911 [nine-one-one] である。
> Quick dial 911! (早く 110 番して!)

(7) 番地の読み方

356 2nd Avenue=three five six, Second Avenue 《米》
10, Downing Street=number ten, Downing Street 《英》

  * 英米の番地は house number を示す。

(8) 金額の読み方

$5.85=five dollars (and) eighty-five cents

  * 日常の会話では, five, eighty-five のように略していうことが多い。

£6.35=six pounds and thirty-five pence

  * 口語では six pound thirty-five ということが多い。また pence の代わりに p [pi:] を用いることが多い。

注 | **shilling**:
1971 年以降のイギリスの通貨単位は 1 pound=100 pence であるが, それ以前には shilling (シリング: 20 分の 1 ポンド) という単位があったので, 英文を読むときには理解しておく必要がある。(1 shilling=12 pence: 旧ペニーの略号は d.)
£6.2s.6d.=six pounds, two shillings and sixpence
特に次の省略形に注意。
2/6=two shillings and sixpence または **two and six**

€60.25=sixty euros and twenty-five (euro) cents
¥50,000=fifty thousand yen 〔yen は複数形にしない〕

> [参考] **euro**:
> euro (ユーロ) は, EU (欧州連合) 加盟 11 か国により欧州共通通貨として 1999 年 1 月より 3 年の準備期間をおいて各国の通貨と併用して流通を開始, 2002 年 7 月より唯一の公式通貨となる。1 euro=100 (euro) cents。紙幣は 5. 10. 20. 50. 100. 200. 500 euro の 7 種類, 貨幣は 1. 2. 5. 10. 20. 50 (euro) cent と 1. 2. euro の 8 種類。

(9) 計量の読み方

❶ **長さ**:

(a) míllimeter (mm), céntimeter (cm), décimeter (dm), meter (m), decámeter (dam), héctometer (hm), kílometer (km)
6m=six meters (6 メートル)
  * meter は複数形にするが, 記号 m には -s はつけない。

(b) inch (in), inches (ins); foot, feet (ft); yard (yd), yards (yd, yds);

mile, miles (mi)

4′5″=four feet five inches（4フィート5インチ）
　＊ inch を読まないときはくだけた言い方では four *foot* five ともいう。

40mph=forty miles per hour（時速40マイル）

❷ **面積**: 100m²=a hundred square meters（100平方メートル）

1 ha=one hectare（1ヘクタール=100 ares）

❸ **容積**: 40ℓ=forty liters [líːtərz]（40リットル）

One [A] quart is equal to 2 (two) pints.
　（1クォートは2パイントです）

One [A] gallon is around 3.8 (three point eight) liters.
　（1ガロンは約3.8リットルです）

❹ **重さ**: lb.=pound（ポンド）, oz.=ounce（オンス）, g=gram（グラム）

CONTENTS 6 oz.=6 ounces（内容量6オンス）

❺ **温度**: 摂氏と華氏に注意。

Water boils at 100°C (=a hundred degrees centigrade [Celsius])
or 212°F (=two hundred and twelve degrees Fahrenheit).
（水は摂氏100度つまり華氏212度で沸騰する）

> [参考] **摂氏と華氏**:
> 　Fahrenheit（華氏）に対して,「摂氏」は Celsius [sélsiəs] ともいう。centigrade は「100分の1度」と紛らわしいので, 科学的文脈では避けられる傾向がある。
> 　現在では《米》では華氏が優勢で, 〜°だけなら華氏, さもなければ〜°F, 〜°C と表記するのがふつう。一方,《英》では摂氏が優勢で, 天気予報などの科学用語では Celsius を用いるが, 日常語では centigrade が好まれている。Fahrenheit もくだけた会話で用いられる。

Q&A 62　bbl（バレル）とはどういう単位か？

バレル（barrel）は「たる」の意味から**容量**の単位になったもので, 容量は商品によって異なるが, たとえば1bbl は《米》では石油なら42ガロンに当たる。略号は *barrel* の最初と最後の文字をとって bl とし, この複数形としてはじめの文字の b を重ねて **bbl** としたもので, このような略号の作り方には特に正式なルールはない。bbl というような特殊な形は, 単に商業上の慣習として確立してきたものである。19世紀以降, bbl は複数の意識が薄れ, **barrel** と **barrels** の両方に用いられるようになり per bbl（1バレルにつき）のように使われてきた。今では bl という形は実際にはあまり用いられず, 逆に複数形として bbls という形が見られる。

(10) その他

No. 1 = number one　　Vol. II = volume two　　Book III = book three
p. 30 = page thirty　　§10 = section ten
ll. 8-10 = lines (from) eight to ten
Elizabeth II = Elizabeth the Second
World War II = World War Two (= the Second World War)
Hamlet III. i. 56 = *Hamlet*, act three, scene one, line fifty-six
　（『ハムレット』第3幕 第1場 56行）
Matt. vi. 12 = Matthew, chapter six, verse twelve
　（『聖書 マタイ伝』第6章 第12節）

2 数式の読み方

(1) 加減乗除

$3+4=7$　　Three plus four equals seven.（正式）
　　　　　Three and four are [is, make(s)] seven.
$7-3=4$　　Seven minus three equals four.（正式）
　　　　　Three from [out of] seven leaves [is] four.
$3\times4=12$　Three multiplied by four equals twelve.（正式）
　　　　　Three times four is twelve.
　　　　　Three fours are twelve.〔four の複数形に注意〕
$12\div4=3$　Twelve divided by four equals three.（正式）
　　　　　Four into twelve goes three times.

(2) 累乗その他

$3^2=9$　　Three squared [The square of three] is nine.
$2^3=8$　　Two cubed [The cube of two] is eight. / Two to the
　　　　　power of three [The third power of two] is eight.
$\sqrt{4}=2$　　The square root of four is two.
$\sqrt[3]{8}=2$　The cube root of eight is two.

> **参考** 米国のお釣りの渡し方:
> 　$4.45の品物に5ドル出した場合，55セントの釣りを25セント貨2枚と5セント貨1枚で渡すとする。客に品物を渡してその値段を "Four forty five." と言い，"Here's your change." と言って細かいほうから釣りを渡しながら，その都度品物との合計額を言う。5セント出すと$4.50になるから "Four-fifty." 次の25セント足して "Four seventy-five." 最後にもう25セント足すと合計5ドルになるから，"And five dollars." と言う。

第7章 副詞
ADVERBS

副詞は動詞を修飾するだけでなく，形容詞やほかの副詞も修飾し，さらに名詞，代名詞，副詞句・節，そして文全体を修飾するなどの働きをする。

第1節 副詞の種類と形

§133 副詞の種類

1 副詞の用法上の分類

副詞は用法の上から単純副詞，疑問副詞，関係副詞の3つに分けられる。本章では，このうち単純副詞を扱う。

(1) **単純副詞**：単に語句（または文）を修飾する純粋の副詞
  Listen **carefully**.（注意して聞きなさい）
    * carefully は動詞 listen を修飾している。

(2) **疑問副詞**：疑問の意味を表す副詞 〔→ p. 246〕
  Where does this road take us?
  （この道を行くとどこに行くのですか）

(3) **関係副詞**：関係詞の働きをする副詞（→ pp. 654〜659）
  This is the town **where** (=in which) Goethe was born.
  （ここがゲーテの生まれた町です）
  We can eat **wherever** (=at whatever place) you would like to.
  〔複合関係副詞〕〔→ p. 663〕
  （あなたが食べたいところならどこで食事をしてもいいですよ）

2 副詞の意味上の分類

副詞はその意味や働きなどから，ふつう次のように分けられる。

(1) **様態を表す副詞**
  おもに**動詞**を修飾して，その動作がどのように行われるか，あるいはどのような状態であるかを表す。

The man *thanked* me **politely**.
(その男は私にていねいに礼を言った)

They *lived* **cheerfully** on a meager income.
(彼らは乏しい収入でも楽しく暮らした)

(2) 場所を表す副詞

動詞を修飾して, 動作や出来事の行われる場所や方向, あるいは人のいる場所や事物のありかなどを示す。

❶ **場所・位置**: Where?(どこで)に答えるもの。

The baby was crying **upstairs**.(赤ん坊は上の階で泣いていた)

❷ **方向**: Where to?(どこへ)に答えるもの。

The police officers ran **upstairs**.(警官たちは上の階へかけ上がった)

> **注** 距離を表す副詞:
> He hadn't gone **far**.(彼は遠くまで行っていなかった)
> The lion approached a little **nearer**.
> (ライオンはもう少し近づいた)

(3) 時を表す副詞

動詞を修飾して, その動作や状態に関する時を表す。

❶ **時点・期間**: 直接その「時」を示す。

I came here **yesterday**.(私は昨日ここに来ました)

I saw her on Sunday, but we haven't met **since**.
(彼女に日曜日に会いましたが, それ以来私たちは会っていません)

❷ **時間的関係**: 文中のほかの部分との関係で, 間接的に「時」を示す。

When I came here, they had **already** left.
(私がここに来たとき, 彼らはすでに出発していた)

(4) 頻度を表す副詞

動詞を修飾して, その動作がどのくらいの割合で行われるかを表す。

❶ **一定の頻度**: 具体的に回数を表す。

I pay my newspaper bill **monthly**.(私は新聞代を月々払っている)

❷ **不定の頻度**: 漠然と頻度を表す。

My father **often** takes our dog for a walk before breakfast.
(父は朝食前によく犬を散歩に連れ出します)

(5) 程度・強調の副詞

動詞・形容詞・副詞・不定代名詞・数詞などを修飾する。

❶ 程度が高いことを表す。「全く」「非常に」という意味で強調の役も果たす。

I was **completely** neglected.(私は完全に無視された)

注 | 真実性の高いことを表す副詞:
「確かに」という意味では，certainly, surely, definitely などが用いられる。
Certainly it has rained.（確かに雨が降った）
"I won a trip to Hawaii." "**Really**?"
（「ハワイ旅行が当たったよ」「本当？」）

❷ ほぼ近いことを表す。

I was **almost** frozen to death.

（私はもう少しで凍死するところだった）

＊ 実際には「凍死しなかった」という意味合いを含んでいる。

❸ 程度の低いことから，さらに否定的な意味を表す。

I know him **slightly**.（私は彼とちょっと面識があります）

He **hardly** knows the people he works with.

（彼は一緒に働いている人たちをほとんど知らない）

(6) **その他**: それぞれの項を参照。

❶ 肯定・否定の副詞: yes, no（➡ p. 341）

❷ 原因・理由の副詞: hence

❸ 目的・結果の副詞: as a result

＊ ❷と❸は句の形のものが多い。

❹ 順序の副詞: first, last（➡ p. 304）

❺ 文中の特定の語句に注目させる役をする副詞: only（➡ p. 342）

❻ 接続詞の役をする副詞: therefore（**pp. 598〜601**）

(7) **文修飾の副詞**: 文から独立して，文全体を修飾する。（➡ p. 326）

Honestly, he's not my type.

（正直言って彼はタイプじゃないわ）

§134　副詞の語形

I 本来の副詞

(1) **接尾辞のつかない本来の副詞**

様態: fast, well

場所: away, here, nowhere, there

時 : ago, now, soon

頻度: often, once, sometimes

程度・強調: almost, much, quite, very

その他: no, only, too, yes

(2) **前置詞，接続詞と相互に転用されるもの**
   前置詞: by, in, off, out, through
   接続詞: so, still, then, thus

   > **注** 副詞と前置詞の発音:
   > 一般に副詞には強勢があり，前置詞にはない場合が多い。
   > He was ín. (彼は中にいた)　　　　　　　　　　　　　　　　〔副詞〕
   > He was in the róom. (彼は部屋の中にいた)　　　　　　　　　〔前置詞〕

2 ほかの品詞から転用・派生した副詞

(1) 名詞から派生した副詞

❶ **名詞をそのまま副詞として用いるもの**: 〔副詞的目的格〕（→ p.128）
  Did he come **home yesterday**? (昨日彼は家に帰りましたか)
  修飾語を伴うときは前置詞を用いて書き換えられる場合が多い。
  We walked **five miles** (=*for* five miles).
  (我々は5マイル歩いた)

❷ **s で終わる名詞**: 古い英語では所有格の名詞が副詞的に用いられた。その名残である。
  We do things differently **nowadays**.
  (このごろはいろいろ物事のやり方が変わった)
  このタイプの副詞には afterwards, backwards, upwards などがある。
  ＊ always, else, hence, once, twice などもこのタイプに属する。

> 〔参考〕 **-s と of ～の副詞（句）**:
> 《米》では mornings (毎朝，午前中に)，nights (夜な夜な) のような形で用いられる。
> James works **nights**. (ジェームズは夜働いている)
> of a Sunday (日曜日〔など〕に) などの of も -s と同じ考え方である。

(2) 動詞から派生した副詞

動詞の現在分詞や過去分詞が形容詞化したものに接尾辞の -ly がついたものがほとんどである。
  Surprisingly for him Tom passed his driving test.
  (自分でも驚いたことにトムは運転の試験に合格した)
ほかに amazingly, disappointedly, excitingly などがある。

(3) 形容詞から派生した副詞

形容詞から派生した副詞には，**形容詞と同形のもの**と，**形容詞に接尾辞の -ly をつけて作られたもの**とある。形容詞に -ly をつけて作られたもの

については，次の §135 を参照。

❶ 形容詞と同形のもの

  Tom rises **early**. (トムは早く起きる) 〔副詞〕
  Tom is an *early* riser. (トムは早起きだ) 〔形容詞〕

◉ 形容詞と同形の副詞

early（早く）	enough（十分に）	far（遠くへ）
fast（速く）	long（長く）	low（低く）
daily（毎日）	monthly（月極めで）	weekly（週極めで）
yearly（年ごとに）		

〔参考〕 **Sure.**:
　会話で何かを頼まれて「いいとも」という場合に Sure. または Surely. が使われる。《米》のくだけた言い方で，頻度としては Sure. のほうが多い。《英》では **Certainly.** がふつう。
　"Can I use your phone?"　"<u>Sure.</u>"　　　　　　　　　　【承諾】
　(「君の電話を借りてもいい?」「いいとも」)

❷ 形容詞に -ly をつけて作ったもの

  The cat was *lucky* enough to avoid the danger. 〔形容詞〕
  Luckily, the cat avoided the danger. 〔副詞〕
   (猫は幸運にも危険から逃れた)

〔参考〕 接尾辞のつかない副詞と -ly 形の副詞:
　LGSWE によれば統計的には，話し言葉では接尾辞のつかない副詞が多く用いられ，書き言葉，特に堅い文章では -ly のついた形の副詞が多く用いられているという。ただし，Really?（本当に?）とか，Probably.（たぶん）のように，-ly 形の副詞を単独で用いるのは，会話の特色である。

§135 〈形容詞＋-ly〉形の副詞

▌語尾 -ly のつけ方

(1) 〈子音字＋y〉で終わる形容詞：y を i に変えて -ly をつける。

  heavy → heav**i**ly, luck**y** → luck**i**ly
  * dry → drily, dryly のように2つの形をとるものもある。また逆に gay → gaily のように〈母音字＋y〉で終わる語でも i に変えるものもある。

(2) **-le** で終わる形容詞：-le を -ly にする。e をとって -y だけをつけることになる。

  nob**le** → nob**ly**,　gent**le** → gent**ly**

* sole → solely [sóu(l)li(:)], whole → wholly [hóu(l)li(:)] のような例外もある。

(3) **-ll で終わる形容詞**：**-y** だけをつける。

full → fully [fúli(:)], dull → dully [dʌ́l(l)i(:)]

* 〈母音字+l〉は -ly をつける。beautiful → beautifully

(4) **-ue で終わる形容詞**：e をとって **-ly** をつける。

true → truly, due → duly

* 語尾の e はふつうはそのまま。extreme → extremely

2 形容詞と同形の副詞と，それに接尾辞 -ly のついた副詞

形容詞と同形の副詞の中には，接尾辞 **-ly** がついてさらに別の副詞を作るものがある。このタイプの副詞は意味を混同しないよう注意が必要である。

(1) **両者がほぼ同じ意味で用いられるもの**

形容詞が副詞的に用いられたものと考えられる場合が多い。

You must play **fair** [**fairly**].

　(諸君は公正に勝負しなければならない)

You guessed **wrong** [**wrongly**]. (君の推量は誤っている)

* -ly のない形は動詞の後にのみ置かれる。

ただし両者が必ずしも同じ意味を表すとは限らない。

I was **deeply** moved at the sight.
　(私はその光景にいたく感動した) 〔この意味では deep は不可〕
She opened the window and breathed **deep** [**deeply**].
　(彼女は窓を開けて深呼吸をした) 〔deep でも deeply でもよい〕

They came **right** to the door.
　(彼らはまっすぐにドアのほうにやって来た) 〔rightly は不可〕
If I remember **right** [**rightly**], the cheap seats were wooden.
　(もし私の記憶が正しければ，安い席は木製でした)

◆ **-ly 形とほぼ同じ意味に用いることのある副詞**

bright (明るく)	cheap* (安く)	clean* (清潔に)
clear (はっきりと)	deep* (深く)	direct* (まっすぐに)
easy* (容易に)	fair* (公正に)	firm (断固として)
flat* (平らに)	loud (大声で)	quick (素早く)
right* (正しく)	slow (ゆっくり)	smooth (なめらかに)
strong (力強く)	tight (堅く)	wide* (広く)

* 印の語は -ly 形を違う意味でもよく用いるので注意。
　-ly のついた形とつかない形と両方ある場合，-ly をつけないほうの副詞は日常語または俗語などのくだけた表現に多く見られる。

[参考] 形容詞と同形の副詞:
　一般にくだけた話しことばに多く用いられるが, 特に最近《米》のくだけた言い方にこの傾向が強く,《英》では非標準とされる場合も多い。
　Things worked out *real* **good**.　　　　　　　　　　《米口語調》
　（万事実にうまくおさまった）
　You can get a discount of 10 percent **easy**.
　（優に10%は割引いてもらえます）　　　　　　　　　　《米俗語》

(2) **-ly の有無によって意味の異なるもの**

- The bank is *near* to the railroad station.　　　　〔形容詞〕
  （銀行は駅の近くにあります）
- A stranger came *near*.（見知らぬ人が<u>近づいて</u>きた）　〔副詞〕
- The work is **nearly** done.（その仕事は<u>ほとんど</u>片づいた）〔副詞〕

- He was *late* for class.（彼は授業に遅れた）　　　　　〔形容詞〕
- He came home **late** last night.（彼は昨夜<u>遅く</u>帰宅した）〔副詞〕
- I haven't seen him **lately**.（私は<u>最近</u>彼に会っていない）〔副詞〕

◆ **-ly の有無によって意味の異なる副詞**

close（接近して）	— closely（綿密に）
dear（高い値段で《古》）	— dearly（愛情をもって）
full（まともに）	— fully（完全に）
hard（一生懸命に）	— hardly（ほとんど～ない）
high（高く）	— highly（大いに）
just（ちょうど）	— justly（正当に）
late（遅く）	— lately（最近）
most（最も）	— mostly（たいてい）
near（近く）	— nearly（ほとんど）
sharp（きっかり）	— sharply（鋭く）
short（短く）	— shortly（すぐに）

[参考] **Sincerely yours**:
　手紙の結びの文句にはいろいろあるが, 典型的なのは次の形である。
(1) **商用文**: Dear Sir(s), Dear Madam などで始める場合
　　《米》Sincerely,《英》Yours faithfully,
(2) **一般的**: Dear Mr. Smith, Dear Ms. Jones などで始める場合
　　《米》Sincerely yours, / Yours truly,《英》Yours sincerely,
(3) **親密な友人間の場合**: Best wishes, / Regards,
　E-mail の場合は何も書かなくてもよいが, Regards / Best wishes なども用いる。ただし, 失礼になってはいけない場合は手紙文の例に準じる。

第2節 副詞の用法と位置

§136 副詞の用法

1 修飾語として

副詞のおもな用法は動詞・形容詞・副詞などを修飾することにある。

❶ **動詞**を修飾する

Read the paragraph **carefully**. (その段落を注意して読みなさい)

❷ **形容詞**を修飾する

It was a **remarkably** *fine* morning. (すばらしくよく晴れた朝だった)

❸ **副詞**を修飾する

The president recovered **surprisingly** *quickly*.
(大統領は驚くほど早く回復した)

❹ **名詞**を修飾する

Only *Mr. Parker* understood what was happening.
(パーカー氏だけには何が起こっているのかわかっていた)

❺ **代名詞**を修飾する

Nearly *everybody* came to our party.
(ほとんどだれもが私たちのパーティーにやってきました)

What **else** do you want? (ほかに何が欲しいの?)

❻ **形容詞句・副詞句**を修飾する

She was dancing **right** *in the middle of the floor*.
(彼女はフロアの真ん中で踊っていた)

❼ **副詞節**を修飾する

He is thin **partly** *because he doesn't eat enough*.
(彼がやせているのは,1つには十分食べないからだ)

❽ **文全体**を修飾する(**節**の形の場合もある)

Probably the report is true. (おそらくその報告は本当だろう)〔文〕

what **apparently** is a stream (明らかに小川らしいもの)〔節〕

2 補語として

❶ **be 動詞の補語として**: 本来副詞であるものが be 動詞の補語の位置にくるときには,この副詞は**形容詞的**に働いているものと考えればよい。

Spring has come and winter is **over**. (春が来て冬は過ぎ去った)

このような種類の副詞は，次のようなものである。

down, in, off, on, out, over, through, up

❷ その他の場合

Keep the radio **on**. （ラジオをつけたままにしておきなさい）

＊ on は keep の目的格補語になっている。

注 What's on?:

「何を上演[上映]しているの？」と聞く What's on? の on は副詞とするものもあるが，形容詞とみることもできる。

"What's **on**?" "*Titanic*."（「何を上映しているの？」「タイタニックさ」）

3 副詞の他品詞への転用

❶ 名詞として

He will leave **here** immediately.（彼はすぐにここをたつでしょう）

❷ 形容詞として

Who was the **then** President?（当時の大統領はだれでしたか）

❸ 接続詞として

He is still young, **yet** he is a very able man.
（彼はまだ若いが，極めて有能だ）

❹ 動詞として

He **downed** a glass of beer.（彼はビールを1杯飲み干した）

注 間投詞に用いる副詞:

ほかに well を間投詞として用いることもある。また，yes, no を間投詞とする辞書もある。

Well, what do you think?（それで，君はどう思うの？）【相づち】

§137 動詞を修飾する副詞の位置

副詞の文中での位置は比較的自由で，その働きや意味，あるいは文全体のリズムによっていろいろ変化するが，およそのルールを覚えておくと便利である。

Ⅰ 動詞を修飾する副詞の位置の原則

副詞(句)が文中の動詞を修飾する場合に見られるおもな位置は，大きく分けると次の(1)〜(3)のうちどれかである。

（文頭）			（中位）			（文尾）
(1)	主語	助動詞[be]	(2)	動詞	（＋目的語・補語）	(3)
Now	you	can	**rarely**	see	bears	**here**.

（今ではここでは熊はめったに見られません）

(1) **文 頭**: 〈主語＋動詞〉の前

Suddenly we realized something was wrong.
（突然私たちは何かまずいことになったことに気づいた）

(2) **中 位**: 動詞の前, 助動詞の後

❶ 助動詞と本動詞の間

I *have* **already** *paid* my dues.
（私はもう会費は払いました）

❷ 動詞の前または be 動詞の後

We **usually** *eat* supper at six.
（私たちはふつう6時に夕食を食べます）

He *is* **always** busy on weekdays.
（彼は平日はいつも忙しい）

> **注** 助動詞や be 動詞の前に置かれる副詞:
> 助動詞（または be 動詞）を強調するためその前に置かれる場合もある。
> I **never** *háve* met her.（一度として彼女に会ったことなどない）
> She **never** *ís* at home.（彼女は決して家にいない）

(3) **文 尾**: 動詞の後

❶ 動詞の直後（目的語・補語のない場合）

Lucy always *dresses* **beautifully**.
（ルーシーはいつも美しく着飾っている）

❷ 目的語や補語があればその後

He *made his suggestion* very **tactfully**.　　〔〈動詞＋目的語〉の後〕
（彼は実に如才なく提案した）

He *gets seasick* **easily**.　　〔〈動詞＋補語〉の後〕
（彼はすぐ船酔いする）

❸ 文尾（ほかの修飾語句よりも後）

Did you meet Sue *at the party* **yesterday**?
（昨日パーティーでスーに会いましたか）

2 副詞の各種の用法とその位置

(1) **様態を表す副詞(句)**

〈形容詞＋-ly〉形のものの大部分（quickly など）と, hard, well, fast; in earnest, with ease など。
　　＊ by car, with a knife など道具や手段を表す句も含む。

〔文中での位置〕── ❷ と ❹ は句の形のものは除く。

❶ 原則として動詞（＋目的語・補語）の後

She *spoke* **slowly**. (彼女はゆっくりしゃべった)

She *spoke* English **slowly**. (彼女は英語をゆっくり話した)

> * 動詞の前に置くこともある。目的語が長い場合や, 動詞の意味を強めたいときが多い。
>
> I **clearly** *remember* telling you to come.
> (君に来るようにと言ったのははっきり覚えている)

❷ 受動態では be 動詞と過去分詞の間に入ることが多い。

This book *is* **carefully** *written*. (この本は注意深く書かれている)

❸ 強調や対照のため文頭に出ることもある。

Carefully he counted his change. (慎重に彼はつり銭を数えた)

❹ 話し手の評価を示すときには動詞の前がふつう。

He **kindly** *waited* for me. (親切にも彼は私を待ってくれた)

> * He spoke *kindly*. は「彼は優しく話した」ということ。

(2) **場所を表す副詞(句)**

場所を表す副詞は, 意味上, 位置, 方向, 距離などに分けられるが, 文中での位置は共通している。

```
位置: backwards, here, there, in Paris
方向: away, upstairs, to London
距離: far, for three miles
```

〔文中での位置〕

❶ 原則として文尾

He is working **upstairs**. (彼は上の階で働いている)

注 場所を示す副詞(句)が2つ以上並ぶとき:
　　原則として狭い範囲の場所のほうが先にくる。
　　They live **in a small flat** *in London*.
　　　(彼らはロンドンの小さなアパートに住んでいる)
　　また, 漠然と位置や方向をまず示してから, 具体的な場所を示す副詞(句)がくる形もある。
　　He is **out** *in the garden*. (彼は外の庭におります)

❷ here, there は文頭にくることもある。

You must stay *here*. 〔ふつうの場合〕

(ここにいなければいけない)

Here is the book you wanted. 〔相手の注意を引くような場合〕

(ほら, ここにあなたの欲しがっていた本があります)

❸ 強調のため文頭に置かれると, 文の均衡をとるために主語と動詞が倒置される場合がある。(➡ p.771)

Down *came* a big stone. (大きな石が落ちてきた)

* 倒置されるのは，主語が名詞や不定代名詞の場合。人称代名詞の場合は倒置されない。 *cf. Down* it came.

(3) 時を表す副詞(句)

時を表す副詞は，「時点や期間」を表すものと，文脈における「時間的関係」を表すものに分けられ，文中での位置も複雑である。

A. 時点・期間を表すもの

「いつ」「どのくらいの間」を**直接的**に示すもの。

> 時点： now, then, today, tomorrow, tonight, yesterday
> 期間： for ten days, since last week

〔文中での位置〕

❶ 原則として**文尾**

I'm going to the movies **tomorrow**.
　(明日映画を見にいくつもりです)

We waited **for hours,** Jim.　You could've telephoned.
　(ジム，何時間も待ったんだよ。電話してくれてもよかったのに)
　　* now, then は中位も可。
　　　She is **now** living in Hokkaido. (彼女は今北海道に住んでいます)

❷ 多くは強調や対照のため**文頭**に出ることができる。

I am busy <u>today</u>.　**Tomorrow** I'll be free.
　(今日は忙しいんですよ。<u>明日</u>ならひまです)

B. <u>時間的関係を表すもの</u>

文脈からわかるほかの時点との関係で，**間接的**にその時点や時期を示すもの。

> already, just, later, since, soon, still, yet

〔文中での位置〕

❶ **already, just, still** はふつう**中位**

He had **already** had his lunch when I called him.
　(私が電話したとき彼はもう昼食を終えていた)
　　* already は文末に置くと強調される。
　　　still は否定語の前や後，文尾につくことがある。

❷ **since, yet** は**文尾**がふつうだが，**中位**も可能。

He hasn't arrived **yet**.　(彼はまだ着いていない)

❸ **early, late** は**動詞の後**

I *stayed up* **late** last night. (昨夜は遅くまで起きていた)

* 時を表す副詞 (last night) のほうが後になる。(→ p.325)

(4) 頻度を表す副詞(句)

A. 一定の頻度: 繰り返して起こることが可能な出来事を表す文の中で，「何回」「～ごとに」ということを明確に表すもの。

annually（毎年）	daily（毎日）
hourly（1時間ごとに）	monthly（毎月）
weekly（毎週）	yearly（年1度）
once a week（週1回）	four times a year（年4回）

〔文中での位置〕

❶ 文尾

You must take this medicine **hourly**.
（君はこの薬を1時間ごとに飲まなければいけない）

❷ 1つの文中に頻度を表す副詞が2つある場合は，時間的に長いほうが文頭に出る。

Each day she felt his pulse **hourly**.
（毎日彼女は1時間ごとに彼の脈をみた）

B. 不定の頻度: 漠然と頻度を示すもので，次のようなものがある。

always（いつも）	normally（通常は）
usually（たいてい）	frequently（しばしば）
often（たびたび）	sometimes（ときどき）
occasionally（ときたま）	rarely, seldom（めったに～しない）
never（決して～ない）	

〔文中での位置〕

❶ 原則として**動詞の前**

He **usually** *spends* a lot of time reading.
（彼はふつう多くの時間を読書に使う）

❷ 文頭，文尾に置くことができるものも多い。

Sometimes he went abroad with his wife.
He **sometimes** went abroad with his wife.
He went abroad with his wife **sometimes**.
（ときどき彼は妻と海外に出かけた）

> **注** 1. 文頭の **always**:
> always は命令文では文頭に置くことができる。
> **Always** tell the truth.
> （いつも本当のことを言いなさい）

[注] 2. 文尾の often:
often が文尾にくるときには，very, quite などがつく。
I heard the song *quite often*.
（私はその歌をよく聞いた）

[参考] **不定の頻度の序列**:
あることが起こる頻度の最も高いのが **always** で，その次が **usually** と **normally**。「たびたび」の意の **often** と **frequently** がそれに続くが，frequently は堅い言い方。次の「ときどき」は **sometimes** のほうが頻度が高く，**occasionally** がそれに続く。「めったに〜しない」の **rarely** と **seldom** は意味は同じだが seldom のほうが文語的。最も強い否定が **never** で，almost never は hardly ever, very seldom 程度の頻度になる。

(5) 程度・強調の副詞

程度にも強調的な意味を表す上限のほうから，中程度，さらに弱い程度，そして否定的なものまでさまざまある。上限のほうから順に例を示す。

「完全に，絶対に」：	absolutely, completely, entirely
「非常に」：	deeply, greatly
「まあまあ，かなり」：	enough, rather
「やや，わずかに」：	slightly, somewhat
↓ 否定的：	hardly, scarcely

　＊ 近似を示す almost や nearly などもこれに含まれる。(→ p.340)

〔文中での位置〕

動詞だけでなく，形容詞・副詞・不定代名詞・数詞なども修飾するが，動詞を修飾する場合の位置は次のとおり。

❶ **中位**がふつうだが，**文尾**にも置く。

A few hours in bed will *cure* the ache **completely**.
（2, 3時間寝ていれば，痛みは完全にとれるでしょう）
Bromine **somewhat** *resembles* chlorine in its odor.
（臭素はにおいが塩素にやや似ている）
　＊ 会話では副詞だけが単独で用いられることが多い。
"Do you think so?"　"**Absolutely**."
（「そう思うかい？」「まったくそのとおり」）　　〔強調〕【同意】

❷ 程度が弱いことや否定的意味を示す副詞には**中位**のみのものがある。

I *can* **hardly** *thank* you enough for your kindness.
（ご親切にお礼の申し上げようもありません）　　【感謝】
　＊ 丁寧な手紙文などに用いる。I really **can't** thank you enough for ... というと，さらに強くなる。

Q&A 63 時や様態など異なる種類の副詞が並ぶときの順序は？

副詞(句)の長さなどにもより，厳密な規則はないが，おおよそのルールとして，〈場所＋様態＋時〉となることが多い。

次のような短い文で暗記しておくとよい。

He got **home safely yesterday**. (彼は無事に昨日帰ってきた)
　　　　場所　様態　　時

場所と時についてはそれぞれ**単位の小さいものが前**にくる。

I will meet him **at a hotel / in London / at three / this afternoon**. (私は彼に今日の午後3時にロンドンのホテルで会います)

§138　形容詞・副詞その他を修飾する副詞の位置

1 一般的原則

❶ 副詞は原則として，**修飾する語のできるだけ近く**に置く。
❷ 本来の位置から移動するのは，**強調・対照**その他何らかの特別な理由がある場合である。
❸ 形容詞・副詞，あるいは名詞・代名詞を修飾する場合はその**前後のいずれか**に置かれるので動詞の場合のような複雑さはない。

2 形容詞・副詞を修飾する副詞の位置

(1) ふつうの形容詞・副詞を修飾する場合は常にその前に置く

　This novel is **very** *interesting*.　　　　　　　　　　〔形容詞〕
　　(この小説はとてもおもしろい)
　They are working **pretty** *hard*.　　　　　　　　　　〔副詞〕
　　(彼らはかなり一生懸命に働いています)

(2) enough は形容詞・副詞の後に置く

　Is this box *large* **enough**?
　　(この箱で大きさが間に合いますか)
　We didn't run *fast* **enough** to catch the bus.
　　(我々はバスに乗れるほど速く走らなかった)
　　＊ 形容詞の enough は名詞の前後のどちらにも置ける。(→ p.295)

3 名詞・代名詞を修飾する副詞の位置

(1) 名詞の場合

　even のように前に置くものと，alone のように後に置くものがある。

Even *a child* knows it. （子供だってそれは知っている）

Mike **alone** was absent. （マイクだけが休んでいた）

(2) **代名詞の場合**

almost, most などのように前に置くものと，else, alone のように後に置くものがある。

There was **almost** *nothing* to eat. （食べ物はほとんどなかった）

　　＊ most を almost の意に用いるのは《米》のくだけた言い方や《英》の方言。（→ p.341）

Is there *anything* **else** you want？ （ほかに欲しいものがあるか）

(3) **exactly, nearly, about などが数字や計量語を修飾する場合**

その直前に置くことが多い。

The train arrived at **exactly** *10* o'clock.

（列車はきっかり10時に着いた）

　　＊ 10 という数字だけでなく，at 10 o'clock 全体にかかるときは，*exactly* at 10 o'clock または at 10 o'clock *exactly* になる。

We went **about** *ten* miles. （我々は10マイルほど進んだ）

注 at about:
　at about ～（～時ごろに）というときは at は省略されることが多い。
　They started (*at*) **about** *three* o'clock. （彼らは3時ごろ出発した）

§139　文修飾の副詞

Ⅰ 文修飾の副詞の機能

副詞が文全体を修飾する場合，次の2種類がある。

(1) **文の内容に対する話し手の判断・評価を表すもの**

❶ **真偽の判断**

(a) 確信，不確かさ

Certainly he pretended to be innocent.

（確かに彼は罪を犯していないふりをした）

Possibly he may recover, but **possibly** he may not.

（彼はひょっとすると治るかもしれないが，治らないかもしれない）

(b) 印象や理屈の上での判断

Apparently he is weak, but he has hidden strength.

（彼は見かけは弱そうだが，隠れた力がある）

Basically, it is right. （基本的にはそれは正しい）

　　＊ basically, actually は口語では単なるつなぎの言葉にもなる。

❷ **ある事に対する話し手の反応**: 驚き,当惑,期待,当然などを示す。

Fortunately no one was hurt in the accident.
(幸いなことにその事故で1人のけが人もなかった)

Wisely she did not go there alone.
(賢明にも彼女はそこへ1人では行かなかった)

＊ enough をつける必要のあるものもある。(curiously, funnily, oddly)
Oddly *enough*, he hasn't said anything about it. (奇妙に思われるかもしれないが,彼はそのことについては何ひとつ言っていないのです)

〔参考〕 **主語を説明する副詞**:
様態を表す副詞が**文頭**に置かれると主語について説明する働きをして,文修飾副詞に近くなることがある。
Clumsily, John stepped on the snail *clumsily*.
(不器用にもジョンはカタツムリをぶざまに踏みつけた)
この文で,文頭の clumsily はジョンを説明している。
(=*John was clumsy* when he stepped on the snail clumsily.)
これに対し,あとの clumsily は stepped on という動詞を修飾して,踏みつけ方を説明している。

(2) **話し手の話し方を形容するもの**: これから述べることに対する話し手の態度。

Frankly (=Frankly speaking, *or* If I can speak frankly), he will fail.
(率直に言うと,彼は失敗するね)

2 文修飾の副詞の位置

一般には文頭がふつうだが,中位にも文尾にも置くことができる。definitely, possibly, probably などは中位がふつう。

(1) **文　頭**

Fortunately, he escaped the danger. (幸いにも彼は危険を脱した)

(2) **中　位**

He **evidently** *thought* it was funny.
(彼は明らかにそれをこっけいだと思った)
He'll **surely** *marry* my sister. (彼はきっと私の姉と結婚する)
＊ (1) と (2) の場合には,コンマはあってもなくてもよい。

(3) **文　尾**

This means some compromise, **inevitably**.
(必然的にこのことは何らかの妥協を意味する)
＊ この場合は一般にコンマを置く。

なお，次のような場合の**文修飾**の副詞と，**語修飾**の副詞との違いに注意。

- **Happily**, he did not die. （幸いにも彼は死ななかった）
  (=It was a happy thing that he did not die.) 〔文修飾〕
- He did not die **happily**. （彼は幸せな死に方はしなかった）
  (=He died in misery.) 〔語修飾〕

Q&A 64　文修飾の副詞は ⟨It is ～ that ...⟩ 構文に書き換えられるか？

話し手の話し方を形容するものは書き換えられない。話し手の判断や評価を表すものには，書き換えられるものと書き換えられないものとある。

(1) ⟨It is ～ that ...⟩ 構文に書き換えられるもの: probably, possibly, regrettably, fortunately など。

Certainly, he will succeed. （きっと彼は成功する）
→ It is *certain* that he will succeed.

(2) 書き換えられないもの

(a) 真偽の判断を表す副詞でも，その意味に対応する形容詞がないもの。
seemingly（見たところでは），perhaps（もしかすると）など。
＊ apparently も「見たところでは…らしい」の意では，⟨It is apparent that ...⟩ とはならず，⟨It appears that ...⟩ となる。（「明らかに」の意味のときは，⟨It is apparent that ...⟩ と書き換えられるが，この意味では clearly を使うことが多い）

(b) 対応する形容詞が人間を主語にするため，⟨It is ～ that ...⟩ 構文に用いられないもの。happily（幸いにも）
＊ happy は *It is happy* that ... とはいえない。（→ p.280）

[参考] first と firstly の意味の違いと文中の位置:

firstly は文頭に置いて，secondly, thirdly … と列挙するときに用いるが，first, second(ly), third(ly) … とするほうがふつう。then と組んで一連の行動の最初の動作を述べるときにも first のほうがふつう。

First fry the onions, then add the potatoes.
（まずタマネギをいため，それからジャガイモを入れなさい）

また，first は意味により文頭だけでなく，**文中や文尾にも置ける**。

Tom arrived **first** [×firstly]. （まずトムがやって来た）

ただし，「初めて」の意味の first は文中に置くのがふつう。

When did you **first** [×firstly] meet her?
（君が初めて彼女に会ったのはいつなの？）

第3節 注意すべき副詞の用法

§140 時・頻度の副詞

I ago, before, since の用法

(1) **時を表す語句とともに用いる場合**

❶ **ago** は「今から~前」という意味で,動詞は原則として過去時制。

The accident happened *three hours* **ago**.
(その事故は3時間前に起こった)
* 物語では,作者がある場面に立って過去形のまま now を用いることがあるように,ago をその時より前ということで過去完了とともに用いることがある。

❷ **before** は過去のある時を基準にして,「そのときより~前」という意味で,動詞は過去完了。

Last spring, I left the firm that I had joined *twenty years* **before**.
(昨年の春,私は20年前に入った会社をやめた)
* 直接話法の伝達内容の ago は,間接話法ではふつう before となる。

❸ **since** には ago と同じ用法もあるが,今では ago のほうがふつう。long since などという形で用いられることが多い。

He has **long since** disappeared. (彼はずっと前に姿を消した)

> **注** | since ~ ago:
> 現在までの**動作や状態の継続**を表す場合に since ~ ago という形は避けたほうがよいとされている。次の文では a. は避けて b. を用いるほうがよい。
> a. He has been sick *since* three days *ago*.
> b. He has been sick **for three days**. (彼は3日前から病気です)

(2) **単独で用いる場合**

❶ **ago** は単独では用いられない。

[誤] I have seen her *ago*.
[正] I have seen her **before**. (私は以前彼女に会ったことがある)
[正] I saw her *five days* **ago**. (私は彼女に5日前に会った)

❷ **before** は現在完了,過去完了,過去のどれとも用いられる。

I *saw* [*have seen*] him **before**. (私は以前彼に会った〔ことがある〕)
* この用法では「今から前」という意味でも用いられる。

❸ **since** は現在完了とともに用い,過去のある時を起点として現在に至る期間を表す。

She was sick last month, but has **since** recovered.
（彼女は先月病気だったが，その後回復した）

> **注** ever since:
> since は強調語の ever とともに用いることが多い。
> She has been busy *ever since*. （彼女はそれ以来ずっと忙しい）

2 already, yet, still の用法

(1) already

❶「すでに」という意味で**肯定**の**平叙文**に用いる。ただし，肯定の答えを期待しているときや，驚きを表す場合には**疑問文**や**否定文**でも用いる。

I **have already** *waited* an hour. （もう1時間も待ちました）

Have you had your lunch **already**?
　（お昼ごはんをもう食べちゃったの？）

She *hasn't gone* **already**, has she?
　（まさか彼女はもう行ってしまったんじゃないだろうね）
　　＊ She has gone already. の全体を否定した形。

❷ **中位**がふつうだが，強調する場合には**文尾**に置く。

I know that **already**. （そんなこととっくに知っているよ）
　　＊ 書き言葉よりも話し言葉に多い。

❸ 完了形や進行形とともに用いるが，**状態を表す動詞の場合は現在時制・過去時制で用いる。**

I **already** *like* him. （私はもう彼が気に入っている）
He **already** *knew* about it. （彼はもうそれについて知っていた）

> **注** already と過去時制:
> 《米》のくだけた言い方では，動作を表す動詞の過去時制にも already や yet を用いることがある。
> I **already** *saw* that movie. （その映画はもう見ました）

(2) yet

❶ **否定文**と**疑問文**に用いる。

Has the mail carrier come **yet**? （郵便配達はもう来ましたか）
The mail carrier has *not* come **yet**. （郵便配達はまだ来ません）

❷ ふつう**文尾**に置くが，**中位**にくることもある。

They haven't **yet** arrived. （彼らはまだ着いていない）

❸ **have yet to ～**，または **be yet to ～** は「まだ～していない」という意味を表す。

I **have yet to** hear the story. （私はまだその話は聞いていない）
The first snowdrops **are yet to** appear.

(初咲きのマツユキソウはまだ姿を見せない)

❹ 「まだ」という意味では**肯定文**にも用いる。

There is plenty of time **yet**. (まだ時間がたっぷりある)
  * still のほうが口語的。

❺ 未来の内容を表す肯定文で,「やがては」の意を表す。

We may win **yet**. (いつか勝つさ)
  * 文尾に置くほうが口語的。

(3) <u>still</u>

❶ **肯定文**に用い, **継続**を示す。

He is **still** in bed. (彼はまだ寝ている)

❷ **中位**がふつうだが, **文尾**にも置く。また**疑問文**にも用いる。

Are you **still** here? (まだここにいるの?)

He is here **still**. (彼はまだここにいる)
  * He is still here. より意味が強い。

❸ have [be] **still** to 〜 は have [be] yet to 〜 とほぼ同じ意味。

He *has* **still** [*yet*] *to* learn good manners.
(彼はまだ礼儀作法を身につけていない)
  * still は yet よりも実現しそうな意味を含むといわれる。

❹ **否定文**では still ... not の語順をとる。

I **still** haven't heard the story. (まだその話は聞いていない)
  * haven't heard (聞いていない)という状態がまだ続いていると考えればよい。

3 ever, once の用法

(1) <u>ever</u>

❶ 「これまでに」の意では, ever は**疑問文**や**否定文**に用い, 動詞は**現在完了**または**過去形**。

[誤] I have *ever* seen a koala.

[正] I have seen a koala **before**.
(私はコアラを見たことがあります)

[正] Have you **ever** seen [Did you **ever** see] a koala?
(コアラを見たことがありますか)
  * 疑問文・否定文では現在完了と過去はほぼ同じ意味を表す。

過去のある期間中における経験は過去形で表す。

Did you **ever** see a koala *while you were in Australia*?
(オーストラリアにいたときにコアラを見たことがありますか)

否定形は I have*n't ever* 〜 よりも I've *never* 〜 のほうがふつう。

> [参考] **Have you ever …? の語感:**
> ever には多かれ少なかれ強調の意味が含まれていることが多いので, Have you *ever* seen such a big bird? のような文では, 自分が見たことに対する驚きや相手の同意を求める感じがある。

❷ 「いつか」という意味では, 条件節の中で**現在形**で用いる。

Do see me if you are **ever** in Tokyo.

　（東京へいらしたらぜひお寄りください）　　　　　　　　【勧誘】

❸ ever は**最上級**（および最上級に相当する first, last などのついた語）, as 〜 as などの**比較構文**や, **疑問詞, so** などを強める。

This is *the saddest* scene that I have **ever** seen.

　（こんな悲しい光景はこれまでに見たことがない）

　　＊ 日本語にひきずられて ever を never にしないこと。

This play is one of *the best* **ever**.

　（この劇は空前の傑作の1つだ）

He is *as* great **a** poet *as* **ever** lived.

　（彼は古来まれな偉大な詩人だ）

Who **ever** can it be?　（いったい誰かしら）

　　＊ whoever と1語にすることもある。

It's ever *so* cold.

　（すごく寒い）　　　　　　　　　　　　　　　　　《英口語調》

注　〈最上級+that 〜 ever …〉と時制:
　　〈最上級+that 〜 ever …〉の形では that 以下は現在完了がふつうだが過去形でもよい。主節の動詞が過去のときは, that 以下は現在完了, 過去, 過去完了のどれも可能である。
　　It *was* the most beautiful sunset I have *ever* seen [had *ever* seen, *ever* saw].（それは私が見た最も美しい日没だった）

❹ ever を「いつも, 絶えず」の意で**肯定文**に用いるのは古い言い方で, always がふつう。

I will *ever* remember you.《古》

I will **always** remember you.

　（いつも君のことは覚えているよ）

　　＊ 「いつも」の意味で ever を用いるのは ever after（その後ずっと）などの慣用表現に限られる。

(2) **once**

❶ 「一度」という意味では現在完了や過去と用いられ, **文尾**に置く。

I have been to Scotland **once**.

　（私は一度スコットランドに行ったことがある）

注 one time:
> 「一度，一回」という意味を明確に示すために one time ともいう。
> The passage will be read **one time.**（文章は一度朗読されます）

❷「かつて」という意味では，ふつう**文頭**，または**中位**。

We **once** were friends, but not any longer.
（私たちはかつては友だちだったが，今ではもう友だちではない）

4 just, now, just now の用法

(1) **just**

❶「たったいま，〜したばかり」という意味では**中位**で，現在完了か過去形と用いる。

I *have* **just** *finished* my homework.（いま宿題を終えたばかりです）
  * 《米》のくだけた言い方では just を過去時制とともに用いることが多い。最近では《英》でもこの傾向が見られる。

❷「もうすぐ」という意味では現在進行形や未来形とともに用いる。

He *is* **just** *coming* now.（彼はもうすぐ来ます）

(2) **now**

❶ now は現在(進行)形と用いる。

The bell *is* **now** *ringing*.（いまベルが鳴っている）

注 now と過去時制:
> 物語調の文中では，過去形とも用いて効果的な文体を作る。
> We *were* **now** on the cold, open moor.
> （私たちは今や冷え冷えとした広い荒野にいた）

❷ 文頭，中位，文尾のいずれの位置にも置くことができる。

I can hear the car coming **now**.（車がやってくるのが聞こえる）
  * 文頭に置いても，can の次に置いてもよい。

(3) **just now**：意味によって2つの用法がある。

❶「少し前に」「今し方」(＝a little time ago)

この意味では**文尾**に置いて，**過去時制**と用いることが多い。

Where're my glasses? I *had* them **just now**.
（私の眼鏡はどこだ？ ついさっき持っていたんだが）
  * just now という形を，文中に置いて**現在完了**と用いることもある。
  （→ p. 421）

❷「ちょうど今」(＝at this moment)

この意味の just は now を強め，**現在時制，現在進行形**と用いる。

I *am* very busy **just now**. Can I call you back?
（ちょうど今忙しいのです。お電話をおかけ直してよいですか）
  * 《米》の会話では just より right が好まれる傾向がある。

> [注] 1. 「今すぐに」の言い方:
> **just now** は現在進行形や未来形とも用いる。
> I'll do it **just now**. (いますぐにします)
> くだけた言い方では **right away** を使うことが多い。
> I'll be with you **right away**. (すぐに参ります)　【接客】

> [注] 2. 「最近, このごろ」の言い方:
> **recently** は現在完了(進行形)か過去(完了)と用い, **lately** はおもに現在完了(進行形)と用いるが, 文脈によって過去時制, あるいは習慣的行動や継続状態を表すのに現在(進行形)とも用いる。
> 現在(進行形)では **these days** か **nowadays** がふつう。
> I've not *been sleeping* well **recently**. (このごろ安眠できない)
> What *are* you *doing* **these days**? (最近は何をやっているの?)

§141 場所の副詞

Ⅰ here と there の用法

(1) 場所を表す here と there

there は「そこに [へ, で]」, here は「ここに [へ, で]」。
What were you doing **there**? (君はそこで何をしていたのだ)
Please bring the box **here**. (その箱をここへ持ってきてください)

(2) ⟨There is ...⟩ 構文 (→ p. 46)

「…に~がある [いる]」という意味を表す場合に用いる構文で, この場合の there には意味がなく, **予備の there** と呼ばれる。

❶ 具体的な場所を示す語句とともに用いられる場合には, **主語は原則として不定のものがくる。** (→ p. 47)
There is *a* vase on the desk. (机の上に花びんがあります)
There are *some* foreign students in our class.
(私たちのクラスには外国からの留学生が何人かいます)

> [注] 「そこに」の意味の there:
> 「そこに」の意味の there との区別に注意。
> **There was** nothing *there*. (そこには何もなかった)
> ＊ 初めの There は「予備の there」, 後の there は「場所の there」で, それぞれ [ðər], [ðéər] と発音する。

❷ 文頭の There は主語のように感じられるので, **疑問文**その他, 文法的にも主語のように働く。具体例については (→ p. 47)。
Is **there** any water in the bottle?
(びんの中に水が入っていますか)

There *is* no vacant room in this apartment house, *is* **there**?
（このアパートには空部屋はありませんね）

❸ be 動詞以外にも**存在・往来などを表す動詞**がこの構文に用いられる。

There *lived* a hunter in the cottage.
（その小屋には一人の猟師が住んでいました）

There *came* a stranger into the room.
（部屋の中に見知らぬ人が入ってきた）

❹ **There is [are] A ～ing [done]** で「A が～している［される］」の意を表す。

There is a car *coming* up the hill.（車が丘をのぼってくる）

There was no grass *growing* in the garden.
（庭には草 1 本生えていなかった）

(3) <u>相手の注意を引く用法</u>：there, here が相手の注意を引くために文頭に置かれることがある。

　　There goes the bell!（ほら，鐘が鳴ったぞ）

　　<u>Here</u> comes the train.（ほら，列車が来た）　　　　　　　　【注意】

　　　※ この場合の there は [ðéər] と発音される。

(4) <u>慣用句的に用いられる</u>

❶ **Here we are. と Here you are.**

(a) 目的地に着いたときなどに。

　　<u>Here we are at the airport!</u>（さあ，空港に着いたぞ）　【安堵(ど)】

注 | **Here you are.**：
　　Here *you* are. も「さあ，着きましたよ」の意味を表すが，また「お帰りなさい」とか「いらっしゃい」などにも当たる。要するに「あなたはここにいます」というのがもとの意味。

(b) 捜し物や望みの物を差し出すときなどに。

　　"May I have a glass of water?" "**Here you are.**"
　　（「水を 1 杯いただけますか」「はい，どうぞ」）　　　　　　　【提示】

注 | **Here it is.**：
　　<u>Here *it* is.</u>（ほら，ここにありますよ）。　　　　　　　　【提示】
　　Here *we* are. も「(我々の捜していた物は) ここにあります」という場合に用いられる。you や we が主語になるのは人に重点を置いた (a) の表現が流用されたもの。Here *it* is. のほうは，**物**に重点が置かれていると考えればよい。

❷ "She told me that she's going to quit her job." "**There you are.**"
（「彼女は仕事をやめるつもりだと言ったよ」「そら，私の言ったとおりだろう」）　　　　　　　　　　　　　　　　　　　　　　　　　【得意】

　　※ 相手の望む物を差し出すときにも用いる。

2 far の用法

場所・距離を示す。

How **far** is it from here to the station?
（ここから駅までどのくらいありますか）

場所・距離の意味での far は一般に**否定文**と**疑問文**に用いられ，肯定文ではふつう **a long way** が用いられる。

The station *isn't* **far** from here. （駅はここから遠くない）
Is the station **far** from here? （駅はここから遠いですか）
The station is *a long way* from here. （駅はここから遠い）

注 肯定文中の far:
too や so, very, away などを伴うと肯定文でも far を用いる。
You have gone *too* **far**. （君は度を過ごしたね）

Q&A 65 Here is ～. の疑問文は?

「ここに私の鍵がある」という文を英訳すると，**Here** is my key. あるいは My key is **here**. となる。これを疑問文にすると Is my key **here**? となる。

「私の鍵」ではなく，単に「鍵」だと，**There** is a key *here*. か **Here** is a key. となる。したがってこれを疑問文にすると，here は場所を示す副詞であるから，Is **there** a key *here*? となり，Is **here** a key? とはならない。それに応じて，これに対する答えも，Yes, *here* is. ではなく，Yes, **there** is. となる。

§142 程度・強調の副詞

1 very と much の用法

(1) 形容詞・副詞・動詞との修飾関係

❶ very は**形容詞と副詞**を修飾する。

The lake was **very** *beautiful*. （その湖はとても美しかった）
The car runs **very** *fast*. （その車はとても速く走る）
  * very で修飾できる形容詞・副詞は比較変化もするのが原則。

❷ much は**動詞**を修飾する。

Mike *likes* machines *very* **much**.
　（マイクは機械がとても好きです）
I *don't like* him **much**. （私は彼はあまり好きではありません）
Do you *go* to the movies **much**? （君はよく映画に行きますか）

[参考] 冗語的な very:

awful (恐ろしい), delicious (とてもおいしい), huge (巨大な), fascinating (たいへん面白い), terrible (猛烈な), wonderful (すばらしい) などのように, **本来強意の意味を持つ形容詞**には, さらに very をつける必要がないので冗語になるが, 実際には very のついている例も見られる。

また, dead (限界ぎりぎりの), true (真実の), unique (唯一の), perfect (完全な) などの**本来最上級的意味を持つ形容詞**も very は不要とされるが, 会話では very のついた形も見られる。なお, 一般に, 意味上尺度の両端にくる形容詞は, very でなく absolutely で修飾する。

It is **absolutely** *impossible*. (それはまったく不可能なことだ)

[参考] much を単独で置く場合:

動詞の後に, **very, so, too** などを伴わずに much が単独で置かれるのはふつう**疑問文**と**否定文**の場合である。

much を単独で**前**に置くことのできる動詞は次のような語である。

(a) 強い感情を表す動詞——admire, appreciate, regret

 We **much** appreciate your invitation.
 (ご招待ありがとうございます)

(b) 比較の意を含む動詞——exceed, increase, improve, prefer

❸ much には次のような機能もある。

(a) 叙述用法のみの形容詞を修飾する。

 She is **much** *afraid* of snakes. (彼女は蛇をすごく怖がる)

 ＊ 《米》では afraid, alike, ashamed などには **very** も用いる。

注 | much 以外の語で強調する a——:

 awake は much でなく wide で, **asleep** は fast, sound で強調する。

 The children are still **wide** *awake*.
 (子どもたちはまだばっちり目をさましている)
  ＊ *very awake* とは言わない。

(b) **the same** など「類似」の意味の形容詞を修飾して, 「だいたい, ほぼ」の意を表す。

 The patient's condition is **much** *the same*.
 (患者の容態はほぼ同じです)

 This is **much** *like* the others.
 (これはほかのものとだいたい同じです)

 ＊ like は very でも修飾する。この場合は「非常に似ている」の意になる。the *very* same も「全く同一」ということ。

(c) 副詞の **too** (あまりに〜)を修飾する。

 This is **much** *too* heavy. (これは重すぎる)

(d) **句を修飾する。**

Much *to my surprise*, she did it by herself.

（何とも驚いたことには，彼女はそれを一人でやってのけた）

(2) **形容詞・副詞の比較形との修飾関係**

❶ **very** は**原級**と**最上級**を修飾する。

He is **very** *strong*. （彼はとても強い）

She put on her **very** *best* dress.

（彼女は自分の持っているいちばん良い服を着た）

> 注 | very と最上級：
> very で最上級を強めるときには，the や所有格代名詞の後に置く。
> This knife is made of *the* **very** best steel.
> （このナイフは極上の鋼鉄でできている）

❷ **much** は**比較級**と**最上級**を修飾する。

He is **much** *stronger* than you. （彼は君よりずっと強い）
 ＊ much の代わりに a lot や lots を使ってもよい。（→ p.361）

He is **much** *the strongest* of all the boys.

（彼は少年たちの中で一番強い）
 ＊ much で最上級を強める場合は the の前に置く。

> [参考] **different の強調**：
> different は原級だから very で修飾するのがふつうだが，意味上比較級の性質もあるために much も用いられ，特に否定文ではこの傾向がある。
> Dog-sitting is not **much** *different* from babysitting, really.
> （実際，犬の世話は子守りとあまり違いません）

(3) **分詞との修飾関係**

❶ 原則として **very** は**現在分詞**を，**much** は**過去分詞**を修飾する。

This book is **very** *interesting*. （この本はとても面白い）

His attitude was **much** *disliked*.

（彼の態度はとても嫌われていた）

❷ **形容詞化した過去分詞**は **very** で修飾する。

I was **very** *tired*. （とても疲れた）

(a) 名詞の前に限定用法として用いられた過去分詞は形容詞化しているので，very で修飾するのがふつう。

She came to me with a **very** *worried* look.

（彼女はとても心配そうな顔つきでやってきた）

(b) 〈be＋過去分詞〉（→ p.275）は，〈by＋人〉を伴うと受動の感じが強いので much を用いるとされるが，実際には人そのものよりも人の言

動を意味する場合が多いこともあり, very で強調することが多い。続く前置詞が at などであれば very がふつう。実例を示しておく。

The queen was **much** *surprised by* the princess' words.
　（女王は王女の言葉にひどく驚いた）　　　　〔very も可能〕

They seemed to be **much** *surprised at* my improbable question.
　（彼らは私の奇抜な質問に大いに驚いたようだった）〔very も可能〕

I'm **very** *surprised by* the traffic.（交通量には驚いている）

* very much はどの場合にも使える。また否定文では much が多い。

2 so と too の用法

(1)「非常に」という意味で用いるとき

❶ so は「とても」の意味のくだけた言い方で, 女性が好んで用いる。
I am **so** happy!（とても幸せだわ）

❷ too は限度を超えていることを表す。
It is **too** hot here.（ここは暑すぎる）

(2)「非常に〜なので…」という構文をつくるとき

❶ 〈so 〜 as to do〉〈so 〜 that ...〉
The windows are **so** small as *not to allow* much light.
=The windows are **so** small *that* they do *not* allow much light.
=They are *such* small windows *as not to* allow much light.
（窓はあまりに小さくて光が十分に入らない）
* 「…するほど〜である」（程度）と訳せる場合もあるが, 一般に肯定文の過去形では「結果」の意味にとることが多い。(➜ p.480)

❷ 〈so＋形容詞＋a＋名詞〉は堅い言い方で,〈such a＋形容詞＋名詞〉のほうがふつう。(➜ p.202)
It was **so** big *a* dog *that* she was afraid of it.
=It was *such a* big dog *that* she was afraid of it.
（それはとても大きな犬だったので, 彼女は怖がった）
* 複数形では so は用いられない。

［誤］I've never seen *so* clever boy*s*.
［正］I've never seen *such* clever boy*s*.
　　　（私はこんなに利口な子どもたちは見たことがない）

❸ 〈too 〜 to ...〉
The water is **too** salty for us *to* drink (it).
=The water is **so** salty *that* we can*not* drink it.
（その水はからすぎて私たちには飲めない）
* for us がなければ (it) は省略する。(➜ p.480)

(3) その他の意味で

❶ **so** は「そのように」の意味で用いる。

Hold your pen **so** (=like this). (ペンはこういうふうに持ちなさい)

He did not live **so** long. (彼はそんなに長生きはしなかった)

"I'll pick you up at the airport." "That's **so** kind of you!"
（「空港まで車で迎えに行ってあげよう」「本当にご親切ね」）　【感謝】

She likes to collect things like pots, pans, dishes, *and* **so** *on*.
（彼女はつぼやなべや皿などのようなものを集めるのが好きだ）

It'll only cost 50p *or* **so**. (それは50ペンスくらいしかしない)

He smokes and drinks, but *even* **so** I bet he'll live till he's a hundred. （彼はたばこは吸うし酒も飲む。それでもきっと100歳まで生きるだろう）

❷ **too** は，肯定文で「〜もまた」の意味に用いる。　(→ p.343)

くだけた言い方で，only too, all too は「非常に，残念ながら」という意味に用いる。

I'm *only* **too** glad to be able to help you.
（お役に立ててとてもうれしいです）

The vacation is over *all* **too** *soon*.
（休暇はあまりにも早く終わってしまった）

> 【参考】 **badly**:
> くだけた言い方で「とても，ひどく」の意で程度を強調するのに用いる。「必要」を表す need や want と用いることが多いが，動詞の前に置くか文末に置く。
> He **badly** needed [wanted] water.
> （彼はひどく水を欲しがっていた）

3 nearly と almost の用法

(1) 「ほとんど」の意味では，almost と nearly は同じように用いられる

The work was **almost** [**nearly**] completed.
（その仕事はほとんど完成した）

The rope **almost**, but not quite, reached the floor.
（ロープはほとんど，しかし完全にではなく，床に届いていた）

  * almost のほうが nearly より程度が接近している感じの場合もある。

(2) almost, nearly とともに用いる語についての慣用

❶ all, every, always の前ではどちらも用いる。any の前では almost のみ可。

Almost [Nearly] *all* the Japanese eat rice.
（日本人はたいてい米を食べる）

> **注** | almost と most：
> almost は副詞だから，all や always の前に置くことはできるが，直接名詞の前につけることはできない。most ならよい。
> 〔誤〕 *Almost* Japanese eat rice.
> 〔正〕 **Most** (of the) Japanese eat rice.

Almost *any* bus will do.
（たいていどのバスでも結構です）

> **〔参考〕 almost の意味の most：**
> most を almost の意味で用いて all, every, any などを修飾させるのは《米》のくだけた言い方。《英》では方言。
> You can find it **most** *anywhere*.
> （それはほとんどどこでも見られます）

❷ no, none, never, nothing, nobody などの前では almost を用いる。nearly は用いない。

Almost no one believed his prophecy.
（ほとんどだれも彼の予言を信じなかった）
  * almost no=hardly [scarcely] any

> **注** | almost [nearly] don't：
> 動詞の否定形の前ではどちらも可。主として《米》だが《英》でも用いる。
> He **almost** [**nearly**] *didn't* keep his word.
> （彼はすんでのところで約束を守らないところだった）

§143 肯定・否定の副詞

1 Yes と No の用法

Yes, No は辞書によっては間投詞としているものもある。

(1) 質問の肯定形・否定形にかかわらず，原則として答える内容が肯定なら Yes，否定なら No を用いる

Do you play tennis?（テニスをなさいますか）
—**Yes**, I do.（<u>はい</u>，します）
—**No**, I do*n't*.（<u>いいえ</u>，やりません）
Don't you smoke?（煙草は吸わないのですか）
—**Yes**, I do.（<u>いや</u>，吸います）
—**No**, I do*n't*.（<u>ええ</u>，吸いません）
  * Yes, No だけで答える省略形の場合に注意。

(2) 間接話法でも yes, no のままの形で用いることができる

He said to me, "Yes." → He said **yes.**
   * say yes というときの yes は名詞とみることもできる。

2 否定語句の用法

否定の副詞は第 22 章否定（→ pp. 751〜766）のところで扱うほか，不定代名詞 →p. 231 でも扱う。また hardly, scarcely は程度の副詞でもあり，seldom, rarely, never は頻度の副詞でもあるので，各項を参照。

(1) not と no

❶ not は副詞 →p. 755。

He will **not** succeed.（彼は成功しないだろう）

❷ no は形容詞と副詞の両方に用いられる。→p. 231

I have **no** *money* with me.（お金の持ち合わせがない）〔形容詞〕

I can walk **no** *further*.（もうこれ以上歩けない）〔副詞〕

〔参考〕〈no＋原級＋名詞〉:
　no good や no different といった慣用句以外に，副詞の no が形容詞を修飾するのは主に比較級の場合であるが，〈no＋原級形容詞＋名詞〉の形で，no が意味上形容詞を否定することもある。→p. 752

He showed **no** *small* (=great) skill.
（彼はたいした腕をふるった）

(2) hardly, scarcely, seldom, rarely など →p. 754

❶ hardly, scarcely は程度を示す。→p. 324

I was so angry that I could **hardly** speak.
（私はすごく腹が立ったのでほとんど口がきけなかった）

❷ seldom, rarely は頻度を示す。→p. 323

It **seldom** snows here.（当地では雪はめったに降りません）

§144　その他の注意すべき副詞

1 only の用法

only の文中の位置は比較的自由であるが，次のような原則がある。

(1) 主語を修飾する場合

前か後に置き，修飾される語に強勢が置かれる。

Only Jáck [Jáck **only**] solved the problem.
（ジャックだけがその問題を解いた）

> * 文頭の only は接続詞とまちがえられることがあるので避ける傾向もある。

(2) 主語以外の語を修飾する場合

動詞の前がふつう。**話し言葉**では，この場合も修飾される語が強く発音されるから，どの語に only がかかるかわかるので，(1)の場合も含めてすべて主語の次に置くことが多い。

Jack **only** *sáw* a lion. （ジャックはライオンを<u>見ただけ</u>だった）
〔銃で撃ったりはしなかった〕

Jack **only** saw a *líon*. （ジャックは<u>ライオンしか</u>見なかった）
〔ほかの動物は見なかった〕

書き言葉ではどの語に only がかかるかはっきりしないが，文脈で判断できる場合も多い。誤解を避けるために，直前に置くことも多い。

(3) 句・節，あるいは文を修飾する場合

句・節の場合はその直前に，文の場合はふつう述語動詞の前に置く。

He stayed there **only** *for a week*.
　（彼はそこに1週間しか滞在しなかった）　　　　　　　　　　〔句〕

It is right **only** *because it is customary*.
　（それはただ慣例だから正しいのです）　　　　　　　　　　　〔節〕

I **only** *received the letter just now*.
　（いましがたその手紙を受け取ったばかりなのです）　　　　　〔文〕
　　　　　　　　　　　　　　　　〔どうするかはまだこれからのこと〕

2 too, also と either, neither の用法

(1) 肯定文の「〜もまた」は too で表す

She had some cake and I had some, **too**.
　（彼女はお菓子を持っていたが，僕も持っていた）

"Have a nice day!" "You, **too**."
　（「お気をつけて」「ああ，君も」）　　　　　　　　　　　　　【挨拶】

> 注 | too と強勢：
> Betty makes cookies, *too*. という文で，**Betty** に強勢を置くと「ベティも〔また〕クッキーを作る」の意に，**cookies** に強勢を置くと「ベティは**クッキーも**〔また〕作る」の意になる。**makes** に強勢を置くと，「ベティはクッキーを〔食べるだけでなく〕**作ることもする**」という意味になる。

(2) 肯定文の「〜もまた」は also でも表す

She's a singer and **also** writes books.
　（彼女は歌手だが本も書く）

You'll have to get a passport, and you'll **also** need a visa.
(君はパスポートをもらわなければいけないし、ビザも必要だろう)

否定文における also の使用については (→ p. 757)。

注 | also の位置:
also は動詞の前、be 動詞や助動詞の後に置くのがふつうだが、紛らわしい場合には修飾する語の近くや文末に置くこともできる。
I must buy some butter **also**.
(私はバターも買わなければならない)
文[節]頭に置く場合は接続副詞。(→ p. 598)

[参考] also と too:
also は too よりも堅い感じになる。改まった書き言葉や丁寧な依頼などにも also が用いられる。
<u>Could you **also** copy this, please?</u> 【依頼】
(これのコピーもとっていただけますか?)

(3) 否定文に続いてさらに「～もまた…ない」という場合 either を用いる

If you *don't* go, I will not go **either**.
(君が行かないなら僕も行かない)

注 | 否定文と too:
(1) 形は否定でも意味が肯定であれば too を用いる。
　 Wo*n't* you come, **too**? (君も来ないか)
(2) 前が肯定文だと、文脈上 too が用いられる場合がある。
　 I *can* speak French, but I *cannot* speak German, **too**.
　　 (私はフランス語は話せるが、ドイツ語も話せるというわけではない)
　　 ＊ not は I can speak German, too. 全体を否定している。
(3) 「もまた」が否定の及ぶ圏外にあるときは too が用いられる。too が否定語の前にくる場合が多い。(→ p. 757)
　 I, **too**, have *never* met anyone like him. [too は I にしかかからない] (私もまた彼のような人物に出会ったことがなかった)

(4) 否定文[節]に続く neither

否定文[節]に続いて「～もまた…ない」という場合に neither を用いることもある。ふつう〈**neither**＋be[助]動詞＋主語〉の語順になる。either より堅い言い方。

Susie *didn't* want to see a movie that night, and **neither** did I.
(その晩はスージーは映画を見たがらなかったし、私もそうだった)

Parachutes do *not* fall into the definition of aircraft and **neither** do hovercraft.
(パラシュートは航空機の定義に当たらないしホバークラフトもそうだ)

> [参考] **Me neither.**:
> くだけた会話では,否定に続いて「私も~ない」を Me neither. と言うことが多い。
> "I can't dance." "**Me neither** (=I can't either)."
> (「私踊れないの」「ぼくもだ」)　　　　　　　　　　　　　　【相づち】
> Me **either.** とも言う。
> "I've never seen Mrs. Carson stand up to him that way before."
> "**Me, either,**" Sharon agreed.
> (「カーソン夫人があんなふうに彼に立ち向かったのを今まで見たことがないよ」「私も」とシャーロンは言った)

3 else の用法

(1) 複合不定代名詞・副詞の後に用いる

Did you see *anyone* **else** there?
(そこでだれかほかの人を見かけましたか)

This ring cannot be bought *anywhere* **else**.
(この指輪はほかの場所では買えない)

  * 不定代名詞を修飾する場合は形容詞とも考えられる。

(2) 不定代名詞や疑問詞 who の後では,else's として所有格にする

He was wearing *someone* **else's** coat.
(彼はだれかほかの人のコートを着ていた)

(3) 一般の疑問詞の後に置く

Where **else** can I go? (ほかにどこへ行けよう)

(4) all, much, little などの後に置く

There's *little* **else** we can do now.
(今我々にできることはほかにほとんどない)

§145　句動詞を作る副詞

句動詞の中で,〈動詞＋副詞〉の形をとるものには,もとの動詞・副詞の意味の残っているものと,新しい意味の動詞と考えられるものとがある。こうした副詞は前置詞と共通しているものが多く,次のような語である。

◉ 句動詞を作る副詞

about	across	along	around	away	back
by	down	in	off	on	out
over	past	round	through	under	up

The cherry blossoms will **come out** in a week.
（桜の花は1週間したら咲くでしょう）
　　＊ come と out の意味が残っている。

I was forced to **give in** to the opinion of the majority.
（私は多数派の意見に従わざるを得なかった）
　　＊ give in＝yield（屈する）で，新しい意味。

(1) <u>句動詞の種類</u> [→ p.406]

❶ 〈他動詞＋副詞〉

We must **put off** the meeting.
（我々は会合を延ばさなければならない）
＝We must **put** the meeting **off**.

❷ 〈自動詞＋副詞〉

The clock has **run down**. （時計が止まった）

(2) <u>動詞と副詞の位置</u>

〈他動詞＋副詞〉のグループは動詞と副詞が離れることがある。

❶ 目的語が**名詞**のときは，他動詞と副詞の間に置いても，副詞の後に置いてもよい。

He **put** *his coat* **on** hurriedly.
He **put on** *his coat* hurriedly.
（彼は急いでコートを着た）
　　＊ これはリズムの関係で決まることが多い。意味は同じである。

❷ 目的語が**代名詞**のときは，他動詞と副詞の間にはさむ。

［誤］ He took his coat and **put on** *it* hurriedly.
［正］ He took his coat and **put** *it* **on** hurriedly.
　　　（彼はコートを手に取ると，急いでそれを着た）

> **注** 1. 〈自動詞＋前置詞〉と〈他動詞＋副詞〉の識別：
> call のような自動詞と他動詞の両方の用法を持つものについては，〈自動詞＋前置詞〉か〈他動詞＋副詞〉かを見分ける必要がある。
> They **called** *on* me yesterday.（彼らは昨日私を訪問した）
> ＊ call on（訪問する）は〈自動詞＋前置詞〉だから call *me* on とはならない。
> I'll **call** you **up** if I need your help.
> （あなたの助けが必要になったらお電話します）
> ＊ call up（電話をかける）は〈他動詞＋副詞〉

> **注** 2. 〈see＋目的語＋off〉：
> 〈see＋目的語＋off〉（見送る），〈get＋目的語＋across〉（わからせる）などは〈他動詞＋副詞〉の形でも，目的語が常に間にはさまれることに注意。
> He **saw** his son **off** at the station. （彼は駅で息子を見送った）

第8章 比　　較
COMPARISON

性質・状態・数量などの程度を表すために，形容詞・副詞の語形が変わることを比較(変化) という。比較変化には原級・比較級・最上級の3つがある。

〔第1節〕 比 較 変 化

§146 比較変化をする語としない語

■ 比較変化をする語

比較は程度の大小を示すもので，状態・様態・程度などを表す形容詞と副詞に見られる特性であるが，辞書では，形容詞と副詞の中でも比較変化の形を示していないものや，比較変化をしないと明示してあるものがある。比較変化をするかしないかは意味上の問題であるが，比較変化をする語は，原則として程度を強調する **very** や **so** などで修飾できる。 → p.336

また，比較変化をする形容詞の多くは叙述用法に用いることができる。

　[誤] This is a *very medical* book.
　　　* medical (医学の) はこの意味では比較変化をしない。
　[正] This is a *very* **interesting** book. (これは面白い本だ)
　　　* interesting (面白い) は比較変化をする。したがって That book is **more** *interesting* than this. という形が可能。

■ 比較変化をしない形容詞・副詞

一般的に次のような語は比較変化をしないといえる。

(1) 比較変化をしない形容詞

❶ 程度の差の考えられない一定した特徴を表す語

only (唯一の)，whole (全体の)

> **注**　「極端」を表す語：
> 「極端」を表す supreme (最高位の) や absolute (絶対の) などは本来比較変化しないのがふつうであるが，perfect (完全な) や unique (独特の) などは，会話だけでなく書き言葉でも more [most] perfect [unique]

のような形をとることがある。(→ p.337)

❷ **名詞に -en, -ic, -al などをつけて作った名詞派生の形容詞**
素材や国籍を表したり，分類的意味を表すものが多い。
ear*then*（土製の），atom*ic*（原子の），music*al*（音楽の），English

> [注] 1. 「〜的」の意の比較変化：
> 「〜らしさ，〜的」の意味の場合は比較変化をする。
> This landscape is *more* **Japanese**. （この風景のほうが日本的だ）

> [注] 2. 物質形容詞の比較変化：
> 物質形容詞は素材を表す場合はふつう比較変化をしないが，比喩的な意味に用いられるときには叙述用法にもなり，比較変化もする。(→ p.260)
> His performance is *more* **wooden** than before.
> 　（彼の演技は以前よりぎこちない）

❸ **その他限定用法のみに用いられるもの**：daily, latter, main, total

> [注] mere：
> mere は強調的に merest の語形を持つ。
> That's the **merest** folly. （それは愚の骨頂だ）

> [参考] **favorite と最上級**：
> **favorite** は「最も気に入りの（＝most loved）」の意味で，本来最上級の意味を含んでいるので，比較変化をしない。まれに The piano is one of my *most* favorite instruments. （ピアノは私の最も好きな楽器の1つです）のような文を見かけることもあるが，非標準とされる。

(2) **比較変化をしない副詞**

❶ **文中の特定の語句に注目させる役をする副詞**
alone, either, even, just, only, too

❷ **強調や程度を表す副詞の一部**：actually, hardly, nearly, simply

❸ **時・場所を表す副詞**：here, today
　＊ far, near などは比較変化をする。

§147　比較の規則変化

1 比較を表す3つの級

形容詞と副詞の比較には次の3つの級がある。

❶ **原級**：ほかのものと比較せずに，形容詞・副詞のそのままの形で性質・状態・数量などを表す。
He is **strong**. （彼は強い）
The peregrine flies **fast**.
　（ハヤブサは飛ぶのが速い）

❷ **比較級**：2つの中で，一方が他方よりも程度が高いことを表す。

He is **stronger** than I. （彼は僕より強い）

The peregrine flies **faster** than any other bird.
　（ハヤブサはどの鳥よりも速く飛ぶ）

❸ **最上級**：3つ以上の中で，程度が最も高いことを示す。

He is the **strongest** of all. （彼は皆の中で一番強い）

The peregrine flies (*the*) **fastest** of all birds.　It can fly more than 80 meters a second. （ハヤブサは鳥の中で一番速く飛ぶ。秒速80m以上で飛ぶことができる）

2 規則変化

原級・比較級・最上級の語形が規則的に変化するもので，次の2種類がある。

❶ 原級に語尾 **-er** をつけて比較級，**-est** をつけて最上級を作るもの。

❷ 原級の前に **more** を置いて比較級，**most** を置いて最上級を作るもの。
　　＊　同じ語で❶❷の両方の形をとるものがある。

(1) **1音節語**：多くは **-er, -est** をつける。

❶ **-e** で終わる語には，**-r, -st** だけをつける。nice — nice*r* — nice*st*

❷ 〈短母音＋1子音字〉で終わる語は，その子音字を重ねて -er, -est をつける： hot — hot*ter* — hot*test*
　　＊　rich — riche*r* — riche*st*：子音字が ch と2つあるから h を重ねない。
　　　　sweet — sweete*r* — sweete*st*：ee [iː] が長母音だから t を重ねない。

❸ 〈子音字＋-y〉で終わる語は，y を i に変えて -er, -est をつける。

dry — drier — driest
　　＊　gay — gayer — gayest：〈母音字＋-y〉だから y のままつける。

❹ -er, -est をつけた場合，発音上次の注意が必要。

(a) 発音しない [r] は発音されるようになる。
　　rare [réər] — rarer [réərər] — rarest [réərist]

(b) 語尾の [ŋ] は [ŋg] となる。
　　long [lɔːŋ] — longer [lɔ́ːŋgər] — longest [lɔ́ːŋgist]

❺ **1音節語**でも -er, -est をつけず，**more, most** を用いるものもある。

(a) 過去分詞からの形容詞： bored, pleased

(b) その他：-er, -est になる変化はあっても，more, most による変化のほうが一般的なものもある。like, real, right, true, wrong など。
　　＊　like は詩語では liker, likest ともなるが，一般には more like, most like を用いる。

注　**-er, -est のみの形容詞**：
　-er, -est の変化をする1音節語でも，叙述的に用いられる場合に

more, most をつけた形をとることがある。ただし不規則変化をするものや，次のような形容詞は -er, -est がふつうである。

big, fast, hard, low, old, small, wide, young

(2) **2音節語**：およそ次のルールが適用される。

A. 形容詞

❶ **-y, -er, -ure, -le, -ow** などで終わる形容詞は **-er, -est** をつける。

happy — happ*er* — happ*iest*　　　clever — clever*er* — clever*est*
mature — matur*er* — matur*est*　　gentle — gentl*er* — gentl*est*
narrow — narrow*er* — narrow*est*

　　＊ -er, -ow の場合は more, most をとることもある。
　　＊ -l で終わる語は《英》では l を重ねることがある。
　　　cruel — cruel*ler* — cruel*lest*

❷ **a** で始まる形容詞や分詞形容詞は **more, most** をつける。

afraid; worried, moving など。

　　＊ ただし口語では，cunning（ずるい），damned（いまいましい）などは -er, -est による変化をすることもある。

❸ **-ful, -less, -ish, -ous** などの接尾辞がついている語は **more, most** をつける：useful, useless, selfish, famous など。

❹ 2音節語の大多数は -er, -est 形と more, most の**両方**をとることができる。両方とる場合，-er のほうが形式ばらない形になる。判断に迷うときは more を用いるほうが無難。

❺ 両方とりうるが，**more, most** のほうが多い形容詞。

common, cruel, distant, exact, pleasant, polite, quiet, solid, wicked

　　＊ 特に叙述用法の場合が多い。

> **[参考]** **more + -er:**
> 会話で，ときに This way, it's *more* easier to see.（こうすればもっと見やすい）のように，-er 形の前にさらに more をつける例を見かけることもあるが，これは非標準で無教養と非難されることが多いので，避けるべきである。不規則変化の最上級にさらに -est をつけた形の the bestest のような場合も同じである。

B. 副詞

❶ **-ly** のつかない副詞：**-er, -est** をつける。

often — often*er* — often*est*〔more 型もある〕

❷ 〈形容詞＋-ly〉の形の副詞：**more, most** をつける。

quickly — *more* quickly — *most* quickly

(3) **3音節以上の語**：**more, most** を用いる。

excellent — *more* excellent — *most* excellent

> **注** 接頭辞で3音節になっている語の比較変化:
> 　-er, -est の比較変化をする2音節語に**接頭辞**がついて3音節語になっている語は，そのまま -er, -est の変化をする：*un*happy — *un*happ*ier* — *un*happ*iest*

> **[参考]** 音節の数え方:
> 　音節を数えるときに子音 [l], [m], [n] は，その直前に母音またはrがないときには音節を構成することに注意。
> cred-i-ble [krédəbl], out-spo-ken [àutspóukn]

§148　比較の不規則変化

1 不規則変化

　形容詞・副詞で比較級・最上級を作る際に不規則な変化をするものは次のようなものである。規則変化と不規則変化の2種類あるものは （→ p.353）。

原　級			比較級	最上級
good	〔形容詞〕	良い	better	best
well	〔形容詞〕	元気な		
	〔副詞〕	よく，上手に		
bad	〔形容詞〕	悪い	worse	worst
ill	〔形容詞〕	病気の		
badly	〔副詞〕	悪く，ひどく		
many	〔形容詞〕	多数の	more	most
much	〔形容詞〕	多量の		
little	〔形容詞〕	少量の	less	least

2 注意すべき不規則変化

(1) little の変化

❶ 「小さい」という意味では，**smaller**, **smallest** を代用する。《米》では littler, littlest も用いられる。（これは《英》ではくだけた話し言葉に見られる）

　Some of the **smaller** children were crying.
　　（もっと小さい子供たちのなかには泣いているものもいた）
　I didn't like him when he was **littler**.
　　（彼がもっと小さかったころは彼が嫌いだった）

❷ 「少量の」という意味では，**less**, **least** を用いる。

　A shower uses **less** water than a bath.
　　（シャワーのほうがふろよりもお湯が少なくてすむ）

❸ 「重要ではない」という意味では, **lesser, least** を用いる。《米》では littler, littlest も用いる。

Let's turn to some other programs of **lesser** urgency.
　（ほかのいくつかのあまり緊急を要しない計画に注意を向けてみよう）
Where love is great, the **littlest** doubts create fear.
　（愛が大きいと, ごくささいな疑念でも不安である）

> [参考] **fewer** と **less**:
> 　数が少ない場合は〈**fewer**＋複数名詞〉, 量が少ない場合は〈**less**＋単数名詞〉が原則。ただし, くだけた言い方では fewer を用いるべきところに〈less＋複数名詞〉の形も見られる。（標準語法と認めない人もいる）
> There are *fewer* [*less*] applicants this year than there used to be.
> （今年は志願者が例年より少ない）

(2) <u>much の変化</u>

動詞 **like** を修飾するときには, ふつう比較級には better, 最上級には best を用いる。more, most を用いてもよいが, やや堅い感じになる。

I *like* bananas very **much**.　　　　　　　　　　　　　〔原　級〕
　（私はバナナがとても好きだ）
I *like* bananas **better** than apples.　　　　　　　　　　〔比較級〕
　（私はリンゴよりバナナが好きだ）
I *like* bananas **best**.（私はバナナが一番好きだ）　　　〔最上級〕
　　＊ love もこの形をとり得るが, more, most のほうがふつう。

(3) <u>well, ill の変化</u>

❶ well は形容詞, 副詞とも同じく **better, best** と変化し, 形容詞の bad と ill, 副詞の badly は **worse, worst** と変化するので, 文脈によって区別する必要がある。

Today's weather is **worse** than yesterday's.
　（今日の天気は昨日よりも悪い）　　〔形容詞 bad（悪い）の比較級〕
My daughter is behaving **worse** than ever.
　（私の娘のふるまいはますます悪い）〔副詞 badly（悪く）の比較級〕
I want it **worse** than before.
　（私は前よりもいっそうそれが欲しい）
　　　　　　　　　　　〔副詞 badly（ひどく, とても）の比較級〕
　　＊〈if (the) *worst* comes to (the) *worst*〉（最悪の場合には）という成句の worst は名詞用法。《米》ではふつう the を省き, 前の worst をより論理的に worse にすることもある。

参考 **badly と worse**:
　badly は need, want などとともに用いると very much の意を表すが, この場合の比較級は《英》では more badly が用いられる。worse, worst は《米》用法であるが口語的。最上級では同じ口語でも (in) the worst way のほうがよく用いられる。
　I want a new car (*in*) *the worst way*. (新しい車がぜひ欲しい)

❷ best は健康状態を表すときには用いない。
　He is **better** today. (彼はきょうは調子がよい) はよいが, この意味で, He will be *best* soon. などということはできない。

参考 **iller/illest**:
　ill の比較変化に, ill-iller-illest を示している《英》《米》の辞書 (*CIDE, C 21CD; WMCD* など) がある。実際に get iller のような用例もあるがその数は少なく, 非標準としている文法書 (*CGEL* など) もある。

§149 比較級・最上級が2つある場合

1 比較変化が2つある形容詞・副詞

原　　級	比　較　級	最　上　級
old	older elder	oldest eldest
late	later latter	latest last
far	farther further	farthest furthest

2 注意すべき用法

(1) <u>old の比較変化の用法</u>

❶ 「年をとった, 古い」という意味では, **older, oldest** を用いる。
　[誤]　He is three years *elder* than I.
　[正]　He is three years **older** than I [me].
　　　　(彼は私より3歳年上です)

❷ 家族内の**長幼の関係**を示す場合には, 特に《英》では **elder, eldest** を用いて, *elder* brother [sister] などともいうが, やや堅い言い方で, また**限定用法**にしか用いない。

《米》では elder は古風に感じられ，*elder* brother [sister] の代わりに *older* brother [sister] または *big* brother [sister] ということが多い。

* elder が former (昔の) の意味で事物に用いられることもある。しかし，一般的には older が人・事物の両方に用いられるのに対し，elder は人について用いる。

> **注** | the elder [older]:
> 名詞を省略した表現でも，elder は家族内の長幼関係を示す。
> Which is *the* **elder** of the two?
> 　(2人のうちどちらが兄 [姉] ですか)　〔兄弟 [姉妹] の場合〕《英》
> Which is *the* **older** of the two?
> 　(2人のうちのどちらが年上ですか)　〔兄弟 [姉妹] でなくてもよい〕

(2) late の比較変化の用法

❶「(時間が) 遅い，遅く」の意では，形容詞・副詞とも **later, latest** を用いる。

He left home **later** than usual.
　(彼はいつもより遅く家を出た)

❷「(順序が) 遅い，遅く」の意では，形容詞・副詞とも **latter, last** を用いる。

the **latter** half of the 20th century (20世紀後半 〔1951〜2000年〕)

> **[参考]** ～分後:
> ある基準の時より「～分 [時間・日など] 後に」は ～ minutes [hours, days, etc.] **later** で表す。文頭にも文尾にも置ける。
> The man returned *ten minutes* **later**.
> 　(その男は10分後に戻ってきた)

(3) far の比較変化の用法

❶「距離」などのように物理的に「もっと遠い，遠く」というときには，**farther, farthest** を用いるのが原則であるが，実際には，特にくだけた言い方では，**further, furthest** を用いるほうが多い。

He lives **further** [**farther**] on. (彼の家はもっと先です)
Nothing could be **further** from the truth.
　(これほど真実からほど遠いものはない)

❷「程度」などのように抽象的に「さらに，その上の」の意では，**further, furthest** を用いる。

Any **further** questions? (何かもっと質問は?)
For **further** information, ask the secretary.
　(詳細は秘書に尋ねられたし)

第2節 比較の形式

§150 原級を用いた比較

2つのものを比べて、その程度が等しいことを表すには、形容詞・副詞の原級を用いる。同等比較ということもある。

1 原級比較の形式

(1) **肯定形**：⟨as ～ as ...⟩ の形を用いる。

　American pop groups soon became **as** *famous* **as** British groups.
　（アメリカのポップグループはじきに英国のポップグループと同じように有名になった）　　〔形容詞〕
　The air is polluted **as** *badly* **as** the rivers.
　（大気も川と同じくひどく汚染されている）　　〔副詞〕

(2) **否定形**：⟨not as [so] ～ as ...⟩ を用いる。

　Things were **not as** bad **as** I had thought.
　（事態は私が思っていたほど悪くはなかった）
　　＊ 否定の場合には、前にある as と so はふつうどちらを用いてもよいが、as のほうが口語的。

(3) **後の as 以下の省略形**

　❶ **主語だけが残る場合**

　　後の as 以下の動詞の部分が前の部分の完全な繰り返しのときは、これを省略してもよい。be 動詞は人称によって形が違っても省略してよい。
　　My son is **as** tall **as** *I* (am).（息子は私と同じくらいの身長だ）
　　　＊ この場合くだけた言い方では I の代わりに me がよく用いられる。

　注 ｜ ⟨as ～ as ...⟩ と格：
　　　　次のような場合には、格の違いと意味・強勢の置き方に注意。
　　　　Í love her *as much as* **yóu** (love her).　　〔主格〕
　　　　（君が彼女を愛しているくらい僕も彼女を愛している）
　　　　I love **hér** *as much as* (I love) **yóu**.　　〔目的格〕
　　　　（僕は君を愛しているのと同じくらい彼女も愛している）
　　　　　＊ しかし、主格の場合には Í love her as much as yóu do. ということが多い。

　❷ **⟨主語＋動詞⟩ が省略される場合**

　　両方の節の主語が同じで動詞の時制が異なる場合、後の as 以下に時を表す語句を残して ⟨主語＋動詞⟩ を省略することができる。

He is **as** arrogant **as** (*he was*) *when he was in high school.*
（彼は高校時代と同じように横柄だ）

There are not **as** many trees around here **as** (*there were*) *two years ago.*（ここには2年前ほど木がない）

> **注** **as 以下の省略**:
> 　　文脈でわかる場合には，時を表す語句がなくても，as 以下が全部省略されることがある。
> 　　Now he is **not so** naughty (*as he was*).
> 　　　（今では彼は〔昔のように〕わんぱくではない）
> 　　＊　このような場合は so を用いることが多い。

2 原級を用いた比較構文の意味

原級を用いた比較構文には，次のような注意すべき点がある。

(1) 程度が同じである［ない］の意味を表す場合

❶ 両者とも同じように程度が高いか低いかを示すふつうの比較

　Our town has become **as** *noisy* **as** the center of a big city.
　　（私たちの町は大都会の中心部のように騒々しくなった）

　The town is not **as** *quiet* **as** the country.
　　（町は田舎のように静かではない）

❷ 形容詞 old, tall などの場合

　(a) **単に同程度であることを表す場合**

　　Jack is **as** *tall* **as** Bill.（ジャックの身長はビルと同じです）
　　　＊　単に身長が同じというだけで「背が高い」という意味合いはない。

　(b) **両方とも程度が高いことを表す場合**

　　Jack is **as** *tall* **as** *Mr. X.*〔Mr. X が長身で知られている場合〕
　　　（ジャックは X 氏みたいに**長身**だ）
　　　＊　2人とも背が高いという意味になる。

このような(a)(b)両方の用法をもつ形容詞は，How *old*? のような疑問文を作ることができ，次のようなものがある。（→ p.248）

　big, deep, high, large, long, old, tall, thick, wide

> **注**　マイナス方向の意味を表す形容詞：
> 　　tall に対して short（背が低い），old に対して young のように，基準軸に対してマイナス方向の意味を表す形容詞は(b)の用法しかない。
> 　　Jack is *as* **short** *as* Bill.（ジャックはビルと同じように背が低い）
> 　　また，身長や年齢を尋ねるとき，How *tall* are you? How *old* are you? の代わりに How *short* are you? How *young* are you? というのは特別な場合に限られる。このようなマイナス方向の意味を表す形容詞には，ほかに little, low, narrow（狭い），shallow（浅い），thin（薄い，やせている）などがある。

(2) 同一人[物]についての比較

❶ 異なる「時」における比較

That salesman *isn't* **as** aggressive **as** (*he was*) *before.*
(あのセールスマンは以前ほど積極的ではない)

❷ 見かけとの比較

She *isn't* **as** young **as** *she looks.*（彼女は見かけほど若くない）

❸ 異なる性質の比較

She is **as** *bright* **as** (*she is*) *beautiful.*（彼女は才色兼備だ）

> 注 対照的な比較：
> 異なる人[物]と**相反する性質**を対照的に示す表現もあることに注意。
> He is *as diligent as* his brother is *lazy.*
> （彼は兄さんが怠けものなのにひきかえ勤勉だ）

3 直　喩 (Similes [síməli:z])

⟨A is like B.⟩ あるいは ⟨A is as ～ as B.⟩ の形を用いて，「A は B の ようである」，「A は B のように～である」という意味を表すものを**直喩**という。この中で，特に ⟨**A is as ～ as B.**⟩ の形をとるものの中に，純粋の比較でなく，B との対比によって，～に当たる**形容詞や副詞の意味を強める**役を果たすものがあり，**強意的直喩**と呼ばれる。

強意的直喩には頭韻(語頭の子音を合わせた韻)を踏んだものもあり，多くは本来の意味を失って，慣用的に用いられ，紋切り型の表現とされているものもある。初めの as には強勢はなく，省略されることが多い。よく出てくるものを例示しておく。(斜字体は頭韻を表す)

as *b*usy as a *b*ee [*b*eaver《米》]	(とても忙しい)
as *c*ool as a *c*ucumber	(極めて冷静な)
as cunning as a fox	(とてもずるい)
as *d*ead as a *d*oornail	(完全に死んでしまって)
as *d*ry as *d*ust	(無味乾燥の)
as gay as a lark	(とても陽気な)
as like as two peas	(うり二つで)
as old as Adam	(すごく年とった)
as poor as a church mouse	(とても貧しい)
as *p*roud as a *p*eacock	(非常に自尊心の高い)
as sweet as honey	(すごく甘い)
as thick as a plank [two planks]	(とても頭が鈍い)
as timid as a hare	(ひどくおく病な)
as wise as Solomon	(とても賢い)

§151 倍数表現

1 〈as ～ as ...〉を用いた倍数表現

(1) 「AはBの～倍の…である」の表し方

❶ 「～倍」というとき：〈**A is＋倍数詞＋as ～ as B.**〉

倍数詞 twice, three times, … などは →p. 305。

The U.S. is about *twenty-five times* **as** big **as** Japan in area.
（アメリカは面積が日本の約25倍ある）

He ate *twice* **as** much **as** I did.（彼は私の倍食べた）

注 | 〈～ times -er than〉：
〈～ times as big as〉の代わりに〈～ times *bigger than*〉を用いることもある。
Canada is about *three times* **bigger than** India.
（カナダはインドの約3倍の大きさである）
ただし，twice は現代英語では as ～ as を用いるのがふつう。
何倍かを問うときには比較級を用いる。
How many *times bigger* is the U.S. than Japan?
（アメリカは日本の何倍の大きさですか）

❷ 「～分の1」というとき：〈**A is＋分数＋as ～ as B.**〉

分数の言い方については →p. 306。

The population of Spain is about *one third* **as** large **as** that of Japan.（スペインの人口は日本の人口の約3分の1である）

The job took only *half* **as** long **as** I had expected.
（その仕事は私が予想していた時間の半分しかかからなかった）

(2) **目的語のある場合**：as ～ as ... の位置に注意。

［誤］ He has books three times *as many as* I.
［正］ He has three *times* **as** many *books* **as** I.
（彼は私の3倍の本を持っている）
　＊ three times を取り去ってみればわかりやすい。

2 〈as ～ as ...〉によらない倍数表現

This room is *ten times* **the size** of mine.
（この部屋は私の部屋の10倍の大きさがある）

この形を用いることのできるおもな名詞には age, height, length, number, size, weight などがある。

(参考) 「〜倍」の表現法:
〈〜 times as ... a A as B〉という言い方もあるが、堅い書きことばで、論文などに見られる。

Nonverbal information is 13 **times as** potent **a** data bearer **as** merely verbal information.
(身ぶりによる情報は、単なる言葉による情報の 13 倍も効果的な情報伝達手段である)

§152 比較級構文

I 優勢比較の構文

2 つのものを比べて、一方が他方よりも程度が高いことを表す比較を**優勢比較**といい、〈比較級+than〉の形をとる。

(1) **基本形式**:〈A is -er [more 〜] than B.〉

Dogs are **cleverer than** cats. (犬は猫より賢い)
He started **earlier than** I did. (彼は私より早く出発した)

比較構文では、比較されるものが同類のものでなければならない。

（→ p. 199）

これは原級比較の場合と同様である。

[誤] The population of Tokyo is larger than *Osaka*.
[正] The population of Tokyo is **larger** than *that* (=the population) *of* Osaka. (東京の人口は大阪よりも多い)
 * 比較しているのは東京の「人口」と大阪の「人口」である。

(参考) 差を表す形:

Tom is *two years* older than I. (トムは私より 2 歳年上だ)
このように差を表す場合、Tom is older than I *by two years*. という形はふつう使わない。by を使うのは、差を示す値がやや複雑、あるいは長い場合に多い。

I am older than you *by three and a half months*.
(私は君より 3 か月半だけ年上だよ)

(2) **than の後の省略形** (→ p. 355)

❶ 原則として、than より前にある語句と重複する部分が省略できる。比較内容を表す形容詞・副詞は必ず省略する。

Dogs are **cleverer than** cats (are). (犬は猫より賢い)
 * than 以下の are は省略しなくてもよいが、clever は必ず省略する。

次のような文でも重複する部分は省略できる。

It is **cheaper** to eat at home than (*to eat*) in a restaurant.
（レストランで食べるより家で食べるほうが安上がりだ）

❷ be 動詞同様，can などの**助動詞**や do のような**代動詞**も省略してもよい。

Some birds see things even **better** than you (*do*).
（鳥の中にはあなた方よりずっと目のよく見えるものがいるのです）

❸ 主節と従節の時制が異なるときは(助)動詞の省略はできないが，**時を表す語句**のある場合は，次のような省略は可能である。

It is **warmer** today than (*it was*) yesterday.
（今日は昨日よりも暖かい）

> **注** 1. than me:
> than I の代わりにくだけた言い方では than *me* がふつう。
> "Oh no, they can't go **faster** than *me*," he said.
> （「いや，彼らは私より速く行けやしないよ」と彼は言った）

> **注** 2. than ～ do:
> as ～ as の場合と同様，あいまいさを避けるために次の構文が用いられることがある。（→ p.355）
> He loves her more than yóu *do*.
> （彼のほうが君よりももっと彼女を愛している）
> *cf.* He loves hér more than *yóu*.
> （彼は君よりも彼女のほうを愛している）

2 劣勢比較の構文

2つのものを比べて，一方が他方よりも程度が低いことを表す比較を**劣勢比較**といい，〈**less**＋原級＋**than**〉の形をとる。この場合は形容詞の音節に関係なく less を用いる。

(1) 基本形式：〈A is less＋原級＋than B.〉

In those days sugar was **less** *valuable* **than** salt.
（当時は砂糖は塩ほど価値がなかった）
(＝In those days sugar was *not as* valuable *as* salt.)

＊ 日本語に訳すときには not as [so] ～ as の形にして考えるとよい。英語でも not as ～ as の形のほうが好まれる。

(2) old に対する young などの場合 （→ p.356）

young, short, little などのマイナス方向の意味を表す語の場合は，一般に劣勢比較では用いない。これは less young （より若くない）より older （より年上の）を用いたほうが自然だからである。

[不自然] The main street is *less narrow* than this street.

[ふつう]　The main street is **broader** *than* this street.
　　　　　（目抜き通りのほうがこの通りより幅が広い）
　　＊　old, big などの単音節語は less old, less big などの形はまれ。

3 比較級と the

(1) 「2者のうち一方のほうがより~」の意味：〈the+比較級〉

This guitar is *the* **better** of the two.
　（2つの中ではこのギターのほうが良い）
　　＊　of the two を伴う場合が多い。

> **注**　最上級と **of the two**：
> 　2つのものの場合でも、くだけた言い方では the best と最上級を用いることもある。ただし、書き言葉では比較級のほうが正しいとされる。

(2) 〈**the**+比較級〉：「それだけいっそう~」の意味になる。（→ p. 371）
この場合の the は副詞的に働いている。（→ p. 158）

I was *the* **more** upset because he blamed me for the accident.
　（彼がその事故を私のせいにしたので、私はよけいろうばいした）

4 比較級を修飾する語句

(1) 比較級の前につけて、強調したり程度を表す語句

❶ **much, far, by far, far and away**；《口語調》**a lot, lots**

Jet planes fly **much** *faster* than propeller planes.
　（ジェット機のほうがプロペラ機よりもはるかに速く飛ぶ）

This is **by far** the *better* of the two.
　（2つのうちではこれがずっとよい）
　　＊　by far は比較級の後に置くことが多いが、the のついているときや、口調の関係で前に置くこともある。

❷ **still**（なお一層）；**a good deal, a great deal, considerably**（かなり）；**somewhat, rather**（やや）；**a bit, a little bit**（少し）など

Your argument was **somewhat** *more persuasive* than his.
　（君の議論のほうが彼のよりいくらか説得力があった）
　　＊　限定用法の形容詞の比較級の前では **much** か **far** がふつう。
　　a little, a bit は叙述用法につくのがふつう。
　　This is a much [far] *better* **camera.**（このほうがずっと良いカメラだ）

(2) 〈**many [much] more**+名詞〉

「ずっと多くの~」の意では〈**many more**+複数名詞〉、〈**much more**+不可算名詞〉の形をとる。この場合の many, much は「多さの程度」を示すので、*one* more ~s, *two* more ~s, *some* more ~s（1つ多くの~、

2つ多くの〜，若干多くの〜）などの延長線上に考えるとわかりやすい。

There were *five* [**many**] **more** applicants than the job openings.
（その仕事の欠員数より5人[ずっと]多くの応募者がいた）

したがって，量の場合は〈many more〉ではなく〈**much more**〉になる。

You'll need *some* [**much**] **more** money to rent such a house.
（そんな家を借りるといくらか[ずっと]多くのお金がかかるよ）

この場合の many も much も「ずっと」の意味で，比較級を強調しているから，同じ強調の far, a lot などと置き換えられる。

There were *far* [*a lot*] **more** applicants than the job openings.

〈more 〜〉が2音節以上の形容詞の比較級で，名詞の前に置かれる形とは違うことに注意。次の more beautiful は比較級で「多い」ではない。

These are *much* **more beautiful** [*much* prettier] vases than those.
（ここにあるのはあちらのものよりずっと美しい花びんです）

英米人には，つねに〈**many**＋複数名詞〉，〈**much**＋単数名詞〉という感覚がある。だから more が「多数の」の意味である限り There were *much more* applicants than the job openings. のように，可算名詞の前に much がつくような言い方はしないのである。many の役割は（→ p.296）。

5 rather than の意味の more 〜 than 比較級構文

同じ性質の程度を比較するのではなく，**同一の人や事物について，その異なる特性を比較する構文**がある。この場合は主節と従節の主語と時制は同じである。than 以下の〈主語＋be〉は省略される場合がある。

These shoes are **more** *comfortable* **than** *pretty*.
（この靴はきれいというよりは履き心地が良い）

(＝These shoes are comfortable *rather than* pretty.)

この構文は，ふつうの比較級構文と違った次の特色がある。

❶ than 以下の〈主語＋be〉が省略されている場合は，不規則変化の語以外は1音節語や，-er, -est の比較変化をする語も原則として **more** を用いる。

These shoes are **more** *pretty* **than** comfortable.
（この靴は履き心地が良いというより見ばえが良い）

❷ than 以下の〈主語＋be〉を省略しない場合は -er 形を用いる。
This book is wider than it is tall.
（この本は縦よりも横のほうが長い）

(＝This book is more wide than tall.)

　＊ more の形のほうがよく用いられ，rather than のほうがさらに自然。

❸ ふつうの比較構文では用いられない**原則として比較変化をしない語**や**名詞**などもこの構文では用いられる。
He was **more** *dead* **than** *alive*. (彼はへとへとに疲れていた)
He is **more** *a journalist* **than** *a scholar*.
(彼は学者というよりはジャーナリストだ)

> **Q&A 66** 「～以上，以下，未満」はどう表現するか？
>
> 英語の more than [over, above] ten「10以上」は10を含まず，10より上の数（10.01でもよい）を表す。10を含む場合は ten or more, from ten up などという。同様に10を含む日本語の「10以下」も厳密には ten or less とすればよく，「10未満」は10を含まないから less than [under] ten とする。
> Half price for children **under** *six*.
> （6歳未満の子供は半額です〔6歳は含まない〕）
> この場合は of five years or under（5歳かそれ以下）とすればわかりやすい。なお，次のような inclusive（～を含む）を用いた表現に注意。
> BACK-TO-SCHOOL SALE August 15 — 31 (fifteenth to thirty-first) *inclusive*.
> （新学年準備セール8月15日から31日まで　両日を含む）

§153 ラテン語からきた形容詞の比較級構文

ラテン語の形容詞の比較級に由来して語尾が -or で終わるものがある。
senior（年上の），junior（年下の）; superior（優れた），inferior（劣った）; major（大きいほうの），minor（小さいほうの）; prior（前の），posterior（後の）
ラテン語からきた形容詞の比較級構文は次の特徴を持つ。

❶ **比較されるものを表すには than の代わりに to を用いる。**
He is five years **senior** *to* me.（彼は私より5歳年上だ）
(=He is five years older than I.)
　　* senior を「年上の人」という意味の名詞として用いれば He is five years my *senior*. となる。

> **注** | prefer:
> 　ラテン語由来の動詞 prefer およびその形容詞形 preferable も to を用いた構文を作る。
> 　I **prefer** white wine *to* red.
> 　　（私は赤ワインより白ワインのほうが好きです）
> 　With fish, white wine is **preferable** *to* red.
> 　　（魚料理には赤ワインより白ワインのほうがよい）

❷ 修飾語として much, far などを用いる

This dictionary is *much* [*far*] **superior** to that.

（この辞書はそれよりもはるかにすぐれている）

> **注** -or 形を very で修飾する場合:
> 比較の気持ちが薄れて，名詞を限定的に修飾する場合は very を用いる。
> This is a **very** *superior* leather. (これは大変よい革です)
> senior, junior には more, most がつくことがある。

§154 絶対比較級

比較の対象をはっきり示さないで，漠然と程度の高いことを表す形容詞の比較級の用法を**絶対比較級**という。絶対比較級には次の特徴がある。

❶ 構文上 than ～ の形をとらない。

Russell's family belonged to the **upper** class.

（ラッセルの一家は上流階級に属していた）

❷ 名詞の前に置かれることが多い。

［誤］ The class of this hotel is *higher*.

［正］ This is a **higher** *class* hotel.

（ここは高級ホテルです）

❸ much などで強調することができない。

［誤］ Human beings belong to much the higher animals.

❹ 対になった言い方が多い。

the **younger** generation — the **older** generation

（若い世代 — 年とった世代）

the **lower** animals — the **higher** animals（下等動物 — 高等動物）

  * 慣用的なものが多く，それ以外は fairly, rather, somewhat などを用いるほうが一般的であるといわれる。

  A *fairly long* walk is good for your health.

  （かなり長い散歩は君の健康によい）

Q&A 67 the young generation と the younger generation との違いは？

the younger generation というのは，1つの世代 (generation) を常識的に大きく2つに分け，若いほうを younger で，年配のほうを older で示すものである。これに対し，ただ the young generation といえば，たとえば20歳以下というような，いわゆる「若者」の世代をさすので，大きな分け方である the younger generation の中に含まれたその一部になる。

§155 最上級を用いた基本構文

1 最上級を用いた基本構文

(1)「〜の中で一番…」:〈最上級+in [of] 〜〉

This is the **most beautiful** picture *in* my album.
(これは私のアルバムの中で一番美しい写真です)
* 「写真」は「アルバム」という「場所の中に」あるから in を用いる。同類の「すべての写真の中で」なら of all the pictures となる。

February is the **shortest** *of* all the months.
(2月はすべての月の中で一番短い)
* 「2月」は同類の「月」の「中の1つ」だから of を用いる。

He drives (the) **most carefully** *of* us all.
(彼は我々全員の中で一番注意深く運転する)
* 副詞の最上級。「彼」も「我々全員」の「中の一員」だから of を用いる。

This is the **most difficult** problem. (これが一番難しい問題だ)
* of all the problems が省略されている。

(2)「〜する[である]ところの一番…」:〈最上級+that 節〉

This is the **finest** view (*that*) I have ever seen.
(これは私が今までに見た中で一番すてきな景色だ)
* 関係代名詞の導く修飾節がつくことが多い。

2 最上級と定冠詞 the

(1) 形容詞の最上級と定冠詞

❶ 名詞を修飾する場合(限定用法)には the がつく。これは最上級がつくことによって特定のものに限定されるためである。

This is *the* **tallest** *building* in this city.
(これが当市で一番高い建物です)
* 定冠詞の代わりに名詞・代名詞の所有格, this, that, any, no などがつくこともある。
  This is probably *his* **best** work. (これがたぶん彼の最高傑作だ)

❷ ほかとの比較ではなく,同一人[物]の性質や状態などについての比較を表す形容詞が補語として用いられている場合(叙述用法)には,ふつう the をつけない。

The rain was **heaviest** then. (雨はそのときが一番激しかった)
She was **happiest** when she was with her husband.
(彼女は夫と一緒にいるときが一番幸せだった)
* 《米》ではこの場合でも the をつけることもある。

> [参考] **the の有無で意味の違う最上級**:
> Cherry blossoms are (*the*) *most beautiful* at this time of April. という文を《米》では the があってもなくても,「その桜の花は4月のこの時期が一番美しい（＝at their best）」という意味に解されることが多い。しかし, ほかにも果樹の花が咲いているような場合には, the があると,「4月のこの時期では, その桜の花が（すべての中で）一番美しい」という意味にとることもできる。

❸ 一般に叙述用法の形容詞の最上級には the がつかないことが多いが, 次に名詞が略されていることが明らかな場合には the をつける。

His failure is **plainest**. （彼の失敗は極めて明白だ）
　　＊ この場合の最上級は強意用法。

Jack is *the* **tallest** of all these boys.
（ジャックはこれらの男の子の中でいちばん背が高い）
　　＊ the tallest の次に boy が考えられる。
　　＊ 最近は, 叙述用法では the はつけてもつけなくてもよいとされる。ただし〈of＋名詞〉のような語句があるときは the がつくほうがふつう。

❹ **成句**となっているもので, the を省くものがある。

At long last the meeting closed.（やっと会合は終った）
at last（ついに）, at (the) best（せいぜい）,
at (the) least（少なくとも）など。
　　＊ at the latest（遅くとも）は the をつける。

> [参考] **first prize**:
> 最上級ではないが, first の場合,「1等賞」というときには the first prize よりも, the を省いて first prize とするほうがふつう。
> He won (*the*) **first prize**.（彼は1等賞をとった）
> **first** place（1等）, **first** rank（第1位）なども同じ。

(2) 副詞の最上級と定冠詞

❶ 副詞の最上級には the をつけないこともある。

Who climbed (*the*) **highest**?
（だれが一番高く登ったか）

In my family, (my) mother drives (*the*) **most carefully**.
（私の家では母が一番慎重に運転します）

❷ the をつけることもある。

Which do you like **the best** of these books?
（これらの本の中でどれが一番好きですか）
　　＊ 副詞と形容詞が同形の場合や,〈in [of]〜〉の句がつく場合に多い。

3 最上級を強める構文

(1) 最上級は very, much, by far, far and away などで強める

This is *the very* **best** dictionary. (これがまさに最上の辞書です)
　　* この場合は叙述用法でも the は省略できない。

John is *the very* youngest. (ジョンがなんといっても一番若い)

This road map is *by far* [*far and away*] **the most useful** of all.
(この道路地図はどれよりも断然役に立つ)

(2) much で強める場合の the との位置関係

This dictionary is **much** the best. (この辞書がずばぬけて良い)
　　* the *very* best と *much* the best の語順に注意。

§156 絶対最上級

比較の対象をはっきり表さず、漠然と程度が極めて高いことを表す最上級の用法を**絶対最上級**という。絶対最上級には次のような特徴がある

(1) 〈a most＋原級＋単数名詞〉、〈most＋原級＋複数名詞〉

この場合は、ふつうは -est によって最上級をつくる形容詞も most を用いて最上級を作る。very よりも堅い言い方になる。

Jack is **a most** *clever* man. (ジャックはとても利口な男だ)
(＝Jack is a *very* clever man.)
　　* この場合、clever に強勢が置かれる。Jack is *the cleverest* man. とすると、「ジャックは最も利口な男だ」というふつうの最上級になる。

この形をとる形容詞は、話し手の個人的感情や意見を示すもので、否定文で用いることはまれである。

They were **most pleasant people.**
(彼らはとても感じのよい人たちだった)
　　* 複数名詞なので a がつかない。They were *the most* pleasant people. とすると、「最も感じのよい人たち」というふつうの最上級になる。

注 very に近い the most:
〈the most ～〉の形でも、「最上」の意味がやや薄れて very に近い感じで用いられることもあるので、文脈に注意。
Isn't she **the most** *beautiful* woman? (彼女すごい美人じゃない?)

(2) 不可算名詞の場合

the がつくのがふつう。

I owe him *the* **deepest** gratitude. (彼にはとても感謝しています)
　　* the が省かれることもある。
With *deepest* gratitude I thank you for your attention.
(ご注意に心から感謝いたします)

(3) 副詞の場合

ふつうの最上級にも the がつかないことが多いので，文脈で判断する。

He behaved (the) **most** carefully. 〔絶対最上級〕

（彼はとても慎重にふるまった）

Of all those present he behaved (the) **most** carefully.

（出席者の中で彼が<u>一番</u>慎重にふるまった） 〔ふつうの最上級〕

> [参考] 叙述用法の絶対最上級:
> 　形容詞の絶対最上級は限定用法に用いることが多いが，叙述用法に用いることもある。
>
> He is very helpful and **most** *kind*.
>
> （彼ってとても役立ってすごく親切よ）
> 　　* 絶対最上級になるのは主観的な形容詞である。上の文で most tall などは不可。

§157　最上級 ↔ 比較級 ↔ 原級

1 原級・比較級を用いて最上級の意味を表す形

最上級の意味を原級や比較級を用いて言い表すことができる。

Exxon-Mobil is **the biggest** company in the world.

（エクソン・モービルは世界最大の企業だ）

=Exxon-Mobil is **bigger than any other** company in the world.

〔比較級〕

　　* other は文脈でわかる場合は省略されることがある。また，くだけた言い方では than *any other companies* のように any other の後に複数形を用いることもある。

=Exxon-Mobil is **bigger than all the other** companies in the world. 〔比較級〕

=**No (other)** company in the world is **bigger than** Exxon-Mobil.

〔比較級〕

=**No (other)** company in the world is **as [so] big as** Exxon-Mobil. 〔原級〕

> [注] No other ～ と No ～:
> 　比較対象が同一範疇(はんちゅう)のものでない場合は other はつけない。
> 　〔誤〕*No other* building in Japan is higher than Mt. Fuji.
> 　〔正〕*No* building in Japan is higher than Mt. Fuji.
> 　　* 「建物」と「山」との比較だから other をつけると論理的におかしい。

2 最上級に近い意味を持つ原級比較構文

He is **as** clever **as any** person alive.（彼は世にもまれな賢人だ）
　＊ He is *as* clever *as the cleverest* people alive. ということ。

Helen is **as** beautiful **as any** of her friends.
（ヘレンは美しさでは彼女の友人のだれにも負けない）

He is **as** clever (a person) **as ever** lived.（彼は古来まれな賢人だ）
　＊ as ～ as ever（相変わらず）と混同しないこと。
　　He worked *as* hard *as ever*.
　　（彼は相変わらず一生懸命働いた）

【参考】〈as ～ as any〉:
〈as ～ as any〉という構文は，比較対象が特定の人や物ではなく，**漠然と広範囲のものを対象とすることによって度合いの強さを強調する慣用表現**である。He is *as* clever *as any* person alive. という文でいえば，この世に賢人は何人いるか知らないが，そのだれとも as clever as であるとすれば必然的にだれにもひけをとらないきわめて clever な1人ということになる。こういう場合には，as ～ as は≧の関係を示すという解説もある。

He was **as** emaciated **as** a person **could be**.
（彼はこれ以上やつれることができないほどやつれはてていた）
　＊ as A as (A) can be（この上もなく A）〔A は形容詞〕という形もある。

Q&A 68　He is the youngest of the family か in the family か？

どちらも可能。family の一員なのだから，**所属関係を重視すれば of，範囲の限定ならば in** になる。《英》の言語資料の実例でみると，in のほうが of よりもはるかに多いが，《米》でも同様である。これは，一般に英語では，所属関係よりも場所［範囲］の表現のほうが好まれるからだといわれる。

〈of〉 Jack was *the youngest* **of** the family.
　　　（ジャックは家族の中で一番若かった）
　　　Cecil was *the eldest* **of** a family of six.
　　　（セシルは6人家族の最年長だった）
〈in〉 Enda was *the youngest* **in** her family.
　　　（エンダは彼女の家族の中で最も若かった）
　　　He is *the oldest* **in** a family of four.
　　　（彼は4人家族の中で一番年長だ）
人物紹介によく見られる次のような形の場合は in がふつうである。
　Edward was *the eldest* **in** the family of three sons and two daughters of John Baynton and his wife Jabe.（エドワードはジョン・ベイントンと妻ジェイブの3人の息子と2人の娘の中で最年長だった）

第3節 比較を用いた重要構文

§158 原級を用いた重要構文

(1) ⟨as ～ as one can⟩：「できるだけ～」
   Speak **as** slowly **as** you **can**. （できるだけゆっくり話しなさい）
   　※ この構文は Speak *as* slowly *as possible*. と書き換えられる。

(2) ⟨as ～ as (...) can be⟩：「この上なく～」
   The weather is **as** fine **as** (fine) **can be**. （天気はこの上なくよい）

(3) ⟨may [might] as well ～⟩

   ❶ ⟨may [might] as well ～⟩ は，「ほかにもっとましなことがないから～してもいいのでは」という意味合いの控えめな提案を表す。might のほうがさらに控えめになる。

   We **may** [**might**] **as well** have something to eat. 　【提案】
   （何か食べてもいいんじゃないか）
   　※ 「ほかにもっと楽しいこともないし」程度の意味合いなので，理由がはっきりしていて押しつけがましい感じの had better とは違う。

   ❷ ⟨might as well ～ (as ...)⟩ は，「(...するのは) ～するようなものだ，(...するくらいなら) ～するほうがよい」の意味を表す。

   I **might as well** drown *as* starve.
   （飢え死にするくらいならおぼれ死んだほうがましだ）

   実際には，前後の文脈から，あとの (as ...) がわかっているので省かれることが多い。

   Tom will never pay the money back. You **might as well** throw it away (*as lend it to him*).
   （トムはその金を返しやしないよ。〔それを彼に貸すのは〕捨てるようなものだ）

(4) ⟨not so much ～ as ...⟩：「～よりはむしろ…」
   He is **not so much** a scholar **as** a journalist.
   （彼は学者というよりはむしろジャーナリストだ）
   (＝He is a journalist *rather than* a scholar.)
   (＝He is *more* a journalist than a scholar.)
   　※ 上の3つの文はほぼ同じ意味を表すが，⟨not so much A as B⟩ は，not A but rather B（A ではなくてむしろ B）と A を否定する意味合いが強い。

> **注** ⟨not so much as ～⟩:
> not so much as とつながった形は「～さえしない」という意。
> She did**n't so much as** look at me.
> (彼女は私に 一べつさえしなかった)

§159 比較級を用いた重要構文

(1) ⟨the＋比較級, the＋比較級⟩:「～すればするほど…」

"When should I copy this?" "**The sooner, the better.**"

(「いつこれをコピーしますか」「早ければ早いほどいいんだけれど」)

The older we grow, **the weaker** our memory becomes.

(年をとればとるほど記憶力は弱くなる)

この構文では,主節は後半で,前半は従節であるが,この順が逆になることもある。この場合,前の the は省略されることが多い。

It becomes (*the*) **colder the higher** you climb.

(高く登れば登るほど寒くなる)

　　＊　後半の節内の主語と動詞の語順は,主語が名詞の場合はバランスの関係で倒置してもよいが,やや古い言い方に感じられる。

> **参考** ⟨the＋比較級⟩構文の more 形と -er 形:
> ⟨the＋比較級, the＋比較級⟩の構文では,1音節語でも不規則変化をするもの以外は more をつけた形を用いることがある。
> **The more** facts you've got at your fingertips, **the more easy** it is to persuade people.
> (多くの事実に精通していればいるほど他人を説得しやすい)

(2) ⟨the＋比較級＋because [for] ～⟩:「～なのでいっそう…」

I like him all **the better** *for* his human weaknesses. (→ p. 361)

I like him all **the better** *because* he has human weaknesses.

(彼が人間的弱さを持っているので余計彼が好きなのです)

> **注** ⟨none the＋比較級＋for ～⟩:
> ⟨none the＋比較級＋for ～⟩は「(～だからといって)それだけ…ということはない」という意味。
> The child was **none the worse for** being in the rain all night.
> (その子は一晩中雨にぬれていたがなんともなかった)
> 　　＊　「それだけいっそう悪くなったわけではない」が直訳だが,none the worse で「～にもかかわらず変わらない」の意味の慣用句。

(3) ⟨比較級＋and＋比較級⟩:「ますます～」

Our world is getting **smaller and smaller**.

(我々の世界はますます狭くなってきている)

(4) ⟨**much [still / even] less ~**⟩ [否定語句に続けて]「なおさら～ない」

I did not even see him, **much less** shake hands with him.
(私は彼に会ったことすらないのだ。まして彼と握手したことなんかありっこないよ)

　　＊ **let alone** も同じ意味で用いられる。

肯定文の場合は，much [still] more は最近はほとんど用いられず，**to say nothing of**, **not to mention** などを用いる。

It was a complete waste of time, **to say nothing of** all the bother.
(それは全く時間の無駄づかいだったよ。すごく面倒だったことはもちろんさ)

(5) ⟨**know better than to ~**⟩：「～するほどばかではない」

I **know better than to** do such a thing.
(私はそんなことをするようなばかではない)

§160 no more than 型の構文

(1) ⟨**no more [less] ~ than ...**⟩ の型

❶ ⟨**A is no more B than C is D.**⟩「A が B でないのは C が D でないのと同じ」：この構文では，「A は B でない」ということを言うために，常識的にもしくは文脈から明らかに C≠D とわかる例を引き合いに出して，A が B である可能性も絶対にそれ以上はない (no more) という形で両方とも否定している点に注意。

A home without love is **no more** a home **than** a body without a soul is a man. (愛のない家庭が家庭でないのは，魂のない体が人間でないのと同じである)

than 以下では，前の部分と重複する語句は省略できる。

A whale is **no more** a fish **than** a horse is (a fish).
(鯨が魚でないのは馬が魚でないのと同じことである)

　　＊ no=not any であるから，この構文は A whale is **not** a fish **any more than** a horse is. と書き換えられる。このほうが口語的。

注 ⟨**no more ~ than ...**⟩ の～の形：
　　～には**名詞**だけではなく，**形容詞**や**動詞**や**句**の形も置かれる。
　　I suppose that iguanas are **no more** *unusual* as pets **than** tortoises.
　　(私はイグアナはカメと同じでペットとして異常ではないと思う)
　　I **no more** *believe* in UFO's **than** you do.
　　(私は君と同じで UFO が実在するなんて信じない)
　　　　＊ You don't believe in UFO's. という前提で成り立つ。

I know **no more** about him now **than** when I first met him.
(私ははじめて彼に会ったとき同様，今も彼についてよく知らない)

> **参考** 〈no more ～ than ...〉の解釈:
> 〈*no* more ～ than ...〉が〈*not* more ～ than ...〉を強めた形で，公式どおりに訳さなくてもよい場合もあるが，その差はそれほど明確ではない。〈no ～er than ...〉の -er 形の比較級の位置に，more ～ 形の比較級が入っていると考えられる場合もあり，要は文脈しだいであるといえよう。
> Designing a beautiful garden is **no** *more difficult* on clay **than** on anything else.
> (美しい庭園を設計するのは，粘土上であっても，ほかのどんな土質の場所と比べて特に難しいことはない)
> Clay is **no** *more expensive* to use **than** any other drainage material.
> (粘土は他のどの排水施設用の材料とくらべても，決して高くつくことはない)

❷ 〈A is no less B than C is D.〉「CがDであるのと同様にAもBである」: ❶と反対の構文である。than 以下にC＝Dが真実である例を示し，前の部分の真実性もそれより絶対に少なくない (no less)，つまり同様に真であるといっている，両方とも肯定の文である。

A whale is **no less** a mammal **than** a horse is.
(鯨は馬と同様哺乳動物である)

(2) 〈not more [less] ～ than ...〉の型

❶ 〈A is not more ～ than B.〉「AはBほど～ではない」:「それ以上に～ではない」という単純な否定構文で，実際には意味の上では両方とも肯定しているのがふつう。

This question is **not more** difficult **than** that one.
(この問題はあれほどは難しくない)
  ＊「どちらも難しいが」という意味を含む場合がふつう。

❷ 〈A is not less ～ than B.〉「AはBにまさるとも劣らず～である」: ❶の反対で，意味としてはやはり両方とも肯定で，AはBと比べて「～の程度が劣ってはいない」というふつうの否定構文である。

I am **not less** anxious **than** you to study abroad.
(私は君に劣らず留学したいと思っている)
  ＊ 実際には no less ～ than＝not less ～ than の例も見られる。

(3) 〈no more than〉の型

❶ 〈no more than A〉: A を more の反対，つまり「少ない」という気持ちで考えていることを表す。

I have **no more than** (=only) 10,000 yen.
（私は 10,000 円しか持っていない）

❷ 〈**no less than A**〉：A を less の反対，つまり「多い」という気持ちで考えていることを表す。

I have **no less than** (=as much as) 10,000 yen.
（私は 10,000 円も持っている）

(4) 〈**not more than**〉の型

❶ 〈**not more than**〉：単なる否定構文で，not more than A は，A 以上ではない，つまり「多くて A」という意味。

I have **not more than** (=at most) 10,000 yen.
（私はせいぜい 10,000 円しか持っていない）

❷ 〈**not less than**〉：単なる否定構文で，not less than A は，A 以下ではない，つまり「少なくとも A」という意味。

I have **not less than** (=at least) 10,000 yen.
（私は少なくとも 10,000 円は持っている）

　　＊ (3)と(4)でも，最近は no=not という傾向にある。

(5) 〈**no bigger than**〉その他：比較級の前の no は強い否定を表し，no bigger なら「大きいどころではない」，つまり反対に「小さい」という意味を含む。

It turned out to be **no bigger than** (=as small as) a mouse.
（それはネズミくらいの大きさしかないことがわかった）

> **注** no better than:
> 〈no better than〉は「～も同然」という意味を表す。
> They were *no better than* beasts.（彼らはけだもの同然だった）

§161　最上級を用いた構文

(1) **譲歩の最上級**：even（～さえも）という意味が含まれることがある。

The **fastest** rocket would not reach the nearest star in a year.
（最も速いロケットでさえも一番近い星に 1 年では着かないであろう）

(2) 〈**at (the)＋最上級**〉

❶ 〈at (the) most〉「せいぜい」

There were only fifty people **at (the) most** in the hall.
（ホールにはせいぜい 50 人くらいしか人がいなかった）

❷ 〈at (the) best〉「せいぜい」

He is **at best** a second-rate writer.
（彼はどんなによく見てもせいぜい二流の作家だ）

＊ the をつけないほうがふつう。強調するときは at the very best とする。

> **注** at one's best:
> ⟨at one's best⟩は「盛りを極めて」の意。
> The cherry blossoms in the park are *at their best* now.
> （公園の桜は今が満開です）

❸ ⟨at last⟩「ついに」

I have finished the work **at last**.
（私はついにその仕事を仕上げた）

＊ at last は否定文では用いられない。代わりに after all を用いる。
　　［誤］　He didn't turn up *at last*.
　　［正］　He didn't turn up **after all**.
　　　　　（彼は結局現れなかった）

❹ ⟨at (the) latest⟩「遅くとも」

You must come by ten **at the latest**.
（君は遅くとも10時までには来なければならない）

＊ the をつけるほうがふつう。

❺ その他 ⟨at (the) earliest⟩（早くとも），⟨at (the) least⟩（少なくとも）など。

She should **at least** let us know where she is.
（彼女は少なくとも居場所くらいは知らせるべきだ）

(3) 数詞とともに用いる最上級の慣用表現

❶ ⟨the second largest の型⟩：「何番目に〜な」

Borneo is **the third largest** island in the world.
（ボルネオは世界で3番目に大きい島です）

❷ ⟨the last but one⟩ の型：「最後から何番目」《英》

How do you pronounce **the last** word **but one**?
（最後から2番目の語はどう発音するのですか）

(4) その他の最上級を含む重要慣用表現

❶ ⟨make the most of⟩：「〜を最大限に利用する」
　⟨make the best of⟩：「（困難な状況を）最大限に活用する」

I hope you will **make the most of** your abilities.
（諸君の能力を最大限に活用されるよう望みます）

He **made the best of** his small income.
（彼はわずかな給料でなんとか我慢していた）

❷ ⟨the last＋名詞＋to 不定詞⟩：「最も〜しそうにない」

He is [would be] **the last** person **to** do such a thing.
（彼はとてもそんなことをする人間ではない）　　➡ p. 762

動 詞
VERBS

動詞は人や事物の動作・状態・性質などについて述べる語で，現在・過去・過去分詞という**語形変化**がある。**述語動詞**の用法のほか，**不定詞・分詞**などの用法もある。

第1節 動詞の種類

動詞には<u>述語動詞</u>・不定詞・分詞・動名詞などとして用いられる**本動詞**と，本動詞を助けて，時制・法・態を作ったり，別の意味を添えたりする**助動詞**とがある。この章では本動詞を扱う。

§162　自動詞と他動詞

動詞には目的語をとらない**自動詞** (Intransitive Verb [*vi*]) と，目的語をとる**他動詞** (Transitive Verb [*vt*].) がある。自動詞と他動詞とにはそれぞれ<u>完全自動詞</u>・<u>不完全自動詞</u>，<u>完全他動詞</u>・<u>不完全他動詞</u>がある。基本5文型はそれぞれの動詞の種類によって分類したものである。 ➡ p.34

❶ 自動詞と他動詞の識別

ほぼ同じ意味を表すのに，自動詞を使うことも他動詞を使うこともできる場合がある。他動詞の場合はすぐ後に**目的語**をとるが，自動詞の場合は**前置詞**が必要である。

> I haven't **replied** *to* his letter.　　　　　〔自動詞〕
> I haven't **answered** his letter.　　　　　〔他動詞〕
> 　（まだ，彼の手紙に返事を書いていない）

同じ動詞が**前置詞をとる場合ととらない場合**で意味の違う場合がある。

> Jack **called** *on* his cousin at three.　　　〔自動詞〕
> 　（ジャックは3時にいとこを<u>訪れた</u>）
> Jack **called** his cousin at three.　　　　　〔他動詞〕
> 　（ジャックは3時にいとこに<u>電話した</u>）

2 自動詞にも他動詞にも用いられる動詞

動詞の多くは自動詞にも他動詞にも用いられる。前置詞の有無で意味が異なる場合のほか，次のような場合がある。

(1) 1つの動詞が意味上関連した自動詞・他動詞に使われる場合

- Rice **grows** in a warm climate.　　〔自動詞〕
  (米は温暖な気候で育つ)
- Young people **grow** their hair long these days.　〔他動詞〕
  (近ごろは若い人は髪の毛を長くのばしている)

- His latest novel is **selling** very well.　〔自動詞〕
  (彼の小説の最新作はよく売れている)
- His latest novel has **sold** two hundred thousand copies.
  (彼の小説の最新作は20万部売れた)　〔他動詞〕
- Department stores **sell** almost everything.　〔他動詞〕
  (デパートはほとんどなんでも売っている)

  ＊ 同族目的語をとる動詞もこの中に含まれる。(→ p.394)

(2) 他動詞が自動詞になる場合

目的語になる語が明白である他動詞の目的語が省略されて，自動詞になる場合がある。次の動詞は（ ）の中の目的語が省略されている。

catch (fire)（発火する），drink (liquor)（飲酒する），eat (food)（食べる），read (books)（読書する），smoke (cigarettes)（喫煙する），wave (one's hand)（手を振る）(→ p.513)

Some women don't **smoke** in public.
(人前ではたばこを吸わない女性もいる)

We **eat** to live, not live to **eat**.
(人は食べるために生きるのではなく，生きるために食べる)

This lighter won't **catch**.　(このライターは火がつかない)

(3) 自動詞が他動詞になる場合

本来は自動詞である動詞が**使役**の意味を表す他動詞として使われる場合と，**動作の結果**を表すのに自動詞が臨時に他動詞として用いられる場合がある。

❶ **使役の意味を含む場合**：一般に〈自動詞＋使役の意味＝他動詞〉と考えてよいが，自動詞の本来の意味が少し変わる場合が多い。

- The engine **runs** day and night.　〔自動詞〕
  (そのエンジンは昼夜運転する)
- They **run** the engine day and night.　〔他動詞〕
  (彼らはそのエンジンを昼夜動かす)

> Six people were **sleeping** in this room. 〔自動詞〕
> (この部屋には6人の人が眠っていた)
> This room can **sleep** six persons. 〔他動詞〕
> (この部屋には6人が泊まれる)

注 母音変化による自動詞―他動詞:
自動詞と他動詞が母音の違いで区別されるものがある。

> The baby is *sitting* on its mother's knees. 〔自動詞〕
> (赤ちゃんは母親のひざに座っている)
> I *set* the baby on my shoulders. 〔他動詞〕
> (私は赤ん坊に肩ぐるまをしてやった)

* set の代わりに sat も用いられる。
fall (倒れる) ― fell (倒す)　　　　rise (上がる) ― raise (上げる)
lie (横たわる) ― lay (横たえる)

❷ **結果を表す場合**: 論理的には不自然な目的語がくることが多い。

He **drank** *himself* sick. (彼は飲みすぎて気分が悪くなった)
　　* この oneself の形については (→ p.192)

She **smiled** her *welcome*.
(彼女はにこりとして歓迎の気持ちを表した)
　　* 同族目的語をとる動詞もこの一種である。(→ p.394)
　　　He **smiled** a wry *smile*. (彼は苦笑いした)

Helen **cried** her *eyes* out. (ヘレンは激しく泣いた)

§163　自動詞と取りちがえやすい他動詞

日本語からの類推で，誤って前置詞を入れ，他動詞として使うべき動詞を自動詞にしてしまう誤りが多い。

(1) 誤って to や into を入れがちなもの

> 〔誤〕 The animal resembles *to* a rat.
> 〔正〕 The animal **resembles** a rat.
> 　　　(その動物はネズミに似ている)

> 〔誤〕 We reached *to* our destination in two days.
> 〔正〕 We **reached** our destination in two days.
> 　　　(我々は2日で目的地に着いた)
　　* We *arrived at* [*got to*] our destination. は正しい。

> 〔誤〕 A stranger approached *to* me and accosted *to* me.
> 〔正〕 A stranger **approached** me and **accosted** me.
> 　　　(見知らぬ人が私に近づき，話しかけた)
　　* A stranger *walked up to* me and *spoke to* me. は正しい。

> [誤] A lot of people attended *to* the funeral.
> [正] A lot of people **attended** the funeral.
> 　　（たくさんの人が葬儀に列席した）
>> ＊ attend to ～ は「～に注意する，～を世話する」という意味で自動詞。
>> *Attend to* your own business. (余計なお世話だ)

> [誤] Answer *to* the bell, Jim.
> [正] **Answer** the bell, Jim.
> 　　（お客さまよ，出てちょうだい，ジム）
>> ＊ reply は自動詞。
>> *Reply to* my letter immediately.（すぐに返事を乞う）

> [誤] Everybody stands up when the judge enters *into* the court.
> [正] Everybody stands up when the judge **enters** the court.
> 　　（裁判官が法廷に入ってくるとみんな起立する）
>> ＊ enter (into ～) は「(～を) 始める，(～に) 参加の申し込みをする」の意味では自動詞。

(2) 誤って with を入れがちなもの

> [誤] My sister married *with* a bank clerk.
> [正] My sister **married** a bank clerk.
> 　　（姉は銀行員と結婚した）
>> ＊ My sister *got married to* a bank clerk. は正しい。

(3) 誤って about, from などを入れがちなもの

> [誤] I discussed *about* the problem of food with them.
> [正] I **discussed** the problem of food with them.
> 　　（私は彼らと食糧の問題について議論した）
>> ＊ I *talked with* them *about* the problem of food. は正しい。

> [誤] You must consider *about* other people's feelings.
> [正] You must **consider** other people's feelings.
> 　　（あなたはほかの人の感情について考えなくてはいけない）

§164　他動詞と取りちがえやすい自動詞

次のような動詞は他動詞と混同されて，前置詞を落としやすい。

(1) hope, object など

We all **hope** *for* your success.
　（私たちはあなたのご成功をお祈りしています）
>> ＊ We all *wish* your success. は正しい。

I **object** *to* her going to the party.

(私は彼女がパーティーへ行くのは反対です)

I **apologized** *to* him for my rudeness. (彼に私の無礼をわびた)

He quite **agreed** *with* me on that point.

(彼はその点については私と全く同意見だった)

　　＊ agree that ... (…することに同意する) の場合は他動詞。

We have nothing to **complain** *of*.

(私たちには何も不満はない)

(2) <u>look, listen など</u>

He **looked** up *at* the sky. (彼は空を見上げた)

　　＊ She *looked* me full in the face. (彼女は私の顔をまじまじと見つめた) の look は他動詞。また She looked up the word in a dictionary. (彼女はその単語を辞書で調べた) の look も他動詞で up は副詞。

Listen carefully *to* the conversation on the tape.

(テープに録音されている会話をよく聞きなさい)

§165　動作を表す動詞と状態を表す動詞

　動詞には**動作を表す動詞**と**状態を表す動詞**がある。動作を表す動詞は進行形になるが、状態を表す動詞は一般に進行形にならない。　→ p.429

(1) <u>look at と see の違い</u>

　look at は「意識して見る」という動作を表し、**see** は「ひとりでに見える」という状態を表す。この意味では進行形にならない。

　　What are you **looking at**? (何を見ているの？)
　　What do you **see**? (何が見えますか)

　注 | 進行形になる see :
　　　see が「見物する」「会う」などの意味のときは進行形になる。
　　　They *were* **seeing** the sights of London.
　　　　(彼らはロンドンの名所を見物していた)
　　　The doctor **is seeing** someone else at the moment.
　　　　(先生はただいまほかの方を診察中です)

(2) <u>listen to と hear の違い</u>

　listen to は「意識して聞く」という動作を表し、**hear** は「ひとりでに聞こえる」という状態を表す。

　　Everybody was **listening to** the newscast intently.
　　　(みんな熱心にニュースに耳を傾けていた)
　　Do you **hear** me?
　　　(私の言うことが聞こえますか)

(3) <u>put on と wear の違い</u>

put on はその場で「身につける」という動作を表し，**wear** は「身につけている」という状態を表す。

> She **put on** an evening gown and went to the party.
> （彼女は夜会服を着てパーティーに行った）
> She **wore** [**was wearing**] a white evening gown at the party.
> （彼女はパーティーで白い夜会服を着ていた）

＊ She *put on* an evening gown at the party. というと，それまでほかの服か下着でいたことになる。

§166 方向性のある動詞

sell（売る）に対して buy（買う），lend（貸す）に対して borrow（借りる）のように，物の移動の方向が逆になる動詞のペアがある。

(1) <u>sell と buy, lend と borrow など</u>

> Jim **sold** an old motorbike *to* Bill.
> （ジムは古いバイクをビルに売った）
> Bill **bought** an old motorbike *from* Jim.
> （ビルは古いバイクをジムから買った）

> My father **lent** me his camera.（父は私にカメラを貸してくれた）
> I **borrowed** a camera *from* my father.
> （私は父からカメラを借りました）

> I **leased** the house *to* Mrs. Taylor.
> （私はその家をテーラー夫人に貸した）
> Mrs. Taylor **leased** the house *from* me.
> （テーラー夫人は私からその家を借りた）

＊ lease, rent には「賃貸しする」「賃借りする」という両方の意味がある。これは「金を払って貸借関係を結ぶ」という意味だからである。なお，**let**（〔土地や家などを〕貸す）は《英》で，〈let A to B〉の形をとる。

(2) <u>replace と substitute</u>

replace A by B は「A を B で置き換える」ということで，A → B という移行を表すが，**substitute A for B** は「B のかわりに A を代用する」ということで，B → A という移行を表す。

> You have to **replace** butter *by* [*with*] margarine.
> You have to **substitute** margarine *for* butter.
> （バターをやめてマーガリンにしなくてはいけません）

§167 名詞の順を入れ替えられる動詞

主語や目的語がそれに伴う副詞句中の名詞と入れ替わっても，文として成り立つ動詞がある。

(1) **主語と副詞句中の名詞とが入れ替わっても文が成り立つ自動詞**

「A (生物，資源など) が B (場所) に多い」という意味の動詞に多く，A は集合名詞か複数名詞。

a. *Wildlife* **abounds** in the forest.
b. *The forest* **abounds** in [with] wildlife.
 (その森には野生動物がいっぱいいる)
 ＊ a. では in the forest は場所を表す副詞句で，b. では abound in [with] で「たくさん持っている」の意味の句動詞。

a. *Tourists* **were swarming** over the place.
b. *The place* **was swarming** with tourists.
 (その場所には観光客がいっぱいいた)
 ＊ **teem** も同じ意味に用いるが，teem with の形のほうがふつう。

(2) **目的語と副詞句中の名詞とが入れ替わっても文が成り立つ他動詞**

ここでは「A (事物) を B (場所) に〜する」という意味の動詞を示すが，授与・供給などの意味を表す動詞についてはさらに (→ p.678)。

a. She **piled** *dishes* on the table.
b. She **piled** *the table* with dishes.
 (彼女はテーブルの上に皿を積んだ)

a. Indian women **smear** *pigment* on their faces.
b. Indian women **smear** *their faces* with pigment.
 (インドの女性は顔に顔料を塗る)

§168 日本語とニュアンスの違う動詞

日本語ではお金・家・車・電話など，なんでも「借りる」というが，英語ではそれぞれの場合に対応して，borrow, rent [lease], hire, use などを使い分ける。反対に，日本語では帽子は「かぶる」，靴は「はく」，着物は「着る」のように区別するが，英語では wear だけですむ。

(1) borrow と use

borrow は「借りて持ち去る」ということ，**use** は移動できないものをその場で一時的に「使わせてもらう」ということ。

Can I **borrow** your raincoat, Mommy?　　　　　　　　　【依頼】

(お母さん，レインコート借りてっていい？)

Can I **use** your bathroom? 【依頼】
(トイレをお借りできますか)

> [参考] **use** と **borrow**:
> **telephone**（電話）はかつては移動できない物だったので「借りる」という場合，use のみを用いたが，今では **borrow** も用いる。bathroom（トイレ）などは use だが，pen などは持っていかずにその場で使う場合にも Can I *borrow* [*use*] your pen? のようにどちらも使える。

(2) leave と forget

leave は「ある場所に物を置き忘れる」ということ，**forget** は「持ってくるのを忘れる」ということで，置き忘れた場所を表す語句があるときには forget より leave を使うのがふつう。

{ I **forgot** my keys.
　(鍵を置いてきてしまった)
　I **left** my gloves in your car.
　(手袋をあなたの車に置き忘れてしまった)

(3) doubt と suspect

doubt は don't think に近く，**suspect** は think に近い。名詞の doubt と suspicion にも同様の違いがある。

{ I **doubt** if I'll finish the work by tomorrow.
　(明日までにその仕事を終わるかどうか疑わしい)
　Doctors **suspect** smoking has to do with cancer.
　(医者は喫煙がガンと関係があると疑っている)

(4) rob と steal

「A から B を盗む」という場合，rob A of B, steal B from A となる。

{ The burglar **robbed** her *of* some jewels.
　The burglar **stole** some jewels *from* her.
　(泥棒は彼女の宝石類を盗んだ)

> [注] rob と steal の受動態:
> 受動態の場合は次のようになる。
> She was **robbed** *of* some jewels.
> She **had** some jewels **stolen**.
> Some jewels were **stolen** *from* her.

(5) write と draw, paint

write は「文字を書く」，**draw** は「線で絵や図を描く」，**paint** は「絵の具などで図や絵を描く」場合に用いられる。

> She **wrote** her name in Kanji.
> （彼女は漢字で自分の名前を書いた）
> She **drew** a circle on the blackboard.（彼女は黒板に円を描いた）
> Do you like landscapes **painted** by Turner?
> （ターナーの描いた風景画はお好きですか）

(6) その他

❶「夢を見る」という言い方

have a dream と言う。see a dream は誤り。同族目的語を用いる **dream** a dream という言い方は文語的。

I **had** *a* strange *dream* last night.（ゆうべ変な夢を見た）

❷「スープを飲む」という言い方

スプーンを使って飲むときは **eat** を使う。カップなどから直接飲むときは drink を使う。「薬を飲む」はふつう take medicine という。

She **ate** soup at lunch.（彼女は昼食にスープを飲んだ）

＊ an opium *eater*（アヘン吸飲者）などという語もある。

❸ come と go

「話し手のところへ来る」場合のほかに、「相手のところへ行く」という意味で **come** を用いることがある。**go** は「話し手あるいは相手が、**話し手あるいは相手以外**のところに行く」こと。

> I'll **go** to see him tomorrow.（明日彼に会いに行きます）
> I'll **come** to your house tomorrow.（明日お宅へうかがいます）

＊ 人に呼ばれたときも I'm *coming*! というのが正しく、I'm *going*! だと「これから外出します」という意味になる。また、Will you *come* to the party? と言えば、話し手自身もパーティーに行くことを暗示し、Will you *go* to the party? と言えば、話し手はパーティーに行かないことを暗示する。

❹ tell と show, teach

tell は「情報を伝える」意味で、主として口頭で伝える場合に用いる。

Will you **tell** me the way to the post office?
（郵便局へ行く道を教えてくださいませんか）

この場合 **show** を使うと、同行または図示して教えることを意味する。**teach** は「知識や技能を教える」意味なので、上の場合には使えない。

❺ climb と go up

climb は手足を使って登るのが原義。go up にはそういう含みはない。

The police know Sharon **went up** [×climbed] the mountain on the cable car.（警察はシャーロンがケーブルカーでその山を登ったことを知っている）

❻ name と call

name は正式に命名する意味で, 本, 映画, 車, あるいは店などにはふつう用いない。（雑誌の場合は正式に name を用いている例もある）

We were showing a Jessie Matthews film **called** [×named] Evergreen.（我々は「エバーグリーン」というジェシー・マシューズの映画を上演していた）

§169 be, do, have の用法

動詞の中で, be, do, have はどれも助動詞としても用いられる。

1 be の用法

「～である」という一般的な意味を表す用法のほかに, 次のような注意すべき用法がある。

(1) 完全自動詞としての用法

❶「存在する」(=exist) という意味を表す。

　God **is**.（神は存在する）　　　　　　　　　　　　　　　《文語的》

　To **be**, or not to **be**; that is the question.
　　（このまま生きているか, 死んでしまうか, それが問題だ）

❷「いる, ある」: 場所を示す副詞句を伴う。

　Put the taperecorder back where it **was**.
　　（テープレコーダーをもとの場所に戻しておきなさい）

　　＊「存在」を表すには, ふつうは there is [are] ～ の形を用いる。

(2) 不完全自動詞としての用法

❶「～になる」

be 動詞が未来のことに使われて「～になる」という意味を表す。become よりも口語的な言い方。

　Kanako wants to **be** a football player.
　　（可奈子はサッカーの選手になりたがっている）

　Kanako will **be** eleven next month.
　　（可奈子は来月で11歳になる）

❷「開かれる, 行われる」

　When will their wedding **be**?（彼らの結婚式はいつですか）

(3) 慣用表現

〈be to ～〉 (➡ p.486)

〈be to ～〉で1つの助動詞のような働きをする。

The prime minister **is to** visit Thailand next month.
（首相は来月タイを訪問する予定です）

2 do の用法

「する」「行う」という一般的な意味を表す用法のほかに，次のような注意すべき用法がある。

(1) 他動詞としての用法

❶「手入れをする」

Have you **done** your hair?（髪の手入れは終わったの？）

I **do** my room every other day.
　（私は1日おきに部屋の片づけをする）

Husbands ought to help wives **do** the dishes.
　（夫は妻の皿洗いを手伝うべきだ）

❷「(研究などを) 行う」

He is going to America to **do** research in economics.
　（彼は経済学の研究のためにアメリカに行く）
　　※ make an investigation とはいうが，make research とはいわない。

I'm poor at **doing** sums.　（私は計算に弱い）

I was told to **do** this English letter into Japanese.
　（私はこの英語の手紙を日本語に訳すように言われた）

❸「見物する」

We **did** the sights of Edinburgh yesterday.
　（昨日はエディンバラの名所を見てまわった）

Let's go and **do** the British Museum.（大英博物館を見にいこう）

❹「役に立つ」

Will £10 **do** you?（10ポンドで間に合いますか）　《英・口語調》

❺「(ある距離を) 行く」(=cover)，「(ある速度で) 進む」

The spaceship has already **done** two million miles.
　（宇宙船はすでに200万マイル進んだ）

My motorcycle **does** 230 kilometers an hour.
　（僕のオートバイは時速230キロ出る）

❻「(ある状態に) 料理する」：ふつうは過去分詞の形で用いる。

I like my beefsteak well **done.**（ステーキはよく焼いてください）

(2) 自動詞としての用法

❶「間に合う」

"Which would you like?" "Either will **do.**"

(「どちらにしましょうか」「どちらでも結構です」) 　　　　　【応答】
　　This will never **do**. (こんなのではだめだ)
❷「やって行く」
　　Jim is **doing** very well at school.
　　　(ジムは学校の成績がとてもよい)
❸「(事が)起こる」 　　　　　　　　　　　　　　　〔進行形で用いる〕
　　What's **doing** there? (そこで何が起こっているのか)　《口語調》
(3) **do を含む慣用句**
❶ **do with** 〜:「〜でなんとか我慢する」「〜を処理する」「〜があればありがたい」
　　I can't **do with** such a low salary.
　　　(こんな安月給では我慢できない)
　　What should we **do with** this complaint?
　　　(この苦情にどう対処したらいいだろう)
　　I could **do with** a cup of coffee.
　　　(コーヒーが1杯飲みたい) 　　　　　　　　　　　　　　【欲求】
❷ **do without** 〜:「〜なしですます」(= dispense with)
　　We'll have to **do without** water for a day or two.
　　　(1日か2日, 水なしですまさなければなるまい)
❸ **have something to do with** 〜:「〜と関係がある」
　　The politician **has something to do with** the scandal.
　　　(その政治家は不正事件と関係がある)
　　The accident **had nothing to do with** the engine.
　　　(その事故はエンジンとは何の関係もなかった)
　　　＊ have much to do with 〜「〜と大いに関係がある」, have little to do with 〜「〜とほとんど関係がない」なども同様。また, have to do with 〜 も「〜と関係がある」ということ。

3 have の用法

「所有する」という一般的な意味のほかに, 注意すべき用法がある。

(1)「食べる」「飲む」
　　What did you **have** for breakfast? (朝食に何を食べましたか)
　　　＊ この意味では主語になるのは人。《米》では婉曲な have を使わないで eat を使うことが多い。

(2)「経験する」「(病気などに)かかる」
　　Did you **have** a good time yesterday?
　　　(昨日は楽しかったですか)

I **have** a bad cold. （ひどい風邪をひいている）

She almost **had** an accident on her way home.

（彼女は帰宅途中でもう少しで事故に遭いそうになった）

(3) 慣用表現

❶ have to ～ （→p. 445）

助動詞の must の用法と重なる点が多いが，must より強制・断定の意味が弱く，くだけた言い方ではよく使われる。

(a)「～しなければならない」

くだけた言い方では，**have got to** という形を使うこともある。

We **have** to take work home sometimes.

（私たちは時々仕事を家に持ち帰らなければならない）

We've **got to** stick to it to the last.

（最後までねばらないといけない）

(b)「～にちがいない」

この意味では have to の後に be 動詞がくることが多い。

It **has to** be a joke. （それは冗談にちがいない）

There **has to** be something I can do for you.

（私があなたのためにできることがあるはずです）

That **has to** be the best idea.

（それがいちばんいい考えにちがいない）

(c)「いまいましいことに～する」

口語的な言い方で，must にも同じような用法がある。

I'm just ready to go out and Popeye **has to** show up.

（ちょうど出かけようとしていると，ポパイの奴がやってくる）

❷ have only to ～：「～しさえすればよい」

You **have only to** wait and see.

（君は成り行きを見てさえいればいい）

（＝All you have to do is (to) wait and see.）

  ＊ have only to ～ の代わりに only have to ～ ということもある。

❸ have ～ on [have on ～]：「～を身につける」（＝wear）

We all have to **have** seat belts **on**.

（みんなシートベルトを締めていないといけない）

> **注** 〈have＋目的語＋on〉の語順：
> on は副詞で，目的語が名詞の場合には on は目的語の前にきても後にきてもよい。目的語が代名詞の場合には，on は have it on のように必ず目的語の後にくる。（→p. 346）

❹ **have a talk** など: 英語では talk, dream などの1語の動詞を使う代わりに, have a talk, have a dream のように〈**have a**＋動詞派生の名詞**〉の形を用いることが多い。(→ p. 140) (→ p. 818)

I **had a talk** *with* the president. (私は学長と話をした)

She **had** [took] **a** quick **look** *at* her mother's long letter.
(彼女は母親の長い手紙をさっと見た)

§170 使 役 動 詞

「…に～させる」という使役の意味を表す動詞には let, make, have などがあるが, それぞれ表す意味や用法が異なる。

1 let, make, have の用法

let は「自由に～させておく」という**容認**を, **make** は「無理にでも～させる」という**強制**を表す。また, **have** は「～してもらうようにもっていく」という**手はず**を表す。

(1) let:〈let＋目的語＋原形不定詞〉(→ p. 502)

❶「〔自由に〕～させる」

We usually **let** the kids *stay* up late at weekends.
(私たちはふつう週末には子供たちに夜更かしさせてやります)

He is **letting** his beard *grow*.
(彼はあごひげを伸びほうだいにしている)

Let your dog *run* free in the yard.
(犬を自由に庭を走らせてやりなさい)

Let us *know* when you will arrive in Tokyo.
(東京にいつ着くのか知らせてください)

* この場合の let us は [létəs] と発音する。(→ p. 542)

let の受動態は極めてまれで, be allowed to ～ などを用いるのがふつう。(→ p. 502)

* go など単音節の動詞には,〈let＋目的語＋原形不定詞〉の目的語が名詞の場合に〈let do＋目的語〉の形で成句的に用いられるものもある。
let go (of) ～ (～を放す) (自動詞として let go of ～ (～から手を放す)の意味に用いることが多い) / **let drop** [**fall, slip**] (〔情報など〕をふと漏らす) / **let fly** (〔矢など〕を放つ) など。(→ p. 503)

❷ **勧誘**を表す let's: 一般に [lets] と発音する。

Let's *watch* the ball game on TV.
(テレビで野球の試合を見よう)

Let's not *talk* about it any more.（この話はもうやめにしよう）

(2) <u>make</u>

❶ 〈make＋目的語＋原形不定詞〉 (→ p.502)

My joke **made** her *laugh*.
　（私のジョークで彼女は笑った）

> **注** make の受動態:
> 受動態では原形不定詞が to 不定詞に変わる。(→ p.573)
> He **was made** *to wait* for some time.（彼はしばらく待たされた）
> 古いことわざでは，能動態でも原形不定詞の代わりに to 不定詞がくることもある。
> Money makes the mare *to go*.（地獄の沙汰も金しだい）《ことわざ》

❷ 〈make＋目的語＋過去分詞〉 (→ p.518)

I couldn't **make** myself *understood* in English.
　（私の英語は通じなかった）

(3) <u>have</u>

❶ 〈have＋目的語＋原形不定詞〉

同じ構文で，(a) 使役，(b) 容認，(c) 経験または被害を表す。

(a) **使役**: have に強勢がある。

　I **had** my brother *sweep* the floor.　　　　　　　　《おもに米》
　（弟に床を掃除させた）
　＊「するはずのことをさせる」というニュアンスがあることが多い。《英》では get を用いるほうがふつう。(→ p.392)

　I'll **have** him **call** later.（のちほど電話させます）〔電話〕【申し出】

(b) **容認**: **I will** の後で用いられると，「どうしても～させる」という「主張」を表す。**I won't** の後では「～は断じて許さない」という意味を表す。ただし，❸ のように現在分詞を使うほうがふつう。

　I will **have** my men *show* due respect for their officers.
　（私は部下が将校にちゃんとした敬意を払うようにさせるつもりだ）
　I won't **have** my employees *answer* me back like that.
　（私は使用人にあんなふうに口答えするのを許さない）

> **注** 〈would have+O+原形不定詞〉:
> 次のような文では「～してもらいたい」という意味を表す。
> I *would* **have** you *know* that I am your boss.　　《文語的》
> （私がボスだということを知ってもらいたい）

(c) **経験または被害** (→ p.587)

比較的まれな言い方で，この場合は have に強勢がない。

　We've **had** this *happen* many times.
　（こんなことはこれまでに何度も起こった）

＊ 主語にとって不利益な場合は被害の意味が感じられる。

❷ 〈have＋目的語＋過去分詞〉 (→ p.515)

「〜をしてもらう」という意味で使い，have に強勢がある。くだけた言い方では have の代わりに get を使うことが多い。

I hád my printer *repaired*. (プリンターを直してもらった)

Nancy **got** her hair *done* by her mother.
(ナンシーはお母さんに髪を整えてもらった)

> 注 被害や完了の意の〈have＋目的語＋過去分詞〉:
> (1) 〈have [get]＋目的語＋過去分詞〉が「〜される」という被害の意味を表すことがある。この場合には過去分詞に強勢がある。
>   I **had** my wallet *stólen* in the bus.
>   (札入れをバスの中でとられた)
>   ＊ これは過去の事実として述べる回想的な言い方で，盗まれた直後には Someone stole my wallet. というのがふつう。
>   He **got** his arm *bróken*. (彼は腕を骨折した)
> (2) 〈have [get]＋目的語＋過去分詞〉の形で完了の意味を表すことがある。おもに《米》で使われる。
>   I **had** my sleeping bag *spread*. (私は寝袋を〔自分で〕広げた)
>   He **got** me *cornered*. (彼は私を追い詰めた)

❸ 〈have＋目的語＋現在分詞〉

同じ構文で(a)使役，(b)容認，(c)経験または被害を表す。

(a) 使役

I **had** my cat *feeding* on canned food.
(私は猫にかんづめの餌を食べさせた)

The landlady will soon **have** you *cleaning* your room.
(下宿のおばさんはすぐに君に部屋の掃除をさせるだろう)

(b) 容認

I won't 〜，I can't 〜，I wouldn't 〜 の後に置いて，「〜させるわけにはいかない」という意味で使うが，❶の(b)のように原形不定詞を使う言い方よりこのほうがふつう。

I won't **have** my son *wearing* his hair long.
(私は息子が髪を長くしているのを許しておくつもりはない)

(c) 経験または被害

We **had** a distant cousin *visiting* us at that time.
(そのとき，うちに遠縁の親類が来ていた)

Jim got scolded by his teacher. He **had** it *coming*. 《米口語調》
(ジムは先生にしかられた。当然の報いだ)

2 get, help, bid の用法

(1) **get**:〈get＋目的語＋to 不定詞〉で，自分の好ましいように努力して「～させる」「～してもらう」「～するように説得する」などの意味を表す。後に原形不定詞ではなく **to 不定詞**がくる点に注意。

　　Mary **got** her sister *to* help her pack.　　　　　　《おもに英》
　　（メアリーは妹に荷造りの手伝いを頼んだ）

(2) **help, bid**　(→ p. 503)

　　help は〈help＋目的語＋原形不定詞［to 不定詞］〉で「人が～するのを助ける」という意味を表す。(→ p. 466)

　　My kid brother **helped** me (to) *water* the garden.
　　（弟が庭に水をまくのを手伝ってくれた）
　　　＊　受動態では to 不定詞になる。
　　　　I **was helped** *to water* the garden by my kid brother.

　　bid は古い文語的な言い方で，今は使われない。

§171　知 覚 動 詞

知覚には，「見える，聞こえる」のように五感で感知する場合（身体的知覚）と，「わかる，～と思う」のように知性によって知覚する場合（精神的知覚）とあるが，文法でいう知覚動詞は前者の場合で，その中でも〈S＋V＋O＋原形不定詞 (→ p.503) または現在分詞 (→ p.516)，過去分詞 (→ p.518)〉の構文をとるものを扱うのがふつう。また受動態が可能な場合には，原形不定詞が to 不定詞に変わる点は使役動詞と同じである。

◈ おもな知覚動詞

see	hear
look at 《おもに米》	overhear
observe	listen to 《おもに米》
notice	feel
watch	
perceive	

(1) **see, watch, look at** など

　　I **saw** him *cross* the street.
　　（私は彼が道路を横断するところを〔最初から最後まで〕見ていた）
　　I **saw** him *crossing* the street.
　　（ふと見たら，彼が道路を横断していた）
　　　＊　上の 2 文の受動態はそれぞれ次のようになる。

He **was seen** *to cross* the street.
He **was seen** *crossing* the street.

I **watched** the magician *shuffle* the cards.
(私は手品師がトランプを切るのをじっと見ていた)

Bob **looked at** some little birds *bathing* in the puddle.
(ボブは小鳥が水たまりで水浴びをしているのを見た) 《おもに米》

Did you **notice** John *go* upstairs?
(ジョンが2階へ行くのに気がつきましたか)

Nobody **perceived** Jamie *going* out of the room.
(だれもジェイミーが部屋から出ていくのに気がつかなかった)
　　* perceive は，目的語の次には分詞をとり，原形不定詞はまれ。

I **observed** someone *coming* toward me in the dark.
(暗やみでだれかが私のほうに来るのが見えた)

(2) <u>hear, listen to</u>

I **heard** someone *call* my name.
(だれかが私の名前を呼ぶのが聞こえた)

I **heard** someone *calling* my name.
(だれかが私の名前を呼んでいるのが聞こえた)

I **heard** my name *called* (by someone).
(私は自分の名前が〔だれかに〕呼ばれるのが聞こえた)

She **listened to** her grandma *talk* about the good old days.《米》
(彼女は祖母が古き良き時代の話をするのを聞いた)

Jim **overheard** Silver *talking* with his brother.
(ジムはシルバーが自分の弟と話しているのをふと耳にした)

(3) <u>feel</u>

Did you **feel** the house *shake*?（家が揺れるのを感じましたか）

He **felt** his heart *beating* fast.
(彼は心臓がどきどきしているのがわかった)
　　* feel は体で感じる意味ではふつう受動態にしない。「〜だと思う」という意味では〈feel＋目的語＋to be〉の形になる。
　　I **felt** the idea *to be* excellent.（その案はすばらしいと思った）

注 | know:
　know も「見聞きして知っている」の意味のときには，目的語の次に (to) do をとって，知覚動詞の性質を持つ。
　I have never **known** a man (*to*) *die* of disappointed love.
　(男が失恋で死んだためしはない)
　　* この know は一般に過去時制または現在完了の形で用いる。原形不定詞の代わりに to 不定詞を用いることもある。

> [参考] **smell** と **taste** の語法:
> **smell** や **taste** を知覚動詞に入れる人もいる。smell は「…が〜しているにおいがする」の意味では，〈(can) smell+目的語+〜ing〉の形をとるので，知覚動詞として扱うことが多いが，taste は〈S+V+O+C〉構文をとらないので，いわゆる知覚動詞に入れないのがふつう。
> Suddenly I realized I could **smell** something *burning*.
> （突然何かが焦げているにおいがしているのに気がついた）
> なお，目的語の次が原形不定詞の場合については（→ p.503），分詞の場合については（→ p.516）受動態については（→ p.573）。

§172 同族目的語をとる動詞

本来は自動詞だが，動詞と語源的に，または意味上関連のある語を目的語としてとる場合がある。こういう目的語を同族目的語 (Cognate Object) という。動詞が同族目的語をとる場合は〈他動詞+(形容詞)+目的語〉の形になるが，意味上 (a)〈自動詞+副詞〉で書き換えられるものと，(b)〈自動詞+副詞〉に書き換えられないものとある。

(1) 同族目的語が動詞と同形または同語源である場合

(a) Richard Ⅲ **died** a miserable *death*.(=died miserably)
　　（リチャード3世は惨めな死に方をした）──書き換え可

(b) She **sang** a beautiful *song*. (≠sang beautifully)
　　（彼女は美しい歌を歌った）──書き換え不可

> **注** 同族目的語構文の受動態:
> 同族目的語構文は一般に受動態にならないとされるが，動詞や修飾語との関係で受動態になる場合もある。特に〈自動詞+副詞〉で書き換えられない場合，同族目的語は一般の他動詞の目的語と同じ機能を果たすことが多いので，受動態になることも多い。
> She **lived** her later *life* exclusively in America.
> → Her later *life* **was lived** exclusively in America.
> （彼女の晩年はもっぱらアメリカで送られた）

(2) 同族目的語が動詞と意味上関連のある場合

They **fought** a fierce *battle*. (=fought fiercely)
（彼らは激しく戦った）

We **ran** a short distance *race*.
（私たちは短距離競走をした）

(3) 最上級の形容詞だけが残り，同族目的語が省略される場合

He **breathed** his *last* (*breath*).
（彼は最期の息を引き取った）

Helen **smiled** her *brightest* (*smile*).
(ヘレンはにっこりと明るく笑った)
* 同族目的語の類例については (→ p. 818)。

[参考] **同族目的語をとる動詞の実態**:
 現代の英文について検索してみると，**smile** a ～ smile と **live** a ～ life が最も多く，**die** a ～ death, **sing** a ～ song, **laugh** a ～ laugh などがその次に見られる。あとは **fight** a ～ fight, **sleep** a ～ sleep, **breathe** a ～ breath なども見られるが，**dream** a ～ dream は今は **have** a ～ dream がふつうで，同族目的語の形はまず見られない。上記の動詞の～に用いられる主な形容詞については (→ p. 819)。

§173 語法上注意すべき動詞

(1) 能動態で受動の意味を表す動詞 (→ p. 586)
能動態で「売れる」「読める」など受動・可能の意味を表す動詞がある。
His novels **sell** pretty well. (彼の小説はけっこう売れる)
This paper **reads** like a novel. (この論文は小説のように読める)

(2) 再帰動詞
目的語に再帰代名詞をとる動詞がある。(→ p. 191)
You must **avail** *yourself* of every opportunity.
(あらゆるチャンスを利用しないといけない)
* 《米》では再帰代名詞を省略して avail of ～ ともいう。

Help *yourself* to these cookies. (クッキーを召し上がれ)
* この場合は慣用句で，yourself を省略できない。

|注| 自動詞になった再帰動詞:
 目的語の再帰代名詞を省略すれば動詞は自動詞になる。以前は overeat oneself(食べすぎる), oversleep oneself(寝坊する), hide oneself(隠れる)のように用いられた動詞も，現在では自動詞として使うことが多い。また，betake oneself to(おもむく), bethink oneself of(考える)などの文語的な言い方に再帰動詞としての用法が残っている。

(3) 伝達動詞
間接話法などで使われる伝達動詞は一般に他動詞であるが，〈目的語＋目的語[節]〉のように2つの目的語をとるのは ask, tell など少数の動詞で，ほかは say to me that ... のように to などの前置詞が必要である。
She **suggested** *to* me that I call off the date.
(彼女は私にデートを取り消したらどうかと言った)
* この文の that 節内の call は仮定法現在。(→ p. 557)

Could you **explain** *to* us why TV games are harmful?

(テレビゲームがなぜ有害なのか，説明してください)

I **admitted** *to* him that I had a weakness for sweets.
(私は彼に，甘いものには目がなくて，と白状した)

Jack **proved** *to* me that my theory was false.
(ジャックは私に，私の理論がまちがっていることを証明してみせた)

I **requested** (*of* them) that they refrain from smoking.
(私は彼らに煙草を吸わないように頼んだ)

The police officer **inquired** *of* him where he wanted to go.
(警官は彼にどこへ行きたいのか尋ねた)

(4) その他の動詞

❶ introduce, add など

introduce, add などの場合にも，〈目的語＋目的語〉の形にならない。

Let me **introduce** Mr. Mason, the lawyer, *to* you.
(弁護士のメイスンさんをご紹介します)

She **added** a little salt *to* the soup.
(彼女はスープに塩を少し加えた)

Shakespeare **compared** life *to* a walking shadow.
(シェークスピアは人生を歩く影にたとえた)

❷ provide, supply, feed など

それぞれ3とおりの言い方ができる。

> Cows **provide** [**supply**] us *with* milk.
> Cows **provide** [**supply**] milk *to* us.
> Cows **provide** [**supply**] us milk.　　　　　　　　　　　《おもに米》
> 　(雌牛は我々にミルクを供給する)

> I **feed** my goldfish *with* fish meal.
> I **feed** fish meal *to* my goldfish.
> I **feed** my goldfish fish meal.
> 　(私は金魚に魚粉をやっている)

❸ pile, load など：〈場所を表す目的語＋副詞句〉，〈目的語＋場所を表す副詞句〉の両方の構文が可能である。 [→ p. 382]

> He **loaded** the back seat of his car *with* his baggage.
> He **loaded** his baggage *onto* the back seat of his car.
> 　(彼は荷物を車の後ろの座席に載せた)

strike にも同じように2とおりの用法がある。

> He **struck** his knee *with* his hand.
> He **struck** his hand *on* his knee. (彼は手で膝を打った)

[第2節] 動詞の活用

動詞の語形変化のうち，-s, -ing の 2 つを除いた**原形，過去形，過去分詞形**の 3 つを，狭い意味で動詞の**活用**という。

動詞には〈原形＋-(e)d〉の形で過去形・過去分詞を作る**規則動詞**と，それ以外の方法で過去形・過去分詞を作る**不規則動詞**がある。

§174 規 則 動 詞

規則動詞の活用は比較的簡単であるが，語尾の作り方と発音に注意する。

(1) **語形変化**

❶ **ふつうの場合**：原形の語尾に **-ed** をつける。

〔原形〕	〔過去形〕	〔過去分詞〕
help（助ける）	help*ed*	help*ed*
open（開ける）	open*ed*	open*ed*
pull（引っ張る）	pull*ed*	pull*ed*
ski（スキーをする）	ski*ed*	ski*ed*

❷ **語尾が -e で終わる動詞**：原形の語尾に **-d** だけをつける。

agree（同意する）	agree*d*	agree*d*
die（死ぬ）	die*d*	die*d*

 ＊ dye（染める）は dye*d* — dye*d*

hope（望む）	hope*d*	hope*d*
like（好む）	like*d*	like*d*
move（動く）	move*d*	move*d*

❸ **語尾が〈子音字＋y〉の動詞**：**y** を **i** に変えて **-ed** をつける。

apply（適用する）	appl*ied*	appl*ied*
certify（証明する）	certif*ied*	certif*ied*
cry（泣く）	cr*ied*	cr*ied*
study（勉強する）	stud*ied*	stud*ied*
try（試みる）	tr*ied*	tr*ied*

> **注**　〈母音字＋y〉で終わる動詞：
> そのまま -ed をつける。
> | enjoy（楽しむ） | enjoy*ed* | enjoy*ed* |
> |---|---|---|
> | play（遊ぶ） | play*ed* | play*ed* |
> | toy（もてあそぶ） | toy*ed* | toy*ed* |

❹ 〈短母音字＋1つの子音字〉で終わる単音節の動詞: 語尾の**子音字を重ねて** -ed をつける。

beg（請い求める）	begged	begged
rob（奪う）	robbed	robbed
stop（止める）	stopped	stopped

注 子音字を重ねない場合:
(1) look のように母字音が2つ（o と o）の動詞や，jump のように子音字2つ（m と p）の動詞，mix [miks]（混ぜる）のように子音字が2つ [k] と [s] の動詞の場合は，そのまま -ed をつける。
(2) 子音字を重ねないと，前の母音が長母音または二重母音になるので注意。次の例を比較:
　　robbed [rɑbd]〔rob の過去・過去分詞〕
　　robed [roubd]〔robe（服を着せる）の過去・過去分詞〕

❺ 〈1つの母音字＋1つの r〉で終わる動詞: **r を重ねて** -ed をつける。

blur（ぼやける）	blurred	blurred
stir（かきまぜる）	stirred	stirred

* 2つの r や，〈2つの母音字＋r〉で終わる動詞はそのまま -ed をつける。
err（誤る）— erred, pour（注ぐ）— poured

❻ 2音節以上の語で，最後の音節が〈**強勢のある母音＋子音字1つ**〉または〈**強勢のある母音＋r**〉で終わる動詞: **子音字を重ねて** -ed をつける。

compel（強制する）	compelled	compelled
occur（起こる）	occurred	occurred
omit（省略する）	omitted	omitted

注 最後の音節に強勢がない場合の -ed のつけ方:
強勢が最後の音節にないものは，そのまま -ed をつける。

visit（訪問する）	visited	visited
offer（提供する）	offered	offered
worship（崇拝する）	worshiped	worshiped

〔ただし《英》では worshipped〕
子音字を重ねるものと重ねないものとの類例は（→ p.819）

❼ -c で終わる動詞: **k を加えて** -ed をつける。

mimic（まねする）	mimicked	mimicked
picnic（ピクニックに行く）	picnicked	picnicked

(2) 語尾の -(e)d の発音

❶ [d] と発音する場合: 原形が [d] 以外の有声音で終わる語。
judged [dʒʌdʒd]　killed [kild]　lived [livd]　stayed [steid]

❷ [t] と発音する場合: 原形が [t] 以外の無声音で終わる語。
laughed [læft]　looked [lukt]　missed [mist]　stopped [stɑpt]

❸ [id] と発音する場合: 原形が [t] または [d] で終わる語。
wanted [wántid]　minded [máindid]　ended [éndid]

§175　不規則動詞

不規則動詞の数は約 200（派生語・複合語を入れると約 300）あるが，よく使われる重要な動詞が多い。

(1) **過去形と過去分詞が同形のもの（A－B－B 型）**

❶ **bring** のタイプ: 過去・過去分詞の語尾が -ought [ɔːt] または -aught [ɔːt] になるもの。

bring（持ってくる）	brought	brought
buy（買う）	bought	bought
teach（教える）	taught	taught
think（思う）	thought	thought

❷ 母音が [iː]－[e]－[e] と変化するもの。

(a) **feel** のタイプ: 語尾が -t で終わる。

feel（感じる）	felt	felt
keep（保つ）	kept	kept
leave（去る，残す）	left	left
mean（意味する）	meant [ment]	meant [ment]
meet（会う）	met	met
sleep（眠る）	slept	slept

(b) **lead** のタイプ: 語尾が -d で終わる。

feed（餌を与える）	fed	fed
lead（導く）	led	led
read [riːd]（読む）	read [red]	read [red]

❸ 語尾の **-d** が **-t** に変わるもの。

(a) **build** のタイプ

build（建てる）	built	built

(b) **bend** のタイプ: 語尾が -end－-ent－-ent となる。

bend（曲げる）	bent	bent
lend（貸す）	lent	lent
send（送る）	sent	sent
spend（費やす）	spent	spent

❹ **find** のタイプ: 母音が [ai]－[au]－[au] と変化する。

bind（縛る）	bound	bound

find（見つける）	found	found
grind（粉にする）	ground	ground
wind [waind]（巻く）	wound	wound

❺ 母音が [i]—[ʌ]—[ʌ] となるもの

(a) **swing** のタイプ：語尾が -ing — -ung — -ung となるもの。

| sting（刺す） | stung | stung |
| swing（揺れる） | swung | swung |

(b) **dig** のタイプ

dig（掘る）	dug	dug
stick（くっつく）	stuck	stuck
win（勝つ）	won	won

❻ その他

(a) **母音変化のあるもの**

hear [hiər]（聞く）	heard [hə:rd]	heard [hə:rd]
hold（保持する）	held	held
lose [lu:z]（失う）	lost [lɔ:st]	lost [lɔ:st]
say（言う）	said [sed]	said [sed]
sell（売る）	sold	sold
shoot [ʃu:t]（撃つ）	shot [ʃɑt]	shot [ʃɑt]
sit（座る）	sat	sat
stand（立つ）	stood [stud]	stood [stud]
strike（打つ）	struck	struck
tell（話す）	told	told

(b) **母音変化のないもの**

have（持つ）	had	had
make（作る）	made	made
lay（横たえる）	laid	laid
pay（支払う）	paid	paid

(2) 原形と過去分詞が同形のもの（A—B—A 型）

come（来る）	came	come
become（〜になる）	became [bikéim]	become
run（走る）	ran	run

(3) 原形と過去形が同形のもの（A—A—B 型）

| beat（なぐる） | beat | beaten [bí:tn] |

(4) 全部の形が違うもの（A—B—C 型）

❶ 母音が [i]—[æ]—[ʌ] と変化するもの

begin (始める)	began	begun
drink (飲む)	drank	drunk
ring (鳴る)	rang	rung
sing (歌う)	sang	sung
sink (沈む)	sank	sunk
swim (泳ぐ)	swam	swum

❷ **母音が変化し,過去分詞の語尾が -n で終わるもの**

(a) **過去形と過去分詞の母音が同じもの**

break (破る)	broke	broken
choose [tʃuːz] (選ぶ)	chose [tʃouz]	chosen [tʃóuzn]
freeze (凍る)	froze	frozen
hide (隠す)	hid	hidden
lie [lai] (横たわる)	lay [lei]	lain [lein]
tear [teər] (裂く)	tore	torn
wear (着る)	wore	worn

(b) **原形と過去分詞の母音が同じもの**

be (ある)	was, were	been
eat (食べる)	ate [eit]	eaten
fall (落ちる)	fell	fallen
give (与える)	gave	given
know (知る)	knew	known
shake (ゆする)	shook	shaken
take (取る)	took	taken

(c) **それぞれの母音が違うもの**

do (する)	did	done
drive (運転する)	drove	driven [drívn]
go (行く)	went	gone
ride (乗る)	rode	ridden [rídn]
rise (上る)	rose	risen [rízn]
write (書く)	wrote	written

　※　go の過去形 went は古語の wend (おもむく) の過去形を借りたもの。be 動詞の場合にも 3 つの異なる語源の語が組み合わさったもの。

(5) **全部の形が同じもの (A — A — A 型):** -t または -d で終わる語。

burst (裂ける)	burst	burst
cost (値がする)	cost	cost
cut (切る)	cut	cut

hit (打つ)	hit	hit
hurt (傷つける)	hurt	hurt
let (させる)	let	let
put (置く)	put	put
set (すえる)	set	set
shut (閉める)	shut	shut
spread (広げる)	spread	spread

　＊ burst の俗語 bust (ぶっとばす) は規則動詞で，busted — busted と活用する。

> **Q&A 69** 全部の形が同じ動詞の場合，現在形と過去形を見分ける方法は？
>
> 　確かに I shut the door. という文で，shut は現在時制とも過去時制とも考えられる。3人称単数の現在の場合には He shuts the door. のように -s がつくから容易にわかるが，それ以外の場合には前後の関係から現在時制か過去時制かを判断するしかない。

§176　注意すべき活用の動詞

(1) 接頭辞のついた動詞，複合形の動詞の活用

　主要部分の活用に従う。

stand (立つ)	stood	stood
understand (理解する)	understood	understood
eat (食べる)	ate	eaten
overeat (食べすぎる)	overate	overeaten
take (取る)	took	taken
mistake (まちがえる)	mistook	mistaken
cast (投げる)	cast	cast
broadcast (放送する)	broadcast	broadcast

　＊ broadcast — broadcasted — broadcasted の活用もある。

注 | **welcome**:
　welcome は例外的に welcome — welcomed — welcomed と規則変化する。You are *welcome*. (どういたしまして) の welcome は形容詞。

(2) 2種類の活用形のあるもの

awake (目をさます)	awaked	awaked
	awoke	awoke, awoken
bite (かむ)	bit	bitten, bit
blend (混ぜる)	blended	blended

§176 注意すべき活用の動詞

	blent	blent	《おもに詩語》
burn (焼く)	burned	burned	
	burnt	burnt	《おもに英》
dream (夢を見る)	dreamed [driːmd]	dreamed	
	dreamt [dremt]	dreamt	《おもに英》
dwell (住む)	dwelt	dwelt	
	dwelled	dwelled	
get (得る)	got	gotten	《米》
	got	got	《英》

  * ただし《米》でも have got (=have), have got to (=have to) の場合には gotten は使わない。類似の forget (忘れる) の活用は, 英米とも今は forget—forgot—forgotten がふつうで, 過去分詞の forgot は, ときに《米》で用いられる程度で, get とは事情が逆になっている点に注意。

lean (傾く)	leaned [liːnd]	leaned	
	leant [lent]	leant	《おもに英》
leap (跳ぶ)	leaped [liːpt]	leaped	
	leapt [lept]	leapt	《おもに英》
learn (学ぶ)	learned	learned	
	learnt	learnt	《おもに英》
light (点火する)	lighted	lighted	
	lit	lit	
rid (除く)	rid	rid	
	ridded	ridded	
smell (においをかぐ)	smelled	smelled	
	smelt	smelt	《おもに英》
spill (こぼす)	spilled	spilled	
	spilt	spilt	《おもに英》

(3) 意味によって活用が違うもの

bid (命じる)	bade [bæd, beid]	bidden, bid
(入札する)	bid	bid
fly (飛ぶ)	flew	flown
(フライを打つ)	flied	flied
(逃げる)	fled	fled

  * 「逃げる」という意味の fly は《英口語》で flee の代用。

hang (つるす)	hung	hung
(絞首刑にする)	hanged	hanged

shine（光る）	shone	shone
（〔くつを〕磨く）	shined	shined

> **注** **bear**:
> 「産む，運ぶ，耐える」の意味では bear — bore — borne [bɔ:rn] と活用するが，「生まれる」という意味で受動態になる場合，後に by ～ が続くときは borne を用い，「(いつ，どこで)生まれた」という意味では過去分詞の born を形容詞的に用いる。
> My mother has *borne* three children. (母は子供を3人産んだ)
> Philip *was borne* by an unknown woman.
> 　(フィリップは無名の女性の産んだ子である)
> He was *born* in 1955. (彼は1955年に生まれた)
> He is a *born* teacher. (彼は生まれながらの先生だ)　〔形容詞〕

(4) 活用の紛らわしい動詞

bind（縛る）	bound	bound
bound（はずむ，抑える）	bounded	bounded
fall（倒れる）	fell	fallen
fell（倒す）	felled	felled
find（見つける）	found	found
found（設立する）	founded	founded
fine（罰金を科する）	fined	fined
fly（飛ぶ，逃げる）	flew	flown
flee（逃げる）	fled	fled
flow（流れる）	flowed	flowed
lie（横たわる）	lay [lei]	lain [lein]
lay（横たえる）	laid [leid]	laid
lie（うそをつく）	lied	lied

　　*　次の文を比較:
　　　　He *lay* on the sofa. (彼はソファーの上に横になった)
　　　　He *laid* himself on the sofa. (彼はソファーの上に横になった)

see（見る）	saw	seen
saw [sɔ:]（のこぎりでひく）	sawed	sawn, sawed
sew [sou]（縫う）	sewed	sewn, sewed
wind [waind]（巻く）	wound [waund]	wound
wound [wu:nd]（傷つける）	wounded	wounded

§177　-ing 形の作り方

現在分詞・動名詞の -ing 形を作るには，原則として**動詞の原形に -ing** を

つけるが，次のような場合に注意する。
(1) **発音しない -e で終わる語**：語尾の -e を取り除いて -ing をつける。
   come — com*ing*　　　　　　have — hav*ing*
   > **注** 1. **die / dye**:
   > ただし，die, lie は d*ying*, l*ying* になる。また，dye（染める）は die の -ing 形と区別するため -e を残して d*yeing* とする。

   > **注** 2. **発音する -e の場合**:
   > そのまま -ing をつける。see*ing*, flee*ing*

(2) **〈短母音＋子音字 1 つ〉で終わる単音節語**
   子音字を重ねて -ing をつける。〈母音＋r〉で終わる語も同様。
   stop（止める）— stop*ping*　　　　get（手に入れる）— get*ting*
   bar [ba:r]（除外する）— bar*ring*　　spur（拍車をかける）— spur*ring*
   > **注** 〈母音＋re〉で終わる語の場合:
   > bare [beər]（むきだしにする）— bar*ing* [béəriŋ], spare [speər]（〔時間などを〕さく）— spar*ing* [spéəriŋ]〔e を取って -ing〕

(3) **最後の音節が〈強勢のある短母音＋子音字 1 つ〉の語**
   子音字を重ねて -ing をつける。〈母音＋r〉で終わる語も同様。
   admít（認める）— admit*ting*　　　begín（始める）— begin*ning*
   occúr（起こる）— occur*ring*　　　refér（言及する）— refer*ring*
   > **注** 最後の音節に強勢がない場合:
   > そのまま -ing をつける。
   > vísit（訪問する）— visit*ing*　　límit（制限する）— limit*ing*
   > óffer（提供する）— offer*ing*　　énter（入る）— enter*ing*
   > worship（崇拝する），kidnap（誘拐する）などは最後の音節に強勢がないので《米》ではそのまま -ing をつけるが，《英》では子音字を重ねて -ing をつける。

(4) **〈母音字 1 つ＋-l〉で終わる語**：《米》ではそのまま -ing をつけ，《英》では子音字を重ねて -ing をつける。
   travel（旅行する）— travel*ing*《米》,　　travell*ing*《英》
   quarrel（けんかする）— quarrel*ing*《米》, quarrell*ing*《英》
   ＊ ただし control は英米を問わず controll*ing* になる。

(5) **-c [k] で終わる語**：k を加えて -ing をつける。
   mimic（まねする）— mimic*king*　　panic（うろたえる）— panic*king*
   picnic（ピクニックに行く）— picnic*king*

   > **参考** 〈母音字＋s〉で終わる語の -ing 形:
   > そのまま -ing をつける形と，最後の s を重ねて -ing をつける形と両方あるものもある。
   > focus（焦点を合わせる）— focus(s)*ing*

〔第3節〕 句　動　詞

句動詞は群動詞または動詞句ともいい，〈動詞＋副詞〉，〈動詞＋前置詞〉などの形で，**全体で1つの動詞と同じ働きをするもの**で，くだけた言い方では非常によく使われる。一般に動詞の後の副詞には強勢があり，前置詞には強勢がない。

§178 〈動詞＋副詞〉

■ 〈動詞＋副詞〉

(1) <u>自動詞の働きをするもの</u> ── 〈自動詞＋副詞〉

Several days **went by**. (数日が過ぎた)

The rainy season has **set in**. (梅雨に入った)

Look out! A car is coming.
(気をつけろ！　車が来るぞ)

The moment he saw me, he **ran away**.
(私を見るやいなや，彼は逃げ出した)

(2) <u>他動詞の働きをするもの</u> ── 〈他動詞＋副詞〉

一般に目的語が**代名詞**の場合は〈動詞＋**目的語**＋副詞〉の形になり，目的語が**名詞**の場合は〈動詞＋副詞＋**目的語**〉の語順と〈動詞＋**目的語**＋副詞〉の語順がある。[→ p.346]

I **turned on** the television. (テレビをつけた)

Don't **put off** until tomorrow what you can do today.《ことわざ》
(今日できることを明日まで延ばすな)　　　〔what 以下が目的語〕

"Why don't you **try** it **on**?" said she. So I **put on** the overcoat [**put** the overcoat **on**].
(「ちょっと着てみたら？」と彼女が言った。それで，私はオーバーを着てみた)

He **sat** the pupils **down**. (彼は生徒たちをすわらせた)

注　1. **自・他の紛らわしい句動詞:**
次の2つの文を比較：
I'll **get** it **over** (with) soon.　　　　　　〔他動詞＋副詞〕
(もうすぐそれを終わらせる)
I'll **get over** it soon.　　　　　　　　　　〔自動詞＋前置詞〕
(私はもうすぐ〔悲しみなどから〕立ち直るだろう)

> I want to **call** him **up**. 〔他動詞＋副詞〕
> （彼に電話をかけたい）
> I want to **call on** him. 〔自動詞＋前置詞〕
> （彼をちょっと訪ねたい）

2 〈動詞＋副詞＋前置詞〉 (→ p. 820)

〈動詞＋副詞＋前置詞〉の3つが結びついて1つの他動詞の働きをする。

We are all **look**ing **forward to** seeing you.
（みんなあなたにお会いできるのを楽しみにしています）

I couldn't **put up with** her insolence.
（彼女のごう慢さには我慢できなかった）

You are sure to **catch up with** him if you hurry up.
（急いで行けば，きっと彼に追いつけます）

Everybody **looks up to** Miss Jane; nobody **speaks ill of** her.
（みんながジェインさんを尊敬していて，悪くいう人はありません）

§179 〈動詞＋名詞〉

1 〈動詞＋名詞〉

〈他動詞＋目的語〉で1つの自動詞的機能を果たすものがある。

Odd things do **take place** sometimes.
（ときどき変なことが起こるものだ）

Propane easily **catches fire.** （プロパンは引火しやすい）

The roof **gave way** under the snow. （屋根は雪の重みで崩れた）

Do you **have any idea** what that means?
（それがどういうことなのか，おわかりですか）

Make haste slowly. 《ことわざ》（急がば回れ）

2 〈動詞＋名詞＋前置詞〉 (→ p. 820)

〈他動詞＋目的語＋前置詞〉で1つの他動詞の働きをする。

You must not **lose sight of** your original aim.
（君たちは当初の目的を忘れてはいけない）

You must **take advantage of** the result of the last experiment.
（前回の実験結果をうまく利用しなければならない）

No one **took notice of** the fact.
（だれもその事実に注意を払わなかった）

She **made the most of** the opportunity.
(彼女はそのチャンスを最大限に生かした)
She **made the best of** the situation.
(彼女は〔不利な〕状況をなんとか切り抜けた)
They **made a fool of** me. (彼らは僕をばかにした)
You're always **finding fault with** something or other.
(君は何やかやけちをつける)　　　　〔この進行形は非難を表す〕

§180 〈動詞＋前置詞〉

〈自動詞＋前置詞〉で1つの他動詞の働きをする。look at ～ (～を見る), look for ～ (～を捜す), look after ～ (～の世話をする) などのように前置詞によって意味が違うので，注意を要する。

- A jury usually **consists of** twelve people.
  (陪審は通例12名から成る)
- Happiness **consists in** contentment. (幸せは満足にあり)

- I quite **agree with** you. (おっしゃるとおりです)　　　【同意】
- Neither of my parents **agrees to** my marriage.
  (私の両親は両方とも私の結婚に反対です)
- We **agreed on** an early start. (我々は早く出発することにした)

- Have you **heard from** him lately?
  (最近，彼から便りがありましたか)
- Have you **heard of** him lately?
  (最近，彼のうわさを聞きましたか)

注 1. 句動詞の受動態:
句動詞は2つ以上の語が1つの動詞のように働くので，受動態のときには次のようになることに注意。(→ p.575)
- We cannot **do without** water.
- Water cannot be *done without*. (水なしではすまされない)
- Very few people **took notice of** the fact.
- The fact was *taken notice of* by very few people.
  (その事実に注意を払った人はごく少数だった)

注 2. 不定詞＋前置詞:
形容詞的な不定詞が修飾する名詞が，不定詞の中の前置詞の目的語に相当する場合がある。
He had no house to **live in.** (彼には住む家がなかった)
I don't have anybody to **turn to.** (だれも頼る人がいない)

第10章 時　　　制
TENSE

　　時間的な関係を表す動詞の語形変化を**時制**という。時制には，**現在・過去・未来**の3つの**基本時制**のほかに，それぞれ**完了形**と**進行形**と**完了進行形**がある。

〔第1節〕基 本 時 制

§181　時　　　制

　動詞の表す動作や状態がいつ起こったかという時間的な関係は，英語では現在形・過去形などの動詞の語形によって表され，このような動詞の語形変化を**時制**という。

　　＊　助動詞を必要とする場合には，**本動詞**はそのままで，助動詞の語形が変化する。

◨ 時制と時間

　多くの場合，過去時制が過去のことを表す，というように，文法上の時制と現実の時間とは一致するが，一致しないこともある。たとえば，

　I**'m going** to Fukuoka tomorrow.
　　（私はあす福岡へ行く）
　She**'ll marry** me when I **am** twenty-four.
　　（僕が24歳になったら，彼女は結婚してくれるだろう）
　If I **were** you, I **would**n't believe a word of what he said.
　　（もし僕だったら，彼の言ったことは全然信じないだろう）

などでは，動詞の時制は現実の時間と一致していない。

◪ 英語の時制

　英語の時制には**基本時制**として現在時制・過去時制・未来時制があるが，さらに**完了形**と**進行形**との組み合わせで現在完了，過去完了，未来完了，過去進行形，現在完了進行形などの形ができる。たとえば **write**（書く）という動詞を例にとってみると，次の12の時制が考えられる。

基本時制	
現 在 時 制	She **writes** novels.
過 去 時 制	She **wrote** a novel.
未 来 時 制	She **will write** a novel.
完了形	
現 在 完 了	She **has written** a novel.
過 去 完 了	She **had written** a novel.
未 来 完 了	She **will have written** a novel.
進行形	
現 在 進 行 形	She **is writing** a novel.
過 去 進 行 形	She **was writing** a novel.
未 来 進 行 形	She **will be writing** a novel.
完了進行形	
現在完了進行形	She **has been writing** a novel.
過去完了進行形	She **had been writing** a novel.
未来完了進行形	She **will have been writing** a novel.

注 未来時制:

この表からもわかるとおり，分詞は別として，write(s)（現在）と wrote（過去）という時制を表す異なった2つの形はあるが，*will* write は，原形の write に助動詞の will をつけたに過ぎず，未来を表す write そのものの異なった形の語があるわけではない。つまり，語形からだけ考えれば，英語の基本時制には**現在**と**過去**の2つの時制しかない。しかし意味的に，現在時制，過去時制とならべて，未来時制として扱うことにも便利な点があるので，本書でも未来時制なる用語を用いる。

§182 現 在 時 制 (Present Tense)

現在時制には動詞の**原形**を使う。ただし，be 動詞および助動詞を除いて，**3人称単数**の場合には原形の語尾に **-(e)s** をつける。

現在時制は「いま」という現実の時間を中心として，過去または未来を含んだ幅のある時間を表すのがふつうで，「いま」という一瞬を表すことは比較的まれである。

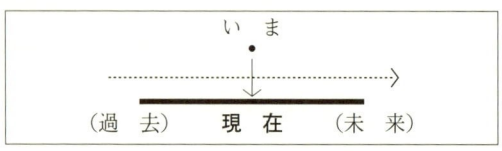

```
            いま
             ・
   ·······················>
             ↓
  （過 去） 現 在 （未 来）
```

1 3人称単数現在の作り方

原形に，-s または -es をつけるが，そのつけ方と -(e)s の発音は名詞の複数の -(e)s の場合と同じである。（→ p. 98）

(1) 語尾に -s をつける場合

ふつうは原形に -s をつける。-s は無声音の後では [s]，有声音の後では [z] と発音される。

[s]: stop（止める）— stops　　　　cook（料理する）— cooks
[z]: pay（支払う）— pays　　　　run（走る）— runs

(2) 語尾に -es をつける場合

❶ [s], [z], [ʃ], [tʃ], [dʒ] で終わる語（-es の発音は [iz]）
pass（通過する）— passes　　buzz（ブンブンうなる）— buzzes
push（押す）— pushes　　　　catch（捕える）— catches

❷ 〈子音字＋y〉で終わる語：y を i に変えて -es をつける（-es の発音は [z]）
cry（叫ぶ）— cries　　　　apply（適用する）— applies
※ 〈母音字＋y〉で終わる語には -s（発音は [z]）をつける。
play — plays　　stay（滞在する）— stays

2 現在時制の表す意味

(1) 現在の性質・状態

瞬間的な現在だけでなく，現在を中心にした持続的な性質・状態を表す場合が多い。おもに be 動詞や have，継続的な性質・状態を表す動詞（live, belong など），感情・知覚などを表す動詞である。

I **am** seventeen years old.（私は17歳です）
We **have** three kittens.（うちで子猫を3匹飼っている）
He **lives** in an apartment.（彼はアパートに住んでいる）
Children **like** outings.（子供はお出かけが好きだ）

(2) 現在の習慣的な動作・反復的な出来事

I usually **get** up at six and **eat** breakfast at seven.
　（私はふつうは6時に起きて，7時に朝食を食べる）
Miss Gray **teaches** music.
　（グレー先生は音楽を教える［音楽の先生だ］）

(3) 真理・社会通念

Water **consists** of hydrogen and oxygen.（水は水素と酸素から成る）
A friend in need **is** a friend indeed.　　　　《ことわざ》
　（まさかの時の友こそ真の友）

(4) 現在進行形の代用

現在行われている**動作**を表すには現在進行形を使うのがふつうで，現在時制が現在の動作を表すのは次のような場合に限られる。

Here **comes** our bus. (ほら，僕らの乗るバスが来た)
Now watch — I **put** this egg in this hat. 〔手品師の言葉〕
(さあ，いいですか，この卵をこの帽子に入れます)
I **name** this ship the "Mayflower."
(私はこの船を「メイフラワー号」と名づける)

(5) 未来の代用

❶ 確定的な未来・予定

(a) 時刻表やカレンダーなどに関連した記述

Tomorrow **is** St. Valentine's Day. (あしたはバレンタインデーだ)

(b) 変更のないと思われる予定

We **eat** out *this evening*. (今夜は外食だ)
We **start** for Edinburgh *tomorrow morning*.
(私たちはあすの朝エディンバラへ出発します)

> **注** 往来・発着の動詞:
> 主として往来・発着の意味を表す動詞にこの用法があり，未来を表す語句を伴うのがふつう。団体行動的な計画などによく見られる形。次のように現在進行形を使うこともある。個人的な場合に多い。
> I **am** *leaving* for Canada *next week*. (私は来週カナダにたちます)

❷ 時・条件を表す副詞節の中で

I'll tell her the truth *when* I **see** her tomorrow.
(あした彼女に会ったら，本当のことを言おう)
Are you going anyplace *if* it **is** fine next Saturday?
(こんどの土曜日が晴れだったら，どこかへ行きますか)

> **注** when, if と未来時制:
> 名詞節・形容詞節では未来のことを言うのには未来時制が使われる。
> I don't know *if* there *will be* a rise in tuition. 〔名詞節〕
> (授業料の値上げがあるかどうか，わからない)
> The day will come *when* we *will* all **have** robots. 〔形容詞節〕
> (みんながロボットを持つ時代が来るだろう)
> 主節の will との重複を避けて現在時制にすることもある。また，take care that ~ (~するように気をつける) などは that 節中に現在時制を使う。
> *Take care* (*that*) the baby *doesn't* touch the picture.
> (赤ん坊が絵にさわらないように注意しなさい)

(6) 現在完了の代用

I **hear** [**am told**] there was a big landslide in Nagano.

(長野で大きな地滑りがあったそうだ)
　I **forget** Mary's phone number. (メアリーの電話番号を忘れた)
　　＊ 「もう少しで忘れるところだった」は I nearly *forgot* と過去形を使う。
(7) <u>過去の代用</u>: 引用, 新聞の見出し, 歴史的現在
　It **says** in the Bible, "Love your enemies."　　　　　〔引用〕
　(「汝の敵を愛せよ」と聖書にある)
　99-Year-Old Man **Scales** Mount Fuji.　　　　　〔新聞の見出し〕
　(99歳の男性, 富士山に登る)
　Six Nations **Seem** Ready to Ease Up on Austria.
　(6か国がオーストリアへの態度を緩和する模様)　〔新聞の見出し〕
　I *was* just dozing off when my wife **rushes** in shouting that the kitchen **is** on fire.　　　　　　　　　　　　　　〔歴史的現在〕
　(私がうとうとしかけたとき, 妻が台所が火事だと叫びながら飛び込んでくるのです)
　　＊ 物語などで, 出来事を眼前にあるかのように描写する形。
　注｜戯曲と現在時制:
　　　戯曲のト書きでも習慣的に現在時制が用いられる。
　　　The others **go** out, leaving Catharine and the Doctor onstage.
　　　　(キャサリンと医者だけが舞台に残り, 他は退場)

§183　過 去 時 制 (Past Tense)

(1) <u>過去のあるときの動作・出来事・状態</u>
　He **left** for San Francisco *the day before yesterday*.
　(彼は一昨日サンフランシスコへたった)
　World War II **broke** out *in 1939*.
　(第2次世界大戦は1939年に勃発した)
　Mr. Young **was** in good health when I **visited** him *last month*.
　(先月私が訪れたときには, ヤングさんはとても元気だった)

(2) <u>過去の習慣的動作・反復的出来事・長期間の状態</u>
　頻度を表す副詞(句)とともに用いて過去の習慣的動作・反復的出来事を表す。また, 過去時制はかなりの期間にわたる状態を示すことができる。
　I *often* **went** fishing in the Nagara River.　　　　　〔習慣〕
　(よく長良川へ釣りに行ったものでした)
　In those days this river **overflowed** almost *every year*.　〔反復〕
　(当時この川はほとんど毎年氾濫(はんらん)した)
　This neighborhood **was** *once* an exclusive residential area.
　(この地域はかつては高級住宅地だった)　　　　　　〔長期の状態〕

> **注** 過去の習慣：
> 　過去の習慣をはっきりと表すには used to, would を用いる。
> 　There **used to** be a small restaurant just around the corner.
> 　　（すぐそこに小さな食堂があった）(→ p. 449)
> 　When he was old, he **would** often think aloud. (→ p. 451)
> 　　（彼は年老いてからよく独り言を言ったものだ）

(3) 現在完了の代用

ever, never を伴って「経験」を表す。(→ p. 331)

(4) 過去完了の代用

❶ いくつかの連続して起こった過去の出来事を**時間の順序に従って述べるときは，どの動詞も過去時制になる。**(→ p. 423)

He **got** up, **washed** his face, and **went** out.
（彼は起きて顔を洗い，出かけていった）

しかし，時間の順序に従わない場合には，原則として先に起こった出来事は過去完了で表す。

I **lost** the lighter I *had bought* the day before.
（私は前の日に買ったライターをなくしてしまった）
　＊ I **bought** a lighter, but *lost* it the next day. と比較。

ただし，上の例文でも，the day before がついているので，I **lost** the lighter I **bought** the day before. としても意味が混乱することはなく，誤りではない。

❷ **before, after** などの接続詞を使った場合だけでなく，最近では文脈から時の前後関係が明白な場合には，くだけた文体では過去完了の代わりに**過去時制**を用いることが多い。

She arrived *after* all the guests (**had**) **left**.
（彼女は客がみな帰ってしまってから来た）

All the guests (**had**) **left** *before* she came.
（彼女が来る前に客はみな帰ってしまった）
　＊ All the guests left before she *had come*. という言い方もあり，これは she *has come* が過去にずれ込んで had come となったと考えられる。

(5) 時制の一致による過去 (→ p. 730)

She *believed* that she **had** an ear for music.
（彼女は自分に音楽の才能があると信じていた）

(6) 格言的過去：いつの時代にもあてはまる事柄を表す。

Men **were** deceivers ever.（男心と秋の空）
　＊ 過去に常にそうであったということによって，現在も未来もそうであると思わせる格言などに限られた用法で，ever や never を伴うのがふつう。

§184 未来時制 (Future Tense)

未来に起こる予定のこと,あるいは起こりそうなことを表す,いわゆる**無意志未来**(単純未来)に限って,時制の1つとして扱い,意志未来といわれるものは,**法助動詞**としての will, shall のところで扱う。(→ pp. 450〜460)

人　称	平　叙　文	疑　問　文
1人称	I will ...	Will I ... ?
2人称	You will ...	Will you ... ?
3人称	He will ...	Will he ... ?

(1) 平叙文

I **will** be sixteen next birthday.
(今度の誕生日で16になります)

* 改まった言い方,特に《英》では **I shall** ... も用いるが,日常的には I'll ... と短縮されることが多いので,will か shall かはあまり気にする必要はない。

You **won't** (=will not) be able to catch the last train.
(最終電車には間に合わないでしょう)

A week's vacation **will** do you a lot of good.
(1週間休めばずっと調子がよくなりますよ)

(2) 疑問文

Will I arrive there before it gets dark?
(暗くなる前にそこへ着けるでしょうか)

* 《英》では **Shall I** ...? も用いる。

Will you be at home tomorrow afternoon?
(あすの午後はご存宅ですか)

* 《英》では **Shall you** ...? も用いる。Will you ...? だと依頼の意にもとられかねないが,依頼の場合には please をつけることが多い。

Will humankind survive the 21st century?
(人類は21世紀より後まで生き残ることができるだろうか)

§185　be going to, be about to

助動詞の will, shall を用いた未来時制の代わりに be going to, be about to を用いることがある。いずれも「近接未来」を表すといわれるが,そうではないこともある。

(1) **be going to**

くだけた話し言葉では, going to を gonna [gɔ́:nə] と発音することが多い。be going to go [come] to ～ という形は《米》に多く見られるが, 口調が悪いので be going [coming] to ～ と言うのがよいという人もいる。

❶ 主語の意図:「～するつもりである」

前もって考えられていた意図を表す。

I'm **going to** paint the Bay of Naples some day.
(いつかナポリ湾の絵をかくつもりです)

> 注 | 1人称の意図:
> 主語が1人称の場合には, 前もって考えられていた意図を表すのにも will を用いることができる。逆に, 次のようにその場で生じた意図の場合には be going to は不可で, will のみ。
> "The telephone is ringing." "**I'll** get it."
> (「電話が鳴っているよ」「僕がとる」)

Sue **is going to** be a nurse. (スーは看護師になるつもりです)
　* 話し手の確信を表している場合もある。

> 注 | 3人称の意図:
> 主語が3人称の場合に will が意志を表すのは, 条件節以外では, 特に強い意志 (否定の場合は拒否) の場合 (→ p.450) なので, be going to とは意味が違ってくる。

Are you **going to** resign? (辞職するつもりですか)
　* Will you ～? のように依頼を表すことはない。

❷ 近い将来:「～しようとしている」

時を表す語句を伴わない場合は, **ごく近い未来**を表す。

I'm **going to** visit a classmate who had a traffic accident.
(交通事故にあったクラスの友達を見舞いに行くところです)

I **was** *just* **going to** hang up when she told me to hold on a minute.
(ちょうど電話を切ろうとしていたら, 彼女がちょっと切らないでと言った)
　* just がつくと近接の感じが強まる。

❸ 主観的判断:「～しそうである」

主語は人でも物や事柄でもよい。なにか徴候があって, 近い将来にあることが起こりそうだ, という**話し手の見込みや確信**を表す。

I'm afraid it's **going to** snow any minute now.
(すぐにも雪になりそうだ)
　* It *will* snow tomorrow. (あすは雪でしょう) は客観的な言い方。

You're **going to** have to pay dearly for this.

(君はきっと後悔することになるぞ)

The garden party **is going to** be a big success.

(ガーデンパーティーはきっと大成功だ)

> **注** 単純未来と will / be going to:
> 次のように純粋の単純未来を表す場合には will を用いる。
> She *will* be fourteen next year.
> 　　(彼女は来年14歳になる)　　　　　　　　　　　　〔客観的〕
> 　＊　近い未来や, 特別の感情が含まれる場合には be going to を用いることもある。
> I*'m going to* be twenty next month. (来月でいよいよ20歳だ)
> You*'ll* see the difference between the two.
> 　　(2つの違いがおわかりになるでしょう)
> 　＊　自然に気がつくということで, 意志が含まれていない。

〔参考〕 **因果関係と will / be going to**:
　will は因果関係のある場合に用い, be going to は独立した事柄に使う。言い換えれば, will は他の出来事を条件とする帰結文になるが, be going to はそれだけで完結した文をつくる。

If she eats that apple, Snow White *will* die.　　　　　　　　(1)
　(白雪姫はそのリンゴを食べると死ぬ)
Snow White **is going to** be the Prince's bride.　　　　　　(2)
　(白雪姫はその王子の花嫁になる)
(1)の文に be going to は不適。

(2) **be about to**

Hurry up! The game **is about to** start.

(急いで！試合が始まるよ)

I **was** just **about to** go out when the phone rang.

(ちょうど出かけようとしていたら電話が鳴った)

> **注** be about to と be going to:
> be about to は be going to よりも堅い言い方。また, be going to よりも接近した未来を表し, 未来を表す副詞(句)とともには用いられないのがふつう。
> We *are about to* enter the freeway.
> 　　(私たちはちょうど高速道路に入るところです)
> 　＊　We're going to enter the freeway in a few minutes. と比較。

〔参考〕 **be not about to**:
《米》では be not about to ～ が「～するつもりはない」という意味で, 意図や決意を表すことがある。
I'm **not about to** quit. (辞めるつもりはありません)

第2節 完 了 形

§186 現在完了 (Present Perfect)

　過去に起こった動作・状態を現在と結びつけて述べる場合に現在完了を使う。現在完了は〈**have** [**has**]＋過去分詞〉の形で動作の完了，その結果としての現在の状態，現在までの経験，現在までの状態の継続などを表す。

(1) **動作・出来事の完了・結果**

　❶ 完了

　　I've just **finished** lunch.　（いま昼飯を食べ終わった）
　　Has it **struck** seven yet?　（もう7時を打ちましたか）
　　I **have been** to Narita Airport to see my uncle off.
　　　（叔父を見送りに成田空港へ行ってきたところです）

> **注**　have been to ～ ：
> 　「～へ行ってきたところだ」という意味を表す場合のほか，「～へ行ったことがある」という経験を表す場合もある。なお，have been to ～ が出身校を表すこともある。
> 　　He *has been to* Harvard.　（彼はハーバードの出身である）

> **参考**　時を超えた「完了」：
> 　次のような場合は意味が幅広くとられ，**時を超えた「完了」**の意味を表している。
> 　Every time I see him, he **has** just **made** some startling discovery.
> 　　（彼に会うたびに，彼はいつも何かしらすごい発見をしたところなんです）

　❷ 結果

　　Your letter of April 26 **has arrived** at my office.
　　　（貴兄の4月26日付の書簡が当研究室に届いております）
　　My father **has gone** to Kumamoto on business.
　　　（父は仕事で熊本へ行きました）
　　　＊　So he isn't here now. を意味する。
　　　＊　ただし《米》では完了または経験を表すことがある。

(2) **経　験**：しばしば have に強勢がある。

　　My mother **has** rarely **had** to see a doctor.
　　　（母はめったに医者にかかるほどの病気をしたことがありません）

"**Have** you ever **seen** a flying saucer?" "No, I never **have**."
（「空飛ぶ円盤を見たことがありますか」「いいえ，ありません」）

{ **Have** you ever **gone** to Scotland?
（スコットランドへ行ったことがありますか）
Have you ever **been** to [in] Scotland?

　　＊ ever や交通手段を表す語句があれば《英》でも have gone を使う。
　　　I **have gone to** Hokkaido *by plane* several times.
　　　　（北海道は飛行機で数回行ったことがある）

(3) 現在までの状態の継続

I'**ve known** her since she was just a kid.
（彼女がほんの子供のときから彼女を知っている）

They'**ve been married** for five years.
（彼らが結婚してから5年になる）

> **注** 現在までの動作の継続:
> 　動作の継続を表すには現在完了進行形を使うのがふつう。（→ p. 427）
> 　He **has been playing** the piano for three hours.
> 　　（彼は3時間ずっとピアノを弾いている）

(4) 未来完了の代用：時や条件を表す節の中で。

Let's start *as soon as* it **has stopped** raining.
（雨が上がったらすぐに出発しよう）

I will return your book on Friday *if* I **have read** it.
（君の本は読み終わったら金曜日に返すから）

　　＊ この場合に未来完了を使うのは極めて不自然な言い方。

(5) 現在完了の慣用表現

❶ **have got**：本来は完了形だが，くだけた言い方では have（所有する）の意味で使うことが多い。この意味では《米》でも have gotten とならない。また，《米》のさらにくだけた言い方では，have が省略されて got になることがある。

I('ve) **got** a Band-Aid here.
（バンドエイドならここにあるよ）

> **注** have got to:
> 　《口語》では have to ～ も have got to ～ となることが多い。
> 　（→ p. 388）
> 　You'*ve* **got** *to* see it.（ぜひともそれを見なさい）

❷ **have done**：完了形で「済ます」「縁を切る」という意味を表す。

Let us **have done** with this foolish talk.
（こんなばかげた話はもうやめよう）

I **have done with** you for the future.
(もうこれからは君とは縁を切った)

(6) 〈be＋過去分詞〉の完了形

移動や変化などを表す自動詞 (come, rise, set, fall, change など) の過去分詞が，〈be＋過去分詞〉の形で完了形になり，Spring **is come**. (春が来た) のように，完了後の状態を表すのは古い完了形の名残で，いまでは次のような表現以外は古風。

He **is gone**.
(彼は行ってしまった)
All the money **is gone**.
(お金が全部なくなってしまった)

注 Are you done ～?：
Are you *done* [*finished*] with the paper? (新聞はもうお済みですか) などの形もこの完了形の一種と考えられる。動作の完了を強調する場合には be ではなく have を用いる。しかし，現代英語で〈be＋自動詞の過去分詞〉がこのように結果としての状態を表している場合には，これらの過去分詞は形容詞化していると考えられる場合が多い。

Q&A 70 I have been at the library. は経験・継続のどちらか？

have been at ～ はふつうは Where have you been? (いままでどこにいたの？) に対する答えを表すから，継続の意味ととるのが自然。経験を表す場合には I *have been in* [*to*] the library. という。

§187 現在完了と過去時制

(1) 現在完了と過去時制の違い

現在完了は現在とつながりのある過去の事柄を，過去時制は現在から切り離された単なる過去の事柄を表す。

My brother **went** to Hakone yesterday.
(兄はきのう箱根に行った)
 ＊ いま箱根にいるかどうかは不明。
My brother **has gone** to Hakone.
(兄は箱根に行った〔のでいまここにいない〕)

I **have lost** my ball-point, so I have to buy one.
(ボールペンをなくしたから，1本買わなくては)
I **lost** my ball-point, but found it later.
(ボールペンをなくしたが，後で出てきた)

> We **have signed** a contract for construction work.
> （われわれは建設工事請負の契約書に署名した）
> ＊　その契約は今もなお有効であることを示す。
> We **signed** a contract for construction work.
> （われわれは建設工事請負の契約書に署名した）
> ＊　過去の出来事。

[参考] **Have you visited ~? / Did you visit ~?**:
Have you **visited** the Gauguin exhibition?（ゴーガンの展覧会を見ましたか）は「今開かれている」含みを持つが, **Did** you **visit** ...? にすると展覧会は終っているということをはっきり示すことになるという説明もある。[*Meaning*]

(2) 現在完了が使えない場合

❶ 明確な過去を表す副詞(句)があるとき。

> [誤] My cousin *has come* back from Africa yesterday.
> [正] My cousin **came** back from Africa *yesterday*.
> 　　（昨日, いとこがアフリカから帰ってきた）

> [誤] He's *had* an accident some ten days ago.
> [正] He **had** an accident *some ten days ago*.
> 　　（彼は 10 日ばかり前に事故を起こした）

[参考] 〈just now〉と現在完了:

just now は〈a little time ago〉の意味では,〈He *left* the room **just now**.〉（彼は今し方部屋を出て行った）のように, ふつう**文末に置いて過去形と用いる**。英米の辞書の多くも過去形の用例しか示していない。
確かに使用頻度という点ではそう言えるが,〈just now〉という形そのものがどんな場合にも現在完了とは用いられないというわけではない。
《英》の辞書 *OED* にも〈I've **just now** *sent* ...〉のような just now の使用例はやや古い例にはいくつも見られるし, 小説などの実例も少なくない。それだけでなく,《米》の数名の学者は, 今でも現在のニュアンスが強ければ〈just now〉を現在完了と用いることは一向にかまわないと言い,《英》の最新の辞書 *NODE* の某編纂者も,〈I have **just now** *written* a letter.〉のような言い方は, 今でも正用法であるという。
コーパスを調べても《英》《米》ともにこのような実例は見つかる。
I *have* **just now** *read* those passages of *Genesis* again.
　　（ちょうど今「創世記」のそのくだりを読み返したところです）
このように,〈just now〉は, just などと同じく**文中に置いて**現在完了とも使えるのである。〈just now〉とその他の時制については（→ p. 333）。

> **注** today と現在完了:
> today, this summer などは,まだその時期が過ぎていないうちなら現在完了とともに使うことができる。
> - I **haven't read** today's paper yet *this morning*.
>   (けさの新聞をまだ読んでいない) 〔午前中に言う場合〕
> - *I didn't read* today's paper *this morning*. 〔午後に言う場合〕

> 〔参考〕 **Did you ever ～?**:
> ever を用いると,〈**Have** you *ever* **seen** ...?〉の代わりに,過去時制の〈**Did** you *ever* **see** ...?〉の形で経験を表すことができる。ただし,**過去のある特定の期間中の経験を示すのに現在完了は用いられない。**（→ p.331)

❷ when で始まる疑問文では,「完了」の意の現在完了は不可。

- [誤] When *has* the Civil War *broken* out?
- [正] *When* **did** the Civil War **break** out?
  (南北戦争はいつ始まりましたか)

> 〔参考〕 〈**When ～+現在完了?**〉:
> 「いつ～したことがあるか(そんなことするもんか)」という**反語的**な意味のときにも,〈When ～?〉の形でも現在完了とともに使うことがある。用法的には「経験」に属する。
> *When* **have** I **been** unkind to you?
> (私が君に冷たくしたことなんかあったか?)
> *When* **have** you ever **compromised** or **changed** your plans, eh?
> (君が妥協したり計画を変えたりしたことがあったかね)

§188 過去完了 (Past Perfect)

〈**had＋過去分詞**〉の形で次のような場合に用いられる。

(1) 過去のある時までの動作・状態の完了・結果

The plane **had** already **taken** off before they *got* to the airport.
(彼らが空港に着く前に,飛行機はもう離陸してしまった)

The orchestra **had** hardly **finished** playing when the audience broke into wild applause.
(オーケストラが演奏を終わるやいなや聴衆は熱狂的な拍手を送った)
  * hardly ～ when [before] ..., scarcely ～ when ... は「～するとすぐに…する」という構文。

We all *felt* comfortable because the living room **had been** cleaned.
(居間がきれいになったので,私たちは気分がよかった)

(2) 過去のある時までの経験

She **had had** several proposals of marriage before she *was* twenty.（彼女は 20 歳になる前に結婚の申し込みを数回受けた）

(3) 過去のある時までの状態の継続

Professor Sweet **had been** chairperson of the department for ten years before he *went* to Germany.

（スイート教授はドイツへ行くまで，10 年間学科主任だった）

Scarcely **had** I **been** in the hospital for a week before I *wanted* to go home.

（病院に 1 週間いるかいないうちに，家に帰りたくなった）

  * この文は I had scarcely been ... の倒置した形。
  * 動作の継続を表すには，ふつうは過去完了進行形を使う。(→ p. 428)

(4) 過去のある時より前の動作・出来事（大過去）

I *lost* the contact lenses I **had bought** the day before.

（前の日に買ったコンタクトレンズをなくしてしまった）

After he **had turned** off the TV, Roy *set* to work.

（ロイはテレビのスイッチを切ってから仕事に取り掛かった）

She *did* not speak to me until I **had finished** my coffee.

（彼女は私がコーヒーを飲み終わるまで私に話しかけなかった）

  * 事柄が起こった順に述べるときは，どちらも過去時制になる。
    I *bought* a pair of contact lenses, but I *lost* them the next day.
    （コンタクトレンズを買ったけど，次の日になくしてしまった）

注 過去完了に代わる過去時制:
   くだけた言い方では after, before, until, by the time など，時の前後関係を示す接続詞が使われている場合，その他文脈から時の前後関係が明らかな場合には，過去完了の代わりに**過去時制**を使うことが多い。
   (→ p. 414)

(5) 時制の一致による過去完了

It *was* likely that the man **had taken** me for a detective.

（どうやら，男は私を刑事だと思ったようだった）

  * It *is* likely that the man *took* me for a detective. の過去形一致。

(6) 実現しなかった願望・期待を表す場合 (→ p. 469)

I **had hoped** you would come to the party.

（君がパーティーに来てくれると思っていたのに）

I **had intended** to go abroad.（外国へ行くつもりだったのに）

  * I intended *to have gone* abroad. という形もあるが，あまり使われない。

§189 未来完了 (Future Perfect)

未来完了は〈will [shall] have+過去分詞〉の形で，未来のある時までの動作・状態の完了，継続，または経験を表す。助動詞・動詞が3つ並ぶので，くだけた言い方では未来時制や現在完了で代用することが多い。

(1) 未来のある時までの予想される完了・結果

Things **will have turned** for the better by the time you come back. (君が戻るまでには事態は好転しているだろう)

The lake **will have frozen** by tomorrow morning.
(あしたの朝までには湖は凍っているだろう)

The newly-weds **will have gone** on board the plane by the time you arrive at the airport. (あなたが空港に着くまでには，新婚夫婦は飛行機に乗り込んでしまっているだろう)

　　＊ この場合には未来時制を使って The newly-weds will go on board the plane ... とすることはできない。

(2) 未来のある時までの予想される経験・継続

I'll **have been** to Tokyo five times if I go there again.
(今度東京へ行ったら，5回行ったことになる)

I'll **have studied** English for six years by the time I finish high school. (高校を卒業するまでに6年間英語を学んだことになる)

> **注** 1. 未来完了に代わる未来時制:
> くだけた言い方では未来完了の代わりに未来時制を使うことが多い。
> I *will finish* my assignment by noon.
> (お昼までに宿題が片づくだろう)

> **注** 2. 推測の〈will have+過去分詞〉:
> 次の文の will は未来を表す will ではなく，**現在の推測を表す**もので，未来完了と同じ形をしていて，実際は現在完了と同じ用法である。
> You **will** *have heard* the news, I think?
> (ニュースはお聞きになったでしょう)

Q&A 71　I will write this letter by the time you come back. は正しいか？

I will *finish* this letter by the time you come back. または I will *have written* this letter by the time you come back. が正しい。なお，I will write the letter when you come back. (君が帰ってきたら手紙を書こう) と I will have written the letter when you come back. (君が帰るときには手紙を書き終わっているだろう) の違いに注意。

第3節 進 行 形

§190 現在進行形 (Present Progressive)

〈am [are, is]＋現在分詞〉の形で表す。

(1) **現在進行中の動作・出来事**

"What can I show you?" "Thank you, I'**m** just **looking**."
（「何をお目にかけましょうか」「いや，ただ見ているだけです」）【応答】
Look out! We'**re being** followed by a man. 〔受動態の進行形〕
（気をつけろ！ 男につけられている）
The boy **is nodding**.（その子は何度もうなずいている）〔動作の反復〕
　　＊ 瞬間動詞（hit, jump, kick, knock, tap, wink）などの場合。

副詞句を伴って，**限られた期間内の習慣的な行動**を表すことがある。

We **are eating** more bread *these days*.
（私たちはこのごろ〔以前よりも〕パンをたくさん食べています）
　　＊ We *have been eating* ... よりも，今後も続く意味合いが強くなる。

> **注** 1. 強調の現在進行形：
> 　　進行・継続の意味よりも現在の行為を強調する用法もある。
> 　　I **ám** only **telling** you the truth. 〔be 動詞に強勢〕
> 　　（君に本当のことを言っているだけだ）

> **注** 2. 同時性の現在進行形：
> 　　主節と従属節にそれぞれ進行形がある場合に，2つの事柄の同時性または同一性を表すことがある。
> 　　When children **are doing** nothing, they **are doing** some mischief.（子供が何もしていないときには，何かいたずらをしているのだ）

(2) **ある到達点への接近**

瞬間的に終わる動作や，ある時点での達成を表す動詞が進行形になると，その瞬間または時点への接近を表す。

The train **is stopping**.（列車は止まりかけている）
Someone **is drowning**!（だれかがおぼれかかっているぞ！）
　　＊ arrive, become, die, fall, get, go, land, lose, stop など。

(3) **現在の反復的な動作**

always などを伴って，**非難**（や**満足**）の気持ちが込められることがある。

You **are** *always* **complaining** about something or other.
（あなたはいつも何かにつけ愚痴が多い）
You'**re being** bossy *again*.（また威張り散らして） 〔一時的〕

(4) 確定的な未来・予定 (→ p.412)

I'm **leaving** for Sapporo tomorrow. (あした札幌にたちます)

We're **moving** next month. (来月引っ越します)

* あらかじめ計画された行為や，すでにその準備が目下進んでいる含みがある。

注 決意を表す現在進行形:
be going to も近い未来を表すが，単なる進行形のほうが強い決意を表すことがある。
I'm not **leaving.** (立ち去るつもりはない)

§191 過去進行形 (Past Progressive)

〈was [were]＋現在分詞〉の形で表す。

(1) 過去のある時に進行中の動作・出来事

I **was listening** intently while the math teacher **was talking.**
(数学の先生が話している間，僕は熱心に聞いていた)

注 依頼に用いる過去進行形:
婉曲(えんきょく)語法として，形は過去進行形でも，実際には現在のことをいう場合がある。(→ p.253)
I *was wondering* if you'd do me a favor.
(こんなことをお願いしていいのやら，わかりませんが) 【依頼】
* I wonder if ～ よりもていねいな言い方。

(2) ある到達点への接近

The train **was starting** from Track No. 2.
(列車は2番線ホームから発車しようとしていた)

She **was graduating** from finishing school.
(彼女は花嫁学校を卒業予定だった)

(3) 過去の反復的動作

She **was** constantly **seeking** topics for haiku.
(彼女はいつも俳句の題材を探していた)

(4) 過去のある時からみた確定的未来・予定

Christmas **was drawing** near. (そろそろクリスマスだった)

§192 未来進行形 (Future Progressive)

〈will [shall]＋be＋現在分詞〉の形で表す。

(1) 未来のある時に進行中の動作・出来事

I'll **be waiting** for you at 3 o'clock. (3時にお待ちしています)

(2) **確定的な未来の予定（成り行き）**

　　I'll **be seeing** her soon.

　　（私は彼女に近いうちに会うことになっている）

> **注** 未来時制と未来進行形の違い:
> 　　I'll **see** her soon. という**未来時制**だと，「近いうちに彼女に会います」という話し手の意志を表すが，I'll **be seeing** her soon. という**未来進行形**にすると，「近いうちに彼女に会うことになるだろう」という**成り行き**を表す。
> 　　＊　未来進行形が単純に未来を表すこともある。
> 　　　　(I'll) **Be seeing** you.（じゃ，また近いうちに）　　　　【挨拶】

Will you **be coming** to school by bicycle tomorrow?

（あす自転車で学校に来る?）

> **注** Will you ...? と Will you be ～ing?:
> 　　Will you be ～ing? は，「～している［～する］ことになりますか」という形で，相手の意図に立ち入らないで予定を聞くので，ていねいな言い方にもなる。Will you ～? だと「～してくれませんか」という意味にもとれてあいまいになるので，これを避ける利点もある。
> 　　<u>Will</u> you **be coming** to the party tomorrow?
> 　　　（明日パーティーにおいでになりますか）　　　　【予定】
> 　　＊　単に予定を聞いているので，答えは Yes か No でよい。もし Will you **come** to the party tomorrow? だと，「明日パーティーにいらっしゃいませんか」という**招待**になるので，Thank you. とか I'm sorry — I'm afraid I can't. などと答えるようになる。

§193　完了進行形 (Perfect Progressive)

　完了進行形には**現在完了進行形，過去完了進行形，未来完了進行形**がある。それぞれ現在または過去，未来のある時点で進行中の動作，またはその時点まで継続した動作を表す。

(1) **現在完了進行形**:〈have [has]＋been＋現在分詞〉

　過去のあるときから現在まで続いてきた動作・出来事を表す。今後も続くことを暗示する場合もあり，直前に終了したことを表す場合もある。

　　A Mr. Ito **has been waiting** to see you since two o'clock.

　　（伊藤さんとおっしゃる方が2時からお待ちです）

　　Somebody **has been sleeping** in this bed.

　　（だれかがこのベッドで寝ていた）　　　　〔直前の終了〕

　　　＊　一般に主語がだれか特定できないときにこの意味になる。

　　She **has been overdoing** things *recently*.

　　（彼女はこのごろ働きすぎだよ）

> **注** 完了形と完了進行形:
>   一般に動作性の強い動詞の現在完了は現在までの動作の完了を表し，現在完了進行形は現在までの**動作の継続**を表す。
>   I *have* just *read* through Tolstoy's *War and Peace*.
>   　(たったいまトルストイの『戦争と平和』を読み終えた)
>   I *have been reading* Tolstoy's *War and Peace*.
>   　(トルストイの『戦争と平和』を読み続けてきた)
>   ただし，ほとんど意味が変わらない場合もある。
>   The Tanakas *have lived* (=*have been living*) in Oxford for six years.
>   　(田中さん一家はオックスフォードに6年も住んでいる)
>   このような動詞としてよく出てくるのは次のようなものである。
>   **learn, live, rain, sleep, stay, study, wait, work**
>   ただし，現在完了進行形で表す場合は for six years のような時を表す語句はなくても継続の意味が示されるが，現在完了で表すときには，**期間を表す語句が必要**である。

(2) **過去完了進行形**:〈had been＋現在分詞〉

My brother **had been living** only on water when the search party found him.

(捜索隊に見つかるまで，兄は水だけで生きていた)

Lieutenant Brady **had been talking** with his men for a half hour before the patrol car came.

(ブレイディ警部補はパトカーが来るまで，部下と30分話していた)

(3) **未来完了進行形**:〈will [shall] have been＋現在分詞〉

You **will have been studying** English for five years by next March.

(あなたは今度の3月で英語を5年やったことになる)

　　＊　未来完了進行形は形が重く，実際にはほとんど用いられない。

§194　現在時制と現在進行形の違い

現在時制の本質的な意味については → p.410。現在進行形と現在時制の違いは次のとおりである。なお，過去進行形と過去時制，未来進行形と未来時制の間にも，ある程度同じような違いがある。

(1) <u>現在時制</u>：現在の一般的事実・習慣
　　<u>現在進行形</u>：現時点の一時的な現象・活動

He **sleeps** eight hours a day. (彼は1日8時間寝る)
He **is sleeping** now. (彼は今眠っている)

> What **does** your father **do**? (お父さんはどんなご職業ですか)
> "What **is** your father **doing** now?" "He's washing his car."
> (「お父さんは今何をしていますか」「車を洗っています」)

> I **think** you are right. 〔状態〕
> (君が正しいと思う)
> I'm **thinking** of where to go to buy a zoom lens cheap.
> (ズームレンズを安く買うのに、どこへ行ったらよいか考えている)

　状態を表す動詞はふつう進行形にしないが、**一時的な状態**を表す場合には進行形になることがある。(→ p. 430)

> Does she usually **wear** spectacles?
> (彼女はいつも眼鏡をかけていますか)
> Look, she **is wearing** a diamond ring. 〔一時的状態〕
> (ほら、彼女はダイヤモンドの指輪をしている)

(2) | 現在時制： 積極的な意志のない行為
　　| 現在進行形： 意図的な行為

> How far does my voice **reach**?
> (私の声はどのくらいまで届きますか)
> The old gentleman **is reaching** for his coat.
> (その老紳士は手を伸ばしてコートを取ろうとしている)

(3) | 現在時制： 現在の習慣
　　| 現在進行形： 確定的な未来

> I **dine** out every Saturday.（土曜日はいつも夕食を外で食べる）
> I'm **dining** out this evening.（今夜は外で食事だ）

(4) | 現在時制： 現在の一般的な事柄
　　| 現在進行形： 未来のある時点で達成される途中の段階

> Most students **take** classical Chinese.
> (ほとんどの生徒が漢文を履修する)
> I'm **taking** classical Chinese. 〔履修の途中〕
> (私は漢文をとっている)

§195　ふつう進行形にしない動詞

(1) 状態を表す動詞

　次のような**事物の状態や構成**を表す動詞はふつう進行形にしないで用いる。ただし、これは**永続的、本質的**なことについて言っている場合で、そうでない場合には進行形になるものもあることに注意。

be (〜である,ある,いる)	belong (to) (〜に属している)
consist (of) (〜から成る)	contain (含んでいる)
depend (on) (〜しだいである)	deserve (〜に値する)
differ (異なっている)	equal (〜に等しい)
exist (存在する)	have (持っている)
involve (必然的に含む)	own (所有する)
possess (持っている)	remain (〜のままである)
resemble (似ている)	suffice (十分である)

Dreams **are** irrational sometimes.(夢は訳のわからないことがある)
I **have** quite a lot to say.(いろいろ言いたいことがある)
 ＊ have が**所有以外**の意味のときは進行形になる。
  We *were having* quite a good time.(我々はとても楽しくやっていた)
  He *was having* lunch at that time.(そのとき彼は昼食を食べていた)
Who **does** this mansion **belong** to?(この邸宅はだれの所有ですか)
An avocado **resembles** a pear in shape.
 (アボカドは形が西洋梨と似ている)
My native town **remained** the same after twenty years.
 (私の生まれ故郷の町は20年たっても同じままだった)
 ＊ 人が主語だと,意志で左右できるから進行形にすることができる。
  The accused *was remaining* silent.(被告は黙り続けていた)
これらの動詞が**進行形**で用いられるのは次のような場合である。

❶ **一時的な状態**を表す場合
You **are being** a real bully again.(また弱いものいじめをして)
 ＊ 非難を表すことが多い。

❷ **推移**を表す場合…副詞語句を伴うことが多い。
She **is resembling** her mother more and more these days.
 (彼女は最近ますます母親に似てきている)

(2) 知覚・心の動きを表す動詞

次のような,**意志によって左右できない知覚や心の動き**などを表す動詞は,( )内の意味で用いるときはふつう進行形にしない。

hear (聞こえる)	see (見える)	
smell (においがする)	taste (味がする)	
believe (信じる)	dislike (きらう)	doubt (疑う)
hate (ひどくきらう)	imagine (〜と思う)	know (知っている)
like (好きである)	love (愛している)	prefer (好む)
remember (覚えている)	suppose (〜と思う)	think (〜と思う)
understand (理解している)	want (欲する)	wish (したいと思う)

I **heard** a strange sound. （奇妙な音が聞こえた）

　　cf. I *was listening* to the radio. （私はラジオを聞いていた）

I **smell** gas. （ガスくさいぞ）

　　cf. She's *smelling* perfume. （彼女は香水のにおいをかいでいる）

I **like** fish, but it doesn't like me.

　　（魚料理はおいしいが，どうも体に合わない）

　　　※ like が 'enjoy' の意味のときは進行形になることがある。
　　　　How *are* you *liking* your new job? （今度の仕事はいかがですか）

　知覚や心の働きを表す動詞でも，**意志のある動作**を表すときは進行形になる。また，**一時的な現象・活動** [→ p. 428] や**強い感情・非難** [→ p. 425] などを表すとき進行形になるものもある。

The tourists *are seeing* the sights of Hongkong.

　（観光客は香港を見物している）　　　　　　　　　　　　〔意志のある動作〕

I'*m thinking of* a trip to Taiwan.　　　　　　　　　　　　〔一時的〕

　（台湾へ旅行に行こうと思っています）

You *are always doubting* my word.　　　　　　　　　　〔非難〕

　（君は私の言うことを疑ってばかりいる）

> [参考] **forget, want の進行形**:
> forget も「忘れている」という意味ではふつう進行形にしないが，非難の気持ちを表す表現や，しだいに忘れていくというような場合には進行形も用いる。**want** などは表現をやわらげるときに進行形を用いることもある。
> Perhaps you **are wanting** to take shower?
> （シャワーを浴びたいんでしょう？）
> I **have been wanting** to do this for three years.
> （3年間ずっとこれがやりたかったんだ）

Q&A 72　I was hoping ... がどうして現在の依頼を表すのか？

　これは実際の「時」の問題ではなく，「丁寧さ」の問題である。相手に対する丁寧さは，現在形よりも過去形，単純形よりも進行形のほうが強くなる。進行形は一時的なことを示すため，単純形よりもためらいの態度が出るからである。〈I hope ...〉はいくぶん強要的な響きがあるが，〈I'm hoping ...〉にすると，今は望んでいるがいつまでも固執するわけではないという感じで丁寧になる。〈I was hoping ...〉と過去形にすると，今は固執していないという形で，最も遠慮がちな言い方になる。たとえば手伝いを頼むとき，次の順に表現が和らいで丁寧になる。I **hope** you *will* help me. → I **am hoping** you *will* help me. → I **hoped** you *would* help me. → I **was hoping** you *would* help me.

第11章 助動詞
AUXILIARY VERBS

助動詞は動詞の一種で、本動詞だけでは表すことのできない**可能・必然・義務**などの意味を表す。また本動詞と結びついて**時制・法・態・疑問・否定**などを表す。

第1節 助動詞の種類と特徴

§196 助動詞の種類と語形変化

助動詞には、動詞に「可能」「必然」「義務」などの意味を添える**法助動詞** (can, must, may, will, shall, ought to, used to, dare, need) と、それ自体は特に意味を持たずに、時制・態・疑問や否定などの文法上の形を作る働きをするもの (have, be, do) とがある。

❶ 法助動詞

法の助動詞は、話し手が自分の言うことに対してどの程度確信をもっているか、という確信の度合を表したり、文の主語の意志・能力・義務などを表すもので、語形変化には以下に示すように分詞がないなどの特徴がある。

(1) 人称・数によって語形が変化しない

一般動詞のように3人称単数現在で -(e)s がつかず、単数・複数の主語に対する形の区別がない。

I **can** swim. — He **can** swim.
We **can** swim. — They **can** swim.

(2) 活用が不完全

原形・不定詞・分詞がない。must, ought to には過去形がなく、used to には現在形がない。

> **参考** must, ought と過去形:
> must と ought はもともと歴史的には過去形であったものが現在形として使われるようになったといわれる。たとえば ought は、owe という意味の動詞の過去形であった。

● 法の助動詞の語形変化

原　形	現在形	過去形	過去分詞	現在分詞
——	can	could	——	——
——	must	——	——	——
——	may	might	——	——
——	will	would	——	——
——	shall	should	——	——
——	ought to	——	——	——
——	——	used to	——	——
(dare)	dare	dared	——	——
(need)	need	——	——	——

2　have, be, do

(1) **have**：動詞の過去分詞と結びついて**完了形**を作る。原形・現在形・過去形のほか，不定詞・現在分詞・動名詞の形もある。

　　Prices **have** *been* stable recently.（最近は物価が安定している）

(2) **be**：動詞の現在分詞と結びついて**進行形**を作り，また動詞の過去分詞と結びついて**受動態**を作る。語形変化ではすべての形がある。

　　It's *getting* more spring-like day by day.
　　（日に日に春らしくなってきた）

　　Death **is** often *compared* to sleep.（死はよく眠りにたとえられる）

(3) **do**：疑問文・否定文を作り，また文を強調する働きをする。have, be と異なり，動詞の**原形不定詞**とともに用いられる。原形・現在形・過去形だけがあり，過去分詞・現在分詞はない。

　　I **don't** *know* what you mean.（君の言っていることがわからない）

　　Where **did** your brother *go* to college?
　　（兄さんはどこの大学に行きましたか）

　　He **did** *mean* that.（彼は本気でそう言ったんだ）　　　　〔強調〕

原　形	現在形	過去形	過去分詞	現在分詞
have	have, has	had	——	having
be	am, are, is	was, were	been	being
do	do, does	did	——	——

§197 助動詞の用法上の特徴

(1) 助動詞を含む否定文・疑問文に do を用いない

一般に助動詞を含む否定文・疑問文では，助動詞 do [does, did] は使われない。

We **can**not *live* for ever. （人はいつまでも生きてはいられない）

Can I *help* you? （いらっしゃいませ）〔店などで〕　　　　【接客】

Your letter **has** not *arrived* here yet.
（あなたの手紙はまだこちらに届いていません）

Have you ever *seen* a meteor shoot across the sky?
（あなたは流れ星が落ちるのを見たことがありますか）

Ross **is** not *coming* to the party.
（ロスはパーティーに来ません）

Is gasoline *sold* by the gallon in the United States?
（アメリカではガソリンはガロンで売っていますか）

> **注**　〈助動詞＋not〉の短縮形:
> 口語では，一般に助動詞の現在形・過去形は not と短縮形を作る。
> cannot → can't [kænt / kɑːnt] (cannot [kǽnət])
> ＊特別な強調や習慣による以外は can not と離すのはまれ。
>
> | could not → couldn't | must not → mustn't [mʌ́snt] |
> |---|---|
> | might not → mightn't | would not → wouldn't [wúdnt] |
> | should not → shouldn't [ʃúdnt] | ought not → oughtn't |
> | used not → usedn't | have not → haven't |
> | has not → hasn't | had not → hadn't |
> | are not → aren't | is not → isn't |
> | was not → wasn't | were not → weren't |
> | do not → don't [dount] | does not → doesn't |
> | did not → didn't | |
>
> ただし，次の形に注意。
>
> | will not → won't [wount] | shall not → shan't [ʃænt/ʃɑːnt] |
> |---|---|
> | am not → aren't (→ p.63) | |

(2) 一般に動詞とともに用いられ，単独では用いられない

must, **may** などの助動詞は**原形不定詞**と結合する。ただし，**ought** と **used** は **to 不定詞**と結合する。前後の関係からはっきりしている場合には，動詞が省略されることがある。

"**Can** I *go* to the disco?" "No, you **can't**."
（「ディスコへ行ってもいいですか」「だめだ」）

We **ought** *to obey* traffic rules.
（交通規則は守るべきだ）

〔第2節〕助動詞の用法

§198 can, could の用法

■ can の用法

(1) **能力・可能**:「〜できる」

Computers **can** do a lot of things.
（コンピュータはいろいろなことができる）

Can you stand on your hands? （逆立ちができますか）

Money **cannot** buy everything.
（金ですべてのものを買えるわけではない）

You **can** skate here. The ice is thick enough.
（ここならスケートができる。氷が十分厚いから）

  * こういう場合も「〜できる」と訳せるが, 能力ではなく, 周囲の事情によってあることが可能であるという意味である。

> **注** │ be able to:
> │ can はほかの助動詞の後に置くことができない。能力・可能を表す用法の場合, 未来時制・完了形などを表すためには, 代わりに be able to を使うことができる。現在時制では, be able to はやや堅い言い方になるので, can を使うほうがふつうである。
> │ Some day you **will be able to** see what I mean.
> │ （いつか私の言っていることがわかるだろう）
> │ I **haven't been able to** recall his name.
> │ （まだ彼の名前を思い出せないでいる）
> │ She **ought to be better able to** speak French than you are because she was born and bred in France.
> │ （彼女は君よりフランス語がうまいはずだよ。だって, 彼女はフランスで生まれ育ったんだもの）
> │   * be able to の比較級は be better able to または be more able to, 最上級は be most able to となる。

(2) **可能性**:「〜でありうる」

This kind of thing **can** happen every now and then.
（この種のことはよく起こることだ）

Children **can** be very cruel sometimes.
（子供はときどきとても残酷なことをすることがある）

(3) **強い疑い・否定的な推量 ［可能性］**

❶ 疑問文で:「一体全体どうして〜か」

Can such things be?(こんなことがあるだろうか)

<u>How **can** you say that?</u> (よく言うよ) 【異議】

Where **can** I have left my glasses?

(眼鏡をどこへ置いたんだろう) 〔当惑・いらだち〕

❷ **否定文で**:「~であるはずがない」

Tom **can't** be ill. I just saw him swimming.

(トムは病気のはずがない。彼が泳いでいるのを見たばかりだもの)

(=It is not possible that Tom is ill.)

There **can** be no doubt about that. (それは絶対間違いない)

❸ 〈**can't have**＋過去分詞〉は,「~したはずがない」の意味で, **過去のことについての強い否定的な推量[可能性]を表す**。

He has an alibi; he **can't** *have been* there.

(彼にはアリバイがある。そこにいたはずがない)

　　＊　過去において不可能だったことを表す could not と比較せよ。

　　　　a. He **can't** *have seen* it. (彼がそれを見たはずがない)
　　　　b. He **couldn't** *see* it. (彼はそれを見ることができなかった)

　　a. が He *must have seen* it. (彼はそれを見たにちがいない)の否定であるのに対して, **b.** は He *could* [*was able to*] *see* it. (彼はそれを見ることが<u>できた</u>)の否定。(→ p.444)

(4) **軽い命令**:「~しなさい」

<u>You **can** go now.</u> (もう行きなさい) 【命令】

You **can't** stay up that late. 〔禁止〕

(そんなに遅くまで起きていてはだめだ)

(5) **遺憾な気持ち**:「~ぐらいしてもいいのに」

She **can** at least speak to me.

(彼女は私に口ぐらいきいてくれてもいいのに)

　　＊　can の代わりに could, might を使うほうが多い。

(6) **許可**:「~してよい」 may より口語的。

You **can** use my dictionaries whenever you want to.

(いつでも使いたいときに私の辞書を使っていいよ)

"I don't think he is shy." "<u>You **can** say that again!</u>"

(「彼, 内気じゃないと思うよ」「全くそのとおり」) 【同意】

Can I keep this? (これ, 持っていてもいい?)

(7) **依頼**:「~してくれますか」

<u>**Can** you give me a light?</u> (煙草の火を貸してください) 【依頼】

　　＊　could を使うほうがていねい。一般に自分の行為には Can I ~ ? を, 相手の行為には Could you ~ ? を使うと覚えておけばよい。

(8) can を用いた慣用表現

❶ 〈cannot help ~ing〉:「~せざるをえない」

I **can't help** *thinking* so. (そう思わざるをえない)

He **couldn't help** *smiling* at her childlike frankness.
(彼は彼女の子供のような率直さに思わずほほえんだ)

> **注** can't help ~ing の変形:
> 《米》のくだけた言い方では〈can't help but ~〉を使う。また,〈cannot but ~〉,〈cannot choose [avoid] but ~〉は文語的な言い方。

❷ 〈can but ~〉:「ただ~するばかりである」

We **can but** *wait* and *see*. 《文語的》
(我々はただ待って様子を見るだけだ)

❸ 〈cannot ~ too ...〉:「いくら~しても足りない」

You **cannot** praise his courage **too** much.
(彼の勇気をいくらほめてもほめきれないくらいだ)

> **注** cannot ~ too ... の同義表現:
> 次のような構文も同じ意味を表す。
> You **cannot** *praise* his courage **enough**.
> You **cannot** *overpraise* his courage.
> **It is impossible to** *praise* his courage **too** much.

Q&A 73 can と be able to は同じ意味か?

全く同じ意味ではない。一般に **can** は身に備わった能力を表し, **be able to** は一時的な能力を表す。過去時制の場合にはより明確になる。

The baby cannot walk yet. (赤ちゃんはまだ歩けない)

John **isn't able to** walk because of his sore feet.
(ジョンは足が痛くて歩けない)

また, be able to はあることが実際にできるかできないかを問題にするが, can は気持ちのうえでできるかどうかを問題にする場合もある。

I **wasn't able to** shoot the bear because my rifle did not fire.
(ライフルが発射しなかったので, 熊が撃てなかった)

I **couldn't** shoot the bear because I **couldn't** bring myself to do so.
(どうしても気が進まなくて, 熊が撃てなかった)

be able to の主語には, あることをする能力のあるもの(人間や, なんらかの意味で人が関与しているもの〔computer, company など〕)がくる。また, be able to のあとに受動態がくるときこちなくなるので避ける。

---

2 could の用法

could には can が時制の一致によって過去形になる場合のほかに, 次の

ような用法がある。
(1) **能力・可能**:「~できた」
　　He **could** climb trees easily when he was young.
　　　(彼は若いころは木に楽々と登ることができた)
　　　　＊ was able to を用いてよい。そういう能力があったことを示している。

> **注**　肯定文の could:
> 　肯定の could は仮定法で使うことが多いので,「~できた」というとき,文脈から過去であることが明らかな場合以外は, **was able to** または **managed to** を使うのがふつう。否定文や疑問文の場合は **could** を用いてよい。
> 　He **was able to** climb the tree easily.
> 　　(彼はその木に楽々と登ることができた)
> 　　　＊ could は用いない。そのときに実際に登ったことを示している。
> 　I **could** *hardly* believe my eyes.（わが目を疑った）　　〔否定文〕

(2) **仮定の能力**:「~しようと思えばできる」
　　I'm so hungry that I **could** eat a horse.
　　　(あんまりおなかがすいて, 馬1頭でも食べられそうだ)
　　　　＊ 仮定法の条件節が省略されたと考えてもよい。

(3) **可能性**:「~でありうる」
　　本来は仮定法過去の用法で,「ひょっとしたら~だ」という意味を表す。会話ではこの用法が多い。
　　"Is it true that he's bought a Rolls Royce?" "It **could** be."
　　　(「彼がロールスロイスを買ったって, 本当かね」「かもね」)
　　　　　　　　　　　　　　　　　　　　　　　　　〔あいまいな〕【応答】
　　I thought that what she was saying **could** be true.
　　　(彼女の言ったことが本当かもしれないと思った)

(4) **強い疑い・否定的な推量** [可能性]
　❶ 疑問文で用い,「一体全体どうして~か」という意味を表す。
　　本来は仮定法過去の用法で, can を使う場合よりもありえないという気持ちが強い。
　　How in the world **could** you do that?
　　　(なんだってそんなことをするんだ)　　　　　　　　　　　【非難】

　❷ 〈could have+過去分詞〉で, **過去のことについての推量**を表す。
　　Who **could** *have borne* to see such a scene?
　　　(だれがそんな光景を直視できただろうか)
　　　　＊ Who **could** *bear* to see such a scene? は,「だれがそんな光景を直視できようか」という現在のことの推量。

You **could not** *have seen* Bill because he is still abroad.
　　（君はビルに会ったはずがないよ。彼はまだ外国にいるのだから）
　　　　＊ *cannot* have seen とあまり変わらない。

(5) **許可**

　Could I ~? は「～してもよいでしょうか」という意味で，許可を求める丁寧な言い方。

　　<u>**Could** I sit here a minute?</u>

　　（ここにちょっと座ってもよいでしょうか）　　　　　　　　【許可】
　　　　＊ I wonder if I *could* sit here a minute. とも言う。
　　　　＊ 応答には Yes, you *can*. などを用い，Yes, you could. は不可。

(6) **依頼その他**

　Could you ~? の形で，「～していただけませんか」という丁寧な依頼・要請を表す。

　　<u>**Could** you repeat that?</u>　　　　　　　　　　　　　【聞き返し】

　　（もう一度おっしゃってくださいませんか）

　　"<u>**Could** I see you again?</u>"　"Oh, yes. I promise."
　　（「またお目にかかれますか」「いいですよ，お約束します」）　【勧誘】

§199　may, might の用法

I may の用法

(1) **許可**：「～してよい」 **can** より形式ばった言い方で，実際の会話では，教師対生徒のような場合以外にはあまり用いられない。

　　Now you **may** go, Harry. （さあ，ハリー，もう行っていいよ）

　　<u>**May** I be excused?</u>　（トイレに行ってもいいですか）　　【許可】
　　　　＊ No, you must not. と答えれば「禁止」を表し，No, you may not. と答えれば「不許可」を表す。やや高圧的な言い方なので，代わりに can't を使うことが多い。また，許可を与えるには，会話では Sure. Go ahead. とか Yes, of course. If you wish. などと言うことが多い。
　　　　＊ **May** I be of any assistance?（何かお役に立てることがございますか）というような，形式ばった丁寧な申し出に対しては，Yes, thank you. などと言い，Yes, you may. とは言わない。(→ p.455)

(2) **推量**：「～かもしれない」「～のこともある」

　❶ 見込みや可能性を表す。may の最も多い用法で，堅い書き言葉でも好まれる。

　　この may を倒置して文頭に置く疑問文は作れない。might か could を代わりに用いる。

It **may** sound strange, but it's true.
(それは変に聞こえるかもしれないけど，本当なのです)
　　＊　〈may ～ but ...〉の構文で，譲歩の意味を表す。

His health **may** or **may** not turn for the better.
(彼の健康状態は快方に向かうかもしれないし，だめかもしれない)

❷ 〈**may have ＋過去分詞**〉は，「～したのかもしれない」の意味で，**過去のことの推量**を表す。

Dad **may** *have missed* the point of my joke.
(父は私のジョークがわからなかったのかもしれない)

(3) 容認：「～してさしつかえない」

Life **may** be compared to a voyage.
(人生は航海にたとえてもよかろう)

It **may** safely be said that power corrupts sooner or later.
(権力は遅かれ早かれ堕落するといってさしつかえなかろう)

(4) 祈願：「～であらんことを祈る」《文語的》

May all your Christmases be white!
(ホワイトクリスマスでありますように)

May I never see a sight like that again!
(あんな光景は二度と見たくないものだ)

(5) 目的：「～するように」　目的を表す副詞節の中で用いる。（→ p.618）

We work in order that we **may** earn our living.　　《文語的》
(人は生活の糧を得るために働く)

> 注　may を使うのは文語的で，くだけた言い方では so that に **will**, **can** を使うことが多い。

(6) 譲歩：「たとえ～でも」　譲歩を表す副詞節の中で用いる。

Whatever **may** happen, I will not be surprised.　　《文語的》
(どんなことが起こっても，驚かないぞ)

No matter what he **may** say, I won't believe it.　　《文語的》
(彼がなんと言おうと，私は信じない)

　　＊　くだけた言い方ではmayを使わず，代わりに次のように言うことが多い。
　　　　No matter what he *says*, I won't believe it.

(7) 能力：「～できる」　**can** より弱く，おもに古語用法。

Gather roses while you **may**. 《ことわざ》　　《文語的》
(バラは摘めるうちに摘め［楽しめるうちに楽しめ］)

(8) **may** を用いた慣用表現

❶ 〈**may well ～**〉：(a)「～するのももっともだ」　(b)「たぶん～だろう」
　　＊　〈**might well ～**〉は現在の控え目な表現や過去の文脈に用いる。

(a) You **may** [**might**] **well** get confused.
  (あなたが混乱なさるのも無理はありません)
(b) Her grandfather **may well** be over eighty.
  (彼女のおじいさんはたぶん 80 過ぎだろう)〔可能性が高いの意〕

❷ 〈**may** [**might**] **as well** ～〉:「～したほうがいいだろう」

We **may** [**might**] **as well** go home … there's nothing interesting here.(家に帰ったほうがよさそうだね…ここには何も面白いものがないから)

  * この文は We *may* [*might*] *as well* go home (*as not*). の省略と考えられる。本来の「家に帰っても帰らなくてもよい」が、「(ここにいても仕方がないから)帰らないよりは帰ったほうがよい」という意味になる。積極的に「～したほうがよい」という意味合いはない。

[参考] **might as well**:
  "Shall we take a walk?" "<u>**Might as well.**</u>" 【相づち】
  (「散歩でもしようか」「そうだね」)
のように答えるのは気のない返事。

❸ 〈**may** [**might**] **as well** ～ **as** …〉:「…するのは～するのと同じだ」「…するくらいなら～したほうがましだ」

You **may as well** open an oyster without a knife **as** a lawyer's mouth without a fee. (謝礼を払わないで弁護士の口を開かせようというのは、ナイフを使わないでカキをこじ開けようとするようなものだ)

You **might as well** give up the project **as** do it incompletely.
  (計画を中途半端にやるというのは、やめてしまうのと同じだ)

[参考] 〈**may as well** ～ **as** …〉と〈**might as well** ～ **as** …〉:
  この場合の may と might は基本的には同じだが、ありえないようなことを最初の as の後に引き合いに出すことによって、もうひとつを強く否定する場合に、仮定法の might が比較的多く用いられる。ただ、全体としてこの構文は、あとの as … のない形にくらべるとそれほど用いられない。

2 might の用法

might には may が時制の一致によって過去形になる場合のほかに、次のような用法がある。

(1) **許可**:「～してよろしい」

  一般に疑問文で用いられ、本来は仮定法過去の用法で、may より丁寧な言い方であるが、会話では比較的限られた場合に用いられる。

<u>**Might**</u> I have a few words with you, sir?

(ちょっとお話し申し上げたいことがございますが) 【話しかけ】
* 応答は "Yes, of course." など。

(2) 推量:「ひょっとしたら~かもしれない」

❶ might は形の上では may の過去形であるが,仮定法として,**現在のことの推量**を表す。might の用法としては最も多く見られる。

He **might** have some difficulty in finding our place.
(彼は我々の家を見つけるのに苦労するかもしれない)
* might be having とすれば「苦労しているのかもしれない」の意になる。

It **might** be better to be on your guard.
(用心したほうがいいかもしれないよ)

❷ 〈**might have**+過去分詞〉は過去のことの推量を表す。

Stop thinking what you **might** *have been*.
(ひょっとしたらこうなっていたかも,などと考えるのはやめなさい)

(3) 非難:「~ぐらいしてもよさそうなものだ」

You **might** at least say you are sorry.
(ごめんなさいくらい言ってもいいでしょ)
* can, could にも同じ用法がある。 ➡ p. 436

(4) 譲歩:「~かもしれないが」

You **might** think I am heartless, but business is business.
(私を冷酷と思うかもしれないが,商売は商売だ)
* 〈may ~ but ...〉と同じ構文。 ➡ p. 440

(5) もったいぶった疑問:「~なんでしょうかね」

Well, who **might** you be? (どなたでしたかしら) 《やや古語》
* Who are you? のもったいぶった言い方。

(6) 軽い命令:「~してください」

You **might** move over a little. (少し詰めてください) 【依頼】

Q&A 74 推量の may と might の使い分けは?

It **might** snow tomorrow. は It **may** snow tomorrow. より,雪の降る可能性が低いことを表す(後者の見込みを50%とすれば,前者の見込みは30%)という人や,might にはややためらいがちな感じがあるので,may より好まれるとする人もいるが,本質的に may と might は同じ意味だとする人も多い。子供は「許可」の意味の may をまず覚え,その後「推量」の意味では might を先に使うようになる。そのためか,推量の意味では,書き言葉では may が多いが,話し言葉では might のほうが多いという統計もある。要するに,わずかな違いはあっても,推量の場合は may でも might でもよいと考えておいてよい。

§200 must の用法

(1) **義務・強要**:「～しなければならない」

この意味では，堅い書き言葉に用いられ，会話では強く響くためあまり用いられない。

I really **must** go now. (本当にそろそろ失礼しなくては)

You **must** keep silent in the library.
(図書館では私語はつつしまなければなりません)

 ＊ should, ought to よりも強い。

> **注** must と時制:
> must には語形変化がなく，間接話法の従節などで過去時制として must のまま用いたりするほかは，一般に現在時制以外には使わない。have to は過去時制，未来時制，完了形でも用いられ，くだけた言い方では must に代わる現在時制でも用いられる。(→ p.445)
>
> We *had to* walk all the way to the station. 〔過去〕
> (我々は駅までずっと歩かなければならなかった)
> You'*ll have to* make up your mind some day. 〔未来〕
> (君はいつかは決心しなければならないだろう)
>   ＊ この2例では must は使えない。

(2) **禁止**:「～してはならない」

must の否定形 must not は強い否定を表す。

You **must not** drink if you are to drive, and you **must not** drive if you have drunk.
(運転するなら飲んではならないし，飲んだら運転してはいけない)

> **注** must not「～してはならない」と，don't have to「～しなくてよい」:
> must not は「～してはならない」という禁止の意味を表す。「～しなくてよい」という不必要の意味は don't have to, または don't need to, need not で表すことに注意。(→ p.460)
>
> **Must** I finish this by tomorrow?
> (これを明日までに終わらせないといけませんか)
> — Yes, you *must*. (ええ，終わらせないといけません)
> — No, you *don't have to*. [No, you *don't need to*. No, you *need not*.] (いや，終わらせなくてもいい)

(3) **勧誘**:「ぜひ～しなさい」

You **must** come to my birthday party. 【勧誘】
(私の誕生日のパーティーにぜひいらしてください)

You **must** help yourself to the cookies. (クッキーを召し上がれ)

> **注** 親しみを表す勧誘表現:
> 親しい間柄では，強制を表す must を使うことで，いっそう親しみを表

す。一般に次の順に親しみの気持ちが強くなるといわれる。
> *Will* you come to the party?
> *Won't* you come to the party?
> You **must** come to the party.

(4) **主張**:「～しないと承知しない」

Some kids **must** have their own way.
(自分の思い通りにしないと承知しない子供もいる)

(5) **推量**:「～に違いない」

❶ 主として状態動詞と用いて,「～に違いない」の意を表す。この意味での否定「～のはずがない」は **can't** で表す。(→ p.436)

Sir Lawrence **must** be very old, for his hair is all white.
(ローレンス卿は非常に高齢に違いない, 髪が真っ白だから)

"I've decided to get married." "You **must** be kidding!"
(「私結婚することに決めたの」「冗談でしょう」)　　　　【不信】

* kidding の次に me が省略されている。You're kidding! ともいう。no kidding は「本当だ」の意味にもなる。

❷〈**must have**＋過去分詞〉は, 過去のことについて,「～だったに違いない」という意味を表す。

I **must** *have been* asleep. I didn't hear your footsteps.
(私は眠っていたに違いない。あなたの足音が聞こえなかったから)

> [参考] **推量の must not**:
> 推量[可能性]の「～に違いない」の意の must の否定は,「～のはずがない」という可能性の否定なので, **can't** を用いるのがふつうである。
> しかし, He **must not** *be* there.(彼はそこにいないに違いない)とか He **must not** *have been* there.(彼はそこにいなかったに違いない)の意の〈**must not**〉(ときに **mustn't**)が, 最近《米》に見られる。
> この場合の not は must を否定しないで be [have been] there を否定している点が, can を否定する can't be [have been] there と違う。
> 言っている内容は同じようなことなので,《英》では must の否定には一般に can't が多いが,(付加)疑問などではよく mustn't を使う。

(6) **当然・必然**:「～するはずだ」

Human beings **must** die. (人は必ず死ぬものである)

(7) **遺憾の気持ち**:「何だって～しなきゃいけないんだ」に相当する。

Brian shrugged. "Why **must** you be so secretive about it?"
(ブライアンは肩をすくめた。「何だって君はそんなに隠し立てしなけりゃいけないんだ?」)　　　　《口語的》

* have to にも同じような用法がある。(→ p.447)

> **Q&A 75** must が過去時制として使われる場合はあるか？

must は過去の内容を表す用法のほか，間接話法などの従節で，そのままの形で過去形として用いられることがある。一般に義務・必要の意味の場合に限られるが，**当然・必然**などの意味の場合にも用いられる。ただし，前者は must を had to で置き換えてもよい。

The landlord told me that I **must** repaint the wall.
　（大家さんは，私が壁を塗りかえなければならないと言った）
He said prices **must** rise soon.
　（物価はやがて上がるにちがいないと彼は言った）
She said she **must** see the boss.
　（彼女はどうしても社長に会いたいと言った）

§201　have to の用法

have to は過去時制，未来時制，完了形などで must の代わりに用いられる。くだけた言い方では，must の代わりに現在時制でも用いられる。

have got to は have to のくだけた言い方で，《英》の話し言葉や新聞などでよく用いるが，《米》でも用いる。ただし，have got to は未来時制の will や助動詞の後では使わないし，過去形もまれである。

(1) **義務**：「～しなければならない」

❶ have to は must より強制の意味が弱い。

Alice **had to** run to catch up with the rabbit. 〔過去〕
　（アリスはウサギに追いつくために走らなければならなかった）
A lot of things *will* **have to** be done without. 〔未来〕
　（いろいろなものをなしで済まさなければならない）
We *have* **had to** wait for a long time. 〔完了形〕
　（我々は長い時間待たなければならなかった）
You **have to** think twice before you buy anything. 〔現在〕
　（物を買う前に良く考えなくては）

> 注 | 1. **have to の発音**：
> 　この用法では have to, has to, had to はふつう [hǽftə], [hǽstə], [hǽt(t)ə] と発音される。次のように have が「所有する」という意味の場合は，have [has] と to の間にわずかなポーズがあり，[hǽv-tə], [hǽz-tə] と発音される。
> 　We are all qualified to judge what TV *has to* offer.
> 　　（テレビが提供してくれるものを批評する資格はだれにでもある）

> **注** 2. **must** と **have to** の違い:
>   **must** は話し手の意志・命令などが含まれる場合に用いられることが多いが、**have to** は客観的な拘束による義務を表す場合が多く、**must** に比べて意味が弱い。
>   You **must** go now.（もう帰りなさい）　　〔話し手の意志や都合で〕
>   You **have to** go now.（もう帰りなさい）　　〔客観的な事情で〕
>   * have to にすると、乗り物がもうなくなるからとか、規則でそうなっているからという感じになる。

> **参考** **have to** の進行形:
> 「〜しなければならなくなっている」という意味では、be having to 〜 という進行形が用いられる。
> French newspapers **are having to** respond to the growing demand for advertising space by adding extra pages.
> （フランスの新聞は、ページ数を増やすことによって広告面の需要の増加に応じなければならなくなっている）

❷ **don't have to** は「〜しなくてもよい」ということで do not need to 〜 や need not 〜 と同じ意味になるが、don't have to が最も口語的。

You **don't have to** explain yourself.
（君は弁解しなくてもよい）

  * must not は「〜してはならない」という禁止を表すので、この場合には使えない。（→ p.443）

> **注** **have to** の疑問と否定:
>   《英》では疑問文・否定文で習慣的なことを表すには *Do* you have to 〜?, You *don't* have to 〜 を使い、一時的なことを表すには *Have* you got to 〜?, You haven't got to 〜 を使うことがあるが、《米》ではどちらの場合も *Do* you have to 〜?, You *don't* have to 〜 を使うといわれる。
>   "**Have** I (got) **to** change at Shinjuku to go to Harajuku?"
>   "No, you **haven't**."　　　　　　　　　　　　　　〔一時的なこと〕
>   （「原宿へ行くには新宿で乗り換えないといけませんか」「いや、乗り換えなくていいですよ」）
>   "Do I **have to** go to the dentist every day?"
>   "No, you **don't have to**."　　　　　　　　　　　〔習慣的なこと〕
>   （「歯医者へ毎日行かなくてはいけませんか」「いや、行かなくていい」）

(2) **推量**:「〜に違いない」

　この意味では、have to の後に **be** 動詞がくることが多い。この用法は(1)の「義務」にくらべると比較的少ない。以前は《米》用法と言われたが、最近は《英》でも見られる。

He **has to** *be* stuck in traffic.
(彼は交通渋滞で立ち往生しているに違いない)

She looks about eight years old but **has to** *be* more than that.
(彼女は 8 歳位に見えるが，それ以上に違いない)

There **has to** *be* more to life than earning money.
(人生にはただ金をもうける以外に何かあるはずだ)

> [注] ⟨have to have been⟩:
> 「～だったに違いない」という過去のことに対する推量は，**have to have been** で表す。
> He stared at the bloodstained shirt and said, "I suppose it **has to have been** a knife."
> (彼はその血染めのシャツをじっと眺めて，「凶器はナイフだったに違いないな」と言った)

> [参考] **have to と仮定法**:
> 仮定法では would have to be [have been] などの形もとる。
> If it wasn't you, it **would have to have been** Ness.
> (もし君でないとすれば，ネスだったに違いない)

(3) **遺憾な気持ち**：いまいましいという気持ちや，非難の意を表す。口語的な言い方で，**must** にも同じような用法がある。(→ p.444) 日本語の「あいにく～した［する］」「何だって～しなきゃいけないんだ」に相当する。

Just when I am busiest, Jack **has to** come and waste my time.
(私のいちばん忙しいときにかぎって，ジャックがやってきて時間をつぶすとは)　　　　　　　　　　　　　　　　　　《口語的》

　＊　時制は歴史的現在または過去。

§202　ought to の用法

ought は義務・推量などの意味を表し，ふつうは後に to 不定詞を伴う。否定形は ought not to になる。現在形だけで，過去形はない。従節の中では時制の一致が必要な場合にも，そのままの形で用いられる。

(1) **義務**：「～すべきだ」

❶ should よりもやや意味が強い。くだけた言い方では [ɔ(ː)tə] と発音される。should のほうが多く使われる。

We **ought to** live within our means.
(我々は収入相応の暮らしをすべきだ)

We **ought not to** live beyond our means.　〔must not より弱い〕
(我々は収入不相応の暮らしをすべきではない)

* 〈ought not to〉という否定形を用いるのは《主に英》。ただし,《英》《米》ともに否定形にする場合には, think を用いて,
　　I **don't** *think* we **ought to** live beyond our means.
のように言うほうがふつうとされる。

Ought I **to** notify the post office of my change of address?
　　(住所変更を郵便局に通知すべきでしょうか)

She said I **ought to** drive more slowly.　〔過去時制に相当〕
　　(彼女が私はもっとゆっくりと運転すべきだと言った)

❷ 義務の〈ought to have＋過去分詞〉

「～すべきだったのに(しなかった)」という意味を表す。

You **ought to** *have explained* yourself.
　　(あなたは申し開きをすべきだったのに)

The man's identity **ought not to** *have been* disclosed.
　　(男の正体は公にすべきではなかったのに)

> **注** | **ought** の特殊な使い方:
> 《米》のくだけた言い方では, 否定文・疑問文で ought to の to を省略することがある。
> また, You shouldn't ought to ～, You hadn't [didn't] ought to ～ などの形もあるが, 俗語的な言い方。

(2) **推量・当然**:「当然～のはずだ」

❶ should と同じように用いる。

He **ought to** succeed if everything goes all right.
　　(すべて順調にいけば, 彼は当然成功するはずだ)

You **ought to** be hungry now, since you didn't eat lunch.
　　(お昼を食べなかったんだから, もうおなかがすいたでしょう)

❷ 推量の〈ought to have＋過去分詞〉

(a) 完了の予想:「～してしまったはずである」

The 6:30 jumbo jet **ought to** *have arrived* in San Francisco by now.
　　(6時30分発のジャンボジェットはいまごろは当然サンフランシスコに着いているはずだ〔着いていなければ変だ〕)

(b) 事実に反する結果:「～したはずだったのに」

Where can they be? They **ought to** *have come* by now.
　　(彼らは一体どこにいるのだ。今ごろはもう来ているはずだったのに)

§203 used to の用法

平叙文では used to の形で用いられるが,否定文・疑問文では did を用いるのがふつうで,usedn't, Used ...? の形は主に《英》の堅い言い方。

(1) **過去の習慣的な動作**:「～したものだった」

John **used to** work part-time at a restaurant after school.
  (ジョンは学校が終わると,レストランでパートで働いたものだった)
We **used to** talk about our future, *didn't* we?
  (よく将来について語り合ったよね)　　　　　　　　　〔付加疑問〕

Did he **use** [**used**] **to**
Used he **to**
  } have quarrels with his mother?

  (彼はお母さんとよく口げんかしましたか)

People *never* **used to**
People *didn't* **use** [**used**] **to**
People **usedn't to**
  } talk of leisure before.

  (人は以前は余暇について語ったりはしなかった)
  　＊ did を用いる場合は,did use to, didn't use to のほうがふつう。

> **注** 1. **used to の発音**:
> 　助動詞の used to は [júːstə] と発音される。同様に usedn't to は [júːsntə] と発音される。didn't used to, didn't use to の発音は同じで,いずれも [didntjúːstə] である。

> **注** 2. **used to と be used to**:
> 　be used to は「～に慣れている」という意味の熟語で,used [juːst] は**形容詞**である。次の違いに注意。
> 　Cathy *used to stay* up late at night.
> 　　(キャシーは夜遅くまで起きていたものだった)
> 　Cathy *is used to staying* up late at night.　〔この to は前置詞〕
> 　　(キャシーは夜遅くまで起きていることに慣れている)
> 　*cf.* She bought a *used* [juːzd] car. (彼女は中古車を買った)

(2) **過去の継続的な状態**:「以前は～だった」

Love **used to** be something more romantic than it is now.
  (恋愛はいまよりもっとロマンチックなものだった)
There **used to** be a bronze statue in front of the building.
  (その建物の前には青銅の像があった)
He isn't what he **used to** be three years ago.
  (彼は3年前の彼ではない)
  　＊ would との違いについては（→ p. 451）

§204　will の用法

will には未来時制としての用法 (→p. 415) のほか，次の用法がある。

(1) 話し手 (I, We) の意志

❶ **ふつうの意志**── I'll ... となることが多い。

I **will** (=I'll) treat myself to a new suit.
（奮発して背広を一着作ろう）

　　* I **will** be back by ten. (10時までに戻ります) などのように，話し手の意志を表すのか，単なる未来を表しているのか区別しづらい場合が多い。

❷ **強い意志**──一般に will に強勢がある。否定の won't は強い拒絶を表す。

I **will** do my best to realize my dream of becoming a novelist.
（小説家になるという私の夢を実現するために最善を尽くします）

I **won't** care what you say.
（君がなんて言おうと気にするものか）

(2) 2，3人称の意志

普通の平叙文の He [She] will ... が主語の意志を表すことはまずない。(He [She] won't ... は強い拒絶を表す)

❶ **条件節の中で**

条件節の中で，will が人称に関係なく条件節の主語の意志を表すことがある。この場合は will に強勢のないことが多い。

I'll be happy if she **will** help me financially.
（彼女が経済的に援助してくれるのならありがたい）

❷ **否定文で：「どうしても～しようとしない」**

主語の人称に関係なく用いられ，一般に won't に強勢がある。
否定文の場合は，「どうしても～しようとしない」という強い拒絶を表す。この場合は無生物でもよい。

The lid of this bottle **won't** come off.
（このびんのふたはどうしてもあかない）

> **注** 依頼，指図を表す will:
> 　　You **will** be a good boy, won't you?（いい子にしていますね）のように，You will ... の形で**依頼，指図**などの意味を表す場合がある。この場合は will に強勢は置かない。この形は，「あなたは～することになるのだ」という意味からきているので，有無を言わせない強い言い方になる。

(3) 相手の意志

Will you ...? という疑問文の形で，「～してくれませんか，～しません

か」という依頼や勧誘を表す。口調によっては命令になり，また公的な場や，仕事上のことで Will you ...? というと，ていねいな指示になる。

<u>Will you do me a favor</u>?（お願いがあるのですが）　　　　　　【依頼】
<u>Won't [Will] you come in</u>?（お入りになりませんか）　　　　【勧誘】
<u>Will you shut up</u>?（黙っていてくれませんか）　　　　　　　【命令】
<u>Will you sign here, please</u>?（ここに署名してください）　　【指示】

* Won't you ...? は主として勧誘に用いる。
* Will you ...? は単純未来にも用いるので，区別するために，依頼の場合には please をつけることが多い。
* Will you ...? はごく親しい間柄で使われ，それ以外の場合は Could you ...? がふつう。(→ p.439)

(4) **現在の傾向・習性・能力**：will に強勢があることが多い。

　Accidents **will** happen.
　　（事故はどうしても起こるものだ）
　Boys **will** be boys.　　　　　　　　　　　　　　　　《ことわざ》
　　（男の子は男の子〔多少のいたずらは仕方がない〕）
　Oil **will** float on water.
　　（油は水に浮く）　　　　　　　　　　　　　　　〔習性を表す〕
　Will such a small air conditioner cool the whole room?
　　（こんな小さなエアコンで部屋全体を冷やせるのか）

(5) **現在の推量**

　話し手の確信度は高い。
　Mom **will** be downstairs now.（お母さんは下にいるでしょう）
　You'll be Dr. Livingston, I presume?　　〔断定を避けた言い方〕
　　（リビングストン博士でいらっしゃいますね）
　You'll have heard of this before, I guess.
　　（このことは前にお聞きになったと思います）

* この場合の〈will＋完了形〉は未来完了ではない。

§205　would の用法

(1) **過去の習慣**：「よく～したものだ」

　I **would** sometimes travel alone when I was a college student.
　　（大学生のころ，ときどき一人で旅をしたものだ）

　注｜used to と would の違い：
　　ともに過去の習慣を表すが，次のような違いがある。(→ p.449)
　(1) would は過去の話であることが明白な文脈の中か，単独の場合は過去の時を示す副詞語句と用いるが，used to はその必要はない。したがっ

て，would と used to を併用するときは used to を始めに使い，would を話の冒頭に使うことはない。
(2) **used to** は過去の習慣的**動作**にも**状態**にも用いるが，would は状態動詞と用いることはできず，動作のみを表す。
(3) **used to** は現在と対照の意味を示し，現在はそうではないという意を言外に含むが，would には現在と対照の気持ちはなく，過去のことを回想的に述べるのみ。

　　She *used to* be a thin girl, but now she's on the plump side.
　　　(彼女はやせた娘だったが，いまは太りぎみだ)
　　Jim was an idealist. He *would* often daydream.
　　　(ジムは理想家だった。よくぼんやりと空想することがあった)
　　* used to は規則的習慣，would は不規則な習慣を表すともいわれるが，この区別は微妙で，厳密なものではない。ただ，would は often や sometimes を伴うことが多く，一方，used to は具体的な期間を示す副詞語句 (for five years など) と共に用いることはできない。

(2) <u>**過去の強い意志**</u>：意志を表す will の過去形と考えればよく，一般に would に強勢がある。 (➡ p.450)

　George **wóuld** stick to his own theory.
　　(ジョージはがんとして自説に固執していた)

　The rusty screw **wóuldn't** come loose.
　　(さびついたねじはどうしてもゆるまなかった)

(3) <u>**丁寧な表現**</u>
　❶ **依頼**

　<u>**Would** you call me back later?</u>　　　　　　　　　　【依頼】
　　(後でもう一度電話をくださいませんか)
　　　*これに対する答えは，Certainly I **will**. のように will を用いる。Would you ...? は Will you ...? よりは丁寧であるが，やはり親しい間柄で用いられる。

　<u>I *would* appreciate it if you **would** write me just as soon as possible.</u>　　　　　　　　　　　　　　　　　　　　【依頼】
　　(なるべく早くお便りをいただけるとありがたいのですが)

　<u>**Would** you please keep silent a minute?</u>　　　　　【命令】
　　(悪いけど，ちょっと黙っててくれないか)

　❷ **勧誘**

　"**Would** [**Wouldn't**] you like to come with me?" "Yes, if I may."
　　(「私といっしょにいらっしゃいませんか」「はい，もしよろしければ」)
　　　　　　　　　　　　　　　　　　　　　　　　　　【勧誘】

　❸ **控えめな言い方**

　<u>It **would** be difficult for us to accept your offer.</u>　　【断り】

(お申し出をお受けするのは無理かと存じます)
(4) 現在の意志：本来は仮定法と考えられる。
If you **would** wait a minute, I'll see if he's free.
(お待ちくだされば，彼の手があいているかどうか見てみますが)
Would that he were here now! (彼がここにいたらなあ)《文語調》

(5) 現在の弱い推量
"Shall I make some coffee?" "Yes, that **would** be nice." 【同意】
(「コーヒーをいれましょうか」「いいですね」)
Who **would** believe your story?
(あなたの話をだれが信じるでしょう)
This screw-driver **would** do, I guess.
(このドライバーで間に合うでしょう)

(6) 非難・いらだち
You **would** lose your glasses!(いつも眼鏡をなくすなんて！)

(7) 仮定法の条件節で
「もし～するつもりがあれば」という意味で，主語の人称に関係なく使うことができる。will に比べて仮定の意味が強い。
You could if you **would**. (やる気があればできるでしょう)
Alexander could have conquered the whole world if he **would** have done so. (アレクサンダーは，もし彼にその気があったら，全世界を征服できただろう)

(8) 仮定法の帰結節で
❶ 単純未来に相当する場合
If she liked the idea, he **would** be glad.
(その考えが彼女の気に入ったら，彼は喜ぶだろう)
If he had followed my advice, he **would** have saved face.
(もし彼が僕の忠告を聞いていたら，面目を保ったろうに)

❷ 意志を表す場合
If you could persuade him, I **would** give you one million yen.
(もし君が彼を説得できたら，100万円あげるよ)
I **would** have made you happy if you had married me.
(もし僕と結婚してくれたら，あなたを幸せにしてあげたのに)

> 注 条件節が省略される場合:
> A romanticist like you **would** naturally think so.
> (あなたのようなロマンチストなら当然そう思うでしょう)
> I **wouldn't** say he was a genius. (彼が天才だとまでは言わないが)

(9) 間接話法の被伝達部で (→ p.738)

現在時制の will が時制の一致を起こしたもの。

A little bird told me something wonderful **would** happen soon.
(もうすぐ何かいいことが起こる，と風の便りに聞いた)

The Japanese student said he **would** keep in touch with me.
(その日本人の学生は私と連絡を絶やさないと言った)

　＊ The Japanese student *says* he *will* keep in touch with me. と比較。

Arnold said he **would** be seeing me soon.
(アーノルドは僕に，またそのうちに会おう，と言った)

> **注** 習性や拒絶の will と時制の一致：
> will は他の用法の場合にも時制の一致によって would が用いられる。
> (→ p.450)
> Grandma said boys **would** be boys. 〔習性〕
> (男の子の少々のいたずらはしようがない，と祖母が言った)
> Robin told me the hood of his car **would** not open. 〔拒絶〕
> (車のボンネットがどうしても開かない，とロビンが言った)

⑩ would を用いた慣用表現

❶ 〈would like to ～〉:「～したいものだ」

I'**d like to** send this parcel to Japan.
(この小包を日本に送りたいのですが)

　＊ I want to ～ などよりも丁寧な言い方で，会話では I'd like to ～ という形になるのがふつう。おもに《英》では I should like to ～ という形もある。

> **注** 〈would like to+完了形〉:
> 〈would like to+完了形〉は「～したかったのですが（できませんでした）」という過去に実現しなかったことを表す。
> I'*d like to have seen* the game.
> = I'*d have liked* to see the game.
> (試合を見たかったのですが〔できませんでした〕)

❷ 〈Would you mind ～ing?〉:「～していただけますか」(→ p.534)

Would you mind *breaking* this one dollar bill into quarters?
(この1ドル札を25セント硬貨に崩してくださいませんか) 【依頼】

　＊ Do you mind ～ing? よりも丁寧な言い方。

Would [Do] you mind *my taking* this seat? 【許可】
(この座席に腰掛けてもかまいませんか)

❸ 〈would rather ～ (than ...)〉「(…するくらいなら)～したい」

I'**d rather** be burned alive **than** betray you.
(君を裏切るくらいなら，火あぶりになったほうがましだ)

I'd **rather** you didn't say that.
(どちらかといえば,あなたにそれを言ってもらいたくない)
* would rather の代わりに would sooner を使うこともある。また,would の代わりに had を使うこともある。(→ p.506)

§206 shall の用法

shall には未来時制としての用法 (→ p.415) のほかに,次のような用法がある。全般に shall は《米》ではまれで,《英》でも今ではあまり使われない。

(1) 話し手の意志

❶ 主語が1人称の場合

I **shall** have my own way.
(私は是が非でも思うようにやってみるつもりだ) 〔決意〕
* shall に強勢があり,will よりも強い。

I **shall** never forgive him. 〔強い意志〕
(彼のことは絶対許してやらない)
* これらの shall は文語調,もしくは堅い言い方。I never shall ... とするとさらに強い感じになる。こういう場合は shan't と短縮しない。しかし,《米》ではいまでは will を用いるほうがふつう。

I **shan't** (=shall not) be long. 〔主語の弱い意志・予定〕
(そんなに遅くなりません)
* この用法は《英》《米》共通だが,shan't という短縮形はおもに《英》。ただ,《米》ではこの場合も won't のほうがふつう。

❷ 主語が2人称,3人称の場合

You **shall** have this coin.(このコインをあげよう)
He **shall** contact you.(彼に連絡させます)
* 2人称・3人称でこのように shall を使うのは現在ではまれ。You shall have ...は対等以上の間では失礼な言い方になる。I'll give you this coin. のほうがふつう。同様に第2文も I'll have him contact you. のほうがふつう。

(2) 相手の意志を聞く

❶ 申し出

<u>**Shall** I call a taxi for you?</u> 《おもに英》【申し出】
(タクシーをお呼びしましょうか)
* 答える人は Yes, you shall. とは言わず,(Yes,) Thank you. などのように言う。(→ p.439)

❷ 提案

"What **shall** we do for the holidays?" "**Shall** we go abroad?"
(「こんどの休暇に何をしようか」「海外旅行をしようよ」)《おもに英》
【提案】

* Let's ..., **shall** we? という付加疑問も《米》では今はまれ。(→ p. 72)

Shall the bellboy carry your bag? 【申し出】
(ボーイに荷物を運ばせましょうか)

* Do you want the bellboy to carry your bag? のほうがふつう。

What **shall** I do next? (こんどは何をしましょうか)

(3) 命令・禁止

You **shall** love your neighbor. (汝隣人を愛せよ) 〔聖書〕
You **shall** not kill. (汝殺すなかれ) 〔聖書〕

(4) 約束・予言・規定

古い文書や法律・規則など堅い指示文に見られる形で，どれも文語的。

Ask, and it **shall** be given you. 〔聖書〕
(求めよ，さらば与えられん)

You **shall** hear from me soon. (追って沙汰を待て)

All students **shall** attend classes regularly. 〔規則〕
(全学生は必ず授業に出席すべし)

All payments **shall** be made at AT&T's local offices. 〔契約書〕
(すべての支払いは AT&T の支社にて行うものとする)

(5) 反語的な用法

Who **shall** foresee the future?
(だれに未来が予見できようか) 《文語調》

---

§207 should の用法

(1) 義務・必要

❶「～すべきだ」

ought to より意味が弱い。

You **should** bear this in mind.
(あなたはこのことを心に銘記しておくべきだ)

We **should**n't visit with our neighbors in class, **should** we?
(教室では隣の人とおしゃべりしてはだめでしょう)

❷ 義務の〈should have＋過去分詞〉

過去の出来事をさして，「～すべきだったのに（しなかった）」という意味を表す。

The government **should** *have taken* more adequate measures.
(政府はもっと適切な措置を講じるべきだったのに)

You **shouldn't** *have made* a U-turn on a one-way street.
(あなたは一方通行の道路でUターンすべきではなかった)

(2) <u>推量・当然</u>

❶「当然〜のはずだ」

Since he was born in 1927, he **should** remember the Second World War quite well.
(彼は1927年生まれだから、第二次世界大戦のことをよく覚えているはずだ)

This plan **should** work, if nothing unexpected happens.
(不測の事態さえ起きなければこの計画はうまくいくはずだ)

❷ 推量の〈should have＋過去分詞〉

(a) 完了の予想:「〜してしまったはずである」

The Sasakis **should** *have arrived* in London by now.
(佐々木さん一家はいまごろはロンドンに着いているはずだ)

(b) 事実に反する結果:「〜するはずだったのに」

I was very surprised to hear that. She **should** *have passed* the examination easily.
(私はそれを聞いて実に驚いた。彼女は楽に試験に受かるはずだったのに)

(3) <u>控え目な表現</u>:断定を避けた言い方。

I **should** think so. (そうだと思いますけど) 《英》

This picture is well painted, I **should** say.
(この絵はうまく描けていると言っておきましょう)

We **should** like to see the flat. 《英》
(アパートを拝見したいのですが) (→ p. 454)

(4) <u>主観的判断や感情の強調の表現</u>

❶ It is 〜 that ... の構文の that 節の中で

(a) 主観的判断──〔推定の should〕

事実はともあれ、話し手が頭の中で考えて主観的に述べていることを表す。事実として客観的に述べるのであれば**直説法**を用いる。

It is a good thing (*that*) he **should** admit his mistakes.
(彼が自分の過ちを認めるとすればよいことだ)

* 事実について述べるのであれば次のようになる。
  It is a good thing that he *admits* his mistakes.

(彼が自分の過ちを認めているのはよいことだ)

(5)-❷ (p.459) に示す仮定法現在《米》を用いる構文と区別すること。

(b) **感情の強調**

驚き，憐れみなどの感情を強調するために用いられ，"**感情の should**" と呼ばれることもある。特に感情を強調しないなら**直説法**を用いればよい。

It is surprising (*that*) you **should** know so much about astronomy. (君が天文学についてそんなによく知っているとは驚きだ)

* should を用いない次の文と比較。
    It is surprising that you *know* astronomy well.
    (君が天文学についてよく知っているのは驚くべきことである)

It is a pity (*that*) she **should** have failed the driving examination. (彼女が運転の実技試験に落ちたとは気の毒に)

* should を用いない次の文と比較。
    It is a pity that she *failed* the driving examination.
    (彼女が運転の実技試験に落ちたのは残念なことだ)

この用法の It is の後にくる形容詞については (→ p.286)。

❷ **why, who, how などで始まる疑問文で**：感情を強調する。

Why **should** I be questioned by the police? 〔反語〕
(なぜ私が警察の尋問を受けなければならないのだ)

* There is no reason why I *should* be questioned by the police. と同じ意味。

How [*Why*] **should** I know? (そんなこと，知るもんか) 〔反語〕

Who **should** come in but the President himself?
(だれが入ってきたかと思ったら，意外にも学長だった)

(5) **提案・要望・命令・決定などの表現**

《米》では**仮定法現在**を用いるのがふつう。(→ p.545) 最近は《英》でも仮定法現在が多くなったが，ときにくだけた言い方で直説法も用いられる。

❶ **require, suggest, insist, order などの動詞に続く節の中で。**

The contract *requires* that the rent (**should**) *be* paid by the first day of each month.

(契約書では毎月1日までに部屋代を支払う必要がある)

I *suggested* that the meeting (**should**) *be* postponed.
(私は会議を延期するよう提案した)

I *insisted* that he (**should**) *resign* as chairman.
(私は彼が議長をやめるよう主張した)

* 仮定法ではなく直説法を使うと,文の意味が変わることがある。
  I suggested that the meeting *had been* postponed.
  (私は会が延期になったことをほのめかした)
  I insisted that he *had resigned* as chairman.
  (私は彼が議長をやめたと主張した)

● that 節中に should (《米》仮定法現在) を用いる動詞

advise (忠告する)	agree (同意する)	arrange (取り決める)
ask (頼む)	command (命令する)	demand (要求する)
decide (決定する)	desire (頼む)	determine (決定する)
insist (強く要求する)	move (動議を出す)	order (命令する)
propose (提案する)	recommend (勧める)	request (頼む)
require (要求する)	suggest (提案する)	urge (強く迫る)

注 that 節→不定詞・動名詞:
that 節を使わず, to 不定詞・動名詞などで書き換えることができる。
(→ p.490)
The Queen ordered *that* Alice (*should*) *be put* to death.
The Queen ordered Alice *to be put* to death.
The Queen ordered them *to put* Alice to death.
(女王はアリスを死刑にするよう命じた)
He insisted *that* I *leave*.
He insisted *on my leaving*.
(彼は私が立ち去るよう要求した)

❷ It is ~ that ... の構文で

間接的に話し手の要求や願望などの意図を示すことになる。
It is necessary *that* you (**should**) pack and leave at once.
(君はすぐに荷作りして出かける必要がある)
It is advisable *that* drivers (**should**) wear a seat belt while driving. (運転者は運転中はシートベルトを着用するのが望ましい)
* この構文で使われる形容詞には desirable, essential, important などがある。詳しくは (→ p.288)。

注 It is ~ that ... → It is ~ to ...:
この構文は,一般に不定詞を使って書き換えることができる。(→ p.498)
It is necessary for you to pack and leave at once.
It is advisable (for drivers) *to wear* a seat belt while driving.

(6) 仮定法の条件節で:「万一~なら」(→ p.554)

If anything of this sort **should** happen, I wouldn't be surprised in the least. (万一この種のことが起こっても,私は全然驚かないだろう)
Should you think it necessary, please leave a message.
(もし必要とお考えなら,伝言をお残しください)

* if を省略した文語的な言い方。

(7) **lest, for fear, so that** で始まる節の中で

Father Brown took an umbrella *lest* it **should** rain.
　（ブラウン神父は雨が降るといけないので，傘を携帯した）《文語的》
　　* 《米》では should を使わないで，代わりに仮定法現在を用いる。

I didn't tell him the truth *for fear* he **should** get angry.
　（彼が怒るといけないので本当のことは言わなかった）　　《文語的》
　　* should の代わりに would, might などを使うこともある。

He read newspapers *so that* he **should** not fall behind the times.
　（彼は時代に取り残されぬよう新聞を読んだ）　　　　　　《文語的》
　　* これらの構文については → p.619。

(8) 形容詞節の中で：仮定法に相当する。

A wide occupational choice is available to those who **should** care to have one.（ご希望の方には種々の職種が用意されております）

(9) 間接話法の被伝達部で　→ p.739

shall が時制の一致で should に変わったもの。

Mr. Cooper said he **should** be free the next day.　《おもに英》
　（クーパー氏は，翌日は暇だろうと言った）
　　* Mr. Cooper said, "I shall be free tomorrow." の間接話法。

§208　need の用法

need（～する必要がある）は本動詞としても助動詞としても用いるが，助動詞として用いるのは**否定文**と**疑問文**に限られ，現在形しかない。

(1) 現在のことについて言う場合

否定文では need not は改まった書き言葉（印刷された文書など）に用いられることが多く，くだけた言い方，話し言葉では don't have to のほうがふつう。全体として助動詞の need は《米》よりも《英》に好まれる傾向がある。

You **need** *not* speak so loud. I hear you very well.　〔否定文〕
　（そんなに大きな声で話さなくてもいい。ちゃんと聞こえているよ）
　　* 《米》では You *don't have to* speak so loud. と言うほうが多い。《米》《英》ともに You *don't need to* speak so loud. とも言う。

It **need** *hardly* be said that health is the most precious thing we have.（健康が何よりも大切な財産であることは，改めて言う必要もあるまい）
　　* 否定文に準じる hardly, only その他を用いた文でもよい。

"**Need** I say that?"

"Yes, you *must*." / "No, you **need** *not*."

　(「それを言う必要がありますか」「あります」/「ありません」)

〔疑問文・否定文〕

　　＊　need を本動詞として使えば，次のようになる。

　　　　"*Do* I *need to* say that?"　"Yes, you *do*." / "No, you *don't*."

注 | 助動詞 need と本動詞 need の違い：

need を助動詞として使った場合と，本動詞として使った場合では，特に《英》では次のような意味上の違いがあるといわれる。助動詞の場合は話し手の主観的指示，本動詞の場合は現実世界の客観的叙述といってもよい。

　　He *need not be* told.　　　　　　　　　　　　　　〔助動詞〕

　　　(〔彼が知らなくても〕彼に知らせなくてよい)……事実には関係なく

　　He *doesn't need to be* told.　　　　　　　　　　　〔本動詞〕

　　　(〔彼は知っているから〕知らせなくてよい)……事実から判断して

(2) 過去のことについて言う場合

時制の一致の場合には need のまま過去時制として用いる。

　The husband *told* his wife that she **need** not wait up.

　　(夫は妻に起きて待っていなくてもよいと言った)

一般的には，助動詞の need には過去形がないので，過去のことについて言う場合には次の2種類の形が用いられるが，意味に違いが生じる。

❶ 〈didn't need to ～〉〈didn't have to ～〉:

「～する必要がなかった」というだけで，実際に「～した」かどうかは文脈による。

　You *didn't need to* [*didn't have to*] *quit* your job.

　　(君は勤めをやめる必要がなかった)〔やめたかどうかは不明〕

❷ 〈need not have＋過去分詞〉:

「～する必要がなかったのに(…した)」の意を表す。

　You *need not have quit* your job.

　　(君は勤めをやめる必要がなかった〔のにやめた〕)

§209　dare の用法

dare は「あえて～する」という意味であり，現在形 dare と過去形 dared がある。本動詞にも助動詞にも用い，両者の混ざった用法もある。助動詞としてはおもに**否定文・疑問文**に使うことが多く，肯定の平叙文では本動詞として使われるのがふつう。

　　＊　全体として dare は現代英語ではそれほど用いられない。本動詞として用いられるほうが多く，特に《米》でその傾向が強い。

(1) 否定文

❶ 現　在

She **dare** not laugh.（彼女は笑う勇気がない）　　　　〔助動詞〕
= She *does* not *dare to* laugh.　　　　　　　　　　　〔本動詞〕
= She *does* not *dare* laugh.

*　最後の言い方は dare が助動詞と動詞の中間の性質を持っていることを示している。

❷ 過　去

She **dared** not laugh.（彼女は笑う勇気がなかった）　　〔助動詞〕
= She *did* not *dare to* laugh.　　　　　　　　　　　〔本動詞〕
= She *did* not *dare* laugh.

*　時制の一致で dare がそのまま過去時制として使われることがある。
　　She said she *daren't* [*dared not*] laugh.　〔daren't はおもに《英》〕

(2) 疑問文

Dare you say that to the boss?（それをボスに言う勇気があるのか）
= *Do* you *dare* (*to*) say that to the boss?

*　過去の場合 Did you *dare* (*to*) say ...? がふつう。

(3) dare を用いた慣用表現

❶ How dare you ～ ?：「よくも図々しく～できるな」

How dare you talk to me with such disrespect?
（よくも私にそんな失礼な口がきけるな）

*　**Don't you dare** speak to me like that! は「私にそんな口をきいたら承知しないぞ」という強い警告。

❷ dare say ～：「たぶん～だろう」《おもに英》

He'll come, **I dare say.**（たぶん彼は来るでしょう）

*　dare say は1語の動詞として daresay とも綴る。

§210　be の用法

be には本動詞としての用法（→ p.385）もあるが、助動詞としては次のような用法がある。

(1) 〈**be**＋現在分詞〉：進行形を作る。（→ pp.425～431）

Dad **is cutting** his nails.（お父さんは爪を切っている）

(2) 〈**be**＋他動詞の過去分詞〉：受動態を作る。（→ p.566）

Miss Smith **is respected** by all.
（スミス先生はみんなに尊敬されている）

*　〈be＋自動詞の過去分詞〉は一種の完了形を作る。（→ p.420）

§211 have の用法

have には本動詞としての用法 (→p.387) もあるが,助動詞としては次の用法がある。

(1) **〈have [has, had] +過去分詞〉**: 完了形を作る。(→pp.418~424)

I've *had* enough. (もう十分にごちそうになりました)

(2) **have got ~**:「~を持っている」

完了形で現在の意味を表す。(→p.419)

もと《英》のくだけた言い方であったが,今では《米》でも用いられる。ともに have のほうが改まった言い方。

I've got a rare old coin.

(僕は珍しい古銭を持っている)

　※ このほか,have to の形で must に相当する働きをすることもある。(→p.445)

§212 do の用法

do には本動詞としての用法 (→p.386) もあるが,助動詞としては次の用法がある。

(1) **否定文を作る** (→p.62)

I **don't** drink coffee very often.

(私はコーヒーはあまり飲みません)

Don't be absurd, Billy. (ばかなことを言うな,ビリー)

(2) **疑問文を作る** (→p.64)

Does your father like oysters? (お父さんはカキがお好きですか)

Do you know when World War Ⅱ broke out?

(第二次世界大戦がいつ起こったか,知っていますか)

When **do** you think World War Ⅱ broke out?

(第二次世界大戦がいつ起こったと思いますか)

(3) **強　調** (→p.779)

ある事柄が事実であることを強調する。後に原形不定詞がくる。do に強勢がある。

This pearl **dóes** *look* real, but it's not.

(この真珠は確かに本物のように見えるが,本物ではない)

Dó *come* and *see* me again one of these days.

(ぜひまた近いうちにお出かけください)

(4) 倒置構文で

おもに little, never, nor, not, only, well などの副詞が強調のために文頭に置かれるとき,〈do+主語+本動詞〉の語順になる。(→ p.770)

Well **do** I remember the day I saw you for the first time.
(あなたに初めてお会いした日のことはよく覚えていますとも)

Little **did** I dream that the girl was my niece. 《文語調》
(その娘が私の姪であろうなどと, 夢にも思わなかった)

I do not borrow, *nor* **do** I lend.
(私は借りもしないし貸しもしない)

(5) 代動詞

前にある動詞 (+目的語, 補語など) の反復を避けるために用いられる。助動詞ではなく, 本動詞と考えてもよい。

"Who said that?" "I **did** (= said that)."
(「だれがそう言ったの?」「僕さ」)

In July it rains more in Kyushu than it **does** in Hokkaido.
(7月には北海道より九州のほうが雨が多く降る)

I like cats and so **does** my wife.
(私も猫が好きだが, 家内も猫が好きです)
(= I like cats and my wife likes them, too.)

Latin never appealed to him, and nor [neither] **did** Greek.
(ラテン語も彼には魅力がなかったし, ギリシャ語もそうだった)

He seems happy, and so **does** she.
(彼は幸せそうだし, 彼女もそのようだ)

注 do が示す語句:
(1) 次の文の違いに注意。
I didn't want Mary to let Bill kiss her, but she *did* (= she let Bill kiss her). (僕はメアリーにはビルが彼女にキスすることを許してほしくなかった。それなのに彼女は許した)
I didn't want Mary to let Bill kiss her, but he *did* (= Bill kissed her). (……。それなのにビルはキスしてしまった)
I didn't want Mary to let Bill kiss her, but John *did* (= John wanted Mary to let Bill kiss her).
(……。それなのにジョンはメアリーにそうさせたがった)
(2) 代動詞が前の〈動詞+目的語〉をそのまま繰り返していない場合。
I broke my arm, and so *did* she.
= I broke my arm, and she broke *her* arm, too.
(私は腕を折ったが, 彼女も折った)
* 彼女が私の腕を折ったのではないことに注意。

第 **12** 章 不 定 詞
INFINITIVES

> 不定詞・分詞・動名詞は，動詞の働きのほかに名詞・形容詞・副詞などの働きもし，主語の人称や数によって語形が変化しない。この3つを**準動詞** (Verbal) という。不定詞には to 不定詞と原形不定詞の2つがある。

第1節 不定詞の形

§213 to 不定詞と原形不定詞

不定詞はもともとは動詞を**名詞**に用いたものだったので，古くは名詞と同じように格による語尾の違いがあり，その1つは**方向を示す前置詞の to** の後に用いられていた。それがしだいに語尾の形が同じになってしまったため，to の有無だけの違いになり，用法がいろいろと混同されながら今日にいたったものである。不定詞という名は，**主語の人称や数の限定を受けない**という意味に由来する。

1 to 不定詞 (to-infinitive)

〈**to＋動詞の原形**〉の形。この to は本来の「方向」の意味をほとんど失って，不定詞であることを示す記号となっている。**名詞用法・形容詞用法・副詞用法**として広く用いられる。単に不定詞ということもある。

It's good **to see** you again. 【挨拶】
　（またお会いできてうれしいです）　　　　　　　　　　　〔名詞用法〕
Do you have anything **to declare**? 【質問】
　（〔税関で〕特別に申告するものがありますか）　　　　　〔形容詞用法〕
"Why did you go out?" "**To buy** some bread."
　（「なんで出かけたの?」「パンを買いに」）　　　　　　　〔副詞用法〕
"I'm sorry **to have kept** you waiting." "Not at all. I've just arrived myself." 【謝罪】
　（「お待たせして申しわけありませんでした」「どういたしまして。私も今着いたばかりです」）

> [参考] **Long time no see.**:
> Long time no see. (お久しぶり) 【挨拶】
> このくだけた挨拶は, It's nice *to see* you again after such a long time. (お久しぶりですね)の意味で, ごく親しい者の間で使われる。It is などを略したものではなく, 同じ意味の中国語をそのまま訳して英語に借入したもの。アメリカ先住民の英語をまねたものだという人もいる。

2 原形不定詞 (Bare Infinitive)

動詞の原形をそのまま用いるもの。**to のない不定詞**, または形の上から単に**原形**と呼ばれることもある。原形不定詞は, 次のように比較的限られた場合に用いる。(→第4節)

❶ 助動詞の後で
We *must* **go** to the store to get some food.
(食料を買いに店に行かなくては)

❷ 使役動詞の後で
The pepper made me **sneeze**.
(コショウのせいでくしゃみが出た)

❸ 知覚動詞の後で
I *heard* the car **stop** short.
(車が急停車する音が聞こえた)

❹ 慣用表現
I think I *had better* **leave** now. 【挨拶】
(そろそろ失礼したほうがよいと思います)

3 to 不定詞と原形不定詞の両方が可能な場合

次の場合には, 原形不定詞を用いることもある。to 不定詞も用いるので, 原形不定詞にしなければならない場合とは区別すること。(→ p. 502)

(1) 〈**help [know] + 目的語 + (to) do**〉の形で
He *helped* his brother (**to**) **paint** the room.
(彼は兄がその部屋にペンキを塗るのを手伝った)
This book will *help* you (**to**) **understand** Japanese grammar.
(この本を読めば, 日本語の文法がよくわかるようになります)
I have never *known* a horse (**to**) **eat** fish.
(馬が魚を食べるなどということは聞いたことがない)
  * 〈know + O + to do〉は, 完了形か過去時制に用い, to をつけないのは《主に英》。(→ p. 494)

> 〔参考〕 **help** と不定詞:
> (1) **help** の場合は，目的語の次の不定詞に to がないと助けてくれる人が直接手伝うことを暗に意味し，to のある形は結果的に助けになる意になるので，無生物主語の場合は to 不定詞を用いるのがふつうという説もあるが，最近では特にこうした区別なしに用いられている例も多い。また音調の上から，目的語が長い場合には to を入れるのがふつう。
> (2) **help** は，目的語なしで後に不定詞が直接つくときも，to 不定詞と原形不定詞の両方を用いることができる。くだけた言い方ではむしろ原形不定詞のほうがふつうで，学術論文などでは原形不定詞と to 不定詞がほぼ半々ぐらいだと言われる。[*LGSWE*]
> *She helped* (**to**) **wash** the dishes.（彼女は皿を洗うのを手伝った）

(2) be 動詞の補語になるとき

All you have to do *is* (**to**) **study** as hard as you can.
（君はただ精いっぱい勉強に励みさえすればよい）

The best I could do *was* (**to**) **cheer** him up.
（私にできることはせいぜい彼を元気づけてやることだけだった）

* くだけた言い方に多く，特に《米》でよく用いられる。**be** 動詞の主部となる部分に **do** が含まれることが多いが，リズムの影響などもあるといわれる。

(3) than の後で

She preferred to stay at home rather *than* (**to**) **go** out.
（彼女は外出するより家にいたいと思った）

* 意味上続く助動詞が前にあるときは，than の後も原形不定詞がふつう。
I *would* rather *stay* at home *than* **go** with him.――would に注意。
（彼と一緒に行くくらいなら家にいたほうがよい）

4 代不定詞

　同じ動詞（＋目的語など）を繰り返すのを避けるために，**to 不定詞の to だけを用いる**ことがあり，これを**代不定詞**という。一種の省略法で，くだけた言い方に多い用法である。構文としては，want や intend などのように to 不定詞を目的語や目的格補語にとる動詞の場合や，ought to, have to, be able to など，不定詞を含む成句の場合にもよく見られる。

You can stay here if you *want* **to**.
　（ここにいたかったら，いていいよ）
(=... if you want **to** *stay* here)

I'll help you whenever you *want* me **to**.
　（助けてほしいときにはいつでも，助けてあげます）

(=... whenever you want me **to help** *you*)

I would like to join you, but I'm afraid I won't *be able* **to**.
(お仲間に入りたいのですが、入れないのではないかと思います)
(=... I won't be able **to join** *you*)

§214 不定詞の完了形

不定詞は主語の人称や数によって変化はしないが、動詞としての性格もあるので、完了形にすることができる。

1 不定詞の完了形

不定詞の完了形は〈**(to) have＋過去分詞**〉の形で表す。完了形の不定詞を**完了不定詞**ともいう。

He seems **to have passed** the examination.　　　〔to 不定詞〕
(彼は試験に合格したようだ)

You should **have been** more careful.　　　〔原形不定詞〕
(君はもっと注意深くすべきだった)

2 完了不定詞の用法

(1) 述語動詞の時制より前の時を表す

不定詞自体には時制はないが、〈(to) have＋過去分詞〉という形を用いることによって、文の述語動詞の示す時よりも以前の時であることを表すことができる。(→ p.501)

The computer *seems* **to have been** out of order.
(コンピュータは故障だったように思われる)
(=It *seems* that the computer *was* [*has been*] out of order.)
　＊ この場合、was と考えるか has been と考えるかは文脈しだいである。

The computer *seemed* **to have been** out of order.
(コンピュータは故障だったように思われた)
(=It *seemed* that the computer *had been* out of order.)

(2) 助動詞 may, must, cannot などとともに用いる

過去のことに対する推定を表す。次の各項を参照。

may (→ p.440)　　　might (→ p.442)
must (→ p.444)　　　cannot (→ p.436)
should (→ p.457)　　ought to (→ p.448)

She *cannot* **have said** so. (彼女がそう言ったはずがない)

(3) **助動詞 should, ought to とともに用いる**

実現されなかったことに対する非難・遺憾などの気持ちを示す。

ought to (→ p. 448)　should (→ p. 456)

You *should* **have come** earlier.

（君はもっと早く来るべきだったのに）

　　＊ ..., but you didn't. ということ。

(4) **願望・期待・意図・予定など，未来に関する動詞の過去形とともに用いる**：実現されなかった計画や予定を表す。

❶ was [were] to とともに

I *was* **to have left** yesterday.

（昨日出発するつもりだったのですが）

❷ intend, mean, hope, expect などの動詞の過去形とともに

I *intended* **to have finished** the homework.

（私は宿題をやり終えてしまうつもりだったのだが）

(＝I *had intended* to finish the homework.) (→ p. 423)

　　＊ ❷の用法は形式ばった形で今はあまり用いられず，（　）内に示したように，述語動詞を過去完了にする形のほうがふつうである。

> **注** 非実現の意図の現代用法：
>
> 　現代の英語では，実現されなかった意図や計画は，〈was [were] to have+過去分詞〉，あるいはもっとふつうには，〈was [were] going to ～, but ...〉，〈was [were] to ～, but ...〉の形で表されることが多い。
>
> He *was going to* sue me, **but** I persuaded him it was pointless.
>
> 　　（彼は私を訴えようとしたが，私はそれが無意味であることをわからせた）
>
> 　また，intend などを使う場合も，I intended to ～, **but** ... というように，文脈で明らかにされることが多い。
>
> I *intended to finish* the homework, *but* I *couldn't*.
>
> 　　（私は宿題を終えるつもりだったが，できなかった）

§215　不定詞の受動態と進行形

1 受動態の不定詞

　不定詞はもともと動詞が名詞的に用いられたもので，主語も必要なく，態を示す必要もなかったが，しだいに動詞の性質を帯びるようになってきて，主語を示したり，それに応じて受動態になったりするようになった。

　受動態の不定詞にも，述語動詞の時制と同時またはそれ以降であることを表す単純形と，それ以前であることを表す完了形の2種類ある。

❶ 単純形：〈(to) be＋過去分詞〉

I was very glad **to be invited**. 【挨拶】
(ご招待いただきましてとてもうれしく思いました)

❷ 完了形：〈(to) have been＋過去分詞〉

Jim was proud **to have been chosen** captain of the team.
(ジムはチームの主将に選ばれたことを誇りに思った)

2 能動態の不定詞と受動態の不定詞の用法上の注意

(1) 両者を区別する必要のある場合

❶ 不定詞の意味上の主語が文の主語と同じで，その不定詞の示す行為をする立場にあるときは能動態。

I have some work **to do**. (私にはやるべき仕事がある)
　　＊ to do の意味上の主語は I で，「する」立場にある。

❷ 不定詞の意味上の主語が文の主語以外の人[物]からその動作を受ける立場にあることが明白なときは受動態。

I want *all these books* **to be returned** by tomorrow.
(この本はすべて明日までに返してもらいたい)
　　＊ to be returned の意味上の主語は all these books で，これは文の主語である I 以外の人によって「返される」立場にある。

(2) 両者とも意味が変わらない場合

❶ There is ～ 構文などで，**不定詞の主語が表現されていない場合**

不定詞が形容詞用法で名詞の後に置かれる場合は，その名詞が不定詞の意味上の目的語にも主語にもなりうるから，能動態，受動態のどちらをもとることができる。

There is no *time* **to lose**. (一刻も猶予ができない)
　　＊ time は to lose の意味上の目的語。

There is no *time* **to be lost**. (一刻も猶予ができない)
　　＊ time は to be lost の意味上の主語。
　　She had no time **to lose**. のように不定詞の意味上の主語 (she) がはっきりしているときには，これを to be lost とすることはできない。

> **注** something to do / to be done：
> something, nothing の後に置かれる場合，能動態の不定詞と受動態の不定詞とで意味が多少異なる場合がある。
> There is *nothing* **to see**. (見るべきものは何もない)
> There is *nothing* **to be seen**. (何も見えない)

❷ **不定詞の前に一般の人を表す主語を補って考えれば能動態になる場合**

a. This story is too long **to read** in an hour.
b. This story is too long **to be read** in an hour.

(この物語は長すぎて1時間では読めない)
  * a.では to read の前に **for us** を補い，b.では文の主語である this story が不定詞の意味上の主語であると考える。

(3) 成句として慣用的に受動の意味を能動態で示す場合：〔受動不定詞〕

Is there a house **to let** around here?

(このへんに貸家はありませんか)

  * 「貸家」は理論上は a house to be let だが，成句として a house *to let* という。(to be let としてもよい。)《米》では a house for rent という。

The driver was **to blame** for the accident.

(その事故は運転手の責任だった)

  * blame は「とがめる」という意味の他動詞だから，to be blamed になるべきであるが，慣用的に to blame が形容詞のように感じられるので，この形になっている。to be blamed としてもよいが，かえって形式ばった感じになる。

3 不定詞の進行形

不定詞の進行形は〈**(to) be＋〜ing**〉で表す。

He seemed **to be listening** to me.

(彼は私の言うことに耳を傾けているようだった)

He seemed **to have been reading**.

(彼はずっと読書をしていたようだった)

> **注** 受動態不定詞の進行形：
> 受動態の不定詞の進行形は，〈(to) *be being*＋過去分詞〉のように，be と being が重なるので，実例は少ない。
> History **seems to be being rewritten.**
>   (歴史は書き換えられているようだ)

§216 不定詞の否定形と分離不定詞

1 不定詞の否定形

(1) 不定詞の否定形

not (to) do のように，否定語を**不定詞の直前**につけて表す。

She pretended **not to be** listening.

(彼女は聞いていないふりをした)

> **注** 原形不定詞の否定形：
> to のない場合に特に not の位置に注意が必要である。(→ p.505)
> I had better *not eat* so much. (私はあまり大食しないほうがよい)
>   * You had better 〜. の疑問文は Hadn't you better 〜? がふつう。

(2) 「～しないように」という否定の目的を表す場合

❶ be careful, take care などの後では **not to ～** を用いる。

Take care **not to catch** cold.

（風邪をひかないように注意しなさい）

❷ その他の場合には ⟨**so as not to ～**⟩ または，より堅い言い方では ⟨**in order not to ～**⟩ を用いるのがふつう。

I turned off the radio **so as not to** *disturb* her.

（私は彼女の邪魔をしないようにラジオを切った）

They hid themselves in the cave **in order not to** *be seen* by the enemy.（彼らは敵に見られないように洞穴の中に隠れた）

　　＊ Try **not to be** *seen* by anyone.（だれにも見られないようにしなさい）
　　のような(1)の形と区別すること。

2 分離不定詞 (Split Infinitive)

(1) 不定詞を修飾する副詞のふつうの位置

不定詞を修飾する副詞は，本来は**不定詞の前か後**に置かれる。

I said it *just* **to tease** her.

（私はただ彼女をからかうためにそれを言っただけだ）

You must try **to speak** *more slowly*.

（君はもっとゆっくり話すようにしなければいけない）

(2) 分離不定詞

修飾する副詞が，to と原形の間に入る形を**分離不定詞**または**分割不定詞**という。この場合の副詞には，程度・様態・時などを表すものが多い。文法上なるべく避けたほうがよいとされてきたが，実際には意味を明確にしたり，文の自然のリズムを保つためによく見られる形であり，最近は容認されてきている。

I want **to** *really* **study**; I want to be a scholar.

（私は本当に勉強したい。私は学者になりたいのだ）

　　＊ リズムが自然。くだけた言い方。

He failed **to** *entirely* **comprehend** it.

（彼はそれを完全には理解できなかった）

　　＊ entirely は comprehend にかかり，「〔それを完全に理解すること〕はできなかった」という意味が明確である。これを，
　　　｛He failed *entirely* **to comprehend** it.
　　　｛He failed **to comprehend** it *entirely*.
　　とすると，entirely が述語動詞の failed にかかって，「〔それを理解すること〕が全くできなかった」という意味にもとれてあいまいになる。

第2節 to 不定詞の用法

§217 to 不定詞の名詞用法

to 不定詞が名詞として働く場合には，ふつうの名詞と同じように，文の主語，目的語，補語になる。

1 主語としての用法

(1) **It is ... to ~ の構文で**

単独の文では，to 不定詞を後にまわして形式主語の it を文頭に出すほうがふつうである。

It is impossible **to control** market tendencies.
（市場の動向を統制するのは不可能である）

(2) **to 不定詞が文や節の頭にくる場合**

2つの to 不定詞が対比される場合や，文の前後の流れから全体の口調やリズムが自然に感じられるような場合には, to 不定詞が文や節の頭にくることがある。

To err *is* human, **to forgive** divine.《ことわざ》　　〔対比〕
（過つのは人の常，許すのは神の道）

Jane always greeted people with a smile, and **to see** her doing so warmed their hearts.　〔it に置き換えないほうが文が滑らか〕
（ジェーンはいつも笑顔で人に接したが，それを見るとみなの心も温まった）

2 目的語としての用法

(1) **他動詞の目的語** 〔→ p. 487〕

I *like* **to play** the guitar.
（私はギターを弾くのが好きです）
　　＊ like のように好き嫌いを表す動詞の場合は，動名詞の playing も目的語にとることができる。〔→ p. 537〕

I *want* **to play** the guitar.（私はギターを弾きたい）
　　＊ want のように特定の行為に対する意欲や意図を示すような場合には，動名詞ではなく to 不定詞を用いる。〔→ p. 536〕

注　〈S+V+it+C+to ~〉:
　　〈S+V+O+C〉の第5文型の構文では，形式目的語の it を用いる。
　　The judges found *it* difficult **to decide** between the two

contestants.
（審査員たちはその二人の出場者の優劣はつけ難いと思った）

この形をとる動詞は **find** と **make** が大半を占め，形容詞は find には difficult, easy, hard など，make には clear が最も多いという。
[*LDSWE*]

(2) 前置詞の目的語

to 不定詞は原則として前置詞の目的語になることはできない。ただし，except の意味の but の後にくる不定詞は，but の目的語と考えられる。

There was nothing for it [I had no choice] *but* **to keep** silent.
（黙っているより仕方がなかった）

Dora did nothing *but* **sit** in the house crying all day long.
（ドラは一日中泣きながら家の中で座っているだけだった）

* 上の第2例のように but の前に do か can があれば，それとの関連で原形不定詞になるが，第1例のように do, can が前にない場合や，choice がある場合は to 不定詞になるのがふつう。

3 名詞と同格の用法

名詞（句）の内容を説明する to 不定詞は，その名詞（句）と同格になる。前の名詞（句）を説明しているので，形容詞用法と考えてもよい。（→ p.820）

His *ambition* **to become** *the world swimming champion* was understandable.（水泳の世界チャンピオンになろうという彼の野望はもっともなことであった）

4 補語としての用法

(1) 主格補語

My plan *is* **to build** a new house.
（私の計画は新しい家を建てることです）

To do good *is* **to be** happy.
（善をなすことは幸福になることである）

* *To do*$_1$ is *to do*$_2$. の形では，「～すれば（必ず）…することになる」という関係になる。

注 ⟨be [seem] to ～⟩ との見分け：
be と seem の補語になる文型では，to 不定詞は形容詞用法と区別しにくい場合が多く，また be to ～ の形とも混同されやすい。これを見分けるには，be to, seem to を1つの助動詞とみて文が成立するかどうかを試せばよい。（→ p.484）

(2) 目的格補語

⟨S+V+O+to 不定詞⟩ の to 不定詞は目的格補語とされることが多い

We consider *him* **to be** honest. （我々は彼が正直だと思っている）

(＝We consider *that he is honest.*)

* この文で to be を省略して，We consider him honest. とすると，はっきりした SVOC の第5文型の構文になる。that 節を用いるほうがくだけた言い方。

§218 to 不定詞の形容詞用法

1 限定用法

形容詞に**限定用法**と**叙述用法**があるように，to 不定詞の形容詞用法にも限定用法と叙述用法の2用法がある。

不定詞の形容詞用法では，修飾される名詞が不定詞の意味上の主語になったり目的語になったりする。

(1) 主語関係

修飾される語が不定詞の意味上の主語になる。

I have no *one* **to help** me.

（私には助けてくれる人がいない）

(＝I have no one *who will* [*is to*] *help* me.)

* I have no one *to help*. のように，help の目的語がない場合には，no one *whom I am to help*「私が助けてやるべき人」という目的語関係の意味になる。（→ (2)）

Neil Armstrong was *the first person* **to set foot** (＝who set foot) on the moon.

（ニール・アームストロングが，月面に最初に足を踏み入れた）

* 「～という点で」の意味で，first にかかる**副詞用法**とする見方もある。

(2) 目的語関係

修飾される語が不定詞の意味上の目的語になる。

I have an *assignment* **to do** today.

（私には今日やらなければならない宿題がある）

(＝I have an assignment *that* I should *do* today.)

関係代名詞の節が不定詞で書き換えられる場合，関係代名詞が主語か目的語かによって，2とおりの不定詞構文ができる。

There are a lot of good *books* **to read** in the world.

(＝which we should read).〔目的語関係〕

There are a lot of good *books* **to be read** in the world.

(=which are to be read).〔主語関係〕
(この世には読むべき良書がたくさんある)

(3) 修飾される語が不定詞句の中の前置詞の目的語になる場合

関係代名詞が節中の前置詞の目的語になる場合には，to 不定詞を用いた場合にも原則として前置詞が必要である。

He is now looking for a bigger *house* **to live in** (=*which* he can live **in**).（彼は今もっと大きな住宅を探しています）

この 〈*which* he can live **in**〉 の in を関係代名詞の前に出すと，〈**in** *which* he can live〉 となる。こうしてから，he can live の部分を不定詞の to live に置き換えると 〈**in** *which* to live〉 となるので，全文を次のような形に書き換えることもできる。

He is now looking for a bigger house **in which to live**.
　　* これはやや形式ばった言い方。

> [注] 不定詞に続く前置詞と副詞：
> She had a maid to live in.（彼女は住み込みのお手伝いさんを雇った）の in は副詞で，a maid は不定詞の意味上の主語になる。

動詞が**他動詞**の場合も，同じように2とおりの形がある。

This shirt has no pocket **to put** things **in**.
=This shirt has no pocket **in which to put** things.
（このシャツには物を入れるポケットがない）

> 〔参考〕 **place to live**:
> 名詞が **place** の場合には前置詞はなくてよい。動詞が live 以外でも省くことがある。
> We must make the Earth a healthier *place* **to live**.
> （我々は地球をもっと健康的な住みかにしなければならない）
> Florida is the ideal *place* **to spend** a vacation.
> （フロリダは休暇を過ごすのに理想的な場所です）

(4) その他の修飾関係──関係副詞が導く形容詞節に相当する。

It is time **to go** to bed now.（さあ寝る時間ですよ）
(*cf.* It is time you went to bed now.) (➡ p.559)
What is the best way **to learn** English?
（英語を身につける一番良い方法は何ですか）
　　* the way *in which to learn* は堅い言い方になる。

> [注] 限定修飾と同格：
> I have the honor *to inform* (=of informing) you that ...「謹んで申し上げますが…」のような形では，to inform は前の名詞 honor と同格の関係になっているので，名詞用法と考えるのがふつう。(➡ p.474)

2 叙述用法

to 不定詞が**不完全自動詞の補語**になる場合は，叙述用法となる。

That answer *appears* **to be** wrong.
(その答えはまちがっているように見える)
(=It appears *that that answer is wrong*.)

Prices *seem* **to be** stable these days.
(物価は近ごろは安定しているようだ)
(=It seems *that prices are stable these days*.)

The rumor *turned out* **to be** true.
(そのうわさは本当だということがわかった)
(=It turned out *that the rumor was true*.)

注 ⟨**seem [appear] to** ...⟩:
これらを形容詞用法などと分類すること自体にはあまり意味がない。たとえば seem to を1つの助動詞とみる考え方もある。(→ p.484)

Q&A 76 I have no money to buy a car. に with は不要か？

なくてもよい。Give me something *to write with*. なら，something *that I can write with*「何か書ける物[道具]」ということであるから，with が必要である。to write on とすれば「何か書ける物(紙)」の意味になる。

しかし，I have no money *to buy* a car. という文では，with をつけないことが多い。これは money に物を買う力があると考えて，buy の主語のように感じたり，あるいは，to buy a car が目的を表す副詞用法とも考えられるためであると説明されている。

§219 to 不定詞の副詞用法

1 動詞を修飾する用法

(1) 目的を表す

❶ to 不定詞は前の動詞を修飾して「～するために」という目的を表す。

You come to school **to study**, not **to play**.
(諸君は学校へ勉強しに来るのであって，遊ぶために来るのではない)
 * この to study, not to play は come を修飾してその目的を表している。

❷ 目的の意味をいっそう明確にするために **so as** や **in order** をつけることがある。

(a) ⟨**in order to ～**⟩:「～するために」
目的の意味を強調するが，やや堅い言い方。

I had to shout **in order to** make myself heard.
(私は自分の言うことを聞いてもらうために大声を出さなければならなかった)

* 〈in order to ～〉を文頭に出すこともある。論文などで，論述の進め方を明確にする場合によく見られる。

(b) 〈**so as to ～**〉:「その結果～となるように」
目的というよりも結果を表すと考えられる場合もある。
The people stood up *so as* **to see** the parade better.
(人々は行進がもっとよく見られるように立ち上がった)
I hurried out *so as* **to be** in time for class.
(授業に間に合うように急いで家を出た＝急いで家を出たので授業に間に合った)

(c) 〈**so as not to ～**〉，〈**in order not to ～**〉:「～しないように」

(➡ p.471)

He stood quite still in the dark *so as not* **to be** noticed.
(彼は気づかれないように暗いところにじっと立っていた)

* **not to ～** だけを用いるのは，ふつう take **care** や be **careful** の後に続く慣用形の場合である。

(2) **結果を表す**:「～した結果…」
He grew up **to be** a famous scholar.
(彼は大きくなって有名な学者になった)
慣用句として，〈**never to ～**〉と〈**only to ～**〉がある。
He went to Africa in 1963, *never* **to come** back.
(彼は1963年にアフリカへ行ったまま二度と戻ってこなかった)
I hurried to the station, *only* **to miss** the train.
(私は駅まで急いだが，列車に乗り遅れてしまった)

> **注** 〈only to ～〉:
> only to ～ は意志を表す動詞について，目的とまちがえられないように only をつけたもの。意外または失望的なことを表す。only to ～ の前のコンマはつけなくてもよい。only to ～ が「ただ～するために」という意味で用いられることもある。
> Some books are written *only to* make money.
> (金もうけのためだけに書かれている本もある)

(3) **原因・理由を表す**
感情の原因を表す場合が多い。
I am relieved **to hear** that.　　　　　　　　　　　　　　【安堵(ど)】
(それを聞いてほっとしました)

(4) 判断の根拠を表す

「〜するとは」という意味で，断定または推定の判断の根拠を示す。

He must be crazy **to go** out in this stormy weather.
（こんな嵐の中を出かけるなんて，彼はどうかしているにちがいない）

How kind you are **to come** all the way to see me !
（わざわざ会いに来てくださるなんて，何とご親切なんでしょう）

(5) 条件を表す

if の意味を含む。仮定法の構文にも用いられる。（→ p.555）

To hear him talk, you would take him for a foreigner.
（彼が話すのを聞いたら，外国人だと思ってしまうだろう）

(6) 感嘆・願望を表す

❶ To think 〜 ! などの形で，「〜とは」という驚きや意外の意味を表す。That ... should 〜 ! という構文よりもくだけた言い方だが文語的。

To think that I was once a billionaire !
（この私がかつては億万長者だったとは）

❷ oh を前につけて願望を表す。文語的で古風な表現とされる。

Oh, **to be** in England !（ああ，イングランドにいたいものだ）
(=I wish I were in England.)

> **注** 1. 〈come to 〜〉:
> 〈come [get] to 〜〉（〜するようになる）などの形は何用法と断定しにくい。たとえば come to like it なら「それが好きになる」というので，意味の中心は like にあり，come to はむしろ一種の助動詞的なものとして働く。
> You will *come to like* Tokyo soon.
> （そのうち東京が気に入るでしょう）
> be to, have to, tend to, fail to なども助動詞に準じて考えてよい。

> **注** 2. 〈as if to 〜〉:
> as if, as though に to 不定詞の続く形がある。（→ p.561）
> Pat raised a bottle up *as if to strike* me.
> （パットは私をなぐるかのように，びんを振りあげた）

2 形容詞・副詞を修飾する用法

(1) 形容詞を補う

❶ 〈**be ready to 〜**〉, 〈**be anxious to 〜**〉などの形をとるもの

We **are** all **anxious to know** the truth.　　　（→ p.283）
（我々はみな真相を知りたいと思っている）

❷ **easy, difficult** などを限定するもの

He isn't *easy* **to please**.
(彼は気難しい人だ)

(→ p. 282)

(＝It isn't easy to please him.)

This river is *dangerous* **to swim** in.
(この川は泳ぐには危険だ)

(＝It is dangerous to swim in this river.)

(2) 程度を示す

形容詞・副詞の程度を限定するもので，〈enough to ～〉,〈too ... to ～〉,〈so ... as to ～〉などの形をとる。

❶ 〈**enough to ～**〉:「～するのに十分な」

You are *old* **enough to know** better.
(君はもう分別のついてよい年ごろだ)

  * この文は You are *so* old *that* you should know better. とは意味がずれる。つまり，この場合の old enough to ～ は「～するだけの年ごろで」という意味であって，「非常に年老いている」ということではない。

❷ 〈**too ... to ～**〉:「あまりに…なので～しない [できない]」

This problem is **too** *difficult* for me **to solve**.
(この問題は私には難しすぎて解けない)

(＝This problem is *so* difficult *that* I *cannot* solve it.)

Q&A 77 This stone is too heavy for me to lift (it). の最後の it はつけないのが正しいのか？

原則として，一般に〈**too ... for A to ～**〉のように，〈**for A**〉のある構文では，不定詞の意味上の目的語はつけることもあり，つけないこともある。

問題の This stone is **too** heavy *for me* **to** lift (it). というような場合には，to 不定詞の意味上の目的語（文の主語と同じで，ここでは this stone をさす代名詞の it）は，置いてもよいわけだが，実際の用例では省かれるほうがふつうである。意味上の目的語 (it) がない場合には，*too* heavy *for* me（私には重すぎる）という意味のまとまりが強く感じられ，次の to lift はただ「どういう点で」ということを説明すればよいので，ここでは「持ち上げる」という動作だけを示せば十分だからと考えればよい。

これに対して，不定詞の意味上の目的語が省かれないで置かれている場合には，〈*for me to lift* it〉の部分がまとまっていて，for me は to 不定詞の意味上の主語で，「私がそれを持ち上げる (I lift it)」という文が，不定詞の構文になっていると考えられる。そうなると文の場合と同じで，他動詞である lift の次には目的語の it が必要になる。

ただし，どちらの場合も，〈**for me**〉がなければ **it** は必ず省かれる。

❸ 〈so ... as to ~〉:「~するほど…」「…して~」
この構文は，文脈により「程度」とも「結果」ともとれる場合がある。やや改まった言い方。[→ p. 339]

He was **so** kind **as to drive** me to the station.
(彼は親切にも私を駅まで車で送ってくれた)
(=He was kind *enough to* drive me to the station.)
The skirt was **so** long **as to touch** the floor.
(そのスカートはとても長くて床に触れていた)

§220 〈疑問詞＋to 不定詞〉

1 〈疑問詞＋to 不定詞〉の用法

what, which, where, when, how などの**疑問詞**に to 不定詞のついた形があり，全体として名詞句をつくる。

注 | why to ~:
why は Why *argue* with him?（どうして彼と議論したりするのか）のように〈why＋原形不定詞〉の形はとるが，〈why＋to 不定詞〉という形は特殊な場合以外はまれである。
I'll show you **how** *and why* **to automate** your home.
〔how と並列〕
(家庭生活をどう，またなぜオートメ化すべきなのか教えてあげよう)

(1) **主語として**

〈疑問詞＋to 不定詞〉が主語として用いられることはそう多くない。

What to read is an important question.
(何を読むべきかということは重要な問題である)
How to begin is more difficult than **where to stop**.
(どう始めるかということは，どこでやめるかということより難しい)

(2) **補語として**

The question [problem] is ~ という形が多い。
The problem was **where to set** up the tent.
(問題はどこにテントを張るかであった)

(3) **目的語として**：この用法が最も多い。

❶ 他動詞の目的語 [→ p. 473]
I don't know **what to think** of it.
(私はそれをどう考えていいのかわからない)
＊ what to think＝what *I am* to think である。
注 | know how to ~:
(1) 動詞 know と how to ~「~の仕方」との結びつきは特によく用い

られるので, knowing *how to do* something が knowhow（物事を行うための知識）という名詞になっている。
(2) don't know と同じような意味の be at a loss（途方にくれて）の次にも用いられる。

I *was at a loss* **what to do** (=about what I was to do).
（私はどうしてよいのか途方にくれてしまった）

❷ 〈他動詞＋目的語＋疑問詞＋to 不定詞〉

Traffic lights tell us **when to cross** the road.
（交通信号は私たちにいつ道路を横断したらよいのか教えてくれる）
  ＊「道路を横断すべきとき」と訳してもよい。

Please tell me **which** bus **to take** to get to the station.
（駅に着くにはどのバスに乗ればよいのか教えて下さい）
  ＊ このように疑問詞が疑問形容詞の場合もある。

Tell me **whether to trust** him or not.
（彼を信用してよいのかどうか教えてください）

2 〈疑問詞＋to 不定詞〉を目的語にとる動詞

to 不定詞を目的語にとる動詞が必ずしも〈疑問詞＋to 不定詞〉を目的語にとるとは限らず、また両者を目的語にとる動詞もその意味が異なる場合が多い。〈疑問詞＋to 不定詞〉を目的語にとる動詞は限られている。

(1) 他動詞＋〈疑問詞＋to 不定詞〉

他動詞が直接〈疑問詞＋to 不定詞〉を目的語にとるもの

❶ 〈疑問詞＋to 不定詞〉と to 不定詞のどちらも目的語にとるもの
 (a) どちらを目的語にしてもほぼ同じ意味で用いられる動詞
    decide（決める）や determine（決める）などがあるが, 疑問詞の有無で動詞の意味が多少は違ってくる。

  Have you *determined* **where to go**? 〔決定〕
  （どこへ行くか決めましたか）

  Bill *determined* **to go** to college. 〔決心〕
  （ビルは大学へ行こうと決心した）

    ＊ このように to 不定詞の場合は,「～しようと」の意が入ることが多い。

 (b) 〈疑問詞＋to 不定詞〉を目的語にとるか, to 不定詞を目的語にとるかによって**意味の異なる**動詞

| ask（尋ねる / 頼む）　　remember（覚えている / 忘れずに～する） |
| think（考える / するつもりである） |

    ＊ / の前が〈疑問詞＋to 不定詞〉, 後が to 不定詞をとる場合の意味。

He *asked* **how to open** the box.（彼はその箱の開け方を尋ねた）
He *asked* **to see** your daughter.
　（彼はお嬢さんに会わせてくれと頼んだ）
We must *remember* **where to take** refuge in case a big fire or earthquake occurs.（万一大火事や大地震が起こったら，どこへ避難すべきか覚えていなくてはならない）
I must *remember* **to lock** the door before I leave.
　（私は出る前にドアに忘れずに鍵をかけなくてはならない）

> **注** 〈think＋疑問詞＋to 不定詞〉:
> 　think が〈疑問詞＋to 不定詞〉を目的語にとるのは，cannot, could not の後か，進行形の場合がふつう。
> 　She *could not think* **how to do** it.
> 　　（彼女はそれをどうやったらよいのかわからなかった）
> 　I'*m thinking* **what to do** next.
> 　　（こんどは何をしようかと考えているところです）

❷ 〈疑問詞＋to 不定詞〉を目的語にとるが，to 不定詞はとらない動詞

consider（よく考える）	discover（見いだす）	discuss（話し合う）
explain（説明する）	find (out)（調べて知る）	know（知っている）
observe（注視する）	suggest（提案する）	tell（わかる）
wonder（〜かしらと思う）		

［誤］　Our teacher explained *to use* the word processor.
［正］　Our teacher *explained* **how to use** the word processor.
　　　　（先生はワープロの使い方を説明してくれた）

(2) 他動詞＋目的語＋〈疑問詞＋to 不定詞〉

　〈S＋V＋O＋疑問詞＋to 不定詞〉の形で間接目的語が入るもの

❶ 〈疑問詞＋to 不定詞〉と to 不定詞の両方を目的語にとる動詞

(a) どちらを目的語にしてもほぼ同じ意味で用いられる動詞
　　advise（忠告する）や teach（教える）が挙げられるが，to 不定詞のほうには使役的ニュアンスがあるなどの違いがある。

　　　She kindly *advised* me **what to do**.
　　　　（彼女は親切にもどうしたらよいか忠告してくれた）
　　　She kindly *advised* me **to read** the book.
　　　　（彼女は親切にもその本を読むように忠告してくれた）

(b) 〈疑問詞＋to 不定詞〉を目的語にとるか，to 不定詞を目的語にとるかによって**意味の異なる動詞**

ask（尋ねる／〜するように頼む）	tell（知らせる／〜するように言う）

I *asked* her **what to do** first.
(私はまず何をしたらよいか，彼女に尋ねた)

Kent *asked* me **to pose** for a picture.
(ケントは写真をとるからポーズをとってくれと私に頼んだ)

❷ 〈疑問詞＋to 不定詞〉を目的語にとるが to 不定詞はとらない動詞

inform（知らせる）　　　　　　　　　show（教える）〔to be は可〕

［誤］　Please show me *to shift* gears.
［正］　Please *show* me **how to shift** gears.
　　　（ギアの変え方を教えてください）
　　＊ to 不定詞のほうだけを目的語にとる動詞については (→ p.821)

§221 〈seem to ～〉と〈be to ～〉

1 〈seem to ～〉

seem to ～「～と思われる」は，**話し手の見方や判断を述べる表現**で，この場合の to 不定詞が名詞用法か形容詞用法かは決めにくい。seem to を1つの助動詞のように考える見方もある。

(1) seem の後の不定詞

be 動詞か**状態**を表す動詞が多く，**動作**を表す動詞の場合は習慣的行為か，**進行形**または**完了形**になったり，文脈を示す語句がつくことが多い。

He **seems to** *know* us.（彼は私たちを知っているらしい）〔状態動詞〕
He **seems** (*to be*) happy.（彼は幸せらしい）　　　　　〔be＋形容詞〕
The rumor **seems** (*to be*) nonsense.　　　　　　　　〔be＋名詞〕
　　（そのうわさはナンセンスに思える）
　　＊ to be を省略するほうが口語的であるが，to be を省略するのは，上の例のように程度の大小が感じられる形容詞や名詞の場合が多い。

He **seems to** *be waiting* for me.　　　　　　　　　　〔進行形〕
　　（彼は私を待っているらしい）
You **seem to** *have lost* weight.　　　　　　　　　　〔完了形〕
　　（おやせになったみたいですね）

(2) 〈seem to ～〉構文の特徴

❶ 〈It seems that ...〉の構文に書き換えることができる。
John **seems to** *be* pleased with his new car.
　　（ジョンは今度の車が気に入っているようだ）
（→ *It* **seems** *that* John is pleased with his new car.）

§221 〈seem to ~〉と〈be to ~〉

否定文は，くだけた言い方では seem not to ~ よりは〈don't seem to ~〉のほうがふつうで，同じように，〈It doesn't seem that ...〉のほうが It seems that ~ not ... よりもふつうである。

The man *does not* **seem to** understand what I am saying.
（その男は私の言っていることがわからないようだ）
(→ *It does not seem that* the man understands what I am saying.)

❷ **There ~ 構文**に用いることができる。

There **seems to** *be* little hope of his recovery.
（彼が回復する望みはあまりないようだ）
(→ *It* seems *that* there is little hope of his recovery.)

❸ **受動態の不定詞**をとることができる。

Betty **seems to** *be liked* by Mike.
（ベティはマイクに気に入られているようだ）

[参考]〈seem to ~〉と〈It seems that ...〉:
John seems to ~ が John を主語にした具体的な陳述であるのに対して，It seems that ... は心の中で考えたことを表現する形であり，前者のほうが口語的とされる。したがって，会話ではふつう〈seem to ~〉が用いられる。また，It seems *to* A that ... の形をとる場合を別にすれば，全般的に〈seem to ~〉型のほうがはるかに多く用いられているといえる。この場合の It は that 以下をさす形式主語ではないことに注意。（→ p.47）

(3) **類似の構文をとることができる動詞**

❶ **appear**：「~のように見える」

He **appears to** *have* few friends.
（彼には友人が少ないようだ）
(→ *It* appears *that* he has few friends.)

There **appears to** *be* a mistake. （まちがいがあるようだ）

* look は〈look (to be) ~〉（~のように見える）という形は可能だが，It looks that ... という構文は作れない。
* 書き言葉では seem と appear はほぼ似た頻度で現れるが，話し言葉では appear はあまり用いられない傾向がある。

❷ **happen, chance**：「たまたま~する」

I **happened to** *see* her in the park yesterday.
（たまたま昨日公園で彼女に会った）
(→ *It* (*so*) happened *that* I saw her in the park yesterday.)

The man **chanced to** *be* a doctor. （たまたまその男は医者だった）
(→ *It* chanced *that* the man was a doctor.)

＊ chance は過去形で用いることが多い。また happen のほうが口語的。なお, happen, chance の後の to be は省略できない。

❸ **turn out**：「～であることがわかる」

The handkerchief **turned out** (**to** *be*) the victim's.
（ハンカチは被害者のものだと判明した）
(→ *It* turned out *that* the handkerchief was the victim's.)

＊ prove にも同様の用法があるが, to 不定詞を用いるのがふつう。

注 ⟨be said to ～⟩:
be thought [believed, supposed]; be said [rumored, reported, declared, pronounced]; be known なども似た構文をとり, It ～ that … の構文に書き換えられる。

Many people **are said** *to be* trapped in collapsed buildings.
（多くの人が崩壊した建物の中に閉じ込められていると言われている）
(→ *It* is said *that* many people are trapped in collapsed buildings.)

＊ be said to ～ は放送などで多く用いられる。

He **is known** *to have been* a brave man.
（彼は勇敢な男だったということが知られている）
(→ *It* is known *that* he was a brave man.)

2 ⟨be to ～⟩

⟨be to ～⟩は「～することである」という意味を表す以外に, be to で1つの助動詞に似た働きをすることが多い。この場合の⟨be to ～⟩には次の5つの用法がある。いずれも形式ばった言い方である。

(1) **予定を表す**

The concert **is to** be held this evening.
（音楽会は今夜開かれることになっている）

(2) **運命を表す**

He **was** never **to** see his family again.
（彼は二度と家族に会うことはなかった）

(3) **義務・命令を表す** (＝should)

You **are to** pay your debt as soon as possible.
（借金はできるだけ早く返さなければいけない）

You **are** not **to** smoke in this room.
（この部屋で煙草を吸ってはいけません）

(4) **可能を表す** (＝can)

The camera **was** not **to** be found.
（そのカメラは見つからなかった）

＊　可能を表す場合は，be to の後は受動態がふつう。

(5) **意志を表す**

　　If we **are to** get there by noon, we had better hurry.
　　(昼までにそこに着こうとするなら急いだほうがいい)
　　　＊　条件節に用いるのがふつう。

> [参考] **証明書の書式：**
> 証明書に用いる決まった形式に，**This is to certify that** ... という言い方があるが，これは上の be to の形ではなく，to 以下は目的を表すとみるのがふつうである。
> This *is to* certify that the above named has served in this company for three years.
> (上記の者は本社に3年間勤務したことを証明します)

§222　〈S+V+to 不定詞〉

　〈動詞+to 不定詞〉の形には，to 不定詞が**他動詞**に続く場合と，**自動詞**に続く場合とがある。

　他動詞に続く to 不定詞はその目的語で，名詞用法と考えればよい。**自動詞の後の to 不定詞**は，副詞用法として目的，結果，原因・理由などを表したり，名詞用法あるいは形容詞用法として be 動詞などの補語になる。

　たいていの場合はこの原則でよいが，意味上紛らわしいものもある。

1　他動詞に続く場合

(1) **意図・決心・希望などを表す動詞**

　「これから〜しよう」という意味の動詞につく。この場合には to は本来の「〜へ」という**方向**の意味を表している。

　I *intend* **to become** a doctor.　(私は医者になるつもりだ)《文語的》
　He *determined* **to go** to college.
　(彼は大学へ行こうと決心した)

　● 意志・決心・希望などを表す動詞 (+to 不定詞)

> agree* (同意する)　　　　　choose* (決める)
> decide* (決心する)　　　　determine* (決心する)
> expect* (期待する)　　　　hope* (〔〜したい〕と思う)
> intend* (意図する)　　　　mean* (〔〜する〕つもりである)
> plan (〔〜する〕つもりである)　propose (〔〜する〕つもりである)
> resolve* (決意する)　　　　want (〔〜したい〕と思う)
> wish (〔〜したい〕と思う)

* 印の動詞は〈S+V+that 節〉の構文もとるもの。以下同じ。ただし、この2つの構文が同じ意味で書き換えられるとは限らない。(→ p.490)

(2) 懇請・約束・拒否などを表す動詞

He *asked* **to see** the drawings.
(彼はその絵を見せてくれと頼んだ)

Fred *promised* **to marry** me.
(フレッドは私と結婚する約束をしてくれた)

She *refused* **to take** the money.
(彼女はその金を受け取ろうとしなかった)

◈ 懇請・約束・拒否などを表す動詞（+to 不定詞）

ask*（頼む）	beg*（頼む）	decline（断る）
demand*（要求する）	offer（申し出る）	promise*（約束する）
refuse（断る）	swear*（誓う）	vow*（誓う）

(3) 好き嫌いを表す動詞

I *like* **to play** baseball.
(私は野球をするのが好きです)

I'd *hate* **to stay** here.
(ここにはいたくありません)

◈ 好き嫌いを表す動詞（+to 不定詞）

dread*（恐れる）	hate*（嫌う）	like（好きである）
love（好きである）	prefer*（〔〜する〕ほうを好む）	

(4) 始動・終止を表す動詞

It *began* **to rain**. （雨が降りだした）

He *ceased* **to talk**. （彼は話をするのをやめた）

* stop は、「やめる」という意味では to 不定詞ではなく動名詞を目的語にとる。

◈ 始動・終止を表す動詞（+to 不定詞）

begin（始める）	cease（しなくなる）	commence（始める）
continue（続ける）	start（始める）	

(5) その他 to 不定詞を目的語にとる主な動詞

❶ **forget*** (忘れる), **remember*** (忘れずに〜する), **regret*** (残念ながら〜する)

I *regret* **to say** that I cannot come.
(残念ながらお伺いいたしかねます)

* I'm sorry 〜 より文語的。

❷ **afford**(〜しても困らない), **attempt**(試みる), **fail**(〜しそこなう), **learn***(〜するようになる), **manage**(どうにか〜する), **neglect**(〜しない), **omit**(〜しそこなう)

He *managed* **to be** in time for the appointment.
（彼は何とか約束の時間に間に合うことができた）

❸ **affect**(ふりをする), **claim***(主張する), **profess***(公言する)

He *claimed* **to have reached** the top of the mountain.
（彼は山頂まで行ったと言い張った）

2 自動詞か他動詞か紛らわしい場合

これは特に，try や endeavor など「努力」を表す動詞に見られる。

She *tried* **to write** a novel. 〔他動詞〕
（彼女は長編小説を書こうとした）

* try は try it のように目的語をとることができるから，この場合，to write は 目的語で名詞用法とするのがふつう。

注 〈Try and 〜〉:
命令文や助動詞の後などで try が原形で用いられる場合，肯定文で try *to* do が〈try *and* do〉の形になることがある。主に会話で用いられるが，try 自身が不定詞で to try になる場合には，〈to try *and* do〉の形で新聞その他の書き言葉にも見られる。《英》のほうが《米》よりも多い。

Try *and* **be** patient.（我慢強くするようにつとめなさい）
The government decided *to* **try** *and* **tackle** to economic crisis.
（政府は経済危機に取り組もうと決意した）

He *endeavored* **to win** the race. 〔自動詞〕
（彼はそのレースに勝とうと努力した）

* endeavorは本来目的語をとらない自動詞なので，to 不定詞は目的を表す副詞用法とするのがふつう。同類の動詞に **strive**, **struggle** などがある。

注 自動詞に続く to 不定詞:
〈seem to 〜〉(→ p.484), 〈be to 〜〉(→ p.486) の形のほかに〈自動詞+to 不定詞〉の形をとるものに〈**tend to** 〜〉,〈**incline to** 〜〉などがある。

This engine *tends* **to overheat**.
（このエンジンは過熱しがちだ）
I *incline* **to agree** to his plan.
（私はこの計画に賛成したい気がする）

3 to 不定詞と that 節

〈S+V+**to** 不定詞〉の形をとる動詞で，〈S+V+**that** 節〉の構文もとることができるものがある（**1** の動詞のリストの中で，* のついているもの）。し

かし，この２つの構文が同じ意味で自由に書き換えられるとは限らない。
(1) **to 不定詞と that 節の意味がほぼ同じ場合**
　　He *decided* not **to go** to the meeting.
　　　（彼は会合には行くまいと決心した）
　　（＝He decided *that* he would not go to the meeting.）
(2) **to 不定詞と that 節の意味が違う場合**
　　I *wish* **to go** to the party with Jane.　　　〔控え目な願望表現〕
　　　（ジェーンと一緒にパーティーに行けたらと思っている）
　　I wish *I could go* to the party with Jane.　　〔実現不可能な願望〕
　　　（ジェーンと一緒にパーティーに行けたらなあ）
　　　　＊　wish は that 節を伴うときには，ふつう that を省略して，後は仮定法を用いる。
(3) 〈S＋V＋to 不定詞〉と〈S＋V＋that 節〉との使い分け
　❶ to 不定詞の**意味上の主語が本文の主語と同じ場合**：
　　不定詞を使うのがふつう。
　　I *hope* **to see** him this evening.（彼と今晩会えるといいが）
　　（→ I hope *that* I will see him this evening.）
　❷ **両方の主語が違う場合**：
　　〈S＋V＋that 節〉がふつう。
　　I hope (that) **you** will see him this evening.
　　　（君が今晩彼に会ってくれるといいんだが）
　　　　＊　hope は語法上，I hope you to ～ の形をとれない。
　　　　＊　〈S＋V＋O＋to 不定詞〉との書き換えについては →§223 。

§223　〈S＋V＋O＋to 不定詞〉

〈動詞＋目的語＋to 不定詞〉の構文には，不定詞が一般の動詞を幅広くとるものと，**to be** に限られるものがある。また，that 節との書き換えや，その場合の目的語の有無，受動態になるかどうかなどの注意すべき点がある。

■ 〈S＋V＋O＋to do〉

目的語に続く to 不定詞が一般の動詞でよいもの。これらは，多くの場合受動態にすることができる。
(1) that 節に書き換えられるもの
　❶ 目的語を伴った，〈S＋V＋O＋that 節〉に書き換えられるもの
　　この場合，目的語 (O) は to 不定詞の意味上の主語になる。

He *advised* me **to keep** the secret.
　（彼は私にその秘密を守るように忠告した）
(→ He *advised* me that I should keep the secret.)
　　＊ me は advised の目的語であると同時に，to keep の意味上の主語。
Parents ought to *teach* their children **to behave** well.
　（親は子どもに行儀よくするよう教えるべきだ）
(→ Parents ought to *teach* their children *that* they should behave well.)
I *told* Jim **to hold** his tongue.
　（ジムに黙れ，と言ってやった）
(→ I *told* Jim *that* he should hold his tongue.)
　　＊ 不定詞を用いた言い方のほうが命令の意味がはっきりする。なお，**間接話法の** that 節は不定詞で書き換えられない。
　　　　He told me that he would marry Jane.
　　　　（彼は私にジェーンと結婚するのだと言った）
　　　→ He said to me, "I'll marry Jane."

注 | **warn**:
　warn は〈warn+O+to do〉は「～するよう警告する」（第5文型），〈warn+O+that 節〉は「～だと警告［予告］する」（第4文型）で，意味が多少異なる。

promise は，不定詞の意味上の主語が**文の主語**と一致する。
He *promised* (me) **to pay** the bill.
　（彼は私に支払いをしてくれると約束した）
(→ He promised (me) *that* he would pay the bill.)
　　＊ 目的語が me や you であったり，文脈上明らかな場合は省略するのがふつう。

● **目的語を伴った〈S+V+O+that 節〉に書き換えられる動詞** ──
原則として，that 節内の動詞に should がつく。

advise（忠告する）	persuade（説きふせて～させる）
remind（思い出させる）	teach（教える）
tell（命ずる）	

❷ **目的語を伴わない〈S+V+that 節〉構文のあるもの**
　相手に働きかけて「～させる，してもらう」という意味で，依頼から強制までの意志を表すものや，期待や希望など未来に関する動詞が多い。
I *begged* him **to stay** a little longer.
　（私は彼にもう少しいてほしいと頼んだ）
(→ I *begged that* he would stay a little longer.)

I *expect* him **to help** me. （彼が助けてくれるものと思う）
(→ I expect *that* he will help me.)
She *recommended* me **to meet** Professor Kay.　　　　《英》
（彼女は私にケイ教授に会うよう勧めてくれた）
(→ She recommended to me *that* I (should) meet Professor Kay.)
　　　　　　　　　　　　　　　　　　　　　　　　　　　《米》
　　＊　勧める相手は to me などの形で示せばよい。

to 不定詞と that 節の構文では，次のような違いがある場合がある。

a. I *asked* Jim **to help** Kate.
　　（私はジムにケイトを手伝ってくれと頼んだ）
b. I *asked* **that** Jim (should) help Kate.
　　（私はジムがケイトを手伝うようにしてほしいと（ある人に）頼んだ）
　＊ a. はジムに直接頼んでいるが，b. では頼んだ相手は第三者と考えられる。

注 1. **request, require**:
　これらは〈of＋人〉を that 節の前に置けば相手を示すことができるが，堅い言い方で，実際にはあまり用いられない。
　They **require** (*of* me) *that* I be very enthusiastic.
　（彼らは私が熱狂的になるのを求めているのだ）

注 2. 要求・提案動詞と仮定法:
　一般に要求・提案・命令などを表す動詞では，その目的語となる that 節内に **should** を用いる。《米》では should を省いて仮定法現在を用いる。《英》でも仮定法現在も用いるが，形式ばった文体に多い。 （→ p.458）
　また《英》だけではなく，最近は《米》でも直説法を用いることもある。
　He *ordered* the work *to be* done.
　→ He ordered that the work (*should*) be done.

◆ **目的語を伴わない〈S＋V＋that 節〉構文のある動詞**

ask（頼む）	beg（頼む）
command（命ずる）	desire（〔～してほしい〕と思う）
direct（指図する）	expect（～するものと思う）
intend（意図する）	order（命ずる）
mean（するつもりである）	recommend（勧める）
request（頼む）	require（命じる）
urge（しきりに勧める）	

(2) **that 節に書き換えられないもの**

　これは受動態に書き換えられるかどうかで，2 つに分けることができる。

❶ **受動態になるもの**：「～するように…する，させる」という使役的意味の動詞が多い。

The teacher *encouraged* Jack **to study**.
(先生はジャックを勉強するよう励ました)
(→ Jack *was encouraged* to study by the teacher.)

● **to 不定詞を that 節に書き換えられない動詞:受動態になるもの**

allow(許す)	assist(助ける)
challenge(要求する)	compel(強いる)
defy(挑む)	drive(駆り立てて〜させる)
enable(できるようにする)	encourage(励ます)
forbid(禁止する)	induce(説いて〜させる)
invite(請う)	lead(〜する気にさせる)
leave(〜させておく)	oblige(余儀なくさせる)
permit(許す)	press(強要する)
tempt(〜する気にさせる)	

注 ⟨get+O+to 〜⟩:
使役動詞の get もこのタイプに属するが,受動態はまれ。(→ p.392)
I'll **get** someone **to** put these things away.
(これらのものを誰かに片づけさせよう)

❷ **受動態にならないもの:欲求や感情を表すものが多い。**

I would *hate* you **to get** into the papers.
(君のことが新聞に出てほしくない)

この場合,hate の目的語は you ではなく,you to get into the papers 全体だと考えることもできる。

● **to 不定詞を that 節に書き換えられない動詞:受動態にならないもの**

hate(〜してもらいたくない)	like(好む)	love(好む)
prefer(〔できれば〜して〕もらいたい)	want(望む)	

[参考] hate:
hate (it) that ... という形は可能だが,実際にはあまり用いられない。hate it when ... という形は《英》《米》ともに用い,it が when ... の内容を受けることになる。
I **hate** *it* **when** it rains and we are confined indoors.
(雨が降って室内に閉じ込められるのはいやです)

2 ⟨S+V+O+to be⟩

⟨S+V+O+to be⟩の形は,もともと that 節の構文からできたものであるが,受動態以外では that 節の構文のほうが一般に口語的でふつうである。to be を省略できるものと,ふつう省略しないものの2つに分けておく

が，口調によることも多くこの区別は厳密なものではない。

(1) to be を省略できるもの

I *thought* him (**to be**) a nice man. （私は彼はよい男だと思った）
（→ I thought *that* he was a nice man.）

注 〈believe oneself to be ～〉:
「自分のことを～だと思う」の意味では，必ず目的語として oneself を必要とすることに注意。
［誤］ He believes to be an artist.
［正］ He **believes** *himself* **to be** an artist.
　　（彼は自分が芸術家だと思い込んでいる）

◉ 〈S+V+O+to be〉の to be を省略できる動詞

assume（～と考える）	believe（～と思う）	consider（～と考える）
declare（言明する）	fancy（～と思う）	find（～だとわかる）
hold（～と思う）	presume（推定する）	prove（立証する）
report（報告する）	show（明らかにする）	suppose（～と思う）
think（～と思う）		

＊ guess《米》（～と思う）は that 節をとり，〈O+to be〉は不可。

参考 〈**imagine**+O+(**to be**) C〉:
imagine などの場合には，I *imagined* myself severely ill. のように **to be** を省略した形だと，単に「想像する」の意味で，話し手は「自分が重病だと想像してみた」ということであるが，**to be** を省略しないで，I *imagined* myself *to be* severely ill. と言うと「思い違いをする」という意味で，「自分は重病だと思い込んでしまっていた」，つまりこの人は「心気症の患者」だということになるという解説もある。[CGEL]

(2) to be を省略しないことの多いもの

Arsenic *is known* **to be** harmful to humans.
（ヒ素は人体に有害だということが知られている）
　　＊ *It is known that* arsenic is ... の形よりもふつう。

参考 〈S+V+O+**to be** [**do**]〉:
次の動詞は，一定の条件の下に be 以外の動詞をとることができる。
assume, believe, find, imagine, know, suppose, understand
たとえば **know** の場合は，〈know+O+to do〉は「～するのを見聞きしたことがある」の意味で過去の経験を示すので，ふつう完了形か過去形で用いる。なお，《英》では to が省略されることがある。
I *have known* even educated people (*to*) *make* this mistake.
（教養のある人でもこのようなまちがいをするのを見たことがある）

◉ ⟨S+V+O+to be⟩ の to be を省略しないことの多い動詞

assert（断言する）	conclude（断定する）	deny（否定する）
discover（気づく）	guess（推測する）	know（知っている）
recognize（認める）	suspect（思う）	understand（理解する）

＊ どれも that 節の構文をとるほうがふつう。

§224 独立不定詞

文中のほかの部分から独立して，文全体を修飾する不定詞を独立不定詞という。慣用句になっているものが多い。

(1) ⟨to be frank⟩ の型

To be frank, I don't like the way you talk.
（率直に言うと，君のしゃべり方が気にいらない）

To tell the truth, the butterfly sees nothing but what it needs to see.（実を言うと，チョウは見る必要のあるもの以外は何も見えない）

◉ to ～ 型の独立不定詞の慣用句

```
to be sure（確かに）
to begin with（まず第一に）
to do a person justice（公平に評すれば）
to make matters worse（さらに困ったことには）
to make a long story short（かいつまんで言えば）
to say the least of it（控えめに言っても）
```

(2) その他

Strange to say, Hamlet wasn't afraid of his father's ghost.
（奇妙なことに，ハムレットは父の亡霊を恐れていなかった）

＊ Strangely [Funnily] enough のほうが，くだけた現代風な言い方。

Needless to say, health is above wealth.
（言うまでもなく，健康は富にまさる）

[参考] **needless to say**:
「言うまでもなく（=of course）」の意味で，今では慣用的に副詞句として用いるので，It is needless to say that ... とは言わない。文中に挿入することもあるが，文頭に置くほうが多く，文頭 4, 文中 1 くらいの割合で，話し言葉より書き言葉に多い。

Our teacher is, **so to speak** [**say**], a walking dictionary.
（私たちの先生はいわば生き字引です）

第3節 不定詞の主語と時制

§225 不定詞の意味上の主語を特に示さない場合

不定詞は述語動詞と違って,それ自体の文法的な主語は持たないが,その動作・状態の**意味上の主語**がある。しかし,この意味上の主語は,次のような場合には文中に明示されない。

(1) **漠然とした一般の人々や,文脈から明らかな人をさす場合**

It is not easy **to master** French. 〔一般の人々〕
(フランス語を習得するのは容易ではない)
  * for us [you] を省略したものと考えられる。

It seemed almost impossible **to cross** the river. 〔文脈から明らか〕
(その川を越えるのはほとんど不可能のように思われた)
  * 話題になっている人物について言っている。

My dream is **to travel** around the world. 〔文脈から明らか〕
(私の夢は世界一周旅行をすることです)
  * to travel の意味上の主語が I であることは文脈から明らかである。

(2) **不定詞の意味上の主語が文の主語と一致する場合**

I hope **to visit** your country some day. 〔〈S+V+to 不定詞構文〉〕
(いつかあなたの国をお訪ねしたいと思っております)
  * (=I hope (that) I will visit your country some day.)

I had nobody **to talk** to at the farewell party. 〔形容詞用法〕
(送別会で私には話し相手がいなかった)

I went to the public hall **to listen** to a jazz concert.
(私はジャズコンサートを聞きに公会堂へ行きました) 〔副詞用法〕

§226 不定詞の意味上の主語の表し方

(1) **意味上の主語が文中の他動詞の目的語と一致する場合**

〈S+V+O+to 不定詞〉の構文では,to 不定詞の意味上の主語は述語動詞の目的語である **O に一致**する。(→ p.490)

The doctor advised **her to take** a complete rest.
(医者は彼女に絶対安静するように忠告した)
  * to take の意味上の主語は「彼女」である。

We believe **him to be** innocent. (我々は彼が無実だと思っている)
(=We believe that *he* is innocent.)

* promise の場合は，to 不定詞の意味上の主語は文の主語と一致する。
(→ p.491)

(2) 意味上の主語を〈for＋目的格〉で表す場合

❶ 名詞用法の場合

不定詞が名詞用法の場合，〈For A to ～〉の形で文頭に出るより，形式主語の it で受けて，〈It is ... for A to ～〉の構文をとるほうがふつう。

It was a mistake **for her to follow** his advice.
（彼女が彼の忠告に従ったのはまちがいであった）

(=**For her to follow** his advice was a mistake.)

It will be difficult **for John to pass** the exam.
（ジョンが試験に合格するのは難しいだろう）

* このような文では，for John は直前の difficult に結びついて，「ジョンにとって難しい」というようにもとれる。事実・難易などを表すこの種の形容詞は，そのように解するほうが自然な場合が多い。(→ p.282)

The spirit of his time made *it* impossible **for him to publish** his work.（当時の時代精神の中にあっては，彼は自分の作品を出版することができなかった）

❷ 形容詞用法の場合

Here is a new book **for you to read**.
（君の読む新しい本がここにあります）

It is time **for me to take** a vacation. （休暇をとってもよいころだ）

(*cf*. It is time I took a vacation.)

❸ 副詞用法の場合

The man stood aside **for Bess to enter** the room.
（その男はベスが部屋の中に入れるようにわきにどいた）

注 〈in order for A to ～〉：
〈in order for A to ～〉の形は可能。〈so as for A to ～〉はまれ。
I told him the news immediately **in order for him to be** able to decide a course of action as soon as possible.
（私は彼ができるだけ早く一連の行動をとることが決められるように，すぐそのことを彼に知らせてやった）

§227 It is ～ for [of] A to ... 構文と that 節

to 不定詞の意味上の主語は〈for＋目的格〉で示すのがふつうであるが，〈It is ～ **for** A to ...〉の構文とならんで，〈It is ～ **of** A to ...〉という構文がある。ただし，*That's* very nice of you. のように that を使うこともあるので，後の it は形式主語と考えないのがふつうである。(→ p.281) for か of かは，It is の後にくる形容詞の意味によって決まる。

■ 〈It is ~ for A to ...〉

「…することは~である」という意味で，ある**事柄**についての判断を述べる形である。もとは「…することはAにとって~である」という意味で for が用いられていたのが，for A to ... の形で，意味上の主語として to 不定詞との結びつきのほうが強くなったものであるとされている。そこで，「~にとって」の意味が依然として強く感じられるものと，to 不定詞の意味上の主語の性格の強いものとの2つに分けて考えるとわかりやすい。前者は原則として **that** 節に書き換えられないが，後者は書き換えられる。

ただしこの区別は厳密なものではなく，両方の性格を持つものもある。

(1) 〈It is ~ that ...〉の構文に書き換えられないもの
「…することはAにとって~である」型

It is *difficult* **for** Kate **to** swim across this lake.

（この湖を泳いで渡ることはケイトには難しい）

このような場合は，difficult for Kate（ケイトにとって難しい）という結びつきが強く感じられるため，It is difficult that Kate ~ という形で表すことはしない。このタイプの形容詞は難易などを示すものが多い。

（→ p.279）

◆ 〈It is ~ for A to ...〉型のみに用いる形容詞（that 構文は不可）

dangerous（危険な）	difficult（難しい）	easy（やさしい）
hard（難しい）	(im)possible（（不）可能な）	safe（安全な）
tough（困難な）	useless（むだな）	usual（ふつうである）

(2) 〈It is ~ that ...〉の構文に書き換えることができるもの
「Aが…することは~である」型

It is not *strange* **for** them **to** get so angry.

（彼らがそんなに怒ってもおかしくない）

(=*It is* not strange *that* they should get so angry.)

　＊　この文では，for them to get so angry（彼らがそんなに怒ること）というように，for は to 不定詞の意味上の主語を示す役割をしている。

It is *desirable* **for** there **to** be a cold season once a year.

（年に一度寒い季節があるということは望ましい）

(=*It is* desirable *that* there should be a cold season once a year.)

　＊　there が意味上の主語の位置にきている。

このタイプの形容詞は数が多い。形容詞の意味によって that 節中の動詞の形に注意が必要である。（→ p.284）

注 ⟨It is ～ to A to ...⟩:
　necessary や important などは(1)と(2)の両方の性格を持ち，文脈により，It is necessary [important] to A to ～. の形も可能だが，実例は少ない。

2 ⟨It is ～ of A to ...⟩

この構文は一般的に「…するとは A は～だ」という意味を表し，ある人物の行為を通してその人物に対する話し手の主観的評価を述べるものである。

　It was *careless* **of** you **to** leave your camera in the taxi.
　　（タクシーにカメラを置き忘れてくるなんて，君は不注意だったよ）

ある行為を通して一時的な人物批評をするので，**その行為者**を主語にして書き換えることができる。(→ p. 281)

　(→ **You** were careless *to leave* your camera in the taxi.)
　It is ～ that ... の構文に書き換えることはできない。

◉ It is ～ of A to ... 型に用いる形容詞

bad（ひどい）	bold（大胆な）	brave（勇敢な）
careless（不注意な）	clever（賢明な）	crazy（無分別な）
cruel（残酷な）	decent（寛大な）	foolish（愚かな）
good（親切な）	honest（正直な）	kind（親切な）
naughty（腕白な）	nice（親切な）	noble（高潔な）
polite（礼儀正しい）	right（正しい）	rude（不作法な）
selfish（利己的な）	sensible（良識のある）	silly（愚かな）
stupid（愚かな）	sweet（優しい）	
thoughtful（思いやりのある）		unkind（不親切な）
wicked（意地の悪い）	wise（賢明な）	wrong（悪い）

* careful はこの構文にはあまり用いられない。

注 **for と of の両方が可能なもの**：
　wise や foolish のように，It is ～ for A to ... の構文にも用いられるものがある。また，wrong が「まちがっている」，good が「良い」の意味のときには for A to ... の型で用いられる。(→ p. 500)

3 ⟨It is ～ that ...⟩ 構文だけで不定詞構文のないもの

客観的に事の真偽のほどを述べる場合には，⟨It is ～ that ...⟩ の形で表し，⟨It is ～ for A to ... ⟩ の構文では表せないものがある。

　[誤] It was evident for me *to have* their approval.
　[正] **It was** evident **that** I had their approval.
　　　（私が彼らの賛同を得られたことは明らかだった）
　　* (The fact) that I had their approval was evident. （私が彼らの賛同

を得られた〔という事実〕は明白であった）のように, that の前に the fact を置いてみることができる。that 節内の動詞は**直説法**を用いるのがふつう。

● **It is ～ that ... 構文のみの形容詞**（不定詞構文は不可）

apparent（明らかな）	certain（確かな）
clear（明瞭な）	evident（明らかな）
impossible（あり得ない）	improbable（ありそうもない）
likely（ありそうな）	obvious（明らかな）
plain（明らかな）	possible（あり得る）
probable（ありそうな）	true（本当の）
unclear（不明瞭な）	unlikely（ありそうもない）
well-known（周知の）	

* 「可能である」「不可能である」という意味では, possible, impossible は to 不定詞の構文で用いることに注意。（→ p.498）

注 | **well-known / famous**:
well-known はこの構文に用いられるが, famous（有名な）はこの構文に用いることはできない。
〔誤〕 It is *famous* that he is a good surgeon.
〔正〕 It is **well-known** that he is a good surgeon.
（彼が優れた外科医であることは有名だ）

Q&A 78 　It was wise for you to go there with him. は誤りか？

正しい英文である。「彼といっしょに行ったとは君は賢明だった」という意味で,「君」の人物評価をしているのであれば, It was wise *of* you to go there with him. (= You were wise to go there with him.) となるが,「君が彼といっしょに行ったこと」が賢明なことであったというなら, For you to go there with him was wise. つまり, It was wise *for* you to go there with him. となる。wise という形容詞は人物の評価にも事柄の評価にも用いることのできる語であるから, 文脈しだいで for か of かになるわけである。このようなケースは, wise や foolish のように「賢明だ」「愚かだ」という意味を表す形容詞や, right や wrong のように「良い」「悪い」の意味を表す形容詞の場合に多い。

§228 　不定詞の表す時

不定詞そのものは, その表す動作や状態の「時」を示すことはできない。しかし, 文脈や意味によってその「時」が決まる場合や, **単純形**と**完了形**の2つによって, 文の述語動詞との関係で「時」を示す場合がある。

1 単純形の不定詞の表す時

文脈や意味によって決まるので，注意が必要である。

(1) 述語動詞と同じ時を表す場合

単純形の不定詞の多くは述語動詞の表す時と同じ時を表す。

John *is* said **to be** guilty. （ジョンは有罪だそうだ）

(→ It *is* said that John *is* guilty.)

(2) 述語動詞の表す時より後に起こることを示す場合

願望・期待・予定などの動詞につくと，その時より未来のことを表す。

I *promise* not **to be** late again.

　（私は二度と遅れないと約束します）

(→ I *promise* that I *will* not *be* late again.)

He *expected* **to see** his brother there.

　（彼はそこで兄に会うつもりであった）

(→ He *expected* that he *would see* his brother there.)

　　＊ この種の動詞が過去形のときは，実現したかどうかは前後関係で決まる。

(3) 意味によって判断する必要のある場合

It's nice **to meet** you. （はじめまして）　　　　　　　　　　〔同時〕

　　＊ It's nice *to have met* you. とすると，別れのときのあいさつになる。

I'm glad **to see** you again.　　　　　　　　　　　　　〔同時〕【挨拶】

　（またお会いできてうれしいです）

> **注** I'll be glad to ~:
> 「喜んでお供します」という意味は，I *am* glad *to go* with you. でも表せるが，意味があいまいになるおそれがあるので，はっきりと未来であることを示すには，I'*ll* be glad *to go* with you. という。

The train *is* sure **to arrive** on time.　　　　　　　　　　〔未来〕

　（列車はきっと定刻に着きます）

(→ It *is* certain that the train *will arrive* on time.)

2 完了形の不定詞の表す時

完了形の不定詞は**述語動詞の表す時より前**であることを示す。（→ p.468）

He *is* said **to have made** a fortune in Brazil.

　（彼はブラジルで財産をつくったそうだ）

(→ It *is* said that he *made* [*has made*] a fortune in Brazil.)

She *was* said **to have been** poor when young.

　（彼女は若いころは貧しかったということだった）

(→ It *was* said that she *had been* poor when young.)

第4節 原形不定詞の用法

§229 原形不定詞の用法

1 助動詞の後で

助動詞の will, shall, would, should, can, could, may, might, must, need, dare の後には原形不定詞が用いられる。

He *would* not **tell** the secret to anyone.
（彼はその秘密をだれにも話そうとしなかった）

"*May* I **help** you, sir?" "Yes, please."
（「何かご用は？」「はい，お願いします」）　　　　　　　　　　【接客】

His words *must* have **let** her down.
（彼の言葉は彼女をがっかりさせたにちがいない）

> **注** to 不定詞を伴う助動詞：
> (1) ought, used は原形不定詞ではなく，to 不定詞が用いられる。
>   You *ought* **to see** a doctor as soon as possible.
>   （できるだけ早く医者に見てもらうべきだ）
>   There *used* **to be** a church here. （以前ここに教会がありました）
> (2) 〈be to ～〉については（→ p.486），〈have to ～〉については
>   （→ p.445）。

2 使役動詞の後で　（→ p.389）

(1) **make, have, let** の後で

❶ 〈使役動詞＋目的語＋原形不定詞〉の形で

He *made* me **go** against my will.
（彼は私の意に反して行かせた）

I'll *have* him **check** the package.
（彼にその荷物を調べさせましょう）

Don't *let* the children **play** in the street.
（子供を通りで遊ばせないように）

> **注** 使役動詞の受動態：
> (1) **make** は受動態になると to 不定詞が用いられる。
>   I *was made* **to go** against my will. （私は意に反して行かされた）
> (2) **have** は受動態にならない。
> (3) **let** の受動態は極めてまれで，似た意味を持つ allow や permit で代用するのがふつう。（→ p.389）
>   We *were allowed* **to play** baseball in the park.

（我々は公園で野球をやらせてもらった）
* The grass *was let* grow.（草は伸びほうだいになっていた）というようなのは特殊な例で，実例はほとんどない。

> [参考] 〈let＋原形＋O〉:
> let は，慣用的にある種の**単音節の動詞**とともに，let drop [fall]（落とす），let fly（発射する），let go（手放す，釈放する），let pass（見逃す），let slip（自由にしてやる）などの句を作り，全体で他動詞的に働く。
> Don't *let* go the rope.（綱を放すな）
> * Don't let the rope go. ということもできる。目的語が代名詞のときは，let it [him] go の語順をとる。この形の場合には〈let＋原形〉を1つの他動詞として受動態で用いることもある。let go（釈放する）という言い方が多く，話し言葉にも書き言葉にも見られる。
>   Peter *was let* go after two years.（ピーターは2年後に釈放された）
> また let go が自動詞として働くときは，of を伴った〈let go of 〜〉の形もとる。

❷ 使役動詞の中で，**get** は **to 不定詞**をとる。
　Nancy *got* her husband **to quit** drinking.
　（ナンシーは夫に酒を飲むのをやめさせた）

(2) **bid, help** を用いる場合
❶ **help** はくだけた文体では原形不定詞のほうがふつう。（→ p.466）
　〈help＋目的語＋(to) 不定詞〉も〈help＋(to) 不定詞〉もどちらも可能。
　I'll *help* you (**to**) **carry** these things upstairs.
　（これらの物を2階に運ぶのをお手伝いしましょう）
　This medicine will *help* (**to**) **relieve** your stomachache.
　（この薬を飲めば腹痛がおさまるでしょう）
❷ **bid** は文語的な言い方で，現在はほとんど使われない。
　He *bade* me (**to**) **do** the work.
　（彼は私にその仕事をやらせた）（→ p.392）

3 知覚動詞の後で　（→ p.392）

see や hear などの**知覚動詞**の後で，〈知覚動詞＋目的語＋原形不定詞〉の形で用いられる。目や耳や身体で，**直接見たり聞いたり感じたりする場合**に用いられる形である。動詞によっては「〜だとわかる」という意味で，**精神的な知覚**を表す〈動詞＋目的語＋**to be**〉の形もあるので，この2つは区別したほうがよい。

(1) **see, hear, feel** など
❶ **see, watch, look at**

I *saw* the salesman **go** into Mrs. Johnson's house.
(私はそのセールスマンがジョンソン夫人の家に入るのを見た)
* **see** は受動態になると to 不定詞を伴う。
  → The salesman *was seen* **to go** into Mrs. Johnson's house.
  watch は受動態にしない。**look at** は《米》で用いられるが, 《英》にも見られる。この構文ではふつう能動態で用いる。

> [参考] 精神的知覚の see:
> **see** を「～ということがわかる」という意味に用いる場合は that 節を伴うのがふつうで, 〈see＋目的語＋to be〉は文語的。
> We **saw** *that* this house was for sales and we bought it.
> (この家が売りに出ていることがわかったので買った)
> I **saw** him *to be* impolite.
> (私は彼が無礼であると思った)

❷ **hear, listen to**

They *heard* the space ship **take** off with a loud noise.
(彼らは宇宙船が大音響とともに離陸するのを聞いた)
* **hear** は受動態になると to 不定詞を伴う。
  → The space ship *was heard* **to take** off with a loud noise.
  listen to をこの構文に用いるのは主として《米》。ふつう能動態で用いる。

❸ **feel**

I *felt* the earth **tremble**. (大地が揺れるのを感じた)
* **feel** は肉体的に感じる場合には, ふつう能動態で用いる。(→ p.505)

❹ **observe, notice**

We *observed* the car **stop**. (我々はその車が止まるのに気づいた)
* stop のように短時間でさっと行われるような動作を示す動詞でないときは, observe も notice もその後に ～ing 形を用いるのがふつう。observe は受動態にすると to 不定詞を伴う。
  → The car *was observed* **to stop**.

Did you *notice* anyone **leave** the house?
(だれかが家を出るのに気がつきましたか)

> [注] notice の受動態:
> **notice** が受動態で to 不定詞を伴うことがあるが, その場合はふつう「～だということがわかる」という意味で用いられる。
> He *was noticed* **to hesitate**. (彼はためらっているようだった)

(2) <u>know</u>

know は知覚と思考の性質を兼ねているので, 認識動詞とよばれることもある。know は過去の経験を振り返って言うために, 現在完了や過去形で用いられる。疑問文か否定文で用いられるのがふつう。(→ p.393)

Have you ever *known* her (**to**) **lose** her temper?
（彼女がいままでに理性を失ったことがありますか）
> * 原形不定詞を用いてもよいが，受動態では必ず to 不定詞を用いる。
> She has never *been known* **to lose** her temper.

> **Q&A 79** 〈feel＋O＋do〉と〈feel＋O＋to be〉の違いは？
>
> feel は**肉体的**に「～が…するのを感じる」というときには〈feel＋O＋do〉の形をとり，ふつう受動態にしない。「～が…だと思う」という意味で**精神的知覚**を表すときには，〈feel that ...〉または〈feel＋O＋to be〉の形をとり，to be 形は受動態にすると，〈be felt to be ～〉となる。
> The plan *is felt* **to be** unwise.
> （その計画は賢明ではないように思われる）

§230 原形不定詞を用いた慣用構文

(1) 〈had better＋原形不定詞〉：「～したほうがよい」（→ p.564）

形の上では，たとえば We had better ～ が，くだけた言い方では We'd better ～ からさらに We better ～ になるような変形が見られる。主語を省略した Better go now.（今すぐ行ったほうがよい）のような形もあるが，どれもくだけた話し言葉に限られる。

❶ 主語が 1 人称以外のときは，**忠告，命令**の意味を表す。
<u>You **had better** *look* over this lesson again.</u>
（この課をもう一度ざっと見たほうがよい）　　　　　　　　　　【忠告】

> **注** 〈had better ～〉
> 〈You had better ～〉はおしつけがましい言い方で，相手によっては失礼にあたることがあるので注意。文脈によっては，特に better に強勢を置くと威嚇の感じすら与える場合がある。〈I think you had better ～〉のようにやわらげるのがよいとされる。なお，had better と同じ意味で would better も用いられるが，一般的ではない。〈It would be better for you to ～〉は丁寧な言い方。

❷ 〈had better do〉の**否定形**は〈had better **not** do〉がふつう。
She **had better not** *go* alone.（彼女は 1 人で行かないほうがよい）

❸ 疑問文の場合：had better の疑問形は，ふつうは「～したほうがよいのではないですか」で，〈Hadn't ... better ～?〉となる。
Hadn't we **better** *start* at once?
（すぐに出発したほうがよいのではないですか）　　　　　　　　【提案】
（＝Don't you think we had better start at once?）
> * Had we not better ～ ? の形も可能。

「〜しないほうがよいのですか」という聞き返しなどの場合は,〈Had I better not 〜?〉のような形をとる。

Had I better not *go* out?(外出しないほうがよいのですか)
　　＊　この場合は,not go out が 1 つの意味上のまとまりをなしている。

> [注] had better の付加疑問:
> 　付加疑問はふつうの場合と同じようにつける。
> 　We **had better** *take* off our shoes, **hadn't** we?
> 　（靴を脱いだほうがよいですね）

> [参考]〈had better have＋過去分詞〉:
> 　この形を過去のことについて「〜したほうがよかったのに」の意に使うのは今は古風で,should のほうがふつう。完了の意は持つが,**現在か未来のある時点でのことを述べる言い方**で,〈You had better [You better/Better] have＋過去分詞〉は,おどすような響きを持つことが多い。
> 　If you are planning to see that play, you **had better have bought** your ticket.（その劇を見に行くつもりなら,もう切符は買っておいてあるだろうな〔今からでは遅すぎてもう見られないぞ〕）〔現在〕
> 　　＊　未来の場合だと「〜しておけばよかったということになるぞ」の意。

❹ **had best**:「〜するのが一番よい」
　We **had best** *consult* a lawyer.（弁護士に相談するのが一番だ）
　　＊　had better よりうちとけた言い方。

(2)〈**would rather [had rather]＋原形不定詞**〉:「むしろ〜したい」

❶〈**would rather＋原形不定詞**〉（→ p.563）
　would は,主語に付いて I'd, he'd のように短縮されることが多い。
　I'd (＝I would) **rather** *wait* and *see*.
　（私はどちらかというと静観していたい）

> [注] would rather の応用:
> 　(1) rather があるので,than 以下を続けることもできる。
> 　　I **would rather** *quit than* change my school.
> 　　（学校を変わるくらいならむしろやめたい）
> 　(2) 過去の「〜したかった」は〈**would rather have＋過去分詞**〉で表すが,あまり用いられない。

❷ 疑問文では〈Would you rather 〜?〉の形をとる。
　Would you **rather** *take* a walk?（君はむしろ散歩したいのか）

❸ 否定形は〈would rather not 〜〉
　I **would rather not** *stay* here alone.（1 人でここにいたくない）
　　＊　否定疑問は Wouldn't you rather 〜? のようになる。

❹〈**had rather**〉その他

《米》では 'd rather という短縮形のため，would rather の代わりに
⟨had rather⟩ もよく用いられる。
　⟨would sooner 〜 (than ...)⟩, ⟨would (just) as soon 〜 (as ...)⟩
もともに「(…するくらいなら)むしろ〜したい」という意味を表す。
I don't want to go there. **I'd just as soon** turn back (as go
there). 《口語調》
（私はそこに行きたくない。むしろ引き返したいんです）
　　＊　*I'd just as soon* not (go there). という形もある。

❺ ⟨would rather＋節⟩：would rather の後に，原形不定詞でなく節が
くることがある。この場合，節内の動詞は**過去形**になるのがふつう。
I'd rather you *stayed* here.（私はむしろ君にここにいてほしい）
"May I smoke?" "**I'd rather** you *didn't*."【断り】
（「たばこを吸ってもいいですか」「できれば吸わないでください」）
　　＊　この構文は，文の主語と would rather に続く節内の主語が異なるとき
　　　に用いられる。that はふつう省略。ときに仮定法現在もくる。

(3) ⟨cannot but＋原形不定詞⟩：「〜せざるをえない」
I **cannot but** *feel* sorry for him. 《文語的》
（彼のことを気の毒に思わないではいられない）
　　＊　くだけた言い方では ⟨can't help＋〜ing⟩, ⟨can't help but＋原形不定
　　　詞⟩《米》を用いる。(→ p.437) but の後の原形については (→p.474)。

[参考] ⟨10 days to go⟩：
　⟨10 days *to go*（残り 10 日）⟩などのように用いられる成句 ⟨to go⟩ の語
義を，たとえば *LDCE* は次のように 3 つに分けて説明している。
　a) still remaining before something happens:
　b) still to be dealt with before you have finished what you are
　　doing:
　c) still to travel before you reach the place you are going to:
go には本来「(今あるものが)なくなる」というニュアンスがあり，その発
展した形の 1 つだが，成句として，時間・仕事・距離その他の名詞の後につ
いて，「残り…」の意味を表すと覚えておくほうがよい。
　Only *a week* **to go** to our wedding!
　　（私たちの結婚式まであとたった 1 週間よ）
　　（＝There is only a week left before our wedding.）
　One finished, *two* **to go**!（一丁上がり，残り 2 つ！）
　How many miles **to go**?（あとまだ何マイルあるの?）
　Two laps **to go**!（〔長距離競走で〕残りあと 2 周です！）

第13章 分 詞
PARTICIPLES

分詞は動詞と形容詞の性質を兼ねているもので，現在分詞と過去分詞の2つがある。形容詞的機能のほかに，動詞と接続詞の機能を兼ねる分詞構文が重要である。

第1節 分詞の形

§231 現在分詞と過去分詞

分詞には**現在分詞**と**過去分詞**があるが，いわゆる時制としての現在，過去とは関係がない。

1 現在分詞 (Present Participles)

現在分詞は，動詞の原形に **-ing** をつけたものである。形の上では現在分詞と動名詞は同じであり，両者をまとめて〈～ing 形〉として扱う場合もある。辞書などの文型表示に，〈＋目＋～ing [doing]〉などとしてある場合がそうである。事実，両者をそれほど厳密に区別しなくてもよい場合もあるが，基本的には，**分詞は形容詞的**であり，**動名詞は名詞的**であるという区別がある。

Look at the girl **nodding** in the corner.
　(あのすみっこで居眠りしている女の子を見てごらん)
　　　　　　　　　　　　　　　〔現在分詞で the girl を修飾〕
Reading good books is a good way to cultivate yourself.
　(良い本を読むことは教養を高めるよい方法です)　〔動名詞で主語〕

* 原形に -ing をつける際のルールについては → p.404

2 過去分詞 (Past Participles)

過去分詞には，動詞の原形に **-ed** をつけて作る規則的なものと，**不規則**変化をするものとがある。そのルールについては (→ pp.397～404)

❶ 規則変化をするもの
　walk — walked — **walked**,　welcome — welcomed — **welcomed**

❷ 不規則変化をするもの

go — went — **gone**, hit — hit — **hit**, make — made — **made**

§232 分詞の完了形と受動態

分詞は動詞としての性質も持っているから、完了形と受動態とがある。

1 分詞の完了形

分詞の完了形は〈**having**＋過去分詞〉で表す。

Mr. Brown, **having had** a previous appointment, was unable to come to the party.

（ブラウン氏は先約があったので、パーティーに来ることができなかった）

2 分詞の進行形

分詞の進行形は、〈**being**＋～**ing**〉となり、-ing が2つ続くことから、この形は一般に避けられる。

完了形の〈**having been**＋～**ing**〉という形は可能であるが、これも実際の用例は少ない。

3 分詞の受動態

(1) **単純形の受動態**

分詞の受動態は〈**being**＋過去分詞〉で表す。

The birds, **being alarmed** by the shot, flew away.

（鳥たちは銃声に驚いて飛び去った）

The pickpocket kept **being caught**.

（そのすりは捕まってばかりいた）

Several new offices are **being built**.

（新しい会社がいくつか建設中です）

※ これは They are building several new offices. を受動態にした形であるが、あまり口調がよくないので、Several new offices are *under construction.* などというほうが好まれる。なお、この文を Several new offices *are building.* とするのは古い形。(→ p. 587)

(2) **完了形の受動態**

完了形の分詞の受動態は〈**having been**＋過去分詞〉で表す。

Having been told so beforehand, he was not surprised.

（前もってそう言われていたので、彼は驚かなかった）

第2節 分詞の用法

§233 分詞の動詞的用法

　分詞がそれ自体完了形や受動態といった形を持っていることは，分詞の動詞としての性質を示すものであるが，分詞は文の主語や人称や数によって変化するようなことはなく，述語動詞とははっきり区別される。

　分詞が動詞としての重要な役割を果たすのは，次のような場合である。

1 進行形と完了形を作る

(1) 〈**be＋現在分詞**〉：進行形を作る。(**pp. 425～431**)

　❶ 動作を表す場合は，もっぱら動詞として働く。

　　The ice on the pond **is beginning** to melt.
　　（池の氷が解け始めた）

　❷ 状態を表す場合は，形容詞的性格も見られる。

　　The panda **was sleeping**.（パンダは眠っていた）

　　＊　The panda was *asleep*. としても同じような意味を表すことができる。

(2) 〈**have＋過去分詞**〉：完了形を作る。(**pp. 418～424**)

　　The rocket **has** just **taken** off.
　　（ロケットは今離陸しました）

　　注　完了を表す〈have＋O＋過去分詞〉：
　　　I *have* my homework *finished*.（宿題をやり終えたところです）という語順の場合，意味上は動作が完了した結果としての状態を示している。この場合は have に強勢がない。《米》に多い用法である。 → p. 516

(3) 〈**be＋自動詞の過去分詞**〉：完了形をつくる。 → p. 420

　　be **gone** などの限られた表現に残っている文語体で，動作の結果としての状態を示し，過去分詞には形容詞の性格が強い。

　　The cookies **are** all **gone**.（クッキーは全部なくなった）

　　注　be finished：
　　　Are you *finished*?（もう食べ終わりましたか）などの finished は今では形容詞と考えるのがふつう。
　　　Don't take my plate away. I'm not **finished**.
　　　　（お皿をさげないでください。まだ食べ終わっていませんから）

2 受動態を作る

　他動詞の場合は，〈**be＋過去分詞**〉で受動態を表す。 → p. 565

Gestures may **be misunderstood**.

（ジェスチャーは誤解されることもある）

be のほかに，become, get, grow などや，lie, stay, sit, stand も一種の受動態を作る。(→ p.581)

状態を表す受動態の場合は，過去分詞の形容詞的性格が感じられる。

They have **been married** for three years.

（彼らは結婚して3年になる）

§234 分詞の形容詞用法と分詞形容詞

分詞は，**動詞と形容詞の性質を分かち持っている**ことから名づけられたもので，形容詞としての役割は重要である。

現在分詞，過去分詞の中には完全に形容詞化したものがあり，これは**分詞形容詞**として，形容詞の一種として扱う。(→ p.272) 一方，形容詞的に用いるふつうの分詞は，動詞としての性質も持っているので，完全に形容詞になったものとは多少性格が異なる。ここでは，完全に形容詞化した分詞（分詞形容詞）と，ふつうの分詞の形容詞用法との違いを扱う。

(1) **限定修飾する位置**

  ❶ **分詞形容詞**：原則として名詞の前。

   That was an **interesting** *experience*. （それは面白い経験だった）

  ❷ **分詞の形容詞用法**：分詞が単独に用いられる場合は名詞の前，分詞が目的語や修飾語句を伴う場合は後。

   He warmed his hands before the **burning** *fire*.

   （彼は燃えている火の前で手を温めた）

   He was looking at the *fire* **burning** brightly.

   （彼は赤々と燃えている火を見つめていた）

(2) **ともに用いられる他の語句**

  ❶ **分詞形容詞の場合**

  分詞形容詞を修飾するのは特定の副詞だけである。

   That was a *very* **interesting** movie.

   （それはとても面白い映画だった）

  ❷ **分詞の形容詞用法の場合**

  副詞で修飾されるほか，動詞として目的語や補語などを伴う。

   The woman **dressed** *in white* is a famous actress.　〔副詞句〕

   （あの白い服を着た女性は有名な女優です）

The man **driving** *the car* was drunk. 〔目的語〕
　　（その車を運転していた男は酔っ払っていた）
　　Do you know the bell **called** *Big Ben*? 〔補語〕
　　（ビッグ・ベンと呼ばれる鐘を知っていますか）

(3) **その他** (→ p. 273)

❶ 自動詞から作られた**分詞形容詞**が**永続的意味**を持つのに対し，自動詞の**分詞**の**形容詞用法**は**一時的意味**を表す。
　　We must gain a **working** knowledge of English. 〔形容詞〕
　　（我々は英語の実用的知識を身につけなければならない）
　　It was the sound of a **working** pump. 〔分詞〕
　　（それは作動中のポンプの音だった）

❷ 分詞形容詞の多くは**比較変化**をするが，**形容詞用法**の分詞は比較変化はしない。
　　I'd like to have a *more* **thrilling** experience. 〔形容詞〕
　　（もっとわくわくするような体験がしたい）
　　She was looking at the **setting** sun. 〔分詞〕
　　（彼女は沈んでいく太陽を眺めていた）

§235　分詞の限定用法と叙述用法

　分詞が形容詞的に働くときには，形容詞と同じように限定用法と叙述用法がある。

1 分詞の限定用法

　現在分詞も過去分詞も，名詞の前または後に置かれて，直接その名詞を修飾する。

(1) **名詞の前に置かれる場合**

　分詞が単独で用いられるときは，一般に名詞の前に置かれて，名詞を直接修飾する。この場合，**現在分詞は原則として自動詞に限られる**。一方，**他動詞の過去分詞は受動的，自動詞の過去分詞は完了的**な意味を表す。

❶ **現在分詞**
　　He took a picture of the **melting** *snow*. 〔自動詞〕
　　（彼は解けていく雪の写真を撮った）

❷ **他動詞の過去分詞**
　　They found a **hidden** *treasure*. 〔受動的〕
　　（彼らは隠されている財宝を見つけた）

＊ 特に文脈のないときは，原則として**状態**を表す場合といわれる。

❸ **自動詞の過去分詞**

The police are now after the **escaped** *prisoner*. 〔完了的〕
(警察は目下脱獄囚を追跡中です)

> **注** 〈複合語の形の分詞〉：
> an *epoch-making* event（画期的な事件），*time-honored* custom（昔からの習慣）のように複合語となっているものは分詞形容詞と考えてよい。

(2) 名詞の後に置かれる場合

分詞が目的語や補語，修飾語句を伴うときには名詞の後に置かれる。

❶ **現在分詞**

関係代名詞を用いて書き直すときには，進行形にするかどうかを考える必要がある。

The man **standing** (=who *is standing*) over there is the owner of the store.（あそこに立っている人がその店の持ち主です）

＊ 今たまたま立っているのだから進行形。

That is the mansion **belonging** (=which *belongs*) to Mr. Smith.
(あれがスミス氏所有の邸宅です)

＊ belong は状態を表す動詞で，進行形にはならない。

❷ **他動詞の過去分詞**

関係代名詞を用いて書き直すと，受動態になる。

What is the language **spoken** (=which *is spoken*) in Iran?
(イランで話されている言語は何ですか)

❸ **自動詞の過去分詞**

名詞の後に置かれるのは特殊な場合に限られる。

The train just **arrived** at Platform 1 is from New York.
(ついさっき1番線に到着した列車はニューヨーク発です)

> 〔参考〕 **a drinking man**：
> **意味上明白な目的語が省略されて，他動詞が自動詞になる場合がある。**
> たとえば，drink（飲む）という他動詞は，その目的語 liquor（酒）が省略されて，drink だけで「飲酒する」という自動詞として用いられる。そこで，a **drinking** *man* は「飲んべえの男」という意味になる。これは名詞の前に置かれると分類的性質を示すからで，一時的に「水を飲んでいる男」なら，a *man* **drinking** water となる。つまり，このような動詞の現在分詞は，「〜している」という意味で名詞の前に置くことはできない。
> したがって，read (books) から出た「読書する」の意の read を使って，a *reading* girl（本を読んでいる少女）ということはできない。a girl *reading* a book ならよい。→ p.377

2 分詞の叙述用法

(1) 自動詞の主格補語になる分詞

❶ 現在分詞の場合

She sat **singing** merrily.（彼女は楽しそうに歌いながら座っていた）

* この文で, sat は完全自動詞であるが, singing はそのときの彼女の様態を説明しているので, 補語に相当していると考える。 [→ p. 30] なお, She *was singing* merrily.（彼女は楽しそうに歌っていた）の singing は〈**be**＋**現在分詞**〉で進行形を作っているので, 補語とは考えない。

> **注** 分詞構文と補語:
> 分詞が述語動詞から離れた位置にある場合は, 分詞構文になる。
> She *sat* in a rocking chair, *singing* merrily.
> （楽しそうに歌いながら, 彼女は揺り椅子に腰をかけていた）

> **[参考] Keep smiling!**:
> keep ～ing は「～し続ける」の意味で, ～ing は補語。Keep smiling! は「くよくよするな, 気楽にやれ」という意味の慣用表現。
> **Keep smiling!** Tomorrow is another day.
> （元気を出して。またあすという日もあるんだから）　　　　　　【激励】

❷ 過去分詞の場合

過去分詞が主格補語になるのは, 述語動詞が不完全自動詞の場合であるが, be, become, get などにつく場合は受動態になるので, この3つ以外の不完全自動詞ということになる。また, 完全自動詞の後でも, 一種の補語と考えられる場合がある。 [→ p. 30]

My mother *looked* a little **surprised** at the letter.
（母はその手紙に少し驚いたふうだった）

* こういう心理動詞の過去分詞は形容詞化しているとみてよい。

He *stood* **astonished** at the sight of the huge rock.
（彼はその巨大な岩を見て驚いた）

(2) 他動詞の目的格補語になる分詞

〈**S＋V＋O＋分詞**〉の形をとる知覚動詞や, 使役動詞, あるいは like などの動詞の後で用いられる。 [→ p. 516]

❶ 知覚動詞

I can *see* birds **hopping** among the branches of a tree.
 [→ p. 516]
（鳥たちが木の枝の間でぴょんぴょん跳んでいるのが見える）

I *saw* her **carried** out of the burning house. [→ p. 518]
（私は彼女が燃えている家から運び出されるのを見た）

❷ 使役動詞その他の動詞

I can't *have* you **coming** home so late. (→ p.517)
(おまえをそんなに遅く帰宅させるわけにはいかない)
I *had* a bad tooth **pulled** out yesterday. (→ §236)
(私は昨日虫歯を抜いてもらった)
I'd *like* my egg **boiled**. (卵はゆでてもらいたい) (→ p.518)

> **注** ⟨like+O+動名詞⟩:
> I don't like you *smoking* in this room. (あなたにこの部屋でたばこを吸ってもらいたくない) のような文では, smoking は動名詞とも考えられる。この場合の you は your でもよい。

§236 ⟨have [get]＋目的語＋過去分詞⟩

⟨have [get]＋目的語＋過去分詞⟩で, 使役・受動・完了の意味を表す用法がある。

(1) 使役・受動を表す場合

❶ 主語の意志で「～させる, ～してもらう」という使役の意味を表す。
have, get に強勢が置かれる。この have は一般動詞で, 前に will [would], should, must などの助動詞も用いられる。なお, くだけた言い方では, get のほうがよく用いられる。

I *hád* my suitcase **carried** to my room by a bellboy.
(私はボーイにスーツケースを部屋まで運んでもらった)
　　＊　この構文は, I had *a bellboy carry my suitcase to my room.* (私はボーイにスーツケースを部屋まで運ばせた) という使役動詞の文の斜字体の部分が受動の意味を表して, *my suitcase carried to my room by a bellboy* になったもの。

I'*ll háve* the holes in that wall **covered** tomorrow.
(あの壁の穴を明日ふさいでもらおう)
I'm *gétting* a new house **built**. (家を新築中なんです)
Gét the bedsheets **changed**.
(ベッドのシーツを取り替えてもらいなさい)
　　＊　命令の場合は get がふつう。

❷ 主語の意志でなく,「～される」という受動・被害の意味を表す。
この意味では have のほうが一般的で, 過去分詞のほうに強勢が置かれる。get は口語的で, どちらかというと《米》のほうに多く, 身体の部分や所有物 (家やその一部のような大きな物も含む) などが, 偶発的な事故で被害を受けるような場合によく見られる。

I *had* my bicycle **stólen** in the park.（公園で自転車を盗まれた）
- * この場合も、**主語のもの**（所有物や身体の部分など）が「〜される」という意味になるのがふつう。

I *got* my arm **bróken** while playing soccer.
（私はサッカーの競技中に腕を折った）

(2) 完了を表す場合

〈**have**＋目的語＋**過去分詞**〉が完了を表す場合がある。《米》に多い表現であるが、《英》でも見られる。この場合、**強勢は過去分詞**に置かれる。使役や受動の場合と違って、過去分詞が表す行為をするのは文の主語になっている人[物]である。また、ふつうの完了形に比べると、動作の完了としての**結果の状態**に重点が置かれる場合が多い。

I *have* a title already **chósen**.（表題はもう選んでおいた）
- * I *have* already *chosen* a title.（表題はもう選んでしまった）と実質的に同じと考えてよい。

> **注** 完了を表す〈**get**＋O＋過去分詞〉:
> 《米》のくだけた言い方では、have の代わりに get が用いられることもある。
> I'm proud to shake the hand that *got* that job **done**.
> （あの仕事をやってのけた手と握手できるとは光栄だ）

§237 〈S＋V＋O＋分詞〉

1 〈S＋V＋O＋現在分詞〉

(1) 知覚動詞 （→ p.392）

❶ 〈知覚動詞＋目的語＋現在分詞〉と〈知覚動詞＋目的語＋原形不定詞〉

I *saw* some koalas **eating** leaves.　　　　　　　　〔現在分詞〕
（私は何匹かのコアラが木の葉を食べているところを見ました）
- * 現在分詞の場合は、原則として**動作の途中の一部**を示すので、コアラが木の葉を食べているところを見かけたという意味になるが、文によっては一部始終ずっと見ていたという意味にとれる場合もある。

I *saw* a salesman **enter** his house.　　　　　　　　〔原形不定詞〕
（私はセールスマンが彼の家に入るのを見た）
- * 原形不定詞の場合は動作が完結していることを意味するので、**始めから終わりまで**見ていたことになる。したがって、短時間で完結する動作には原形不定詞が用いられる。
    I *saw* him *jump* to his feet.（私は彼がパッと立ち上がるのを見た）

❷ 〈知覚動詞＋目的語＋現在分詞〉の例

Nancy *felt* tears **running** down her cheeks.

（ナンシーは涙がほおを流れ落ちるのを感じた）

I *smelled* something **burning**.
（何かが焦げているにおいがした）

● 現在分詞を補語にとる知覚動詞（＊は原形不定詞は不可）

feel（感じる）	hear（聞こえる）	listen to（聞く）
look at（眺める）	notice（気がつく）	observe（観察する）
see（見える）	smell*（においがする）	watch（見守る）

＊ perceive（気づく）もこの中に含めてもよいが，原形不定詞をとることはまれ。

❸ 知覚動詞と似た構文

I *caught* him **trying** to go out of the room.
（私は彼が部屋から出ていこうとするのを見つけた）

　　＊ **catch** と **find** はともに「～が…しているところを見つける」という意味でこの構文をとる。原形不定詞を補語にはとらない。

(2) 使役動詞など　[→ p.391]

have や get などの純然たる使役動詞をはじめとして，「～の状態にさせる，しておく」という意味を表すものがいくつかある。

have　He *has* a car **waiting** for me.
　　　　（彼は私のために車を待たせてくれています）

get　He *got* the engine **running**.
　　　　（彼は何とかエンジンをかけることができた）

set　His words *set* me **thinking** deeply about my future.
　　　　（彼の言葉で私は将来のことを考え込んでしまった）

start　What *started* you **taking** an interest in physics?
　　　　（何がきっかけで物理学に興味を持つようになったのですか）

keep　She *kept* us **waiting** for a long time.
　　　　（彼女は我々を長いこと待たせておいた）

leave　Don't *leave* the baby **crying** in the bed.
　　　　（ベッドの中で赤ん坊を泣かせっぱなしにしないように）

(3) like, want など

I don't *like* you **speaking** with that crowd.
（君があんな連中と話をするのは好きではない）

I don't *want* you **waking** me up so early.
（そんなに早く起こしてもらいたくない）

　　＊ この意味では**否定文**に用いるのがふつう。

2 〈S＋V＋O＋過去分詞〉

(1) 知覚動詞

「～が…されるのを—する」の意味になる。

Have you ever *heard* that song **sung** in German?
　(その歌がドイツ語で歌われるのを聞いたことがありますか)

(2) 使役動詞など

have と get 以外では，次のようなものがある。

make　I managed to *make* myself **understood** in English.
　　　　(私はなんとか英語で話を通じさせることができた)

leave　I think you had better *leave* it **unsaid**.
　　　　(それは言わないでおいたほうがいいと思う)

keep　They *kept* all the doors **locked**.
　　　　(彼らはドアを全部鍵をかけたままにしておいた)

(3) like, want など

like　I'd *like* this broken chair **repaired**.
　　　　(このこわれた椅子を直していただきたいのです)

want　We *want* this problem **solved** quickly.
　　　　(この問題は速やかに解決してもらいたい)

need　I *need* this jacket **mended**.
　　　　(このジャケットを繕ってもらう必要がある)

> [参考] 〈get started〉と〈get＋O＋started〉:
> 〈get started〉はくだけた言い方で，自動詞の start (始める，始動する) の意味に用いられる。同じような意味を表すのに，〈get going〉，〈get moving〉，〈get cracking〉などという言い方もある。
> After that long interval it was hard to **get started** again.
> 　(そんなに長く間を開けたあとでは，また始めるのは難しかった)
> Come on, **get going**. (さあ，始めよう)
> get を他動詞として用いた〈get＋O＋started〉は「O を始動させる」の意味になる。
> It was so cold this morning that I couldn't **get** *the car* **started**.
> 　(けさはとても寒かったので，私は車を始動させることができなかった)
> 同じように〈get＋O＋going〉も「O を始動させる」の意味に用いる。たとえば，上の文は，It was so cold this morning that I couldn't **get** *the car* **going**. とも言える。

§238 分詞の転用

分詞が名詞または副詞に転用されることがある。

1 分詞の名詞用法

分詞形容詞の名詞用法と考えればよい。

The **unexpected** has happened.
　（思いがけないことが起きた）

The **wounded** and *the* **dying** were lying about.
　（傷ついた人たちや瀕死の人たちがそこらに横たわっていた）

The **accused** were put on trial for robbing the bank.
　（被告たちは銀行強盗の罪で裁判にかけられた）

注 〈the＋分詞〉の数：
　〈the＋分詞〉が人を表すときには複数の人を表すことが多いが，the accused（被告），the deceased（故人）などは単数・複数両方に用いられる。

2 分詞の副詞用法

分詞構文は副詞的働きをするが，それ以外にも分詞が副詞的に働く場合がある。ほとんどが very, exceedingly という意味の口語的な**強意語**である。

　It was **burning** hot.　（焼けるように暑かった）

注 damned：(→ p.558)
　過去分詞で現在副詞的に使われる語といえば，**damned**（＝very）ぐらいのものといってよい。動詞の damn は「けなす，ののしる，のろう」などの意味であるが，Damn! のように間投詞として使うのは乱暴な言い方とされる。
　形容詞と副詞の damned でも，形容詞のほうはまだ本来の意味をとどめているが，副詞のほうは多用されているうちに，くだけた話し言葉では本来の意味も薄れ，単に very の意味の**強調語**として，良いものにも悪いものにも使われるようになってきている。しかし，まだ乱暴な，汚い言い方と感じる人も多いので，親しい間での会話でなければむやみに使わないほうがよい。
　It is a **damned** *good* job.（それはとてもよい仕事だ）

● 副詞的な機能を持った分詞

boiling（うだるように）(hot)	burning（焼けるように）(hot)
perishing（ひどく）(cold)	shocking（ひどく）(bad)
sopping（びしょびしょに）(wet)	tearing（おそろしく）(angry)
thundering（非常に）(big)	

　＊（　）内はその分詞が修飾する形容詞の例。

第3節 分 詞 構 文

§239 分詞構文の形

分詞が動詞と接続詞の働きを兼ねて,その分詞の導く句が副詞句として用いられるとき,これを**分詞構文**(Participial Construction)という。

1 現在分詞と過去分詞の分詞構文

(1) **現在分詞を用いたもの**

Walking along the stream, I met a group of hikers.
(流れに沿って歩いていると,ハイカーの一群に会った)

(2) **過去分詞を用いたもの**

Persuaded by his friends, Brutus made up his mind to kill Caesar. (友人たちに説き伏せられて,ブルータスはシーザーを殺そうと決心した)

> **注** 過去分詞構文の意味:
> 過去分詞の場合は他動詞がふつうで,**受動的な意味**を表す。自動詞の場合は**運動や変化**を表す(arrive, return など)が,比較的まれである。
> **Arrived** there, Marlow walked quickly into the station.
> (そこへ着くと,マーロウは急いで駅の中へ入っていった)

2 分詞構文の意味上の主語

分詞構文の意味上の主語は,文の主語と同じときには省略するが,文の主語と違うときには,原則としてこれを分詞の前に置く。この場合の主語は**主格**である。

(1) **意味上の主語を省略する場合**

❶ 意味上の主語が**文の主語と同じ**場合

Seeing me, *the dog* wagged its tail.
(私を見ると,その犬はしっぽを振った)
(= When *the dog* saw me, *it* (= the dog) wagged its tail.)

❷ 意味上の主語が,we, you, they など**漠然と一般の人**をさす場合
(➡ p. 527)

Speaking of cars, what have you done with yours?
(車といえば,君の車はどうしたの?)

 * このほかにも,意味上の主語が文の主語と異なっているのに,これを特に表現しない場合がある。(➡ p. 526)

(2) **意味上の主語を表現する場合**

意味上の主語が**文の主語と違う**場合

The rain **beginning** to fall, *we* took a taxi.
（雨が降り出したので，我々はタクシーに乗った）
(=Because *the rain* began to fall, *we* took a taxi.)

* 意味上の主語を表現した分詞構文を**独立分詞構文**というが，きわめて文語的な表現。(→ p.525)

3 分詞構文の時制

(1) **単純形の分詞**

文の述語動詞の表す時と同じ時制を表す。

Not **knowing** what to do, she *came* to ask for my advice.
（どうしてよいかわからなかったので，彼女は私に助言を求めにきた）
(=Because she *did* not know what to do, she *came* to ask for my advice.)

* **否定語は分詞の前に置く**。完了形の場合も Not having ～ となる。ただし，Having *never* ～ の形は可。

(2) **完了形の分詞**

文の述語動詞の表す時より前の時を表す。

Having lost all my money, I *had* to give up my plan.
（お金をすっかりなくしてしまったので，私は計画をあきらめなければならなかった）
(=Because I *had lost* all my money, I *had* to give up my plan.)

> **注** 出来事の順に書く分詞構文：
> ある動作の後にほかの動作が続くとき，特に前の動作の完了を強調したり，意味があいまいになったりするのでなければ，はじめの動作を分詞にして前に出す場合には，完了形にする必要はない。
> **Opening** the bottle, he poured the wine into my glass.
> （びんのせんを抜くと，彼は私のグラスにワインをついだ）
> (=He opened the bottle and poured the wine into my glass.)

4 受動態の分詞構文

受け身の動作・状態を表す分詞構文には，受動態の分詞〈**being**＋過去分詞〉を用いる。being が文頭にくるときには，ふつうこれを省略する。

(*Being*) **Written** in a clear hand, this report is easy to read.
（はっきりした字で書かれているので，このレポートは読みやすい）

having been も省略することができる。

(*Having been*) **Born** in America, he is proficient in English.
(アメリカで生まれたので, 彼は英語がじょうずだ)

> **Q&A 80** While staying in Paris, I met Jane. は分詞構文か？
>
> 分詞構文と考えてもよい。
> 分詞構文はその表す意味があいまいなことが多いので, これをはっきりさせるために, 分詞の前に接続詞をつけることがある。問題の文も, Staying in Paris, ... という分詞構文の意味をはっきりさせるために while をつけたものと解することができる。しかし, この文はまた While I was staying in Paris, ... という副詞節の I was を省略したものと考えることもできる。〈主語＋be〉を補って考えることができる場合は, どちらかというとこのほうが自然であるともいわれる。ただし, ふつうは進行形にならない動詞でも, 〜ing の形になるので, そのような場合は分詞構文と見たほうがよい。
> 一方, *After having* finished his homework, Jack went out to play baseball with his friends. (宿題をやり終えると, ジャックは友達と野球をするために出かけた) のような文では, after には接続詞も前置詞もあるので, 前置詞と解すれば having は動名詞である。
> *On arriving* there, he set to work. (そこへ着くとすぐ彼は仕事にとりかかった) という文では, on は**前置詞**で, arriving は**動名詞**である。

§240 分詞構文の表す意味

分詞構文は**文語的**な表現に多く, 副詞句として, 時, 原因・理由, 付帯状況, 条件, 譲歩などの意味を表す。条件, 譲歩などの意味を表す場合は, 慣用的な構文として用いられるのがふつうである。

(1) <u>時</u>

Seeing the police officer, he ran away.
　(警官を見るや, 彼は走り去った)
(=*When* [*As soon as*] he saw the police officer, he ran away.)
Left to herself, she began to weep.
　(ひとりになると, 彼女は泣き出した)
(=*When* she was left to herself, she began to weep.)

(2) <u>原因・理由</u>

Having much to do, she felt depressed.
　(やらなければならないことがたくさんあったので, 彼女は気が重かった)
(=*Because* she had much to do, she felt depressed.)

(*Being*) Badly **injured,** she couldn't walk.
　　（ひどくけがをしたので，彼女は歩けなかった）
　（=*Because* she was badly injured, she couldn't walk.）
　　＊ Being で始まる分詞構文は原因・理由を表すのがふつう。

(3) 付帯状況

　付帯状況は主文に添えた言い方であり，次の2つに分けられる。

　❶ 2つの動作が同時に行われる場合：「～しながら」
　The girls sat on the grass, **looking** at the setting sun.
　　（少女たちは沈んでいく夕日を眺めながら，草の上に座っていた）

　❷ 動作や出来事が続いて起こる場合：「～して，そして」
　A young man came up to her, **asking** (=and asked) her to dance with him.（ひとりの若い男が彼女のところにやって来て，自分と踊ってくれと頼んだ）

(4) 条件

　主文に will や may が用いられるのがふつうだが，慣用表現以外にはあまり用いられない。

　Used economically, this tube *will* last a month.
　　（節約して使えば，このチューブで1か月は持ちます）
　（=*If* it is used economically, this tube will last a month.）

(5) 譲　歩

　慣用構文に限られるといってよい。

　Granting this to be true, we still cannot explain it.
　　（これが事実であることは認めるが，それでも説明はできない）
　（=*Though* we grant this to be true, we still cannot explain it.）

> **Q&A 81** Living as I do in such a remote country, I seldom have visitors. の as I do は，なぜ as I am にならないのか？
>
> 　この文は実は分詞構文で，**Living** in such a remote country, I seldom have visitors.（このような辺ぴなところに住んでいますので，めったに訪ねて来てくれる人がありません）という意味の文を，「これこのとおり〔現に私が住んでいるとおり〕」と強調するために，as I do を挿入したものである。
>
> 　したがって，この do は live の代わりに用いられた代動詞であって，as I am living の倒置ではないので，この形の文では常に do となる。またこの as は，口語では the way などが代わることもある。（→ p. 629）

§241　分詞構文の位置

　分詞構文は文頭，文中，文尾に置かれるが，それほど厳密なルールがあるというわけではなく，文脈や意味，特に重点の置き方などによって決まる場合が多い。文中や文頭に置く場合はコンマで切る。

(1) 時を表す場合

　長い動作のほうが後が原則だが，文頭に置くことが多い。特に分詞構文の表す内容のほうが時間的に前のことであれば，原則として文頭に置く。

　Reading a book, he found a misprint.
　　（本を読んでいたとき，彼はミスプリントを見つけた）

　Having received their final medical check, the astronauts boarded their spacecraft.
　　（最終的な医学上の検査を受けてから，宇宙飛行士は宇宙船に乗った）

(2) 原因・理由を表す場合

　「～というわけだから」と先に言い，「だから～した」と述べるので，分詞構文のほうが前にくるのがふつうである。しかし，あることを述べてから，その理由を追加的に述べる場合には，コンマを打って後に置く。

　Being young, he was very energetic.　　　　　　　　　〔文頭〕
　　（若かったので，彼はとても精力的だった）

　The teacher, not **having heard** the chimes, kept on teaching.
　　（先生は，チャイムが聞こえなかったので，授業を続けた）　〔文中〕
　　　＊　この位置をとるのは分詞構文の主語が名詞のときが多い。

　She remained silent, not **knowing** what to do.　　　　　〔文尾〕
　　（どうしてよいかわからなかったので，彼女は黙っていた）
　　　＊　前に出すこともできる。

(3) 付帯状況を表す場合

❶ 同時を表す場合

　分詞構文は文尾に置くのがふつうである。

　Someone *was standing* by the gate, **looking** at me.
　　（だれかが私のほうを見ながら，門のそばに立っていた）

　文頭にくる場合もある。「～しながら」といっても，そのほうがやや前に行われる動作であったり，後文がかなり長くなる場合などに多い。

　Smiling pleasantly, the stranger *turned* as if to speak to me.
　　（愛想よくほほえみながら，その見知らぬ人は私に話しかけようとするかのように振り向いた）

❷ 動作・出来事の連続を表す場合

先に起こる出来事や動作が前にくる。一般に意味上軽いほうが分詞構文になる。また、分詞構文は文中に挿入されることもある。

Entering the room, she *switched* on the light.
 (部屋に入ると、彼女は明かりをつけた)

She *entered* the room, **switching** on the light.
 (彼女は部屋に入って、明かりをつけた)
 ＊ 初めの文のほうが自然である。分詞構文が後にくると、追加的叙述になる。

This train *starts* at two, **arriving** in London at nine.

This train, **starting** at two, *arrives* in London at nine.
 (この列車は2時に出発し、9時にロンドンに着きます)
 ＊ 初めの文は出発を重視した言い方で、後の文は到着を重視した言い方。

(4) 条件・譲歩を表す場合

慣用表現になっているもの （→ p.527） 以外は、今では条件の場合は if や unless、譲歩の場合は although, though や while などをつけて文頭に置くのがふつう。

If traveling north, you must change at Morioka.
 (北へ行くのであれば、盛岡で乗り換えなければなりません)

While admitting that he was there at that time, he denied that he had killed Mr. Birt.
 (彼はその時そこにいたことは認めたが、バート氏殺害は否定した)

§242 独立分詞構文

分詞の意味上の主語が文の主語と異なる場合、分詞の主語を表現して1つの節のように働くものを独立分詞構文という。

1 独立分詞構文

慣用表現を除けば、極めて文語的な表現で、くだけた言い方では、今はまず使われない。

主語に対して、その一部を示す語句が分詞の主語になるような場合には、比較的よく用いられる。

分詞の主語が文の主語と異なるほかは、用法は分詞構文と同じである。

We will start tomorrow morning, *weather* **permitting**.
 (天候が許せば、私たちは明朝出発する) 〔慣用表現〕

This **done,** *they* next set to clean the room.
 (これが終わると、次に彼らは部屋の掃除にとりかかった) 《文語的》

(= When this was done, they next set to clean the room.)

She ran up to me, *her hair* **flying** in the wind.

　（彼女は髪を風になびかせながら，私のほうに走ってきた）
　　　＊ her hair は彼女の身体の一部。

All this time, *they* were fast asleep, *all of them* **knowing** nothing about what had happened.

　（この間ずっと彼らはぐっすり眠っていて，だれも何が起こったか知らなかった）
　　　＊ all of them は they の全部。

2 〈with＋独立分詞構文〉

付帯状況を表す独立分詞構文は，with をつけた形をとることが多い。逆の言い方をすれば，付帯状況を表す with 構文 ➡ p.698 の多くは，with を取り去れば独立分詞構文になるということである。

The little girl called out to her mother, **with** tears **running** down her cheeks.

　（ほおに涙を流しながら，その少女は母親に大声で呼びかけた）

He sat in the chair **with** his legs **crossed.**

　（彼は足を組んで椅子に腰掛けていた）

注 〈with＋O＋形容詞〉：
　being の省略から，形容詞が直接続く形も多い。
　Don't talk *with* your mouth *full*.
　　（食べ物をほおばって話すな）

§243 独立分詞構文の例外

分詞の意味上の主語が文の主語と同じでないのに，これを表現しないことがある。実際の書き言葉などに見られることもあるが，文法的には正しくないので避けるべきだとする人が多い。

Looking for a theme, *a good idea* occurred to me.

　（テーマを探しているうちに，よい考えが思い浮かんだ）

(＝While **I** was looking for a theme, *a good idea* occurred to me.)

Having been Sunday the day before, *the hospital* was rather crowded.

　（前の日が日曜日だったので，病院はかなり込んでいた）

　　＊ この用法の分詞を**懸垂分詞**（Dangling Participle または Unattached Participle）と呼ぶことがある。

§244 慣用的な分詞構文

分詞の意味上の主語が，一般の人を表す we, you, they などのとき，これを省略することがある。慣用的な分詞構文として覚えておけばよい。

よく用いられる動詞は，assume, consider, grant, judge, speak, talk などである。

Assuming it rains tomorrow, what shall I do?
(明日雨が降るとしたら，どうしようか)

Considering his abilities, he should have done better.
(彼の能力を考えると，もっとうまくできたはずなのだが)

Granting that he has enough money to buy the new car, it doesn't mean he's going to do so.
(彼にその新車を買うだけの金があるとしても，彼がそれを買うということにはならない)

Judging from the look of the sky, we'll have a rain this evening.
(空模様から判断すると，今晩はひと雨降りそうだ)

Generally speaking, women live longer than men.
(一般的にいうと，女は男より長生きする)

Talking of music, which composer do you like best?
(音楽といえば，どの作曲家が一番好きですか)

Speaking of food, I like a chili hot dog or French fries.
(食べ物といえば，チリホットドッグかフレンチフライが好きです)

Strictly [Frankly, Roughly] speaking, this is true.
(厳密に [率直に，おおざっぱに] 言えば，これは正しい)

Taking his age **into consideration**, he did it quite well.
(彼の年齢を考慮に入れれば，彼はとてもうまくやった)

> [参考] **分詞構文由来の接続詞と前置詞:**
> 分詞構文からさらに**接続詞**になったものとして，次のようなものがある。
>   providing [provided] (that) ～（もし～ならば）
>   seeing (that) ～（～だから）
>   supposing (that) ～（もし～ならば）
> **前置詞**になったものはたとえば次のようなものである。
>   according to（～によれば）　　concerning（～に関して言えば）
>   excepting（～を除いて）　　　including（～を含めて）
>   regarding（～に関して）

第14章 動 名 詞
GERUNDS

動名詞は，形は現在分詞と同じ ~ing 形であるが，動詞と名詞との機能を兼ねるものである。単純形と完了形があり，また能動態と受動態がある。

第1節 動名詞の形と機能

§245 動名詞の形

動名詞は現在分詞と同じ ~ing 形で，次の4つの形がある。

	能 動 態	受 動 態
単純形	making	being made
完了形	having made	having been made

§246 動名詞の動詞的機能

動名詞はもとの動詞的性質を保持しているため，次のような性質がある。

(1) **目的語や補語をとる**

　　I remember **seeing** *him* once. 〔目的語〕
　　（私は一度彼に会ったのを覚えている）

　　Doing nothing is **being** *lazy*. 〔補語〕
　　（何もしないというのは怠けていることである）

(2) **完了形と受動態がある**

　　Excuse me for **having been** late for the appointment. 〔完了形〕
　　（約束の時間に遅れてしまって申し訳ありません）【謝罪】

　　He is ashamed of **having been scolded** by his teacher.
　　（彼は先生にしかられたことを恥じている）〔受動態〕

> **注** 受動の意味の動名詞:
> **want, need, require, deserve, bear, be worth** などの後にくる動名詞は能動態で受動の意味を表す。
> This watch needs **repairing** (= to be repaired).
> （この時計は修理する必要がある）

＊ 名詞として「『修理』の必要がある」と考えてもよい。
(3) **副詞（句）で修飾される**
　　I don't like people **talking** *loudly*.
　　（私は人が大声で話すのはきらいだ）
　　He was tired after **walking** *all the way to the station*.
　　（彼は駅までずっと歩いて疲れた）

§247　動名詞の名詞的機能

動名詞は名詞用法の不定詞よりも名詞的性質が強い。

(1) **主語・補語・目的語になる**
　　Reading in bed *is* not good for the eyes.　　　　　　〔主語〕
　　（寝床で本を読むのは目によくない）
　　It's been nice **meeting** you.　　　　　　　　　　　　〔主語〕
　　（お会いできてよかったです）　　〔別れるときの〕【挨拶】
　　　＊ to 不定詞の場合と違って，形式主語の It を先行させる形には制約があり，nice, wonderful のような感情的色彩の強い形容詞や no use などの名詞 (→ p.532) の場合に見られるが，明確なルールはない。
　　My hobby *is* **collecting** postage stamps.　　　　　　〔補語〕
　　（私の趣味は切手を集めることです）
　　He *admitted* **having** made a serious mistake.　　　　〔目的語〕
　　（彼はひどい誤りを犯したことを認めた）
　　The doctor insisted *on* **operating** as soon as possible.
　　（医者はなるべく早く手術すべきだと主張した）　〔前置詞の目的語〕

(2) **複数形や所有格がある**
　　Her **doings** do not agree with her **sayings**.
　　（彼女の言行は一致しない）
　　I don't like reading for **reading's** sake.
　　（私は読書のための読書は嫌いだ）

(3) **冠詞や形容詞がつく**
　　He had *a great* **liking** for mathematics.
　　（彼は数学がたいへん好きであった）
　　Early **rising** makes us healthy.（早起きは我々を健康にする）
　　注 名詞化した動名詞：
　　(1) 動名詞は本来は抽象名詞なので単独で不定冠詞をとることは比較的少ない。
　　　　I heard *a* **knocking** at the door.
　　　　（ドアをたたく音が聞こえた）

(2) savings (貯蓄), earnings (所得) などは完全に名詞化したものと考えられる。
> He spent all his **savings** on a new car.
> (彼は新車に貯金のすべてをはたいた)

§248 動名詞の意味上の主語

動名詞の意味上の主語は，不定詞の場合と同じように，これを特に示さない場合と明示する場合とがある。

1 意味上の主語を特に示さない場合

(1) <u>意味上の主語が一般の人の場合</u>
Beating a child will do more harm than good.
(子供をたたくのは益より害になる)

(2) <u>意味上の主語が文の主語と一致する場合</u>
She is afraid of **going** out alone late at night.
(彼女は夜遅くひとりで外出するのを怖がっている)

(3) <u>意味上の主語が直前の関連する動詞の目的語と一致する場合</u>
Thank *you* for **helping** me with my work. 〔your の省略〕
(私の仕事を手伝ってくださってありがとう) 【感謝】

2 意味上の主語を明示する場合

動名詞の意味上の主語は，堅い言い方では所有格を用いるが，くだけた言い方では目的格がふつう。

(1) **人称代名詞の場合**

❶ 動名詞が文の**主語**のときは**所有格**がふつう。
His **doing** it should result in success.
(彼がやるなら成功するはずだ)

❷ 動名詞が**他動詞や前置詞の目的語**のときは所有格も用いるが，くだけた言い方では目的格がふつう。
I can really understand *him* [*his*] **composing** those kind of pieces.
(私には彼がそういう曲を創ることがよく理解できる)

＊ 所有格の場合は動名詞が示す**行為**に重点が置かれ，目的格の場合にはその行為をする**人間**に重点が置かれるともいわれる。

There is a strong possibility of *his* [*him*] **helping** us.
(彼が我々を助けてくれる可能性は大いにある)

＊ avoid, consider, deny, enjoy などのように，ふつう所有格をとるもの

(2) 人や動物を表す名詞の場合

生物を表す名詞は本来 's をつけて所有格を作ることができるので，人称代名詞の場合とほぼ同じように考えてよい。名詞の場合も所有格か目的格にする。ただし，名詞の場合は目的格が主格と同じ形になるので注意。

→ p.115 参考

❶ 動名詞が文の**主語**のときは**所有格**がふつう。

Mary's **getting** up so early surprised all her family.
（メアリーがそんなに早く起きたので彼女の家の人たちはみな驚いた）

❷ 動名詞が**他動詞や前置詞の目的語**の場合は**通格**がふつう。所有格は堅い言い方。

I can't understand *my brother('s)* **being** in love with Betty.
（私には兄がベティを愛しているわけがわからない）

He insisted on *John('s)* not **going** there alone.
（彼はジョンが1人でそこに行くべきではないと言い張った）
　＊　動名詞の否定形は not をその直前に置く。

He apologized to me for *his dog* **barking** all the night through.
（彼は自分の犬が一晩中吠えていたことを私にわびた）

(3) 無生物の名詞の場合

無生物の名詞や抽象名詞はそのまま動名詞の前に置くのがふつう。

I am sure of *the news* **being** true.
（私はその知らせが本当だと確信する）

> 参考　**所有格にしない動名詞の意味上の主語**:
> 指示代名詞や名詞用法の形容詞，句や節など，所有格になりにくい語(句)は所有格にしない。
> He insisted on *young and old* **being** warmly welcomed.
> 　（彼は老いも若きも温かく迎えられるべきだと主張した）
> I don't approve of *people like him* **joining** our club.
> 　（彼のような人間が我々のクラブに加入することは賛成しない）

§249　動名詞の時制

動名詞自体には時制がないので，文の述語動詞の時制や意味，その前後関係で動名詞の表す時が決まる。

(1) 単純形の動名詞

❶ 述語動詞の時制より後の時を表す場合

I am looking forward to **seeing** you again.
（またお目にかかれますのを楽しみにしています）　　　　　　　　【挨拶】
❷ 述語動詞の時制と同じ時を表す場合
Which are you more interested in, **singing** or **writing** music?
（歌うのと作曲するのとどちらのほうに興味をお持ちですか）
❸ 述語動詞の時制より前の時を表す場合
I remember **visiting** the temple when young.
（若いころその寺を訪れたのを覚えている）
  ＊ remember は単純形の動名詞のままで過去のことを表すが，特に過去の経験を強調するために完了形にすることもある。
❹ 時とは無関係な場合
Seeing is **believing**.（百聞は一見にしかず）　　　　　《ことわざ》
(2) 完了形の動名詞
原則として述語動詞の表す時よりも以前に起こったことを表す。
I'm sorry for your not **having come** with us.
（あなたが一緒に来てくれなかったのが残念です）
(＝I'm sorry that you *did*n't come with us.)

§250　動名詞を用いた慣用構文

(1) 〈**It is (of) no use ～ing**〉：「～してもむだである」
It is (of) no use translating every single word.
（単語を1つずつ訳してもむだだ）
  ＊ of は省略されることが多い。no use の代わりに no good としてもよいが，この場合は of はふつう付けない。不定詞の to translate も可。
(＝There is no use (in) translating every single word.)
(2) 〈**There is no ～ing**〉：「～することはできない」
There is no telling when the history of English began.
（英語の歴史がいつ始まったかはわからない）
(＝It is impossible to tell when the history of English began.)
(＝We cannot tell when the history of English began.)

> [参考] **There's no accounting for tastes.**:
> 「人の好みは説明できない」の意のことわざであるが，いま言われたことが気に入らないときにもよく用いられる。
> "I'd like to buy this CD." "Well, **there's no accounting for tastes.**"
> （「この CD を買いたいな」「へえ，人の好みもさまざまだね」）　　【不服】

(3) ⟨**on** ~**ing**⟩:「～するとすぐに」

On hear**ing** the news he turned pale.

(その知らせを聞いたとたんに彼は青くなった)

(=As soon as he heard the news, he turned pale.)

注 in ~ing:
in ~ing だと「～する［した］際に」の意味になる。
Be careful **in** cross**ing** the street.
(通りを渡るときには気をつけなさい)

(4) **feel like** ~**ing**:「～したいような気がする」「～したい」

I **felt like** danc**ing** with her. (彼女と踊りたい気がした)

　＊ *Do you feel like* play*ing* something? (何かして遊びませんか)
のような形では，機能は「～しませんか」という**勧誘**になる。

(5) **It goes without saying that ...**:「…は言うまでもない」

It goes without saying that health is more important than wealth. (健康が富に勝ることは言うまでもない)

(6) **never ... without** ~**ing**:「…すれば必ず～する」

I **never** do anything **without** consult**ing** my conscience.

(私は何事をするにも自分の良心に照らして行う)

(=Whenever I do something, I consult my conscience.)

注 never ~ but ...:
without の代わりに but を用いると節が続くが，古い形で今はまれ。
I *never* see this picture *but* I think of him.
(この写真を見ると必ず彼のことを思い出す)

(7) **worth** ~**ing**:「～する価値がある」

This poem is **worth** learn**ing** by heart.

(この詩は暗唱する価値がある)

That's a dream **worth** liv**ing** for.

(それは生きがいとする価値のある事だ)

注 worth の語法:
(1) ⟨worth ~ing⟩の構文では，～ing の位置にくる動詞は他動詞または⟨自動詞＋前置詞⟩で，その目的語が文の主語と同じになる。この動名詞は受動の意味を表す。
(2) worth を用いて「この本は読む価値がある」の意を表す場合，ふつう次の構文が用いられる。b. と c. の It は to read, reading 以下をさす形式主語。
　　a. This book is **worth** *reading*.
　　b. It is **worthwhile** *to read*［*reading*］this book.
　　c. It is **worth** *reading* this book.
　＊ This book is worthwhile reading. という形は避けたほうがよい。

(8) **Would [Do] you mind ～ing?**:「～していただけますか」→ p.454

❶ 人にものを頼む表現。〈Would you mind ～?〉のほうが丁寧。

Do [Would] you mind bring**ing** it back here?
 (それをここへ戻してくれませんか) 　　　　　　　　　【依頼】

❷ 動名詞の前に my [me] などの人称代名詞がつくと,「～してもかまいませんか」という**許可**を求める形になる。

"**Do [Would] you mind** *my* smok**ing** here?" "Go right ahead"
 (「ここでたばこを吸ってもかまいませんか」「どうぞ」) 　【許可】
　＊ *Do* you mind my [me] smoking here? はすでに吸っている場合にも用いられる。応答には No, that's quite all right. などとも言う。

How'd it happen?　**Mind** my ask**ing**?
 (どのようにして起きたのかたずねていいかね) 　　　　　【許可】

❸ 動名詞に代わる if 節は「これから～しよう」という場合だけに用いる。

"**Do you mind if** I borrow this umbrella?" "Of course not."
 (「この傘をお借りしてもいいですか」「どうぞ」) 　　　　【許可】
　＊ if 節内の動詞は現在形。この応答もよく用いられる。

Would you mind if I borrowed this umbrella? 　　　　【許可】
 (この傘をお借りしてもよろしいでしょうか) 〔ていねいな表現〕
　＊ if 節内の動詞は現在形でも過去形でもかまわないが,実際には過去形を用いるほうが多い。現在形のほうがくだけた感じになる。

[参考] 〈Mind if ～?〉:
 "**Mind if** I sit here?" "Sure.　Go ahead." 　　　　　【許可】
 (「ここに座ってもいいですか」「ええ,どうぞ」)
＊ 会話ではよく用いる表現で,if 節内の動詞は現在形がふつう。
「どうぞ」というときは Go ahead. のほか Not at all. など。

(9) その他

❶ **cannot help ～ing**「～せざるを得ない」→ p.437

❷ **be accustomed to ～ing**「～することに慣れている」

I'm not **accustomed to** be**ing** treated that way.
 (私はそんなふうに扱われることに慣れていない)
　＊「～に慣れている」の意では動名詞,「～するのを習慣にしている」の意では原形を使うことが多いが,必ずしも厳密に守られているわけではなく,《英》に比較的多い原形の例を,《米》では古風と感じる人もいる。

❸ **be used to ～ing**「～することに慣れている」→ p.449
　＊ まれに原形が続くこともあるが,be used to の場合は原形は非標準。

❹ **look forward to ～ing**「～するのを楽しみにしている」→ p.407

❺ **What do you say to ～ing?**「～するのはいかがですか」→ p.245

第2節 動名詞と現在分詞・不定詞

§251 動名詞と現在分詞の相違点

動名詞と現在分詞はどちらも ～ing 形をしているので，名詞の前に置かれた場合には，名詞がほかの名詞を修飾するように**動名詞**が形容詞的に用いられているのか，**現在分詞**の形容詞用法なのか紛らわしいことがある。

(1) 意味上の違い

❶ 動名詞は修飾する名詞の**目的**や**用途**を表す。

a **sleeping** bag＝a bag (used) *for* sleeping（寝袋［シュラフ］）

❷ 現在分詞は修飾する名詞の**動作・状態**を表す。その名詞は現在分詞の表す動作・状態の意味上の主語である。

a **sleeping** lion＝a lion *that is* sleeping（眠っているライオン）

(2) 発音上の違い

❶〈動名詞＋名詞〉の場合は名詞に強勢を置かない。

a **smóking** room（喫煙室）

❷〈現在分詞＋名詞〉の場合は名詞のほうにも強勢が置かれる。

a **smóking** chímney（煙を出している煙突）

◉〈動名詞＋名詞〉の複合語

dining room（食堂）	hearing aid（補聴器）
reading glass（読書用拡大鏡）	sewing machine（ミシン）
visiting card（名刺）	waiting room（待合室）
walking stick（つえ）	writing desk（書き物机）

Q&A 82 〈busy ～ing〉，〈go ～ing〉は分詞か動名詞か？

〈busy ～ing〉は busy *in* ～ing の *in* が省略されたものとされる。そこで，この ～ing を動名詞とする見方もあるが，現在では実際にはふつう *in* がないわけであるから，現在分詞と考えてよい。

My mother is busy *cooking* in the kitchen.（母は台所で料理に忙しい）

〈go ～ing〉ももとは go on ～ing であったとされるため，同じように扱われるが，現在では〈go ～ing〉の形で慣用的に用いられるので，現在分詞とされるのがふつうである。

She went *shopping*.（彼女は買い物に行った）

なお，〈go ～ing〉はスポーツやレクリエーションなどに用いられることが多く，前置詞に注意が必要である。(→ p.668)

§252 動名詞と不定詞

　動名詞は動詞と名詞の性質を兼ね備えたものであるが，**不定詞にも名詞用法があるので混同されやすい。**特に，動名詞と不定詞が他動詞の目的語となる場合は注意が必要である。基本的には動名詞と不定詞には次の違いがある。

❶ **to 不定詞**の to は，元来方向・方面を示す前置詞であるから，今でも to 不定詞は，**これからある行動をとろう，ある状態になろうという意志や感情を示す動詞につく傾向があり，動詞的性格が強い。**

❷ **動名詞は to 不定詞よりも名詞に近く，静的な感じで，現在あるいはこれまでに事実となっていることをどうこうするという動詞につく傾向がある。**to 不定詞とは違い，消極的な意味の動詞が多い。
　　* look forward to ～ing (～するのを楽しみにする) など動名詞が未来のことを表す場合もある。(→ p.531)

❸ to 不定詞の to が単に不定詞であることを示す記号としか感じられない場合には動名詞と不定詞の間にはそれほどの差はない。

1 to 不定詞だけを目的語にとる動詞

未来に向かって何かをしようという**意欲**や**意図**を表す動詞に多い。

　　[誤] I hope *seeing* you again.
　　[正] I *hope* **to see** you again.　　　　　　　　　　　　【挨拶】
　　　　（またお目にかかりたいと存じます）
　　　* （応答例）"I'm sure we'll be able to get together again soon."
　　[誤] He decided *making* an early start.
　　[正] He *decided* **to make** an early start.
　　　　（彼は早く出発することに決めた）
　　　　（＝He decided *that* he **would make** an early start.）

◆ **to 不定詞だけを目的語にとる動詞**

agree (同意する)	decide (決定する)	desire (望む)
determine (決心する)	expect (予期する)	fail (～しない)
hope (望む)	learn (～するようになる)	
manage (何とかやる)	mean (つもりである)	offer (申し出る)
pretend (ふりをする)	promise (約束する)	refuse (拒否する)
resolve (決心する)	seek (しようと努める)	wish (したいと思う)

2 動名詞だけを目的語にとる動詞

　すでに起こったことや，当面の**事柄**にどう対処するかといった動詞が多く，**一般論**にも用いる。やめたり，避けたりするような消極的な動詞に多い。

[誤] I've just finished *to clean* the room.
[正] I've just *finished* **cleaning** the room.
　　　（ちょうど部屋の掃除を終えたところです）
[誤] He denies *to take* money from the safe.
[正] He *denies* **taking** money from the safe.
　　　（彼は金庫から金などとってはいないと言っている）
　　　(=He denies *that* he **took** money from the safe.)

● 動名詞だけを目的語にとる動詞

admit（認める）	avoid（避ける）	consider（よく考える）
deny（否定する）	enjoy（楽しむ）	escape（免れる）
excuse（許す）	fancy（想像する）	finish（終える）
give up（やめる）	involve（伴う）	mind（いやがる）
postpone（延期する）	put off（延期する）	stop（やめる）

3 動名詞と不定詞のいずれをも目的語にとる動詞

(1) 意味にあまり差のないもの

❶ **begin**（始める），**cease**（やめる），**continue**（続ける），**start**（始める）
The baby *began* **to cry** [**crying**].（赤ん坊は泣き始めた）
このような場合は**意味上の違いはない**といってよい。ただし，begin, start の場合，用法上次の傾向が見られる。
(a) 進行形の場合は **to 不定詞**を用いるのがふつう。
The water *is beginning* [*starting*] **to boil**.（湯がわきかけてきた）
(b) 動詞が**心的状態・活動**を表す場合は **to 不定詞**を用いるのがふつう。
At last he *began* [*started*] **to see** what she meant.
　　　（やっと彼は彼女の言おうとしていることがわかりかけてきた）
(c) **主語が無生物**の場合は **to 不定詞**を用いるほうがふつう。
It *began* [*started*] **to thunder**.（雷が鳴り始めた）

❷ **like**（好む），**love**（愛する），**prefer**（より好む），**hate**（憎む）
意味により次のような用法上の注意がある。
(a)「好きである」という意味では，不定詞と動名詞では実際には大きな差はなく，特に《米》では同じに扱われている。
I *like* **watching** [**to watch**] television.
　　　（私はテレビを見るのが好きです）
　　＊ 動名詞の場合は，その意味上の主語は必ずしも文の主語と一致しないで，**一般の人**でもかまわない。
　　　　I like **swimming**.（私は水泳が好きである）　　　〔名詞化している〕

> [参考] 仮想的文脈と現状描写:
> 《英》では，不定詞は仮想的文脈に好まれ，動名詞は現状についていう場合に好まれるという人もいる。たとえば，「私は山でキャンプをするのが好きです」というとき，I *like* **to camp** in the mountains. だと「キャンプをすると快適だ」の意になり，I *like* **camping** in the mountains. は「(目下)キャンプ生活が楽しい」というニュアンスの差があるという。

(b) would [should] を伴って **would [should] like to ~**「~したい (=want)」という形で，**特別の場合**について述べるときには **to 不定詞**を用いる。love, prefer, hate の場合もこれに準じる。

I'*d like* **to try** this on. 【希望】

(これを試着してみたいのですが)

 * 「~したい(=desire)」という意味の構文では，一般に to 不定詞が続く傾向がある。

(c) like は「~**するのがよいと思う，~することにしている**」という意味では **to 不定詞**を用いる。

Before going to bed, I *like* **to get** all the necessary textbooks ready for the next day.

(寝る前に私は，翌日必要な教科書を全部そろえておくことにしている)

注 | prefer と dislike:
(1) **prefer** は比較の構文で to を用いるときには，to が重なるので動名詞を用いるのがふつう。
I prefer **skating** *to* **skiing**.
(私はスキーよりもスケートのほうが好きだ)
rather than を用いるなら to 不定詞でよい。
I prefer **to skate** *rather than* (**to**) **ski**.
(2) **dislike** (嫌う) は動名詞をとり，不定詞はまれ。
I **dislike** *having* to live alone.
(私はひとりで暮らさなければならないのはいやだ)

(2) **意味上はっきりした差があるもの**

❶ **不定詞**はこれからすること (する予定だったこと) を表し，**動名詞**はすでにしたことを表すもの

remember (覚えている), **forget** (忘れる), **regret** (後悔する)

⎧ Please *remember* **to wake** me up at six. 【依頼】
⎨ (6時に私を起こすのを忘れないで下さい)
⎩ I *remember* **seeing** him at his office.

(彼に事務所で会ったのを覚えている)

 * remember having seen としてもよいが，する必要はない。

> She has *forgotten* **to come** here.
> （彼女はここへ来ることを忘れている）
> The children will never *forget* **visiting** this museum.
> （子どもたちはこの博物館を訪れたことを決して忘れないだろう）
>> * forget ～ing の形は，否定文中で，特に上の例のように will never forget ～ing の形で用いられることが多い。

> I *regret* **to say** that he did not pass the examination.
> （残念ながら彼が試験に合格しなかったと申し上げねばなりません）
>> * これは改まった言い方で，I'm sorry to say ～ のほうがふつう。

> I *regret* **telling** ［having told］ you that he did not pass the examination.
> （彼が試験に合格しなかったことを君に知らせたのを後悔している）
>> * regret は「～したことを後悔する」の意では動名詞を目的語にとる。to 不定詞を目的語にとる場合は原則として現在時制で，「知らせる」の意の inform, say, tell のような動詞に限られる。

❷ **不定詞は能動，動名詞は受動の意味を表すもの**

deserve（価値がある）; **need**, **want**（必要がある）

動名詞を受動態の不定詞で書き換えることができる。

You *need* **to cut** the grass.（芝生を刈る必要がある）

The grass *needs* ［*wants*］ **cutting**.（芝生は刈る必要がある）

（＝The grass *needs* **to be cut**.）

> * この場合 *wants* to be cut という形はあまり用いない。

参考 〈**try ～ing**〉/〈**try to ～**〉:

〈**try ～ing**〉は「（結果を見ようと）ためしにやってみる」の意味を，〈**try to ～**〉は「（何か困難なことを）しようと努力する」の意を表す。

①**過去形の場合**:〈tried ～ing〉だとその行為自体はとにかく実行されたことを意味するが，〈tried to ～〉では，できたかどうかは文脈次第。

> I *tried* **lifting** the stone. It was very heavy.
> （私はその石を持ち上げてみた。とても重かった）　〔実行〕
> I *tried* **to lift** the stone, *but* it was too heavy.
> （私はその石を持ち上げようとしてみたが，重すぎた）　〔失敗〕

②**未来形の場合**: どちらも使えるが，意識の違いがある。

> I'm going to *try* **cooking** beef stew this evening.
> （今晩はビーフシチューにしてみるつもりです）
> 　　　　　　　　　　　　　　　　　〔今晩の夕食の予定〕
> I'm going to *try* **to cook** beef stew this evening.
> （今晩はひとつビーフシチューを作ってみようかなと思っています）
> 　　　　　　　　　　〔食べられるものになるかどうかはわからないが〕

第15章 法
MOOD

あることを事実として述べるか，命令として述べるか，仮定として述べるかを表すときの動詞の形を**法**という。法には**直説法・命令法・仮定法**の3つがある。

第1節 法 の 種 類

法というのは，話し手が自分の言う文の内容に対してどう思っているか（事実と思っているか，仮定のことと思っているか，など）を示す動詞の形のことで，事実として話しているときの形を**直説法**，希望・要求・提案として話しているときの形を**命令法**，想像や仮定・願望などとして話しているときの形を**仮定法**という。

§253 命 令 法 (Imperative Mood)

話し手の命令・要求などを述べる法で，動詞の形は**原形**になる。一般に主語の you は省略される。

1 2人称に対する命令

(1) **肯定の命令**

依頼・要望などの場合には please をつけたり，付加疑問をつけて，調子をやわらげる。強調するときには原形の前に do をつける。

<u>Calm</u> down.（落ち着いて） 【なだめ】
<u>Look</u> out!（気をつけろ） 【警告】
<u>Wait</u> a minute.（ちょっと待って） 《おもに米》【指示】
  * Wait a moment. は《おもに英》。
<u>Be</u> nice to the dog, Robin.（犬に優しくしなさい，ロビン）

> **注** be 動詞の命令法：
> be 動詞の命令法の形は be で，「静かにしなさい」は Be quiet. となる。You **be** quiet. と you が表現されることもある。直説法の場合の You *are* quiet.（おとなしいのね）と区別。

Save 98 cents on two.
　　（2つお買い上げになると 98 セントのお得です）　　　　〔広告〕
Keep the change.（お釣りはいいよ）　　　　　　　　　　【申し出】
　　＊ 相手の利益になるような場合には，please はつけなくてもよい。

Please **forward** this to the appropriate person.
　　（これをしかるべき担当者に転送してください）　　　　【依頼】
　　＊ E-mail などでも用いる。

"*Please* **remember** me to Mr. Smith." "I'll be sure to do that."
　　（「スミスさんによろしくお伝えください」「たしかに」）　【挨拶】

"*Do* **take** some." "Thank you. I will."
　　（「ぜひ少し取りなさい」「ありがとう」）　　　　　　　【勧誘】

> **注** 動詞を用いない命令：
> 　　Attention, please!（皆さま，お聞きください）　　　【指示】
> 　　No smoking.（禁煙）　　　　　　　　　　　　　　〔掲示〕
> 　　Hands off!（さわるな）　　　　　　　　　　　　　〔掲示〕

(2) 否定の命令

一般に禁止を表し，**don't** または **never** を用いる。

Don't **make** a fool of yourself.　　　　　　　　　　　　【警告】
　　（ばかなまねをして人に笑われるな）

Don't **be** so pessimistic, OK?（そんなに悲観するなよ）　【激励】
　　＊ be 動詞の場合にも，don't が用いられることに注意。

"I don't think I can pass that exam." "*Never* **say** die!"
　　（「試験に受からないと思うな」「弱音を吐くな」）　　　【激励】
　　＊ never を使えば do は不要。

(3) 命令文の主語の you が表現される場合

相手に対するいらだちを表したり，何人かの人の中から特定の人を選んだりする場合に，会話では主語の you が表現されることが多い。

Come on! *Yóu* **open** up and **tell** me everything. 〔you に強勢〕
　　（さあ，隠さずに何もかも話してごらん）

Dón't you **be** so sure of yourself!　　　　　　〔don't に強勢〕
　　（あんまり自信過剰になるなよ）　　　　　　　　　　　【警告】

Never you **mind**!（気にするな。よけいなお世話だ）　　　【拒否】

You **name** the day.
　　（あなたが曜日を決めてください）　　　　　　　　　　【指示】

Yóu **make** coffee, Lucy, and Susan, *yóu* **go** and **get** some bread.
　　（ルーシー，あなたはコーヒーを入れて，スーザン，あなたはパンを買ってきて）　　　　　　　　　　　　　　　　　〔you に強勢〕

> **注** Mind you:
> 「いいね」という意味の Mind you. / Mark you. / Look you. などの you も主語で,you が動詞の後に置かれているのは古い英語の名残。

(4) you 以外の主語が表現される場合

you に代わって,you 以外の主語が表現されることもある。その場にいるだれでもよいとか,全員を相手に言うような場合が多いが,特定の人をさしていることもある。

Everybody **sit** down and let's have a drink.
(みんな座って,一杯やろう)

Someone **go** and **see** who it is.　　　　　　　　　　　【指図】
(だれか行って,だれが来たか見てらっしゃい)

The boy in the corner **come** here.
(その隅にいる男の子はこっちへ来なさい)

Don't *anybody* **get** out of here.
(だれもここから出るんじゃないぞ)

Q&A 83 「静かにしろ」は英語ではどう言うか?

一番ふつうの言い方は Be quiet! で,いらだっているときにはただ Quiet! という。辞書には Don't be noisy! という形もあげられているが,騒音の高さを下げる意味で用いられるので,一般には不適当という人もいる。Don't make a noise. は音を立ててはならないような場面で用いるので一般的ではない。教室などで生徒が立って動き回っているようなときには,教師は Everybody, settle down! と言うし,大人の集まり,たとえばパーティーなどで「皆さん,お静かに」と呼びかけるには Excuse me. を用いる。法廷では Silence! と言う。

---

2 間接命令

1人称・3人称に対する命令で,〈let+目的語+原形不定詞〉の形になる。これは1人称・3人称の人があることをするよう,「~をさせてください,~させなさい」と2人称の人に向かって命令するものである。

(1) 1人称に対する命令

"**Let** me *help* you." "Thank you. Please do."　　　　　【申し出】
(「手伝わせてください」「ありがとう,お願いします」)

Please **let** us *know* when you are arriving.　　　　　　【依頼】
(ご到着の時間を私どもにお知らせください)

　　* この場合の let us は [létəs] と発音する。

(2) **3人称に対する命令**

Let her *do* what she likes.
(彼女の好きなようにさせなさい)

Let every man *do* his best.
(各自最善を尽くすように)

Don't **let** them *take* advantage of you.
(彼らに付け入られないように)

> **注** let の種々の用法:
> 〈let＋目的語＋原形不定詞〉は命令以外に,「〜としよう」(仮定),「〜すべきだ」(忠告) などの意味を表すことがある。
> *Let* the two lines **be** parallel.　　　　　　　　　　〔仮定〕
> 　(2つの線は平行であると仮定しよう)
> *Let* young people **keep** away from alcohol.　　　　〔忠告〕
> 　(若い人たちを飲酒から遠ざけるべきだ)
> *Let* him **say** what he likes, I still believe in democracy.〔譲歩〕
> 　(彼が何と言おうとも、私は民主主義はいいと思う)

(3) **let を含む慣用表現**

❶ 〈**let's 〜**〉:「〜しよう」〔提案・勧誘〕

"**Let's** *go* for a drive." "Yes, let's."　　　　　　　　【勧誘】
「ドライブに行こう」「うん、行こう」

Let's *take* a break, shall we? (ひと休みしようか)
　＊ 1人称も含むので、付加疑問は shall we? となる。ただし最近はあまり用いられず、《米》では shall we? をつけるのは古風な言い方とされる。

Let us discuss this matter. (この件を審議しよう)
　＊ この場合は let us と書いても [lets] と発音する。堅い言い方。

> **注** let's の否定形:
> let's の否定形には次の3とおりがある。
> 　*Let's* [*Let us*] *not* worry. (くよくよするのはよそう)
> 　*Let's don't* worry.　　　　　　　　　　　　　　《米口語調》
> 　*Don't let's* worry.　　　　　　　　　　　　　　《おもに英》

〔参考〕 **Let us pray.**:
教会のように堅苦しい場では、牧師は Let us [létəs] pray. (お祈りをいたしましょう) のように言う。

❷ 〈**let alone 〜**〉:「〜は言うまでもなく」

She can't ride a bicycle, **let alone** a motorbike.
(彼女は自転車にも乗れないから、ましてやバイクは無理だ)
　＊ ふつう否定文の後で用い、much less, still less などで置き換えられる。(→ p. 372)

❸ 〈let's see [let me see]〉:「ええっと, なんだっけ」
Let's see ... what was the man's name? 【つなぎ】
(ええっと, その男の名前はなんといったかな)

§254　直説法と仮定法

1 直説法 (Indicative Mood)

あることを**事実として**述べるときの動詞の形を**直説法**という。

英語の文ではふつうの平叙文・疑問文・感嘆文はすべて直説法である。直説法の動詞は, 仮定法・命令法の動詞と異なり, 主語の人称・数・時制によって形が決まっている場合が多い。

I **can't sleep** because my next-door neighbor's TV **is** so loud.
(隣の家[部屋]のテレビの音が大きくて, 眠れないんだ)

My mother **called** me, so I **did not oversleep**.
(母が起こしてくれたので, 寝坊しなかった)

"**Will** two o'clock **be** all right?" "Two will be just fine with me."
(「2時なら大丈夫でしょうか」「2時ならちょうど好都合です」)【約束】

What a man you **are**! (なんという人だ, 君は) 【非難】

2 仮定法 (Subjunctive Mood)

あることを**仮定のこととして**述べるときの動詞の形を**仮定法**という。仮定法には現在・過去・過去完了の3つの時制があるが, 多くの場合, 直説法の現在・過去・過去完了と同じ形になり, 動詞の形としてはっきりと残っているのは過去時制の were だけである。

I suggest that the game **be** called. 〔仮定法現在〕
(試合の中止を提案します)

If my next-door neighbor's TV **were** [**was**] not so loud, I could sleep. 〔仮定法過去〕
(もし隣の家のテレビの音があんなに大きくなかったら, 眠れるのに)

If my mother **had** not **called** me, I might have overslept.
(もし母が起こしてくれなかったら, 寝坊していたかもしれない)
〔仮定法過去完了〕

I wish I **had** not **spent** so much money yesterday.
〔仮定法過去完了〕
(きのうあんなにお金を使わなければよかったのだが)

§255 仮定法の動詞の形

(1) 仮定法現在 (→ p.549)

動詞の**原形**と同じである。ただし，現代英語では仮定法現在が使われるのは suggest, demand などの動詞や necessary, essential などの形容詞の後にくる that 節の中に限られ，条件節の中で使われることは慣用句以外はまれで，代わりに**直説法現在**が使われる。

She *suggested* that I **be** the leader.
 (彼女は私がリーダーになるよう提案した)

If need **be,** I'll give you some aspirins.
 (必要なら，アスピリンを何錠かあげておきましょう)
 ＊ if need be は慣用句。

cf. If it *snows*, what will the birds do?   〔直説法現在〕
 (もし雪が降ったら，小鳥たちはどうするのだろう)
 ＊ この場合に If it snow とするのは極めて古風な言い方。

(2) 仮定法過去 (→ p.550)

be 動詞の were を除いて，動詞の過去形と同じである。be 動詞は人称に関係なく were になるが，今では If I were you, as it were などの決まった表現以外は，くだけた言い方では，1人称・3人称単数では was (ただし主語が複数のときは were) を使うことが多い。

If I **were** you, I wouldn't worry.   【助言】
 (僕だったら，くよくよしないな)

> 注 〈if I were [was] you〉:
> 〈**if I were you**〉は慣用句として，親しい人に**助言や忠告**をする場合に，文頭だけでなく，文末や文中に軽く添えて用いるのがふつう。
> 〈**if I was you**〉という形は非標準とされるが，くだけた言い方では，実際に会話などで用いられている。
> I wouldn't do that, if I *was* you. (僕だったらそうしないな)

I wish I **were** [**was**] dead! (死んでしまいたいくらいだ)

I wouldn't be surprised if he **said** so.   〔一般の動詞〕
 (彼がそう言ったとしても，私は驚かない)

(3) 仮定法過去完了 (→ p.551)

直説法の過去完了と同じ形である。

I would not have done so if I **had known** that.
 (それを知っていたらそんなことをしなかったのに)

I wish I **had applied** for that job.
 (あの仕事に申し込んでおけばよかったのに)

第2節 条件文と仮定法

一般に「～なら…だ」という意味を表す文を条件文という。条件文は「～なら」という条件を表す**条件節**と,「…だ」という結論を表す**帰結節**とからなる。条件節が表す条件の内容によって, 直説法が使われたり, 仮定法が使われたりする。

§256 単なる条件と仮想の条件

条件節が表す条件には, 可能性が五分五分であるような仮定を表す条件 (**開放条件**) と, 事実に反する仮定を表す条件 (**却下条件**) とがある。

(1) 単なる条件 (開放条件)

「もしあした雨が降ったら」とか「彼が今家にいれば」などの条件は, あした雨が降るかもしれないし, 降らないかもしれない。また, 彼が家にいるかもしれないし, いないかもしれない。このように**可能性が五分五分**のような単なる条件を**開放条件**という。開放条件は主として現在・未来の不確実なことを表すが, 過去のあるときの不確実なことを表すこともある。

If I **am** a coward, you *are* another.
（もし僕が卑怯者なら, 君だってそうだ）

If you **have** to do your room, why *don't* you do it now?
（部屋の掃除をしなければならないのなら, 今したらどうなの）

If you **don't** have anything more to read, go to the library.
（もう読むものがないのなら, 図書館へ行きなさい）

You *won't* be able to pay by check if you **don't** have your ID card.
（身分証明書がなければ, 小切手で支払いはできないでしょう）

I'*ll* tell her if I **see** her tomorrow.　　　　　　　　〔未来〕
（明日彼女に会ったら話してあげる）

I'*ll* treat you tonight if I'**m** not broke.　　　　　　〔未来〕
（無一文でなかったら, 今夜ごちそうしよう）

If he **was** downstairs, why *did*n't he answer the bell?　〔過去〕
（彼が下にいたのなら, どうして客の応対に出なかったのだろう）

　＊ 次の文（事実に反する条件）と比較:
　　If he **was** [*were*] downstairs now, he would hear us.
　　　　　　　　　　　　　　　　　　　　　　〔現在の事実の反対〕

(もし彼が今下にいたら，彼に私たちの話が聞こえてしまうだろう)

If he *had been* downstairs, he would have answered the phone.
(もし彼が下にいたら，電話に出ただろうに) 〔過去の事実の反対〕

注 | If 節内の will:
条件節の中の will は，主語の意思を表すことに注意。
I'll appreciate it if you *will* let me know in advance.
(あらかじめお知らせくださされば，ありがたく存じます)

(2) **仮想の条件（却下条件）**——事実に反する仮定

「もし私が鳥だったら」というように**現在の事実に反する**ことや，「もしあのときお金を持っていたら」というように**過去の事実に反する**ことを仮想する条件のことを，**却下条件**という。現在の事実に反する仮定を表すには**仮定法過去**が使われ，過去の事実に反する仮定を表すには**仮定法過去完了**が使われる。

If I **was** [**were**] a superman, I could help you.
(もし私がスーパーマンなら，あなたを助けられるのに)
(＝I'm not a superman, so I can't help you.)

If I **had** not **leaned** on the table, it would not have broken.
(もし私がテーブルにもたれなかったら，テーブルは壊れなかっただろう)
(＝The table broke because I leaned on it.)

Q&A 84 条件文で，if＝when となるのはどういう場合か？

推論でなく，**事実**を示す場合にはif＝whenとなるが，これには2種類ある。

(1) 自然にそうなる場合
   If [*When*] you mix red and blue, you get purple.
   (赤と青を混ぜると紫になる)

(2) いつもそうしていること
   If [*When*] the weather is hot, I use an air conditioner.
   (天候が暑ければ私は冷房を入れます)

推論や，**未来**に関することの場合は，if しか使えないが，if と when では意味が違う。

If [×*When*] it's Monday, it's my mother's birthday.
(今日が月曜なら母の誕生日だ)

If he comes, tell him I'm out.
(彼が来たら，留守だと言ってくれ) 〔来るかどうかは不明〕

When he comes, tell him I'm out.
(彼が来たら，留守だと言ってくれ) 〔来ることが確実なとき〕

＊ 最後の2例は，可能性よりも話し手の気分の問題である。

§257 条件文の形

1 条件節と帰結節

仮定法は「もし～なら」という条件を表す節で用いられることが多い。一般に「～なら…」という意味を表す条件文は if などで始まる従節（**条件節**）と，結論を表す主節（**帰結節**）から成る。条件節と帰結節の表す内容は，「もし（いま）～なら…だろうに」，「もし（あのとき）～だったなら…だったろうに」となることが多いが，時の関係が一致しない場合もある。 → p.552

最も一般的な形は次表のとおりである。

仮定法	表す事柄	条件節	帰結節
仮定法現在	現在・未来の不確実なこと	if ... 原形...	will［shall など］+ 原形不定詞：現在形
仮定法過去	現在の事実に反すること	if ... 過去形...	過去形助動詞+原形不定詞
仮定法過去完了	過去の事実に反すること	if ... 過去完了...	過去形助動詞+完了不定詞

❶ **仮定法現在**

If need **be,** you *can use* my car.
　条件節　　　　帰結節
（必要なら僕の車を使ってもいい）

* 〈if+原形〉は古い言い方で，いまは原形の代わりに**直説法現在**を用いるのがふつう。上の例文の〈if need be〉は慣用句だが，次のようにも言える。
　If (it *is*) necessary, you can use my car.〔直説法〕

❷ **仮定法過去**

If I **were** you, I *would accept* his offer.
　条件節　　　　　帰結節
（私だったら彼の申し出を受けるのに）

❸ **仮定法過去完了**

If I **had had** enough money, I *could have bought* the picture.
　　条件節　　　　　　　　　　帰結節
（もしお金を十分に持っていたら，その絵が買えたのに）

> **注** 帰結節が前に出る場合：
> 〈帰結節+条件節〉の順になることもある。
> We *could play* tennis *if* it **were**［**was**］ fine.
> （天気がよかったらテニスができるのに）

2 if に代わる語句

直説法，仮定法とも条件節では if を使うことが多いが，if の代わりに suppose [supposing] (that), providing [provided] (that), as [so] long as, in case, unless などが使われることがある。ただし，仮定法とともには使わないものもあるので注意。

Suppose [**Supposing**] you *had* ten million dollars, what would you like to do first?　〔仮定法〕
(もし 1000 万ドル持っていたら，まず，何をしたいですか)

　　＊ **Suppose** [**Imagine**] you had ten million dollars. What would you like to do first? という形も可能。

I will stay here **provided** [**providing**] the climate *agrees* with me. (気候が私に合えば，ここに滞在しましょう)

　　＊ provided (that), providing (that) は，「～という条件が満たされるなら」という意味の場合に用い，ふつう却下条件を表す仮定法とともには用いない。

Any toothbrush will do **as** [**so**] **long as** it *is* cheap and easy to use. (安くて使いやすければ，どんな歯ブラシでもよい)

　　＊ as [so] long as もふつう仮定法とともには用いない。

In case your husband *dies*, you'll get the insurance money.
(もしご主人が亡くなられたら，あなたに保険金が入ります)

　　＊ in case を今でも if の意味で使うのはおもに《米》。

Don't come to school by motorcycle **unless** it *is* (=if it is not) absolutely necessary.
(どうしても必要でなければ，オートバイで登校してはならない)

注　unless と仮定法:
　　unless は「～でない限り」という意味で一般に直説法とともに使い，現実の可能性の全くない仮定法とともには用いることは少ない。

§258　仮定法現在

仮定法現在は**現在または未来の不確実な仮定**を表す。条件文で仮定法現在が使われるのは，いまでは慣用的な表現か，擬古体の文や格調を重んじる文を除いてはまれで，代わりに**直説法現在**が使われる。（→ p.545）

I can come and help you with your work *if* need **be**.
(必要なら，私が来て仕事を手伝ってもよい)　〔慣用表現〕

If any person **be** found guilty, he shall have the right of appeal.
〔法律の文体〕

(何人も有罪の判決を受けた場合は控訴する権利を有する)

If it **be** inappropriate to have said this, I humbly apologize.

(かく申し上げたことが不適切ならば,謹んでおわびいたします)

〔古風な文体〕

> [参考] 《米》の仮定法現在:
> 仮定法現在は,今は特に《米》で that 節中によく用いられる。この形については → p.557。
> Mary *suggested* that we **have** lunch at McDonald's.
> (メアリーはマクドナルドで昼食をとろうと言った)

§259 仮定法過去

現在の事実の反対の仮定,または現在または未来についての可能性の乏しい想像を表す。条件節の動詞は**過去形**である。また,帰結節の動詞は一般に〈過去形助動詞+原形不定詞〉である。

(1) 現在の事実の反対の仮定

If the government **worked** more efficiently, more people *would vote*.

(もし政府がもっと有能に働けば,より多くの人が票を入れるだろう)

America's economic strength *wouldn't be* declining if productivity **weren't** [**wasn't**] dropping so sharply. 〔進行形〕

(もし生産性がこれほど急速に落ち込まなければ,アメリカの経済力が低下することもないのに)

* be 動詞は人称・数に関係なく were を使うのが原則であるが,くだけた言い方では,if I were you や as it were などの慣用句以外では,1人称・3人称の単数には was を使うことが多い。

(2) 現在または未来についての可能性の乏しい想像

What *would* you *do* if you **were** bitten by a cobra?

(コブラにかまれたらどうします?)

If somebody **entered** this room with a gun, I'*d be* very frightened.

(もしだれかがこの部屋に銃を持って入ってきたら,さぞ肝をつぶすことだろう)

What *would* Japan *do* if the OPEC countries **cut** their oil supply in half?

(石油産油国が石油供給を半分に削減したら,日本はどうするだろう)

> **注** 仮定法過去と直説法過去:
> 次の2つの文を比較:
> If I *were* [*was*] rich, life *would* be a lot easier. 〔却下条件〕
> (もし私が金持ちなら、生活はずっと楽なのに)
> If I *was* wrong, why *did*n't you say so? 〔開放条件〕
> (私がまちがっていたら、どうしてそう言ってくれなかったのだ)

§260 仮定法過去完了

過去の事実の反対の仮定・想像を表す。条件節の動詞は**過去完了**で、帰結節の動詞は一般に〈過去形助動詞＋完了不定詞〉である。

If I **had voted** against him, he *would have had* to resign.
(もし私が彼に反対投票したら、彼は辞職しなければならなかっただろう)

What *would have happened* if I **hadn't smelled** gas?
(私がガスもれに気がつかなかったら、何が起こっていただろう)

If you **had asked** me at that time, I *could have told* you what happened.
(あのとき君が私に聞いてくれたら、何が起きたのか話してあげられたのに)

If I **had been** sensible, I *should have known* I had no chance.
(もし私が賢明だったら、私に勝ち目がないことがわかっただろう)

If I **had been** Lincoln, I *wouldn't have gone* to the theater by myself.
(もし僕がリンカーンだったら、ひとりで劇場に行ったりはしなかっただろう)

　　＊ Lincoln が現存の人物なら If I was [were] になる。

[参考] 〈**If I had been you**〉:
〈If I were you〉は助言の際に用いる慣用句 (→p.545) だが、過去のことについて If I **had been** in your position (もし君の立場にいたら) という意味で、If I had been you ということもできる。
しかし、I≠you という事実は過去のある時だけでなく、現在も変わりないので、If I had been you という形は、実際の用例ではあまり出てこない。内容的にも過去のことになるので、助言というより仮想表現といえる。
If I had been you, I *would have given* those boys a good kick.
(もし僕だったら、その子たちをこっぴどく蹴ってやったんだが)

§261 条件節と帰結節の時制

一般に条件節の動詞と帰結節の動詞は，§259 と §260 の例文のようになるが，意味によって次のような場合もある。

(1) **過去 ⟶ 現在**

　　⎰条件節——**仮定法過去完了**
　　⎱帰結節——**過去形助動詞＋原形不定詞**

条件節が過去の事実の反対・想像を表すのに対して，結論が現在の事実の反対のことを表すときは，帰結節の動詞は〈過去形助動詞＋原形不定詞〉になる。

　If John **had** not **bought** that expensive picture, he *would have* a lot of money now.
　　（ジョンがあの高価な絵を買わなかったら，今たくさんお金を持っているだろう）
　　　＊ 絵を買ったのは過去のこと。お金を持っていないのは現在のこと。

　If Jane **had** not **broken** her leg, she *would be skiing* here now.
　　（ジェーンが足を骨折しなかったら，今ごろここでスキーをしているだろう）
　　　＊ 骨折したのは過去のこと。スキーをしていないのは現在のこと。

(2) **現在 ⟶ 過去**

　　⎰条件節——**仮定法過去**
　　⎱帰結節——**過去形助動詞＋完了不定詞**

逆に**条件節が現在も変わらない事実と反対のことを仮定し，帰結節が過去の事実の反対のことを表すときは**，条件節の動詞は**仮定法過去**，帰結節の動詞は〈**過去形助動詞＋完了不定詞**〉になる。

　If Mr. Smith **were** not a very wealthy man, he *could not have donated* one million dollars to the Red Cross.
　　（もしスミス氏が非常な金持ちでなければ，赤十字に100万ドルも寄付できなかっただろう）
　　　＊ スミス氏が金持ちであるという事実は過去もそうだったが，現在でも変わっていない。

　If I **knew** the answer to that question, I *would have told* you a long time ago.
　　（もし私がその問題の答を知っているなら，とっくの昔に君に話しただろう）
　　　＊ 私が答を知らないという状態は今でも続いている。

§262 were to, should を用いた仮定法

〈if＋主語＋were to＋原形不定詞〉または〈if＋主語＋should＋原形不定詞〉の形で未来の実現可能性が比較的乏しい仮定を表す。主語が1人称・3人称単数の場合は were to の代わりに was to ～ を使うこともある。

(1) 〈if＋主語＋were to＋原形不定詞〉

❶ 全く実現不可能な仮定から，実現の可能性のある仮定まで，いろいろな段階の仮定を表す。単数の主語の場合には were の代わりに was を使うこともある。仮定法過去の1つであるから，一般に帰結節の動詞は〈過去形助動詞＋原形不定詞〉になる。

If the Pacific Ocean **were** [**was**] **to** *dry* up, my father *would* never *change* his way of thinking.
（太平洋が干あがるようなことがあっても，父は考え方を変えないだろう）

Suppose I **were** [**was**] **to** *tell* his mother he was going to America, what *would* she *say*?
（もし僕が彼のお母さんに，彼はアメリカへ行くつもりだと言ったら，彼女は何と言うだろう）

 ＊ suppose は if の代用。he was と過去形を使っているのは心理的な惰性による時制の一致。（→ p.733）

If the children **were to** *go* to the seaside, they *would be* happy.
（海へ行くのなら，子供たちは喜ぶだろう）

 ＊ 次の文では were to は「意図」を表す are to が過去形になったもので，未来の仮定を表すものではないことに注意。

  If they *were to* take their children to the seaside resort, they ought to have reserved three rooms.
   （子供たちを海へ連れて行くのなら，彼らは部屋を3つ予約しておくべきだった）

> **注** 〈Were A to ～〉：
> 文語調では if を省略して，〈were＋主語〉の語順になることがある。
> （→ p.554）
>
> *Were* the sun *to* go out, all living things would die.
> （もし太陽が消滅したら，生物はみな死ぬだろう）

❷ 〈If you were to ～〉という形は，控えめな丁寧な提案・依頼に用いられる。

<u>If you **were to** move your chair a bit, we could all sit down.</u>
（席をもうちょっと動いていただけると私たち皆が座れるのですが）
【依頼】

(2) ⟨if＋主語＋should＋原形不定詞⟩

「万一～ならば」という意味で，そうした事態が起こるか起こらないかわからないが，話し手が可能性が少ないと思っている場合に用い，絶対に起こりえないことの仮定には用いない。この形は，条件を表す If 節に不確かさを示す should を入れたもので，<u>開放条件の場合もあるから</u>，帰結節には，**過去形の助動詞**だけでなく，**現在形の助動詞**や**命令形**も用いられる。

If anything **should** happen to you, I *would* be responsible.
（もし万一あなたの身に何か起きたら私が責任を負います）

If his aunt **should** die, he *will* [*would*] *be* the last person to bear that family name.（もし彼のおばさんが死んだら，彼はその姓を名乗る最後の人になるだろう）

If Bill **should** *call* me, tell him he can come at any time.
（もしビルが電話してきたら，いつ来てもいいと言ってください）
 ＊ 実際には，このような**命令や依頼**をするときによく用いられる。

§263 if の省略

文語調で条件節の if が省略されて，⟨were [had, should など]＋主語⟩の語順になることがある。

Were I **to** take over my father's business, I *would make* a drastic reform.（もし私が父の事業を受け継ぐのなら，徹底的な改革をする）
(＝If I *were to* take over my father's business, ...)

注 ⟨**If I was to ～**⟩ **の倒置**：
⟨If A were to ～⟩ 構文でも，主語が1人称・3人称単数の場合には was to とすることができるが，倒置構文では Was A to ～ のように was を文頭に出すのは通例不可。

Had World War II **ended** two years earlier, how many lives *would have been saved*!（第二次世界大戦が2年早く終わっていたら，どれほど多くの人命が救われただろうか）
(＝If World War II *had ended* two years earlier, ...)
 ＊ 否定は Had World War II *not* ended ... であって，Had*n't* World War II ended ... は不可。

Should anything **happen** to him, *call* me at once.
（もし彼に何かあったら，すぐ電話してください）
(＝If anything *should happen* to him, ...)

注 were, had, should **以外の倒置**：
if が省略されて語順が倒置されている形は，本来は願望を表す独立文に由来するものなので，どのような場合にも倒置できるというわけではない。

> この形をとるのは, **were, had** および **should** の場合で, まれにその他の助動詞 (**could, might** など) が前に出ることもある。助動詞がないのに, If we *knew* it, ... を *Did* we know it, ... などとするのは今では非標準。

§264 if 節の代用

接続詞の if などで始まる副詞節だけでなく, 不定詞, 分詞構文, 副詞句などに条件の意味が含まれることがある。

(1) **不定詞**

You'd be crazy **to expect** that kind of thing to happen.
(そんなことが起こると期待するとは, 君はどうかしているぞ)
(=If you *were to expect* that kind of thing to happen, ...)

To hear him talk, you *would think* he was God Almighty.
(彼の話を聞いていると, 彼がまるで全能の神のように思えるだろう)
(=If you *heard* him talk, ...)

(2) **分詞構文**

The same man, **living** in this century, *would be* a hero.
(同じ男が今世紀に生きていたら, 英雄になっていただろう)
(=The same man, if he *were living* in this century, ...)

Seen at a distance, the glass necklace *might have passed* for a genuine one. (少し距離をおいて見ると, そのガラスの首飾りは本物として通りそうだった) (=If it *had been seen* at a distance, ...)
　　* どちらも文語的表現。

(3) **副詞(句)**

I felt a little better; **otherwise** (=if I *had not felt* a little better) I *would have had to* go to the doctor. (少し良くなったが, そうでなかったら医者に行かなくてはならなかっただろう)
　　* くだけた言い方では, otherwise の代わりに or も用いる。

Ten years ago, I *could have run* around this lake within half an hour. (10年前なら, この湖の周りを30分以内で走れただろう)

With a little more care, you *would*n't *make* such a silly mistake.
(もう少し注意していたら, 君はこんなばかな誤りはしないだろう)

(4) **主語の名詞**

A man of common sense *would*n't *dare take* chances.
(常識のある人なら, あえて危険を冒さないだろう)

It was so quiet that **a pin** *might have been heard* to drop.
(あまりに静かで, ピンの落ちる音すらも聞こえただろう)

§265 条件節の省略

「～しようと思えば」とか「ひょっとしたら～」などの意味を表す条件節が省略されて, 帰結節だけが残る場合がある。一般に**過去形の**助動詞があれば, この構文と考えてよい。

I **could** kill you for saying that to me.
　(私にそんなことを言うとは, 殺してやりたいくらいだ)
What with rain and with hunger, I **could** have wept.
　(雨やらひもじいやらで, 泣きたいくらいだった)
Kant, the philosopher, **would** have made a good poet. (哲学者カントは〔もしなる気があったら〕立派な詩人になっていただろう)
They discussed what they **could** have done.
　(彼らはひょっとしたらできたかもしれないことを論議した)

> 注 えん曲表現の仮定法:
> 　控え目・丁寧・えん曲な表現に使われる should, would, could なども, 本来は仮定法のこの用法からきたと考えられる。
> "Will she come tonight?" "I _should_ think so."
> 　(「彼女は今夜来るでしょうか」「そう思いますが」)　　　　　【同意】
> _Would_ you like some more coffee?
> 　(コーヒーをもっといかがですか)　　　　　　　　　　　　　【勧誘】
> "_Could_ you do me a favor?" "I'd be very happy to."
> 　(「お願いがあるのですが」「何なりと」)　　　　　　　　　　【依頼】

§266 帰結節の省略

仮定の結果を表す帰結節が省略されて, **条件節**だけが残る場合がある。願望を表す表現が多い。

If only I **knew** that! (それを知っていさえすればなあ)
　* I wish よりも感情的で強い表現。
If I **had confided** everything to you!
　(君に何もかも打ち明けていたらなあ)
Could I **but live** my life again!　　　　　　　　　　　　《文語的》
　(人生のやり直しがきけばなあ)
　* If I could but live my life again! の if の省略。(→ p.554)
Oh, **had** I **but come** to his help in time!　　　　　　　　《文語的》
　(ああ, 彼を助けるのに間に合ってさえいたらなあ)
As if you **did**n't **know**! (知らないふりなんかして)

第3節 仮定法を用いた重要構文

§267 that 節の中の仮定法現在

仮定法現在は，条件文などでは今は古い慣用的表現か，形式ばった格調高い文体でしか用いられないが，次に示すような **that** 節中では，特に《米》で多く用いられる。この用法は《英》でも見られるようになってきているが，《英》では should を用いることも多く，仮定法現在は改まった文体で用いられることが多い。

(1) 〈「提案・要求」を表す動詞＋that 節〉

suggest, demand, insist などの動詞の後の that 節の中では**仮定法現在**が使われることが多い。この用法はおもに《米》であったが，最近は《英》にもこの傾向が見られる。ただし，《英》では should を使うことも多い。最近は主に《英》では，ときに口語で直説法も用いられる。(→ p.458)

The chairperson of the department *suggested* that the conference **(should) be** postponed indefinitely.
(学科の主任教授は会議を無期延期するよう提案した)

The prosecution *demanded* that a witness **be** summoned.
(検察側は証人を召喚するよう要求した)

The coach *insisted* that the quarterback not **be** replaced by Jeff.
(コーチはクォーターバックをジェフに代えるべきではないと主張した)

　* not の位置に注意。

注 │ insist などの後の仮定法と直説法:

insist, suggest などの動詞の後の that 節の中に仮定法現在が使われる場合と，直説現在が使われる場合とで意味が異なることがある。

　Some members *insisted* that their entrance fee **be** returned.
　(何人かの会員が入会金を返すよう要求した)
　The defendant *insisted* that he **was** innocent.
　(被告は自分が無罪だと言い張った)

　Jim *suggested* that the trip **be** deferred for a week.
　(ジムは旅行を1週間延期するよう提案した)
　Are you *suggesting* that I **am** mistaken?
　(君は私がまちがっていると暗に言っているのか)

この種の動詞の類例については (→ p.459)

(2) 〈It is＋形容詞＋that 節〉

間接的に要求や願望の気持ちを伝える desirable, necessary, important などの形容詞の後の節の中で仮定法現在が使われることがある。こ

の場合も《英》では should を使うことが多い。

It is *desirable* that the employee (**should**) **be** restored to her former position. (その従業員が復職することが望ましい)

It is *important* that the bill **pass** [**should** pass, *passes*] the Diet. (法案が議会を通過するのが重要である)

* この種の形容詞の類例は (→ p.288)。この場合も第2例のように, 形容詞によっては《英》《米》ともに直説法を用いることもある。

注 〈名詞+that 節〉と仮定法現在:
　仮定法現在が名詞の後の that 節の中で使われることがある。この場合の名詞も, 要求や願望を表すものである。
　It is our *ardent wish* that the government's policy **reflect** public opinion. (政府の政策が世論を反映するよう, 心から願うものである)

§268　願望を表す構文

仮定法現在・過去・過去完了が願望を表す文の中で使われることがある。

(1) 仮定法現在

古い慣用表現が多く, 代わって助動詞の **may** を使った言い方ができたが, これも文語的で古いとされる。

God **bless** you! (あなたに神のお恵みがありますように)

* 別れの言葉。くしゃみをした人に言うときはふつう God を略する。

cf. *May* God bless you!

"They say that you'll be getting married soon." "God forbid!"
（「あなたがもうじき結婚するって話だけど」「とんでもない」）【否定】

Modernism **be** damned. (現代風などくそくらえだ)

Damn the rain! (いまいましい雨だ)

* God damn the rain! の省略形。なお, damn, damned は品の悪い言葉とされ, それぞれ中間の文字を省いた略語形の d——n [di:n], d——d [di:d] と形を変えて用いたり, blow, darn のようなえん曲語を使うこともある。(→ p.519)

(2) 仮定法過去: 現在の実現困難な願望を表す。

❶ **wish, would** などの目的語になる名詞節で: be 動詞は **were** を使うのが原則であるが, くだけた言い方では **was** も使う。(→ p.545)

I *wish* I **were** [**was**] young again.
（もう一度若返ることができたらなあ）

* wish の後では that は一般に省略される。

I *wish* I **could** help you. (お役に立たなくてすみません)　　【断り】

* I'm sorry I can't help you. のえん曲表現。I wish I could. だけのことも多い。Wish I could, but ... はくだけた言い方。

Would that I **had** more courage! 《文語的》
　　　（私にもっと勇気があればいいのに）
　　　　＊ Would that=I wish. なお，O that it were true!（ああ，それが本当
　　　　　なら）のような表現もある。

❷ 独立した節で

　　Oh, **were** I in England now! 《文語的》
　　（イングランドに今いたらなあ）
　　　　＊ Oh, if I were in England now! の if の省略の形。(→p.554)

(3) <u>仮定法過去完了</u>：過去の実現しなかった願望を表す。

❶ wish, would などの目的語になる名詞節で

　　I *wish* you **had left** that unsaid.
　　（それを言わないでおいてくれればよかった）

　　Alice *wished* she **had** not **mentioned** her cat.
　　（アリスは猫のことを言わなければよかった，と思った）

> **注** 仮定法と時制の一致：
> 次の各文の時制の関係に注意。仮定法では時制の一致は起こらない。
> I wish I *had* a car. (=I *am* sorry I *don't have* a car.)
> I wished I *had* a car. (=I *was* sorry I *didn't have* a car.)
> I wish I *had had* a car. (=I *am* sorry I *didn't have* a car.)
> I wished I *had had* a car. (=I *was* sorry I *hadn't had* a car.)

❷ 独立した節で

　　Had I but **known** her suffering!
　　（彼女の苦しみを知ってさえいたら）
　　　　＊ If I had but known her suffering! の if の省略の形。(→p.554)

§269　It is time ～ の構文

　仮定法過去が〈It is time ～〉の後に続く節の中で使われ，「～してもよいころだ」という「潮時」を表す。time の前に about, high がつくこともある。また，仮定法過去の動詞の代わりに仮定法現在または〈should＋原形不定詞〉がくることもある。be 動詞は，1人称・3人称単数の主語の場合には，今は was がふつう。that はふつう（特にくだけた言い方では）省略する。

　　It's time we **said** good night.
　　（そろそろお休みを言う時間だね）

　　I think *it's about time* I **was** leaving.
　　（そろそろ失礼します）

It was high time (that) they **came** to a conclusion.
（彼らが結論に達してもいいころだった）
＊　仮定法なので主節の動詞が過去時制でも，時制の一致を起こさない。

Isn't it time a new refrigerator (**should**) be bought?
（新しい冷蔵庫を買うべき時機じゃないの）
＊　should を使わないで，仮定法現在を使うのはおもに《米》であるが，比較的まれな用法。

注　〈**It is time for A to ～**〉：
この構文は不定詞を使った次のような文に対応する。
It's time the kids **were** in bed.
（子供たちは寝ていていい時間だよ）
↔ *It's time* for the kids **to be** in bed.
＊　上の文がもうやや遅すぎるという意味を含むのに対して，下の文はまさにその時がきたという意味で，多少違うともいわれる。

§270　仮定法を含む慣用表現

❶ as if ～ [as though ～]

as if, as though で始まる節では，話し手が事実ではない，あるいは疑わしいと感じている場合には仮定法過去［過去完了］を用いることができる。

(1)「まるで～のように」

as if [though] に続く仮定法過去（くだけた言い方では直説法現在・未来・現在完了のこともある）は，主節の動詞が表す時と同じ時の内容を表し，仮定法過去完了は主節の動詞の表す時より前の時の内容を表す。

You talk **as if** you *knew* everything, don't you?
（まるで何でも知っているような口ぶりじゃないか）

I feel **as though** you *were* my own son.
（私はあなたが自分の息子のように感じる）
＊　as if, as though はともに書き言葉に多い。話し言葉では as though も用いるが，as if のほうが好まれる。

She felt **as if** she *were* [*was*] in a dream.　　〔was は口語的〕
（彼女はまるで夢を見ているような気がした）

Mom looked **as if** she *had seen* a ghost.
（母はまるで幽霊に出会ったような顔つきだった）
＊　幽霊に出会ったほうが先の出来事。

My father always feels **as if** other people *have taken* him in.
（父はいつも人にだまされたかのように感じている）　　《口語的》

I love her every bit **as much as if** she were my natural daughter.
　（私は彼女を実の娘と全く同じように愛している）
　　＊ 〈as ～ as if ...〉の形をとる例は多い。every bit は「全く」の意。

It's **as if** you *go* back into your childhood again.
　（君はまるで子供のころに戻ったみたいだね）　　　　　《口語的》
　　＊ It's as if ... の形で用いることも多い。

注 | as if の後の省略形：
　　as if の後の〈主語＋動詞〉が省略されることがある。
　　There she sat **as if** *paralyzed* by his words.
　　　（彼女は彼の言葉に金しばりにあったように座っていた）

(2)「～らしい」「～らしく」

　仮定の意味がなく，単に様子を表す場合には直説法の動詞を用いることが多い。特に〈It looks [seems] as if ～〉は，「～らしい」という意味を表し，後に直説法現在・未来・現在完了の動詞がくるのがふつう。

She is walking **as though** she *does*n't know where she is headed for.（彼女はどこへ行くつもりかわからないように歩いている）

That sounds **as if** it *is* a good idea.（それはいい考えのようだ）

What's the matter with you? You look **as if** you *are* about to faint!
　（どうしたんだ。気絶しそうな顔をしているぜ）

It looks **as if** it*'s* going to snow.（雪になるらしい）

We missed the last bus. *It looks* **as if** we*'ll* have to walk.
　（最終バスに乗り遅れた。どうやら歩くことになりそうだ）

It seemed **as if** the guests *would* never come.
　（客は来ないようだった）
　　＊ この場合は It seemed **that** the guests would never come. と同じで時制の一致が起こる。

It looks **like** you **haven't finished** your assignment.
　（宿題をまだ終えていないようだね）
　　＊ くだけた言い方では It looks as if ～ の代わりに It looks like ～，It seems like ～ を使うことがある。

注 | 〈**as if to** ～〉：
　　as if の後に to 不定詞がきて，〈**as if to** ～〉の形をとることもある。
　　She made **as if** *to throw* a shoe at me.
　　　（彼女は靴を私にぶつけるかっこうをした）
　　The dying man nodded his head **as if** *to say* yes.
　　　（その瀕死の男は「うん」というようにうなずいた）

(3) ⟨**It isn't as if ~**⟩「~というわけじゃあるまいし」

It isn't as if she *didn't* know anything about cooking.
(彼女ときたら，料理について何も知らないわけじゃあるまいし)

As if you *don't* [*didn't*] know that!
(知ってるくせに)

"She's gone." "**As if** I cared!" 【無関心】
(「彼女行ってしまったよ」「かまうもんか (=I don't care at all.)」)

* この2つの例は It isn't が省略された形で，話し言葉で**強い否定**を表す。

参考 **As if!**:
くだけた言葉では，As if! で I very much doubt it. (まさか)の意味に用いることもある。
"I'll marry Beth." "*As if!*"（「ベスと結婚するよ」「まさか」） 【驚き】

2 if it were not [had not been] for ~

文語的な言い方で，⟨if it were not for ~⟩は「~がなかったら」という意味で現在の事実の反対を，⟨if it had not been for ~⟩は過去の事実の反対を表す。

If it were not for your quick play, our team would not win.
(君の機敏なプレーがなければ，うちのチームは勝てないだろう)

If it had not been for your quick play, our team would not have won. (君の機敏なプレーがなかったら，うちのチームは勝てなかっただろう)

⟨without ~⟩, ⟨but for ~⟩などの句の形で同じ意味を表すことができる。この場合には動詞の時制を考える必要はない。

Without [**But for**] appropriate software, a computer would be a mere box.
(利用できるソフトウェアがなければ，コンピュータはただの箱だ)
(=*If it were not for* appropriate software, a computer would be a mere box.)

Without [**But for**] you, our project wouldn't have succeeded.
(君がいなかったら，我々の計画は成功しなかったろう)
(=*If it had not been for* you, our project wouldn't have succeeded.)

We would be unable to survive **with no** fresh water supply.
(真水が手に入らなかったら，我々は生き残れないだろう) 《文語的》
(=We would be unable to survive *if it were not for* a supply of fresh water.)

> **注** | If it were not for ~ の倒置:
> if が省略すれば，次の語順になる。(➡ p. 554)
> *Were it not for* your advice, my project would fail.
>   (あなたの助言がなければ，私の計画は失敗するでしょう)
> *Had it not been for* her devoted nursing, I would not be living now.（彼女の献身的な看護がなかったら，私は今生きていないだろう）

3 as it were

　文の途中または文の終わりに置かれ，「いわば」の意味を表す。今ではやや古いとされ，代わりに〈so to speak〉（もっとくだけた言い方では〈so to say〉）が用いられることが多い。

　A human brain is, **as it were**, a living computer.
　　（人間の頭脳はいわば生きたコンピュータだ）

> **注** | as it were / as it was:
> 〈as it were〉と〈**as it is**〉（ところが実は~でなかったので）の過去形 as it was を区別すること。
>   He works here as a bodyguard, *as it were*.
>   （彼はここで，いわばボディーガードとして働いている）
>   I would have liked to take a little rest if all the others had agreed. *As it was*, we kept walking. 〔一般に文頭に置かれる〕
>   （もしほかの連中がみな賛成したら，少し休みたいところだった。しかし，そうではなかったので，我々は歩き続けた）

4 would rather ~, had better ~

(1) 〈would rather ~ (than ...)〉 (➡ p. 506)

　「(…するくらいなら)~したほうがましだ」という意味を表し，would の代わりに had がきたり，rather の代わりに sooner がくるなど，いろいろな変形がある。次のそれぞれの形はみな同じ意味を表す。

would rather ~ (than ...)	would sooner ~ (than ...)
had rather ~ (than ...)	had sooner ~ (than ...)
would as soon ~ (as ...)	would as lief ~ (as ...)《古》
had as soon ~ (as ...)	had as lief ~ (as ...)《古》

　　＊　口語では I'd rather ~, He'd sooner ~ のように短縮されるので would とも had とも考えられる。

I **would rather** remain poor **than** do illegal things.
　（私は違法なことをするくらいなら貧乏のままでよい）
(＝I *would as soon* remain poor *as* do illegal things.)〔do は原形〕
You**'d rather** not wake a sleeping dog, would you?

（君も寝ている子を起こすようなまねはしたくないだろう）

(2) **had better ~** (→ p.505)

〈had better＋原形不定詞〉の形で用い，「～したほうがよい」という意味を表す。否定形は〈had better not＋原形不定詞〉になる。

I think you'**d better** not *be* too nervous.

（あんまり神経質にならないほうがいいと思うよ）

> **Q&A 85** if 節が主節の前に置かれる場合と後に置かれる場合とで違いがあるか？
>
> 同じと考えてよい。ただし，次のような場合には，違いがあるといわれる。
> a. If you come, I'll help you.
> b. I'll help you if you come.
>
> a.では if 節は「勧誘」を表し，全体の文は「おいでよ，そうしたら助けてあげる」という意味になり，b.では if 節が「必要条件」を表し，「来るなら助けてあげよう」という意味になる。したがって，次の c. は正しい文であるが，d. は不自然な文といわれる。
>
> c. If you drop in this afternoon, we'll have tea and play chess.
>   （あなたが今日の午後来たら，お茶を飲んでチェスをしましょう）
> d. We'll have tea and play chess if you drop in this afternoon.

[参考] 仮定法現在の用法：

仮定法現在は次のような場合にも用いられる。ただし，**古語または文語的な言い方が多い。また命令法だという考え方もある。**

(1) 独立した節で

Suffice it to say that I do not approve of your conduct.

（君の行いは感心しない，とだけ言っておこう）

So **be** it. （それならそうとしておこう）

Far **be** it from me to bear a grudge against you.

（私があなたに恨みを抱くなど，とんでもない）

(2) 譲歩を表す従節で

Be it ever so humble, there's no place like home.

（いかに粗末な家でも，わが家にまさる所はない）

＊ 命令文と考えることもできる。(→ p.769)

(3) lest 節で (→ p.619)

Take heed lest you (should) **break** your neck.

（首の骨を折らぬよう気をつけよ）

(4) 〈come＋主語〉の形で

Come spring this will produce a flurry of flowers.

（春がくるとここはいっせいに花が咲くだろう）　　《くだけた言い方》

第16章 態
VOICE

　「～する」という言い方に対して「～される」という言い方があり，「～する」という意味を表す場合の動詞の形を**能動態**,「～される」という意味を表す場合の動詞の形を**受動態**という。

第1節 能動態と受動態

§271 能動態と受動態

　一般に**能動態** (Active Voice) は「～する」という能動的・積極的な動作を表し，**受動態** (Passive Voice)（または**受け身形**）は「～される」という受け身・被害を表す。受動態は主として堅い書き言葉に見られ，会話ではあまり用いられない。受動態は一般に〈**be**＋他動詞の過去分詞〉の形をとり，時制は be 動詞の形によって表す。We pollute water.（我々は水を汚染する）という形で受動態の例を示すと次のようになる。

	能　動　態	受　動　態
現　在　形	We pollute water.	Water is polluted (by us).
過　去　形	We polluted water.	Water was polluted.
未　来　形	We will pollute water.	Water will be polluted.
現在完了	We have polluted water.	Water has been polluted.
過去完了	We had polluted water.	Water had been polluted.
未来完了	We will have polluted water.	Water will have been polluted.
現在進行形	We are polluting water.	Water is being polluted.
過去進行形	We were polluting water.	Water was being polluted.
未来進行形	We will be polluting water.	(Water will be being polluted.)

> **注** 複雑な時制の受動態：
> 　未来進行形の受動態は実際に用いられることは少ない。このほか，形としては現在完了進行形や過去完了進行形，さらには未来完了進行形の受動態 (Water *will have been being polluted*.) もありうるが，動詞がいくつも重なり，形が重いので，実際に用いられることはほとんどない。

不定詞・分詞・動名詞にも能動態と受動態がある。（→ p.578）

	能　動　態		受　動　態	
	単純形	完了形	単純形	完了形
不定詞	to write	to have written	to be written	to have been written
分　詞 動名詞	writing	having written	being written	having been written

§272　態の転換の一般的形式

1 語順の変化

　能動態を受動態に変える場合に，能動態の主語は前置詞 by の目的語になって文末に移動し，代わって**能動態の目的語が主語の位置**にくる。動詞の部分は〈**be＋過去分詞**〉になる。

```
名詞₁   動詞   名詞₂      Cats  catch  mice.

名詞₂  be＋過去分詞  by＋名詞₁   Mice  are caught  by cats.
```

2 態の転換の一般的注意

(1) **be 動詞は受動態の文の主語の人称・数と一致する**

　　His words **upset** her.（彼の言葉が彼女を動揺させた）
　→ *She* **was upset** by his words.（彼女は彼の言葉で動揺した）

　　Everybody in my class **thinks** me to be a good pianist.
　　（僕のクラスのみんなは僕がピアノがうまいと思っている）
　→ *I* **am thought** to be a good pianist by everybody in my class.
　　（僕はクラスのみんなから，ピアノがうまいと思われている）

(2) **受動態の時制**

　be 動詞を現在時制・過去時制・未来時制などにして表す。（→ p.565）

(3) **助動詞があるとき**

　助動詞の後の動詞を〈be＋過去分詞〉にする。

　　We **must** not **forget** this fact.
　　（我々はこの事実を忘れてはならない）
　→ This fact **must** not **be forgotten**.
　　（この事実は忘れられてはならない）

⑷ 〈by ～〉の省略

〈by ～〉は動作の主体（動作主）を表すが，省略されることが多く，特に次のような場合には省略されるのがふつうである。(→ p.582)

❶ 動作主が一般的な人や漠然とした人をさす場合

{ *We* **make** milk into butter and cheese.
　（ミルクからバターやチーズを作る）
  → Milk **is made** into butter and cheese.
　（ミルクはバターやチーズに変えられる） }

{ *They* **sell** cigarettes and liquor at that store.
　（あの店ではたばこと酒類を売っている）
  → Cigarettes and liquor **are sold** at that store.
　（あの店ではたばこと酒類が売られている） }

　　＊ 能動態では *That store* sells cigarettes and liquor. ともいう。

注 〈by＋人称代名詞〉の省略：
　by us, by them などは省略されるのがふつうである。us, them 以外の人称代名詞が動作主の場合にも，〈by ～〉は省略されることが多く，She was offered a good job *by him*. というような文はあまり用いられない。

❷ 動作主が不明のとき

A lot of people **were killed** in the plane crash.
（飛行機の墜落事故でたくさんの人が死んだ）

The seat **is taken**.
（その席はふさがっています）

❸ 前後の関係から動作主がはっきりしていて，言う必要のないとき

The police must **be informed** at once.
（すぐ警察に知らせなくてはならない）

This will **be discussed** in later chapters.
（このことは後の章で論ずることにする）

<u>Are you **being helped**?</u>　　　　　　　　　　　　　【接客】
（〈店員が〉だれかご用を承っておりますか）

参考 〈by ～〉の省略の実態：
　ある学者の調査によると，英語の受動文の 86.8％が〈by ～〉の省略された文だという。最近の実態調査でも，受動態が最も多く使用される学術的文書では，記述を客観的にするために，研究者を主語にする形を避けてこの形をとるのがふつうになっており，また次いで受動態の多いニュースでは，被害者に中心がおかれ，動作主は自明もしくは不明なことが多いので，やはり〈by ～〉のない形が多いことが明らかにされている。[*LGSWE*]

§273 第3文型の受動態

受動態ができるのは、もとの文に目的語がある場合(したがって動詞が他動詞の場合)に限られるから、自動詞を含む第1文型と第2文型の文は受動態にならない。

第3文型の文の〈S+V+O〉は受動態では〈S+V〉になるので、文型が第1文型に変わる。〈by ～〉は副詞句で、文の主要素にはならない。

(1) 目的語が名詞・代名詞の場合

> The citizens **elect** *the President* in the U.S.
> (アメリカ合衆国では、市民が大統領を選ぶ)
> → *The President* **is elected** by the citizens in the U.S.
> (アメリカ合衆国では、大統領は市民によって選ばれる)

> People will **blame** *him* for his drunk driving.
> (人々は彼の飲酒運転を非難するだろう)
> → *He* will **be blamed** for his drunk driving.
> (彼は飲酒運転をしたことで非難されるだろう)

注 受動態の主語になれない代名詞:
(1) 目的語が再帰代名詞や **each other** の場合には、これらを受動態の文の主語にできない。したがって次のような文は受動態にならない。
  He enjoyed himself.
  → [誤] *Himself* was enjoyed by him.
  They looked at each other.
  → [誤] *Each other* was looked at by them.
(2) 同族目的語をとる動詞は受動態を作らないのがふつうであるが、live, fight などのように受動態を作るものもある。(→ p.394)

(2) 目的語が節の場合

> People **say** *that* the taste of love is bitter.
> (恋の味は苦いと人は言う)
> → *It* **is said** *that* the taste of love is bitter.
> (恋の味は苦いと言われる)

  * 節の中の主語を文の主語にした言い方もある。(→ p.579)
  The taste of love is said to be bitter.

§274 第4文型・第5文型の受動態

■ 第4文型の受動態

第4文型には間接目的語(ふつう人)と直接目的語(ふつう物・事柄)の2つの目的語があるので、そのどちらを受動態の主語にするかで、2とおり

の受動態の文ができるはずである。しかし，実際にはどちらか一方だけが正しい文として認められ，他の一方は不自然な文として認められない場合が多い。

(1) 間接目的語，直接目的語のどちらも受動態の文の主語になる動詞
〈V+O₁+O₂〉 → 〈V+O₂+to O₁〉の型

allow（与える）	give（与える）	grant（与える）
hand（手渡す）	leave（残して死ぬ）	lend（貸す）
offer（提供する）	pay（支払う）	permit（許す）
promise（約束する）	send（送る）	show（見せる）
teach（教える）	tell（話す）	

give に代表される，間接目的語を直接目的語の後に置くとき **to** を伴う動詞 （→ p.40）の受動態では，一般に**間接目的語（人）を主語にするほうがふつう**である。どちらか一方の目的語が主語になると，もう一方の目的語は後に残り，この後に残った目的語を**保留目的語**という。

My uncle **gave** *me* this laptop computer.　　　　　　　　　　(1)
　（叔父がこのラップトップコンピュータを僕にくれた）
→ *I* **was given** this laptop computer by my uncle.　　　　　　(2)
　（私はこのラップトップコンピュータを叔父からもらった）
　　＊ この形の受動態がふつうで，this laptop computer が保留目的語。

次に，(1)の文を最初から to を用いた第3文型の文に書き換えてから，受動態にしてみる。

My uncle **gave** *me* this laptop computer.
　→ My uncle **gave** this laptop computer *to me*.　　　　　　　(3)
　→ This laptop computer **was given** *to me* by my uncle.　　(4)

(1)の文の間接目的語と直接目的語の語順を入れ換えた(3)の形では，gave の目的語は this laptop computer 1 つだから，受動態は(4)しかない。

ただし，語順を変えた場合に **to** を伴うこの種の動詞では，一般に動詞と間接目的語の結びつきが強いので，(4)は，

　→ This laptop computer **was given** *me* by my uncle.　　　(5)

のようにも言える。こうすれば，me が保留目的語になる。しかし，**間接目的語が me のような人称代名詞の場合以外は，to を入れた(4)の形のほうが自然**である。（→ p.570）

　　＊ 動詞が **give** の場合でも，次のような文では who が間接目的語であることをはっきりさせるために必ず to を置く。
　　Who was the ticket given *to*?（切符はだれに与えられたか）

> **注** 態の転換と文型:
> 　第4文型〈S+V+O₁+O₂〉の受動態は，保留目的語をとる場合は〈S+V+O〉になるので，第3文型になる。ただし，一般に間接目的語が保留目的語になる場合には，その前に to, for などの前置詞を置く形のほうがふつうなので，この場合には〈S+V+to [for] O〉となって第1文型になる。

> **[参考]** 新・旧情報と受動態:
> 　談話の中で，聞き手がすでに知っているもの，あるいは予測できるものを**旧情報**といい，聞き手にとって未知のもの，あるいは予測できないものを**新情報**という。旧情報は，話されたときに聞き手にすぐそれとわかるので，文強勢が置かれないが，新情報は，明確にする必要があるので，強勢が置かれるのがふつうである。そして，談話の流れから，**新情報は旧情報より後に現れる**のが自然であり，文末に置かれることが多い。
>
> 　　She **gave** Henry *a box of chocolates*.　　　〔旧情報→新情報〕
> 　　　　　旧情報　　　新情報
> 　（彼女はヘンリーにチョコレートを1箱あげた）
> これを受動態にした次の2つの文について検討してみる。
>
> 　　Henry **was given** *a box of chocolates*.　　〔自然な文〕　(1)
> 　　旧情報　　　　　　　新情報
> 　　*A box of chocolates* **was given** Henry.　　〔不自然な文〕　(2)
> 　　　新情報　　　　　　　　　　　　旧情報
> (1)では旧情報が主語の位置にあり，新情報が文末にきているから，これは自然な文である。しかし，(2)はその順が逆だから不自然になる。
> 　もし(2)の斜字体の *A* box ～ が *This* box ～ で旧情報，逆に Henry のほうが新情報だとすれば，(2)の形の容認度は高くなるが，それならもとの文も，新情報の Henry を文末に置いた She **gave** this box of chocolate *to Henry*. となっているべきだから，これを受動態にした This box of chocolates **was given** *to Henry*. という，to の入った形のほうが自然ということになる。

(2) 間接目的語を主語にした文が不自然になる動詞

❶〈V+O₁+O₂〉→〈V+O₂+to O₁〉の型の一部

pass（渡す）	read（読んで聞かせる）
sing（歌ってやる）	write（書き送る）

　動詞が read や write などの場合には，一般には（特に《英》で），間接目的語を主語にした受動態の文は不自然と考えられている。《米》では自然な文とされることも多い。

　　My client **wrote** me *a long letter*.
　　（私の依頼人は私に長い手紙を書いてきた）

→ *A long letter* **was written** (to) me by my client.
   * 保留目的語(人)が代名詞でなく名詞の場合には，to がつくほうが自然。
→ *I* **was written** a long letter by my client. 〔《英》では，不自然〕

❷ 〈V+O₁+O₂〉 → 〈V+O₂+for O₁〉の型

| build（造ってやる） | buy（買ってやる） | choose（選んでやる） |
| cook（料理してやる） | get（取ってやる） | make（作ってやる） |

make に代表される，間接目的語を直接目的語の後に置くときに **for** を伴う動詞 (→ p.41) の場合は，一般に**間接目的語(人)を主語にした受動態の文は不自然**とされている〔ときにはこのタイプの語の中にも，間接目的語(人)を主語にした受動態の文が見られることもある〕。

一般にこのタイプの語は，**直接目的語を主語にした場合も，保留目的語の前に for を置いた形しか認めない人が多い**。

My landlady **made** [**cooked**] me *French fries*.　　　　　　　(6)
（下宿のおばさんが僕にフライドポテトを作ってくれた）
→ My landlady **made** [**cooked**] *French fries* **for** me.　　　(7)
　　　　　　　　　〔me と French fries の語順入れ替え〕
→ *French fries* **were made** [**cooked**] **for** me by my landlady. (8)
　　　　　　　　　　〔(7)の受動態〕

語順を入れ替えた(7)の文で，*for* me は「私のために」という利益を表しているから，これを取り去って My landlady **made** [**cooked**] *French fries*. としても文が成立する点が，give の場合と違っている（たとえば，間接目的語を示す *to* me のない He *gave* a book. という文は不自然）。

このように，動詞（make [cook]）と間接目的語（me）の結びつきが give 型の場合よりもずっと弱いから，for me とした(7)の形の受動態である(8)がふつうで，*I* was made ... という形は一般に不自然になる。

　　* 主節と従節の主語をそろえる場合とか，あるいはまた，文脈しだいで，I was cooked ～ という形が見られることもあるが，正用か誤用かは，人によっても認め方が違う。
　* give 型でも，lend, offer, send, teach, tell などは O₁ を省略できる。

注 buy, call の受動態：
(1) **buy**: buy という動詞は，「買って与える」の意味の場合には **give** の意味が含まれるから，**for** 型としては **give** に近く，次の両形が可能。
　　Josh **bought** Alice a fur coat.
　　　（ジョッシュはアリスに毛皮のコートを買ってやった）
　　→ *Alice* **was bought** a fur coat by Josh. 〔ときに見られる形〕
　　→ *A fur coat* **was bought for** Alice by Josh.
　* これは Josh **bought** a fur coat **for** Alice. の受動態で，for のない形は不可。

(2) **call**: call (呼んでやる) は He *called* me a cab. (彼は私にタクシーを呼んでくれた) のようにいうが、これを受動態にした *I* **was called** a cab. はふつう用いられない。*A cab* **was called** *for* me. は正しい。

(3) 間接目的語を主語にした受動態の文だけがふつう認められる動詞

| envy (うらやむ) | refuse (拒絶する) | save (節約する) |
| spare (節約する) | strike (打撃をくらわす) | |

envy, save などの動詞の受動態では、間接目的語(人)を主語にした文はあるが、直接目的語を主語にした文はないか、あってもまれである。

We **envied** Mr. Hall his wealth.
(我々はホール氏の財産がうらやましかった)
→ *Mr. Hall* **was envied** his wealth.

> **注** forgive の受動態:
> forgive は、間接目的語、直接目的語のどちらを主語にした受動文も可能である。
> God **forgives** us our sins. (神は我々の罪を許し給う)
> → *Our sins* **are forgiven** us by God.
> → *We* **are forgiven** our sins by God.

2 第5文型の受動態

第5文型の文 ⟨S+V+O+C⟩ が ⟨S+V+C⟩ になって、第2文型の文になる。この場合の目的格補語は主格補語に変わる。

(1) 補語が名詞・形容詞の場合

Everybody **called** the child *Red Riding Hood*.
(みんながその子を赤ずきんと呼んだ)
→ The child **was called** *Red Riding Hood* by everybody.
(その子はみんなに赤ずきんと呼ばれた)

War **made** the Vietnamese people *miserable*.
(戦争はベトナム国民を不幸にした)
→ The Vietnamese people **were made** *miserable* by war.
(ベトナム国民は戦争で不幸になった)

> **注** 第4文型か第5文型か紛らわしい場合:
> 補語が名詞の場合に、第4文型と混同して、この補語を主語にした文を作らないこと。次の例を比較:
> They called me a taxi.　　　　　　　　　　　　　　〔第4文型〕
> (彼らは私にタクシーを呼んでくれた)
> → 〔正〕 A taxi *was called* for me.
> They called me Meg. (彼らは私をメグと呼んだ)　　〔第5文型〕
> → 〔誤〕 Meg was called me.

(2) 補語が不定詞・分詞の場合：(1)と同様である。

> John **persuaded** me *to go* to the dentist.
> （ジョンは歯医者に行くように私を説得した）
> → I **was persuaded** *to go* to the dentist by John.
> （私は歯医者に行くようジョンから説得された）

> Susan **kept** me *waiting* for half an hour.
> （スーザンは私を30分待たせた）
> → I **was kept** *waiting* for half an hour by Susan.
> （私はスーザンに30分待たされた）

(3) 動詞が知覚動詞・使役動詞の場合

能動態では目的格補語に**原形**不定詞をとるが，受動態になると **to** 不定詞をとる。

❶ 知覚動詞 （→ p.503）

> The guard **saw** two men *enter* the bank.
> （ガードマンは男が2人銀行に入るのを見た）
> → Two men **were seen** *to enter* the bank by the guard.
> （2人の男が銀行に入るのをガードマンに見られた）

❷ 使役動詞 （→ p.502）

> The man with a gun **made** the clerks *lie* on the floor.
> （銃を持った男が銀行員たちを床に伏せさせた）
> → The clerks **were made** *to lie* on the floor by the man with a gun.（銀行員たちは，銃を持った男に床に伏せるように強制された）

Q&A 86　能動態を受動態にしても意味は変わらないか？

主語や目的語が特定の人［物］をさしている場合には，一般的には意味は変わらない。たとえば，次の2つの文は，どちらにより強い関心がもたれるかという違いはあるが，ほぼ同じ事柄を表している。

The dog bit the man.（犬は男にかみついた）

The man was bitten by the dog.（男は犬にかみつかれた）

しかし，態を変えると主語が変わるので，主語の意志などを表す助動詞がついていたり，代名詞のさすものが文中の位置によって変わるような場合には，形式的に態を変えると，意味が違ってしまうことがある。

Every man loves his wife.（男はみな〔自分の〕奥さんを愛する）

His wife is loved by every man.
　（彼の奥さんはすべての男性に愛される）

＊ his のさすものが違うことに注意。

§275 疑問文の受動態

(1) **一般疑問文**: 一般に be 動詞が文頭に置かれる。

Does your mother make your lunch?
(お母さんはあなたのお弁当を作ってくれますか)
→ **Is** your lunch **made** by your mother?
(お弁当はお母さんに作ってもらうのですか)

Is Lieutenant Columbo *investigating* the case? 〔進行形〕
(コロンボ警部補はその事件を調べていますか)
→ **Is** the case **being investigated** by Lieutenant Columbo?
(その事件はコロンボ警部補によって調べられていますか)

Has anyone *seen* Nessie? (だれかネッシーを見た人がありますか)
→ **Has** Nessie **been seen** by anyone?
(ネッシーはだれかに見られたことがありますか)
 * 完了の have [has, had] や,will, can, must などの助動詞は文頭に置かれる。

Must the publisher *pay* the royalty to the author?
(出版社は印税を著者に支払わなくてはいけませんか)
→ **Must** the royalty **be paid** to the author by the publisher?
(印税は出版社から著者に支払われなければなりませんか)

(2) **特殊疑問文**

Who signed the Declaration of Independence?
(誰が独立宣言書に署名しましたか)   〔疑問詞が主語の場合〕
→ *Who* **was** the Declaration of Independence **signed** by?
(独立宣言書は誰によって署名されましたか)
 * 口語調では能動態がふつうだが, By whom? と聞くことはある。*By whom* was the Declaration of Independence signed? はまれ。

Who do the police **suspect**?   〔疑問詞が目的語の場合〕
(警察はだれを疑っていますか)
→ *Who* **is suspected** by the police?
(だれが警察の嫌疑を受けていますか)

What do you **call** this in English? 〔疑問詞が目的格補語の場合〕
(これを英語で何といいますか)
→ *What* **is** this **called** in English?
(これは英語で何というのですか)

> *What kind of* programs do American audiences **favor**?
> （アメリカの視聴者はどんな番組が好きですか）
> → *What kind of* programs **are favored** by American audiences? （アメリカの視聴者にはどんな番組が好まれていますか）

§276 命令文の受動態

命令文の受動態は文語的で，あまり用いられない。また，次のような let を用いた形は〈(S+)V+O+C〉の形の能動態とする見方もある。

(1) <u>ふつうの命令文</u>：〈let+目的語+be+過去分詞〉の形になる。

> **Publish** the true cause of the accident.
> （事故の真の原因を公表せよ）
> → **Let** the true cause of the accident **be published**.

> **Don't forget** this precious lesson.
> （この大事な教訓を忘れるな）
> → **Let** this precious lesson **not be forgotten**.
> → **Don't let** this precious lesson **be forgotten**.

(2) <u>Let ～ の形の命令文</u>：原形不定詞の目的語を let の目的語にして，不定詞を受動態にする。

> **Let** scientists **discuss** this issue more thoroughly.
> （科学者にこの問題をもっと徹底的に論じさせなさい）
> → **Let** this issue **be discussed** more thoroughly by scientists.

Q&A 87 感嘆文の受動態は可能か？

受動態にすることはできるが，比較的まれである。
How much blood they shed for this cause!
　（彼らはこの主義主張のためにどれほど多くの血を流したことか）
→ How much blood *was shed* for this cause!

§277 句動詞の受動態

句動詞（→pp. 406〜408）が他動詞に相当し，受動態を作ることがある。

(1) 〈自動詞(+副詞)+前置詞〉

> My sister **looked after** my hamster while I was away.
> （私がいない間，妹がハムスターの世話をしてくれた）
> → My hamster **was looked after** by my sister while I was away.
> （私のいない間，私のハムスターは妹に世話をしてもらった）

All the players **look up to** the coach.
（選手はみなコーチを尊敬している）
→ The coach **is looked up to** by all the players.
（コーチは選手全員から尊敬されている）

All his classmates **speak well of** him.
（彼のクラスの仲間はみな彼のことをよく言う）
→ He **is spoken well of** [**well spoken of**] by all his classmates.
（彼はクラスのみんなからよく言われている）

> 注 1. 句動詞の受動態と副詞：
> speak well of のように、慣用句としてほぼ固定化したものもあるが、一般に句動詞が様態や程度を表す highly, ill, kindly, much, well などの副詞を伴う場合、これらの副詞は、受動態では過去分詞の前に置かれることが多い。（speak well of は今はあまり使われない）
> He is *highly* thought of in literary circles.
> （彼は文壇では高く評価されている）

> 注 2. be slept in：
> 句動詞でないものも、ときには受動態になることもある。
> Someone *has* evidently *slept in* this bed.
> （だれかが明らかにこのベッドで寝ていた）
> → This bed *has* evidently *been slept in*.
> （明らかにこのベッドで誰か寝ていた形跡がある）
> ＊ 動作の跡が残っているので作用を受けたと考える。（→ p.584）

At long last this conclusion **was arrived at**.
（ついにこの結論に達した）
＊ 「それまでなかった結論が生み出された」という受動の意味がある。

◈ 〈自動詞（＋副詞）＋前置詞〉の型の句動詞

ask for（求める）	catch up with（追いつく）
depend on（依存する）	do away with（片づける）
do without（なしですます）	hear of（耳にする）
laugh at（あざ笑う）	look at（調べる）
look down on（軽蔑する）	put up with（がまんする）
rely on（信頼する）	speak ill of（悪口を言う）

(2) 〈他動詞＋目的語＋前置詞〉

〈他動詞＋目的語＋前置詞〉の型の句動詞には、前置詞の目的語（句動詞全体の目的語）が受動態の文の主語になるもの、他動詞の後の目的語が受動態の文の主語になるもの、そのどちらも可能なものの3つがある。

❶ 前置詞の目的語が受動態の文の主語になるもの

> The detectives **lost sight of** *the suspect* in the crowd.
> （刑事たちは人込みで容疑者を見失った）
> → The suspect **was lost sight of** in the crowd by the detectives.

> The cartoonist **made fun of** *the politician's important manner*.
> （風刺画家はその政治家のもったいぶった様子をからかった）
> → The politician's important manner **was made fun of** by the cartoonist.

◆ 前置詞の目的語が受動文の主語になる句動詞

```
catch sight of（見つける）        make a fool of（ばかにする）
make head or tail of（理解する）
make a point of（決まって～する）
make nothing of（ものともしない）
```

❷ **他動詞の目的語が受動態の文の主語になるもの**

句動詞の中の目的語が受動態の文の主語になることがある。目的語に形容詞がついていることが多いが，形容詞がつかないこともある。ただし，この形は文語体で，くだけた言い方では用いられない。

> We must **make allowances for** his lack of experience.
> （彼がまだ経験不足だということを考慮してやらなければいけない）
> → **Allowances** must **be made for** his lack of experience.

> The present government **lays particular emphasis on** social security.（現政府は社会保障に特別に重点を置いている）
> → **Particular emphasis is laid on** social security by the present government.

◆ 他動詞の目的語が受動文の主語になる句動詞

```
bring a charge against（訴える）    keep an eye on（見張る）
put stress on（強調する）          take an interest in（興味をもつ）
take pride in（自慢する）          turn a deaf ear to（耳を貸さない）
```

❸ **句動詞の前置詞の目的語，他動詞の目的語のどちらも受動態の主語にできるもの**：他動詞の目的語が受動態の文の主語になる場合には形容詞がついていることが多いが，ついていない場合もある。この場合も前置詞の目的語が主語になる❶の形のほうがふつう。

> We should **pay attention to** this remark of his.
> （彼のこの言葉に注意が払われるべきである）
> → This remark of his should **be paid attention to**.
> → **Attention** should **be paid to** this remark of his.
> 〔形容詞がない場合〕

{ The press **make too much fuss over** that teen-age idol.
（新聞はあのティーンエージャーのアイドルをちやほやしすぎる）
→ That teen-age idol **is made too much fuss over** by the press.
→ **Too much fuss is made over** that teen-age idol by the press.

{ We must **make an end of** this bad habit.
（この悪習に終止符を打たなければならない）
→ This bad habit must **be made an end of**.
→ **An end must be made of** this bad habit.

{ The police **made no mention of** the criminal's name.
（警察は犯人の名前については何も言わなかった）
→ The criminal's name **was made no mention of** by the police.
→ **No mention was made of** the criminal's name by the police.

注 他動詞の目的語に形容詞がつかない場合:
attention のほかにも他動詞の目的語に形容詞がつかない場合がある。
Mention should **be made of** his strange behavior.
（彼の奇妙な行動について言及すべきだろう）
Care must be taken of livestock.
（家畜の世話をしてやらなければならない）
＊ 口調に左右されることも多い。

◉ どちらの目的語も受動文の主語になる句動詞

make a mess of（台無しにする）	make room for（席をあける）
take advantage of（利用する）	take care of（世話する）
take notice of（注意する）	

§278 不定詞・分詞・動名詞の受動態

不定詞・分詞・動名詞にも受動態がある。

I don't like **to be talked about**. 〔不定詞〕
（私のことをとやかく言ってもらいたくない）

Never **having been treated** like that, she got offended. 〔分詞〕
（そんな扱いを受けたことがなかったので，彼女は腹を立てた）

Nobody likes **being made fun of**. 〔動名詞〕
（だれだってからかわれるのはいやだ）

注 能動態で受動の意味を表す場合:
能動態で受動の意味を表すことがある。
You are *to blame* (=to be blamed), not me. 〔不定詞〕
（僕じゃなくて君のせいだ）
The fence *needs* **repairing** (=to be repaired). 〔動名詞〕

(フェンスは修繕する必要がある)（→ p.539）
Is life *worth* **living**?（人生は生きるに値するか）
The house *is* **building**.（=being built）.（家は建築中）
＊ 古い進行形で，今は being built を用いる。（→ p.587）

§279 従節の主語を文の主語にした受動態

本来は従節の中の主語であるものが，主節の主語の位置に引き上げられて受動態を作ることがある。

People **believe** that *thirteen* is unlucky.
（13 は縁起が悪いと信じられている）
→ *It* **is believed** that thirteen is unlucky.
→ *Thirteen* **is believed** to be unlucky.
  ＊ この受動態を People believe thirteen to be unlucky. から導き出す考え方もあるが，動詞が say や seem の場合には，People said thirteen to be unlucky. という能動態はないから，当てはまらない。

(1) 動詞が say, think, consider, suppose などの場合

They **say** *yawns* are catching.（あくびは伝染するそうだ）
→ *It* **is said** that *yawns* are catching.
→ *Yawns* **are said** to be catching.
  ＊ 2つの受動態を混同しないこと。次の文に注意。
  〔正〕 *It* **is said** that he is sick.（彼は病気だそうだ）
  〔正〕 He **is said** to be sick.
  〔誤〕 *He* is said that he is sick.

(2) 動詞が seem, appear, happen などの場合

It **seems** that *the President* was implicated in the bribery scandal.（大統領は汚職事件に関わっていたようだ）
→ *The President* **seems** *to have been implicated* in the bribery scandal.

It **happened** that *the ferry service* was canceled.《堅い言い方》
（たまたま連絡船は欠航になっていた）
→ *The ferry service* **happened** *to be canceled*.

§280 by 以外の前置詞を用いる受動態

受動態の動作主はふつう〈by 〜〉で表すが，by 以外の前置詞が用いられることもある。以下の例文が示すように，過去分詞に形容詞的な性格が見ら

れ，状態を表す受動態になっている場合に by 以外の前置詞が用いられることが多い。受動の意味が強いときは by も用いられる。

(1) 感情の表現　→ p.275

The fisherman *was* very *surprised* **at** [*by*] the huge fish.
(漁師はそのものすごく大きな魚にびっくりした)

The jury *was amused* **at** [*by*] the contestant's witty answers.
(審査員たちはコンテスト出場者の機知に富んだ答えを面白がった)

He *is* very *disappointed* **in** his new secretary.
(彼は新しい秘書にいたく失望している)

Your boss *is* quite *satisfied* **with** your work.
(ボスはあなたの仕事にすっかり満足してますよ)

Jim *was scared* **of** failing the math exam.
(ジムは数学の試験に落ちるのではないかとびくびくしていた)

(2) その他の場合

The climbers *were caught* **in** a heavy rain.
(登山者たちは大雨に遭った)

All the furniture *was covered* **with** dust.
(すべての家具はほこりで覆われていた)

＊ in でもよい。

注 | with が道具・手段を, by が動作主を表す場合：
次の文では, with は道具・手段を, by は動作主を表している。
The box was covered *with* a black cloth *by* the magician.
(その箱は奇術師の手によって黒い布がかけられた)
The window was broken *with* a hammer *by* the burglar.
(窓は強盗にハンマーで破られた)

His name *is* fairly well *known* **to** us.
(彼の名前はかなり知られている)

注 | be known to / by：
「〜に知られている」という意味の受動態には, by を用いることも可能だが, 一般には be known to 〜 が用いられる。これは, be familiar to 〜 と比べればわかるように, この場合の known には形容詞的性格が強いからである。これに対し, 意図的に「知ろうとして知った」という場合には, 動作主を表すのに by が用いられることがある。
Two languages *are known by* everyone in this class.
(このクラスでは2か国語が皆にわかっています)
ただし, 次の文では, by は判断の基準を表している。
A man *is known by* the company he keeps.
(人の性格はその付き合う仲間によってわかる)　《ことわざ》

〔第2節〕受動態の用法

§281 動作の受動態と状態の受動態

受動態は「〜される」という**動作**を表す場合と,「〜された状態にある」という**状態**を表す場合がある。

- The gate **is shut** regularly at 6 p.m. every day. 〔動作〕
  (門は毎日規則正しく午後6時に閉められる)
- The gate **is shut** until 6 a.m. 〔状態〕
  (門は午前6時まで閉まっている)

- My little sister **is dressed** by her mother. 〔動作〕
  (妹は母に服を着せてもらう)
- My little sister **is dressed** in yellow today. 〔状態〕
  (妹はきょうは黄色の服を着ている)

- Mostly, salaries **are paid** by the month. 〔動作〕
  (多くの場合,給料は月給で支払われる)
- The check **is** already **paid** now. 〔状態〕
  (勘定はもう済んでるよ)

  * He was buried under an elm tree. は「彼はニレの木の下に埋められた」〔動作〕という意味にも「彼はニレの木の下に埋められていた」〔状態〕という意味にもとれる。

注 1. 動作の受動態:
　動作の受動態であることをはっきりさせるために,be 動詞の代わりに **get** を用いることがある。**get** はふつう会話やくだけた言い方に用いる。
　Fortunately, nobody *got killed* in the car accident.
　(幸いなことに,その自動車事故でだれも死ななかった)
　〈become＋過去分詞〉は「〜の状態になる」という意で「変化」を表すが,この場合の過去分詞は,状態を表す形容詞的なものである。
　His eccentricity *became known to* us.
　(彼の変人ぶりが我々にわかってきた)

注 2. 状態の受動態:
　状態の受動態であることをはっきりさせるために,**lie, remain, rest, stay** などの動詞を用いることがある。
　Stay tuned to this channel.
　(どうかチャンネルをそのままで)
　The treasure *lay hidden* for three hundred years.
　(財宝は300年の間眠っていた)

> **Q&A 88** He was fired. と He got fired. は同じか？
>
> be動詞を使った受動態は，あることを単なる事実として述べるが，getを使った受動態は，主語がある動作や状態の変化をこうむった場合に，そのことが主語にとって不利・有利であるというような話し手の主観が入っていることが多いともいわれる。たとえば，
> a. Some workers *were laid off*, others *were fired*.
>   （労働者の中には一時解雇された者も，永久解雇された者もある）
> b. John *got fired* because he was negligent of his duties.
>   （ジョンは職務怠慢で首になった）
> というような違いがある。

§282 受動態が特に好まれる場合

能動態で表すことができるところを，受動態を使って表現することがある。文法的な理由よりも，文体的な理由による。〈by ～〉が省略されることが多い。

(1) **受動態の主語に関心が持たれる場合**

The cherrytree **was cut down** by a young man.
（桜の木は若い男に切り倒されたのです）

(2) **主語を変えないで文を続けようとする場合**

The cat came into the house, but **was** soon **driven** out of it.
（猫は家の中に入ってきたが，すぐに追い出された）

I asked a middle-aged lady to direct me to a post office and **was** readily **shown** the way.
（中年の女性に郵便局へ行く道を尋ねたら，すぐ教えてもらえた）

(3) **自分を表面に出さないで，客観的な記述を行いたい場合**

Enough **has been said** of this problem.
（この問題については十分に論じた）

Mention **will be made** here of the importance of observation.
（ここで観察の重要性について述べておこう）

The reader **is recommended** to consult the manual.
（読者はマニュアルを参照されたい）

(4) **動作主が明らかなとき，または不明なとき** （→ p.567）

The priest offered the girl a ride and his offer **was** gladly **accepted**. （牧師が娘に車に乗りませんか，と言うと，その申し出は喜ん

で受け入れられた)

We must **be allowed** freedom of speech.
(我々は言論の自由を認められなければならない)

His passport **was stolen** while he was in France.
(彼はフランスにいたときにパスポートを盗まれた)

§283 受動態にならない動詞

他動詞の中には受動態にならないものがある。だれの意志にも関係ない動作を表す動詞や、相互関係を表す動詞などに多い。

(1) だれの意志も働かない動作・状態を表す動詞

① 所有、非所有を表す語

This doll **has** blue eyes. 〔所有〕
(この人形は青い目をしている)

* 「手に入れる」という意味では have は受動態になる。
 Efficient secretaries are rarely to *be had* these days.
 (近ごろは有能な秘書はめったに見つからない)

I **lack** the talent for painting. 〔欠如〕
(どうも私には絵の才能がない)

② 数量を表す語を目的語にとる計量などの語

It **cost** me a lot of money to have my house rebuilt.
(家を建て直すのにお金がずいぶんいった)

This hall **holds** 500 people. (このホールは500人収容できる)

* hold はほかの意味では受動態になる。
 A big garden party was **held** yesterday.
 (きのう大園遊会が開かれた)

(2) 相互関係を表す動詞

Life **resembles** gambling in a lot of ways.
(人生は多くの点で賭け事に似ている)

I don't think that coat of yours **fits** you.
(あなたのそのコートは寸法が合っていないと思います)

* fit は「取り付ける」「～に合わせる」という意味では受動態になる。
 A long pole **was fitted** to the front of it to control the swaying.
 (揺れるのを抑えるために、長い棒がその前面に取り付けられた)

She **met** the young writer at a party.
(彼女はその若い作家にパーティーで会った)

* meet は「出迎える」という意味では受動態になる。
 I *was met* by the Prime Minister at the airport.

（空港で首相の出迎えを受けた）

◆ 受動態にならない動詞

become（似合う）	cost（〔費用が〕かかる）	equal（等しい）
fit（〔寸法が〕合う）	have（持つ）	hold（収容する）
lack（欠ける）	meet（会う）	resemble（似ている）
suit（ふさわしい）		

(3) 場所的な意味の動詞および句動詞

The party of tourists **reached** San Francisco on May 1.
（そのツアーの人たちは5月1日にサンフランシスコに到着した）

* San Francisco **can be reached** in 9 hours.（サンフランシスコには9時間で行ける）というような言い方はある。また，reach が「到達する」という意味のときは受動態になる。

　The conclusion **was** hastily **reached**.（結論が急いで出された）

The investigating committee **went into** (=entered) the aircraft.
（調査委員会は航空機の中に入っていった）

* go と into が結びついて「調べる」という意味の場合は受動態は可能。
The investigating committee **went into** the cause of the accident.（調査委員会は事故原因の調査に乗り出した）
→ The cause of the accident **was gone into** by the investigating committee.（事故の原因は調査委員会によって調べられた）

> [参考] 自然な受動態と不自然な受動態：
> (1) 受動態はなんらかの意味で，主語がほかのものから動作の作用・影響・被害などを受けるような場合に用いられるのがふつうである。こうしたことから，次の a., b. の文で，a. は不自然な文である。
> 　a. The supermarket was entered by the customers. 〔不自然〕
> 　　（そのスーパーはお客に入られた）
> 　b. The supermarket was entered **by two burglars**.
> 　　（そのスーパーは2人組の強盗に入られた）
> 　* b は，「場所」であっても，侵入した2人組の強盗は新情報で，文全体に「被害」の意味が感じられるので自然。
> (2) 一般に英語では，文の終わりに新しい情報や重要な情報が盛り込まれるので，受動態の文の終わりに置かれる行為者 (by ～) は内容的に新しいもの，重要なものが置かれる。したがって，人称代名詞のような内容的に軽い語や，すでにわかっている内容の語が行為者になる受動態の文は，英語の文として不自然なものになる。（→ p.567）
> 　a. I was talked to by *him*.（僕は彼に話しかけられた）〔不自然〕
> 　b. I was talked to **by John**.（僕はジョンに話しかけられた）

§284 英語特有の受動表現

日本語では受動態にならないような場合にも，英語では受動態で表現される場合がある。by 以外の前置詞が使われたり，動作主が表現されないことが多い。

(1) 感情の表現 (→ p. 275)

A short-tempered person easily *gets* **offended**.
(気の短い人はすぐ腹を立てる)

(2) 誕生・結婚などの表現

I **was born** on January 1, 1976.
(私は 1976 年元日の生まれです)

> * born は bear の過去分詞であったが，いまでは形容詞とも考えられる。bear のもう 1 つの過去分詞 borne は能動態でも受動態でも使われる。 (→ p. 404)
>
> She *has borne* three children. (彼女は 3 人の子供を産んだ)
> Jesus Christ *was borne* by Mary.
>   (イエス＝キリストはマリアを母に生まれた)

I **am engaged** to a firefighter.
(私は消防士と婚約しています)

He **is married** with three children.
(彼は結婚していて子供が 3 人いる)

> * He *got married to* her. (彼は彼女と結婚した) ともいうが，こうした場合の married は形容詞とも考えられる。He was married *by* her. のように by 〜 を用いた形は不可。「牧師などによって結ばれる」という意味では by 〜 を用いた受動態になる。
>
> John and Mary **were married** *by* Father Brown.
>   (ジョンとメアリーはブラウン神父によって結ばれた)

(3) 事故・病気などの表現

More than twenty people **were killed** in the hotel fire.
(ホテルの火事で 20 人以上の人が死んだ)

> * **died** でもよいが，災害や事故などで死ぬ場合には，被害の意識や文体によって be killed を用いることも多い。

The 10:20 train **was derailed**, and a lot of people **were injured**.
(10 時 20 分発の列車が脱線し，多数の負傷者が出た)

The ship **was wrecked,** and most of the crew (**were**) **drowned**.
(船は難破し，乗組員のほとんどがおぼれ死んだ)

> * ただし最近は drown を自動詞として用いることが多い。特に，《米》では be drowned は殺人の場合に用い，事故死には自動詞の drown を用いる傾向がある。

Many animals **drowned** in the flood.
(たくさんの動物が洪水でおぼれ死んだ)

(4) 従事その他の表現

I'm not **engaged** *in* doing anything illegal.
(私は法に触れるようなことはしていない)

When children **are absorbed** *in* something, they can't hear.
(子供は何かに夢中になっていると，何も聞こえない)

The train **was** terribly **crowded** [**jammed, packed**].
(列車はひどく込んでいた)

We **are** sometimes **obliged** to do something against our will.
(我々はときには，いやなこともせざるをえないことがある)

§285 能動態で受動の意味を表す動詞

能動態の形の動詞が**受動態の意味**を表すことがある。日本語では「売れる」「読める」などの意味になる動詞で，well, poorly などの副詞を伴うか，否定の形で用いられるのがふつうである。**能動受動態**ともいう。

Your translation **reads** well. (君の翻訳は読みやすい)
This camera **handles** easily. (このカメラは使いやすい)
TV stars' autobiographies **sell** poorly.
(テレビタレントの自叙伝はあまり売れない)

注 1. 他動詞的に使われる能動受動態：
　能動受動態の動詞は一般に自動詞であるが，売れゆきを示す数量などについて他動詞的に使われる場合もある。
　The Bible *sells* more than a million copies a year.
　　(聖書は年に 100 万冊以上売れる)

注 2. 能動受動態と受動態の比較：
　This car handles well. (この車は操縦性がいい)
　　＊「車」自体にすぐれた操縦性が備わっていることを示す。
　This car was handled well. (この車は上手に操縦された)
　　＊ 車を「運転する人」の操縦する力がすぐれていること，あるいは扱いがよくて長持ちすることを示す。

◆ 能動受動態をとる動詞

bake（焼ける）	clean（きれいになる）	compare（比較される）
cook（料理される）	cut（切れる）	eat（食べられる）
feel（手ざわりが〜だ）	keep（もつ）	lock（鍵がかかる）
read（〜と書いてある）	rent（借りられる）	reprint（増刷される）
ride（乗れる）	sell（売れる）	show（上演される）
tear（破れる）	wash（洗たくがきく）	wear（使える）

参考 **The doors open.**:
　The doors **open** at 8:00.（ドアは8時に開く）は、だれかが開けるわけだが、特に行為者を示さずにこの形で用いる（The doors **are opened.** も可能）。**shut** も同様で、The door **shuts** easily.（そのドアはかんたんに閉まる）などという。これも一種の能動受動態である。

§286　have［get］を用いた受動構文

〈have［get］＋目的語＋過去分詞〉の形で「～される」という**被害**の意味を表すことがある。この用法では過去分詞に強勢がある。**経験受動態**ともいう。（→ p. 515）

　The mayor **had** his straw hat **blówn** off.
　　（市長は麦わら帽を風で吹き飛ばされた）
　I **got** my pocket **pícked**.（すりにやられた）〔get のほうが口語的〕

注 | 被害と使役：
　　書き言葉の場合は I got my tooth pulled out. は「歯を抜かれた」〔被害〕か「歯を抜いてもらった」〔使役〕かがわからないので、前後関係で判断する。

Q&A 89　英語に「雨に降られた」に当たる言い方があるか？

　「雨に降られた」「妻に死なれた」のように、自動詞を受動態として使うという用法は英語にはない。「私は雨に降られた」は I *was caught* in a rain. という。また、「妻に死なれた」は My wife *died on me*.《米》、または I (*have*) *lost* my wife. などという。
　まれに〈have＋目的語＋原形不定詞〉の形で、
　I'd **have had** many scholars *visit* me from time to time.
　　（たくさんの学者に時々訪ねてこられた）
　I hate to **have** anything *happen* to me.
　　（自分の身に何も起こってほしくない）
など、日本語に近い表現はある。この場合の have は「経験する」という意味に近い。ただし、これを応用した I *had* my wife *die*. などという文は実際にはほとんど使われない。

§287　古い進行形の受動態

　現在では受動態の進行形は〈be being＋過去分詞〉の形を用いるが、少し古い英語では、能動態の進行形の形で受動の意味を表すことがある。

The book **is printing**. (本は印刷中) 《古い用法》
　* この形は印刷業界では今も見られるが，それ以外はまれ。現在では The book is being printed. という。

The church **is building**. (教会は建築中)
　* 現在では The church is being built. という。この場合の 〜ing は動名詞であったともいわれる。

> [参考] **The book is printing.**:
> くだけた言い方《おもに米》では，文法的におかしくても短く言うことが好まれ，The movie *is being shown* at 7:00 PM.（映画は午後7時上演です）と言う代わりに，The movie **is showing** at 7:00 PM. と言うことがある。同様に，The game **is playing.**（試合中）とか The oil **is pumping.**（石油はくみ上げ中）などと言うこともある。業界用語に多い。

海外旅行や日常生活に見られる受動態

A lunch **will be served** in flight.
　（昼食は機内で出ます）　　〔搭乗前〕

You **are permitted** two carry-on items.
　（機内持ち込み品は2個までです）　　〔搭乗前〕

This flight **has been delayed** due to bad weather.
　（本便は天候が悪いため遅れております）　　〔機内で〕

All passengers **are required** to show their tickets.
　（乗客の皆様は切符をお見せください）　　〔掲示〕

Service **is included** in the bill.
　（サービス料は請求書に含まれています）　　〔ホテルで〕

Garbage **is collected** on Tuesdays.
　（生ゴミの収集は火曜日です）　　〔掲示〕

Payment *can* **be made** at any post office.
　（支払いはどこの郵便局でもできます）　　〔商用文〕

A check for $30 **is enclosed** with this letter.
　（30ドルの小切手を同封します）　　〔商用文〕

Reference books *cannot* **be checked** out.
　（参考書の貸し出し不可）　　〔図書館で〕

The completed application *should* **be returned** by 30 September.
　（完成した申込書は9月30日までに返送すること）　　〔応募〕

Further information **will be mailed** to candidates.
　（詳細は志願者に郵送されます）　　〔応募〕

第17章 接 続 詞
CONJUNCTIONS

接続詞は語と語,句と句,節と節とを結びつける語で,文法上対等の関係にあるものを結ぶ等位接続詞と,従節を主節に結びつける従位接続詞とがある。

〔第1節〕等位接続詞

§288 接続詞の種類

■ 機能上の分類

接続詞はその働きの上から次の2つに分けられる。

(1) 等位接続詞

文法上対等の関係にある語と語,句と句,節と節を結びつける語で,and, or, but, for などがある。

*You **and** I are close friends.* 〔語と語〕
(君と僕は親友だ)

Let's take our lot *for better **or** for worse.* 〔句と句〕
(運命だから仕方がない)

He hid behind a tree, **but** *his mother soon found him out.*
(彼は木の陰に隠れたが,すぐ母親が見つけ出した) 〔節と節〕

She was crying, **for** *her mother was seriously ill.* 〔節と節〕
(彼女は泣いていた,母親が重病だったのだ) 《文語調》

(2) 従位接続詞

従節を主節に結びつける語で,**従属接続詞**ともいう。従位接続詞に導かれる節は名詞節または副詞節になる。

❶ 名詞節を導くもの: that, if, whether

Do you suggest **that** I'm telling a pack of lies?
(私の言うことがうそ八百とでも言うんですか)

I asked her **if** [**whether**] she wanted me to see her home.
(私は彼女に家まで送ってほしいか,と尋ねた)

❷ **副詞節を導くもの**： when, because, if, as though など
When I was fourteen, I went to Chicago.
（14歳のときにシカゴへ行きました）
I was late for school **because** I had missed my train.
（私は列車に乗り遅れたので学校に遅刻した）
If Mom was here, she'd make us a hot cup of tea.
（もしお母さんがここにいたら，熱いお茶を入れてくれるのに）
　＊　副詞節を前に出すときには，コンマを打つのがふつう。

> **注** 接続副詞：
> 　副詞でありながら，原則として等位接続詞と同じ機能を果たすものがあり，それらを**接続副詞**という。(→ p. 598)
> besides, then; else, otherwise; however, still, yet; hence, therefore, so など。

2 形態上の分類

接続詞には1語だけで接続詞の働きをするものと，2語以上が集まって1つの接続詞として働くものがある。

(1) <u>1語の接続詞</u>

　and, or, but; when, because, if など

(2) <u>2語以上の接続詞</u>（**群接続詞**）

　⟨as soon as⟩, ⟨even if⟩, ⟨as if⟩ など

　As soon as he got home, he hurried to the mailbox.
　（家に帰るとすぐに彼は郵便受けに急いだ）
　I won't be surprised **even if** it is true.
　（それが本当でも驚かないよ）

(3) <u>相関接続詞</u>：前後2つの要素が組になって使われるもの。

　⟨both A and B⟩, ⟨either A or B⟩ など

　Her novels are selling well **both** in America **and** in Europe.
　（彼女の小説はアメリカでもヨーロッパでもよく売れている）
　Either your voice was too low **or** I wasn't listening to you.
　（君の声が小さすぎたのか，それとも僕が聞いていなかったかだ）

> **注** 他品詞から派生した接続詞：
> 　接続詞には本来接続詞ではなく，the way（～すること，～から判断すると），the next time（今度～するときに）のように**名詞**から派生したものや，considering (that)（～を考慮すれば），seeing (that)（～であることを考えると）のように**動詞**から派生したもの，immediately（～するとすぐに）のように**副詞**から派生したものもある。

§289 等位接続詞 (Co-ordinate Conjunctions)

文法上対等の関係にある語と語，句と句，節と節とを結びつける語を**等位接続詞**という。

1 連結を示す等位接続詞

(1) **and**

❶ **語と語，句と句，節と節を結ぶ**：2つの要素を対等に結んで，「A と B, A や B, および～」の意味を表す。

The thief moved *quickly* **and** *quietly*.
　（泥棒はす早くそして静かに行動した）
My father worked *by day* **and** *by night*. （父は昼も夜も働いた）
They left **and** *we remained*. （彼らは出発して私たちは残った）

❷ **時間的な順序・結果を示す**：2つの部分を and で結んで，**動作の順序**や，**因果関係**を示す。

I washed the dishes **and** dried them.
　（私は皿を洗って，それから乾かした）
The police officer blew his whistle **and** the car stopped.
　（警官が笛を吹くと車は止まった）
Chris came from a wealthy family **and** received a good education. （クリスは裕福な家族の出で立派な教育を受けた）
I've sent off my check **and** am looking forward to receiving my first parcel.
　（小切手を送ったので最初の荷物が着くのを楽しみにしている）

❸ 〈**命令文＋and**〉：「～しなさい，そうすれば」
条件文と同じ意味を表す。

<u>*Go* straight on, **and** you will come to the river.</u>　　　　　【指示】
　（まっすぐ行きなさい，そうすれば川に出ます）
Just *think* of the joys of spring, **and** you will be happy.
　（春の楽しいことを考えてごらんなさい，そうすれば楽しくなります）
Twist the handle to the right, **and** the box will open.
　（ハンドルを右にひねりなさい，そうすれば箱は開きます）
　　＊ 上の文を if 節を用いて表すと，次のようになる。
　　　If you twist the handle to the right, the box will open.
命令文の代わりに〈**名詞＋and**〉の形をとることもある。
Another war, **and** we will be ruined.
　（もう一度戦争があったら我々は滅亡するだろう）

❹ **単一物を示す**: 2つの物が and で結合して，**単一の概念**を表す。
Slow **and** *steady* wins the race. 《ことわざ》
(ゆっくり着実にやる者が勝利する)
Bread **and** *butter* is essential for our breakfast.
(バターつきのパンは我々の朝食にはなくてはならない)
単一の概念の場合には，否定文でも or でなく and のまま用いる。
I don't like *coffee* **and** *doughnuts*.
(私はドーナツつきのコーヒーは好きではない)
　　* I don't go to school on *Saturdays and Sundays*. (私は土日には学校へ行きません)は，Saturday and Sunday=weekend (週末)と考えての言い方で，「土曜も日曜も」と個々に否定するなら or になる。 ➡ p.593

❺ 同じ語を重ねて**反復・連続・多様・多数**などを表す。
The women *talked* **and** *talked* without eating anything on the table. (女の人たちはテーブルの上にある物を何も食べずに話し続けた)
The days are getting *longer* **and** *longer*.
(日がだんだん長くなっている)
There are *magazines* **and** *magazines*. (雑誌にもいろいろある)
There are *boxes* **and** *boxes* of gifts for you.
(あなたに何箱もの贈り物があります)

❻ **不定詞の代用**: くだけた言い方で，**come, go, stay, stop ; try** などの動詞と結びついて，**to 不定詞の to の代わり**をする。 ➡ p.489
Come **and** *dine* with me. (食事にいらっしゃい)　　　　　　【勧誘】
　　* come, go の次では and は省略されることがある。
"I'd like to finish this work today if I can." "*Try* **and** *do* it."
(「できればこの仕事を今日中にやってしまいたいんだ」「やってごらん」)　　　　　　　　　　　　　　　　　　　　　　　　　　【激励】

❼ 〈**形容詞＋and＋形容詞**〉: fine, good, nice などの形容詞と結びついて，後の形容詞を**副詞的に修飾**する。くだけた言い方である。
It's *nice* **and** *warm* today. (今日は気持ちのよい暖かさである)
I'm getting *good* **and** *angry* over the matter.
(私はそのことで本当に怒っている)
　　* nice and [náisn], good and [gúdn] の発音に注意。

(2) **neither**

❶ 〈**neither A nor B**〉の形で，「A も B も～ない」という意味を表す。either A or B の否定文と同じ意味を持つ。A, B には名詞と名詞，形容詞と形容詞，動詞と動詞のように文法上対等のものがくる。
She has **neither** *father* **nor** *mother*. (彼女には父親も母親もいない)

＊　She does**n't** have **either** father **or** mother. のほうが口語的。father, mother に a がついていないのは**対句**として用いられているからで，neither A nor B の A，B にはふつうの用法どおり a や the がつく。
　　　　I am **neither** *a* liberal **nor** *a* conservative.
　　　　　（私は自由主義者でもなければ保守主義者でもない）
　　He **neither** *drinks* **nor** *smokes*.（彼は酒もたばこもやらない）

> [参考] **neither** と **nor** / **or**:
> neither を用いたら nor の代わりに or は用いないのが原則であるが，or を用いる人もいる。また話の発展上，neither A, (nor) B, nor C … のように2つ以上の場合にも neither を用いることがある。この場合中間の nor を省いたり，多数をならべて後のほうを or にしたりすることもある。

❷ neither は not either「もまた〜ない」という意味の**副詞**として用いられる。副詞であるから，節と節を結ぶときには and neither とするが，やや堅い言い方になる。（→ p. 344）
　　I am not rich, **and neither** do I wish to be.
　　（私は金持ちではないし，また金持ちになりたくもない）
　　　＊　and I *don't* wish to be *either*. のほうが口語的。and を省いて neither だけで節と節を結ぶのは古風な表現。

(3) <u>**nor**</u>:「…も〜もない」
　　否定語の後にきて，さらに否定を続ける。節が続くときは〈(助)動詞＋主語〉の語順になる。
　　I do*n't* drink **nor** smoke.（私は酒もたばこもやりません）
　　　＊　このような場合には，do*n't* (drink *or* smoke) と not を両方にかけた形で，nor の代わりに or を用いてもよい。
　　The job can*not* be done by you **nor** by me.
　　（その仕事は君にも私にもできない）
　　I have *not* gone there, **nor** will I ever go.
　　（私はそこへ行ったこともないし，また行く気もない）
　　I have *never* seen her since then, **nor** do I want to see her again.
　　（私は彼女にそのとき以来会っていないが，再会したいとも思わない）
　　He *refuses* to join a book club, **nor** will he use a library.（彼はブッククラブに入るのを断っているし，図書館も利用しないでしょう）
　　　＊　refuses to join＝won't join

> [注] 1. **and nor**:
> 　《英》では nor の前に and を入れることもある。
> 　I never wrote again, **and nor** did she.
> 　　（私は二度と手紙を書かなかったし，彼女もくれなかった）

> **注** 2. **nor に代わる or**:
>
> 否定の概念が明らかな場合には, nor の代わりに or も用いられる。
> He would not go on a holiday from work, **or** even take one day off.（彼は仕事を休もうとしなかったし, 1日の休暇でさえとろうとしなかった）

> **注** 3. **肯定文に続く nor**:
>
> 比較的改まった言い方に見られる形。and not と置き換えて訳せばよい。
> His lecture was long and dull, *nor* did I hear it out.
> （彼の講義は長くて退屈だったので, 私は最後までは聞かなかった）

(4) ⟨**both A and B**⟩:「A も B も」 A, B には文法上対等の語(句)を置く。

She is **both** rich **and** intelligent.（彼女は金もあるし頭もいい）

> **注** ⟨both A and B⟩ の位置と意味:
>
> 次の2文を比較。
> **Both** rich **and** talented *people* live in Beverly Hills.
> （金持ちも才能のある人もビバリーヒルズに住んでいる）
> * rich people と talented people
> *People* who *are* **both** rich **and** talented live in Beverly Hills.
> （金もあり才能もある人がビバリーヒルズに住んでいる）
> * rich でもあり talented でもある people

He **both** plays the piano **and** sings.（彼はピアノも弾き歌も歌う）

He writes equally well with **both** pen **and** brush.

（彼はペンも筆もともに上手に使う）

> **注** 「A も B も」の他の表現:
>
> 「A も B も」はほかに ⟨at once A and B⟩ や ⟨alike A and B⟩ などの言い方もあるが, ともに文語調で, 特に後者は最近は用いられない。⟨A and B alike⟩ という形はよく見られる。
> Young *and* old *alike* enjoyed their holiday.
> （老いも若きも等しく休暇を楽しんだ）

(5) ⟨**not only A but (also) B**⟩:「A ばかりでなく B もまた」

主語の位置にある場合, **動詞は B に一致させる**。

Not only the pupils **but also** the teacher *was* laughing.

（生徒たちだけでなく先生も笑っていた）

She **not only** made a mistake, **but also** put the blame on me.

（彼女は誤りを犯しただけでなく, 私にその責任をかぶせた）

Penicillin was important **not only** for what it could do, **but** because it showed us a completely new way of fighting disease.

（ペニシリンが大切だったのはその働きだけでなく, それが病気と闘う全く新しい方法を私たちに示してくれたためであった）

　* but also の also は省略しても, 実質的な意味の差はない。

> **Q&A 90** Neither can I. と Nor can I. の違いは？
>
> 実質的な意味の違いはないが，nor のほうが口語的な響きがあるともいわれる。
> I can't swim.（私は泳げません）
> — *Nor* can I.（私も）
> — *Neither* can I.（私もです） / — Me *neither*.《くだけた言い方》

2 選択を示す等位接続詞

(1) <u>or</u>

❶「A かあるいは B」の意味を表す。A，B には文法上対等のものを置く。

Would you like, *tea* (↗) **or** *coffee* (↘)?
（紅茶とコーヒー，どちらかいかがですか）
　＊　文尾を上げて聞けば「紅茶かコーヒーを飲みますか」という意味になるので，それ以外のものを答えてもよい。(→ p. 67)

Kill **or** *be killed*, *eat* **or** *be eaten*, was the law.
（殺すか殺されるか，食うか食われるかが掟であった）
　＊　この場合は「A か B かどちらか一方だけ」という意味。

We only have one seat, I'm afraid, so *you* **or** *Richard* can come, but only one of you.（空席は1つしかありませんので，あなたかリチャードのどちらかが来られます。1人だけですが）

> **[参考] For here or to go?:**
> (Is this) *For here* **or** *to go*?
> （ここで召し上がりますか，それともお持ち帰りですか）　　【質問】
> これは，ファーストフード店で必ず聞かれることば。to go は，他のどこかで食べるための「持ち帰りの」の意味。略して Here or to go? と言うことも多い。これに対しては，For here, please. などと言う。

❷ 否定語のあとで「A でも B でもない」の意味を表す。

You *cannot* take buses *or* taxis here.
（ここではバスにも乗れないしタクシーも拾えないよ）
　＊　**nor** でもよい。上の例では can**not** take (buses **or** taxis) のように否定が両方にかかっていると考える。(→ p. 593)

❸「すなわち」の意味を表す。

This is the end, **or** the finale.
（これで終わり，つまりこれが最後の幕です）

This is a picture of an igloo, **or** an Inuit snow house.
（これがイグルー，つまりイヌイットの雪の家の絵です）

❹ 〈命令文＋or〉:「～しなさい,さもないと…」

or の代わりに or else, otherwise が用いられることもある。

Hurry up, **or** you'll be late. (急ぎなさい,そうしないと遅れます)

Cut your coat according to your cloth, **or** you'll repent some day.
　(身分相応の暮らしをしないと,やがて後悔するぞ)
(＝If you don't cut your coat according to your cloth, you'll repent some day.)

> **注** 名詞＋or:
> 　命令文に相当する語句がくることもある。
> 　*Another drink*, **or** I'll die of thirst. (もう1杯くれ。くれないと渇いて死にそうだ)

(2) 〈either A or B〉

「AかBのどちらか」の意味を表す。A, Bには名詞と名詞,形容詞と形容詞,動詞と動詞のように文法上対等のものがくる。or に比べて,二者択一の気持ちが強い。主語の場合の動詞との一致については →p. 722。

Either you leave the house, **or** I'll call the police.
　(あなたが家を出ていくか,私が警察を呼ぶかどちらかです)

You can **either** pay now **or** later.
　(支払いは今でも後でもよろしい)

Either you **or** Jane *has* to do the dishes.
　(あなたかジェーンのどちらかがお皿を洗わなければならない)

3 対立を表す等位接続詞

but

❶「A, しかしB」の意味を表す。A, Bには文法上対等のものを置く。

The hummingbird is *very small* **but** *very brave*.
　(ハチドリはとても小さいがたいへん勇敢である)

She was standing there *with a sad look* **but** *with patience*.
　(彼女は悲しげに,しかしがまん強くそこに立っていた)

I enjoy crime stories **but** *I don't want to commit a crime myself*.
　(私は犯罪ものは好きですが,自分で罪を犯す気はありません)

> **注** 1. 日本語の「が」と but / and :
> 　日本語の「が」は逆接だけでなく,順接の場合にも用いられる。逆接のときはbutでよいが,順接のときはandや関係詞を用いてつなぐことになる。
> 　「この本を読んでみたが,実に面白かったよ」
> 　　I have read this book *and* found it very interesting.
> 　「きのう日光へ行ったが,まだ少し寒かった」
> 　　Yesterday I went to Nikko, *where* it was still a bit cold.

注 2. 意味の軽い but:

> Sorry や Excuse me などの後で,ほとんど意味を持たずにつけ加えられる but がある。
>
> Excuse me, **but** this is a no-smoking area.
> （すみませんがここは禁煙の場所です）　　　　　　　　　　【注意】

❷ 〈not A but B〉:「A ではなくて B」の意味を表す。日本語で「しかし」と訳さない。

The most important thing in the Olympic Games is **not** to win **but** to take part in them.

（オリンピックで最も大切なことは勝つことではなく参加することだ）

I like her, **not** because she's beautiful **but** because she's shy.

（彼女が好きなのは,きれいだからではなくて,はにかみやだからだ）

The marathon runner said nothing, **but** continued running along the deserted road.

（マラソンの走者は口もきかずに,人気のない道路を走り続けた）

　　＊ not 以外の否定語の場合も同じ意味を表す。

〖参考〗〈not A but B〉と語順:

「A ではなくて B」というときに,not A but B の B を前に出して言いたければ B, and not A または B, not A とする。この場合は but ではなく,入れるなら and になることに注意。

One of the girls told me that unbaptized infants were sent *to limbo*, **and not** *to hell*.

（その女の子たちのひとりは,洗礼を受けない幼児はリンボ〔地獄と天国の中間にある場所〕に送られるのであって,地獄に送られるのではないと言った）

❸ 〈It is true 〜, but ...〉:「なるほど〜だが…」

It is true の代わりに,to be sure, indeed などがくることもある。

It is true that I don't understand his idea, **but** he doesn't understand mine, either.

（確かに私は彼の考えがわからない,しかし,彼のほうも私の考えがわからない）

In Japan industry has developed rapidly, *it is true*, **but** on the other hand rivers have been polluted.（実際日本では産業が急速に発達したが,その反面川が汚染されている）

Your suggestion is splendid, *to be sure*, **but** I'm afraid it will be very difficult to put it into practice.（あなたの提案は実にすばらしい,しかしそれを実行に移すのは相当難しいと思います）

4 判断の理由を示す等位接続詞

for は前述の事柄について,「というのは~だからだ」という補足的な理由・判断の根拠を付け加える。文語的で,物語などには出てきても,くだけた言い方では今はほとんど使われない。

It must be very cold outside, **for** the lake is frozen over.
(外はとても寒いにちがいない。湖水が全面に凍っているから)

> **注** | for の位置:
> for は because とちがって従位接続詞ではないので, for の導く節を主節の前に出すことはできない。(→ p. 615)
> The lake is frozen over *because* it is very cold.
> (寒いから,湖水が全面に凍っている)
> 〔誤〕*For* it is very cold, the lake is frozen over.
> 〔正〕*Because* it is very cold, the lake is frozen over.

The man was different from the others, with just a hint of sternness. **For** he was a coroner.
(その男はほんのわずか厳しいところがあり,ほかの連中と違っていた。彼は検死官だったのである)

  * この for は前文で述べていることの根拠を示しているため,文頭に置かれている。

§290 接続副詞 (Conjunctive Adverbs)

1 接続副詞の種類

品詞としては**副詞**であるが,等位接続詞のように2つの節[文]をつなぐ働きをするものを**接続副詞**という。意味の上から,次の5つに分類される。

(1) **連結的なもの**: **also** (その上), **besides** (その上), **then** (それから), **moreover** (その上)

I'd like a hamburger. **Also**, I need a cup of coffee.
(ハンバーガーを1つください。それからコーヒーも1つ)

I don't want to go; **besides**, it's too late.
(私は行きたくない。それにもう遅すぎる)

I'll take a bath; **then** I'll eat.
(私は風呂に入る。それから食事をする)

> **注** | also などの使い分け:
> moreover が最も改まった言い方で,話し言葉ではほとんど用いられない。also はそれよりも口語的。besides はさらにくだけた言い方。これらの前に and をつけることもある。(→ p. 600)

(2) 反意的なもの

however(しかしながら), **nevertheless**(それにもかかわらず), **still**(それでもなお), **yet**(それでもなお)

She was very tired; **however**, she kept on working.
（彼女はとても疲れていたが働き続けた）

It may rain; **nevertheless,** we will start on our trip. 《文語的》
（雨が降るかもしれない。でも私たちは旅行に出かける）

It's raining; **still**, I'd like to go if you don't mind.
（雨が降っていますが、よろしかったら私は出かけたいのですが）

Helen saw the rabbit vanish, **yet** she couldn't believe it.
（ヘレンはウサギが消えるのを見たが信じられなかった）

(3) 選択的なもの

else(さもないと), **otherwise**(さもないと) など

Shut your mouth, (**or**) **else** I'll hit you!
（黙れ、黙らないとぶつぞ）
　　＊ 現在は or else のほうがふつう。

I'm taking my umbrella with me; **otherwise** (=if not) I'd get wet.
（傘を持っていきます。そうしないと、ぬれてしまいますから）
　　＊ otherwise の後には悪い結果を示すものがくるのがふつう。

(4) 因果関係を示すもの

so, **therefore**(それ故に), **consequently**, **hence**(この理由で)

He is going to go to the party, **so** he has gone to get dressed.
（彼はパーティーに行くので着替えに行った） 《口語的》

The man was out of his mind when he wrote his will; **therefore,** the will is invalid.（遺言状を書いたときその男は精神がおかしかった。したがってその遺言状は無効である）
　　＊ くだけた言い方では therefore より so を使う。

I expected Jane to get in late; **consequently**, I left the door unlocked.（ジェーンが遅く帰ってくると思ったので、ドアの鍵をかけないでおいた） 《文語的》

He was penniless; **hence** he had to accept the first offer.
（彼は一文無しであった。したがって最初の申し出を受け入れなくてはならなかった） 《文語的》

> **注** hence のあとの省略:
> hence のあとでは主語・動詞が省略されることがある。
> I have some news for you; **hence** the letter by e-mail.
> （お知らせしたいことがあってEメールで手紙を送りました）

(5) 説明的なもの

namely(すなわち), **for instance**(たとえば), **that is (to say)**(つまり) など

Pennsylvania has given us only one President, **namely**, James Buchanan.(ペンシルヴァニア州出身の大統領は,たった1人,すなわちジェームズ=ビュカナンである)

He's injury-prone — **for instance**, he broke his leg twice last year.(彼はけがをしがちである。たとえば昨年2回脚を折った)

Production has increased by 20 percent this year. **That is (to say)**, our performance has been very satisfactory.
(生産高は今年20パーセント増大しました。つまり,私どもの行ったことは非常に満足のいくものであったということであります)

2 接続詞とともに用いられる接続副詞

接続副詞は,接続詞の働きを補うために,接続詞とともに用いられることがある。

and also (そしてまた)	and so (だから)
and then (その後で,その上)	and therefore (それによって)
and yet (それにもかかわらず)	but still (それでも)
or else (さもないと)	

She is a good swimmer **and also** plays tennis well.
(彼女は水泳が上手で,テニスもまたうまい)

He was sick **and so** he could not come.
(彼は病気で来られなかった)

He had dinner first, **and then** read the newspaper.
(彼はまず夕食を食べ,それから新聞を読んだ)

Jim injured his leg **and therefore** could not run.
(ジムは脚をけがした。そのために走ることができなかった)

Henry said he would be late, **and yet** he arrived on time.
(ヘンリーは遅くなるだろうと言ったが,定刻に着いた)

His toothache grew worse, **but still** he didn't complain.
(彼の歯痛は悪化したが,それでも彼は痛いと言わなかった)

Dress warmly, **or else** you'll catch cold.
(寒くないように着込みなさい,でないと風邪をひきます)
(=*Unless* you dress warmly, you'll catch cold.)
　　＊ 命令文または must, have to などを含む文の後で用いられる。

3 接続詞と接続副詞との区別

(1) 機能面の違い

接続詞が**語と語，句と句，節と節**とを結合するのに対して，接続副詞は**節と節**とを結合するだけである。

He **and** *I* are brothers. 〔接続詞―語と語を結合〕
（彼と私は兄弟です）

Did you come here *on foot* **or** *by car* ? 〔接続詞―句と句を結合〕
（あなたはここに来るのに歩いて来ましたかそれとも車で来ましたか）

I greeted him **but** *he didn't answer.* 〔接続詞―節と節を結合〕
（私は彼に挨拶をしたが，彼は返事をしなかった）

All airports were closed down; **consequently,** *we could not land.*
〔接続副詞―節と節を結合〕
（すべての空港が閉鎖されていた。その結果着陸できなかった）

(2) 句読法の違い

接続詞の場合には，音読の際に接続詞に強勢が置かれないし，また連結される2つの節の間に休止を置かないのに対して，接続副詞の場合には2つの節の間にふつう休止がある。それに関連して，句読法上に違いが生じて，接続詞のときは，2つの節の間にコンマがあることもあればないこともある。接続副詞のときはなんらかの句読点（コンマかセミコロン）を用いるか，別の文にする。

John doesn't know Ann's last name(,) **but** he knows her address.
〔接続詞〕

John doesn't know Ann's last name; **however,** he knows her address. 〔接続副詞〕
（ジョンはアンの姓は知らないが住所を知っている）

(3) 位置の違い

等位接続詞は連結する2つの節の**間**にしか位置しないが，接続副詞は後続する節の**先頭**や**中間**や**末尾**に位置することができる。

His sister is a nice person, **but** she has no friends. 〔接続詞〕

⎧ His sister is a nice person; **however,** she has no friends.
⎨ His sister is a nice person; she has, **however,** no friends.
⎩ His sister is a nice person; she has no friends, **however**.

（彼の妹はいい人であるが，友人が1人もいない） 〔接続詞〕

第2節 従位接続詞

従節を主節に結びつける語を**従位接続詞**または**従属接続詞** (Subordinate Conjunctions) という。従位接続詞に導かれる節は名詞または副詞として働く。

§291 名詞節を導く接続詞

1 that の用法

that は名詞節を導いて、「…ということ」という意味を表す。

(1) that 節が主語の場合

that 節を文頭に置くのは、文の主語が長すぎてバランスが悪いので、比較的まれである。代わりに形式主語の it を文頭に置いて that 節を後にまわす。特に疑問文の場合には必ず形式主語の it を先行させる。なお、形式主語の it を必ず使う構文については (➡ p. 185)。

It surprises me **that** he denies the story.
  (彼がその話を否定するとは驚きだ)
Is *it* true **that** John has bought a Rolls Royce?
  (ジョンがロールスロイスを買ったって、本当かい)
It's a shame (**that**) you can't come to the party.
  (君がパーティーに来られないなんて、残念だな)
That I was head over heels in love with her was true.
  (私が彼女にすっかり参っていたというのは本当だ) 〔比較的まれ〕

(2) that 節が補語の場合

My suggestion is **that** we dine out this evening.
  (今夜は外食してはどうでしょう)
The trouble with not sleeping enough is **that** you feel tired all the time.
  (睡眠不足の厄介なことは、いつも疲労感があることである)

> **注** 補語になる that 節の that の省略:
>   くだけた言い方では that を省略することがある。省略した印にコンマをつける。
>   The truth is, I have never seen you before.
>   (実はあなたにお目にかかったことがないのです)

§291 名詞節を導く接続詞 603

The chances are, our team will win the tournament.
(たぶん私たちのチームがトーナメントで優勝するでしょう)

(3) that 節が目的語の場合

❶ that 節を目的語にとる他動詞：この文型をとる動詞は数多いが，よく用いられるものを別表にまとめて示しておく。(→ p. 821)

(a) 思考・認識などを表す動詞

I **know** (*that*) he is here.
(私は彼がここにいるのを知っている)

I **think** (*that*) he will accept the job.
(私は彼がその仕事を引き受けると思う)

(b) 伝達・要求などを表す動詞

Our visitor **said** (*that*) it rained a great deal in his country.
(客は自分の国では雨が多いと言った)

They **demanded** (*that*) the passage (should) be deleted.
(彼らはその一節を削除するように要求した)

Many people **pretend** (*that*) they understand modern art.
(近代芸術がわかるふりをする人が多い)

> **注** 1. that の省略:
> 口語では that は省略されることが多い。省略についての特に確立したルールはないが，I think [hope, say] などのように日常よく用いられる表現では，この部分が that 節の内容に比べて意味が軽いと考えられるため特に省略されることが多い。これらの動詞には**強勢が置かれない**。

> **注** 2. 〈S＋V＋it＋C＋that ...〉:
> 〈S＋V＋O＋C〉の第5文型では，形式目的語の it が先行する。
> I think *it* probable *that* he is dead.
> (たぶん彼は死んでいるのだろうと思う)

❷ that 節を目的語にとらない他動詞：to 不定詞を目的語にとることからの類推で，that節をとりそうで実はとれない動詞 (→ p. 487)や動詞に直接 that 節が続かないで必ずその前に目的語を必要とするもの(→ p. 490)があるので注意が必要である。

(a) that 節を目的語にとらない動詞

attempt（試みる）	care（したいと思う）	decline（断る）
hate（嫌う）	like（好む）	offer（申し出る）
refuse（断る）	try（試みる）	want（望む）

[誤] He offered *that* he would drive me to the station.
[正] He **offered** *to drive* me to the station.
(彼は私を駅まで乗せていってあげようと言ってくれた)

> **注** ⟨want [like, hate] it that ...⟩:
>   want, like, hate などが that 節をとる形は，一般に認められていないので避けたほうがよい。⟨want [like, hate] it that ...⟩ の形は見られる。ただし実例はあまり多くない。
>   I don't *like it that* you are going into town alone.
>   （君がひとりで町へ出かけて行くのは気に入らない）

(b) **that 節の前に間接目的語を必要とする動詞**：⟨S＋V＋O＋that 節⟩ の形をとる。動詞の直後に that 節を直接続けることはできない。

```
assure（請け合う）      convince（確信させる）   inform（知らせる）
instruct（知らせる）    persuade（納得させる）
remind（思い出させる）  tell（話す）
```

［誤］ I told *that* he should see a doctor.
［正］ I **told** him *that* he should see a doctor.
　　（私は彼に医者に見てもらうように言ってやった）

❸ ⟨**自動詞＋that 節**⟩：自動詞に that 節が続く場合があるが，これは ⟨**前置詞＋it**⟩ の省略と考えることができる。

The detective **insisted** (*on it*) *that* he should have a look.
（その探偵はぜひ一度見たいと言った）

　　＊ 今では insist は on it を省いて直接 that 節を続けるのがふつうだが，上の文を動名詞を用いて書き換えると，前置詞の on が必要になることに注意。
　　　　The detective insisted *on having a look*.

このタイプの自動詞は限られているが，⟨前置詞＋it⟩ を省略して直接 that 節を続けることができるものと，できないものがある。省略できない場合は明らかに自動詞であるが，**直接 that 節が続く場合には，今ではこれを他動詞とみなす**のがふつうで，その場合は第 3 文型と考えてよい。

(a) ⟨**前置詞＋it**⟩ **を置いても省略してもよい動詞**
　　see (**to it**)（～するように取り計らう，確かめる）
　　We'll **see** (*to it*) *that* you get home early.
　　（君が早く家に帰れるように取り計らいましょう）
　　　　＊ ⟨前置詞＋it⟩ を入れるのは文語的。

> **注** 今ではふつう ⟨前置詞＋it⟩ を入れない動詞：
>   **agree** (to, on), **boast** (of), **complain** (of), **insist** (on), **swear** (to) などは，今では動詞の後に直接 that 節をとるので他動詞とみなされる。しかし，本来は自動詞なので，句に書き換えるときには前置詞が必要である。
>   He **boasts** *that he is rich*.（彼は金持ちであると自慢している）
>   → He boasts *of his wealth*.

(b) 〈前置詞＋it〉を省略できない動詞

```
answer for it that ...（保証する）
depend on [upon] it that ...（当てにする）
rely on [upon] it that ...（当てにする）
```

 ＊ look to it that ...（…するように注意する）という形もあるが、今はあまり用いられない。

She **depends** *on it that* I will do it.
（彼女は私がそれをするだろうと当てにしている）

(4) that 節が前置詞の目的語の場合

次の ❶ ❷ の場合に限り that 節が前置詞の目的語になるが、意味上は**副詞節**に相当する。

❶ 主として「除外」の意味の前置詞の目的語になる場合：**except, save, but, besides, beyond** などの後に that 節がくることがある。

Everything was O.K. *except* **that** the wind was blowing hard.
（風が強く吹いているのを除けば万事 OK だった）

❷ **in that ～** は、原因 (since, because)「～であるから」、または制限 (in the fact that, in so far as)「～という点で」という意味を表す。両者は区別のつけにくい場合も多い。

Their arguments are unconvincing **in that** (＝ because) their reasons are inadequate.
（彼らの議論は根拠が不十分なので、説得力がない）

 ＊ 《米》ではやや形式ばった形とされる。

Some laws do more harm than good **in that** (＝in the fact that) they make progress impossible.
（法律には進歩を不可能にする点で益より害のほうが多いものがある）

[参考] 「～という点で」の in that:
Susan is a good swimmer **in that** she swims faster than I do.
（スーザンは私より速く泳げるという意味で〔その点だけで〕泳ぎが上手だ）
のように、厳しい限定を加えることもある。

(5) that 節が同格の節を導く場合

同格の節は「…であるという（事実・うわさ）」のように訳す。同格の that 節を従える名詞は ➡ p. 809 。

The fact **that** fewer people smoke suggests that they have begun to realize the health risks.
（たばこを吸う人が少なくなったという事実は、彼らが健康に危険であることを悟り始めたことを意味する）

There's *a rumor* **that** the Cabinet may resign.
（内閣は辞職するかもしれないといううわさがある）

Is there any *likelihood* **that** she will be successful?
（彼女が成功する見込みはありますか）

(6) that 節が緊急・必要・提案・要求の意味の動詞（suggest, request, urge など）および形容詞（essential, necessary, urgent など）の後に続く場合

that 節の中は〈should＋原形不定詞〉か, 仮定法現在, つまり動詞の原形である。

これらの**動詞**のリストは（➡ p. 459）, **形容詞**のリストは（➡ p. 288）。

He *suggested* **that** we (*should*) *ask* a lawyer.
（彼は弁護士に頼んではどうかと言った）
　＊　この場合の suggest ははっきりと提案する意味。

We strongly *urge* **that** you (*should*) not *interfere* in this matter.
（私たちはこの問題にはあなたが干渉しないよう強く求めます）

The teacher *insists* **that** no one (*should*) *chew* gum in class.
（教師は授業中ガムをかんではいけないと言う）

It is *necessary* **that** you (*should*) *get* your passport renewed before you leave the country.
（あなたはこの国を出る前にパスポートを更新しなくてはいけません）

It is *essential* **that** you (*should*) not *write* checks for more money than you have in your account.
（預金残高以上の金額の小切手を切ってはいけない）

2　whether と if の用法

「～かどうか」という意味を表す。whether と if の差異については**間接疑問**の項を参照。（➡ p. 250）

(1) whether

❶ whether の導く節が主語の場合

形式主語の it が文頭に置かれることが多い。

It is not certain **whether** he will come at all.
（彼がそもそも来るかどうかは不確かである）

Whether the non-scheduled train will leave late tonight or early tomorrow morning will be announced soon.
（臨時列車が今夜遅く出るかそれとも明朝早く出るかがじきに発表になります）

❷ whether の導く節が**補語**の場合

The question is **whether** he will get well before the entrance examination.

（問題なのは入学試験前に彼の病気がなおるかどうかだ）

The point is **whether** people will read these technical books.
（問題点は人々がこのような専門書を読むかどうかである）

❸ whether の導く節が**目的語**の場合

He asked **whether** the mail carrier had brought something for him.（彼は郵便配達人が自分あてのものを何か持ってきたかと尋ねた）

He hesitated (about) **whether** he should send the money.

（彼はその金を送るべきかどうか迷った）

No one knows **whether** *or not* they will get a raise.

（彼らが昇給してもらえるかどうかはだれにもわからない）

(=No one knows **whether** they will get a raise *or not*.)

(2) **if**

Please ask them **if** they can help us.

（手伝ってくれるかどうか彼らに聞いてみてください）

Do you know **if** the plane is going to be late?

（飛行機が遅れそうかどうかわかりますか）

We didn't know **if** Dad would let us have a dog or not.

（私たちはお父さんが犬を飼わせてくれるかどうかわからなかった）

＊ whether ... or not の形で用いられるのが一般的であるが、くだけた言い方では if ...or not の形も用いられる。

【参考】〈他動詞＋**if** / **whether**〉：

くだけた会話では if のほうがよく用いられ、特に see, know, wonder などに続く形が多い。堅い書き言葉では whether のほうがよく用いられる。こうした一般的傾向を知っておいた上で、どちらにすべきか迷ったら whether にしておくのが無難。

3 but (that) と lest の用法

(1) **but**, 〈**but that**〉, 〈**but what**〉

❶ believe, be sure, consider, expect, say, think, know などの**否定**や、**修辞疑問**に続いて〈**that ～ not ...**〉「…でないということ」という意味で用いる。古風な言い方で、〈that ～ not ...〉のほうがふつう。

I *am not sure* **but** (**that**) he may fail.

（彼は失敗するかもしれない）

(=I am not sure *that* he may *not* fail.)

Who knows **but** (**that**) it is true?
(それが真実でないとだれが知ろう)
(=Who knows *that* it is *not* true?)
　　＊ but what は非標準とされることもある。

❷ 形は肯定でも実際には否定的な意味を持つ語である **deny**, **doubt**, **wonder**, **question** などがさらに**否定**されたり，**修辞疑問**の形をとるとき **but** (**that**)＝**that** という意味で用いる。ただし今日ではこの意味では that のほうがふつう。

I *don't doubt* **but that** you will succeed.
(君が成功することは疑いない)
(=I don't doubt *that* you will succeed.)
　　＊ 名詞の doubt や question などにも続く。しかし，この場合も that のほうがふつう。
　　　There is *no doubt* **but that** he is guilty.
　　　(彼が有罪であることは疑いない)

(2) **lest**：心配・懸念を表す動詞とともに用いて，「〜しはしないかと」の意味を表す。これは堅い言い方で，今は that を用いるほうがふつうである。

I *fear* [*am afraid*] **lest** he (should) *get* angry. 《文語的》
(彼が怒りはせぬかと心配だ)
　　＊ lest の導く節内の動詞は，今ではふつう仮定法現在を用いる。改まった言い方では should を入れる。(→ p. 619)

Q&A 91　doubt に続く接続詞は if か that か？

肯定文で本当に疑いがある場合には whether か if を用いる。否定文や疑問文などで，実際には疑わないという意味の場合は that を用いる。肯定文で that が用いられるのは，doubt＝don't think [believe]（信じない）という意味のときである。

I doubt *that* she actually wrote the letter.
(彼女が本当にその手紙を書いたとは思えない)

4 接続詞の働きをする疑問詞

疑問詞が接続詞の働きをすることがある。
　a.　I can't remember.
　b.　What have I done with my glasses?

上の2文を1つの文にすると，

I can't remember **what** I have done with my glasses.
(眼鏡をどうしたか，覚えていない)

となり，疑問詞 what が a. b. の2つの文を結合していることがわかる。詳しくは（→ p. 251）。

<u>Can you let me know **when** we get to Evanston?</u> 【依頼】
（エバンストンにいつ着くのか教えてくれませんか）

<u>May I ask **who** is calling?</u>（どなたですか） 〔電話〕【応答】

I often wonder **where** all of my old school friends are.
（昔の学校友達はどこにいるのかと私はよく思うことがある）

I wanted to know **who** won the game.
（試合に勝ったのはだれなのか知りたかった）

Do you have any idea **how** Jim hurt his leg last week?
（ジムが先週どのように脚をけがしたのか知っていますか）

The little boy told me **why** he was crying.
（その小さな男の子はなぜ泣いているのか私に話してくれた）

§292　時・場所の副詞節を導く接続詞

1 時の副詞節を導く接続詞

時を表す副詞節の中では未来の事柄を表すのに現在時制を用いる。

(1) <u>when</u>：「～するとき」「…したらそのとき～」

ふつうに「～するとき」と訳してよい場合と，「…したらそのとき～」と訳す場合がある。後の場合は when 以下の節が主節の後にきて，when の前にコンマがあることが多い。また，主節には進行形，過去完了形，be about to などがくることが多い。

When the movie is over, I'm going straight home.
（映画が終わったら，まっすぐ家に帰ります）

Things were different **when** I was a child.
（私が子どものときは事情は違っていた）

Paul got up, **when** who should come in but Mary!
（ポールが起きたら，だれあろうメアリーが入ってきた）

We *were* just *about to* go out, **when** we felt our house shake.
（私たちがちょうど外出しようとしたとたん，家が揺れるのを感じた）

We *hadn't gone* far **when** it began to rain.
（私たちが遠くまで行かないうちに雨が降り出した）

> 注　接続詞の whenever：
> 複合関係副詞の whenever も，「～するときはいつでも（＝at any time when）」という意味で，**副詞節を導く場合は接続詞とする場合もあ**

る。(→ p. 663)

He telephones me **whenever** he's in town.
(彼は町にいるときはいつでも私に電話をかける)

> **Q&A 92** …, when… の場合の when は接続詞か関係副詞か？

a. The children played until noon, **when** they had lunch.
(子供たちは昼まで遊んでそれから昼食を食べた)
b. The children were playing in the garden(,) **when** a host of grasshoppers came flying.
(子供たちが庭で遊んでいたらバッタの大群が飛んできた)

接続詞 when は，継続的な使い方で「…していた，するとそのときに」の意味も表すために，関係副詞の継続的用法と区別しにくいが，**先行詞があるかないかが１つの決め手**になる。a. では until noon の noon があるので，続く when は **関係副詞**と考え，b. では先行詞にあたるものがないので，こちらは**接続詞**と考えるのが自然である。ただ，この区別は厳密なものではない。

(2) **while**：ある**長さを持った期間**をいうときに用いる。「～する間は[に]」の意味を表す。

Did anyone call **while** I was away ?
(私が留守の間にだれか電話をかけてきましたか)
Sit down **while** you are waiting. (待っている間おかけなさい)
While the war was raging, he was painting.
(戦争がたけなわのときに彼は絵を描いていた)

> **注** 副詞節における〈主語＋be〉の省略：
> while, when などに導かれる節の主語が主節の主語と同じ場合，〈主語＋be 動詞〉がよく**省略**される。
> **While** (*you are*) in Italy, *you* should visit the Colosseum.
> (イタリアにいる間にコロシアムを見るべきです)
> *We* talked about the weather **while** (*we were*) having tea and cake. (私たちは紅茶とケーキをいただきながら天候について話をした)
> **When** (*we are*) young, *we*'re full of hopes and anxieties.
> (若いときは希望と不安でいっぱいである)
> **When** (*I was*) a boy, *I* went to the lake every summer.
> (子供のころ，私は毎年夏にその湖へ行った)

(3) **as**：「～するとき」「～しながら」「～したとたんに」

when, while よりも**同時性が強い**。

Mary often hums a tune **as** she works in the kitchen.
(メアリーは台所で仕事をしながらよく鼻歌を歌う)
I finished my composition just **as** the teacher said, 'Pens down.'

(「ペンを置いて」と先生が言ったちょうどそのとき，私は作文を書き終えた)

A hush spread over the spectators **as** the teams took their places.（両チームが位置につくと観衆はシーンとなった）

> **注** 「時」と「理由」の **as**:
> 「時」を表すasの場合は *As* a child ～＝*When* I was a child, ～ であって，As I was a child, ～ とすると「理由」を表すことに注意。

(4) <u>after</u>：「～した後で」

Your friend arrived **after** you left.
（あなたが出てからあなたの友人が来た）
  ＊ 前後関係が明瞭なので過去時制が**過去完了の代用**となっている。

He went out again **after** he (had) finished his dinner.
（彼は夕食を終えてからまた外出した）

The grass turned green **after** the rain had fallen.
（雨が降った後，草が青々となった）

(5) <u>before</u>：「～する前に，～しないうちに」

Do it now **before** you forget.（忘れないうちにそれを今やりなさい）

Before she came here, she must have been studying in France.
（彼女はここに来る前はフランスで勉強していたにちがいない）

Before I watch TV, I'm going to wash those dishes.
（テレビを見る前にそこの皿を洗います）

(6) <u>if</u>：whenever（～のときはいつも）と同じ意味を表す。この意味では if 節と主節の動詞は同じ時制になることが多い。

If you don't eat, you get hungry.（物を食べないとお腹がすく）

If I don't understand what he says, I always question him.
（私は彼の言うことがわからないときはいつも質問をする）

If she goes out, she always wears a coat.
（彼女は外出するときはいつもコートを着る）

(7) <u>until, till</u>：「～するまで」という意味を表す。したがって主節には継続の意味を表す動詞を用いるのが原則。ただし，否定文の場合は一度だけ起こる出来事を表す動詞でもよい。

Wait **until** I call.（私が呼ぶまで待ちなさい）

They wandered around in the snow for many hours, **until** they found themselves too tired to go any further.（彼らは何時間も雪の中をさまよって，ついに疲れ果てて一歩も進めなくなった）
  ＊ コンマの次の until, till … は**継続的**な意味を表すので，通常 … and at last … と解釈する。

We can't leave **until** the guest of honor has gone.
（私たちは主賓が帰るまでは出られない）

I'm not going to apologize to them **until** they apologize to me.
（彼らが私に謝るまでは私は彼らに謝るつもりはない）

We'll do nothing further in the matter **till** we hear from you.
（あなたから手紙をもらうまではその問題には一切手をつけません）

> **注** | until と till:
> 　両者は同じ意味を表し書き換え可能である。一般には書き言葉では until がよく現れ，特に文頭に出る場合は until のほうがふつうだとか，会話では till のほうが多く，until はどちらかといえば改まった言い方に用いられるとかいわれる。しかし，最近ではスピーチレベルの上でも両者には差はないという人も多く，全体の口調や好みの問題ともいえる。ただし，**unless and until**（～するまで）[unless は冗語]のような成句は別である。なお，《米》では 'til という形もよく使われるが，《英》ではふつう避けられる。

(8) <u>since</u>:「～して以来」の意味を表す。ふつう主節には現在完了，since の導く節には過去が用いられる。

She's been working **since** she finished school.
（彼女は学校を卒業して以来勤めている）

Sam has been more careful **since** his employer warned him about his careless work.（雇主がぞんざいな仕事ぶりを注意して以来，サムは前より慎重にやっている）

It has been two years **since** I took up tennis.
（私がテニスを始めてから2年になる）
　　＊　この形では It is ..., It has been ..., の両形がある。

(9) <u>once</u>: after とほぼ同義で，「いったん～したら」という意味を表す。

Once you have made up your mind, you should never think of changing it.
（いったん決意したらそれを変えることを考えてはいけない）

Once you have been to Europe, you will always want to go back.（一度ヨーロッパに行ってくると，きっとまた行きたくなる）

I never wake before seven o'clock, **once** I get to sleep.
（私はいったん寝つくと7時前には決して目が覚めない）

(10) 〈as soon as ～〉, 〈no sooner ～ than ...〉; 〈hardly ～ when ...〉, 〈scarcely ～ before ...〉:「～するとすぐに」

　❶ 〈as soon as ～〉:
　　最も口語調で，現在，過去，未来のすべてのことについて広く用いら

れる。また,「～するとすぐに」「～したのですぐに」というように,独立した2つの出来事を結ぶだけでなく,両節の間に意味上なんらかの**因果関係**がある場合にも用いる。

A baby deer *can* stand **as soon as** it *is* born. 〔現在〕
(鹿は生まれたばかりで立つことができる)

The heart transplant will take place **as soon as** a suitable donor *can* be found. (適合するドナー〔提供者〕が見つかりしだい,心臓移植は行われます) 〔未来〕
　　＊ 未来のことについては as soon as 以下の時制は現在時制。

The motor *began* to purr **as soon as** I *switched* it on.
(スイッチを入れるとすぐにモーターはブーンといい出した)〔過去〕
　　＊ スイッチを入れたので音を立て始めたという関係がある。

❷ 〈no sooner ～ than ...〉:than 以下が従節になる。

No sooner *had* he arrived here **than** he fell ill.
(彼はここに着いたとたん病気になった)
　　＊ no sooner が文頭に出ると,主語と動詞は倒置されるが,文語調。

The fly had **no sooner** hit the water **than** a huge trout snapped at it. (毛針が水面に触れたとたん巨大なマスがパッと食いついた)

❸ 〈hardly [scarcely, barely] ～ when [before] ...〉:「～したとたんに」の意味で,2つの独立した出来事を結びつけることが多い。

Hardly had I started **when** my car got a flat tire.
(出かけようとしたとたん車がパンクした)
　　＊ hardly などが文頭に出ると主語と動詞が倒置されるが,文語調。

He had **scarcely** begun his speech **before** the power supply was cut off. (彼が演説を始めたとたん停電になった)
　　＊ 「とたんに」という場合には,驚きの気持が込められることが多い。

> **注** 〈no sooner ～ than ...〉などの時制:
> ❷と❸は過去のことについて言う場合が多く,その場合主節には過去完了が,従節には過去時制が用いられるのがふつう。ただし現在のことについても用いることはでき,また過去のことについても,特に be 動詞の場合など両方の節が過去になることもある。どちらにせよ❷と❸は as soon as に比べるとやや文語調。またくだけた形では,❷と❸が混交されて,〈no sooner ～ when ...〉や〈hardly [scarcely] ～ than ...〉ということもあるが,正用法と認めない人が多い。

(11) **directly, immediately, the instant, the moment**:
「～するとすぐに」

Directly [**Immediately**] they told him about the accident, he left.
(彼らが彼にその事故のことを告げると彼はすぐに立ち去った)

I will write the letter **directly** I get home.
(私は帰宅したらすぐにその手紙を書きます)
　　＊　directly は《英》のくだけた言い方。

The moment the earthquake shook the city, he hurried back to his home.
(地震のため町がグラッと揺れたとたん，彼は急いで家に帰った)

(12) ⟨**every time**⟩, ⟨**each time**⟩：「～するときはいつでも」

The dog barks at the mail carrier **each time** it sees him.
(その犬は郵便屋さんを見るといつも吠えかかる)

Every time we go on a picnic it rains.
(私たちがピクニックに行くたびに雨が降る)

2 場所の副詞節を導く接続詞

<u>where</u>：「～するところに［へ，で］」という意味を表す。

Put it back **where** it was.
(それをもとの場所に戻しなさい)

It is necessary to plant a tree **where** it will get the sun.
(陽のあたる所に木を植えなくてはなりません)

The car is **where** you parked it.
(車はあなたが止めた場所にあります)

> **注** where(ever) の品詞：
> 　where を，先行詞を含んだ in [at] the place where という意味の関係副詞とする見方もある。where 以下が副詞節のときには where は**接続詞**，形容詞節のときには**関係副詞**と割り切る考え方もある。どちらでもよいが，ここでは一応後者の立場をとってある。
> 　同じように複合関係副詞の wherever も，「～するところはどこでも（＝at [to] any place where）」という意味で，副詞節を導くときには，接続詞とみることもできる。(➡ p. 663)
> 　He put semicolons **wherever** he should have put colons.
> 　　(彼はコロンを打つべきところに必ずセミコロンを打った)

§293　原因・理由の副詞節を導く接続詞

1 because, since, as の用法

(1) <u>because</u>：「～なので」

❶ 原因・理由を表す最もよく用いられる接続詞で，since, as などに比べて，よりはっきりした，**直接的な原因・理由**を表す。because に導かれ

る節は主節の後に置かれることが多いが，前に置かれることもある。

We were late **because** there was a lot of traffic on the way.
（途中，道路が込んでいて遅くなりました）

Because Mary had refused his offer, John was in no mood to enjoy the weekend. （メアリーが申し出を断ったので，ジョンは週末を楽しむ気分になれなかった）

❷ 否定文で，because が「～だからといって（…ではない）」という意味を表すことがある。

たとえば，次の文は読み方によって2とおりに解釈できる。

I *don't* like her **because** she is conservative.

a.「私は彼女が保守的だからといって好きなのではない」

  （＝I like her, but that's not because she is conservative.）

つまり，not は，like her because she is conservative（彼女が保守的だから好き）というのを否定して，ほかの理由から好きなのだということを表している。この意味では主節と従節は続けて言い，because の前は軽い上昇調になる。

b.「私は彼女が保守的だから好きではない」

  （＝I don't like her. She is conservative!）

この場合は，not は主節の I like her. を否定して，because 以下は I don't like her.（私は彼女が好きではない）ということの理由を示している。言うときには because の前にわずかなポーズを置き，下降調になる。

I don't like her (↘) because she is conservative.

書かれた文では a. と b. との区別がつけにくい場合があるので，b. の意味では because の前にコンマをつけたりすることもある。しかし，多くの場合は意味上自然なほうをとればよい。

❸ because と for の違い

理由を表す等位接続詞の for についてはすでに扱ったが，従位接続詞の because との間にはさらに次のような違いがある。（→ p. 598）

(a) because が導く節は It is ～ that ... の強調構文で強調することができるが，for が導く節は強調することができない。

It is **because** I like traveling *that* I want to work in a tourist bureau. （旅行社で働きたいのは旅行が好きだからです）

(b) because が導く節は前に only, just, simply などをつけることができるが，for が導く節にはつけることができない。

I didn't go out *simply* **because** it was raining.

(ただ雨が降っていたために私は外出しなかったのです)

(c) because が導く節は That's because ～ のように補語になることができるが，for が導く節にはこの用法はない。

That was **because** I was so tired.
(それは私がとても疲れていたからです)

   * Why ～? と聞かれたら，Because ～. で答え，For ～. とは言わない。ただし，実際には Because をつけないことも多い。
      "*Why* didn't you come?"　"**Because** I was very tired."
      (「どうして来なかったの？」「だってすごく疲れていたから」)

(2) <u>since</u>：「〜である以上」

話し手，聞き手の両方がすでに知っている理由を述べるときに用いる。主節の前に置かれることが多い。「〜以来」という意味の「時」を表す since は主節の後に置かれることが多い。→ p. 612

Since you won't help me, I must do the job myself.（君が手伝ってくれないので，私は自分でその仕事をしなくてはならない）

Since there are no buses on this road, we will have to walk.
(この道路はバスが走っていないので，歩かなくてはならないだろう)

Since you cannot come, perhaps we had better ask someone else for help.（あなたが来られないのだから，私たちはだれかほかの人に手伝いを頼むほうがよいだろう）

(3) **as**：「〜だから」

❶ 間接的で補足的な原因・理由を表す。主節の前，もしくは付け足し的に主節の後に置かれて，その理由を述べる。

As I have a car, we won't have to walk.
(車があるから歩かないですむよ)

This is all I have. I can't give you any more, **as** this is all I have.（私の持っているのはこれで全部です。これ以上はあげられません，これが全部ですから）

   * as は時や様態を表すことが多くて紛らわしいので，理由を示すのに《米》では避けられる傾向があり，代わりに because, since が用いられることが多い。

❷ because, since, as の違い

because ははっきりとした理由を新しい情報として提供する。一般に<u>強調構文</u>で強調できるのは新しい情報に限られるので，because に導かれる節は強調することができるが，**since** はすでに話し手・聞き手にわかっていることを述べるので，一般に強調されない。**as** は補足的な説明を表し，ふつうは強調構文で強調されない。

2 that, now that, seeing that の用法

(1) **that**

❶ 〈(It is) not that ...〉「…というわけではない」の意味で慣用的に用いる。

It's not **that** he needs the money.
（彼がお金を必要としているというわけではない）

He came to very few of the meetings, not **that** he thought they were unimportant, but because he had too much work to do.
（彼が会合にほとんど来なかったのは，会合が大切でないと思っていたからではなくて，やらなくてはならない仕事がありすぎたからだ）

❷ 〈be glad [sorry, surprised] that ...〉の形で感情の原因を表す。「…なのでうれしい［残念だ，驚いた］」の意味。→ p. 284

I'm glad (**that**) you like it.
（気に入ってもらえてうれしいです）
　　＊ くだけた話し言葉では that は省略される。

> **注** 名詞節と副詞節の that：
> 〈be glad that ...〉などの that 節は，歴史的には原因・理由を表す副詞節であるが，be afraid that ...＝fear that ... などと同じように考えて，名詞節とすることもある。

❸ 驚きや意外の気持ちを表して，「～するとは」の意味で用いる。助動詞の should を伴うことが多い。

Who are you, **that** you should talk to me like that?
（私にそんな口のきき方をするとは，君はいったい何者だ）

(2) 〈**now that**〉:「今はもう…だから，…である以上は」

Now (**that**) you mention it, I do remember.
（そう言われてみれば，私は思い出しました）

Now (**that**) you are tired, you must take a rest.
（あなたは疲れているので，休息しなくてはならない）

Now (**that**) we've eaten all the sandwiches, we'll have to make do with potato chips.
（サンドイッチを全部食べてしまったので，ポテトチップで間に合わせなくてはならないでしょう）
　　＊ that を省略するのはくだけた言い方。

(3) 〈**seeing that**〉:「…だから」

Seeing that it is 10 o'clock, I suppose we ought to leave.
（もう10時だから，おいとましなければと思います）

Seeing that you haven't read the report yourself, you cannot be sure what is in it.

(あなた自身がその報告を読んでいないのだから、その中身がはっきりわかるはずがない)

   * that は省略することができる。

くだけた言い方では seeing as も用いる。

I'll leave soon, **seeing as** you're busy.

(お忙しいようですからじきにおいとまします)

§294 目的・結果の副詞節を導く接続詞

▊ 目的を表す副詞節を導く接続詞

(1) 〈so that〉, 〈in order that〉, that: 「〜するために」

that 節の中に助動詞 may, can, will などが用いられる。

> **注** 助動詞の使い分け:
> 改まった形では may [might] が、くだけた表現では can [could] が用いられ、また未来時制を示す will [would] が用いられることもある。改まった形で should を用いることもあるが、shall はあまり用いられない。

❶ **so that**: くだけた文体で最もよく用いられる。

I'll give him a key **so that** he *can* get in any time.

(彼がいつでも入れるように彼に鍵を渡しておこう)

Speak clearly **so that** the audience *will* understand you.

(聴衆があなたの話を理解するように明瞭に話しなさい)

   * 主節と従節の主語が同じときには、〈so as to ...〉が用いられる。
   → p. 477

> **注** 1. 〈so 〜 can ...〉:
> so that の場合、助動詞は can [could] がふつう。くだけた言い方, 特に《米》では that を省略して、so だけを用いる。
> Please turn off the light **so** I *can* sleep.
> (どうか私が眠れるように明かりを消して下さい)

> **注** 2. 助動詞を用いない場合:
> that 節中に助動詞を用いないことがある。その場合は「(その結果) 〜するように」という意味で、未来時制の代用として現在形が用いられていると考えられる。
> For Zazen it is necessary to sit with a straight back in a cross-legged position *so that* both knees *touch* the floor.
> (座禅では、背筋をまっすぐにのばして、両ひざが床につくように脚を組んだ姿勢で座ることが必要である)

§294 目的・結果の副詞節を導く接続詞

❷ 〈**in order that**〉: やや改まった文語的表現に用いる。

The flowers will be delivered as late in the evening as possible **in order that** they *should* be fresh for the party.
（花はパーティーのときに生き生きとしているように夕方できるだけ遅く配達されるでしょう）

They are working night and day **in order that** they *may* finish the building by the fixed time.
（彼らは期限までに建物を完成させるために日夜働いている）

❸ **that**: 形式ばった文語的表現に用いる。

Father left us an immense fortune **that** we *might* live in safety.
（父は我々が無事に生きていけるようにと莫大な財産を残した）

(2) **lest, 〈for fear (that)〉**: 否定の目的を表す。

❶ **lest**:「～しないように」

この表現は**文語調**なので、くだけた言い方では〈**so that ... not**〉、〈**in case ...**〉などの別の表現を用いる。

They came in through the back door **lest** they *should* be seen.
（人に見られないように彼らは裏口から入ってきた）

Take care **lest** you *catch* cold!
（風邪をひかないように気をつけなさい）

> **注** lest 節中の助動詞：
> lest の導く節では**仮定法現在**を用いることが多いが、改まった言い方では **should** を用いる。《英》では should のほかに may, might や直説法を用いることもあるが、今では《英》では lest そのものの使用がまれだと言われる。日本語に引きずられて **not** を入れないこと。

〔参考〕 **Lest ...!**:
Lest we forget!（忘れないように）のように用いることもある。

❷ 〈**for fear (that)**〉:「～しないように」

これも改まった言い方で、that 節の中では should, may, might を用いる。「～するのを恐れて、～しないように」の意味を表す。will, would を用いるとややくだけた言い方になる。

He hurried home **for fear (that)** he *might* miss his guests.
（彼は来客に会えなくなってはたいへんとばかりに、急いで帰宅した）

I wrote down his telephone number **for fear (that)** I *should* forget it.（忘れないように彼の電話番号を書き留めた）

I obeyed her **for fear (that)** she *would* be angry.
（彼女が怒るのを恐れて私は彼女の言うことに従った）

(3) ⟨**in case**⟩:「～の場合に備えて」

in case の導く節の中の動詞は直説法を用いる。(2)の ❶ ❷ に比べてくだけた言い方である。節中に should を用いると堅い口調になる。

<u>You should take your raincoat</u> **in case** it *rains*.
　（雨が降ることもあるからレインコートを持って行きなさい）【助言】

In case you *are* hungry I have made some sandwiches.
　（おなかがすくといけないのでサンドイッチを作っておきましたよ）

Make a note of it **in case** you *should forget* it.
　（ひょっとして忘れるといけないからメモしておくように）

2 結果を表す副詞節を導く接続詞

(1) ⟨**so ～ that ...**⟩, ⟨**such ～ that ...**⟩

　❶ ⟨**so ～ that ...**⟩:「非常に～なので…」
　　　＊　口語体では that は省略されることがある。

She sings **so** beautifully **that** I can't believe she has had no training.（彼女はとても上手に歌うので、全然訓練を受けたことがないとは信じられません）

The moonlight was **so** bright (**that**) we didn't need a flashlight.
　（月の光がとても明るかったので、懐中電灯はいらなかった）
　　　＊　「懐中電灯がいらないほど明るかった」のようにうしろから訳すと、「…なほど～」となって、「程度」を表すことになる。主節が否定文の場合は、多くの場合「程度」に訳すほうが自然。

　❷ ⟨**such ～ that ...**⟩
　　(a) ～の部分に⟨(**不定冠詞＋**)**形容詞＋名詞**⟩を入れて「非常に～なので…」という意味を表す。

　　　She got **such** *a* nice present (**that**) she could hardly get to sleep.（彼女はとてもすてきなプレゼントをもらったのでなかなか寝つけなかった）

　　(b) 上の文を such の代わりに so を用いて表現することもできる。この場合⟨such(＋冠詞)＋形容詞＋名詞⟩は⟨so＋形容詞(＋不定冠詞)＋名詞⟩の順になる。(a)よりも改まった言い方。

　　　She got **so** nice *a* present **that** she could hardly get to sleep.
　　　ただし**名詞が複数形のときは so は用いられない。**

　　　［誤］　She got *so* nice presents that she could hardly get to sleep.
　　　［正］　She got **such** nice presents **that** she could hardly get to sleep.

(c) 〈such that ...〉のように such と that が直接結びついている場合は，such＝so great と解釈する。「非常なものなので～」の意になる。such が文頭に置かれて倒置することもある。

His talent was **such that** he deserved to be famous.
（彼の才能は優れていたので有名になるのは当然であった）

Such was his anxiety **that** he couldn't stop trembling.
（彼は心配のあまり体の震えが止まらなかった）

注 〈no ～ so ... but〉：
　否定の主節に続いて，soやsuch と相関的に **but** (**that**) が that ... not の意味で用いられることがあるが，文語調で，古いことわざなどに見られることが多い。

There is *no* wool *so* white **but** a dyer can make it black.
（どんなに白い羊毛でも染物師は黒くすることができる——どんな素地でも変えることができる）
(＝*No* wool is *so* white *that* a dyer *cannot* make it black.)
(＝*No* wool is *too* white for a dyer *to* make it black.)

(2) 〈..., so that〉：前の文を受けて，「それで，その結果」という意味を表す。so that の前に原則としてコンマを打つ。くだけた言い方では that が省略されるが，so だけのときは接続副詞と考える。（→ p. 598）

They climbed higher, **so that** they got a better view.
（彼らはもっと高く登った。それで景色がいっそうよく見えた）

It was quite windy, **so** (**that**) we had to button our coats up.
（とても風が強かった。それでコートのボタンをはめなくてはならなかった）

§295　条件・譲歩の副詞節を導く接続詞

1 条件の副詞節を導く接続詞 （→ p. 548）

(1) **if, unless**

❶ **if**：「もしも～ならば」

If they don't get here soon, we will leave without them.
（彼らがすぐここに着かなければ，彼らを待たずに出発します）

Please give David my best regards **if** you should see him.
（ひょっとしてデイビッドに会ったらよろしくお伝えください）

"We hope you'll stay for dinner tonight." "All right, **if** you insist."（「今夜は一緒に食事をしていかれませんか」「いいですよ，ぜひとおっしゃるなら」）【承諾】

＊ insist の後に I'll ... が省略されている。

> **注** 〈**if ~, then ...**〉:
> if ~, then ... という形で相関的に用いられることもある。
> **If** you are sure you can swim the lake, **then** do it!
> (もしも湖を泳いで渡れる自信があるなら，やってごらん)

❷ **unless**:「もしも~しなければ，~しない限り」 **→ p. 549**

unless は if not となる場合が多いが，except if (~という条件の場合を除いて，~でない限り) の意味なので，そうした意味を含まず単に「~でないなら」というだけの場合には，if not と置き換えられない。

[誤] I'll be surprised *unless* she wins.
[正] I'll be surprised **if** she doesn*'t* win.
　　(彼女が勝たなければ驚きだね――きっと彼女が勝つと思うよ)

There will be a serious water shortage **unless** we get rain soon.
(近いうちに雨が降らないと深刻な水不足になります)

I won't phone you **unless** something unforeseen happens.
(何か思いがけないことでも起こらない限り電話いたしません)

　　＊ unless の導く節の中では any でなく some を用いるのがふつう。

The train ticket is not refundable **unless** no train runs on your date of travel. (列車の切符は旅行当日にすべての列車が運行されない場合以外は払い戻しできません)

　　＊ 〈unless＋否定文〉の場合はふつう if not で書き換えられない。

(2) **in case**:「もしも~の場合には」 **→ p. 620**

in case は「~だといけないから」の意味に用いることが多いが，《米》では if の意味にも用いる。《英》では今は if の意味では用いない。

In case anything happens, call me immediately.
(もし何かあったら，すぐに私に電話をください)　　　　　　　　《米》

Please go to the drugstore immediately **in case** you run out of your medicine.　　　　　　　　　　　　　　　　　　　　　　　《米》
(もしも薬がなくなったら，すぐにドラッグストアに行ってください)

(3) **suppose, supposing ; provided (that), providing (that); granted (that), granting (that)**:「~としたら」

いずれも **if** の代用表現である。

Suppose you are elected, what will you do for your constituents?
(もしもあなたが当選したら，有権者たちのために何をしますか)

Supposing he came back and found us, what would he say?
(もし彼が戻ってきて私たちを見たら，何と言うであろう)

I will come **provided** [**providing**] (**that**) I am invited.
(招待されさえすれば行きます)

> * provided, providing は only if, on the condition that の意味。直説法と用いるのがふつう。provided のほうが多い。granted [granting] も直説法と用いる。

(4) ⟨**as long as**⟩, ⟨**so long as**⟩：「～である限り」(＝only if, provided that)

　　Any book will do **as long as** it is interesting.
　　（おもしろくさえあればどんな本でも結構です）
　　She can go, **as long as** he goes with her.
　　（彼が一緒に行くなら彼女は行ってもよい）
　　You will be admitted **so long as** you arrive before 10 p.m.
　　（午後10時前に着けば入れます）

> **注** 時間的な as long as:
> 　次のような文では，long が「長く」という時間的な意味を表している。
> 　You can stay here *as long as* you want to.
> 　（君はいたいだけここにいてよろしい）

参考 but [except] that ...:
　辞書で but をひくと，たいてい「～ということがなければ」という意味で条件を表す形が示されている。この形については ➡ p.630 。

2 譲歩の副詞節を導く接続詞

(1) **although, though**：「～だけれども」

　　Although my right arm was broken, I was able to write a short letter.（私は右腕を折ったけれども短い手紙なら書くことができた）
　　Though the days on the desert were hot, the nights were cold.
　　（砂漠は日中は暑いのに，夜は寒かった）
　　Jim won the competition **though** he'd had no previous experience.（ジムは以前に経験はなかったけれどもコンテストで優勝した）
　　The stain wouldn't come out **although** Mary washed the shirt twice.（メアリーはシャツを2回洗ったけれどもしみがとれなかった）

> **注** though と although:
> 　くだけた話し言葉では though が用いられ，堅い言い方では although が好まれる傾向があるが，ほとんどの場合交換可能。ただし，as though とは言うが，as although とは言わない。倒置構文の Old though he is ... のような形（→(2)）でも although はあまり使わない。

(2) **as**：「～だけれども」

　　〈形容詞［副詞・動詞］＋as＋S＋V〉の形で用いられるが，文語調で堅い表現。though も，形容詞などを強調するため，この as の位置で用い

られるが，これは倒置構文。

Dark **as** [**though**] it was, we were still able to see the sign.
　（暗かったけれども，まだ標識は見えた）　　　　　　　〔形容詞〕
（=**Though** it was *dark*, we were still able to see the sign.）
Much **as** [**though**] I admire him as a writer, I do not like him as a man.　　　　　　　　　　　　　　　　　　　　　　　〔副詞〕
　（私は作家としての彼を大いに称賛するが，人間的には好きではない）
Try **as** [**though**] she might, she couldn't put on a happy face.
　（彼女はなんとか楽しそうな顔をしようとしたができなかった）〔動詞〕

ただし，次のように as がこの位置で「理由」を表すこともあるので，文脈で判断する必要がある。

Young **as** he is, he is reckless.（彼は若いから向こう見ずだ）

無冠詞の**名詞**がこの形で文頭に出る形もあるが，文語調で古風に感じられるので，今はほとんど用いられず，名詞も限られている。

Fool **as** he was, he knew how to gain the favor of his superiors.
　（彼は愚か者ではあったが，上役に取り入る術は心得ていた）

　＊ though を用いてふつうの語順に書き換えると冠詞がつく。as は文頭に出すと理由を表すことになるので書き換えられない。
　　Though he was *a fool*, he knew how to gain the favor of his superiors.

> [参考] **as を用いた譲歩構文：**
> 　この譲歩構文は文語調で，本来は being as young as he is のような分詞構文からできたものといわれる。《米》では最初の as が残った，as young as he is という形もある。さらにこの構文に関しては次のようなことも知られている。
> 　1. **名詞**の場合は，程度の差［段階性］のある名詞［fool（愚か者），coward（臆病者），villain（悪党）や failure（失敗），caricature（もじり）など］であるが，こうした名詞は utter（まったくの）がつくことでわかる。
> 　2. 〈形容詞＋名詞〉の場合は，Excellent *a* woman **as** she is, ... の語順になることが多く，無冠詞の *Excellent woman* as she is, ... も可能だが，理由を表すことが多い。
> 　3. 〈名詞［形容詞］＋that＋S＋V〉のように，as の代わりに **that** を用いる形もあるが，同じく文語調で，名詞は無冠詞になる。名詞は《主に米》，形容詞は《主に英》。

(3) <u>if</u>, 〈**even if**〉, 〈**even though**〉:「たとえ～であっても」
　❶ if
The house is comfortable **if** it is a little small.

(その家は少し狭いが居心地がいい)

I will do it **if** it kills me!

(そのためにたとえ死んでも私はやります)

注 譲歩の if:
> if 節が譲歩の意味で用いられる場合は**後に置かれるのがふつう**であるが、前に置かれることもある。ただし、if を even if の意味で用いるのは、文脈でそれと明確な場合に限られる。
>
> **If** they are poor, they are at any rate happy.
> 　(彼らは貧しくてもともかく幸福である)

❷ 〈**even if**〉

Even if you don't like cheese cake, try a piece of this.

　(たとえチーズケーキがお嫌いでも、試しにこれを1切れ食べてごらんなさい)

Even if it rains or snows, he goes to the railroad station by bicycle. (たとえ雨が降ろうが雪が降ろうが、彼は自転車で駅まで行く)

　　＊ 第1例では、「チーズケーキが嫌いかどうかは知らないが…」、第2例では日常の習慣が示されている。

❸ 〈**even though**〉

They're not happy **even though** they have everything they need.

　(彼らは必要なものは何でも持っているのに幸福ではない)

Even though she disliked movies, she went with her husband to please him.

(彼女は映画が嫌いであったが、夫を喜ばせるために一緒に行った)

　　＊ どちらの例も既成の事実で、話し手は「彼らが必要なものは何でも持っている」「彼女は映画が嫌いである」ことは知っている。

注 〈even if〉と〈even though〉:
> 基本的には、even if は**条件**の if を強めたものであり、even though は**譲歩**の though を強めたものであることは、❷❸のそれぞれの＊の解説を参照。誤りとされてきた even although も最近は見られる。

(4) **while, when, whereas**:「～なのに」

while, whereas《文語的》は主節の前または後に置かれるが、when は主節の後に置かれることが多い。

While [**Whereas**] I really don't like art, I find his work impressive.

　(私は本当に芸術は好きではないが、彼の作品は印象深いものがある)

Jack is a huge man, **while** [**whereas**] his wife is a slender little woman.

　(ジャックは巨漢だが、奥さんのほうはほっそりした小柄な女性だ)

He claims to be a member of the royal family **when** in fact his family were immigrants.
(彼は自分の一家が実際は移民なのに王の一族であると主張する)

(5) 〈**whether ~ or ...**〉：「～であるにせよ，…であるにせよ」

Whether you pay in cash **or** by check, it makes no difference.
(あなたが現金で払おうと小切手で払おうと，何ら問題ではない)

Things will change, **whether** you like it **or** not.
(あなたが好むと好まざるとにかかわらず物事は変わっていく)

> **注** 〈**whether or not**〉：
> 〈whether ～ or not〉では whether の導く節が長い場合には，or not [no] が whether の**直後**にくる。
> **Whether or not [no]** the book I've long wanted costs me a lot, I'm sure I'm going to buy it.
> (私がずっと欲しいと思っていたその本はどんなに高くても買うつもりだ)

(6) 〈**no matter (what) ~**〉：「たとえ～であっても」

〈**no matter＋疑問詞**〉の形で譲歩を表す。〈関係詞＋-ever〉（複合関係詞）を用いた言い方よりも口語的。(→ pp. 661～664)

No matter who says so (＝Whoever says so), it is not true.
(だれがそう言おうとも，それは本当ではない)

No matter what I did, no one paid any attention to me.
(私が何をしようとも，だれも私に注意を払わなかった)

No matter where you may go, you will think of your family.
(あなたはどこに行こうとも，家族のことを考えるでしょう)

  ＊ 〈no matter ～〉の節中の動詞に may を用いるのは比較的まれ。口語では上の 2 例のように may を用いないのがふつうである。

§296 比較・比例の副詞節を導く接続詞

1 比較の副詞節を導く接続詞

(1) **than**：比較級の後に用いて，「…よりも」の意味を表す。(→ p.359)

Philip is much *more* intelligent **than** Bill.
(フィリップはビルよりもずっと頭が切れる)

I agree that your opinion is good, but John's is *better* **than** yours.
(あなたの意見がすばらしいことは認めますが，ジョンのはもっとすばらしいですよ)

> **Q&A 93** I am taller than he. か I am taller than him. か？
>
> 両方とも正しい。前者は省略されているものを補うと，I am taller than he is. となり，正しい文であることは明白である。後者はくだけた言い方で，is がない言い方がふつうであるため than が前置詞として感じられるようになり，he が him になったもの。

(2) 〈as ～ as …〉, 〈not as [so] ～ as …〉：原級をはさんで，**肯定形**は〈as ～ as …〉で「…のように～」という意味を表し，**否定形**は〈not as [so] ～ as …〉で「…ほど～でない」という意味を表す。（→ p. 355）

The days are almost **as** long **as** the nights now.
（今は昼と夜とほぼ同じ長さである）

The Empire State Building in New York is**n't as** high **as** the Sears Tower in Chicago.（ニューヨークのエンパイア・ステート・ビルはシカゴのシアーズ・タワーほど高くない）

2 比例の副詞節を導く接続詞

as, according as など

(1) **as**：「～につれて，～に従って」

As he grew older, he feared death more.
（彼は年をとるにつれて，ますます死を恐れた）

She always does **as** her husband tells her.
（彼女は常に夫が言うとおりに行動する）

(2) 〈**according as**〉：「～につれて，～に従って」《文語的》

According as you behave yourself so you will be well treated.
（あなたが行儀よくしていればそれに応じてちゃんと扱ってもらえるでしょう）

You think differently **according as** you are young or old.
（若いか年をとっているかによって，人の考え方は変わるものだ）

　＊〈according to〉（～に従って）の後には名詞(句)または疑問詞節がくる。
　　You think differently *according to* your age [how old you are].

(3) 〈**the＋比較級, the＋比較級**〉：「～すればするほど，ますます…」の意味を表す。（→ p. 371）

The older you get, **the less** you will want to eat meat.
（年をとるにつれて肉を食べたくなくなる）

The softer you speak, **the quicker** you will get people's attention.（もの柔らかな話し方をすればするほど，ますます早く人々の注意を引きつける）

§297 その他の副詞節を導く接続詞

1 制限の副詞節を導く接続詞

❶ ⟨as [so] far as ...⟩, ⟨in so far as [insofar as] ...⟩:
「…の限り（では）」の意味で**制限・範囲**を表す。

As [So] far as I know, Bunin is the most brilliant pianist in the world.
（私の知る限りではブーニンは世界で最も才能豊かなピアニストだ）
  * 自分の意見を述べるときに用いる。as と so はどちらを用いてもよい。

As far as the eye can see, there stretches the desert.
（見わたす限り砂漠が広がっている）
  * as far as the eye can see（見渡す限り）は慣用句。

Science, **in so far as [insofar as]** it consists of knowledge, must be regarded as having value.（科学は知識から成り立つ限り価値あるものとみなされなければならない）
  * in so far as, insofar as は堅い言い方。in so far as と分けるのは《主に英》。

❷ ⟨as long as ...⟩:
「…する限りは」の意味で，**時間的限度**を表す。

I'll never forget her **as long as** I live.
（生きている限り彼女のことは忘れないだろう）

なお，⟨as long as ...⟩は，比喩的に「…さえすれば（＝if only）」の意味でも用いられる。 **→ p.623**

2 様態の副詞節を導く接続詞

(1) <u>as, like</u>：「…のように，…のとおりに」

Do **as** you think fit.（あなたが適切だと思うように行動しなさい）
We'll do it **like** you do.（君がするようにそれをやります）《口語調》
  * このように like を as の意味で接続詞として使うのは口語調で，特に《英》《米》の差はない。

Leave the matter **as** it is.（その問題をそのままにしておきなさい）

注 ⟨(just) as ～ so ...⟩：
  as の意味を明確にするために，⟨(just) as ～ so ...⟩という相関形式にすることがある。
  Just as one gesture can have many different meanings, *so* many different gestures can have the same meaning.
  （1つの身ぶりが多くの意味を表すと同様に，多くの身ぶりが同じ意味を表すことがある）

> **[参考]** the way=as:
> 〈the way〉を as（〜するように）の意味で節の前に置いて接続詞的に用いるのは,《米》ではほぼ確立した用法とされているが,《英》ではまだ正用法と認めない人もいて, 辞書にも記載されていないものが多い。
> どちらにせよ, くだけた言い方で, 正式な書き言葉では避けられる。
> Do it **the way** he showed you.
> （それを彼があなたに教えたようにやりなさい）
> The window panes are seldom cleaned **the way** they used to be. （その窓ガラスは, 今は昔のようにはめったに磨かれない）
> なお, 〈the way〉には「〜（の仕方）から判断すれば, 〜によれば」などの意味もある。
> You'd think he was rich, **the way** he spends money.
> （彼のお金の使いっぷりを見れば, 彼を金持ちだと思うだろう）
> **The way** I heard it, the tower was built in the 1700's.
> （私の聞いたところでは, その塔は 1700 年代に建てられたそうだ）

(2) 〈**as if**〉,〈**as though**〉:「まるで〜のように」

ふつう, 〈as if〉の節の中の動詞は**仮定法過去**または**仮定法過去完了**になるが, 単なる推量を表す場合は**直説法**も用いられる。 [→ p. 560]

The young couple acted **as if** no one else *existed* in the whole world.
（その若い夫婦は, まるで全世界にほかにだれもいないかのように行動した）

The man looked **as if** he *hadn't slept* for a week.
（その男はまるで 1 週間眠っていないかのように見えた）

He walked around **as though** he *was* in a daze.
（彼はまるで我を忘れたように歩き回った）

He went on eating **as though** nothing *had happened*.
（彼はまるで何ごともなかったかのように食べ続けた）

She looks **as if** she *is* getting better.
（彼女は具合がよくなっているように見える） 〔推量〕

> **[注]** as if の意味の like:
> like を as if の意味に用いるのは《主に米》。《英》ではこれを非標準とする人もいる。
> He acts **like** he's the boss.
> （彼はまるで上司［社長］みたいに振る舞う）
> The dog was barking **like** it wanted to bite him.
> （その犬は彼にかみつきたいように吠えていた）

3 除外などの副詞節を導く接続詞

(1) ⟨**except (that)**⟩: ⟨except (for the fact) that ...⟩（…ということを除けば）からきた形で, that 節が前置詞 except の目的語になっている。この that は省略することができる。(→ p. 605)

The two rooms look exactly the same **except that** one faces the sea.（一方が海に面しているということを除けば，その2つの部屋はそっくりだった）

> **注** **if not の意味の except that**:
> 次のような場合は, **if not** の意味で条件を表すと考えられる。
> I'd love to go to that restaurant **except** it's too expensive.
> （そんなに高くさえなければ，そのレストランに行きたいんだけど）
> I would go with you, **except that** I have a previous engagement.（先約がなければご一緒するのですが）
> ＊ except that 以下は事実を表すので直説法。

(2) ⟨**but (that)**⟩:「〜ということを除いて」

but (that) を except (that) の意味で用いるのは古い言い方で, 今はまれ。

No one saw the accident **but** *I* (saw it).

（私以外はだれもその事故を見なかった）

(= No one saw the accident but *me*.)

＊ このような場合は, 今は but を前置詞と考えて but *me* とするのがふつう。

> **注** **if not の意味の but that**:
> 文語調では, but that が if not の意味で条件を表すことがある。
> We should have started **but that** the weather was so bad.
> (=We should have started *if* the weather had *not* been so bad.)
> （天気があんなに悪くなかったら出発しただろう）
> ＊ but that 以下は事実を表すので直説法。

否定の主節に続いて, without the result that ... の意味で用いるのは文語調で, 堅い古風な言い方。

Not a day goes by **but that** I think of Helen.

（私は来る日も来る日もヘレンのことを思っている）

(=I think of Helen every day.)

> **注** ⟨**否定語＋but that**⟩ **の書き換え**:
> without 〜ing で書き換えられる。次の例では下にいくほどふつう。
> I *never* pass my old house **but** I think of my childhood.
> (=I *never* pass my old house **without** thinking of my childhood.)
> (=**Whenever** I pass my old house, I think of my childhood.)
> （私は昔の家の前を通ると必ず子供時代を思い出す）

なお，次の構文の〈but (that)〉については，それぞれの欄を参照。
〈but (that)〉(=that ～ not) **➡ p. 607**
〈no ～ so ... but (that)...〉 **➡ p. 621**

4 付言の副詞節を導く接続詞

主節の内容について**挿入節**として何らかの**コメント**をつけるのに **as** が用いられる。これには従位接続詞の用法と関係代名詞的な用法の2つがある。

(1) 従位接続詞の用法

❶ 主として，〈**as it seems**〉，〈**as it appears**〉，〈**as it happens**〉，〈**as I see it**〉，〈**as I interpret it**〉などの表現で用いられる。

As it happened, I was at home when he called.
（たまたま彼が訪ねてきたとき私は家にいた）

As it appears from what you say, you are quite mistaken.
（あなたが言うことから察するに，どうやらあなたは全く思い違いをしているようだ）

> **注** as 節における it の省略：
> 〈as (it) seems likely〉, 〈as (it) often happens〉, 〈as I remember (it)〉, 〈as I understand (it)〉のように，it が省略されたりする場合がある。そうなると，(2)の関係代名詞的な用法に移行していくと考えられる。

❷ as の導く節が形容詞節のように**前の名詞を限定修飾**する場合。

This is English **as** it is spoken in the South.
（これが南部で話されている英語です）

Many of the features of the pub **as** we know it today were developed during the Georgian period.
（今日我々が知っているパブの特徴の多くは，ジョージ王朝時代に作り上げられたのである）

   * it があることから as が関係代名詞でないことがわかる。〈as we know it〉は慣用句のようによく用いられる。

(2) 関係代名詞的な用法：as が主節の内容の一部や全体を先行詞として用いられ，それが導く節が主節の後に続く場合もあり，前に置かれることもある。この場合の as は as の導く節において主語または目的語になる。
➡ p. 652

As is customary with him, he wears his clothes attractively.
（いつものことであるが，彼はぴちっと着こなしている）

Hibiscus is common in Hawaii, **as** you know.
（ハイビスカスは，ご存じのようにハワイではよく見られる）

第18章 関 係 詞
RELATIVES

関係詞には代名詞と接続詞の働きをする関係代名詞と，副詞と接続詞の働きをする関係副詞がある。ともに，ふつう形容詞節を導き，名詞の後に置かれ修飾要素になる。

第1節 関係代名詞

§298 関係代名詞の機能と種類

1 関係代名詞（Relative Pronouns）と先行詞

代名詞として働くと同時に，節を導いて先行する名詞や代名詞に結びつける**接続詞**として働く語を**関係代名詞**という。関係代名詞に導かれる節に修飾される(代)名詞を**先行詞**(Antecedent)という。

I know *a lot of people.* + *They* live in New York.
→ I know *a lot of* **people who** live in New York.
　　　　　　　　　先行詞　関係代名詞
　　　　　　　　　　　　　　　　〔形容詞節〕

（ニューヨークに住んでいる人を私は大勢知っている）

＊ 関係代名詞は8品詞の中で分類すると，代名詞になる。

2 関係代名詞の種類

(1) **関係代名詞**：who, which, that, what

先行詞の種類	主　格	所　有　格	目　的　格
人	who	whose	whom (who)
物・動物	which	whose of which	which
物・動物・人	that	――	that
先行詞を含む	what	――	what

❶ **who**：先行詞が**人**の場合。
What is the name of *the tall man* **who** just came in?
（今入ってきた背の高い男の名前は何というのですか）

❷ **which**：先行詞が**物**の場合。**that** よりも文語的。
The Thames is *the river* **which** flows through London.
（テムズ川はロンドンを流れる川です）

❸ **that**：先行詞が**物**や**人**の場合。
They cut *the tree* **that** blocked the view.
（彼らは眺めをさえぎっていた木を切った）

He is *the greatest person* **that** has ever lived.
（彼はこれまで世に出た最も偉大な人間だ）

❹ **what**：先行詞が含まれている。
What (=The thing that) caused the accident was a broken bottle.
（事故の原因となったものは割れたびんだった）

(2) <u>複合関係代名詞</u>

関係代名詞 who [whose, whom], which, what に **-ever** をつけた形を複合関係代名詞という。いずれもその中に先行詞を含んでいる。
→ p.661

Whoever (=Anyone who) visits that old town will love it.
（その古い町を訪れる人はだれでもそこが好きになるでしょう）

(3) <u>疑似関係代名詞</u>

as, but, than は本来接続詞であるが，代名詞が脱落して，接続詞と代名詞の働きを兼ねることがある。これは一種の関係代名詞とみなされ，疑似関係代名詞と呼ばれる。→ p.651

He is a German, **as** is clear from his accent.
（あの人はドイツ人だ，アクセントでわかる）

§299　関係代名詞の人称・数・格

◪ 関係代名詞の人称と数

(1) <u>関係代名詞が主格の場合</u>

関係代名詞に続く動詞は，すべて**先行詞の人称および数に一致**する。

I, **who** *am* your friend, tell you so.
（私は，あなたの友人ですので，そう申し上げておきます）

A *house* **which** *has* central heating should fetch a good price.
(セントラルヒーティングのある家は、いい値がつくはずである)

Anyone **who** *wants* to take the examination must apply before next Friday. (試験を受けたい人は、来週の金曜日までに申し込まなくてはなりません)

(2) 〈one of＋複数名詞〉が先行詞の位置にある場合

❶ 関係代名詞に続く動詞は，原則として**複数名詞**と一致する。

He is *one of the people* **who** *have* made the town famous.
(彼はその町を有名にした人たちの１人である)

> **注** 〈one of 〜s〉を単数で受ける場合:
> くだけた言い方では，one にひかれて単数で受けている例も少なくない。
> That is *one of the most valuable books* **that** has appeared in recent years.
> (これは近年出版された中で最も価値のある本の１つである)

❷ 〈the only one of＋複数名詞〉の形をとる場合は**単数**がふつう。

He is *the only one of the students* **that** *has* finished his studies without any support from his family.
(彼は家族の援助なしに学業を終えたただ１人の学生である)

2 関係代名詞の格

関係代名詞の格は，その後に続く節の中で果たしている役割で決まる。

❶ 主格の場合

who, which, that を用いる。

The man **who** repaired my car is good at his job.
(私の車を修理した男は腕ききである)
(← The man is good at his job. *He* repaired my car.)

❷ 所有格の場合

whose を用いる。

She mentioned a book **whose** title has slipped my memory.
(彼女はある本のことに触れたが，私はその題名を忘れてしまった)
(← She mentioned a book. *Its* title has slipped my memory.)

❸ 目的格の場合

whom [who], which, that を用いる。

The book **which** Bob gave to me was very interesting.
(ボブが私にくれた本はとてもおもしろかった)
(← The book was very interesting. Bob gave *it* to me.)

＊ 目的格の関係代名詞は，くだけた言い方ではふつう省略される。

❹ 前置詞の目的語の場合

whom, which を用いる。that は前置詞の直後には用いられない。

The music **to which** we listened last night was by Beethoven.
(昨夜私たちが聞いた音楽はベートーベンの曲でした)

(← The music was by Beethoven. We listened *to it* last night.)

* to that は誤り。to を listened の後に回せば that を用いてもよいが，次のように which や that は省略するのがふつうである。

   The music we listened *to* last night was by Beethoven.

§300 関係代名詞の２用法

関係代名詞には，先行詞を修飾限定する**制限用法**(または**限定用法**)と，先行詞について補足的な説明を加える**非制限用法**(または**継続用法**)との２つがある。

１ 制限用法と非制限用法との相違点

(1) 句読法の違い

制限用法では，修飾する語との関係が密接で先行詞と関係代名詞との間にコンマ[,]を置かないが，非制限用法の場合には，コンマを置く。

The person **who** wrote this essay is a journalist.　　〔制限用法〕
(このエッセイを書いた人はジャーナリストです)

I met Mary, **who** asked me to give you this.　　〔非制限用法〕
(私はメアリーに会ったら，あなたにこれを渡すように頼まれました)

* 制限用法では，音読の際には，関係代名詞の前でポーズ〔休止〕を置かないが，非制限用法ではポーズを置く。

(2) 先行詞の特徴の違い

制限用法の先行詞は本来不特定の人・物で，関係代名詞の導く節に修飾されて初めて，だれまたは何をさしているのかがわかる場合が多い。非制限用法の先行詞は特定の人・物であることが多く，関係代名詞の導く節は先行詞に補足的な説明を加える役割をする。

非制限用法の先行詞になるものには，次のようなものがある。

❶ 固有名詞の場合

Mr. Frank, **who** expects too much of his son, may be disappointed.
(フランク氏は，息子にあまりにも大きな期待をかけているので，失望するかもしれない)

* この文でコンマを取って制限用法にするのはおかしい。次の文では，不特定の人の中からある種類の男性を限定しているので，制限用法になる。

A man **who** expects too much of his son may be disappointed.
（息子にあまりにも大きな期待をかけている男は失望するかもしれない）

  ＊ 固有名詞が一時的に普通名詞のように扱われる場合（同一名の人や物が複数個存在する場合）などに，the をつけた制限用法も見られる。（→ p. 89, 147）

The John Smith **who** wrote this essay comes from Australia.
（このエッセイを書いたジョン・スミスはオーストラリア出身です）

❷ 同一の種類の物が1つしかないと考えられるものの場合

The earth, **which** moves around the sun, is called a planet.
（地球は太陽の周りを回転していて，惑星と呼ばれる）

  ＊ 天体の中から種類を限定する場合には制限用法を用いる。
    A heavenly body **which** moves around the sun is called a planet.
    （太陽の周りを回転する天体は惑星と呼ばれる）

His uncle, **who** lives in Hawaii, came to visit him the other day.
（彼の叔父はハワイに住んでいるが，先日彼を訪ねてきた）

  ＊ 叔父が2人以上いる場合は，制限用法でどの叔父であるかを明確にする。
    His uncle **who** lives in Hawaii came to visit him the other day.
    （ハワイに住んでいる叔父が先日彼を訪ねてきた）

❸ 先行詞が文脈上特定化できる場合

The restaurant hired a new cook recently. *The cook*, **who** has studied culinary art in Paris, is expected to be very good.
（そのレストランは最近新しいコックを雇った。そのコックはパリで調理術を学んできたので，たいへんよい腕をしているものと思われる）

  ＊ 不特定のコックをさす場合には制限用法を用いる。
    A cook **who** has studied culinary art in Paris is expected to be very good.（パリで調理術を学んできたコックは，たいへんよい腕をしているものと思われる）

❹ 先行詞が同一の種類の物のすべてをさしている場合

The calculators, **which** are not working well, must be repaired.
（計算機は，どれもちゃんと作動しないので修理しなくてはならない）

  ＊ 何台かのうちの一部がおかしい場合は，制限用法で特定化する。
    The calculators **which** are not working well must be repaired.
    （ちゃんと作動しない計算機は修理しなくてはならない）

2 制限用法と非制限用法の機能

(1) 制限用法の機能

制限用法の関係代名詞節は，**修飾する先行詞を明確にする**働きがある。

The person **who** lives next door is very friendly.
（隣に住んでいる人はとても親切である）

参考 **先行詞と冠詞**：
{ *A* waiter served us.（あるウエーターが給仕をしてくれた）①
  He was very kind.（彼はとても親切だった）　　　　　②
上の①と②を関係代名詞で結びつけて１つの文にすると次のようになる。
　The waiter **who** served us was very kind.
　（私たちに**給仕**をしてくれたウエーターはとても親切だった）
関係詞節がついても特定化されない場合は a [an] がつく。（→ p.151）

(2) 非制限用法の機能

非制限用法の関係代名詞節は，先行詞について説明を付け加える。文語調。

❶ **連結用法**：〈接続詞＋代名詞〉に置き換えて考えられる場合。

(a) **続いて起こる行動を表す**：〈and＋代名詞〉

She received a long letter from Steve, **which** she read again and again.

　（彼女はスティーブから長い手紙を受け取って，それを繰り返し繰り返し読んだ）

(= …, **and** she read *it* again and again.)

(b) **理由を表す**：〈as, because, for＋代名詞〉

The children liked this book, **which** was beautifully illustrated.

　（子供たちはその本が好きだった。きれいな挿絵があるので）

(=**as** *it* was beautifully illustrated.)

The milk, **which** was near the window, turned sour.

　（ミルクは窓際に置いてあったので酸っぱくなった）

(= …, **because** *it* was near the window, …)

　＊ コンマを取って制限用法にすると，ほかにもミルクはあったが，窓際に置いてあったミルクだけが酸っぱくなったという意味にとれる。

(c) **反対・譲歩を表す**：〈but＋代名詞, though＋代名詞〉

He wrote her a long letter, **which** she sent back unopened.

　（彼は彼女に長い手紙を書いた。ところが彼女は開封しないでそのまま送り返した）

(=…, **but** she sent *it* back unopened.)

This fountain pen, **which** cost a lot of money, doesn't write well.（この万年筆はよく書けない。値がはったのに）

(=…, **though** *it* cost a lot of money, …)

❷ **挿入用法**：文の途中に**挿入**して単に**補足的説明**を加える場合 ── 接続詞に置き換えるのは不自然。

My father, **who** is a scientist, is now in New York.
(私の父は科学者ですが、今ニューヨークにいます)
　＊　制限用法にすると、科学者でない父親もいることになってしまう。

§301 〈前置詞＋関係代名詞〉

1 関係代名詞につく前置詞の位置の一般的規則

関係代名詞が前置詞の目的語になる場合、前置詞は**関係代名詞の前**に置かれるか、**関係代名詞が導く節の終わり**に置かれる。改まった言い方(特に文書)では〈前置詞＋関係代名詞〉の形になり、くだけた言い方(特に談話)では前置詞は後置される。

(1) 制限用法の場合

The woman *to* **whom** he was talking was his secretary.
　　　　　　　　　　　　　　　　　　　　　　　　《堅い言い方》
The woman (**who**) he was talking *to* was his secretary.
(彼と話していた女性は彼の秘書だった)　　《くだけた言い方》

> **注** 前置詞の後置と関係代名詞：
> 1. 前置詞を後置する場合、目的格の関係代名詞は省略されるが、whom の場合は、もし残しておくとすれば主格の who になるのがふつう。
> 2. 関係代名詞が that の場合は、前置詞は必ず後置されるが、この場合も that はふつう省略される。

(2) 非制限用法の場合

Beethoven's *Moonlight Sonata*, *to* **which** I listen whenever I play records, is a great piece of music. 　　《堅い言い方》
Beethoven's *Moonlight Sonata*, **which** I listen *to* whenever I play records, is a great piece of music. 　　《くだけた言い方》
(ベートーベンの『月光』は、私がレコードをかけるときはいつでも聞くのですが、すばらしい曲です)
　＊　このコンマの次の which は省略できない。また、ふつうは that で代用することもしない。

2 関係代名詞の前に置かれる前置詞

(1) 〈as to〉, besides, beyond, concerning, down, during, except, near, opposite, outside, round, since, up などの場合

これらの前置詞はふつう文尾にまわさない。
He explained his whereabouts on the evening of July 21, *as to*

which I wanted to question him further.

（彼は7月21日夜の自分の居場所について説明したが，それについて私は彼にさらに質問したいと思った）

That was the meeting *during* **which** I kept taking notes.

（あれは私がずっとノートをとっていた会議だった）

* as to や during を文尾に置くと不自然になる。

(2) 部分または一部を表す of の場合

❶ 〈不定代名詞［数詞］＋of＋関係代名詞〉の場合：one [some, most] of which [whom] の形で，「そのうちの1つ［いくつか，大半］」の意味を表すような場合は，of が関係代名詞の前に置かれるが，文語的。

She hurried home to feed the cats, *one of* **which** had just had kittens.

（彼女は猫にえさをやるために急いで家に帰った。そのうちの1匹が仔猫を産んだばかりだったので）

  * of which one had ... という形もある。

❷ 〈the＋最上級＋of＋関係代名詞〉の場合

The children, *the tallest of* **whom** could not reach the shelf where the cookies were, went to look for something to stand on.

（子供たちは，一番背の高い子でもクッキーのしまってある棚に届かないので，踏み台になるものを探しに行った）

(3) 〈前置詞＋関係代名詞〉が時・様態を表す副詞句に相当する場合

〈前置詞＋名詞〉の形の副詞句の名詞が取り出されて先行詞になり，本来その名詞についていた前置詞が関係代名詞につくことがある。このような場合，前置詞と名詞の結びつきが強いので，前置詞を文尾にまわすことはしない。

My brother speaks German *with* **fluency**.
（兄はドイツ語を流暢に話す）
Everybody is surprised at the **fluency**.
（皆がその流暢さに驚く）

→ Everybody is surprised at the **fluency** *with* **which** my brother speaks German.

Newton was born in 1642, *the year in* **which** Galileo died.

（ニュートンはガリレオが死んだ1642年に生まれた）

3 関係詞節の末尾に置かれる前置詞

関係代名詞が be afraid of, be fond of などの句や，laugh at, do

without などの句動詞の目的語になっている場合，その中の前置詞は節の末尾に置かれることが多い。

There is no one here (**that**) you need to *be afraid of*.
（ここにはあなたが怖がる必要のある人は1人もいない）

A cup of coffee in the morning is something (**which**) I can't *do without*.（朝の1杯のコーヒーは私には欠かせないものだ）

> [参考] 〈前置詞＋whose ...〉
> whose ... 節の前に前置詞を付けることもできる。どちらかと言えば，堅い書き言葉や話し言葉に多いが，この形が必要な場合もある。
> Even the lawyer, *for whose* ability we all had a deep respect, could not settle the matter.（その手腕に我々みなが深い敬意を抱いていた弁護士でさえ，その件は解決できなかった）
> The group includes three writers *to whose* work we have already referred.（そのグループには，彼らの作品にすでに言及した3人の作家が含まれている）
> Frank, *with whose* speech all of us agreed, decided that.
> （その発言に我々みなが賛成したフランクがそれを決めたのだ）
> He knew Jim, *at whose* house he had met Russell.
> （彼はジムを知っていたが，その家で彼はラッセルに出会ったのだ）

§302 who の用法

I who〔主格〕

(1) 先行詞が人の場合

❶ 制限用法

Babies **who** are allergic to milk shouldn't be given it.
（牛乳アレルギーの赤ん坊に牛乳を飲ませてはいけない）

The man **who** caused the accident escaped.
（その事故を起こした男は逃げてしまった）

We are often told at school about all the wonderful openings for *those* **who** are good at foreign languages.
（私たちは，外国語が得意な人にはたくさんのすばらしい機会が待っていると学校でよく聞かされる）

❷ 非制限用法

Jim called on *Mrs. Smith*, **who** welcomed him warmly.
（ジムはスミス夫人を訪ねた，そうしたら彼女は温かく迎えてくれた）

＊ この ..., who ... は ..., and she ... と書き換えられる。

I met *an old friend of mine*, **who** didn't recognize me.
(私は旧友に会ったが、彼[彼女]は私のことがわからなかった)
　　＊ この ..., who ... は ..., but he [she] ... と書き換えられる。

Greg, **who** came on holiday with me, is now in Kyoto.
(グレッグは休暇で私と一緒に来ましたが、いま京都にいます)
　　＊ この who 以下の挿入節は、先行詞について補足説明したものである。

(2) <u>先行詞が動物の場合</u>：ペットについていうとき、あるいは動物を擬人化するときは **who** を用いる。

We have *a pet mynah* **who** is always mimicking human speech.
(わが家には、いつも人間の言葉のまねをするペットの九官鳥がいる)

Ducks, **who** are very fond of being in the water, are fun to watch. (アヒルは水の中にいるのが大好きで観察するのはおもしろい)
　　＊ be fond of は人を主語にして用いる表現であり、関係代名詞 who を用いることによって ducks を擬人化している。

2 whose〔所有格〕

❶ 制限用法

People **whose** dogs get lost make every effort to find them.
(飼犬が行方不明になった人は、犬を見つけるためにあらゆる努力をする)

I want you to meet *a man* **whose** ambition is to live underwater.
(水中で暮らしたいという野望を持っている男に会ってほしい)

❷ 非制限用法

Ann, **whose** boyfriend didn't turn up, ended up having lunch with her sister.
(アンはボーイフレンドが来なかったので、結局姉と昼食を食べた)

The injured pedestrian, **whose** leg had been broken, was carried away in an ambulance.
(けがをした歩行者は脚が折れていて、救急車で運ばれた)

3 whom〔目的格〕

動詞や前置詞の目的語に用いる。ただし、制限用法の場合は、くだけた言い方、特に話し言葉では省略されるのがふつう。

❶ 制限用法

The doctor (**whom**) she visited gave her the wrong prescription.
(彼女が診てもらった医師はまちがった処方せんを渡した)

* くだけた言い方では, who か that を用いることもあるが, ふつうは省略される。

He paid *the man from* **whom** he had borrowed the money.
（彼は金を借りた男に返した）　　　　　　　　　　《堅い言い方》

* くだけた言い方では whom の代わりに who か that を用いて, 前置詞を関係詞節の末尾に置くこともあるが, ふつうその関係代名詞は省略される。

He paid *the man* (**who**, **that**) he had borrowed the money *from*.
《くだけた言い方》

❷ 非制限用法

He introduced me to *his wife*, **whom** he obviously adored.
（彼は私を彼の夫人に紹介したが, 彼は夫人が好きでたまらないようすがありありと見えた）

* くだけた言い方では, 関係代名詞を用いずに, 文を2つに分けるのがふつう。

He introduced me to his wife. He obviously adored her.

Mr. Watson, *for* **whom** I was working, appreciated my plans.
（私はワトソン氏のところで働いていましたが, 彼は私の企画を評価してくれました）

* くだけた言い方では, 前置詞を関係詞節の末尾に置いて who を用いるのがふつう。

Mr. Watson, **who** I was working *for*, appreciated my plans.

§303 which の用法

先行詞が人以外の動物や物・事の場合に用いる。

1 主格の which

❶ 制限用法

A dictionary is *a book* **which** gives you the meaning of words.
（辞書は語の意味を教える本である）

Animals **which** are in cages are not happy.
（おりの中の動物は幸福ではない）

❷ 非制限用法

Our car, **which** is second-hand, never breaks down.
（うちの車は中古車だけれど, 決して故障しない）

Love, **which** is a wonderful feeling, comes to everyone at some time in their life.（愛はすばらしい感情であり, 人生のある時期にだれにでもやってくる）

2 whose と of which 〔所有格〕

❶ 制限用法

Hand me *the book* **whose** cover [the cover **of which**] is frayed.
（表紙がほつれているその本を手渡してください）

　　＊ Hand me the book *with* the frayed cover. のほうがふつう。

> **注** whose / of which:
> 先行詞が物の場合は whose よりも of which の形がよいという人もいるが，いずれにせよ，堅い書き言葉以外ではぎこちないので，なるべく別の表現にしたほうがよい。of which the cover としてもよいが，上の2つよりも使用頻度は低い。

❷ 非制限用法

Canterbury, **whose** cathedral is famous, is in Kent.
（カンタベリーはその大聖堂が有名であるが，ケント州にある）

That tree, the branches **of which** are almost bare now, is a very old one.
（あの木は，もう枝には葉がほとんどないが，相当な老木である）

> **〔参考〕** whose と of which:
> データによると，whose も of which も会話ではきわめてまれで，書き言葉では全体的に whose のほうが多いが，学術的文書では半々だという。また，新聞では大半が whose で，その先行詞は人間（スポーツチームなども含む）だが，学術的文書では，whose の先行詞の75％が無生物だという。[LGSWE]

3 目的格の which

❶ 制限用法

The music (**which**) the orchestra is playing is a Strauss waltz.
（オーケストラが演奏している音楽はシュトラウスのワルツである）

The cat (**which**) I am so fond *of* belongs to Aunt Mary.
（私がとても好きなその猫はメアリーおばさんのものです）

　　＊ くだけた言い方では省略されるのがふつう。

❷ 非制限用法

Air, **which** we breathe, is made up of many gases.
（空気は，私たちが吸っているが，多くの気体からできている）

Yesterday we visited *the Capitol*, **which** I'd never been *to* before.
（昨日私たちは国会議事堂を見学したが，私には初めての所だった）

　　＊ 非制限用法の場合は目的格でも省略できない。

4 注意すべき which の用法

(1) **人の地位・職業・性格などを先行詞として補語になる場合**： 先行詞が人でも**関係代名詞が補語になる場合**には which を用いる。地位・職業や性格などを表す場合が多い。制限用法の場合は that を用いるか省略するほうがふつう。 【→ p.646】 非制限用法では**形容詞（句）**も先行詞になる。

His mother was *an able lawyer*, **which** he *is* not.
（彼の母親は有能な弁護士だったが，彼はそうではない）

He appeared to be *richly experienced*, **which** he *was*.
（彼は経験豊かに見えたが，事実そうだった）〔形容詞句〕

(2) **子供を先行詞とする場合**：赤ん坊や子供は which で受けることがある。

This is *the baby* **which** needs inoculation.
（これは予防接種を受ける必要のある赤ん坊である）

(3) **前の節や文の一部または全体を先行詞とする場合**：非制限用法の which には，前の節の一部または全体，ときには文を先行詞とする用法がある。

Laura said *she was very sick*, **which** was not true.
（ローラはたいへん具合が悪いと言ったが，それは本当ではなかった）

Some schoolchildren *take no breakfast*, **which** is not good for their health. （朝食を全然食べない生徒がいるが，それは健康によくない）

Students admire Mrs. Brown. **Which** I find natural.
（学生たちはブラウン先生を称賛している。私はそれは当然だと思う）

§304 that の用法

that には，主格，目的格の 2 つしかなく，格による形の変化はない。that は主として先行詞が**物や動物**の場合に用いられるが，人の場合にも who の代わりに用いることができる。**制限用法**では，特にくだけた言い方では，which の代わりに that を用いることが多い。ただ that は，特殊な文体効果をねらった小説など以外では原則として**非制限用法**には用いないし，特殊な成句的表現以外は原則として**前置詞の直後**には用いないことに注意。

1 主格の that

The trees **that** line the street have lovely blossoms in spring.
（街路沿いに植えてある木々は春になるときれいな花をつける）

Birds **that** eat insects can see them from far away.
（昆虫を食べる鳥は遠方から昆虫が見える）

The girl **that** offered an old man her seat in the train had a large bag.
（電車で老人に席を譲った少女は大きなバッグを持っていた）

2 目的格の that

くだけた言い方では省略されるのがふつうである。

The dress (**that**) my mother bought for me suits me perfectly.
（母が私のために買ってきたドレスは私にぴったり合う）

The car (**that**) the President was riding in was continually being stopped by the cheering crowds.（大統領が乗っていた車は，絶えず歓声をあげる群衆に進むのをさえぎられた）

He is *a person* (**that**) you want to work with.
（彼は一緒に仕事がしたくなるような人である）

The woman (**that**) you met last night is a computer programmer.
（昨夜あなたが会った婦人はコンピュータのプログラマーである）

3 that を比較的よく用いる場合

次のような場合には that が好まれる傾向があるが，ルールというわけではない。

(1) 先行詞が最上級の形容詞や，first, only, very などによって修飾されている場合

This is *the hottest summer* (**that**) we have had in thirty years.
（今年の夏は30年ぶりの暑さである）

The hummingbird is *the only bird* **that** can fly like a helicopter.
（ハチドリはヘリコプターのように飛べる唯一の鳥である）

> **注** 最上級＋that / who, which：
> 先行詞が最上級その他によって強く限定されていても，**who** や **which** が用いられることもある。特に先行詞が人の場合は **who** もよく用いられる。
> He was *the only person* **who** could solve the problem.
> （彼はその問題を解くことのできた唯一の人だった）

(2) 先行詞が all, anything, everything, little, much, nothing の場合

事物の場合に that がよく用いられる。

It was the result of *all* **that** had happened previously.
（それは以前に起きたすべての事から生じた結果であった）

Is there *anything* (**that**) I can do?
（私のできることが何かありますか）

There was *little* **that** interested him at the motor show.

(モーターショーでは彼の興味を引くものがほとんどなかった)

> **注** 指示代名詞と **that**:
> 　先行詞が this, that, these, those の場合は which がふつう。something, anything などの場合は that が好まれる。

(3) 先行詞が人の地位・職業・性格などで補語になる場合

　which と同様に that にも、**制限用法**で、人そのものではなく、人の地位・職業・性格などを先行詞とする用法があり、that は**補語**として働く。この場合の that はよく省略される。(→ p.649)

She is not the brilliant *gymnast* (**that**) she used to be.

(彼女は以前のような見事な体操選手ではない)

(4) 先行詞が〈人＋事・物〉の場合：that を用いるのがふつうである。

The people and manners **that** he describes will be unfamiliar to most of his readers.

(彼が述べる人間と風習は、彼の多くの読者になじみがないであろう)

> **注** 〈人＋事物〉と **who, which**:
> 　関係代名詞に近い位置にある先行詞に合わせて、who や which も用いられる。また関係代名詞が省略できる場合には省略してしまうことがある。
> 　　She has written about *the people and things* (**that, which**) she takes interest in.
> 　　She has written about *the people and things* **that** interest her.
> 　　(彼女は自分がおもしろいと思う人々と事柄とについて書いた)
> 　　She has written about *the* people and *things* **which** interest her.
> 　　She has written about *the* things and *people* **who** interest her.

(5) who, which などの疑問詞が直前にある場合

Who **that** understands music could say his playing was good?

(音楽のわかる人でだれが彼の演奏がよかったと言えるだろうか)

　　＊ who who と続くのは口調が悪い。

> **[参考]** **which** と **that**:
> 　堅い学術的な文書では which が好まれ、くだけた言い方では that が好まれるのは一般的傾向であるが、ニュースなどでも《米》では that のほうが好まれる。現代小説でも that が多いという。

§305　what の用法

　what は先行詞を含んでいて、the thing which, that which に相当する。what の導く節は**名詞節**を作り、文の主語・補語・目的語になり、また副詞節を作って挿入句としても働く。

1 名詞節を作る

(1) 主語の場合

What *I don't understand* is that he refused my offer.
（私がわからないのは，彼が私の申し出を断ったことだ）

What *he says* is different from what he does.
（彼の言うことは彼のすることとは違う）
　　＊ That which ... とすることもできるが文語的。

(2) 補語の場合

Good manners are **what** *makes humans different from animals*.
（礼儀作法は人間を動物と区別するものである）　　　〔主格補語〕

"I'm telling the truth." "That's **what** you say."　　【不信】
（「私は本当のことを言っているのです」「あやしいものさ」）

His parents made him **what** *they wanted him to be*.〔目的格補語〕
（彼の両親は彼を自分たちの希望通りの人間にした）

(3) 目的語の場合

I don't believe **what** *you've just said*.
（私はあなたがたった今言ったことは信じません）

The reporter gave us a detailed account of **what** *had happened*.
（そのレポーターは事件を詳しく話してくれた）
　　＊ what had happened は前置詞 of の目的語。

(4) what が anything that の意味を表す場合

この場合の what は whatever に置き換えることができる。

What *I have* is yours.
（私が持っているものはすべてあなたのものです）

Choose **what** *you want for dinner*.
（夕食に欲しいものをなんでも選びなさい）

2 what を含む慣用表現

(1) 〈A is to B what C is to D〉の形

「AのBに対する関係はCのDに対する関係に同じである」という意味を表す慣用表現である。what の導く節は補語である。

Reading *is to* the mind **what** food *is to* the body.
（読書の精神に対する関係は食物の身体に対する関係に同じである）

Children *are to* the world **what** leaves *are to* the forest.
（子供の世界に対する関係は木の葉の森林に対する関係に同じである）

(2) ⟨what is called ～⟩, ⟨what we [you] call ～⟩

「いわゆる～」という意味を表す。

He is **what is called** a self-made man.

（彼はいわゆる自力で出世した男だ）

　　＊　挿入的に He is, what is called, ... とはしない。

(3) ⟨what is [was]＋比較級⟩

「その上～なことには，おまけに」という意味を表す。

His power is absolute, and **what is more,** hereditary.

（彼の権力は絶対的なものである，その上，世襲によるものである）

It was blowing very hard, and **what was worse,** it began to rain.

（風がひどく，おまけに雨まで降りだした）

　　＊　ふつうあとのほうに重点が置かれる。

(4) ⟨What with A and (what with) B⟩

「AやらBやらで」の意味で，ふつうよくないことの原因を並べる。あとの what with は略されることが多く，and で原因となるものをいくつでも並べられる。また ⟨what with A *and everything* [*and all, and so on*]⟩（Aやら何やらで）などと言うこともある。

What with work *and all*, I haven't had time to read.

（仕事やら何やらで本を読むひまもない）

　　＊　歴史的には，この what は something の意味の古代英語の what を副詞的に用いたもので，「いくぶんは」の意味。with は「理由」を表す。

Q&A 94　Tell me what you want. の what は関係代名詞か，疑問代名詞か？

どちらにとってもよい。「あなたの欲しいものを教えてください」なら関係代名詞，「あなたは何が欲しいか教えてください」なら疑問代名詞である。

一般に，動詞によってある程度区別ができる。① 質問・疑問の意味の動詞（ask, inquire, wonder など）の場合は疑問代名詞，② 動作の対象を明確に要求する動詞（believe, do, eat, give, like, take など）の場合は関係代名詞になるのがふつうだが，③ 認識・知覚・発言などの意味の動詞（find, forget, know, remember, say, see, tell など）の場合は決定しにくいので文脈による。④ 疑問代名詞の what には強勢が置かれ，関係代名詞には強勢がない。

What the police want to know is *whát* he ate for dinner.

（警察が知りたいのは，彼が夕食に何を食べたかということだ）

〔最初の What は関係代名詞〕

§306 関係代名詞の省略

1 目的格の場合

目的格の関係代名詞は，**制限用法**の場合は省略される。特に口語調のときはその傾向が強い。（∧ 印：省略箇所を示す）

(1) 動詞の目的語

The woman ∧ John wanted to *meet* was no longer at the hotel.
　（ジョンが会いたいと思っていた女性はもうホテルにいなかった）
The rains ∧ the farmers *were expecting* came too late to save the crops.
　（農民が待ち望んでいた雨は降るのが遅すぎて作物を救えなかった）

(2) 前置詞の目的語

The girl ∧ I gave a party *for* is getting engaged.
　（私がパーティーを開いてあげた娘はもうじき婚約する）
The camera ∧ I was saving up *for* wasn't worth buying.
　（私が手に入れようとお金を貯めていたそのカメラは買う価値がないものだった）

2 主格の場合

主格は**制限用法**に限って，次のような場合には省略できる。

(1) **関係代名詞が be 動詞の補語の場合**　（→ p. 646）

Bob is not the man ∧ he used to *be*.（ボブは昔の彼とは違う）
I am afraid I am no longer the handsome young man ∧ I *was*.
　（私はもはや昔の紅顔の美少年ではありません）

(2) **There is [was]，Here is [was] に続く場合**

There / Here is [was] の文の主語を修飾する関係代名詞は省略することがある。

There was nothing ∧ could be done about it.
　（それについてはどうすることもできなかった）
There's no one ∧ enjoys good food more than he does.
　（彼ほどおいしい食べ物を楽しんでいる者はない）

(3) **It is [was] に続く場合**

*It is*n't everybody ∧ can do that.
　（だれでもそれをやれるとは限らない）
It is not every girl ∧ gets a chance like that.

(あのような好機をすべての少女が得られるとは限らない)

(4) **関係詞節に there is [was] がある場合**

He's had every opportunity ∧ *there is.*
(彼はありとあらゆる機会に恵まれている)

(5) **関係代名詞の直後に I think などが挿入される場合** (➡ p.651)

He is the last person ∧ *I think* will betray you.
(彼はおよそあなたを裏切るとは思われない人だ)

> [参考] 関係代名詞の省略の頻度:
> 関係代名詞の省略は口語調といわれているように，会話や小説に多いことが実証されているが，データによれば，学術論文や新聞などにもよく見られるという。ただし，これはこのタイプの文は関係代名詞そのものの使用頻度が高いからである。また，従節の主語が人称代名詞のときには，その前に関係代名詞がなくても，he や she という形を見れば，その前で切れることが明確なので，関係代名詞の省略が多いという。[LGSWE]

§307 関係代名詞の二重限定

2つの制限用法の関係代名詞が，接続詞を伴わないで同じ先行詞を修飾する用法を，関係代名詞の**二重限定**という。ただし，初めの関係代名詞は省略することが多い。これと，2つの関係詞節が単に等位接続詞によって結ばれて並立しているものと区別することが必要である。

This is the only word (that) I know **which** [**that**] explains the situation.(これは私が知っているうちで，その状況をよく説明するただ1つの言葉です)

* 「私が知っている言葉」の中から「状況をよく説明する」ものをさらに取り出して，それはこの1語だけという言い方である。この文自体単語を10語以上使っているのだから，「私が知っている単語」がたった1語であるはずがない。したがって，which の前に and を入れると誤りであることが明らかである。(➡ 注)

[注] 二重限定と and で結ばれた関係詞の区別:
二重限定の文では2つの関係詞節の後のほうを省略したり，間に and を入れたりすると変な意味になることが多い。次の文で，who 以下を省略したり and を入れたりすると「私はジャックという人しか知り合いがない」ということになってしまう。

Jack is the only person (**that**) I know **who** is suited for the post.
(ジャックは私の知っている人で，その地位に適切のたった1人の人です)

これに対して and で結ばれているふつうの用法の場合は，どちらの関係

> 詞節を省略しても文として成り立つし，2つの関係詞節の順序を入れ替えても意味は変わらない。
> Jack is a man (**who**) you can trust **and who** always lives up to your expectations.
> (ジャックは信頼できる男で，また期待を決して裏切らない男だ)

§308 〈関係代名詞＋挿入節〉

関係代名詞の後に I hear, I think が挿入されることがある。限定用法の場合にはその関係代名詞は省略できる。(→ p.650)

I saw a woman (**who**) *I thought* was a friend of my mother's.
(私はたしか母の友人と思われる婦人を見かけた)
　　＊ I saw a woman. と *I thought* **she** was a friend of my mother's. が結びついたもので，関係代名詞は I thought の目的語となる節の主語になっている。

John, **who** *I remember* was good in math in high school, is now majoring in engineering in college.
(ジョンは，私の記憶では高校では数学がよくできたが，いま大学では工学を専攻している)

[参考] 挿入節の動詞：
　関係代名詞の後に挿入される節の動詞には hear, think のほか，believe, fear, fancy, find, know などがある。関係代名詞がこれらの動詞の目的語節中の主語でなく**目的語**になる場合もある。
That is a statement **which** *I believe* I can prove.
(それは私が必ず立証できると思う陳述だ)

§309 疑似関係代名詞

元来接続詞である as, but, than が，関係代名詞のように用いられることがある。これを疑似関係代名詞という。

■ as の用法

(1) **such, as, the same** と相関的に用いられる場合

❶ 〈**such A as B**〉：「B するような A」

Choose *such* friends **as** will listen to you quietly.
(静かにあなたの言うことを聞いてくれるような友人を選びなさい)

I gave Sarah *such* money **as** I had with me.
(私は手持ちの金をサラに与えた)

❷ ⟨as A as B⟩:「B と同じく A」
He is *as* wise a man **as** ever lived.（彼は古来まれな賢人だ）
We are given *as* much food **as** we can barely live on.
（私たちはかろうじて生きていけるだけの食糧を与えられている）

❸ ⟨the same A as B⟩:「B と同じ A」
He goes to *the same* school **as** [**that**] I do.
（彼は私と同じ学校に通っている）
　　＊ as I do の do を略して as me とすることもある。
This is *the same* wallet **as** [**that**] I bought in London.
（これは私がロンドンで買ったのと同じ札入れだ）

> [注] the same に続く関係詞:
> (1) as は that と置き換えられる。よく as は「同種・同型」を表し，that が「同一物」を表すとされているが，そういう区別はない。ただ，同一物であることをはっきりさせるために，the *very* same wallet とすることもある。また，that を用いるとそのあとの動詞は省略できない。
> (2) the same がつけば，必ず as か that で受けるわけではなく，the same person *who* ... , the same sounds *which* ... , the same time *when* ... , the same place *where* ... などとなることもある。
> I have found that he is *the same* boy *who* played tricks on me last night.（私は彼が昨夜私にいたずらをしたのと同じ少年であることがわかった）
> This is *the same* tune *which* I heard yesterday.
> 　（これは昨日聞いたメロディーである）

(2) **主節やその一部を先行詞とする場合**

　which と同じように，主節の一部や全体を先行詞とする。as の導く節が主節よりも前に出ることが多い。
She is very careful, **as** her work shows.
（彼女は仕事ぶりでわかることであるが，とても慎重である）
As everyone knows, it is harder to write interestingly about a good person than about a bad one.
（だれもが知っていることであるが，悪人についてよりも善人について興味深く書くのは難しい）
慣用表現 ⟨as is often the case with ...⟩，⟨as is usual with ...⟩ なども同類で，as の次に it を補って，接続詞にしてみるとわかりやすい。
As *is often the case with* young people, he was overconfident.
（若者によくあることだが，彼は自信過剰だった）
　　＊ 一般にそうなのだとか，そういう習性があるがというような意味で用いることが多い。

注 | as と which の相違点
(1) as は which よりも軽く,「…であるが」という意味を表すが, 同時に接続詞としての「…のように, …なので」の意味が根底に残っている場合が多い。
(2) asが導く節は主節の前にもくるが, whichが導く節は主節の後にくる。
　　As was expected, he left the hospital in two weeks.
　　　（予測されたことであったが, 彼は2週間で退院した）
　　=He left the hospital in two weeks, *which* was expected.
(3) as が主語になるときは, 動詞は be 動詞か seem などの動詞に限られている。as (it) happens は別。which は動詞の種類は問わない。
　　He married her, *which* delighted us.
　　　（彼は喜ばしいことに彼女と結婚した）
(4) 否定節を導く場合は which はよいが, as はふつう使えない。
　　［誤］ Tom has passed the test, *as* nobody knows.
　　［正］ Tom has passed the test, **which** nobody knows.
　　　（トムはテストに合格したが, だれもそれを知らない）
　　＊ Tom has passed the test, **as** everybody knows. ならよい。

2 but の用法

先行詞が**否定**の意味を持つ語の場合, but が 〈**that ... not**〉 の意味を表すことがあるが, 文語調で古風な言い方である。主節は there is［was］で始まることが多い。

There is *nobody* **but** has their faults.
　（欠点のない人は1人もいない）
None came to him **but** were fed.
　（彼のところに来て食べ物を与えられない者はだれもいなかった）

3 than の用法

than は, **比較級**の語と相関的に用いられる。比較構文の従節の主語が欠けている形で現れる場合が多い。

There is *more* space **than** is needed.（必要以上のスペースがある）
　＊ is needed の**主語**が than であると考えると, than を関係代名詞とみることができる。一方, than 以下を, 主語の代名詞の省略であるとか, 文法上の主語を示さない構文の名残と見ると, than は接続詞になる。

He couldn't accept *more* money **than** he really needed.
　（彼は本当に必要なお金以上は受け取ろうとしなかった）
　＊ than が needed の**目的語**になっているとみれば関係代名詞になるが, than 以下を副詞節とみて接続詞と考えることも多い。

第2節 関係副詞

§310 関係副詞の機能と種類

(1) 関係副詞の機能

関係代名詞と同様,修飾する節を名詞に結びつけて,**接続詞**と**副詞**の両方の働きをするものを**関係副詞** (Relative Adverb) という。

This is *the house*. + He lives *there*.
 → This is *the house* **where** he lives. (これが彼の住んでいる家です)
  〔形容詞節〕
  * 副詞 there が関係副詞 where に変化している。これを関係代名詞を使って表すと,This is the house *in which* he lives. となる。

参考 **前置詞+関係代名詞**:
 関係副詞の代わりに〈前置詞+関係代名詞〉を用いるのは,堅い文書に多く,会話ではまず用いられない。

(2) 関係副詞の種類と先行詞

関係副詞には **when, where, why, how** の4つがある。when, where, why はそれぞれ時・場所・理由を表す語を先行詞にとるが,how (方法)の場合,現代英語では先行詞に相当する the way とともには用いない。また,これら4つの代わりに **that** が用いられることもある。

The day **when** (=on which) I took the picture was dark and overcast. (私がその写真を撮った日は暗く,空が曇っていた)
I first saw him in the office **where** (=in which) he worked. (私は彼が仕事をしていた事務所で初めて彼に会った)
I don't know the reason **why** (=for which) he refused our invitation. (彼がどうしてこちらの招待を断ったのか私は知りません)
This is **how** (=the way in which) I came to this conclusion. (こうして私はこの結論に達したのです)

§311 関係副詞の用法

関係副詞には関係代名詞と同じく制限用法と非制限用法とがある。

■ 制限用法

(1) **when**: 時を示す語(句)が先行詞になる。

2001 is *the year* (**when**) we enter the twenty-first century.
(2001年は21世紀の始まりの年である)

* Twenty oh one [Twenty hundred and one] is the year ... と読むが，書くときには2001のまま文頭に出しても，綴り字で示してもどちらでもよい。

The time will soon come **when** we can enjoy space travel.
(私たちが宇宙旅行を楽しめる時がじきに来る)

* 先行詞 (the time) と修飾する形容詞節が離れる場合もある。この場合は when は省略できない。

There are *times* **when** all the world seems asleep.
(世界中が眠っているように思われる時がある)

* この times は「(ある事が起こる) 時 (=occasion)」の意味の可算名詞。

> **注** 形容詞節を導く after, before:
> after, before も時を表す語(句)を修飾する形容詞節を導く。
> The year *before* they got married he sent her roses twice a day. (彼らが結婚する前の年，彼は彼女に日に2回バラを送った)

(2) **where**：関係副詞の中では最もよく用いられている。

❶ **場所**を表す語が先行詞の場合。

Is there *a shop* near here **where** I can buy postcards?
(この辺に葉書を買える店がありますか)

This is *the place* (**where**) the great poet is buried.
(ここはかの偉大な詩人が葬られている場所です)

❷ **状況・立場**などを表す語が先行詞の場合。

具体的な場所ではなくても，point(点)，case(場合)，circumstance (境遇)，situation(状況)などのように，状況・立場・事情・事例など広い意味で場所と考えられる語が先行詞にくるときにも where が用いられる。堅い書き言葉に多い。

There are a few *cases* **where** this rule does not apply. 〔事例〕
(この規則があてはまらない場合もいくつかあります)

> **注** 「場合」の when:
> 「場合」などに当たる語が「時」を表していると考えられる場合には，when が用いられる。
> There are *cases* **when** a casual remark cuts deep. 〔時〕
> (何気ないひと言がひどく身にしみる場合がある)

(3) **why**：**理由**を表す語 (a [the] reason) が先行詞になる場合。
実際に用いられることは少ない。

Please give me *a good reason* **why** you didn't show up for work yesterday.

(あなたがなぜ昨日仕事に姿を見せなかったか,ちゃんとした理由をどうぞ聞かせてください)

The reason (**why**) I didn't write to you was that I didn't know your address.

(あなたに手紙を出さなかったのは,ご住所を知らなかったからでした)
* この形で was の次の that の代わりに because を用いるのは口語的。

(4) <u>how</u>:「どのようにして〜であるか」の意味で用いられる。先行詞にあたる **the way** だけが how の代わりに用いられることもある。

how か **the way** かどちらか 1 つしか用いないので,how を関係副詞扱いしないで,接続詞とする見方もある。

That's **how** your father and mother came to be husband and wife.(そのようにしてあなたの両親は結婚したのですよ)

The film will show you **the way** the native Americans lived in Alaska at that time.(その映画を見れば,そのころアラスカでアメリカ先住民が営んでいた暮らしぶりがわかるでしょう)

"It looks like we'll miss the train again." "That's <u>**the way** it goes.</u>" 【あきらめ】

(「また列車に乗り遅れそうだよ」「そんなもんだ〔どうしようもない〕」)

(5) <u>that</u>: when, where, why, how **の代わり**に用いられる。when に相当する場合が最も多い。また,実際には **that** は省略されることが多い。

The last time (**that**) you were here we had a picnic.

(この前あなたがここに来たときはピクニックをした)

I will go *nowhere* (**that**) you cannot go.

(私はあなたが行けないようなところには行かないつもりです)
* anywhere, somewhere, nowhere や place などの場合以外はあまり用いられない。

Is this *the reason* (**that**) you disagreed with me?

(そういうわけで私に反対したのですか)
* 先行詞が the reason の場合に that が用いられることがある。

That's the way (**that**) I was rescued.

(そんなふうに私は救出されたのです)
* the way の後に関係詞を置くなら how ではなくて that または in which になることに注意。

> **参考** 関係副詞 **that** の見方:
> the year **that** (=*in* which) I was born (私が生まれた年) のような that を関係代名詞とみて, the year *that* I was born *in* の文末の前置詞 in を落とした形だから会話に多く見られるという考え方もある。

2 非制限用法

関係副詞の中で非制限用法があるのは when と where だけで，why と how にはない。

(1) **when**：「するとそのとき (at that time)，そしてそれから (and then)」という意味を表す。先行詞を補足説明する場合もある。

I finished talking with him at ten o'clock, **when** he wanted me to stay a little longer.
（彼との話は10時に終えたが，彼は私にもう少しいてほしいと言った）

In 1939, **when** World War II broke out, my father was born in Paris.
（1939年は第二次世界大戦が始まった年だが，その年に父はパリで生まれた）

(2) **where**：「するとそこで (and there)」という意味を表す。先行詞を補足説明する場合もある。

We came to a fountain, **where** we rested for a short while.
（私たちは泉のところに来た。そしてそこでしばらく休憩した）

There is a language war, for example, in Malaysia, **where** people of different races live together.
（たとえばマレーシアには言語戦争があるが，それはさまざまな人種が一緒に住んでいるためである）

§312　関係副詞の先行詞の省略

先行詞が the time, the place, the reason などのときは，これらは一般に省略される。先行詞が省略されると，関係詞は**名詞節**を導くことになる。（以下∧印は省略を表す）

(1) **when の場合**

先行詞を伴わずに，「(～する)とき」という意味を表す。

Spring is ∧**when** the garden is most beautiful.
（春は庭が一番美しいときである）

The best time for her is ∧**when** all the family get together.
（彼女の生活の最良のときは家族全員が集まるときである）

　　＊ the time の省略と考えないで，先行詞を含んだ形とする考え方もある。where や why についても同じ。

"Say **when**!" "**When**!"
（「いいとこで言ってくれ」「はい，そこで」）　　　　　　　　【申し出】

＊ 酒などをつぐときに「いいところまで来たらそう言ってくれ」という意味で使う。答える場合に, "Right, that's enough, thanks."（よし, それで十分, ありがとう）などと言うこともある。

(2) where の場合

先行詞を伴わずに,「(〜する)所」の意味を表す。

Something exploded a few meters away from **where** we were standing.
（私たちが立っていた所から数メートル離れた場所で, 何かが爆発した）

The library is **where** I spend most of my time.
（図書館は私が多くの時間を過ごす場所である）

That's just **where** you're wrong.
（そこがちょうどあなたがまちがえている点です）

> **注** 〈前置詞＋先行詞〉の省略:
> 　He found his camera *where* he had left it.（彼は自分が置き忘れた所にカメラがあるのを見つけた）というような文では, where は in [at] the place where の意味で,〈前置詞＋先行詞〉が省略されている。この場合は where 以下は場所を表す副詞節として働いているので, where を**接続詞**として扱うのがふつうである。(→ p. 614)

(3) why の場合

the reason why の the reason はふつう省略する。また, the reason を用いる場合には, why を省略するか, その代わりに that を用いる。

I can't understand **why** you did such a thing.
（あなたがどうしてそのようなことをしたのか私にはわかりません）

That's **why** any seeing-eye dogs have to be clever.
（そういうわけで, どの盲導犬も利口でなくてはならないのです）

(4) how の場合

how にはもともと先行詞がない。how だけを用いるか, または the way だけを用い, the way how とはしない。実際には, 話し言葉だけでなく, 書き言葉でも the way を使うほうが多い。

That is **how** the farmers' crops were saved.
（そのようにして農民の穀物は救われた）

That is **how** the evening with the young people went.
（そのようにして若い人たちとの夕べが過ぎていった）

> **注** how と that:
> 　この用法で, how が that とほぼ同じ意味を表すことがある。
> 　He told me **how** (=*that*) he had met her in Paris.
> 　　（彼はパリで彼女に会ったと言った）

§313 関係副詞の省略

関係副詞そのものが省略されることもある。where 以外の when, why および that が省略される。(以下∧印は省略を表す)

> [参考] **where の省略**:
> where は省略不可とする人が多いが，くだけた言い方で，先行詞が place の場合に that が用いられ，それが省略されることがある。
> I've lost my camera. I'm going back to look for it in *the place* (that) I was sitting.
> (カメラをなくしてしまいました。私が座っていた場所へそれを捜しに戻るところです)

(1) when の場合

先行詞 (time, day, week, year など) の直後にくる場合。(→ p. 654) 会話だけでなく，書き言葉でも when を使うよりも省略するほうが多く，特に **time** のあとでは省略されるのがふつう。

Monday is *a day* ∧ I have a lot of work to do.
(月曜日は私には多くの仕事がある日だ)

The last time ∧ Halley's comet appeared was in 1986.
(ハレー彗星が最後に現れたのは 1986 年だった)

(2) why の場合

先行詞が reason の場合だが，会話では省くのが比較的ふつう。

There is no *reason* ∧ you should complain.
(あなたが不平を言う理由は何もない)

The reason ∧ I'm calling you is to invite you to a party. (お電話をさしあげたのは，パーティーにお招きしようと思ったからです)

(3) that の場合 (→ p. 656)

くだけた言い方では省略するほうがふつう。

Do you still remember *the day* ∧ we first met?
(僕らが初めて会った日のことをまだ覚えていますか)

* that の省略であるが，when の省略と考えてもよい。

> [注] **the way that**:
> This is *the way* the accident happened.
> (その事故はこんなふうにして起こったのです)
> この文も the way の次に that を補うことはできるが，前記のように，このような場合にはふつう the way か how だけを用いる。
> This is *how* the accident happened.

第3節 関係形容詞

§314 関係形容詞の種類と用法

関係代名詞がその直後の名詞を修飾して形容詞と接続詞の働きをすることがある。これを関係形容詞 (Relative Adjective) という。関係代名詞の what, which と複合関係代名詞の whatever, whichever とがある。
(→ p. 662)

(1) **what の用法**

what は「…するだけの～」(=all the ～ that ...) の意味を表す。その意味をいっそう明確にするために, little や few がつくこともある。

I'll give you **what** *money* I have with me now.
（今私が持っているお金はすべて君にあげよう）

I gave him **what** *little help* I could.
（私は彼にわずかではあるが私のできる限りの援助を与えた）

(2) **which の用法**

非制限用法として用いる。物だけでなく人を表す名詞にも物を表す名詞にも用いるが, 特に〈前置詞＋which＋名詞〉の形で用いられることが多い。文語的である。

They may refuse to follow the agreement, *in* **which** *case* we shall have to take more drastic action.
（彼らは協定に従うことを拒絶するかもしれない。そうなったら, 私たちはもっと思い切った行動をとらなくてはならないでしょう）

The letter was written in French, **which** *language* I happened to know well. （その手紙はフランス語で書かれていたが, その言葉をたまたま私はよく知っていた）

＊ which language としなくても which だけですむのでそのほうがよい。

注 関係代名詞の所有格の whose と関係形容詞の which の違い
 a. Their ship was driven away to an island, **whose** name was unknown to them. （彼らの船はある島に流されたが, その名前を彼らは知らなかった）
 b. Their ship was driven away to one of the Shetland Islands, **which** name was unknown to them. （彼らの船はシェットランド諸島の1つに流されたが, この名前を彼らは知らなかった）
 a. の ..., **whose** name は ..., but **its** name と考えられるのに対して, **b.** の ..., **which** name は ..., but **this** name と考えられる。なお, whose を関係形容詞とする見方もある。

第4節 複合関係詞

関係代名詞や関係副詞に -ever のついたものをそれぞれ**複合関係代名詞**,**複合関係副詞**という。

関係代名詞 that と関係副詞 why には複合形はない。

§315 複合関係代名詞

複合関係代名詞には whoever, whichever, whatever があり,**名詞節**および**譲歩**を表す副詞節を導く働きがある。疑問詞を -ever で強調した形と混同しないこと。(→ p. 241)

(1) **whoever の用法**

❶ 名詞節を導く:「～する人はだれでも」(=anyone who)

whosoever という文語的な形もある。

Whoever leaves the office last should switch off the light.
(会社を最後に出る人はだれでも明かりを消さなくてはならない)

We'll employ **who(m)ever** you recommend.
(あなたが推薦する人ならだれでも雇いましょう)
  * whoever がふつう。

注 | whoever と whomever:
両語が導く節の中で,その関係代名詞が主語になっていれば whoever を,目的語になっていれば whomever を用いるのが原則であるが,改まった書き言葉以外では,**whoever** がどちらの場合にも用いられる。
He told the story to **whoever** (=anyone *who*) *came* to see him.
(彼は会いに来る人にはだれにでもその話をした)
  * came の主語になっているから whoever。
He told the story to **who(m)ever** (=anyone *whom*) he *met*.
(彼は会う人にはだれにでもその話をした)
  * met の目的語になっているから whomever になる理屈だが,ふつうは whomever の代わりに whoever が用いられる。

❷ 譲歩の副詞節を導く:「だれが～しようとも」(=no matter who)

この意味では no matter who を用いた言い方のほうが口語的。また whoever の導く副詞節に **may** を用いるのは文語的な言い方である。これは -ever 形の関係詞すべてに適用される。

Whoever is [may be] responsible, we should seek the best solution of this difficulty.

(だれに責任があるにせよ，このやっかい事の一番よい解決法を探さなくてはならない)

Who(m)ever (=No matter who) you ask, you'll not be able to get the answer to the question.
(だれに聞こうと，その問題の正解は得られないだろう)

(2) whichever の用法

❶ **名詞節を導く**：「どれでも」「どちらでも」

Which is my bed? — You can have **whichever** you like.
(「私のベッドはどちらですか」「好きなほうをどちらでも使っていいですよ」)

❷ **譲歩の副詞節を導く**：「どちらが[を]〜しようとも」(=no matter which)

Whichever (=No matter which) wins, it isn't important for me.
(どちらが勝とうと，私にはどうでもよいことだ)

Whichever you decide upon, I'll back you up.
(どちらに決定しても，私はあなたを支援します)

(3) whatever の用法

❶ **名詞節を導く**：関係代名詞 what の強調形。「(〜する)ものは何でも」(=anything that) whatsoever という文語的な形もある。

Whatever has a beginning also has an end.
(始まりのあるどんなことも，また終わりがある)

Whatever you break you will have to pay for.
(あなたが壊したものは何でも弁償しなくてはならないでしょう)

　　* whatever you break の節は pay for の目的語で，強調のために文頭に位置している。

"I want you to deliver this letter personally." "Okay, Jim. I'll do it. **Whatever** you say."
(「君にこの手紙をじきじきに届けてもらいたいんだけれど」「よし，ジム，やるよ。なんでも君の言うとおりにするよ」)　　　　　　　　【承諾】

❷ **譲歩の副詞節を導く**：「どんなもの[こと]が[を]〜しようとも」(=no matter what)

Whatever happens [may happen], I will go.
(何が起ころうと，私は行きます)

Whatever (=No matter what) they said to him, Joe would not change his mind.
(彼らが彼に何を言っても，ジョーは決心を変えようとしなかった)

> **注** 否定を強める whatever:
> whatever, whatsoever が単独で否定を強めることもある。
> "Can you handle this?" "No problem *what(so)ever*."
> (「君,これを使える?」「全然問題ありません。だいじょうぶ」)
> * whatsoever は《米》のほうに多い。

§316 複合関係副詞

関係副詞 where, when, how に **-ever** のついた wherever, whenever, however は複合関係副詞と呼ばれ,**副詞節を導く**。

(1) **wherever の用法**

❶「どこで〜しようとも」(=no matter where) 〔譲歩〕

Wherever (=No matter where) you are, remember that we will be thinking of you.

(どこにいても,私たちがあなたのことを考えていることを忘れないでください)

❷「〜するところならどこ(へ)でも」(=at [to] any place where) 〔場所〕

Tommy followed my grandpa **wherever** (=to any place where) he went.

(トミーは私の祖父が行くところはどこへでもついて行った)

  * この場合は,副詞節を導く接続詞とも考えられる。 ➡ p. 614

(2) **whenever の用法**

❶「いつ〜しようとも」(=no matter when) 〔譲歩〕

Whenever (=No matter when) you come, I am glad to see you.

(いつおいでになっても喜んでお目にかかります)

❷「〜するときはいつでも」(=at any time when) 〔時〕

Come **whenever** (=at any time when) it is convenient for you.

(あなたの都合のいいときにいつでも来なさい)

  * この場合も副詞節を導く接続詞とも考えられる。 ➡ p. 609

(3) **however の用法**

❶ 〈however+形容詞[副詞]〉「どんなに〜しようとも」(=no matter how) 〔譲歩〕

However (=No matter how) *much* he eats, he never gets fat.

(どんなにたくさん食べても彼は決して太らない)

❷ 〈however+S+V〉「どんなふうに〜しても」(=by whatever means) 〔譲歩〕

However you do it, the result is the same.
(どんなふうにやったって結果は同じだ)

§317 複合関係形容詞

複合関係代名詞が形容詞的に働くものを複合関係形容詞という。whatever, whichever の2つがある。

(1) **whatever の用法**

❶ 名詞節を導く:「どんな〜でも」(=any 〜 that)

Whatever *excuse* he makes will not be believed.
(彼はどんな言い訳をしても信じてもらえないだろう)

Whatever *decision* you make is all right with me.
(あなたがどのような決定をしても私に異存はありません)

❷ 譲歩の副詞節を導く:「どんな〜が[を]…しようとも」(=no matter what)

You have to go on, **whatever** (=no matter what) difficulties come up.
(どんな困難が起きようとあなたは先に進まなくてはならない)

Whatever problems you have, you can always come to me for help.
(どんな問題があっても,いつでも私に助けを求めにきてよろしい)

(2) **whichever の用法**

❶ 名詞節を導く:「(…する)どちらの〜でも」

Choose **whichever** *brand* you prefer.
(どちらでも好きなほうの銘柄を選びなさい)

I think you will enjoy **whichever** *one* you choose.
(あなたがどちらを選んでも楽しめると思います)

❷ 譲歩の副詞節を導く:「どちらの〜が[を]…しようとも」(=no matter which)

The game will be very exciting, **whichever** *side* wins.
(どちらが勝っても,試合はとてもおもしろいものになるでしょう)

Whichever *TV channel* he turned to, he saw nothing but talk shows or comedies.
(彼がテレビのどのチャンネルを回しても,トークショー〔会見番組〕か喜劇しかやっていなかった)

第19章 前 置 詞
PREPOSITIONS

前置詞は名詞・名詞相当語句の前に置かれ、形容詞句・副詞句を作る。1語の前置詞のほか、2語以上で1つの前置詞として働くものもある。

第1節 前置詞の種類と用法

§318 前置詞の種類

一般に前置詞は at, in, to, for など、単音節の短い語が多いが、2語以上が集まって1つの前置詞として働くものもある。

(1) **1語の前置詞**

after, at, by, for, from, in, of, on, till, to, under, with など

(2) **群前置詞**

2語以上が集まって1つの前置詞として働くもの。(→ p.670)

as for (〜はどうかといえば), because of (〜のために), up to (〜まで), by means of (〜によって), in front of (〜の前で) など

> [参考] 他品詞転用の前置詞:
> ❶ 現在分詞から: concerning (〜に関して), excepting (〜を除いて)
> ❷ 過去分詞から: past (〜を過ぎて) [passed の変形]
> ❸ 形容詞から: near (〜の近くに), (a)round (〜のまわりに)

§319 前置詞の目的語

前置詞の後に置かれる語(句)を**前置詞の目的語**という。

(1) **名詞・代名詞**

The sun is **behind** *the clouds*. (太陽は雲の陰に入っている)
He told me **about** *himself*. (彼は私に自分のことを話した)

(2) **形容詞**: 対句などの決まった表現の場合、前置詞の目的語になることがある。

Things went **from** *bad* **to** *worse*. (事態はますます悪化した)

(3) 副詞

A great part of the iron used in the country was imported **from** *abroad*.（その国で使われる鉄の大半は外国から輸入された）

(4) 前置詞つきの句：二重前置詞と呼ばれることがある。 →p.671

These birds have come **from** *over the sea*.
（これらの鳥は海の向こうからやって来た）

(5) 準動詞

❶ 動名詞

I learned a great deal **from** *reading* periodicals and newspapers.
（私は雑誌や新聞を読むことによって多くのことを学んだ）

❷ 不定詞：but, except; as, than などの次にくる場合 →p.474

She did nothing **but** *complain* the whole time she was here.
（彼女はここにいる間中文句ばかり言っていた）

> **参考** **be about to**:
> be about to（まさに～しようとしている）の about は前置詞と考えてもよいし，〈be＋形容詞＋to ～〉の形とみてもよい。

(6) 名詞節

❶ 間接疑問

This lesson is **about** *how* uncertain the English weather is and *what* people feel about it.
（この課は英国の天候がいかにはっきりしないか，そして人々がそれについてどう思っているかについて述べている）

❷ 関係詞節

He would try to borrow money **from** *whoever* happened in.
（彼はたまたま来合わせたどんな人からもよくお金を借りようとした）

❸ that 節：but, except, in, save などに限られる。 →p.605

He is like his father **in** *that* he is very susceptible to feminine charms.（彼は女性の魅力にとても惑わされやすい点で父親に似ている）

§320 前置詞の位置

原則として前置詞は**目的語の前**に位置するが，次のような場合には目的語と離れて**後置**される。

(1) 疑問詞が目的語の場合 →p.241

<u>Who</u> do you work **for**?（どちらにお勤めですか）　　　　　　【質問】

"I wonder if you really believe that." "*What are you driving* **at**?"
（「君は本当にそれを信じているのかなあ」「何が言いたいんだ」）

【詰問】

(2) 関係詞節の場合 （→ p.638）

関係代名詞が that のときや，関係詞が省略されている場合。また，一般にくだけた言い方では前置詞は後置される。

The woman (*who*) he fell in love **with** was the perfect woman for him.（彼が恋をした女性は彼にぴったりの人だった）

(3) 不定詞の場合 （→ p.476）

There's nothing *to worry* **about**.（心配することは何もない）

Please lend me something *to write* **with**.

（何か書くものを貸してください）

＊ ペンなど。紙なら on。

(4) 受動態の場合

句動詞の受動態では前置詞が後置される。（→ p.575）

The patient has to *be operated* **on**.（患者は手術の必要がある）

This problem had better *be taken care* **of** at once.

（この問題は直ちに処理したほうがよい）

(5) 目的語が先行する場合

強調のために前置詞の目的語が文頭にくると，前置詞が後置される。

Outdated computers we have no use **for**.

（旧式なコンピュータに用はない）

That sort of advice I could do **without**.

（その種の忠告はしてもらわなくてもいいのだが）

§321 前置詞の省略

次のような場合，前置詞は省略されることがある。

(1) 副詞的目的格

距離・時間を表す for は省略される場合がある。（→ p.128）

We walked (**for**) *three miles.*（私たちは3マイル歩いた）

The conference lasted (**for**) *four hours.*（会議は4時間続いた）

Won't you stay (**for**) *the night*?（一晩お泊まりになりませんか）

(2) 〈of＋名詞〉の形で形容詞句となる場合

〈of＋名詞〉の名詞が年齢・大小・色彩などを表す名詞の場合は，of はふつう省略される。

The children are (**of**) *the same age.*
(その子たちは同い年である)

This suitcase is (**of**) *the same size* as that.
(このスーツケースはあれと同じ大きさである)

(**Of**) *What color* is your car? (君の車は何色ですか)

注 (**of**) **no use**:
no, any, some などがつく次のような表現での省略もある。
It is (**of**) *no good* crying. (泣いたって無駄である)
=It is (**of**) no use crying [to cry].

(3) that 節や疑問詞を含む節または句が前置詞の目的語となる場合

be aware of, be sure of などの後や,〈自動詞＋前置詞〉の後に, that 節や疑問詞を含む節・句がくる場合, 前置詞が省略される。 (→ p.604)

❶ **that 節**の場合は原則としてその前に前置詞を置かない。
I'm sure *that he is honest.* (彼が正直であることを私は確信している)
(↔ I'm sure *of his honesty.*)
He insisted *that he was innocent.* (彼は無実であると主張した)
(↔ He insisted *on his innocence.*)

❷ **疑問詞の導く節**の場合は, 文意が明確であれば前置詞を省略するのがふつう。

I'm worried (**about**) *how the project was carried out.*
(その計画がどのように実施されたかが心配だ)
＊ about はなくても文意は明確である。
I'm worried **about** *where she is.*
(私は彼女がどこにいるか気がかりだ)
＊ about をとると文意が不明確になる。

I am quite at a loss (**as to**) *what I should do.*
(どうしてよいものやら途方にくれています)

(4) 動名詞の前の省略

I had a lot of difficulty (**in**) *finishing* the work on time.
(私はその仕事を時間通りに終えるのにたいへん苦労した)

He spent most of his spare time (**in**) *reading.*
(彼は暇な時間の大半を読書に費やした)

注 | **go ～ing**:
He went *fishing* in the river. (彼は川へ釣りに行った) の場合は, for が動名詞の前にあったとも, go on ～ing に由来しているとも考えられるが, 現在では前置詞を用いない場合の ～ing は現在分詞と考えられている。なお, 日本語では「彼は川<u>へ</u>釣りに行った」「彼女はスーパー<u>へ</u>買い物に行った」と言うが, 英語では「川<u>で</u>釣る」「スーパー<u>で</u>買い物をする」とい

う関係を明示して，He went fishing *in* [˟ to] the river. She went shopping *at* [˟ to] the supermarket. と言う。fishing *in* the river（川釣りをする）でまとまった語群になっていることに注意。 ➡ p. 535

(5) 不定詞の中での省略

形容詞用法の不定詞句の前置詞が省略されて，副詞用法の不定詞に近づくことがある。慣用的なくだけた言い方である。

The moon is not a good place *to live* (**on**).
　（月は生活するにはいい場所ではない）
　　＊ 先行詞が place の場合，それと関係の深い動詞（live, go, sleep など）に続く前置詞はよく省略される ➡ p. 476

He didn't have the money *to buy* the tent (**with**).
　（彼はテントを買う金がなかった）➡ p. 477
　　＊ He didn't have the money *with which to* buy the tent. と比較。
　　　　　　　　　　　　　　　　　　　　　　　➡ p. 476

§322　前置詞つきの句の用法

〈前置詞＋名詞〉の形の句は，主として形容詞句および副詞句として働くが，名詞句になる場合もある。

1 形容詞用法

(1) 限定用法

Nurses are often called 'angels **in white**.'
　（看護師はよく「白衣の天使」と呼ばれる）

(2) 叙述用法

❶ 主格補語の場合

The bill was **under heated discussion**.
　（その法案は激しく討論されている最中であった）
It will be **of great interest** to you.
　（それはあなたにはとても興味深いでしょう）

❷ 目的格補語の場合

Leave me **in peace**.（私に構うな）
Whenever we meet him, we find him **in high spirits**.
　（彼はいつ会っても元気である）

2 副詞用法

(1) 動詞を修飾する

He *spoke* **in a great hurry**.（彼は大急ぎで話した）

(2) <u>形容詞を修飾する</u>

Mary is **good at cooking**. (メアリーは料理が得意である)

(3) <u>ほかの副詞を修飾する</u>

We live *nearest* **to the church**.
(私たちは教会に一番近いところに住んでいる)

(4) <u>文全体を修飾する</u>

He admitted, **to my amazement**, *that he didn't know.*
(私が驚いたことに，彼は自分が知らないことを認めた)

In other words, *we had to give up our plan.*
(言い換えると，私たちは計画をあきらめなくてはならなかった)

3 名詞用法

前置詞つきの句が名詞として主語になることがある。

After school is the busiest time at Mr. Stone's shop.
(学校が終わってからがストーンさんの店の一番忙しい時間である)

Across the field is the nearest way to the lake.
(原っぱを横切るのが湖への一番の近道である)

§323 群前置詞

2つ以上の語が集まって1つの前置詞として働くものを**群前置詞**という。

(1) <u>2語から成る群前置詞</u>

My friends all like baseball. **As for** me, I find no game more interesting than soccer.
(私の友人はみな野球が好きだ。<u>私はどうかといえば</u>，サッカーよりおもしろい競技はないと思う)

I would have drowned, **but for** my lifebelt.
(もしも救命具<u>がなかったら</u>私はおぼれていたであろう)

He was late **because of** the accident.
(彼は事故<u>のために</u>遅れた)

Owing to the flood, the train service has been suspended.
(洪水<u>のために</u>列車の運行は停止されていた)

 * owing to は because of よりは堅い言い方。

We went **up to** the river and turned back.
(私たちは川<u>まで</u>行って引き返した)

> **注** その他の2語から成る群前置詞:
> according to (〜によれば), as to (〜について), except for (〜以

外の点では), instead of (～の代わりに), thanks to (～のおかげで), with [for] all (～にもかかわらず) など。

(2) 3語以上から成る群前置詞

In case of fire, break the glass and push the button.
(火事の場合には、ガラスを割ってボタンを押しなさい)

I get very nervous whenever I stand **in front of** an audience.
(私は聴衆の前に立つときはいつもたいへんあがってしまう)

He did it **in spite of** the fact that he had been told not to.
(彼はしないように言われていたにもかかわらずそれをした)

Thoughts are expressed **by means of** words.
(思想は言葉によって表現される)

Let's walk **as far as** the lake. (湖まで歩きましょう)

The law exists **for the sake of** individual freedom.
(法律は個人の自由のために存在する)

In addition to this business misfortune, he fell seriously ill.
(この事業の不運に加えて彼は重病にかかった)

Your suggestion is helpful **with regard to** our present situation.
(あなたの提案は私たちの現状について役に立ちます)

> **注** 3語以上から成るその他の群前置詞:
> at the risk of (～の危険を冒して), by way of (～を経由して), for fear of (～を恐れて、～しないように), for the purpose of (～の目的で), in view of (～を考えて), on account of (～の〔理由の〕ために), with a view to (～する目的で) など。

§324 二重前置詞

2つの前置詞が連続するものを二重前置詞という。後の前置詞が導く句が前に位置する前置詞の目的語となっている。

We heard the children's shouts of joy **from across** *the garden*.
(子供たちの歓声が庭の向こうから聞こえた)

He was chosen **from among** *the volunteers*.
(彼は志願者の中から選ばれた)

The sound of laughter came **from behind** *the curtain*.
(カーテンの後ろから笑い声が聞こえた)

He took a box **from under** *the counter*.
(彼はカウンターの下から箱を取り出した)

I have been up **since before** *sunrise*.

(私は日の出前から起きています)
We didn't see him **till after** *the meeting*.
(私たちは会議の後まで彼に会わなかった)

§325 前置詞と副詞・接続詞

1 前置詞と副詞

(1) 前置詞と副詞の違い

前置詞は名詞（相当語）を目的語にとるが，副詞は目的語をとらない。

It's very cold **outside** *the house*. （家の外はとても寒い）　〔前置詞〕
Don't stay **outside** — come inside.　〔副詞〕
(外にいないで，中に入りなさい)

(2) 前置詞と副詞の区別の仕方

次の2つの文の up は，形は同じでも品詞が異なるので注意。

He went **up** the ladder. （彼ははしごを登った）　〔前置詞〕
Roll **up** the rug. （敷物を巻きなさい）　〔副詞〕

これがどちらの品詞であるかを判定するには，up の位置を移動しても意味が成り立つかどうかを見る。移動可能であれば副詞と考えられる。

〔誤〕He went the ladder *up*.
　＊ went は自動詞だから the ladder を目的語にとれない。
〔正〕Roll the rug *up*.
　＊ roll は他動詞だから the rug はその目的語。

人称代名詞が他動詞の目的語の場合には，副詞は必ずその後に置かれるので区別することができる。（→ p.406）

{ She got **over** it. （彼女はそれ〔悲しみなど〕を乗り越えた）〔前置詞〕
　＊ got は自動詞。it は over の目的語。
{ She got it **over**. （彼女はそれを片づけた）　〔副詞〕
　＊ got は他動詞。it は got の目的語。

(3) 前置詞と副詞のどちらにも用いる語

aboard	about	above	across	along	alongside
around	before*	behind	below	beneath	besides
between	beyond	by	down	less	near
off	on	opposite	outside	over	past
round	since*	through	throughout		under
underneath		up	within	without	

＊接続詞にも用いる。

注 1. after と afterwards:
　　ten years *after*（10年後）などの場合を除いて after は副詞として用いるのはまれで，通常，前置詞・接続詞として用いる。前置詞 after に対応する副詞は afterwards である。

注 2. beside と besides:
　　beside は「～の横に」という意味の場所を表す前置詞である。besides には「～に加えて」の意味を表す前置詞と，「さらに，その上」の意味の副詞としての働きがある。
　　He stood **beside** me.（彼は私の横に立った） 〔前置詞〕
　　What shall we have **besides** steak and chips?　〔前置詞〕
　　　（ステーキとフライドポテトのほかに何をとりましょうか）
　　I don't really like steak: *besides*, it's expensive. 〔副詞〕
　　　（私は本当はステーキは好きではない。おまけに値段が高い）

2 前置詞と接続詞

after, as, before, but, for, since, than, until［till］など，いくつかの前置詞は接続詞としても用いられる。前置詞は名詞・名詞相当語の前に位置し，接続詞には〈S＋V〉が続く点に注意して区別をする。

That happened **before** *the war*.　〔前置詞〕
　（それは戦前に起きたことである）
I arrived **before** *you did*.　〔接続詞〕
　（私はあなたより先に着いた）
I thought I had seen that movie **before**.　〔副詞〕
　（私はその映画を前に見たと思った）

I have only been living here **since** *April*.　〔前置詞〕
　（私はまだ4月からここに住み始めたばかりです）
I have not seen him **since** *that happened*.　〔接続詞〕
　（あの出来事があって以来，彼に会っていない）
He joined the club in 1990 and has been a member **since**.
　（彼は1990年にクラブに入って，そのとき以来会員である）　〔副詞〕

注 1. because と because of:
　　because は接続詞，because of は前置詞として用いられる。
　　I stayed home **because of** *a high fever*.　〔前置詞〕
　　I stayed home **because** *I had a high fever*.　〔接続詞〕
　　　（私は熱が高かったので家にいた）

注 2. as と like:
　　くだけた言い方では，最近 like は as（～のように）の意味の接続詞として用いる。（→ p. 628）
　　前置詞として用いる場合には，ふつう次のような意味になる。

He spoke **as** a boss.（彼はボス<u>として</u>話した）
He spoke **like** a boss.（彼はボス<u>のように</u>話した）

§326 動詞・形容詞と前置詞との結合

動詞や形容詞の中には特定の前置詞と結びつくものがある。この場合の前置詞は，第2節に示す9つの前置詞がほとんどなので，それぞれの前置詞の本来の持っている意味を考えると理解しやすい。なお，結びつく前置詞によって意味の変わるものもある。

Look **after** the children for me. 〔自動詞＋前置詞〕
　（子供たち<u>の世話をして</u>ください）
I'll *look* **into** the matter soon.
　（すぐにその問題を<u>調査します</u>）
This is also *true* **of** others. 〔形容詞＋前置詞〕
　（これはほかのものにも<u>当てはまる</u>）
He was *true* **to** his promise.
　（彼は約束には<u>忠実だった</u>［約束は必ず守った］）

◩ 動詞と前置詞との連結

(1) 〈自動詞＋前置詞〉

❶ **at** と結びつく動詞

glance（ちらりと見る）	grasp（つかもうとする）	jeer（あざける）
laugh（笑う）	look（見る）	marvel（驚く）
shudder（ぞっとする）	sneer（冷笑する）	stare（凝視する）

Everybody *laughed* **at** his joke.
　（だれもが彼のジョークを聞いて笑った）
They *shuddered* **at** the thought of hard work.
　（彼らは厳しい仕事を考えるとぞっとした）

❷ **of** と結びつく動詞

admit（～の余地がある）	approve（認める）	beware（用心する）
consist（構成する）	despair（絶望する）	dispose（決着をつける）
disapprove（不賛成を唱える）	think（思う）	repent（悔いる）

My father *disapproved* **of** my choice of clothes.
　（父は私の衣服の選択に反対した）
Can you *dispose* **of** all these newspapers?
　（これらの新聞を全部処分してくれますか）

§326 動詞・形容詞と前置詞との結合

❸ **for** と結びつく動詞

apply（求める）	cry（〜を求めて叫ぶ）	hope（期待する）
long（待ち望む）	look（捜す）	pray（願い求める）
strive（奮闘する）	wait（待つ）	wish（願う）

We all *hope* **for** a better world.
（私たちは皆よりよい世界を望んでいる）
I *looked* **for** her everywhere, but I couldn't find her.
（私はあらゆる所で彼女を捜したが，見つからなかった）

❹ **to** と結びつく動詞

adhere（執着する）	appeal（興味をそそる）	conform（従う）
consent（応じる）	contribute（寄付する）	listen（聞く）
object（嫌う）	reply（答える）	resort（助けを求める）
respond（答える）	speak（話す）	stick（固守する）
talk（話す）	yield（負ける）	

He *spoke* **to** her but she did not *listen* **to** what he said.
（彼は彼女に話しかけたが，彼女は彼の言うことに耳を貸さなかった）
Pearls have always *appealed* **to** me.
（真珠にはいつも私は魅了されてきた）

❺ **on, upon** と結びつく動詞

act（作用する）	count（当てにする）	depend（当てにする）
draw（近づく）	insist（力説する）	live（糧として生きる）
reflect（思案する）	rely（信頼する）	resolve（決心する）

You can't *count* **on** a liar.（うそつきは当てにならないよ）
He *insisted* **on** paying the check for everyone.
（彼はみんなの分の勘定をすると主張した）

❻ **with** と結びつく動詞

associate（つき合う）	coincide（同時に起こる）
consult（相談する）	cooperate（協力する）
cope（対処する）	dispense（〜なしですませる）
interfere（妨げる）〔with: 人，in: 物・事〕	
unite（結合する）	

The U.S. *consulted* **with** the Japanese Government.
（米国は日本政府と協議した）
　　＊「辞書を調べる」consult a dictionary,「医者にみてもらう」consult a doctor などの場合は**他動詞**で用いる。

She had to *cope* **with** a lot of difficulties.
(彼女は数多くの困難に取り組まなくてはならなかった)

> **注** begin と前置詞:
> from を用いないことに注意。
> (1) 「ある日時から始まる」という意味では，at, on, in を用いる。
> The special offer begins *on* October 1.
> (特価提供は 10 月 1 日から始まります)
> (2) 「～で始める」という意味では〈**with**＋名詞〉,〈**by**＋～ing〉
> The lecturer began *with* a joke.
> (講師はまず冗談を言ってから始めた)
> The lecturer began *by* introducing himself.
> (講師はまず自己紹介をしてから始めた)

❼ **from** と結びつく動詞

abstain (慎む)	differ (異なる)	emerge (現れる)
escape (逃げる)	flee (逃げる)	recover (回復する)
refrain (やめる)〔通常, 動名詞と用いる〕		result (起因する)
retire (退く)	suffer (悩む)	withdraw (引く)

She was *suffering* **from** a bad cold.
(彼女はひどい風邪にかかっていた)

Sickness often *results* **from** eating bad food.
(腐ったものを食べて病気になることが多い)

   ＊ result in は「～という結果になる」という意味を表す。
      Your efforts should *result* **in** success.
        (あなたの努力は成功に終わるはずである)

❽ **in** と結びつく動詞

abound (たくさんいる)	believe (信じる)	confide (信用する)
consist (存在する)	delight (楽しむ)	engage (従事する)
participate (参加する)	persist (固執する)	succeed (成功する)

He is sick, or he would *participate* **in** the game.
(彼は病気である。さもなければ試合に参加するだろう)

I don't belive **in** miracles. (私は奇跡など信じない)
   ＊〈believe in〉は「～の存在を信じている」の意。

❾ **for** や **against** と結びつく動詞

contend (争う)	declare (立場を表明する)
demonstrate (意志表示をする)	fight (戦う)
strike (ストを行う)	vote (投票する)

Did you *vote* **for** Mr. Smith? (あなたはスミス氏に投票しましたか)

We are *fighting* **for** a good cause.
(私たちはちゃんとした大義名分で戦っている)

● 特に誤りやすい〈自動詞＋前置詞〉

answer for（責任を負う） answer to（合致する）	apply for（申し込む） apply to（当てはまる）
ask for（求める） ask after（安否を問う）	attend to（注意する） attend on（付き添う）
consist in（〜に存する） consist of（〜から成る）	correspond to（〜に相当する） correspond with（〜に一致する）
deal in（商う） deal with（取り扱う）	hear of（〜のことを聞く） hear from（〜から便りがある）
inquire after（見舞う） inquire about（問い合わせる） inquire into（調査する）	look after（世話をする） look for（さがす） look into（調べる）
part from（別れる） part with（手放す）	pass for（〜で通る） pass on（伝える）
succeed in（成功する） succeed to（継ぐ）	wait for（待つ） wait on（仕える）

She *applied* **for** the job.（彼女はその仕事に申し込んだ）
This *applies* **to** your case.（これは君の場合に当てはまる）

A nurse is *attending* **on** the patient.
 （看護師が患者に付き添っている）
Attend **to** what he is saying.
 （彼が言っていることを注意して聞きなさい）

(2)〈他動詞＋目的語＋前置詞〉

This painting *reminds* me **of** an old castle in Scotland.
（この絵を見るとスコットランドの古城を思い出す）

上の例のように，成句的に〈S＋V＋O＋前置詞〉の型で用いられるものに次のようなものがある。

❶ ask A of B 型の動詞

ask（求める）	beg（懇願する）	demand（要求する）
expect（期待する）	require（要求する）	

"May I *ask* a favor **of** you?" "What is it?"（「お願いがあるのですが」「何でしょう」）　　　　　　　　　　　　　　　　　　　　【依頼】
A father *demands* obedience **of** his children.
（父親というものは子供たちに言うことを聞くように要求する）

❷ **inform A of B 型の動詞**

| convince（確信させる） | inform（知らせる） | persuade（説得する） |
| remind（思い出させる） | warn（警告する） | |

The police *informed* us **of** the accident.
（警察は私たちに事故を知らせてくれた）
The Coast Guard *warned* all ships **of** the hurricane.
（沿岸警備隊はすべての船舶にハリケーンの警告をした）

❸ **rob A of B 型の動詞**

clear（片づける）	cure（治療する）	deprive（奪う）
empty（空にする）	relieve（取り除いてやる）	rid（取り除く）
rob（奪う）	strip（はぎとる）	

That'll *relieve* you **of** the fears and anxieties.
（それで恐怖と心配を取り払えるでしょう）
The accident *robbed* her **of** health.
（その事故で彼女は健康を奪われた）

❹ **blame A for B 型の動詞**

| blame（非難する） | excuse（許す） | forgive（許す） |
| praise（ほめる） | punish（罰する） | thank（感謝する） |

I don't *blame* you **for** doing that.
（君がそうしたからといってとがめはしない）
　※ accuse A of B は別型。（→ p. 680）
Please *forgive* me **for** being late. （どうか私の遅刻を許して下さい）

❺ **provide A with B 型の動詞**

entrust（ゆだねる）	feed（食物を与える）	furnish（供給する）
impress（印象づける）	invest（付与する）	present（贈る）
provide（供給する）	supply（供給する）	trust（預ける）

When he retired, his company *presented* him **with** a lot of gifts.
（彼が引退したとき，彼の会社は多くの贈り物をした）
The village is *supplied* **with** water from the lake.
（その村は湖の水を引いている）

> **注** ⟨provide+O+O⟩：
> 《米》では feed, provide, supply などを第4文型の動詞として用い，⟨間接目的語＋直接目的語⟩の形もとる。
>   She **feeds** her cat only canned food.
>   （彼女は猫に缶詰食品しかやらない）

§326 動詞・形容詞と前置詞との結合 679

> [参考] **provide B for A** 型:
> 〈provide A with B〉型の動詞は意味が二重目的語をとる動詞と似ていて，AとBの順を入れ替えることができる。その場合にとる前置詞は動詞により異なる。
> (a) **to** をとるもの: entrust, feed（供給する）, furnish, present, supply, trust
> (b) **for** をとるもの: provide, supply
> (c) **on** をとるもの: impress（押しつける）, invest
> The government should **provide** young people **with** work.
> → The government should **provide** work **for** young people.
> （政府は若者に仕事を与えるべきだ）

❻ **prevent A from B** 型の動詞

discourage（思いとどまらせる）	hinder（邪魔する）
keep（～させない）	prevent（邪魔して～させない）
prohibit（妨げる）	protect（保護する）
save（救う）	stop（やめさせる）

Nothing can *discourage* him **from** going ahead with his plans.
（どんなことがあっても彼はどんどん計画を進める）

He *protected* us **from** the dangerous animals.
（彼は私たちを危険な動物から守ってくれた）

注 forbid:
　forbid（禁じる）も最近この型でも用いられることがあるが，forbid A *to do* または forbid ～*ing* の型がふつう。

❼ **tell A from B** 型の動詞

distinguish（見分ける）	know（見分ける）	tell（見分ける）

He could not *distinguish* right **from** wrong.
（彼は善悪の区別がわからなかった）

You can't *tell* her **from** her twin sister.
（彼女は双子の姉との区別がつきませんよ）

❽ **change A into B** 型の動詞

change（変える）	convert（変える）
divide（分割する）	make（～にする）
put（注ぎ込む，～で表現する）	translate（翻訳する）

A boiler *converts* water **into** steam.
（ボイラーは水を蒸気に変える）

Divide the cake **into** six pieces.（ケーキを6つに分けなさい）

❾ bestow A on B 型の動詞

> bestow（与える）　　confer（授ける）　　impose（課する）
> inflict（与える）

The government has *bestowed* many honors **on** that general.
（政府はその将軍に多くの称号を与えた）　　　〔改まった言い方〕
He *inflicts* his troubles **on** everyone.
（彼は自分の悩み事を皆に押しつける）

❿ その他の型の動詞

(a) **congratulate A on B**：「A の B を祝う」
I *congratulate* you **on** your graduation.
（ご卒業おめでとうございます）

(b) **accuse A of B**：「A を B のかどで非難する」
Mr. Smith *accused* Mr. Miller **of** stealing his car.
（スミス氏はミラー氏が車を盗んだと非難した）

注 ⟨give O+to O⟩：
第 4 文型の文（give A B など）の目的語の A, B を入れ替えた文（give B *to* A など）もこの中に入れてよい。

2 形容詞と前置詞との連結

The train is *bound* **for** Rome.（その列車はローマ行きです）

このように，叙述用法の形容詞が特定の前置詞の導く句を伴う場合がある。どのような形容詞がどの前置詞と結びつくかを次に挙げる。
なお，⟨be 動詞＋形容詞＋前置詞⟩で 1 つの他動詞に相当するものについては ➡ p.285

❶ **from** と結びつく形容詞

> absent（不在の）　　different（異なった）　　free（～がない）
> remote（遠く離れた）　safe（危険のない）　　separate（離れた）

The student was *absent* **from** school.（その学生は学校を休んだ）
He lived *separate* **from** others.（彼はほかの人と離れて暮らした）
　＊ different はくだけた言い方では to《主に英》，than《主に米》もとる。

❷ **at** と結びつく形容詞

> angry（怒った）　　present（出席している）

He is *angry* **at** my remark.（彼は私の言葉に腹を立てている）
注 angry：
angry は「人」に対しては with のほかに at も，また「物・事」に対し

ては at のほかに about も用いる。

Were you present **at** the club reunion last Monday?
(先週の月曜日のクラブの親睦会に出席しましたか)

❸ **for** と結びつく形容詞

anxious（切望して）	bound（〜行き）	eager（熱望している）
famous（有名な）	fit（適した）	impatient（待ち遠しい）
responsible（責任のある）	sorry（気の毒な）	

He is *anxious* **for** your success.
(彼はあなたの成功を切に望んでいますよ)

　＊ anxious *about* は「心配して」という意味。
　　He is *anxious* **about** my health.
　　　(彼は私の健康のことを心配しています)

Beer and wine are not *fit* **for** children.
(ビールとワインは子供にふさわしくない)

❹ **in** と結びつく形容詞

lacking（不足した）	proficient（上達した）	rich（豊かな）
successful（成功した）		

He is *lacking* **in** common sense.（彼は常識に欠けている）
The museum is *rich* **in** fine specimens.
(その博物館は見事な標本が豊富にある)

❺ **with** と結びつく形容詞

complete（完備した）	content（満足した）
consistent（一致して）	familiar（人が〜をよく知っている）
patient（忍耐強い）	popular（人気のある）

He is *content* **with** honest poverty.（彼は清貧に甘んじている）

注 familiar with / to:
familiar は「(人に)よく知られている」という意味では to と結びつき、「(人が)(物事に)精通している」の意味では with と結びつく。
　His name is now *familiar* **to** millions of people.
　　(彼の名前はいまや何万という人によく知られている)
　Are you *familiar* **with** the stories by Poe?
　　(あなたはポーの小説をよくご存じですか)

❻ **on**〔**upon**〕と結びつく形容詞

dependent（依存した）	intent（熱中している）

She is *intent* **on** learning French.
(彼女はフランス語を熱心に覚えようとしている)

Children are *dependent* **on** their parents.（子供は親に頼っている）

注 | **independent**:
> dependent は「〜に頼って」だから「支え」を表す on を伴うが、この反対の **independent** は「〜から独立して」という意味だから「分離」の of と結びつく。
> He is *independent* **of** his parents. (彼は親の世話を受けていない)

❼ **about** と結びつく形容詞

| careful (注意深い)　careless (不注意な)　concerned (心配して) |
| enthusiastic (熱心な)　happy (満足した) |

He is *careless* **about** his dress. (彼は服装に無頓着である)

❽ **of** と結びつく形容詞

afraid (恐れて)	aware (気づいて)
capable (能力がある)	conscious (意識して)
envious (うらやましく思って)	fond (好んで)
ignorant (無知の)	innocent (無実の)
jealous (ねたんで)	proud (誇りに思って)
sick (うんざりして)	sure (確信して)
tired (あきて)	weary (あきあきする)

I was not *conscious* **of** having offended him.
(私は彼を怒らせるようなことを言った覚えがなかった)

I am *tired* **of** his complaints.
(私は彼の不平は聞きあきた)

注 | 〈be+形容詞+of〉と他動詞:
> 〈be+形容詞+of〉で他動詞の働きをするものが多い。
> that 節が続くときには of は脱落する。（→ p. 285）
> be afraid of=fear　　　　be aware of=know
> be desirous of=desire　　be envious of=envy
> be fond of=like　　　　　be ignorant of=don't know

❾ **to** と結びつく形容詞

beneficial (有益な)	essential (不可欠な)	faithful (忠実な)
friendly (友好的な)	inferior (劣った)	indifferent (無関心な)
kind (親切な)	obedient (従順な)	peculiar (特有な)
similar (類似した)	superior (優れた)	true (忠実な)

She is *faithful* **to** her duties.
(彼女は義務に忠実である)

She never feels *inferior* **to** her classmates.
(彼女はクラスメートにひけめを感じることは決してない)

The police seem *indifferent* **to** the case.
(警察はその事件には無関心なようだ)
 * from ではないことに注意。

He is always *true* **to** his principles.
(彼はいつも自分の主義に忠実である)
 * true *of* ～ は「～に当てはまる」という意味。
  The same is *true of* married life.
   (同じことが結婚生活についても言える)

Knowing what the customer wants is *essential* **to** this kind of business.
(顧客が何を望んでいるのかを知ることが，この種の事業には絶対に必要である)

The novelist should possess qualities that are *similar* **to** those of a great statesman.
(小説家は偉大な政治家が備えている特性と同じような特性を持っているべきである)
 * この構文は比較構文と同じように，比べているものが同種のものになるように that are similar to a great statesman としないのがふつう。

Q&A 95 different に続く from, to, than に使い方の差があるのか？

different に続く前置詞は，《英》《米》ともに **from** が最もふつうで，使用されている例の8割以上を占めているといってよい。

続いて多いのが to で，これは，similar *to* ～（～に似た）や opposed *to* ～（～に反対して）などとの類推から生まれた言い方だといわれるが，《英》に多く見られ，《米》でも使われている。

〈*different* than ～〉は，主に《米》に多く見られる。《英》でも最近使われるようになっているが，話し言葉に多い。この than は，different を比較級と同じように考えるために用いられるようになったといわれる。

以上の3つはどれも同じ意味だが，次のような使用制限がある。

Art is very *different* from [**to, than**] life. (1)
(芸術は人生とは非常に異なる)

Our lifestyle is very *different* **than** it was fifty years ago. (2)
(私たちの生活様式は50年前とは非常に違っている)

(1)では前置詞の from, to, than のどれも用いることができるが，(2)はこのままでは than しか使えない。この than は接続詞で，もし from を使うのであれば，from *what* it was fifty years ago ということになる。

第2節　基本9前置詞の意味と用法

英語で最もよく用いられる前置詞は、頻度順にいうと of, in, to, for, on, with と、それに続く at, by, from の9つで、中でも of が圧倒的に多い。この9つの前置詞の持つ基本的な意味と用法をある程度関連づけて覚えておくと、いろいろな面で役に立つ。

§327　at

at の基本的な意味は、「ある一点で」である。
(1) **一点を表す**
  ❶ 場所の一点：「～において、～で、～から」 (→ p.702)
    They live **at** 140 Davis Street.
    （彼らはデイヴィス通り140番地に住んでいる）
  ❷ 時の一点：「～に[で]、～から」 時刻・時節などを表す。(→ p.699)
    School is over **at** 3:00 p.m.（学校は午後3時に終わる）
  ❸ 方向・目標：「～に向かって、～めがけて」 動作の対象を表す。
    Look **at** this butterfly.（このチョウを見てごらん）
    They shot **at** the target.（彼らは的をめがけて撃った）
  ❹ 原因・理由：「～を見て、聞いて」 感情の原因を表す。
    ❸の方向が逆になったもの。
    She was frightened **at** the sight of blood.
    （彼女は血を見てぎょっとした）
    The two sisters were angry **at** not being invited to the ball.
    （2人の姉妹は舞踏会に招待されなかったことに腹を立てた）
(2) **ある時点での状態を表す**
  ❶ 状態・状況：「ある状態で」 場所の at が比喩的に用いられたもの。
    I always feel **at** ease in his company.
    （私は彼と一緒にいるといつも気が休まる）
    The war ended, and the country was **at** peace.
    （戦争が終わって、その国は平和になった）
  ❷ 従事：「～に従事して」 ある状態に置かれていることを表す。
    She loved to see the children **at** play.
    （彼女は子供たちが遊んでいるのを見るのが好きだった）

They are **at** lunch, and will not be back until one o'clock.
（彼らは昼食をとっている最中で，1時まで戻らないでしょう）
❸ 特定の領域に関連する能力：「～については」
従事に「ある点において」という意味が加わったもの。
I'm a complete dunce **at** mathematics.
（私は数学はまるで駄目です）
He's an expert **at** organizing things.（彼は物を組織するのがうまい）
❹ 速度・価格・割合：「～で」
目盛り上の1点とみる。
Water boils **at** 100℃.（水は摂氏100度で沸騰する）
The train was going **at** 100 miles an hour.
（列車は時速100マイルで走っていた）

§328 by

by の基本的な意味は「～のそばに」と「～によって」である。
(1) 「～のそばに」が場所を表す場合
　❶ 位置：「～のそばに[を]，～の近くに，～の手元に」
　He sat **by** my side.（彼は私のそばに座った）
　They want to move because they live **by** the site of the new airport. （彼らは新空港予定地の近くに住んでいるので，引っ越したいと思っている）
　❷ 通過：「～のそばを通って」
　We took the path which runs **by** the river.
　（私たちは川のそばを通る道をたどった）
　We walked **by** the church.（私たちは教会のそばを通った）
(2) 「～によって」が手段などを表す場合
　❶ 経路：「～を経由して，～を通って」(=via)
　I came **by** the fields, not **by** the main road.
　（私は大通りではなくて原っぱを通ってきた）
　❷ 手段・方法・媒介など：「～によって，～で，～を使って」
　Send the letter **by** airmail.（手紙を航空便で送りなさい）
　She keeps healthy **by** jogging every day.
　（彼女は毎日ジョギングをして健康を維持している）
　You can cure a headache **by** taking an aspirin.
　（頭痛はアスピリンを飲めば治る）

"May I wait here for Mr. Smith?" "<u>By all means.</u>" 　【承諾】
(「ここでスミスさんを待っていていいですか」「どうぞ，どうぞ」)
  * 「あらゆる方法で」から「ぜひどうぞ」の意になったもの。ていねいな言い方で，積極的な好意を表す。

❸ **行為者**:「～によって」受動態の文で行為者を表す。

The law of gravity was discovered **by** Newton.
(万有引力の法則はニュートンによって発見された)
  * This is a painting **by** Rembrandt. (これはレンブラントの描いた絵である) というような場合の by も同じ。

(3)「～によって」が基準を表す場合

❶ **基準**:「そばにある」ことから，あるものをはかる基準を表す。

Don't judge a person **by** his or her clothes.
(服装で人を判断するな)

I can see **by** your face that something nice must have happened today.
(顔つきから判断すると，今日はきっといいことがあったのでしょう)

<u>There's nobody here **by** that name.</u>
(こちらにはその名前の者はおりません)　　　　　　　　(電話)【応答】
  *間違い電話に対する応答。

❷ **単位**:「～ぎめで，～単位で」基準の1つの形を表す。

They sell eggs **by** the dozen. (卵はダース売りである)
Apples are sold **by** the bushel, milk **by** the gallon.
(リンゴはブッシェル単位で，牛乳はガロン単位で販売される)

❸ **程度**:「～だけ，～ほど」程度の差を表す。

Our team defeated the other **by** four to two.
(私たちのチームは4対2で相手を負かした)

The ball missed his head **by** a hair's breadth.
(ボールはもう少しで彼の頭にあたるところだった)

(4) 時間的限度を表す場合

期限:「～までに」「そばに」が時を表したもの。(→ p.700)

Be here **by** six o'clock. (6時までにここに来てください)
They were home **by** midnight. (彼らは真夜中までに帰宅した)

§329　for

for の基本的な意味は「**目標**」を表し，「～に向かって，～のために」ということであるが，今日ではもっと広く，さまざまな意味に用いられる。

(1) 目的を表す

❶ 目的:「〜の目的で」

What are you doing that **for**?
　（あなたは何だってそんなことをしているのですか）
He is saving money **for** a car.（彼は車を買うために貯金している）

❷ 追求:「〜を求めて」

He is looking **for** a job.（彼は職を探している）
She cried **for** help.（彼女は大声で助けを求めた）

❸ 利害:「〜のために」

They gave their lives **for** their country.
　（彼らは国のために命を捧げた）
He is willing to fight **for** what he believes in.
　（彼は自分の信念のために進んで戦う）
"Could you help me?"　"Anything **for** you."
　（「手伝っていただけますか」「何なりと」）　　　　　　　　　　　【承諾】
　　* I'd do anything for you. の頭部を省略したもの。

❹ 用途・意図・適性:「〜するために[の]，〜に適する」

Comfort stations are **for** public use.
　（公衆便所はみんなが使うものです）
This is a good location **for** a restaurant.
　（ここはレストランに向く場所である）

(2) 方向を表す

❶ 方向:「〜行きの，〜に向かって」　場所の方向を表す。

Columbus set sail **for** India in the late 15th century.
　（コロンブスは15世紀末にインドに向かって出帆した）
The train **for** Victoria leaves in 20 minutes.
　（ビクトリア行きの列車は20分で出ます）

❷ 賛成・支持:「〜に賛成して」　方向を表す。

Are you **for** the motion, or against it?
　（あなたは動議に賛成ですか，反対ですか）
I am **for** giving everyone an equal opportunity.
　（私はすべての人に等しい機会を与えることに賛成である）

❸ 傾向:「〜に対して」　方向の意を含む。

She has an ear **for** music.（彼女は音楽がわかる）
The director had a taste **for** modern jazz.
　（監督はモダンジャズの趣味があった）

(3) <u>交換を表す</u>
  ❶ **交換・代償・報酬**:「～と引き換えに，～に対して」
    He bought the vase **for** fifty dollars.
      (彼はその花びんを50ドルで買った)
    I'd like to change this coat **for** a larger size.
      (私はこのコートを大きなサイズのと交換したいのです)
    <u>Thanks **for** the ride home.</u>
      (家まで車で送ってくださってありがとう)　　　　　　　　　　　　【感謝】
  ❷ **代理・代用・代表**:「～の代わりに」
    Please speak **for** me to the director.
      (どうか私の代わりに重役に話して下さい)
    Don't use a saucer **for** an ash-tray.
      (受け皿を灰皿に使わないで)
    The letters UN stand **for** the United Nations.
      (UNという文字は国際連合を表す)
  ❸ **相当・資格**:「～として」
    We mistook her **for** a waitress.
      (私たちは彼女をウェートレスとまちがえた)
    The fisherman was given up **for** dead.
      (漁師は死んだものとあきらめられた)
  ❹ **対比**:「～にしては」
    He is tall **for** a boy of eight. (彼は8歳の少年にしては背が高い)
    It is warm **for** this time of year. (今ごろにしては暖かい)

(4) <u>その他の用法</u>
  ❶ **不定詞の意味上の主語を表す**: **for A to do** の形で,「Aが～すること」という意味を表す。(→ p.497)
    I have work **for** him to do. (彼にやってもらう仕事がある)
  ❷ **原因・理由**:「～のため，～なので」
    The children shouted **for** joy.
      (子供たちはうれしくて声をあげた)
    The young man was fined **for** careless driving.
      (その青年は不注意な運転のために罰金を払わされた)
  ❸ **距離・時間**:「～の間」
    The forest stretches **for** a long way. (森は長く広がっている)
    Nobody had visited the place **for** centuries.
      (だれもその場所を何世紀も訪れなかった)

§330 from

from の基本的な意味は「起点」である。
(1) 場所的・時間的起点を表す
❶ 起点・出発点：「～から」 動作の起点を表す。
He had to walk all the way **from** the station *to* the hotel.
（彼は駅からホテルまでずっと歩かなくてはならなかった）
It is 40 feet **from** the bottom of the flagpole *to* the top.
（旗ざおの下からてっぺんまで40フィートある）

❷ 時間・順序・数量・値段：「～から」
The football match is **from** 3:00 *to* 4:30.
（フットボールの試合は3時から4時30分まで行われる）
Hilda is only three years old but she can count **from** 1 *to* 20.
（ヒルダはわずか3歳であるが，1から20まで数が数えられる）

❸ 変化・推移の起点：「～から」
His business is going **from** bad *to* worse.
（彼の事業はますます悪化している）
His hair changed **from** black *to* white in a single night.
（彼の髪はわずか一夜にして黒から白に変わった）

(2) 出所を表す
❶ 出所・起源・由来：「～から，～出身の」
This is a quotation **from** Shakespeare.
（これはシェイクスピアの作品からの引用である）
I received a gift **from** my mother.（私は母から贈り物をもらった）
I'm **from** New York.（私はニューヨーク生まれです）

❷ 原料・材料：「～から」
Flour is made **from** wheat.（小麦粉は小麦から作られる）
We make steel **from** iron.（鉄から鋼を作る）

❸ 原因・理由・動機：「～から，～のため」
He died **from** a wound.（彼は傷がもとで死んだ）
He's suffering **from** exhaustion.（彼は極度に疲労している）
He acted **from** a sense of duty.（彼は義務感で行動した）

❹ 判断の根拠：「～から判断すると」
You can tell **from** the way he looks that he is tired.
（彼の表情から彼が疲れているのがわかる）
From what I know of him I think he is a suitable person for the

position.（彼について私が知っていることから判断すると，彼はその地位にふさわしいと思う）

(3) 分離を表す

❶ 分離・除去・解放：「～の中から，～から」

He escaped **from** jail.（彼は脱獄した）

You can clear the snow **from** the garden with this broom.
（このほうきで庭の雪を片づけられます）

You will not be free **from** toothache until your bad tooth is pulled out.
（虫歯を抜かないと歯痛がおさまらないでしょう）

❷ 抑制・防止：「～から」

The heavy rain kept him **from** starting.
（ひどい雨のため彼は出発できなかった）

This ointment stops hair **from** falling out.
（この塗り薬をつけると髪の毛が抜けなくなる）

❸ 相違・区別：「～から，～と」

I can't tell crocodiles **from** alligators.
（私はクロコダイルとアリゲーターの区別がつかない）

It's different **from** the others.（それは他の物と異なる）

　　＊ be different の後は from がふつうであるが，《米》のくだけた言い方では than も用いられる。また《英》では to の形も見られる。（→ p.683）

§331 in

in の基本的な意味は「～の中に」である。

(1) 内部を表す

❶ 場所：「～の中に[で，の]；～において，～の方角に」（→ p.702）

He fell **in** the river.（彼は川に落ちた）

There were no trees, but they were glad to sit **in** the sun.
（木立はなかったが，彼らは喜んで日なたに座った）

Otaru is **in** the west of Hokkaido.（小樽は北海道の西側にある）

❷ 服装：「～を身につけて，～を着用して」

場所の代わりに服装がきて，それに包まれていることを表す。

She looks most charming **in** her pink dress.
（彼女はピンクのドレスを着ると，とても魅力的に見える）

❸ 限定（範囲）：「～のうちで，～の点で，～において」

ある範囲を限定して，その中でという意味を表す。
One **in** ten children wears glasses.
（10人の子どものうち1人は眼鏡をかけている）
I have rheumatism **in** my left shoulder.
（私は左の肩がリューマチである）
❹ **性格・資格**：人のある性格や資質を表す。
He has something of the comedian **in** him.
（彼にはいくぶんコメディアンの要素がある）

(2) <u>状態を表す</u>
❶ **状態・環境**：「～の状態で，～の状況の中で」
ある状態の中に置かれていることを表す。
She looks beautiful because she's **in** love.
（彼女は恋をしているのできれいだ）
He has not been **in** good health for some years.
（彼はここ何年か健康がすぐれなかった）
❷ **活動・従事・過程**：「～して，～するときに」 活動状態を表す。
He is now **in** business.（彼は今実業についている）
He was engaged **in** gardening.（彼は庭いじりをしていた）
He spends a lot of time **in** reading.
（彼は多くの時間を読書に費やす）
❸ **形状・配列**：「～の形で，～を成して」 1つの形や順序を表す。
The campers sat **in** a circle around the campfire.
（キャンパーたちは火の周りに円陣を作って座った）
The dictionary is **in** alphabetical order.
（辞書はアルファベット順になっている）
❹ **材料・道具・方法・手段**：「～で；～を用いて」 形状の発展を表す。
All his sketches are **in** pencil.
（彼のすべてのスケッチは鉛筆で描いてある）
She made a speech **in** English.（彼女は英語でスピーチをした）

(3) <u>時間的に「～内」を表す</u>
❶ **時（期間）**：「～(の)うちに，～の間に」 ➡ p.699
It was cold **in** the morning.（朝は寒かった）
He returned home **in** the evening.（彼は夕方帰ってきた）
❷ **時（経過）**：「～のうちに；～たてば，～の後に」
A fast train does the journey to London **in** three hours.
（快速列車は3時間でロンドンに着く）

This is the first time I've seen her **in** three years.
（私は彼女に会ったのは3年ぶりである）
Call back **in** an hour.（1時間したら折り返し電話をください）

§332 of

of の基本的な意味は「**分離**」と「**起源**」である。

(1) **from と似た用法**

❶ 距離・分離・除去：「～から離れて，～を除いて」
Our house is within three miles **of** the city.
（私たちの家は町から3マイルの距離内にある）
Young animals soon become independent **of** their mothers.
（動物の子供はじきに母親から独立する）
He was cured **of** his sickness.（彼は病気が治った）

❷ 出所・起源：「～から，～の」 from と同様。
She came **of** a noble family.（彼女は高貴な家柄の出である）
The winner of the cat show is **of** Persian parentage.
（キャット・ショーで優勝した猫はペルシャ猫の血を引いている）

❸ 材料・要素：「～で，～から」
The dressing consists **of** oil and vinegar.
（そのドレッシングは油と酢でできている）
The fabric was composed **of** synthetic fibers.
（その織物は合成繊維でできていた）

❹ 原因・理由：「～のため，～で」
He died **of** fever and starvation.（彼は熱と空腹のために死んだ）
Mary offered her money to them **of** her own free will.
（メアリーは自分の自由意思で彼らにお金を与えた）

❺ 部分・分量：「～の中で，～の」，「～の量の，～の入っている」
Three **of** the boys were late this morning.
（男子生徒の中の3人が今朝遅刻した）
　　＊ いわゆる**部分の** of である。
Give me a glass **of** water.（私にコップ1杯の水をください）

(2) **所有格に相当する用法** ➡ p.120
〈A of B〉は「BのA」ということで，所有格の4つの用法を持つ。

❶ 所有・帰属用法：「～の，～の所有の，～に属する」
The handle **of** this pot is broken.

（このポットの取っ手は壊れている）
　　Edinburgh is the capital **of** Scotland.
　　（エディンバラはスコットランドの首都である）
❷ **主格関係**：「～が，～の」
　　Newspaper reporters were awaiting the arrival **of** the President.
　　（新聞記者たちは大統領の到着を待っていた）
　　　＊「大統領が到着する」ということ。
❸ **目的格関係**：「～の，～を，～への」
　　The construction **of** the bridge was started a week ago.
　　（その橋の建造は1週間前に始められた）
　　　＊「その橋を造る」ということ。
　　He has always had a love **of** learning.
　　（彼は常に学問に対する熱意を持っていた）
❹ **同格関係**：「～という」
　　There is actually no hope **of** us winning this match.
　　（実は私たちがこの試合に勝つ望みはないんです）
(3) その他の用法
❶ **関連・主題**：「～の，～に関する，～の点において」　ある種の動詞，形容詞とともに用いられる。
　　They told me **of** their miserable lives.
　　（彼らは私にみじめな生活を語った）
　　It is true **of** France, **of** Germany and **of** the United States.
　　（それはフランスについても，ドイツについても，また合衆国についてもあてはまる）
❷ **性質・特徴**：〈**of**＋名詞〉で形容詞句を形成して，「～の，～の性質をもった」という意味を表す。
　　He is a man **of** great strength.（彼は大きな力のある人である）
　　These presents are **of** no value.（これらの贈り物は全然価値がない）
　　I think these flowers are **of** different kinds.
　　（これらの花は種類が違うと思います）

§333　on

on の基本的な意味は「**接触**」である。
❶ **場所の接触**：「～の上に，～に接して」という意味を表す。接触してさえいれば面の下側でもよい。

The dog was sleeping **on** the mat.（犬はマットの上で寝ていた）
Look at the road map **on** the wall.
　（壁にかかっている道路地図を見てください）
Can you see that fly **on** the ceiling?
　（天井にとまっているあのハエが見えますか）

❷ **接触・付着・着用**：「～に付いて，～の身につけて」
They kept the dog **on** a leash.
　（彼らは犬をひもでつないでおいた）
He had a new hat **on** his head and new gloves **on** his hands.
　（彼は新しい帽子を頭にかぶり，新しい手袋を手にはめていた）

❸ **近接**：「～のそばに，～に面して，～のほうに」
She lives in a village **on** the frontier.
　（彼女は国境の村に住んでいる）
London stands **on** the Thames.
　（ロンドンはテムズ川のほとりにある）

❹ **日・時**：on は古くはどの時にも用いられたが，現在では「日」に用いることが多い。
I always go to town **on** Saturday.
　（私はいつも土曜日には町へでかける）
　　＊ on Saturdays という複数形もある。 ➡ p.146

❺ **時間的近接**：「～すると(すぐ)」
On my arrival [**On** arriving] in San Francisco, I called Miss Lyons.
　（サンフランシスコに着くとすぐに私はライオンズさんに電話した）

❻ **支え・依存**：「～に支えられて」　上に乗っていることを表す。
She lay **on** her back.（彼女はあお向けになった）
I had to live **on** a small salary.
　（私はわずかな給料で暮らさなければならなかった）
　　＊ くだけた会話で，Drinks are *on* me.（飲み物は私のおごりだ）のように言うこともある。

❼ **根拠・基準**：「支え」の発展として「～に基づいて，～によって」の意味を表す。
He took a month's holiday **on** his doctor's advice.
　（彼は医者の忠告に従って1か月の休暇をとった）
The news is **on** good authority.
　（そのニュースは確かな筋のものである）

On what grounds do you say that is true?
　（あなたはどういう根拠でそれが正しいとおっしゃるのですか）

❽ **関係・対象**：「〜に関する，〜に向かって，〜に不利益なことに」
接触点をある動作の対象としてとらえる。

It's a movie **on** the Crimean War, but more specifically about Florence Nightingale.
　（それはクリミア戦争についての映画だが，特にフローレンス゠ナイチンゲールについてのものである）

He knew that someone had played a joke **on** him.
　（彼はだれかが自分をからかったことを知っていた）

My wife died **on** me.（妻に先立たれた）　　　　　　　《おもに米》

❾ **状態**：「〜中で，〜して」　接触状態の継続を表す。

They have been **on** strike for nearly two weeks.
　（彼らは2週間近くもストライキ中である）

Those pictures are now **on** display in the show windows.
　（それらの絵はいまショーウインドーに陳列してあります）

❿ **用事・目的・従事**：「〜のために，〜で」　状態の発展を表す。

He went to Tokyo **on** business.（彼は商用で東京へ行った）
We're going **on** a picnic.（私たちはピクニックに出かけます）
I am **on** duty from 8 a.m. to noon.
　（私は午前8時から正午まで勤務についています）

§334　to

to の基本的な意味は「**到達点**」である。

(1) **方向および到達点を示す**

❶ **方向・方角**：「〜へ，〜に，〜のほうへ」

He ran **to** the door.（彼は戸口へ走った）
Can I have a one-way ticket **to** Washington?
　（ワシントンまでの片道切符をください）
Roy threw a bone **to** his dog.（ロイは犬に骨を投げてやった）
　　＊　throw at 〜 は物をぶつけること。

❷ **到達点**：「〜まで，〜へ」の意味を表す。

The temperature rose **to** 70° Fahrenheit.
　（気温は華氏70度まで上がった）
The discussion has come **to** a deadlock.

(話し合いは行き詰まった)

❸ **時間・期間の終点**:「～まで」

The exhibition is open from Monday **to** Saturday.
（展覧会は月曜日から土曜日まで開かれる）
Did you stay **to** the end of the show?
（あなたはショーの終わりまでいましたか）

❹ **範囲・限度**:「～まで，～に至るまで」

Fill the glasses **to** the brim.（コップになみなみ注ぎなさい）
She did the work **to** the best of her ability.
（彼女は全力をあげてその仕事をした）

❺ **結果**:「～まで，～に至るまで」 状態の変化の終点を表す。喜怒哀楽などの感情を表す語とともに用いる用法もこれに該当する。

She tore the letter **to** pieces.（彼女はその手紙をずたずたに裂いた）
The song moved me **to** tears.（その歌を聞いて私は涙ぐんだ）
To their great joy, their son came back safe.
（両親がたいへん喜んだことには，息子が無事に帰ってきた）

❻ **目的**:「～のために」 方向に目的の意味が加わる。

Mother soon came **to** my rescue.（母はすぐに私を助けにきた）
Let us drink **to** the health of the bride.
（花嫁の健康のために乾杯しましょう）

(2) 関係を表す

❶ **関係・付着**:「～に対して，～にとって，～には」 到達点から，あるものの結合関係を表す。

Is this the key **to** the box?（これはその箱の鍵ですか）
She is secretary **to** the managing director.
（彼女は重役の秘書である）
Fasten it **to** the wall.（それを壁に固定しなさい）

❷ **適合・合致**:「～に合った，～に合わせて」 付着の関係を表す。

Having breakfast in bed is **to** my liking.
（ベッドで朝食をとるのは私の好みに合う）
We danced **to** the music.（私たちは音楽に合わせて踊った）

❸ **比較・対比**:「～と比較して，～に対しては」 関係の意の発展。

His income is equal **to** mine.（彼の収入は私のに等しい）
I prefer old houses **to** new ones.
（私は新しい家よりも古い家のほうが好きだ）
The score was 9 **to** 15.（スコアは9対15だった）

§335 with

with のもとの意味は「対抗」だったのが,「同伴」「付加」に変わり,現在はこちらが主流である。

(1) **同伴・付加を表す**

❶ **同伴・随伴**:「～と一緒に,～とともに」
I work **with** my father.(私は父と一緒に働いている)
Both of them still live **with** their parents.
　　(ふたりは今でも両親と暮らしている)

❷ **特性・所有・携帯**:「～を持った,～を身につけて」
I prefer the dress **with** the collar.
　　(私はえりのあるドレスのほうが好きである)
Look at the young lady **with** the parasol.
　　(パラソルをさしているあの若い婦人をごらんなさい)
　　＊ パラソルをさしているのが意外だという感じなら *a* parasol。
Do you have a ball-point pen **with** you?
　　(ボールペンをお持ちですか)

❸ **道具・手段**:「～を持って」から「～で,～を用いて」の意味を表す。
Mary tied the package **with** a red ribbon.
　　(メアリーはその包みを赤いリボンで結わえた)
With your connections, you should be able to find the right sort of job.(あなたは有力なコネがあるから,ちゃんとした仕事を見つけられるはずだ)

❹ **原因・理由**:「～のせいで,～があるので」
「手段」の発展だが,「同時」「随伴」の意味が含まれている。
His hands froze **with** cold.(彼の手は寒さで凍えた)
The two dogs glared at each other and trembled **with** anger.
　　(2頭の犬はにらみ合って,怒りで体が震えていた)

❺ **付加・供給**:供給の意味の動詞と結びついて用いられる。
Cows *supply* us **with** milk.
　　(雌牛は人に牛乳を供給する)

❻ **様態**:付加の意味の with が名詞を伴って副詞句になる。
He said goodbye **with** great sadness.
　　(彼はたいへん悲しそうにさようならと言った)
"Will you have dinner with us at my house?" "**With** pleasure."
　　(「私の家で一緒に食事をしませんか」「喜んで」)　　【承諾】

He conducted the orchestra **with** spirit and enthusiasm.
（彼はオーケストラを気迫と熱意とで指揮した）

❼ **付帯状況**：「～して，～したまま」 ある動作・状態にほかの動作・状態が付加されていることを表す。（→ p.526）

Listen to me carefully, **with** your books closed.
（本を閉じて私の話を注意して聞きなさい）

The bear stood there **with** his tongue hanging out.
（熊は舌をだらりと出してそこに立っていた）

❽ **同時**：「～とともに，～につれて」 時間的な同伴を表す。

With these words, he shut the door.
（こう言って彼はドアを閉めた）

Many wines improve **with** age.
（多くのワインは年とともによくなる）

(2) **関係を表す**

❶ **結合**：同伴の意から結びつきの関係を表す。

Technology connects science **with** industry.
（科学技術は科学と産業を結びつけている）

First, mix flour **with** milk.
（まず小麦粉と牛乳を混ぜなさい）

❷ **一致・不一致**：「～と合って，～に賛成して」 結合の意から。

It's a very good plan. I'm **with** you all the way.
（それはたいへん良い案である。私は全くあなたの案に賛成である）

The brown curtains don't go **with** the blue carpet.
（褐色のカーテンはブルーのカーペットと合わない）

The climate disagrees **with** me.（その気候は私に合わない）

❸ **関係・立場**：「～と，～にとっては，～に関しては」
広い意味での関係を表す。

The nurse is very gentle **with** her patients.
（その看護師は患者にとても優しい）

❹ **対立・対比**：「～を相手に；～に対して」 もとの「対抗」の意味の名残。

We argued **with** them.（私たちは彼らを相手に議論した）

I'm afraid to fight **with** John because he's much bigger than I.
（ジョンは私よりもずっと大きいので彼とけんかするのは怖い）

　＊　We fought with them. は「我々は彼らを相手に戦った」という意味にも，「彼らと一緒に戦った」という意味にもなる。

第3節 用法別前置詞の使い分け

§336 時を表す前置詞

(1) **at, on, in**

at	時の一点	何時,何分,正午,真夜中など
on	特定の日	何曜日,何日の午前,午後など
in	比較的長い期間	月,四季,年など

❶ **at**: **at** one o'clock (1時に), **at** dawn (夜明けに), **at** sunset (日没時に), **at** noon (正午に), **at** midnight (真夜中に), **at** Christmas (クリスマスに〔時節〕)
School starts **at** 8:30. (学校は8時30分に始まる)

❷ **on**: **on** Saturday (土曜日に), **on** May 5 (5月5日に), **on** the weekend (週末に), **on** the morning of May 5 (5月5日の朝に), **on** Christmas Day (クリスマスの日に)
　　* 《英》では *at* the weekend という。
School starts **on** Monday. (学校は月曜日に始まる)

❸ **in**: **in** April (4月に), **in** 1987 (1987年に), **in** the 21st century (21世紀に), **in** the morning [afternoon, evening] (午前[午後,夕方]に)
School starts **in** September in Europe.
　(ヨーロッパでは学校は9月に始まる)

(2) **in, after, within**

in	時の経過・所要時間	「〜して,〜かかって」
after	時の経過	「〜後に」
within	期間内	「〜以内に」

I'll see you **in** a week. (1週間したらお会いしましょう)
　　* 現在を基準にして「今から1週間後に」ということ。
She learned French **in** three years.
　(彼女は3年間でフランス語を習得した)
　　* 「〜かかって」の意では未来のことにも過去のことにも用いられる。
He returned home **after** a few hours.
　(彼は数時間後に帰宅した)

> **注** 「~後に」:
>   期間を表す語句とともに用いて「今から~後に」というときには **in** がふつうだが, after を用いることもできる。**過去**の事柄について, 「~後に」というときは **after** を用いるのがふつうだが, in を用いることもできる。
>   in ten years' time (あと10年もすれば) という形もある。

You must pay the bill **within** a week.
(あなたは1週間以内に請求書の決済をしなくてはなりません)

(3) until [till], by, before

until [till]	継続	「~まで(ずっと)」
by	期限	「~までに」
before	以前	「~より前」

We are going to stay here **until** Monday.
(私たちは月曜日までここに滞在する予定である)

He didn't come **until** ten o'clock.
(彼は10時までは来なかった〔10時になってやっと来た〕)
　　* この文では until の代わりに before を用いることができるが, その場合〔　〕内の意味は含まれない。

> **注** until [till] とともに用いる動詞:
>   肯定文では until [till] とともに用いられる動詞は, stay, remain, wait などの**持続性・継続性**の意味を持った語である。**否定文**では一度だけの動作を表す動詞でも, そうしない状態が続くわけだから until [till] を用いることができる。

I have to be home **by** ten o'clock.
(私は10時までに帰宅しなくてはならない)

> **注** by とともに用いられる動詞:
>   「完成する, 終了する」などの意味合いの be home, finish, return などである。

Come here **before** eight o'clock. (8時より前に来るように)

(4) since, from

since	継続	「(過去のあるとき)以来(ずっと)」
from	起点	「(過去・現在・未来のあるとき)から」

He has been up **since** 7 o'clock. (彼は7時からずっと起きている)
I'll be gone **from** Monday to Friday.
(私は月曜日から金曜日まで出かけています)

> **注** 1. **from now on**:
>   〈from now on〉は「これから先, 今後」の意味を表す。
>   I'll never be lazy *from now on*. (今後は決して怠けません)

§336 時を表す前置詞

注 2. since と時制:
since はふつう現在完了とともに用いるが,過去完了とともに用いることもある。
Grandma *had been* waiting for our visit **since** the day before.
(祖母は私たちが来るのを前の日から待っていた)

(5) **for, during, through**

for	期間の長さ	「(数詞や some, few などを伴って) 間」
during	特定の期間	「〜の間じゅう,〜の間に」
through	期間全体	「初めから終わりまで」

There was not a whisper **during** the service.
(礼拝中ひそひそ声ひとつなかった)
 * 「礼拝の間じゅう」の意で全期間を示す。

注 in と for:
It was the *hottest* summer **in** [**for**] ten years.
(10年来の暑い夏だった)
この文のような場合には for の代わりに in も使われる。《主に米》
これは,上例のような**最上級**のほかに **no, not, first, last, only** などがついている場合に見られる用法で,ある期間内に1回あったとかなかったとかいうので in が用いられるのである。
I haven't seen him **for** [**in**] five months.
(彼とは5か月会っていない)

I am always at home **during** the afternoon.
(私はいつも午後は家にいます)

Did you go anyplace **during** the summer vacation?
(夏休みの間にどこかへ行きましたか)
 * 全期間ではなく, in と似た意味になる。

We preferred to travel **through** the night.
(私たちは夜どおし旅をすることにした)

注 during と through:
ともに the など特定の期間を示す語句につけて用いるが,during は文脈により「その期間中ずっと」の意味か「その期間の間のあるときに」の意味かになり,through や throughout は「〜じゅう」の意味を表す。

〔参考〕 〈from 〜 through ...〉:
《米》では 〈from 〜 through ...〉 の形が期間全体を表す。
The movie is on *from* Monday *through* Saturday next week.
(映画は月曜から来週の土曜までやっている)
 * 土曜日も含まれる。through の代わりに until [till] を用いると,土曜日が含まれるかどうかはっきりしない。

§337　場所を表す前置詞

(1) at, in, on

at	比較的狭い場所	地点，建物の内外
in	比較的広い場所	囲まれた内部
on	特定の面（の一部）	

❶ **at**: 話し手が**地点**と感じている場合

at the bus-stop（バス停で），**at** the door（戸口で），**at** the end of the street（道路のはずれで），**at** the North Pole（北極点で）

Turn to the right **at** the traffic signals.
（交通信号の所で右折しなさい）

> **注** 都市につく前置詞:
> 都市には in が一般的であるが，地図上の1点と見て at も用いられる。
> The plane arrived *in* [*at*] Karachi an hour late.
> （飛行機は1時間遅れでカラチに着いた）

❷ **in**: **内部**を考えるか，**広がり**を感じている場合

in the garden [park]（庭［公園］で）
in the room [building]（部屋［建物］の中で）

Robert lives **in** a small village **in** the mountains.
（ロバートは山の小さな村に住んでいる）

❸ **on**: **面**を考えている場合

on the field（競技場で），**on** the grass（芝生で）

The players are practicing **on** the field.
（選手たちはフィールドで練習をしている）

> **注** 特定の1点を示す on:
> on the spot（その場で）のような成句の on は特定の一点を表す。
> The pickpocket was arrested *on the spot*.
> （すりはその場で逮捕された）

Q&A 96　at [in, on] the corner はどう違うか？

角(かど)を中から見た場合には **in** the corner of ～ で「隅(すみ)に」，外から見た場合は **at** [**on**] the corner of ～ で「角(かど)に」という意味になる。

His personal computer is **in** the corner of the room.
（彼のパソコンは部屋の隅にある）

There is a telephone booth **at** [**on**] the corner of the street.
（通りの角に電話ボックスがある）

＊単に地点なら at だが，ある面を占めていれば at でも on でもよい。

参考 in [on] the street:

in the street《英》は両側を家並みに囲まれている感じからの表現で,*on* the street《米》は街路を単なる平面とみた表現だともいわれる。

(2) on, above, over, up

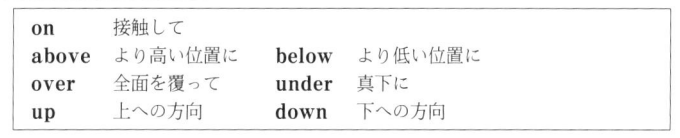

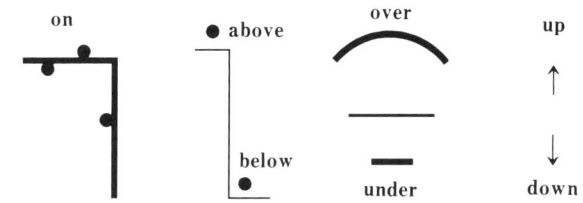

on	接触して		
above	より高い位置に	below	より低い位置に
over	全面を覆って	under	真下に
up	上への方向	down	下への方向

❶ on

The books are **on** the table.
(本はテーブルの上にある)

Many people come to see the beautiful frescoes **on** the ceiling.
(多くの人が天井に描かれている美しいフレスコ画を見にやってくる)

> 注 線状のものと on:
> on は接触してさえいれば面の上でも下でも横でもよい。また近接の意味では on the river (川辺に), on the railroad (線路ぎわに) など,面でなく線上のものでもよい。

❷ above, below

I wish I were a bird and could fly **above** the treetops.
(鳥になって木のてっぺんより高い所を飛べたらいいのになあ)

He lives on the floor **below** us. (彼は私たちの下の階に住んでいる)

❸ over, under

The plane flew **over** the mountains.
(飛行機は山の上を飛んだ)

A subway runs **under** this street.
(地下鉄がこの通りの下を走っている)

> 注 1. over, under と接触:
> over, under は面と接触していてもよい。
> She spread a cloth **over** the table.
> (彼女はテーブルの上に布をかけた)

注 2. **beneath**:
> below, under の意の古風で文語調の語。
> The ship sank **beneath** the waves.
> （船は波の下に沈みました）

❹ **up, down**

Climbing **up** all those stairs made me very tired.
（階段を全部上ったので私はたいへん疲れた）
  * up の反意語は down である。

The child fell **down** the stairs.
（その子は階段を転げ落ちた）

注 上・下以外の意の up, down：
> up, down には上・下のほかに，中心部，もしくは話し手のほうに向かうときに up，離れていくときには down とする用法もある。《米》では，down は「南へ」を意味するが，最近は《英》でもこの用法が見られる。
> A big dog came **up** the road to me.
> （大きな犬が道を私の方に近づいて来た）

(3) by, beside

| by
beside | 近接 「～のそばに，～の近くに」 |

She usually puts the chair **by** the wall.
（彼女は通常椅子を壁の近くに置く）
She sat **by** the window.（彼女は窓辺に座った）
Rhine wines are produced mostly in vineyards **beside** the river.
（ライン・ワインはたいていライン川沿いのブドウ園で作られる）
  * beside には「～と並んで」の感じが含まれる。

(4) on, off

| on | 接触 | 「～に接して」 |
| off | 分離 | 「～から離れて」 |

My house is **on** the main road.
（私の家は大通りに面している）
Keep **off** the grass.
（芝生に立ち入るべからず）

(5) in, into, out of

in	静止状態	「～の中に」
into	運動	「～の中に」
out of	運動	「～の中から」

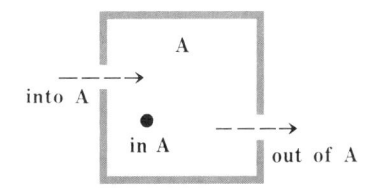

He was listening to the radio **in** his room.
（彼は部屋でラジオを聞いていた）

The stranger disappeared **into** the darkness.
（その見知らぬ男は暗闇の中に姿を消した）

He shot **out of** the room as if the devil were chasing him.
（彼はまるで悪魔にでも追われているように部屋から飛び出した）

(6) <u>to, for, toward(s)</u>

to	運動の方向・到着点
for	方向の目標点
toward(s)	運動の方向

We went **to** the meeting and listened **to** an interesting speaker.
（私たちはその会合に行って話し手の面白い話に耳を傾けた）

I am leaving **for** Rome tomorrow.
（私は明日ローマに向けて発ちます）
　＊　必ずしもローマに着くとは限らない。

Turn your face **toward** the door.（戸口のほうに顔を向けなさい）

The tide crept slowly **towards** the sleeping figure on the beach.
（潮が上がって浜辺で寝ている人のほうへゆっくりと忍びよった）

(7) <u>along, across, through</u>

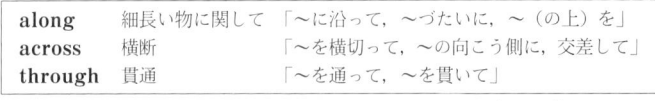

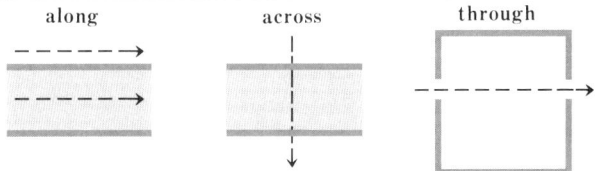

along	細長い物に関して	「〜に沿って，〜づたいに，〜（の上）を」
across	横断	「〜を横切って，〜の向こう側に，交差して」
through	貫通	「〜を通って，〜を貫いて」

There are emergency telephones all **along** the freeway.
（高速道路づたいにずっと緊急用の電話がある）

We walked **along** the highway.（我々は街道を歩いた）
He walked **across** the bridge.（彼は橋を歩いて渡った）
He lives **across** the street.（彼は通りの向こうに住んでいる）
The dog ran **through** the fields.（犬は原っぱを走り抜けた）

(8) between, among

between	「(別々の2つの，または3つ以上のもの)の間で[に]」
among	「(まとまった3つ以上のもの)の中で[に]」

Please take a seat **between** the two men in the corner.
（隅の2人の男の人の間の席にお座り下さい）
There was a beautiful rose **among** the flowers in the vase.
（花びんの中の花の中に美しいバラが1本あった）
Switzerland lies **between** France, Germany, Austria and Italy.
（スイスはフランス，ドイツ，オーストリア，イタリアの間にある）
  ＊ 3つ以上の場合でも，その関係が**個別的**であれば between を用いる。

(9) around, round, about

around	「～の周りを回って」〔運動〕，「～を囲んで」〔位置〕，「～のあちこ
round	ちを[に]」〔移動・分散〕
about	「～のあたりに[を]，～のあちこちに[を]」

❶ around, round
The earth *moves* **around** [**round**] the sun.
  （地球は太陽の周りを回る）   〔運動〕
The children *sat* **around** their mother.
  （子供たちは母親の周りに座った）   〔位置〕
  ＊《米》では around がふつう。《英》でも最近は両者の区別はあまりない。
He showed me **around** the city.
  （彼は町のあちこちを案内してくれた）

❷ about：「～のあたりに[を]，～のあちこちに[を]」の意味を表す。この意味では❶の最後の例のように around または round も用いられる。《米》では around のほうがふつう。
The dog was **about** the house.（犬は家のどこかそのあたりにいた）
Empty cans were scattered **about** the place.
（空き缶がその場所のあちこちに散らばっていた）

> **注** | about と around：
> 「～の周りに」の意味では (a)round のほうがふつう。「角を曲がったところに」は (a)round the corner.

⑽ **before, in front of, behind, after**

before	「〜より前に，〜の面前に」《堅い言い方》
in front of	「〜の前に，〜の正面に；前面に」
behind	「(人・動物・建物などに関して) 〜の後ろに」
after	「(動くものの前後・順序を表して) 〜の後に，〜の次に」

The name should come **before** the address.
(名前は住所の前になくてはならない)
He was brought **before** the judge.(彼は裁判官の前に立たされた)
There was a large crowd **in front of** the public hall.
(公会堂の前に大勢の群衆がいた)
　　＊　場所を表す場合は before より in front of がふつう。

注 1. **in *the* front of**:
「〜の正面・表紙・冒頭・最前列[席]に」などの意味。
There was a large hole **in the front of** the building.
(その建物の正面に大きな穴があいていた)

注 2. **opposite**:
「〜に向かい合って，〜に面して」という意味には opposite を用いる。
If you sit **opposite** me, it's easier to talk than if we sit next to each other.(隣り合って座るよりも向かい合って座るほうが話しやすい)
なお，the **opposite** side of the street (道路の反対側) の opposite は形容詞。

I hate driving **behind** a bus.
(バスの後ろについて運転するのは嫌いである)
The little cat is hiding **behind** a tree.
(その小さな猫は木の陰に隠れている)
"**After** you." "Thank you."　　　　　　　　　　　　　【申し出】
(「お先にどうぞ」「ありがとう」)
'B' comes **after** 'a' in the alphabet.
(アルファベットでは 'b' は 'a' の次にくる)

注 **behind** と **at the back of**:
behind は動いている物にも静止した物にも用いられるが，背後に (隠れて) という感じを伴うことが多い。静止した物に関して「〜の後ろに」の意味を表すには，類語の at the back of が用いられる。
There is a large garden *at the back of* the house.
(その家の後ろに大きな庭がある)

§338　原因・理由を表す前置詞

⑴ **at**:「〜に接して，〜を見て，〜を聞いて」

感情の原因を表す。

I was amused **at** the idea.（私はその考えを聞いて面白く思った）

(2) **for**：「～のために，～なので」

ある程度決まった表現，あるいは否定文に用いられることが多い。

I'm so happy I could weep **for** joy.

（私はとてもうれしくて涙が出そうである）

(3) ⟨because of⟩, ⟨on account of⟩ など

「～なので」という明確な理由を表すには ⟨because of⟩, ⟨on account of⟩, ⟨thanks to⟩, ⟨due to⟩ などの**群前置詞**を用いる。

We had to put off our departure **because of [on account of]** bad weather.（悪天候のため出発を延期しなければならなかった）

　　＊　⟨on account of⟩ は ⟨because of⟩ よりも書き言葉に多い。⟨owing to⟩ も同じように用いられるが，形式ばった言い方。

Thanks to Ulysses' wisdom, the Greek army was able to conquer Troy.

（ユリシーズの知恵のおかげで，ギリシャ軍はトロイを征服できた）

> **注** 悪い意味の **thanks to**:
> ⟨thanks to⟩ は「～のせいで」という悪い意味でも用いる。
> I failed, **thanks to** you.（お前のせいで失敗した）

His failure was **due to** his ignorance.

（彼が失敗したのは彼の無知のせいだ）

> **注** **due to** の位置:
> ⟨due to⟩ は主に be 動詞の補語に用いられていたが，最近は《米》だけではなく《英》でも owing to の意味で用いられるようになってきている。
> The train arrived late **due to** the heavy snow.
> （列車は大雪のため遅れて到着した）

(4) **from**：「～のため，～から，～で」　直接の原因を表す。

He is getting weaker **from** hunger.

（空腹のために彼は弱ってきている）

(5) **of**：「～のために，～で」

die of wounds（傷がもとで死ぬ）; die of starvation, perish of hunger（飢え死にする）などの表現で用いられる。

Many people still *die* **of** cancer.（まだ多くの人がガンで死んでいる）

> **注** **die of** と **die from**:
> **die of** は疫病・空腹・老衰などが原因の場合に用いられ，**die from** はけが・不注意・衰弱などが原因の場合に用いられるのが一般的とされるが，この区別は厳密なものではなく，最近では死因の如何にかかわらず of を用いるほうが多い。

He died **of** hunger.（彼は空腹のために死んだ）
He died **of** his wounds.（彼はけがのために死んだ）
The disease **from** which he died was at that time incurable.
（彼の死因となった病気は，その当時は不治の病いであった）

(6) <u>over</u>：「～に関して，～のことで」

仲たがいの原因や心境を表す動詞の後で用いられることが多い。

She cried **over** her lost doll.

（彼女は紛失した人形のことで泣いた）

(7) <u>through</u>：「～のせいで，～のために」

The argument started **through** a stupid misunderstanding.

（口論はばかげた誤解から生じた）

　　＊ これをいくぶん強めた言い方は all through ～ である。

(8) <u>with</u>：「～で，～のせいで」

My wife is in bed **with** influenza.（妻は流感で床についている）

(9) <u>out of</u>：「～の気持ちから，～のせいで」

動機を表す。

We went to hear the speech **out of** curiosity.

（私たちは好奇心からその演説を聞きに行った）

I ran **out of** fear of the bull.（私は牛が怖くて逃げた）

§339 目的・結果を表す前置詞

(1) **目的：for, after, on**

「～の目的で」の意味には **for** を用い，「～を求めて；～の後を追って」の意味には **after** を用いる。用事や目的を表すのに **on** も用いられる。

A person who longs to read and study is hungry **for** knowledge.

（本を読んで勉強したいと願う人は知識欲に燃えている人である）

The dog ran **after** the rabbit.（犬はウサギを追いかけた）

On what business did she come?

（彼女は何の用でやって来たのか）

　注 目標：

　　「～をめがけて」という目標の意味を表すには at を用いる。

　　He aimed *at* the lion but missed.

　　　（彼はライオンを狙ったがはずれた）

(2) **結果：to, into**

❶ 状態の変化の**終点**を示すのに **to** を用いる。

The skiers froze **to** death in a snowstorm.

（スキーヤーたちは吹雪で凍死した）

❷ 「～に（変わる），～になる」のように**変化**を示すのに **into** を用いる。
I must change **into** some clean clothes.
（私は汚れていない着物に着がえなくてはならない）

§340 手段・道具を表す前置詞

(1) <u>交通・通信の手段：**by**</u> （→ p.167）
I come to work **by** bus.（私はバスで仕事場に来る）
They communicate with each other **by** radio.
（彼らは互いに無線で交信する）

> **注** **by** 以外の交通手段の表現：
> by の後の名詞に冠詞がないことに注意する。my car, the train, a taxi のように冠詞や代名詞がついた場合には by は用いない。
> ［誤］ I came here *by* my car [by the train, by a taxi].
> ［正］ I came here **in** *my* car [**on** *the* train, **in** *a* taxi].
> （私はここへ車で［列車で，タクシーで］来ました）

(2) <u>道具と行為者：**with, by**</u>
道具は **with** で表し，**行為者**は **by** で表す。
He was shot **with** an automatic.（彼はピストルで撃たれた）
He was shot **by** a hitman.（彼は殺し屋に撃たれた）
These photographs were taken **with** a cheap camera.
（これらの写真は安いカメラで撮った）
These photographs were taken **by** a child.
（これらの写真は子供が撮った）

> **注** without:
> 「～を使わずに，～を持たずに」という意味は **without** で表す。
> It was thoughtless of him to climb the mountain **without** a map of the area and a compass.
> （彼は無謀にもその地域の地図と磁石を持たずにその山を登った）

(3) <u>仲介：**through**</u>「～を通じて，～によって」
I reached her **through** your help.
（あなたの助力によって彼女と連絡がとれた）
He got his job **through** a friend.（彼は友人のおかげで仕事を得た）

§341 材料・出所を表す前置詞

(1) <u>材料・原料</u>
❶ **of, from**
of はふつう，できあがった物がもとの状態を維持しているか，あまり

変化していない場合に用いる。「材料」と考えてもよい。**from** はできあがった物がもとの状態と異なっていて，通常もとに戻れない場合に用いる。「原料」と考えてもよい。

A bottle is made **of** glass.（びんはガラスでできている）

Glass is made **from** quartz sand.（ガラスは珪砂(けいさ)から作られる）

> **注** 構成要素の of：
> of は構成要素を表すのにも用いられる。
> This salad is made **of** lettuce, tomatoes, and cucumber.
> （このサラダはレタスとトマトとキュウリでできている）

❷ **out of**：out of は of, from の口語的な代用表現として用いられるが，身辺にある物から別の物を作り上げる（廃物利用など）場合にも用いられる。特に間に合わせ的，即興的に作る際に用いられる。また，make と of とが離れている場合には，ふつう out of が用いられる。

They lived in a house made **out of** stone.
（彼らは石でできた家に住んでいた）

I made my bicycle **out of** four old ones.
（私は4台の古い自転車から自分の自転車を作った）

(2) <u>出所：from, of, out of</u>「～から，～出身の」

出身地には **from**，家柄には **of** を用いることが多いが，**from** はどちらにも用いられる。**out of** は of より意味が強い。

This quotation is **from** the Bible.
（この引用句は聖書からのものである）

<u>Where do you come **from**?</u>（どこの出身ですか）　　　　　【質問】

She is **of** Slavic stock.（彼女はスラブ系である）

He came **out of** a middle-class home.（彼は中流家庭の出であった）

§342　その他の意味を表す前置詞

(1) <u>様態・状態：in, with</u>

He spoke more **in** sorrow than **in** anger.
（彼は怒りを込めてというよりむしろ悲しげに語った）

He looked at his bank balance **with** satisfaction.
（彼は銀行の預金残高を満足げに眺めた）

(2) <u>分離・除去・距離・区別：of, off, from, beside</u>

She was deprived **of** her membership for nonpayment of dues.
（彼女は会費を払わなかったので会員権を奪われた）

The little child jumped **off** the bed when it saw its mother.

(その幼児は母親を見るとベッドから跳び降りた)

Some people cannot distinguish butter **from** margarine.

(バターとマーガリンの区別がつけられない人もいる)

What you say seems to be **beside** the point.

(君の言うことは見当違いのようだ)

(3) 除外：but, except, 〈except for〉

「～を除いては」という意味では，but より except のほうが意味が強い。but も except も，前に all, each, every, any, no など概括的な語のつく同種類のものを表す名詞があって，その語にかかる。

He works *every* day **except** Sunday.　　〔どちらも day で同種類〕

(彼は日曜日以外は毎日働いている)

There is *no* one here **but** me. (私以外はだれもここにはいません)

〈except for〉は「～はあるが，それを除けば」という意味で，**前の文全体**にかかる。ただし，all など概括的な語がある場合には except と同じ意味で用いることもある。

The streets were deserted **except for** the milkman.

(牛乳配達の男以外に通りにはだれもいなかった)　　〔前文にかかる〕

　　* except を用いて書けば，There was *no* one in the streets *except* the milkman. となるが，except を文頭に出すときには，*Except for* the milkman, there was *no* one in the streets. のように for が必要。

　　* 〈but for〉は「～がなかったら」の意味で仮定法と用いる。(→ p.562)

(4) 譲歩：in spite of, despite

「～にもかかわらず」の意味では，despite のほうが堅い表現。

Despite the snowstorm, she took her dog for a walk.

(吹雪にもかかわらず，彼女は犬を散歩に連れて行った)

(5) 代価：for, at

本来 for には「交換」の意味が，at には「割合」という意味がある。

How much did you pay **for** that car？(あの車にいくら払ったの？)

This cloth sells **at** $7 a yard. (この布地は1ヤード7ドルです)

> **注** 売買の at と for：
>
> 具体的に「20ドルで」というように金額を示すときは *for* 20 dollars のように for を，「高価で」というような場合は *at* a high price のように at を用いる傾向があるが，for が両方に用いられることもある。

> [参考]「～の値段」：
>
> 決まっている定価には the price *of* ～ を用いるが，これからいくらに決めよう，支払おうという場合には，of ではなく for を用いる傾向がある。

(6) 単位・程度・度合： at, by

These things are sold **by** the dozen.　　　　　　　　　〔単位〕
(これらの品物はダース売りである)

We missed the last bus **by** a few minutes.　　　　　　〔程度〕
(私たちは最終バスを数分の差で逃した)

She can read **at** the rate of 100 words a minute.　　〔度合〕
(彼女は1分に100語の割合で読める)

(7) 着用： in, with

The girls were dressed **in** blue.
(少女たちは青い服を着ていた)

He was playing **with** a red cap on.
(彼は赤い帽子をかぶって遊んでいた)

　　＊　上の2つのような場合は in と with を使い分けるが，ほかの場合はそれほどはっきりした区別はない。

(8) 関連・関係・関与： about, on, of, with

「～について」という意味では **about** が最も広く一般的に用いられ，**on** は主として専門的なものに用いられる。また **of** はともに用いる動詞や名詞がだいたい決まっている。**with** は関連を示して成句的に用いられる。

Bob was sorry **about** the mistake.
(ボブはまちがいをしたことを残念に思った)

The professor gave a lecture **on** the Middle East.
(教授は中東問題について講義をした)

This is the story **of** Snow White and the seven dwarfs.
(これは白雪姫と七人の小人たちの話である)

There wasn't much wrong **with** the machine.
(その機械にはあまり具合の悪いところはなかった)

(9) 賛成・反対（一致・不一致）： for, against, with

賛成や一致の意味を表すのに **for**, **with** を用い，反対や不一致の意味は **against** で表す。

Is he **for** or **against** the war?
(彼は戦争に賛成かそれとも反対か)

I quite agree **with** what you have said.
(私はあなたが言ったことに全く賛成である)

　　＊　意見が合わない disagree の場合は against ではなく with である。
　　　Your answer to this problem **disagrees with** mine.
　　　(この問題の君の答えは僕のと違っている)

第20章 一致
AGREEMENT

文の中で，主語と動詞，名詞と代名詞などのように，語(句)と語(句)が数・人称・格・性について互いにある一定の形をとることを**一致**または**呼応**という。

第1節 主語と動詞の一致

文中の動詞は，主語の**人称**と**数**に応じて一定の形をとる。主語が1つのものを表すときは**動詞の単数形**を，2つ以上のものを表すときは**動詞の複数形**を用いるのが原則である。

今日の英語では形によってはっきりと人称・数の違いがわかるのは次の3つの場合だけである。

1. be動詞の現在形と過去形
2. have動詞の現在形
3. 一般動詞の3人称単数現在形

動詞 主語	時制	be動詞 単数	be動詞 複数	have動詞 単数	have動詞 複数	一般動詞 単数	一般動詞 複数
1人称 2人称 3人称	現在	am are is	are	have have has	have	原形 原形 原形+-(e)s	原形
1人称 2人称 3人称	過去	was were was	were	had	had	過去形	過去形

§343 集合名詞・複数形名詞と動詞

I 集合名詞と動詞

集合名詞が主語のとき，それを受ける動詞は原則として，全体がまとまった集合体を表す場合は単数形，集合体の個々の構成員を表す場合は複数形を

用いるとされるが，最近は単数扱いをするものが多く，特に《米》では単数扱いがふつう。これを受ける代名詞については (→ p.725)

Happy families are all alike; every unhappy *family* **is** unhappy in its own way.
（幸せな家族はみな似ているが，不幸せな家族はみなそれぞれに〔個々の事情で〕不幸せだ）　　　　〔後の family は単数扱い〕

My *family* **are** all early risers.
（私の家族はみな早起きだ）

[参考] 集合名詞の単数扱い:
audience, committee, government, jury, public などは単数扱いが多く，staff は複数扱いが多いという《英》の統計もある。[LGSWE]

2 複数形名詞と動詞

常に複数形で用いられる名詞には，単数形の動詞で受けるものや複数形の動詞で受けるもの，あるいはどちらでも受けるものなどがある。それ以外にも名詞が複数形になっても単数形の動詞で受ける場合がある。

(1) ふつうは複数形の動詞で受ける名詞

❶ おもに対をなす部分から成る衣類・器具などを表す名詞 (→ p.109)

These *pants* **are** dirty.
（このズボンは汚れている）

注 a pair of 〜 と動詞:
(a) pair of がついた場合，動詞は原則として pair に一致する。
A new *pair of socks* **is** what you need.
（新しい靴下が君には必要だ）

❷ ふつうは複数形で用い，複数の内容を表す名詞 (→ p.110)

Small *arms* **were** indispensable there.
（小銃がそこではどうしても必要だった）

(2) ふつうは単数形の動詞で受ける名詞

❶ 学問・学科・ゲーム・病気などの名 (→ p.109)

Economics **is** studied by a lot of students.
（経済学は多くの学生が学んでいる）

German measles **prevails** throughout the district.　　《文語的》
（風疹がその地方一帯に広がっている）

❷ 複数形で1つのものを表す国名・団体名・書名・雑誌名など

The United States **is** a very large country.
（合衆国はとても広い国だ）

[参考] **the United States と数**:
「アメリカ合衆国」は政治的には 1 つの国なので，正式には**単数**で受ける。ただし《英》ではときに複数扱いをしている例もあり，競技の放送で *The United States* **are** now third. (米国は今 3 位です) などと言っているのが聞かれる。
このように国名をチーム名として扱う場合には，単数形の国名も複数で受けることがあり，放送や新聞記事に多く見られる。
France **are** now the best team in Europe.
(フランスは今や欧州最強のチームだ)

The Times **is** published daily.
(『タイムズ』紙は日刊だ)

❸ その他複数形で単数の内容を表すもの

News **is** just coming in of a serious train crash.
(重大な列車の衝突事故のニュースがただ今入ってきております)

(3) 単数形・複数形のどちらの動詞でも受ける名詞

There **is** [**are**] no *means* of raising funds for the repairs.
(修復の資金を集める方法がない)

　　* この種の名詞の類例については →p.110 。ただし，単数・複数の取り扱いについては，英米の辞書でも必ずしも統一のとれていないものもある。

(4) 時間・距離・金額・重量などを表す語の複数形を単数形動詞で受ける場合

ある時間・距離・金額などをひとまとめにして 1 つの単位のように考える場合は，動詞は単数形を用いるのがふつう。

Twenty years **is** a long time. (20 年といえば長い年月だ)　　〔期間〕
　　* *Twenty years* **have** passed since they got married. (彼らが結婚してから 20 年たった) のような構文は，1 年ずつ数える気持ちが入るので複数扱いにすると考えられる。

Ten dollars **is** too much for this old coin.　　〔価格〕
(この古いコインに 10 ドルは高すぎる)

[参考] **時間や金額などの複数形を複数動詞で受ける場合**:
実際に支払われる金額や経過年数の数量そのものに関心がある場合は，動詞は複数形を用いることがある。
Three dollars **were** paid for the old coin.
(その古いコインに 3 ドルが支払われた)
The first five years **are** the hardest.
(最初の 5 年間が最もきついのだ)

§344 不定代名詞と動詞

不定代名詞が主語になる場合，それを受ける動詞の数は次のようになる。

	数えられる内容	数えられない内容	参　照
every, each, either, neither	単数		➡ p. 226 ➡ p. 229
some, any	場合により単・複	単数	➡ p. 218
all	複数	単数	➡ p. 222
none (no)	複数扱いが多い	単数	➡ p. 231
both	複数	———	➡ p. 224

Every member of the club **was** present.
　(クラブのメンバーはみんな出席していた) ➡ p. 227
Each of the students **was** busy in the morning.
　(生徒はそれぞれが午前中は忙しかった) ➡ p. 226
Either of these plans **is** good enough.
　(この計画のどちらでも結構です) ➡ p. 229
Neither of them **was** carrying a weapon.
　(彼らはどちらも武器を持っていなかった)

> **注** | **either, neither の数**:
> either, neither は**単数扱いが原則**であるが，くだけた言い方では，複数扱いされることもある。複数扱いは〈neither of + 複数形(代)名詞〉の場合に見られることが多いが，改まった言い方では単数扱いされる。
> 　*Neither* of these books **are** interesting.
> 　　(この本はどちらも面白くない) ➡ p. 230 《口語調》

Some of these dictionaries **belong** to the library.
　(これらの辞書のうち何冊かは図書室のものです) ➡ p. 218
Is that *all* you can remember?
　(思い出せるのはそれで全部ですか？)
All of them **look** happy.(彼らはみな幸せそうに見える)
　＊ all は単独で用いる場合,「人」を表すときは複数,「物事」を表すときは単数扱いがふつう。➡ p. 222
None of them **were**［**was**］present at the meeting.
　(彼らはだれもその会に出席していなかった) ➡ p. 232
　＊〈none of + 単数(代)名詞〉は単数で受ける。

> **注** | **単独で用いる none と数**:
> none を単独で用いる場合は，単複どちらで受けてもかまわないが，単数のほうが強調的に響くという人もいる。

Of all these four men, *none* **has** developed any cancer, but all live in dread of it.(この4人全員のうちだれもがんを発病させていないが、みんなそれを恐れて暮らしている)

"**Is** there *any* ink?" "No, there **is** *none*."
(「インクがありますか」「いいえ,ありません」)

Both of them **were** carrying weapons.
(彼らは2人とも武器を持っていた) **→ p.224**

Q&A 97 Each of us has … か Each of us have … か？

has でも have でもよい。*Each* of us **has** *his or her* just claims.(我々はいずれも正当な権利を持っている)のように単数扱いし,人称代名詞も his or her を用いるのが原則に従ったやり方だが,us にひかれて,文語調の言い方を除いては have, our で受けることが多い。Each of us has our … のように,動詞は単数形にしながら代名詞は複数形にする表現も多い。

§345　部分・数量などを表す語句がつく場合

(1) 〈most [all, some, part, half] of＋名詞〉

❶ 原則として of の次が**複数名詞**なら**複数**で受け,**単数名詞**なら**単数**で受ける。

Most of the students **are** aware of it.
　(学生たちはたいていそのことを知っている)

All of my friends **like** eating cake. (私の友人は皆ケーキが好きだ)

Some of these stars **have** their own planets.
　(これらの星の中には自分の惑星を持っているものもある)

Part of the building **has** been destroyed by the earthquake.
　(その建物の一部は地震で破壊された)

Half of the apple **is** bad. (そのリンゴの半分は腐っている)
　＊ apples are にすると,いくつかあるリンゴの半数ということになる。

注 〈any of ～〉:
　続く名詞が**複数形**のとき単・両様の扱いが可能。
　Do *any* of these CD's belong to you?
　　(このCDのどれかは君のものですか)
　If *any* of these members **knows** his address, let me know.
　　(このメンバーの中のだれかで彼の住所を知っている人がいたら知らせてください)
　＊ 単数扱いは any one の意で,改まった言い方ではふつう。

❷ of の次が**集合名詞**のときはふつう**複数**扱い。

John and Bill were sick in bed, but *the rest of the class* **were** present. (ジョンとビルは病気で寝ていたが, クラスの残りの人は出席していた)

(2) 〈**分数を表す語句＋名詞**〉

of の次が**複数名詞**なら**複数**, **単数名詞**なら**単数**で受ける。

Three fifths of the pupils **go** on to universities.
　　(生徒の5分の3は大学に進学する)　　　　　　　〔複数名詞〕

Two fifths of his story **was** about nuclear reactions.
　　(彼の話の5分の2は核反応についてだった)　　　〔単数名詞〕

(3) 〈**one of the [my, these など]＋複数名詞**〉

原則として**単数**で受ける。

One of her favorite words **was** "education."
　　(彼女の好きな言葉の1つは「教育」だった)

関係代名詞が続く場合の一致については ➡ p.634。

注 〈one of you〉:
　〈one of you〉「君たちのうち1人」を, くだけた言い方で you に引きずられて are で受けることもあるが, 形の上から is で受けるのが正用。
　It shouldn't be long before we know which *one of you* **is** the most suitable donor.
　　(あなた方のうちどなたがドナー〔臓器提供者〕に最も適しているか, まもなくわかるはずです)

(4) **紛らわしい 〈a ▢ of X〉の形の場合**

❶ 〈of X〉が ▢ の語を修飾している場合は ▢ の語の数に一致するのが原則。

*A **sample** of dress material* **was** enclosed with the letter.
　　(布地の見本がその手紙に同封されていた)

❷ 〈a ▢ of〉で数量などの意味を示しているときは X にあたる語の数に一致する。

*A box of **oranges*** **were** divided among the children.
　　(1箱分のオレンジが子供たちの間で分けられた)
　　＊「オレンジの箱」というときは紛らわしいので an orange carton のようにいうのがふつう。

*A bag of **rice*** **is** sufficient for a stay of five days.
　　(1袋分の米で5日間の滞在には十分です)

❸ ▢ が集合名詞の性格を持っている場合は, 単数・複数両様扱い。group や team がよく用いられる。

*A **group** of pine trees **stands** on top of the hill.*
(ひとかたまりの松の木が丘の頂に立っている)
　　＊　1つのまとまりとして見ている。

*A **group** of boys **are** playing baseball in the playground.*
(1群の男の子たちが校庭で野球をやっている)
　　＊　何人かの子供たちという目で見ている。

> **注** | There is a group of ...:
> *There is* a group of boys ... というように，there is 構文ではaに引かれて単数で受けることが多い。

(5) 〈plenty [a lot, lots] of＋名詞〉

複数名詞が続く場合は原則として**複数**で受け，**物質名詞**が続く場合は**単数**で受ける。

*Plenty of seats **have been** reserved.*
(十分な席が予約してある)

*Lots of money **was** stolen from the safe.*
(金庫から大金が盗まれた)

> **注** | 〈a pile of ～〉:
> 〈a pile [heap] of ～〉，〈piles [heaps] of ～〉(たくさんの) も 〈plenty of ～〉と同じ。
> *A pile of rubbish **was** left on the beach.*
> (浜辺にごみの山が残された)

(6) 〈a number of ～〉と〈the number of ～〉

〈**a number of ～**〉(多くの～，いくらかの) は**複数**で受ける。

*A number of workers **have** recently left the company.*
(多く [何人か] の労働者たちが最近会社をやめた)
　　＊　a number of は several の堅い言い方なので，必ずしも「たくさんの」とは限らない。（→ p.290）

〈**the number of ～**〉(～の数) は number に一致して**単数**で受ける。

*The number of cars **has** greatly increased.*
(自動車の数が非常に増加した)
　　＊　これは(4)の場合と同じ。

(7) 〈many a ～〉と〈more than one ～〉

どちらも意味は複数だが一般に**単数**扱い。

*Many a young man **has** tried and failed.*
(多くの若者が試みては失敗した)

*More than one man **has** been dismissed.*
(幾人もの人が解雇された)

§346 複合主語と動詞

■1 2つの主語が接続詞で結ばれている場合

(1) 〈**A and B**〉:「A と B と」

  ❶ 原則: 複数扱い。

  George and I **are** good friends.

  (ジョージと私は仲よしだ)

  To preach and to practice **are** two different things.

  (口先で説くのと実行するのとは別のことだ)

  ❷ 同一人物や1つのまとまった物 [内容, 事柄] を表す場合: 一般に**単数扱い**。

  The engineer and writer **has** published another novel.

  (その技術者兼作家はもう1冊の小説を出版した)

  ※ このような場合の the の反復については (➡ p.161)。

  Fish and chips **is** very popular in Norway.

  (フィッシュ・アンド・チップス〔魚フライにフライドポテトを添えたもの〕はノルウェーでとても人気がある)

  ※ 複数で受けることもある。なお, bread and butter も単数扱いだが, 最近は比喩的に [生計の手段] などの意味で用いることも多い。

  Early to bed and early to rise **makes** a man healthy, wealthy, and wise. 《ことわざ》

  (早寝早起きは人を健康に, 金持ちに, そして賢明にする)

  注 1を超える数を受ける動詞:
  1を超える数は複数と考えて「1.01 メートル」は one point 0 [ou] one *meters* になるが, 動詞は単数形で受けるのがふつう。a year and a half は one and a half years ともいうが, 前者は単数形で受け, 後者は複数形で受けるのがふつう。

  A year and a half **has** passed since he went to America.

  (彼がアメリカに行ってから1年半がたった)

  (=*One and a half years* **have** passed since he went to America.)

  ❸ 〈**each** [**every**]+**A and B**〉: 一般に**単数扱い**。

  Each boy and girl **has** a flag in his or her hand.

  (男子も女子もめいめい手に旗を持っている)

  Every boy and (*every*) *girl* in my class **is** hardworking.

  (私のクラスの男子も女子もみな勤勉だ)

  ※ each boy and girl ... his or her の代名詞の一致については (➡ p.724)。

❹ 足し算・掛け算の場合：

単数・複数のいずれにも扱う。(→ p. 310)

Two and two **is** [**are, make(s)**] four.　(2＋2＝4)

Three times four **is** [**are, make(s)**] twelve.　(3×4＝12)

　　＊ Three fours are twelve. ともいう。

注 引き算・割り算:
　　引き算・割り算の場合は単数扱いがふつう。
　　Two from five **leaves** three.　(5－2＝3)
　　Four divided by two **makes** two.　(4÷2＝2)

(2) 〈**(either) A or B**〉(A か B のどちらか) と〈**neither A nor B**〉(A も B もどちらも～ない)

一般に動詞に近いほうの主語の数に**一致**させる。

Either you or I **am** to go.

(君か僕のどちらかが行かなければならない)

　　＊ このような場合，動詞の一致の問題を避けて，*Either you are* to go *or I am*. とするほうがよいという人もいる。また A, B の一方が複数なら，複数のほうを後に置いて動詞を複数形にするのがよいとされる。

Neither his mother nor his father **was** present at the wedding.

(彼の母親も父親も結婚式に出席していなかった)

　　＊ この文は Both his mother and his father *were* present at the wedding. の全体否定に当たり，実質的に「母親と父親の両方」が主語になっていると感じられるため，動詞を複数形 (were) にすることがある。

(3) 〈**not only A but (also) B**〉：「A だけでなく B も」

動詞は一般に **B** に一致させる。

Not only you but also I **am** hungry.

(君だけでなく僕も空腹だ)

(4) 〈**A as well as B**〉：「B だけでなく A も」

動詞は **A** に一致させる。

The princess, as well as the princes, **has** learned to ride.

(王子たちはもちろん，王女も乗馬ができるようになった)

His eyebrows as well as his hair **are** now white.

(彼は髪だけでなくまゆ毛も今では白くなっている)

(5) 〈**not A but B**〉：「A でなくて B」

動詞は **B** に一致させる。

Not you but I **am** to read a paper.

(君でなく私が論文を口頭で発表しなくてはならない)

2 前置詞を含む主語の場合

A with B や，A after A などは意味上は複数であるが，文法上は次のように扱うのが原則である。

(1) 〈**A (together) with B**〉:「B とともに A」

一般に動詞は **A に一致**させる。

Some roses, together with a nice letter, **were** sent to her.
（すてきな手紙と一緒にバラが彼女に送られた）

> **注** くだけた表現での複数:
> くだけた表現では A が単数の場合も複数動詞を用いることがある。like (〜のように)，except (〜を除いて)，but (=except) などの場合も同様。
> *Richard*, with his wife, **are** at the door.
> （リチャードが奥さんと一緒に玄関にいる）

(2) 〈**A after A**〉:「A が次から次へ」動詞は一般に**単数**。

Ant after ant **comes** out from the hole.
（アリが次から次へと穴から出てくる）

3 There is ... の場合

There is [are] の後に **and** で結ばれた主語がくる場合は，1 つのまとまったものを表す場合 (→ p. 721) を除いて，動詞は複数の are を用いるのが原則であるが，There is [are] の**直後が単数名詞**の場合や思いつくままに**列挙**していくような場合に，くだけた表現では is を用いることもある。

There **were** [**was**] a mahogany desk, and a big armchair, and a massive bookcase in his study.（彼の書斎にはマホガニーの机と大きなひじかけ椅子と，どっしりとした本箱があった）

 * were が正しいが，くだけた言い方で was, 特に話し言葉で there's が用いられることもある。

And *there* **was** Patty, and Ted, and Elizabeth.（それからパティもいたし，テッドもいたし，それにエリザベスもいた）

 * この場合も，話し手が話を始めるときに，まずパティのことだけが頭に浮かんでいるので動詞は単数形を用いたとも考えられる。
 なお，there is 〜 の構文で特定の人・物をさす主語がくるのは，人・物を列挙する場合である。(→ p. 47)

> **注** There's ..., Here's ..., Where's ...:
> くだけた言い方では，There's ..., Here's ..., Where's ... という短縮形の次に複数形の名詞が主語として置かれることがある。
> **Here's** some *cookies*.（〔ほら〕ここにクッキーがありますよ）

第2節 その他の一致

§347 （代）名詞と代名詞の一致

1 性の一致

原則として性の区別のある単数名詞は he, she で受け，物などの性の区別のない単数名詞は it で受けるが，次のような場合もある。

(1) **child, baby**

直接関係がなくその子を知らない人が言う場合は it で受けるが，母親など親しみを感じている人が言う場合は he, she を用いる。

The baby was watching **its** own hands.
（赤ん坊は自分の手をじっと見ていた）

(2) **ペットや身近な動物**

一般的には it で受けるが，飼い主が言う場合や，雌雄の区別がはっきりしている場合は he, she や who で受ける。

I have a *dog*. **His** name is Fido.
（私は犬を飼っている。名前はファイドーだ）

(3) **擬人化**

語源に由来するもののほか，概して偉大なもの・強烈なものが男性に，優美なもの・愛すべきものが女性に扱われてきた傾向がある。 → p.136

This is my *car*. Don't you think **she**'s a beauty?
（これが私の車だ。かっこいいと思わないかね）

2 （代）名詞を受ける代名詞

(1) **集合名詞を受ける代名詞**

集合名詞がまとまった1つの集合体を表す場合は，it [which] で，構成員を意識している場合は they [who] で受けるのが原則である。 → p.85

Any *family* has **its** black sheep.
（どこの家庭にも持て余し者はいるもの）

That evening, *the family* were happy in **their** new home.
（その晩，その一家は新しい家で幸せだった）

He comes of *a family* **which** dates back to the Norman Conquest.
（彼はノルマン人の征服の時代から続いている家系の出だ）

They were *a family* **who** were always quarrelling among themselves.（彼らはいつもけんかしてばかりいる家族だった）

> **注** 集合名詞を受ける数と代名詞：
> 《米》では《英》より集合名詞を単数扱いにする傾向が強い。ただし，動詞は単数形を用いながら代名詞は they を用いることもふつうである。これは形よりも意味が優先されるためと考えられている。(→ p. 714)
> *Our team has* [have] won the match. *They* are having *their* tea now.（我々のチームが試合に勝った。今お茶を飲んでいる）

(2) 2つ以上の (代)名詞を受ける代名詞の人称

主語が and で結ばれている場合，それを受ける代名詞は複数形になる。

❶ 1人称が含まれていれば1人称 (we, our, us) で受ける。

❷ 2人称が含まれていれば2人称 (you, your) で受ける。

❸ 3人称だけなら3人称 (they, their, them) で受ける。

Jack and I began to do **our** work.（ジャックと私は仕事を始めた）

I like *you and Tom* because **you** are diligent.
（私は君とトムが好きだ，君たちは勤勉だからね）

Jack and Bill have finished **their** work.
（ジャックとビルは仕事を終えている）

3 不定代名詞を受ける代名詞

原則として不定代名詞の数・性に一致する。次の場合には注意を要する。

(1) **everyone, someone, each, (n)either, no one** など

堅い言い方では he or she, he/she [híːərʃíː] などの形を用いるが，くだけた言い方では **they** で受けることが多い。he で受けるのは今では避けるのがふつう。(→ p. 228)

Everybody can do as **he or she** likes.
（だれでも自分の好きなようにしてよい）

If *anyone* had been watching her, **they** would have thought her movements peculiar.（だれかが彼女を見ていたとしたら，彼女の行動をおかしいと思ったことだろう）

Every person has a right to take care of **themselves**.
（だれでも自分の面倒を自分でみる権利はある）

* この場合，動詞は原則通り has と単数になっていることに注意。

> **注** they が好まれる場合：
> (1) 次のような付加疑問（文）では someone は男性か女性かわからないため，they が好んで用いられる。
> *Someone* brought this here yesterday, didn't *they*?
> （だれかが昨日ここにこれを持ってきたのでしょう）

(2) 次のような場合は **his or her** とするのがわずらわしいため，**they** を用いることが多い。

Either he or his sister will have to change *their* attitude.
(彼か妹のうちどちらかが態度を変えなくてはならないだろう)

(2) one の場合

一般の「人」を表す one は，《米》では he [his] で受け，《英》では one [one's] で受けるのがふつうであったが，one を使うこと自体が最近では形式ばった表現に限られる。(→ p.210)

One should do *his* [《英》*one's*] best. (人は最善を尽くすべきだ)

注 one に代わる you, we:
《米》でも性的差別を避けるため he or she や they で受けるほうがよいとする人も多いが，くだけた表現では one はふつう用いられず，代わりに you, we などを用いる表現 (*We* should do *our* best. など) が好まれる。

§348 主語と補語などの一致

1 主語・目的語と補語の一致

(1) 主語と主格補語，目的語と目的格補語の数が一致する場合

My mother is **a** good **cook**. (母は料理が上手だ)
They are all good **cooks**. (彼女たちはみな料理が上手だ)

I consider *my mother* **a** good **cook**. (母は料理が上手だと思う)
I consider *them* good **cooks**. (彼女たちはみな料理が上手だと思う)

(2) 一致させる必要がない場合

Her *only hope* for the future **is** her *children*.
(彼女の将来の唯一の希望は子供たちだ)

Our principal *crop* **is** *potatoes* [*the potato*].
(我々のおもな作物はジャガイモだ)

The *stars* **were** our only *guide*. (星が我々の唯一の案内者だった)

　＊　主語と補語の数は必ずしも一致しなくてもよいが，主語と動詞の数は原則として一致する。

2 「配分」と「集合」による単数・複数

主語が複数で，各自が 1 つずつ何かを持っている，などというような場合に，1 人に 1 つずつ分けるという考え方をする場合〔配分的〕と，持っているものを全部合計して考える場合〔集合的〕がある。たとえば，「生徒たちはみな手をあげた」という文は次の 2 とおりの言い方ができる。

  a. The students all raised their **hand**.　　　　　　〔配分的〕
  b. The students all raised their **hands**.　　　　　　〔集合的〕
 a., b. のどちらを用いるかは次のような原則に従えばよい。

(1) 誤解が生じなければ単数・複数のいずれでもよい

 一般には複数のほうが自然に感じられるため，複数にすることが多い。
 All *participants* in the race should give their **name(s)** to the starter. (競技参加者は全員出発合図係に名前を言わなくてはならない)

(2) 慣用句で一般に単数形で用いるもの

 We must *keep* (it) *in* **mind** that money does not grow on trees.
 (金は木にはならないことを心に留めておかなくてはならない)

(3) 単数を用いると意味がはっきりする場合

 They are all expected to send in **a written report** every two months. (みな2か月ごとに報告書を提出することになっている)
   ＊　各自が1通であることがわかる。
 Pupils were asked to name their favorite **painter**.
 (生徒たちは好きな画家の名をあげるようにいわれた)
   ＊　1人につき1人ずつの画家であることがはっきりする。

§349　格 の 一 致

１　格の一致の原則

 主格の名詞・代名詞(主語・主格補語)と同格の語には主格を用い，目的格の名詞・代名詞(目的語・目的格補語)と同格の語には目的格を用いるのが原則である。
 It's **he** who broke the window.　　　　　　　　　　〔主格補語〕
 (その窓を壊したのは彼だ)
 I thought *it* **him**. (私はそれを彼だと思った)　　　　〔目的格補語〕

２　格の一致の原則が守られない場合

(1) It's me. の型

 この場合は主格補語であるから，文法的には I を用いるのが理屈であるが，実際には形式ばった表現以外では目的格がふつう。
 "Who was it that broke the window?" "It was **him**."
 (「その窓を壊したのはだれだ」「彼だ」)
  ＊　この目的格はフランス語の影響とか，動詞の後だからとかいわれる。

(2) 相づちの Me too. の型

"I like potato chips." "**Me, too.**" 《口語調》
(「ポテトチップスが好きだ」「僕もさ」) 【相づち】
"Who's there?" "**Me.**"(「だれだ」「私だ」)

(3) **than [as] me** の型

口語では接続詞の than, as を前置詞と感じる人も多く，主格でなく目的格が多く用いられる。

John is two years older *than* **me**. 《口語調》
(ジョンは私より2歳年上だ)
　　* John is two years older *than I* (am). とすれば改まった言い方。

Jack is as intelligent *as* **her**. 《口語調》
(ジャックは彼女と同じくらい聡明だ)
　　* Jack is as intelligent *as she* (is). とすれば改まった言い方。

(4) 〈It isn't him that ...〉の型

It isn't **him** that I want to employ. (私が雇いたいのは彼ではない)

上の文の him は主格補語であるから，主格の he を用いるのが正しいように思われるが，上の(1)で示したように，主格補語に目的格を用いることが多いことと同時に，him が that 節の employ の目的語に相当するため，him が用いられている。

関係代名詞が主格の場合は，この部分に主格も用いられる。

It was **I** *who* was fond of her. (彼女を好いていたのは私だった)
　　* この場合でも口語では目的格が用いられることが多い。
　　　It's not *me* who's proud. (自慢しているのは私じゃない)

(5) 〈**nobody except [but] her**〉の型

「〜を除いて」の意味の except, but の後には，これを接続詞と考えるか前置詞と考えるかどうかによって主格，目的格のどちらも用いられる。主語の位置にある場合は主格を用い，それ以外の位置では目的格を用いるのがよいとする人もいるが，最近はくだけた言い方では**目的格**が好まれる。(特に except の場合は目的格がふつう)

⎧ *Nobody but* **her** [**she**] went there.
⎨ *Nobody* went there *but* **her**.
⎩ (彼女以外はだれもそこへ行かなかった)
　　* この使い分けの問題を避けるために，-self の形がしばしば用いられる。
　　　Everybody went there *but* **myself**.
　　　(私以外はみなそこへ行った)

第21章 時制の一致と話法
SEQUENCE OF TENSE AND NARRATION

主節の動詞と従節の動詞の時制に関する一致を**時制の一致**という。また,言葉や考えを伝える方法を**話法**という。話法には**直接話法**と**間接話法**がある。

〔第1節〕時制の一致

§350 時制の一致の考え方

My mother *thought* that I **was** sick.(母は私が病気だと思った)
I *said* that he **wouldn't come**.(私は彼は来ないだろうと言った)

上の例で,日本語では主節の動詞が「思った」「言った」と過去形でも,従節の動詞はそれぞれ「~だ」「~だろう」のままであり,もし「母は私が病気だったと思った」などといえば,内容が変わってしまう。

英語では,主節の動詞が過去時制のときは,原則としてそれに合わせて従節の動詞の時制も過去時制(would は will の過去時制と考える)にする。このように主節の動詞の時制に合わせて,従節の動詞の時制を過去の形にすることを**時制の一致**という。

§351 時制の一致の原則

(1) <u>主節の動詞が現在・現在完了・未来のとき</u>

時制の一致は行われず,従節は内容に応じてそれぞれの時制を用いる。

現在	He *says*		he *is* free now.	〔現在〕
現在完了	He *has said*	(that)	he *was* free yesterday.	〔過去〕
未来	He *will say*		he *has been* free recently.	〔現在完了〕
			he *will be* free tomorrow.	〔未来〕
			he *had been* free before.	〔過去完了〕

(2) <u>主節の動詞が過去・過去完了のとき</u>

主節の動詞が過去または過去完了のとき,従節の動詞の時制は原則として次のようになる。

現在	→	過去
過去	→	過去完了または過去
現在完了・過去完了	→	過去完了

すべて進行形を含む。助動詞も〈現在→過去〉については同じなので，未来時制の will, shall は would, should になる。

次に一般的な場合について用例を示す。例外については第2節を参照。

❶ **現在 → 過去**

主節の動詞が過去時制または過去完了の場合は，従節の動詞の現在時制は原則として過去時制になる。

I *know* you *are* busy. （君が忙しいのは知っている）

→ I **knew** you **were** busy. （君が忙しいのは知っていた）

❷ **過去   → 過去完了または過去**

現在完了 ⎫
過去完了 ⎬ → **過去完了**

(a) 主節の動詞が過去時制または過去完了の場合は，原則として従節の動詞の**過去時制**は**過去完了**に変わるが，意味や時の関係に混乱が生じなければ，くだけた言い方では**過去時制**のままでもよい。

I *think* he *was* sick. （私は彼は病気だったと思う） 〔過去〕

→ I **thought** he **had been** sick.
   * I thought he *was* sick. のままだと，私がそう思った時点で，彼が病気をしていることになる。

I *think* I *sent* the check two weeks ago. 〔過去〕

（小切手は2週間前に送ったと思う）

→ I **thought** I **(had) sent** the check two weeks before.

（小切手は2週間前に送ったと思った）
   * had sent にしなくても意味は混乱しない。

(b) 従節の**現在完了**の動詞は**過去完了**になる。

She *wonders* how long he *has been* in the room. 〔現在完了〕

（彼女は彼がどのくらい部屋にいたのかしらと思う）

→ She **wondered** how long he **had been** in the room.

（彼女は彼がどのくらい部屋にいたのかしらと思った）

(c) 従節の**過去完了**の動詞はそれ以上変わることはできないので**過去完了**のまま。

She *says* my letter *had arrived* when I phoned her. 〔過去完了〕

（彼女は私が電話したときには私の手紙は着いていたと言う）

→ She **said** my letter **had arrived** when I phoned her.
（彼女は私が電話したときには私の手紙は着いていたと言った）

❸ 未来
　未来完了　｝→ 過去形の助動詞
　助動詞

　主節の動詞が過去時制または過去完了の場合には，従節の未来時制・未来完了の will, shall はそれぞれ would, should に変わる。そのほかの can, may などの助動詞も could, might などの過去形に変わる。

They *believe* ┌ he *will come* back soon.　　　　　　　〔未来〕
　　　　　　　│ （彼らは彼がすぐに戻ると思っている）
　　　　　　　┤ he *will have arrived* by this time.　〔未来完了〕
　　　　　　　│ （彼らは彼は今ごろはもう着いただろうと思っている）
　　　　　　　│ he *may come* any minute.　　　　　　〔助動詞〕
　　　　　　　└ （彼らは彼が今すぐに来るかもしれないと思っている）

→ They *believed* ┌ he **would come** back soon.
　　　　　　　　 ┤ he **would have arrived** by then.
　　　　　　　　 └ he **might come** any minute.

　　* by this time が by then に変わる点については（→ p.740）。助動詞の must, ought to, used to は形を変えないで使う。

§352　時制の一致と話法の関係

　時制の一致で特に重要なのは，直接話法を間接話法に変換する場合に，伝達動詞の時制と伝達される内容を表す従節（被伝達部）の時制の一致である。
たとえば，

　He *said*,　　"I'm busy."　（彼は「僕は忙しい」と言った）
　　伝達動詞　　被伝達部

という直接話法の文では被伝達部は独立した文であるため，伝達動詞と被伝達部の動詞の間には時制の一致が行われないが，この文を間接話法の文に書き換えると，

　He *said*　　he was busy.
　　伝達動詞　　被伝達部

となり，被伝達部の動詞は伝達動詞の時制に一致して過去時制になる。
　一般に直接話法の文を間接話法に変換する場合に，直接話法の伝達動詞が過去時制または過去完了のときは，間接話法の被伝達部の動詞の時制は，原則として次のように変わる。

(1) 現在時制 → 過去時制

直接話法の現在時制は，原則として間接話法では過去時制に変わる。現在進行形も過去進行形になる。

He *said*, "I*'m* busy."　　　　　　　　　　　　　　　　　〔直接話法〕
→ He **said** he **was** busy.　　　　　　　　　　　　　　　〔間接話法〕
She *said*, "The kettle *is* boiling."
（「やかんのお湯が沸いている」と彼女は言った）
→ She **said** the kettle **was boiling**.

(2) 過去時制
　　現在完了 ｝ → 過去完了
　　過去完了

過去時制と現在完了はどちらも過去完了になる。ただし，過去時制の場合は，意味が混乱しなければ，くだけた言い方では過去形のままでもよい。 ➡ p.730 また，過去完了はそのまま過去完了にしておく。進行形の場合も同じようになる。

He *said*, ｛ "I *was* busy."　　　　　　　　　　　　　　〔過去〕
　　　　　　 "I *have been* busy."　　　　　　　　　　　　〔現在完了〕
　　　　　　 "I *had been* busy."　　　　　　　　　　　　 〔過去完了〕
→ He **said** he **had been** busy.

She *said*, ｛ "The kettle *was boiling*."　　　　　　　　　　〔過去進行形〕
　　　　　　　"The kettle *has been boiling*."　　　　　　　〔現在完了進行形〕
　　　　　　　"The kettle *had been boiling*."　　　　　　　〔過去完了進行形〕
→ She **said** the kettle **had been boiling**.

(3) 未来時制
　　未来完了 ｝ → 助動詞の過去形
　　助動詞

未来時制と未来完了の will, shall は，それぞれ would, should に変わる。can, may などの助動詞も could, might などの過去形に変わる。

Kate *said*, "Jane *will come* soon."
（ケイトは「ジェーンはすぐ来るでしょう」と言った）
→ Kate **said** Jane **would come** soon.
Bill *said*, "Things *will have changed* by then."
（ビルは「そのときまでには事態は変わっているでしょう」と言った）
→ Bill **said** things **would have changed** by then.
The radio *said*, "The weather *may change* for the better."
（ラジオは「天候は回復するでしょう」と言った）
→ The radio **said** the weather **might change** for the better.

第2節　時制の一致の例外

§353　現在・過去のままの場合

　主節の動詞が過去または過去完了であっても，従節の動詞が現在または過去のままで残り，時制の一致が行われないことがある。

(1) **現在のままの場合**

　次のような場合には，従節の現在時制の動詞はそのままにしておくこともできる。過去に一致させてもよい。

❶ **不変の真理や社会通念を表すとき**

We *were* taught at school that the square of 10 **is** 100.
　（学校で10の2乗は100と教わった）

Franklin *was* well aware that light **travels** faster than sound.
　（フランクリンは光が音より速いことをよく知っていた）

My grandpa *would* often say, time **is** money.
　（祖父は，時は金なり，とよく言っていた）

　伝達者が**事実**を伝えていると思っていることを強調したければ，このように**現在時制**を用いることが多いが，単に伝達するだけの場合や，その内容に確信が持てなかったり，その内容がいま信じられていないことを暗示したりする場合には**過去形**が好まれるといわれる。

Darwin *believed* that natural selection **could** account for everything.（ダーウィンは自然淘汰ですべてが説明できると信じた）

❷ **現在の状態・習慣・特性・職業を表すとき**

Did you know swallows **migrate** to Japan in April?
　（ツバメが4月に日本に渡ってくるのを知っていたかい）

Mr. Okuda *asked* me what my father **does**.
　（奥田先生は父の職業は何かと尋ねられた）

　現在の習慣とか，習慣というほどでなくても，今も当てはまることは時制の一致を起こさないことがある。したがってその内容が今後に関することであれば，助動詞の will もそのままにしておくことがある。

At the party last night, he *whispered* to me that I **am** beautiful.
　（ゆうべのパーティーで彼は私に，君はきれいだよとささやいた）

　以上すべての場合，意味に混乱がなければ，❶と同じく過去に一致させることもある。これは話し手が最初に過去形を使ったので，そのまま後の動詞も過去形にするという，**心理的な惰性**によるものである。

I *didn't* know you **were** here.
(あなたがここにいらっしゃるとは知りませんでした)

(2) 過去のままの場合

歴史上の事実や，過去の出来事であることがはっきりしていることを表すときは過去完了にしないで，そのまま過去時制を用いる。

Did you know that the Civil War **broke** out in 1861?
(南北戦争が 1861 年に始まったことを知ってましたか)

The history teacher *said* Shakespeare **was** born and **died** on the same day of the same month.
(歴史の先生はシェークスピアが同月同日に生まれて死んだと言った)

歴史上の事実でなくても，口語では過去完了のかわりに，誤解のおそれがないときは過去形を使うことも多い。

Kate *said* she **was** astounded when she saw the will.
(ケイトはその遺書を見たときに，飛び上がるほど驚いたと言った)

§354 仮定法の場合

仮定法は直説法と違い，実際の現在や過去を表さないので，時制の一致が行われない。

(1) 仮定法現在 (→ p.549)

We *suggested* that Chuck **rent** a car.
(我々はチャックが車を借りるよう提案した)

> **注** 条件節内の動詞の一致:
> 今では条件節の中で，仮定法現在の代わりに**直説法現在**を使うので，この場合は時制の一致が行われる。
>
> She *says* if she **is** not wrong she *doesn't* have to apologize.
> (彼女はもし自分が間違っていないのなら謝る必要はないと言う)
> She *said* if she **was** not wrong she **didn't** have to apologize.
> (彼女はもし自分が間違っていないのなら謝る必要はないと言った)

(2) 仮定法過去

John *said* if he **were** a secret agent, he **would become** 008.
(ジョンはもし自分が諜報部員だったら 008 になりたいと言った)
  * were を使わない限り，上の **注** の例と区別がつかないことに注意。

The grown-ups *said* it *was* time the children **went** to bed.
(大人たちはそろそろ子供は寝る時間だと言った)

She *wished* she **were** a doctor to save those children.
(彼女は自分がその子供たちを救える医者だったらいいなと思った)

(3) 仮定法過去完了

She *said* that if he **had been** the President of the United States, she **would have been** the First Lady.
（もし彼が合衆国大統領だったら自分は大統領夫人だったろうにと彼女は言った）

She said that if he **had questioned** her she **would** probably **have told** him the truth.
（もし彼が自分に問いかけてくれたら恐らく真実を話してあげただろうと彼女は言った）

(4) 主節の動詞が仮定法過去の場合の時制の一致

仮定法過去は過去形であるが，意味は現在に関することを表しているので，文脈の上から時制が一致しない場合と形の上から一致してしまう場合とある。

❶ 時制の一致が行われない場合

仮定の範囲に含まれず，意味上現在の事であることを示しておくとき。

If I *had* more money, I **would** buy the car I **have** long wanted.
（もっとお金があればずっと欲しいと思っている車を買うんだが）
  ＊ 欲しいと思う気持ちは現在も変わっていない。

❷ 時制の一致が行われる場合

主節の動詞が過去形であるため，それにつられて過去になる。

If I *said* I *was* madly in love with you, you'd think I **was** lying.
（あなたをすごく愛していると言っても，私がうそをついていると思うでしょう）
  ＊ 仮定法的意味を含む場合が多く，過去に一致する例は比較的少ない。

§355 比較を表す副詞節の場合

異なる時期の状態を比較する場合には，主節と副詞節の間で時制の一致は行われない。

My father *was* older then than I **am** now.
（そのころの父は今の私より年をとっていた）
  ＊ then に合わせて was, now に合わせて am になっている。

The air *was* not as polluted then as it **is** now.
（そのころ大気は今ほど汚れていなかった）
  ＊ 形容詞節・副詞節は名詞節の場合ほど主節との結びつきが密接ではないので，それぞれの状況に合わせて時制を決めればよい。

第3節 話法の種類

§356 直接話法と間接話法

話法には，発言者の言葉をそのまま伝える**直接話法**と，発言者の言葉を伝える人の言葉に直して内容を伝える**間接話法**とがある。

(1) 直接話法 (Direct Narration)

直接話法の一般的な形式は次のとおりである。

<u>Mary</u>　　<u>said</u>　　<u>to Bill</u>,　　"<u>It is a good idea.</u>"
発言者　　伝達動詞　　聞き手　　　　被伝達部

（メアリーはビルに「それはいい考えね」と言った）

　　＊　上の文全体を言う［書く］人と，それを聞く［読む］人がいる。また，聞き手が省略されることがある。

直接話法では，伝えられる言葉（被伝達部）は一般に引用符で囲む。この場合の被伝達部は独立した文なので，大文字で書き始め，文の種類によって疑問符をつけたり感嘆符をつけたりする。また2つ以上の文が続くこともある。

She said to me, "What are you talking about?　You must be kidding!"（彼女は私に「何言ってるの。冗談でしょ」と言った）

> **注**　2つに分かれている被伝達部の扱い:
> (1) 被伝達部が2つに割れることがある。この場合の句読点に注意。
>   "I have big news to tell you," she said. "My dog had three puppies yesterday."
>   （「すごいニュースよ」と彼女は言った。「うちの犬がきのう3匹子犬を産んだの」）
>   最初の被伝達部のコンマ，伝達動詞の後のピリオド，2番目の被伝達部の最初の大文字に注意。
> (2) 被伝達部が2段落［パラグラフ］以上になるときは，途中の段落の最後の引用符は省略し，次の段落の最初に引用符をつける。

(2) 間接話法 (Indirect Narration)

間接話法では直接話法の文にあった引用符がなくなり，被伝達部は名詞節として伝達動詞の目的語になる。

<u>Mary</u>　　<u>told</u>　　<u>Bill</u>　　(that) <u>it was a good idea.</u>
発言者　　伝達動詞　　聞き手　　　　被伝達部

（メアリーはビルにそれはいい考えだと言った）

　　＊　被伝達部が命令文の場合は to 不定詞になる。　（→ p.743）

§357 特殊な話法

特殊な話法として，直接話法と間接話法の中間的なものがある。おもに文体的な効果をねらうものだから，小説や随筆に現れるが，科学論文などで使われることはない。伝達動詞がある場合とない場合がある。

(1) 被伝達部が引用符で囲まれていたり，疑問符がついているもの

Another short fellow pulled him by the arm, and rising on tiptoe, inquired in his ear *"whether he was Federalist or Democrat?"*

（もうひとりの背の低い男が彼の腕を引っぱり，つま先立ちになって，彼の耳もとで「お前は連邦党か民主党か」と尋ねた）

* 伝達動詞 inquired があり，被伝達部が間接話法になっている。

I was still peering about, when Mr. Mell came back and asked me *what I was doing up there*?

（僕がまだあたりを見回していると，メル氏が帰ってきて，そこで何をしているのかと尋ねた）

* 伝達部が挿入的に用いられ，被伝達部に引用符がつかないこともある。
    After all, he thought, *someone will come along in the morning and help me climb out.* （どうせ朝になればだれかがやって来て私が脱け出すのを助けてくれるさ，と彼は考えた）

(2) 語順だけが直接話法のもの

語順以外の代名詞・副詞の変化・時制の一致などは間接話法。

He asked *was my family name Federico or Enrico*?

（彼は私の姓はフェデリコかエンリコかと尋ねた）

And I said *of course but would that be enough*?

（そして私は，それはもちろんですがそれで十分ですかと言った）

(3) 描出話法

He said ... などを表現しないで，被伝達部を独立させて地の文の中に埋め込んで，発言者の言葉を伝達者の言葉のようにして述べる話法で，修辞的な技法の１つ。時制の一致や代名詞の人称などはふつうの間接話法と同じであるが，疑問文の語順などは直接話法のままであることが多い。

He then said perhaps something might be worked out, but he couldn't guarantee anything. *Would I wait? I would. When did he imagine the boat would be likely to sail? As soon as possible but surely not for fifteen minutes, at least.*

（それから彼はなんとかなるでしょう，でも何も保証はできませんと言った。お待ちになりますか。待ちます。何時ごろ船が出ると思いますか。なるべく早く出したいのですが，少なくとも15分は絶対無理でしょう）

第4節　話法の転換

§358　話法の転換の原則

直接話法から間接話法に転換する際には，時制の一致・接続詞の補充などの原則がある。たとえば次のa.の文（直接話法）をb.の文（間接話法）に変えるには，いくつかの規則に従って行う。

> a. Ann said to me, "My mother is out now."
> 　　（アンは私に「母はいま留守です」と言った）
> b. Ann told me that her mother was out then.
> 　　　①　　　②　　　③　　　　④　　　⑤

① 伝達動詞を変える。（→ p. 738）
② 接続詞を補う。（→ p. 741）この場合は被伝達部が平叙文なので that が使われる。
③ 代名詞を伝達者の立場に立って変える。（→ p. 740）
④ 伝達動詞が過去時制のときは時制の一致を行う。（→ p. 738）
⑤ 副詞を内容に応じて変える。（→ p. 740）

§359　伝達動詞の種類

直接話法では伝達動詞に say を使うのが最もふつうであるが，間接話法では被伝達部の文の種類によって次のような伝達動詞に変える。

平叙文	tell, say (to), report, answer, など
疑問文	ask, inquire, demand, など
命令文	tell, ask, order, advise, など
感嘆文	cry, exclaim, sigh, など
祈願文	pray, express, など

§360　時制の一致・will と shall

(1) 時制の一致

　伝達動詞が過去・過去完了のときは時制の一致が行われる。（→ p. 731）
時制の一致の例外もすべて適用される。

> My kid brother said, "I *don't* like the idea."
> (弟は「その考えは気に入らないな」と言った)
> → My kid brother *said* (that) he **didn't** like the idea.

> He said, "Blood *is* thicker than water after all." 〔社会通念〕
> (「結局, 血は水より濃いということさ」と彼は言った)
> → He *said* (that) blood **is** thicker than water after all.
>   * blood *was*... としても誤りではない。

> I said to him, "If I *were* you, I *would* stick to it."〔仮定法過去〕
> (僕は彼に「僕だったら最後まで頑張ってみるな」と言ってやった)
> → I *told* him (that) if I **were** him, I **would** stick to it.

注 間接話法の過去完了：
間接話法の過去完了は, 直接話法では過去時制になる場合と現在完了になる場合と過去完了になる場合がある。

> She *said* her sister *had gotten married* the previous Sunday.
> (彼女はお姉さんがこの前の日曜日に結婚したと言った)
> → She said, "My sister *got married* last Sunday."

> She *said* her sister *had been married* for three years.
> (彼女はお姉さんが結婚して3年になると言った)
> → She said, "My sister *has been married* for three years."

(2) will と shall

❶ 未来を表す場合には, 今ではふつうすべての人称に will (または 'll) を使うので, 間接話法でもそのまま will (または 'll) を使えばよい。伝達動詞が過去形であれば, 時制の一致で would または 'd になる。

She said, "I *will* probably get there about seven."
(彼女は「たぶん7時ごろそこに着くでしょう」と言った)
→ She *said* that she **would** probably get there about seven.

注 will [would] と shall [should] の入れ替え：
《英》の堅い言い方で, 単純な未来を表すのに1人称に shall を使う場合, 間接話法にして主語が変わった結果, 単純な未来を意志を表す形に解されるおそれのあるとき (またはその逆のとき) には, will [would] と shall [should] を入れ替えることがある。(→ p. 415)

Mac said, "I *shall* be late for class."
(マックは「授業に遅れるかもしれない」と言った)
→ Mac *said* that he **would** be late for class.

❷ 主語を2, 3人称にして話し手の意志を表す shall は, 間接話法では shall のまま, 必要に応じて should にする。(→ p. 455)

> He said to his daughter, "You **shall** have my answer soon."
> (彼は娘に「いずれ返事をするよ」と言った)
> → He *told* his daughter that she **should** have his answer soon.

§361　代名詞の交代

(1) **人称代名詞**：伝達者の立場から見て適当なものに変える。

> She said, "*I* saw *your* brother eating a big hamburger."
> （彼女は「あなたの弟さんが大きなハンバーガーを食べているところを見たわ」と言った）
> → **She said that she** had seen **my** brother eating a big hamburger.

> I said to her, "*I'm* sorry *you* don't understand *me*."
> （私は彼女に「おわかりいただけなくて残念です」と言った）
> → I told her that **I** was sorry **she** didn't understand **me**.
> ＊　この場合は発言者と伝達者が同じなので，I, me は変わらない。

注 名詞→代名詞の場合：
次の例では名詞が代名詞に変わっている。
> She said to my husband, "*I'd* like to see *your wife*."
> （彼女は私の夫に「奥様にお目にかかりたいですわ」と言った）
> → She told my husband that **she**'d like to see **me**.

(2) **指示代名詞**：原則として **this** [**these**] は **that** [**those**] になる。

> I told the police officer, "*This* is my handbag!"
> （私は警官に「これは私のハンドバッグですよ」と言った）
> → I told the police officer that **that** was my handbag.

注 this のままの場合：
目の前にあるものをさして言うような場合にはthis [these]はそのまま。
He said, "I didn't see *this* box then."
（彼は「そのときこの箱は見ませんでした」と言った）
→ He said that he hadn't seen **this** box then.

§362　副詞の交代

副詞(句)は**伝達者の立場や時間の関係**で，原則として次のように変える。

〔直 接 話 法〕		〔間 接 話 法〕
now（今）	⟶	then（そのとき）
today（今日）	⟶	that day（その日）
yesterday（昨日）	⟶	the day before, the previous day（前日）
tomorrow（明日）	⟶	(the) next day, the following day（翌日）
next week（来週）	⟶	the next week, the following week（翌週）
last night（ゆうべ）	⟶	the night before, the previous night（前夜）
last year（去年）	⟶	the year before, the previous year（前年）
〜 ago（今から〜前）	⟶	〜 before（そのときから〜前）
here（ここに）	⟶	there（そこに）

副詞(句)は**機械的に変えないで**，内容に応じて変える。

He said, "I'll come back *tomorrow afternoon*."

(彼は「明日の午後には戻ってきます」と言った)

→ He said that he'd come back **the next afternoon**.
  * 彼が言ったのが今日であれば tomorrow のまま。

They said, "We like it *here*."

(彼らは「ここが好きです」と言った)

→ They said that they liked it **there**.
  * 同じ場所での発言であれば here のまま。

Yesterday he said to me, "I'll see you *tomorrow*."

(昨日彼は私に「明日お会いしましょう」と言った)

→ *Yesterday* he told me that he'd see me **today**.

§363 平叙文の転換

被伝達部が平叙文の場合，話法を転換する際には次の点に注意する。

(1) 伝達動詞

直接話法で，聞き手が表現されていて say to ~ の形になっている場合は tell ~ に変えるのがふつうである (say to ~ のままでも誤りではないが，実際にはあまり用いられない)。

She *said to* Bob, "I've never thought of that."

(彼女はボブに「それは考えたことはなかったわ」と言った)

→ She **told** Bob (that) she'd never thought of that.

> **注** A said to B の位置:
> 直接話法では，She *said to* Bob は，このように "I've never thought of that." という被伝達文の**前**においても，"I've never thought of that," she *said to* Bob. のように**後**においてもかまわないし，被伝達文が長いときには，途中の適切な場所に**挿入**してもよい。

聞き手が表現されていない場合は say のままにする。

Harris *said*, "We'll start early tomorrow morning."

(「あしたの朝は早く出発しよう」とハリスが言った)

→ Harris **said** (that) we would start early the next morning.

(2) 被伝達部を導くのに接続詞の that を使う

Annie said, "I'm going to like New York."

(アニーは「ニューヨークが気に入りそう」と言った)

→ Annie said (**that**) she was going to like New York.

注 間接話法における that の省略:
> say の次の that は省略されることが多いが，形式ばった announce, complain, propose, remark, report などの伝達動詞の場合には that は省略されないのがふつうである。(→ p.603)

§364 疑問文の転換

被伝達部が疑問文の場合は，伝達動詞に ask を使うのが最もふつうで，内容に応じて demand (詰問する)などの動詞を用いてもよい。被伝達部の語順は一般に 〈S+V〉になる。直接話法で助動詞 do [does, did] によって疑問文が導かれている場合は，間接話法ではその助動詞は用いられない。

(1) 一般疑問

接続詞には **if** または **whether** を使うが，一般には if がふつうである。伝達動詞の ask は他動詞だから，聞き手を表す(代)名詞は ask の直後に置く。

- Donald said to me, "Do you know who that man is?"
  (ドナルドは「あの男がだれか知っているか」と私に言った)
- → Donald **asked** me **if** I knew who that man was.

- The visitor said, "Is your father at home or at his office?"
  (訪問者は「お父さんはご在宅ですか会社ですか」と言った)
- → The visitor **asked whether** my father was at home or at his office.

  ＊ このように「AかBか」という選択を表すときは whether を使う。

- The man suddenly said, "Are you alone, Jack?"
  (男は突然「ジャック，君だけかい」と言った)
- → The man suddenly **asked** Jack **if** he was alone.

  ＊ 呼びかけの言葉があれば伝達動詞の目的語にする。

- She said, "*Shall* I be in time if I start right away?" 〔単純未来〕
  (「いますぐ出れば間に合うかしら」と彼女は言った)
- → She **asked whether** she *would* be in time if she started right away.

(2) 特殊疑問

直接話法の疑問詞をそのまま接続詞的に使う。間接話法では 〈S+V〉の語順になるのは一般疑問の場合と同じ。

- Jack said, "*What's* up?" 〔what は主語〕
  (「何が起こったんだ」とジャックが言った)
- → Jack **asked what** was up.

{ Janet said, "*What are you* up to, Bill?"
　（ジャネットは「あなたのねらいは何なの，ビル」と言った）
→ Janet **asked** Bill **what** he was up to.

選択疑問の場合は，A or B はコンマの後にそのまま置いてよい。

{ Meg said to me, "*Which* do you like better, winter *or* summer?"
　（メグは僕に「冬と夏じゃどっちが好き」と言った）
→ Meg **asked** me **which** I liked better, winter *or* summer.

> **Q&A 98** I asked what was the matter. か I asked what the matter was. か？
>
> What's the matter? (↘) （どうしたの？）　　　　　　　　【気配り】
> この形は，昔は what は補語で主語は the matter と考えられていたので I asked what the matter was. という語順がふつうであったが，今では what が主語と考えられていて I asked what was the matter. がふつうである。what が主語であることは What has been the matter? と言い，What has the matter been? と言わないことからもわかる。

§365 命令文の転換

被伝達部が命令文の場合は，伝達動詞は内容に応じて次のようになる。

依頼：ask, beg, request
忠告：advise
命令：tell, order, command

一般の命令文の場合は被伝達部は不定詞になるが，「勧誘」を表す Let's ～ の場合には that 節になる。

(1) 一般の命令文

{ Larry said to me, "Stay in touch with me."
　（ラリーは僕に「連絡を絶やさないでくれ」と言った）
→ Larry **told** me **to** *stay* in touch with him.
　＊《米》のくだけた言い方では Larry **said to** stay in touch with him. のように〈say+to 不定詞〉の形を用いることが多い。

{ His secretary said to me, "Please call back."
　（彼の秘書は私に「あとでまたお電話ください」と言った）
→ His secretary **asked** me **to** *call* back.
　＊ 直接話法に please があるときは，伝達動詞に ask, beg などを使って「依頼」の気持ちを表す。ただし，くだけた言い方では She said to *please* call back. のような言い方もある。

> He said to me, "Don't take your blood pressure too seriously."
> （彼は私に「血圧のことはあまり深刻に考えなさんな」と言った）
> → He **advised** me *not* **to** *take* my blood pressure too seriously.
> 　＊ 被伝達部が否定命令文のとき，間接話法では不定詞の前に否定語を置く。

> I said, "Let me take a look at your glasses, Pete."
> （僕は「ピート，ちょっと君の眼鏡を見せてくれ」と言った）
> → I **asked** Pete **to** *let* me take a look at his glasses.

(2) Let's ～ の間接話法

伝達動詞には suggest, propose, ask などを使う。（→ p.458）

> Professor Kay said to us, "Let's have a coffee break."
> （ケイ教授は僕らに「ひと休みしよう」と言った）
> → Professor Kay **suggested** (that) we (should) *have* a coffee break.

> Jimmy said, "Let's don't talk about it any more."
> （ジミーは「もうその話はやめよう」と言った）
> → Jimmy **suggested** that we (should) not *talk* about it any more.

注 1. **order that ...**：
命令を表す order も that 節をとることがある。
The judge said to me, "You *must pay* a fine of $25."
（判事は私に「25ドルの罰金を支払いなさい」と言った）
→ The judge *ordered* that I (should) *pay* a fine of $25.

注 2. **命令文の前の副詞節**：
命令文の前の副詞節は，間接話法では不定詞の後に置く。
Chris said to her friend, "*If you don't know*, shut up."
（クリスは友だちに「知らなければ黙ってなさい」と言った）
→ Chris told her friend to shut up *if she didn't know*.

§366　感嘆文の転換

　被伝達部が感嘆文の場合は，直接話法で使われている how, what をそのまま接続の語として使ってもよいが，very, really などの強調の副詞を使って平叙文の形で表したりする方法もある。伝達動詞には cry, exclaim（叫ぶ），sigh（溜め息をつく）などが使われる。また，伝達動詞と感情を表す gladly（喜んで），with delight（大喜びで），regretfully（後悔して，残念そうに），bitterly（苦々しく），with relief（ほっとして）などの副詞（句）を組み合わせて直接話法の感じを伝える工夫をする。

(1) <u>how, what を使う場合</u>

{ The woman said, "Oh, how awfully sorry I am!"
（その女の人は「本当にごめんなさい」と言った）
→ The woman *said regretfully* **how** awfully sorry she was.

{ Steve said, "Boy, what a nice sweater you are wearing!"
（スティーヴは「うわっ，いかすセーターだなあ」と言った）
→ Steve *cried out* **what** a nice sweater I was wearing.

　　＊ Oh, Boy, Gosh, Good Heavens などの間投詞は一般に間接話法では表現されない。驚き・悲しみ・安堵(ʊ)などの気持ちを副詞(句)などで伝えるよう工夫する。

(2) **平叙文**で表現する場合

{ She said, "How nice of you!"（彼女は「まあ，ご親切に」と言った）
→ She said (that) it was **very** nice of me.

{ Jim said, "Oh, gosh, what a fool I am!"
（「ちぇっ，おれはなんというばかだ」とジムは言った）
→ Jim said **with regret** that he was a **big** fool.
　　＊ この場合は形容詞 big が名詞 fool を強調している。

{ Susan said, "Thank God, the examinations are over at last!"
（スーザンは「やれやれ，やっと試験が終わった」と言った）
→ Susan *sighed* **with relief** that the examinations were over at last.

§367　祈願文の転換

　被伝達部が祈願文の場合は，感嘆文の場合と同じように特に一定した形がなく，願望の気持ちを伝えるよう工夫する。伝達動詞には pray（祈る），express（表明する）などを用い，被伝達部は that 節にすることが多い。

{ They all said, "May God forgive him!"
（彼らはみな「神が彼を許したまわんことを」と言った）
→ They all **prayed** that God *might* forgive him.

{ Eliza said, "I wish I were dead!"
（イライザは「死んでしまいたい」と言った）
→ Eliza **cried out** that she wished she were dead.
　　＊ were は仮定法過去なので時制の一致を行わない。（→ p. 734）

{ He said, "I hope everything will go all right."
（彼は「何もかもうまくいくといいですね」と言った）
→ He **expressed his hope** that everything would go all right.
　　＊ that 以下は hope と同格の名詞節。

§368 省略文の転換

被伝達部が "Yes." とか "Thank you." のような文として不完全な省略文は，次のように間接話法に転換できる。

(1) **Yes, No. の場合**

$\begin{cases}\end{cases}$ I said, "Yes."（私は「はい」と言った）
→ I said **yes**.
→ I **agreed**.（私は同意した）

$\begin{cases}\end{cases}$ He said, "No."（彼は「いいえ」と言った）
→ He said **no**.
→ He **disagreed** [*denied it, refused*].
　　（彼は同意しなかった［否定した，断った］）

　＊ He said, "Yes [No]." は He answered in the affirmative [negative]. ということもあるが，紋切り型の表現として嫌われることもある。

(2) **Thank you. などの場合**

$\begin{cases}\end{cases}$ She said, "Thank you."（彼女は「ありがとう」と言った）
→ She **thanked** me.（彼女は私にお礼を言った）

$\begin{cases}\end{cases}$ Alice said, "How nice!"
　（アリスは「ありがとう」と言った）
→ Alice said *it was* **very** nice of me.

　＊ このように省略された部分を補ってもよい。

(3) **Good morning. などの場合**

$\begin{cases}\end{cases}$ I said, "Good morning, Mrs. Smith."
　（私は「おはようございます，スミスさん」と言った）
→ I said *good morning* to Mrs. Smith.
→ I **wished** Mrs. Smith (a) good morning.

　＊ wish を用いた言い方のほうがやや改まった形。I *greeted* Mrs. Smith *with* a good morning. のように言うこともできる。

　＊ 挨拶の Good morning. や Happy New Year. などは say に直接続けない場合は，間接話法にすると原則として上のように a がつく。

> [参考] **pass the time of day**:
> この句は「(人と)朝晩のあいさつを交わす」という意味なので，
> I *passed the time of day with* Mrs. Smith.
> 　（私はスミス夫人と挨拶の言葉を交わした）
> といえば朝・昼・晩のどの挨拶にも使える。ただ「おはよう」「今晩は」というだけでなく，何か短い親しげな会話を交わす場合に用いることが多い。

§369 重文の転換

2つ(以上)の等位節が and, but, or, nor で結ばれた**重文**の場合には、原則として個々の節の前に接続詞の **that** を置く。ただし、伝達動詞のすぐ後の that は省略されることが多い。

> He said, "I'm very sorry *and* I'll do anything to make it up to you."(彼は「それは悪かった、償いになんでもする」と言った)
> → He said (**that**) he was very sorry, **and that** he'd do anything to make it up to me.

> She said, "You ought to have written to him sooner, *but* it's too late."(彼女は「もっと早く彼に手紙を書くべきだったのに、もう手遅れだわ」と言った)
> → She said (**that**) I ought to have written to him sooner, **but that** it was too late.

注 重文の場合の that の省略:
  この場合に後の that がないと、but 以下が地の文になり、「彼女の忠告は手遅れだった」という意味にもとれる。ただし、次のような場合は誤解を生じないので後の that を省略してもよい。
  He said (*that*) his car had broken down *and* so he had to come down by train.(彼は車が故障したので、列車で来なくてはならなかったと言った)

接続詞が for のときには that はつけない。ふつう直接話法と同じようにコンマを打って for のまま置く。

> "The man must be over sixty, *for* his hair is white," he said.(「あの男は60を過ぎているにちがいない、髪が白いから」と彼は言った)
> → He said (that) the man must be over sixty, **for** his hair was white.

〈**命令文+and [or]**〉の形の場合は、前半を命令文として転換し、and [or] をそのままコンマの後に置き that はつけない。

> She said to me, "Wash my car, *and* I'll give you ten dollars."(「車を洗ってくれたら10ドルあげる」と彼女は私に言った)
> → She told me to wash her car, **and** she'd give me ten dollars.

> She said to him. "*Put on* your coat, *or* you'll catch cold."(彼女は彼に「上着を着ないと風邪をひくわよ」と言った)
> → She told him to put on his coat, **or** he would catch cold.

＊　この場合，意味の上から条件文と考えて，ifを用いて書き換えることもできる。(→ p.749)

被伝達部が**複文**の場合は時制の一致に注意する。

> I said to him, "I can't understand what you *mean*."
> （「君の言っていることがわからないよ」と僕は彼に言った）
> → I told him I *couldn't* understand what he **meant**.
> 　　＊　what以下も過去時制になる。

§370　種類の異なる2つ(以上)の文の転換

　被伝達部が種類の異なる2つ(以上)の文または節からなる場合は，伝達動詞や接続詞を変えるなどの操作が必要になる。

(1) 〈疑問文＋平叙文〉

> Meg said to her roommate, "Do you like Mexican food? It's too hot for me." （メグは同室の友達に「あなた，メキシコ料理好き？ 私には辛すぎるの」と言った）
> → Meg **asked** her roommate *if* she liked Mexican food, and **said** (*that*) it was too hot for her.

> "Why do you say that?" he said to her. "You are as pretty as any other girl."
> （「どうしてそんなことを言うの」と彼は彼女に言った。「ほかのどの子にも負けないほどきれいだよ」）
> → He **asked** her *why* she said that, and **told** *her that* she was as pretty as any other girl.

注　〈疑問文＋疑問文〉の転換：
　〈疑問文＋疑問文〉でも，疑問文の種類が違えば次のようにする。
> Mom said to me, "Which day of the week is it? Is it Friday?"
> （母は私に「きょうは何曜日？ 金曜日？」と言った）
> → Mom **asked** me *which* day of the week it was, and **asked** *me if* it was Friday.

(2) 〈命令文＋平叙文〉

> She says to Jim, "Go and see a dentist. A toothache is worse than a headache." （「歯医者さんに診てもらいなさい。歯痛は頭痛よりひどいから」と彼女はジムに言う）
> → She **tells** Jim *to go and see* a dentist, and **says** (*that*) a toothache is worse than a headache.

(3) 〈感嘆文＋平叙文〉

> Joe said, "Oh, what a fool I am! I did it again."
> （「僕はなんというばかだ。またやっちゃった」とジョーは言った）
> → Joe *said* **what** a fool he was, *and* **that** he'd done it again.
> ＊ 伝達動詞は共通して用いられる。

(4) 〈疑問文＋命令文〉

> The father said to his child, "What are you doing that for? Stop it at once."（父親は子供に「なんだってそんなことをしてるんだ。すぐにやめなさい」と言った）
> → The father **asked** his child *what* he was doing that for, and **told him to** *stop* it at once.

(5) 〈感嘆文＋命令文〉

> Jane said, "Oh, how nice you look in that jacket! Tell me where you got it."（ジェーンは「その上着はあなたにとてもよく似合うわ。どこで買ったか教えて」と言った）
> → Jane **said** (*that*) I looked really nice in that jacket, and **asked** me **to** *tell* her where I'd got it.

§371 その他の転換の要点

文の内容に応じて別の種類の文で伝達したほうがよい場合もある。

(1) 〈命令文＋and [or]〉

重文の転換として、そのまま書くこともできるが、〈条件節＋主節〉と考えれば次のように伝達することもできる。

> She said to me, "Wash my car, *and* I'll give you ten dollars."
> （彼女は私に「車を洗ってくれれば10ドルあげる」と言った）
> → She *told me that* **if** I washed her car, she'd give me ten dollars. (→ p.747)

> "Stop that, *or* I'll hit you!" said my sister.
> （「やめないとぶつわよ」と姉は言った）
> → My sister *said that* **if** I didn't stop (that), she'd hit me.

(2) **Will you ～?, Could you ～? など**

依頼を表す疑問文は命令文として扱うことができる。

> My nextdoor neighbor said, "*Could you* do me a favor?"
> （隣の家の人が「頼みたいことがあるんだけど」と言った）
> → My nextdoor neighbor **asked** *me* **to** do him a favor.

$\begin{cases} \text{I said, "}Can\text{ I borrow an umbrella?"} \\ \quad（「傘をお借りしていいですか」と私は言った） \\ \rightarrow \text{I }\textbf{asked to}\text{ borrow an umbrella.} \end{cases}$

(3) Shall I ～?

相手の意向を問う言い方は，ふつうの疑問文の伝達の方法でもよいが，Do you want me to ～? と同じと考えて，次のように書くこともできる。

$\begin{cases} \text{I said to her, "When }shall\ I\text{ come for you?"} \\ \quad（私は彼女に「いつ迎えに行きましょうか」と言った） \\ \rightarrow \text{I }\textbf{asked}\text{ her when she }wanted\ me\ to\text{ come for her.} \\ \rightarrow \text{I }asked\text{ her when I }should\text{ come for her.} \end{cases}$

 ＊《米》では Do you want me to ～? のほうがふつう。

(4) had better ～

〈had better ～〉はそのまま使って転換できるが，「（目下の人などに対する）忠告」と考えれば，advise などを使って表すこともできる。

$\begin{cases} \text{Mike said, "You'}d\ better\text{ not outstay your welcome."} \\ \quad（「長居して嫌われないようにしたほうがいいぞ」とマイクが言った） \\ \rightarrow \text{Mike }\textbf{advised}\text{ me }not\ to\text{ outstay my welcome.} \\ \rightarrow \text{Mike told me (that) I }had\ better\text{ not outstay my welcome.} \end{cases}$

 ＊ had better は仮定法過去で時制の一致を行わない。

(5) その他の慣用表現

How about ～?, Why don't you ～? などの口語的な慣用表現は，そのまま間接話法になりにくいので適当に意訳するとよい。

$\begin{cases} \text{He said, "How about a glass of wine?"} \\ \quad（彼は「ワインを 1 杯いかがですか」と言った） \\ \rightarrow \text{He }\textbf{asked}\text{ me }if\ I'd\ like\text{ a glass of wine.} \\ \rightarrow \text{He }offered\text{ me a glass of wine.} \end{cases}$

$\begin{cases} \text{She said, "How about you?"} \\ \quad（彼女は「あなたはどうなの」と言った） \\ \rightarrow \text{She }\textbf{asked}\text{ }what\ I\ thought\ of\ that. \end{cases}$

$\begin{cases} \text{Almost everyone in America says, "Have a nice day."} \\ \quad（アメリカのほとんどだれもが「よき 1 日を」と言う） \\ \text{Almost everyone in America }\textbf{wishes}\text{ }you\ a\ nice\ day. \end{cases}$

> **注** そのまま用いられる慣用句:
> 決まり文句がそのまま間接話法で用いられることもある。
> Mr. Johnson has come to say *how do you do*.
>   （ジョンソンさんが挨拶に見えました）

第22章 否　　定
NEGATION

「～しない」「～でない」というような否定を表す表現には，否定語句を用いるものが多いが，否定語句を用いないで否定を表す場合もある。

〔第1節〕否 定 語 句

§372　強い否定と弱い否定

1 否定語句の品詞

否定を表す語句には次のようなものがある。

❶ 副　詞：not, never, nowhere, hardly, scarcely, seldom, rarely, neither, no, none, little など
❷ 形容詞：no, few, little, neither など
❸ 代名詞：none, nothing, no one, nobody, neither, few, little, but〔関係代名詞〕など
❹ 接続詞：(neither ...) nor, unless, neither など
❺ 慣用句：no longer, no further, far from など

注 否定を表す接頭辞と接尾辞：
否定は以上のほか，次のような接頭辞・接尾辞によっても表される。
(1) 否定を表す接頭辞
　un-：*un*happy（不幸な），*un*certain（はっきりわからない）など
　in-：*in*capable（能力のない），*in*evitable（避けられない）など
　il-, im-, ir-：*in-* は l の前では *il-*；b, m, p の前では *im-*；r の前では *ir-* と変化する。
　　*il*legal（不法の），*im*balance（不均衡），*im*possible（不可能な），*im*mature（未熟の），*ir*responsible（責任感のない）など
　dis-：*dis*agree（一致しない），*dis*courage（勇気を失わせる）など
　non-：*non*human（人間でない），*non*credit（不信）など
(2) 否定を表す接尾辞
　-less：use*less*（役に立たない），odor*less*（無臭の）など

2 強い否定

(1) **never**: 本来 ever (=at any time「どの時点でも」) の否定で,「決して〜ない,一度も〜ない」の意味を表す。

You should **never** walk alone at night.
(夜の一人歩きは決してしてはいけない)

"Jim and Meg got married without telling us." "Well, I **never**!"
(「ジムとメグが僕らに黙って結婚したんだって」「え,そんな!」)

【驚き】

* Well, I never did! の略で, I never! とも言う。「そんな話聞いたこともないよ」の意で,驚きや非難を表す。

never をさらに強めるときには, never, never 〜 と繰り返したり, in (all) my life のような語句をつけたりする。

I've **never in all my life** seen such a beautiful thing.
(生まれてこのかたこんな美しいものを見たことがない)

> **注** never が不適切な場合:
> 単にその一時だけのことを表現するには never は適切でないのがふつう。「私は決してそれに満足ではない」の意味では I am *never* satisfied with it. より I'm **not** satisfied with it **at all** [**by any means**]. や I am **by no means** satisfied with it. などとするほうが日本語の意味に近い。

(2) **no**: not 〜 any (何も〜ない) という意味であるが,否定に not を用いるのがふつうである 〈This [It, He, She, ... etc.] is ...〉構文などに no を用いると,多くの場合「決して〜ない,〜どころではない」と強い否定を表す。

It is **no** hard job. (それは難しい仕事なんかではない)
* むしろ反対に「やさしい」という気持ちが含まれる。

She is **no** teacher.
(彼女は〔教える能力などがないから〕先生などでは決してない)

* She isn't a teacher. はふつうの否定。She is *nót a* teacher. は強い否定で, She is *nó* teacher. はさらに強い否定になる。

> **注** no+比較級:
> 副詞の no が叙述用法の形容詞を修飾するのは, no good (良くない), no different (少しも違わない) などの慣用的な場合を除き,ふつうは**比較級**の場合である。
>
> He is *no better* than he was yesterday.
> (彼は昨日にくらべて少しも良くなっていない)
> (=He is as bad as yesterday.)
> * むしろ「悪い」の意が含まれる。

(3) **not a**：否定に no を用いるのがふつうである〈There is ...〉構文などに not を用いると，no よりも強い否定を表す。not a single とすれば，さらに強い否定になる。

Not a word was spoken. (一言の発言もなかった)

There was **nót a** signboard. (看板など1つもなかった)

＊ There wasn't a signboard. はふつうの否定。

注 | 所有を表す have の否定：
① I have *no* money. 《英》《米》ともふつうの言い方
② I *don't* have any money. もとは《米》だが，今は《英》でもふつうなので，出現頻度は多い。
③ I have*n't* got any money. 《英》のくだけた言い方であるが，今は《米》でも用いる。
④ I have*n't* any money. 《英》《米》とも今はまれで，特定の連語関係で用いられる。

＊ I *haven't* the slightest *idea*. (まるで見当がつかない) などのように，目的語によっては慣用的に haven't が用いられる。

(4) **none**：副詞的に too, so などを修飾して「決して〜ない」の意味を表す。

The service in this shop is **none** *too* fast.

(この店のサービスはちっとも早くない)

＊ none too のほうが none so よりもよく用いられる。

(5) **little**：修飾する**動詞**の前に置かれると，強い否定を表す。文語的。

I **little** dreamed of winning the prize.

(賞を得ようとは夢にも思わなかった)

＊ little のこの用法は，動詞が know, think, care, dream などの場合である。

(6) **否定を強める慣用表現** （→ p.782）

There are **no** mistakes in your compositions **at all**.

(君の作文には全くまちがいはない)

I'm **not in the least** tired. (私はちっとも疲れていない)

The man was **in no way** to blame.

(その男は少しも悪いところはなかった)

There is **no** doubt **whatever**. (何の疑いもない)

Even pure truth, which has **no** application **whatsoever**, elevates life. (全く応用がきかない純粋な真理も生活を向上させるものだ)

3 弱い否定

(1) **hardly**（ほとんど〜ない），**scarcely**（ほとんど〜ない），**seldom**（めったに〜ない），**rarely**（めったに〜ない）

I could **hardly** follow the voice on the tape.
（私はテープの声がほとんど聞きとれなかった）

I **hardly** *ever* (=**seldom**) see my uncle.
（私はめったに叔父に会わない）

  * seldom (,) *if ever* や seldom *or never* とは言うが，seldom ever は非標準とされることが多い。

There were **scarcely** any seats left when we arrived.
（我々が着いたとき，ほとんど空席はなかった）

He is **seldom** late for school.（彼はめったに学校に遅れない）

Japanese parents **rarely** go out to dinner together without their children.（日本の親は，子供を連れないで2人だけで食事に出かけることはめったにない）

(2) **few, little**：不定冠詞 a がつかないとき「ほとんど～がない」という意味を表す。（→ p. 293）

She has **few** faults.（彼女にはほとんど欠点がない）

  * She has *a few* faults.（彼女には少し欠点がある）は肯定。なお，くだけた言い方では not many を用いるほうがふつう。

Very **few** people live to be one hundred.
（100歳まで生きる人はとても少ない）

He paid **little** attention to the fact.
（彼はその事実にほとんど注意を払わなかった）

  * He paid *a little* attention to the fact.（彼はその事実に多少の注意を払った）は肯定。

I know very **little** about modern painting.
（私は現代絵画についてはとても知識が少ない）

> **注** 1. ⟨only a few [little]⟩：
> これらは very few, very little と同様，not ほど強い否定ではないが，かなり強い否定を表す。
> **Only a few** students could speak fluent French.
> （流暢なフランス語が話せる学生はほんの少ししかいなかった）

> **注** 2. ⟨almost＋否定語⟩：
> almost は nearly とは違って，no, never など否定語の前に置くことができる。（→ p. 341）
> There was, in fact, **almost nothing** to say.
> （事実言うべきことはほとんど何もなかった）
> Around that city, **almost nobody** worked without a car.
> （その町のあたりでは車なしで仕事をする人はほとんどいなかった）

§373 否定語句の位置

Ⅰ 動詞を否定する場合

(1) **not**

一般に助動詞・be 動詞の後に置く。ただし, can't, aren't のように助動詞・be 動詞と短縮形を作ることが多い。(→ p.434)

Jim **can't** *stand* on his hands. (ジムは逆立ちができない)

I'*m* **not** interested in human affairs.
(私は人事には興味はない)

"I'm very sorry." "Don't give it another thought." 【応答】
(「どうもすみません」「気にしなさんな」)

> **注** 〈助動詞・be 動詞+not〉の短縮形:
> 短縮形が用いられるのは
> (1) He isn't a bad boy. (彼は悪い子ではない) 〔動詞と not の短縮〕
> (2) He's not a bad boy. 〔主語と動詞の短縮〕
> のように2とおりのやり方があるが, 主語が名詞の場合は(1)のやり方が多く, 代名詞の場合は(2)も多く用いられる。
> ain't については (→ p.63)。「~でないに違いない」の意味に must not を用いるのは《主に米》で, ふつう mustn't と短縮しない。(→ p.444)

(2) **hardly, seldom, never** など

動詞の前, 助動詞・be 動詞があればその後。

My mother **seldom** *goes* to bed before one o'clock.
(母は1時前に寝ることはめったにない)

I *can* **hardly** wait to go to college.
(大学へ行くのが待ち遠しくてたまらない)

There *is* **scarcely** any time left. (もうほとんど時間がない)

You **never** *think* of anything but that child!
(あなたはあの子のことしか考えないんだから)

"This is too much." "**Never** mind."
(「これでは多すぎます」「気にしないで」) 【応答】

 * Don't mind. とは言わない。
 * 助動詞を強めるために never を助動詞の前に置くこともある。
  You **never** *cán* tell. (見かけだけではわからないものだ)

> **注** never have:
> Have you ever seen a panda? に対する否定の答えは No, I haven't. がふつうだが, never を用いる場合の語順に注意。
> 〔誤〕 No, I have *never*. 〔正〕 No, I **never** have.

2 名詞を否定する場合

否定を表す語(句)は名詞の前に置く。

There was **no** *living creature* to be seen but a black cow in the field.(その原野には黒い牛以外には生き物は何も見えなかった)

Neither *road* will lead you to the park.
(どちらの道を行っても公園には行けない)

Not *much* is known about those people.
(その人々についてはあまり知られていない)

* 強調するため否定要素が文頭に置かれると語順が倒置される。(→ p.770)
 Not a word *did* he say.(一言も彼は言わなかった) 《文語調》

3 否定語句を文頭(近く)に置く場合

英語では否定語はなるべく文頭に(近いところに)置く傾向がある。原則として，**否定語より右の文末までの部分が否定される。**

(1) 否定形の主語

Nothing will make her change her plan.
(どんなことがあっても彼女は計画を変えないだろう)

この文のような場合, *Anything* will *not* make her change her plan. という〈any ... not〉の語順は避けるのがふつう。なお，くだけた言い方では I met *no*body. より I did*n't* meet *any*body. のほうが好まれる。

> **注**〈any ... not〉になる場合:
>
> any ... が形容詞句[節]に修飾されている場合，あるいは if 節の中では〈any ... not〉の語順になることもある。
>
> *Anybody who deceives others* will **not** succeed in life.
> (他人をだますようなやつはだれも出世なんかできやしないよ)
>
> *If any*body does**n't** want to go, then we must give up the plan.
> (もしだれか行きたくない人がいれば，計画はあきらめなくてはならない)

同様に〈either ... not〉の語順も避けるのがふつう。

Neither driver would admit to being wrong.
(どちらの運転者も自分の非を認めようとしなかった)

(2) 〈I don't think ...〉の型

I don't *think* it will snow this evening.
(今晩は雪は降らないと思う)

この文の場合, I *think* it will *not* snow ... とすることも不可能ではないが，断定をひかえるような気持ちと，否定語はなるべく文頭に近いとこ

ろに置くという原則からもふつうこの語順が好まれる。

> 注 I don't think ... の形にしない場合:
> 次の a. の文は従節が不自然(「3時まで来る」というおかしな形)なので, 誤りと考える人もいる。
> a. I don't think he will come until three o'clock.
> b. I think he won't come until three o'clock.
> (彼は3時まで来ないと思う)

● **I don't think ... の型をとる動詞**

believe	expect	fancy	guess	imagine	suppose
suspect	(以上「〜と思う」)
appear	seem	(以上「〜のようだ」)

一方, 動詞が **be afraid, fear, hope, wish** などや, **assume**(〜と推測する), **trust**(〜と確信する), **presume**(〜と推定する)など比較的語義上の特色の濃いものの場合は, 否定語が後にくることが多い。

I *hope* he wo**n't** be back until eight.
(彼が8時まで帰らないでくれればいいと思う)

I'm *afraid* I ca**n't** come in time.
(私は間に合うように来られないのではないかと思う)

また, この例はたとえば "Can you come in time?" という問いに対する答えの場合には "I'm afraid *not*." と短縮されるが, この形と I'm *not* afraid.(私はこわくはない)とは区別する必要がある。(→ p.204)

> 注 ⟨I don't seem to ...⟩
> 「私は〜できないようだ」というような文も, I seem not to be able to 〜 よりも I *don't* seem to be able to 〜 のほうが好まれ, さらにくだけた言い方では I *can't* seem to 〜 の形もある。
> He **can't seem to** swim.(彼は泳げないようだ)
> (=It seems that he can't swim.)

Q&A 99 否定文に also や too は使えないか？

否定語より前であれば置くことができる。肯定文で「〜も」の意味を表す also, too は, 否定文では either に変わるのがふつうである。

Those students didn't read the book. We did*n't* read it, *either*.
(その生徒たちはその本を読まなかった。私たちも読まなかった)

この either の位置に also, too を用いることはできない。しかし, also, too を否定語より前に用いれば誤りではない。

[誤] We didn't read it *also* [*too*].
[正] We **also** [We, **too**,] didn't read it.

第2節 否定構文

§374 文否定と語否定

文の述語動詞に not などをつけて打ち消し，**文全体の内容を否定する場合を文否定** (Sentence-negation) というのに対し，**特定の語〔句・節〕の内容だけを否定する場合を語否定** (Word-negation) という。

　*We were **not** surprised* at what we saw.　　　　　〔文否定〕
　　（我々はそれを見て驚きはしなかった）
　　　＊ not は主語と述語の結びつきを否定し，全体が否定文になっている。
　We were **nót** *a little* surprised at what we saw.
　　（我々はそれを見て少なからず驚いた）　　　　《文語的》〔語否定〕
　　　＊ not はa little だけを否定して much という意味で，全体は肯定文。

> **注** no を用いた文否定：
> 　**no** を用いた否定は形式的には語否定であるが，内容的に文全体を否定し，文否定であることが多い。
> 　**No** two faces are exactly the same.（全く同じ顔は2つとない）
> 　She is **no** stranger to me.
> 　　（彼女は私にとって知らない人などではない）
> 　　（＝I know her well.）
> 　He walked around in the village, but he met **nobody** he knew.
> 　　（彼は村を歩きまわったが，だれも知っている人に会わなかった）

語否定の類例：

　They visit me **not** *infrequently*.
　　（彼らはしばしば私のところへ来る）
　Not *surprisingly*, he missed the bus.
　　（別に驚くようなことではないが，彼はバスに乗りそこなった）
　That was **not** *too* sympathetic a report about him.
　　（それは彼についてのあまり同情的でない報告書だった）
　It is **not** *very* warm today.（今日はあまり暖かくない）
　I saw James **not** *long* ago.（ジェームズにわりあい最近に会った）

> **注** **not a little** と **not a bit**：
> 　a little と a bit《口語的》はほぼ同じ「少し」という意味であるが，not a little が「少なからず」という意味を表すのに対し，not a bit は not at all（全く～ない）という意味になる。
> 　We were **not a bit** hungry.（おなかは全然すいていなかった）

[参考] 〈not a little〉と強勢:
　not a little の形であっても, not が文を否定している場合もある。There exists not a man who is **not** a little moved by the word "home." (「家庭」という語に気持ちを多少動かされないような人は1人もいない) という場合, not に「〜に気持ちを多少動かされる」こと全体を否定させるには, not を強く発音せず, isn't に近く発音する。語否定で not を強く発音すれば「〜に少なからず気持ちを動かされるような人は1人もいない」の意味になる。

§375　全体否定と部分否定

「(全く)〜ない, 両方とも〜ない」のように全体を否定することを**全体否定**といい,「すべてが [両方とも, いつでも] 〜とは限らない」のように一部分を否定することを**部分否定**という。一般に否定語とともに次のような語が用いられるとふつう部分否定になる。(→ p.225)

absolutely (完全に)	all (すべての)
altogether (全く)	always (いつも)
both (両方の)	completely (完全に)
each (それぞれの)	entire (全体の)
entirely (全く)	every (すべての)
everybody (みんな)	everyone (みんな)
everything (すべてのもの)	everywhere (あらゆるところ)
exactly (正確に)	generally (たいてい)
necessarily (必然的に, 必ず)	quite (全く)
whole (全体の)	wholly (すっかり)

Not all see the problem with the same sense of urgency.
(みんながその問題に同じ緊急性を感じているわけではない〔一部の人はそれほど問題にしていない〕)　〔部分否定〕
Nobody sees the problem with the sense of urgency.
(だれもその問題に緊急性を感じていない)　〔全体否定〕

I have**n't** read **both** articles.
(私はその記事を両方とも読んだわけではない)　〔部分否定〕
I have**n't** read **either** article. (=I have read neither article.)
(私はどちらの記事も読んでいない)　〔全体否定〕

　＊　これだけだと初めの〈not 〜 both〉の文が**全体否定**の「その記事の2つとも読んでいない」の意味にとられることもある。しかし, I read *only the one* on the unemployed. (失業者についての記事しか読んでいない) というような文が続けば, **文脈**から部分否定であることがはっきりする。

> You can tell a child what to do, but he wo**n't always** obey.
> （子供に何をするか教えてやることはできるが，必ずしも言うことをきくとは限らない） 〔部分否定〕
> You can tell the child what to do, but he will **never** obey.
> （その子に何をするか教えてやることはできるが，決して言うことをきかないだろう） 〔全体否定〕

注 1. **not と all, both, every などの語順**:
原則として上の例文のように not ... all（など）の語順をとるが，誤解のおそれがない限り all ... not の語順をとることもある。
All that glitters is **not** gold. 《ことわざ》
（輝くものがみな金とは限らない）
both は all と違って，*Not both* of them are alive. のように，Not both ... で文を始めることはできない。ただし，次のような形は可能であるし，省略形の Not both of them. というように言うことはできる。
We can have one or the other but **not both**.
（どちらか一方は手に入るが両方というわけにはいかない）

注 2. **all ... not と全体否定**:
次のような場合は全体否定になる。これは all が「どれをとってもすべて，おのおのがみんな」という配分的な意味でなく，「すべてをひっくるめて全部」と集合的な意味であるためである。
All his riches would **not** satisfy the girl.
（彼の富のすべてをもってしてもその少女は満足しないだろう）
All the King's horses and **all** the King's men could**n't** put Humpty together again.《マザーグース童謡》
（王様の馬全部と王様の家来全部が力を合わせても，ハンプティ〔擬人化された大きな卵〕をもとどおりにできなかった）

§376 二 重 否 定 (Double Negation)

Ⅰ 現在の標準的な二重否定

「～ない―は…ない」のような**否定の否定**を二重否定という。1つの文〔節〕中に否定要素が2つある場合，標準的な英語では，$(-1)\times(-1)=(+1)$ と同じで，肯定を表す。

There was **no one** who did **not** feel sympathy (=*Everyone* felt sympathy) for the victims of the accident.
（事故の犠牲者に同情しない人はいなかった）

It is **not unusual** (=It is *usual*) for a family to have more than one car to use in daily life.

(1家族が日常生活に使う車を2台以上持つのは珍しいことではない)

Nobody had **nothing** to eat. (=*Everyone* had *something* to eat.)
(何も食べるものがないという人はいなかった)

二重否定は内容としては肯定を表すが，本来の形の肯定と完全に同じとは限らない。たとえば，not unusual（ふつうでなくはない）は usual（ふつうだ）と全く同じ気持ちではなく，ややためらう気持ちが入っていることが多い。

> **注** 二重否定の付加疑問:
> 　　二重否定が肯定の内容を表す場合も，形式的には否定文だから，**付加疑問は肯定形になる。**
> 　　*No* Japanese breakfast is complete *without* miso-soup, **is it**?
> 　　　（どんな日本の朝食も味噌汁なしでは完璧ではないのでしょう？）

2 〈否定語＋否定語〉が否定を表す場合

くだけた言い方や俗語では，否定語を重ねて単なる否定を表すことがある。これは標準的な言い方ではないので，一般には避けたほうがよい。

〔？〕　**No** one **never** said **nothing** to **nobody**.　　《非標準》
〔正〕　*No* one *ever* said *anything* to *anybody*.　　《標準的な英語》
　　　（だれもだれにも何も言ったことはない）

〔？〕　I could**n't** **hardly** walk.　　《非標準》
〔正〕　I could *hardly* walk.　　《標準的な英語》
　　　（ほとんど歩けなかった）

§377　否定を表す慣用表現

1 否定語句を用いない否定表現

(1) **修辞疑問**：疑問文の形で否定を表す場合がある。（→ p.73）

Who knows (=*No one* knows) what will happen tomorrow?
（明日何が起きるかだれが知ろうか〔だれも知らない〕）

> **注** 否定形の修辞疑問:
> 　　否定形の修辞疑問は，結果的に二重否定と同様になり肯定を表す。
> 　　**Who doesn't** know that the man was there?
> 　　　（その男がそこにいたことをだれが知らないというのか）
> 　　(=*Everyone* knows that the man was there.)

(2) **その他の慣用表現**

❶ 〈**anything but ~**〉：「決して～でない」(=not ~ at all)

Your answer is **anything but** perfect.
(君の答えは完璧などでは決してない)
　　＊　次の例のように「〜のほかなら何でも」の意味になることもある。
　　　I'll give you **anything but** that. (それ以外なら何でもあげる)

❷ 〈**far from ～** [**〜ing**]〉：「〜どころか；〜するどころではない」
The show was **far from** being a success.
(ショーは成功からほど遠いものだった)
"Is she a good driver?"　"Far from it!"　　　　　　　　【否定】
(「彼女は運転うまいの？」「とんでもない」)

❸ 〈**fail to ～**〉：「〜できない，〜しない」(＝do not ～, cannot ～)
Even Big Ben **failed to** strike correctly one day when its chiming mechanism failed. (ビッグベンでさえ，ある日鐘を鳴らす装置が故障してちゃんと鳴らなかった)
> **注** | **never fail to ～**：
> 　　never fail to ～ は「必ず〜する」という意味で，always の意を含むので，1回限りの動作には使えない。don't fail to ～ なら可。
> 　　He **never fails to** write home to his parents every month.
> 　　　(彼は毎月必ず故郷の両親に便りをする)

❹ 〈**too ～ to ...**〉：「あまりに〜なので…できない[しない]」(➡ p.480)
He was **too** young **to** have learned to say no to a woman.
(彼は若すぎて女の人にいやだと言えるようにはなっていなかった)
(＝He was *so* young *that* he had not learned to say no to a woman.)

❺ 〈**the last＋名詞＋to 不定詞[関係代名詞節]**〉：「最も〜しそうにない…」(➡ p.375)
Jack would be **the last** *person* **to** believe that.
(ジャックはそんなことを決して信じない人だろう)
　　＊　to 以下に仮定的な意味が込められると，主節に would be のように**仮定法**が用いられる。

He is **the last** *person* **who**(**m**) we would want to come.
(彼はおよそ来てほしくないような人だ)

❻ 〈**much [still] less ～**〉：「まして〜ない」(➡ p.372)
He cannot understand French, **much less** Latin.
(彼はフランス語がわからない，ましてラテン語はなおさらだ)
> **注** | **let alone ～**：
> 　　「まして〜ない」という意味を表し，このほうが口語的。
> 　　He cannot speak German, **let alone** Dutch.
> 　　　(彼はオランダ語はいうまでもなく[話せないが]ドイツ語もだめだ)

§377 否定を表す慣用表現

❼ 〈be [have] yet to ～〉:「まだ～していない」 ➡ p.330
Commercial exploitation **has yet to** be developed in that region.
（その地区では商業面の開発がまだ行われていない）

❽ 〈remain to ～〉:「まだ～していない」
That **remains to** be seen.
（それは後になってみなければわからない）

❾ 〈know better than to ～〉:「～するほどばかではない」 ➡ p.372
You should **know better than to** talk with your mouth full!
（口に物を入れたまましゃべってはいけないことぐらい心得ているべきだ）

❿ 〈(but) in vain〉:「(だが)むだである，～できない」
He tried to open the door, (*but*) **in vain**.
（彼はその戸を開けようとしたがむだだった［できなかった］）
(＝He tried to open the door, **only to fail**.)

⓫ 〈more than ～〉:「～できない」
The heat was **more than** he could stand.
（その暑さは彼にはとうてい耐えられなかった）
(＝He could not stand the heat.)

⓬ beyond ～:「～できない」
The scenery is beautiful **beyond** description.
（その風景は描写できないほど美しい）
(＝The beauty of the scenery is indescribable.)
Her lecture **was beyond** me (＝my understanding). （彼女の講義は私の理解力を超えていた［難しすぎて理解できなかった］）

⓭ 〈be above ～ [～ing]〉:「～の力が及ばない，～できない，～しない」
He **is above** telling lies. （彼はうそをつくような人ではない）

⓮ 〈be free from ～〉:「～がない」
This district **is free from** air pollution.
（この地方には大気汚染がない）

> **注** be free of ～:
> 「～がない」という意味を表す。
> Some day the world may **be free of** hunger.
> （いつか世界は飢えから解放されるかもしれない）

⓯ その他会話表現で:
"Where is the microfilm?" "**Search me.**" (＝I don't know.)
（「マイクロフィルムはどこだ」「知らないね」）　　　　　【否定】

"How did he get into the hospital without being noticed by anyone?" "Beats me." (=I can't understand.) 【否定】

(「どうして彼はだれにも気づかれずに病院に入ったんだ？」「わからん」)

> **Q&A 100** 〈not too ~ to ...〉を〈so ~ that ...〉で書き換えるには？
>
> too ~ to ... を so ~ that ... で書き換えると次のようになる。
> He is **too** old **to** do it.
> 　(彼はあまりに年をとっているのでそれができない)
> → He is **so** old **that** he cannot do it.
> したがって, not too ~ to ... を so ~ that ... で書き換えると次のようになる。
> He is **not too** old **to** do it. (彼はそれができないほど年寄りではない)
> → He is **not so** old **that** he cannot do it.

2 注意すべき否定形の慣用表現

否定形の慣用表現は多いが，次のように特に注意を要するものがある。

❶ 〈**no longer**〉=〈**not ~ any longer**〉:「もう～ない」

It is **no longer** a dream to fly to the moon.
　(今はもう月へ飛んで行くことは夢ではない)
=It is **not** a dream **any longer** to fly to the moon.

> **注** **no more**: no longer と同義にも用いられるが，違う場合もある。
> no more=not ~ any more は「(これから後は)もうこれ以上～ない」という意味で用いるが, no longer は「(これまでと違って)(今では)もう～ない」という意味で用いる。
> I want it **no more**. (もうそれは欲しくない)
> 　=I don't want it any more.

> **参考** **No more Hiroshimas!**:
> 「広島の惨劇は繰り返すな」という意味なので, Hiroshimas と複数形になることに注意。人名でも No more *Hitlers*. と言えば,「ヒットラーのような独裁者をもう出すな」ということになる。No more *Hitler*. のように単数形を置くと,「ヒットラー(個人)にはもううんざりだ」という意味になる。

❷ 〈**never ... without ~ing**〉:「～せずには…しない，…すれば必ず～する」(→ p.533)

The dog **never** crosses a street **without** stopping at the curb.
　(その犬は通りを横断するときは必ず歩道の縁石のところで止まる)

❸ 〈**There is no ~ing**〉:「～することはできない」(→ p.532)

There is no know**ing** who's going to be the next prime minister.
（次の首相にだれがなるかわからない）

❹ 〈**not so much A as B**〉：「AというよりB」 ➡ p.370

What he said to me was **not so much** an apology **as** an excuse.
（彼が私に言ったことはわびというより言い訳だった）

❺ 〈**nothing but ~**〉：「～にすぎない」（=only）

There was **nothing but** water as far as we could see.
（見渡す限り水しかなかった）

❻ 〈**no doubt**〉：「たしかに，おそらく」

No doubt he meant to come, but something prevented him from doing so. （たしかに彼は来るつもりだったのだが，何かのために来られなかったのだ）

❼ 〈**lose no time (in) ~ing**〉：「さっさと～する」

The men **lost no time (in)** get**ting** out to fight the locusts.
（その男たちは時を移さず出かけてイナゴと戦った）

❽ 〈**not to mention ~**〉：「～はいうに及ばず」

He can ride a motorbike, **not to mention** a bicycle.
（彼は自転車はいうに及ばず，バイクにも乗れる）

❾ 〈**have nothing to do with ~**〉：「～と関係がない」

That **has nothing to do with** him.
（それは彼とは何の関係もない）

❿ 〈**cannot ... too**〉：「どんなに…してもしすぎることはない」

You **cannot** be **too** careful in driving a car.
（車を運転するときはいくら注意してもしすぎることはない）

⓫ 〈**not ... until ~**〉：「～するまで…ない，～して初めて…する」

He did **not** turn up **until** the meal was over.
（彼は食事が終わるまで現れなかった［彼は食事が終わってからやっと現れた］）

　　＊ この文の until ... over を It was ... that を用いて強調すると *It was not until* the meal was over *that* he turned up. となる。

⓬ 〈**It will not be long before ...**〉：「遠からず…する」

It won't be long before we all have robots.
（やがてみんながロボットを持つことになるだろう）

（=We'll all have robots *soon*.）

　　＊ before ... は時を表す副詞節だから，節中の動詞は**現在形**を用いるのがふつうだが，It will not be long before=Soon のように感じられるため

か, will が入ることもある。

❸ 〈**no more than** ~〉「わずか~しか」, 〈**no less than** ~〉「~ほどもたくさん」, 〈**no more A than B**〉「BでないのとAでない」, 〈**no less A than B**〉「Bに劣らずA」など ➡ p.372

He has **no less than** 500 dollars.（彼は500ドルも持っている）

He is **no more** an artist **than** you are a mathematician.
（君が数学者でないのと同じように彼は芸術家ではない）
(=He is *not* an artist *any more than* you are a mathematician.)

> [参考] 〈**no more [~er] than ...**〉
> 〈no more ~ than ...〉構文は, 2音節以下の形容詞の場合でも用いられるので, 次の文の間には意味の差があるという。[CEU]
> Tom is *no younger than* Jack (is).
> （トムはジャックより決して若くない）
>   ＊ 単なる比較で, 二人が若いのか年をとっているのかはわからない。
> Tom is *no more young than* Jack (is).
> （トムはジャック同様若くない）〔二人とも若くない〕
>   ＊ 引き合いに出しているジャックが若くないという含みがある。

❹ 〈**no sooner A than B**〉「AするとすぐにB」 ➡ p.612

I had **no sooner** arrived **than** it began to rain.
（私が到着したとたん雨が降り出した）　〔as soon as より文語的〕
(=I had *hardly* [*scarcely*] arrived *when* [*before*] it began to rain.)
(=*Hardly* [*Scarcely*] had I arrived *when* [*before*] it began to rain.)

❺ その他会話表現で

"We're thinking of emigrating to Australia." "**You don't say!**"
（「オーストラリアへ移住することを考えているんだ」「まさか」）【驚き】
  ＊ ！でなく？をつけることもある。上昇調だと「本当ですか」という疑問, あるいは「へーえ」という軽い皮肉の意味にもなる。

"How's business?" "**Not too bad.**"　【応答】
（「景気はどう？」「まあまあいいよ」）

"So you agree to this plan." "**Not exactly.**"　【否定】
（「じゃあ君はこの計画に賛成なんだ」「そうとも言えないんだ」）
  ＊ 必ずしもそうとは言い切れないときに言う。

"Will you be able to come and stay with us sometime?" "**You never know!**"（「いつか私たちのところに来て泊まっていける？」「ひょっとしたらね」）　【非断定】
  ＊ 未来のことは不確実だからということから perhaps の意味で用いる。

第23章 倒置・省略・強調・挿入

文の基本形は5つの文型に分けられるが，実際に使われる文は語順が変わったり，文の一部が省略されたり，文の途中にほかの要素が挿入されたりすることがある。

[第1節] 倒　　　置

主語と述語動詞が，そのふつうの語順である〈S+V〉から，文法上の理由や，ある語句を強調するために〈V+S〉の語順になることを**倒置** (Inversion) という。

§378　文法上の慣習的倒置

1 文の中の倒置

(1) 〈There is ～〉構文

There is [are] の後にくる名詞が主語であるが，実際には文頭の there が主語のような働きをする。この場合には there に強勢がない。(→ p.334)

There is *nothing new* under the sun.
　（この世に新しいことは何もない）

There came *a knock* at the door.（ドアをノックする音が聞こえた）

> **注** 相手の注意をひく there:
> there, here が相手の注意を引くために用いられる場合もこれと似ているが，一種の強調表現であり，主語が代名詞の場合は倒置されない。この場合には there に強勢がある。(→ p.335)
> 　There **goes** the *bus*. (ほら，バスが出るぞ)　　　　〔名詞〕【警告】
> 　Here *he* comes!（おい，彼が来るぞ）　　　　　　　　〔代名詞〕

(2) so, neither, nor で始まる文［節］

so (→ p.205), neither, nor (→ p.592) が前文［節］の内容を受けて文［節］頭にくる場合，倒置が起こる。

You are the only witness. If you disappear, so **will** *justice*.
　（あなたはただひとりの目撃者です。もしあなたが姿を消したら正義

も消えてしまいます)

The geography books haven't arrived, and <u>neither</u> **have** *the history books.*（地理の本が着かなかったし，歴史の本も着かなかった）

"I can't remember his name." "<u>Nor (Neither)</u> **can** *I.*"
（「私は彼の名前が思い出せない」「私もそうだ」）

(3) 直接話法の伝達部

伝達部の主語が人称代名詞であれば，〈S+V〉の順序が多いが，**人称代名詞以外の(代)名詞であれば，**一般に**主語は伝達動詞の後に置かれる**。倒置が行われない場合もある。

"Please go away," **said** *one child.* "And don't come back," **said** *another.*

（「どうか行って下さい」と1人の子供が言い，もう1人が「もう戻って来ないで下さい」と言った）

"Leave the snake alone," *he* **said**.
（「蛇をそっとしておきなさい」と彼は言った）

  * **Said** he, "There is a tide in the affairs of men."（「何事も人間のすることには潮どきというものがある」と彼は言った）のような例もある。

"Return to Heathrow Airport!" **said** *the hijacker* to the pilot.
（「ヒースロー空港へ引き返せ!」と乗っ取り犯人は操縦士に言った）

(4) 疑問文・感嘆文の中の倒置

❶ **疑問文の中の倒置**：疑問詞が主語になる場合を除いて，疑問文では〈V+S〉の語順になる。 [→ p. 65]

"**Do** *you* have the time?" "It is six fifteen." 　　　　　【質問】
（「何時でしょうか」「6時15分です」）
  * 時計を持っていると思われる人に聞く言い方。

Was *she* disappointed?（彼女はがっかりしていましたか）

What **did** *you* see there?（君はそこで何を見たのですか）

Who **solved** the riddle?（だれが謎を解いたか）　——疑問詞が主語
  * 〈There is ～〉構文は Is there ～? になる。[→ p. 47]

❷ **感嘆文の中の倒置**：ふつうは，**形容詞・副詞**などが how や what の後に置かれ，〈S+V〉の語順は変わらない。

<u>How</u> awkwardly *he* **walks**!
（彼はなんてぶざまに歩くのだろう）

<u>What</u> a hero *that soldier* **has been**!
（あの兵士はなんとすばらしい英雄だったのだろう）

 注　〈S+V〉の語順が倒置される感嘆文:
  リズムや強勢の関係で**語順が変わる**こともある。文語調の文に見られる。

How clever **is** *this invention*!（この発明のみごとなことよ）
What a beautiful place **is** *Náples*!
　（ナポリはなんて美しい所なのでしょう）
　　＊ Naples に強勢が置かれる。

2 条件節・譲歩節の中の倒置

(1) 条件節の中の倒置

条件節の **if** を省略すると倒置が起こる。（→ p.554）

Had *I* **read** the paper yesterday, I should have known about his death.
（もしも私が昨日新聞を読んでいたら，彼が死んだことについて知っていたはずである）　　　　　　　　　　　　　　　　《文語的》
Should *he* **refuse** to leave, call me at the office.
（万一彼が帰るのがいやだと言ったら，会社へ電話してください）

(2) 譲歩節の中の倒置

❶ 〈形容詞[副詞]＋as［though］＋S＋V〉：〈S＋V〉の語順は変わらないが，as は必ずこの位置にくることに注意。（→ p.623）

Unbelievable <u>as</u> *it* **was**, they actually welcomed us.
（信じがたいことであるが，彼らは私たちを歓迎した）
　　＊ ふつうの語順にするときはasでなく though にする。
Hard <u>though</u> *they* **tried**, they couldn't get out of debt.
（一生懸命やってみたが，彼らは借金を返すことができなかった）
　　＊ Though they tried hard, の倒置。

❷ 〈動詞＋as＋S＋助動詞〉〈動詞＋what＋S＋助動詞〉：命令法で譲歩を表す場合，動詞が文頭に出る。一般に文語的。

Try <u>as</u> *he would*, he could not lift the rock.
（彼がどんなにやってみても，その岩を持ち上げられなかった）
Come <u>what</u> *may*, I'll be ready.
（どんなことがあっても私は覚悟ができている）
Say <u>what</u> *you will*, I won't change my mind.
（あなたが何をおっしゃっても，私は自分の考えを変えません）
　　＊ Say what you *like*, も同じ意味。

　注 **Be it ever so ...**：
　　命令法とも考えられるが，古い仮定法現在で，今では古風な文語調。
　　A blue hat, *be it ever so beautiful*, would never match her red dress.（青い帽子はどんなにきれいでも彼女の赤のドレスには似合わないだろう）

§379 強調のための倒置

文中のある語句を強調するために文頭に出すと,それによって〈S+V〉の語順が倒置される場合がある。一般に文語的。

(1) **補語を文頭に置いて強調する場合**

〈S+V+C〉の文で,**補語が文頭に置かれると,主語が名詞の場合には倒置される。主語が代名詞の場合には**〈S+V〉のままである。

<u>Faint</u> **grew** *the sound of the bell.* (鐘の音がかすかになった)

<u>Wide</u> **is** *the gate*, and <u>broad</u> **is** *the way*, that leads to destruction.
(滅びにいたる門は広く,その道も広い)

<u>So great</u> **was** *his astonishment* that he was speechless.
(彼は度肝を抜かれたので口がきけなかった)

<u>Such</u> **is** *the convenience of canned food* that families eat less fresh food than they used to. (缶詰食品があまりにも便利なため,家庭では以前に比べると新鮮な食物を摂取することが少なくなった)

"We'd better be leaving soon." "<u>Right</u> *you* **are**." 〔代名詞〕
(「すぐに出たほうがいいよ」「合点だ」) 【同意】

<u>Unlucky</u> *they* **are** who don't like their work. 〔代名詞〕
(自分の仕事を好まない人は不運である)

(2) **目的語を文頭に置いて強調する場合**

目的語が文頭に置かれても,通常倒置は起こらない。ただし,**否定語やそれに準ずるものが目的語になっている場合には倒置になる**。

❶ 倒置が起こらない場合

<u>That</u> *I* **can't** say. (そのことは私には言えない)

<u>Cowards</u> *we* **have** no use for. (憶病者に用はない)

❷ 目的語に否定語がついたため倒置が起こる場合

<u>Not a single mistake</u> **did** *I* find in your composition.
(あなたの作文には1つのまちがいもなかった)

> [参考] 対照を表すための倒置:
> 対照を表すために目的語が文頭に出るような場合もある。
> *Courage* we still had, but hope was a memory.
> (勇気こそまだあったが,希望はもはや過去のものだった)

(3) **否定語を文頭に置いて強調する場合**

否定語が文頭にくると,必ず主語と動詞は倒置される。現在・過去の一般動詞を含む文では〈do [does, did]+主語+本動詞〉の語順になる。否定の意味の副詞節が前に出ている場合も同じ。

<u>No sooner</u> **was** *the second edition* on sale than the third was being planned.
(第2版が販売されるとすぐに第3版が計画されていた)

<u>Hardly</u> **had** *she* left home when it began to rain.
(彼女が家を出たとたん雨が降り出した)

<u>Scarcely</u> **had** *they* got back before the phone rang.
(彼らが家に戻ったとたん電話が鳴った)

<u>Little</u> **did** *I* dream that such a thing would happen.
(そんなことが起ころうとは夢にも思わなかった)

<u>In no circumstances</u> **will** *I* allow you to go there.
(いかなる事情があろうとも私は決してあなたがそこへ行くことを許さない)

<u>In no other part of the world</u> **is** *more tea* consumed than in Britain.
(世界中で英国ほど紅茶を飲む所はない)

<u>Not until we lose our health</u> **do** *we* realize its value.
(健康を失ってはじめてそのありがたさがわかる)

> **注** | **only が文頭に出る倒置:**
> only も意味上は否定語に近いので文頭に置かれると倒置になる。
> <u>Only on one point</u> **do** *I* agree with you.
> (ただ1点でしかあなたとは意見が一致しない)
> <u>Only when it rains</u> **do** *you* feel cool.
> (雨が降る場合しか涼しく感じない)

(4) 副詞を文頭に置いて強調する場合

運動の方向や場所などを表す副詞が文頭に置かれると倒置になる。主語が人称代名詞の場合はふつう〈S+V〉のままである。

<u>Down</u> **came** *the rain*. (雨が落ちてきた)
　＊ <u>Down</u> *it* **came**. (それが落ちてきた)
<u>Back</u> **came** *the answer* like lightning. (電光石火，返事が来た)
<u>Out</u> **went** *the light*. (明かりが消えた)
<u>In</u> **rushed** *the boy and his dog*. (勢いよく少年と犬が入ってきた)

> **注** | **文のバランスのための倒置:**
> 強調というよりも，文のバランスのためと考えるべき場合もある。
> <u>On the top of the hill</u> **stood** *an old castle*.
> (丘の頂に古城があった)
> <u>Under the road</u> **run** *pipes* for gas and water.
> (道路の下にはガス管と水道管が通っている)

第2節 省　　略

　文中のある語句を省くことを**省略** (Ellipsis) という。省略はその語句が完全な文としては必要だが，意味上はこれを省いてもさしつかえない場合に行われる。

§380 〈主語＋be動詞〉の省略

1 従節の場合

　when, while, though, if などが導く副詞節の中で〈S＋be動詞〉が省略されることが多い。

(1) <u>主節の主語と従節の主語とが同じとき</u>

　They were good friends **when** (*they were*) in school.
　　（彼らは学校時代仲良しだった）
　Don't eat **while** (*you are*) reading.（読みながら食べてはいけない）
　Though (*I was*) tired, I went on working.
　　（疲れていたが私は仕事を続けた）
　If (*it is*) kept in the refrigerator, meat will keep for a week.
　　（冷蔵庫に入れておけば肉は1週間もつでしょう）
　As *a boy* he liked to run around in the woods near his home.
　　（子供のとき彼は家の近くの森の中を走り回るのが好きだった）
　　　＊ as a boy は **when** he was a boy の意味である。この as を前置詞と扱うこともある。慣用的な表現である。　（→ p.611）

(2) <u>慣用的な it is, there is などの省略</u>

　Correct errors, **if** (*there are*) any.（誤りがあれば訂正せよ）
　Every effort, **however** small (*it is*), will count in the end.
　　（どんなにささやかであっても，努力を重ねれば結局は成果が出る）

2 感嘆文の場合

　感嘆文では〈S＋be動詞〉の部分が省略されることがある。
　"My father won't let me go to the party." "<u>How terrible</u> (*it is*)!"
　　（「父はどうしても私をパーティーに行かせてくれないの」「ひどいなあ」）　　　　　　　　　　　　　　　　　　　　　　　　【同情】
　What a strange person (*he is*)!（なんて変わった人なんだろう）

What a pity (*it is*) that you can't come with us!
(あなたが一緒に来られないとはなんと残念なことでしょう)

How careless (*it was*) of him to make such a mistake!
(そんなまちがいをするなんて彼はなんと不注意なのでしょう)

3 慣用的な表現

特に会話の場合に〈S＋be動詞〉が省略されることが多い。

(1) 〈1人称代名詞＋be動詞〉

"Hey! Watch out!" "(*I am*) Sorry! Did I step on your toe?"
(「おい，気をつけろよ」「すみません。足を踏みました？」)　【謝罪】

"Do you think it will rain tomorrow?" "(*I'm*) Afraid so."
(「明日は雨だと思いますか」「そうみたいですね」)　【応答】

(*We are*) Paging Mr. Charles Louis. Please come to the desk.
(チャールズ・ルイス様。受付までお越しください)　【呼び出し】

(2) 〈2人称代名詞＋be動詞〉

"It's cold outside." "Yeah, (*you are*) telling me."　《英》
(「外は寒いよ」「ああ，わかってるよ」)　【応答】

(3) 〈it＋be動詞〉：文頭の It is が多い。

(*It's*) Nice to meet you.（お会いできてうれしい）　【挨拶】
(*It's*) No wonder he's late.（彼が遅れても不思議ではない）

(4) 〈指示代名詞＋be動詞〉

"I fell down and broke my leg." "(*That was*) Bad luck."
(「ころんで脚をくじいちゃった」「ついてなかったね」)　【同情】

> [参考] **Do [Have] you の省略**：
> 疑問文の文頭の Do you や Have you が省略されることがある。
> "(*Do you*) Know what I mean?" "Yes, I certainly do."
> (「私の言っていることがわかってるの？」「はい，確かに」)　【確認】

§381　その他の省略

1 主語が省略される場合

(1) **1人称代名詞**

"(*I*) Beg your pardon?" (↗) "I said 'How about some coffee?'"
(「もう一度おっしゃってください」「『コーヒーでもいかが？』と言ったのです」)　【聞き返し】

"What's his name?" "(I) Don't know." 《英》
(「彼の名前は?」「知らない」)

(2) 2人称代名詞
付加疑問がある場合，2人称代名詞が省略される。
"(You) Had a good time, did you?" "Yes, a very good time."
(「おもしろかったですか」「はい，とても」) 【挨拶】
　　＊ Had a good time? という言い方もある。
"(You) Want a drink, do you?" "Yes, please."
(「お酒をあがりますか」「はい，いただきます」) 【勧誘】

(3) 3人称代名詞
(He [She]) Doesn't look too well.
(〔彼〔彼女〕は〕あまり具合がよさそうには見えない)
(He [She, They]) Can't play chess at all.
(〔彼〔彼女, 彼ら〕は〕チェスが全然できない)

(4) it
(It) Looks like rain.（雨になりそうだ）
"She isn't as romantic as you." "(It) Doesn't matter."
(「彼女は君ほどロマンチストじゃないよ」「かまわないよ」) 【応答】

(5) there: 文法的には主語ではないが，主語のような働きをする。
(There) Ought to be some coffee in the pot.
(ポットにコーヒーがいくらかあるはずだ)
(There) May be some children outside.
(外に子供たちが何人かいるかもしれない)

> **注** 会話や e-mail における頭部省略:
> 日常会話で，主語，〈主語＋be 動詞〉など文頭の部分を省略するのは《米》よりも《英》に多いとされる。[LGSWE] e-mail でも頭部省略はよく用いられ，(I am) Glad (that) you asked. などの形で書かれる。

[参考] 助動詞か be 動詞の省略:
この形はあまり多くない。
(Did) You ever go fishing?
(魚釣りに行ったことある?)
(Are) You sure it was the left side?
(確かに左側だったの?)
"How (have) you been?" "Not too bad."
(「その後いかが?」「まあまあいいですよ」)──《米》のくだけた言い方【挨拶】
You (had) better go now.
(もう行ったほうがいいよ)──くだけた言い方 【助言】

(6) 独立分詞構文における意味上の主語の省略

❶ **独立分詞構文**では，分詞の意味上の主語が主節の主語と異なるため，分詞の前に意味上の主語が明示されるが，漠然と一般的な人をさす **one**, **we**, **you** などは慣用的に省かれることがある。(→ p. 527)

Taking everything into consideration, they ought to be given another chance.
　(すべてを考慮に入れると，彼らに再度機会を与えるべきだ)

❷ 分詞の意味上の主語が I や it と考えられる場合もある。

Speaking from memory, doesn't he have a rich aunt?
　(記憶を頼りにして言えば，彼には裕福な叔母がいましたね)

Being Christmas (=It being Christmas), the government offices were closed.
　(クリスマスのため役所は閉まっていた)

2 その他の省略

(1) 比較構文での省略

Sally is **as** intelligent **as** Bill (*is*).
　(サリーはビルと同じくらい頭がいい)

Susan sings **better than** she used to (*sing*).
　(スーザンは以前より上手に歌う)

Mary drives **faster than** Paul (*does*).
　(メアリーは運転のときポールよりもスピードを出す)

The sooner (*you do it*), **the better** (*it will be*).
　(早ければ早いほどよい)

(2) 関係詞の省略

制限用法の目的格の関係代名詞 (→ p. 649) および関係副詞 (→ p. 659) はくだけた言い方では省略されるのがふつう。

The letter (*which*) I received today had no stamp on it.
　(今日私が受け取った手紙には切手がはってなかった)

Now is the time (*when*) I need him most.
　(今が私が彼を一番必要としているときである)

(3) 〈関係代名詞＋be 動詞〉の省略

〈関係代名詞＋be 動詞〉は省略しても自然に聞こえる場合は，くだけた言い方ではこれを省いて，修飾語句を先行詞に直接つけておくことも多い。

This is the information (*which is*) most important for you.
　(これは君たちにとって最も重要な情報です)

What are the languages (*which are*) spoken in Canada?
（カナダで話される言語は何ですか）

(4) <u>接続詞 that の省略</u>
❶ think, suppose, believe, say, know などの**動詞の目的語になる名詞節**を導く that は口語調では省略されることが多い。【→ p. 603】
I **know** (*that*) she dislikes the smell of benzine.
（私は彼女がベンジンのにおいが嫌いなのを知っている）
I'm **sure** (*that*) he'll be back soon.
（彼はきっとじきに戻ってくるでしょう）
　　＊〈be glad (that) ...〉などの場合も同じである。【→ p. 617】

❷〈It ～ that ...〉構文の that が, 口語調で省略されることがある。
【→ p. 186】
It is a pity (*that*) he did not make that clear.
（彼がその点をはっきりさせなかったのは残念だ）
It seems (*that*) he was attacked by a dog or a fox.
（彼は犬かキツネにやられたようだ）
　　＊ It *happens* (that) ... も「たまたま…する」の意のときは省略可。

❸ 強調構文〈It is ～ that ...〉でも that は省略できる。【→ p. 187】
It is in London (*that*) the traffic is noisiest.
（交通騒音がいちばんひどいのはロンドンだ）

❹ **目的や結果を表す副詞節**を導く that も口語調では省略される。
【→ p. 618】
Just explain it to me **so** (*that*) I **can** understand.
（ちょっと私にもわかるように説明してくれよ）

(5) <u>広告・掲示・ことわざ・日常会話での省略</u>
NO TRESPASSING (*is allowed*)!（立入禁止）
SCHOOL (*is*) AHEAD : DRIVE CAREFULLY
（前方に学校あり：運転注意）
OLD FURNITURE (*is*) FOR SALE（古い家具売ります）
(*What is*) Well begun is half done.
（初めよければ半ば終わったようなもの）　　　　　　《ことわざ》
"I just won the lottery!" "<u>No kidding</u>?" (＝*Are you* not kidding?)
（「宝くじが当たったぞ」「本当？」）　　　　　　　　　　【不信】
"The meeting has been canceled." "(*It is*) <u>Just as well</u> (that the meeting has been canceled)."
（「会合は中止だって」「それはちょうどいいや」）　　　【応答】

§382 共通要素の省略と共通構文

1 共通要素の省略

1つの文に2つ(以上)の共通した要素があるとき,どちらか1つを残してもう1つを省略することができる。

(1) 述語動詞の共通部分の省略

He **studied** music in Vienna and (*studied*) painting in Paris.
(彼はウィーンで音楽を,パリで絵を学んだ)

He was reading something but I don't know what (*he was reading*).
(彼は何かを読んでいたが,何を読んでいたのかは私にはわからない)

Mr. Mill **teaches us** mathematics and *Mrs. Smith* (*teaches us*) English.(ミル先生は私たちに数学を,スミス先生は英語を教える)

The sun **shines** in the daytime and *the moon* (*shines*) at night.
(昼間は太陽が輝き,夜は月が輝く)

(2) その他の共通部分の省略

I prefer *live* (*performances*) to *recorded* **performances**.
(私は録音された演奏よりも生演奏のほうを好む)

Books **play**, and *must continue to* (*play*), a great part in the training of young minds.
(書物は若い心をきたえるのに重大な役割を演じ,かつ演じ続けるにちがいない)

> [参考] 会話の応答文における共通要素の省略:
> 会話では,前の発話と共通している部分を省略して応答することが多い。
> "How often do buses come?"
> "(*Buses come*) Every five minutes."
> (「バスは何分おきに来ますか」「5分おきです」)

2 共通構文

1つの語(句)が2つ(以上)の語(句)のどれにも同じようにかかって,共通要素を省略した結果,$ax+bx$ が $(a+b)x$ という形になった場合,a と b は x に対して共通の関係にあるといい,この形式を共通構文という。共通構文には大きく分けて次の2つの型がある。

(1) $(a+b)\ x$ の型:共通語(句)が後に置かれているもの。

❶ 主語と動詞

a, b に当たるのが主語で,共通語句が動詞という意味。以下同じ。

Jack and *Ruth* **have led** a kind of cat and dog life for years.
（ジャックとルースは長いあいだ犬猿の仲だった）

❷ 助動詞と本動詞

It *may* or *may not* **be** true.
（それは本当かもしれないし，そうでないかもしれない）

Susan never *has* and never *will* **love** Jack.
（スーザンはジャックを今まで愛したことはないし，これからも愛さないだろう）

　　＊　厳密には never *has loved* and never *will love* が正しい。

❸ 前置詞と目的語

I saw Lake Biwa on my way *to* and *from* **Kyoto**.
（京都への行き帰りに琵琶湖を見ました）

❹ 形容詞と名詞

Air and water are *the most important* but *the cheapest* **things**.
（空気と水は最も大事で，しかし最も安いものだ）

(2) **$x\ (a+b)$ の型**：共通語句が前に置かれるもの。

❶ 主語と動詞

共通語句が主語で，*a*, *b* がどちらも動詞という意味。以下同じ。

Gerald *was*, and *is*, a black sheep in the family.
（ジェラルドは一家のやっかい者だったし，今もそうだ）

❷ 動詞と目的語

He **lost** his *hat* and his *temper*.（彼は帽子を失くして腹を立てた）

　　＊　このように１つの動詞が性質の異なる２つの目的語をとる場合もある。

❸ 動詞と補語

His eyes **were** *large* and *sharp*.（彼の目は大きくて鋭かった）

❹ 動詞と副詞

You **speak** English *as well* or *better* than Mariko.　　　《口語調》
（あなたは英語を真理子と同じぐらいかもっと上手に話す）

　　＊　厳密には as well *as*, or better *than*, Mariko というのが正しいが，くだけた言い方ではよくある文。

❺ 動詞と前置詞つきの句

Water **turns** *into ice* at 0°C and *into steam* at 100°C.
（水は摂氏０度で氷になり，摂氏100度で水蒸気になる）

❻ 名詞と前置詞つきの句

John is **a man** *of learning*, but not *of practice*.
（ジョンは学問はあるが実践力はない）

[第3節] 強　　　調

文中の特定の語句の意味を特に強めることを**強調** (Emphasis) という。強調語句を用いたり，語順を倒置したりする方法がある。

§383　It is ～ that ... の強調構文

〈It is ～ that ...〉の形で，文の一部を強調する。（→ p.187）

　It is *they who love us* **that** punish us most.
　　（私たちを一番多く罰するのは私たちを愛する人々である）
　It was *to you and not anyone else* **that** I lent the money.
　　（私はあなたにお金を貸したのであって，ほかのだれかに貸したのではなかった）
　It is *from advertising* **that** a newspaper earns most of its profits.
　　（新聞がその利益の多くを稼ぐのは広告からである）
　It is *only when you have your own children* **that** you realize the troubles of parenthood.
　　（自分の子供を持って初めて親の苦労がわかる）

強調しようとするものが「人」のときは **who** も用いられる。「物」のときは **that** がふつうで，**which** の実例は少ない。なお，一般にくだけた言い方では **that** が省略されることが多い。

　It was *Mr. Johnson* **who** spoke first.
　　（最初に口をきいたのはジョンソン氏であった）

§384　do を用いた強調

(1) 平叙文の場合

文の内容が事実であることを強調するために，助動詞の do [does, did] をその動詞の前に置く。これに続く動詞は原形である。

　I **do** *hope* you'll get better soon.
　　（じきに回復なさいますように）
　She **does** *like* dogs.
　　（彼女が犬が好きなのは本当だ）
　　＊ do は「犬が大好き」のように動詞そのものを強調しているのではない。

He **did** *come* but soon went back.

（彼は来るには来たがすぐに帰った）

　　＊　助動詞を強調する場合には do [does, did] は用いない。助動詞に強勢を置いて強調する。

(2) **命令文の場合**

命令文の場合は do を動詞の前に置く。読むときは do に強勢を置く。訳す場合には，「**ぜひ，本当に，全く**」などの語を添えることがある。

Do go to the party and have a good time.

（ぜひパーティーに行って楽しい時を過ごしていらっしゃい）

Do *be* careful. This floor is quite slippery.

（どうかお気をつけください。床がたいへん滑りやすいので）【注意】

　　＊　be動詞は，命令文の場合以外は be動詞に強勢を置いて強調する。

§385　語順倒置による強調

ふつうの語順を変えることによって強調を示すもので，目的語，補語，副詞(句)などが強調のために**文頭**に出る場合が多い。

This job he kept twenty years.　　　　　　　　　　〔目的語〕

（この仕事を彼は20年もやり続けた）

Great was my surprise when I realized that.　　　　〔補語〕

（それに気がついたときの私の驚きは大きかった）

At no time have I ever thought such a thing.　　　〔否定語句〕

（私は今までそのようなことを考えたことはない）

Only for the love of his family does he do such hard work.

（ただ家族を愛するため彼はそんなにつらい仕事をしている）〔only〕

これとは少し違うが，**文末**にコンマを置いてから強調したい語句を置くやり方もある。

Everybody in the White House was awake early that morning, **even the cat.**

（ホワイトハウスの人はみなその朝は早く目を覚ました。猫までも）

§386　強意語句による強調

◧ 形容詞・副詞の強調

形容詞・副詞を強調する very と同類の語には **awfully, highly, ex-**

tremely, terribly などがある。very については [→ p.336]

It's **awfully** *hot* today.
（今日はとても暑い）

He is a **highly** *ambitious* person.
（彼はとても野心的な人物である）

The problem was **extremely** *hard*.
（その問題はたいへん難しかった）

I've been **terribly** *worried* about you all day.
（一日中あなたのことをすごく心配していました）

2 比較級・最上級の強調

(1) 比較級の強調

比較級を強めるには **a lot**, **even**, **far**, **much**, **still** などが用いられる。[→ p.361]

You can do **a lot** *better*.　　　　　　　　　　　　　　《口語的》
（あなたはもっと上手にできます）

This new road is **far** *better* than the old one.
（この新しい道路は古いのよりもずっとよい）

I am **much** *taller* than you.
（私のほうがあなたよりずっと背が高い）

The cake I had yesterday was good, but this one is **still** *better*.
（昨日食べたケーキはおいしかったが、このほうがずっとおいしい）

(2) 最上級の強調

最上級を強めるには、〈the＋最上級〉の前に **much**, **far**, **by far** などをつける。[→ p.367]

Perhaps this is not the largest market in the world, but **much** *the best*.
（おそらくこれは世界最大のマーケットではないだろうが、それにしても断然最上のマーケットだ）

　　＊ very を用いると the very best の語順になる。

She is **far** (=**by far**) *the most* intelligent student in the school.
（彼女は学校の中で抜群に頭のよい学生である）

注 | ever:
　　　最上級を強調する that 節の中や、as ... as ～ can, as ... as possible などを強調するために用いられる。
　　　She is *the prettiest* girl (that) I have **ever** met.

(彼女は私がこれまで会った中で一番きれいである)
Travel *as* much **ever** *as* you *can*.
(できるだけ多く旅をしなさい)

3 疑問詞の強調

疑問詞の直後に **ever**, **in the world**, **on earth** などをつけて，疑問詞を強調する。

What **ever** are you doing?
(一体あなたは何をしているの?)

* 女性の言葉に多いといわれる。whatever と1語で綴ることもある。

Where **in the world** did you find the tiny insect?
(一体あなたはどこでその小さな昆虫を見つけたのですか)

What **on earth** did you mean by it?
(一体それはどういう意味だったのですか)

* 口語では the hell, the devil, the deuce なども疑問詞の強調に用いる。

4 否定の意味の強調

〈not 〜 **at all** [**in the least**, **by any means**]〉や，〈**simply** [**really**, **just**]＋助動詞＋not〉などの形で否定の意味を強めることがある。

She *can't* seem to see the joke **in the least** [**at all**].
(彼女は冗談が全然わかっていないようだ)

A foreign language *isn't* **by any means** (＝is **by no means**) easy to master.
(外国語をマスターするのは決してやさしくない)

I **simply** [**really**] *don't* know what happened.
(何が起こったのかまったく知らないのです)

* 次の2つの文を比較せよ。
   I don't **really** like him.
     (私は彼があまり好きではない)
   I **really** don't like him.
     (私は彼が大嫌いだ)

注 「絶対〜しない」の意の特殊表現:
くだけた言い方で，次のような形で否定の意味を強めることもできる。
I'll be hanged (＝**I'm damned**) if I know it.
(そんなこと知るかい)

> **Goodness knows** what that girl is planning!
> 　(あの子が何をたくらんでいるかだれが知るものか)

5 再帰代名詞による強調

　再帰代名詞が強調のために用いられることがある。強調する名詞や代名詞のすぐ後に置くのがふつうであるが,離れている場合もある。 → p. 195

　He is *happiness* **itself**. 　(彼は幸福そのものである)

　Have some cake!　*I* made it **myself**.
　　(ケーキをどうぞ。私が自分で作ったのよ)

> **注** | 再帰代名詞の位置と強勢:
> 　話す場合には,強調のための**再帰代名詞**には**強勢**が置かれる。
> 次のように強調する語が主語の場合は,再帰代名詞の位置で意味が混乱することはない。強勢は文末に置かれるのが自然なので,(2)のほうが口語調。
> 　　I *mysélf* told it to Tom. (私は自らそれをトムに話した) 　(1)
> 　　I told it to Tom *mysélf*. (同上) 　(2)
> 強調する語が目的語などの場合は,再帰代名詞はその語の直後に置く。
> 　　I told it to Tom *himsélf*. (私はトム自身にそれを話した)
> He told it to Tom himself. のような形は意味が混乱するので避ける。

6 同一語句の繰り返しによる強調

　同一の語を and で結んでその意味を強める。

　He *ran* **and** *ran* towards the station.
　　(彼は駅に向かってひた走りに走った)

　Edward read the papers *again* **and** *again*.
　　(エドワードはその書類を繰り返し繰り返し読んだ)

and を繰り返して強めるやり方もある。

　The shark is cruel **and** greedy **and** strong **and** clever.
　　(サメは残忍で貪欲で強く,しかも賢いときている)

> [参考] 類語反復:
> 　同一語句ではないが,意味の同じような語句を and で結んで強調するやり方がある。
> He kept *still* **and** *motionless* for a while.
> 　(彼はしばらくひたすらじっとしていた)
> The land was *rich* **and** *fertile*.
> 　(その土地は実によく肥えていた)

第4節　挿　　　入

独立的に文中に挿入され，説明や注釈などを加える語句を**挿入語句** (Parenthesis) といい，コンマ，ダッシュ，カッコなどで区切られる。

§387　挿　入　語　句

(1) 慣用的な挿入句

in fact（実は），in short（つまり），as a matter of fact（実は），on the other hand（その反面）などの句が文中に挿入されることが多い。

You say you're honest, but **in fact** you've been known to cheat sometimes.
　（あなたは自分では正直だとおっしゃいますが，実際は人を欺いたことが何度かあったことが知られています）

He's rude, bad-tempered and conceited ― **in short**, he's a very unpleasant man.
　（彼は無作法で，不機嫌で，うぬぼれている。要するに彼は極めて不愉快な人である）

Hans speaks very good English with no German accent ― **as a matter of fact**, he was brought up in England.
　（ハンスはドイツ語のアクセントなしにきれいな英語を話す。実のところ彼はイギリスで育った）

Package holidays are very convenient, but, **on the other hand**, they don't give much freedom.
　（パッケージツアーはとても便利である。しかしその反面あまり自由がない）

〔参考〕 **in fact**:
補足説明的に用いられる in fact には次の a. のように前言を言い直して強調する用法と，b. のように要約する用法もある。
a.　I don't like you. *In fact* I think you are a liar, a cheat and quite rude.
　　（私は君が嫌いだ。もっとはっきり言えば，君はうそつきで，ぺてん師で，全く無礼だと思っている）　　　　　　　　　　　〔補足・強調〕
b.　You are a liar, a cheat and quite rude. *In fact*, unsuitable.
　　（君はうそつきで，ぺてん師で，全く無礼だ。要するに不適だ）〔要約〕

◆ よく用いられる挿入句

after all (結局は)	as a result (結果としては)
as a rule (概して)	by the way (ところで)
for example (たとえば)	for instance (たとえば)
in a sense (ある意味では)	in general (一般に)
in other words (言い換えれば)	let me see (ええっと)
on the contrary (それどころか)	on the whole (概して)

(2) 挿入節

as, if, though, whether などが導く節が文中に挿入されることがある。

❶ as が導く ⟨as far as⟩, ⟨so long as⟩ を含む節, ⟨as it is⟩, ⟨as it were⟩ など。

What is shown on television is, **as it were**, a reflection of what society is like.

(テレビに映し出されるものは, いわば実社会の反映である)

❷ if, what, whatever, ⟨whether A or B⟩ を含む節

He seldom, **if ever**, goes to the movies by himself.

(彼は, もしあるとしても, 1人で映画に行くことはめったにない)

It was cold, and **what was worse**, it began to rain.

(寒かった。おまけに雨が降りだした)

(3) 文・節全体を目的語とする I think, I suppose, it is true など

To be able to express oneself only in words is, **I think**, the sign of a poor imagination.

(言葉でしか自己表現ができないことは, 私の考えでは想像力の貧困さの印である)

Mr. Smith, **it seems**, has little to do with the matter.

(スミス氏は, 見たところ事件とはほとんど関係がなさそうである)

> 注 you know:
> くだけた会話で, あまり大した意味もなく, 相手の注意をひいたり, 表現をやわらげたり, 間をつなぐのに用いる。文頭, 文中, 文尾のどこに置くこともできる。
> How can I get another job? I'm over sixty, **you know**.
> (どうして私が別の仕事につける? もう60を過ぎているんだものね)

(4) 独立不定詞・分詞構文

to begin with, to be frank with you, to tell (you) the truth, to say nothing of, so to speak, to do one justice などの**独立不定詞** (→ p.495) や**分詞構文** (→ p.524) が, 挿入句として用いられることがある。

John Brown was, **so to speak**, a walking dictionary.
（ジョン＝ブラウンはいわば生き字引であった）

The house, **decaying and haunted**, had stood empty for months.
（その家は朽ちかけて，亡霊が出没するので，何か月も空き家だった）

§388 同格語句

名詞・代名詞の意味を補ったり，言い換えたりするために，ほかの名詞または名詞相当句を後に置く場合，両者は**同格**の関係になり，後に置かれた名詞・名詞相当語句を**同格語句**という。詳しくは （➡ p.130）

(1) <u>代名詞 ― 名詞</u>

We went on a picnic, *my mother, Alice, Meg,* and *I.*
（私たち，母とアリスとメグと私の4人はピクニックに出かけた）

(2) <u>名詞 ― 名詞（相当語句）</u>

Mercury, *the smallest planet and the nearest to the sun*, is difficult to see because it is so close to the sun.
（水星は一番小さくて太陽に最も近い惑星であり，太陽にあまりにも接近しているために見えにくい）

(3) <u>名詞 ― 名詞節</u>

I agree with **the saying** that haste makes waste.
（せいては事を仕損じるということわざに同感だ）

The question whether he would agree with us was discussed.
（彼が私たちに同意するかどうかという問題が検討された）

(4) <u>同格であることを表す語句がある場合</u>

❶ **namely, or,** 〈**that is** (**to say**)〉がつく場合。

Origami, **or** paper folding, is an old art in Japan.
（折り紙，つまり紙を折ることは，日本の昔からの技術である）

He was happy until this evening, **that is** (**to say**), until he discovered a note from his wife saying that she'd left him.
（彼は今晩までは幸福であった。つまり彼を捨てたことを表す妻からの手紙を発見するまでは）

❷ 同格を表す **of** （➡ p.132）

the city **of** Denver（デンバー市）

There are six **of** them.（彼らは6人いる）

You are an angel **of** a child.（あなたは天使のような子だ）

第24章 文の転換

ほぼ同じ内容を2つ以上の異なった形の英文で表すことができる場合がある。ふつう「文の転換」というが、2つの文は完全に同じではなく、スタイルが変われば機能も異なる場合が多いし、堅い言い方やくだけた言い方などの差異があることも多いので文脈に注意。

第1節 文の種類の転換

§389 複文と単文の転換

1 名詞節を含む複文と単文との転換

(1) to 不定詞を用いる 〔→ p.489〕

❶ 〈S+V+that 節〉↔〈S+V+to 不定詞〉

{ We've decided *that we will sell our farm*.
{ We've decided *to sell our farm*.
  (私たちは農場を売ることに決めた)
  * 英国の言語資料によれば、話し言葉、書き言葉ともに、decide to 〜 のほうが decide that ... よりも多く、書き言葉では2倍を超えている。

❷ 〈S+V+that 節〉↔〈S+V+O+to 不定詞〉

{ I expect *that you will do a good job*.
{ I expect *you to do a good job*.
  (私はあなたがきちんとした仕事をしてくれるものと思っています)

〈S+V+that 節〉↔〈S+V+O+to be 〜〉の形については 〔→ p.493〕

参考 〈expect O to / that〉:
　話し言葉、書き言葉ともに〈expect O to 〜〉のほうが口語的でふつうだが、O に当たる部分が複雑な形で長いときは〈expect that ...〉がふつう。that 節構文の expect は think と同じような意味になることが多いが、to 不定詞構文のほうは、「O に〜してほしい」の意味にもよく使う。

❸ 〈S+V+O+that 節〉↔〈S+V+O+to 不定詞〉

> Jane persuaded *him that he (should) see her parents.*
> Jane persuaded *him to see her parents.*
> （ジェーンは彼が自分の両親に会うように説得した）
>
> **注** 〈S＋V＋O＋that ...〉と〈S＋V＋O＋to ～〉:
> この型をとる動詞はほかに advise, remind, teach, tell などがあるが，一般的に不定詞構文のほうが口語的でふつう。promise の場合は文の主語と不定詞の意味上の主語とが一致することに注意。 [→ p.491]

❹ 〈It is ～ that ...〉↔〈It is ～ for ... to ―〉

> *It is* strange *that he should be late.* He's usually on time.
> *It is* strange *for him to be late.* He's usually on time.
> （彼が遅刻するとは妙だ。たいてい時間通りに来るのに）
> ＊ that 構文では，should を用いて話し手の感情を表現することができる。

❺ 〈It seems that ...〉↔〈... seem to ～〉

> *It* **seems** *that he made a mistake in the address.*
> *He* seems *to have made a mistake in the address.*
> （彼はあて名をまちがえたようである）

> *It* **is not likely** *that John forgot to mail the letter.*
> *John* is not likely *to have forgotten to mail the letter.*
> （おそらくジョンは手紙を投かんするのを忘れなかったでしょう）

(2) **動名詞を用いる** [→ p.537]

❶ 〈S＋V＋that 節〉↔〈S＋V＋～ing〉

> He denied *that he knew anything about the missing jewels.*
> He denied *knowing anything about the missing jewels.*
> （彼は行方不明になっている宝石について何も知らないと言った）

❷ 〈S＋V＋that 節〉↔〈S＋V＋前置詞＋～ing〉 [→ p.604]

> I can't insist *that you should come early.*
> I can't insist *on your coming early.*
> （私にはあなたに早く来るように強く言えません）

❸ 〈名詞＋that 節（同格節)）〉↔〈名詞＋of＋～ing〉

> There's no possibility *that the criminal will be found.*
> There's no possibility *of the criminal('s) being found.*
> （犯人が見つかる可能性は全然ない）

(3) 〈**前置詞＋抽象名詞**〉**を用いる**　　　　　　　　　　　　　　　　　　　[名詞表現]

> We are certain *that he is innocent.*
> We are certain *of his innocence.*
> （私たちは彼が無実であると確信している）

> Please tell me *when you will arrive*.
> Please tell me *the time of your arrival*.
> (どうかご到着の時間をお知らせください)

(4) 〈S+V+that ~〉↔〈S+V+O (+to be) ~〉

> I found *that the problem was difficult*.
> I found *the problem (to be) difficult*.
> (その問題が難しいことがわかった)

> He believes *that she is a good pianist*.
> He believes *her to be a good pianist*.
> (彼は彼女は上手なピアニストだと思いこんでいる)
> 　＊ 〈S+V+that ~〉のほうが口語的。

(5) 疑問詞節 ↔ 〈疑問詞＋to 不定詞〉

> I don't know *what I should do*.
> I don't know *what to do*.
> (私はどうしたらよいかわからない)

> Please tell me *how I should operate this machine*.
> Please tell me *how to operate this machine*.
> (どうかこの機械の操作方法を教えて下さい)
> 　＊ 〈疑問詞＋to 不定詞〉のほうがふつう。

2 形容詞節を含む複文と単文との転換

(1) **to 不定詞を用いる** (→ p. 475)

> We still have a few more matters *(which) we must deal with*.
> We still have a few more matters *to deal with*.
> (私たちはまだいくつかの処理すべき問題を抱えています)

> The way *you should start it* is to give it a push.
> The way *to start it* is to give it a push.
> (それを始動するには一押しするとよい)

(2) **分詞を用いる**：〈名詞＋関係代名詞＋動詞〉↔〈名詞＋分詞〉 (→ p. 513)

> The lighter *which is lying on the table* belongs to Bob.
> The lighter *lying on the table* belongs to Bob.
> (テーブルの上にあるライターはボブのものです)

> Books *that are published in paperback editions* are usually cheaper.
> Books *published in paperback editions* are usually cheaper.
> (ふつうペーパーバックで出版される本のほうが安い)

(3) **動名詞を用いる**：〈名詞＋関係詞節〉↔〈名詞＋前置詞＋分詞〉

{ He was caught in a trap (*which*) *he made himself.*
  He was caught in a trap *of his own making.*
  （彼は自分で仕掛けたわなにはまってしまった）

* of one's own 〜ing の形は，making など慣用的なもの以外は現在では文語的でまれ。また，problem や difficulty など悪い意味に使うことが多い。

{ Give me one good reason *why you did that.*
  Give me one good reason *for having done that.*
  （どうしてそうしたのか，しっかりした理由を教えてください）

(4) **形容詞節 ↔ 形容詞句**

{ That girl *who has red hair* is very pretty.
  That girl *with red hair* is very pretty.
  （赤い髪をしたあの女の子はとてもかわいい）

{ Do you see a man *who is wearing slippers* over there?
  Do you see a man *in slippers* over there?
  （向こうにスリッパをはいた人が見えるでしょう？）

* 帽子や靴などの場合も前置詞は in を用いる。

{ She doesn't want to marry a man *who has no money.*
  She doesn't want to marry a man *without any money.*
  （彼女は金のない人とは結婚したくないと思っている）

3 副詞節を含む複文と単文との転換

(1) **不定詞を用いる** （→ p.477）

❶ **時を表す副詞節 ↔ 結果を表す不定詞**

{ *When* I arrived, I found him gone.
  I arrived *to find* him gone.
  （到着してみると彼は帰ってしまっていた）

❷ **理由・原因を表す副詞節 ↔ 不定詞**

{ You're crazy *that you should take his word.*
  You're crazy *to take his word.*
  （彼の言葉を真に受けるとはどうかしているぞ）

❸ **目的を表す副詞節 ↔ 不定詞**

{ Bob listened intently *so that he would not miss the news.*
  Bob listened intently *so as not to miss the news.*
  （ボブはニュースを聞きのがさないようにじっと耳を傾けた）

§389 複文と単文の転換

> He decided to learn to swim *in order that he might overcome his fear of water*. 《文語的》
> He decided to learn to swim *in order to overcome his fear of water*.
> (彼は水への恐怖心を克服するため泳ぎを覚えることにした)

❹ **結果・程度を表す副詞節 ↔ 不定詞**

> It is *so* hot outside *that we can't go out*.
> It is *too* hot outside *to go out*.
> (外はとても暑くて外出できない)

❺ **条件・仮定を表す副詞節 ↔ 不定詞**

> *If you saw the scene*, you'd never forget it.
> *To see the scene*, you'd never forget it.
> (その場面を見たら，決して忘れないであろう)

(2) **分詞を用いる**（→ pp. 520〜527 第3節 分詞構文）

❶ **時を表す副詞節 ↔ 分詞構文**

> *After he had taken off his shoes*, he crept up the stairs.
> *Having taken off his shoes*, he crept up the stairs.
> (彼は靴を脱いで階段をそっと上っていった)

❷ **理由・原因を表す副詞節 ↔ 分詞構文**

> *Because I felt tired*, I went to bed early.
> *Feeling tired*, I went to bed early.
> (疲れを覚えたので私は早目に床についた)

> *Because I had seen the movie twice*, I didn't want to see it again.
> *Having seen the movie twice*, I didn't want to see it again.
> (私はその映画を2回見たので，もう見たくなかった)

❸ **条件・仮定を表す副詞節 ↔ 分詞構文**（一般に文語的）

> *If it is examined carefully*, it will turn out to be groundless.
> (*If*) *Examined carefully*, it will turn out to be groundless.
> (入念に調べればそれは根拠のないことだと判明するだろう)
> ＊ If をつけるのがふつう。

❹ **譲歩を表す副詞節 ↔ 分詞構文**

> *Although I admit what you said*, I still think you are wrong.
> (*While*) *Admitting what you said*, I still think you are wrong.
> (君の言うことは認めるとしても，私はまだ君がまちがっていると思う)
> ＊ 譲歩を表す分詞構文は慣用句がほとんどで While をつけるのがふつう。

(3) 動名詞を用いる

❶ 時を表す副詞節 ↔ 動名詞

Before I went out, I called his apartment.
Before going out, I called his apartment.
（出かける前に私は彼のアパートに電話をした）

As soon as he saw her, he fell in love with her.
On seeing her, he fell in love with her.
（彼は彼女の姿を見たとたん，一目ぼれしてしまった）
　＊　両節の主語が同じであれば動名詞の意味上の主語は不要。

❷ 理由・原因を表す副詞節 ↔ 動名詞

Their enterprise failed *because they didn't have enough funds*.
Their enterprise failed *through their not having enough funds*.
（彼らの事業は財源不足で失敗した）

❸ 目的を表す副詞節 ↔ 動名詞

He worked hard day and night *so that he might become rich*.
He worked hard day and night *for the purpose of becoming rich*.
（彼は金持ちになろうとして日夜一生懸命に働いた）　《文語的》

I won't go out today *in case I catch cold*.
I won't go out today *for fear of catching cold*.　《文語的》
（私は風邪をひくといけないので今日は外出しません）

(4) 〈前置詞＋名詞〉で作る副詞句を用いる [名詞表現]

❶ 時を表す副詞節 ↔ 副詞句

He died *when he was eighty-five years old*.
He died *at the age of eighty-five*.
（彼は85歳で死んだ）

❷ 理由・原因を表す副詞節 ↔ 副詞句

There was an accident *because the bridge was narrow*.
There was an accident *because of the narrow bridge*.
（橋が狭いために事故が起きた）

❸ 結果を表す副詞節 ↔ 副詞句

The kidnapped child returned home safe and sound, *so that his parents were very glad*.
The kidnapped child returned home safe and sound, *to his parents' great joy*.
（両親がとても喜んだことには，誘拐されていた子供が無事帰宅した）

❹ 譲歩を表す副詞節 ↔ 副詞句

{ Sam lost his job *though his attendance record was good*.
Sam lost his job *in spite of his good attendance record*.
(サムは精勤だったのに職を失った)

{ *Although he is wealthy*, he is not happy.
For all his wealth, he is not happy.
(彼は金持ちなのに幸せではない)
　　* for all よりも with all のほうが口語的。

❺ 仮定・条件を表す副詞節 ↔ 副詞句

{ *If his teacher had advised him*, he would not have failed.
With his teacher's advice, he would not have failed.
(教師の助言があったなら彼は失敗しなかったであろう)

❻ 制限・範囲を表す副詞節 ↔ 副詞句

{ *As far as I know*, he has never been abroad.
To (the best of) my knowledge, he has never been abroad.
(私の知る限りでは，彼は外国へ行ったことがない)

§390 重文と単文の転換

(1) 不定詞を用いる (→ p.477)

❶ 目的を表す不定詞

{ The man took advantage of her poor knowledge of jewels *and sold* her an imitation diamond.
The man took advantage of her poor knowledge of jewels *to sell* her an imitation diamond.
(その男は彼女が宝石についてあまり知らないのをいいことに，彼女に模造ダイヤを売りつけた)

❷ 〈過去完了＋to 不定詞〉 (→ p.423)

{ I *intended to buy* a new car, *but* I couldn't.
I *had intended* to buy a new car.
(新車を買おうと思ったのだが買えなかった)
　　* intend したことがまだ実現していないことを表す。

> **注** 非実現の過去の意図:
> **want, hope, wish, expect, intend** などの動詞を〈過去完了＋to 不定詞〉を用いて，過去の果たせなかった事柄を表す構文であるが，**but** を用いた重文のほうがふつう。I intended *to have bought* ... のように完了形の不定詞を用いる形もあるが，頻度はさらに低い。

❸ **結果を表す不定詞**

I went to the museum, *but I found* it was closed.
I went to the museum (*only*) *to find* it closed.
（私は博物館へ行ったが閉館だった）
　＊ only to の前にはコンマは置いても置かなくてもよい。

He left his home town *and never returned* there.
He left his home town *never to return* there.
（彼は故郷の町を出て決してそこに戻ることはなかった）

❹ **too ～ to ..., ～ enough to ... を用いる**

This land is very poor, *so crops don't grow* well.
This land is *too poor for crops to grow* well.
（この土地はたいへんやせているので，あまり作物が育たない）

The ice is quite thick, *so* we can walk on it.
The ice is thick *enough to walk on*.
（氷は上を歩けるほど厚い）　　　　　　　　　　　　　　〔程度〕

(2) **分詞構文を用いる** (→ p.523)

Robert hoped to finish college in three years and worked very hard.
Hoping to finish college in three years, Robert worked very hard.
（ロバートは大学を3年で卒業しようと思って一生懸命勉強した）

Sue did all her shopping and then she went for a cup of coffee.
Having done all her shopping, Sue went for a cup of coffee.
（スーは買い物を全部済ませたのでコーヒーを飲みにいった）

(3) **〈前置詞＋名詞・動名詞〉で作る副詞句を用いる**

He didn't say goodby to us, but went away hurriedly.
Without saying goodby to us, he went away hurriedly.
（私たちにさよならも言わずに彼は急いで立ち去った）

Our teacher *not only works in school but* gives music lessons after school hours.
Besides working in school, our teacher gives music lessons after school hours.
（私たちの先生は学校の授業のほかに放課後音楽のレッスンをしてくれます）

It was raining, but we decided to walk on.
In spite of the rain, we decided to walk on.
（雨が降っていたが，私たちは歩き続けることにした）

{ The child *did not do his homework, but* watched television.
{ The child watched television *instead of doing his homework*.
（その子は宿題をしないでテレビを見た）

(4) <u>無生物主語構文を用いる</u>： (→ p. 800) 　　　　　　　　　　　　名詞表現

{ *I walked for an hour up the hill, and* came to the top.
{ *An hour's walk up the hill* took me to the top.
（山道を1時間登ると頂上に着いた）

{ *Bombs were exploding on all sides, and* the inhabitants feared for their lives.
{ *The explosion of bombs on all sides* made the inhabitants fear for their lives.
（爆弾がそこらじゅうで爆発したので，住民たちは命がなくなるのでないかと心配した）

§391 重文と複文の転換

1 〜 and 〜, 〜 but 〜 ↔ 複文

等位接続詞や接続副詞をほぼ同じ意味の従位接続詞に置き換える。

(1) **and, so の場合** (→ p. 591)

{ The tires felt rather soft, *and* she put more air in them.
{ *Because* the tires felt rather soft, she put more air in them.
（タイヤの空気が抜けていたので，彼女は空気を入れた）

{ Cold weather settles in, *and* seagulls often come inland for food.
{ *When* cold weather settles in, seagulls often come inland for food.
（寒い天候になると，カモメがよく食物を求めて内陸にやってくる）

{ The woman was very unhappy, *so* she drowned herself.
{ The woman was *so* unhappy *that* she drowned herself.
（その女はあまりにも不幸だったので身投げをした）

(2) **but の場合** (→ p. 596)

{ Anna lived alone, *but* she did not feel lonely.
{ *Although* Anna lived alone, she did not feel lonely.
（アンナはひとりで暮らしていたがさびしくなかった）

{ I tried very hard, *but* the nail would not come out.
{ *No matter how* hard I tried, the nail would not come out.
（私がどれだけ一生懸命やっても，その釘はどうしても抜けなかった）

(3) **or の場合** (→ p. 595)

> She must have been dreaming, *or* she wouldn't have woken up shouting.
> *If* she hadn't been dreaming, she wouldn't have woken up shouting.
> (もしも彼女が夢を見ていなかったとすれば、声をあげて目を覚ますことはなかったであろう)

> She is really sick; *otherwise* she wouldn't go to the doctor.
> *If* she were not really sick, she wouldn't go to the doctor.
> (彼女は本当に具合が悪くなければ決して医者にかからないだろう)

2 〈命令文＋and〉↔ 条件文 (→ p. 591)

> *Tell* the police the truth, *and* they will believe you.
> *If* you tell the police the truth, they will believe you.
> (警察に本当のことを話せば信じてくれるでしょう)

注 〈名詞＋and〉↔ 条件文

> > *A little more capital, and* they would have succeeded.
> > *If they had had a little more capital,* they would have succeeded.
> > (もう少し資本があったら彼らは成功しただろうに)

3 〈命令文＋or〉↔ 条件文 (→ p. 596)

> *Watch* your step, *or* you'll tumble down the stairs.
> *Unless* you watch your step, you'll tumble down the stairs.
> (足元に気をつけないと階段からころげ落ちますよ)

> *Keep* your promise, *or* you'll lose your friends.
> *If* you *don't* keep your promise, you'll lose your friends.
> (約束を守らないと友だちをなくしますよ)

§392 修辞疑問文と平叙文の転換

(1) **肯定の疑問文の場合**：否定の平叙文に相当する。 (→ p. 73)

> *Can* anyone deny the blessings of the sun?
> *No one* can deny the blessings of the sun.
> (だれが太陽の恵みを否定できようか)

(2) **否定の疑問文の場合**：肯定の平叙文に相当する。

> *Isn't* the answer obvious?
> Surely the answer *is* obvious.
> (解答は明白ではありませんか)

(3) 疑問詞を含む肯定の疑問文の場合：否定の平叙文に相当する。

> *Who* knows what may happen?
> *Nobody* knows what may happen.
> （何が起こるかだれにわかろうか）

> How can I help laughing at his jokes?
> I *cannot* help laughing at his jokes.
> （彼の冗談を聞いてどうして笑わずにいられましょうか）

注 疑問詞を含む否定の疑問文：
この形は比較的少ないが，肯定の平叙文に相当する。
> *Who* doesn't love their own home?
> *Everybody* loves their own home.
> （だれが自分の家を愛さないだろうか）

§393 平叙文と感嘆文の転換

強調の very や so を用いた平叙文と感嘆文は似た意味を持つが，感嘆文は比較的女性に好まれ，平叙文より感情的で機能は同じではない。また，How は What よりも文語的で，今では若い人たちはあまり用いない。

(1) 〈**How**＋形容詞［副詞］＋S＋V ...!〉

平叙文の中の**形容詞・副詞の意味**を強める場合は How を用いる。

> You are *very* naughty.
> *How naughty* you are!（なんてお行儀が悪いんでしょう）
> ＊ 実際には How naughty! のような省略形で用いることが多い。

> She dances *so* gracefully!
> *How gracefully* she dances!（彼女はなんて優雅に踊るのだろう）
> ＊ so のほうが very よりも How ...! に近い。

(2) 〈**What a [an]**＋形容詞＋名詞＋S＋V ...!〉

平叙文の中の**名詞の意味**を強める場合は What を用いる。

> This is a *very* delicious pineapple.
> *What a delicious pineapple* (this is)!
> （なんておいしいパイナップルでしょう）

> *It is* a coincidence *that* I should meet you here.
> *What a coincidence* it is that I should meet you here!
> （あなたにここで会うとはなんという偶然の一致でしょう）

> It was *very* wonderful news.
> *What wonderful news* it was!
> （なんてすばらしいニュースだったのでしょう）

第2節 主語の変換

§394 It を主語にした変換

(1) 天候・時間・距離の it (→ p.182)

- We have a lot of rain in early summer.
- It rains a lot in early summer.
- (初夏には雨がたくさん降る)

- We can't wait. You ought to give the signal now.
- We can't wait. It's time for you to give the signal.
- We can't wait. It's time you gave the signal.
- (もう待てない。君はもう合図をしなくてはならない)

- The temple lies at a distance of six days' camel journey from here.
- It is a six-day camel journey from here to the temple.
- (神殿はここからラクダに乗って6日かかる所にある)

(2) **It seems that ... の形になるもの** (→ p.484)

- The gun seems to have been used very often.
- It seems that *the gun* has been used very often.
- (そのピストルはしばしば使われたようである)

   * 本来は It seems ~ のほうが先にあって，その書き換えとして The gun seems ~ という文ができたと考えられる。

- There seems to be more rain coming.
- It seems that *there* will be more rain.
- (もっと雨が降ってきそうである)

- We happened to be indoors when the storm came.
- It happened that *we* were indoors when the storm came.
- (暴風雨がきたとき私たちはたまたま屋内にいた)

(3) **It is said that ... の形になるもの**：They [People] say ... で始まる文は，受動態の形 It is said that ... になる。同じように用いられる動詞は acknowledge, believe, claim, consider, find, know, report, say, suppose, think, understand などである。

- People *say* the weather is changing.
- It is said that the weather is changing.
- (天候に変化があるだろうということです)

＊　The weather *is said to* be changing. という文もある。

{ **People** *claim* that too much meat is bad for your health.
It is claimed that too much meat is bad for your health.
（あまり肉を多くとると体によくないと言われている）

　　＊　Too much meat is said to be bad for your health. という文もある。

(4) 〈It is ～ (for …) + to 不定詞〉の形になるもの

　能力・難易・必要・習慣・事の善悪などを表す文は，形式主語の it を用いて書き換えられる。（→ p.498）

{ I*'m able to* work faster when I'm not tired.
It is possible for me to work faster when I'm not tired.
（私は疲れていないときはもっと速く仕事ができる）

{ *There is no need* for you to argue like that.
It is not necessary for you to argue like that.
（あなたがそんなにまくしたてる必要はない）

> **注** 慣用的に〈It is ～ to …〉に書き換えられるもの：
> { There is no use asking her — she doesn't know anything.
> It's **useless to** ask her — she doesn't know anything.
> （彼女に聞いても無駄ですよ。何も知らないのだから）
>
> { There is no knowing what may happen in the future.
> It is **impossible to** know what may happen in the future.
> （将来何が起こるかわからない）
>
> { The decision is up to you.
> It's **up to you** to decide.
> （決定するのはあなたです）

(5) 〈It is ～ of … + to 不定詞〉の形になるもの

　brave, careless, foolish, good, kind, nice, rude, silly, stupid, wise などの人の**性質・性向**を表す形容詞が用いられている文は，〈It is ～ of … +to 不定詞〉の形に書き換えられる。（→ p.499）

{ **You** *are foolish* to swim on a full stomach.
It is foolish of you to swim on a full stomach.
（満腹のときに水泳をするとはばかだねえ）

(6) 〈It is ～ that …〉の形になるもの

　❶ that の導く節が実質的な主語の場合

{ **We** *are sorry that* the meeting was canceled.
It's a pity that the meeting was canceled.
（会合が中止になったのは残念だ）

{ Do **they** *need to* act immediately?
{ **Is it necessary that** they (should) act immediately?
　（彼らが直ちに行動する必要があるのですか）

{ **She'll** *probably* not arrive until tomorrow.
{ **It is probable that** she will not arrive until tomorrow.
　（彼女はおそらく明日にならないと到着しないでしょう）

❷ 疑問詞の導く節が実質的な主語の場合

{ **The time** of their arrival *was not clear* to me.
{ **It was not clear** to me **when** they would arrive.
　（彼らが何時に到着するのか私にははっきりしなかった）

{ **Her financial status** *doesn't matter* to us.
{ **It is of no importance** to us **what** her financial status is.
　（私たちにとって彼女の財政の状態がどんなものかはどうでもよい）

§395　無生物主語による変換

　原因や理由，方法や手段，条件となるものなど（無生物）を主語にして，それが人間を「〜させる，〜する」という形で表すものが無生物主語の構文である。無生物が主語になる場合と，疑問詞が主語になる場合とにわける。

(1) **無生物が主語**　　　　　　　　　　　　　　　　　　　　　[名詞表現]

❶「〜させる」型—cause, make; compel, force, oblige; allow, permit; enable, その他使役の意味の動詞

{ Because of the incident, **I** reflected on my past life.
{ **The incident** *caused* me to reflect on my past life.
　（はからずもその事件が起きたので過去の生活を振り返ってみた）

{ **He** is so tall that he stands out in a crowd.
{ **His height** *makes* him stand out in a crowd.
　（彼は背が高いので人込みの中で目立つ）

{ **They** were too proud to accept our offer.
{ **Their pride** would not *allow* them to accept our offer.
　（彼らは自尊心が強いので私たちの申し出を受け入れなかった）

{ Thanks to the scholarship, **he** was able to go to university.
{ **The scholarship** *enabled* him to go to university.
　（奨学金のおかげで彼は大学へ行くことができた）

❷「〜するのを妨げる」型—keep, prevent, stop

> We could not see very far because of the mist.
> The mist *prevented* us from seeing very far.
> （霧のため私たちはあまり遠くは見えなかった）

❸「〜を連れて行く［来る］」型—bring, carry, take; lead
> You can get to the station if you take this bus.
> This bus will *take* you to the station.
> （このバスに乗ると駅に着きます）

❹「〜（の状態）にする」型—get, put, set; drive
> If you get moderate exercise, you will get better.
> Moderate exercise will *get* you better.
> （適度の運動をすれば具合がよくなるでしょう）

❺「〜（の状態）にしておく」型—keep, leave
> I was unable to get to sleep all night because of the pain.
> The pain *kept* me awake all night.
> （痛みのため一晩中私は寝つかれなかった）

❻「〜を示す」型—prove, reveal, show, suggest, teach, tell
> We learn from newspapers what is going on in the world.
> Newspapers *tell* us what is going on in the world.
> （私たちは新聞によって世の中の出来事を知る）

❼「〜（の犠牲）を払わせる」型—cost, deprive, require
> If you drive carelessly, you may lose your life.
> Careless driving may *cost* you your life.
> （不注意な運転をすると命を失うことになりかねない）

❽「〜（の手間）を省かせる」型—save, spare
> If you adopt high technology, you'll be free from all this trouble.
> High technology will *save* you all this trouble.
> （高度な科学技術を採用すればこうした手間は一掃できる）

❾「〜を思い出させる」型—remind
> When I look at this picture, I remember the good old days.
> This picture *reminds* me of the good old days.
> （この写真を見ると昔懐かしい時代を思い出す）

❿ その他—give, obtain; find など（次ページ参照）
> If you look at these pictures, you will get a very good idea of life in the desert.
> These pictures will *give* you a very good idea of life in the desert.
> （これらの写真を見れば，砂漠での生活がとてもよくわかるだろう）

{ The next morning **the dog** was found dead.
{ **The next morning** *found* the dog dead.
   (翌朝になってその犬が死んでいるのが見つかった)

(2) 疑問詞が主語

{ Why does **he** think he's so wonderful?
{ **What** *makes* him think he's so wonderful?
   (どうして彼は自分がそんなにすてきだと思うのでしょう)

{ Why did **you** come here so late?
{ **What** *brought* you here so late?
   (どうしてこんなに遅い時間にここに来たのか)

{ How did **you** start the quarrel?
{ **What** *brought about* the quarrel?
   (どうして口論が始まったのか)

このほか，無生物主語の構文に用いられる主な動詞には次のようなものがある。

admit（入るのを認める）	bewilder（当惑させる）
brighten（快活にする）	delay（遅らせる）
discourage（落胆させる）	encourage（勇気づける）
excite（刺激して〜させる）	frighten（驚かす）
help（促進する）	impress（感銘を与える）
induce（する気にさせる）	move（感動させる）
please（喜ばす）	prompt（駆り立てる）
puzzle（困らせる）	refresh（元気づける）
satisfy（満足させる）	surprise（驚かせる）

[参考] 主語を取り替えて表現できる場合:
　無生物主語や態の変換以外にも，次のように主語の書き換えができるものがある。

{ **All members** *have access to* these books.
{ **These books** *are accessible to* all members.
   (これらの本は全員が利用できる)

{ **We** *know* his name very well.
{ **His name** is very *familiar to* us.
   (彼の名前はたいへんよく知られている)

{ Suddenly **I** *hit on* a good idea.
{ Suddenly **a good idea** *occurred to* me.
   (突然名案が浮かんだ)

付 録 1

類 例 リ ス ト

1. 《push A open ↔ push open A 型をとる動詞》
(→ §13, p. 45)

blow（吹き飛ばして開ける）	break（壊して開ける）	burst（押し破って開ける）
fling（荒々しく開ける）	kick（けって開ける）	pull（引いて開ける）
swing（さっと開ける）	throw（さっと開ける）	wrench（こじ開ける）

2. 《おもな間投詞・擬音》 (→ §15, p. 51)

〔感情の表現〕

ah（ああ）	alas（悲しいかな）	boo（ブー）
bravo（ブラボー）	damn（畜生）	dear me（まあ）
eh（えっ）	er（えー）	hell（おお）
hum（ふーむ）	hurray（万歳）	oh（おお）
oh, my God（驚いたな）	ouch（あ痛い）	pooh（ふん）
thank God（やれやれ）	thanks（ありがとう）	tut（ちぇっ）
uh（えー）	uh-oh（あれま）	why（だって）
wow（わぁっ）	well（さて）	

〔呼びかけ〕

come（さあ）	hello（やあ）	hey（おい）
hi（やあ）	hush（しーっ）	say（もしもし）
there（ほら）		

〔擬音〕

bang（バギューン）	clank（がちゃん）	clatter（がたがた）
crack（ばちゃん）	crunch（ぽりぽり）	ding-dong（ご〜ん）
jingle（りんりん）	pop（ぽん）	puff（プカプカ）
rattle（がらがら）	screak（きーきー）	splash（ばしゃっ）
tap（こつこつ）		

〔鳴き声その他〕

atchoo（ハクション）	baa（メー〔羊〕）	bow-wow（ワンワン）
buzz（ブーン）	caw（カーカー）	cock-a-doodle-doo（コケコッコー）
coo（ポッポッポ）	cuckoo（カッコー）	mew [miaow]（ニャー）
moo（モー）	quack（クワック〔アヒル〕）	squeak（チューチュー）
whinny（ヒヒーン）	zzz（グーグ）	

3. 《群れや一団を示す表現》 (→ §41, p. 86)

a **band** of robbers（盗賊の群れ）   a **bunch** of flowers（花束）
a **collection** of stamps（切手のコレクション）
a **crowd** of people（多くの人たち）

a *flock* of birds [sheep] (鳥[羊]の群れ)　a *gang* of roughs (暴力団)
a *herd* of cattle (ウシの群れ)　　　a *pack* of thieves (泥棒一味)
a *pride* of lions (ライオンの群れ)　　a *school* of fish (魚の群れ)
a *set* of tools (道具1揃い)　　a *shoal* of sardines (イワシの群れ)
a *swarm* of bees (ハチの群れ)　　a *troop* of boys (少年の一団)

4. 《物質名詞の量の表し方》 (→ §43, p. 91)

(1) 形状を表す語
a *bit* of bread (パンの1切れ)　　a *blade* of grass (草の葉1枚)
a *block* of ice [stone] (氷[石]の塊1個)　a *cake* of soap (石鹸1個)
a *cut* of lamb [meat] (子羊の肉[肉]1切れ)
a *deck* [*pack*] *of* cards (トランプ1組)
a *drop* of water [oil, whisky] (1滴の水[油, ウイスキー])
a *grain* of corn [rice, sand, salt] (1粒のとうもろこし[米, 砂, 塩])
an *item* of news (1つの記事)　 a *loaf* of bread (1塊のパン)
a *lump* of coal (1塊の石炭)　 a *piece* of chalk (1本の白墨)
a *sheet* of paper [metal, ice] (紙[金属板, 薄氷]1枚)
a *slice* of bacon [bread, cake, meat] (ベーコン[パン, ケーキ, 肉]1切れ)
a *speck* of dust [dirt] (ちり[ほこり]1つ)
a *stick* of chalk [dynamite, celery, candy] (チョーク, [ダイナマイト, セロリ, キャンディ]1本)
a *strip* of land [cloth, paper] (細長い土地の1区画[布, 紙1片])
a *suit* of clothing [armour] (衣服上下[よろい]一式)

(2) 容器を表す語
a *bowl* of rice (ご飯1膳)　 a *bucketful* of water (バケツ1杯の水)
a *glass* of milk [water, wine] (牛乳[水, ワイン]1杯)
a *handful* of sand (一握りの砂)　 a *jar* of jam (ジャム1びん)
a *spoonful* of sugar [salt] (砂糖[塩]1さじ)

(3) 単位を表す語
〔長さ〕
a *length* of cloth (1反の布)　 a *meter* of cloth (布1メートル)
a *mile* of cable (ケーブル線1マイル)　 a *yard* of silk (絹1ヤード)
〔面積〕
a *hectare* of land (土地1ヘクタール)
a *square mile* of land (土地1平方マイル)
〔容量〕
a *liter* of wine (ワイン1リットル)
an *ounce* of ink (インク1オンス)
a *pint* of beer (ビール1パイント)
a *quart* of milk (牛乳1クォート)
〔重量〕
a *kilo*(*gram*) of butter (バター1キロ)
an *ounce* of tobacco (たばこ1オンス)
a *ton* of coal (石炭1トン)

5. 《名詞の種類の転用例》 (→ §45, pp. 94〜96)

(1) 物質名詞 → 普通名詞（製品）

cloth（布）	— a cloth（テーブル掛け）
copper（銅）	— a copper（銅貨・銅器）
glass（ガラス）	— a glass（コップ, 鏡）— glasses（眼鏡）
iron（鉄）	— an iron（アイロン）
marble（大理石）	— a marble（大理石彫刻, ビー玉）
paper（紙）	— a paper（書類, 新聞紙, 論文）
rubber（ゴム）	— a rubber（消しゴム《英》）
tin（すず, ブリキ）	— a tin（ブリキ缶, 缶詰《英》, =can《米》）

(2) 抽象名詞 → 普通名詞

democracy（民主主義）	— a democracy（民主主義の国）
government（政治）	— a government（政府）
grammar（文法）	— a grammar（文法書）
power（力）	— a power（強国）
pride（誇り）	— a pride（誇りになるもの）
speech（言葉）	— a speech（演説）
work（仕事）	— a work（作品）

6. 《〈子音字＋-o〉で終わる名詞で, 複数形が -s, -es の両方あるもの》 (→ §47, p. 99)

banjo（バンジョー）	buffalo（バファロー）	cargo（船荷）
grotto（ほら穴）	halo（光輪）	ghetto（ゲットー）
fresco（フレスコ壁画）	mosquito（蚊）	mango（マンゴー）
manifesto（政策）	motto（モットー）	tornado（竜巻）
volcano（火山）	zero（ゼロ）	

7. 《単複同形と -s をつけた複数形の両方ある名詞》 (→ §49, p. 101)

antelope（カモシカ）	bison*（アメリカ野牛）	cannon（大砲）
carp（コイ）	cod（タラ）	deer*（鹿）
grouse（ライチョウ）	herring（ニシン）	mackerel（サバ）
pike（カワカマス）	quail（ウズラ）	reindeer（トナカイ）
salmon [sǽmən]（サケ）	shrimp（小エビ）	snipe（シギ）
trout（マス）	yoke（くびきにつないだ牛などの1対）	

* **deer** の -s 形は Web^3, $WNWCD^4$, $MWCD^{10}$, RHD^2 などに, **bison** の -s 形は Web^3, $LDCE^3$, $CIDE$ その他によるが, 認めていない辞書もある。

8. 《外来語の複数形》 (→ §50, pp. 102～104)
① ラテン語系のもの (→ p. 102)

(1) **-us 語尾の語**
❶ **-us** [əs] → **-i** [ai]
alumnus → alumn*i*（男子卒業生）　bacillus → bacill*i*（バチルス菌）
esophagus → esophag*i*（食道）　　locus → loc*i*, loc*a*（軌跡）
stimulus → stimul*i*（刺激）

❷ 規則複数語尾 **-es** をつけるもの
apparatus（装置）　　　bonus（ボーナス）　　　campus（校庭）
caucus（幹部会議）　　 chorus（コーラス）　　　circus（サーカス）
impetus（起動力）　　　minus（負の数，マイナス符号）
prospectus（学校などの案内）　　　　　　　　sinus（洞）
status（地位）　　　　 virus（ウイルス）

❸ **-us → -i** の変化と **-es** の両様のもの
focus → foc*i* [fóusai] または focus*es*（焦点）
fungus → fung*i* [fʌ́ŋgai] または fungus*es*（きのこなどの菌類）
cactus（サボテン）　　 cirrus（巻雲）　　　　 cumulus（積雲）
nimbus（乱雲）　　　　 nucleus（原子核）　　　radius（半径）
stratus（層雲）　　　　syllabus（教授細目）　　terminus（末端, 終着駅）

(2) **-a 語尾の語**
❶ **-a** [ə] → **-ae** [i:]
alga [ǽlgə] → alg*ae* [ǽldʒi:]（藻）　alumna → alumn*ae*（女子卒業生）
larva → larv*ae*（幼虫）

❷ 規則複数語尾 **-s** をつけるもの
area [éəriə]（地域）　arena [ərí:nə]（闘技場）　dilemma（ジレンマ）
diploma（学位免状）　 drama（ドラマ）　　　　era [íərə]（時代）
　*　diploma はまれに diplomata が用いられることもある。

❸ **-a → -ae** と **-s** の両様のもの
antenna（触角, アンテナ）formula（公式）nebula（星雲）vertebra（脊椎）

(3) **-um 語尾の語**
❶ **-um** [əm] → **-a** [ə]
addendum → addend*a*（付録）　　bacterium → bacteri*a*（バクテリア）
corrigendum（ミスプリント）→ corrigend*a*（正誤表）
desideratum → desiderat*a*（切実な要求）
erratum（誤植）→ errat*a*（正誤表）　ovum → ov*a*（卵子）

❷ 規則複数語尾 **-s** をつけるもの
album（アルバム）　　chrysanthemum（菊）　 forum（討論会）
museum（博物館）　　 premium（割り増し金）　stadium（スタジアム）

❸ **-um → -a** と **-s** の両様のもの
aquarium（水族館）　　　　　　curriculum（教育課程）
maximum（最大限）　　　　　　medium（媒介物）
memorandum（メモ）　　　　　 millennium（千年間）
minimum（最小限）　　　　　　moratorium（支払い猶予期間）
podium（指揮台, 葉柄）　　　　 referendum（国民投票）
spectrum（スペクトル）　　　　stratum（地層）
symposium（シンポジウム）　　ultimatum（最後通告）

*1. strata は「社会階層」の意味では単数形として用いる人もいるが、避けたほうがよいとされる。
*2. agenda（会議事項）は本来 agendum の複数形だが、通例単数扱いされ、複数形は agendas となることが多い。

(4) <u>-ex, -ix 語尾の語</u>
❶ -ex [eks], -ix [iks] → -ices [isi:z]　codex → codices（古写本）
❷ -ex, -ix → -ices と -es の両様のもの
apex（頂点）　　　　　appendix（付録，虫垂）　index（指標）
matrix（母体，行列）　vortex（渦）

② ギリシャ語系のもの (➡ p. 103)

(1) <u>-is [is] → -es [i:z]</u>
analysis → analyses（分析）　　axis → axes（軸）
basis → bases（理論的基礎）　　crisis → crises（危機）
diagnosis（診断）　　ellipsis（省略）　　hypothesis（仮説）
oasis（オアシス）　　paralysis（麻痺）　　parenthesis（丸かっこ）
synopsis（概要）　　synthesis（総合，合成）　thesis（論文）

(2) <u>-on 語尾のもの</u>
❶ -on [ən] → -a [ə]
criterion → criteria（判断の基準）　phenomenon → phenomena（現象）
❷ 規則複数語尾 -s をつけるもの
electron（電子）　　　neutron（中性子）　　　proton（陽子）
❸ -on → -a と -s の両様のもの
automaton（自動装置，ロボット）　ganglion（神経節）

③ その他の語源のもの (➡ p. 104)

(1) <u>-eau, -eu → -eaux, -eux〔フランス語系〕</u>
adieu [ədjú:] → adieux [ədjú:z] または adieus（別れ）
bureau [bjúərou] → bureaux [bjúərouz] または bureaus（事務局）
plateau [plǽtou] → plateaux [plǽtouz] または plateaus（高原）
tableau [tǽblou] → tableaux [tǽblouz] または tableaus（絵）

(2) <u>-o → -i〔イタリア語系〕</u>
libretto [librétou] → libretti [libréti:] または librettos（脚本）
tempo [témpou] → tempi [témpi:] または tempos（テンポ）
virtuoso [və̀:rtʃuóusou] → virtuosi [-si:] または virtuosos（巨匠）

9.《常に複数形で用いられる語》(➡ §55, pp. 108〜111)

① 2つ以上の部分から成る衣類・器具 (➡ p. 109)

braces《英》(《米》suspenders)（ズボンつり）
breeches（乗馬用半ズボン）　　clothes（着物）
gloves*（手袋）　　　　　　　jeans（ジーンズ）
knickerbockers（ゆるい半ズボン）　panties（パンティ）
pants（ズボン）
pyjamas《英》(《米》pajamas)（パジャマ）
shoes*（靴）　　　　　　　　shorts（半ズボン）

socks* (靴下)	stockings* (長靴下)
tights (タイツ)	trappings (儀式用の馬飾り)
trousers (ズボン)	weeds (喪服)
binoculars (双眼鏡)	chopsticks* (はし)
compasses (コンパス)	fetters (足かせ)
glasses (眼鏡)	nippers (やっとこ)
pincers (ペンチ)	scales (はかり)
scissors [sízərz] (はさみ)	shears (大型のはさみ)
spectacles (眼鏡) tongs (火ばし)	tweezers (ピンセット)

＊印は片方を表すとき単数形で用いられるもの。

② 学問・学科名 (→ p. 109)

acoustics (音響学)	(a)esthetics (美学)	athletics (体育)
civics (公民学)	dietetics (栄養学)	dynamics (力学)
economics (経済学)	electronics (電子工学)	ethics (倫理学)
gymnastics (体育)	harmonics (和声学)	linguistics (言語学)
mathematics (数学)	mechanics (機械力学)	metaphysics (形而上学)
optics (光学)	phonemics (音素論)	phonetics (音声学)
physics (物理学)	politics (政治学)	statics (静力学)
statistics (統計学)	tactics (用兵学)	

③ ゲームなどの名 (→ p. 110)

billiards (玉突き)	bowls (ボウリング)	cards (トランプ)
checkers《米》《英》draughts [dræfts] (チェッカー)		
craps (さいころとばく)	darts (ダーツ)	dominos (ドミノ)
fives (ファイヴズ)	marbles (ビー玉)	ninepins (九柱戯)

④ 病気の名 (→ p. 110)

hysterics (ヒステリーの発作)	measles (はしか)
mumps (おたふくかぜ)	rickets (くる病)
shingles (帯状ヘルペス)	the blues (憂うつ症)
the dismals (憂うつ症)	the shakes (悪寒)
the snuffles (鼻づまり)	

⑤ その他通例複数扱いの語 (→ p. 110)

accommodations《米》(宿泊設備)	annals (年代記)
archives [á:rkaivz] (記録保管所)	arms (武器)
arrears [əríərz] (遅れ)	ashes (遺骨)
auspices [ɔ́:spisiz] (後援)	authorities (当局)
banns (結婚予告)	belongings (所有物)
clubs (トランプのクラブ)	communications (通信機関)
congratulations (祝辞)	contents (目次)
credentials (信任状)	damages (損害賠償金)
diamonds (トランプのダイヤ)	dregs (コーヒーなどのかす)
drinkables (飲料)	dues (会費)

earnings (所得)
funds (所持金)
guts (はらわた, 勇気)
hearts (トランプのハート)
immovables (不動産)
lodgings (貸間)
mains (水道などの本管)
minutes (議事録)
odds (優劣の差)
pains (骨折り)
premises (構内)
remains (残り物)
savings (貯金)
spirits (気分)
steps (屋外の階段)
tails (硬貨の裏)
thanks (感謝)
valuables (貴重品)
writings (著作)

eatables (食料品)
goods (品物)
heads (硬貨の表)
honors (優等)
letters (文学)
looks (様子)
manners (行儀作法)
movables (動産)
outskirts (郊外)
particulars (明細)
regards (よろしくとの言葉)
riches (財産)
spades (トランプのスペード)
stairs (屋内の階段)
surroundings (環境)
teachings (教え)
the humanities (人文科学)
victuals [vítlz] (食糧)

10. 《同格語句を導く語句》 (→ §67, p. 130)

as follows (次のような)　　chiefly, mainly, mostly (以上「主として」)
especially, in particular, notably, particularly (以上「特に」)
for example, for instance, e.g. [íːdʒíː, fərigzǽmpl], say, including, such as (以上「たとえば」)
i. e. [áiíː, ðǽtiz] (ラテン語 id est の略), namely, viz. [néimli, viz] (ラテン語 videlicet の略), that is, that is to say, to wit (以上「すなわち」)
in other words (言い換えれば)　　or, or rather (もっと正確に言えば)

* e.g., i.e., viz., to wit などは特に書き言葉で改まった言い方に用いる。

11. 《同格の that 節を従える名詞》 (→ §67, p. 132, 605)

❶ 〔fact〕グループ
advantage (利点)
conclusion (結論)
difference (相違)
evidence (証拠)
ground (立場)
mistake (誤り)
probability (見込み)
truth (真実)

agreement (一致)
condition (条件)
discovery (発見)
exception (例外)
law (規則)
possibility (可能性)
result (結果)

chance (見込み)
danger (危険)
effect (効果)
fact (事実)
likelihood (可能性)
principle (原則)
sign (合図)

❷ 〔news〕グループ
information (情報)
news (情報)
report (報告)

instruction (指示)
notice (通告)
rumor (うわさ)

message (知らせ)
prophecy (予言)
saying (格言)

story（うわさ）
❸ 〔remark〕グループ

announcement（告知）	argument（議論）	assertion（主張）
claim（主張）	comment（意見）	complaint（不平）
confession（告白）	excuse（弁解）	explanation（説明）
promise（約束）	protest（抗議）	remark（意見）
reply（返事）	statement（声明）	theory（説）

❹ 〔idea〕グループ

belief（信念）	certainty（確信）	hope（希望）
idea（考え）	knowledge（知識）	mind（意見）
notion（見解）	opinion（意見）	point（問題点）
question（疑問点）	thought（考え）	view（見解）

❺ 〔order〕グループ

command（命令）	demand（要求）	desire（願望）
duty（義務）	need（必要性）	order（命令）
proposition（提案）	request（要望）	suggestion（提言）

❻ 〔feeling〕グループ

anxiety（心配）	assumption（仮定）	confidence（自信）
conviction（確信）	decision（決心）	determination（決意）
fear（不安）	feeling（気持ち）	guess（推測）
impression（感じ）	observation（観察）	pride（誇り）
realization（自覚）	recognition（認識）	supposition（仮定）
suspicion（感じ）	understanding（了解）	

12. 《名詞の男性形と女性形》 (➡ §68, p. 133, 134)
① 別の語で表すもの (➡ p. 133)

bachelor（独身男）	: spinster（独身女）	*男女共通語は single	
boy（少年）	: girl（少女）	brother（兄弟）	: sister（姉妹）
father（父）	: mother（母）	gentleman（紳士）	: lady（淑女）
husband（夫）	: wife（妻）	king（王）	: queen（女王）
lad（若者）	: lass（若い娘）	man（男）	: woman（女）
monk（修道僧）	: nun（修道女）	nephew（甥）	: niece（姪）
son（息子）	: daughter（娘）		
uncle（伯父，叔父）	: aunt（伯母，叔母）	wizard（魔法使い）	: witch（魔女）
buck（鹿・兎などの雄）	: doe（buck に対する雌）		
bull, ox（雄牛）	: cow（雌牛）	cock《英》(雄鶏)《米》	: hen（雌鶏）
drake（雄鴨）	: duck（雌鴨）	fox（狐）	: vixen（雌狐）
gander（雄ガチョウ）	: goose（雌ガチョウ）		
ram（雄羊）	: ewe（雌羊）	stag（雄鹿）	: hind（雌鹿）
stallion, stud《米》(種馬)	: mare（雌馬）		

② 語尾の変化によって性別を表すもの (➡ p. 133)

⑴ **男性名詞に -ess をつけて女性名詞を作るもの**

baron（男爵）　　　　　　　: baroness（男爵夫人）
count, earl《英》(伯爵): countess（伯爵夫人）

host（主人）　　　　　　 : hostess（女主人）　＊共通語は host
lion（ライオン）　　　　 : lioness（雌ライオン）

(2) <u>男性名詞の語尾などを変化させて -ess をつけるもの</u>
actor（男優）　: actress（女優）　　duke（公爵）　: duchess（公爵夫人）
emperor（皇帝，天皇）: empress（女帝，皇后）
god（神）　　　: goddess（女神）　 prince（王子）: princess（王女）
tiger（虎）　　: tigress（雌の虎）

(3) <u>男性形に -ess 以外の語尾をつけるもの</u>
alumnus（男子卒業生）　　: alumna（女子卒業生）
fiancé（男の婚約者）　　 : fiancée（女の婚約者）
hero（英雄，主人公）　　 : hero*ine*（女主人公）

(4) <u>女性形の語尾を変化させて男性形を作るもの</u>
bride（花嫁）　　　　　　 : bride*groom*（花婿）
widow（未亡人，やもめ）　: widow*er*（男やもめ）

③ 性を表す語をつけて複合語を作るもの　（→ p. 134）

　　〔男性〕　　　　　　　　　　　〔女性〕
school*boy*（男子生徒）　　　　: school*girl*（女子生徒）
grand*father*（祖父）　　　　　: grand*mother*（祖母）
grand*son*（孫息子）　　　　　 : grand*daughter*（孫娘）
land*lord*（下宿などの主人）　 : land*lady*（女主人，おかみ）
he-cat [*tomcat*]（雄猫）　　: *she*-cat [*tabby*]（雌猫）
he-goat [*billy* goat]（雄ヤギ）: *she*-goat [*nanny* goat]（雌ヤギ）
buck-rabbit（雄ウサギ）　　　: *doe*-rabbit（雌ウサギ）
cock-pheasant（雄のキジ）　　: *hen*-pheasant（雌のキジ）
roe*buck*（雄のノロジカ）　　　: roe*doe*（雌のノロジカ）

13. 《性的偏見を避けるために用いる語》　（→ §**68**, p. 134）

s/he（彼または彼女 ← he, she）　　ancestor（祖先 ← forefather）
artisan（技工 ← craftsman）　　　key person（重要人物 ← key man）
photographer（写真家 ← cameraman）　salesperson（販売員 ← salesman）
flight attendant（客室乗務員 ← air hostess）
supervisor（監督 ← foreman）　　　firefighter（消防士 ← fireman）
fisher（漁師 ← fisherman）　　　　chair(person)（議長 ← chairman）
mail carrier（郵便配達員 ← mailman）　usher（案内係 ← usherette）
spokesperson（スポークスマン ← spokesman）
homemaker（主婦 ← housewife）　　police officer（警官 ← policeman）
Member of Congress（下院議員 ← Congressman）

14. 《男性または女性として扱われることもある名詞》
　　　　　　　　　　　　　　　　　　　　　（→ §**70**, p. 136）

① 男性として扱われることもある語

anger（怒り）　　day（日）　　　death（死）　　despair（失望）

fear（恐怖）	law（法律）	love（愛）	mountain（山）
murder（殺人）	ocean（大洋）	revenge（復讐）	river（川）
summer（夏）	sun（太陽）	thunder（雷）	war（戦争）
wind（風）	winter（冬）		

② 女性として扱われることもある語

art（芸術）	city（町）	country（国）	earth（地球）
flattery（へつらい）	fortune（運命）	hope（希望）	liberty（自由）
mercy（慈悲）	modesty（慎み）	moon（月）	music（音楽）
nature（自然）	night（夜）	peace（平和）	ship（船）
spring（春）	virtue（美徳）	wisdom（知恵）	

15. 《〈前置詞＋抽象名詞〉の慣用表現》 (→ §72, p. 139)

① 〈of＋抽象名詞〉＝形容詞

of courage（=courageous 勇気のある）	of culture（=cultured 教養のある）
of help（=helpful 役に立つ）	of importance（=important 重要な）
of learning（=learned 学識のある）	of promise（=promising 前途有望な）
of sense（=sensible 分別のある）	of use（=useful 役に立つ）
of value（=valuable 価値のある）	of worth（=worthy 価値ある）

② 〈with＋抽象名詞〉＝副詞

with calmness（=calmly 落ち着いて） with care（=carefully 注意深く）
with difficulty（=barely かろうじて） with diligence（=diligently 勤勉に）
with ease（=easily 容易に）
with energy（=energetically 精力的に）
with kindness（=kindly 親切に） with rapidity（=rapidly 速く）
with reserve（=reservedly 遠慮して） with vigor（=vigorously 勢いよく）
with warmth（=warmly 暖かく）

③ 〈at, by, in, on ＋抽象名詞〉＝形容詞・副詞

at leisure（=leisurely ゆっくり） at length（=finally ついに）
at will（=freely 思うままに） by mistake（=mistakenly まちがって）
in earnest（=earnestly まじめに） in excitement（=excitedly 興奮して）
in haste（=hastily 急いで） in particular（=particularly 特に）
in perfect health（=perfectly healthy 全く健康な）
on purpose（=intentionally わざと） on time（=punctually 時間通りに）

16. 《〈動詞＋抽象名詞＋前置詞〉の慣用表現》 (→ §72, p. 140)

find fault with（=criticize 〜のあらさがしをする）
get hold of（=secure 〜を手に入れる）
give birth to（〜を産む，生み出す）
make allowance for（=allow for 〜をしんしゃくする）

pay attention to (〜に注意を払う)
take advantage of (=utilize 〜を利用する)
take pride in (=be proud of 〜を誇りとする)
take the liberty of (勝手ながら〜する)

17. 《〈形容詞＋-er（動作者）〉の表現》 (→ §72, p. 141)

a bad sailor (船に弱い)　　　　　a good loser (負けっぷりがいい)
a good pianist (ピアノが上手だ)　a good speaker (話がうまい)
a good writer (字がうまい)　　　a habitual liar (いつも嘘をつく)
a late riser (朝寝坊だ)　　　　　a poor correspondent (筆無精だ)
a poor player of tennis (テニスが下手だ)

18. 《〈have the＋抽象名詞＋to do〉（…にも〜する）型の表現》 (→ §72, p. 141)

have the boldness to 〜 (大胆にも〜する)
have the courage to 〜 (大胆にも〜する)
have the cruelty to 〜 (残酷にも〜する)
have the foolishness to 〜 (愚かにも〜する)
have the fortune to 〜 (幸運にも〜する)
have the impudence to 〜 (厚かましくも〜する)
have the luck to 〜 (幸運にも〜する)
have the misfortune to 〜 (不運にも〜する)
have the readiness to 〜 (進んで〜する)

19. 《不定冠詞を含む慣用表現》 (→ §75, p. 148)

all of a sudden (突然)　　　　　　as a rule (概して)
at a blow (一撃で)　　　　　　　at a breath (一気に)
at a distance (離れて)　　　　　　at a glance (一目見て)
at a leap (一跳びで)　　　　　　at a loss (途方にくれて)
at a stretch (一気に)　　　　　　at a stroke (一挙に)
at a time (一度に)　　　bring [come] to an end (終わりにする [なる])
for a time (一時)　　　　　　　　for a while (しばらくの間)
have a fear (心配している)　　　have a mind to (〜してみる気がある)
have a regard for (〜を尊敬している)　have a right to (〜の権利がある)
have a talent for (〜の才能がある)　have a taste for (〜の趣味がある)
have an appetite (食欲がある)　　have an ear for (〔音楽〕がわかる)
have an eye for (〜に目がきく)　in a body (一団となって)
in a breath (一息で)　　　　　　in a degree (ある程度)
in a hurry (急いで)　　　　　　　in a moment (直ちに)
in a sense (ある意味で)　　　　　in a way (ある点では)
in a word (一言で言えば)　　　　it's a mercy (ありがたい)
it's a pity (残念だ)　　　　　　　it's a shame (ひどい, 残念なことだ)
it's a wonder (不思議だ)　　　　make a fortune (大金をもうける)

make a movement (運動をする)
make it a rule to (～することにしている)
on an average (平均して)　　　once upon a time (昔々, ある時)
take a fancy to (～を好む)　　take an interest in (～に興味を持つ)
to a certainty (確かに)　　　to a degree (とても)
to a great extent (大いに)　　with a will (本気で)

20. 《定冠詞を含む慣用表現》 (→ §78, p. 158)
① 場所を表すもの

in the cold (寒いところで)　　　in the dark (暗闇で)
in the distance (遠くに)　　　　in the light (明るいところに)
in the offing (沖に)　　　　　　in the rain (雨の中で)
in the shade (日陰で)　　　　　in the snow (雪の中を)
in the sun (日向で)　　　　　　in the twilight (薄暗がりで)
in the way (道すがら, 邪魔になって)

② その他の the を含む慣用句

at the expense of (～を犠牲にして)　by the bye (ついでに)
by the time (～する時までに)　　　by the way (ところで)
for the good of (～のために)　　　from the beginning (最初から)
in the extreme (極端に)　　　　　　in the long run (結局は)
in the nude (裸体で)　　　　　　　in the teeth of (～に直面して)
in the wrong (まちがって)　　make the most of (～をできるだけ利用する)
on the air (放送中で)　　　　　　on the contrary (それどころか)
on the decrease (減少して)　　　　on the increase (増加中で)
on the loose (浮かれて)　　　　　on the one hand (一方では)
on the other hand (他方では)　　　on the part of (～の側の)
on the quiet (内々で)　　　　　　on the side of (～に味方して)
on the sly (こそこそと)　　　　　on the spot (即座に)
out of the question (問題にならない)　to the contrary (それと反対に)
to the full (十分に)　　　　　　　to the letter (文字通りに)
to the life (実物通りに)　　　　　to the minute (時間きっかりに)
to the purpose (要領を得た)

21. 《病名と冠詞》 (→ §76, p. 152)
① 定冠詞のつくもの

the blues (憂うつ)　　　　　the dumps (憂うつ)
the itch (かいせん)　　　　　the plague (ペスト)

② 無冠詞のもの

AIDS (=acquired immunodeficiency [immune deficiency] syndrome
後天性免疫不全症候群)　　appendicitis (虫垂炎)　　bronchitis (気管支炎)

cancer（癌）	chicken pox（水ぼうそう）	cholera（コレラ）
enteric fever（腸チフス）	flu（インフルエンザ）	gout（痛風）
heart disease（心臓病）	hydrophobia（狂犬病）	hysteria（ヒステリー）
influenza（インフルエンザ）	leprosy（ハンセン氏病）	neuralgia（神経痛）
pneumonia（肺炎）	rheumatism（リューマチ）	
scarlet fever（しょうこう熱）		smallpox（天然痘）
tuberculosis（結核）	typhoid（腸チフス）	typhus（発疹チフス）

③ 不定冠詞のつくもの（病状）

chill（寒け）	cold（風邪）	cough（せき）
fever（発熱）	headache（頭痛）	stomachache（胃痛）
toothache（歯痛）		

22.《名詞が無冠詞で対句をなしている慣用句》(→ §81, p. 168)

① 〈名詞＋and＋名詞〉

bride and bridegroom（花嫁花婿）	day and night（日夜）
father and son（父と子）	man and woman（男女）
master and man（主従）	master and pupil（師弟）
mind and body（心身）	parent and child（親子）
point and purpose（目的）	rich and poor（金持ちと貧乏人）
young and old（老いも若きも）	in deed and word（言行において）
over hill and dale（山や谷を越えて）	

② 〈名詞＋前置詞＋名詞〉

arm in arm（腕を組んで）	day after day（来る日も来る日も）
face to face（面と向かって）	hand in hand（手に手をとって）
little by little（少しずつ）	step by step（一歩一歩）
year after year（毎年毎年）	

③ 〈from＋名詞＋to＋名詞〉

from cover to cover（〔本の〕すみからすみまで）
from dawn to dusk（夜明けから日暮れまで）
from day to day（日を追って）
from door to door（家から家へ）
from end to end（端から端まで）
from hand to hand（直接に）
from head to foot（頭から足先まで）
from north to south（北から南まで）
from place to place（あちらこちらと）
from time to time（時おり）
from tip to toe（頭のてっぺんからつま先まで）
from valley to valley（谷から谷へ）

23. 《無冠詞の名詞を含んだ慣用句》 (→ §81, p. 170)

① 〈他動詞＋名詞〉

bear fruit (実をつける)	beg pardon (許しを願う)
break silence (沈黙を破る)	declare war (宣戦を布告する)
do harm to (～に危害を加える)	give way (破れる，負ける)
lay stress on (～を強調する)	lose courage (がっかりする)
lose sight of (～を見失う)	make haste (急ぐ) 《古》
make room for (～に場所をあける)	send word (伝言する)
set sail (出帆する)	take care of (～の世話をする)
take courage (勇気を奮い起こす)	take interest in (～に興味を持つ)
take part in (～に参加する)	

② 〈前置詞＋名詞〉

at dawn (夜明けに)	at heart (心では)	at length (ついに)
at night (夜に)	at odds (with) (争って)	by accident (偶然に)
by chance (偶然に)	by heart (暗記して)	by mistake (誤って)
by name (名前で)	by night (夜分は)	by stealth (こっそりと)
for example (たとえば)	go to pieces (粉々になる)	in awe (of) (恐れて)
in bloom (開花して)	in effect (事実上)	in fact (実際は)
in force (効力をもって)	in future (これから先)	in jest (冗談に)
in love (愛して)	in reality (実際)	in secret (秘密に)
in spirit (精神において)	in time (間に合って)	of age (成年で)
of necessity (必ず)	of opinion (意見の上で)	
on arrival (到着するとすぐ)		
on board (乗って)	on business (商用で)	on edge (うずうずして)
on end (まっすぐに)	on fire (燃えている)	on hand (手元に)
on purpose (わざと)	on tiptoe (つま先立ちで)	on trial (試験中)
under arms (武装して)	under sail (帆走中)	

◆ 形容詞が名詞的に用いられているもの

after dark (日が暮れて)	at best (せいぜい)	at dark (夕暮れに)
at first (最初は)	at last (とうとう)	at least (少なくとも)
at present (目下)	at random (手当たりしだいに)	
for good (and all) (永遠に)	in common (共通して)	
in general (概して)	in particular (特に)	on high (高い所に)

③ 〈前置詞＋名詞＋前置詞〉

by force of (～の力により)	by means of (～により)
by reason of (～ゆえに)	by virtue of (～の力で)
by way of (～経由で)	for fear of (～を恐れて)
for want of (～がないために)	in advance of (～よりも進んで)
in consideration of (～の報酬として)	
in course of time (やがて)	in face of (～に向かって)
in favor of (～に賛成して)	in process of time (やがて)

in respect of (〜の点において)　　on account of (〜のために)
on behalf of (〜のために)

24. 《再帰代名詞を目的語にとる表現》 (→§92, p. 192)

abandon oneself (to) (〜にふける)	bear oneself (ふるまう)
ease oneself (体を楽にする)	feed oneself (食べる, 満足する)
hurt oneself (けがをする)	introduce oneself (自己紹介する)
kill oneself (自殺する)	make oneself at home (楽にする)
persuade oneself (信じる)	respect oneself (自重する)
support oneself (自活する)	surrender oneself (自首する)
throw oneself (身を投げる)	warm oneself (暖まる)

25. 《前置詞つきの句や不定詞, 動名詞を伴う叙述用法のみの形容詞》 (→§117, p. 268)

be bound *for* A (A行きの)
be content *with* A [*to do*] (Aに満足している/喜んで〜する)
be exempt *from* A (Aを免れている)
be indebted *to* [*for*] A (Aに恩を受けている)
be liable *for* A [*to do*] (Aに責任のある/〜しやすい)
be loath *to do* (〜する気が進まない)
be unable *to do* (〜することができない)
be worth 〜*ing* (〜する価値がある)

* able などには限定用法もある。

26. 《自動詞の現在分詞からの形容詞》 (→§119, p. 273)

boiling (沸き返るような)	burning (燃えるような)
coming (来るべき)	developing (発展途上の)
dying (ひん死の)	existing (現下の)
flourishing (盛大な)	growing (発展中の)
increasing (ますます増える)	lasting (永続する)
losing (勝ち目のない)	missing (紛失している)
passing (一時的な)	retiring (引っ込みがちな)
rising (新進の)	running (連続する)
shining (明るい)	sleeping (活動していない)
smoking (もうもうとした)	working (役に立つ)

27. 《一般の他動詞の現在分詞からの形容詞》 (→§119, p. 274)

calculating (打算的な)	deafening (耳をつんざくような)
deserving (援助に値する)	exhausting (骨の折れる)
flattering (実物以上によく見せる)	forgiving (寛大な)

grasping (どん欲な)	grudging (いやいやの)
inviting (魅力的な)	misleading (紛らわしい)
obliging (親切な)	pressing (緊急の)
promising (将来有望な)	striking (目立つ)
tiring (骨が折れる)	willing (自発的な)

28. 《自動詞の過去分詞からの形容詞》 (→ §119, p. 274)

advanced (進歩した)	departed (過去の)	faded (色あせた)
failed (失敗した)	fallen (堕落した)	grown (成長した)
hurried (大急ぎでやった)	learned (学識のある)	married (既婚の)
retired (引退した)	traveled (見聞の広い)	withered (しおれた)

29. 《一般の他動詞の過去分詞からの形容詞》 (→ §119, p. 276)

accepted (容認された)	accomplished (熟達した)	accustomed (慣れた)
acquired (後天的な)	appointed (約束した)	assured (自信を持った)
broken (壊れた)	celebrated (有名な)	civilized (文明化した)
closed (閉じた)	complicated (複雑な)	crowded (混みあった)
cultivated (教養のある)	decided (明確な)	declared (公然の)
deserted (無人の)	determined (決然とした)	devoted (献身的な)
dignified (堂々とした)	distinguished (顕著な)	enlightened (賢明な)
experienced (経験を積んだ)		fixed (決まった)
frozen (凍った)	hidden (隠れた)	lost (行方不明の)
marked (著しい)	mixed (混合の)	noted (有名な)
organized (組織的な)	qualified (資格のある)	refined (洗練された)
reserved (内気な)	settled (固定した)	spoken (口語の)
supposed (仮定の)	used (中古の)	written (書かれた)

30. 《〈have a look〉などの言い方》 (→ §169, p. 389)

have an argument (議論する)	have a bite (一口食べる)
have a chat (雑談する)	have a drink (一杯やる)
have a jog (ジョギングをする)	have a swim (ひと泳ぎする)
have a talk (話す)	have a walk (散歩する)

31. 《おもな同族目的語》 (→ §172, p. 394)

(1) 動詞と同じ語源のもの	(2) 動詞の類語・縁語
breathe a (deep) breath	fight a (fierce) battle
die a (miserable) death	fight a war
dream a (dreadful) dream	run a race
fight a (hard) fight	strike a (mighty) blow
laugh a (bitter) laugh	swear an oath
live one's life	

say one's say
sing a (sweet) song
sleep a (dreamless) sleep
smile a (sweet) smile
think good thoughts

(3) 最上級だけのもの
breathe one's last
shout the loudest
smile one's brightest
try one's hardest

32. 《同族目的語につくおもな形容詞》 (➡ §172, p. 395)

live a — life:
better, Christian, civilized, clean, comfortable, decent, different, double, happy, healthy, long, modest, normal, peaceful, pure, quiet, real, reclusive, rich, second, simple, virtuous など
smile a — smile:
cool, dry, faint, grim, hard, harsh, light, predatory, secret, slow, small, warm, wry
die a — death:
horrible, natural, quiet, sudden, terrible, violent
sing a — song:
heroic, joyous, patriotic, romantic, traditional
laugh a — laugh:
harsh, hearty, hoarse, low, tinkling

33. 《最後の子音字を重ねて -ed をつける動詞。そのまま -ed をつける動詞》 (➡ §174, p. 398)

① compel, occur と同じように活用する動詞 (子音字を重ねて -ed をつける)

abhor (ぞっとするほど嫌う)	admit (認める)	commit (委託する)
concur (同意する)	confer (授ける)	defer (延期する)
equip (備え付ける)	excel (勝る)	expel (追い出す)
fit (適合する)	impel (追いやる)	incur (こうむる)
infer (推測する)	omit (省略する)	permit (許す)
propel (推進する)	rebel (反乱を起こす)	recur (繰り返される)
refer (参照する)	repel (追い払う)	scar (傷跡を残す)
submit (屈伏する)	transfer (移す)	transmit (伝える)

② offer, visit と同じように活用する動詞 (そのまま -ed をつける)

benefit (利益を得る)	color (色をつける)	credit (信用する)
develop (発展する)	differ (異なる)	edit (編集する)
enter (入る)	envelop (包む)	exit (退場する)
inhabit (住む)	inhibit (抑制する)	limit (限定する)
proffer (差し出す)	profit (利益をあげる)	prohibit (禁止する)
prosper (栄える)	quiver (震える)	shudder (身ぶるいする)
suffer (苦しむ)	temper (緩和する)	thunder (雷が鳴る)

tutor（家庭教師をする） twitter（さえずる）　　utter（発する）
wither（枯れる）

34.《おもな〈動詞＋副詞[名詞]＋前置詞〉の句》
(→ §178, **179**, p. 407)

① 〈動詞＋副詞＋前置詞〉

catch up with（追いつく）
do away with（かたづける）
get along [on] with（やっていく）
look down on（軽蔑する）
look up to（尊敬する）
put up at（泊まる）
speak well of（ほめる）
come up with（思いつく）
face up to（直面する）
get down to（取り組む）
look forward to（楽しみにする）
make up for（埋め合わせをする）
put up with（我慢する）

② 〈動詞＋名詞＋前置詞〉

catch sight of（見つける）
lose sight of（見失う）
make fun of（からかう）
make much of（重んじる）
make room for（場所をあける）
take care of（世話をする）
take no notice of（無視する）
find fault with（あら探しする）
make a fool of（ばかにする）
make mention of（述べる）
make nothing of（ものともしない）
make use of（利用する）
take notice of（注意する）
take part in（参加する）

35. to 不定詞を同格にとるおもな名詞　(→ §217, p. 474)

① to 不定詞を目的語にとる動詞から派生した名詞

attempt（試み）
determination（決心）
permission（許可）
proposal（提案）
decision（決定）
failure（しないこと）
plan（計画）
refusal（拒絶）
desire（願望）
intention（意図）
promise（約束）
wish（願望）

② to 不定詞が続く形容詞から派生した名詞

ability（能力）
curiosity（好奇心）
anxiety（熱望）
eagerness（熱望）
courage（勇気）
willingness（快くすること）

③ その他

effort（努力）
patience（我慢強さ）
honor（光栄）
right（権利）
misfortune（不幸）

36. 《〈S+V+O+to 不定詞〉の形はとるが,〈疑問詞+to 不定詞〉はとらない重要動詞》 (→ §220, p. 484)

allow (許可する)	command (命令する)	direct (命令する)
expect (期待する)	intend (意図する)	invite (誘う)
lead (しむける)	mean (意図する)	order (指示する)
prefer (好む)	remind (思い出させる)	require (命ずる)
want (望む)	warn (注意する)	wish (願う)

37. 《that 節を目的語にとる他動詞》 (→ §291, p. 603)

① 思考・認識などを表す動詞

acknowledge* (認める)	admit (認める)	assume (思いこむ)
believe (思う)	conclude* (結論を出す)	confirm* (確認する)
consider* (思う)	decide (決める)	deny* (否定する)
desire* (望む)	determine* (決心する)	discover* (気づく)
doubt* (ないと思う)	dream (夢見る)	expect (思う)
fancy (思う)	fear (思う)	feel* (感じる)
find (わかる)	forget (忘れる)	guess (推測する)
hold* (思う)	hope (望む)	imagine (思う)
intend (意図する)	judge* (判断する)	know (知っている)
note* (注意する)	notice (気がつく)	observe (気づく)
perceive (悟る)	presume (思う)	realize (悟る)
recognize (認める)	regret* (残念に思う)	remember (思い出す)
resolve* (決心する)	suppose (思う)	think (思う)
understand (解釈する)	wish (望む)	

② 伝達・要求などを表す動詞

add* (言い足す)	announce* (声明する)	answer* (答える)
argue* (主張する)	assert* (断言する)	command* (命じる)
comment* (評する)	complain* (不平を言う)	confess (白状する)
declare (言明する)	demand (要求する)	demonstrate* (説明する)
direct* (命令する)	explain (説明する)	maintain (主張する)
mean (意味して言う)	mention (言う)	move* (提案する)
object (反対して言う)	promise (約束する)	propose* (提案する)
prove (証明する)	recommend* (勧める)	remark* (言う)
repeat (繰り返して言う)	reply (答える)	report* (報告する)
require* (要求する)	say (言う)	show (教える)
state (述べる)	suggest* (提案する, それとなく言う)	
write* (手紙で知らせる)		

③ その他

allow* (認める)	bet (主張する)	hear (伝え聞く)
learn (知る)	prefer* (のほうを好む)	pretend (ふりをする)

＊印の動詞の場合は接続詞 that はふつう**省略しない**。

付録 2

句 読 法

1. `.` 終止符 (Period《米》Full-stop《英》)

(1) **平叙文・命令文の文末**につける。

I'd like to subscribe to your news letter.
（貴社の時事通信を予約購読したいのです）
Do e-mail me to let me know how things are going.
（その後どうしておられるか，ぜひEメールをください）

(2) **丁寧な依頼を表す文**で，疑問符の代わりにつける。

Would you please read through this report and let me have your written comments.
（このレポートを読んで文書でご論評いただけないでしょうか）

(3) **略語** (Abbreviation Point) に。

Oct. (October)（10月）Prof. Henry L. Smith（ヘンリー・L. スミス教授）
et al. (=and others) pp. 23 – 31（23ページから31ページまで）

* (.)のついた略語が文末にきたとき，さらにピリオド (.) は不要。
  (?)や(!)は略語の (.) の次につける。
* 《英》では最後の文字が残っているときには略語にピリオドをつけないことが多い。

2. `,` コンマ (Comma)

最も短い休止に用いる。

(1) **重文の等位接続詞の前**に。

It wasn't cheap, **but** it was very good.
（それは安くはなかったが，とてもよいものだった）

* 等位節の中にすでにコンマが用いられている場合にはセミコロンを用いる。また，明らかに並列した内容の短い節を接続詞を用いないで並べるときに，セミコロンの代わりにコンマを用いることもある。

(2) **二つ以上の語句が並ぶときの区切り**に。

Would you like **a baked potato, fries,** or **rice**?
（ジャガイモの丸焼きか，フライドポテトかライスをいかがですか）

(3) **同格語句や挿入語句の前後**に。

Cyprus, **as you know**, is an island in the Mediterranean.

(キプロスは，ご存じのように，地中海にある島です)
(4) **従位節が前に出たとき**に，その節の区切りに。
If I were you, I'd sell this car. (私が君だったらこの車は売るね)
　　＊　意味上区切りがある副詞句の次にも置かれる。
　　　In my opinion, that is right. (私の意見ではそれは正しいね)
(5) **直接話法の引用部分の区切り**に。
"There," she said, "is our taxi."
　　(ほら，私たちのタクシーがあそこにいる)
(6) **非制限用法の関係詞節の前**に。
He never admits his mistakes, **which** is annoying.
　　(彼が誤りを認めないので，いらいらする)
(7) **付加疑問の前**に。
You left the gas on, **didn't you**?
　　(君はガスを出しっ放しにしておいたね)
(8) **文頭の文修飾副詞の次**や，**分詞構文の区切り**に。
Quite simply, life cannot be the same.
　　(はっきり言って，人生が同じなんていうことはあり得ないよ)
(9) **文脈から容易にわかる語句を省略したとき**に。
Tom **wore** a brown T-shirt; Jack, a black one.
　　(トムは茶色のTシャツを着ていて，ジャックは黒いのを着ていた)
(10) **Yes, No や感嘆語のあと，呼びかけなどの前か後**に。
Yes, I love her. (そう，私は彼女を愛している)
Oh, how kind of you! (ああ，なんてご親切なんでしょう)
(11) **手紙や e-mail の書き出しと結び**に。
Dear Miss Brown, (拝啓)
　　＊　書き出しの場合は，(:) よりもくだけた形。 →Colon (4)
Sincerely yours,　　(敬具)
(12) **意味の混乱を避けるため**に。
From the rooms above, the garden looks very beautiful.
　　(上の部屋からは庭はとても美しく見える)
　　＊　コンマがないと，above the garden ととられて意味が混乱する。
(13) **数の 1000 などの単位を区切る**のに。
12,284 (=twelve thousand two hundred and eighty-four)
(14) **日付や住所**に。
Sept. 15th, 2000 (2000年9月15日)

20 Fifth Avenue, New York, N.Y.
(ニューヨーク州ニューヨーク市5番街20番地)

3. ; セミコロン (Semicolon)

コンマより長く，ピリオドより短い休止に用いる。

(1) **2つの文を等位接続詞を用いないで結ぶとき**に。

It is going to rain; it is getting dark.
(雨になりそうだ，暗くなってきた)

(2) **接続副詞を用いて結ぶとき**に。

I don't want to go; **besides,** I'm too tired.
(私は行きたくない。おまけにとても疲れているのだ)

(3) 混乱を防ぐため，**コンマよりも大きな区切り**であることを示す。

If the ending is -s, add -es: e.g. **bus, buses**; class, classes
(語尾が -s なら -es をつける。[例] bus, buses; class, classes)

4. : コロン (Colon)

(1) **具体的な例示の前に「すなわち」の意味**で用いる。

Use *high* to indicate distance above the ground: a *high* ceiling.
(地上からの遠い距離を示すときに high を用いる。[例] 高い天井)

(2) **ある節とそれに続く説明的な節の間**に置く。

This is what you should do: **go home right now.**
(君がすべきことはこうだ。今すぐに家に帰ること)

(3) **引用や対話の内容**を示す。

Tom: May I speak to Mr. Robinson?
Robinson: Speaking.
(トム「ロビンソンさんと話がしたいのですが」ロビンソン「私ですが」)

(4) **正式な手紙や e-mail の冒頭の敬辞のあと**に。

Gentlemen: (拝啓)
Dear Sirs: (拝啓)

(5) ⟨**as follows**⟩ などの次に。

Do the job **as follows**: first wash your hands, then ...
(仕事は次のようにしなさい。まず手を洗い，次に…)

(6) **時刻の区切り**に。

The film starts at 6:30.
(映画は6時30分に始まります)

5. ? 疑問符 (Question Mark)

(1) 疑問文の文末に。

Do you have the time? (今何時ですか)

　＊ I wonder if I could borrow your pen? (あなたのペンをお借りできないでしょうか) というような形にも用いる。

(2) 意味が疑問の場合には，平叙文にもつける。

You were saying? (あなたが言っていたことは？)

6. ! 感嘆符 (Exclamation Point《米》Exclamation Mark《英》)

談話なら強調して大声を出すようなところにつける。乱用しないこと。

(1) 感嘆文の文末に。

What a good dinner that was!

　(なんておいしい食事だったでしょう)

(2) 強い命令文に。

Do come to see me! (ぜひ会いに来たまえ)

(3) 間投詞や感情を表す語のあとに。

Nonsense! (ばかばかしい)

Hi Web Users! (ウエブ・ユーザーの皆さんへ)

(4) 願望や失望の表現などのあとに。

If only I had known!

　(私が知ってさえいたら！)

7. " "《米》 ' '《英》 引用符 (Quotation Marks)

(1) 直接話法の発言の引用に用いる。

①コンマ・ピリオドは引用符の内側に，コロン・セミコロンは外側に。

She said, "I'm going to get married."

　(彼女は「私結婚するつもりなの」と言った)

"I'm leaving tomorrow," said Emily.

　(「明日発ちます」とエミリーは言った)

He said, "No" : it was a decisive answer.

　(彼は「だめだ」と言った。きっぱりした答だった)

②？と！が引用文につくものなら引用符の内側に置く。

She said, "What are you asking me for?"

　(彼女は「私にどうして欲しいの」と言った)

"What a nuisance!" said Anne.

(「めんどくさいわね」とアンは言った)

  * このような場合，(?) や (!) をつけたら (,) で切る必要はない。

③ ? と ! が本文全体につくものなら外側に置く。

Did you say "He was fired"?

(君は「彼が首になった」って言ったの?)

④ 両方が疑問文の場合は ? は引用符の内側だけに。

Did the driver ask, "Where to?"

(運転手は「どちらへ」と聞きましたか)

⑤ 引用文中の引用符は，" " の中なら ' '，' ' の中なら " " になる。

He said, "Then we sang 'Auld Lang Syne.'"《米》

(彼は「それから我々は『オールドラングサイン』を歌った」と言った)

  * 最後を．"Auld Lang Syne".' のように書くのは《主に英》

  * ( ) (Parentheses) や [ ] (Brackets) の場合も同じ。

(2) 雑誌，記事・章，作品などのタイトルに。

I am very fond of Blake's "The Tiger."

(私はブレイクの〔詩〕「虎」がとても好きです)

8. ― ダッシュ (Dash)

(1) 突然の休止や言い直し・付け足しなどを表すときに。

He will be ― he must be ― in his room now.

(彼は今部屋にいるだろう，いやいるに違いない)

Women are good drivers ― better than men!

(女性は運転がうまいよ。男性よりもね)

(2) いくつかの要素の名詞ならべたあとで，それらを総括して。

A dozen eggs, a loaf of bread and a pound of cheese ― is that all you wanted? (卵1ダース，パン1斤とチーズ1ポンド，お入り用なものはそれで全部ですね)

(3) 前後を ― で囲んで，文中の語句を補足説明する。

These poets ― Wordsworth, Coleridge, and South ― are called Lake Poets.

(これらの詩人たち―ワーズワース，コールリッジ，サウジー―は湖畔詩人と呼ばれる)

  * ダッシュはカッコよりもくだけた文体に用いるのがふつう。

9. - ハイフン (Hyphen)

(1) **複合語**や**数詞**に。

deep-rooted（根深い）twenty-eight（28）

(2) 1語が2行にまたがるとき，**分節**を示す。

Most but not all compounds formed with *deep* as a prefix are hyphenated.

（接頭辞に deep のついた複合語のすべてではないが大半はハイフンでつながれる）

10. ' アポストロフィ (Apostrophe)

(1) **(代) 名詞の所有格**。

Everybody's business is nobody's business.

（共同責任は無責任）

(2) **語句の短縮省略**。

I'll (=I will) come to see you tomorrow.

（明日お目にかかりにうかがいます）

(3) **数字や記号の複数形**。

There are two **m**'s, two **t**'s and two **e**'s in "committee."

（committee には m が2つ，t が2つ，e が2つある）

11. ... 省略符号 (Ellipses) (Three Dots)

(1) ... は，**引用文の一部を省略**したことを示す。

Kennedy said, "And so, my fellow Americans . . . ask what you can do for your country."

（ケネディは「それゆえに我が同胞の米国民よ … 諸君が諸君の国家に何をなしうるかを問いたまえ」と言った）

　＊ . . . の前後と各 . の間は1スペースずつあける。

(2) 文全体の終止符の前に . . . がくる場合には . は合計4つになる。

In this novel there are many quotations from Shakespeare's works, such as "To be or not to be . . . ."

（この小説にはシェイクスピアの作品からの引用がたくさんある。たとえば，「このまま生きるか，それとも死ぬか…」のような）

12. ( )　カッコ　(Parentheses)

(1) 文中での補足，説明。無くてもそれほど問題ないような場合が多い。

A "Zendo" is a room where Zazen (seated meditation) is held.
（「禅堂」とは座禅〔座ってする瞑想〕が行われる部屋のことです）

　＊ ( ) の前後は1スペースあける。

(2) 文中の語句の略号を示す。

The United Nations (UN) was established in 1945.
（国際連合〔国連〕は1945年に設立された）

13. [ ]　ブラケット　(Brackets)

(1) 引用文中のある語句に自分の説明を入れるときに。

"They [Marie Curie and her husband Pierre] extracted radium from pitchblende in 1898."
（「彼ら〔マリー・キューリーと夫のピエール〕は，1898年にピッチブレンドからラジウムを抽出した」）

(2) カッコ内のカッコを示す。

The usage of *in case* is well explained by a grammarian (see Michael Swan: *Practical English Usage* [Oxford University Press, 1995], p.257).
（in case の用法はある文法学者によってうまく説明されている〔マイケル・スワン『現代英語用法辞典』[オックスフォード大学出版局，1995年] の257ページを参照〕）

> **参考** **E-mail emoticons [Smileys]:**
> 　E-mail で，いくつかの記号を合わせて書き手の気分を表現する符号を **emoticon**（エモティコン）という。文の終わりにつけるが，英文の場合は日本のものと多少異なる。多種多様で必ずしも絶対的なものがあるとはいえないが，代表的なものをいくつか示す。([*AHBEU* による])
>
> | :-) | （幸せです） | :-(| （悲しい） |
> |---|---|---|---|
> | :-< | （とても悲しい） | ;-) | （ウインク） |
> | :-\| | （うんざり） | :-I | （フーム） |
> | :-O | （ショック，驚き） | 8-O | （すごいショック） |
> | :-D | （笑い） | :-& | （何も言えません） |

1. 文法事項索引

(太数字は主要解説のある頁を示す。)

あ行

挨拶
　〜の話法の転換　746
アポストロフィ　116
遺憾
　〜の気持ちを表す must　444
　can　436
　have to　447
　ought to　448
意志
　相手の〜　450
　過去の強い〜を表す would　452
　現在の〜を表す would　453
　強い〜を表す will　450
　2, 3人称の〜　450
　話し手の〜　450
　話し手の強い〜を表す shall　455
　〜を表す be to　487
意志未来　415
イタリア語系の名詞の複数形　104
1人称　173
一致　714
　格の〜　727
　主語と動詞の〜　714
　主語・目的語と補語の〜　726
　性の〜　724
　(代)名詞と代名詞の〜　724
一般疑問文　65
　全体として〜になる間接疑問　252
　〜の受動態　574
一般動詞　65
　疑問文の作り方　64
　否定文の作り方　63
意味上の主語
　動名詞の〜　530
　不定詞の〜　496
　分詞の〜　520, 525

依頼を表す
　can　436
　could　439
　will　451
　would　452
引用語句　20
運命を表す be to　486
重さの読み方　309
音節の数え方　351
温度の読み方　309

か行

開放条件　546
外来語の複数形　102
仮想の条件　547
格　**115**, 172, 174
　関係代名詞の〜　634
　主〜　115
　所有〜　115
　対〜　115
　通〜　115
　同〜　**130**, 786
　独立所有〜　124
　二重所有〜　**125**, 189
　目的〜　127
　与〜　115
　〜の一致　727
加減乗除の読み方　310
過去完了　422
　仮定法〜　551
　完了　422
　経験　423
　継続　423
　結果　422
　時制の一致　423
　実現しなかった願望・期待　423, 469
　大過去　423
過去完了進行形　428
過去形　397
　原形と〜が同形の不規則動詞　400
　〜と過去分詞が同形の不規則動詞　399
過去時制　23, **413**
　格言的過去　414

過去完了の代用　414
　現在完了との違い　420
　時制の一致　414
　習慣的動作　413
　長期間の状態　413
　反復的出来事　413
過去進行形　426
　ある到達点への接近　426
　婉曲語法　426
　確定的未来・予定　426
　進行中の動作・出来事　426
　反復的動作　426
過去の継続的な状態を表す used to　449
過去の習慣を表す used to　449
過去の習慣を表す would　451
過去分詞　397, 508
　過去形と〜が同形の不規則動詞　399
　完了形をつくる〜　510
　形容詞化した〜　**274**, 420, 511
　原形と〜が同形の不規則動詞　400
　〈使役動詞+目的語+〜〉　518
　自動詞の主格補語になる〜　514
　自動詞の〜　420
　受動態をつくる〜　510
　〈知覚動詞+目的語+〜〉　518
　名詞の後に置かれる〜　512
　〜を用いた分詞構文　520
　〈be+〜〉の完了形　420, 510
　〈being+〜〉　509
　〈can't have+〜〉　436
　〈could have+〜〉　438
　〈had+〜〉　422

⟨have [get]＋目的語＋～⟩ 391, **515**
⟨have [has]＋～⟩ 418
⟨having been＋～⟩ 509
⟨make＋目的語＋～⟩ 390
⟨may have＋～⟩ 440
⟨must have＋～⟩ 444
⟨ought to have＋～⟩ 448
⟨should have＋～⟩ 456
⟨S＋V＋O＋～⟩ 518
⟨will [shall] have＋～⟩ 424
可算名詞 **81**, 97
　～として用いられる集合名詞 85
活用 397
　意味によって～の違う動詞 403
　規則動詞 397
　接頭辞のついた動詞 402
　2種類の～形のある動詞 402
　不規則動詞 399
　複合形の動詞 402
　～の紛らわしい動詞 404
仮定の能力を表す could 438
仮定法 544
　願望を表す構文 558
　帰結節での would 453
　帰結節の省略 556
　時制の一致の例外 734
　条件節での should 459
　条件節での would 453
　条件節の省略 556
　条件文と～ 546
　～の動詞の形 545
　～を含む慣用表現 560
　～を用いる祈願文 77
　if 節の位置 564
　if 節の代用 555
　if に代わる語句 549
　if の省略 554, 559

It is time ... の構文 559
　should を用いた～ 553
　were to を用いた～ 553
仮定法過去 545, **550**
　願望を表す構文 558
　条件節と帰結節 548
　～に用いる be 動詞 550
仮定法過去完了 545, **551**
　願望を表す構文 559
　条件節と帰結節 548
仮定法現在 545, **549**
　願望を表す構文 557
　形容詞と～ 288, 557
　条件節と帰結節 548
　「提案・要求」を表す動詞と～ 557
　that 節の中の～ 557
可能
　反語的な～を表す shall 456
　be to 486
可能性
　否定的な～を表す could 438
　can 435
　could 438
関係形容詞 256, **660**
　複合～ 664
　whose と～の which の違い 660
関係詞 60, **632**
　関係形容詞 660
　関係代名詞 171, 632
　関係副詞 654
　複合関係形容詞 664
　複合関係代名詞 661
　複合関係副詞 663
　複合～ 661
　～の省略 775
関係代名詞 171, **632**
　疑似～ 633, **651**
　従位接続詞としての～ 58

非制限用法の～で接続した文 80
複合～ 633, 661
～が導く形容詞節 60
⟨～＋挿入節⟩ 651
～と先行詞 632
～につく前置詞の位置 638
～の格 634
～の継続用法 635
～の限定用法 635
～の省略 649
～の制限用法 635
～の二重限定 650
～の人称と数 637
～の非制限用法 635
⟨～＋be⟩ の省略 775
of which 643
that 644
　先行詞が人の地位・職業・性格・形容詞 646
what 646
　～を含む慣用表現 647
which 642
who 640
whom 641
whose 641, 643
関係副詞 311, **654**
　先行詞の省略 657
　複合～ 663
　～が導く形容詞節 60
　～の機能 654
　～の種類と先行詞 654
　～の省略 60, 659
　～の制限用法 654
　～の非制限用法 657
　how 656
　that 656
　when 654, 657
　where 655, 657
　why 655
冠詞 49, **142**
　形容詞的修飾語 31
　⟨形容用法の名詞＋名詞⟩ と～ 138
　定～ 142
　不定～ 142
　無～ 162
　⟨名詞＋前置詞＋名詞⟩

と〜 138
〜の位置 159
〜の省略 162
〜のつく動詞 529
〜の発音 143
〜の反復 161
〜の反復の有無によって意味の異なる文 162
〜のふつうの位置 159
冠詞相当語 143
冠詞と無冠詞 162
　家族関係などを表す語 163
　神・悪魔などの語 163
　季節・月・曜日・休日の名 163
　建物や場所を表す名詞 165
　固有名詞 162
　固有名詞化した普通名詞 163
　左右や方向を表す語 163
　集合名詞 162
　食事・科目・スポーツなどを表す名詞 167
　単数普通名詞 162
　抽象名詞 162
　動物名など 167
　複数普通名詞 162
　物質名詞 162
　身分・官職・称号などを表す名詞 164
　呼びかけに用いられる名詞 163
冠詞の省略 162
　強意を表すever [never] を用いた構文 168
　形容詞的に用いられた名詞 169
　習慣的な〜 170
　〈主語+動詞+目的語〉の形で主語と目的語が同じ名詞のとき 168
　単数普通名詞の〜 162
　対句をなしている2つの名詞 168
　頭部省略 169
　〈名詞+前置詞+名詞〉 168

〈名詞+and+名詞〉 168
〈名詞+as [though]+S+V〉などの構文 168
〈by+交通・通信の手段を表す名詞〉 167
〈from+名詞+to+名詞〉 168
go to bed型の慣用句 165
kind of, sort of, manner of, type ofの次にくる名詞 168
冠詞の反復 161
　形容詞が2つある場合 161
　2つのものが1組または1つになっている場合 161
　名詞が2つある場合 161
感情強調表現のshould 458
感情表現 18, 275, 580
間接疑問 68, **250**
　〈疑問詞(を含む語句)+S+V〉 251
　Do you know what ...?の型 252
　〈if [whether]+S+V〉 250
　ifとwhether 250
　What do you think ...?の型 252
間接目的語 26, 39
　直接目的語と〜の関係 30
　〜の格(与格) 115
間接話法 395, **736**
　被伝達部でのshould 460
　被伝達部でのwould 454
完全自動詞 24, 35, 376
完全他動詞 24, 38, 376
感嘆・願望を表すto不定詞 479
感嘆符 74, 75
感嘆文 75
　〈主語+be〉の省略 772
　平叙文と〜の転換 797

〜と疑問文との区別 76
〜の受動態 575
〜の中の倒置 768
〜の話法の転換 744
〈How+形容詞+a [an]+名詞+S+V ...!〉 76
〈How+形容詞 [副詞]+S+V ...!〉 75
〈S+V〉の省略 76
〈What a [an]+形容詞+名詞+S+V ...!〉 75
間投詞 51
　機能語としての〜 52
願望を表す仮定法の構文 557
勧誘 must 443
完了
　時を越えた〜 418
完了形 410, **418**
　過去完了 410, 422
　現在完了 410, 418
　不定詞の〜 468, 501
　分詞の〜 509, 521
　未来完了 410, 424
　〜の動名詞 528, 532
　〜を作る過去分詞 510
　〜を作るhave 463
　seem toの後の〜 484
完了進行形 410, **427**
　過去〜 410, **428**
　現在〜 410, **427**
　未来〜 410, **428**
完了不定詞 468
　〈過去形助動詞+〜〉 548, 551, 556
祈願 may 440
祈願文 **76**, 558
　仮定法過去完了を用いる〜 **77**, 559
　仮定法過去を用いる〜 77, 559
　仮定法現在を用いる〜 77, 558
　口語的な〜 77
　〜の話法の転換 745
　〈May+S+V〉の形の〜 76

帰結節 548
　〈～＋条件節〉の順 548
　～の省略 556
疑似関係代名詞 633, **651**
　as 651
　as と which の相違点 653
　but 653
　than 653
擬人化 96, 724
　代名詞 136
基数詞 297
　形容詞用法 300
　漠然と「多数」を表す 300
　副詞的な用法 300
　複数形で用いる特殊用法 301
　名詞用法 300
　ローマ数字の表記法 300
　100 の位までの数 297
　10万の位までの数 298
　100 万以上の数 298
　dozen, score などの用法 301
規則動詞 397
規則複数 98
規則変化 348
規定を表す shall 456
機能 17
機能語 52
基本 5 文型 34
基本時制 409
　過去時制 409, **413**
　現在時制 409, **410**
　未来時制 409, **415**
義務
　have to 445
　must 443
　ought to 447
　should 456
義務・命令 be to 486
疑問
　～の場合の名詞の数 97
　もったいぶった～を表す might 442
疑問形容詞 **246**, 256
疑問代名詞 67, 171, **240**
　疑問の強調 241
　-ever のついた複合形 241
疑問詞 64, **240**
　接続詞の働きをする～ 608
　～節から〈～＋to 不定詞〉への転換 789
　～と前置詞 241
　～の位置 240
　～の強調 782
　～を伴う［伴わない］疑問文 64
　〈～＋S＋V〉 68
　〈～＋to 不定詞〉 242, **481**
　what 243
　which 243
　who 242
　whom の代用としての who 242
　whose 242
疑問符 64
疑問副詞 67, **246**, 311
　how 248
　when 246
　where 247
　why 247
疑問文 64
　一般～ 65
　間接疑問 68
　感嘆文と～との区別 76
　疑問詞を伴う～ 64, 66
　疑問詞を伴わない～ 64
　疑問代名詞を用いる～ 67
　疑問副詞を用いる～ 67
　肯定の～ 66
　上昇調で読む～ 66
　助動詞を含む～ 434
　選択～ 67
　特殊～ 66
　否定の～ 66
　付加疑問（文） 69
　平叙文の語順の～ 66
　～の語順 64
　～の受動態 574
　～の種類 65
　～の作り方 64
　～の中の倒置 768
　～の特徴 64
　～の話法の転換 742
　～を作る do 463
　Yes/No で答えられる～ 65
　Yes/No で答えられない～ 66
却下条件 547
旧情報 570
強意語句による強調 780
強意複数 111
強調 779
　疑問詞の～ 782
　疑問の～ 241
　強意語句による～ 780
　形容詞・副詞の～ 780
　再帰代名詞による～ 783
　同一語句の繰り返しによる～ 783
　倒置による～ 770, 780
　比較級・最上級の～ 781
　否定語を文頭に置く～ 770
　否定の意味の～ 782
　副詞を文頭に置く～ 771
　平叙文の～ 779
　補語を文頭に置く～ 770
　命令文の～ 74, 541
　(do) 780
　目的語を文頭に置く～ 770
　～のための倒置 770
　do を用いた～ 463, **779**
　It is ～ that ... の強調構文 779
　there, here を用いた倒置 767
強調構文 187
　～と形式主語構文の見分け方 188
　It is ～ that ... の～ 187
共通構文 777
強要 must 443

許可
  can 436
  may 439
  might 441
極端を表す語 347
距離の it 183, 798
ギリシャ語系の名詞の複数形 103
金額の読み方 308
禁止
  must 443
  shall 456
近似複数 112
近接未来 415
  主観的判断 416
  主語の意図 416
  近い将来 416
句 20, **56**
  形容詞〜 57
  主語になる〜 20
  前置詞つきの〜の用法 669
  副詞〜 57
  名詞〜 56
具象名詞 83
句動詞 406
  〈自動詞（＋副詞）＋前置詞〉 575
  〈自動詞＋前置詞〉 408
  自動詞の働きをする〜 406, 407
  〈自動詞＋副詞〉 346
  前置詞の目的語が受動文の主語になる〜 577
  他動詞の働きをする〜 406, 407, 408
  他動詞の目的語が受動文の主語になる〜 577
  〈他動詞＋副詞〉 346
  〈他動詞＋目的語〉 407
  〈他動詞＋目的語＋前置詞〉 407, 576
  〈動詞＋前置詞〉 406, **408**
  動詞と副詞の位置 346
  〈動詞＋副詞〉 345, **406**
  〈動詞＋副詞＋前置詞〉 407
  〈動詞＋副詞＋目的語〉 406
  〈動詞＋名詞〉 407
  〈動詞＋名詞＋前置詞〉 407
  〈動詞＋目的語＋副詞〉 406
  どちらの目的語も受動文の主語になる 578
  〜の受動態 408, **575**
  〜を作る副詞 345
句と節 56
群前置詞 665, **670**
  2語から成る〜 670
  3語以上から成る〜 671
経験受動態 587
形式主語 22, **185**
  語句を代表する〜 185
  動名詞を代表する〜 22, 185
  不定詞を代表する〜 22, 185
  名詞節を代表する〜 22
  〜構文と強調構文の見分け方 188
  〜の it 59, 185
  that 節以外の名詞節を代表する〜 186
  that 節を代表する〜 186
形式目的語 27, **186**
  動名詞を代表する〜 27, 187
  不定詞を代表する〜 27, 185
  名詞節を代表する〜 27
  that 節などを代表する〜 187
形容詞 20, 49, **254**
  過去分詞からの〜 274
  関係〜 256, **660**
  感情表現の他動詞の過去分詞からの 275
  感情を表す〜 280, 284
  「きっと…する」型 283
  疑問〜 **246**, 256
  現在分詞からの〜 273
  限定用法 263
  限定用法と叙述用法で意味の異なる〜 268
  限定用法のみの〜 266
  国名〜 260
  事柄を主語とする〜 278
  事の是非・善悪の判断を表す〜 287
  固有〜 225, 260
  「しきりに…したがっている」型 283
  指示代名詞の〜用法 196, 256
  「…してうれしい」型 282
  主格補語 265
  主観的評価を表す〜 270
  主語の意志を表す〜 280
  叙述用法 265
  叙述用法での補語 277
  叙述用法のみの〜 267
  数詞 255, **297**
  数量〜 255, **289**
  「…するとは親切だ」型 281
  「…するのが速い」型 282
  「…するのが難しい」型 282
  制限的用法 264
  性状〜 255, **258**
  接頭辞で意味の異なる〜 257
  接頭辞 a- のつく〜 267
  全体的修飾 264
  前置詞との結合 680
  前置詞用法 277
  代名〜 256
  代名詞の〜用法 256
  〈他動詞（＋〜）＋目的語〉 394
  単一語 256
  動詞派生の〜 259
  内容語としての〜 51
  能力を表す〜 280
  派生語 256
  話し手の感情が込められる〜 287

比較変化 52, 254, 347
比較変化が2とおりある～ 353
比較変化をしない～ 347
非制限的用法 264
否定を表す～ 751
人を主語にする～ 280
人を主語にできない～ 279
複合語 256
副詞派生の～ 259
副詞用法 277
物質～ 255, 259
〈物質名詞＋-en〉 259
〈不定冠詞＋～〉 147
〈不定冠詞＋数量～〉 147
〈不定冠詞＋～の最上級〉 147
不定数量～ 255, **289**
不定代名詞の～用法 208, 256
部分的修飾 264
分詞の～用法 511
分詞～ 255, **272**, 511
文全体の修飾 277
補語 254
名詞修飾 254
名詞の後に置く～ 271
名詞の前に置く～ 269
名詞の～用法 137
名詞用法 276
目的格補語 265
目的語をとる～ 277
～がつく動名詞 529
〈～＋抽象名詞〉 93
～とその性質 254
～と副詞の区別 53
～とthat節 284
～とto不定詞構文 281
～の位置と語順 269
～の強調 780
～の語形 256
～の種類 255
～を補うto不定詞 479
〈～＋and＋～〉 277, 592
〈～＋-ly〉形の意味 257
be＋形容詞＋to do と

of doing 283
be afraid that型の～ 286
be happy that型の～ 285
〈How＋～[副詞] ... ?〉 248
It is ～ for A to ... 型にのみ用いる～ 498
It is ～ of A to ... 型に用いる～ 499
It is ～ that ... 構文のみに用いる～ 500
It is ＋ ～ ＋ that ～. (should) ... の構文で should を省くと仮定法過去を用いる～ 288
that節に仮定法現在を用いる～ 288
〈the＋国名～〉 260
〈the＋～または分詞〉 20, 25, **155**
veryで修飾できる～ 254

形容詞句 57
形容詞節 60
 関係代名詞が導く～ 60
 関係副詞が導く～ 60
 形容詞句への転換 790
 ～で用いるshould 460
 ～を含む複文 79
形容詞的修飾語 31
形容詞用法の名詞 137
 形容詞と併用する～ 137
 時間 138
 種類・材料 139
 代名詞oneとともに用いられる～ 138
 場所 138
 副詞の修飾を受ける～ 138
 目的・機能 138
 様態の記述 139
 〈～＋名詞〉の強勢 137
 〈～＋名詞〉と冠詞 138
計量の読み方 308
結果
 接続詞 620
 前置詞 709

to不定詞 478
決定を表すshould 458
原因・理由
 接続詞 614
 前置詞 707
 副詞節 60
 分詞構文 522, 524
 to不定詞 478
原級 348
 最上級を表す～ 368
 ～を用いた比較重要構文 355, 370
 ～比較 355
原形 397, 410
 命令法 540
 ～と過去形が同形の不規則動詞 400
 ～と過去分詞が同形の不規則動詞 400
原形不定詞 466, **502**
 〈過去形助動詞＋～〉 548
 使役動詞の後で用いる～ 502
 助動詞の後で用いる～ 502
 知覚動詞の後で用いる～ 503
 〈知覚動詞＋目的語＋～〉 516
 〈bid＋目的語＋～〉 392
 〈cannot but＋～〉 507
 〈had better＋～〉 505
 〈have＋目的語＋～〉 390
 〈help＋目的語＋～〉 392
 〈let＋目的語＋～〉 389
 〈make＋目的語＋～〉 390
 〈will [shall] など＋～〉 548
 〈would rather [had rather]＋～〉 506
現在完了 418
 過去時制との違い 420
 完了 418
 経験 418, 420
 継続 419, 420

結果 418
　未来完了の代用 419
　〜が使えない場合 421
　〜の慣用表現 419
　〈be＋過去分詞〉 420
　〈just now〉 421
現在完了進行形 427
現在時制 23, **410**
　過去の代用 413
　現在完了の代用 412
　現在進行形との違い 428
　現在進行形の代用 412
　現在の性質・状態 411
　習慣的動作 411
　真理・社会通念 411
　反復的出来事 411
　未来の代用 412
　歴史的現在 413
現在進行形 425
　ある到達点への接近 425
　確定的未来・予定 426
　決意を表す 426
　現在時制との違い 428
　行為の強調 425
　進行中の動作・出来事 425
　同時性・同一性 425
　反復的動作 425
現在の傾向・習性・能力を表す will 451
現在分詞 508
　〈使役動詞＋目的語＋〜〉 515
　自動詞の主格補語になる〜 514
　進行形を作る〜 510
　〈知覚動詞＋目的語＋〜〉 516
　動名詞との相違点 535
　名詞の後に置く〜 513
　名詞の前に置く〜 512
　〜を用いた分詞構文 520
　〈am [are, is]＋〜〉 425
　〈had been＋〜〉 428
　〈have＋目的語＋〜〉 391
　〈have [has] been＋〜〉 427
　〈S＋V＋O＋〜〉 516
　〈was [were]＋〜〉 426
　〈will [shall]＋be＋〜〉 426
現在分詞・動名詞の作り方 404
懸垂分詞 526
限定用法 263
　形容詞の〜 263
　分詞の〜 512
　to 不定詞の〜 475
肯定の命令 540
肯定文 62
国名形容詞 260
語形変化 52, 397, 409
　時制による〜 409
　代名詞 53
　動詞 53, 376, 397, 409
　比較変化 52
　名詞 52
語否定 160, 758
固有形容詞 255, 260
　〈定冠詞＋〜〉 156
固有名詞 89
　〈定冠詞＋〜〉 89, 95, 124, **152**
　〈不定冠詞＋〜〉 89, **147**
　〜の複数形 89, 95, 105
コロン 130
混文 80
コンマ 130

さ 行

再帰代名詞 171, **190**, 395
　再帰動詞の目的語 191
　〈自動詞＋前置詞〉の目的語 193
　自動詞の意味を表すのに〜を必要とする他動詞 192
　前置詞の目的語 193
　〈代名詞の所有格＋own〉 195
　他動詞の目的語 192
　〜と受動態 568
　〜と目的格人称代名詞 193
　〜の強調用法 **195**, 783
　〜の再帰用法 191
　〜を省略した自動詞用法 191
　〜を用いた場合と用いない場合のある動詞 192
再帰動詞 **191**, 395
　over- 型の〜 192
再帰目的語 26
最上級 349
　譲歩の〜 374
　〜（形容詞）と定冠詞 365
　〜の慣用表現 375
　〜の強調 367, 781
　〜（副詞）と定冠詞 366
　〜を用いた構文 365, 374
　〈at (the)＋最上級〉 374
　the の有無で意味の違う〜 366
材料を表す前置詞 710
削除することのできない副詞的語句 33
3人称 173, **174**
3人称単数現在 411
使役動詞 45, **389**, 517
　強制 389
　手はず 389
　容認 389
　〜の後で用いる原形不定詞 502
　〜の後で用いる分詞 514
　〈〜＋目的語＋過去分詞〉 518
　〈〜＋目的語＋現在分詞〉 517
　〜を用いた文の受動態 573
　〈bid＋目的語＋原形不定詞〉 392
　〈get＋目的語＋to 不定詞〉 392
　〈have＋目的語＋過去分詞〉 391
　〈have＋目的語＋原形不定詞〉 390
　〈have＋目的語＋現在分

詞〉 391
〈help＋目的語＋原形不定詞[to 不定詞]〉 392
〈let＋目的語＋原形不定詞〉 389
〈make＋目的語＋過去分詞〉 390
〈make＋目的語＋原形不定詞〉 390
時間の it 182, 798
時刻の読み方 307
指示形容詞 196, 202
指示代名詞 171, **196**
　same 206
　so 203
　such 201
　that 199
　this[these], that[those] 196
　this, that と it 196
時制 409
　過去 **413**, 420
　完了形 410, **418**
　完了進行形 410, **427**
　基本〜 409
　現在〜 410
　進行形 410, **425**
　不定詞の〜 500
　分詞構文の〜 521
　未来 410, **415**
　動名詞の〜 531
　〜と時間 409
時制の一致 729
　主節の動詞が過去・過去完了のときの従節の動詞の変化 729
　主節の動詞が現在・現在完了・未来のときの従節の時制 729
　話法の転換と〜 738, 748
　〜と話法の関係 731
　〜による過去 414
　〜による過去完了 423
　will と shall 739
時制の一致の例外 733
　仮定法過去 734
　仮定法過去完了 735
　仮定法現在 734

現在の状況・習慣・特性・職業 733
社会通念 733
従節の動詞が現在または過去の場合 733
主節の動詞が仮定法過去 735
比較を表す副詞節 735
不変の真理 733
歴史上の事実 734
自動詞 24, **376**
　移動・変化を表す〜 420
　完全〜 24, 35, 376
　結果を表す他動詞として用いられる〜 378
　使役の意味を表す他動詞として用いられる〜 377
　他動詞が〜になる場合 377
　他動詞と取りちがえやすい〜 379
　不完全〜 24, 35, 376
　〜が他動詞になる場合 377
　〈〜＋前置詞〉 408, **674**
　〜と他動詞の識別 376
　〜と取りちがえやすい他動詞 378
　〜の過去分詞 420
　〈〜＋副詞〉 394
　to 不定詞をとる〜 489
従位接続詞 51, 58, 589, **602**
集合名詞 85
　可算名詞として用いられる〜 85
　衆多名詞 85
　単数・複数両様の扱いをする〜 85
　単複同形の〜 88
　注意すべき〜 87
　常に複数扱いの〜 86
　不可算名詞として用いられる〜 87
　物質名詞扱いをする〜
　〜と動詞 714
　〜を受ける代名詞 724

family タイプ 85
police タイプ 86
修辞疑問 73
　否定を表す〜 761
　〜と接続詞 but 607
　〜文と平叙文の転換 796
従節 58
従属疑問 250
従属節 58
衆多名詞 85
重文 78
　〜と単文の転換 793
　　非現実の過去の意図 793
　〜と複文の転換 795
　〜の話法の転換 747
主格 **115**, 173, 174
　関係代名詞 634
主格補語 28, 35, 115
　〜としての to 不定詞 474
主観的判断の should 457
主語 19
　形式〜 22, 185
　実質上の〜 22, 185
　条件の意味が含まれる〜 555
　動名詞の意味上の〜 530
　複合〜 22
　不定詞の意味上の〜 496
　分詞の意味上の〜 **520**, 525
　無生物〜による変換 800
　〈〜＋動詞〉 34
　〈〜＋動詞＋補語〉 35
　〈〜＋動詞＋目的語〉 38
　〈〜＋動詞＋目的語＋補語〉 44
　〈〜＋動詞＋目的語＋目的語〉 39
　〜と主部 23
　〜と動詞の一致 714
　〜と目的語・補語との一致 726
　〜になる語(句) 19
　〜になる名詞節 59

〜の省略 18
〜の変換 798
〜の見分け方 21
it を〜にした変換 798
修飾語 19, **31**
　形容詞的〜 31
　削除することのできない
　　〜 33
　付加語 33
　副詞的〜 32
　文の要素と〜 31
主節 58
手段の目的語 28
手段を表す前置詞 710
主張
　must 444
述語動詞 19, **23**, 376
　過去時制の〜 23
　現在時制の〜 23
　自動詞 23, 376
　他動詞 23, 376
　複合動詞 23
出所を表す前置詞 711
述部 17
　主部と〜の構成 18
受動
　能動態で〜の意味を表す
　　動詞 586
受動構文 have［get］を
　用いた〜 587
受動態 565
　英語特有の〜 585
　感情の表現 **580**, 585
　間接目的語・直接目的語
　　のどちらも受動態で主
　　語となる動詞 569
　間接目的語を主語にした
　　受動態の文だけがふつ
　　う認められる動詞
　　572
　間接目的語を主語にした
　　文が不自然になる動詞
　　570
　感嘆文の〜 575
　疑問文の〜 574
　客観的な記述 582
　句動詞の〜 408, **575**
　経験の〜 587
　使役動詞の〜 573
　事故・病気などの表現
　　585

〈自動詞（＋副詞）＋前置
　詞〉の句動詞の〜
　575
従事その他の表現 586
従節の主語を文の主語に
　した〜 579
受動の意味を表す能動態
　578
第3文型の〜 568
第4文型の〜 568
第5文型の〜 572
〈他動詞＋目的語＋前置
　詞〉の句動詞の〜
　576
誕生・結婚などの表現
　585
知覚動詞の〜 573
動作主に by 以外の前置
　詞をとる〜 579
動作の〜と状態の〜
　581
動名詞の〜 528, **578**
能動〜 586
能動態と〜 565
複雑な時制の〜 565
不定詞の〜 **469**, 578
古い進行形の〜 579,
　587
分詞構文の〜 521
分詞の〜 **509**, 578
補語が不定詞・分詞の文
　の〜 573
補語が名詞・形容詞の文
　の〜 572
保留目的語のある〜
　26, 569
命令文の〜 575
目的語が再帰代名詞の文
　の〜 568
目的語が節の文の〜
　568
目的語が代名詞・名詞の
　文の〜 568
〜が特に好まれる場合
　582
〜で to 不定詞をとる動
　詞 573
〜と助動詞 566
〜にならない動詞 583

〜の時制 566
〜の進行形 425
〜の用法 581
by ... の省略 567
〈have［get］＋目的語＋
　過去分詞〉 587
〈let＋目的語＋be＋過去
　分詞〉 575
Let ... の命令文の〜
　575
seem to 484
受動不定詞 471
主部 17, 23
　〜と述部の構成 18
授与動詞 39
瞬間動詞 425
準動詞 465
状況の it 184
　主語 184
　前置詞の目的語 184
　動詞の目的語 184
　補語 185
条件
　接続詞 621
　副詞節 60
　分詞構文 523, 525
　to 不定詞 479
条件節 548
　〜中の will
　　主語の意志 450
　〜と帰結節 548
　〜の省略 556
　〜の中の倒置 769
　if 節の代用 555
　if に代わる語句 549
　if の省略 554
条件節と帰結節の時制
　過去→現在 552
　現在→過去 552
条件文 546
　開放条件 546
　仮想の条件 547
　却下条件 547
　単なる条件 546
　〜と仮定法 546
　〜の形 548
譲歩
　最上級 374
　接続詞 623
　副詞節 60

分詞構文 523, 525
〜節における倒置 769
may 440
might 442
省略 772
　意味上の主語の〜 520
　関係詞の〜 775
　関係代名詞の〜 649
　〈関係代名詞＋be〉の〜 775
　関係副詞の先行詞の〜 657
　関係副詞の〜 659
　感嘆文の〈主語＋be〉の〜 772
　感嘆文の〈S＋V〉の〜 76
　慣用的な表現での〈主語＋be〉の〜 773
　祈願文での〜 77
　帰結節の〜 556
　共通構文 777
　共通要素の〜 777
　形容詞または副詞が〜される感嘆文 75
　原級比較での後の as 以下の〜 355
　広告・掲示・ことわざでの〜 776
　従節の〈主語＋be〉の〜 772
　主語の〜 773
　述語動詞の共通部分の〜 777
　条件節の〜 556
　所有格の後の場所・建物などを表す名詞の後の〜 124
　接続詞 that の〜 776
　前置詞の〜 667
　〈前置詞＋it〉の〜 604
　人称代名詞の〜 773
　比較構文での〜 355, 359, 775
　as if の後の〈主語＋動詞〉の〜 561
　it の〜 774
　it is の〜 772
　than の後の〜 359
　there の〜 774

there is の〜 772
省略文の話法の転換 746
叙述用法 265
　形容詞 265
　分詞 514
　to 不定詞 477
序数
　〈不定冠詞＋〜〉 147
序数詞 303
助動詞 50, **432**
　〈過去形〜＋完了不定詞〉 548, 551, 556
　受動態と〜 566
　法〜 432
　目的を表す副詞節と〜 618
　〜の後で用いる原形不定詞 502
　〜の種類と語形変化 432
　〜の用法上の特徴 434
　〜を含む疑問文の作り方 65, 434
　〜を含む否定文の作り方 63, 434
　be 433, **462**
　can 435
　could 437
　dare 461
　do 433, **463**
　have 433, **463**
　have to 445
　may 439
　might 441
　must 443
　need 460
　ought to 447
　shall 455
　should 456
　used to 449
　will 450
　would 451
所有格 115, **116**, 173, 175
　関係代名詞の〜 634
　擬人化された無生物の〜 119
　群〜 117
　固有名詞の〜 116
　時間・距離・重量・価格

などを表す名詞の〜 119
　単数名詞の〜 116
　地名の〜 118
　天体・地域・施設などを表す名詞の〜 119
　同格名詞の〜 117
　独立〜 **124**, 189
　二重〜 **125**, 189
　人間の活動に関係のある名詞の〜 119
　複合名詞の〜 117
　複数名詞の〜 116
　無生物の〜 118
　〜と形容詞用法の代名詞 123
　〜の意味 120
　〜の作り方 116
　〈〜＋名詞〉の複数形 123
　〈of＋〜〉 125
　〈of＋名詞〉 118
　's と of 123
　's の発音 117
　's をとる無生物の〜 119
　〈the＋固有名詞〉 124
所有格の意味 120
　意味上の主語 120
　意味上の目的語 122
　起源・著者・作者 122
　共有 118
　個別所有 118
　所有・所属・関連 120
　性質・特色・対象・目的・用途 122
　同格 123
　長さ・時間・距離・価値・重量 122
　部分 122
所有代名詞 171, **189**
　二重所有格 189
進行形 410, **425**
　過去完了〜 410, **428**
　過去〜 410, **426**
　完了〜 410, **427**
　現在完了〜 410, **427**
　現在〜 410, **425**
　習慣的行動を表す 425
　受動態の〜 425

1. 文法事項索引　しんし—せつぞ

ふつう〜にしない動詞　429
不定詞の〜　471
古い〜の受動態　579, 587
分詞の〜　509
未来完了〜　410, **428**
未来〜　410, **426**
seem to の後の〜　484
真主語　22
新情報　570
推定の should　286, 457
推量
　現在の弱い〜を表す would　453
　現在の〜を表す will　451
　否定的な〜を表す
　　can　435
　　could　438
　　have to　446
　　may　439
　　might　442
　　must　444
　　ought to　448
　　should　457
数　97
　学問・学科名　109
　疑問の場合の〜　97
　ゲームなどの名　110
　固有名詞の〜　97
　集合名詞の〜　97
　〈数詞＋名詞〉が他の名詞を修飾するときの〜　114
　抽象名詞の〜　97
　対になった2つの部分からなる衣類・器具など　109
　否定の場合の〜　97
　病気の名　110
　普通名詞の〜　97
　物質名詞の〜　97
　名詞が他の名詞を修飾るときの〜　113
数詞　255, **297**
　基数詞　297
　序数詞　303
　数式の読み方　310

倍数詞　305
　部分を表す〜　305
　〈〜＋単数名詞〉　114
　〜とともに用いる最上級の慣用表現　375
数量形容詞　255, **289**
　〜を使わない「多少」の表現　296
　enough　295
　few と a few　293
　little と a little　293
　many　290
　much　291
　several　295
性　133
　女性　133
　男性　133
　中性　136
　通性　135
　〜の一致　724
制限用法
　関係代名詞　635
性差別を避ける言い方　134
性状形容詞　255, **258**
整数・小数の読み方　306
節　20, **58**
接続詞　51, **589**
　1語の〜　590
　関係代名詞的に用いる〜の as　631
　疑似関係代名詞としての as, but, than　651
　機能語としての〜　52
　肯定文に続く nor　594
　従位〜　51, 589, **602**
　接続副詞　598
　前置詞と〜　673
　前置詞と〜の区別　53
　相関〜　590
　等位〜　51, 589, **591**
　　意味の軽い but　597
　　不定詞の代用としての and　592
　動詞派生の〜　590
　時の前後関係を表す〜　423
　2語以上の〜　590
　否定を表す〜　751
　複合関係副詞の when-

ever 609
副詞派生の〜　590
副詞節を導く〜　590
　結果　620
　原因・理由　614
　条件　621
　譲歩　623
　除外　630
　制限　628
　時　609
　場所　614
　比較　626
　比例　627
　付言　631
　目的　618
　様態　628
分詞構文由来の〜　527
名詞節を導く〜　589, **602**
名詞派生の〜　590
〜の種類　589
〜の働きをする疑問詞　608
because, since, as　614
because と for の違い　615
but (that)　607
if　607
lest　608
that　602
　〜の省略　776
until と till　611
whether　606
接続詞 that の用法　602
　主語となる that 節　602
　補語となる that 節　602
　目的語となる that 節　603
　that 節が緊急・必要・提案・要求の意味の動詞および形容詞の後　606
　that 節が前置詞の目的語の文　605
　that 節が同格の節を導く文　605
接続副詞　598
　因果関係を示す〜　599
　接続詞とともに用いられる〜　600

接続詞と〜との区別 601
説明的な〜 600
選択的な〜 599
反意的な〜 599
連結的な〜 598
絶対最上級 367
絶対比較級 364
絶対複数 109
接頭辞
　否定を表す〜 751
　〜のついた動詞 402
接尾辞
　否定を表す〜 751
セミコロン 130
先行詞 632
　関係副詞の〜の省略 657
〜になる形容詞(句) 644
先行の it 185
全体の修飾 264
全体否定と部分否定 759
選択疑問文 67
前置詞 50, 376, **665**
　おもな〜の意味と用法
　　一点 684
　　関係 696, 698, 713
　　起源 692
　　基準 686
　　結果 709
　　原因 707
　　行為者 710
　　交換 688
　　交通・通信の手段 710
　　材料・原料 710
　　賛成・一致 713
　　時間的限度 686
　　時間的に「〜内」を表す 691
　　手段 685
　　出所 689, 711
　　状態 684, 691, 711
　　除外 712
　　所有格に相当する用法 692
　　接触 693
　　代価 712
　　単位・程度・度合 713
　　着用 713
　　仲介 710
　　同格 693
　　of 786
　　道具 710
　　到達点 695
　　同伴・付加 697
　　時 699
　　内部 690
　　場所 685, 702
　　場所的・時間的起点 689
　　反対・不一致 713
　　分離 690, 692
　　分離・除去・距離・区別 711
　　方向 687, 695
　　目的 687, 709
　　様態・状態 711
　　理由 707
　　about 682
　　at 674, 680, **684**
　　by 685
　　for 675, 681, **686**
　　for や against と結びつく動詞 676
　　from 676, 680, **689**
　　in 676, 681, **690**
　　of 674, 682, **692**
　　on 675, 681, **693**
　　to 675, 683, **695**
　　with 675, 681, **697**
　関係詞節を目的語にとる〜 666, 667
　〈〜＋関係代名詞〉 638
　間接疑問節を目的語にとる〜 666
　機能語としての〜 52
　疑問詞と〜 241
　疑問詞を目的語にとる〜 667
　群〜 665, 670
　形容詞を目的語にとる〜 665
　〈形容詞＋〜〉674, **680**
　〈自動詞＋〜〉**408**, 674
　受動態を目的語にとる〜 667
　接続詞との区別 53
　前置詞つきの句を目的語にとる〜 666
　〈他動詞＋目的語＋〜〉407, **677**
　〈動詞＋副詞＋〜〉407
　〈動詞＋名詞＋〜〉407
　〈動詞＋〜〉406, **408**
　動名詞を目的語にとる〜 666
　二重〜 666, **671**
　副詞を目的語にとる〜 666
　不定詞を目的語にとる〜 666, 667
　名詞・代名詞を目的語にとる〜 665
　〜つきの句の用法 669
　〜と接続詞 53, **673**
　〜と副詞 314, **672**
　〜の位置 666
　〜の後置 666
　〜の省略 667
　〈〜＋関係代名詞〉 639
　〜の目的語 665
　〜を含む主語と動詞の一致 723
　〈〜＋抽象名詞〉を用いる文の転換 788
　〈〜＋名詞〉32, 58, **669**
　〈〜＋名詞〉による文の転換 792, 794
　〈〜＋it〉の省略 604
　〈〜＋when〉 246
　〈〜＋where〉 247
　〈〜＋who〉 242
　〈〜＋whom〉 242
　〈be＋形容詞＋〜〉付加語 38
　begin と〜 676
　〈of＋名詞〉 667
　that 節を目的語にとる〜 666
　〈who＋〜〉 242
相関接続詞 590
相互代名詞 217
相互複数 112
相互目的語 26
総称単数 **146**, 151
総称人称 180
総称の the 151
総称用法 84

挿入 784
　〜語句 784
挿入句 784
　慣用的な〜 784
　独立不定詞 785
　分詞構文 785
挿入節 631, 651, **785**

た行

態 565
　〜の変化と意味の変化 573
　〜の変換 566
第1文型 35
　副詞的語句を必要とする〜 35
対格 115
第5文型 44
　形容詞をとる動詞 44
　第4文型と〜の区別 30
　〈動詞＋目的語＋to 不定詞〉 46
　〜の目的格補語
　　句をとる動詞 44
　　不定詞をとる動詞 45
　　分詞をとる動詞 45
　　名詞をとる動詞 44
第3文型 38
　目的語になる語(句) 38
　〈S＋V＋C＋A〉 39
代動詞の do 464
第2文型 35
　外見を表す動詞 37
　状態の変化を表す動詞 36
　前置詞の脱落 38
　知覚動詞 37
　〈S＋V＋C＋A〉 38
　〈S＋be＋形容詞＋前置詞＋名詞〉 38
代不定詞 467
代名形容詞 256
代名詞 49, **171**
　関係〜 171, **632**
　機能語としての〜 52
　疑問〜 171
　再帰〜 171
　指示〜 171, **196**
　周囲の事情や文脈から推察できる名詞の表すものをさす〜 172
　集合名詞を受ける〜 724
　所有〜 171, **189**
　所有格と形容詞用法の〜 123
　相互〜 217
　中性名詞を擬人化して受ける〜 136
　通性名詞を受ける〜 135
　動物を表す通性の名詞を受ける〜 136
　人称 171
　否定を表す〜 751
　人を表す通性の名詞を受ける〜 135
　付加疑問での〜 725
　2つ以上の(代)名詞を受ける〜の人称 725
　不定 171, **208**
　不定代名詞を受ける〜 725
　文またはその一部の内容をさす〜 172
　冒頭の〜 177
　名詞で表された人・物・事をさす〜 172
　(代)名詞と〜の一致 724
　話法の転換と〜の交代 740
　〜の一般的位置 172
　〜の一般的用法 172
　〜の形容詞用法 256
　〈〜の所有格＋own〉 **179**, 195
　〜の独立所有格 189
　baby, child などの名詞を受ける〜 135
　so 〜の用法 204
第4文型 39
　疑問詞節 43
　〈疑問詞＋to 不定詞〉43
　〈動詞＋目的語＋to 不定詞〉43
　〜と第5文型の区別 30
　〜の直接目的語 43
　〜をとる動詞 40
　that 節 43
　to 不定詞 43
ダッシュ 130
他動詞 24, **376**
　感情表現の〜 275
　完全〜 24, 376
　自動詞が〜になる場合 377
　自動詞と取りちがえやすい〜 378
　自動詞と〜の識別 376
　自動詞にも〜にも用いられる動詞 377
　自動詞の意味を表すのに再帰代名詞を必要とする〜 192
　不完全〜 24, 376
　〜が自動詞になる場合 377
　〈〜(＋形容詞)＋目的語〉 394
　〜としての do 386
　〜と取りちがえやすい自動詞 379
　〈〜＋目的語〉 407
　〈〜＋目的語＋前置詞〉 407, 677
　to 不定詞をとる〜 487
単純形の動名詞 531
単純形の不定詞 501
単純形の分詞 521
単純副詞 311
単純未来 415, 417
　疑問文 415
　平叙文 415
単数 **97**, 173
　一般に〜扱いの語 110
　総称〜 146
　〜扱いと複数扱いの両方のある語 110
　〜形と複数形で意味の異なる語 108
　〜形の動詞で受ける名詞 715
単なる条件 546
単複同形 88, **101**
単文 77
　重文と〜の転換 793
　複文と〜の転換 787
知覚動詞 **392**, 430
　〈〜＋目的語＋過去分詞〉

514
〈〜＋目的語＋原形不定詞〉 **503**, 516
〈〜＋目的語＋現在分詞〉 514, **516**
〜を用いた文の受動態 573
抽象名詞 **92**, 96
　〈形容詞＋〜〉 93
　個別的な行為・事柄・種類など 93
　〈定冠詞＋単数普通名詞〉 84, 151
　程度の多少を表す 92
　〈不定冠詞＋〜〉 93, **148**
　〈of＋(代)名詞〉などの語句で限定された〜 93
　〜の数え方 93
　〜の擬人化 96
中性 136
直接疑問文 250
直説法 544
　仮定法現在の代わりに使われる〜 545, 548
直接目的語 **26**, 39
　〜の格(対格) 115
直接話法 736
　〜の伝達部の倒置 768
直喩 357
通格 115
通性 134
　動物を表す〜の名詞を受ける代名詞 136
　人を表す〜の名詞を受ける代名詞 135
　〜の名詞を受ける代名詞 135
　baby, child などの名詞を受ける代名詞 135
提案を表す should 458
定冠詞 142, **149**
　駅 154
　宮殿・神社・寺院 154
　公共の施設・建物 154
　国語 154
　最上級と〜 365
　修飾語句がついて特定のものをさす名詞 150

常識的に「唯一のもの」をさす名詞 150
状況からそれとわかる名詞 149
大学名 154, 166
月・曜日 154
定期刊行物 155
天体 150
橋 154
比較級と〜 361
病名 152
方角 150
ホテル 154
前に出た名詞 149
無冠詞 162
　〈〜＋形容詞〉 155
　〈〜＋固有形容詞〉 156
　〈〜＋固有名詞〉 89, 152
　〜相当語 143
　〈〜＋単数普通名詞〉＝抽象名詞 151
　〈〜＋単数普通名詞〉の形の総称用法 151
　〈〜＋単数形〉に相当する it 176
　〜の位置 159
　〜の一般用法 149
　〜の特別用法 155
　〜の発音 144
　〜の反復 161
　〜の副詞的用法 158
　〈〜＋比較級〉 158, 371
　〈〜＋複数名詞〉 151
　〈〜＋普通名詞〉 149, 151
　〈〜＋分詞〉 155
　〜を含む慣用表現 158
　〈by＋〜＋単位を表す名詞〉の型 157
　〈catch＋人＋by＋〜＋体の部分〉の型 156
程度を示す to 不定詞 480
丁寧さ 431
丁寧な表現の would 452
転換 787
　修辞疑問文 ↔ 平叙文 796
　重文 ↔ 単文 793

重文 ↔ 複文 795
複文(形容詞節) ↔ 単文 789
複文(副詞節) ↔ 単文 790
複文(名詞節) ↔ 単文 787
平叙文 ↔ 感嘆文 797
天候の it **183**, 798
伝達動詞 395, 738
電話番号の読み方 307
等位節 58
等位接続詞 51, 58, 78, 80, 589, **591**
　選択 595
　対立 596
　判断の理由 598
　連結 78, **591**
　and 591
　both A and B 594
　but 595
　either A or B 596
　for 598
　neither 592
　nor 593
　not only A but (also) B 594
　or 595
同格節
同格 **130**, 786
　〈代名詞＋名詞〉 131
　〈文＋名詞〉 132
　分詞構文の分詞の省略と〜 131
　〈名詞＋名詞〉 130
　〈名詞＋名詞節〉 131
　〈名詞＋of＋名詞〉 132
　〈名詞＋of a＋名詞〉 132
　〜の that 節 132
　〜の whether 節 131
　〜を表す語句 786
　〜を表す of **132**, 786
　〜を表す to 不定詞 474
　〜になる名詞節 59
道具を表す前置詞 710
動詞 19, 23, 49, **376**
　同じ主語を受ける〜が2つ以上ある文 79
　活用形が2種類ある〜

402
間接目的語・直接目的語のどちらも受動態で主語になる〜 569
間接目的語を主語にした受動態の文が不自然になる〜 570
間接目的語を主語にした受動態の文だけがふつう認められる〜 572
規則〜 397
句〜 406
心の動きを表す〜 430
再帰代名詞の省略可能な再帰〜 192
再帰〜 191, **395**
使役 45, **389**
自動詞と他動詞 376
集合名詞と〜 714
主語と〜の一致 714
述語〜 376
受動態にならない〜 583
状態を表す〜 380, 429
(ふつう)進行形にしない〜 380, 429
接頭辞のついた〜の活用 402
〈前置詞+it〉を置いても省略してもよい〜 604
〈前置詞+it〉を省略できない〜 605
第1文型をとる〜 35
第2文型をとる〜 36
第3文型をとる〜 38
第4文型をとる〜 40
第5文型をとる〜 44
知覚〜 46, **392**, 430
伝達〜 395, 738
動作を表す〜 380
動名詞 376, **528**
内容語としての〜 51
日本語とニュアンスの違う〜 382
能動態で受動態の意味を表す〜 395, 586
能動受動態 586
不規則〜 397
複合形の〜の活用 402

複合主語と〜の一致 721
複数形の〜で受ける名詞 715
不定詞 376, **465**
不定代名詞と〜の一致 717
分詞 376, **508**
方向性のある〜 381
本〜 376
無生物主語の構文によく用いられる〜 802
名詞との品詞の転用 54
〜の活用 397
〜の種類 376
〜の目的語 38
〈疑問詞+to 不定詞〉 482
同族目的語 377, 378, **394**
動名詞だけを目的語にとる〜 536
動名詞・不定詞の両方をとる〜 537
名詞の順を入れ替えられる〜 382
〈〜+前置詞〉 406, **408**
〜派生の接続詞 590
〜派生の名詞 389
〈〜+副詞〉 406
〈〜+副詞+前置詞〉 407
〈〜+副詞+目的語〉 406
〈〜+名詞〉 407
〈〜+名詞+前置詞〉 407
〈〜+目的語+副詞〉 406
〈S+V+O+疑問詞節〉 44
〈S+V+O+that節〉の型をとれない〜 43
〈S+V+O+that節〉でOを省くことのできない〜 43
that節の前に間接目的語を必要とする〜 604
that節を目的語にとる

[とらない]〜 603
There is ... 構文の〜 **46**, 723
to 不定詞と that 節 489
to 不定詞のみを目的語にとる〜 536
当然
must 444
should 457
同族目的語 27, **394**
倒置 767
感嘆文 768
疑問文 768
強調のための〜 **770**, 780
条件節 769
譲歩節 769
直接話法の伝達部 768
否定語を文頭に置く 770
副詞を文頭に置く 771
補語を文頭に置く 770
目的語を文頭に置く 770
so, neither, nor で始まる文 767
There is ... 構文 767
導入の it 185
動詞 20, 22, **528**
意味上の主語 530
慣用表現 532
時制 531
動詞的機能 528
名詞的機能 529
〜だけを目的語にとる動詞 537
〜と現在分詞の相異点 535
〜と不定詞 536
〜と不定詞を目的語にとる動詞 537
〜の完了形 528, **532**
〜の受動態 528
〜を代表する形式主語 185
〜を代表する形式目的語 187
〜を用いる文の転換 788, 790, 792

時
　接続詞　609
　前置詞　699
　副詞節　60
　分詞構文　**522**, 524
特殊疑問文　66, 240
　全体として〜になる間接疑問文　252
　〜の受動態　574
特殊な文型　46
　補語に相当する語句がつく場合　48
　〈as＋補語〉のつく場合　48
　It seems that …　47
　〈S＋V＋O＋O＋C〉　48
　There is [are] 構文　46
独立疑問文　250
独立所有格　**124**, 189
　代名詞の〜　125
独立不定詞　495
　挿入句として用いる〜　785
独立分詞構文　525
　〈with＋〜〉　526

な行

内容語　51
長さの読み方　308
二重限定　650
二重所有格　**125**, 189
二重前置詞　671
二重否定　760
二重複数　107
2人称　173, 174
人称　173
　関係代名詞の〜と数　633
　総称〜　180
　2つ以上の(代)名詞を受ける代名詞の〜　725
人称代名詞　171, **173**
　再帰代名詞　190
　主格　174
　所有格　175, **178**
　〈所有格＋own〉　179
　所有代名詞　189
　複合〜　190
　目的格　175
　〜の優先順位　178

it　176, 182
they　177, 181
we　180, 181
you　180
年号の読み方　307
能動受動態　395, **586**
能動態　565
　受動の意味を表す〜　578
　〜で受動の意味を表す動詞　586
能力
　現在の〜を表す will　451
　may　440
能力・可能　can　435
　could　438

は行

倍数詞　305
倍数表現　305, **358**
「配分」と「集合」による単数・複数　726
場所
　接続詞　614
　前置詞　702
　副詞節　60
反語
　修辞疑問　73
　〜的な可能を表す shall　456
　should　458
判断の根拠を表す to 不定詞　479
番地の読み方　308
控え目な表現の should　457
比較　347
　原級〜　355, 368, 370
　最上級の意味を表す原級・比較級　368
　差を表す形　359
　絶対最上級　367
　絶対比較級　364
　比較級を修飾する語句　361
　優勢〜　359
　劣勢〜　360
　〜構文での省略　775
　〜を表す3つの級　348

比較級　349
　ラテン語から来た形容詞の〜構文　363
　〜の強調　781
　rather than の意味の more〜than　362
　than の後を省略する〜　359
　than の代わりに to を用いる〜　363
　〈the＋〜〉　158, 361
比較変化　347
　規則変化　349
　不規則変化 (good, will; bad, it, badly; many, much; little)　351
　〜が2とおりあるもの (old, late, far)　353
　〜をしない形容詞・副詞　347
比較を用いた重要構文　370
　原級　370
　最上級　365, 374
　倍数表現　358
　比較級　371
　no more than 型　372
　than の代わりに to を用いる形　363
非実現の過去の意図　793
非制限用法
　関係代名詞の〜　635
　関係副詞の〜　657
日付の読み方　307
必要を表す should　456
否定　**751**
　慣用表現　753, **761**, 764
　全体〜と部分〜　759
　強い〜　752
　二重〜　760
　文否定と語否定　758
　弱い〜　753
　〜の意味の強調　782
　〜語句の位置　755
　〜語句を用いない〜表現　761
　〜の場合の名詞の数　97
　not の短縮形　63, 434

否定形
　疑問文　66
　助動詞　434
　不定詞　471
　命令文　75, 541
否定的な推量　can　435
否定文　62
　助動詞を含む〜　434
　〜を作る do　463
非難　might　442
非難・いらだちを表す
　would　453
非人称の it　182
描出話法　737
ピリオド　64
品詞　49
　間投詞　51
　形容詞　49, **254**
　接続詞　51, **589**
　前置詞　50, **665**
　代名詞　49, **171**
　動詞　49, **376**
　8〜とその機能　49
　副詞　50, **311**
　名詞　49, **81**
　〜と語形変化　51
品詞の区別　53
　形容詞と副詞　53
　前置詞と接続詞　53
　副詞と前置詞　53
品詞の転用　55
　いろいろな品詞になる語
　　55
　形容詞 ↔ 副詞　54
　名詞 ↔ 形容詞　54
　名詞 ↔ 動詞　54
付加疑問(文)　69
　肯定文に続く〜　70
　否定文に続く〜　71
　命令文に続く〜　72
　Let's ... の後に続く 72
　There is 構文の〜　71
　used to を含む文の〜　73
付加語　**33**, 35
　〈S+V+A〉　35
　〈S+V+C+A〉　38
　〈S+V+O+A〉　39
不可算名詞　81
　固有名詞　89
　集合名詞　87

抽象名詞　92
物質名詞　91
不完全自動詞　24, 35, 376
　〜の補語となる to 不定
　　詞　477
不完全他動詞　24, 44, 376
不規則動詞　399
　A−A−A 型　401
　A−A−B 型　400
　A−B−A 型　400
　A−B−B 型　399
　A−B−C 型　400
不規則複数　100
不規則変化　351
複合関係詞　661
　複合関係形容詞　664
　複合関係代名詞　661
　複合関係副詞　663
複合語
　〈動名詞＋名詞〉　535
複合主語　21, 22
　〜と動詞の一致　721
複合動詞　23
複合人称代名詞　190
複合名詞
　〜の複数形　106
副詞　50, **311**
　関係〜　311, **654**, 663
　疑問〜　**246**, 311
　距離を表す〜　312
　形容詞と〜の区別　53
　形容詞との品詞の転用　54
　形容詞派生の〜　257
　〈形容詞＋-ly〉形の〜　315
　主語について説明する〜　327
　真実性の高いことを表す〜　313
　節を修飾する　318
　接続詞的〜　313
　接続〜　598
　前置詞と〜の区別　53, **672**
　単純〜　311
　動詞派生の〜　314

内容語としての〜　51
否定を表す〜　751
文修飾の〜　313, **326**
名詞派生の〜　128, 314
〜(句)の意味　311
　肯定・否定　313, **341**
　程度・強調　312, 324, 336
　時　312, 322, **329**
　場所　312, 321, **334**
　頻度　312, 323, **329**
　様態　311, **320**
〜の用法と位置　318
　強調のための倒置　771
　句動詞をつくる　345, 406
　形容詞用法の名詞を修
　　飾　138
　形容詞を修飾　325
　補語として　318
　数字・計量語を修飾　326
　他品詞との転用　55, **314**, 319
　動詞を修飾　319
　動詞を修飾　529
　比較変化　52, **347**
　副詞を修飾　325
　不定詞を修飾　472
　分詞の副詞用法　519
　文を修飾　327
　補語として　318
　名詞・代名詞を修飾　325
　話法の転換における副
　　詞の交代　740
ago　329
already　330
before　329
else　345
ever　331
far　336
here と there　334
just　333
just now　333
much　336
nearly と almost　340

not と no 342
now 333
once 332
only 342
since 329
so 206, **339**
still 331
There is ... 構文 334
too 339
too, also と either, neither 343
very 336
Yes と No 341
yet 330
副詞句 57
　条件を表す 555
　動名詞を修飾する 529
副詞節 60
　結果 61, **620**
　原因・理由 60, **614**
　条件 61, 412, **621**
　譲歩 61, **623**
　除外 630
　制限 61, **628**
　対照 61
　時 60, 412, **609**
　場所 61, **614**
　比較 61, **626**
　比例 627
　付言 631
　目的 61, **618**
　様態 61, **628**
　～を含む複文 80
　～を導く接続詞 590
　～を導く複合関係詞 663
副詞的語句
　付加語 35
副詞的修飾語 32, **318**
　〈前置詞＋名詞〉 33
　副詞 32
　副詞句 32
　不定詞 32
　分詞 32
　副詞節 33
副詞的目的格 27, **128**
　距離・方向 129
　程度 129
　時・回数 128

方法 129
様態・付帯状況 130
複数 **97**, 173
　一般に～扱いの語 110
　規則～ 98
　強意～ 111
　近似～ 112
　絶対～ 109
　相互～ 112
　単数扱いと～扱いの両方のある語 110
　二重～ 107
　不規則～ 100
　分化～ 108
複数形
　イタリア語系の名詞 104
　外来語の～ 102
　記号 104
　強意 111
　ギリシャ語系の名詞 103
　近似値 112
　敬称 105
　固有名詞 105
　称号 105
　〈所有格＋名詞〉 123
　数字 104
　単数形と～とで意味の異なる名詞（分化複数） 108
　単複同形 101
　常に～で用いられる語（絶対複数） 108
　動詞 529
　複合名詞 106
　フランス語系の名詞 104
　〈名詞＋and＋名詞〉でまとまった１つのものを表す場合 107
　文字 104
　ラテン語系の名詞 102
　略語 104
　～を２つ持つ名詞（二重複数） 107
複数形の作り方 98
　語尾に -es をつける 98
　語尾に -s をつける 98
　〈子音字＋o〉で終わる語

98
　〈子音字＋y〉で終わる語 98
　〈母音字＋o〉で終わる語 99
　-a で終わる語 102
　-ex, -ix で終わる語 103
　-f, -fe で終わる語 99
　-is で終わる語 103
　-o で終わる語 98
　-on で終わる語 103
　-um で終わる語 102
　-us で終わる語 102
複数形の動詞で受ける名詞 715
複数形名詞と動詞 715
複数語尾の発音 100
〈複数名詞＋名詞〉 114
複文 79
　～重文との転換 795
　～と単文の転換 787
付帯状況を表す分詞構文 523, 524
普通名詞 83
物質形容詞 255, **259**
物質名詞 91
　可算名詞・不可算名詞の両方に使う～ 96
　～扱いの集合名詞 87
　～の普通名詞化 95
　～の用法 91
　～の量の表し方 91
不定冠詞 142, **144**
　「ある…」 145
　「いくらかの」 145
　「同じ」 145
　「どれでも」「…というもの」 146
　「…につき」 146
　初めて話題にのぼる名詞 144
　「１つの」 145
　不特定の単数の可算名詞 144
　〈～＋形容詞の最上級〉 147
　〈～＋固有名詞〉 89, 147
　〈～＋序数〉 147
　〈～＋数量形容詞〉 147

1. 文法事項索引　ふてい―ぶんし　847

～相当語　143
〈～＋単数形〉　176
〈～＋抽象名詞〉　93, **148**
～と per　146
～の特別用法　147
～の発音　143
〈～＋物質名詞〉　95, **148**
～をつけない単数扱いの語　110
～を含む慣用表現　148
不定詞　20, 22, 56, **465**
　完了～　468
　原形～　466, **502**
　実現されなかった計画や予定を表す～　469
　受動～　471
　代～　467
　単純形の～　501
　独立～　495
　分割～　472
　分離～　472
　～と動名詞　536
　～と動名詞のいずれをも目的語にとる動詞　537
　～の表す時　500
　～の意味上の主語　496
　～の完了形　468
　～の受動態　469
　～の進行形　471
　～の否定形　471
　～を用いる形容詞句　57
　～を用いる副詞句　57
　～を用いる名詞句　56
　～を用いる文の転換　790, 793
　be 動詞の補語となる～　467
　help［know］と～　466
　It is～for［of］A to ... 構文と that 節　497
　than の後に用いる～　467
　to 不定詞　465, **473**
　〈疑問詞＋～〉　481
　形式主語　185
　形式目的語　186

形容詞用法　475
主語　473
副詞用法　477
補語　**474**, 490
名詞と同格　474
名詞用法　**473**, 487
目的語　**473**, 487, 536
to 不定詞だけを目的語にとる動詞　536
to 不定詞と原形不定詞の両方が可能な場合　466
不定数量形容詞　255
不定代名詞　55, 171, **208**
　相互代名詞　217
　～と動詞　717
　～を受ける代名詞　725
　all　222
　another　213
　any　218
　anyone と any one　234
　-body と -one　235
　both　224
　each　**226**, 228
　either　229
　every　227
　neither　230
　no　231
　none　232
　not と no　231
　one　208
　other　212
　several　216
　some　218
　somebody, something　234
　-thing　236
部分的修飾　264
部分否定　759
　all, both と～　225
フランス語系の名詞の複数形　104
古い進行形　579
　～の受動態　579, **587**
文　17
　〈主部＋述部〉の形をとる［とらない］～　17

～の主要素　19
～の種類　62
～の転換　787
分割不定詞　472
分化複数　108
文型　34
　第１文型　35
　第２文型　35
　第３文型　38
　第４文型　39
　第５文型　44
　特殊な～　46
分詞　508
　過去～　508
　現在～　508
　懸垂～　526
　使役動詞の後で用いる～　515
　主語になる～　20
　〈定冠詞＋～〉　155
　～形容詞　255, **272**, 511
　～構文　520
　～の完了形　509
　～の受動態　**509**, 578
　～の進行形　509
　～の用法　510
　　形容詞用法　511
　　限定用法　512
　　叙述用法　514
　　動詞的用法　510
　　副詞用法　519
　　名詞用法　519
　～を用いる形容詞句　57
　～を用いる副詞句　58
　〈Ｓ＋Ｖ＋Ｏ＋～〉　516
分詞形容詞　255, **272**, 511
分詞構文　520
　過去分詞の～　520
　慣用的な～　527
　現在分詞の～　520
　受動態の～　521
　接続詞となった～　527
　挿入句として用いる～　785
　独立～　525
　～の意味上の主語　520
　～の時制　521
　～を用いる文の転換

794
分詞構文の意味と位置 522
　原因・理由 522, 524
　条件 523, 525, 555
　譲歩 523, 525
　時 522, 524
　付帯状況 523, 524
文修飾の副詞 326
分数の読み方 306
文の主要素 19
文の種類 62
文の転換 787
　修辞疑問文 ↔ 平叙文 796
　重文 ↔ 単文 793
　重文 ↔ 複文 795
　複文（形容詞節）↔ 単文 789
　複文（副詞節）↔ 単文 790
　複文（名詞節）↔ 単文 787
　平叙文 ↔ 感嘆文 797
文否定 758
分離不定詞 472
平叙文 64
　修辞疑問文と～の転換 796
　～と感嘆文の転換 797
　～の強調（do）779
　～の話法の転換 741
変換 798
　無生物主語による～ 800
　it を主語にした～ 798
法 540
　仮定法 544
　直説法 544
　命令法 540
法助動詞 432
　～の語形変化 433
冒頭の代名詞 177
法律の文体に用いる仮定法現在 549
補語 19
　主格～ 19, 28, 115
　主語・目的語と～の一致 726
　目的格～ 19, 28

～相当語（句）**30**, 48
～と修飾語との区別 29
～と目的語との区別 30
～になる語（句）28
～になる名詞節 59
～をとる動名詞 528
～を文頭に置く強調 770
補語をさす it 177
保留目的語 26, 569
〈for＋～〉571

ま行

未来完了 424
　完了・結果 424
　経験・継続 424
　現在の推測 424
未来時制 415
　意志未来 415
　近接未来 415
　単純未来 415
　未来完了の代用 424
未来進行形 426
　確定的未来・予定 427
　進行中の動作・出来事 426
無冠詞 162
　家族関係 163
　神・悪魔 163
　季節・月・曜日・休日 163
　建造物・場所 165
　交通・通信の手段 167
　食事・科目・スポーツ 167
　新聞の見出し・広告・掲示 170
　対句をなす名詞 168
　動物名 167
　身分・官職・称号 164
　呼びかけ 163
　～の名詞を含む慣用句 170
無生物主語による変換 **800**, 802
名詞 49, **81**
　イタリア語系の～の複数形 104
　可算～ 81
　ギリシャ語系の～の複数形 103
　具象～ 83
　形容詞との品詞の転用 54
　〈形容詞用法の名詞＋名詞〉137
　固有～ **89**, 105
　集合～ 85
　衆多～ 85
　主格 115
　所有格 116
　代名詞との一致 724
　単複同形の～ 101
　抽象～ 93
　常に複数形で用いられる～ 108
　動詞との品詞の転用 54
　動詞派生の～ 389
　内容語としての～ 51
　漠然と多数を表す～ 113
　不可算～ 81
　複合～ 106
　複数形の作り方 98
　複数形を2つ持つ～ 107
　普通～ 83
　物質～ 91
　フランス語系の～の複数形 104
　目的格 127
　ラテン語系の～の複数形 102
　～句 56
　～節 22, **59**
　～の格 115
　～の慣用表現 139
　～の形容詞用法 137
　～の語形変化 52
　～の種類の転用 94
　～の数 97
　～の性 133
　～の特殊用法 137
　～派生の接続詞 590
　～を修飾する～ 113, **137**
名詞句 56
名詞構文 120
名詞節 22, **59**
　～を作る what 647

1. 文法事項索引　めいし―わほう

～を含む複文　79
～を導く接続詞　589, **602**
～を導く whatever　662, 664
～を導く whichever　662, 664
～を導く whoever　661
名詞相当語句　21
名詞表現　**120**, 139
命令
　軽い～を表す
　　can　436
　　might　442
　　shall　456
　　should　458
命令文　74
　間接命令　542
　肯定形の～　74, 540
　主語の省略　18
　否定形の～　75, 541
　命令法　540
　1人称に対する～　75, 542
　2人称に対する～　74, 540
　3人称に対する～　75, 543
　～に続く付加疑問　72
　～の強意・強調　74, 780
　～の主語　18, 541
　～の受動態　575
　～の話法の転換　743
　〈～+and〉　591
　〈～+and〉↔条件文　796
　〈～+or〉　596
　〈～+or〉↔条件文　796
　let を用いた～　75, 542, 543
　Let's ... の後に続く付加疑問　72
命令法　540
面積の読み方　309
目的
　接続詞　618
　前置詞　709
　副詞節　61
　may　440

to 不定詞　477
目的格　115, **127**, 173, 175
　関係代名詞の～　634
　形容詞的に働く～　127
　人称代名詞の～　175
　副詞的～　27, **128**
　補語になる～　127
　名詞を修飾する～　128
目的格補語　28, 127
　目的語と～の関係　30
　to 不定詞　474
目的語　19, **24**, 376
　間接～　26, 39
　〈疑問詞＋to 不定詞〉を～にとる動詞　482
　形式～　27, 186
　形容詞の～　26
　結果の～　28
　再帰～　26, 191, 395
　主語・～と補語の一致　726
　手段の～　28
　前置詞の～　26, **665**
　相互～　26
　第3文型　38
　第4文型　39
　第5文型　44
　〈他動詞＋間接～＋直接～〉　39
　〈他動詞＋副詞＋～〉　406
　〈他動詞(＋形容詞)＋～〉　394
　〈他動詞＋～〉　38, 407
　〈他動詞＋～＋前置詞〉　39, 407, 677
　〈他動詞＋～＋副詞〉　406
　〈他動詞＋～＋補語〉　44
　直接～　26, 39
　同族～　27, 377, **394**
　保留～　26, 569
　～と目的格補語の関係　30
　～になる語(句)　24
　～になる名詞節　59
　～をとる動名詞　528
　～を文頭に置く強調　770

目的語の種類　26
　間接目的語　26
　形式目的語　27, **186**
　再帰目的語　26, 191, 395
　相互目的語　26
　直接目的語　**26**, 39
　同族目的語　27, 377, **394**
　保留目的語　26, 569

や行

約束を表す shall　456
優勢比較　359
容積の読み方　309
様態
　副詞節　61
　接続詞　628
　前置詞　711
容認を表す may　440
要望を表す should　458
与格　115
予言を表す shall　456
予定を表す be to　486
呼びかけの語句　18
予備の it　185

ら行

ラテン語から来た形容詞の比較級構文　363
ラテン語系の名詞の複数形　102
理由
　接続詞　614
　前置詞　707
　副詞節　60
類語反復　783
累乗などの読み方　310
歴史的現在　413
劣勢比較　360
ローマ数字の表記法　300

わ行

話法　736
　間接～　736
　時制の一致と～の関係　731
　直接～　736
　特殊な～　737
　描出～　737

話法の転換 738
　感嘆文 744
　　〈感嘆文＋平叙文〉 749
　　〈感嘆文＋命令文〉 749
　　慣用表現 750
　祈願文 745
　疑問文 742
　　〈疑問文＋平叙文〉 748
　　〈疑問文＋命令文〉 749
　時制の一致 738
　重文 747
　種類の異なる２つ（以上）の文 748
　省略文 746
　代名詞の交代 740
　伝達動詞の種類 738
　平叙文 741
　副詞の交代 740
　複文の転換と時制の一致 748
　命令文 743
　　〈命令文＋平叙文〉 748
　　〈命令文＋and [or]〉 749
　Could you ... ? 749
　had better ... 750
　Let's ... 744
　Shall I ... ? 750
　Will you ... ? 749

ABC

Absolute Possessive 124, 189
Abstract Noun(s) 92
Active Voice 565
Adjective(s) 49, **254**
　Relative~ 660
Adjective Clause(s) 60
Adjective Phrase(s) 57
Adjunct 33
Adverb(s) 50, **311**
　Conjunctive~ 598
　Relative~ 654
Adverbial Clause(s) 60
Adverbial Phrase(s) 57
Agreement 714
Antecedent 632
Anticipatory 'it' 185
Apposition 130
Article(s) 49, **142**
　Definite~ 142
　Indefinite~ 142
Attributive Use 263
Auxiliary Verb(s) 50, **432**
Bare infinitive 466
Cardinal(s) 297
Case 115
　Nominative~ 115
　Objective~ 127
　Possessive~ 116
Clause(s) 58
　Adjective~ 60
　Adverbial~ 60
　Noun~ 59
Cognate Object 394
Collective Noun(s) 85
Common Case 115
Common Gender 133
Common Noun(s) 83
Comparison 347
Complement 28
Complex Sentence(s) 79
Compound Sentence(s) 78
Conjunction(s) 51, **589**
　Co-ordinate~ 591
　Subordinate~ 602
Conjunctive Adverb(s) 598
Co-ordinate Conjunction(s) 591
Countable Noun(s) 81
Dangling Participle 526
Declarative Sentence(s) 64
Definite Article 142
Demonstrative Pronoun(s) 196
Direct Narration 736
Double Negation 760
Double Possessive 125
Editorial 'we' 181
Ellipsis 772
Emphasis 779
Exclamatory Sentence(s) 75
Feminine Gender 133
Formal Object 186
Formal Subject 185
Future Perfect 424
Future Progressive 426
Future Tense 415
Gender 133
　Common~ 133
　Feminine~ 133
　Masculine~ 133
　Neuter~ 133
Generic Person 180
Gerund(s) 528
Imperative Mood 540
Imperative Sentence(s) 74
Impersonal 'it' 182
Indefinite Article 142
Indefinite 'it' 184
Indefinite Pronoun(s) 208
Indicative Mood 544
Indirect Narration 736
Infinitive(s) 465
　Bare~ 466
　Split~ 472
　to-~ 465
Interjection(s) 51
Interrogative Adjective(s) 246
Interrogative Adverb(s) 246
Interrogative Pronoun(s) 240
Interrogative Sentence(s) 64
Interrogative(s) 240
Intransitive Verb(s) 376
Inversion 767
Masculine Gender 133
Material Noun(s) 91
Mixed Sentence(s) 80
Modifier 31
Mood 540

Imperative〜 540
Indicative〜 544
Subjunctive〜 544
Narration 729
Narration
　Direct〜 736
　Indirect〜 736
Negation 751
　Double〜 760
　Sentence-〜 758
　Word-〜 758
Neuter Gender 133
Nominative Case 115
Noun(s) 49, **81**
　Abstract〜 92
　Collective〜 85
　Common〜 83
　Countable〜 81
　Material〜 91
　Proper〜 89
　Uncountable〜 81
Noun Clause(s) 59
Noun Phrase(s) 56
Number 97, 297
Numeral 297
Object 24
　Cognate〜 394
Objective Case 127
Optative Sentence(s) 76
Ordinal 303
Parenthesis 784
Participle(s) 508
　Dangling〜 526
　Past〜 508
　Present〜 508
　Unattached〜 526
Participle Construction 520
Parts of Speech 49
Passive Voice 565
Past Participle 508

Past Perfect 422
Past Progressive 426
Past Tense 413
Perfect Progressive 427
Person 173
　Generic〜 180
Personal Pronoun(s) 173
Phrase(s) 56
　Noun〜 56
　Adjective〜 57
　Adverbial〜 57
Plural 97
Possessive Case 116
Possessive Pronoun(s) 189
Predicate Verb 23
Predicative Use 265
Preposition(s) 50, **665**
Present Participle 508
Present Perfect 418
Present Progressive 425
Present Tense 410
Pronoun(s) 49, **171**
　Demonstrative〜 196
　Indefinite〜 208
　Personal〜 173
　Possessive〜 189
　Reflexive〜 190
　Relative〜 632
Proper Noun(s) 89
Reflexive Pronoun(s) 190
Reflexive Verb(s) 191
Relative(s) 632
Relative Adjective(s) 660
Relative Adverb(s) 654
Relative Pronoun(s) 632
Rhetorical Question(s) 73

Sentence(s) 17
　Complex〜 79
　Compound〜 78
　Declarative〜 64
　Exclamatory〜 75
　Imperative〜 74
　Mixed〜 80
　Optative〜 76
　Simple〜 77
Sentence-negation 758
Sequences of Tense 729
Simile 357
Simple Sentence(s) 77
Singular 97
Situation 'it' 184
Split Infinitive 472
Subject 17
Subject (Word) 19
Subjunctive Mood 544
Subordinate Conjunction(s) 602
Tag Question 69
Tense 409
　Future〜 415
　Past〜 413
　Present〜 410
　Sequence of 〜 729
to-infinitive 465
Transitive Verb(s) 376
Unattached Participle 526
Uncountable Noun(s) 81
Verb(s) 49, 376
　Intransitive〜 376
　Reflexive〜 191
　Transitive〜 376
Voice 565
　Active〜 565
　Passive〜 565

2. 英文語句索引 (太数字は主要解説を，斜数字は慣用会話表現を示す。)

A

a [an] 142, **144**, 159
　不定冠詞 142
　不定冠詞 (品詞) 49
　〈a+形容詞最上級〉 147
　〈a+固有名詞〉 89, 147
　〈a+序数〉 147
　〈a+数量形容詞〉 147
　〈a+単数形〉(総称を表す) 83, 146
　〈a+抽象名詞〉 93, 148
　〈a+物質名詞〉 148
　〈a [the] +名詞〉 149
　〈a+名詞+of+所有代名詞〉 190
　〈a ～ of+物質名詞〉 91
　〈a ～ of〉と数 719
a bar of 91
a bit
　比較の強調 361
a bottle of 92
a cup of 92
a few 147, **293**
a few minutes 294
a first 148
a friend of mine 189
a friend of my father 126
a gallon of 92
a good [great] deal
　比較の強調 361
a good [great] deal of 290
a great amount of 292
a great [good] many 147, 292
a small quantity of 292
a Holiday Inn 155
a little 147, 293
a little bit
　比較の強調 361
a long way 336
a lot 781
　比較の強調 361

a lot of 290, 291, 720
a lump of 92
a number of 21, **290**, 720
a painting of my brother 126
a pair of 109
a pound of 92
a second 304
a third 214
a too 160
able 280
-able, -ible 271
aboard
　前置詞と副詞 672
about 326
　句動詞を作る副詞 345
　〈形容詞+about〉 682
　前置詞
　　関連・関係・関与 (about / on / with) 713
　　場所 (around / round / about) 706
　前置詞と副詞 672
above **703**, 763
　前置詞と副詞 672
　場所 (above / on / over / up) 703
above all 226
absolutely 324, 759
Absolutely. 324
absorb 586
according as … 627
according to 670
accost 378
accuse A of B 680
accused (the ～) 519
acknowledge 798
across 345, **705**
　前置詞と副詞 672
　場所 (across / along / through) 705
add ～ to … 396
admit ～ to … 39
admit ～ing 537

admit of 674
admit to+O+O 396
advice(s) 93, 108
advise
　命令文の話法の転換 743
　〈advise+O+疑問詞節〉 44
　〈advise+O+疑問詞+to 不定詞〉 43
　〈advise+O+to 不定詞 [that 節]〉 491
affect to 489
afford to 489
Afraid so. 773
after
　形容詞節を導く 655
　時の副詞節を導く接続詞 611
　前置詞
　　時 (in/after/within) 699
　　場所 (before / behind / in front of/after) 707
　　目的 (for / after / on) 709
A after A 723
after all 785
After you. 707
against
　前置詞
　　反対・不一致 713
　〈自動詞+against〉 676
age 127
ago 329
ago → before 740
agree to 487, 536
agree with / to / on 380, 408
agree → yes 746
ain't 63
air(s) 108
all **222**, 289, 717, 759
　〈all＋可算名詞の複数形〉 223

⟨all＋単数形名詞⟩ 223
⟨all＋抽象名詞（または身体の部位などを示す複数名詞）⟩ 141, 226
all と whole 224
⟨all of＋名詞⟩ 718
⟨all such＋名詞⟩ 203
⟨all the＋複数名詞⟩ 224
⟨all the（＋形容詞）＋名詞⟩ 160
all at once 226
all but 226
all ... not 760
all of 223
all right 226
All right, if you insist. *621*
all that 645
all the same 207, 226
all through 709
all told 226
allow 493, 569, 800
all と whole 224
almost 340
～＋否定語 754
alone 326
along 345, **705**
　前置詞と副詞 672
　場所（across / along / through）705
alongside
　前置詞と副詞 672
already 322, 330
also 598, 757
although 61, 623
altogether 759
always 323, 759
⟨am [are, is]＋現在分詞⟩ 425
amazed 275
amazing 274
America, -an 261
among 706
among other kinds 216
among other things 216
amused 275
amusing 274

an acre of 92
an angel of a girl 132
an historic 143
and 78, 80, 161, 783
⟨比較級＋and＋比較級⟩ 371
⟨名詞＋and⟩ 796
⟨名詞＋and＋名詞⟩ 168
⟨命令文＋and⟩ 749
　↔ 条件文 796
話法の転換 747, 749
and all 226
and all that 199
and also 600
and everything 236
～ and I 175
and so 600
and that 199
and then 600
and therefore 600
and what not 244
and yet 600
annoying 274
another 143, **213**
another think 94
answer 376, 379
answer for it that 605
answer for / to 677
any 143, **218**, 289
⟨any＋可算名詞の単数形⟩ 219
⟨any＋不可算名詞⟩ 219
⟨any of＋可算名詞⟩ 220
⟨any＋可算名詞の複数形⟩ 218
⟨any＋名詞＋of＋所有代名詞⟩ 189
⟨any such＋名詞⟩ 203
any ... not 219, 756
any of 718
any one 234
anybody 235
anyone 234
Anyone in? *18*
anything 236
anything but 55, 237, 761

Anything for you. *687*
anything like 237
anything of 237
anything that 645
anywhere 656
apologize to 380
apparently 326
appeal to 675
appear 328, 579, 757
appear to 477, 485
applause 93
apply for / to 677
approach 378
approve 674
Are you being helped? *567*
Are you free tonight? *66*
⟨are＋現在分詞⟩ 425
arm(s) 108
around 345, 706
　前置詞と副詞 672
art for art's sake 119
as 616
　疑似関係代名詞 651
　⟨形容詞［副詞］＋as＋S＋V⟩ 769
　接続詞
　　原因・理由 616
　　譲歩 623, 769
　　時 610
　　比例 627
　　付言 631
　　様態 628
　⟨動詞＋as＋S＋助動詞⟩ 769
　⟨名詞＋as＋S＋V⟩ 168
　～と like 673
　⟨～＋補語⟩ 48
　⟨～ [for]＋補語⟩ 29
　⟨as＋形容詞＋a [an]＋名詞⟩ 160
as の後の冠詞の省略 165
　⟨as to＋関係代名詞⟩ 638
　because, since, as の違い 616
　⟨S＋V＋O＋as＋補語⟩

48
　which との相違点　653
as a boy　772
as a matter of fact　784
as a result　785
as a result of　158
as a rule　785
as ～ as ...　355, 627, 652
　省略　775
　〈A is as ～ as B.〉　357
　〈A is＋倍数詞［分数］＋as ～ as B.〉　358
as ～ as any ...　369
as ～ as possible　370, 781
as ～ as ever ...　369
as ～ as one can　370, 781
as ～ as (...) can be　370
as far as　628, 671, 785
as for　670
as I interpret it　631
as I see it　631
as if　**560**, 562, 629
As if!　*562*
As if I cared!　*562*
as if to ～　479, 561
as it appears　631
as it happens　631
as it is　563, 785
as it seems　631
as it were　563, 785
as long as　549, 623, 628
as many [much]　292
as many [much] ～ as ...　292
as me の型
　格の一致の例外　728
as one　202
as so many [much]　292
as soon as　590, 612
as such　202
as though　**560**, 629
as to　670
as we know it　631
as well as　722
ash(es)　108

ask　742
ask A of B　42, 677
ask after　677
ask for　576, 677
ask to　488
〈ask＋O＋疑問詞節〉　44
asleep　267
assert＋O＋to be　495
assure　604
assume＋O (＋to be)　494
assure＋O＋that　604
astonishing　274
at
　〈形容詞＋at〉　680
　〈自動詞＋at〉　674
　前置詞　684
　　一点　684
　　原因・理由　707
　　受動態の動作主　580
　　状態　684
　　代価 (for/at)　712
　　単位・程度・度合 (at / by)　713
　　時 (at/on/in)　699
　　場所 (at/in/on)　702
　　「～大学教授」などの大学名を表す　164
　〈at (the)＋最上級〉　374
at about　326
at all　226, 782
at any cost　222
at any rate　222
at liberty　139
at once A and B　594
at one's wit's [wits'] end　119
at the back of　707
at (the) best　374
at (the) latest　375
at (the) most　374
at this [that]　199
attempt　603
attempt to　489
attend　379
attend to / on　677
Attention, please.　*541*
audience　85

avail (oneself) of　395
avoid ～ing　537
away　321, 345
awfully　780

B

baby　133, 724
back　345, 771
backwards　321
bad　499
Bad luck.　*773*
badly　353
baggage　87
bake　586
bbl　309
be able to
　～と can　435
　～の主語　280
be about to　417
be above　763
be absorbed in　586
be accustomed to ～ing　534
be afraid　757
be afraid of　639
be afraid of doing　284
be afraid that　285
be afraid to do　283
be amused at　580
be anxious for [about]　681
be anxious to　283, 479
be aware of　668
be born　585
be caught in　580
be covered with　580
be crowded　586
be derailed　585
be disappointed in　580
be drowned　585
be engaged in　586
be engaged to　585
be familiar to　580
be finished　420, 510
be free from / of　763
be going to　416
be happy that　284
be ～ing　471
Be it ever so ～　564, 769

be jammed 586
be killed in 585
be known by 580
be known to 486, 580
be married by 585
be married with 585
Be my guest. 36
be obliged to 586
be packed 586
Be quiet! 542
be ready to 479
be said to ～ 486
be satisfied with 580
be scared of 580
Be seeing you. 427
be sure 607
be sure of 668
be sure of doing 284
be sure to do 284
be surprised at 580
be tired 263, 682
be to 486
be used to と used to 449
be wrecked 585
be yet to 330, 763
be 助動詞 433, 462
　〈be＋過去分詞〉 420
　〈(to) be＋過去分詞〉 470
　〈be＋過去分詞〉 566
　〈be＋現在分詞〉 510
　　不定詞の進行形 471
　〈be being＋過去分詞〉 587
be 動詞 **385**, 430, 540, 550
bear 404, 550
Beats me. *764*
beauty 96
because **614**, 656
　because と because of 673
　because と for の違い 615
　because, since, as の違い 616
　because of 670, 673, 708
　〈the＋比較級＋be-cause〉 371
become 36, 581
before
　関係副詞 655
　前置詞
　　時 (until [till] / by / before) 611
　　場所 (before / behind / in front of / after) 707
　前置詞と接続詞 53, 673
　前置詞と副詞 672
　時の副詞節を導く接続詞 611
before everything 236
beg 743
beg A of B 677
beg to 488, 491
Beg your pardon? *773*
begin at [on, in] 676
begin to 488, 537
begin to [～ing] 537
begin with / by ～ing 676
behavior 93
behind 707
　前置詞と副詞 672
　〈being＋過去分詞〉 509
believe 430, 579, 607, 798
believe＋O (＋to be) 494
belong (to) 430
below
　前置詞と副詞 672
beneath 704
　前置詞と副詞 672
beside
　前置詞
　　場所 (by / beside) 704
　　分離・除去・距離・区別 (of / off / from / beside) 711
　beside と besides 673
beside oneself 194
besides 598
　前置詞と副詞 672
　〈besides＋関係代名詞〉 638
besides that 605
best 351, 352
bestow A on B 680
better 351, 352
between
　前置詞と副詞 672
　前置詞
　　場所 (between / among) 706
between ourselves 194
beware of 674
beyond 763
　前置詞と副詞 672
　〈beyond＋関係代名詞〉 638
beyond that 605
〈bid＋O＋原形不定詞 [to 不定詞]〉 503
billion 299
bitterly 744
blame 471
blame A for B 678
-body と -one 235
body and soul 168
boiling 519
bold 499
book 54
bore 404
bored 275
boring 274
born, borne 404, 585
borrow と lend 381
borrow と use 382
both **224**, 718, 759
　〈both＋the（＋形容詞）＋名詞〉 160
both A and B 590, 594
Boy（間投詞） 745
brave 799
bright 54
brighten 802
bring a charge against 577
bring ～ to [for] ... 41
Britain 260
brothers/brethren 107
build 571
burning 519
busy ～ing 535

but
  疑似関係代名詞 653
  接続詞
    除外 630
    対立 596
    名詞節を導く 607
  接続詞 ↔ 副詞 ↔ 前置詞
    ↔ 関係代名詞 55
  前置詞
    除外 (but / except / except for) 712
    ↔ although 795
    ↔ no matter how 795
  nobody except [but] she の型 728
  ⟨but＋to 不定詞⟩ 474
but few [little] 294
but for 562, 670
but in vain 763
but still 600
but that 605, 607
but (that) 621
but what 607
buy 571
  sell と buy 381
  ⟨buy＋O_1＋O_2⟩ → ⟨buy＋O_2＋for＋O_1⟩ 41
  (受動態) 571
by 700
  句動詞を作る副詞 345
  前置詞 685
    行為者 584, 686, 710
    交通・通信の手段 685, 710
    時間的限度 686
    単位・程度 686
    単位・程度・度合 (at / by) 713
    場所 685
    場所 (by / beside) 704
  by ～ の省略 567
  ⟨by the＋単位を表す名詞⟩ 157
  ⟨by＋交通・通信手段を表す名詞⟩ 167
  ⟨catch＋人＋by the＋体の部分⟩ 156

前置詞と副詞 672
by a boat's [horse's] length 119
by a hair's breath 119
by accident 139
By all means. 685
by any [no] means 782
by e(-)mail 167
by far 367, 781
  比較の強調 361
by means of 671
by ones and twos 212
by oneself 193
by p-mail 167
by snail mail 167
by twos and threes 302

C

call 30
call と name 385
call (on) 376, 572
Calm down. 540
can 435
can but 437
Can I ask you a favor? 42
Can I borrow your raincoat, Mommy? 382
Can I change my appointment to next week? 66
Can I have some more coffee? 220
Can I help you? 434
Can I use your bathroom? 383
Can you give me a light? 436
Can you let me know when we get to Evanston? 609
cannot 63, **434**
  ⟨cannot have＋過去分詞⟩ 436, 468
  ⟨cannot but＋原形不定詞⟩ 507
cannot ～ too ... **437**, 765
cannot help ～ing 437

Can't you keep still? 66
Can't you swim at all? 66
capable 281
care 603
careful 499
careless 499, 799
carry 801
case 655
catch 377
  ⟨catch＋人＋by the＋体の部分⟩ 156
catch fire 407
catch sight of 140, 170, 577
catch up with 407, 576
cattle 86
cause 800
cause ↔ because of 800
cease to [～ing] 488, 537
certain 268, 284, 500
certain to 283, 313, 315
certainly 326
chairperson 134
change A into B 679
change seats 112
chief 267
child, -dren 101, 135, 724
childlike, -ish 258
choose 30
  ⟨choose＋O_1＋O_2⟩ → ⟨choose＋O_2＋for＋O_1⟩ 571
circumstance 655
claim 798
claim to 489
class 85
clean 586
clear A of B 678
clergy 86
climb と go up 384
clothes と cloths 107
clothing 87
coincide with 675
(a) cold 145
color(s) 108

come 36, 564
come and 592
Come and dine with me. *592*
come to ～ 479
come to oneself 194
come [amount] to the same things 207
come と go 384
command 492, 743
committee 85
communicate ～ to … 39
company 85
comparable, -ative 258
compare 586
compare ～ to … 396
compel 800
complain of 380
completely 324, 759
concerning 〈concerning+関係代名詞〉 638
conclude+O+to be 495
conduct 93
congratulate A on B 680
Congress 163
consequently 599
consider 379, 579, 607, 798
consider ～ing 537
consider+O (+to be) 494
considerable, -ate 258
consist of 408, 430, 674, 677
consist in 408, 677
contain 430
contemptible, -tuous 258
contend for/against 676
continual, -ous 258
continue to [～ing] 537
convert A into B 679
convince+O+that 43, 604
cook 586
〈cook+O₁+O₂〉 →
〈cook+O₂+for+O₁〉 571
cope with 675
correspond to/with 677
cost 583, 801
could 437
〈could have+過去分詞〉 438
Could I see you again? *439*
Could I sit here a minute? *439*
Could you ～? 749
Could you also copy this, please? *344*
Could you do me a favor? *556*
Could you please tell me how much this costs? *59*
Could you repeat that? *439*
Couldn't be better. *18*
count on [upon] 675
crew 85
crowd 586
cry 744
cry one's eyes out 378
custom(s) 108
cut 586

D

daily 323
damage 93
damned 519
dangerous 498
Danish 260
dare 461
dare say 462
deal in / with 677
decide 482
decide to 487, 536
decimal 306
declare for / against 676
declare+O (+to do) 494
decline 603
deep(ly) 316, 324
degree(s) 97

delight in 676
demand **459**, 557, 603
demand A of B 677
demonstrate for / against 676
deny 236, 608, 746
deny ～ing 537
deny+O+to be 495
depend on [upon] 430, 576, 675
depend on it that 605
deprive 801
deprive A of B 678
derail 585
describe ～ to … 39
deserve 430
deserve to / ～ing 539
desirable 557
desire 492
desire to 536, 538
desirous, -able 258
despair of 674
despite 712
determine 482
determine to 487, 536
deuce (the ～) 782
devil (the ～) 782
did 65, 780
did not 63
Did you ever ～? 422
die a … death 394
die of / from 708
differ 430
differ from 676
different from [than, to] 683
difficult 282, 479, 498
difficulty 93
dining room 535
dinner 167
direct 492
directly 613
dis- 751
disagree 746
disapprove of 674
discourage 802
discourage A from B 679
discover 483
discover+O+to be 495

discuss 379, 483
dislike 430
dislike ～ing 538
dispose of 674
distinguish A from B 679
divide A into B 679
do away with 576
Do be careful. 780
do nothing but 239
Do see me if you are ever in Tokyo. 332
Do take some. 541
do with 387
do without 387, 576, 639
Do you have anything in mind? 66
Do you have anything to declare? 465
Do you have the time? 768
Do you know what ...? の型 252
Do you mind ～ing? 534
Do you mind bringing it back here? 534
Do you mind if I borrow this umbrella? 534
Do you mind my smoking here? 534
do [does, did]
　助動詞 65, 70, 433, **463**
　動詞 386
Doesn't matter. 774
don't 75, 541
Don't be so pessimistic, OK? 541
Don't forget to mail this letter. 25
Don't give it another thought. 755
don't have to 443, 446
Don't make a fool of yourself. 541
Don't you be so sure of yourself! 541
Don't you think so? 66
〈double the＋名詞〉 160
doubt 430, 608
doubt if/that 608
doubt と suspect 383
down 345, 704, 771
　前置詞と副詞 672
〈down＋関係代名詞〉 638
dozen 301
dozens of ～ 101, 113
draw on [upon] 675
draw と write, paint 383
dream 384, 395
drink oneself 378
drinking man 513
drive 493, 801
drown 585
due to 708
during 701
〈during＋関係代名詞〉 638
dying (the ～) 519

E

each 143, **226**, 228, 289, 717, 725, 759
each A and B 721
each other 217
each time 614
earth 90
easy 479, 498
eat 377, 586
eat soup 384
eatable 257
economic, -ical 258
economics 715
effect(s) 108
eighty-six 298
either (代) 143, **229**, 289, 717, 725
　(副) 343
either side 230
either A or B 231, 590, 596, 722
Either will do. 386
elder 266
elder, eldest 353
else 345, 599
else, -'s 345
enable 493, 800
encourage 802
encourage＋O＋to 493
endeavor 489
engage 585, 586
England 261
English, -man 261
enjoy ～ing 537
enough 295, 325
Enough is enough. 295
enough to 480, 794
entire 759
entirely 324, 759
envy 572
equal 430
-er, -est 349
escape ～ing 537
essential 545
euro 308
even 781
even if 590, 624
even though 624
ever 331
〈最上級＋that＋～ever ...〉 332
-ever
〈関係詞＋-ever〉 626
every 143, **227**, 289, 717, 759
〈every＋基数詞＋複数名詞〉 228
〈every＋序数詞＋単数名詞〉 228
〈every＋無冠詞の単数普通名詞〉 228
〈every＋抽象名詞〉 228
every A and B 721
every one 234
every other 216
every third day 304
every time 614
everybody **235**, 759
everyone **235**, 725, 759
everything **236**, 759
everything that 645
everywhere 759
exactly 326, 759
except 728

前置詞 712
⟨except＋関係代名詞⟩ 638
except for 712
except that 605, 630
excited 275
exciting 274
exclaim 744
excuse 〜ing 537
Excuse me? *243*
Excuse me, but this is a non-smoking area. *597*
Excuse me for having been late for the appointment. *528*
exist 430
expect 469, 487, 536, 607, 757
⟨〜 ＋ O to⟩ ↔ ⟨〜 ＋ that⟩
expect that 492
explain 〜 to ... 39
explain to＋O_1＋O_2 395
express 745

F

fact 605
fail to 489, 536, 762
fair(ly) 316
fall 37, 163
familiar with / to 681
family 85, 715
fancy 757
fancy 〜ing 537
fancy＋O (＋ to be) 494
far 321, **336**, 354
　比較の強調 361, 364, 781
far and away 361, 367
far from 762
Far from it! *762*
far into the night 158
farther, farthest 354
fast 320
favorite 348
fear 757
feed 396
feel 393, 504, 586

⟨feel＋O＋現在分詞⟩ 517
feel like 〜ing 533
few **293**, 754
⟨few such＋名詞⟩ 203
⟨fewer＋複数名詞⟩ 352
few と a few 293
fewer 〜と less 352
fiction 87
fight a ... battle 394
fight for / against 676
find 798, 801
find fault with 408
find (out) 483
find＋O (＋to be) 494
finish 〜ing 537
(a) first 148
　the first 〜 that ... 645
　the first 〜 to ... 475
first of all 226
first prize 366
firstly 328
fish(es) 88
fit 583
foliage 87
fond 268
foolish 799
a foot of 92
foot 100, 101, 114
for
　接続詞 598
　　判断の理由を示す等位接続詞 598
　　because と for の違い 615
　前置詞 686, 681
　　原因・理由 688, 708
　　交換・代価 688, 712
　　賛成・一致 713
　　時 688, **701**
　　　(for / during / through) 701
　　副詞的目的格における省略 667
　　不定詞の意味上の主語 497, 688
　　方向 (for) 687

　　方向 (to / for / towards) 705
　　目的 687
　　目的 (for / after / on) 709
　⟨形容詞＋for⟩ 681
　⟨自動詞＋for⟩ 675, 676
　⟨授与動詞＋O_1＋for＋O_2⟩ 41
　⟨〜 [as]＋補語⟩ 29
　⟨for＋保留目的語⟩ 571
　⟨for＋目的格⟩ 497
　⟨the＋比較級＋for⟩ 371
For A to 497
for all (I know) 226
for example 785
for fear 460
for fear of 170
for fear (that) 619
For goodness' sake(,) stop talking! *51*
for granted 29
For here or to go? *595*
for instance 600, 785
for nothing 239
for one 212
for oneself 193, 195
for pity's sake 119
for the sake of 671
force 800
force(s) 108
forget 538
　〜の進行形 431
　leave と forget 383
forget to 488
forget to / 〜ing 538
forgive A for B 678
former 266
fortune 96
frequent 296
frequently 323
friends 112
frighten 802
from
　⟨形容詞＋from⟩ 680
　⟨自動詞＋from⟩ 676
　前置詞 689

原因・理由 708
原料 710
出所 689
出所 (from / of / out of) 711
時 (from / since) 700
場所的・時間的起点 689
分離・除去・距離・区別 690
　(of / off / from / beside) 711
〈from＋名詞＋to＋名詞〉 168
from ～ though ... 701
from across [among, behind, under] 671
from beginning to end 168
from hand to mouth 168
fruit(s) 87
fun 93
furniture 82, 87
further 353

G

generally 759
get 36, 581
　～を用いた受動構文 587
　〈get＋O＋to 不定詞〉 392
　〈get＋過去分詞〉 581
　〈get＋名詞〉 140
　〈get＋O＋過去分詞〉 587
　〈get＋O＋to 不定詞〉 392, 493
　〈get＋O₁＋O₂〉 → 〈get＋O₁＋for＋O₂〉 571
get ～ across 346
Get it? 68
get offended 585
get out of hand 94
get over 406
give 44, 140, 569, 801
give a cry 140
give ～ to ... 40

give up ～ing 537
give way 407
glad (to) 282
gladly 744
glance at 674
glass(es) 109
go 36
go ～ing 535
go and 592
go by 406
go into 584
Go right ahead. 534
Go straight on, and you will come to the river. 591
go to bed 165
go to church 165
go to college 165
go up と climb 384
God 18, 163
God forbid! 558
golden 260
good 351, 499
good(s) 97, 108, 110
good for nothing 239
Good morning. 746
go と come 384
grant 569
grasp at 674
greatly 324
gross 302
grow 37, 377
guess 757
Guess what? 68
guess＋O＋to be 495

H

had
　仮定法過去完了 545
　〈had＋過去分詞〉 422
　〈had been＋現在分詞〉 428
　〈had＋S〉 554
Had a good time, did you? 774
had as soon ～ as ... 563
had best 506
had better 505, 564, 750

　〈had better have＋過去分詞〉 506
　〈had better not＋原形不定詞〉 564
had it not been for 563
had rather [sooner] ～ (than) 506
had rather [sooner] ～ (than) 563
Hadn't we better start at once? 505
hair(s) 88
half
　〈a half＋名詞〉 159
　〈half a [an]＋名詞〉 159
　〈half of＋名詞〉 718
　〈half the＋名詞〉 160
half as ～ again as 306
half as ～ as 305
hand 28, 569
hand(s) 112
hand in hand 168
handle 586
happen 579
happen to 485
happily 280, 328
happy 280
Happy New Year. 746
hard 279, 320, 498
hardly 324, **753**, 755
hardly ～ when [before] ... 422, **613**, 771
harm 93
hate 430, 493, 603
hate to [～ing] 537
have [has]
　助動詞 433, 463
　〈have＋過去分詞〉 418, 510
　〈(to) have＋過去分詞〉 468
　〈(to) have been＋過去分詞〉 470
　〈have been＋現在分詞〉 427
　動詞 387, 390, 430, 583

〈have a＋動詞の派生名詞〉 389
〈have＋O＋過去分詞〉 391, 515, 587
〈have＋O＋原形不定詞〉 390, 502, 587
〈have＋O＋現在分詞〉 391
〈have the＋抽象名詞＋to do〉 141
〜を用いた受動構文 587
have [dream] a dream 384
Have a nice day. *343*, *750*
have a swim 140
have a talk 140, 389
have any idea 407
have been to 418
have done 419
have got 419, 463
have got to 388, 445
have nothing to do with 239, 387, 765
have 〜 on [have on 〜] 388
have only to 388
have something to do with 387
have to 388, 445
 〜の仮定法 447
 〜の疑問 446
 〜の進行形 446
 〜の発音 445
 〜の否定 446
have to have been 447
have yet to 330, 763
he 171, 725, 774
he [she]
 一般の人を表す〜 181
he or she 135, 210, 235, 725
he/she 135, 725
he who 181, 200
head 101
healthy, -ful 258
hear
 listen to と hear の違い 380

hear **393**, 430
 〈hear＋O＋原形不定詞〉 503
 〈hear＋O＋現在分詞〉 517
hear from 408, 677
hear of 517, 576, 677
hearing aid 535
Heaven 163
hell (the 〜) 782
Hello, is this Mr. Jones? *197*
help
 〈help＋(to) 不定詞〉 503
 〈help＋O＋原形不定詞 [to 不定詞]〉 **392**, 466, 503
help oneself to 395
(Please) Help yourself to the cake. *192*
hence 599
her 143, 175
here 321, **334**, 740
Here comes the train. *335*
Here is [was] 649
Here it is. *335*
Here, take it. *176*
Here we [you] are. 335
Here we are at the airport. *335*
Here you are. *335*
hers 171, 189
herself 26, 190
highly 576, 780
him 175, 530
himself 171, 190, 783
hinder A from B 679
his 143, 175, 178, 189, 530
historic, -ical 258
history 167
hold 583
hold＋O (＋to be) 494
hole 28
home 166
homework 93
honest 499
hope 469, 536, 757

I hope 603
hope for 379, 675
hope to 487, 536
hospital 165
hour(s) 128
hourly 323
how
 関係副詞 654, 656
 感嘆表現における〈S＋V〉の省略 76
 感嘆文の話法の転換 744
 疑問副詞 246
 修辞疑問 74
 接続詞の働きをする疑問詞 609
 〈How＋形容詞 [副詞] ...?〉 248
 〈How＋形容詞＋a [an] ＋名詞 ...?〉 160
 〈How＋形容詞＋a [an] ＋名詞＋S＋V ...!〉 76
 〈How＋形容詞 [副詞] ＋S＋V ...!〉 75, 797
How about ...? **248**, *750*
How about going out after work tonight? *248*
How are you? *248*
How can I help it? *74*
How can you say that? *436*
How come ...? 248
How come? *69*
How dare you ...? 462
how do you do 750
How do you do? *248*
How do you like it here? *184*
How do you like your coffee? *249*
How in the world could you do that? *438*
How is it going with your family? *184*
How is it that ...? 249

How is it that they are late in coming? *249*
How kind (it is) of you to help me. *18*
How much is it altogether? *172*
How nice! *281*
How rude! *76*
How soon ... ? *248*
How terrible! *772*
how to　25, *481*
How you been? *774*
however　599, **663**
　関係副詞
　　〈however＋形容詞［副詞］〉　**663**
　　〈however＋形容詞＋a [an]＋名詞〉　160
　　〈however＋S＋V〉　**663**
　接続副詞　599
How's things? *18*
hundred　297, **301**
hundreds of　101, 113, 300
Hurrah, we've made it. *51*

I

I　18, 171, 773
I am looking forward to seeing you again. *532*
I can hardly thank you enough for your kindness. *324*
I could do with a cup of coffee. *387*
I don't know how to apologize to you.　25
I don't think ... の型　756
I hear
　〈関係代名詞＋I hear〉　651
I hope　603
I hope so　204
I hope to see you again. *536*
I quite agree with you. *408*
I say　603
I should think so. *556*
I suppose　785
I think　603, *785*
　〈関係代名詞＋I think〉　651
I think I had better leave now. *466*
I was hoping ... *431*
I was very glad to be invited. *470*
I was wondering if ... *253*
I was wondering if you'd do me a favor. *426*
I wish I could help you. *558*
I wish I were [was] *558*
I wonder ... ? *253*
I wonder if I could ... *79*
I would appreciate it if you would ... *452*
I'd like to try this on. *538*
I'd rather you didn't. *507*
if
　仮定法過去　550
　仮定法過去完了　551
　仮定法現在　550
　間接疑問　68, 250
　疑問文の話法の転換　742
　名詞節を導く接続詞　607
　副詞節を導く接続詞
　　条件　546, **621**
　　開放条件　546
　　却下条件　547
　if 節の代用　555
　if に代わる語句　549
　if の省略　554, 769
　　条件　**621**
　　譲歩　624
　　（＝whenever）　611
　〈if＋原形〉　548
　〈if＋S＋should＋原形不定詞〉　554
　〈if＋S＋were to＋原形不定詞〉　553
if と whether　250
if 節における〈S＋be〉の省略　772
if any　222
if anybody　236
if anything　222, 237
if ever　785
If I had been you, ... 551
if I were you　550
If I were you, I wouldn't worry. *545*
if it were not [had not been] for　562
if need be　549
if not　630
if only　556
If you were to move your chair a bit, we could all sit down. *553*
ill　268, 352
I'll be hanged *782*
I'll be with you right away. *334*
I'll have him call later. *390*
I'm　773
I'm afraid I can't. *286*
I'm damned *782*
I'm glad to ... *285*
I'm glad to see you again. *501*
I'm just looking. *425*
I'm not wrong, am I? *71*
I'm relieved to hear that. *478*
I'm right, aren't I? *70*
I'm sorry to have kept you waiting. *465*
imaginary, -ative　258
imagine　430, 757
immediately　613
important
　It is important for A

to ... 282
It is important that ～ (should) ... 557
impossible 276, 500, 799
in
　〈形容詞＋in〉 681
　〈最上級＋in〉 365
　〈自動詞＋in〉 676
　前置詞
　　受動態に続く 580
　　着用 (in / with) 713
　　時・期間 691
　　時 (at / on / in) 699
　　時 (in / after / within) 699
　　内部 690
　　場所 (at / in / on) 702
　　場所 (in / into / out of) 704
　　様態・状態 691
　　様態・状態 (in / with) 711
　副詞 345, 771
in- 751
in a sense 785
in addition to 671
in all 226
in any case 222
in case 61
　接続詞
　　条件 622
　　目的 620
in case of 671
in earnest 58, 320
in fact 784
in front of 665, 671, **707**
in general 785
in March of 154
in no way 753
in ones and twos 212
in oneself 193
in order not to 472, 478
in order that 619
in order to 477
in vain 763
in short 784

in so far [insofar] as 628
in spite of 671, 712, 793
in spite of oneself 194
in that 605
in the affirmative [negative] 746
in the front of 707
in the least 782
in the morning 158
in the wind 158
in the world 242, 782
in which 656
in (all) my life 752
indeed 597
industrial, -ous 258
inferior 363
inflict A on B 680
inform A of B 678
inform＋O＋that 604
information 93
～ing 404
inner 266
inquire after [about/into] 677
insist on [upon] 675
insist that ～ (should) ... 458, **557**, 606
insist (on [upon]) it that 604
instruct＋O＋that 604
intend to 487
intended to 469
interested 275, 278
interesting 274, 278
interfere with / in 675
into
　前置詞
　　場所 (in / into / out of) 704
　　結果 (to / into) 709
introduce ～ to ... 396
involve 430
involve ～ing 537
Is that the reason for your absence? 73
〈is＋現在分詞〉 425
it 176
　形式主語 22, 185
　形式目的語 27, 186

　集合名詞を受ける代名詞 724
　状況の it 184
　先行［導入・予備］の it 185
　人称代名詞 176
　非人称の it 182
　　寒暖 183
　　季節 183
　　距離 183, 798
　　時間 182, 798
　　天候 183, 798
　　明暗 183
　補語を指す～ 177
　〈a＋単数形〉を受ける it 176
　〈it＋be〉の省略 773
　one と it 208
　〈the＋単数形〉に相当する it 176
　this, that と it 196
It appears that ... 48, 328, 477
It could be. *438*
It doesn't matter. 22
It goes without saying that 533
it is 649, 772
It is a ～ 176
It's a long time since I saw you last. *55*
it's a pity that ... 186
It's a pleasure to have met you. *20*
it's all over ～ 184
It is apparent that ... 328
It's been nice meeting you. *529*
It's good to see you again. *465*
It's me. *175*
It's me. の型
　格の一致の例外 727
It's nothing. *239*
It is ～ for A to ... 279, 498
　↔ It is ～ that ... 788
It is (of) no good ～ing **532**, 668

It is (of) no use ～ing **532**, 668
It isn't as if 562
It isn't him that ... の型 格の一致の例外 728
It is not until ～ that ... 188
It is ～ of A to ... 281, 499
　↔ A is ～ that ... 799
It is said that ... ↔ They [People] say that ... 568, 798
It is ～ that ... 799
　形式主語 186, 498, 602, 788
　強調 **187**, 779
　〈It is＋形容詞＋that ～ (should) ...〉 **286**, 557
It is time 559
It is ～ to ... 473, 799
It is true 785
It is true ～, but ... 597
It is ～ who [whom, which] ... 187
it is worth ～ing 533
It looks as if [like] 561
it seems 785
It seems as if [like] 561
It seems that 47, 183
it was not until ～ 188
It will not be long before 182, 765
It would be difficult for us to accept your offer. *452*
its 143
　its と of it 179
itself 190, 783
　〈抽象名詞＋itself〉 141

J

jam 586
Japanese 260
　the Japanese 260
jeer at 674
junior 363
just 50, 322, 333

just another 216
Just as well. *776*
just now 333
　～と現在完了 421
just the same 207

K

keep 36, 573, 586, 800, 801
keep A from B 679
keep an eye on 577
keep company with 140
Keep smiling! *514*
Keep the change. *541*
keep (it) in mind 727
kill 585
kind 281, 499, 799
kind of 168
kindly **258**, 576
kindness(es) 93
know 68, **393**, 430, 607, 798
　Do you know what ...? の型 252
　〈know＋O＋(to) do〉 466
　〈know＋O＋to 不定詞〉 504
know better than to 372, 763
know that 603
Know what I mean? *773*
know＋O＋to be 495
known (the ～) 20

L

lack 583
large 296
last
　形容詞 ↔ 副詞 ↔ 名詞 55
　a last 148
　the last 150
　last night ↔ the night before [the previous night] 740
　the last person to [who] 762

last year ↔ the year before [the previous year] 740
　〈the last＋名詞＋to 不定詞 [関係代名詞節]〉 375, 762
late 268, 322, 354
late(ly) 317
lately 334
later 322
later, latest 354
latter 266
latter, last 354
laugh 27
laugh at 576, 674
lay emphasis on 577
learn to 489, 536
lease 381
least 351
leave 569, 801
　leave と forget 383
lend **381**, 569
　lend と borrow 381
Lend me this book, please. *18*
less 351
　前置詞と副詞 672
　fewer と～ 352
　〈less＋原級＋than〉 360
　〈less＋単数名詞〉 352
　〈less＋複数名詞〉 352
-less 751
lesser, least 352
lest 460, 608, **619**
let 75, **389**, 575
　〈let＋原形＋O〉 503
　〈let＋O＋原形不定詞〉 389, 502, 542
　〈let＋O＋be＋過去分詞〉 575
let alone 543, 762
let go 503
Let me help you. *542*
let us not 543
let's 72, 389, 543, 744
Let's go for a drive. *543*
Let's not discuss politics, shall we? *73*

Let's see ... what was the man's name? *544*
let's see [let me see] *544*
Let's wait a little longer, shall we? *73*
letter 28
letter(s) 108
lie 581
light(s) 91, 95
like （形）278
　　（接）561, **628**
　　（動）430
　　that 節と 603
like ～ing 537
like apples 84
like so many [much] 292
like this 199
Like this? *68*
like to 488
like to [～ing] 537
likelihood 606
listen to 380, 675
　　知覚動詞 393
　　listen toとhearの違い 380
　　〈listen to＋O＋現在分詞〉 517
(a) little 289, **293**, 754, 771
little that 645
littler, littlest 351
live 47
live a ... life 395
live on [upon] 675
load 396
lock 586
lone 257, 267
long for 675
Long time no see. *466*
look after 575, 677
look at 380, 674
　　知覚動詞 392
　　look atとseeの違い 380
　　〈look at＋O＋原形不定詞〉 503
　　〈look at＋O＋現在分詞〉 517

look down on 576
look for 675, 677
look forward to 407
look into 677
look out 406
Look out! *540*
look to it that 605
look up to 407, 576
Look you. *542*
look(s) 108
Lord 163
lose no time in ～ing 765
lots 比較の強調 361
lots of 290, 720
love 24, 430
love to [～ing] 537
luck 93
luggage 87
-ly 277

M

machinery 87
mail 87
major 363
make 390, 572, 800
　　〈make＋O＋過去分詞〉 390
　　〈make＋O＋原形不定詞〉 390, 502
　　〈make＋O₁＋O₂〉→〈make＋O₂＋for＋O₁〉 571
make a fool of 408, 577
make a good wife 30
make a mess of 578
make a pause 140
make a point of 577
make a turn 140
make an early start 140
make head or tail of 577
make no mention of 578
make nothing of 239, 577
make progress 140
make room for 578

make the best of 375, 408
make the most of 375, 408
(Please) Make yourself at home. *29*
male 134
man 83, 100, 106, 133
manage to 489, 536
manner of 168
manner(s) 108
many 290, 351
　　〈many a＋名詞〉 159, 291, 720
　　〈many more＋複数名詞〉 296, 361
Mark you. *542*
marry 379, 585
　　get married to 585
marvel at 674
matter 128
may 439
　　〈may＋have＋過去分詞〉 440, 468
　　〈May＋S＋V ...!〉 *77*
May I ask a favor of you? *677*
May I ask who is calling? *609*
May I be excused? *439*
May I have your name? *244*
May I help you, sir? *502*
may well 440
may [might] as well 370
may [might] as well ～ as ... 370, 441
me
　　格の一致の例外 727
　　It's me.の型 727
　　Me too.の型 728
　　省略文の主語 175
Me neither. *345*
Me, too. *728*
mean 469
mean to 487, 536
Meaning what? *18*
means 101, 110, 716

meet 583
memorable, -rial 258
merchandise 87
mere 267
mere, merest 348
meter(s) 98
might 441, 731
might as well *441*
might as well 〜 as ... 370, 441
Might as well. *441*
Might I have a few words with you, sir? *441*
mile(s) 122, 129
million 113, 298
millions of 113
mind 〜ing 537
Mind if I sit here? *534*
Mind my asking? *534*
Mind you. 542
mine 171, 189
　a friend of mine 189
minor 363
momentary, -tous 258
money 92, 477
monthly 323
more 289, 349
　〈many more＋複数名詞〉 361
　many, much の比較級 351
　〈much more＋不可算名詞〉 361
more ... than 362
more badly 353
more than 763
more than one 720
mornings 314
most 289, 351, 365
　a most 147
　〈a most＋原級＋単数名詞〉 147, 367
　〈most of＋名詞〉 718
　most (of the) 341
Mr. 90
much 289, 336, 364, 781
　比較の強調 361
　〈much more＋不可算名詞〉 361
much [even] less 372
much [still] less 372, 762
much [still] more 372
much that 645
much the same 207
music 93
must 443, 731
　must と時制 443
　〈must have＋過去分詞〉 444, 468
must not 443
　推量 444
mustn't 444
must と時制 443
my 143, 179
myself 190, 195, 783

N

name と call 385
namely 600
　同格 786
natural 286
near 278
　〈near＋関係代名詞〉 638
　前置詞と副詞 672
near(-ly) 317
nearly 340
necessarily
　部分否定 759
necessary 545
　It is necessary for A to ... 282, 799
　It is necessary that 〜 (should) ... 279, 288, 557, 606, 760
need 460
need to / 〜ing 539
needless to say 495
neglect to 489
neither（代） 55, 143, **229**, 289, 717, 725
　（副） 593, 767
　〈neither＋be［助］動詞＋S〉 231
neither A nor B 231, 592, 722
never 323, 752, 755, 760
never ... without 〜ing 533, 764
never fail to 762
Never fear! *75*
never have 755
Never mind. *755*
Never say die! *541*
never to 478
Never you mind! *541*
nevertheless 599
news 93
next week ↔ the next [following] week 740
Niagara Falls 111
nice 499, 799
nice and 〜 277
Nice talking to you. *20*
Nice to meet you. *773*
nine-to-five 302
no 143, 231, 289, 752, 756, 758
　〈no＋原級＋名詞〉 342
　no に続く名詞の数 97
　〈no＋比較級＋than〉 232
　〈no＋名詞＋of＋所有代名詞〉 190
　〈no such＋名詞〉 203
　not と no 231, 342
　Yes/No で答えられる疑問文 65
no (other) 〜 as [so] ... as ＿ 368
no 〜 at all 753
no bigger than 374
no different 752
no doubt 765
no good 752
No kidding? *776*
no less 〜 than ... 373, 766
no less than 374, 766
no longer 764
no matter how 663
　〈no matter＋疑問詞〉 626
no more 〜 than ... 372, 766
no more 〜s 764

no more than 373, 766
no one 233, 237, 725
no one of 233
no ～ so (but) 621
No problem. 18
no sooner ～ than ... 613, 766, 771
no (other) ～than ... 368
No, thank you. I've had enough. 295
nobody 235, 237, 759
nobody except [but] she の型
　格の一致の例外 728
non- 751
none **232**, 237, 717, 753
　none と no one 233
　〈none the ＋比較級＋ for [because]〉 233
none of 232
none of your business 234
none other than 216, 234
none such 203
none the less 234
none too [so] 234
nonetheless 234
nonsense 93
nor 593, 767
normally 323
not 63, 755, 756, 758, 770
　not と no 231, 342
　〈not ＋比較級＋than〉 232
not a 753
not a bit 758
not A but B 597, 722
not a few [little] 294, 758
not a single 753
not (...) all [every] 759
not always 760
not ～ any longer 764
not as [so] ～ as ... 355, 627
Not at all. 18, 69
not (～) at all 758, 782

not ～ because ... 615
not (...) both 759
not do 471
not ... either 230, 759
Not exactly. 766
not ... for nothing 239
not hardly 761
not in the least 782
not less than 374
not more than 374
not more ～ than ... 373
not only A but (also) B 594, 722
not so much as 371
not so much ～ as ... 370, 465
not to 471
not to mention 765
Not too bad. 766
not until ～ that ... 188
not ～ until ... 765
nothing 236, 470, 756
nothing but 239, 765
nothing like 239
nothing of 239
nothing that 645
notice
　〈notice ＋O＋原形不定詞〉 504
　〈notice ＋O＋現在分詞〉 517
now 322, 333
　now ↔ then 740
now (that) 617
nowadays 314, 334
nowhere 656

O

object to 379, 675
oblige 493, 586, 800
observe 393
　〈observe ＋O＋原形不定詞〉 504
　〈observe ＋O＋現在分詞〉 517
obtain 801
obvious 500
occasionally 323

of
　〈形容詞＋of〉 682
　〈最上級＋of〉 365
　〈自動詞＋of〉 674
　前置詞 692
　　関連・関係・関与 (about ／ on ／ of ／ with) 713
　　関連・主題 693
　　原因・理由 692, 708
　　材料 692, 710
　　出所 692
　　出所 (from ／ of ／ out of) 711
　　受動態の動作主 580
　　所有格に相当する用法 692
　　性質・特徴 693
　　同格 786
　　分離・除去・距離・区別 (of ／ off ／ from ／ beside) 692, **711**
　〈不定代名詞＋of＋関係代名詞〉 639
　〈名詞＋of＋所有格＋own〉 179
　〈名詞＋of＋名詞〉 132
　from と似た用法 692
　〈of＋所有格〉 125
　of 所有格と 's 118, 123
　〈of＋(代)名詞〉 93
　〈of＋抽象名詞〉＝形容詞 139
　〈of＋人称代名詞〉 179
　〈of＋名詞〉 38, 118, 150, 667
　〈the ＋最上級＋of＋関係代名詞〉 639
of a Sunday 314
of a ～ 145
of ability 139
Of course not. 534
of no use 139
of one's (own)～ing 178
of one's (very) own 179
of oneself 193

of which 632, 643
off 345, 704, 711
　　前置詞と副詞 672
offer 569, 603
offer to 488, 536
often 323, 324
o (ゼロ) 306
old (比較変化) 353
omit to 489
on
　　句動詞を作る副詞 345
　　〈形容詞＋on〉 681
　　〈自動詞＋on〉 675
　　前置詞 693
　　　　関連・関係・関与
　　　　　(about / of / with)
　　　　　713
　　　　接触 (on / above /
　　　　　over / up) 703
　　　　接触 (on / off) 694,
　　　　　704
　　　　接触・場所 693
　　　　日・時 (at / on / in)
　　　　　694, 699
　　　　目的 (for / after / on)
　　　　　709
　　前置詞と副詞 672
　　〈on＋名詞〉＝交通手段
　　　167
on ～ing 533
on account of 170, 708
on earth 242, 782
on fire 29
on Sundays 146
on the one hand ～ on
　the other (hand) ...
　216
on the other hand 784
on the way 158
on the whole 158, 785
once 接続詞 612
　　副詞 332
once (and) for all 226
one 171
　　一般の「人」 210
　　〈冠詞＋形容詞＋one(s)〉
　　　209
　　形容詞 211
　　単数普通名詞の代用 208
　　人・動物の子供 211

不定冠詞相当語 143
不定代名詞 171
it と one 176, 208
one を用いることができ
　ない場合 209
〈one of the [my, these
　など]＋複数名詞〉
　719
that と one 200
the one 209
the one(s) と that
　[these] 210
～に代わる you, we
　726
one after another 215
one after the other 215
one and all 212
one and the same 207
one another 212, 217
one ... another (... the
　other) 594
one by one 212
one day 211
one of these days 212
one of you 719
one ... the other 214
one ... the others 214
one thing ... another
　215
one time 333
one who 200
ones
　those と ones 200
one's own 179
oneself 190
only 267, **342**, 645, 771
　the only 150
　the only ～ that ...
　　645
only a few [little] 294,
　754
Only so-so. *205*
only to 478
opposite 707
　前置詞と副詞 672
　〈opposite＋関係代名詞〉
　　638
or 593
　選択を表す等位接続詞
　　595

選択疑問文 67
冠詞の反復 161
同格 786
〈命令文＋or〉→条件文
　796
〈命令文＋or〉の話法の
　転換 747, 749
-or 363
or else 600
or something 236
orange 54
order
　間接話法 743
　order that ～ (should)
　　... 458
other 212, 217
other things being equal
　216
other (...) than 216
others 212
otherwise 555, 599
ought to 447, 731
　〈ought to have＋過去
　　分詞〉 **448**, 469
our 143, 173
ours 189
out 345, 771
out of
　原因・理由 709
　前置詞
　　原料・材料 711
　　出所 (from / of / out
　　　of) 711
　　場所 (in / into / out
　　　of) 704
out of sight, out of
　mind 18
outer 266
outside
　前置詞と副詞 672
　〈outside＋関係代名詞〉
　　638
over
　句動詞を作る副詞 345
　前置詞
　　原因・理由 709
　　場所 (on / above /
　　　over / up) 703
　前置詞と副詞 672
over- 型の再起動詞 192

overhear 393
owing to 670, 708
own
　〈所有格＋own（＋名詞）〉 179
　進行形にならない動詞 430
　〈名詞＋of＋所有格＋own〉 179

P

Paging Mr. Charles Louis. *773*
pain(s) 108, 110
paint と write, draw 383
pair of 715
pants 715
paper 82
part
　〈part of＋名詞〉 718
part from / with 677
(a) part of 170
participate in 676
pass
　〈pass＋O_1＋O_2〉→〈pass＋O_2＋to＋O_1〉 570
pass for / on 677
past 345
　前置詞と副詞 672
pay 569
pay attention to 577
penny 107
people(s) 86, 88
perceive 393
percent 101
perishing 519
permit 493, 569, 800
persist in 676
persons 86
persuade 573
　〈persuade＋O＋to 不定詞［that 節］〉 491, 604
persuade A of B 678
pick 587
piece
　〈a piece of＋集合名詞〉 87

〈a piece of＋抽象名詞〉 93
pile 396
pity 111
place 655, 659
play ～ on ... 42
play the violin 152
play と冠詞 152
pleasant 278
Please forward this to the appropriate person *541*
Please let us know when you are arriving. *542*
Please remember me to Mr. Smith. *541*
Please remember to wake me up at six. *538*
pleased 280
pleasing 274
plenty of 290, 291, 720
poetry 87
point 306, 655
police 86, 97
poor (the ～) 20
poorly 586
possess 430
possible 282, 498, 799
post 87
posterior 363
postpone ～ing 537
pray 745
prefer 430
prefer ～ rather than ... 538
prefer to [～ing] 537
prefer ～ to ... 363
present 268, 272
present A with B 678
presume 757
presume＋O（＋to be） 494
pretend that 603
pretend to 536
pretty 54
prevent A from B 679
prevent [keep] ... from ～ing 801
prior 363

profess to 489
progress 93
prohibit A from B 679
promise 43, **491**, 569
promise to 488, 536
promise＋O＋to / that 491
propose
　Let's ～の間接話法 744
propose to 487
protect A from B 679
prove 801
prove＋O（＋to be） 494
provide 396
provide A with B 678
provided (that) 622
provided, ～ing 549
public 85
punish A for B 678
put A into B 679
put off 406
put off ～ing 537
put on 346, 406
　と wear との違い 381
put stress on 577
put up with 407, 576
puzzle 802

Q

quarter(s) 108
question 608
quick (to) 282
quite 759
　〈quite a＋形容詞＋名詞〉 159
quite a few [little] 160, 294
Quite a show! 76

R

(a) rain 148
rains 111
rare 296
nearly 326, 341, 754
rather
　〈rather a＋形容詞＋名詞〉 159
rather 324
　比較級の修飾 361

rather than 362
reach 378, 584
read
　能動受動態 586
　能動態で受動態の意味を表す 395
　⟨read+O₁+O₂⟩ → ⟨read+O₂+to+O₁⟩ 570
reading glass 535
Ready to go? *68*
really 744
Really? *68*
reason 655, 656
recently 334
recognize+O+to be 495
recommend 459, 492
recover from 676
reflect on [upon] 675
refuse 572, 603, 746
refuse to 488, 536
regret to 488
regret to / ～ing 538
regretfully 744
rely on [upon] 576, 675
rely on [upon] it that 605
remain 430, 581
remain to 763
remember 430, 483
remember to 488
remember to / ～ing 538
remind 801
remind A of B 678
　⟨remind+O+to 不定詞 [that 節]⟩ 491, 604
rent 586
repent of 674
replace A by [with] B 381
reply to 376, 675
report 798
report+O (+to be) 494
request of+人+that 492
request 492
　request that ～ (should) ... 459
require 801
　require that ～ (should) ... 458
require A of B 677
require of+人+that 492
resemble 378, 430, 583
resolve on [upon] 675
resolve to 487, 536
respectable, -ful 258
rest 581
result from/in 676
retire from 676
reveal 801
rich (the ～) 20
rid A of B 678
ride 586
right 268, 333
Right you are. *770*
rob A of B 383, 678
rob と steal 383, 383
round
　句動詞を作る副詞 345
　前置詞
　前置詞と副詞 672
　場所 (around / round / about) 706
　⟨round+関係代名詞⟩ 638
reprint 586
rude 799
ruin(s) 108
rumor 606
run 377
run a ... race 394
run away 406

S

's 116
-s（副詞）314
s/he 135, 235
⟨S+V+A⟩ 35
⟨S+V+C+A⟩ 38
⟨S+V+O+A⟩ 39
safe 498
sail 54
same 206
Same to you! *207*
sand(s) 108
satisfied 274, 275
satisfying 245
save 572, 801
save that 605
say 579, 607, 798
　I say (that) 603
　People say that ... ↔ It is said that ... 568
say to 741
Say what ... 769
Say when! *657*
scarcely 324, 754
scarcely ～ when [before] ... 422, 613, 771
scarcely any 754
scenery 87
score 101, 113, 302
Scotch, -tish 261
Scotchman 261
Search me. 763
second largest (the ～) 375
second to none 304
see 380
　受動態 573
　進行形にならない動詞 430
　知覚動詞 392
　look at と see の違い 380
　⟨see+O+原形不定詞⟩ 503
　⟨see+O+現在分詞⟩ 517
See? *35*
see ～ off 346
see (to it) that 187, 604
(I'll) See you later. *18*
seeing that 617
seek to 536
seem
　It seems that 47
　It seems that ↔ seem to 477, 484, 788
　seem to 477, 484
　⟨seem to be+過去分詞⟩ 485
　There seems 485

seldom 323, 342, 754
sell 377
　能動受動態 586
　能動態で受動態の意味を表す 395
　sell と buy 381
send 569
senior 363
sensible, -tive 258
set in 406
several 216, 295
　several と some 217
sewing machine 535
shall 455
　時制の一致 738
　助動詞 455
　〈shall be＋現在分詞〉 426
　〈shall have＋過去分詞〉 424
　〈shall have been＋現在分詞〉 428
Shall I ～? 750
Shall I call a taxi for you? *455*
Shall the bellboy carry your bag? *456*
Shall we go abroad? *456*
, shall we? 73
she 136, 173
shocking 519
should 456
　時制の一致 739
　助動詞 456
　推定の～ 286
　It is ～ that (should) ... **286**, 457, 557
　〈if＋S＋should＋原形不定詞〉 554
　It is time ～ should 560
　〈should have＋過去分詞〉 456, 469
　〈should＋S〉 554
show 569, 586, 801
　〈show＋O＋疑問詞節〉 44
　〈show＋O (＋to be)〉 494

shudder at 674
side by side 168
sigh 744
silly 799
since
　接続詞
　　原因・理由 616
　　時 612
　前置詞
　　時 (since / from) 700
　　時を表す副詞 322, **329**
　　副詞↔接続詞↔前置詞 55, 673
　　because, since, as の違い 616
　　前置詞と副詞 672
since ～ ago 329
since before 671
Sincerely yours 317
〈sing＋O₁＋O₂〉 → 〈sing＋O₂＋to＋O₁〉 570
sit 193, 378, 406
situation 655
size of (the ～) 358
sleep 27, 378
slightly 324
small 296, 351
smear 382
smell 430, 394
　〈smell＋O＋現在分詞〉 517
smile a ... smile 378, 395
smile one's welcome 378
smoke 377
sneer at 674
so **339**, 753
　因果関係を表す接続副詞 599, 621
　指示代名詞 203
　倒置 767
　様態・方法・程度・強調を表す副詞 206, 339
　複文への転換 795
　〈so＋形容詞＋a [an]＋名詞〉 160, 620
　〈so＋V＋S〉 464, 767

so as not to 472, 478
so as to 478
so ～ as to 481
so far as ... 628
So he wouldn't come, wouldn't he? *70*
so long as 549, 623, 785
so many [much] 292
so that 460, 618
so ～ that ... 620
..., so that 621
so to speak 785
So what? *69*
some 143, **218**, 289,
　several と some 217
　〈some＋可算名詞の単数形〉 219
　〈some＋可算名詞の複数形〉 218
　〈some＋不可算名詞〉 219
　〈some＋名詞＋of＋所有代名詞〉 190
some day 222
some one 234
some ... or other 222
some ～ others [some] ... 214, 221
some scissors 109
somebody 235
someone **235**, 725
Someone go and see who it is. *542*
something 236
something like 236
something of 236
something or other 237
something to do [be done] 470
sometimes 323
somewhat 324
　比較の強調 361
soon 322
sopping 519
sorry 280
Sorry? *243*
Sorry! Did I step on your toe? *773*

Sorry I won't be there. *18*
Sorry to hear that. *268*
sort of 17
so-so 205
Sounds great! *37*
spare 572, 801
speak ill of 407, 576
Speak quietly, can't you?（詰問）*72*
Speak quietly, will you?（依頼）*72*
speak well of 576
spectacle(s) 108
spirit(s) 108
sports 114
stand 47
stare at 674
start to [〜ing] 537
stay 581
stay and 592
steal A from B 383
still 30, 53
　接続副詞 599
　時 322, 331
　比較の強調 361, 781
still [even / much] less 372, 762
stone(s) 95
stop and 592
stop 〜ing 537
strange to say 495
strike 396, 572
strike for / against 676
stupid 799
succeed in / to 677
success 93
such **201**, 339
　〈all [any, few など]+such+名詞〉 203
　〈such(+a)(+形容詞)+名詞〉 202, 159, 620
such and such 202
such another 203
such as 202
such 〜 as ... 202, 651
such as it is 202
such as to 202
such being the case

such others 203
such 〜 that ... 202, 620
suffer from 676
suffice 430
suggest 545, **557**, 744, 801
　〈suggest that+仮定法現在/直説法〉 557
　〈suggest that 〜 (should) ...〉 458, 545, **557**
suggest 〜 to ... 39
suggest to+O+O 395
superior 363
supply 396
supply A with B 678
suppose 430, 549, 579, 757, 798
　suppose, 〜ing 549, 622
　suppose+O (+to be) 494
sure 38, 277, 284
Sure. *315*
Sure, there's nothing to it. *46*
surprise 802
surprised 275
surprising 274, 287
suspect 757
suspect+O+to be 495
suspect と doubt 383

T

take 801
Take a seat, won't you?（勧誘）*72*
Take a seat, will you?（指示）*72*
take a (short) walk 140
take advantage of 407, 578
take an interest in 577
take care of 407, 578
take effect 139
take 〜 for granted 187

(Please) Take good care of yourself. *193*
Take it easy. *184*
take notice of 407, 578
take place 170, 407
take pride in 577
take turns 140
Take your time. *74*
taste 394, 430
teach 569, 801
　〈teach+O+疑問詞+to不定詞〉 43
　〈teach+O+疑問詞節〉 44
　〈teach+O+to不定詞 [that節]〉 491
tear 586
tearing 519
teens 112
tell 569, 741, 743, 801
tell A from B 679
Tell you what. *245*
tell+O+that 604
(a) ten minutes' walk 119
ten to one 302
terribly 781
than 626, 653
　〈比較級+than〉 359
than all the other 368
than any other 368
than me の型　格の一致の例外 728
thank 746
thank A for B 678
Thank you any way. *207*
Thank you for helping me with my work. *530*
Thank you for your kindness. *18*
Thank you just the same. 207, *207*
Thank you. 51, 746
Thanks for the ride home. *688*
thanks to 708
that

関係代名詞 644
関係代名詞と接続詞 188
関係副詞 656
間接話法の被伝達部を導く接続詞 741, 747
慣用表現 199
原因・理由の副詞節を導く接続詞 617
指示代名詞 196
重文の話法の転換 747
省略 776
定冠詞相当語 143
副詞用法 198
名詞節を導く接続詞 602
名詞の繰り返しを避ける that 199
〈名詞B+that is like+名詞A〉 132
目的を表す副詞節を導く接続詞 618
～節に仮定法現在を用いる形容詞 288
that と one 200
〈that+名詞+of+所有代名詞〉 190
this ↔ that 740
which と ～ 646
That being the case 202
that is 131, 199
that is (to say) 600, 809
同格 786
that of 199
that which 200, 646
That will do. 35
That would be nice. 453
That's all right. 198
That's enough. 295
That's it. 185
That's so kind of you! 340
That's that. 198
That's the way it goes. 656
That's too bad. 197
That's unfair, isn't it? 70
That's what you say. 647
That's why ... 658
that 節
 仮定法現在 557
 形式主語 186
 形式目的語 187
 形容詞と that 節 284
 原因・理由を表す that 節 284
 〈最上級+that 節〉 365
 〈自動詞+that 節〉 604
 〈前置詞+that 節〉 605
 同格節 605
 他動詞の目的語に相当する that 節 285
 〈名詞+that 節〉 131
to 不定詞と that 節 489
〈V+間接目的語+that 節〉 604
thousands of 113, 300
the 149, 367
〈固有名詞+the+呼称〉 153
〈前置詞+the+体の部分〉 157
〈by+the+単位を表す名詞〉 157
〈the+形容詞〉 155
〈the+形容詞+固有名詞〉 153
〈the+形容詞[分詞]〉=普通名詞 155, 156, 519
〈the+形容詞最上級〉 150, 365
〈the+固有形容詞〉 156, 259
〈the+固有名詞〉 89, 152
〈the+固有名詞+of〉 90
〈the+最上級〉 781
〈the+序数詞〉 150
〈the+単数形〉 83, 146, 176
〈the+単数普通名詞〉=総称単数 151
〈the+単数普通名詞〉=抽象名詞 84, 94, 151
〈the+抽象名詞+of+(代)名詞〉 93
〈the+比較級〉 158, 361
〈the+比較級+because [for]〉 371
〈the+比較級, the+比較級〉 371, 627
〈the+複数名詞[集合名詞]〉 83, 151, 177
〈the+名詞〉 149
〈the+名詞+関係詞節〉 150
〈the+名詞+of+名詞〉 150
〈the last+名詞+to 不定詞〉 375, 762
the Americas 261
the Edison of 90
the former 198
the instant 613
the last but one 375
the latter 198
the moment 613
the number of 21, 720
the one 209
the one ～ the other ... 215
the other 214
the other way (a) round 216
The pleasure was all mine. 20
the same 337
the same ～ as ... 206, 652
the same ～ that ... 206
The same to you! 207
the third largest 304
The sooner, the better. 775
the way 656
thee 173
their 143, 173
theirs 171, 189
them 173, 208

themselves 190, 725
then 322, 598, 740
there 47, 71, 321, 334, 740, 772
There are times when ... 655
There goes the bus. *767*
There is no ～ing **532**, 764
There is nothing for it but 239
there is 構文 46, 334, 649, 723, 753, 767, 772
there remains 251
there seems to 485
there used to be 47
There you are. *335*
therefore 599
There's no accounting for tastes. *532*
There's nobody here by that name. *686*
these 143, **196**
these days 129, 334
they 171, 177, 181, 725
　集合名詞を受ける代名詞 724
-thing 271
think 68, 430, 579, 607, 785, 798
　I don't think ... の型 756
　I think 603, 785
　I think it ～ that 603
　What do you think ...? の型 252
think nothing of 239
Think nothing of it! *185*
think of 674
think that 603
think+O (+to be) 45, 494
this 143, **196**, 215, 740
　〈this+名詞+of+所有代名詞〉 190
this (～) and that 198

this easy 198
This is it. *28*
This is Peter speaking. (電話) *197*
This is the last bus, is it? *70*
this kind of 169
this (～) or that 198
this ～ the other ... 215
this way 129
those 143, **196**
　these ↔ those 740
those of 199
those present 201
those who 200
thou 173
Thou shalt not 173
though 623
　〈S+be〉の省略 772
　〈形容詞[副詞]+though+S+V〉 769
　〈名詞+though+S+V〉 168
thousand 101, 113, 298
through
　句動詞を作る副詞 345
　前置詞
　　原因・理由 709
　　仲介 710
　　時 (for / during / through) 701
　　場所 (along / across / through) 705
　前置詞と副詞 672
　副詞と前置詞 53
throughout
　前置詞と副詞 672
thundering 519
thy 173
till 611
　前置詞
　　時 700
～ times a year 323
～ times as ... as 305
to
　〈形容詞+to〉 683
　〈自動詞+to〉 675
　前置詞

　　関係 696
　　結果 (to/into) 709
　　受動態の動作主 580
　　授与動詞 40
　　場所 (to / for / toward(s)) 705
　　方向・到達点 695
　　保留目的語の前に置く 569
　　ラテン語から来た比較級構文 363
　〈from+名詞+to+名詞〉 168
to a degree 148
to be frank 495
to be frank with you 785
to be sure 597
〈to be+～ing〉 471
〈(to) be+過去分詞〉 470
to begin with 495, 785
to death 170
to do a person justice 495
～ to go 507
〈to have been+過去分詞〉 470
〈(to) have+過去分詞〉 468
to make a long story short 495
to make matters worse 495
to say nothing of 785
to say the least of it 495
to tell the truth 495, 785
to the point 158
To think～! 479
today 123, 322, 740
together with 723
tomorrow 322, 740
tonight 322
too
　(非常に) 160, **339**
　(もまた) **343**, 757
too ～ to ... 480, 762, 794
tough 498

toward(s) 705
town 166
to 不定詞 473
  〈疑問詞＋to 不定詞〉 481
  疑問詞節 ↔〈疑問詞＋to 不定詞〉 789
  形式主語の it が受ける 20, 22
  形式目的語の it が受ける 27
  形容詞と to 不定詞 281
  形容詞用法 32, 57, 475
  〈自動詞＋to 不定詞〉 489
  受動態で to 不定詞をとる動詞 573
  〈他動詞＋O＋疑問詞＋to 不定詞〉 482
  〈他動詞＋to 不定詞〉 487
  副詞用法 32, 57, 477
  名詞用法 28, 43, 56, 473
  〈S＋V＋O＋to 不定詞〉 474, 490
  〈S＋V＋O＋to be〉 493
  〈S＋V＋O＋to do〉 490
  to 不定詞だけを目的語にとる動詞 536
  to 不定詞と that 節（書き換えられるもの） 490
  to 不定詞を用いる文の転換 787, 789
translate A into B 679
trillion 299
true 500
true to/of 683
trust 757
trust A with B 678
try 489, 603
try and 592
Try and do it. *592*
try on 406
try to do/〜ing 539

turn 37
turn a deaf ear to 577
turn into 165
turn on 406
turn out 477
turn out to 486
turn(s) 112
20 / 20 vision 307
twice 305
  〈twice＋the＋名詞〉 160
type of 168

U

Ugh, it reeks! *51*
U. K. 260
un- 751
unable 280
under 345, **703**
  前置詞と副詞 672
underneath
  前置詞と副詞 672
understand 430, 798
  understand＋O＋to be 495
unexpected (the 〜) 519
unite with 675
United Kingdom (the 〜) 260
United States (of America) (the 〜) 261, 715
university (the) 166
unless 549, 621
unlike 278
until
  接続詞 611, 765
  前置詞 700
up 345, **703**
  前置詞と副詞 672
  〈up＋関係代名詞〉 638
up to 670, 799
upon 675
  〈形容詞＋upon〉 681
upper 266
upstairs 321
urge 492
urgent 606

used to **449**, 731
  付加疑問 73
  used to と be used to 449
  would との違い 451
useless 498, 799
use と borrow 383
usual 498
usually 323
utmost 266

V

very 273, 313, 336, 645, 744
  〜＋過去分詞 275
  冗語的な〜 337
very much 336
very と much 336
  形容詞・副詞・動詞との修飾関係 336
  形容詞・副詞の比較級との修飾関係 338
  分詞との修飾関係 338
visiting card 535
vote for/against 676

W

Wait a minute. *540*
wait for/on 677
waiting room 535
walking stick 535
want 603
  〜の進行形 431
want to 487
Want a drink, do you? *774*
Want some? *220*
want to/〜ing 539
was 551, 545
  〈was [were]＋現在分詞〉 426
was [were] able to 438
was [were] to 469
wash 586
watch **392**, 503, 517
water(s) 91, 95
way 129, 656
we 171, 180, 181
  one に代わる〜, you 726

We may as well have something to eat. *370*
wear 586
　put on と wear の違い 381
weather 93
weather permitting 525
weekly 323
well 320, 351, 576, 586
Well, I never! 752
Well, what do you think? *319*
well-known 500
were 545, 551
　〈were+S〉 554
　〈were+現在分詞〉 426
were it not for 563
were to 469, 553
what
　関係形容詞 660
　関係詞
　　関係代名詞 256, 632, 646, 647
　　慣用表現 647
　　〈A is to B what C is to D.〉 647
　　what is called 648
　　what is worse 785
　　what we [you] call 648
　　what with ～ and (what with) ... 648
　what(so)ever 662, 753
　whatever 662, 664, 753, 785
　Whatever you say. *662*
　感嘆文 75
　感嘆文の話法の転換 744
　疑問形容詞 246
　疑問代名詞 67, 74, 171, 240, 243
　接続詞の働きをする疑問詞 608
　〈動詞+what+S+助動詞〉 769
　what と which 243
　what と who 244
　〈what+a+形容詞+名詞〉 159
　〈What a [an]+形容詞+名詞+S+V ...!〉 75, 797
　〈what+to 不定詞〉 481
What ... look like? 245
What a man you are! *544*
What a shame! *76*
What about ...? 245
What about going for a walk? *245*
What are you driving at? *667*
What brought ...? 802
What did I tell you? *245*
What did you say? *243*
What do you call this in English? *249*
What do you say to ...? 245
What do you say to a few games of tennis with me? *245*
What do you think ...? 252
What do you think of the movie? *249*
What for? 245
What if ...? 245
What if we fail? *245*
What if you join us? *245*
What is the weather in England like? *249*
What though ...? 245
what to 483
What will become of ～? 245
What's the matter? *743*
What's up? *245*
what's what 245
when
　関係副詞 **654**, 657
　疑問副詞
　　疑問副詞 67, **246**
　　接続詞の働きをする疑問詞 609
　〈前置詞+when〉 246
　〈When ～+現在完了?〉 422
　when to 482
　接続詞
　　譲歩 625
　　時 609
　〈S+be〉の省略 772
whenever 609, 663
where
　関係副詞 655, 657
　疑問副詞
　　疑問副詞 67, 246
　　接続詞の働きをする疑問詞 609
　〈前置詞+where〉 247
　Where are we now? *247*
　Where are you from? *247*
　Where do you come from? *711*
　Where do you go to college? *247*
　where to 481
　Where to? *247*
　場所の副詞節を導く接続詞 614
whereas 625
Where're you going? 67
wherever 614, 663
whether
　間接疑問 68, 250
　疑問文の話法の転換 742
　従位接続詞 589
　〈名詞+whether+to 不定詞〉 132
　〈名詞+whether 節〉 131
　名詞節を導く接続詞 606
　if と whether 250

⟨whether＋S＋V⟩ 68
⟨whether＋to 不定詞⟩ 25
whether A or B 626, 785
whether ～ or not 20, 22, 25
which
　関係形容詞 660
　関係代名詞 171, 632, 636, 642, 660, 775
　定冠詞相当語 143
　疑問詞
　　what と which 243
　　⟨which＋名詞＋of＋所有代名詞⟩ 189
　　which to 482
　　疑問形容詞 246
　　疑問代名詞 171, 240, 243
　　集合名詞を受ける～ 724
　　定冠詞相当語 143
　～ と that 646
　as との相違点 653
　⟨which＋to 不定詞⟩ 242
whichever 661, 664
while **610**, 625
　⟨S＋be⟩の省略 772
white 54
who
　関係代名詞 58, 171, 632, 635, **640**
　関係代名詞と接続詞 171
　疑問詞
　　接続詞の働きをする疑問詞 609
　　what と who 244
　　疑問代名詞 67, 68, 74, **240**
　　集合名詞を受ける代名詞 724
　⟨前置詞＋who⟩
　　疑問詞 242
　　関係詞 638
　whom の代用 242（疑問詞）, 642（関係詞）
Who do you think ～? 68
Who do you work for? 244, *666*
Who is this, please?〔電話〕 *197*
Who knows …? 761
Who said what to whom? *241*
who that 646
whoever 241（疑問詞）, 633, 661（関係詞）
　whoever と whomever 661
whole 224, 759
wholly 759
whom 240（疑問詞）, 641（関係詞）
whomever と whoever 661
who's who 245
whose 240（疑問詞）, 641（関係詞）
whose と of which 643
why
　関係副詞 654, **655**, 658
　疑問副詞 246
　接続詞の働きをする疑問詞 609
　⟨why＋動詞の原形⟩ 248
Why don't you ～? 247, 750
Why don't you bring her along? *247*
Why make so much fuss? *248*
Why not?
　（反問）*247*
　（承諾）*247*
Why not …? 247
Why not ask your mother if she can come with us? *247*
Why should …? 458
why to ～ 481
will 450
　助動詞 450
　時刻の一致 739
　主語の意思 547

未来完了 424
未来完了進行形 428
未来進行形 426
⟨will have＋過去分詞⟩ 424
⟨will[shall]＋be＋現在分詞⟩ 426
⟨will[shall] have been＋現在分詞⟩ 428
will be 37
will never forget ～ing 539
Will two o'clock be all right? *544*
Will you ～? 749
, will you? *72*
Will you be ～ing? 427
Will you be coming to the party? *427*
Will you do me a favor? *451*
Will you pass me the salt? *24*
Will you shut up? *451*
Will you sign here, please? *451*
wisdom 93
wise 499, 799
wish 430, 558, 746, 757
wish to 487, 536
with
　⟨形容詞＋with⟩ 681
　⟨自動詞＋with⟩ 675
　前置詞
　　一致 698, 713
　　関係・関連・関与 698, 713
　　原因・理由 697, 709
　　賛成 713
　　受動態の動作主 580
　　着用 713
　　道具 697, 710
　　同伴・付加 697
　　付帯状況 526, 698
　　様態・状態 697, 711
　⟨with＋抽象名詞⟩＝副

詞 139
〈with＋独立分詞構文〉 526
with a view to 148
with all 226
with best wishes 190
with delight 744
with ease 320
with great fluency 139
with no ～ 562
With pleasure. 697
with regard to 671
with relief 744
with that 199
with this 199
withdraw from 676
within 699
　前置詞と副詞 672
within a stone's throw 119
within arm's length 119
without 562, 710
　前置詞と副詞 672
woman 100, 106, 133
Won't you come in? 451
Won't you have some candy? 220
won't you? 72
wood(s) 95, 110
wooden 259, 260
work 93
work(s) 108
working 273
worse 351
worst 351
(in) the worst way 353
worth 278
worth ～ing 533
worthwhile to 533
would 451, 731
　時制の一致 739
　used to と would の違い 451
would as soon ～ as ... 507
would [should] like to 454, 538
would not ... for anything 237
〈would rather [had rather]＋原形不定詞〉 506
〈would rather＋節〉 507
would rather ～ (than ...) 454, 506, 563
would sooner ～ (than ...) 563
would that 559
Would you call me back later? 452
Would you like ～? 556
Would you like some more coffee? 556
Would you like to come with me? 452
Would you mind ～ing? 454
　応答 69
Would [Do] you mind if ～? 534
Would you mind if I borrowed this umbrella? 534
Would [Do] you mind ～ing? 534
Would you mind my taking this seat? 454
Would you please keep silent a minute? 452
wounded (the ～) 519
wreck 585
write 570
write と draw, paint 383
writing desk 535
wrong(ly) 316

Y

ye 173
Yeah, telling me. 773
year(s) 94, 129, 130
yes 65, 341, 746
Yes, do! 74
yesterday 322, 740
yet 322, 330, 599
yield to 675
you 18, 171, 180, 540
　～のつく命令文 74
　one に代わる ～, we 726
You are welcome. 265
You better go now. 774
You can go now. 436
You can say that again! 436
You couldn't ..., could you? 72
You don't say! 766
You got it. 184
You had better look over this lesson again. 505
You might move over a little. 442
You must be kidding! 444
You must come to my birthday party. 443
You name it. 74
You name the day. 541
You never know! 766
You should take your raincoat in case it rains. 620
You, too. 343
You wouldn't tell anyone, would you? 71
yours sincerely 190

Z

zero 97, 306

3. 日本語表現索引

あ行

相変わらず 369
(〜の)間
　期間 (for) 688, 701
　距離 (for) 688
(〜の)間で[に]
　期間内 (in) 691
　特定の期間 (during) 701
　場所 (between) 706
あいついで 215
(〜を)相手に (with) 698
あいにく〜した[する] (have to) 447
あえて〜する (dare) 461
明らかに 327
悪魔(冠詞の省略) 163
(〜に…を)与える
　(第4文型をとる動詞) 40
頭に浮かぶ 184
(〜の)あたり[あちこち]に[を] (about) 706
(〜に)合った (to) 696
(〜の)後に
　(動くものの前後・順序) (after) 707
(〜の)後を追って (after) 709
穴を掘る 28
あまりに〜なので…できない (too 〜 to …) 480, 762
雨に降られる 587
アメリカ 260
(〜で)あらんことを(祈る) (may) 440
(〜で)ありうる (can) 435
　(could) 438
ありとあらゆる〜 (every) 228
ある〜 (a [an]) 145

(one) 211
(some, any) 219
あれこれの 198
あれやこれや 198
(〜に)合わせて (to) 696
いいとも 315
いいね(命令文の主語のyouが表現される場合) 542
(〜は)言うに及ばず (not to mention) 765
(…は)言うまでもない (It goes without saying that …) 533
(needless to say) 495
(〜は)言うまでもなく (let alone) 543
(Aと)いうよりB (not so much A as B) 765
〜以下 363
〜以外の 216
〜行きの (for) 687
イギリス 260
(〜しに)行く 535, 668
(多くのうちの)いくつか…ほかの全部 214
いくつか(の〜) 218
いくぶん 221
いくらいくらの (so many) 292
いくらか(の〜)
　(a [an]) 145
　(some, any) 218, 219, 221
いくら〜しても足りない (cannot 〜 too …) 437
〜以上 363
以前 329
以前は〜だった (used to) 449
一度 (once) 332
一度も〜ない (never) 752
(〜の)1倍半 305

一番…
　(最上級+in [of]) 365
　(最上級+that 節) 365
(〜するのが)一番よい (had best) 506
いつ？(when) 246
いつか (ever) 332
(それだけ)いっそう〜 158, 361
(〜なので)いっそう…
　〈the+比較級+because [for]〉 371
一体全体 242
一体全体どうして〜か
　(can) 435
　(could) 438
一体〜なのか(疑問の強調) 241, 782
いつでも〜とは限らない (部分否定) 759
1等賞 366
一方では…他方では〜 215
〜以内に (within) 699
今し方 (just now) 333
今すぐに 334
今や〜だから 617
いやだ 493
(過去のあるとき)以来(ずっと) (since) 700
いわば (as it were) 563
印刷中 588
(〜の)上に (on) 693
(〜の)後ろに(人・動物・建物などに関して) (behind) 707
(〜の)うちで (in) 690
(〜の)うちに (in) 691
ええっと なんだっけ (let's see [let me see]) 544
〜おきに 216, 229
　(every) 228
(時間・順序が)遅い 遅く (lateの比較変化)

354
遅くとも (at (the) latest) 375
おそらく (no doubt) 765
お大事に 193
お互い (に) 217
お釣りの渡し方 310
驚かす 274
(Bに) 劣らずA (no less A than B) 766
同じ
　(不定冠詞) 145
　(こと, もの) 206
(…するのは~するのと) 同じだ (may [might] as well ~ as …) 441
おのおの (each) 226
お久しぶり 466
(自分のことを~だと) 思う〈S+V+O+to be〉 494
(~を…と) 思う
　(第5文型をとる動詞) (think グループ) 45
(~と) 思われる (seem to) 484
およそ 221
(~の力が) 及ばない (be above ~ [~ing]) 763

か行

~が (of) 693
~かかって (in) 699
(~を) 囲んで (around, round) 706
家族 (集合名詞) 85
(~する) 価値がある (worth ~ing) 533
かつて (once) 333
(~のために…を) 買ってやる
　(第4文型をとる動詞) 40
~かどうか 250
必ず~する (never fail to) 762
(…すれば) 必ず~する (never … without ~ing) 533, 764
かなり多く [多数] の (a good [great] many) 147, 292
(quite a few [little]) 294
かなりたくさん (a dozen) 302
かなりの (some) 221
可能な限りの~ (every) 228
神 (冠詞の省略) 163
~かもしれない (may) 439
~かもしれないが (might) 442
~から
　原因・理由 (from) 689, 708
　原料 (form) 689
　材料 (of) 692
　出所 (from) 689, 711
　　(of) 692, 711
　　(out of) 711
　動機 (out of) 709
　時 (at) 684
　　(from) 689, 700
　場所 (at) 684
　　(from) 689
　　(out of) 704
　判断の根拠 (from) 689
　分離 (from) 690
　　(of) 692
　　(off) 704
借りる 382
(~の) 代わりに (for) 688
(~と) 関係がない (I have nothing to do with ~) 765
(AのBに対する) 関係は (CのDに対する) 関係と同じ 647
(~と) 感じる
　(第2文型をとる動詞) 37
(~に) 関する (on) 695
(~を) 聞いて (at) 684, 707
きっと~する 283
~ぎめで (by) 686
魚肉 (物質名詞) 88
距離 (far) 336
果物 (集合名詞) 87
~ぐらいしてもいいのに (can) 436
~ぐらいしてもよさそうなものだ (might) 442
(…する) くらいなら~したい (would rather ~ than …) 454
(…する) くらいなら~するほうがよい (may [might] as well ~ as …) 370
(…する) くらいなら~したほうがましだ (may [might] as well ~ as …) 441
　(would rather ~ than …) 563
(~を) 繰り返すな 764
グロス 302
~家 (の人々) (集合名詞) 85
警官 [察] (集合名詞) 86
(~を) 経由して (by) 685
結婚する 585
決して~でない
　(no) 231
　(none+too [so]) 234
　(anything but) 761
決して~ない (never, no) 752
~家の人 90, 147
故~ 268
こういうわけで 202
(2人・2つが) 交互に 215
交差して (across) 705
後者 198, 215
故郷 (無冠詞) 166
国民 (集合名詞) 88
ここはどこですか 247
こちらへ 215
こちらは~です 197
~語で用を足す 46
(~の) こと 156

(～の) ことで
　原因 (over) 709
～ごとに 229
　(every) 228
　(頻度を表す副詞(句))
　323
(～する) ことにしている
　(like to) 538
～後に (時の経過)
　(after) 699, 700
　(in) 691, 699
この上なく～ (as ～ as
　(...) can be) 370
このごろ 196, 334
これから先 (from now
　on) 700
ごゆっくり 29, 74
これだけ [ほど] 198
これまでに (ever) 331
今後 (from now on)
　700

さ行

さあ，どうぞ 176
最後から何番目 (the last
　but one の型) 375
(～の) 最前列 [席] に (in
　the front of) 707
…歳代 301
(～を) 最大限に利用する
　(make the most of)
　375
魚・魚類 (集合名詞) 88
(～の) 作品・製品 90,
　147
(～して) さしつかえない
　(may) 440
(～を) させてください
　〈let＋目的語＋原形不定
　詞〉 542
～させなさい〈let＋目的語
　＋原形不定詞〉 542
～させる
　〈have [get]＋目的語＋
　過去分詞〉 515
　〈S＋V＋that 節〉 491
(～の状態に) させる〈S＋
　V＋O＋現在分詞〉 517
～させるわけにはいかない
　515

さっさと～する (lose no
　time in ～ing) 765
さらに，その上の (far の
　比較変化) 354
～される〈have [get]＋目
　的語＋過去分詞〉 515
(～が) …されるのを一す
　る〈S＋V＋O＋過去分
　詞〉 518
三々五々 302
(～に) 賛成して
　(for) 687
　(with) 698
(～の) 資格で (冠詞の省
　略) 165
～しか 374
～しかかっている 425
しきりに～したがっている
　280, 283
～しそうである
　(be going to) 416
(最も) ～しそうにない…
　〈the last＋名詞＋to 不
　定詞 [関係代名詞節]〉
　375, 762
(むしろ) ～したい
　〈would [had] rather＋
　原形不定詞〉 506
～したい (would [should]
　like to) 538
～したいものだ (would
　like to) 454
～したいような気がする
　(feel like ～ing) 533
(しきりに) ～したがって
　いる 280, 283
～した結果… 478
～したほうがいいだろう
　(may [might] as well)
　441
～したが 596
～したほうがよい 〈had
　better＋原形不定詞〉
　505
～したほうがよいのではな
　いですか 〈Hadn't you
　better ～?〉 505
～したまま (with) 698
～したものだった (used
　to) 449

実は 784
～して
　状態 (in) 691
　　(on) 695
　時の経過 (in) 699
　付帯状況 (with) 698
…して～ (so ... as to ～)
　481
～していただけますか
　〈Would [Do] you mind
　～ing〉 454, 534
　〈Could you～〉 439
　〈Would you～〉 452
(～の状態に) しておく
　〈S＋V＋O＋現在分詞〉
　517
～してください (might)
　442
～してくれますか (can)
　437
～して, そして (分詞構文)
　523
～して初めて…する
　(not ... until ～) 765
～してはならない
　(must) 443
～してもいいのでは
　(may as well) 370
～してもよいころだ (It is
　time～) 559
～してもらう
　〈have [get]＋目的語＋
　過去分詞〉 515
　〈S＋V＋that 節〉 491
～してよい
　(can) 436
　(may) 439
～してよろしい (might)
　441
～しない (fail to) 762
～しない (be above ～
　[-ing]) 763
～しないと承知しない
　(must) 444
～しないように
　(副詞節) 619
　(不定詞の否定形) 472
　(in order not to)
　478
　(so as not to) 478

~しながら（分詞構文） 523
~しなくてよい（don't have to） 443
~しなければならない
 （must） 443
 （have to） 445
~しなさい（can） 436
~しはしないか 608
自分自身を~する 191
自分の 179
自分の家・故郷 166
~しましょうか（Shall I ~?） 455, 750
~じゅう 223
十分な
 （every） 228
 （enough） 295
（~するのに）十分な
 （enough to） 480
重要ではない（little） 352
~出身の
 （from） 689, 711
 （of, out of） 711
十中八九 302
~しよう（let's ~） 543
小数点 306
少数の 147, 293
~しようとしている（be going to） 416
~しようとする
 〈try to (and)〉 489, 539
（~の）正面に（in〔the〕front of） 707
~しようと努力する（try to） 539
少量の（little） 147, 351
食事（無冠詞） 167
（~に）知られている 580
数個（の） 216
数千 300
数人（の） 216
スープを飲む 384
数百 300
~すぎて…できない（too ~ to …） 480, 762
（~に）すぎない（nothing but） 765

（~すると）すぐ（に）（on） 694
 （on ~ing） 533
（A すると）すぐ（に）B（no sooner A than B） 612, 766
少なからぬ 294
少なくとも 374
少ししかない 293
少しは 221
少しはある 294
少しも（…ない） 221
ずっと多い（many［much］ more） 361
すなわち（同格語句） 130
~すべきだ
 〈let+目的語+原形不定詞〉 543
 （ought to） 447
 （should） 456
~すべきだったのに（しなかった）（should） 456
すべてが~とは限らない（部分否定） 759
すべての~
 〈all+可算名詞の複数形〉 223
 （every） 227
（~を…に）する（第5文型をとる動詞）（make グループ） 44
…することはAにとって~である（It is ~ that …） 498
~するのはいかが？ 245, 354
~する人はだれでも 661
（…するくらいなら）~するほうがよい〈may［might］ as well ~ as …〉 370, 441
~するものもあれば…するものもある 214, 221
~するやいなや 523
~するような 651
~すればするほど 371, 627
成果（集合名詞） 88
せいぜい（at〔the〕most, at〔the〕best） 374

（~の）せいで
 （through） 709
 （with） 697, 709
~せざるをえない
 〈cannot but+原形不定詞〉 507
 （cannot help ~ing） 437
~せずには…しない
 （never … without ~ing） 764
ぜひ~しなさい（must） 443
前者 198, 215
全身~で 226
全体の~ 223
全部が…というわけではない（not … all［every］） 760
（~の）前面に
 （in front of） 707
そう（so） 203
そう思う 204
相当な（some） 221
率直に言うと 327
（~に）沿って（along） 705
その上の（far の比較変化） 354
~そのもので 226
そのようなもの［人］ 201
そのように（様態・方法） 206
（~の）そばに
 （beside） 704
 （by） 685, 704
 （on） 694
（~の）そばを通って（by） 685
それぞれ（each） 226
それだけ［ほど］（that） 198
それだけいっそう~ 158, 361
それでけっこう 35
それほど（so） 206
そろそろ~する時間だ 559

た行

（…するのは）~だ（It is

〜 that ...) 187
(だれだれが…することは)
  〜だ 279
ダース 301
だいたい 337
たいへん〜 147
大学に行く (無冠詞) 166
…だからといってそれだけ
  〜というわけではない
  〈none＋the＋比較級＋
  for [because] ...〉 233
たくさんの 290, 720
〜だけ (程度) 686
…だけの〜 (as many
  [much] 〜 as ...) 292
〜だけれども 623
たしかに (no doubt)
  765
多少 296
ただ〜しさえすればよい
  467
ただ〜するばかりである
  (can 〜 but) 437
たった今 (just) 333
〜たてば (時の経過) 691
たとえ〜でも
  (may) 440
  (no matter) 626
たとえば (同格語句) 130
たぶん〜だろう
  (may well) 440
  (dare say) 462
たまたま〜する (happen,
  chance) 485
試しに〜してみる (try 〜
  ing) 539
(〜する) ために [の] 目的
  (to 不定詞) 477
  原因・理由
    (for) 688, 708
    (from) 689, 708
    (of) 692, 708
    (through) 709
  目的 (for) 687
    (on) 695
    (to) 696
  用事 (on) 695, 709
  用途・意図 (for) 687
  利害 (for) 687

(副詞節) 618
だれも〜ない (none)
  233
(〜は) だれもみな
  (every) 227
〜単位で (by) 157, 686
小さい (little の 変化)
  351
〜にちがいない
  (must) 444
(〜 [だった] に) ちがいな
  い (must) 444
(〜の) 近くに
  (beside) 704
  (by) 685, 704
(〜を) 着用して
  (in) 690
ちょうど今 (just now)
  333, 421
(〜に) ついて (about, on,
  of, with) 713
ついに (at last) 375
(〜を) 通じて
  (through) 710
(体の部分を) つかむ 156
(〜を) 使わずに
  (without) 710
(〜に) つき (不定冠詞)
  146
〜づたいに (along) 705
(〜する) つもりだったの
  だが 469
(〜する) つもりである
  (be going to) 416
(〜に) つれて (with)
  698
〜で
  価格・割合 (at) 685
  原因・理由
    (from) 708
    (of) 692, 708
    (with) 697, 709
  材料・道具
    (in) 691
    (of) 692
    (with) 697
  手段・方法
    (by) 685
    (in) 691
    (with) 697

速度 (at) 685
場所 (at) 684, 702
  (in, on) 702
用事 (on) 695
〜である (第2文型をとる
  動詞) 36
(A が…することは) 〜で
  ある (It is 〜 that ...)
  498
〜できた (could) 438
〜できない
  (be above 〜 [〜ing])
    763
  (beyond) 763
  (fail to) 762
  (more than) 763
〜 (することは) できない
  (There is no 〜ing)
    764
(だが) 〜できない
  ([but] in vain) 763
〜できる
  (can) 435
  (may) 440
(〜しようと思えば) でき
  る (could) 438
できるだけ〜 (as 〜 as
  one can) 370
〜ではあるが 169
(〜の) 手元に (by) 685
(〜の) 点において (of)
  693
〜と
  一致・不一致, 関係・立
    場 (with) 698
  相違・区別 (from)
    690
  同伴・随伴 (with)
    697
…という〜
  (同格)
    (that, whether)
      131
    (of) 132, 693
〜という点で 605
〜というもの
  (定冠詞) 151
  (不定冠詞) 146
  (物質名詞) 91
〜というわけじゃあるまい

し (It isn't as if) 562
〜といえば 520, 527
どういたしまして 265
同一種類 206
同一物 206
どう思いますか 249
どうしたの？ 743
どうしても〜しようとしない (will) 否定文で 450
(それと) 同数 [同量] の (as many [much]) 292
当然〜の [した] はずだ (ought to) 448 (should) 457
どうぞ 534
頭髪 (集合名詞・普通名詞) 88
(Bでないのと) 同様にAでない (no more A than B) 766
遠からず…する (It will not be long before …) 765
(〜を) 通って
　貫通 (through) 705
　経路 (by) 685
(〜する) ときに (in) 691
独力で 195
どこ？ (where) 247
〜どころか (far from 〜 [〜ing]) 762
〜ではない (no) 231, 752
(〜する) どころではない (far from 〜 [〜ing]) 762
〜として (相当・資格) (冠詞の省略) 165
　(for) 688
〜としよう〈let＋目的語＋原形不定詞〉 543
どちら (which) 243
どちらか [も] 229, 596
どちらも (…では) ない (not … either, neither …) 229
とても〜 147

〜とともに (with) 697, 698
どのくらい？〈How＋形容詞 [副詞] …？〉 248
どのように (how) 248
〜(する)とは (感嘆・判断の根拠) 479
(…する)とはAは〜だ (It is … of A to …) 499
〜と引き換えに
　交換・代償 (for) 688
どれ (which) 243
どれでも (不定冠詞) 146
(〜は) どれもみな (every) 227
どんなに…してもしすぎることはない (cannot … too) 765
どんなに〜しようとも 663, 769
どんな人？ (what) 243
どんな〜も 219

な行

(〜が) ない
　(be free from) 763
(全く) 〜ない (全体否定) 759
〜ないと思う 756
〜ない―は…ない (二重否定) 760
なおさら〜ない (much [still, even] less) 372
(〜の) 中から
　場所 (out of) 704
　分離・解放 (from) 690
〜中で (on) 695
(〜の) 中に [で, の]
　場所 (among) 706
　(in) 690, 704
　(into) 704
　部分・分量 (of) 692
なぜ？ (why) 247
何？ (what) 243
〜なので
〔前置詞〕
　(because of, on ac-

count of) 708
　(for) 688, 708
〔接続詞〕 614
〜なのでいっそう…
〈the＋比較級＋because [for] 〜〉 371
〜なもの 156
悩ます 274
〜なら…だ (条件文) 546
(〜に) なる (第2文型をとる動詞) 36
(〜という結果に) なる (result in) 676
なるほど〜だが 597
何回 (頻度を表す副詞〔句〕) 323
何時間となく (大きな単位) 157
〜なんでしょうかね (might) 442
何番目 304
何番目に〜な (the second largest の型) 375
何万という 301
〜に
　近接 (on) 694
　時 (at) 684, 699
　場所 (in) 699, 702
　　(on) 694, 699
　方向・方角
　　(in) 690
　　(to) 695
　(変わる, なる) (into) 710
〜において
　場所 (at) 684
　　(in) 690
〜にしては (for) 688
〜に接して (on) 693, 704
〜に属する (of) 692
〜に対して
　交換・代償 (for) 688
　比較・対比 (to) 696
〜につれて 627
〜に適する (for) 687
〜にとっては (with) 698
〜に向かって

3. 日本語表現索引　にめん―みぎの

対象（on）695
方向（for）687
目標（at）684
〜に面して（on）694
…にも〜する 141
…年代 301
〜年来の 701
〜の（of）692, 693
残り〜日 507
（〜を）除いては（but, except, except for）712
〜（がある）ので（with）697
登る 384

は行

はい 342
（…の）〜倍 305, 358
（〜するほど）ばかではない（know better than to〜）372, 763
（した）ばかり（just）333
（ただ〜する）ばかりである 437
初めから終わりまで（through）701
はじめまして 501
（〜である）はずがない
　（can）436
　（must）444
（〜する）はずだ（must）444
（当然〜の［した］）はずだ
　（ought to）448
　（should）457
（〜の）半分 305
（〜と）比較して（to）696
（〜と）引き換えに（for）688
非常に（so）206, 339
　（too）339
非常に多く 290
　［たくさん, 多数］の（a good [great] many）147, 292
非常に〜なので 620
（多くのうちの）1つ…ほかの全部 214
（〜する）必要がある（need）460
（〜のような）人 89, 147
人
　（one）210
　（man）83
（〜家の）人 90, 147
（〜という）人 89, 147
ひとかどの 236
（〜の）1つ 719
1つの（不定冠詞）145
（2つあるうちの）1つ…残りの1つ 214
（3つ以上のうち）1つ…また（別の）1つ 214
人々（集合名詞）88
（〜する）人々 200
（〜の）人（々）155, 156
110番 308
（〜の）表紙に（in the front of）707
ひょっとしたら〜かもしれない（might）442
　（could）438
〜分後 354
〜分の1 305, 358
〜へ（to）695
（AとB は）別物である 215
〜への（of）693
（〜の）冒頭に（in the front of）707
（〜の）ほうに
　（on）694
（〜の）ほうへ
　（to）695
ほかの（人・もの）212
〜ほど（by）686
（〜する）ほど…（so ... as to）481
〜ほどもたくさん（no less than）766
ほとんど（nearly, almost）340
ほとんど（〜が）ない
　（few）293, 754
　（little）293, 754
ほとんど〜ない（hardly, scarcely）753
ほんの少ししかない 294

ま行

まあまあ 205
〜前（ago, before）329
（〜より）前に
　時（before）700
　場所・順序（before）707
まさか 562
まさに〜しようとして（be about to）666
まして〜ない（let alone, much [still] less）762
ますます〜〈比較級＋and＋比較級〉371
まだ（yet）330
まだ〜していない
　（be [have] yet to）330, 763
　（remain to）763
全く 312
全く〜ない（全体否定）759
〜まで
　継続（until [till]）700
　時間・期間の終点, 範囲・限度, 結果（to）696
　到達点（to）695
（〜する）まで…ない（not ... until〜）765
〜までには［は］
　（期限）686, 700
間に合う 386
まる1日 224
まるで〜のように
　（as if [though]）560
　（like so many [much], as so many [much]）292, 629
（〜の）周りを回って（around, round）706
万一〜なら（should）459, 554
（〜に）見える（第2文型をとる動詞）37
（〜のように）見える（appear）485
右の 268

(〜を)見て(at) 684, 707
(〜はどれ[だれ]も)みな (every) 227
(〜を)身につけて
　服装(in) 690
　携帯(with) 697
〜未満 363
(〜に)向かって (for) 687
(〜の)向こう側に (across) 705
向こうの… 215
(〜よりは)むしろ… (not so much 〜 as …) 370
むしろ〜したい〈would rather [had rather] + 原形不定詞〉506
(〜しても)むだである (It is [of] no use 〜ing) 532
(だが)むだである ([but] in vain) 763
めいめい(each) 226
〜めがけて(at) 684
めったに〜ない (rarely, seldom) 753
(〜の)面前に(before) 707
〜も(also, too) 757
もうすぐ(just) 333
もうすでに 322, 330
もう〜ない (no longer, not 〜 any longer) 764
もう1つの 304
もう1つ別の(もの・人) 213
もし〜するつもりがあれば 453
もし〜なら(仮定法) 548
(〜を)持たずに (without) 710

持ち帰り 595
もちろん 66, 68
(〜を)持って(with) 697
もっと遠い
　遠く(farの比較変化) 354
最も〜しそうにない… 〈the last + 名詞 + to 不定詞[関係代名詞節]〉375, 762
(〜するのも)もっともだ (may well) 440
(〜に)基づいて(on) 694
(〜を)求めて
　(for) 687
　(after) 709
〜も(ない) 230
(〜する)もの 200
(〜な)もの 156
(〜の)もの(所有代名詞) 189
〜もまた(too) 343
〜もまた…ない (either) 344
〈neither + be [助]動詞 + 主語〉231, 593

や行

やがては(yet) 331
約 221
〜やら…やらで 648
(〜の)友人 126, 190
夢を見る 384
(〜するのが)よいと思う (like to) 538
(〜の)ようだ
　(第5文型をとる動詞) (It seems that …) 47, 485
(…の)ような〜(同格) 132
(〜が…します)ように 〈May + S + V …!〉77

(〜する)ように
　(may) 440
　(so that) 460, 618
(その結果〜となる)ように(so as to) 478
(それと同数[同量]の〜の)ように 292
(〜に)よくあることだが 631, 652
よく〜したものだ (would) 451
よくも図々しく〜できるな (How dare you 〜?) 462
(〜を)横切って (across) 705
(〜に)よって
　行為者(by) 686
　根拠・基準(on) 694
　手段・方法(by) 685
　仲介(through) 710
(2者のうち一方のほうが)より〜 361
4分の1 305

ら行

〜らしい,らしく(as if [though]) 561
両方とも 224
両方とも〜とは限らない (〜というわけではない) (部分否定) 759
両方とも〜ない(全体否定) 759

わ行

(〜であることが)わかる (turn out) 486
わずか〜しか(no more than) 766
忘れる 383, 538
私だったら 545
割り算 722

4. 機能別会話慣用表現・談話語句索引

〔機能は50音順、英文語句はＡＢＣ順〕
＊機能はおおまかに示す。具体的な用法は該当ページの用例を参照のこと。

【挨拶】

Be seeing you. 427
Had a good time, did you? 774
Have a nice day. 343
How are you? 248
How do you do? 248
How is it going with your family? 184
How you been? 774
How's things? 18
I am looking forward to seeing you again. 532
I hope to see you again. 536
I think I had better leave now. 466
I was very glad to be invited. 470
I'm glad to see you again. 501
It's a long time since I saw you last. 55
It's a pleasure to have met you. 20
It's been nice meeting you. 529
It's good to see you again. 465
Long time no see. 466
Nice talking to you. 20
Nice to meet you. 773
Please remember me to Mr. Smith. 541
See you later! 18
(Please) Take good care of yourself. 193
You, too. 343

【相づち】

Me neither. 345
Me, too. 728
Might as well. 441
Well, what do you think? 319

【あきらめ・遺憾】

That's the way it goes. 656
What a shame! 76

【安堵・喜び】

Here we are at the airport. 335
Hurrah, we've made it. 51
I am relieved to hear that. 478

【異議・抗弁】

How can I help it? 74
How can you say that? 436
Why make so much fuss? 248

【依頼・懇願】

Can I ask you a favor? 42
Can I borrow your raincoat, Mommy? 382
Can I change my appointment to next week? 66
Can I have some more coffee? 220
Can I use your bathroom? 383
Can you give me a light? 436
Can you let me know when we get to Evanston? 609
Could you also copy this please? 344
Could you do me a favor? 556

Do you mind bringing it back here? 534
For goodness' sake stop talking! 51
I was wondering if you'd do me a favor. 426
I wonder if I could … 79
I would appreciate it if you would … 452
If you were to move your chair a bit, we should all sit down. 553
Lend me this book, please. 18
May I ask a favor of you? 677
Please forward this to the appropriate person. 541
Please let us know when you are arriving. 542
Please remember to wake me up at six. 538
Speak quietly, will you? 72
Will you do me a favor? 451
Will you pass me the salt? 24
Would you call me back later? 452
Would you mind ~ing? 454
You couldn't …, could you? 71
You might move over a little. 442

【応答】

Afraid so. 773

Couldn't be better. 18
Doesn't matter. 774
Don't give it another thought. 755
Either will do. 386
Here, take it. 176
I'm just looking. 425
It could be. 438
It's me. 175
It's nothing. 239
Just as well. 776
May I ask who is calling? 609
Never mind. 755
Not at all. 18
Not too bad. 766
Only so-so. 205
The pleasure was all mine. 20
The same to you! 207
There's nobody here by that name. 686
Think nothing of it! 185
Yeah, telling me. 773
You are welcome. 265

【驚き】

As if! 562
Can't you swim at all? 66
How come? 69
Really? 68
Well, I never! 752
You don't say! 766

【確認】

Anyone in? 18
Don't you think so? 66
Get it? 68
I'm not wrong, am I? 71
I'm right, aren't I? 70
Know what I mean? 773
Like this? 68
Ready to go? 68
See? 35
This is the last bus, is it? 70
You wouldn't tell anyone, would you? 71

【感謝】

How kind of you! 18
I can hardly thank you enough for your kindness. 324
Thank you anyway. 207
Thank you for helping me with my work. 530
Thank you for your kindness. 18
Thank you just the same. 207
Thanks for the ride home. 688
That's so kind of you! 340

【感想】

How do you like it here? 184

【勧誘】

Come and dine with me. 592
Could I see you again? 439
Do see me if you are ever in Tokyo. 332
Do take some. 541
(Please) Help yourself to the cake. 192
How about going out after work tonight? 248
Let's go for a drive. 543
Take a seat, won't you? 72
Want a drink, do you? 774
Want some? 220
What about going for a walk? 245
What do you say to a few games of tennis with me? 245
Won't you come in? 451
Won't you have some candy? 220
Would you like some more coffee? 556
Would you like to come with me? 452
You must come to my birthday party. 443

【聞き返し】

Beg your pardon? 773
Could you repeat that? 439
Excuse me? 243
Meaning what? 18
Sorry? 243
What did you say? 243

【気配り】

(Please) Make yourself at home. 29
Take your time. 74
What's the matter? 743

【希望・欲求】

I could do with a cup of coffee. 387
I'd like to try this on. 538

【許可・許可を求める】

Could I sit here a minute? 439
Do you mind if I borrow this umbrella? 534
Do you mind my smoking here? 534
Go right ahead. 534
May I be excused? 439
Mind if I sit here? 534
Mind my asking? 534
Of course not. 534
Would you mind if I borrowed this umbrella? 534
Would you mind my taking this seat? 454

【拒絶・拒否】

Enough is enough. 295
Never you mind! 541

【警告】

Don't make a fool of yourself. 541
Don't you be so sure of yourself! 541
Look out! 540
There goes the bus. 767

【激励】

Don't be so pessimistic, OK? 541
Keep smiling! 514
Never say die! 541
Take it easy. 184
Try and do it. 592

【嫌悪】

Ugh, it reeks! 51

【肯定】

That's all right. 198
Yes, that's it. 185
You got it. 184

【誇示】

What did I tell you? 245

【断り】

I'd rather you didn't. 507
I'm afraid I can't. 286
I wish I could help you. 558
It would be difficult for us to accept your offer. 452
Sorry I won't be there. 18

【指示】

Attention, please! 541
Don't forget to mail this letter. 25
Go straight on, and you will come to the river. 591
Take a seat, will you? 72
Wait a minute. 540
Will you sign here, please? 451
You name the day. 541

【辞退】

No, thank you. I've had enough. 295

【質問】

Could you please tell me how much this costs? 59
Do you have anything to declare? 465
Do you have the time? 768
For here or to go? 595
How do you like your coffee? 249
What do you call this in English? 249
What do you think of the movie? 249
What is the weather in England like? 249
What's up? 245
Where are we now? 247
Where are you from? 247
Where do you come from? 711
Where do you go to college? 247
Where to? 247
Who do you work for? 666
Who is this, please? 〔電話〕 197
Who said what to whom? 241

【謝罪】

Excuse me for having been late for the appointment. 528
I don't know how to apologize to you. 25
I'm sorry to have kept you waiting. 465
Sorry! 773

【中断・終結】

That's enough. 295
That's that. 198

【称賛】

How nice! 281
Quite a show! 76

【承諾】

All right, if you insist. 621
Anything for you. 687
Be my guest. 36
By all means. 686
No problem. 18
Sure. 315
Sure, there's nothing to it. 46
That will do. 35
Whatever you say. 662
Why not? 247
With pleasure. 697
Yes, do! 74

【助言・忠告】

If I were you, I wouldn't worry. 545
You better go now. 774
You had better look over this lesson again. 505
You should take your raincoat in case it rains. 620

【接客】

Are you being helped? 567
Can I help you? 434
Do you have anything in mind? 66
I'll be with you right away. 334
May I help you, sir? 502

【注意】

Do be careful. 780
Excuse me, but this is a no-smoking area. 597

Here comes the train. 335

【つなぎ】
Let's see ... what was the man's name? 544

【提案】
Hadn't we better start at once? 505
Let's not discuss politics, shall we? 73
Let's wait a little longer, shall we? 73
Shall we go abroad? 456
Tell you what. 245
We may as well have something to eat. 370
What if you join us? 245
Why don't you bring her along? 247
Why not ask your mother if she can come with us? 247

【提示】
Here it is. 335
Here you are. 335

【同意】
Absolutely. 324
I quite agree with you. 408
I should think so. 556
Right you are. 770
Sounds great! 37
That would be nice. 453
This is it. 28
You can say that again! 436

【同情】
Bad luck. 773
How terrible! 772
Sorry to hear that. 268
That's too bad. 197

【得意】
There you are. 335

【なだめ・慰め】
Calm down. 540
Never fear! 75

【話しかけ】
Guess what? 68
Might I have a few words with you, sir? 441
This is Peter speaking. 〔電話〕 197

【反問・不服・いらだち】
So he wouldn't come, wouldn't he? 70
That's unfair, isn't it? 70
There's no accounting for tastes. 532
Why not? 247

【非断定】
You never know! 766

【否定】
Beats me. 764
Far from it! 762
God forbid! 558
Not exactly. 766
Search me. 763

【非難・詰問・叱責】
Can't you keep still? 66
How in the world could you do that? 438
How is it that they are late in coming? 249
How rude! 76
Is that the reason for your absence? 73
Speak quietly, can't you? 72
What a man you are! 544
What are you driving at? 667
What for? 245

【不信】
No kidding? 776
That's what you say. 647
You must be kidding! 444

【無関心】
As if I cared! 562
So what? 68
What if we fail? 245

【命令・指図】
Someone go and see who it is. 542
You can go now. 436
Will you shut up? 451
Would you please keep silent a minute? 452

【申し出】
After you. 707
I'll have him call later. 390
Keep the change. 541
Let me help you. 542
Say when! 657
Shall I call a taxi for you? 455
Shall the bellboy carry your bag? 456
You name it. 74

【約束・予定・予約】
Are you free tonight? 66
Will two o'clock be all right? 544
Will you be coming to the party? 427

【呼びかけ】
Hello, is this Mr. Jones? 197
Where're you going? 67

【呼び出し】
Paging Mr. Charles Louis. 773

参考欄一覧

think it's ～ to 27
手段の目的語 28
will be / become 37
内容語とも機能語ともとれる場合 52
句の種類 56
ain't 63
平叙文の語順の疑問文 66
否定疑問文の特別用法 66
疑問文の音調の例外 67
詰問調の疑問文 73
接続副詞の重文 78
可算・不可算から見た名詞の別の分類 83
man とことわざ 84
I like apples. 84
family の特別用法 85
階級を示す集合名詞 86
cattle などの数え方 86
baggage と luggage 87
Mr., Mrs. などの用法 90
candy 92
a＝some 93
a [an]＋不可算名詞 94
親に対する呼びかけ 94
可算・不可算両用名詞 96
-os と -oes 99
-us の特別変化 102
-is と -es 103
単複同形の仏語系の語 104
Mr. A の複数 105
dice 107
pence 108
pair / pairs 109
〈複数名詞＋名詞〉 114
four year course 114
通格，対格，与格 115
同格名詞の所有格 117
共有物が複数の場合 118
～'s と of ～ 119
～'s / of ～の意味上の使い分け 121
種別化の所有格 122
〈所有格＋名詞〉の強勢 124
go to the ～'s 125
a friend of ～'s と one of ～'s friends 126

同格と紛らわしい形 131
male / female 134
〈名詞＋名詞〉と〈名詞＋前置詞＋名詞〉 137
〈名詞＋名詞〉の応用 138
an historic ～ 143
a を繰り返す場合 149
境界と the 153
スポーツ団体やチーム名と the 153
習慣化と the 154
take my hand と take me by the hand 157
half a ～と a half ～ 159
否定語と〈a＋ too ＋形容詞＋ 名詞〉 160
冠詞の反復の有無によって文意が異なる場合 162
turn ～ と冠詞 165
固有名詞に近い建物と冠詞 166
history と冠詞 167
主語と目的語が同じ場合の無冠詞 168
〈a kind of～〉と〈～of a kind〉 169
thou 173
目的格に代わる主格 175
小説やニュースにおける冒頭の代名詞 177
I を先にして言う場合 178
〈of ＋人称代名詞〉 179
you の特別用法 180
国王の we 182
強調構文の that [who] の品詞 188
mine/ thine 189
自動詞の再帰用法 192
再帰代名詞と目的格人称代名詞 193
人称代名詞に代わる再帰代名詞 194
総称を表す場合の that [those] と one [ones] 200
none such 203
one を省略する場合 210

little one 211
「いくぶん」の意の some 221
単独で副詞として用いる any 222
(n)either の数 230
〈none of～〉と〈no one of～〉 233
-body と -one 235
〈who ＋ 前置詞〉 242
Who do you work for ? 244
Who's who 245
〈why＋動詞の原形〉 248
What 等と主語・補語 252
eatable / edible 257
他の材質との対比で用いられる特殊な -en 形 260
Scotch 261
be tired 263
You are welcome. 265
主観的評価の形容詞 270
接頭辞や接尾辞をつけて形容詞と判断する場合 273
very＋過去分詞 275
How nice ! 281
eager と anxious 283
I'm glad to / that～ 285
I'm afraid＝I'm sorry 286
that 節に仮定法現在を用いる形容詞 288
軽食堂などでの特殊な数字の表す意味 298
兆以上の数え方の単位 299
大きな数の別の表現法 299
ローマ数字の代替形 300
「かなりたくさんの」の意味の a dozen 302
nine-to-five 302
20/20 vision 307
英米の 110 番 308
euro 308
摂氏と華氏 309
米国のお釣りの渡し方 310
-s と of～の副詞（句）314
Sure. 315
接尾辞のつかない副詞と

-ly 形の副詞　315
形容詞と同形の副詞　317
Sincerely yours　317
不定の頻度の序列　324
主語を説明する副詞　327
first と firstly の意味の違いと文中の位置　328
Have you ever …? の語感　332
冗語的な very　337
much を単独で置く場合　337
different の強調　338
badly　340
almost の意味の most　341
〈no＋原級＋名詞〉　342
also と too　344
Me neither.　345
favorite と最上級　348
more ＋ -er　350
音節の数え方　351
fewer と less　352
badly と worse　353
iller / illest　353
〜分後　354
「〜倍」の表現法　359
差を表す形　359
the の有無で意味の違う最上級　366
first prize　366
叙述用法の絶対最上級　368
〈as 〜 as any〉　369
〈the ＋ 比較級〉構文の more 形と -er 形　371
〈no more〜than …〉の解釈　373
use と borrow　383
smell と taste の語法　394
同族目的語をとる動詞の実態　395
〈母音字＋s〉で終わる語の -ing 形　405
因果関係と will / be going to　417
be not about to　417
時を超えた「完了」　418
Have you visited 〜 ？ / Did you visit 〜?　421
〈just now〉と現在完了　421
Did you ever〜?　422
〈When 〜＋現在完了 ?〉　422
forget, want の進行形　431
must, ought と過去形　432
might as well　441
〈may as well〜as …〉と〈might as well 〜 as …〉　441
推量の must not　444
have to の進行形　446
have to と仮定法　447
Long time no see.　466
help と不定詞　467
place to live　476
〈seem to〜〉と〈It seems that …〉　485
証明書の書式　487
hate　493
〈imagine＋O＋(to be) C〉　494
〈S＋V＋O＋to be [do]〉　494
needless to say　495
〈let＋原形＋O〉　503
精神的知覚の see　504
〈had better have＋過去分詞〉　506
〈10 days to go〉　507
a drinking man　513
Keep smiling!　514
〈get started〉と〈get＋O ＋started〉　518
分詞構文由来の接続詞と前置詞　527
所有格にしない動名詞の意味上の主語　531
There's no accounting for tastes.　532
〈Mind if 〜?〉　534
仮想的文脈と現状描写　538
〈try 〜ing〉/〈try to 〜〉　539
Let us pray.　543
《米》の仮定法現在　550
〈If I had been you〉　551
As if!　562
仮定法現在の用法　564
〈by 〜〉の省略の実態　567
新・旧情報と受動態　570
自然な受動態と不自然な受動態　584
The doors open.　587
The book is printing.　588
neither と nor / or　593
For here or to go?　595
〈not A but B〉と語順　597
「〜という点で」の in that　605
〈他動詞＋if / whether〉　607
Lest …!　619
but [except] that …　623
as を用いた譲歩構文　624
the way＝as　629
先行詞と冠詞　637
〈前置詞＋whose …〉　640
whose と of which　643
which と that　646
関係代名詞の省略の頻度　650
挿入節の動詞　651
前置詞＋関係代名詞　654
関係副詞 that の見方　656
where の省略　659
他品詞転用の前置詞　665
be about to　666
provide B for A 型　679
〈from 〜 through 〜〉　701
in [on] the street　703
「〜の値段」　712
集合名詞の単数扱い　715
the United States と数　716
時間や金額等の複数形を複数動詞で受ける場合　716
pass the time of day　746
〈not a little〉と強勢　759
No more Hiroshimas!　764
〈no more [〜er] than …〉　766
対照を表すための倒置　770
Do [Have] you の省略　773
助動詞か be 動詞の省略　774
会話の応答文における共通要素の省略　777
類語反復　783
in fact　784
〈expect O to / that〉　787
主語を取り替えて表現できる場合　802

主要参考文献一覧

[　　] は本文中で用いた略号

◆一般辞書

*The American Heritage Dictionary of the English Language*³ (Houghton Mifflin, 1992)
The American Heritage English as a Second Language (Houghton Mifflin, 1998)
*The BBI Dictionary of English Word Combinations*² (J.Benjamins,1997)
Cambridge International Dictionary of English (CUP, 1995)　　　[*CIDE*]
Chambers 21st Century Dictionary (Chambers, 1996)　　　[*C21DE*]
*The Collins COBUILD English Dictionary*² (HarperCollins, 1995)[*CBDED*]
*The Concise Oxford Dictionary*¹⁰ (OUP, 1999)
Encarta World English Dictionary (St. Martin's Press,1999)
*Longman Dictionary of American English*² (Longman,1997)
*Longman Dictionary of Contemporary English*³ (Longman,1995)　[*LDCE*]
*Longman Dictionary of English Language*² (Longman,1991)　[*LDEL*]
*Longman Dictionary of English Language and Culture*² (Longman, 1998)
　　　　　　　　　　　　　　　　　　　　　　　　　　[*LDELC*]
*Merriam Webster's Collegiate Dictionary*¹⁰ Deluxe Ed. (Merriam, 1998)
　　　　　　　　　　　　　　　　　　　　　　　　　　[*MWCD*]
The Canadian Oxford Dictionary (OUP, 1998)
The New Oxford Dictionary of English (OUP, 1998)
The Newbury House Dictionary of American English (Heinle & Heinle, 1996)
*Oxford Advanced Learner's Dictionary of Current English*⁵ (OUP, 1995)
　　　　　　　　　　　　　　　　　　　　　　　　　　[*OALD*]
The Oxford American Dictionary and Language Guide (OUP, 1999)
The Oxford English Dictionary : Second Ed. on Compact Disc (OUP, 1992)
*The Random House Dictionary of the English Language*² (Random House, 1987)
The Random House Webster's College Dictionary (Random House, 1991)
*Webster's New World College Dictionary*⁴ (Macmillan,1999)　[*WNWCD*]
Webster's Third New International Dictionary of the English Language (Merriam, 1961)　　　　　　　　　　　　　　　　　　　[*Web*³]

◆語学書（語法辞典・学習文法書を含む）

The American Heritage Book of English Usage (Houghton Mifflin, 1996)
　　　　　　　　　　　　　　　　　　　　　　　　　　[*AHBEL*]
Alexander, L. G. : *Longman English Grammar* (Longman, 1988)　[*LEG*]
Alexander, L. G. : *Right Word Wrong Word* (Longman, 1994)
Aarts, B. & C. Meyer : *The Verb in Contemporary English* (CUP, 1995)
Azar, B. S. : *Understanding and Using English Grammar*³ (Prentice Hall, 1999)
Biber D., et al. : *Longman Grammar of Spoken and Written English* (Longman, 1999)　　　　　　　　　　　　　　　　　　　[*LGSWE*]
Blundell, J., et al. : *Function in English* (OUP, 1989)

Bolinger, D. : *Degree Words* (Mouton, 1972)
Bolinger, D. : *Meaning and Form* (Longman, 1983)
Bolinger, D. : *That's That* (Mouton, 1972)
Burchfield, R. W. : *The New Fowler's Modern English Usage*³ (OUP, 1996)
Celce-Murcia, M. & D. Larsen-Freeman : *The Grammar Book*² (Newbury House, 1999) [*Grammar*]
*The Chicago Manual of Style*¹⁴ (UCP, 1993)
Christophersen, P : *The Articles* (Munksgaard, 1939)
Clark, J. O. E. : *Harrap's Dictionary of English Usage* (Harrap, 1990)
Close, R. A. : *A Reference Grammar for Students of English* (Longman, 1975)
Coates, J. : *The Semantics of the Modal Auxiliaries* (Croom Helm, 1983)
Collins COBUILD English Grammar (Collins, 1990)
Collins COBUILD English Usage (Collins, 1992)
Comrie, B. : *Tense* (CUP, 1985)
Copperud, R. H. : *American Usage : The Consensus* (Van Nostrand Reinhold, 1980)
Crystal, D. : *The Cambridge Encyclopedia of the English Language* (CUP, 1995)
Declerck, R. : *A Comprehensive Descriptive Grammar of English* (開拓社, 1991)
Declerck, R : *Tense in English* (Routledge, 1991)
Duffley, P. : *The English Infinitive* (Longman, 1992)
Eastwood, J. : *Oxford Guide to English Grammar* (OUP, 1994)
Evans, B. & C. Evans : *A Dictionary of Contemporary American Usage* (Random House, 1957)
Frank, M. : *Modern English*² (Prentice-Hall, 1993)
Garner, B. A. : *A Dictionary of Modern American Usage* (OUP, 1998)
Green, G. M. : *Semantics and Syntactic Regularity* (Indiana U. P., 1972)
Greenbaum, S. et al. : *Longman Guide to English Usage* (Longman, 1988)
Greenbaum, S : *Studies in English Adverbial Usage.* (Longman, 1969)
Halliday, M. A. K. & R. Hasan : *Cohesion in English* (Longman, 1976)
Howard, G. : *The Good English Guide*² (Macmillan, 1993)
Huddleston, R. D. : *The Sentence in Written English* (CUP, 1971)
Ilson R. & J. Whitcut : *Mastering English Usage* (Prentice Hall, 1994)
Jespersen, O. : *A Modern English Grammar on Historical Principles* (Allen, 1909-49)
Leech, G. N. : *An A-Z of English Grammar and Usage* (Edward Arnold, 1989)
Leech, G. N. : *Meaning and the English Verb*² (Longman, 1987)[*Meaning*]
Leech, G. & J. Svartvik : *A Communicative Grammar of English*² (1994)
Lindstromberg, S : *English Prepositions Explained* (John Benjamins, 1998)
Longman Language Activator (Longman, 1993)
Manser, M. H. : *Bloomsbury Good Word Guide*² (Bloomsbury, 1990)
Manser, M. H : *A Dictionary of Everyday Idioms* (Macmillan, 1983)

Maggio, R : *The Nonsexist Word Finder* (Beacons Press, 1988)
Merriam-Webster's Manual for Writers and Editors (Merriam, 1998)
Murphy, R. : *English Grammar in Use*² (CUP, 1994) [*GIU*]
Palmer, F. R. : *The English Verb*² (Longman, 1988)
Palmer, F. R. : *Modality and English Modals* (Longman, 1979)
Quirk, R. et al. : *A Comprehensive Grammar of the English Language* (Longman, 1985) [*CGEL*]
Randall, B : *Webster's New World Guide to Current American Usage* (WNW, 1988)
Reid, W : *Verb and Noun Number in English : A Functional Explanation* (Longman, 1991)
Siegal A. M. & W. G. Connolly : *The New York Times Manual of Style and Usage* Revised and Expanded Ed. (Times Bks 1999)
Sinclair, J. et al. ed. : *Collins COBUILD English Grammar* (Collins, 1990)
Sinclair, J. et al. ed. : *Collins COBUILD English Usage* (Collins, 1992)
Spears, R. A., et al. : *NTC's Dictionary of Everyday American English Expressions* (NTC, 1994)
Stockwell, R. P. et al. : *The Major Syntactic Structures of English* (Holt, 1973)
Swan, M. : *Practical English Usage*² (OUP, 1995) [*PEU*]
Thomson A. J. & A. V. Martinet : *A Practical English Grammar*⁴ (OUP, 1986)
Todd, L & I. Jancock : *International English Usage* (Croom Helm, 1986)
Turton, N. : *ABC of Common Grammatical Errors* (Macmillan, 1995)
Visser, F. T. : *An Historical Syntax of the English Language* (Leiden : E. J. Brill, 1973)
Webster's Dictionary of English Usage (Merriam, 1989)
Wierzbicka, A : *English Speech Act Verbs* (Academic Pr., 1987)
Wilson, K. G. : *The Columbia Guide to Standard American English* (CUP, 1993)
Wood, F. : *Current English Usage*² (Macmillan, 1981) [*CEU*]
荒木一雄・安井稔編『現代英文法辞典』(三省堂, 1992)
石橋幸太郎他『英語語法大事典』Ⅰ～Ⅳ (大修館, 1966, 1976, 1981, 1995)
河上道生『英語参考書の誤りとその原因をつく』(大修館, 1991)
小西友七『英語基本動詞辞典』(研究社, 1980)
小西友七『英語基本形容詞・副詞辞典』(研究社, 1989)
村田勇三郎『機能英文法』(大修館, 1985)
綿貫陽・淀縄光洋・Mark Petersen『教師のためのロイヤル英文法』(旺文社, 1994)

◆コーパス
The Brown University Standard Corpus of Present-Day Edited American English (1964) [*Brown*]
The Lancaster-Oslo/Bergen Corpus of British English (1970) [*LOB*]
The London-Lund Corpus of Spoken English (1988) [*LL*]
The British National Corpus (1994) [*BNC*]
COBUILD Direct (1998) [*CBD*]

著者・英文校閲者紹介

綿貫 陽（わたぬき よう）

旺文社名誉編集顧問
1928年生まれ
都立竹早高校等で38年間英語の教鞭を執る。この間，文部省，東京都教育委員会の英語関係の委員や東京都高等学校英語教育研究会の常任理事等を歴任。「教師のためのロイヤル英文法」「英語語法の征服」「シリウス総合英語」「基礎からよくわかる英文法」「精選英文法・語法問題演習」「英語長文読解問題の解き方」他著書多数。

マーク・ピーターセン

明治大学政治経済学部教授
アメリカのウィスコンシン州出身。コロラド大学で英米文学，ワシントン大学大学院で近代日本文学を専攻。1980年フルブライト留学生として来日，東京工業大学にて「正宗白鳥」を研究。「日本人の英語」「続・日本人の英語」「心にとどく英語」（以上岩波書店），「教師のためのロイヤル英文法」（旺文社；共著）など著書多数。

宮川 幸久（みやかわ よしひさ）

お茶の水女子大学名誉教授
1936年生まれ
東京外国語大学英米科を卒業。東京大学大学院英語英文学専攻修士課程を修了。英語学，英語音声学，英作文などを担当。「英単語ターゲット1900」「英単語ターゲット1400」（以上旺文社），「A Handbook of Nursery Rhymes, 2 vols.」（研究社）等の他，英和辞典の編著多数。

須貝 猛敏（すがい たけとし）

1936年生まれ
東京教育大学文学部文学科英語学英米文学専攻を卒業。全国英語教育研究団体連合会テスト部長を務める。「英文用例事典」「文の書き換え」（以上日本図書ライブ），「New Stage English Course I & II」（池田書店）等の共編著，「英語のゲーム101」の翻訳（大修館書店）の他，問題集の執筆も多数。

高松 尚弘（たかまつ なおひろ）

1934年生まれ
東京外国語大学卒業。38年間中学・高校で英語を教え，その間文部省や東京都教育委員会の英語関係の委員，東京都高等学校英語教育研究会の理事等を歴任。1982年英国バーミンガム市に研修に派遣される。「Vital 高校英文法30」（英研出版）「Meet the Foreigners」（NCI）等を共著。英和辞典その他に執筆。